KB118768

긍정 임상심리학 핸드북

The Wiley Handbook of **Positive Clinical Psychology**

Alex M. Wood & Judith Johnson 편저

김기환 · 김빛나 · 김지영 · 박선영 · 서장원 · 설순호 · 유성진 · 임선영 · 임영진 · 정지현 공역

학지사

역자 서문

긍정 임상심리학(positive clinical psychology: PCP)은 이 책의 편저자인 Wood와 Alex가 지적한 대로 사실 새로운 것이 아니다. 이미 오래전부터 임상 현장에서는 긍정을 통합해 왔으며, 기존의 많은 심리치료가 임상심리학과 긍정심리학의 요소를 폭넓게 다루고 있다. 임상가로서 내담자가 고통과 부적응에서 회복되도록 조력하는 한편, 강점과 자원을 힘껏 발휘하여 건강하고 만족스러운 삶을 살아가도록 격려한다는 점에서, 우리는 이미 긍정 임상심리학자일지 모른다. 이 책의 목적은 긍정 임상심리학이라는 기존의 분야를 새롭게 천명함으로써, 연구와 임상 현장에서 이 둘을 동등하게 다루도록 통합하는 데 있다. 이를 위해 각 장의 저자들은 긍정심리학과 임상심리학 두 분야에서 '긍정'이나 '부정'에 쏠린 불균형을 바로잡고, 적응과 부적응을 불가분의 전체로 바라보는 관점을 일관되게 견지하고 있다.

이 책은 긍정 임상심리학의 주요 주제—제1부 긍정 임상심리학의 발전, 제2부 성격과 개인차, 제3부 장애, 제4부 임상 현장의 긍정심리학적 개입, 제5부 기존 치료의 재해석—로 구성되어 있다. 총 54명에 이르는 저자들의 면면을 살펴보면, 이 책이 과연 긍정 임상심리학적 이론과 연구의 결정체라는 생각이 든다. 여러분도 우리처럼 연구와 현장에서 깊은 영향을 받았던 학자들을 새롭게 만나는 기쁨을 누리기를 바란다. 무엇보다 이 책을 통해 내담자의 결함과 고통뿐만 아니라 강점과 행복을 균형 있게 다루도록 노력하며, 부적응에서 적응 기능의 전체 연속선에서 연구하려는 도전을 시도해 보기를 바란다.

이 책을 번역하기 위해 모인 역자들은 모두 서울대학교 권석만 교수님의 제자들이다. 2000년대 초반 즈음 랩 세미나 시간에 우리는 처음으로 긍정심리학의 매력에 흠뻑 빠졌다. 권석만 교수님의 안내로 출발한 긍정심리학으로의 여정은 임상심리학의 관점을 확장해 주었고, 행복과 성격 강점, 리더십, 향유, 외상 후 성장, 삶의 의미 등의 새로운 주제를 연구하는 데까지 이어졌다. 당시 숨 가쁘게 돌아갔던 긍정심리학 저서의 번역 작업과 성격 강점 척도 및 리더십 프로그램의 개발 과정은 지금도 우리에게 소중한 자산으로 남아 있다. 번역을 마무리하며 긍정 임상심리학자로서의 토양을 만들어 주신 권석만 교수님께 깊은 존경과 감사를 드린다. 또한 이 책의 출간을 결심해 주신 학지사 김진환 사장님과 많은 역자들과 작업하느라 고생해주신 편집부 이세희 선생님께 감사드린다.

2022년 1월
역자 대표 김지영

추천사

인간은 누구나 불행에서 벗어나 행복으로 나아가기를 원한다. 긍정 임상심리학(Positive Clinical Psychology)은 불행 극복과 행복 증진을 연결하고 통합하는 심리학의 새로운 분야다. 긍정 임상심리학은 인간의 긍정적 측면과 행복에 초점을 맞추는 '긍정심리학'과 인간의 부정적 측면과 심리장애에 관심을 지니는 '임상심리학'이 서로 소통하며 정반합(正反合)의 변증법적 통합에 의해 탄생된 학문 분야라고 할 수 있다. 그동안 광범위하게 이루어진 긍정심리학과 임상심리학의 통합 노력과 학문적 성과를 집대성한 『긍정 임상심리학 핸드북』이 번역되어 한국 심리학계에 소개된 것은 참으로 반가운 일이다.

요금 우리 사회에는 심리학계뿐만 아니라 사회 전반에 '긍정', '행복', '웰빙'이라는 용어가 유행하고 있다. 그러나 우리의 삶에 긍정의 태도를 스며들게 하여 행복과 웰빙으로 나아가는 것은 결코 쉬운 일이 아니다. 긍정심리학은 지난 30여 년간 인간의 긍정적 측면에 대한 연구를 자극하고 행복에 관한 수많은 연구 논문을 만들어 냈지만, 그러한 연구 성과가 과연 현대인의 삶을 더욱 행복하고 성숙하게 변화시키는 데 얼마나 기여를 했는지 의문이다. 왜냐하면 긍정심리학은 연구 중심의 학문적 지향을 지니고 있어서 연구 성과를 현대인의 삶에 접목하여 개입하는 실무적 방법이 취약했기 때문이다.

반면에, 임상심리학은 태생적으로 인간의 부적응과 심리적 장애를 평가하고 치료하는 실무 활동으로부터 출발했다. 지난 20세기에 임상심리학은 심리적 장애에 대한 연구뿐만 아니라 심리평가와 심리치료에서 괄목할 발전을 이루었다. 그러나 임상심리학은 인간의 부적응적 측면에 대한 편향적 집중으로 인해 인간의 긍정적 측면을 외면해 왔을 뿐만 아니라 심리적 장애의 치유를 넘어 행복과 심리적 성장을 증진하는 실무적 활동을 소홀히 해 왔다.

　이러한 한계를 인식한 긍정심리학자들과 임상심리학자들은 활발한 소통과 교류를 통해서 서로의 강점으로 서로의 취약성을 보완함으로써 인간 사회에 좀 더 커다란 기여를 할 수 있음을 발견했으며, 그러한 노력의 결과가 바로 긍정 임상심리학이다. 긍정심리학은 임상심리학의 실무적 개입방법을 활용하여 현대인의 행복 증진을 위해 좀 더 효과적으로 기여할 수 있고, 임상심리학은 긍정심리학의 연구와 이론을 적용하여 실무 활동의 영역을 행복과 심리적 성장으로 확장시킬 수 있기 때문이다.

　또한 긍정심리학자들과 임상심리학자들은 인간의 긍정적 속성과 부정적 속성에 대한 많은 연구를 통해서 '긍정'과 '부정'이라는 이분법적 구분이 부적절하다는 것을 발견하게 되었다. 과유불급(過猶不及)이라는 말이 있듯이, 인간의 긍정적 속성도 지나치면 부정적인 효과를 나타낼 수 있다. 또한 전화위복(轉禍爲福)의 경우처럼, 인간의 부정적 경험도 상황과 맥락에 따라 긍정적 결과를 유발할 수 있다는 많은 연구들이 축적되었다. 이러한 연구 결과는 인간의 긍정적 속성과 부정적 속성이 독립적으로 이해될 수 있는 것이 아니라 통합적으로 이해되어야 한다는 것을 의미한다. 이처럼 긍정 임상심리학은 '연구와 실무적 활동의 통합'을 추구할 뿐만 아니라 '긍정과 부정의 통합'을 지향하고 있다.

　한국 사회에서 심리학은 어떤 역할을 해야 할까? 한국의 심리학자들이 한국인을 위해서 기여할 수 있는 것은 무엇일까? 우리나라는 경제적 수준에 비해서 국민의 행복도가 낮은 대표적인 국가다. 우리나라는 세계인이 놀라는 경제적 성장을 이루었으며 올해에는 유엔무역개발회의(UNCTAD)가 우리나라를 개발도상국에서 선진국으로 승격시켰다. 그러나 선진국이 된 대한민국에서 살고 있는 한국인들은 행복하지 않다. 자살률과 이혼율은 OECD 국가 중 최고 수준이며 국민의 행복도는 최저 수준이다. 이러한 상황의 대한민국과 한국인에게 가장 필요한 학문 분야 중 하나가 긍정 임상심리학이다. 한국인의 불행과 심리적 장애를 치유할 뿐만 아니라 더 나아가 한국인을 행복과 심리적 성장으로 안내하는 심리학자의 노력이 절실하게 필요하다. 행복은 결코 경제적 번영과 소득 증가만으로 성취할 수 없으며 사고와 행동의 긍정적 변화를 통한 심리적 성숙에 의해서 가능하다는 것이 필자를 포함한 심리학자들의 공통된 신념이다.

　임상심리학자인 필자는 한국인의 행복과 성숙을 지원하는 심리학의 필요성을 절감하던 차에 연구년을 맞이했던 2002년에 우연히 긍정심리학을 접하게 되었으며 그 매력에 흠뻑 빠져 수년간 긍정심리학에 심취했었다. 2006년에 긍정심리학의 연구 결과를 소개하는 졸저 『긍정심리학』을 출간하면서 그 당시에 싹을 피우고 있던 '긍정 임상심리학'을 소개한 바 있다. 또한 긍정심리학을 한국인의 삶에 적용하기 위해 한국판 성격강점검사(CST)를 개발하고 대학생의 행복과 성장을 지원하는 집단 프로그램(SLEP)을 구성하여 실시하는 작은 노력을 기울인 바 있다. 작은 실개천이 모여 커다란 강을 이루듯이, 한국인의 행복과 성장을 촉진하고 지원하는 심리학자들의 다양한 노력이 확대되기를 바란다.

『긍정 임상심리학 핸드북』은 최근에 서구사회에서 이루어진 긍정 임상심리학의 발전상을 잘 보여 주고 있다. 5부 30장의 방대한 내용으로 구성된 이 핸드북은 긍정 임상심리학의 발전 과정, 통합적 관점, 성격 강점과 정신장애의 관계 등에 대한 최근의 연구 성과를 제시하고 있을 뿐만 아니라 임상 현장에서의 긍정심리학적 개입방법과 더불어 행복 증진을 위한 기존 심리치료의 활용방법과 같은 다양한 실무적 주제를 흥미롭게 소개하고 있다. 이 번역서는 필자에게 개인적으로 매우 소중한 의미를 지니는 책이기도 하다. 한때 필자와 함께 긍정 임상심리학을 공부했던 박사 제자 10명이 힘을 모아 출간한 책이기 때문이다. 이 책의 번역을 주도한 김지영 선생을 비롯한 10명의 역자에게 기쁜 마음으로 축하와 감사의 마음을 전한다. 긍정 임상심리학은 한국의 심리학자들이 한국인의 행복과 성숙을 위해서 공헌할 수 있는 중요한 학문 분야가 되리라 믿는다. 이 핸드북이 한국 사회에서 긍정 임상심리학의 연구와 실무 활동을 촉진하는 디딤돌이 되기를 기대한다.

2022년 1월
서울대학교 심리학과 교수 권석만

The Wiley Handbook of Positive **Clinical Psychology**

차례

● 역자 서문 / 3
● 추천사 / 5

제1부 긍정 임상심리학의 발전

제1장 긍정 임상심리학: 소개 _ 21

긍정 임상심리학의 역사적 발전 / 22
긍정 임상심리학은 왜 필요한가 / 28
결론 / 39

제2장 더 긍정적인 임상심리학을 향하여:
질병 이데올로기와 정신과적 진단을 해체하기 _ 45

질병 이데올로기와 임상심리학 / 46
임상심리학에서 질병 이데올로기의 역사적 기원 / 47
질병 이데올로기와 DSM / 49
심리적 건강과 질병에 대한 사회적 구성개념 / 50
질병 이데올로기와 범주 대 차원 논쟁 / 53
사회 구성주의와 임상심리학에서 과학의 역할 / 54
질병 이데올로기를 넘어서: 더 긍정적인 임상심리학을 향하여 / 55

제3장 임상심리학은 왜 '긍정적' 혹은 '부정적'이면
안 되는가 _ 61

긍정적 · 부정적 구분의 개념적 수렁 / 64

'긍정적' 개입 대 '부정적' 개입 / 66

긍정적 정서의 확장 및 축적 이론 / 68

법칙정립적 접근 대 개인특유적 접근 / 69

'부정적' 개입의 '긍정적' 효과: 방어적 비관주의 / 71

'통합적' 연구 프로그램 / 76

주체성과 심리학적 개입 / 79

결론 / 80

제4장 임상심리학적 긍정 기능평가의 실제적 지침 _ 85

메타이론의 위치 / 86

측정의 세 가지 형태 / 89

전문적 사안들 / 93

결론 / 93

**제2부
성격과 개인차**

제5장 정신병리에서 긍정기분장애: 구조적 관점 _ 101

서론 / 101

우울증 / 103

사회불안/사회공포증 / 106

조현병/조현형 성격 / 108

조증 / 112

결론 / 113

제6장 탄력성: 이차원 구조 _ 121

서론 / 121

기원 / 122

탄력성의 이차원 구조 / 127

탄력성과 긍정 임상심리학 / 135

임상 실제에서 탄력성 / 136

다음은 어디인가? 탄력성 연구팀을 위한 이차원 구조 / 137

결론 / 138

제7장　**자기효능감: 긍정 임상심리학의 기본 개념 _ 143**

자기효능감이란 무엇인가 / 143

자기효능감 신념이 행동을 일으키는가 / 144

자기효능감 신념은 어디에서 오는가 / 145

자기효능감이 왜 긍정 임상심리학에서 중요한가 / 148

요약 / 156

제8장　**공감: '좋은 것, 나쁜 것, 추한 것' _ 165**

비용–효과 모델로 공감 정의하기 / 166

'좋은 것, 나쁜 것, 추한 것' / 173

관련된 구성 요소 / 184

미래의 방향 / 185

결론 / 188

제9장　**향수: 달콤씁쓸한 감정이 심리적 건강에 미치는 효과 _ 199**

향수의 양가감정 / 199

향수의 심리적 건강효과 / 203

양가감정이 향수의 심리적 건강효과를 설명하는가 / 211

결론 / 212

제10장　**감사의 어두운 면? 감사와 웰빙의 긍정 임상심리학을 위한 유익한 감사와 유해한 사칭(詐稱) 감사의 구별 _ 219**

감사의 유익한 결과 / 220

감사의 균형 잡힌 관점을 향하여: 철학적 고려 / 224

유해한 감사 / 228

감사의 긍정적인 면과 부정적인 면을 통합하기 / 233

제11장　삶의 개선을 위한 자기실현적 안녕감의
　　　　　활용 _ 239

서론 / 239

유대모니아의 철학적 기초 / 240

유대모니아에 대한 현대 심리학적 관점 / 241

유대모니아와 신체건강 / 243

유대모니아와 정신건강 / 245

유대모니아 증진을 위한 임상적 개입과 교육적 개입 / 248

요약 및 결론 / 252

제12장　긍정 임상노인학: 노화에 대한 '긍정' 및 '부정'
　　　　　관점의 통합 _ 261

자서전은 이분법적으로 쓰이지 않는다 / 261

노화의 양가성 / 262

변증법의 딜레마 / 263

긍정 노화의 예측 / 268

단순한 전략은 충분하지 않다 / 272

복잡성과 모순에 대한 결론 / 273

제3부
장애

제13장　심리치료를 통한 우울증 치료효과 증진:
　　　　　긍정 임상심리학 계획 수립 _ 283

무쾌감증의 정의 / 285

우울증의 중심에 있는 무쾌감증 / 286

무쾌감증의 예후적 중요성 / 287

긍정심리 개입은 웰빙 증진과 우울 감소에 효과적인가 / 288

우울증에 대한 긍정심리학 접근의 위험성: '폴리아나 문제' / 290

우울증에 대한 긍정 임상심리학 접근의 계획 / 293

결론 / 300

제14장　걱정하지 말고 행복하세요: 불안장애를 위한
　　　　　긍정 임상심리학 _ 317

걱정하지 말고 행복하세요: 불안장애에 대한 긍정심리학 / 317

긍정 활동은 어떻게 불안장애의 역기능적 기제를 약화시키는가 / 319

요약 및 결론 / 335

제15장 외상 후 스트레스에 대한 성장의 관점 _ 345

외상 후 스트레스에 대한 성장의 관점 / 345

외상 후 성장의 발달 / 346

PTG와 PTSD / 348

완충재로서 PTG / 350

외상 초점 치료의 이차적 결과로서 PTG / 351

조언 및 권고 사항 / 352

제16장 '긍정기분이 너무 긍정적이라 나쁠 것은 없다':
양극성 장애에서 긍정 및 부정 임상심리학을
활용하는 법 _ 359

서론 / 359

이카로스 신화 / 361

양극성 장애 취약성 관련 대조적인 두 모델 / 362

경조증적 내적 표현형이 양극성 장애와 신뢰롭게 연관되는가 / 364

무엇이 경조증적 경험을 문제로 만드는가 / 366

TEAMS에서 긍정 및 부정심리학 개입법 / 369

요약 / 372

제17장 정신증에서 긍정 임상심리학과 행복, 자비,
자율성의 증진 _ 379

기존 정신증 치료의 효과 / 379

정신증에 관한 심리학적 모델 / 381

긍정 임상심리학과 정신증 / 382

요약과 몇 가지 방법론적 권고 / 390

결론 / 392

제18장　성격적 강점과 약점에 대한 통합적 모형 _ 405

성격적 강점과 약점에 대한 통합적 모형 / 405

적응적 특질과 부적응적 특질 / 406

성격장애의 정신의학적 개념 / 409

성격장애의 5요인 모형 / 412

적응적 특질과 부적응적 특질의 통합적 평가 / 417

결론 / 422

제19장　아동 · 청소년기의 탄력성과 보호요인 _ 433

아동 · 청소년기 탄력성의 구조 / 433

아동 · 청소년기에 탄력성이 중요한 이유는 무엇인가 / 434

보호요인의 형태와 특성 / 436

임상 실제에서의 탄력성 / 442

결론 / 444

주의 / 444

제20장　자살행동: 미래에 대한 예상의 영향력 _ 453

자살행동 / 454

미래지향적 사고(예상) / 457

예상과 자살경향성 / 460

개입 방안 / 463

결론 / 466

제4부
**임상 현장의
긍정심리학적
개입**

제21장　긍정심리학적 개입: 개관 _ 475

영원히 행복할 수 있는가 / 476

어떻게 행복을 증진할 수 있는가 / 477

긍정심리학적 개입의 보급방법 / 482

임상 장면의 긍정심리학적 개입 / 484

우려와 한계 / 485

맺음말 / 489

제22장 긍정심리치료: 긍정심리학의 임상적 적용 _ 497

서론 / 497
가정 / 499
PPT: 이론에서 적용으로 / 502
경험적 근거, 경고 및 향후 방향 / 516

제23장 정신건강 질환을 위한 긍정 활동 개입:
　　　　기초 연구와 임상 적용 _ 535

새로운 접근의 필요성 / 535
우울을 완화하기 위해 긍정 활동 개입을 활용하는 이유 / 536
우울하지 않은 사람들을 위한 긍정 활동 개입 / 539
우울한 사람들을 위한 긍정 활동 개입 / 541
어떻게 긍정 활동이 임상적 증상들을 완화시키는가 / 543
어떻게 긍정 활동이 임상적 질환을 막을 수 있는가 / 547
향후 연구 방향 / 549
요약 및 결론 / 550

제24장 긍정 임상심리학의 본보기로서 용서 촉진
　　　　개입 _ 559

긍정 임상심리학의 본보기로서 용서 촉진 개입 / 550
용서에 대한 기초 및 응용 조사연구의 이해 / 560
주요 용서 개입들 / 566
용서 개입들을 지지하는 증거 / 568
임상 및 비임상 집단을 위한 용서 개입 / 571
결론 / 575

제25장 긍정 임상심리학에서 마음챙김 _ 583

마음챙김의 정의 / 584
마음챙김의 증진 / 586
임상적 적용 / 587
마음챙김의 기제 / 593
결론 / 596

제26장　웰빙 치료 _ 603

서론 / 603

웰빙 치료의 구조 / 604

임상적 양상 / 606

타당화 연구들 / 610

심리치료로 인한 웰빙의 변화는 지속적인가 / 613

결론 / 614

제27장　삶의 질 치료 _ 623

서론 / 623

이론과 치료 / 632

예시로서의 임상 사례: 'Black Sheep', 즉 B의 사례 / 637

향후 연구와 시사점 / 640

제5부
기존 치료의
재해석

제28장　인간중심심리학: 삶의 문제와 인간의 번영을
돕기 위한 유기체적 긍정 접근 _ 651

성격, 건강, 그리고 고통: 심리적 기능의 스펙트럼에 대한 단일 유기체적
　개념 구조 / 652

일치와 긍정적 기능 / 656

치료적 변화의 특성과 조건 / 659

인간중심치료와 현대의 긍정 임상심리학의 주제 / 662

연구 근거 / 665

21세기의 인간중심치료 / 667

결론 / 670

제29장　수용전념치료: 긍정 임상심리학에 적용될 수
있는 '긍정'과 '부정'의 맥락적 관점 _ 675

행동치료의 흐름 / 676

수용전념치료 / 679

심리적 유연성 모델 / 680

심리적 유연성과 긍정 임상심리학 / 684

수용전념치료의 임상적 유용성 / 688

수용전념치료를 통한 심리적 유연성 증진의 효과 / 688

맺음말 / 690

제30장 **심리도식치료 _ 697**

서론 / 697

심리도식치료 / 698

1단계: 심리도식치료의 개발 / 699

2단계: 무선통제실험 및 양식 모형의 발전 / 706

3단계: 집단심리도식치료 / 707

치료 및 기법 / 708

효율과 효과 / 709

신생 분야 / 711

결론 / 713

● 찾아보기 / 719

제1부
———
긍정 임상심리학의 발전

제1장

긍정 임상심리학
소개

Alex M. Wood & Judith Johnson

긍정 임상심리학(positive clinical psychology: PCP)은 새로운 것이 아니다. 이 책 전반에서 보듯이 임상심리학은 긍정을 임상 현장에 통합한 오랜 역사를 지니고 있다. Maslow(1954) 이후로 임상심리학이 삶의 긍정적인 요소에 더 집중해야 한다는 요구가 계속 있었다. 사실 '긍정 임상심리학'도 과거에 사용되었던 용어다(Duckworth, Steen, & Seligman, 2005; Maddux, 제2장 참조). 새로운 것이 있다면, 과거에 현명하지만 고립된 요구이자 임상심리학 외부에서 시작된 변화가 이제는 임상심리학 내부로부터 변화를 향한 진정한 갈망으로 바뀐 것이다. PCP는 명확히 정의된 일련의 목적을 중심으로 구성되며, 이렇게 공유된 목석은 악계 내에서 점차 수류로 인정받고 있다. 우리는 임상심리학 개관지(*Clinical Psychology Review*) 특별호에 우리의 강령을 공표한 바 있다(Wood & Tarrier, 2010; Johnson & Wood, 인쇄 중). 이는 '부정'과 함께 '긍정'에 주력해야 한다는 요구를 주류 임상심리학이 수용하는 데에 중요한 영향을 미쳤다. PCP는 임상심리학이 "모든 연구 및 실무 영역에서 긍정과 부정 기능에 통합적이고 동등한 초점을 두는" 분야로 바뀌는 것을 목표로 한다(Wood & Tarrier, 2010, p. 819). PCP의 뚜렷한 특징은 통합을 강조한다는 데 있다. 즉, PCP는 임상심리학에서 '긍정' 또는 '부정'만 연구하는 것의 불합리와 불가능을 지적하고, 공동의 초점을 맞추는 방향으로 연구와 실무를 통합하고자 한다. 놀라운 사실은 이러한 메시지가 지난 6년간 임상심리학자들 사이에서 매우 많은 반향을 불러일으켰다는 점이며, 여기에는 이 책의 뛰어난 저자들도 포함된다. 그들이 열정적으로 이 책을 완성시켜 준 것에 깊은 감사를 드린다. 최초라 할 수 있는 이 핸드북은 6년간 PCP의 높아진 인지도를 반영하는 결정판이다. 이는 수십 년간 여러 저자들의 학문적 토대에 기반한 것으로서, 그들 없이

PCP의 발전은 가능하지 않았을 것이다.

　　이 장의 목적은 PCP의 발전을 개관하고 이 운동이 필요한 이유에 관한 경험적이고 이론적인 근거들을 살펴보는 데 있다. 급성장하는 이 부문은 긍정심리학과 임상심리학이라고 하는 두 분야의 통합을 추구하는데, 각 분야는 연구 주제와 목표에서 공통점을 보였음에도 불구하고 지금껏 독립적으로 발전해 왔다. 제안컨대, 긍정심리학과 임상심리학의 더 많은 통합은 두 분야의 연구, 지식, 목적 및 적용을 진전시키는 데 도움이 될 수 있을 것이다. 이 저서가 이러한 노력에 기여할 수 있기를 바란다. 우리는 이 책의 주제에 관한 집필을 부탁하기 위해 만난 각 분야의 리더들이 보낸 반응에 놀라움을 금치 못했다. 그 자체로 이 책은 긍정의 인식이 자신의 연구와 어떻게 관련되는지 기꺼이 검토하려는 뛰어난 임상심리학자들과 자신의 연구를 폭넓은 임상연구 분야와 통합시켜 PCP로 향해 가는 긍정심리학자들의 결합을 보여 준다.

긍정 임상심리학의 역사적 발전

　　제2차 세계 대전 이전에 심리학의 핵심 목표는 고통을 치료하고 최적 기능을 촉진하는 것이었다(Linley, Joseph, Harrington, & Wood, 2006 참조). 전쟁 직후에는 전쟁으로 파괴된 국가들 사이에서 전쟁이 초래한 심리적 고통과 외상을 설명하고 처리해야 할 긴급한 필요가 있었다. 임상심리학계에서는 특히 (이후 외상후 스트레스장애로 알려진) 외상과 관련된 고통을 치료하는 일이 새롭게 부각되었다. 사회심리학계에서는 전쟁과 관련된 잔혹 행위가 왜 일어났는지를 설명하기 위해 복종과 같은 주제들에 관심이 모아졌다. 이 모두가 가치 있고 매우 필요한 일이었음에도 불구하고, 원치 않은 두 가지 부작용을 낳았다. 첫째, 고통과 역기능을 다루는 심리학으로 관심이 집중되었다. 둘째, 어쩌면 더 심각한 문제는 고통과 역기능이 인간 기능의 전체 연속선상에 위치한 연구 주제라기보다 분리된 연구 주제인 것처럼 간주되었다는 점이다. 미국에서 이러한 과정은 1947년에 설립된 (질병에만 배타적인 관심을 기울인) 국립정신건강연구소와 1949년 퇴역군인관리국에 의해 가속화되었다. 두 기관 모두 우수한 연구와 치료법에 투자했지만, 정신건강의 연속선상에서 역기능적인 측면을 연구하는 것에 재정적 인센티브를 제공함으로써 연구자들이 이 주제에 집중하도록 만들었다. 더구나 그 분야의 교수들은 학생들에게 정신장애와 고통에 치중된 교육을 하는 경향이 있었다. 이 자체가 고통에 투입된 선의의 귀중한 자금이 어떻게 차세대 심리학자들로 하여금 심리학을 적응적인 기능보다는 부적응적인 기능에 집중된 학문으로 여기게 만들었는지를 보여 준다. Abraham Maslow는 반세기 전에 다음과 같이 경고한 바 있다.

> 심리학이라는 과학은 긍정적인 측면보다는 부정적인 측면에서 훨씬 더 성공을 거두었다. 인간의 결함, 질병, 잘못에 대해서는 많은 것이 밝혀졌지만 인간의 잠재력, 미덕, 달성 가능한 포부, 또는 심리적 최대치에 대해서는 밝혀진 것이 거의 없다. 마치 심리학이 자진해서 절반의 관할권, 즉 더 어둡고 아픈 절반에만 스스로를 제한시킨 것처럼 말이다 (Maslow, 1954, p. 354).

이러한 상황은 거의 20세기 후반까지 지속되었다. 심리학에 '긍정'을 재도입하기 위한 혼신의 노력은 미국심리학회(American Psychological Association: APA) 회장인 Martin Seligman이 주도한 긍정심리학 운동 및 공동 특별호에 실린 사설(Seligman & Csikszentmihalyi, 2000)의 파급력에서 시작되었다. 연이은 운동은 순식간에 엄청난 영향을 심리학에 미쳤다. 수백만 달러의 자금 지원, 새로운 심리치료 기법의 개발, 전 세계 전문 석사과정의 개설, 다수 학술지 특별호와 핸드북(Linley et al., 2006 참조) 출간이 이루어졌다. 출판물에 대한 통계 조사(Rusk & Waters, 2013)에서는 긍정심리학의 약진이 두드러졌다. 긍정심리학 주제와 관련된 18,000편의 논문이 발표되었으며 출판물의 수가 매년 꾸준히 증가하였다. 2011년 조사에서는 2,300편의 논문이 발표되었는데, 이는 대표적인 데이터베이스인 *PsychInfo*®에 색인된 논문의 4%를 차지한다. 이 논문들이 하나의 분야로 함께 분류된다면 학술지 인용 보고서(*Journal Citation Reports*®)에 색인된 분야에서 중앙값에 해당되며, 2011년 영향력 지수(impact factor)는 2.64로서 논문 인용 횟수가 다른 학문 분야 사이에서 상당히 인정받을 만한 순위에 위치한다. 논문 편수의 증가는 논문이 출간된 각 분야에서 관찰되었는데, 여기에는 심리학(및 모든 하위 분야), 정신의학, 스포츠 과학, 기업과 경영이 포함된다. 양적 분석을 통해 긍정심리학이 더 이상 소수 또는 비주류 집단의 시도로 치부될 수 없다는 점이 명백해졌다.

긍정심리학이 전한 분명한 메시지는 심리학(및 다른 분야들)이 부정적인 것뿐만 아니라 긍정적인 것도 고려해야 한다는 점이었다. 이 운동 덕분에 '긍정적인' 주제들의 인지도가 높아졌으며 '부정적인' 주제와 마찬가지로 자금 지원을 받고 논문이 게재될 수 있었다. 그러나 초기 뜨거운 관심이 휘몰아친 이후 지금까지 이 분야의 영향력이 계속 증가함에도 불구하고, 심리학 전반에서 긍정심리학에 대해 다소 상반된 입장이 있었으며(Wood et al., 참고, 인쇄 중), 이 운동에 대해 비판하는 글들이 많이 나왔다(예: Bohart, 2002; Lazarus, 2003;

Tennen & Affleck, 2003; Held, 2004; Coyne & Tennen, 2010; Coyne, Tennen, & Ranchor, 2010).

심리학 전반에 이처럼 상반된 입장이 나타난 이유 중 하나는 이 운동의 목적이 분명하지 않아서일 수 있다. 이 운동의 가장 차별화된 목표는 심리학이 긍정에 보다 집중해야 한다는 것으로서, 대부분의 심리학자들이 동의하는 메시지였다. 그런데 결과적으로 긍정과 부정 관련 연구를 통합하려는 사람들과 긍정심리학을 새롭게 분리시키려는 사람들 사이에 긴장이 초래되었다. 특히 Rusk와 Waters(2013)의 출판물 통계 조사에서 긍정심리학 주제를 다룬 논문들이 집계되었으나, 이들 대다수는 '긍정심리학'으로 규정되지 않고 단지 '심리학'으로 간주되었다. 긍정심리학 주제를 다룬 연구가 증가한 것은 엄연한 사실이다. 아직도 이 운동이 존재하는지에 상관없이, 이 '운동'의 본질과 목적, 그리고 결과는 논란의 여지가 많다. 분명한 것은 (예외를 제외하고 심리학의 다른 분야와 비슷한 정도의 비판을 받는) 긍정심리학 관련 주제를 다룬 연구와 자칫 허수아비가 될 수 있는 긍정심리학 운동을 구분해야 한다는 점이다(드물지만 비평가들도 이렇게 구분한다.). 대부분의 비판은 후자에 집중된 것이다.

긍정심리학 운동을 둘러싼 비판의 소리에는 '긍정' 연구와 개입이 심리학 전반과는 별개로 발전한다고 보는 분리주의에 대한 우려가 대부분을 차지한다. '긍정심리학' 내에서 이런 접근 방식이 인지도를 높여 주고 연구의 중요성을 부각시키는 데 도움이 되었다고 볼 수 있다. 하지만 긍정심리학과 다른 분야—특히 임상심리학—를 분리하게 되면 각각의 발전도 포기해야 할지 모른다. 긍정심리학과 임상심리학 모두 심리치료법을 연구하는데, 많은 경우 비슷한 집단(예: 우울증이 있는 사람들)을 대상으로 하면서도 상대의 연구 결과를 충분히 인지 또는 활용하지 못한 채 따로따로 이루어질 때가 있다. 긍정심리학 운동이 임상심리학 연구의 영향력을 온전히 인정하지 못했기 때문에, 그 대가로 임상심리학에 최대한의 영향력을 미치지 못했다. PCP는 '긍정' 또는 '부정' 관련 주제를 동등하게 연구하고 개입하는 분야로 임상심리학을 탈바꿈시켜서 이러한 우려를 해소하려고 한다. PCP는 긍정심리학의 훌륭한 학문적 성과가 임상심리학에서 최대한 활용되도록 이를 불가분한 구조로 만들고자 한다.

또한 PCP의 목적은 긍정심리학 연구를 새로운 청중에게 들려주고 비판받은 내용을 해결함으로써 긍정심리학을 확장시키는 데 있다. 만일 긍정심리학 운동 안에서 긍정과 부정을 통합하려는 메시지(예: Joseph & Linley, 2006a, b)에 좀 더 힘이 실렸더라면, 보다 총체적인 심리학을 구축하는 방향으로 커다란 진보가 있었을 것이다. 긍정심리학 운동이 직면한 위험은 또 다른 분리주의 메시지가 긍정심리학 운동을 주도할 것이라는 점이다. 일부에서는 이를 아류 연구인 '행복학'이라 보기도 하는데, 이로 인해 임상심리학을 포함한 심리학 전반에 실망감이 증폭되고 있다. 상기 묘사가 적절한지 여부에 상관없이, 이러한 인식 때문에 임상심리학이 긍정에 좀 더 집중하려는 시도가 방해받고 있다.

이 책에서는 긍정심리학과 임상심리학, 부적응과 적응적 기능을 본질상 통합시킴으로써, 긍정심리학이 총체적이고 균형 잡힌 심리학이라는 본래의 비전을 되찾도록 할 것이다. 그러기 위해서는 다양한 접근법들 사이에서 공통의 기반을 제시하고 분리주의 메시지에는 개념적, 실증적, 실용적인 논거를 가지고 이의를 제기해 나갈 것이다. 또한 긍정심리학이 받았던 (많은 경우 부당한) 비판들도 다루도록 할 것이다.

긍정심리학에 대한 비판

분리주의 메시지가 점점 증가하는 것 외에도 긍정심리학에 대한 몇 가지 우려가 제기되었다. 첫째, 최초 논문(Seligman & Csikszentmihalyi, 2000)에는 인본주의 심리학에 대해 근거 기반이 부족하다고 잘못 기술한 내용이 담겨 있었다. 두 분야의 목표가 유사하다는 점을 고려할 때 이 점은 특히 유감스러운 일이었다(앞의 Maslow 인용 참조). 이 때문에 긍정심리학의 통합적 목적에 가장 지지적일 수 있었던 바로 그 단체와 연대할 수 있는 기회가 사라졌다(긍정심리학과 인본주의 심리학 간 적합성과 관련해서 Sanders와 Joseph가 쓴 제28장 참조). PCP를 통해 우리는 여러 분야를 연결하는 가교를 다시 구축하고자 하며, 이 책의 몇몇 장에서는 긍정심리학으로 분류될 수도 있었던 내용들을 이미 통합하고 있는 다양한 분야들을 소개할 것이다.

둘째, 초창기부터 긍정심리학 연구의 질에 문제가 제기되었다(예: Lazarus, 2003). 다음의 이유로 부당한 비판이라 할 수 있는데, ① 단발적인 연구 사례를 가지고 과도하게 일반화시킨 비판이라는 점, ② 비판의 대다수(예: 자기보고에의 의존)가 심리학 전반에 해당된다는 점, ③ 새로운 주제를 연구하는 개발 단계에서는 지적받은 연구 방법론이 부합할 때가 많다는 점(예: 인과관계 전에 상관관계 제시) 때문이다. 그렇다 하더라도, 최고 수준의 방법론을 견지함으로써 긍정심리학을 개선해 나가고 최상의 임상심리학 실제를 구축해 가야 할 것이다.

셋째, 긍정심리학적 개입을 임상심리학적 개입과 동일한 수준에서 검증하기도 전에 현장에 적용했다는 지적이다. 우리 생각에 두 번째와 세 번째 비판에서 부각된 결점은 기반이 되었던 성격심리학 때문일 수 있다. 사실 긍정심리학자의 대다수가 성격심리학자로 출발했으며, 이들이 검증하려 했던 개입 연구들은 최고 수준의 성격 학술지에 게재된 논문에서 흔히 개념 증명을 위해 사용된 연구 설계에 근거한 것이었다. 여기서 주 관심사는 전체 임상실험을 입증하는 데 있지 않고, 어떤 특성의 인과적 영향을 제시하는 데 있다. 원 논문의 연구 문제에는 적절했을지 몰라도, (임상실험이 아닌) 연구 결과에 근거하여 개입을 권고할 경우 문제가 되며 위험해질 수 있다. 이처럼 잘못된 관행은 일반적으로 심리학 연구자들이 '실질적 권고'를 연구 논문에서 논의의 일환으로 포함시키고 학술지 심사위원들이 강화했던 측면이 있다. 개념 증명 연구에서 이러한 권고는 임상실험의 필요성을 시사하는 데 그쳐야 한다. 그런데 오히려 연구 결과의 함의를 과도하게 추측하는 방향으로 흘러갔다. 어떤 경우엔 대학생 참여자를 대상으로 추적 조사도 하지 않은 연구가 치료적 접근을 권고하는 근거가 되기도 했다. 또한 과학 연구를 전달하는 매체가 기관의 보도자료를 활용해 근거 기반을 넘어서는 주장을 하는 것에 대해서도 우려가 깊다(Sumner et al., 2014). 긍정심리학에서 초창기 개념 증명 연구들은 무엇이 효과적인지를 시사해 주었다는 점에서 중요한 영향을 미쳤다(초기 단계 약물실험과 유사). 이제는 의학계 최고 사례에서 도출된 임상심리학 방법론으로 철저하게 검증하여 더욱 완전한 임상실험을 할 때다. 이 책에서 긍정심리학과 임상심리학을 연결하고자 하는 시도들이 이런 작업에 필요한 다학제 팀을 구축하는 데 도움이 되길 기대한다.

긍정심리학에 대한 세 가지 비판은 결국 수련, 공인된 자격, 규제가 없는 '긍정심리학 코칭'이라는 분야에서 극에 달했다. 이 분야는 특히 심리학에 해가 되었는데, 이러한 명칭이 보호된다거나 본질상 아무 의미가 없음에도 불구하고, 마치 심리학이 이 '직종'에 신용과 규제 절차를 부여한 것처럼 보이기 때문이다. 이 분야의 주창자들은 연구의 '과학적 기반'(기껏해야 성격심리학 학술지의 개념 증명 연구가 대부분이었지만)을 강조하고 싶어 했다. 예상되다시피 이러한 접근 방식은 심한 반발을 샀으며, 반발은 긍정심리학에만 국한되지 않았다. '긍정심리학'과 '임상심리학'의 구별에 익숙지 않은 일반 대중에게 두 심리학 모두 신용을 잃을 위험에 처하게 되었다. 당연하게도 임상심리학자들이 동료 긍정심리학자들을 원망하는 일까지 생겼다. PCP는 임상심리학 내의 기존 규제 체계를 활용하여 개입의 안전성에 대한 공신력을 제공함으로써, 가장 취약한 사람들을 포함한 많은 지역사회에서 개입의 수용성과 유용성을 높이는 것을 목표로 한다.

우리가 주장하려는 바는 이러한 비판 중 다수가 심리학 전반에 대한 우려이며, 긍정심리학을 잘못 정의하고 있다는 점이다. 그러나 긍정심리학에 대한 비판을 수용하는지 여부와 상관없이, PCP는 이런 함정과 정의를 피해야 하므로 여기에서 비판을 제기하는 것이 적절해 보인다. 우리는 긍정과 부정 사이의 통합 메시지를 촉진한다는 의미에서 긍정심리학자이며, 긍정심리학과 임상심리학 모두에서 일하고 연구한다는 점을 강조하고 싶다. 긍정심리학에 대한 비판을 여기에서 중요하게 다루는 이유는 이 운동의 (실제 또는 가상의) 함정을 인식하고 PCP에 이런 일들이 재발하지 않도록 하기 위함이다.

긍정 임상심리학의 방침

PCP는 심리학의 완전한 통합을 위해 긍정심리학에 대한 분리주의 비판을 다루고 긍정심리학과 임상심리학 두 분야에서 '긍정'이나 '부정'에 쏠린 불균형을 바로잡고자 한다. PCP는 긍정심리학의 강점을 흡수하면서도 비판에 대응하여, 적응과 부적응을 불가분한 전체로 간주하고 연구와 현장에서 이 둘을 동등하게 다루는 분야로 만들고자 한다. 적어도 임상 환경 내에서 긍정심리학 운동을 재설정하여 임상심리학 내부에서 시작되도록 하는 것을 목표로 한다. PCP의 목적은 긍정심리학이 분리주의적 노력이 아니라 (또는 그렇게 보이지 않고) 기존 임상심리학 분야에 영향을 미치면서 함께 작업하는 데 있다. 이러한 접근은 긍정심리학과 임상심리학에 모두 상당한 유익을 가져다줄 것이다. 유익은 다음과 같다.

1. 부적응과 적응 기능의 통합 작업은 연구진과 임상가들에게 매력적인 주제가 될 것이다.
2. 적응 기능 연구의 가치에 건전한 의문을 제기하는 사람들에게 유인책이 될 수 있다. 이렇게 수용된 비평가들은 실증적 과학 연구 방식에 맞춰 '긍정'의 중요성을 집중적이고 신뢰롭게 반증하고자 할 것이다. 만일 가설을 반증하려는 시도가 실패한다면, 연구에 기반하여 더욱 확신을 가질 수 있다.
3. 최적의 개입 연구로 산무뇌는 임상심리학의 기순이 긍정심리학에 영향을 줄 수 있다. 임상심리학의 기준은 부분적으로 의학에서 발전된 것이기 때문에, 성격심리학의 개념 증명 연구보다 높은 기준을 적용하는 경향이 있다. 예컨대, 임상 학술지는 임상실험에 다음 사항이 포함되도록 요구하고 있다. ① 사전 등록, ② 연구자가 일반화하는 모집단의 표본, ③ 임상실험 수행을 위한 모범 사례인 CONSORT[1] 지침의 사용, ④ 적합한 검정력을 지닌 연구 설계, ⑤ 철저하고 유효한 통제집단, ⑥ 선별효과를 예방하기 위한 조치로서 요구 특성의 방지(예: 긍정심리학에 관심 있는 사람들이 연구에 참여할 가능성이 가장 높음), ⑦ 반복검증, ⑧ 자료의 범위를 넘어서지 않는 결론. 긍정심리학은 정신건강에 대한 매우 참신한 관점 및 상관변인, 선행 및 결과변인들을 포함

---

1) 역자 주: CONsolidated Standards Of the Reporting of Trials의 약자로, 무선통제시험 연구의 질을 향상시키기 위해 개발된 필수 체크리스트를 말한다.

하여 이런 실험들을 제공할 수 있는 것이 많다. 따라서 이 두 분야의 통합은 두 분야 모두의 연구 표준을 높이는 것으로 이어질 수 있으며, 더 나아가 모든 분야의 연구자들이 이러한 모범 사례 접근 방식을 채택하도록 강력히 권장하는 바이다.

4. 임상심리학 내에서 내담자의 안녕을 보호하기 위한 공인된 자격 및 규제 절차를 긍정심리학 개입에 적용함으로써, 최적의 훈련받은 책임 있는 임상가가 가장 취약한 사람들을 치료할 수 있다.

5. 종합적으로 볼 때 PCP의 핵심 목적은 임상심리학 내에서 변화를 일으켜, 적응과 부적응 양단에서 전체적으로 기능을 진단하고, 개별 내담자의 요구에 맞춰 전통 및 긍정심리학을 포함한 모든 범위의 치료 기법을 균형 있게 사용하는 것이다.

긍정 임상심리학은 왜 필요한가

이 책의 모든 장에서는 다양한 방식으로 PCP의 필요성을 설명하는 데 주력하고 있다. 각 장의 저자는 그들이 선정한 문제와 주제를 설명하면서 해당 전문 분야와 관련해 '긍정'과 '부정'을 함께 고려해야 하는지 여부에 답해야 했다. 내부 선정 집단이든 외부 선정 집단이든 상관없이, 긍정과 부정을 함께 고려해서는 안 된다고 답한 저자는 단 한 명도 없었다. 이 책은 PCP의 논점에 해당되는 다섯 가지 주제로 구성되어 있다. '긍정 임상심리학의 발전', '성격 및 개인차', '장애', '임상 실제에서 긍정심리학적 개입', '기존 치료법의 새로운 해석'. 우리는 이 책 전반에서 PCP의 핵심 논점을 강조하고 통합하고자 한다.

특성은 낮은 수준에서 높은 수준에 이르는 연속선상에 존재한다

앞서 우리가 주장하고(Joseph & Wood, 2010; Johnson, Wood, Gooding, & Tarrier, 2011; Johnson & Wood, 인쇄 중) Joseph과 Patterson이 논의했듯이(이 책의 제4장), 긍정심리학과 임상심리학에서 간과된 단순한 사실은 모든 특성이 낮은 수준부터 높은 수준까지 분포한다는 점이다. Peterson과 Seligman(2004)이 VIA(Values in Action) 프로젝트에서 강조한 특질, 즉 덕목(virtue)을 생각해 보라. 여기에는 겸손, 공정성, 친절성, 진실성, 감사, 낙관성, 개방성, 그리고 (높은) 사회지능이 포함된다. 잠깐만 생각해 보아도 이들 특성이 교만에서 겸손, 불공정에서 공정성, 불친절에서 친절성, 거짓에서 진실성, 배은망덕에서 감사, 비관주의에서 낙관주의, 편협성에서 개방성, 낮은 사회지능에서 높은 사회지능에 이르는 연속선상에 있음을 알 수 있다. 당연히 전체 연속선이 긍정적이라고 말할 수는 없다. 오히려 연구자들은 단순히 '높은 극단(high end)'을 언급하는 것처럼 보인다. 연속선상의 높은 극단에만 초점을 두는 것은 이론적으로 말이 안 되는 일이며, 마치 연속선상의 나머지 반이 존재하지 않는 것처럼 논문을 쓴다는 것은 더더욱 그러하다. 연속성상의 낮은 극단에만 초점을 두고 높은 극단은 존재하지 않는 것처럼 논문을 쓰는 것도 잘못된 일이다.

긍정심리학자들이 양극선상의 높은 극단이 아닌 다른 것을 일반적으로 연구한다고 주장하는 것은 이 분야의 방법론과 연구 결과에 모순된 일일 것이다. 일반적으로 특성은 분석 전 역채점 문항이 포함된 자기보고형 척도를 사용해 연구된다. 예컨대, GQ6 감사 척도에는 배은망덕을 측정하는 문항들이 포함되는데, 이 척도는 단일 연속선상에서 측정한다고 알려져 있다(McCullough, Emmons, & Tsang, 2002). 긍정심리학의 대다수 척도들도 마찬가지라고 할 수 있다. '긍정심리학' 척도를 개발할 때 긍정 문항과 부정 문항의 균형을 감안해서(정상적인 심리측정적 방식으로), 임의로 역채점 문항을 선정하게 된다. 가령 임의적으로 감사 문항을 역채점하고 배은망덕 문항을 역채점하지 않게 되면, 마찬가지로 감사 척도를 배은망덕 척도라고 할 수 있을 것이다. 그럴 경우, 똑같은 척도는 아니겠지만 이를 배은망덕 척도라 할 수 있겠다. 말하자면 척도를 이 방향으로 채점하면 긍정심리학 학술지로 가고, 다른 방향으로 채점하면 임상심리학 학술지로 가게 되는 터무니없는 상황이 벌어지는 셈이다.

Johnson(제6장)은 회복탄력성에 관한 문헌에 나오는 구성개념이 높은 수준에서 낮은 수준에 이르는 연속선상에 존재함을 인식하지 못할 때 예상되는 결과를 고찰한 바 있다. 상기 분야에서 동일한 특성(예컨대, 사회적 지지)의 낮은 수준은 위험요인으로, 높은 수준은 탄력요인으로 간주하는 것은 통상적이다(Johnson, Gooding, Wood, & Tarrier, 2010). 이렇게 정의 내리면, 회복탄력성이라는 구성개념은 낮은 위험성을 가리킬 뿐이어서 아무 의미가 없다. 대신 여기서 제안하는 바는, 회복탄력성이 두 특성들 사이의 특정한 상호작용에 존재한다는 것이다. 각 특성(탄력변수와 위험변수)은 낮은 수준에서 높은 수준까지 있는데, 이 둘의 상호작용은 부분의 합 이상을 만든다(예: 한 변인의 높은 수준은 다른 변인의 낮은 수준을 완화시킴). 선행연구에서 이 모델은 비임상 집단(부정적인 생활사건의 영향에 대한 자기효능감의 조절효과; Johnson et al., 2010)과 임상 집단(무망감에 미치는 자기효능감의 조절효과; Johnson, Gooding, Wood, Taylor, Pratt, & Tarrier, 2010)을 대상으로 자살에의 회복탄력성을 설명하는 데 적용된 바 있다.

일부 긍정심리학자들은 변인이 높은 수준에서 낮은 수준에 이르는 연속선상에 있음을 인지하지 못한 것 같다. 따라서 그들의 연구가 '부정'을 다루고 있음을 인지하지 못한 것으로 보인다. 하지만 임상심리학자들도 똑같은 함정에 빠졌다. 예를 들어, 정신장애의 진단 평가에는 전반적 기능평가가 흔히 포함되는데, 여기서 기능은 매우 손상된 수준부터 최우수 수준까지 해당된다. 그렇기 때문에, 사실상 임상심리학자들도 이를 충분히 인지하지 못한 채 '긍정'을 측정하고 있는 셈이다. 더욱이 진단 범주의 과학적 기반과 실효성에 대한 우려를 감안할 때, 전반적 기능에 더 초점을 맞추는 방향으로 대체해야 한다는 요구가 있었다. James Maddux(제2장)는 PCP 내에서 기능의 연속성에 초점을 둠으로써 정신질환을 탈병리화, 탈낙인화할 수 있다고 강력히 주장한 바 있다. 이는 '정신질환'에 집중된 초점을 '건강(wellness)'이라는 우리 모두가 해당되는 연속선으로 옮김으로써 가능하다.

전반적 기능의 척도로 '주관적 안녕감'(subjective well-being: SWB)과 '심리적 안녕감'(psychological well-being: PWB)을 들 수 있다. Joseph와 Patterson(제4장)이 논의했다시피, SWB는 긍정 정서, 부정 정서 및 삶의 만족도로 이루어진 상위 요인이다. Ruini와 Ryff는 PWB을 다룬 장(제11장)을 저술했는데, 이것은 자기수용, 타인과의 긍정적 관계, 삶의 목적, 환경 통제력 및 자율성으로 구성된다. 상위 개념인 SWB와 PWB 모두 낮은 수준부터 높은 수준에 이르는 연속선상에 있음을 인지하는 것이 중요하다. 구체적으로 SWB는 낮은 긍정 정서, 높은 부정 정서 및 낮은 삶의 만족도에서 높은 긍정 정서, 낮은 부정 정서 및 높은 삶의 만족도까지 분포해 있다. PWB는 자기 거절, 타인과의 손상된 관계, 무의미, 환경 무능력 및 복종에서 자기수용, 타인과의 긍정적 관계, 삶의 목적, 환경 통제력 및 자율성까지 걸쳐 있다. 분명히 SWB나 PWB는 본질적으로 긍정적이지 않으며, 오히려 기능의 연속성을 개념화하는 두 가지 매우 다른 방식이다(두 척도 모두 연속선상의 양측을 측정하기 위해 긍정 문항과 부정 문항을 사용). 이들은 전체 연속선에서 안녕감의 서로 다른 개념을 측정한다는 점에서 별개의 요인으로 보일 수 있다. 하나가 긍정적이고 다른 것이 부정적이어서가 아니라, 이들이 서로 다른 형태의 기능을 측정하고 있기 때문이다. 구별된 요인이라는 점은 대규모 연구에서 확인된 바 있다(예: Linley Maltby, Wood, Osborn, & Hurling, 2009). 흥미롭게도, 두 상위 요인은 매우 높은 상관을 보였는데(대략 $r = .76$; Linley et al., 2009), 이는 Joseph와 Patterson(제4장)이 제시한 인본주의 메타이론(humanistic meta-theory)에 부합하는 것이다. 이 이론에 따르면, 사람들이 개인적으로나 사회적으로 파괴적인 행동(낮은 PWB; 제28장에서 Pete Sander와 Stephen Joseph가 확장시킴)을 하면서 일반적으로 좋은 기분(높은 SWB)을 느끼기는 어렵다. 여전히 두 요인은 별개로 구분되지만 말이다.

SWB와 PWB 두 요인의 구별은 이 분야에 큰 혼란을 불러일으켰으며, PCP가 제안하는 통합에 장애물이 되었다. 예컨대, Westerhof와 Keyes(2010)는 질병과 긍정 기능으로 구성된 정신건강의 이중 연속성 모델을 강력히 주장한 바 있다. 이것은 SWB와 PWB가 2개의

(높은 상관을 보이나) 별개의 요인이라는 사실에 근거한다. Johnson과 Wood(인쇄 중)가 논의했다시피, 그러한 설명은 SWB와 PWB가 높은 수준부터 낮은 수준에 이르는 양극선상에 있으며, 서로 다른 개념을 측정한다는 사실을 간과한 것이다. 따라서 한 가지 이상의 기능을 평가할 필요가 있다는 점에서 이중 연속성을 거론할 수 있겠으나, 그렇게 되면 하나는 긍정적이고 다른 것은 부정적이라고 주장할 수 없게 될 것이다. 그렇게 하는 것은 우리가 추진하려는 통합에 직접적으로 반하는 일이다. 이처럼 강력하나 명백히 잘못된 설명은 PCP의 발전에 방해가 되었다(비록 PWB라는 중요한 개념을 대중화하는 데에 연구자들이 기여한 바를 높이 평가하지만 말이다.). Westerhof와 Keyes(그리고 제2장의 Maddux)와 마찬가지로, 우리는 진단적 범주에만 집중되었던 초점을 전반적 평가로 확대시키는 방향에 지지하며, SWB와 PWB가 괜찮은 시작점이라는 것에 동의한다. 하지만 균형 잡히고 총체적이며 올바른 분야가 되는 것이 중요하며, 이는 두 요인이 높은 수준부터 낮은 수준에 분포해 있다는 사실을 인지할 때 가능하다.

전반적 기능은 임상심리학자들이 부적응부터 적응 기능까지 전체 연속선에 초점을 두는 PCP의 핵심 권고를 이미 직관적으로 따르고 있는 영역이다(비록 이런 방식이 정상적으로 고려되지 않았지만 말이다.). 이미 진행 중인 두 번째 영역도 있는데, 이것은 첫 번째보다 더 감지하기 어렵고 인지하기 어려운 영역이다. 거의 모든 임상 장애 또는 기저의 과정은 부적응에서 적응까지 걸쳐 있다. Wood, Taylor, 그리고 Joseph(2010)는 우울을 가지고 이 사실을 증명한 바 있다. 이는 역학연구센터 우울 척도(Center for Epidemiological Studies Depression Scale: CES-D; 가장 많이 사용되는 5개 척도 중 하나)가 정상 우울 문항뿐만 아니라 "나는 행복하다"와 같은 역채점 문항을 포함하고 있다는 점에 근거한다. 그래서 앞의 논리에 따르면 이 척도가 우울부터 행복까지 연속성을 측정한다고 분명히 말할 수 있다. 이 논문에 보고된 요인분석은 이들 문항이 단일 연속성을 구성한다는 관점을 지지한다. 마찬가지로 Siddaway, Taylor, 그리고 Wood(2016)의 연구에서 상태−특질 불안 척도(State-Trait Anxiety Inventory: STAI)도 불안을 측정하는 문항과 평온함을 측정하는 역채점 문항이 함께 포함되어 있는데, 이들 문항 역시 단일 연속성을 구성한다는 점이 밝혀졌다. Wood와 Joseph(2010)가 강조했다시피, 이 척도들을 사용한 우울 또는 불안 연구는 전체 연속선상에서 안녕감을 이미 측정했다는 점에서 PCP와 일맥상통한다. 이를 인지하지 못했던 이유는 단순히 해석상의 잘못이다.

CES-D는 우울부터 행복까지, STAI는 불안부터 평온까지 연속성을 측정한다는 점이 입증되었음에도 불구하고, 이런 단순한 방식으로 구성개념을 생각하고 싶지 않은 것 같다('행복'이라는 단어는 특히 문제가 되는데, 행복이 심오한 철학적 주제이기도 하고 행복의 정의가 개인의 선택에 달려 있기 때문이다.). 사실상 연구 결과들은 정신장애의 진단기준에 내재하는 기능의 형태가 적응에서 부적응까지 걸쳐 있다는 점을 시사해 준다. 예컨대, 우울의 진단기준에는 높은 부정 정서, 낮은 긍정 정서(무쾌감증), 참여 부족, 질 낮은 수면, 식욕 손상 및 빈약한 사회적 관계가 포함된다. 분명 각 항목은 부적응부터 적응에 이르는 연속선상에 있다―낮은 부정 정서, 높은 긍정 정서, 참여, 숙면, 적절한 섭식 및 충분한 사회적 관계. 따라서 우울 척도를 분석한 연구 결과와 상관없이, 우울 구성개념의 근거가 되는 진단기준이 논리상 부적응부터 적응까지 걸쳐 있다고 말할 수 있겠다. 이러한 사실은 거의 모든 정신장애에 해당된다고 볼 수 있다.

  정신장애의 기저 과정을 전체 연속선상에서 다루게 되면 가장 범주적으로 보이는 장애도 부적응에서 적응에 이르는 연속선상에 위치하는 것으로 간주할 수 있으며, 이는 PCP에 부합하는 것이다. Thomas Widiger(제18장)는 성격장애를 가지고 이를 입증한 바 있다. 성격장애는 정신건강 문헌에서 이분법상 '존재'하거나 '부재'한 것으로 가장 많이 간주된 장애들 중 하나다(흔히 '범주형 장애'로 불린다.). 그에 반해 Widiger는 성격장애가 높은 수준부터 낮은 수준에 이르는 '정상' 성격 연속선상의 극단에서 발생한다는 점을 증명해 보였다. 그의 성격 모델은 5요인 모델인데, 이는 사람들이 관찰할 수 있는 심리적 차이에 초점을 두고 있다. 이것은 대표 사전들에서 가져 온 사람을 묘사하는 형용사들(기술 또는 비심리적 차이는 제외)에 대한 반응을 요인분석한 결과이기 때문에, 사람들 간 행동 성향의 기본적인 차이를 나타낸다. 따라서 PCP의 관점에서 치료란 범주형 장애(성격 과정의 부수 현상인 것으로 밝혀짐)를 제거한다기보다, 개인의 삶에 가장 적응적인 방향으로 행동 성향의 수준을 변화시키는 것이라 할 수 있다. 이를 구체적으로 제시한 바 있는 Christopher Taylor와 Arnoud Arntz(제30장)는 성격의 또 다른 정의에 근거하여 똑같이 주장하였다. 여기서 성격은 세상에 관한 특정한 도식적 신념으로서 행동 성향을 유발한다. 이들은 Lockwood와 Perris(2012)의 연구를 언급하면서, 양육과 초기 생활환경(외상에서 최적 수준까지)에 따라 욕구의 충족 정도가 달라지게 되고, 결과적으로 세상을 바라보는 18개의 도식(각각 부적응에서 적응까지)이 생긴다고 주장하였다. 이러한 내용을 도식치료에 추가하게 되면, 이상적인 PCP 치료가 될 수 있는 길이 열린다. PCP 치료의 목적은 모든 내담자가 개별 핵심 도식에서 적응적인 방향으로 나아갈 수 있도록 조력하는 것이다. 이론에 따르면, (특정 도식에서 유발된) 성격장애뿐 아니라 다른 모든 정신병리도 제거할 수 있을 것이라 예상되며, 사실상 심리적 성장을 최대한 촉진시킬 수 있다.

  PCP가 필요하다는 논거의 핵심에는 다음의 사실이 자리한다. ① 긍정심리학자가 연구하는 대부분의 개념은 낮은 수준에서 높은 수준까지 걸쳐 있으며, ② 임상심리학자가 연구하는 대부분의 주제도 마찬가지로 부적응에서 적응까지 연속선상에 있다. 연속선의 절반만 연구한다는 것은 타당하지도, 가능하지도 않다. 우리가 비판적으로 비쳤다면, 임상심리학과 긍정심리학을 총체적인 분야로 통합함으로써 사람들을 더 이해하고 조력하고자 하는 의도에서일 뿐이다.

'긍정적인' 또는 '부정적인' 특성이란 없다

Barbara Held(제3장)는 자기만의 독특한 방식대로 우리가 쓴 논문 중 하나이자 PCP 특별호(Wood & Tarrier, 2010)에 실린 사설 논문을 집중적으로 비판했다. 저명한 '긍정심리학 비평가'로서 그녀는 자신의 트레이드마크인 진정성을 보여 주었는데, 그녀의 비판은 대단히 필요하고 환영할 일이다. Held는 모든 특성이 낮은 수준에서 높은 수준까지 걸쳐 있다는 논리를 지지하면서도, 우리가 '긍정' 또는 '부정'에만 초점을 두고 비판하는 것에서 더 나아가야 한다고 보았다.

Held는 PCP가 필요한 핵심 이유를 강조하면서, 낮은 극단이나 높은 극단의 특성은 본래 '긍정적'이거나 '부정적'이지 않다고 지적했다. 왜냐하면 어떤 것도 모든 사람에게 항상 좋을 수는 없기 때문이다. 대신 개별 상황에서 개별 내담자에게 적응적인 경우를 고려해야 한다고 제안했다. 가령 낙관성은 '긍정심리학' 특성으로 간주되는데, 지나치게 무모한 행동을 초래할 가능성이 있어도 대부분 안녕감과 정적 상관을 갖는다. 역으로 어떤 사람에게는 '방어적 비관주의'가 건설적일 수 있다. Boyce, Wood, 그리고 Brown(2010)의 연구에서는, 안녕감에서 넘 수행까지 보는 면에서 적응적인 셋으로 보이는 싱실싱이 실입 이후 이떻게 부적응을 초래하고 삶의 만족도를 크게 감소시키는지 조명되었다. Wood, Emmons, Algoe, Froh, Lambert, 그리고 Watkins는 이 책 제10장에서 '감사'가 부적절한 상황(학대자에게 또는 지배계급이 억압의 목적으로 사용할 경우)에서는 부적응적일 수 있다고 주장하였다. Warren Mansell은 제16장에서 양극성 장애를 가지고 이 쟁점을 다루었다. 그에 따르면, 이 장애를 특징짓는 정적 기분 또는 부적 기분의 수준 자체가 문제라기보다, 이들이 상충하거나 개인의 다른 목적과 충돌할 때 문제가 발생한다. Eamonn Ferguson(제8장)이 설명했다시피, 높은 수준의 공감이 언제나 바람직한 것은 아니다. 사이코패스(psychopath)의 경우 타인에 대한 공감은 현저히 결핍되어 있으나 특정 유형의 공감 수준은 매우 높다. 또한 Sedikides와 Wildschut(제9장)가 연구한 향수(nostalgia)는 달콤 쌉싸름한 느낌이라 할 수 있는데, 이 요인은 높은 극단이나 낮은 극단에서는 전혀 '긍정적'이지 않은 것으로 나타났다.

요컨대, 대부분의 특성이 낮은 수준에서 높은 수준까지 걸쳐 있다는 점을 인정하더라도, 높은 수준(낮은 수준도 마찬가지)이 바람직하다고 말하기는 어렵다. 그렇게 말하면 과잉 일반화가 되기 때문이다.

실제로 아리스토텔레스(350 BC/1999)는 덕목을 다룬 완결판에서 다음의 내용을 분명히 밝혔다. 여기서 덕목은 문화적으로 가치 있는 특성에 기반한 것으로, ① 행동이란 낮은 수준부터 높은 수준에 이르는 특성과 관련되며, ② 지나치게 높은 수준의 특성과 지나치게 낮은 수준의 특성 모두 부도덕하다(말 그대로, 사악하다)는 것이다. 오히려 덕목은 두 극단 사이의 적정 수준으로 상황에 맞게 표현되는 것이다. 이를테면, 미래에 대한 관점은 역기능적으로 심한 비관주의부터 적정 수준을 거쳐, 언제나 긍정적인 성과를 바라는 극단적인 낙천주의자(Pollyanna) 같은 역기능적 기대까지 걸쳐 있다고 말할 수 있겠다. 어떤 방향으로든 상황상 적정 지점에서 벗어나면 부적절한 행동을 초래할 수 있다. 적정 지점이란 상황 및 개인 특성에 따라 달라질 수 있으며, 연속선상에서 양극단 사이에 있는 지점의 위치는 개인마다 상황별로 달라질 수 있다. 이러한 지혜는 Held의 설명과 일치한다.

Held의 지적에 대해 간략히 언급하고자 하는데, 그녀가 제기한 쟁점을 PCP에서 중요하게 직접 검토할 필요가 있어서다. 첫째, 언제 적응적인지 부적응적인지 논의하는 것이 가장 중요하다는 제안에 동의하는 바이지만, 이러한 주장을 하려면 먼저 모든 변인이 연속선상(높은 수준부터 낮은 수준까지)에 존재한다는 PCP의 전제 조건이 널리 인정되어야 한다. 이를 전제로 할 때, 상황별 개인별로 가장 적응적인 지점을 연속선상에서 검토할 수 있다. 둘째, 그녀는 우리가 쓴 논문(Wood & Tarrier, 2010)에서 잘못된 점을 정확히 집어낸 바 있다. 그 논문에서 우리는 모든 변인이 높은 수준에서 낮은 수준까지 연속선상에 있다고 주장하면서, 상기 주장과 정반대로 긍정심리학이 대중화시킨 구성개념(예: 감사)을 '긍정적'이라 표현했다. Johnson과 Wood의 논문(인쇄 중)에서 이러한 오류를 바로잡고 폭넓게 논의하였다. 본래 여기서 제기하려는 논지는 긍정심리학자들이 연구하는 구성개념을 '긍정적'이라 표현할 수 없지만(임상심리학자들이 연구하는 개념을 '부정적'이라 할 수 없는 것처럼), 긍정심리학자들이 연구하는 특성이 임상심리학자들이 연구하는 것과는 질적으로 다른 특질이라는 점이었다. 즉, 긍정심리학이 감사, 낙관성, 자기효능감과 같은 성격특성을 주로 연구한다면, 전통적 임상심리학은 인지적 변인 및 증상-관련 변인에 주력해 왔다. 그렇기 때문에, 두 특성을 모두 고려한다면 유용할 것이다. 전술한 내용이 PCP에 대한 Held의 비판에 답변이 되기를 바라며, 앞으로 PCP 비평가들과 토의할 날을 기대한다. Held와 같은 비평을 기꺼이 받아들임으로써, PCP는 결국 성공한 분야가 될 수 있으며 유용하고 정확한 분야가 될 수 있다. 또한 특정 긍정심리학 운동에 흔히 제기되는 고립주의 및 비과학적 처치라는 의혹을 피할 수 있다.

만일 높은(또는 낮은) 수준의 특성이 모든 사람에게 언제나 적응적인 것은 아니라는 주장을 받아들인다면, PCP의 필요성과 관련해 세 가지 함의점을 생각해 볼 수 있다. 첫째, 어떤 것은 '긍정적'이고 다른 것은 '부정적'이라는 전제하에, 한 분야에서 어떤 특성을 연구하고 다른 분야에서 다른 특성을 연구하는 것은 의미가 없다. 왜냐하면 어떤 변인이 '긍정적'인지 '부정적'인지 여부는 개인과 상황에 달려 있기 때문이다. 무엇이 긍정인지 부정인지 결정짓는 것은 과학이나 철학, 객관적 현실에 근거하기보다 연구자들의 가치 판단에 더 가깝다.

둘째, 개별 사례 개념화는 개인의 삶을 총체적으로—보통 '좋은' 또는 '나쁜' 것으로 간주되는 특성들을 검토—고찰해야 한다. 동시에 내담자의 생물학적 특성과 초기 경험, 생활사, 현재 상황, 특질, 태도, 기능 수준을 감안하여 상기 특성이 내담자의 삶에서 맡은 역할에 대해 열린 마음을 유지해야 한다. 이처럼 진정한 통합은 총체적 접근의 필요성을 강조하는 PCP를 통해서만 가능할 것이다.

셋째, 어떤 내담자에게 유용한—전통심리학과 긍정심리학에서 비롯된—개입법이 다른 내담자에게는 유해할 수 있다. 성격심리학 관련 최근 연구에서 우리는 성격이 상황과 상호작용한다는 점을 입증한 바 있다(예: Boyce & Wood, 2011a, b). 따라서 상황을 무시하고 어떤 것 하나만 증진시킬 수는 없다. 이것 역시 PCP의 필요성을 반영해 준다. 왜냐하면 임상가는 개별 내담자에게 최상의 기법을 적용시키기 위해 광범위한 기법들을 알아야 하기 때문이다. 예컨대, Geraghty, Wood, 그리고 Hyland(2010a, b)가 밝혔듯이, 특정 상황(중도탈락이 높을 것으로 예상되는 온라인 개입)에서 감사 증진을 위한 기법은 현재 문제를 다루는 데 있어 자동적 사고의 관찰 및 수정만큼 효과적이었으며 더 낮은 중도탈락률을 보였다. 그러나 감사를 다룬 이 책 제10장에서 Wood 등이 주장한 바와 같이, 특정 상황(이미 학대자에게 자신의 욕구를 지나치게 예속시킨 경우라든지 부적절하게 기법을 사용해서 이런 문제를 악화시키는 경우)에서 감사 기법을 부주의하게 사용하는 것은 해로울 수 있다. 요지는 어떤 특성을 긍정적이거나 부정적이라고 말하는 것에서 벗어나야 한다는 점이다. 이러한 표현이 보통 효과가 있지만 말이다. 오히려 특정 내담자에게서 어떤 특성이 갖는 역할—그리고 특성 장려의 득실—을 고려해야 한다. 이를 위해서는, 어느 한 쪽에 임의로 초점을 두지 말아야 하며, 현실보다 역사와 가치 판단에 근거해서 이 둘을 별도의 연구 분야에 두는 일이 없어야 한다.

다양한 특성들의 최적 수준을 정하려면 훨씬 많은 연구들이 필요하다. 아리스토텔레스의 주장은 통계적으로 덕목에 따른 행동과 그 결과 간에 역 'U'자형을 내포한다. 여기서 높은 수준과 낮은 수준은 역기능적이고 가운데 지점들은 최적 수준에 해당된다. 경제학 같은 분야에서는 선형관계 가정이 당연한 것으로 검증되지만, 심리학에서는 거의 드물다고 할 수 있다. 대조적으로 심리학에서는 전체 가설을 검토하는 예외적인 경우를 제외하고, 선형 회귀의 적절성 여부를 검증하는 일은 매우 드물다. 비록 안녕감 문헌에서 비선형 효과를 다룬 매우 잘 알려진 연구가 있지만 말이다(예컨대, 적응: Boyce & Wood, 2011b). 이와 반대되는 유명한 반례는 Park, Peterson, 그리고 Seligman(2004)의 연구다. 이 연구에서는 VIA 강점과 삶의 만족도 간에 선형관계가 입증된 바 있다(역 'U'자형 또는 다른 비선형의 가능성이 기각됨). 하지만 이에 대한 세 가지 해답을 들 수 있다.

첫째, 예측변인 자체가 해당 특성의 전체 연속선을 실제로 측정해야 한다. 사회적으로 매우 바람직한 특성(덕목으로 불리는)의 자기보고는 결과변인인 삶의 만족도와 방법 변량(method variance)을 공유할 가능성이 높다. 그렇기 때문에 자신이 매우 겸손하다고 말하는 사람이 자신의 삶에 매우 만족한다고 말하게 되는 것은 놀라운 일이 아니다.

둘째, 우연히 또는 연구 설계상 예측변수가 전체 연속선에서 행동을 평정하지 않고, 적당한 선에서 또는 상황에 적절한 정도를 측정한 것일 수 있다. 이 경우 측정치와 건강한 기능 간에 선형관계를 예상할 수 있다. 적당선과 상황 적절성에 초점을 두면, 역기능적으로 과하고 지나친 행동을 가리키는 높은 극단치를 피하게 된다는 점에서 그렇다. 이러한 유형의 측정이 많은 경우 적절하겠으나, 아리스토텔레스 방식의 비선형 척도는 배제되어 버린다. 이 방식은 전체 연속선상에서 행동을 측정하도록 요구하기 때문이다. 또한 결과변수도 적절한 것이어야 한다. 예를 들어, 특성의 증가 수준은 삶의 만족도로 측정되는 자부심(smugness)과 관련되지만, 실제로는 좋은 삶(good life)을 살고 있지 않을 수 있다('좋은 삶'에 관한 사회적으로 다양한 정의를 고려할 때). 유추컨대, 성격장애를 치료할 때 흔히 관찰되는 문제점이기도 한데, 특권의식은 기분을 좋게 하기 때문에 이것이 삶의 다른 영역을 파괴한다는 사실을 깨닫기 전(즉, 결과 측정치를 삶의 만족도에서 다른 것으로 바꾸기 전)에는 변화하려는 동기가 없다. 추후 PCP에서 이와 관련된 연구를 직접 다루어야 할 것이다.

셋째, 우리가 보기에, 어떤 특성들은 연속선상에서 점수가 높을수록 본래 더 긍정적이다(Held의 지적을 감안하여 여기에서는 '부적응'과 '적응'이라는 표현을 유지하는 이유임). 만약 인간 본성에 대한 특정 인본주의적 가정(제28장에서 Sanders와 Joseph가 설명)을 받아들인다면, 핵심 본성을 지향하는 움직임은 언제나 긍정적으로 보일 것이다. Taylor와 Arntz(제30장)가 정확히 규명한 대로, 부적응에서 적응 도식으로의 변화는 항상 긍정적일 것이다. 임상 현장에서는 어쩔 수 없는 일이지만(Wood & Joseph, 2007), 우리가 여기서 제시한 인간성의 핵심 가정에 독자들은 동의하지 않을 수 있다.

긍정심리학적 특성은 임상적 고통의 예측에서 증분타당도를 보인다

전술한 바대로 긍정심리학자들이 연구하는 특성은 본질상 긍정적이지 않지만, 그들이 강조한 특성들은 심리학 분야에서 독창적이었으며, 긍정심리학자들의 연구 주제는 임상 결과를 예측함에 있어서 지금껏 연구된 것 이상으로 증분타당도를 갖는 것으로 입증되었다. 감사(Wood, Froh, & Geraghty, 2010; Wood et al., 이 책 제10장)를 예로 들자면, 감사는 성격 5요인(Big Five)을 측정하는 NEO-PI-R의 30개 각 하위 척도 이상으로 삶의 만족도(Wood, Joseph, & Maltby, 2008)와 PWB(Wood, Joseph, & Maltby, 2009)를 상당 부분 예측하였다. NEO-PI-R 척도는 심리학에서 가장 많이 연구된 특질들을 전체로 합친 것이어서 모든 것을 총망라한 도구라 할 수 있다. 특히 NEO 척도에는 임상적 특성인 불안, 스트레스, 우울, 취약성, 충동성의 특질 수준에 대한 측정치가 포함되어 있다. 또한 감사는 종단적으로 우울의 감소(뒤이은 행복의 증가)와 스트레스의 감소 및 사회적 지지의 인식 증가를 성격 5요인 이상으로 예측하였다(Wood, Maltby, Gillett, Linley, & Joseph, 2008). 마지막으로 감사 역시 성격 5요인 이상으로 수면의 질 향상을 예측하는 것으로 나타났다(Wood, Joseph, Lloyd, & Atkins, 2009). 배은망덕부터 감사에 이르는 특성 자체에는 본질상 긍정적인 면이 없으나, 긍정심리학 분야에서 비롯된 이 개념은 심리학에 없던 새로운 특성을 반영하는 동시에 임상적 관련성 역시 상당하다고 할 수 있다. 개인차 및 장애를 다루고 있는 이 책의 제2부와 제3부는 이러한 논의를 위해 할애되었다. 여기에는 David Watson의 정적 정서(제5장), James Maddux와 Evan Kleiman의 자기효능감(제7장), Adam Davidson과 George Valliant의 긍정 노화에 관한 특성(제12장), Chiara Ruini와 Carol Ryff의 심리적 안녕감(제11장)이 포함된다. Philip Watkins와 Andrew Pereira는 불안과 관련하여 긍정심리학적 특성들의 역할을 다루었으며(제14장), Peter Taylor는 아동기 장애의 맥락에서 논의하였다(제19장). Barney Dunn과 Henrietta Roberts는 우울과 관련하여 긍정적인 기분과 기대의 부재를 연구하였으며(제13장), Andrew MacLeod는 자살과의 관련성을 다루었다(제20장). 마지막으로 Elizabeth Addington, Richard Tedeschi, 그리고 Lawrence Calhoun(제15장)은 외상에 대한 반응으로 고통보다 성장에 초점을 두는 것이 중요하다고 보았다. 비록 긍정심리학자가 연구하는 특성들이 전적으로 항상 '긍정적'이라 보긴 어렵지만, 각 장에서 강조하다시피 이에 대한 연구가 많이 필요하며 임상심리학 이론과 실제에 상당히 유용하리라 생각된다.

긍정심리학적 기법은 임상 현장에서 활용될 가능성이 있다

제4부에서는 긍정심리학에서 개발되었거나 이와 관련된 특정 기법 및 임상심리학에서의 적용을 다루고 있다. 완전한 체계를 갖춘 5개의 치료가 소개되었는데, 긍정심리치료(Tayyab Rashid, 제22장), 용서치료(Everett Worthington et al., 제24장), 마음챙김(Shauna Shapiro, Sarah de Sousa, & Carley Hauck, 제25장), 웰빙 치료(Giovanni Fava, 제26장), 삶의 질 치료(Michael Frisch, 제27장)가 그것이다. 각 치료가 긍정심리학 이론으로부터 발전했지만, 전체 핵심을 잘 유지하면서 전통적인 치료 접근법에 기반을 두고 있기 때문에 긍정 임상 치료가 될 수 있는 가능성이 있다. 저자들이 인정했듯이, 마음챙김을 제외하면 전통적인 접근과의 관련성을 다룬 근거 기반 연구는 아직 예비단계에 있다. 그럼에도 초기 증거들은 지지적이며 전망이 밝다고 할 수 있다. 이러한 내용들을 포함시킴으로써, 매우 독창적인 접근법에 대한 관심이 집중되고 최상위 기준에 맞춘 다기관 무선통제실험이 활성화(자금 지원에 기여)되길 바란다. 앞으로는 이 치료들이 보다 전통적인 접근들을 대체하게 될 것이다. 근거 기반 치료를 입증하는 연구들이 더 많이 필요하겠지만 말이다. 우리는 그렇게 될 것이라 기대한다. 현재로는 이 치료들이 전도유망하고 흥미로운 접근으로서 모든 치료자들이 검토해야 하는 쟁점을 제기한다고 할 수 있겠다. 마지막으로 2개의 장에서는 긍정심리학의 특정 기법들을 탁월하게 개관하고 있다(긍정심리학적 접근, Acacia Parks & Liudmila Titova, 제21장, 그리고 긍정적 활동과 개입, Lilian Shin & Sonja Lyubomirsky, 제23장). 특히 긍정적 활동이 기존 임상심리학 치료에 통합될 가능성이 높다고 생각된다. 가령 이전 연구에서 우리는 마음 확장 정서 대처(Broad Minded Affective Coping: BMAC) 프로토콜의 효과성을 탐색한 바 있다(Johnson, Gooding, Wood, Fair, & Tarrier, 2013). BMAC는 내담자의 기억에 근거하여 긍정적 기분을 유도하는 기법으로서, 임상 치료 회기에서 정적 정서를 활성화하는 데 사용하기에 적합하다. 이것은 우리가 임상심리학에서 긍정심리학 기법의 사용을 바라보는 방식과 일치한다. 기존 치료를 대체한다기보다, 내담자와의 협력적 대화를 통해 개별 임상적 판단에 따라 적용할 수 있는 특정 기법으로 말이다. 이 장에서는 새로운 시사점들을 풍부하게 제공하고 이에 대한 여러 근거 기반을 논의하였다. 기대하건대, 수년 내 임상 장면에서 보다 엄밀한 실험을 통해 긍정적 활동이 기존 치료에 추가될 때의 상대적 이점이 입증되길 바란다.

이러한 관점에서 본다면 기존의 많은 치료들은 이미 PCP이다

마지막으로 PCP는 무엇보다 먼저 긍정심리학과 임상심리학 분야에 관한 새로운 관점이 되고자 한다. 기쁘게도, 이 책 제5부에서는 주요 치료 분야의 최고 전문가들이 현재 시행 중인 치료법이 어떻게 안녕감의 전체 연속선에서 이미 작동하고 있는지(또는 적응적인 측면을 증진시키면서 동시에 부적응적인 측면을 감소시키는지)를 다루고 있다. Pete Sanders와 Stephen Joseph(제28장)는 인간중심치료를, Timothy Feeney와 Steve Hayes(제29장)는 수용전념치료를, Christopher Taylor와 Arnold Arntz(제30장)는 도식치료를 다루고 있다. 머지않아 안녕감의 전체 연속성에 이미 초점을 두고 있는 다른 치료들이 폭넓게 검토되기를 기대한다.

결론

Thomas Kuhn(1962)이 『과학혁명의 구조(The Structure of Scientific Revolutions)』에서 밝혔듯이, 과학의 발전은 명백하게 비선형적이며 현 시대정신의 영향을 받는다. 패러다임은 당대 근거 기반에 대한 표준적인 해석을 대표한다. 이 패러다임은 새로운 증거에 의해 강화되는데, 그러한 해석이 가능하다면 일반적으로 이 패러다임과 일치하는 것으로 해석된다. 그러나 결국 이 패러다임을 기각시키는 반증이 충분히 쌓이면, 건강한 위기가 형성된다. 이러한 위기에서 새로운 패러다임이 생겨나고, 이와 관련하여 새롭고 중대한 증거들이 나타나다가, 결국 이 패러다임도 기각되어 버린다. 인간의 지식은 이러한 방식으로 발전해 나간다. 긍정심리학이 등장하기 전에 패러다임은 임상연구와 현장에서 부정적이라 간주되던 것을 이해하고 감소시키는 데에만 머물러 있었다. 긍정심리학은 충분한 반증을 성공적으로 제공하였기에 기존의 패러다임을 기각시키고 이 분야에 위기를 만들어 냈다. 혹자는 긍정심리학이 차기 패러다임이 될 것이라 예상했으나, 주장컨대 그런 일은 일어나지 않았다. 이유로는 분열 고립주의파, 이전 접근법에 대한 인식 부족, 일부 (단발적인) 연구의 질 문제, 비판에 대한 개방성 부족을 들 수 있겠다. 더 정확히 말하면 긍정심리학이 위기의 원인이자 전형이라고 볼 수 있다. 이것은 심리학에 엄청난 기여가 될 수 있다. 왜냐하면 지식은 패러다임의 기각을 통해서만 발전하며, 패러다임을 기각시킨 것보다 더 대단한 찬사는 없기 때문이다. PCP가 임상심리학의 차기 패러다임이 될지는 아직 확신하지 못하지만, 역사가 보여 주듯 불과 몇 년 후에 판명날 것이다. PCP는 방어할 수 없는 패러다임의 붕괴에 기여하는 비판을 단순히 다듬은 것일 수 있다. 그렇다면 PCP는 매우 유용한 도움을 준 것이라 할 수 있으며, 우리는 차기 패러다임의 출현을 고대할 것이다. 임상심리학 연구와 현장에 큰 변화를 보여 준 PCP의 기념비적인 발전에 참여해 준 모든 저자들에게 깊이 감사드리는 바이다. 이 책에 이토록 많은 저명한 분들이 참여했다는 것은 PCP 접근법이 주류에 들었다는 증거가 된다. 독자들이 이 책에 자극받아, 여기서 읽은 내용에 동의하지 않더라도 자신의 연구 가정에 대해 고찰해 보고 임상심리학 연구와 현장의 질을 개선하려는 결심을 새롭게 다지길 기대한다.

참고문헌

Aristotle (1999 [350 BC]). *Nicomachean Ethics*. Trans. T. Irwine. Indianapolis, Indiana: Hackett.

Bohart, A. C. (2002). Focusing on the positive. *Focusing on the negative: Implications for psychotherapy. Journal of Clinical Psychology, 58*, 1037-1043.

Boyce, C. J. & Wood, A. M. (2011a). Personality and the marginal utility of income: Personality interacts with increases in household income to determine life satisfaction. *Journal of Economic Behavior & Organization, 78*, 183-191.

Boyce, C. J. & Wood, A. M. (2011b). Personality prior to disability determines adaptation: Agreeable individuals recover lost life satisfaction faster and more completely. *Psychological Science, 22*, 1397-1402.

Boyce, C. J., Wood, A. M., & Brown, G. D. A. (2010). The dark side of conscientiousness: Conscientious people experience greater drops in life satisfaction following unemployment. *Journal of Research in Personality, 44*, 535-539.

Coyne, J. C. & Tennen, H. (2010). Positive psychology in cancer care: Bad science, exaggerated claims, and unproven medicine. *Annals of Behavioral Medicine, 39*, 16-26.

Coyne, J. C., Tennen, H., & Ranchor, A. V. (2010). Positive psychology in cancer care: a story line resistant to evidence. *Annals of Behavioral Medicine, 39*, 35-42.

Duckworth, A. L., Steen, T. A., & Seligman, M. E. P. (2005). Positive psychology in clinical practice. *Annual Review of Clinical Psychology, 1*, 629-651.

Geraghty, A. W. A., Wood, A. M., & Hyland, M. E. (2010a). Attrition from self directed interventions: Investigating the relationship between psychological predictors, intervention content and dropout from a body dissatisfaction intervention. *Social Science & Medicine, 71*, 31-37.

Geraghty, A. W. A., Wood, A. M., & Hyland, M. E. (2010b). Dissociating the facets of hope: Agency and pathways predict dropout from unguided self-help therapy in opposite directions. *Journal of Research in Personality, 44*, 155-158.

Held, B. S. (2004). The negative side of positive psychology. *Journal of Humanistic Psychology, 44*, 9-46.

Johnson, J., Gooding, P. A., Wood, A. M., & Tarrier, N. (2010). Resilience as positive coping appraisals: Testing the schematic appraisals model of suicide. *Behavior Research and Therapy, 48*, 179-186.

Johnson, J., Gooding, P. A., Wood, A. M., Fair, K. L., & Tarrier, N. (2013). A therapeutic tool for boosting mood: The broad-minded affective coping procedure (BMAC). *Cognitive Therapy and Research, 37*, 61-70.

Johnson, J., Gooding, P. A., Wood, A. M., Taylor, P. J., Pratt, D., & Tarrier, N. (2010). Resilience to suicidal ideation in psychosis: Positive self-appraisals buffer the impact of hopelessness. *Behavior Research and Therapy, 48*, 883-889.

Johnson, J., Wood, A. M., Gooding, P., & Tarrier, N. (2011). Resilience to suicidality: The buffering hypothesis. *Clinical Psychology Review, 31*, 563-591.

Johnson, J. & Wood, A. M. (in press). Integrating positive and clinical psychology: Viewing human functioning as continua from positive to negative can benefit clinical assessment, interventions and understandings of resilience. *Cognitive Therapy and Research.*

Joseph, S. & Linley, P. A. (2006a). *Positive therapy: A meta-theory for positive psychological practice.* London: Taylor & Francis.

Joseph, S. & Linley, P. A. (2006b). Positive psychology versus the medical model? *American Psychologist, 61*, 332-333.

Kuhn, Thomas S. (1962). *The structure of scientific revolutions.* Chicago: University of Chicago Press.

Lazarus, R. S. (2003). Does the positive psychology movement have legs? *Psychological Inquiry, 14*, 93-109.

Linley, P. A., Joseph, S., Harrington, S., & Wood, A. M. (2006). Positive psychology: Past, present, and (possible) future. *Journal of Positive Psychology, 1*, 3-16.

Linley, P. A, Maltby, J., Wood, A. M., Osborne, G., & Hurling, R. (2009). Measuring happiness: The higher order factor structure of subjective and psychological well-being measures. *Personality and Individual Differences, 47*, 878-884.

Lockwood, G. & Perris, P. (2012). A new look at core emotional needs. In: J. B. M. van Vreeswijk & M. Nadort (Eds.), *The Wiley-Blackwell handbook of schema therapy: Theory research and practice* (pp. 41-66). Chichester: Wiley-Blackwell.

Maslow, A. H. (1954). *Motivation and personality*. New York: Harper.

McCullough, M. E., Emmons, R. A., & Tsang, J. (2002). The grateful disposition: A conceptual and empirical topography. *Journal of Personality and Social Psychology, 82*, 112-127.

Park, N., Petterson, C., & Seligman, M. E. P. (2004). Strengths of character and well-being. *Journal of Social and Clinical Psychology, 23*, 603-619.

Rusk, R. D. & Waters, L. E. (2013). Tracing the size, reach, impact, and breadth of positive psychology. *Journal of Positive Psychology, 8*, 207-221.

Seligman, M. E. P. & Csikszentmihalyi, M. (2000). Positive psychology: An introduction. *American Psychologist, 55*, 5-14.

Siddaway, A. P., Taylor, P. J., & Wood, A. M. (2016). The State-Trait Anxiety Inventory (STAI) measures a linear continuum from anxiety to calmness: Potential implications for the professional "agenda" of mental health services [working title], unpublished manuscript, available at: www.alexwoodpsychology.com.

Sumner, P., Vivian-Griffiths, S., Boivin, J., Williams, A., Venetis, C. A., Davies, A. Ogden, A., Whelan, L., Hughes, B., Dalton, B., Boy, F., & Chambers, C. D. (2014). The association between exaggeration in health related science news and academic press releases: Retrospective observational study. *British Medical Journal, 349*, g701.

Tennen, H. & Affleck, G. (2003). When accentuating the positive, don't forget the negative or Mr. In-between. *Psychological Inquiry, 14*, 163-169.

Westerhof, G. J. & Keyes, C. L. M. (2010). Mental illness and mental health: The two continua model across the lifespan. *Journal of Adult Development, 17*, 110-119.

Wood, A. M., Froh, J. J., & Geraghty, A. W. A. (2010). Gratitude and well-being: A review and theoretical integration. *Clinical Psychology Review, 30*, 890-905.

Wood, A. M. & Joseph, S. (2007). Grand theories of personality cannot be integrated. *American Psychologist, 62*, 57-58.

Wood, A. M. & Joseph, S. (2010). The absence of positive psychological (eudemonic) well-being as a risk factor for depression: A ten year cohort study. *Journal of Affective Disorders, 122*, 213-217.

Wood, A. M., Joseph, S., Lloyd, J., & Atkins, S. (2009). Gratitude influences sleep through the mechanism of pre-sleep cognitions. *Journal of Psychosomatic Research, 66*, 43-48.

Wood, A. M., Joseph, S., & Maltby, J. (2008). Gratitude uniquely predicts satisfaction with life: Incremental validity above the domains and facets of the five factor model. *Personality and Individual Differences, 45*, 49-54.

Wood, A. M, Joseph, S., & Maltby, J. (2009). Gratitude predicts psychological well-being above the Big Five facets. *Personality and Individual Differences, 46*, 443-447.

Wood, A. M., Maltby, J., Gillett, R., Linley, P. A., & Joseph, S. (2008). The role of gratitude in the development of social support, stress, and depression: Two longitudinal studies. *Journal of Research in Personality, 42*, 854-871.

Wood, A. M., Taylor, P. T., & Joseph, S. (2010). Does the CES-D measure a continuum from depression to happiness? Comparing substantive and artifactual models. *Psychiatry Research, 177*, 120-123.

Wood, A. M. & Tarrier, N. (2010). Positive Clinical Psychology: A new vision and strategy for integrated research and practice. *Clinical Psychology Review, 30*, 819-829.

Wood et al. (in press). Applications of Positive Psychology. *The Oxford Handbook of Positive Psychology.*

제2장

더 긍정적인 임상심리학을 향하여
질병 이데올로기와 정신과적 진단을 해체하기

James E. Maddux

이 장은 임상심리학자들이 심리적 질병(illness)과 건강(wellness)의 차이에 대해 전통적으로 어떻게 인식해 왔는지와 이 차이를 어떻게 인식해야만 하는지에 관심이 있다. 따라서 이 장의 주요 목적은 심리적 건강과 질병에 대한 전통적인 개념에 도전하고, 임상심리학의 비전과 사명에 부합하는 새로운 개념을 제안하는 것이다. 이를 위해 우리는 일반적으로는 질병 이데올로기(illness ideology)라고 부르는 것, 특히 정신과적 진단의 '해체'를 제안할 것이다.

건강과 질병의 차이에 대한 개념(concept)은 건강이나 질병에 대한 이론(theory)이 아니다(Wakefield, 1992). 건강과 질병에 대한 개념이란 사람들의 어떠한 경험을 '건강하다' 또는 '아프다'라고 간주해야 하는지를 설명하기 위해 해당 용어들을 정의하려는 시도다. 반면 건강과 질병에 대한 이론이란 건강과 질병에 대한 개념을 통해 확인된 심리학적 현상과 경험을 설명하려는 시도다(Maddux, Grosselin, & Winstead, 2016 참고).

의학 철학자 Lawrie Reznek(1987)은 '질환(disease)'이라는 용어의 모호성과 임의성에 대해 다음과 같이 글을 썼다. '개념은 결과를 수반한다. 사물을 다른 방식이 아닌 한 방식으로 분류하는 것은 우리가 그 사물을 대하는 행동 방식에 중요한 함의를 갖는다'(p. 1). 우리가 심리적 질병과 건강을 어떻게 인식하는지는 개인, 의학 및 정신건강 전문가들, 정부 기관과 프로그램 그리고 사회 전반에 광범위한 영향을 미친다. 그것은 우리의 이론으로 설명할 필요가 있다고 생각하는 행동이 무엇인지를 결정하고, 그럼으로써 우리의 연구 노력의 방향과 범위를 결정한다. 또한 임상심리학의 주제, 임상심리학자의 역할과 기능, 그들이 함께 작업하는 사람들을 어떻게 생각해야 하는지를 결정한다.

심리적 건강과 질병에 대한 개념은 경험적인 타당화라는 검증이 적용될 수 없다. 그것은 과학이 아니라 가치에 기반을 둔 **사회적 구성개념**이며, 이후에 논의가 되겠지만 사회적으로 구성된 가치는 과학에 의해 참인지 거짓인지 증명될 수 없다. 이 장에서는 사회적으로 구성된 개념을 다루기 때문에, 심리적 건강과 질병에 대한 하나의 개념이 다른 것보다 더 가치 있다거나, 임상심리학의 하나의 관점이 다른 관점보다 더 큰 가치가 있다고 설득하기 위해 어떤 새로운 '사실'이나 '연구 결과'를 제시하지는 않는다. 그 대신, 이 장에서는 다른 가치를 기반으로 다른 관점을 제안하고자 한다.

질병 이데올로기와 임상심리학

언어는 생각에 강력한 영향을 미칠 수 있다. 임상심리학이라는 용어의 역사적 기원은 오랜 시간이 지나면서 잊혀졌지만, 그것은 임상심리학에 대한 우리의 생각에 계속해서 영향을 미친다. 임상은 그리스어인 'Klinike', 즉 '병상에서의 의료 행위'에서 유래되었고, 심리학은 '영혼' 또는 '마음'을 의미하는 'psyche'에서 유래되었다(Webster's Seventh New Collegiate Dictionary, 1976). 많은 임상가들과 대부분의 일반인들은 여전히 임상심리학을 '아픈 영혼' 또는 '아픈 마음'을 가진 사람들에 대한 일종의 '의료 행위'로 여긴다. 여전히 임상심리학은 **질병 메타포**(illness metaphor)뿐 아니라 **질병 이데올로기**(illness ideology) 안에 빠져 있다. 질병 메타포(때로는 의학 모델로 언급되는)가 심리적 문제를 특정한 방식으로 생각하도록 규정한다면(예: 심리적 문제는 생물학적 질환과 유사하다), 질병 이데올로기는 이를 넘어서 우리에게 인간 행동의 어떠한 측면에 주의를 기울여야 하는지를 말해 준다. 질병 이데올로기는 우리의 관심의 초점이 건강보다는 장애, 역기능, 질환이어야 한다고 지시한다. 그것은 정상보다는 이상을, 건강한 적응보다는 빈약한 적응을, 건강보다는 질병을 강조한다. 그것은 정상 행동과 이상 행동, 임상적 문제와 비임상적 문제, 그리고 임상 집단과 비임상 집단 간의 이분법을 조장한다. 따라서 인간의 강하고 건강한 면은 배제하고 약하고 결함이 있는 면에만 협소하게 초점을 맞추게 한다. 또한 인간의 적응과 부적응을 개인과 환경의 상호작용, 개인과 사회문화적 가치나 사회적 제도의 관계로 보기보다는 그 사람 **안**(inside)에 위치시킨다. 마지막으로 삶에서의 문제로 도움을 받으려는 사람들을 자신의 직접적인 통제를 넘어서는 정신 내부의 혹은 생물학적인 힘의 피해자로 바라보게 한다. 결과적으로 고통에 대해 도움을 받으려는 사람들은 자신의 문제를 해결하고 자신의 삶을 통제하는 적극적인 참여자가 아니라 전문가의 도움을 받는 수동적인 수혜자의 역할로 전락하게 된다.

이데올로기는 언어에 갇혀 있고, 임상심리학이라는 언어는 의학과 병리학의 언어에 여전히 머물러 있다. 증상, 장애, 병리, 질병, 진단, 치료, 의사, 환자, 클리닉, 임상, 임상가와 같은 용어는 모두 질병과 질환이라는 메타포와 이데올로기 모두와 일치한다(Maddux, 2008). 우리가 임상심리학이나 임상심리학자의 업무에 대해 말할 때 이러한 용어를 많이 사용할수록, 우리 스스로에게 질병 이데올로기를 더 많이 심어 주게 된다.

질병 이데올로기는 임상심리학에서 그 유용성 이상으로 오래 지속되어 왔다. 수십 년 전, 의학 분야에서는 강조점이 질병 치료에서 질병 예방으로 변화되기 시작했고, 이후에는 질병 예방에서 건강 증진으로 변화되었다. 게다가 30년 전에는 건강심리학 분야에서도 질병 예방과 건강 증진을 강조할 필요가 있음을 인정했다. 만일 임상심리학이 이와 유사한 강조점의 변화를 받아들이지 않는다면, 정신의학이 지난 수십 년 동안 겪었던 것과 거의 동일한 방식으로 정체성과 목적에 대해 분투하게 될 것이다(Wilson, 1993; Francis, 2013). 사실상 이미 그렇다. 그 예로 반세기 전 미국에서는 임상심리학자가 심리치료의 주요 제공자로서 정신과 의사를 추월했다. 지금은 사회복지사가 이러한 동일한 서비스를 제공하는 데 임상심리학자를 추월했다. 임상심리학은 스스로를 과학과 직업으로서 재정의할 필요가 있으며, 빠르게 변화하는 정신건강 서비스 시장에서 생존하고 성장하기 위해서 그 역할과 기회를 확장할 필요가 있다. 이를 위한 가장 좋은 방법은 질병 이데올로기를 버리고, 건강, 행복, 강점이라는 긍정심리학의 이데올로기에 기반을 둔 더 긍정적인 임상심리학(more positive clinical psychology)으로 대체하는 것이다. 그 학문의 명칭을 '긍정 임상심리학'이라고 반드시 바꿀 필요는 없지만, 그 범위와 임무는 변화되어야 한다.

임상심리학에서 질병 이데올로기의 역사적 기원

임상심리학이 처음부터 질병 이데올로기에 빠져 있지는 않았다. 일부 심리학 역사가들은 Lightner Witmer가 1886년 펜실베이니아 대학교에 첫 번째 '심리 클리닉'을 설립한 시점을 미국 임상심리학의 시작으로 본다(Reisman, 1991; Benjamin & Baker, 2004). Witmer를 비롯한 초기의 임상심리학자들은 '정신장애'가 있는 '환자'들이 아니라 학습 또는 학교 문제를 가진 아동들을 주로 치료했다(Reisman, 1991; Routh, 2000; Benjamin & Baker, 2004). 따라서 그들은 정신병리학과 질병을 강조하는 정신분석이론보다는 철저한 측정을 강조하는 심리측정이론에 의해 더 많은 영향을 받았다. 그러나 Freud가 1909년 클라크 대학교에 방문한 이후, 정신분석과 관련 이론들이 정신의학과 임상심리학을 주도하게 되었다(Korchin, 1976; Barone Maddux, & Snyder, 1997; Benjamin & Baker, 2004). 무의식적인 정신 내적 과정과 성적이고 공격적인 추동을 강조하는 정신분석이론은 질병 이데올로기가 그 뿌리를 깊게 내릴 수 있는 비옥한 토양을 제공했다.

몇 가지 다른 요인도 임상심리학자들이 정신병리학에 관심을 기울이도록 했고, 그럼으로써 현장에서 질병 이데올로기의 영향력이 강해졌다. 첫째, 비록 임상심리학자가 대학에서 학문적으로 훈련을 받는다고 할지라도, 임상가로서의 수련은 주로 정신병원이나 클리닉에서 이루어졌고 의학과 정신분석이론을 훈련받은 정신과 의사의 지시를 받아 주로 심리 진단자로서 일을 했다(Morrow, 1946; Benjamin & Baker, 2004). 둘째, 미국 재향 군인회가 제2차 세계 대전 이후에 설립되었고, 곧이어 미국심리학회가 합류하면서 임상심리학자의 수련을 위한 표준안과 재향군인병원에 그들을 수련하기 위한 센터를 만들게 되었다. 따라서 임상심리학자의 수련은 생물학적인 모델과 정신분석적인 모델에 빠져 있는 주로 정신과 환경에서 계속 이루어졌다. 셋째, 1947년에 미국 국립정신건강연구소가 설립되었다. 곧 '수많은 임상심리학자들은 그들이 정신질환을 치료하면서 생계를 이어 갈 수밖에 없음을 알게 되었다'(Seligman & Csikszentmihalyi, 2000, p. 6). 1950년대까지, 미국의 임상심리학자들은 건강 전문직의 단순한 하위 분야의 일부로 스스로를 여기게 되었고(Seligman & Csikszentmihalyi, 2000, p. 6), 임상심리학의 실무는 질병 이데올로기에 확고한 기반을 두게 되었다.

이러한 이데올로기는 심리적 적응 및 부적응의 범위와 특성에 대한 네 가지 기본적인 가정을 특징으로 한다(Barone, Maddux, & Snyder, 1997). 첫째, 임상심리학은 정신적 질병이나 정신병리, 즉 일탈되고 비정상적이며 부적응적인 행동과 정서상태를 완화시키는 데 관심이 있다. 따라서 다수가 경험하는 삶의 일상적인 문제들이나 상대적으로 잘 적응하는 사람들의 안녕감을 증진시키는 데 초점을 두기보다는 비교적 적은 수의 사람들이 경험하는 심각한 상태에 초점을 둔다. 대신에, 삶의 일반적인 문제들은 상담심리학, 사회복지, 아동지도의 영역이 되었다.

둘째, 정신병리, 임상적 문제, 임상 집단은 삶의 정상적인 문제들, 비임상적인 문제, 비임상 집단과 단지 정도의 차이가 아니라 질적으로 다르다. 정신병리는 단지 삶의 일반적인 문제들이나 예상되는 인간의 어려움과 불완전함의 극단적인 변형이 아니라, 장애(disorders)다. 따라서 정신병리를 이해하기 위해서는 삶의 정상적인 문제와 효과적인 심리적 기능을 설명하는 여러 이론과는 다른 이론이 필요하다. 건강과 질병은 별개의 설명 과정이 요구된다.

셋째, 심리장애는 개인이 부적응적으로 생각하고 느끼고 행동하도록 하는 개인 내 (inside)의 고유한 상태를 반영한다는 점에서 생물학적 또는 의학적인 질병과 유사하다. 이러한 원리는 심리장애가 생물학적 기능장애에 의해 직접적으로 유발된다는 것을 반드시 의미하지는 않지만, 정서 및 행동 문제의 원인이 다른 사람과 사회 전반과의 관계를 포함하는 환경과 개인의 상호작용이기보다는 개인 내에 자리 잡고 있다는 견해를 견지한다.

넷째, 심리학적 임상가의 업무는 의학적 임상가의 업무와 마찬가지로, 개인(환자) 내에 있는 장애(질환)를 확인(진단)하고, 증상의 원인이 되는 생물학적 또는 심리학적 내적 장애(질환)를 제거(치료)하기 위해 개입(치료법)을 처방하는 것이다. 비록 그 문제를 완화시키기 위한 시도가 단지 언어로 교육하거나 설득하는 것일지라도, 그것은 교사, 성직자, 친구, 가족이 교육이나 설득을 통해 도움을 주려는 유사한 시도와는 다르게 여전히 **치료**(treatment) 또는 **상담**(therapy)이라고 부른다(Szasz, 1978 참조). 게다가 임상가와 '환자' 간의 이러한 '심리치료적' 상호작용은 '환자'와 그의 삶에서의 다른 사람과의 상호작용이 고통을 경감시키고 도움을 준다 해도 질적으로 다른데, 그 이유는 이러한 '치료적' 상호작용을 이해하기 위해서는 특별한 이론이 필요하기 때문이다(Maddux, 2010 참고).

Albee(2000)는 '정신의학적 헤게모니와 의학적 개념 및 언어로 이루어진 정신장애에 대한 기질적 설명과 의학 모델의 무비판적인 수용(p. 247)'은 1950년 콜로라도주의 볼더에서 열린 회의에서 미국 심리학회가 수립한 미국 임상심리학 수련의 표준안의 '치명적 결함'이라고 제안했다. Albee는 이 치명적 결함이 '그 이후로 임상심리학의 발전을 왜곡하고 저해했다'고 주장했다(p. 247). 1950년 이후로도 변화는 거의 이루어지지 않았다. 질병 이데올로기의 기본 가정은 여전히 임상심리학자의 활동에 대한 암묵적인 시점으로 계속되고 있으며, 임상심리학에 대한 대중들과 정책입안자의 관점에 스며들어 있다.

질병 이데올로기와 DSM

임상심리학자들이 미국정신의학회(APA)의 『정신질환의 진단 및 통계 편람(DSM)』(APA, 2013)에 대한 영향력을 묵인함에 따라, 질병 이데올로기의 영향력은 지난 35년간 증가해 왔다. DSM은 1950년대 초반에 처음 출판된 이후로 현재는 5판이 출판되었고, 특히 1980년 크게 확장된 3판을 시작으로 그 규모와 영향력은 개정될 때마다 증가해 왔다.

DSM의 영향력은 후속 개정판의 규모와 범위가 증가하면서 함께 증가하였다. 1판은 (부록을 모두 포함해서) 130페이지였다면, 5판은 거의 900페이지가 넘는다. APA에서 인정하는 공식적인 정신장애의 수도 19세기 중반 6개에서 DSM-5에서는 거의 300개로 증가했다 (Francis & Widiger, 2012). 같은 기간 동안 미국의 정신건강 서비스에 제3자의 자금 지원의 역할이 증가하면서, 정신건강 서비스의 지불 또는 환급 조건으로 DSM 진단 표시를 요구하기 시작했고, 이로 인해 DSM의 영향력이 더욱 증가하게 되었다.

비록 DSM의 서문에는 앞서 언급한 질병 이데올로기에 대한 대부분의 가정을 부인하고 있지만, 편람의 대부분의 내용은 이러한 부인과 불일치한다. 예를 들어, 정신장애(mental disorder)의 개정된 정의에도 정신장애는 '개인의 기능장애'라는 개념이 여전히 포함되어 있다(p. 20). 삶의 수많은 일반적인 문제들이 정신장애로 간주되고(Francis, 2013), 여러 다른 문제들이 '추가 연구가 필요한 상태'로 기재되었으며(예를 들면, 지속적 복합 애도 장애, 카페인 사용 장애, 인터넷 게임 장애), 그러면서 DSM-6에도 포함될 가능성이 많다. DSM-5는 심리적 문제를 개념화하기 위한 대안적 차원 모델과 어떤 문제 패턴을 '정신장애'로 볼지를 결정할 때 문화적 고려의 중요성에 훨씬 더 주목했는데, 이는 올바른 방향으로 가는 단계들이다. 그러나 여전히 900페이지의 대부분이 질병 이데올로기에 빠져 있다.

그렇게 질병 이데올로기와 DSM이 밀접하게 연관되면서 임상심리학에 대한 DSM의 영향력도 상당히 강해졌고(적어도 미국에서는), 질병 이데올로기에 대한 거부는 심리적 문제를 이해하는 최선의 방식인 ICD와 같은 다른 범주적인 틀이나 DSM에 대한 거부와 관련되게 되었다. 이것은 DSM이 과학적인 문헌이 아니라 사회적이고 정치적인 문헌이라는 것을 인정하는 것에서 시작되어야 한다. 이 주제는 이어서 다루어질 것이다.

심리적 건강과 질병에 대한 사회적 구성개념

더 긍정적인 임상심리학은 질병 이데올로기가 인간의 삶의 심리적 문제를 이해하기 위한 가장 정확하거나 효과적인 접근이라는 것을 거부한다. 그런 점에서 더 긍정적인 임상심리학은 삶의 정상적인 문제가 '정신병리', 즉 심리적 질병, 질환, 또는 장애의 증상이고, 개인에게 삶의 문제에 대한 공식적인 진단을 내리는 것이 그 개인과 문제를 이해하는 데 기여한다는 DSM과 질병 이데올로기의 전제를 반박한다. 이러한 반박은 질병 이데올로기가 과학적인 이론이나 사실의 집합이 아니라 오히려 사회적으로 구성된 이데올로기라는 가정에 기반을 둔다. 사회 구성주의는 '사람들이 세상을 이해하는 방식, 사람들이 단어를 정의하고 사건을 설명하는 방식에 영향을 미치는 사회적이고 정치적인 과정들, 그리고 이러한 정의와 설명의 함의, 즉 우리가 세상을 이해하고 기술하는 방식으로 인해 누가 이익을 보고 누가 손해를 보는지를 살펴보는 것'에 관심이 있다(Muehlenhard & Kimes, 1999, p. 234). 사회 구성의 과정은 '사람들이 그들이 사는 세상을 기술하거나 설명하고, 원인을 찾는 과정을 밝히는 것'과 관련된다(Gergen, 1985, pp. 3-4; 1999). 지배적인 견해는 누가 그것을 결정할 힘을 갖고 있는지에 좌우되기 때문에, 보편적이거나 '진실한' 개념이나 관점은 존재하지 않는다. 그러한 관점을 정의하는 특권을 가진 사람들은 일반적으로 권력을 가진 사람들이고, 그러한 개념들은 그들의 이익과 가치를 반영하고 증진시킨다(Muehlenhard & Kimes, 1999). 사람들과 기관의 이해관계는 그들의 가치에 기반을 두기 때문에, 개념 정의에 대한 논쟁은 사람들이 어떻게 삶을 살아야만 하는지에 대한 암묵적이고 깊은 믿음과 도덕적 가치의 차이 간에 충돌을 일으킨다.

사회 구성주의자의 관점은 질병 이데올로기와 DSM에 내재된 본질주의자의 관점과 대비될 수 있다. 본질주의에서는 자연적인 범주가 있고, 주어진 범주의 모든 구성원은 중요한 특성을 공유한다고 가정한다(Rosenblum & Travis, 1996). 예를 들면, 본질주의자의 관점에서는 인종, 성적 지향, 사회적 계급이라는 범주를 사회적·문화적·정치적 과정과 독립적이고, '경험적으로 검증 가능한 사람들 간의 공통점과 차이점'을 나타내는 객관적인 범주로 간주한다(Rosenblum & Travis, 1996, p. 2). 사회 구성주의의 관점에서는 그러한 범주가 사람들이 어떠한지가 아니라, 사람들 간의 차이를 생각하고 이해하려고 시도하는 방식을 나타낸다고 본다. 또한 사회적·문화적·정치적 과정은 사람들 간의 어떤 차이가 다른 차이들보다 더 중요한지를 결정한다(Rosenblum & Travis, 1996).

본질주의자의 관점에서는, 심리적 건강과 질병의 차이, DSM(그리고 ICD)에 기술된 소위 다양한 정신병리와 정신장애들 간의 차이는 발견될 수 있고 기술될 수 있는 고유한 차이다. 그러나 사회 구성주의자의 관점에서 이러한 차이는 과학적으로 검증 가능한 '사실'이나 심지어 과학적으로 입증 가능한 이론이 아니다. 오히려 그것은 특정한 개인적·직업적·문화적 가치를 지닌 사람들에 의해 구성된 추상적 개념이다. 이러한 여러 개념들의 의미는 과학적 방법에 의해 드러나는(revealed) 것이 아니라, 그러한 정의로 이득을 얻는 사회 기관과 사람들이 협상하는(negotiated) 것이다. 그것들은 이론가, 연구자, 전문가, 내담자와 환자, 미디어, 기업과 금융, 그리고 모든 것이 내재된 문화를 포함한 사회의 구성원들이 시간이 지남에 따라 공동으로 발달시키고 동의한 공유된 세계관을 반영한다.

이러한 이유로, 전통적인 정신의학적 진단체계인 질병 이데올로기, '정신장애'에 대한 개념, 정신장애에 대한 여러 특정한 범주들은 사람들에 대한 심리학적 사실이 아니고, 검증 가능한 과학적 이론도 아니다. 오히려 그것은 인종, 성별, 사회적 계급, 성적 지향과 같은 구성개념과 마찬가지로 동일한 사회문화적 목표에 기여하는 사회적 결과물이며, 이는 특정한 개인과 기관의 힘을 유지하고 확장할 뿐 아니라, 권력을 가진 사람들이 정의한 사회 질서를 유지한다(Becker, 1963; Beall, 1993; Parker, Georgaca, Harper, McLaughlin, & Stowell-Smith, 1995; Rosenblum & Travis, 1996). 이러한 여러 사회적 구성개념과 마찬가지로, 심리적 정상과 이상에 대한 개념도 사회적 가치, 특히 사회에서 가장 강력한 개인, 집단, 기관의 가치, 그리고 이러한 가치에서 파생된 행동의 맥락적 규칙과 본질적으로 연결된다.

Reznek(1987)은 신체적 질환에 대한 정의조차 '규범적이거나 평가적인 개념'이라고 설명했는데(p. 211), 왜냐하면 어떤 상태를 질환이라고 부르는 것은 '그 상태에 있는 개인이 자신이 속한 사회와 문화에서 정의된 가치 있거나 좋은 삶을 이끌어 갈 수 없다고 판단하는 것'이기 때문이다(p. 211). 만일 이것이 신체적 질환에 해당한다면, 심리적 '질환'에도 분명히 해당된다.

이러한 전조를 감안하면, 매우 **부정적인**(negative) 임상심리학이 20세기 동안 발전한 것은 놀라운 일이 아니다. 사회적으로 구성된 질병 이데올로기와 관련된 전통적인 정신의학적 진단체계는 정상적인 심리적 현상의 **병리화**(pathologization)와 그로 인한 '정신장애'의 확산을 초래했다(Francis, 2013; Greenberg, 2013). 사회학자들은 이를 광범위한 정상적인 인간의 문제와 질병에 대한 보다 일반적인 **의료화**(medicalization)의 측면으로 본다. 이로 인해 '문제는 의학 용어로 정의되고, 의학적 언어를 사용하여 기술되며, 의학적 구조의 채택을 통해 이해되고, 의학적 개입으로 치료된다'(Conrad, 2007, p. 5). DSM이 개정될 때마다 사회적으로 구성된 '정신장애'에 대한 경계가 확장됨에 따라, 상대적으로 더 일반적인 인간의 문제와 약점들이 병리화되고 의료화되었다. 정신건강 전문가들은 행동, 생각, 감정에 대해 명확하게 드러나는 기능장애 패턴만을 '정신장애'라고 부르는 데 만족하지 않았다. 그 결과 '정신장애'로 진단 가능한 사람의 수가 계속해서 증가하게 되었다. 만일 이것이 계속된다면, 완벽하게 논리적이거나 적응적이거나 효율적이지 않거나, 또는 인간의 삶에 문제를 일으키는 방식으로 생각하고 느끼고 행동하고 바라는 모든 것(Paris, 2013, p. 43)은 결국 정신장애가 될 것이다(Francis, 2013; Paris, 2013). DSM-5는 정상성을 '위험에 처한 종'으로 만들었는데, 부분적으로는 우리가 이전에는 '정상적이고 예측 가능한 고통이며 개인차로 여겨 왔던 것들을 용납하지 않고 완벽하기를 기대하는' 사회에 살고 있기 때문이고 (Francis & Widiger, 2012, p. 116), 또한 어느 정도는 제약회사가 DSM에 기술된 정신장애의 경계를 완화하고 확장하도록 조장하거나 종종 소비자에 대한 직접 광고를 통해 새로운 장애의 발생을 촉진함으로써, 의약품 시장을 증가시키기 위해 끊임없이 노력하기 때문이다 (Conrad, 2007; Horwitz & Wakefield, 2007; Francis, 2013; Greenberg, 2013; Paris, 2013). 또한 APA는 DSM의 매출이 연간 수입의 약 10%를 차지한다는 점에서 정신병리 시장에 대한 재정적인 관심이 높다(Greenberg, 2013). (반면, 세계보건기구의 ICD는 웹 사이트에서 무료로 다운로드 받을 수 있다.)

지금도 질병 이데올로기를 구축했던 강력한 사회문화적 · 정치적 · 직업적 · 경제적 권력이 계속해서 유지되고 있다. 심리적 건강과 질병 개념에 대한 논쟁은 '진실'을 찾는 것이 아니다. 오히려 그것은 사회적으로 구성된 개념 정의에 대한 싸움이고, 사회가 정상과 비정상이라고 바라보는 대상을 결정하는 데서 생기는 개인적 · 정치적 · 경제적 이득에 대한 싸움이다. 이러한 싸움은 DSM 개정판을 둘러싼 지속적인 논쟁에서도 일어나고 있다(Kirk & Kutchins, 1992; Kutchins & Kirk, 1997; Conrad, 2007; Horwitz & Wakefield, 2007; Francis, 2013; Greenfield; 2013).

질병 이데올로기와 범주 대 차원 논쟁

질병 이데올로기의 심리적 건강과 질병에 대한 개념에는 개인이 장애가 있는지 없는지, 즉 심리적으로 건강한지 심리적으로 문제가 있는지를 결정하고, 만일 장애가 있다면 그것을 특정한 유형의 장애로 간주하는 **범주적 모델**(categorical model)이 내재되어 있다. 이러한 관점은 DSM과 ICD에 포함되어 있다. 대안적인 모델은 **차원적 모델**(dimensional model)인데, 여기에서는 정상과 이상, 건강과 질병, 효율적이거나 비효율적인 심리적 기능이 연속적으로 존재한다고 가정한다. 이러한 차원적 모델에서는, 소위 심리 '장애'란 정상적인 심리적 현상과 삶의 일반적인 문제의 단지 극단적인 변형이다(Keyes & Lopez, 2002; Widiger, 2016). 관심 있는 차원에서의 개인들 간의 큰 차이는 표준화된 지능검사에서 발견되는 차이와 같이 기대될 수 있다. 즉, 지능과 마찬가지로, 정상성과 비정상성의 구분은 편의성 또는 효율성에 따라 나누어지는 것이지, 그것을 현상들의 '유형' 또는 사람들의 '유형' 간의 진정한 불연속성을 반영하는 것으로 간주해서는 안 된다. 차원적 관점에는 이러한 구분이 '발견'될 수 있는 본래의 경계가 아니라는 가정이 내재되어 있다. 대신 그것은 추상적이고 조작적으로 정의된 기준의 어떤 독립적인 집합을 충족시키기 때문이 아니라, 실제적 필요성에 의해 창조되고 구성되는 것이다(Francis & Widiger, 2012, p. 111).

차원적 모델을 지지하는 연구를 이해하는 것은 중요한데, 왜냐하면 이러한 연구의 상당수가 심리적으로 건강한 상태와 심리적으로 장애가 있는 상태를 과학에 근거하여 명확하게 구분할 수 있다는 질병 이데올로기의 가정을 약화시키기 때문이다. 심리적 적응에 대해 차원적 접근이 타당하다는 경험적 근거는 강력할 뿐 아니라, 성격장애(Costello, 1996;

Maddux & Mundell, 2005; Trull & Durrett, 2005; Crego & Widiger, 2016), 정상적인 다양한 정서 경험(예: Oatley & Jenkins, 1992), 관계에서 성인 애착 패턴(Fraley & Waller, 1998), 자기 패배적 행동(Baumeister & Scher, 1988), 아동의 읽기 문제 또는 난독증(Shaywitz, Escobar, Shaywitz, Fletcher, & Makuch, 1992), 주의력결핍 및 과잉행동장애(Barkeley, 1997), 외상후 스트레스장애(Anthony, Lonigan, & Hecht, 1999), 우울증(Costello, 1993a), 신체형 장애(또는 신체 증상 장애)(Zvolensky, Eifert, & Garey, 2016), 불안장애(Williams, 2016), 성기능장애와 성적 장애(Gosselin, 2016), 조현병과 정서 정신증(Costello, 1993b; Claridge, 1995; Nettle, 2001) 연구들에서 찾을 수 있다. 이러한 연구를 외면하고 범주적 접근을 지속적으로 고수하는 것은 과학과 이성을 무시하는 것이다.

사회 구성주의와 임상심리학에서 과학의 역할

사회 구성주의자의 관점은 '반과학적'이지 않다. 심리적 건강과 질병이 과학적으로 구성되기보다 사회적으로 구성되었다고 말한다고 해서 사회가 '질병'으로 명시하기로 결정한 생각, 감정, 행동 패턴(그 원인과 치료를 포함해서)이 객관적이고 과학적으로 연구될 수 없다는 것은 아니다. 대신 과학이 미, 정의, 인종, 사회적 계층과 같은 여러 사회적 구성개념에 대해 '적절'하고 '올바른' 개념을 결정할 수 없듯이, 심리적 건강과 질병에 대해서도 '적절'하거나 '올바른' 개념을 결정할 수 없다고 인정하는 것이다.

그럼에도 불구하고 우리의 문화가 '건강' 또는 '질병'이라고 언급하는 심리적 현상을 연구하기 위해서 과학이라는 방법론을 사용할 수 있다. 우리는 과학을 통해 심리적 건강과 질병에 대한 한 문화의 개념을 이해할 수 있고, 이 개념이 어떻게 발전되어 왔는지, 개인과 사회에 어떤 영향을 미치는지를 이해할 수 있다. 또한 과학을 통해 어떤 문화가 정신병리라고 간주하는 생각, 감정, 행동의 기원을 이해하고, 그러한 패턴을 수정하기 위한 방법을 발달시키고 검증할 수 있다.

의학이라는 과학은 건강(health)과 질병(illness)이라는 개념이 사회적으로 구성된다는 것을 인정한다고 해서 손상되지 않는다(Reznek, 1987). 경제학이라는 과학은 부(wealth)와 빈곤(poverty)이라는 개념이 사회적으로 구성된다는 것을 인정한다고 해서 손상되지 않는다. 마찬가지로 임상심리학이라는 과학도 그 기본적인 개념이 과학적으로 구성된 것이 아니라 사회적으로 구성되었다는 것을 인정한다고 해서 손상되지는 않을 것이다(Lilienfeld & Marino, 1995).

질병 이데올로기를 넘어서: 더 긍정적인 임상심리학을 향하여

　　임상심리학의 생존과 가능성은 '병리적'인 과거와의 관계를 끊고 더 긍정적인 임상심리학을 정립하는 그들의 능력에 달려 있다. 더 긍정적인 임상심리학을 정립하기 위해서는 새로운 이데올로기뿐 아니라, 이러한 이데올로기를 반영하는 인간 행동에 대한 새로운 언어를 채택해야 한다. 이러한 새로운 언어 내에서는 비효율적인 감정, 인지, 행동 패턴들이 장애나 질병이 아니라 삶에서의 문제로 해석된다. 마찬가지로, 삶에서의 이러한 문제들은 개인 내에 존재하는 것이 아니라, 행동 규칙을 포함하는 상황에 내재되어 있을 뿐 아니라 더 큰 문화에 내재되어 있는 개인과 타인과의 상호작용으로 해석된다. 또한 삶의 질을 향상시키기 위해 도움을 구하는 사람들은 환자가 아니라 내담자 또는 학생이다. 심리적 건강을 촉진하기 위한 전문가들은 임상가나 의사가 아니라, 교사, 상담자, 컨설턴트, 코치, 심지어는 사회 활동가다. 삶의 질을 향상시키기 위한 전략과 기술은 의학적 치료가 아니라 교육적·관계적·사회적·정치적 개입이다. 마지막으로, 사람들이 삶의 문제로 도움을 받기 위해 가는 기관도 클리닉이나 병원이 아니라 센터, 학교 또는 휴양지가 된다. 심지어는 그러한 도움이 전문적인 기관이 아니라 지역사회센터, 공립 및 사립학교, 교회, 집에서도 이루어지게 된다.

　　더 긍정적인 심리학은 목표, 웰빙, 만족, 행복, 대인관계 기술, 인내, 재능, 지혜, 개인의 책임감을 강조한다. 그것은 무엇이 삶을 가치 있게 만드는지를 이해하고, 사람들이 더 자기조직화되고 자기주도적일 수 있도록 도우며, '사람들과 경험이 사회적 맥락에 내재되어 있다는 것'을 인식하도록 하는 데 관심이 있다(Seligman & Csikszentmihalyi, 2000, p. 8).

　　이러한 원리는 심리적 기능(psychological functioning)이라는 개념을 제안하는데, 즉 적어도 정신질환만큼이나 정신건강을 더 강조하고, 적어도 인간의 약점이나 결점만큼 인간의 강점과 자산을 확인하고 이해하는 것을 더 강조한다(Lopez & Snyder, 2003 참고). 더 긍정적인 임상심리학은 주관적 고통과 부적응적인 기능을 완화시키는 것만큼 주관적 웰빙과 효율적인 기능을 이해하고 향상시키는 것에 많은 관심을 기울이고 있다. 이것은 고통의 완화로부터 벗어나는 것이 아니라, 연구와 실제의 모든 영역에서 부정적인 기능과 긍정적인 기능 모두에 같은 비중을 둔 통합된 관점을 필요로 한다(Wood & Tarrier, 2010, p. 819).

　　사회 구성주의자의 관점과 일관되게, 우리는 긍정심리학 이데올로기가 질병 이데올로기보다 더 '진실'하다고 주장하려는 것은 아니다. 두 이데올로기 모두 과학적 이론이나 사실이 아니라 세상에 대해 사회적으로 구성된 관점이다. 하지만 우리는 긍정심리학이 쇠퇴한 질병 이데올로기보다 임상심리학에 더 유용한 이데올로기를 제공한다고 주장하고자한다. Bandura(1978)가 관찰한 바에 따르면, '상대적으로 적은 수의 사람들이 신경증으로치료를 받는 반면, 상당수의 사람들은 일상생활에서 더 효율적으로 기능하는 데 도움이 되는 심리학적 서비스를 요구하고 있다'(p. 99).

질병 이데올로기에 기반을 둔 전통적인 부정 임상심리학과는 달리, 긍정 임상심리학은단지 약점을 확인하고 '장애'를 치료하거나 예방하는 것뿐 아니라, 인간의 강점을 확인하고 '정신건강'을 향상시키는 것에 관심을 기울인다. 또한 단지 '고통, 죽음, 통증, 무능, 중요한 자유의 상실'을 완화시키고 예방하는 것뿐 아니라(APA, 2000, p. xxxi), 자신이 선택한가치 있는 목표를 자유롭게 추구함으로써 건강, 행복, 체력, 즐거움, 개인적 실현을 증진시키는 것에 관심이 있다.

질병 이데올로기가 아닌 긍정심리학 이데올로기에 기반한 임상심리학은 다음을 거부한다. ① 인간과 인간의 정상적인 경험, 문제, 약점을 병리화하고 범주화하는 것, ② 소위 정신장애가 개인과 타인, 그리고 더 크게는 문화와의 관계이기보다 개인 내에 존재한다는 가정, ③ 우리에 대해 무엇이 가장 나쁘고 가장 약한지를 이해하는 것이, 무엇이 가장 좋고가장 용감한지를 이해하는 것보다 더 중요하다는 개념들.

더 긍정적인 심리학적 평가는 사람들의 약점과 결함과 함께 그들의 강점과 자산에 대한 평가를 강조할 것이다(Keyes & Lopex, 2002; Wright & Lopez, 2002; Lopez, Snyder, &Rasmussen, 2003; Joseph & Wood, 2010; Wood & Tarrier, 2010). 대체로 강점과 자산을 평가하기 위한 전략과 수단은 인간의 약점과 결함을 평가할 때 유용하다고 입증된 전략과 수단에서 차용하는 경우가 많을 것이다(Lopez, Synder, & Rasmussen, 2003; Wood & Tarrier,2010). 긍정심리학적 개입은 인간의 약점과 결함을 완화시키는 것뿐 아니라 때로는 이를대신하여 강점과 자산의 증진을 강조하고, 강점의 강화가 약점을 약화시킬 것이라고 확실히 믿게 될 것이다. 그러한 개입은 대개 전통적인 심리 '장애'의 전통적인 '치료'로부터 그전략과 수단을 도출할 것이다(Wood & Tarrier, 2010).

현재 '긍정심리학'이라고 부르는 것이 진정 새로운 것인지 아닌지는 논쟁이 될 수 있지만, 그것이 많은 임상심리학자들 사이에서 건강한 '자기성찰'을 촉발시켰다는 점은 부인하기 어렵다. 더 긍정적인 임상심리학은 인간 행동에서 무엇이 중요하고 삶의 질 향상을 위해 인간 행동에 대해 무엇을 이해할 필요가 있는지를 제시하고, 그 결과 임상심리학이 사회에 무엇을 제공해야 하는지에 대해 확장된 관점을 제시했다는 점에서 더 유용하다.

📖 참고문헌

Albee, G. W. (2000). The Boulder model's fatal flaw. *American Psychologist, 55*, 247-248.

American Psychiatric Association. (1952). *Diagnostic and statistical manual of mental disorders*. Washington, DC: APA.

American Psychiatric Association. (1980). *Diagnostic and statistical manual of mental disorders* (3rd edn.). Washington, DC: APA.

American Psychiatric Association. (2000). *Diagnostic and statistical manual of mental disorders* (4th edn.). text revision. Washington, DC: APA.

American Psychiatric Association. (2013). *Diagnostic and statistical manual of mental disorders* (5th edn.). Washington, DC: APA.

Anthony, J. L., Lonigan, C. J., & Hecht, S. A. (1999). Dimensionality of post-traumatic stress disorder symptoms in children exposed to disaster: Results from a confirmatory factor analysis. *Journal of Abnormal Psychology, 108*, 315-325.

Bandura, A. (1978). On paradigms and recycled ideologies. *Cognitive Therapy and Research, 2*, 79-103.

Barkeley, R. A. (1997). *ADHD and the nature of self-control*. New York: Guilford.

Barone, D. F., Maddux, J. E., & Snyder, C. R. (1997). *Social cognitive psychology: History and current domains*. New York: Plenum.

Baumeister, R. F. & Scher, S. J. (1988). Self-defeating behavior patterns among normal individuals: Review and analysis of common self-destructive tendencies. *Psychological Bulletin, 104*, 3-22.

Beall, A. E. (1993). A social constructionist view of gender. In: A. E. Beall & R. J. Sternberg (Eds.), *The psychology of gender* (pp. 127-147). New York: Guilford.

Becker, H. S. (1963). *Outsiders*. New York: Free Press.

Benjamin, L. T. & Baker, D. B. (2004). *From seance to science: A history of the profession of psychology in America*. Belmont, CA: Wadsworth.

Crego, C. & Widiger, T. A. (2016). Personality disorders. In: J. E. Maddux & B. A. Winstead (Eds.), *Psychopathology: Foundations for a contemporary understanding* (pp. 218-236). New York: Routledge.

Claridge, G. (1995). *Origins of mental illness*. Cambridge, MA: Malor Books/ISHK.

Conrad, P. (2007). *The medicalization of society: On the transformation of human conditions into treatable disorders*. Baltimore: Johns Hopkins University Press.

Costello, C. G. (1993a). *Symptoms of depression*. New York: Wiley.

Costello, C. G. (1993b). *Symptoms of schizophrenia*. New York: Wiley.

Costello, C. G. (1996). *Personality characteristics of the personality disordered*. New York: Wiley.

Fraley, R. C. & Waller, N. G. (1998). Adult attachment patterns: A test of the typological model. In: J. A. Simpson & W. S. Rholes (Eds.), *Attachment theory and close relationships* (pp. 77-114). New York: Guilford.

Francis, A. (2013). *Saving normal: An insider's revolt against out-of-control psychiatric diagnosis, DSM-5, big pharma, and the medicalization of everyday life*. New York: HarperCollins.

Francis, A. J. & Widiger, T. (2012). Psychiatric diagnosis: Lessons from the DSM-IV past and cautions for the DSM-5 future. *Annual Review of Clinical Psychology, 8*, 109-130.

Gergen, K. J. (1985). The social constructionist movement in modern psychology. *American Psychologist, 40*, 266-275.

Gergen, K. J. (1999). *An invitation to social construction*. Thousand Oaks, CA: Sage.

Gosselin, J. T. (2016). Sexual dysfunctions and paraphilic disorders. In: J. E. Maddux & B. A. Winstead (Eds.), *Psychopathology: Foundations for a contemporary understanding* (4th ed., pp. 237-265). New York: Routledge.

Greenberg, G. (2013). *The book of woe: The DSM and the unmaking of psychiatry*. New York: Plume/Penguin.

Horwitz, A. V. & Wakefield, J. C. (2007). *The loss of sadness: How psychiatry transformed normal sorrow into depressive disorder*. New York: Oxford University Press.

Joseph, S. & Wood., A. (2010). Assessment of positive functioning in clinical psychology: Theoretical and practical issues. *Clinical Psychology Review, 30*, 830-838.

Keyes, C. L. & Lopez, S. J. (2002). Toward a science of mental health: Positive directions in diagnosis and interventions. In: C. R. Snyder & S. J. Lopez (Eds.), *Handbook of positive psychology* (pp. 45-59). New York: Oxford University Press.

Kirk, S. A. & Kutchins, H. (1992). *The selling of DSM: The rhetoric of science in psychiatry*. New York: Aldine de Gruyter.

Korchin, S. J. (1976). *Modern clinical psychology*. New York: Basic Books.

Kutchins, H. & Kirk, S. A. (1997). *Making us crazy: DSM: The psychiatric bible and the creation of mental disorder*. New York: Free Press.

Lilienfeld, S. O. & Marino, L. (1995). Mental disorder as a Roschian concept: A critique of Wakefield's "harmful dysfunction" analysis. *Journal of Abnormal Psychology, 104*, 411-420.

Lopez, S. J. & Snyder, C. R. (Eds.). (2003). *Positive psychological assessment: A handbook of models and measures*. Washington, DC: American Psychological Association.

Lopez, S. J., Snyder, C. R., & Rasmussen, H. N. (2003). Striking a vital balance: Developing a complementary focus on human weakness and strength through positive psychological treatment. In: S. J. Lopez & C. R. Snyder (Eds.), *Positive psychological assessment: A handbook of models and measures* (pp. 3-20). Washington, DC: American Psychological Association.

Maddux, J. E. (2008). Positive psychology and the illness ideology: Toward a positive clinical psychology. *Applied Psychology: An International Review, 57,* 54-70.

Maddux, J. E. (2010). Social-cognitive theories of behavior change. In: J. E. Maddux & J. P. Tangney (Eds.), *Social psychological foundations of clinical psychology* (pp. 416-430). New York: Guilford.

Maddux, J. E., Gosselin, J. T., & Winstead, B. A. (2016). Conceptions of psychopathology: A social constructionist perspective. In: J. E. Maddux & B. Winstead (Eds.), *Psychopathology: Foundations for a contemporary understanding.* New York: Routledge.

Maddux, J. E. & Mundell, C. E. (2004). Disorders of personality: Diseases or individual differences? In: V. J. Derlega, B. A. Winstead, & W. H. Jones (Eds.), *Personality: Contemporary theory and research* (2nd edn, pp. 541-571). Chicago: Nelson-Hall.

Morrow, W. R. (1946). The development of psychological internship training. *Journal of Consulting Psychology, 10,* 165-183.

Muehlenhard, C. L. & Kimes, L. A. (1999). The social construction of violence: The case of sexual and domestic violence. *Personality and Social Psychology Review, 3,* 234-245.

Nettle, D. (2001). *Strong imagination: Madness, creativity, and human nature.* New York: Oxford University Press.

Oatley, K. & Jenkins, J. M. (1992). Human emotions: Function and dysfunction. *Annual Review of Psychology, 43,* 55-85.

Parker, I., Georgaca, E., Harper, D., McLaughlin, T., & Stowell-Smith, M. (1995). *Deconstructing psychopathology.* London: Sage.

Paris, J. (2013). *The intelligent clinician's guide to the DSM-5.* New York: Oxford University Press.

Reisman, J. M. (1991). *A history of clinical psychology.* New York: Hemisphere.

Reznek, L. (1987). *The nature of disease.* London: Routledge & Kegan Paul.

Rosenblum, K. E. & Travis, T. C. (1996). Constructing categories of difference: Framework essay. In: K. E. Rosenblum & T. C. Travis (Eds.), *The meaning of difference: American constructions of race, sex and gender, social class, and sexual orientation* (pp. 1-34). New York: McGraw-Hill.

Routh, D. K. (2000). Clinical psychology training: A history of ideas and practices prior to 1946. *American Psychologist, 55,* 236-240.

Seligman, M. E. P. & Csikszentmihalyi, M. (2000). Positive psychology: An introduction. *American Psychologist, 55,* 5-14.

Shaywitz, S. E., Escobar, M. D., Shaywitz, B. A., Fletcher, J. M., & Makuch, R. (1992). Evidence that dyslexia may represent the lower tail of a normal distribution of reading ability. *New England Journal of Medicine, 326*, 145-150.

Szasz, T. (1978). *The myth of psychotherapy*. Syracuse, NY: Syracuse University Press.

Trull, T. J. & Durrett, C. A. (2005). Categorical and dimensional models of personality disorders. *Annual Review of Clinical Psychology, 1*, 355-380.

Wakefield, J. C. (1992). The concept of mental disorder: On the boundary between biological facts and social values. *American Psychologist, 47*, 373-388.

Widiger, T. A. (2016). Classification and diagnosis: Historical development and contemporary issues. In: J. E. Maddux & B. A. Winstead (Eds.), *Psychopathology: Foundations for a contemporary understanding* (pp. 97-110). New York: Routledge.

Williams, S. L. (2016). Anxiety disorders and obsessive-compulsive disorder. In: J. E. Maddux & B. A. Winstead (Eds.), *Psychopathology: Foundations for a contemporary understanding*. New York: Routledge.

Wilson, M. (1993). DSM-III and the transformation of American psychiatry: A history. *American Journal of Psychiatry, 150*, 399-410.

Wood, A. M. & Tarrier, N. (2010). Positive clinical psychology: A new vision and strategy for integrated research and practice. *Clinical Psychology Review, 30*, 819-829.

World Health Organisation. (1992). *The ICD-10 classification of mental and behavioural disorders: Clinical descriptions and diagnostic guidelines*. Geneva: WHO.

Wright, B. A. & Lopez, S. J. (2002). Widening the diagnostic focus: A case for including human strengths and environmental resources. In: C. R. Snyder & S. J. Lopez (Eds.), *Handbook of positive psychology* (pp. 26-44). New York: Oxford University Press.

Zovlensky, M. J., Eifert, G. H., & Garey, L. (2016). Somatic symptom and related disorders. In: J. E. Maddux & B. A. Winstead (Eds.), *Psychopathology: Foundations for a contemporary understanding*. New York: Routledge.

제3장

임상심리학은 왜 '긍정적' 혹은 '부정적'이면 안 되는가

Barbara S. Held[1]

오래전에, 지역사회 정신병원의 입원병동을 운영하는 나의 친구이자 동료인 Aldo Llorente 박사가 사석에서 이런 이야기를 했다. "너도 알다시피, 정신과 환자들도 많은 문제를 가지고 있어." 처음에는 Aldo가 지극히 당연한 이야기를 한다고 생각했는데, 내 생각이 짧았다. 심리장애의 여부와 무관하게, 우리 모두는 수많은 삶의 문제와 마주한다. 우리 모두는 어떤 식으로든 선천적 기질, 성격적 특질, 대인관계 방식, 지적 능력, 인지적 특징, 육체적 건강, 신체적 특성과 같은 개인적 성향을 받아들이는 방법을 배워야 한다. 또한 우리 모두는 가정환경, 고용상태, 경제상황, 지리여건과 같은 사회적 맥락도 받아들여야 한다.

분명히 말하지만, Aldo는 정신질환이 근거 없는 통념에 불과하다는 주장을 펼친 Thomas Szasz(1960)의 신봉자가 아니었다. 그는 명백한 심리장애가 존재한다는 사실을 부정하지 않았고, 역사적 및 사회적 상대성을 강조함으로써 그것의 존재론적 지위를 배격하려고 '정신질환(mental illness)'이라는 용어 대신에 '삶의 문제(problems in living)'라는 용어를 사용하자고 주장한 Szasz의 견해에 동의하지 않았다. 오히려 Aldo는 정신질환을 겪고 있는 사람들도, 정신질환을 겪지 않는 사람들과 마찬가지로, 일상생활의 문제를 감당하기 버거워한다는 뜻으로 이야기했다. 그는 정신질환을 겪고 있는 사람들을 향한 인간적인 연민을 자기만의 독특한 방식으로 표현했지만, 정신질환에 대한 부정적 시각을 배제하자는 인본주의 심리학자들의 비병리화 주장 및 성장지향적 관점에 동조하지 않았다. 그

---

1) 초고를 읽고 유익한 논평을 제시해 준 Michael Katzko, Robert Sheehan, Lisa Osbeck과 William Meehan에게 감사한다. 또한 초고를 준비하는 것을 도와준 Emily Martin에게 감사한다.

는 『임상심리학 개관(Clinical Psychology Review)』의 특별호에서 '긍정 임상심리학(Positive Clinical Psychology)'이 필요하다고 역설한 Alex Wood와 Nicholas Tarrier(2010)의 주장에도 동의하지 않았다.

Aldo는 입원치료에 대한 자신의 철학을 바탕으로 독특한 집단치료 형식을 개발했다. 매일 저녁, 참여할 수 있는 모든 환자들이 집단치료에 참여했다(12개 병상, 평균 5일 입원). 그 집단에는 세 가지의 규칙이 있었다. ① 집단구성원이 대화의 주제를 선정한다, ② 다음 날 퇴원하는 환자는 작별인사를 한다, ③ 개인적인 세부 사항을 언급하지 않는다. 뭐라고?! 그렇다. 그들은 개인적인 세부 사항을 공유하지 않았다. Aldo는 정신건강 시스템이 '정신질환자인' 자신의 증상, 질병, 상태에만 주목하도록 환자들을 훈련시켰기 때문에 일반적인 사람, 즉 정신질환자가 아닌 보통 사람으로 살아가는 방법을 잊어버렸다고 안타까워했다 (Sarbin, 1969 참조).

매일 저녁, Aldo는 모든 사람이 대화에 참여할 수 있는 주제를 선정하도록 요청했고, 집단구성원의 과거 및 현재와 관련된 개인적인 세부 사항(예: 과거력, 입원사유)에 대해서는 서로 이야기하지 말라고 부탁했다. 집단구성원은 보통 사람에게 보편적인 주제로 대화했다. 예컨대, 그들은 상처, 분노, 공포, 불안, 수치, 혼란, 만족, 사랑, 상실, 질병, 날씨, 정치, 스포츠에 대한 이야기를 나누었다. 어떤 환자가 필연적으로 개인적인 문제를 언급하기 시작하면 혹은 그날의 주제에서 벗어난 이야기를 시작하면, Aldo는 집단의 규칙을 상기시키고 다시 대화를 이어 가게 했다. 그는 "정신병원에서 퇴원한 환자가 보통 사람처럼 시내에 나가서, 도너츠 가게의 카운터에 앉아서 커피를 마시면서, 옆자리에 앉은 사람과 자신의 정신질환이 아니라 그날의 날씨에 관해서 대화할 수 있도록 하는 것"이 집단치료의 목적이라고 주장했다. 비록 정식으로 효과연구를 실시하지는 않았지만, 그 집단은 성공적으로 운영되었고, 그 당시에 폐쇄병동에서 근무했던 사람들은 Aldo에게 배운 집단치료 형식을 자신들의 학생들에게도 가르쳤다. 내가 알기로, 그 폐쇄병동에서는 더 이상 그 집단치료를 실시하지 않는다. 사실, 지금은 누구도 그 집단치료를 실시하지 않는다. Aldo는 1995년에 사망했다. 하지만 그가 남긴 유산은 비공식적으로나마 살아 있고, 나는 그의 치료철학을 바탕으로 이 책의 이 장을 쓰기 시작했다. (입원치료) 임상 장면에서, 과연 무엇이 정신질환자의 인간적 본성을 회복시키려고 노력했던 Aldo의 집단치료보다 더 긍정적일 수 있는가?

급소를 찌르려고 이 장의 제목을 일부러 그렇게 정했다. 앞에서 소개한 『임상심리학 개관』의 특별호에서, Wood와 Tarrier(2010)는 긍정심리학 운동이 심리학계 전반에 불러일으킨 엄청난 문제를 파악하고 있으면서도 '긍정 임상심리학'을 대표해서 신중한 어조로 의견을 개진했다. 그럼에도 불구하고, 나는 긍정 임상심리학이라는 개념을 도저히 이해할 수 없다. 그때도 그랬고, 이후에도 그랬고, 이 글을 쓰고 있는 지금도 그렇다. 이 장에서 특별호의 일부분을 인용하면서 나의 분석을 사실에 근거해서 '구체화'하겠다.

내 주장의 정당성을 입증하기 위해서, 먼저 긍정심리학자들이 '긍정적' 및 '부정적'이라는 용어를 사용하면서 발생한 개념적인 문제를 지적하겠다.[2] 우리는 Wood와 Tarrier가 추구하는 통합의 정신에 역행하는 이분법의 함정에 빠지게 되었다. 이어서 임상가의 작업을 '긍정적' 개입 혹은 '부정적' 개입으로 구분할 수 있다는 주장에 이의를 제기하겠다. 그 주장에는 개념적인 문제가 있을 뿐만 아니라 (비록 과학의 법칙정립적 방법론을 적용했다고 하더라도) 임상적인 개입의 개인특유적/상황특정적 속성을 간과했기 때문이다. 특히 지난 30년간 심리학자들이 수행해 온 상당수의 연구에 따르면, '부정적' 정서와 사고는 어떤 문제에 대처할 수 있도록 도와주는 순기능적 가치를 지니고 있다는 사실이 확인되었다. 요컨대, '부정적' 정서와 사고와 대처방략을 제거하는 혹은 경감하는 개입은 건설적 · 적응적 기능을 발휘하지 못하도록 방해하는 개입이 될 수 있고, 심지어 최적의 상태에 도달하지 못하도록 방해하는 유해한 개입이 될 수 있다.

나는 긍정심리학이 '부정적' 개입과 '긍정적' 개입을 이분법적으로 구분했기 때문에 발생한 문제를 이 장의 곳곳에서 반복적으로 그리고 비판적으로 지적한다. 긍정심리학은 '부정적' 상태와 기능을 감소시키려는 목적으로 실시하는 치료자의 직접적인 활동을 '부정적' 혹은 전통적 개입으로 분류했고,[3] '긍정적' 상태와 기능을 증가시키려는 목적으로 실시하는 치료자의 직접적인 활동을 '긍정적' 개입으로 분류했다(Linley & Joseph, 2004a; Seligman, Rashid, & Parks, 2006; Joseph & Wood, 2010; Wood & Tarrier, 2010; Schueller & Parks, 2014).[4] 앞으로 설명하겠지만, 특히 문제가 되는 지점은 애초에 서로 다른 분야를 '긍정적 · 부정적'이라는 용어를 사용해서 구분한 것이다. 예컨대, 심리적 상태 및 치료적 개입을 연구하는 분야와 목표지향적 기능을 연구하는 분야는 본질적으로 서로 다르다. 곧이어 언급하듯이, 심리적 상태 및 치료적 개입을 연구하는 분야에서는 '긍정성(양성)'이 기능을 나빠지게

---

2) 이 글에서 나는 때때로 '긍정적' 및 '부정적'이라는 용어와 그 파생어에 따옴표를 붙인다. 특히 긍정심리학자들의 잘못된 용례 및 미심쩍은 의미를 강조할 때 그렇게 한다.

3) '긍정 임상심리학'이라는 용어에는 기존의 '임상심리학'이 사실은 '부정 임상심리학'이라는 의미가 함축되어 있다. 부정 임상심리학은 긍정심리학적 개입을 실시하지 않는 분야를 지칭한다.

4) Seligman, Rashid, 그리고 Parks(2006)는 "긍정심리치료는 긍정적 정서, 관여, 의미를 증진시키기 위해서 개입하기 때문에, 우울증상을 직접적으로 다루는 표준적인 심리치료와 다르다(초록, p. 774)"고 언급한다. Smith, Harrison, Kurtz, 그리고 Bryant(2014, p. 45)는 "긍정적 개입은 '긍정적 정서, 긍정적 행동, 긍정적 인지의 함양을 목적으로 하는' 구조화된 활동이다(Sin & Lyubomirsky, 2009, p. 467)"고 언급한다.

만드는 요인이고 '부정성(음성)'이 기능을 좋아지게 만드는 요인이다.

　Aldo Llorente는 인간적 본성에 주목하지 않는 입원치료의 폐해를 우려했다. 평범하게 표현하면, 인간적 본성을 상실했다는 것은 주체성(agency)을 상실했다는 뜻이다. 그러므로 나는, 비록 모든 심리학적 개입은 아니더라도, 대부분의 심리학적 개입에서 무엇보다 중요한 목표는 심리적인 문제와 치료로 인해서 주체성을 잃어버린 사람들의 주체성을 회복하는 것이라고 주장하고 싶다. 내가 이야기하는 주체성은 보편적인 인간의 합리적 역량이며, 목적을 숙고하는 능력 및 숙고의 산물인 타당한 근거를 가지고 행동하는 능력을 의미한다(Fulford, 1994; Martin, Sugarman, & Thompson, 2003; Evnine, 2008; Held, 2010). 그러므로 나는 바로 그 합리적 주체성에 근거해서 모든 종류의 심리학적 개입을 판단하겠다.

긍정적 · 부정적 구분의 개념적 수렁

　나는 수학의 긍정적 · 부정적 구분을 비판하지 않는다. 수학에는 부정적인 숫자(즉, 음수)가 엄연히 존재한다. 나는 의료병리학과도 싸우지 않는다. 의료병리학에서 부정적인 결과(즉, 음성)는 병리의 부재를 의미하므로 축하해야 할 것이다. 그러나 긍정심리학은 '부정적' 속성을 제거해야 하고 그것을 '긍정적' 속성으로 대체해야 한다고 주장한다. 우리는 '긍정적'이라는 용어와 '부정적'이라는 용어의 다의적 용례를 알고 있다. 적용되는 분야에 따라서, 이 용어들은 좋은 뜻으로 쓰일 때도 있고 나쁜 뜻으로 쓰일 때도 있다(혹은 중립적인 뜻일 때도 있다.). 그런데 긍정심리학자들은 심리적 상태, 기능, 개입의 긍정성과 부정성을 선험적으로[5] 지칭하는 경향이 있다. 이로 인해 심각한 개념적 혼돈이 발생하는데, 긍정심리학자들이 설정한 긍정성/부정성 개념의 체계로는 이 문제를 논리적으로 해결할 수 없다.

　'긍정적' 및 '부정적'이라는 용어 자체의 의미가 모호하기 때문에, 바로 그 용어를 사용하는 긍정심리학(혹은 부정심리학)이라는 개념도 기껏해야 미심쩍다. 임상 분야에서도 그렇고 다른 분야에서도 그렇다. Wood와 Tarrier(2010)는 "삶의 긍정적 측면과 부정적 측면에 동등한 비중으로 주목하는 균형적인 관점[6](p. 820)"을 바탕으로 (임상)심리학 내부의 '긍

---

5) '선험적으로'라는 표현과 관련하여, 나는 긍정심리학이 어떤 경험의 영향도 받지 않고 스스로 긍정성과 부정성을 지목했다고 생각하지 않는다. 그것이 엄격한 의미의 선험성이다. 내가 말하고 싶은 것은, 이러한 구분이 개인의 경험적 · 상황적 특수성을 고려하지 않은 채 사용되어 왔다는 점, 그리고 그것을 긍정심리학자들이 채택했다는 점을 지적하는 것이다.

6) Wood와 Tarrier는 "긍정심리학 연구는 심리학의 과학적 지식에 최선의 영향을 미칠 수 있고, 인간의 삶을 향상시키

정성'과 '부정성'을 전면적으로 통합하자고 신중하지만 반복적으로 호소했다. 하지만 무수한 질문이 담겨 있는 판도라의 상자가 열렸다. 적어도, 그들이 통합을 추구하는 까닭이 무엇인지 궁금하다. 만약 처음부터 긍정심리학자들이 긍정적·부정적 구획을 설정하지 않았다면, 군이 통합을 추구할 필요도 없었을 것이다. 더 나아가서, 긍정심리학자들이 긍정적·부정적 구분을 계속 고수한다면 자신들이 통합하고 종합하려는 바로 그 이분법은 영원히 지속될 수밖에 없다. 내가 입증하겠다.[7]

통합하자는 주장과 합치되게, Wood와 Tarrier(2010)는 차원적 접근을 제안했다. 예컨대, 행복과 우울은 2개의 다른 범주가 아니라 1개의 같은 범주의 양극단에 해당한다는 것이다.

> 어떤 정서나 속성도 균일하게 긍정적 혹은 부정적일 수는 없다는 강력한 개념적 및 경험적 증거가 있다. …… 더욱 근본적이지만 거의 고려되지 않은 주제는 대부분의 속성이 긍정적 극단과 부정적 극단을 모두 가지고 있다는 사실을 간과했다는 점이다. 아마도 역사적 맥락 혹은 시대적 상황 때문에, 오직 한쪽의 극단만 편중되게 연구했다. 다른 쪽의 극단은 망각되거나 무시되었고, 특정한 구성개념의 양극성에 대한 이해가 부족했다(p. 825).

맞는 말이다. 하지만 부정적 극단을 지목하면 어떤 긍정적 이득이 있는가? 짐작컨대, 긍정심리학자들은 이해하지 못할 것이다. '긍정적'인 것(즉, 좋은 것)과 '부정적'인 것(즉, 나쁜 것 혹은 적어도 '긍정적'인 것만큼은 좋지 않은 것)을 선험적으로 지칭하는 자기들의 개념체계를 고수하고 있기 때문이다.

Wood와 Tarrier(2010)는 자의적으로 구분하던 긍정성과 부정성을 모두 아우르는 차원에 대한 논의를 올바르게 확장시켰다. 다음의 두 가지 측면을 살펴보자.

는 데 사용될 수 있다. 만약 긍정심리학이 운동에 휩쓸리지 않는다면, 그리고 주류 학문 분야의 일상적 연구와 실제를 충분히 통합한다면 말이다. (그러므로 연구 설계에는 부정적 기능과 함께 긍정적 기능이 포함되어야 하고, 긍정성을 증가시키는 것이 부정성을 감소시키는 것만큼 치료의 중요한 초점이 되어야 한다)(p. 820)"고 언급한다. 『진정한 행복(Authentic Happiness)』에서, 긍정심리학 운동의 창시자인 Seligman(2002)은 스스로 통합과 균형을 호소한다. "긍정심리학은 긍정적 사고와 부정적 사고가 균형을 이루는 최적의 상태를 추구한다. …… 긍정심리학은 부정심리학을 대체하는 것이 아니고, 그것을 보완하는 것이다(pp. 288-289, n. 96)."

7) Vella-Brodrick(2014)은 '긍정성과 부정성의 구분'에 이의를 제기하면서 그것을 폐기하라고 촉구한다. "긍정성과 부정성을 구분하는 것은 유익하지 않다. 그것은 최고의 개입을 대표하지 못한다. 또한 이러한 이분법을 폐기하려면, 그리고 더욱 통합적·포괄적인 정신건강 개념을 수립하려면 더 많은 노력이 필요하다(p. 421)." 하지만 그녀는 "긍정적 과정을 강조할 필요가 있다(p. 421)"면서 바로 그 이분법을 복귀시킨다.

[a] 어떤 극단에 주목하느냐(혹은 척도를 어떻게 채점하느냐)에 따라서 어떤 속성[겸손함, 친절함, 개방성, 진실성, 공정성, 높은 사회지능]과 그것의 반대쪽 극단의 속성[무례함, 몰인정, 폐쇄성, 불성실, 불공정, 낮은 사회지능]을 긍정적 혹은 부정적이라고 지칭하는 것은 전적으로 자의적인 구분이다. 실제로, 긍정심리학 분야 밖에서 일하는 학자들은 척도의 채점기준을 역방향으로 쉽게 변경했고, 반대쪽 극단의 속성에 별도의 명칭을 부여했고, 주요한 임상작업을 수행했다. …… [b] 어떤 속성을 긍정적 혹은 부정적이라고 지칭하는 것은 단순하고 부정확한 행위다. 어떤 정서나 특징도 상황에 따라서는 그리고 수반되는 목적과 동기에 따라서는 '긍정적 혹은 부정적'일 수 있다(pp. 826-827).

앞의 'a'와 관련하여,[8] Wood와 Tarrier(2010)가 묘사한 것처럼 긍정성이든 부정성이든 모두 차원적 속성을 지니므로, 관련된 분야를 지칭할 때 이러한 용어를 사용하는 것은 그들의 표현처럼 '전적으로 자의적'이다. 즉, 어떤 극단을 '긍정적'으로 간주하고 어떤 극단을 '부정적'으로 간주하는 문제는 그저 연구자가 혹은 연구자 집단이 그렇게 하겠다고 결정한 것일 뿐이다. 이런 경우에는 긍정적 및 부정적 상태, 기능, 개입이라는 것 자체가 선험적으로 존재하지 않는다. 단지 우리가 그것들을 긍정적 혹은 부정적이라고 지칭한 것에 불과하다. 실재론적 존재론의 일반적인 견해에 따르면, 그것들은 우리가 발견해 주기를 단순히 '기다리고 있는' 존재들이 아니다(Held, 2007, 제5장). 긍정성과 부정성을 구분하려는 심리학의 기저에는 반실재론적 존재론이 작동하고 있는 것 같다. 추측컨대, 대부분의 긍정심리학자들은 그것을 달가워하지 않을 것이다(Held, 2002, 2004, 2005). 더 나아가서, 만약 긍정적 속성과 부정적 속성을 구분하는 것이 단순하고 부정확한 자의적인 행위라면, (주류의 임상 분야 및 다른 분야 모두에서) 긍정적 개입과 부정적 개입을 구분하는 것도 마찬가지로 단순하고 부정확한 자의적인 행위일 것이다. 그럼에도 불구하고, 긍정심리학자들은 심리학적 개입마저 이분법적으로 구분하고 있다.

'긍정적' 개입 대 '부정적' 개입

긍정성/부정성을 이분법적으로 구분하더니 결국 긍정 임상심리학이라는 표현이 등장했다. 긍정 임상심리학자들은 부정적·병리적 상태와 기능을 직접적으로 감소시키기 위

---

8) 긍정적 및 부정적으로 간주되는 목표와 동기의 관계를 논의할 때 'b' 부분을 언급한다.

해서 실시하는 부정적·임상적 개입뿐만 아니라 긍정적·건강한 상태와 기능을 직접적으로 증가시키기 위해서 실시하는 긍정적 개입까지 실시하자고 주장한다. 어떤 상태와 기능을 긍정적·부정적으로 구분했던 것처럼, 심리학적 개입마저 긍정적·부정적으로 구분하고 있는 것이다. 엄연히 영역이 다름에도 불구하고 이렇게 주장하는 것은 너무 안이하다. Wood와 Tarrier(2010)가 공언했듯이, "부정적 기능과 긍정적 기능을 분리해서 각각 별도로 연구하는 것은 논리적이지 않다. …… 부정성을 감소시키는 개입과 긍정성을 증가시키는 개입을 모두 실시해야 하는데, 그것을 방해하기 때문이다(p. 827)." 하지만 그들이 통합을 주장하면서 제시하는 해결책은 여전히 이분법적이다. 그들은 부정적 개입과 긍정적 개입을 이분법적으로 구분했다. 또한 긍정 임상심리학은 부정적 개입과 긍정적 개입을 모두 실시하지만 이른바 (부정)임상심리학은 오직 부정적 개입만 실시하는 것처럼 편 가르기를 시도했다. 그들이 긍정성/부정성의 이분법적 구분을 포기할 것 같지는 않다. Seligman이 주창한 긍정심리학 운동의 흐름이 이미 '제도화'되었기 때문이다.

　그들은 긍정적 개입과 부정적 개입을 마치 별개의 개입인 것처럼 구분한다. 별개의 두 가지 방법으로 별개의 두 가지 상태와 별개의 두 가지 기능에 개입하자고 주장한다. 하지만 그것은 현실과 동떨어진 허상에 불과하다. 예컨대, Joseph과 Wood(2010)는 (내담자-중심치료처럼) 이론적으로 '성장지향적' 견해와 양립할 수 있는 경우, 현존하는 개입(긍정 임상심리학 이전의 개입이므로 아마도 부정적·임상적 개입)도 긍정적 기능을 증가시키는 역할을 한다고 생각했다(p. 836). 더 나아가서, Kashdan과 Rottenberg(2010)는 "유연성을 향상시키는 것이 심리학적 개입의 목표라고 명시적으로 밝히지 않더라도 …… 심리학적 개입은 어떤 식으로든 유연성에 영향을 미칠 수밖에 없다. 유연성이 심리적 기능의 필수 요소이기 때문이다(p. 874)"고 언급했다. 이쯤 되면, 긍정적 개입과 부정적 개입의 이분법은 흐릿해진다. 이른바 부정적 개입도 원론적으로(즉, 논리적으로) 유연성과 같은 긍정적 상태와 기능을 향상시키는 데 적어도 간접적으로 영향을 미칠 수 있기 때문이다.

　Kashdan과 Rottenberg(2010, pp. 866-867)가 인정하듯이, 문제의 본질은 상황의 특수성을 고려하지 않고 심리적 상태와 기능을 자의적으로 그리고 선험적으로 구분한 긍정성/부정성의 이분법이다(5번 주석을 참고하기 바란다.). 나는 '건설적-파괴적'(혹은 '적응적-부적응적')이라는 용어를 선호한다. 특정한 개인이 특정한 상황(개인 간 및 개인 내 상황, 예: McNulty & Fincham, 2012)에서 특정한 목적을 추구할 때 어떤 상태/과정이 유익한지 혹은 유해한지 판단하려면, 경험적 관찰과 근거에 기반해서 그 사례의 특수한 사정을 고려해야 한다. '건설적-파괴적'이라는 용어를 사용하면, 적어도 이러한 노력이 필요하다는 암시라도 제시할 수 있다. 우리가 적응적이라고 생각하는 것을 확립하기 위해서 실시하는 개입과 우리가 부적응적이라고 생각하는 것을 해체하기 위해서 실시하는 개입은 모두 상황의 특수성을 고려하는 개입일 뿐만 아니라 건설적인 개입이다. 부적응적인 요소를 해체하는 개입도 건설적인 개입이다. 이러한 사고방식은 Barbara Fredrickson의 '긍정적 정서의 확장 및 축적 이론'과 정면으로 충돌한다. 그녀는 부정적 정서가 건설적인 노력을 방해한다고 주장하면서 부정적 정서의 가치를 심각하게 제한했다. 내가 생각하기에, 이러한 제한이야말로 엄청난 한계다. 그녀는 '부정성'의 건설적 가치를 입증하는 수많은 경험적 연구 결과를 무시한다. 부정적 정서는 Fredrickson이 생각하는 것보다 더 많은 가치를 지니고 있다.

긍정적 정서의 확장 및 축적 이론

Garland, Fredrickson, Kroing, Johnson, Meyer, 그리고 Penn(2010)은 긍정적 정서의 확장 및 축적 이론을 다음과 같이 간결하게 요약했다. 긍정심리학 문헌에서는 열광적인 찬사를 받았지만, 고전으로 여겨지는 Lopez와 Snyder(2009)의 『긍정심리학 핸드북(Oxford Handbook of Positive Psychology)』과 Lopez(2009)의 『긍정심리학 백과사전(The Encyclopedia of Positive Psychology)』에서는 그렇지 않았다.

> 부정적 정서는 인간의 주의와 사고를 협소하게 제한한다. …… 확장 및 축적 이론에 따르면, …… 긍정적 정서는 개인의 사고-행동 레퍼토리를 확장한다. 긍정적 정서는 높은 수준의 연결성 및 평소와 다른 범위의 지각, 사고, 행동을 유연하게 유도한다. 인지적으로 확장되면 행동적으로 유연해지고, 시간이 흐르면서 마음챙김, 탄력성, 사회적 친밀감, 심지어 신체적 건강과 같은 개인적 자산이 축적된다. …… 중요한 것은, 긍정적 정서의 일시적인 속성과 달리, 이러한 자산이 지속적인 속성을 지닌다는 점이다. …… 이론과 자료에 의하면, 유쾌한 긍정적 정서는 비록 순간적으로 경험하는 것이라고 하더라도 기능적인 결과에 장기간 지속되는 영향을 미칠 수 있고, 안녕감과 사회적 연결성을 향상시키는 결과를 유도할 수 있다(Garland et al., 2010, p. 850).

이러한 이론 및 그것을 바탕으로 수집된 근거는 엄청난 비판을 받았다. Fredrickson과 Losada의 입장과 Brown, Sokal, 그리고 Friedman의 입장이 대립하고 있다.[9] 하지만 긍정심리학자들은 여전히 이러한 이론을 고수하고 있다. 다음 절에서, 부정적 정서와 사고와 대처의 '긍정적 효능'을 입증하는 방대한 연구 결과를 소개하겠다.

여기서 한 가지만 밝혀둔다. 긍정적 상태/기능에 직접적으로 주목하든 혹은 부정적 상태/기능에 직접적으로 주목하든, 모든 임상적 개입은 인간이 더 잘 기능할 수 있도록 조력하려는 목적으로 고안되었다. 모든 임상적 개입은 인간이 건설적으로 기능할 수 있도록 조력하기 때문에 '긍정적'이며, 심지어 개인의 기능을 방해하는 부적응적인 요소를 '해체하는' 내용이 포함되어 있더라도 마찬가지로 '긍정적'이다. 긍정심리학자들이 성급하게 긍정성을 추구하다가 놓쳐 버린 결정적인 지점이 있다. 개인의 대처/기능을 향상시키는 작업에 행복감과 같은 긍정적 정서의 경험이 항상 동반되는 것은 아니다. 긍정적 정서상태를 직접적으로 증진시키는 작업을 일반적으로 '긍정적 개입'이라고 정의하던데, 그것만이 능사는 아니라는 말이다.

법칙정립적 접근 대 개인특유적 접근

긍정심리학 운동을 펼치는 사람들은 자신들의 연구와 개념이 법칙정립적인 것처럼 일반화하지만, 그것은 다른 종류의 일반화다. Wood와 Tarrier(2010)는 긍정심리학 운동의 미사여구식 일반화를 올바르게 비판했다. 자신들의 연구 결과에 문제점이 있는 것을 알면서도 마치 아무런 문제점이 없는 것처럼 과장되게 홍보하기 때문이다.

이제부터 긍정심리학 연구의 일반성과 심리치료 작업의 특수성을 비교해 보자. 모든 심리치료 작업에는 필연적으로 특수성이 내재되어 있다. 비록 자연법칙적 수준의 일반화는 못하더라도, 과학은 연구를 통해서 법칙정립적(nomothetic) 이론을 수립하려고 노력한다. 그러나 이론을 실제에 적용할 때는 개인적 특수성을 고려하는 개인특유적(idiographic) 접근을 병행해야 한다. 내가 언급했듯이(Held, 1995, p. 19), "두 명의 조현병(정신분열증) 환자가 있을 때, 두 환자의 치료목표는 결코 동일할 수 없다." 분명히 밝히지만, 나는 주관적인 질문을 통해서 과학적인 결론을 도출하는 (임상)심리학의 논리를 부정하지 않는다. 비록 보편적인 물리법칙을 정립하지는 못하더라도, 모든 과학자는 특수한 현상을 연구해서 일

---

9) Fredrickson(2009), Fredrickson과 Losada(2005)는 자신들의 이론을 지지하는 증거라며 이제는 유명해진 비율(즉, 임계치)을 반복적으로 홍보한다. 긍정적 정서와 부정적 정서의 비율이 3:1부터 12:1까지 사이에 있어야 이른바 '번창 상태'라는 것이다. 관련된 논쟁에서, Fredrickson과 Losada(2005)가 제시한 긍정적 정서의 '비선형적 역동 모형'을 Brown, Sokal, 그리고 Friedman(2013)이 확실하게 비판했다. Brown 등(2014)의 요약에 따르면, "Fredrickson과 Losada(2013)는 그 모형을 철회했다. 하지만 Fredrickson(2013년 겨울)이 경험적 연구 자료가 있다면서 그 이야기를 다시 꺼냈다(p. 629)." 그녀가 제시한 증거는 설득력이 없었고, 확실하게 묵살되었다.

반적인 결론에 도달하기 때문이다.

심리치료 작업에 개인특유적 접근을 병행해야 한다고 주장하는 까닭은 다음과 같다. 첫째, 내담자의 성향(예: 선천적 기질)을 거스르는 작업이 아니라 그것을 인정하는 작업을 해야 한다. 둘째, 그렇게 하려면 내담자를 독특한 특성을 지니고 있는 독특한 개인으로 존중해야 한다. 내담자는 강점과 약점을 모두 지니고 있는 사람이고, 어떤 범주로 분류할 수 있는 성향을 지니고 있는 사람이며, 어떤 차원의 한 지점에 해당하는 사람이다. 내담자의 독특한 특성은 긍정심리학자들이 지목하는 긍정성/부정성으로 쉽게 환원되지 않는다. 그러므로 어떤 임상적 개입도, 심지어 긍정적 개입조차 내담자의 문제를 부정적으로 악화시키는 역효과를 초래할 수 있다.[10] 예컨대, J. Wood, Perunovic, 그리고 Lee(2009)는 긍정적 자기진술(예: "나는 나 자신을 전적으로 수용한다")을 반복하게 했을 때 혹은 긍정적 자기진술을 확증하는 방향으로 행동하게 했을 때, 자존감이 낮은 사람들의 자존감은 오히려 더 악화되었고 자존감이 높은 사람들의 자존감은 오로지 경미하게 향상되었다고 보고했다. 그들에 따르면, 자존감이 낮은 사람에게 긍정적 자기진술을 반복하게 하면 "부정적인 생각을 회피하려는 노력 때문에 …… [노력에 실패해서] …… 긍정적 자기진술을 거짓으로 치부하게 되고 …… 그들이 부정적이라고 지목한 바로 그 사람(p. 865)"이 자신인 것처럼 인식하게 되는 역효과가 발생한다. 또한 McNulty와 Fincham(2012)은 어떤 특질과 과정을 모두 싸잡아서 긍정적·부정적인 것으로 명명하는 행위를 비판했다. 그들은 개념적 근거 및 경험적·상황적 근거를 가지고 다음과 같이 주장했다. "최적의 상태에서는 유익하게 작용하는 심리적 속성이 차선의 상태에서는 유익하게 작용하지 않을 수 있고, 심지어 유해하게 작용할 수 있다(p. 106)."[11] 심리학에서 선험적으로 긍정성/부정성을 구분하는 것은 논란의 소지가 많은 명백히 잘못된 이분법이다.

심리치료 작업으로 돌아와서, 과학의 법칙성을 적용해서 실제의 특수성을 해결할 수 있는 방법은 아직까지 찾아내지 못했다. 고차원의 일반화에 불과하더라도, 여전히 우리는 몇몇 일반 원칙을 준수해야 한다(Held, 1995). 예컨대, 나는 Kashdan과 Rottenberg(2010)의 "건강의 핵심 요소는 심리적 유연성"이라는 견해에 동의한다. 만약 다른 이유가 없다면, (신체적으로 혹은 심리적으로) 건강한 상태에서는 유연성이 수반되고 병리적 상태에서는 유연성이 제한되기 때문이다. 이들의 견해에 동의하면 긍정적 정서의 확장 및 축적 이론

---

10) Barlow(2010)는 "심리학자들이 자신의 내담자를 해치고 싶지 않다면, 심리학적 개입의 효과를 연구할 때 개인특유적 접근을 훨씬 더 강조할 필요가 있다(초록, p. 13)"고 언급한다.

11) McNulty와 Fincham(2012)은 용서하기, 낙관주의, 선의귀인, 친절하기가 역효과를 초래한다는 사실을 입증했다. 이것들은 긍정심리학자들이 선호하는 '긍정적' 개입이다. Held(2013)도 참고하기 바란다.

에도 동의하는 것 같겠지만 사실이 아니다. 그 이론은 오직 긍정적 정서의 기능적 역할만 강조하기 때문에 유연하지 못하다. 긍정심리학자들의 강경한 주장과 달리, 긍정적 정서와 부정적 정서가 (그리고 긍정적 · 부정적 사고가) 각각 적응적 기능과 부적응적 기능을 결정하는 것이 아니다. 어떤 경우에는 적응적 기능에 부정적 정서가 수반되기도 하고, 어떤 경우에는 부적응적 기능에 긍정적 정서가 수반되기도 한다. 이어서 설명하겠다.

'부정적' 개입의 '긍정적' 효과: 방어적 비관주의

긍정 임상심리학의 옹호자들은 부정적 · 임상적 개입뿐만 아니라 긍정적 개입까지 실시하자고 주장한다. 이들이 명명한 이른바 긍정적 개입은 적응적 · 건설적 기능, 심지어 최적의 기능[12]을 증진하는 상태와 과정을 직접적으로 축적하는 개입을 뜻한다(Wood & Tarrier, 2010; Schueller & Parks, 2014). 하지만 부정적 대처전략 및 그것을 구성하는 부정적 정서와 부정적 사고에는 오히려 인간이 적응적 · 건설적으로 기능하도록 이끄는 매우 유익한 측면이 있다는 사실을 입증하는 수많은 연구 결과는 어떻게 처분할 것인가? 다시 말해, 부정적 상태가 적응적 · 건설적으로 기능하도록 이끄는 결정적인 역할을 하는 사례를 제시하면 어떻게 반응할지 궁금하다.

지난 30년간 '방어적 비관주의(defensive pessimism)'라는 대처전략을 연구한 Julie Norem(2010)은 『부정적 사고의 긍정적 효능(The Positive Power of Negative Thinking)』이라는 유명한 책에서 걸출한 사례를 제시한다. 그녀는 심각한 불안감 때문에 기능이 손상된 사람들의 방어적 비관주의가 적응적 기능을 촉진하는 가치를 지니고 있다는 사실을 일관적으로 입증했지만, 긍정심리학 문헌에서는 방어적 비관주의의 가치를 거의 주목하지 않는다.

최근에 Norem(2008)이 제시한 정의와 설명에 따르면, 방어적 비관주의는 ① "낮은 수준의 기대를 (비관적으로) 설정하고, 다가오는 상황과 과제에 대비하면서 무언가 잘못될 모든 가능성을 구체적으로 그리고 생생한 세부 사항까지 충분히 생각하는(p. 123)", ② "불안을 관리하고 목표를 추구하게 도와주는(초록, p. 121)" 일종의 '동기화된 인지적 전략'이다. Joseph과 Wood(2010)의 연구 및 Kashdan과 Rottenberg(2010)의 연구와 유사하게, Norem은 (몇몇 임상적 문제와 관련된) 실행기능 혹은 자기조절/자기통제/자기결정을 조사했고,

---

12) Linley와 Joseph(2004b)은 '최적의 기능'이 "긍정심리학이 염원하는 결과(p. 5)"라고 지적한다.

'부정적' 대처전략의 (자기조절을 증진시키는) 역할을 시사하는 복잡성을 강조했다.

> 자기-장애화부터 고정관념의 위협까지 다양한 현상을 조망한 결과, 일종의 자기조절
> 전략인 방어적 비관주의는 잠재적 효과를 지니고 있다. …… 방어적 비관주의가 어떻게 그
> 리고 어째서 작동하는지 이해하려면 개인의 특질, 동기, 자기구조를 통합적으로 파악해야
> 한다. 또한 방어적 비관주의라는 전략이 지향하는 결과적 목표, 그리고 서로 다른 상황적
> 및 문화적 맥락이 빚어내는 특정한 제약 조건을 모두 고려해야 한다(초록, p. 121).

Norem(2008)은 모종의 부정성을 이용해서 방어적 비관주의의 작동 원리를 설명했고,
모종의 부정성을 "목적에 부합하는 도구(the right tool for the job)"라고 명명했다(Norem,
2014). "방어적 비관주의자의 경우, 부정적 정서와 부정적 사고가 목표를 추구하도록 동기
를 부여하는 긍정적 기능을 담당하고", 병리적으로 반추하고 파국화하는 사람과 다르게,
방어적 비관주의자의 "부정적 반성은 미래지향적이고, 자신이 다가가려는 상황/목표와 직
접적인 관련이 있는 잠재적으로 부정적인 시나리오에 초점을 맞춘다(p. 126)." 핵심을 요
약하면, 처음에는 '부정적' 과정으로 여겨졌던 방어적 비관주의가 실제로는 확실한 '긍정
적' 과정으로 작동하여 개인이 적응적으로 혹은 건설적으로 기능하도록 이끈다는 것이다.
"방어적 비관주의자는 감정(불안감)에서 주의를 떼어내서 (장차 발생할 가능성이 있는 특수한
문제에 대한) 생각으로 주의를 이동할 수 있고, 그 생각에서 주의를 떼어내서 (목표달성을 방
해하는 문제가 발생하지 않도록 방지하는) 행동으로 주의를 이동할 수 있다(p. 126)." Norem
과 Cantor(1986)를 참고하기 바란다.

Norem(2008)은 "서로 다른 성격을 고려해서, 서로 다른 전략을 사용해야" 적응적으로
기능할 수 있다고 주장한다. 전략적 낙관주의자(strategic optimist)[13]와 비교할 때, 방어적
비관주의자는 특질불안, 신경증 성향, 낮은 자존감, 부정적 정서의 수준이 전반적으로 더
높은 사람이고, "잠정적으로 부정적인 결과와 계획을 더 많이 예상하는(p. 124)" 사람이다.
아울러 그녀는 흔히 과소평가하는 혹은 전혀 고려하지 않는 결정적인 지점을 지적했다.

---

13) Norem(2008)은 전략적 낙관주의를 다음과 같이 정의한다. "불안하지 않은 사람 혹은 수행 상황에서 통제감을 잃
　　지 않는 사람이 사용하는 전략이고, …… 높은 수준의 기대를 설정하고, … 그것이 좋은 것이든 나쁜 것이든, 장차
　　어떤 일이 벌어질 가능성이 있는지 깊이 생각하는 것을 회피한다. 그들은 가능한 결과를 정신적으로 미리 예상하
　　려고 노력하지 않으며, 자신이 원하는 행동을 그냥 한다. 그러나 …… 또한 그들은 방어적 비관주의자가 경험하는
　　불안감을 경험하지 않는다(p. 124)."

이것만으로는 자신과 세상을 대체로 부정적으로 지각하는 경향과 방어적 비관주의의 차이점이 잘 드러나지 않을 것이다. 하지만 전략적 낙관주의자에게는 효과적으로 작용하는 "심각하게 받아들이지 말라"는 전략이 방어적 비관주의자에게는 전혀 효과적이지 못한 까닭이 무엇인지 의문을 품어 보자. …… 불안한 사람에게 "그냥 편하게 생각하세요"라고 이야기하는 것은 아무런 도움이 안 된다. 방어적 비관주의자의 경우, 낙관적인 견해를 가지려고 단순하게 노력하는 것은 아무런 쓸모가 없다(pp. 124-125).

또한 Norem(2008)은 긍정적 조작(즉, 개입)과 부정적 조작이 방어적 비관주의자에게 미치는 영향을 설명했다.

방어적 비관주의자가 구사하는 전략을 방해하는 경우, 혹은 일부러 낙관적으로 사고하도록 유도하는 경우, 방어적 비관주의자의 수행이 저하되었다. 그리고 자신의 수행에 대한 만족감도 감소되었다. …… 추가 분석 결과, 불안이 그러한 결과를 매개하는 것으로 밝혀졌다(p. 125).

놀랄 것도 없이, Norem(2008)의 방대한 연구 결과는 다시 급소를 찌른다. 한 벌의 옷이 모두에게 맞을 수는 없다. 각양각색의 인간이 구사하는 각양각색의 대처전략도 마찬가지다. "방어적 비관주의자 및 전략적 낙관주의자 모두 자신이 선호하는 방식대로 정신적 모의실험(시뮬레이션)을 하도록 허용했을 때 최선의 수행을 보였다(p. 126)." 이것은 지극히 당연한 결론이다. 하지만 '긍정성을 현저하게 강조하는' 접근에는 상황-의존적 메시지가 결여되어 있다. 기분과 관련하여, Norem(2008)은 방어적 비관주의자를 '격려하는' 개입의 위험성을 다음과 같이 경고한다.

방어적 비관주의자의 기분 상태를 일시적으로 향상시키는 것은 가능하지만, 그렇게 하면 그들의 수행이 저조해진다(Sanna, 1998; Norem & Illingworth, 2004). …… 방어적 비관주의자는 부정적 정서를 단서로 사용해서 더 열심히 수행하며, 그러한 상태에서 전형적으로 더 양호한 수행을 보인다(p. 126).

인간의 적응적 기능을 증진시키려고 분투하는 긍정심리학자들이 방어적 비관주의에 관한 Norem의 방대한 연구 결과를 행복하게 받아들였을 것이라고 추측하는 사람이 있을지도 모르겠다. 그러나 그녀의 발견은 거의 전적으로 무시당했다(예: Linley & Joseph, 2004a;

Parks & Schueller, 2014). 특히 앞에서 언급한 긍정심리학의 고전으로 여겨지는 문헌에서, 그녀의 연구는 '부정적'인 것으로 따라서 문제가 있는 것으로 묵살되었다.[14] 예컨대, 초창기에 Scheier와 Carver(1993)는 방어적 비관주의자의 수행이 '현실적(즉, 성향적) 비관주의자'의 수행보다 양호하다는 사실을 거론하면서 "방어적 비관주의가 효과적인 것으로 보인다"고 확실히 인정했다. 그러나 그들도 "낙관주의자와 비교할 때, 방어적 비관주의자는 단기적으로 더 많은 증상을 보고하고, 장기적으로 더 낮은 삶의 질을 보고한다. 이것은 방어적 비관주의의 적응적 가치에 심각한 의문을 야기하는 결과(p. 29)"라고 언급했다. 최근에, Peterson과 Seligman(2004)은 더 강력하게 비판했다.[15] 문제는 경험적 연구의 결과가 Scheier와 Carver의 의문, Peterson과 Seligman의 주장과 부합하지 않는다는 사실이다. 예컨대, Norem과 Chang(2002)은 방어적 비관주의 전략을 사용하는 불안한 사람과 그것을 사용하지 않는 불안한 사람을 비교하는 연구를 수행했다.

> 방어적 비관주의 전략을 사용하지 않는 불안한 대학생과 비교했을 때, 방어적 비관주의자의 자존감과 만족감은 시간이 흐르면서 더 향상되었고, 학업수행이 더 양호하였고, 더 우호적인 교우관계를 형성하였고, 개인적인 목표를 더 성취하였다. …… 불안한 사람을 돕겠다고 그들의 방어적 비관주의를 빼앗는 것은 바람직한 방법이 아니다(p. 997).

Norem은 전략적 낙관주의와 방어적 비관주의가 초래하는 엄연한 이득과 손해를 모두 흔쾌히 인정한다. 당연하게도, 우리는 Norem의 연구에서 방어적 비관주의의 부정적 측면만 부각시켜서 '정말로 부정적'인 것으로 치부하는 까닭을 긍정심리학자들에게 묻고 싶다. 이에 반해, 긍정심리학자들은 전략적 낙관주의의 부정적 측면은 가볍게 무시한다. 또한 긍정심리학자들은 맥락-의존적 대처전략인 방어적 비관주의를 동일한 선상의 전략적 낙관주의가 아니라 성향적 · 특질적 낙관주의와 비교하거나 혹은 방어적 비관주의를 구사하지 않는 불안한 사람의 기능수준과 비교한다(Scheier & Carver, 1993, p. 29; Held, 2004, pp. 23-24).

---

14) 방어적 비관주의를 부적절하게 지지한 긍정심리학자들(예: Aspinwall & Staudinger, 2003; Gable & Haidt, 2005)을 인용하려면 Held(2005, pp. 9-10)를 참고하기 바란다.

15) Peterson과 Seligman(2004)은 "우리는 방어적 비관주의가 어떤 상황에서는 유익할 수 있다는 사실을 부인하지 않는다. 그러나 관련된 연구 결과에 따르면, 방어적 비관주의는 타인을 짜증나게 만든다(p. 528)"고 언급한다. 그들은 방어적 비관주의가 불안을 감소시키고 기능을 향상시키는 역할을 한다는 요점을 빠뜨린다. 그리고 낙관주의자는 타인을 짜증나게 만들지 않느냐고 질문하고 싶다.

　　Norem(2014)은 인간이 적응적으로 기능하도록 이끄는 부정적 사고와 감정의 실질적 역할을 탐구했다. 그녀는 인간이 부정적 사고와 감정을 단순히 어떻게 느끼는지 연구한 것이 아니라, 그것이 지니고 있는 동기부여의 기능을 연구한 것이다. 즉, 우리는 감정과는 뚜렷하게 구분되는 기능성(functionality) 그 자체를 중요한 결과변인으로 상정해야 한다. 특히, Norem(2014, p. 259)은 방어적 비관주의자의 '쾌락적 실패'를 인정한다. 그러나 그럼에도 불구하고 방어적 비관주의가 적응적 기능을 향상시키는 측면을 고려하라고 우리에게 요청한다. 흥미롭게도, 긍정심리학 문헌에는 유쾌성 변인과 기능성 변인을 구분하는 경향이 깊숙이 스며들어 있다. 각각 '주관적 안녕감'과 '심리적 안녕감'으로 편 가르고 있는 것이다(예: Ryan & Deci, 2001).

　　놀랄 것도 없이, 최근에 Norem(2014)은 '방어적 비관주의'라는 용어를 사용하지 않았더라면 더 좋았겠다고 푸념했다. '방어적'이라는 표현이 너무 부정적이기 때문이다.

> 　　만약 과거로 되돌아갈 수 있다면, 방어적 비관주의를 반성적 비관주의(reflective pessimism)로 개칭하고 싶다. 비반성적 낙관주의(non-reflective optimism)에 대비되는 개념으로 …… 우리는 비관주의 전략에 '방어적'이라는 이름을 붙이고 연구했는데, 그것과 상반되는 낙관주의 전략을 연구하는 사람들이 '전략적'이라는 이름을 붙이자 문제가 생겼다. 전혀 예상하지 못했는데, 우리가 어떤 자료를 수집하기 전부터 전략적 낙관주의가 방어적 비관주의보다 더 좋은 것(즉, 더 전략적인 것)처럼 인식되는 문제점 말이다 (pp. 265-266, n. 4).

　　내가 한 마디 덧붙이고 싶다. 방어적 비관주의가 지니고 있는 부인할 수 없는 긍정성에도 불구하고, 독성 반응을 여과시키지 못하는 긍정심리학자들에게는 '비관주의'라는 용어 자체가 독극물이다.[16]

　　다시 말하지만, 용어가 정말로 중요하다. Norem은 '부정성의 긍정성'을 연구하는 가장 걸출한 연구자 중의 한 사람이다. 지난 30년간 Norem이 일관적으로 확인한 연구 결과를 긍정심리학자들이 통합하지 못하는 것은, 좋게 봐서 여전히 종합하지 못하는 것은, 자신들이 선험적으로 부정적이라고 지목한 요소가 명백히 긍정적으로 기능할 수 있다는 사실을 전혀 받아들이지 못하는 가장 눈부신 사례다. 그들의 논리에 따르면, 긍정적 기능은 오로

---

16) Seligman(2002)은 "비관주의는 대부분의 시도에서 부적응적이다. …… 그러므로 비관주의자는 여러 면에서 실패자이다(p. 178)"라고 언급한다.

지 '긍정적' 개입을 통해서만 증진시킬 수 있다. 그들이 '긍정적'이라고 지목한 영역의 요소만 존재해야 하고, 그들이 '부정적'이라고 지목한 영역의 요소는 부재해야 한다. 심지어 그 영역이 생각보다 '부정적'이지 않은 것으로 밝혀지더라도 마찬가지다.[17] 다르게 표현하자면, 감히 긍정적으로 예견하건대, 이른바 '부정적' 상태와 개입이 적응적 · 건설적 기능과 결과를 유도하는 것으로 밝혀지면 긍정심리학 산업은 완전히 붕괴될 것이다.

'통합적' 연구 프로그램

앞에서 나는 긍정(임상)심리학자들이 이야기하는 통합이 무엇인지, 그리고 그들이 통합을 추구하는 까닭은 무엇인지 질문했다. Wood와 Tarrier(2010, p. 280)는 "삶의 긍정적 측면과 부정적 측면에 동등한 비중으로 주목하는 균형적인 관점"으로 치료 과정에서 '긍정적' 개입과 '부정적' 개입을 모두 사용해야 한다는 통합에 관한 상식적 견해를 표명했다. 하지만 '삶의 긍정적 측면과 부정적 측면'은 무엇을 뜻하는가? Norem이 증명했듯이, 어떤 사람에게는 긍정적 · 순기능적인 것이 다른 사람에게는 부정적 · 역기능적인 것일 수 있다. 어떤 주어진 상황으로 한정해도 마찬가지다. 다시 말하지만, 심리학은 긍정성과 부정성이 상황적 특수성과 무관하게 안정적인 의미/참조를 지닌다는 가정을 용납하지 않는다. 앞에서 언급했듯이, 긍정심리학자들이 심리적 현실을 긍정적 요소와 부정적 요소로 선험적으로 구분하는 존재론적으로 미심쩍은 분열을 조장하지 않았다면, 군이 통합할 혹은 결합할 필요도 없었을 것이다. 두 가지 요소는 반드시 다시 합쳐져야 한다. 하지만 애석하게도 담벼락에서 떨어져서 깨져버린 달걀 신세가 되었다.

심리적 현실을 제대로 복원하는 것 이외에, 긍정 임상심리학자들이 통합을 추구하는 까닭은 모든 것을 포괄하고 싶은 혹은 완전하고 싶은 소망이 있기 때문일 것이다. 현실의 어떤 측면도 무시하거나 배제하지 않는 경험적 전제 조건을 갖추는 것은 모든 타당한 과학이 간절히 염원하는 것이다. 그러나 현재 수준의 통합으로 더욱 완전한 임상심리학을 추구하는 사람들의 입장에서, 분열을 조장하는 미심쩍은 이분법을 모두 폐기하는 것은 선택지가 아닐 것이고 실제로 그런 일이 일어날 것 같지도 않다.

---

17) Seligman(2002)이 주장하듯이, "밤에 깨어 있으면, 아마도 곰곰이 생각할 것이다. 어떻게 하면 당신의 인생을 +2 상태에서 +7 상태로 변화시킬 수 있는지를. 그러나 −7 상태에서 −3 상태로 변화시킬 방법이나 매일 조금씩 덜 비참해질 방법을 고민하지는 않을 것이다(p. xi)."

모든 문제에 대한 해독제로, 만약 부정적·임상적 개입과 긍정적 개입을 통합하고 싶어 하는 심리학자들이 '부정적'인 사고, 기분/정서, 대처전략과 더불어서 (그것을 배제하지 않고) 살고 있는 임상가들은 실제로 어떻게 활동하는지 공부하면 어떻겠는가? 이러한 처방이 더욱 포괄적인 연구 프로그램의 잠정적 기반이 될 수 있을까?

Gerrod Parrott(2014)은 『부정적 정서의 긍정적 측면(The Positive Side of Negative Emotions)』이라는 책의 12개 장을 지난 30년간 다양한 부정적 정서의 기능적·적응적 측면을 연구해 온 심리학자들의 글로 엮었다. 이 책에는 슬픔, 불안, 사회적 감정(당황, 수치, 죄책, 시기), 그리고 부정적 대처 방식(방어적 비관주의)이 기능적·적응적으로 작용할 수 있다는 것을 보여 주는 연구 결과가 망라되어 있다.[18] 심리치료자를 찾아오는 내담자는 흔히 (누군가에게는) 성가신 감정과 생각을 경험하고 있기 때문에 (그리고 그렇게 행동하고 있기 때문에), 각각의 내담자가 드러내는 (긍정적 및 부정적) 경향성을 극복하는 개입뿐만 아니라 그것을 인정하는 개입까지 통합하고 싶어 하는 긍정 임상심리학자들에게는 이러한 연구 결과가 중요한 통합의 후보가 될 것이라고 생각한다. 그러나 내가 알고 있는 한, Norem의 발견과 마찬가지로, 그런 노력은 아직 철저하게 이루어지지 않았다. 적어도 지속적으로는 이루어지지 않았다.

이 책의 서문에서, Parrott은 긍정적 정서와 부정적 정서의 의미를 개념적으로 서술한다. 그는 역사적으로는 어떤 감정이 부정적이고 어떤 감정이 긍정적인지 합의했다고 지적한다(Colombetti, 2005).[19] 하지만 '무엇이 정서를 긍정적으로 혹은 부정적으로 만드는지'에 대해서는 합의하지 못했다(p. x). 두 가지 용어를 사용하는 기준 혹은 경계와 관련하여, 그는 Solomon과 Stone(2002)을 인용한다.

긍정적 정서와 부정적 정서를 구분하는 18가지 방법이 있다. 어떤 구분은 윤리적 기준을 적용한다. 선한-악한, 옳은-그른, 사회적으로 수용되는-사회적으로 수용되지 않는 정서. 어떤 기준은 …… 정서의 효과에 더 주목한다. 건강한-불건강한, 진정시키는-흥분시키는, 강화시키는-약화시키는, 만족스러운-불만족스러운, 접근하게 만드는-회피하게 만드는 정서. 그러나 어떤 기준은 정서에 부착되어 있는 다양한 평가와 판단에 더 주목한

---

18) 부정적 정서의 효능에 주목한 Parrott(2014)의 책에 기여한 학자들의 초기 연구는 다음을 참고하기 바란다. 슬픔은 Forgas(2007), 불안은 Perkins와 Corr(2005), 분노는 Van Kleef와 Côté(2007), 공포는 Tamir와 Ford(2009).

19) 전형적으로, 부정적 정서에는 "공포, 불안, 고독, 죄책, 수치, 당황, 후회, 실망, 슬픔, 시기, 질투, 혐오, 경멸, 분노, 좌절, 짜증"이 포함되고, 긍정적 정서에는 "긍지, 만족, 위안, 희망, 고무, 환희, 열망, 재미, 쾌활, 행복, 경탄, 소망, 감탄, 심취, 사랑"이 포함된다(Parrot, 2014, p. x).

다. 그 상황이 개인의 소망과 일치하는가 혹은 불일치하는가 …… 긍정적 및 부정적 정서라는 표현은 현상적 경험의 질적 속성을 감안하여 부과한다. 아마도 전자는 유쾌한 체험을 반영하고 후자는 불쾌한 체험을 반영한다(Parrott, 2014, p. x).

경험적으로 가장 중요한 것은, Parrott이 덧붙이기를, "한 가지 공통점은 긍정적 정서와 부정적 정서는 모두 순기능적일 수도 있고 역기능적일 수도 있다는 사실이다." 그리고 그는 '어떤 정서가 어떤 특정한 맥락에서 적응적으로 작용할 수 있도록 결정하는 요인'을 밝혀내기를 간절히 소망한다(p. xiii).

Parrott은 긍정적 정서와 부정적 정서의 구분을 배척하지 않는다. 그래서 누군가는 그가 미심쩍은 이분법을 옹호한다고 비판할지 모른다. 그러나 Parrott과 동료들은 정서를 선험적으로 구분하지 않고, 상황적인 요구(개인 간 및 개인 내 상황)를 고려하여 구분한다. 그렇기 때문에, 부정적 정서가 긍정적 결과를 유도할 수 있다는 주장을 수용한다. 이처럼 긍정성과 부정성을 선험적으로 구분하지 않는 것이 더욱 완전한 (그리고 객관적인) 심리학으로 방향을 수정하는 출발점이 될 수 있다. 통합을 추구하자는 Wood와 Tarrier(2010)의 호소도, 비록 덜 근본적이기는 하지만, 수정적인 제안으로 간주할 수 있다. 어떤 경우이든, 심리학자들이 정서를 긍정적인 혹은 부정적인 것으로 명확하게 구분할 때 발생하는 문제가 있다. Parrott은 앞서 언급한 18가지 구분방법에는 모두 제각각의 문제점이 있다고 지적한다. "동일한 정서를 일관적으로 같은 범주로 분류할 수 없기 때문이다. 예컨대, 분노는 상황에 따라서 불쾌한 감정일 수도 있고, 유쾌한 감정일 수도 있고, 두 가지 모두에 해당할 수도 있다. 그러므로 현상적 경험만으로는 분노를 부정적 정서로 분류하는 이유를 설명할 수 없다(p. x)."

당연하게도, '각각의 정서를 긍정적으로 혹은 부정적으로 구분하는 타당한 이유를 설명할 수 있는 일관된 근거'가 필요하다. Parrott에 따르면, "가장 유용한 기준은 주어진 상황이 개인의 욕구, 목표, 가치와 부합하는지를 따지는 지각된 양립성(perceived compatibility)이다. 어떤 사건을 자신의 소망에 반하는 것으로 해석하면 대체로 부정적 정서를 경험한다(p. xi)." 개인의 욕구, 목표, 가치, 소망은 개인의 주체성과 밀접한 관련이 있다. 처음에 언급했듯이, 논란이 있겠지만, 모든 (임상)심리학적 개입의 궁극적인 목표는 주체성을 향상하고 회복하는 것이다. 만약 그렇다면, "그들이 통합을 추구하는 까닭이 무엇인가?"라는 질문에 대한 새로운 대답으로 주체성을 확고하게 확립하기 위해서라고 말할 수 있을 것이다. 내가 생각하기에, 통합을 촉진하는 것이 아니라 방해하는 것은 바로 혼란스러운 긍정성/부정성의 이분법이다. 다시 말해, 임상심리학적 개입의 궁극적 목표가 주체성을 확립하는 것이라면 그 목표는 실재하는 현실을 반드시 반영해야 한다. 하지만 심리적 현실을 긍정성/부정성으로 양분하는 존재론적으로 미심쩍은 개념화는 현실을 온전하게 그리고 합리적으로 반영하지 못한다. 계속 지적했듯이, '부정성'이 '긍정성'을 증진시킬 수도 있고, 반대로 '긍정성'이 '부정성'을 증진시킬 수도 있다(Norem, 2008; Parrott, 2014). 이런 마음으로 임상심리학의 합리적 주체성에 대해서 이야기하겠다.

주체성과 심리학적 개입

Parrott이 선호하는 긍정적 정서와 부정적 정서의 구분방법은 주체성의 개념과 유사하다. 둘이 같은 집에 사는 것은 아니어도 이웃에 사는 것은 분명하다. 앞에서 정의했듯이, 주체성은 (일반적으로 개인의 소망에 근거해서) 목적을 숙고하는 능력이고, 숙고의 산물인 타당한 근거를 가지고 행동하는 능력이다. 합리적으로 목적을 숙고하고 행동할 때, 소망을 충족하는 (혹은 충족하지 않는) 최선의 방법에 대한 믿음은 현실과 부합해야 하고, 그 믿음이 여럿이라면 서로 부합해야 한다. 또한 그 믿음에서 비롯된 행위(혹은 무위)는 현실적이어야 하고, 주어진 상황과 부합해야 한다.[20] 합리적 주체성에는 자기통제/자율성이 수반되는데, 자기통제/자율성은 실행기능 및 심리적 유연성의 구성 요소임이 분명하며 심리적 안녕감과 직결된다(Joseph & Wood, 2010, pp. 834-835; Kashdan & Rottenberg, 2010, pp. 870-873). 만약 그렇다면, 긍정 임상심리학의 핵심 개념은 주체성의 회복이어야 한다. 모든 심리학적 개입이 주체성의 회복을 다루지는 못하더라도, 거의 모든 심리학적 개입은 주체성의 회복을 위해서 노력할 필요가 있다. 누군가가 그것을 긍정적 개입 혹은 부정적 개입이라고 부르든지 말든지 말이다.

주체가 된다는 것은 의도적으로 행동하는 것, 자기를 통제하는 것, 자율성을 발휘하는 것, 그리고 자신의 합리적 주체성을 따른다는 것이다. 그렇다면 합리적으로 행동하지 못한다는 것은 주체가 아니라는 뜻이 되고, 아무것도 할 수 없다는 뜻이 된다. K. W. M. Fulford(1994)는 망상이 "정신질환의 대표적인 증상(p. 205)"이라고 주장했다. 망상은 주체성의 상실을 반영한다. 망상에 사로잡힌 사람은 자신이 그렇게 행동하는 타당한 까닭을 (적어도 망상과 관련된 영역에서는) 설명하지 못하고, 타당한 까닭이 부재하기 때문에 결과

---

20) 인간은 결함이 있는 소망을 품을 수 있다. 이것은 비합리적 소망, 추구해서는 안 되는 소망을 뜻한다. 자세한 설명, 특히 심리치료와 관련된 설명은 Erwin(2011)을 참고하기 바란다.

적으로 (적어도 망상과 관련된 영역에서는) 행동까지 부재하게 된다. 그래서 Fulford가 (그리고 다른 철학자들이) 명백한 행동에는 (논리적으로) 타당한 합리적인 이유가 수반된다고 언명한 것이다. 그러므로 (합리적인) 이유가 없으면 행동도 하지 말아야 한다. (여기서, '합리적 주체성' 또는 '합리적 행동/행위'는 동어 반복이다. 주체성/행동에는 합리성/이유가 수반된다.). 주체성의 상실은 정신질환과 심리장애에서 드러나는 광범위한 특성이다. 처음에 소개했던 Aldo Llorente의 이야기로 되돌아가면, 주체성의 상실은 곧 인간적 본성의 상실이다 (Evnine, 2008; Held, 2010).

Parrott의 책에 글을 쓴 저자들에 따르면, 다양한 부정적 정서는 인간이 적절한 상황에서 적응적으로 기능하도록 도와주는 요소이고 합리적 행동과 주체적 생활이 가능하도록 도와주는 요소다. 우리는 모든 긍정심리학자들이, 배경이 서로 다름에도 불구하고, 수많은 기존의 연구 결과를 자신들의 왕성한 연구 프로그램에 행복하게 받아들이지 않는 까닭이 무척 궁금하다. 아마도 한 가지 이유는 '긍정성'과 '부정성'을 선험적으로 구분하는 낡은 사고방식을 지니고 있기 때문일 것이다. 다른 이유로, 만약 대부분의 긍정심리학자들이 기존의 연구 결과를 알고 있음에도 불구하고 의도적으로 배제하는 것이라면, 그들은 자신들이 주장하는 것만큼 통합적인 혹은 포괄적인 사람들이 아닌 것이다.

결론

주체성을 일 순위에 내세우는 포괄적인 임상심리학을 발전시키기 위해서는 '긍정성'을 적응적·건설적으로 증진하는 방법뿐만 아니라 '부정성'을 적응적·건설적으로 증진하는 방법까지 공부하는 것이 중요하다. 나는 Wood와 Tarrier(2010)가 주장한 통합의 개념을 확장하고 싶다. 그들은 '긍정적' 상태를 직접적으로 증가시키기 위해서 실시하는 '긍정적' 개입뿐만 아니라 '부정적' 상태를 직접적으로 감소시키기 위해서 실시하는 '부정적' 개입까지 모두 결합하는 것이 통합이라고 주장했다. 나는 이제부터 '긍정적-부정적' 개입이라고 명명하자고 제안한다. 이것은 적응적·건설적·합리적으로 또는 '긍정적'으로 기능하도록 이끄는 '부정적' 상태를 직접적으로 증진시키기 위해서 실시하는 개입을 의미한다. 불안해하는 사람들에게 방어적 비관주의의 개입이 그러하듯 말이다.

나는 모든 개입을 '심리학적 개입'이라고 부르는 것을 선호한다. 만약 우리가 '긍정성'과 '부정성'이라는 잘못된 용어를 심리학에서 사용할 수밖에 없다면, 과거에 '부정적'이라고 지목되었던 것이 '긍정적'일 수 있음을 인정하고, 반대로 과거에 '긍정적'이라고 지목되었던 것이 '부정적'일 수 있음도 인정해야 한다. 이런 의미와 개념을 종합적으로 반영하는 용어가 바로 심리학적 개입이다.

📖 참고문헌

Aspinwall, L. G. & Staudinger, U. M. (2003). A psychology of human strengths: Some central issues of an emerging field. In: L. G. Aspinwall & U. M. Staudinger (Eds.), *A psychology of human strengths: Fundamental questions and future directions for a positive psychology* (pp. 9-22). Washington, DC: American Psychological Association.

Barlow, D. H. (2010). Negative effects from psychological treatments: A perspective. *American Psychologist, 65*, 13-20.

Brown, N. J. L., Sokal, A. D., & Friedman, H. L. (2013). The complex dynamics of wishful thinking: The critical positivity ratio. *American Psychologist, 68*, 801-813.

Brown, N. J. L., Sokal, A. D., & Friedman, H. L. (2014). The persistence of wishful thinking: Response to "Updated Thinking on Positivity Ratios." *American Psychologist, 69*, 629-632.

Colombetti, G. (2005). Appraising valence. *Journal of Consciousness Studies, 12*, 103-126.

Erwin, E. (2011). Evidence-based psychotherapy: Values and the a priori. In: M. J. Shaffer & M. L. Veber (Eds.), *What place for the a priori?* (pp. 33-60). Chicago: Open Court.

Evnine, S. (2008). *Epistemic dimensions of personhood*. Oxford: Oxford University Press.

Forgas, J. P. (2007). When sad is better than happy: Negative affect can improve the quality and effectiveness of persuasive messages and social influence strategies. *Journal of Experimental Social Psychology, 43*, 513-528.

Fredrickson, B. L. (2009). *Positivity: Top-notch research reveals the 3 to 1 ratio that will change your life*. New York: Crown.

Fredrickson, B. L. (2013). Updated thinking on positivity ratios. *American Psychologist, 68*, 814-822.

Fredrickson, B. L. & Losada, M. F. (2005). Positive affect and the complex dynamics of human flourishing. *American Psychologist, 60*, 678-686.

Fredrickson, B. L. & Losada, M. F. (2013). Correction to Fredrickson and Losada. *American Psychologist, 68*, 822.

Fulford, K. W. M. (1994). Value, illness, and failure of action: Framework for a philosophical psychopathology of delusions. In: G. Graham & G. L. Stephens (Eds.), *Philosophical psychopathology* (pp. 205-233). Cambridge, MA: MIT Press.

Gable, S. L. & Haidt, J. (2005). What (and why) is positive psychology? *Review of General Psychology, 9*, 103-110.

Garland, E. L., Fredrickson, B. L., Kroing, A. M., Johnson, D. P., Meyer, P. S., & Penn, D. L. (2010). Upward spirals of positive emotions counter downward spirals of negativity: Insights from the broadenand build theory and affective neuroscience on the treatment of emotion dysfunctions and deficits in psychopathology. *Clinical Psychology Review, 39*, 849-864.

Held, B. S. (1995). *Back to reality: A critique of postmodern theory in psychotherapy.* New York: Norton.

Held, B. S. (2002). The tyranny of the positive attitude in America: Observation and speculation. *Journal of Clinical Psychology, 58*, 965-991.

Held, B. S. (2004). The negative side of positive psychology. *Journal of Humanistic Psychology, 44*, 9-46.

Held, B. S. (2005). The "virtues" of positive psychology. *Journal of Theoretical and Philosophical Psychology, 25*, 1-34.

Held, B. S. (2007). *Psychology's interpretive turn: The search for truth and agency in theoretical and philosophical psychology.* Washington, DC: American Psychological Association.

Held, B. S. (2010). Why there is universality in rationality. *Journal of Theoretical and Philosophical Psychology, 30*, 1-16.

Held, B. S. (2013). Feeling bad, being bad, and the perils of personhood. In A. C. Bohart, B. S. Held, E. Mendelowitz, & K. Schneider (Eds.), *Humanity's dark side: Evil, destructive experience, and psychotherapy* (pp. 259-272). Washington, DC: American Psychological Association.

Joseph, S. & Wood, A. (2010). Assessment of positive functioning in clinical psychology. *Clinical Psychology Review, 30*, 830-838.

Kashdan, T. B. & Rottenberg, J. (2010). Psychological flexibility as a fundamental aspect of health. *Clinical Psychology Review, 30*, 865-878.

Linley, P. A. & Joseph, S. (2004a). *Positive psychology in practice.* Hoboken, NJ: John Wiley.

Linley, P. A., & Joseph, S. (2004b). Applied positive psychology: A new perspective for professional practice. In P. A. Linley & S. Joseph (Eds.), *Positive psychology in practice* (pp. 3-12). Hoboken, NJ: John Wiley.

Lopez, S. J. (2009). *The encyclopedia of positive psychology.* Malden, MA: Wile Blackwell.

Lopez, S. J. & Snyder, C. R. (Eds.). (2009). *Oxford handbook of positive psychology* (2nd edn.). New York: Oxford University Press.

Martin, J., Sugarman, J., & Thompson, J. (2003). *Psychology and the question of agency.* Albany, NY: SUNY Press.

McNulty, J. K. & Fincham, F. D. (2012). Beyond positive psychology? Toward a contextual view of psychological processes and well-being. *American Psychologist, 67*, 101-110.

Norem, J. K. (2001). *The positive power of negative thinking.* New York: Basic Books.

Norem, J. K. (2008). Defensive pessimism, anxiety, and the complexity of evaluating self-regulation. *Social and Personality Psychology Compass, 2*, 121-134.

Norem, J. K. (2014). The right tool for the job: Functional analysis and evaluating positivity/negativity. In: W. G. Parrott (Ed.), *The positive side of negative emotions.* New York: Guilford.

Norem, J. K. & Cantor, N. (1986). Defensive pessimism: Harnessing anxiety as motivation. *Journal of Personality and Social Psychology, 51*, 1208-1217.

Norem, J. K. & Chang, E. C. (2002). The positive psychology of negative thinking. *Journal of Clinical Psychology, 58*, 993-1001.

Norem, J. K. & Illingworth, K. S. (2004). Mood and performance among defensive pessimists and strategic optimists. *Journal of Research in Personality, 38*, 351-366.

Parks, A. C. & Schueller, S. (Eds.). (2014). *The Wiley-Blackwell handbook of positive psychological interventions.* Malden, MA: Wiley-Blackwell.

Parrott, W. G. (2014). Preface. In: W. G. Parrott (Ed.), *The positive side of negative emotions* (pp. ix-xiv). New York: Guilford.

Perkins, A. M. & Corr, P. J. (2005). Can worriers be winners? The association between worrying and job performance. *Personality and Individual Differences, 38*, 25-31.

Peterson, C. & Seligman, M. E. P. (2004). *Character strengths and virtues: A handbook and classification.* New York: American Psychological Association/Oxford University Press.

Ryan, R. M. & Deci, E. L. (2001). On happiness and human potentials: A review of research on hedonic and eudaimonic well-being. *Annual Review of Psychology, 52*, 141-166.

Sanna, L. J. (1998). Defensive pessimism and optimism: The bitter-sweet influence of mood on performance and prefactual and counterfactual thinking. *Cognition and Emotion, 12*, 635-665.

Sarbin, T. R. (1969). Schizophrenic thinking: A role theoretical analysis. *Journal of Personality, 37*, 190-206.

Scheier, M. F. & Carver, C. S. (1993). On the power of positive thinking: The benefits of being optimistic. *Current Directions in Psychological Science, 2*, 26-30.

Seligman, M. E. P. (2002). *Authentic happiness: Using the new positive psychology to realize your potential for lasting fulfillment.* New York: Simon & Schuster.

Seligman, M. E. P., Rashid, T., & Parks, A. C. (2006). Positive psychotherapy. *American Psychologist, 61*, 774-788.

Sin, N. L. & Lubomirsky, S. (2009). Enhancing well-being and alleviating depressive Symptoms with positive psychology interventions: A practice-friendly meta-analysis. *Journal of Clinical Psychology: In Session, 65,* 467-487.

Smith, J. L., Harrison, P. R., Kurtz, J. L., & Bryant, F. B. (2014). Nurturing the capacity to savor: Interventions to enhance the enjoyment of positive experiences. In: A. C. Parks & S. M. Schueller (Eds.), *The Wiley-Blackwell handbook of positive psychological interventions* (pp. 42-65). Malden, MA: Wiley Blackwell.

Solomon, R. C. & Stone, L. D. (2002). On "positive" and "negative" emotions. *Journal for the Theory of Social Behaviour, 32,* 417-435.

Szasz, T. S. (1960). The myth of mental illness. *American Psychologist, 15,* 113-118.

Tamir, M. & Ford, B. Q. (2009). Choosing to be afraid: Preferences for fear as a function of goal pursuit. *Emotion, 9,* 488-497.

Van Kleef, G. A. & Côté, S. (2007). Expressing anger in conflict: When it helps and when it hurts. *Journal of Applied Psychology, 92,* 557-569.

Vella-Brodrick, D. A. (2014). Dovetailing ethical practice and positive psychology to promote integrity, industriousness, innovation, and impact. In: A. C. Parks & S. M. Schueller (Eds.), *The Wiley-Blackwell handbook of positive psychological interventions* (pp. 416-432). Malden, MA: Wiley-Blackwell.

Wood, A. M. & Tarrier, N. (2010). Positive clinical psychology: A new vision and strategy for integrated research and practice. *Clinical Psychology Review, 30,* 819-829.

Wood, J. V., Perunovic, W. Q., & Lee, J. W. (2009). Positive self-statements: Power for some, peril for others. *Psychological Science, 20,* 860-866.

제4장

임상심리학적 긍정 기능평가의
실제적 지침

Stephen Joseph & Tom G. Pattersonn

지난 30년 동안 임상심리학의 연구와 실제는 대체로 『정신질환의 진단 및 통계 편람 (DSM-5)』(American Psychiatry Association, 2013)의 정신의학적 용어에 의해서 이루어졌다. 임상의들이 정신병리 평가에서 마이너스 상태에서 0의 상태가 아닌 0의 상태에서 플러스의 상태를 요구하고 있다는 것을 의미한다(Joseph & Lewis, 1998). 긍정심리학적 관점 (Seligman, 1999; Seligman & Csikszentmihalyi, 2000)이 도입된 이래로 정서·인지·행동의 각각의 면에서 존재하는 최적 기능(optimal functioning)의 증진을 강조해 왔다.

일견 긍정심리학 연구는 임상심리학자의 관심사는 아닌 것처럼 보이나 긍정심리학적 관점은 임상 실제에서 가치를 지닌다(Duckworth, Steen, & Seligman, 2005). 긍정 기능을 증진하는 개입은 전통적인 방법이 비효과적인 내담자에게 증상을 경감하는 효과를 지닐 수 있고, 재발을 막는 데 도움을 줄 수도 있지만, 재발을 막고 증상을 완화하는 데만 긍정심리학적 관점이 유용한 것은 아니며, 웰빙 증진이 임상심리학의 가치 있는 목표 그 자체일 수 있다(Joseph & Linley, 2006a). 이처럼 임상심리학의 관심사는 긍정심리학의 등장과 함께 변모되었다.

임상심리학자에게 요구되는 것은 최적 기능을 측정하는 것이다. 최적 기능을 측정하기 위해서는 우선 임상심리학 연구와 실제를 뒷받침하는 이론을 고려해야만 한다. 전통적인 임상심리학의 의학적 모델로부터 거리를 두도록 하며, 긍정 임상심리학의 발전에 적합한 메타이론적 대안을 고려하는 인본주의 심리학은 우리에게 영향을 주었다.

이 장에서 우리는 임상심리학에서 메타이론이 차지하는 위치와 함께 임상심리학자가 연구와 실제에서 평가와 평가 도구를 도입하는 세 가지 서로 다른 방법과, 전문가적 정체성을 위한 함의에 대해서 논의할 것이다.

메타이론의 위치

메타이론은 실제와 연구를 뒷받침하는 핵심 가정을 의미한다. 임상심리학은 전통적으로 의학적 모델에 기반하였다(Joseph & Linley, 2006a). 의학적 모델이라는 말은 익숙하지만 이 말을 사용하면서 우리는 이 용어의 개념에 대해 잘못 이해하여 왔다.

간단히 이야기하자면 의학적 모델이란 삶의 문제는 대체로 신체질환과 닮아 있다는 것이다. 우리는 신체적 문제를 가질 때 의사를 찾는다. 왜냐하면 그는 그 분야의 전문가이기 때문이다. 의사는 진단을 내리고 치료방법을 알려 준다. 예를 들어, 위장에 문제가 있으면 우리는 소화제를 처방받을 테고, 골절상을 입었으면 깁스를 할 것이다. 의학적 모델을 그대로 심리학에 적용한다면 심리학자는 사람들이 생활에서 문제를 경험하는 다양한 방식에 대해 전문가가 되어야 올바른 치료를 제공할 수 있다. 따라서 정신장애별로 특정 정신장애의 원인과 치료방법이 담겨져 있는 교과서가 존재한다.

임상심리학 전문가들 사이에서 최근에 불거진 논쟁은 의학적 모델에 대한 도전으로 이어졌다(예: Bentall, 2003; Marzillier, 2004; Johnstone, 2014). 그러나 이 책을 포함하여 임상심리학과 이상심리학의 주요 교재는 불안장애, 신체형 장애, 해리장애, 기분장애, 성격장애, 물질관련장애, 정신증 장애 등의 정신장애에 따라 분류되었다. 그 교재에서는 연구와 치료 모두 장애의 원인과 치료방법에 대한 이해를 통해서만 가능하다는 전제를 당연시한다. 따라서 새로운 긍정심리학적 접근법을 강구하는 이 책에서도 여전히 암묵적으로 의학적 모델이 존재한다.

의학의 일부로서의 정신의학이 담당해 왔던 정신건강을 지키는 문지기로서의 역사적 역할을 떠올려 본다면, 심리적 문제에 대한 지배적 사고로서의 의학적 모델은 사실 그다지 놀랍지는 않다. 초기 임상심리학이 정신의학의 하수인의 역할을 담당하였기 때문에 임상심리학에서 의학적 모델을 전면에 내세운 것은 이해할 만한 일이기도 하다. 그러한 방식을 통해서 정신의학과 나란히 전문성을 갖춘 학문으로 자리 잡을 수 있었다는 점도 분명하다. 반면에 상담심리학은 태생적으로 인본주의적 전통을 바탕으로 하고 있었으므로 의학적 모델을 배격함으로써 학문적 전문성을 얻고자 하였다(Vossler, Steffan, & Joseph, 2015). 역설적이게도 임상심리학은 의학적 모델 가정에 도전하고 긍정심리학을 통한 새로운 개입방법을 모색함으로써 몇십 년 전 상담심리학의 거쳐 갔던 길을 따라가고 있다.

그러나 의학적 모델을 채택한 지 몇십 년이 지난 지금, 임상심리학은 전 세계적으로 그 자체로 전문성을 인정받고 있고 더 이상 정신의학의 하수인은 아니다. 그럼에도 불구하고 임상심리학에는 의학적 모델의 영향력이 만연되어 있다. 의학적 모델로부터 벗어나 있다고 믿는 많은 이들은 이 말을 받아들이기 어렵겠지만, 임상심리학이 의학적 모델로 벗어나 있다고 이야기할 때 그때의 '의학적 모델'은 생물의학적 모델(biomedical model)을 의미한다.

생물의학적 모델은 의학적 모델과 동일한 논리를 가지지만 추가적으로 생물학적 원인론을 함축하고 있다. 지금까지 설명한 의학적 모델은 반드시 생물학적 원인론을 시사하는 것은 아니다. 의학적이라는 것은 진단과 처방으로 구성된 은유적 과정을 의미한다. 예를 들어, 우울과 불안은 구별된 장애이므로 차별된 치료법이 존재할 것이라고 간주하는 접근법이 바로 의학적 모델의 접근법이다.

국민건강보험의 틀에서 개입이 이루어지는 영국의 임상심리학계에서는 정신건강 문제에 대해서 의학적 모델을 지속적으로 유지하도록 지원할 것이다. 예를 들어, 국립건강보험 서비스와 전문가들은 영국 국립보건원 지침에 따를 것이며, 이 지침에서는 정신장애의 무선통제실험을 통해 효과적임을 보인 치료를 효과적인 치료방법이라고 간주하기에 의학적 모델이 지속되고 있다.

많은 임상심리학자들은 진단과 처방의 용어가 자신의 정체성과 일치하지 않는다고 생각할 것이고, 자신을 의학적 모델에 따르는 전문가라고 생각하지 않을 것이며, 최근 몇 해 동안 좁은 진단적 접근이 지니는 한계와 문제점에 대한 비판이 존재해 왔다(예: Bentall, 2003; Marzilier, 2004; Johnstone, 2014). 그러나 임상심리학은 내담자의 고통과 심리적 어려움을 이해하려는 시도인 사례개념화(formulation)에 대해서는 수용적이다.

사례개념화는 광범위한 개념이고 연속선상에서 이해할 수 있는 개념이다. 그 연속선의 한 극단에는 내담자의 문제를 충분히 이해하지 않고서는 내담자에 대한 개입을 시작하지 않을 것이라는 내담자 중심의 접근법이 있고(Sanders & Joseph, 참고, 이 책의 제28장), 또 다른 극단에는 치료자가 문제를 파악하고 해결책을 내어놓는 의학적인 접근법이 존재한다. 물론 이 두 극단 사이에 다양한 사례개념화에 대한 접근법이 존재하고, 내담자와 치료자가 서로 협업하여 사례개념화를 구성해 나가는 과정에 대한 접근법을 날이 갈수록 강조하고 있다(Johnstone & Dallos, 2006; Division of Clinical Psychology, 2011).

임상심리학의 사례개념화는 점점 내담자의 문제에 대한 내담자의 이해방식을 가치 있게 여기는 방향으로 변모되고 있다. 예를 들어, 체계적 공식화에서와 같이 사회구성론에 입각한 관점을 채택하는 임상심리학자들은 치료자의 가정과 가치가 확실한 것이라고 가정하지 않고 지속적으로 수정할 수 있는 작업가설을 협력적으로 개발하려고 시도한다

(Johnstone & Dallos, 2006). 그러나 치료자를 전문가라고 인식하는 한 사례개념화는 의학적 모델의 또 다른 형태일 수밖에 없다. 왜냐하면 최선의 치료방법을 추천할 때 치료자의 전 문적인 지식에 기댈 수밖에 없기 때문이다.

우리의 주의를 웰빙으로 돌리면 우리는 의학적 모델에 집착하는 것에 대해서 다시금 생 각할 수 있는 기회를 갖는다. 그렇지만 긍정심리학이 그 개념상 의학적 모델이 아닌 것은 아니다(Joseph & Linley, 2006b). 행복의 어떤 면을 증진시키기 위한 개입 처방의 방법을 찾 을 때 긍정심리학 역시 의학적 모델의 일종일 따름이다. 우울증을 개선시키기 위해서 감 사연습을 하도록 하는 것은 긍정심리학을 가동하는 것이지만 여전히 의학적 모델의 틀 안 에서 이루어지는 것이다.

이전에서도 언급하였듯이 심지어 긍정 임상심리학에 대한 이 책에서도 전통적인 글에 서와 마찬가지로 여러 정신장애를 언급함으로써 의학적 모델을 선전해 왔다. 의학적 모 델에 대안적인 메타이론 틀에서는 인본주의적 내담자 중심 접근을 택한다. 이 접근에 의 하면 특별히 잠재력과 최적 기능의 동기화라는 경향이 왜곡되거나 방해되어서 자기와 경 험의 불일치로 이어지지 않는 한 인간은 본질적으로 그리고 자연스럽게 잠재력과 최적 기 능을 실현하도록 동기화된다(Joseph & Worsley, 2005a). 이처럼 내담자 중심 접근은 비의 학적 모델이며, 이 접근에서는 심리문제에 대한 특정 진단이나 처방이 필요 없다. 왜냐하 면 모든 심리문제는 자기와 경험 사이의 불일치라는 동일 원인을 내포하고 있기 때문이다 (Joseph, 2015).

일반적인 임상심리학 교과서에서는 사람마다 서로 다른 문제의 양상이 기술되어 있기 는 하나, 그러한 기술과 문제의 뿌리에는 항상 자기와 경험 사이의 소외가 존재한다고 생 각하는 인간중심 심리치료사들은 무관하다. 인본주의적 접근 방식을 선택한 사람은 의학 적 모델을 거부하기 때문에 진단도 종종 거부한다. 인간중심의 접근 방식에서는 모든 문 제가 진실성 부족(inauthenticity)에서 발생하기 때문에 특정 문제에 대한 구체적인 치료법 을 결정할 필요가 없으며, 따라서 진단의 필요성도 없다. 인간중심심리학에서는 심리적 문제를 지닌 모든 내담자는 목표지향성을 증진하는 수용적이고 공감적이며 진솔한 상담 관계를 통해서 도움을 받을 수 있다고 생각하기에 구체성에 대한 신화는 존재하지 않는다 (Bozarth & Motomasa, 2005). 지난 50여 년간 인간중심심리학의 핵심이 되어 온 이 접근법 은 기술 사용을 넘어선 치료관계를 강조한다(Sanders & Joseph, 이 책의 제28장).

측정을 고려할 때 핵심 문제는 항상 뒷받침하는 이론적 틀과 이론과 일관적인 도구와 평 가 절차를 선택하는 것이다(Patterson & Joseph, 2007; Joseph, 2015). 임상심리학자들은 전 통적으로 의학적 모델의 틀 안에서 작업하고 진단에 기반한 측정을 사용하는 경향이 있는 반면, 상담심리학자들은 성장 기능과 진정성, 그리고 의미와 목적을 찾는 방식을 강조하는 경향이 있다.

다음으로 독자에게 다양한 측정도구를 선택하고 사용하기 위한 실용적인 틀을 제공한다. 우리는 긍정 임상심리학자가 직면한 가장 중요한 이론적 문제를 요약할 것이다. 그것은 긍정 임상심리학의 관점이 기존의 관점을 전면적으로 개혁하는 것인지, 아니면 의학적 모델을 수용하면서 단지 새로운 가치를 부가하는지의 여부다.

측정의 세 가지 형태

첫 번째 형태는 기존의 임상 척도에 긍정적 기능에 대한 새로운 척도를 부가하는 것이다. 예를 들어, 긍정심리학자들에게 보편적으로 사용되는 웰빙과 삶의 만족도에 대한 척도가 존재한다(예: Diener, Suh, Lucas, & Smith, 1999; Lyubomirsky & Lepper, 1999; Tennant, Hillier, Fishwick, Platt, Joseph, Weich, Parkinson, Secker, & Stewart-Brown, 2007). 이 방법은 분명한 방법인 것처럼 보이기는 하나 문제를 지니고 있다. 긍정 임상심리학자의 요구와 긍정심리학자의 요구는 다르다. 긍정 심리학자들은 정신병리학에 대한 고려 없이 이 척도들을 사용할 수 있지만, 긍정 임상심리학자들은 정신병리학에 대한 고려가 가장 중요하여, 상충되는 두 이론에 기반한 척도를 동시에 선택하는 것은 위험하다. 예를 들어, 최근 몇 년간 외상 상황에서 번영할 수 있는지에 대한 외상 후 성장 연구가 주목받고 있다. 외상 후 스트레스장애에 대한 척도와 외상 후 성장에 대한 척도를 한 연구에서 사용하는 것은 쉬운 일이다. 종이와 연필을 사용하여 평정하고, 평정된 값 사이의 상관분석을 하는 것은 어렵지 않고, 그러한 연구를 보는 것도 드문 일이 아니다. 그러나 이러한 방식은 한 개념이 의학적 모델과 인본주의 심리학의 상호배타적인 패러다임에서 함께 이해할 수 있다는 오해의 소산이며, 이는 물과 기름을 혼합하는 것과 다름 아니다(Joseph & Linley, 2005, 2006b).

의학적 모델의 개념인 외상후 스트레스장애와 인본주의 심리학의 개념인 외상 후 성장이 관련되어 있다는 것은 무엇을 의미하는가. 이 데이터는 상호배타적인 두 모델의 어느 한쪽에서만 해석될 수 있다. 외상 후 성장은 의학적 모델 혹은 인본주의 심리학의 렌즈 중 어느 한 렌즈를 통해서만 바라볼 수 있다. 이는 치료효과가 메타이론의 가정과는 무관하게 의학적 모델의 범주에서 정의될 때 인본주의 심리학을 배제한 의학적 치료의 효과에 대한 증거 전쟁에서 가장 명확하게 볼 수 있다. 그러나 치료효과 연구에서 증상 감소에 대한 의존은 증상 감소가 다른 모든 치료 접근법에서 공유되는 중립적인 개념이라는 가정을 암시한다. 과학적 관찰에 있어 중립적 언어가 존재한다는 주장이 거짓으로 드러났듯이 중립적 객관성에 대한 이와 같은 가정은 잘못된 것이다(Popper, 1959/1980). 예를 들어, 우울증 치료에서 인본주의적 치료와 인지치료는 어떻게 비교될 것인가. 전통적으로 이 질문에 대한 답은 무선통제실험(randomised controlled trial: RCT) 연구를 사용한 '치료들'의 비교를 기반으로 하여 결정되었다. 이 접근법은 생의학 모델 패러다임(biomedical model paradigm) 내에서 개발되었고 처음에는 신체질환에 대한 연구에서 사용되다가 점차 정신건강 문제로 확대되었다. 그러나 우울증을 성과로 선택하는 것은 문제를 장애의 증상으로 개념화하지 않고 자기소외 및 진정성 부족으로 개념화하는 인본주의 심리치료와 이론적으로 양립할 수 없다(Joseph & Wood, 2010).

인본주의 심리치료가 치료효과의 핵심 지표로서 증상 감소에 초점을 맞추지 않는다는 사실에도 불구하고, 내담자 중심치료와 같은 접근법은 RCT 연구에서도 효과적인 것으로 알려져 있다(Elliott, 1996; Friedli, King, Lloyd & Horder, 1997; King, Sibbald, Ward, Bower, Lloyd, Gabbay, & Byford, 2000; Sanders & Joseph, 이 책의 제28장). 그러나 그러한 결과가 치료 간 상대적 비교의 방식이 정신적 고통과 회복에 대한 개념화에 있어 비의학적 접근 방식과 일치하지 않는다는 사실을 무시해야 한다는 의미는 아니다. 각각의 치료 접근법이 발전해 온 나름의 패러다임을 존중하면서 보다 균형 있는 질문은 '진정성 촉진과 증상 감소의 양 측면에서 이 치료들을 어떻게 비교할 수 있을까'가 될 것이다. 이 방식에서는 각각의 치료법이 자체의 인식론적 틀에 근거하여 평가된다.

임상심리학자들이 긍정심리학을 도입하는 두 번째 방식은 기존 도구를 재평가하는 것이다. 기존의 도구에는 긍정 기능을 측정하는 문항이 존재한다. 대표적으로 역학연구센터 우울 척도(Center for Epidemiological Studies Depression Scale: CES-D; Radloff, 1977)가 그러하다. CES-D는 우울증을 측정하는 대표적인 척도이고, 총 20문항으로 구성되어 있는데 그중 16문항은 부정적인 내용을 담고 있고("슬픔이 느껴졌다", "가족이나 친구가 도와주더라도 울적한 기분을 떨쳐 버릴 수 없었다", "내 인생은 실패작이라는 생각이 들었다") 4문항은 긍정적인 내용을 포함하고 있다("다른 사람들만큼 능력이 있다고 느꼈다", "미래에 대하여 희망적으로 느껴졌다", "행복했다", "생활이 즐거웠다"). CES-D는 긍정 내용의 문항을 역채점하여 총 점수의 범위는 0점에서 60점이다. 0점이 의미하는 것은 부정 내용의 문항은 "거의 혹은 전혀 그렇지 않다"라고 답하고, 긍정 내용의 문항에서는 "대부분 항상 그렇다"라고 응답한 것이다. 따라서 0점은 우울증상이 없는 상태뿐 아니라 행복 수준이 높은 상태를 의미하는 것이기도 하다. 연구자들은 전통적으로 CES-D를 우울증상을 측정하는 도구로서 관심을 기울여 왔지만 행복을 측정하는 도구라는 점에 대해서는 간과하였다(Joseph, 2006, 2007). 요인

분석 결과, CES-D를 구성하는 4개의 요인 중 긍정 정서 요인이 총 변산의 48%를 차지하였다(Radloff, 1977; Wood, Taylor, & Joseph, 2012 참고). 따라서 긍정심리학의 관점에서 이미 존재하고 있는 척도를 재분석한다면 2개의 목표에 기여하는 척도를 선택할 수 있을 것이라고 상상할 수 있다. 그러한 척도를 선택한다면 긍정심리학의 생각을 수용할 수 있다. 그러나 이러한 접근 방법의 한계는 우리가 처음에 측정했던 것이 무엇인지 재개념화해야 한다는 것이다.

　정신과적 측면에서 우울증은 범주형 변수이지만 심리학자들이 우울증을 차원적으로 평가하는 것은 드문 일이 아니다. 이에 대한 예는 널리 사용되는 우울증 척도인 벡 우울 척도(Beck Depression Inventory: BDI; Beck, Ward, Mendelson, Mock, & Erbaugh, 1961)의 사용이다. 원래 분류학적 도구로 개발된 이 척도는 우울증상의 차원 점수를 제공하기 위해 많은 연구에서 사용되었다. BDI 점수의 범위는 0점부터 63점까지다. 63점은 심한 우울증상을 나타내고 0점은 우울증상의 부재를 의미한다. 그러나 BDI에서 0점은 긍정 기능을 의미하지 않는다(Joseph & Lewis, 1998). 우울증을 차원적으로 생각한다는 것이 의미하는 것은 무엇인가. 혹은 차원적인 구성개념이라는 것의 본질은 무엇인가. 앞서 논의하였듯, CES-D의 0점은 우울증상의 부재를 넘어 행복의 존재로 이어진다. 실용적 측면에서 그러한 접근은 원래 임상가가 해 왔던 방식을 그대로 고수하는 것처럼 보이지만, 개념적 측면에서 그러한 접근은 그 척도의 원개념화에 도전하는 것이기에 훨씬 복잡하다. CES-D에는 우울증상과 행복이 본질적으로 동의어이며 연속선상의 반대 끝점을 뜻한다는 의미가 함축되어 있다(Wood, Taylor, & Joseph, 2012). 그러한 방식은 간과해 왔던 삶의 긍정적인 면을 채워주는 기능을 담당할 수는 있지만, 여전히 의학적 모델을 답습하는 방식이라고도 볼 수 있다(Joseph & Linley, 2006b). 의학적 모형이 결함 기반 접근일 필요는 없다. 의학적 모형 내에서의 긍정 임상평가는 약점뿐 아니라 장점도 탐색한다.

　우울과 불안이 차원적으로 연구될 수 있다는 생각은 유용한 긍정 임상심리학 관점을 제공한다(Joseph & Wood, 2010). 그러한 척도가 바로 12문항의 긍정 기능 척도(positive functioning inventory; Joseph & Wood, 2010)다. 이 척도는 임상심리학자로 하여금 우울과 불안을 측정할 수 있도록 허용하는 동시에 행복과 만족의 다른 쪽 극단의 값을 측정할 수 있도록 한다.

　우울과 불안 이외에 보다 포괄적으로 의학적 모델을 강점에 적용한 것은 Rashid(2015)에 의해 이루어졌다. 예를 들어, Rashid(2015)는 우울증을 희망, 낙관성, 열정의 부족으로 개념화하고, 불안을 그릿(grit)과 끈기의 부족의 부족으로 개념화하고, 품행장애를 공정성, 정의, 공평무사의 부재로 개념화하였다. 위의 접근 방식은 의학적 모델의 언어와 일치하지만 긍정심리학에 초점을 맞춘 새로운 형태의 연속적 평가로 사고를 확장한다.

세 번째 방법은 진단 용어 및 의학적 모델에서 벗어나 웰빙에 대한 새로운 이해를 기반으로 긍정 임상심리학을 위해 특별히 개발된 척도를 사용하는 것이다. 인본주의적 접근, 특히 자기실현을 심리적 발달의 토대가 되는 핵심 동기로서의 바라보는 메타이론적 관점을 지닌 인간중심심리학이 그 한 예다(Joseph & Linley, 2006a). 구체적으로 헤도니아 웰빙과 유대모니아 웰빙 사이에 중요한 철학적 구분이 존재한다. 현대 긍정심리학에서는 전자를 주관적 안녕이라고 하고 후자를 심리적 안녕이라고 부른다. 전통적인 임상심리학에서 우울·불안의 부정 정서를 감소시키고 최근의 긍정심리학에서 행복의 긍정 정서를 증진시키는 것이 주관적 안녕의 영역이다.

반면, 심리적 안녕은 삶의 실존적 도전에 관여하는 것을 반영하여(Ryan & Deci, 2001 참고), 자율성, 자기수용, 환경통제, 생애목표, 긍정관계, 개인성장 등으로 개념화된다(Ryff & Keyes, 1995). 비록 주관적 안녕과 심리적 안녕이 철학적으로(Ryff, 2006; Ryff & Keyes, 1995), 그리고 경험적으로 관련되어 있지만, 동시에 분리된 것으로 여겨진다(Compton, Smith, Cornish, & Qualls, 1996; Keyes, Shmotkin, & Ryff, 2002; Waterman, 1993).

이전에는 주관적 안녕은 임상심리학의 초점인 반면 심리적 안녕은 인본주의 및 실존심리학의 초점이었다(예: Rogers, 1959; Joseph, 2015). 그러나 질병 이데올로기에 대한 도전과 함께 긍정심리학과 긍정 임상심리학의 출현으로 임상심리학자들은 인본주의와 실존심리학의 아이디어를 재발견하기 시작했다. 예를 들어, 위에서 우리는 상충하는 메타이론 체계를 반영하기에 서로 공존하기 어려운 외상 후 스트레스와 외상 후 성장에 대해서 고려했다. 외상 후 성장을 인본주의적 지향의 표현으로 간주하는 우리는 외상 후 스트레스를 결과변수가 아닌 과정변수로서 재개념화할 수 있다. 비의학적 모델의 틀을 기반으로 한 측정의 또 다른 예는 인간중심심리학(Rogers, 1959)과 일치하도록 설계된 Authenticity Scale(Wood et al., 2008)이다. 진정성의 부재는 의식적 인식, 정서·인지 상태와 사회환경의 불일치로부터 발생하는 것이며, 생물학적 근원을 지니지 않는 정신병리의 표현에 대한 초석으로 간주한다(Joseph & Worsley, 2005b).

무조건적 긍정적 자기존중 척도(Unconditional Positive Self-Regard Scale; Patterson & Joseph, 2006, 2013)는 치료적 변화를 측정하면서 인본주의 패러다임의 이론에 부합하는 간편한 척도이며, 이 척도는 엄격하고 내재화된 규칙과 가치를 완화하여 덜 강요되고 보다 자율적인 자기를 만들도록 하는 인간중심 심리치료의 목표에 부합한다. Rogers를 위시한 인본주의 심리학자들은 충분히 기능하는 진정성과 무조건적이고 긍정적인 자기존중을 주장해 왔지만, 이러한 주장은 임상적 평가와 개입의 체계 내에서 발전되어 온 것은 아니며,

인본주의 심리학자들의 주장이 그러한 체계 내에서 발달할 필요도 없었다. 사실 그러한 체계는 내담자의 주체(agency)를 함양하는 목적을 지닌 치료의 목표와 상반되는 것이다.

전문적 사안들

앞서 임상심리학에 긍정심리학의 측정방식이 도입될 수 있는 세 가지 방안에 대해서 살펴보았다. 세 가지 방안에서는 나름의 이론적 근거와 부정적인 것과 긍정적인 것이 어떻게 관련을 맺고 있는지에 대한 가정이 필요하다. 이 근거와 가정은 모두 임상심리학을 재정의하고자 시도하는 사람이 갖게 되는 전문가로서의 관심사다. 첫 번째 접근 방식은 단순히 기존의 임상적인 측정방식에 긍정적인 기능에 대한 측정을 도입하는 것이다. 두 번째 접근 방식은 강점기반 접근 내에서 긍정 기능의 증진을 강조하는 것이며 의학적 모델을 따르는 것이다. 세 번째 접근 방식은 의학적 모델에 도전하고 인본주의적 접근법의 대안을 찾는 것이다. 세 번째 접근 방식은 임상심리학의 본질에 도전하고 상담심리학의 전통적 목표와 일치되는 것이므로 가장 논란이 크다. 상담심리학은 전통적으로 인본주의 심리학과 맥을 같이하고 자기실현과 충분히 기능하는 인간을 강조하였다.

결론

임상심리학은 전통적으로 의학적인 용어를 사용해 왔지만, 최근에 정신질환에 대한 의학적 모델에 의문을 품기 시작하였고 긍정 기능을 개입에 포함하는 것이 중요해졌다. 이 장에서 임상심리학자들은 기능이 무엇인가를 재개념화하면서 기능을 다시 측정하는 방법을 제안함으로써 이러한 추세에 부응하는 다양한 방법을 논의하였다. 인본주의 심리학은 긍정 기능과 부정 기능의 관계에 대한 새로운 개념화를 제공하였다. 각각의 도구는 외현적으로 혹은 암묵적으로 웰빙에 대한 개념화를 제공한다. 심리치료 과정에서 긍정적인 변화에 대한 증거를 수집하는 것이 중요해졌다. 투자자에게 이 치료의 효과를 보여 주는 것은 매우 중요하다. 그렇지만 효과가 무엇인지를 말하는 것은 매우 어렵다. 전통적으로 효과는 진단기준과 의학적 용어에 의해서 정의되어 왔지만 모든 치료적 전통에서 그러한 정의가 수용될 수 있는 것은 아니다. 이제 긍정 임상심리학의 도입으로 치료효과를 측정할 수 있는 새로운 도구가 도입될 수 있는 상황이 되었다.

치료적 개입에서 우리가 관심을 가지는 결과변인이 변모함에 따라서 치료적 개입의 지표 또한 변화된다. 내담자는 심리치료를 고통과 역기능에 대해서 이야기하고 위안을 구하는 시간이라고 생각한다. 그러나 심리치료가 긍정 기능과 진정성의 부재에 대해서 이야기하는 과정으로 변모한다면, 심리치료에 대한 기대 또한 무엇인가 긍정적인 변화에 대한 기대로 바뀔 것이다. 스스로를 무조건적으로 가치 있게 바라보는 것, 역경을 통해서 성장을 이루는 것이 그 긍정적인 변화의 예일 것이다. 만약 긍정 기능에 대한 도구들이 효과적으로 사용된다면 이 도구들의 역할이 긍정적 변화를 측정하는 것에 머무르지 않고 가치 있는 치료적 기능을 담당할 수도 있을 것이다. 임상심리학자들이 긍정심리학의 아이디어를 점점 더 수용함에 따라, 우리는 연구자와 치료자가 평가 도구를 선택할 때 우리의 논의가 도움이 되기를 바란다.

📖 참고문헌

American Psychiatric Association (2013). *Diagnostic and statistical manual of mental disorders* (5th edn.). Washington, DC: American Psychiatric Press.

Beck, A. T., Ward, C. H., Mendelson, M., Mock, J. E., & Erbaugh, J. K. (1961). An inventory for measuring depression. *Archives of General Psychiatry, 4*, 561-571.

Bentall, R. (2003). *Madness explained: Psychosis and human nature*. London: Allen Lane.

Bozarth, J. D. & Motomasa, N. (2005). Searching for the core: The interface of client-centered principles with other therapies. In S. Joseph & R. Worsley (Eds.), *Person-centered psychopathology: A positive psychology of mental health* (pp. 293-309). Ross-on-Wye: PCCS Books.

Compton, W. C., Smith, M. L., Cornish, K. A., & Qualls, D. L. (1996). Factor structure of mental health measures. *Journal of Personality and Social Psychology, 71*, 406-413. doi/10.1037/0022-3514.71.2.406.

Diener, E., Suh, E. M., Lucas, R. E., & Smith, H. (1999). Subjective well-being: Three decades of progress. *Psychological Bulletin, 125*, 276-302. doi.org/10.1037//0033-2909.125.2.276.

Division of Clinical Psychology (2011). *Good practice guidelines on the use of psychological formulation*. Leicester: British Psychological Society.

Duckworth, A. L., Steen, T. A., & Seligman, M. E. P. (2005). Positive psychology in clinical practice. *Annual Review of Clinical Psychology, 2005*, 629-651.

Elliott, R. (1996). Are client-centred/experiential therapies effective? A meta analysis of outcome research. In: U. Esser, H. Pbast, & G-W Speierer (Eds.), *The power of the person-centred approach: New challenges-perspectives-answers* (pp. 125-138). Cologne: GwG Verlag.

Friedli, K., King, M., Lloyd, M., & Horder, J. (1997). Randomised controlled assessment of non-directive psychotherapy versus routine general practitioner care. *The Lancet, 350*, 1662-1665. doi.org/10.1016/S0140-6736(97)05298-7.

King, M., Sibbald, B., Ward, E., Bower, P., Lloyd, M., Gabbay, M., & Byford, S. (2000). Randomised controlled trial of non-directive counselling cognitive behaviour therapy and usual general practitioner care in the management of depression as well as mixed anxiety and depression in primary care. *British Medical Journal, 321*, 1383-1388.

Johnstone, L. & Dallos, R. (2006). Introduction to formulation. In: L. Johnstone and R. Dallos (Eds.). *Formulation in psychology and psychotherapy: Making sense of people's problems* (pp. 1-16). Hove: Routledge.

Johnstone, L. (2014). *A straight talking introduction to psychiatric diagnosis*. Ross-on-Wye: PCCS Books.

Joseph, S. (2006). Measurement in depression: Positive psychology and the statistical bipolarity of depression and happiness. *Measurement: Interdisciplinary Research and Perspectives, 4*, 156-160.

Joseph, S. (2007). Is the CES-D a measure of happiness? *Psychotherapy and Psychosomatics, 76*, 60. doi.org/10.1159/000096368.

Joseph, S. (2015). *Positive therapy: Building bridges between positive psychology and person-centred psychotherapy* (2nd edn.). London: Routledge.

Joseph, S. & Lewis, C. A. (1998). The depression-happiness scale: reliability and validity of a bipolar self-report scale. *Journal of Clinical Psychology, 54*, 537-544.

Joseph, S. & Linley, P. A. (2005). Positive adjustment to threatening events: An organismic valuing theory of growth through adversity. *Review of General Psychology, 9*, 262-280. doi.org/10.1037/1089-2680.9.3.262.

Joseph, S. & Linley, P. A. (2006a). *Positive therapy: A meta theory for positive psychological practice*. London: Routledge.

Joseph, S. & Linley, P. A. (2006b). Positive psychology versus the medical model. *American Psychologist, 61*, 332-333. doi/10.1037/0003-066X.60.4.332.

Joseph, S. & Maltby, J. (2014). Positive functioning inventory: Initial validation of a 12-item self-report measure of well-being. *Psychology of Well-being, 4*, 15.

Joseph, S. & Worsley, R. (2005a). A positive psychology of mental health: The person-centered perspective. In: S. Joseph & R. Worsley (Eds.), *Person-centered psychopathology: A positive psychology of mental health* (pp. 348-357). Ross-on-Wye: PCCS Books.

Joseph, S. & Worsley, R. (Eds.). (2005b). *Person-centered psychopathology: A positive psychology of mental health*. Ross-on-Wye: PCCS Books.

Keyes, C. L. M., Shmotkin, D., & Ryff, C. D. (2002). Optimizing well-being: The empirical encounter of two traditions. *Journal of Personality and Social Psychology, 82*, 1007-1022. doi.org/10.1037//0022-3514.82.6.1007.

Lyubomirsky, S. & Lepper, H. S. (1999). A measure of subjective happiness: Preliminary reliability and construct validation. *Social Indicators Research, 46*, 137-155.

Marzillier, J. (2004). The myth of evidence-based psychotherapy. *The Psychologist, 17*, 392-395.

Patterson, T. G. & Joseph, S. (2006). Development of a self-report measure of unconditional positive self-regard. *Psychology and Psychotherapy: Theory, Research, and Practice, 79*, 557-570. doi.org/10.1348/147608305X89414.

Patterson, T. G. & Joseph, S. (2007). Outcome measurement in person-centered practice. In: S. Joseph & R. Worsley (Eds.), *Person-centered practice: Case studies in positive psychology* (pp. 200-215). Ross-on-Wye: PCCS Books.

Patterson, T. G. & Joseph, S. (2013). Unconditional Positive Self-Regard. In: M. Bernard (Ed.), *The strength of self-acceptance: Theory, research and practice* (pp. 93-106). New York: Springer.

Popper, K. ([1959] 1980). *The logic of scientific discovery*. London: Hutchinson.

Radloff, L. S. (1977). The CES-D scale: A self-report depression scale for research in the general population. *Applied Psychological Measurement, 1*, 385-401. doi.org/10.1177/014662167700100306.

Rashid, T. (2015). Strength-based assessment. In: S. Joseph (Ed.), *Positive psychology in practice: Promoting human flourishing in work, health, education and everyday life* (2nd edn., pp. 519-542). Hoeboken, NJ: Wiley-Blackwell.

Rogers, C. R. (1959). A theory of therapy, personality, and interpersonal relationships as developed in the client-centered framework. In: S. Koch (Ed.), *Psychology: A study of a Science, vol. 3: Formulations of the person and the social context* (pp. 184-256). New York: McGraw-Hill.

Ryan, R. M. & Deci, E. L. (2001). On happiness and human potentials: A review of research on hedonic and eudaimonic well-being. *Annual Review of Psychology, 52*, 141-166. doi: 10.1146/annurev.psych.52.1.141.

Ryff, C. D. & Keyes, C. L. M. (1995). The structure of psychological well-being revisited. *Journal of Personality and Social Psychology, 69*, 719-727.

Ryff, C. D. & Singer, B. H. (1996). Psychological well-being: Meaning, measurement, and implications for psychotherapy research. *Psychotherapy and Psychosomatics, 65*, 14-23. doi.

org/10.1037//0022-3514.69.4.719.

Seligman, M. E. P. (1999). The president's address. *American Psychologist, 54*, 559-562.

Seligman, M. E. P. & Csikszentmihalyi, M. (2000). Positive psychology: An introduction. *American Psychologist, 55*, 5-14. doi.org/10.1037/0003-066X.55.1.5.

Tennant, R., Hillier, L., Fishwick, R., Platt, S., Joseph, S., Weich, S., Parkinson, J., Secker, J., & Stewart-Brown, S. (2007). The Warwick-Edinburgh Mental Well Being Scale (WEMWBS): Development and UK validation. *Health and Quality of Life Outcomes, 5*, 63. doi. org/10.1186/1477-7525-5-63.

Vossler, A., Steffan, E., & Joseph, S. (2015). The relationship between counseling psychology and positive psychology. In: S. Joseph (Ed.), *Positive psychology in practice: Promoting human flourishing in work, health, education and everyday life* (2nd edn., pp. 429-441). Hoeboken, NJ: Wiley Blackwell.

Waterman, A. S. (1993). Two conceptions of happiness: Contrasts of personal expressiveness (eudaimonia) and hedonic enjoyment. *Journal of Personality and Social Psychology, 64*, 678-691. doi.org/10.1037/0022-3514.64.4.678.

Wood, A. M., Linley, P. A., Maltby, J., Baliousis, M., & Joseph, S. (2008). The authentic personality: A theoretical and empirical conceptualization and the development of the authenticity scale. *Journal of Counselling Psychology, 55*, 385-399. doi: 10.1037/0022-0167.55.3.385.

Wood, A. M., Taylor, P. J., & Joseph, S. (2010). Does the CES-D measure a continuum from depression to happiness? Comparing substantive and artifactual models. *Psychiatry Research, 177*, 120-123. doi.org/10.1016/j.psychres.2010.02.003.

제2부
_____

성격과 개인차

제5장

정신병리에서 긍정기분장애
구조적 관점

David Watson

서론

이 장의 목표는 긍정기분 경험과 주요 정신병리 간의 연관성을 살펴보는 것이다. 이러한 증거를 개관하는 데 있어, 나는 조직화 체계로서 위계적인 정서 구조를 사용할 것이다. 1980년대에 접어들면서 정서 경험에서 부정 정서(Negative Affect; 또는 활성화)와 긍정 정서(Positive Affect; 또는 활성화)의 두 가지 지배적인 차원이 존재한다는 광범위한 증거들이 수집되어 있다(Watson & Tellegen, 1985; Watson, Wiese, Vaidya, & Tellegen, 1999). 부정 정서는 주관적 고통과 불만족의 일반 차원이다. 이것은 공포, 분노, 슬픔, 죄책감, 혐오를 포함하여 다양한 개별 부정 정서적 상태를 포괄한다. 정서 평정 분석에서 부정 정서의 양상은 개인 내 그리고 개인 간 다양한 부정 정서들이 유의하게 함께 나타난다는 것이다. 따라서 불안하고 두려움을 느끼는 것으로 보고하는 사람은 또한 분노, 죄책감, 슬픔 등도 상당한 수준으로 보고할 가능성이 있다. 유사한 방식으로, 일반적인 긍정 정서 차원은 긍정 정서적 상태들이 함께 나타나는 경향이 있음을 반영한다. 예를 들어, 행복하고 기쁜 느낌을 보고하는 사람은 흥미를 느끼고, 흥분되고 자신감 있고 기민한 느낌 또한 보고할 가능성이 있다. 이러한 2개 상위 요인은 다양한 측정치, 시간 간격, 반응 형식, 언어에 걸쳐 일관되게 나타났다(Watson & Clark, 1997b; Watson et al., 1999).

이러한 양대 차원은 모두 정신병리에 중요한 연결성을 가지고 있다(Clark & Watson, 1991; Mineka, Watson, & Clark, 1998; Kotov, Gamez, Schmidt, & Watson, 2010; Watson & Naragon-Gainey, 2010; Watson, Clark, & Stasik, 2011). 그러나 지금까지 이 영역의 연구는

부정 정서의 역기능적 발현에 주로 집중해 왔다. 증가된 부정 정서 수준이 불안장애, 우울장애, 물질사용장애, 신체형장애, 섭식장애, 성격장애, 품행장애, 조현병/조현형 성격 (schizotypy)을 비롯하여 매우 다양한 증후군과 연관된다는 점을 고려하면, 이러한 초점이 이해할 만한 것이기는 하다(Mineka et al., 1998; Kotov et al., 2010). Kotov 등(2010)은 근본적으로 부정 정서성에서의 개인차를 반영하는 성격 특질인 신경증 성향에 관한 매우 놀라운 메타분석 증거를 보고하였다(Watson et al., 1999). Kotov와 동료들은 단극성 우울장애, 불안장애, 물질사용장애가 있거나 없는 사람들의 신경증 성향 평균을 비교하였다. 분석된 모든 장애에 대하여 신경증 성향은 중간에서 큰 효과크기를 나타냈다(Cohen's d로 표현됨; J. Cohen, 1992). 예를 들어, (비신뢰도에 대해 보정한) ds는 주요우울증, 범불안장애(GAD), 외상후 스트레스장애(PTSD), 공황장애, 사회공포증, 강박장애(OCD)에서 1.33에서 2.25의 범위였다. 광범위한 문헌 조사에 근거하여 Widiger와 Costa(1994)는 보다 일반적으로 "신경증 성향은 임상 집단 내에서 거의 보편적으로 상승되어 있는 특질"이라고 결론 내렸다 (p. 81).

그러나 완전하고 균형적인 그림을 얻기 위하여, 정신병리에서 긍정기분의 역기능이 어떻게 나타나는지를 설명하는 것 또한 중요하다. 앞으로 설명하겠지만 이와 관련된 증거는 앞서 개관한 부정 정서의 증거와는 다음의 두 가지 중요한 점에 있어 다르다. 첫째, 정신병리에서 부정 정서의 장해가 광범위하게 나타나는 것과 대조적으로 긍정기분의 역기능은 더 큰 특정성을 보인다. 즉, 비록 여러 증후군이 긍정 정서와 상당한 연결성을 갖고 있지만, 그렇지 않은 경우도 존재하며 이럴 때 그 장애가 있는 사람들은 비교적 정상적 수준의 긍정기분을 보고한다. 둘째, 임상 집단에서 일관되게 상승되어 있는 부정 정서와는 달리, 긍정 정서는 일관된 방향의 경향성을 나타내지 않는다. 다수의 증후군이 무쾌감증(anhedonia), 낮은 긍정 정서와 연관되는 반면, 다른 장애들은 과도한 긍정 정서와 연결된다.

다음 절에서 정신병리 내에 긍정기분의 역기능에 대한 증거들을 개관할 것이다. 무쾌감 및 긍정 정서의 결핍과 연관된 세 가지 유형의 정신병리인 ① 우울증, ② 사회불안/사회공포증, ③ 조현병/조현형 성격을 살펴보는 것으로 시작할 것이다. 그런 다음 증가된 긍정 정서 수준과 연관되는 양극성 장애에 관한 자료를 살펴보는 것으로 마무리 짓겠다.

우울증

기본적인 기분 증거

기초 자료　기분 연구에서 결과는 긍정 정서가 다른 유형의 부정 정서에 비해 슬픔, 우울과 더 강하고 더 일관적인 부적 상관관계를 가지고 있다는 것을 보여 주었다. 예를 들어, Watson과 Naragon-Gainey(2010, 〈표 1〉)는 우울 및 불안 증상 질문지(Inventory of Depression and Anxiety Symptoms: IDAS; Watson et al., 2007) 중 높은 에너지와 긍정기분 관련 문항(예: 나는 활기차다, 앞으로의 일들을 즐겁게 기대한다)을 포함하는 8문항 웰빙(Well-Being) 척도에 근거한 자료를 보고하였다. 대규모의 정신과 외래환자($N = 1,006$)와 대학생($N = 980$)에서 웰빙은 불안이나 분노($rs = -.19 \sim -.37$)에 비해 우울한 기분 ($r = -.49, -.46$) 측정치와 더 강한 유의한 상관을 나타냈다. Watson(2005)은 확장된 긍정 정서 및 부정 정서 척도(PANAS-X; Watson & Clark, 1999)의 슬픔(예: 슬프다, 외롭다), 공포(예: 무섭다, 긴장된다), 유쾌(예: 행복하다, 열정적이다) 척도에서 유사한 결과를 보고하였다. 14개 표본(총 $N = 9,663$)에 걸쳐 유쾌는 공포(평균 $r = -.10$)에 비해 슬픔(평균 $r = -.36$)과 일관되게 더 큰 상관을 보였다.

2요인 모델　유사한 자료에 근거하여 Watson, Clark, 그리고 Carey(1988)는 우울과 불안의 2요인 모델을 제안하였다. 이 모델에서 부정 정서는 우울과 불안에 공통적인 비특정적 요인을 대변하는 반면, 낮은 긍정 정서는 우울과 주로 연관되는 특수 요인이다. 1개의 특기할 만한 예외를 제외하고는, 이 모델은 광범위하게 입증되었다(예: Jolly, Dyck, Kramer, & Wherry, 1994; Watson, 2005). 예를 들어, Watson 등(1998)은 부정 정서 척도가 우울과(공황장애, 공포증, OCD를 포함한) 불안 측정치와 폭넓은 관련성을 보이지만, 낮은 긍정 정서성은 우울증상이나 진단과 주로 연관됨을 발견하였다. 유일하게 반대되는 결과는 긍정 정서가 사회불안/사회공포증과도 일관된 부적 상관관계를 나타낸다는 것인데(예: Brown, Chorpita, & Barlow, 1998; Watson, Gamez, & Simms, 2005; Kashdan, 2007; Naragon-Gainey, Watson, & Markon, 2009), 이에 대해서는 나중에 다시 이야기하도록 하겠다.

IDAS-기반 증거

개관   초판 IDAS(Watson et al., 2007)와 확장된 2판 IDAS(IDAS-II; Watson et al., 2012)를 사용한 현재 진행 중인 연구는 기분장애와 불안장애에서 긍정기분 역기능의 속성을 명료하게 이해하는 데 도움이 될 것이다. 이 연구에서는 두 가지 핵심적인 결론이 도출되었다. 첫째, 긍정 정서 측정치는 비록 (사회불안/사회공포증을 비롯한) 여러 불안 측정치와도 유의한 부적 상관을 보였으나, 우울과 가장 강력하고 체계적인 상관관계를 나타냈다. 둘째, 낮은 긍정 정서는 DSM-IV(American Psychiatric Association, 2000)의 주요우울 삽화 진단기준 증상과 같은 전통적인 기존의 우울 측정치보다 더 큰 특정성을 보였다. 따라서 우리의 연구자료는 긍정기분 결핍에 더 초점을 맞추고 비특이적 측면을 덜 강조하는 것이 주요우울증의 평가와 감별 진단을 향상시킬 수 있다는 점을 시사한다.

벡 질문지와의 관계   세 가지 유형의 증거가 이와 같은 결론을 지지한다. 첫째, IDAS에는 9개 DSM-IV 주요우울 삽화에 포함된 중요한 증상 내용을 모두 포착할 수 있는 6개 척도가 들어 있다(Watson, 2009 참고)—우울감(기준 1 우울한 기분, 기준 2 무쾌감/흥미의 상실, 기준 5 심리운동성 장해, 기준 7 무가치감/죄책감, 기준 8 인지적 문제를 측정하는 문항), 무기력(기준 6 피로감/기운 없음, 기준 4의 과수면을 포함), 자살(기준 9), 불면(기준 4의 일부에 대응), 식욕 상실 또는 증가(기준 3).

Watson(2009)은 IDAS 척도가 벡 우울 척도 2판(Beck Depression Inventory-II: BDI-II; Beck, Steer, & Brown, 1996)과 벡 불안 척도(Beck Anxiety Inventory: BAI; Beck & Steer, 1990)와 어떤 상관을 보이는지를 2개의 대규모 표본(총 N = 2,783)에서 조사하였다. 이전에 기술되었듯이 긍정 정서적 경험의 측정치인 웰빙은 이 자료에서 가장 인상적인 특정성을 보였는데, BAI(평균 r = −.32)보다 BDI-II(평균 r = −.56)과 더 강한 상관을 나타냈다. 무기력(각기 평균 rs =.62와 .50), 자살(각기 평균 rs =.58과 .47), 우울감(각기 평균 rs =.81과 .71)도 자료에서 합리적인 수준의 특정성을 보여 주었다(이 연구 결과의 확장된 버전은 Watson & Naragon-Gainey, 2010 참고).

대조적으로 나머지 불면, 식욕 상실, 식욕 증가의 3개 척도는 훨씬 저조한 특수성을 나타냈다(Watson, 2009, 〈표 7〉). 실제로 불면(각기 평균 rs =.50과 .47), 식욕 상실(각기 평균 rs =.39와 .39)은 거의 동일한 상관 패턴을 보였다. 이러한 결과들은 IDAS가 BAI와는 아니지만 BDI-II와 중복되는 문항 내용을 공유한다는 점을 고려하면 특히 놀라운 것이다.

DSM-IV 진단과의 관계   둘째, 웰빙은 정식 DSM-IV 기분장애 및 불안장애 진단과의 관계에서 인상적인 특정성을 나타냈다(Watson & Naragon-Gainey, 2010). Watson과 Stasik(2014)은 다양한 방법, 측정치, 집단에 걸쳐 이러한 패턴이 견고하게 지지되는지를 평가하기 위해 진단적 특수성에 관한 6개 분석을 보고하였다. 현재의 DSM-IV 진단을 얻기 위해 모든 연구 참여자들을 SCID-IV를 사용하여 면담하였다(평가자 간 신뢰도 자료는 Watson et al., 2008 참고). 진단적 특수성을 조사하기 위하여 Watson과 Stasik(2014)은 우울증상 측정치와 다양한 DSM-IV 기분 및 불안장애 진단명 간의 다분상관계수(polychoric correlation)를 계산하였다. 다분상관계수는 관찰 값에 기저하는, 정상분포하는 잠재 연속 변인 간의 상관관계를 추정한다(Watson & Tellegen, 1999; Flora & Curran, 2004; Schmukle & Egloff, 2009). 이는 Pearson 상관계수에 의해 제공되는 상대적 순위 정보를 유지하나(예: 동일한 척도들이 특정 진단에 상대적으로 강하거나 약한 관련성을 가진 지표가 됨), 유병률 차이에 영향을 받지 않는 방법으로, 결과적으로 진단 간 비교가 가능해진다. 진단은 부재 시 0, 존재 시 1로 코딩되어, 정적 상관은 특정 척도에서 높은 점수가 그 진단을 받을 확률의 증가와 연관된다는 것을 의미하였다.

BDI-II/BAI 결과와 일관되게, 긍정기분/웰빙 측정치는 이 자료에서도 인상적인 진단적 특수성을 나타냈다. 6개 분석에 걸쳐, 가중치를 부여한 평균 상관이 주요우울증 진단과는 −.50이었고, 반면 불안장애 진단과는 −.05(특정공포증)에서 −.30(광장공포증) 범위였다. 다시금 우울감, 무기력, 자살 측정치 또한 양호한 특정성을 보여 주었다. 우울감 측정치는 주요우울증과 평균 .69의 상관을 가지는 반면, 불안장애와의 평균 상관은 .18(특정공포증)에서 .40(GAD)였다. 무기력 증상은 주요우울증과 .55의 평균 상관을 보인 반면, 불안장애 진단과는 .14(특정공포증)에서 .32(공황장애)였다. 유사하게 자살 증상은 주요우울증과 평균 상관이 .49인 반면, 불안장애 진단과는 .11(특정공포증)에서 .25(PTSD)였다.

반대로 나머지 우울증상은 이번에도 역시 낮은 특정성을 보였다. 불면 증상은 주요우울증(.36), PTDS(.34), 공황장애(.31), GAD(.28)와 유사한 평균 상관을 나타냈다. 식욕 상실 증상도 주요우울증과의 상관이 .35에 불과했으며, 공황장애(평균 $r = .32$)와 상관이 유사한 정도였으며 PTSD(평균 $r = .38$)와는 약간 높은 상관을 맺고 있었다. 마지막으로 식욕 증가 척도는 우울(평균 $r = .17$) 및 불안($rs = -.09 \sim .09$) 진단과 모두 약한 상관관계를 나타냈다.

증분 예측력   셋째, Watson 등(2008, 〈표 7〉)은 일련의 로지스틱 회귀 분석을 통하여 DSM-IV 기분 및 불안장애와의 관계에서 개별 IDAS 척도가 갖는 독특한 증분적 설명력을 입증하였다. IDAS 척도들은 예측인자로 분석에 투입되었고, 6개 DSM-IV 기분 및 불안장애(주요우울증, GAD, PTSD, 공황장애, 사회공포증, OCD)가 개별 분석에서 준거로 기능하였다. 웰빙은 주요우울증 예측에 유의하게 기여하였으나(교차비 = 0.60; 95% 신뢰구간 = 0.45~0.80), 불안장애의 진단에는 추가적으로 기여하는 바가 없었다. IDAS 우울증 척도 중에서 우울감만이 주요우울증에 유의한 증분 예측력을 갖고 있었으며, 웰빙과는 대조적으로 우울감은 GAD와 공황장애와도 유의하게 관련되었다. 따라서 웰빙은 다시금 우울에 진단적 특수성을 보였다고 할 수 있으며, 실제로 공식적인 우울증상보다 더 큰 특정성을 나타냈다.

사회불안/사회공포증

외향성 대 긍정 정서와의 상관관계

앞서 기술하였듯이 낮은 긍정 정서는 비록 그 크기는 우울에 비해 작지만, 사회불안과도 일관되게 연관된다. 이러한 자료를 조사하는 데 있어, Big Five 성격 특질 중 사회불안에 특히 관련되어 있으며 긍정 정서 경험과도 밀접한 연결성이 있는 외향성을 포함시키는 것이 유용하다. 많은 연구들에서 비록 외향성과 긍정 정서성이 분명히 관련되어 있으나, 이 두 가지가 동일한 것은 아니며 대부분 상관이 .50에서 .70 범위임을 보여 주었다(Watson & Clark, 1992; Watson et al., 1999; Burger & Caldwell, 2000; Lucas & Fujita, 2000). 대체로 외향성은 긍정 정서성과 대인관계적 하위 요소를 모두 포괄하는 다면적인 상위 특질이라고 할 수 있다(Watson & Clark, 1997a). 더 구체적으로 Naragon-Gainey, Watson, 그리고 Markon(2009)은 2개 표본(학생, 정신과 환자)에서 외향성의 하위 구조를 살펴보았는데, 사교성, 긍정 정서성, 주도성, 즐거움 추구라는 4개의 서로 연관된 그러나 구분된 하위 요소를 확인하였다.

우울은 외향성에 비해 긍정 정서와 더 큰 상관을 보이는 경향이 있는데, 사회불안은 반대의 패턴을 나타낸다(예: Watson, Gamez, & Simms, 2005). 기분 및 불안장애 중에서 사회공포증은 외향성과 보통 −.35에서 −.55 범위에 이르는 가장 강한 부적 상관을 갖는 것으로 일관되게 보고되었다(예: Trull & Sher, 1994; Bienvenu, Samuels, Costa, Reti, Eaton, & Nestadt, 2004; Watson et al., 2005). 사회불안과 긍정 정서의 부적 관계는 더 약하긴 하지만 그래도 여전히 유의하다. Kashdan(2007)은 19개 연구에 대한 메타분석에서 가중치를 부여한 평균 상관이 −.36임을 보고하였다.

유사하게 Watson과 Naragon-Gainey(2010, ⟨표 3⟩)는 주요우울증이나 다양한 불안장애 진단이 있거나 또는 없는 사람들의 외향성 점수를 비교하였다. 예상대로 외향성은 사회공포증(d= −0.84)에서 가장 큰 효과크기를 나타냈다. 더욱이 외향성은 주요우울증(d= −0.52), GAD(d= −0.44), PTSD(d= −0.30)와 공황장애(d= −0.28)에 비해 사회공포증과 더 큰 연관성을 갖고 있었다. IDAS 웰빙 척도는 이 자료에서 반대 패턴을 보였는데, 사회공포증(d= −0.31)보다 우울증(d= −0.89)과 더 큰 연관성이 있었다. 종합적으로 볼 때 지금까지의 연구 결과는 긍정 정서와 외향성이 우울 및 사회불안과 각기 상대적으로 특수한 관련성을 가지고 있음을 입증하고 있다.

사회불안과 긍정 정서의 관계 명료화

사회공포증이 우울증과 공병률이 매우 높다는 점을 고려하면(Watson, 2005, 2009), 사회불안과 긍정 정서의 연관성이 이 공유변량 때문에 발생하는 것인지를 점검하는 것이 중요해진다. 지금까지의 증거는, 상관의 크기가 다소 줄어들기는 하지만, 우울증상의 효과를 배제하고도 사회불안과 긍정 정서 간에 유의한 상관이 남는다는 점을 보여 준다. Kashdan(2007)은 13개 연구를 분석하여 우울 또는 관련 구성개념(예: 부정 정서; 11개 연구에서는 구체적으로 우울증상을 통제)을 통제한 후에 사회불안 증상과 긍정 정서 간 부분 상관을 보고하였다. 비록 영차 상관(r = −.36)보다는 작지만, 가중치를 부여한 평균 부분 상관은 −.21이었으며, 이는 사회불안과 긍정 정서 간 독립적인 연관성을 입증하기에는 충분한 정도였다.

이러한 구성개념들에서 독특한 부분과 공유된 부분을 분리하기 위하여, Naragon-Gainey 등(2009)은 (긍정 정서성을 포함하여) 외향성의 4개 각 하위 요소가 사회불안 및 우울증상과 어떠한 관계를 맺고 있는지 구조방정식을 사용하여 분석하였다. 구성개념 간 공유변량을 통제한 뒤, 2개 독립표본에서 긍정 정서성과 사회불안의 관련성은 유의성을 유지하였다. 따라서 사회불안−긍정 정서 상관은 우울과의 공병을 넘어서 그리고 외향성의 대인관계적 요소로부터의 공유변량을 넘어서 존재하는 것으로 여겨진다. 종합적으로 이러한 연구 결과는 사회불안이 긍정 정서 결핍과 특정적으로 연관되어 있음을 시사한다.

이 영역에서 대부분의 연구는 사회불안과 긍정 정서의 횡단적인 동시 보고에 기초해 있다. Kashdan과 동료들에 의한 2개 연구는 부정 정서와 우울을 통제하면서 시간적 이슈와 인과적 방향을 밝히는 데 도움을 준다. 경험 표집법 연구에서 Kashdan과 Steger(2006)는 사회불안이 있는 사람들이 그렇지 않은 사람들에 비해 일상생활에서 더 낮은 수준의 긍정 정서와 더 적은 긍정 생활사건을 보고한다는 것을 발견했다. 게다가 모든 연구참여자들이 더 많은 사회불안을 경험한 날들에는 더 낮은 긍정 정서를 보고하였다. 전향적 설계의 3개월 종단연구에서 높은 사회불안 수준을 가진 사람들은 후에 안정되게 더 낮은 수준의 긍정 정서를 나타냈다. 그러나 긍정 정서 변화가 사회불안 변화를 예측하는 반대 방향의 인과적 패턴은 입증되지 않았다(Kashdan & Breen, 2008).

마지막으로 사회불안의 하위 유형에 따라 긍정 정서와의 차별적 관련성이 있다는 증거가 있다. 일반화된 사회공포증은 거의 모든 사회적 상호작용에 대한 불안을 경험하는 것인 반면, 수행형은 어떤 행동을 수행할 때 타인에게 관찰되는 것에 대한 공포에 국한된다(APA, 2000). Hughes, Heimberg, Coles, Gibb, Liebowitz, 그리고 Schneier(2006)는 부정 정서를 통제한 뒤에도 일반화된 하위 유형이 낮은 긍정 정서와 상관되는 것과 대조적으로 수행형 사회불안은 긍정 정서와 관련이 없어진다는 것을 발견하였다. 유사하게 Kashdan (2002)도 (긍정 정서에 강하게 부하되는 요인인) 긍정적인 주관적 경험은 수행형과의 공유변량을 제거한 후에도 일반화된 사회불안과 중간 정도의 상관을 나타내는 반면, 일반화된 사회불안을 통제한 후 수행형 불안과의 상관은 유의하지 않게 된다는 것을 보고하였다.

Watson과 Naragon-Gainey(2010)는 이러한 차별적 패턴을 지지하는 후속 자료를 제시하였다. 구체적으로 이들은 수행형 불안($r = -.31$)에 비해 일반화된 사회불안($r = -.44$)이 긍정 정서와 더 강한 상관관계를 맺고 있다는 것을 204명의 정신과 환자 표본에서 보고하였다. 긍정 정서를 통제한 후 일반화된 사회불안과의 부분 상관($r = -.26$)은 여전히 유의하였으나, 수행 불안과의 부분 상관($r = -.08$)은 그렇지 않았다. 하위 유형에 관한 추가적 연구는 사회불안과 긍정 정서 간 관계의 속성에 대한 더 심화된 통찰을 제공해 줄 수 있다.

조현병/조현형 성격

조현병/조현형 성격에서 쾌감의 결핍

개관   조현병과 (조현형 성격 및 조현형 성격장애를 포함하여) 관련 장애에서 정서적 역기능에 관한 광범위한 연구와 여러 통합적 개관 논문이 있다. 축적된 증거들로부터 두 가지의 광의적 결론이 도출되었다(Watson & Naragon-Gainey, 2010). 첫째, 조현병과 조현형 성격이, 비록 그 결핍의 양상이 우울증이나 사회불안에서 관찰되는 것과는 약간 다르지만, 분명 긍정 정서의 두드러진 결핍과 연관된다는 것이다. 둘째, 이러한 결핍의 정도가 우울

중에서 관찰되는 것만큼 큰지에 대해서는 더욱 제한적인 증거만이 있다. 따라서 이 연구 결과들은 낮은 긍정 정서가 우울증에 더 특정성을 갖는다는 점을 시사한다.

표현적 결핍   조현병에서 한 가지 현저한 그리고 우울증이나 다른 장애로부터 구분되는 측면은 바로 정서적 표현에서의 특수한 결핍과 연관된다는 점이다. 즉, 조현병이 있는 사람들은 표정으로나 언어적으로 자신의 느낌을 의사소통하는 능력이 감소된다. Kring과 Moran(2008)은 23개 연구를 검토한 결과 다음과 같이 결론지었다.

> 조현병이 없는 사람들과 비교하여, 조현병이 있는 사람들은 정서를 유발하는 영상, 음식, 사회적 상호작용에 대해서 더 적은 긍정적 및 부정적 정서 표현을 나타냈다. 더욱이 조현병 환자들의 감소된 표정 및 음성 표현은 그들을 우울증을 비롯한 다른 환자 집단으로부터 구별하였다(p. 821).

경험적 결핍   이와 같은 표현적 결핍은 이 장애에서 임상적으로 보고되는 무쾌감증을 부분적으로 설명한다[예: 비표현성은 둔마된 또는 제한된 정동(flat, constricted affect)으로 잘못 해석될 수 있다]. 그러나 확실히 경험적 결핍 또한 존재한다. Horan, Blanchard, Clark, 그리고 Green(2008)은 신경증 성향/부정 정서성, 외향성/긍정 정서성의 특질 측정치에서 조현병 환자와 비임상 통제집단을 비교한 13개 연구를 개관하였다. 비임상 통제집단에 비해 조현병 환자들은 일관되게 더 높은 신경증 성향/부정 정서성, 더 낮은 외향성/긍정 정서성의 패턴을 나타냈다. 개관에 포함된 연구 중 9개는 외향성 측정도구를 사용하였으나, 나머지 4개는 직접적으로 긍정 정서성을 측정하였다. 이 4개 연구는 표준화된 집단 차(Cohen's d)가 −0.68에서 −0.78(중앙값 = −.72)의 범위임을 보고하였는데, 이는 중간 효과크기를 반영한다. 이와 유사하게 Barch, Yodkovik, Sypher-Locke, 그리고 Hanewickel(2008)도 조현병 환자와 정상 통제집단 간 긍정 정서성에서 중간 크기의 차이(d = −0.61)를 보고하였다.

정적 대 부적 증상   다수 연구들은 자기보고된 조현형 성격, 조현형 성격장애 측정치가 더 높은 신경증 성향/부정 정서성, 더 낮은 외향성/긍정 정서성과 상관이 있다는 점을 보여 주었다(Ross, Lutz, & Bailey, 2002; Kerns, 2006; Chmielewski & Watson, 2008; 개관 논문은 Horan et al., 2008 참고). 더욱이 신경증 성향/부정 정서성이 넓게는 조현형 성격의 부적 증상(예: 제한된 정동, 사회적 거리를 둠) 및 정적 증상(예: 마술적 사고, 지각적 왜곡, 의심)과 모두 상관이 있는 반면, 외향성/긍정 정서성은 전자와는 일관된 상관을 보이지만 후자와는 오직 약한 상관만을 나타낸다는 점에서 특정성을 보인다. 예를 들어, Chmielewski와 Watson(2008)은 외향성과 조현형 성격 질문지(Schizotypal Personality Questionnaire; Raine, 1991)로부터 추출된 5개 증상 요인의 관계를 조사하였는데, 외향성은 사회불안과 강한 상관(시점 1과 2에서 각기 $r = -.60, -.62$)을, 사회적 무쾌감증과는 중간 정도의 상관(시점 1과 2에서 각기 $r = -.29, -.31$)을 보였고, 기이함(Eccentricity/Oddity), 불신, 특이한 믿음 및 경험과는 약한 상관($rs = -.07 \sim .10$)만을 나타냈다.

예기적 결핍　그러나 놀랍게도 조현병이 있는 사람들이 즐거움을 경험하는 감소되지 않은 능력을 갖고 있다는 증거도 있다. 다시 말해 이들이 즐거운 기분 유도 후 긍정 정서에서는 문제를 나타내지 않는다는 것이다(단, 흥미롭게도 이 패러다임에서 조현형 성격 점수는 무쾌감적 결핍과 상관이 있다; 이 논점에 대한 논의는 Kring & Moran, 2008; A. S. Cohen & Minor, 2010; A. S. Cohen, Callaway, Najolia, Larsen, & Strauss, 2012; Strauss & Gold, 2012를 보라). A. S. Cohen과 Minor(2010)는 긍정 자극에 대한 긍정 정서 수준을 ① 조현병 환자 대 ② 비임상 통제집단으로 비교한 14개 연구를 메타분석하였다. 집단 차는 작은 크기(Hedges $D = -0.16$)에 유의하지 않았으며, 이로부터 그들은 "환자들이 실험적 자극에 대하여 무쾌감적 반응을 보인다는 것을 시사하는 증거가 거의 없다(p. 147)"고 결론 내렸다.

그렇다면 왜 특질 측정도구에서는 조현병 환자들이 일관되게 무쾌감증/낮은 긍정 정서를 보고하는 것일까(Horan et al., 2008)? 조현병이 예기적 즐거움 결핍(anticipatory pleasure deficit)과 연관되며 이들이 미래의 목표지향적 활동에 참여할 때 긍정 정서를 경험할 것으로 기대하지 않는다는 증거들이 증가하고 있다(Kring & Moran, 2008; A. S. Cohen & Minor, 2010). 예를 들어, Gard, Kring, Gard, Horan, 그리고 Green(2007)은 정상 통제집단에 비교하여 조현병 환자들이 미래 활동에 대한 즐거움을 덜 기대하고, 특히 목표지향적 활동의 경우에 더욱 그러하다는 것을 발견하였다. 게다가 이러한 예기적 결핍은 조현병 환자 집단에서 목표지향적 활동의 감소와 상관되었다. 이러한 결과는 조현병 환자들이 보상적 활동에 대한 정상 수준의 즐거움을 경험할 수 있음에도, 이러한 예기적 결핍 때문에 이러한 활동에 더 낮은 빈도로 관여하고, 결과적으로 더 낮은 전반적 긍정 정서 수준에 이르게 됨을 시사한다.

이러한 주장을 입증하듯이, 경험 표집법 연구들은 조현병이 있는 사람들이 일상생활에서 더 낮은 수준의 긍정 정서를 보고한다는 점을 보여 주었다(Kimhy, Delespaul, Corcoran, Ahn, Yale, & Malaspina, 2006; Gard et al., 2007). 일례로 Kimhy 등(2006)은 10명의 입원한 조현병 환자와 10명의 정상 통제집단에서 하루 동안 여러 차례 정서 평정을 수집하였다. 통제집단에 비해 환자들은 상승된 슬픔/우울, 외로움 그리고 저하된 활기를 보고하였다.

우울증과의 관계에서 결핍의 특정성

그러나 이와 같은 쾌감 결핍의 특정성을 조사하기 위해서는 ① 조현병 환자 대 ② 다른 정신장애가 있는 환자들을 비교해야 한다. Myin-Germeys 등(2003)은 현재까지 가장 최선의 활용 가능한 증거를 보고하였다. 그들은 비정동성 정신증(non-affective psychosis) 환자 42명(총 순간 평가는 1,890회), 현재 주요우울증이 있는 환자 46명(2,070회 평가), 정상 통제집단 49명(2,499회 평가)의 경험 표집 자료를 수집하였고, 긍정 정서의 3개 문항(행복한, 활기찬, 만족한)에 기초하여 분석하였다. 예상되듯이 조현병 환자 집단은 정상 통제집단(평균 = 5.5)에 비해 상당히 낮은 수준의 긍정 정서(전반적 평균 = 4.4)를 보고하였는데, 정신증 환자들의 표준편차를 이용하자면 이는 −1.10의 d로 환산될 수 있다.

하지만 조현병 환자들이 우울 환자(평균 = 2.2; 다시금 정신증 환자들의 표준편차를 사용하여 변환하면 d = 2.20)보다 상당히 높은 긍정 정서를 보고하였다는 점을 주목할 만하다. 이러한 결과는 조현병이 긍정 정서의 감소와 연관되지만, 이러한 쾌감 결핍이 우울증에서 관찰되는 것만큼 크지는 않다는 것을 시사한다. 그러나 우울 환자들이 당시 급성 삽화를 경험 중이었던 것에 비해 대부분의 조현병 환자들은 ① 관해 또는 ② 약물치료 중이었다는 점을 언급해야 할 것이다. 따라서 이러한 결과는 집단 간 차이의 크기를 과장했을 가능성이 있다.

Joiner, Brown, 그리고 Metalsky(2003)는 주요우울증 환자 50명, 조현병 환자 52명의 BDI 점수를 비교하였다. 그들은 BDI로부터 2개 척도를 만들었는데, 하나는 무쾌감증 증상을 측정하는 3문항이고 다른 하나는 나머지 18개 문항으로 구성되었다. 두 집단이 무쾌감증과 관련되지 않은 문항 또는 BDI 총점에서는 유의한 차이를 보이지 않았다는 점을 특기할 만하다. 그러나 Myin-Germeys 등(2003)의 연구에서와 일관되게, 조현병 환자들에 비교해 주요우울증 환자들이 유의하게 더 높은 무쾌감증 점수를 얻었다. 전반적으로 지금까지의 연구자료는 무쾌감증/낮은 긍정 정서가 조현병보다 우울증에 더 강하게 연결되어 있다는 것을 시사한다.

조증

상태적 상관관계

지금까지 긍정기분 결핍과 연관된 장애들을 살펴보았다. 이제 긍정 정서와 매우 다른 관계를 갖고 있는 양극성 장애를 살펴보면서 끝맺음을 하려고 한다(Watson & Naragon-Gainey, 2010). 조증 삽화의 정의가 "비정상적이고 지속적으로 고양되고 확장된 (또는 과민한) 기분"(APA, 2000, p. 362)이라는 점에서 증가된 긍정 정서는 조증에 분명히 관련되어 있다. 사실 조증 증상들은 증가된 긍정기분의 경험과 연관되는데, 한 일지 연구에서는 몇 주에 걸쳐 평균적인 조증 증상 수준과 긍정 정서가 강한 정적 상관이 있다는 점이 보고되었다(r = .54; Meyer & Hofmann, 2005).

이와 유관하게, 확장된 IDAS-II(Watson et al., 2012)는 2개의 양극성 증상 척도를 갖고 있다. 조증(예: 내 정신이 '너무 빨리' 움직이는 것 같이 느껴졌다, 한 가지에서 다음으로 계속 질주하듯 활동을 계속 했다.)과 다행감(Euphoria; 예: 내가 '세상의 꼭대기'에 선 것 같은 느낌이었다, 활력이 넘쳐서 가만히 앉아 있기 어려웠다.). 비록 병리적 요소가 있기는 해도, 다행감은 증가된 긍정 정서와 연관이 있고 이전에 언급된 웰빙 척도와도 강한 상관관계를 맺고 있으며(Watson et al., 2012, 합쳐진 대규모 표본에서 전반적인 상관계수가 .51), 본질적으로 긍정 정서의 병리적 형태를 대변한다. 또한 다행감은 인상적인 준거타당도를 갖고 있다(Watson et al., 2012). IDAS-II 척도 중에서 다행감은 ① SCID의 현재 조증 삽화 진단(polychoric r = .47), ② 기분 및 불안 증상 면접(Interview of Mood and Anxiety Symptoms: IMAS; Gamez, Kotov, & Watson, 2010; Watson et al., 2007, 2012)에 있는 조증 척도(r = .64)와 모두 강한 상관을 나타냈다.

현재의 조증 삽화는 증가된 긍정 정서 수준과 분명히 연관되는데, 이 사실은 조증 삽화를 다른 유형의 정신병리들로부터 구분 짓는 특징이다. 현재 조증이 있다면 특질 긍정 정서 평정에 영향을 줄 가능성이 높기 때문에(Johnson, Gruber, & Eisner, 2007 참고), 다음 절에서는 관해(remission) 상태의 환자나 유사한 표본에서의 연구 결과를 강조하도록 하겠다.

특질적 상관관계

특질 긍정 정서에 기초한 자기보고 자료는 조증 위험군에서 혼재된 결과를 양산하였다.

관해된 제1형 양극성 장애 환자들의 특질 긍정 정서 수준이 정상 통제집단과 다르지 않다는 것을 보여 준 연구들이 있다(예: Bagby et al., 1996, 1997). 마찬가지로 한 일지 연구에서는 기분순환장애 진단을 받은 적이 있는 사람들에서 28일간의 평균적인 긍정 정서 수준이 정상 통제집단에서 보고된 수준과 유사하였다(Lovejoy & Steuerwald, 1995). 그러나 다른 연구 결과는 양극성 장애 환자나 위험군에서 특질 긍정 정서가 비정상적 수준이라는 점을 시사한다. 일례로(자기보고형 척도를 사용하여 선별된) 조증 위험군에게 긍정, 중립, 부정 영상을 보여 주었을 때, 이들은 영상의 정서가에 상관없이 조증 위험도가 낮은 사람들에 비하여 더 높은 수준의 긍정 정서를 보고하였다(Gruber, Johnson, Oveis, & Keltner, 2008). 대조적으로 Gruber, Culver, Johnson, Nam, Keller, 그리고 Ketter(2009)는 제1형 양극성 장애 또는 양극성 스펙트럼 장애의 회복기에 있는 사람들이 예상과 달리 정상 통제집단과 비교하여 낮은 수준의 긍정 정서($d = -1.5$)를 보고한다는 점을 보여 주었다. 이러한 상충하는 결과들을 해석하는 데 있어, 양극성 장애를 겪은 사람들은 조증이나 우울증 시기에 극단적인 수준의 긍정 정서를 경험한 적이 있으므로, 이들이 긍정 정서를 평정하는 주관적 체계가 한 번도 조증을 경험하지 않은 사람과는 다를 수 있다는 점을 고려해야 할 것이다(Johnson et al., 2007).

결론

긍정 정서는 정신병리와의 연관성에 있어 인상적인 특정성을 나타낸다. 즉, 지금까지 검토한 연구자료들은 낮은 수준의 긍정 정서가 우울증, 사회불안, 조현병/조현형 성격을 다른 정신병리로부터 구분하는 특징이라는 점을 입증한다. 또한 긍정 정서 측정치가 다른 증후군에 비하여 우울증과 더 강하고 체계적인 연관성을 가지고 있다는 세부적인 증거가 있다. 마지막으로 다른 장애들과 대조적으로 조증 측정치는 증가된 긍정 정서 수준과 연관되는 경향이 있다.

그러나 문헌에 대한 본 개관은 현재 연구 결과들에서 몇 가지 중요한 제한점을 또한 드러낸다. 나는 이 영역에서 후속 작업에 도움이 될 만한 세 가지 기본적 고려 사항을 강조하면서 이 장을 마무리 짓고자 한다. 첫째, 특정성에 대한 증거는 여러 핵심적 영역에서 아직 제한적이다. 예를 들어, 우울증과 조현병에서 정서적 결핍의 크기를 직접적으로 비교한 연구는 매우 드물다. 비록 제한된 양의 증거들이 조현병에 비해 우울증에서 더 큰 긍정기분 결핍이 나타난다는 점을 잠정적으로 시사하지만, 어떠한 확고한 결론을 내리기 전에 더 많은 연구가 필요하다.

　둘째, 본 개관은 강한 관련성이 있으나 서로 구분되는 구성개념들을 주의 깊게 구분하는 것의 중요성을 보여 준다. 일례로 우울은 외향성 척도보다 긍정 정서 측정치와 더 강한 부적 상관을 나타내고, 반면 사회불안은 그 반대의 패턴을 보인다. 향후 연구들에서는 이 영역 내의 여러 관련 구성개념들을 대상으로 하는 더 심층적인 평가 전략을 사용하는 것이 유익할 것이다. 나아가 Naragon-Gainey 등(2009)의 연구 결과가 보여 주듯, 이러한 기초적 구성개념들 내의 여러 하위 구성 요소들을 측정하는 것이 매우 유용한 정보를 줄 수 있을 것이다(예: 외향성 내의 여러 하위 요소, 특정 유형의 긍정 정서).

　셋째, 앞으로의 연구들은 지금까지 관찰된 결핍의 속성과 원천을 명료화해야 할 것이다. 한 가지 특히 핵심적인 이슈는 관찰된 결핍이 ① 보상적 활동에 노출의 감소 아니면 ② 그러한 활동에 대하여 즐거움을 경험하는 능력 자체의 감소를 어느 정도로 반영하는 것인가 하는 것이다. 예를 들어, 앞서 검토된 일부 증거에 따르면 조현병이 있는 사람들이 즐거움을 경험하는 정상적인 능력을 보유하고 있으나 보상적 활동의 쾌감적 가치를 과소평가하게 만드는 예기적 결핍 때문에 그러한 활동에 더 낮은 빈도로 관여하게 된다는 점이 시사된다. 이러한 과정들은 우울증과 다른 장애에서 경험되는 과정과 어떻게 비교되고 대조될 수 있는가? 이것이 후속 연구를 위한 중요한 질문이다.

참고문헌

American Psychiatric Association. (2000). *Diagnostic and statistical manual of mental disorders* (4th edn., text revision). Washington, DC: APA.

Bagby, R. M., Bindseil, K. D., Schuller, D. R., Rector, N. A., Young, L. T., Cooke, R. G., & Joffe, R. T. (1997). Relationship between the five-factor model of personality and unipolar, bipolar and schizophrenic patients. *Psychiatry Research, 70*, 83-94. doi.org/10.1016/S0165-1781(97)03096-5.

Bagby, R. M., Young, L. T., Schuller, D. R., Bindseil, K. D., Cooke, R. G., Dickens, S. E., & Joffe, R. T. (1996). Bipolar disorder, unipolar depression and the five factor model of personality. *Journal of Affective Disorders, 41*, 25-32. doi.org/10.1016/0165-0327(96).00060-2.

Barch, D. M., Yodkovik, N., Sypher-Locke, H., & Hanewickel, M. (2008). Intrinsic motivation in schizophrenia: Relationships to cognitive function, depression, anxiety and personality. *Journal of Abnormal Psychology, 117*, 776-787. doi.org/10.1037/a0013944.

Beck, A. T. & Steer, R. A. (1990). *Beck Anxiety Inventory manual.* San Antonio, TX: Psychological Corporation.

Beck, A. T., Steer, R. A., & Brown, G. K. (1996). *Beck Depression Inventory manual* (2nd edn.). San Antonio, TX: Psychological Corporation.

Bienvenu, O. J., Samuels, J. F., Costa, P. T., Reti, I. M., Eaton, W. W., & Nestadt, G. (2004). Anxiety and depressive disorders and the five-factor model of personality: A higher-and lower-order personality trait investigation in a community sample. *Depression and Anxiety, 20*, 92-97. doi.org/10.1002/da.20026.

Brown, T. A., Chorpita, B. F., & Barlow, D. H. (1998). Structured relationships among dimensions of the *DSM-IV* anxiety and mood disorders and dimensions of negative affect, positive affect, and autonomic arousal. *Journal of Abnormal Psychology, 107*, 179-192. doi.org/10.1037/0021-843X.107.2.179.

Burger, J. M. & Caldwell, D. F. (2000). Personality, social activities, job-search behavior and interview success: Distinguishing between PANAS trait positive affect and NEO extraversion. *Motivation and Emotion, 24*, 51-62. doi.org/10.1023/A:1005539609679.

Chmielewski, M. & Watson, D. (2008). The heterogeneous structure of schizotypal personality disorder: Item-level factors of the Schizotypal Personality Questionnaire and their associations with obsessivecompulsive disorder symptoms, dissociative tendencies, and norma personality. *Journal of Abnormal Psychology, 117*, 364-376. doi.org/10.1037/0021-843X.117.2.364.

Clark, L. A. & Watson, D. (1991). Tripartite model of anxiety and depression: Psychometric evidence and taxonomic implications. *Journal of Abnormal Psychology, 100*, 316-336. doi.org/10.1037/0021-843X.100.3/316.

Cohen, A. S. & Minor, K. S. (2010). Emotional experience in patients with schizophrenia revisited: Meta-analysis of laboratory studies. *Schizophrenia Bulletin, 36*, 1430150. doi.org/10.1093/schbul/sbn061.

Cohen, A. S., Callaway, D. A., Najolia, G. M., Larsen, J. T., & Strauss, G. P. (2012). On "risk" and reward: Investigating state anhedonia in psychometrically defined schizotypy and schizophrenia. *Journal of Abnormal Psychology, 121*, 407-415. doi.org/10.1037/a0026155.

Cohen, J. (1992). A power primer. *Psychological Bulletin, 112*, 155-159. doi.org/10.1037/0033-2909.112.1.155.

Flora, D. B. & Curran, P. J. (2004). An empirical evaluation of alternative methods of estimation for confirmatory factor analysis with ordinal data. *Psychological Methods, 9*, 466-491. doi.org/10.1037/1082-989X.9.4.466.

Gamez, W., Kotov, R., & Watson, D. (2010). The validity of self-report assessment of avoidance and distress. *Anxiety, Stress & Coping: An International Journal, 23*, 87-99. doi. org/10.1080/10615800802699198.

Gard, D. E., Kring, A. M., Gard, M. G., Horan, W. P., & Green, M. F. (2007). Anhedonia in schizophrenia: Distinctions between anticipatory and consummatory pleasure. *Schizophrenia Research, 93*, 253-260. doi.org/10.1016/schres.2007.03.008.

Gruber, J., Culver, J. L., Johnson, S. L., Nam, J. Y., Keller, K. L., & Ketter, T. A. (2009). Do positive emotions predict symptomatic change in in bipolar disorder? *Bipolar Disorders, 11*, 330-336. doi.org/10.1111/j.1399-5618.2009.00679.x.

Gruber, J., Johnson, S. L., Oveis, C., & Keltner, D. (2008). Risk for mania and positive emotional responding: Too much of a good thing? *Emotion, 8*, 23-33. doi.org/10.1037/1528-3542.8.1.23.

Horan, W. P., Blanchard, J. J., Clark, L. A., & Green, M. F. (2008). Affective traits in schizophrenia and schizotypy. *Schizophrenia Bulletin, 34*, 856-874. doi.org/10.1093/schbul/sbn083.

Hughes, A. A., Heimberg, R. G., Coles, M. E., Gibb, B. E., Liebowitz, M. R., & Schneier, F. R. (2006). Relations of the factors of the tripartite model of anxiety and depression to types of social anxiety. *Behaviour Research and Therapy, 44*, 1629-1641. doi.org/10.1016/j.brat.2005.10.015.

Johnson, S. L., Gruber, J., & Eisner, L. R. (2007). Emotion and bipolar disorder. In: J. Rottenberg & S. L. Johnson (Eds.), *Emotion and psychopathology: Bridging affective and clinical science* (pp. 123-150). Washington, DC: American Psychological Association.

Joiner, T. E., Brown, J. S., & Metalsky, G. I. (2003). A test of the tripartite model's prediction of anhedonia's specificity to depression: Patients with major depression versus patients with schizophrenia. *Psychiatry Research, 119*, 243-250. doi.org/10.1016/S0165-1781(03)00131-8.

Jolly, J. B., Dyck, M. J., Kramer, T. A., & Wherry, J. N. (1994). Integration of positive and negative affectivity and cognitive content-specificity: Improved discrimination of anxious and depressive symptoms. *Journal of Abnormal Psychology, 103*, 544-552. doi.org/10.1037/0021-843X.103.3.544.

Kashdan, T. B. (2002). Social anxiety dimensions, neuroticism, and the contours of positive psychological functioning. *Cognitive Therapy and Research, 26*, 789-810. doi.org/10.1023/A:1021293501345.

Kashdan, T. B. (2007). Social anxiety spectrum and diminished positive experiences: Theoretical synthesis and meta-analysis. *Clinical Psychology Review, 27*, 348-365. doi.org/10.1016/j.cpr.2006.12.003.

Kashdan, T. B. & Breen, W. E. (2008). Social anxiety and positive emotions: A prospective examination of a self-regulatory model with tendencies to suppress or express emotions as a moderating variable. *Behavior Therapy, 39*, 1-12. doi.org/10.1016/j.beth.2007.02.003.

Kashdan, T. B. & Steger, M. F. (2006). Expanding the topography of social anxiety: An experience-sampling assessment of positive emotions, positive events, and emotion suppression. *Psychological Science, 17*, 120-128. doi.org/10.1111/j.1467-9280.2006.01674.x.

Kerns, J. G. (2006). Schizotypy facets, cognitive control, and emotion. *Journal of Abnormal Psychology, 115*, 418-427. doi.org/10.1037/0021-843X.115.3.418.

Kimhy, D., Delespaul, P., Corcoran, C., Ahn, H., Yale, S., & Malaspina, D. (2006). Computerized experience sampling method (ESMc): Assessing feasibility and validity among individuals with schizophrenia. *Journal of Psychiatric Research, 40*, 221-230. doi.org/10.1016/j.jpsychires.2005.09.007.

Kotov, R., Gamez, W., Schmidt, F., & Watson, D. (2010). Linking "big" personality traits to anxiety, depressive, and substance use disorders: A meta-analysis. *Psychological Bulletin, 136*, 768-821. doi.org/10.1037/a0020327.

Kring, A. M. & Moran, E. K. (2008). Emotional response deficits in schizophrenia: Insights from affective science. *Schizophrenia Bulletin, 34*, 819-834. doi.org/10.1093/schbul/sbn071.

Lovejoy, M. C. & Steuerwald, B. L. (1995). Subsyndromal unipolar and bipolar disorders: Comparisons on positive and negative affect. *Journal of Abnormal Psychology, 104*, 381-384. doi.org/10.1037/0021-843X.104.2.381.

Lucas, R. E. & Fujita, F. (2000). Factors influencing the relation between extraversion and positive affect. *Journal of Personality and Social Psychology, 79*, 1039-1056. doi.org/10.1037/0022-3514.79.6.1039.

Meyer, T. D. & Hofmann, B. U. (2005). Assessing the dysregulation of the behavioral activation system: The Hypomanic Personality Scale and the BIS-BAS Scales. *Journal of Personality Assessment, 85*, 318-324. doi.org/10.1207/s15327752jpa8503_08.

Mineka, S., Watson, D., & Clark, L. A. (1998). Comorbidity of anxiety and unipolar mood disorders. *Annual Review of Psychology, 49*, 377-412. doi.org/10.1146/annurev.psych.49.1.377.

Myin-Germeys, I., Peeters, F., Havermans, R., Nicolson, N. A., deVries, M. W., Delespaul, P., & van Os, J. (2003). Emotional reactivity to daily life stress in psychosis and affective disorder: An experience sampling study. *Acta Psychiatrica Scandinavica, 107*, 124-131. doi.org/10.1034/j.1600-0447.2003.02025.x.

Naragon-Gainey, K., Watson, D., & Markon, K. (2009). Differential relations of depression and social anxiety symptoms to the facets of extraversion/positive emotionality. *Journal of Abnormal Psychology, 118*, 299-310. doi.org/10.1037/a0015637.

Raine, A. (1991). The SPQ: A scale for the assessment of schizotypal personality based on *DSM-*

III-R criteria. *Schizophrenia Bulletin, 17*, 555-564. doi.org/10.1093/schbul/17.4.555.

Ross, S. R., Lutz, C. J., & Bailley, S. E. (2002). Positive and negative symptoms of schizotypy and the five-factor model: A domain and facet-level analysis. *Journal of Personality Assessment, 79*, 53-72. doi.org/10.1207/S15327752JPA7901_04.

Schmukle, S. C. & Egloff, B. (2009). Exploring bipolarity of affect ratings by using polychoric correlations. *Cognition and Emotion, 23*, 272-295. doi.org/10.1080/02699930801987330.

Strauss, G. P. & Gold, J. M. (2012). A new perspective on anhedonia in schizophrenia. *American Journal of Psychiatry, 169*, 364-373. doi.org/10.1176/appi.ajp.2011.11030447.

Trull, T. J. & Sher, K. J. (1994). Relationship between the five-factor model of personality and Axis I disorders in a nonclinical sample. *Journal of Abnormal Psychology, 103*, 350-360. doi.org/10.1037/0021-843X.103.2.350.

Watson, D. (2005). Rethinking the mood and anxiety disorders: A quantitative hierarchical model for *DSM-V*. *Journal of Abnormal Psychology, 114*, 522-536. doi.org/10.1037/0021-843X.114.4.522.

Watson, D. (2009). Differentiating the mood and anxiety disorders: A quadripartite model. *Annual Review of Clinical Psychology, 5*, 221-247.

Watson, D. & Clark, L. A. (1992). On traits and temperament: General and specific factors of emotional experience and their relation to the five-factor model. *Journal of Personality, 60*, 441-476.

Watson, D. & Clark, L. A. (1997a). Extraversion and its positive emotional core. In: R. Hogan, J. Johnson, & S. Briggs (Eds.), *Handbook of personality psychology* (pp. 767-793). San Diego, CA: Academic Press.

Watson, D. & Clark, L. A. (1997b). Measurement and mismeasurement of mood: Recurrent and emergent issues. *Journal of Personality Assessment, 68*, 267-296.

Watson, D. & Clark, L. A. (1999). *The PANAS-X: Manual for the Positive and Negative Affect Schedule-Expanded Form*, retrieved from University of Iowa, Department of Psychology, available at: http://www.psychology.uiowa.edu/Faculty/Watson/Watson.html.

Watson, D., Clark, L. A., & Carey, G. (1988). Positive and negative affectivity and their relation to anxiety and depressive disorders. *Journal of Abnormal Psychology, 97*, 346-353. doi.org/10.1037/0021-843X.97.3.346.

Watson, D., Clark, L. A., & Stasik, S. M. (2011). Emotions and the emotional disorders: A quantitative hierarchical perspective. *International Journal of Clinical and Health Psychology, 11*, 429-442.

Watson, D., Gamez, W., & Simms, L. J. (2005). Basic dimensions of temperament and their relation to anxiety and depression: A symptom-based perspective. *Journal of Research in*

Personality, 39, 46-66.

Watson, D. & Naragon-Gainey, K. (2010). On the specificity of positive emotional dysfunction in psychopathology: Evidence from the mood and anxiety disorders and schizophrenia/schizotypy. *Clinical Psychology Review, 30,* 839-848.

Watson, D., O'Hara, M. W., Chmielewski, M., McDade-Montez, E. A., Koffel, E., Naragon, K., & Stuart, S. (2008). Further validation of the IDAS: Evidence of convergent, discriminant, criterion, and incremental validity. *Psychological Assessment, 20,* 248-259. doi.org/10.1037/a0012570.

Watson, D., O'Hara, M. W., Naragon-Gainey, K., Koffel, E., Chmielewski, M., Kotov, R., & Ruggero, C. J. (2012). Development and validation of new anxiety and bipolar symptom scales for an expanded version of the IDAS (the IDAS-II). *Assessment, 19,* 399-420.

Watson, D., O'Hara, M. W., Simms, L. J., Kotov, R., Chmielewski, M., McDade-Montez, E., Gamez, W., & Stuart, S. (2007). Development and validation of the Inventory of Depression and Anxiety Symptoms (IDAS). *Psychological Assessment, 19,* 253-268. doi.org/10.1037/1040-3590.19.3.253.

Watson, D. & Stasik, S. M. (2014). Examining the comorbidity between depression and the anxiety disorders from the perspective of the quadripartite model. In: C. S. Richards & M. W. O'Hara (Eds.), *The Oxford handbook of depression and comorbidity* (pp. 46-65). New York: Oxford University Press.

Watson, D. & Tellegen, A. (1985). Toward a consensual structure of mood. *Psychological Bulletin, 98,* 219-235.

Watson, D. & Tellegen, A. (1999). Issues in the dimensional structure of affect-effects of descriptors, measurement error, and response formats: Comment on Russell and Carroll (1999). *Psychological Bulletin, 125,* 601-610. doi.org/10.1037/0033-2909.125.5.601.

Watson, D., Wiese, D., Vaidya, J., & Tellegen, A. (1999). The two general activation systems of affect: Structural findings, evolutionary considerations, and psychobiological evidence. *Journal of Personality and Social Psychology, 76,* 820-838. doi.org/10.1037/0022-3514.76.5.820.

Widiger, T. A. & Costa, P. T., Jr. (1994). Personality and the personality disorders. *Journal of Abnormal Psychology, 103,* 78-91.

제6장

탄력성
이차원 구조

Judith Johnson

서론

긍정 임상심리학(Positive Clinical Psychology)은 긍정심리학과 임상심리학 모두의 발전을 위해 이 두 학문을 통합시키는 목표를 지닌 새로운 연구 분야다(Wood & Tarrier, 2010; Johnson & Wood, 2016). 이 장은 두 분야 모두에 있는 개념이자 잘 알려진 용어지만 빈약하게 정의되고 이해되는 탄력성(resilience)에 관해 살펴볼 것이다. 사실, '심리적 탄력성', '정서적 탄력성', '정신적 강인함', 그리고 '강인성'을 포함하여 다양한 용어들이 탄력성을 설명하는 데 사용되지만, 결정적인 정의를 찾기는 힘들다. 보통 어려운 상황이나 경험에 직면하였을 때, 부정적인 결과가 감소된 증거나 긍정적인 결과가 유지된 증거를 보여 주는 개인의 능력을 탄력성이 나타낸다는 합의가 있는 것 같다. 그러나 탄력성이 있다고 인정하기 위해서, 제안된 탄력성 변인이 충족시켜야 하는 기준은 명확하지 않다. 이러한 점 때문에 탄력성의 다양한 개념들은 광범위한 방법론을 활용해 연구되었고, 그로 인해 문헌들을 비교하는 데 어려움이 있다. 이 때문에 탄력성 연구의 다양한 맥락들이 대부분 이질적으로 남아 있고, 더 발전되고 명확한 개념으로 나아가는 데 어려움으로 작용한다.

이 장은 ① 탄력성 연구의 영향력이 큰 두 분야의 발달에 대한 짧은 개관을 제공하고, ② 탄력성 연구를 위한 구조인, 이차원 구조(Bi-Dimensional Framework)(Johnson, Wood, Gooding, Taylor, & Tarrier, 2011b; Johnson & Wood, 2016)를 제시함으로써 이 분야에 기여하는 데 목적을 두고 있다. 이차원 구조는 심리적 변인들이 탄력성이 있는지 검증하기 위한 일련의 기준들을 기술한다.

첫째, 탄력성을 이해하기 위해 우리는 위험도 측정해야 한다. 이러한 관점은 관련 선행 연구(예: Masten & Powell, 2003)에 의해 제안되어 널리 받아들여졌다. 현 구조는 탄력성이 탄력성 요인과 위험요인의 상호작용에서 발생하는 구조로 이해되어야 한다고 제안함으로써 이러한 관점을 확장하였다. 즉, 탄력성 요인들은 부정적인 결과의 발생에서 위험요인의 영향을 누그러뜨리거나 완화하는 역할을 해야 한다.

둘째, 이 구조는 이전의 탄력성 연구가 탄력성을 긍정적 변인으로 정의할 필요성 때문에 제한적이었음을 지적한다. 모든 긍정적 변인들은 부정적 반대 개념을 지니며 거꾸로도 마찬가지라는 관찰을 기반으로, 탄력성을 정의하는 데 이러한 기준이 필요 없다고 제안하였다.

대신에, 탄력성은 부정적 극과 긍정적 극을 모두 가진 스펙트럼으로 가장 잘 이해될 수 있고, 긍정적인 탄력성 요인의 부족은 개인에게 부정적인 영향을 미칠 것으로 제안되었다. 이러한 탄력성의 정의는 자살경향성에 대한 탄력성 연구의 고찰에 이용되었는데 (Johnson Wood, Gooding, Taylor, & Tarrier, 2011b), 자살탄력성에 대한 새로운 관점을 가능하게 하고, 추후 연구를 위한 새로운 제안을 제시하였다. 긍정적 극과 부정적 극을 모두 포함하는 탄력성의 관점이 더 정확하고 유망한 관점으로 대표될 수 있다.

이차원 구조는 제안된 탄력성 변인들을 검사하는 데 일련의 기준을 제공하면서, 탄력성 변인들을 비교하고 검토할 수 있는 수단을 제공한다. 제안되고 검증된 탄력성 변인들의 비교가 가능해지면서, 이 구조가 탄력성 연구를 더욱 명확하고 발전된 탄력성 개념으로 나아가도록 돕기를 희망한다.

기원

현재 탄력성의 중요성은 널리 인정되고 있지만, 지난 50년 이내에 크게 발달한 심리학 연구 중 비교적 새로운 영역이기도 하다. 이제 탄력성 연구에서 가장 영향력이 큰 두 영역을 간단하게 개관하고자 한다.

발달에서의 탄력성

초기 탄력성 연구의 한 흐름은 높은 수준의 위험에 직면한 아동 표본에 초점을 두었다. 이러한 연구 영역은 초기 경험의 중요성을 강조하는 발달이론(예: Bowlby, 1958)이 우세했던 1970년대에 나타나기 시작했다. 이러한 생각과 대조적으로 탄력성 연구는 초기 일상 생활에서 경험한 스트레스를 극복하고 건강한 발달 양상을 보여 주는 개인의 보편적인 수용력(prevalent capacity)을 강조했다. Lois Murphy, Michael Rutter, Emmy Werner, 그리고 Norman Garmezy를 포함한 몇몇 연구자들은 이 분야의 '개척자'로 유명하다(Vernon, 2004).

이러한 관점에서 탄력성을 탐구하는 연구자들은 개인이 이러한 적응 및 조절 능력을 보일 수 있게 하는 요인들을 확인하는 데 관심이 있었다. 이러한 연구자들이 수행한 주된 접근법은 높은 위험 속에 있다고 여겨지는 아동 집단을 확인하고, 건강한 발달 양상을 예측하는 요인들을 측정하는 것이다. 예를 들어, 한 세미나에서 Emmy Werner와 Ruth Smith는 하와이 카우아이섬에서 자란 아동 698명을 출생 전부터 1, 2, 10, 18, 32, 40세에 추적 조사하는 코호트 연구를 하였다(Werner & Smith, 2001). 이 집단의 약 1/3은 2세 이전 다양한 위험요인들에 노출되었기 때문에 높은 위험 상태로 확인되었다. 이 하위 집단의 1/3은 높은 위험 상태에도 18세에 건강한 발달의 증거를 보였다는 점에 주목하게 된다. 이러한 아동들은 '안정적' 기질, 더 높은 자기확신, 그리고 더 높은 수준의 사회적 행동을 나타냄으로써 하위 집단의 나머지 2/3와 구별되었다(Werner, 1990, 1995). 유사하게, '역량 프로젝트(Project Competence)'라는 제목으로 수행된 매우 영향력이 큰 일련의 연구들에서, Norman Garmezy와 그의 동료들은 위험요인에도 불구하고 긍정적인 결과와 관련된 요인들을 연구하였다. 예를 들어, 한 연구는 지역사회 200명 아동의 표본에 초점을 두었다(Garmezy, Masten, & Tellegen, 1984). 비록 이 아동들이 높은 위험 상태로 간주되지는 않았지만, 부모에게 각 아동의 생활 스트레스와 같은 다양한 위험요인에 대한 노출을 고려한 정보를 질문하여 위험요인을 측정하였다. 제안된 탄력성 변인이 보고된 위험 측정치들과 함께, 그리고 이 위험 측정치들과의 상호작용에서, 행동 결과를 예측할 수 있는지 분석하였다. 비록 결과는 이 요인들이 스트레스 측정치들과 상호작용하는 것으로 나타나지 않았지만, 높은 IQ와 높은 사회경제적 지위는 관심 있는 결과 중 하나를 예측했다(Garmezy et al., 1984).

보통, 이 영역의 연구자들은 탄력성을 성격구조나 고정된 개인 특성보다 그 개인과 그들의 주변 맥락을 포함하는 과정으로 보아야 한다고 강조하는 경향이 있다(예: Rutter, 1985; Masten, Best, & Garmezy, 1990). 이러한 전제 때문에, 이 영역의 많은 연구자들은 심리적 변인뿐 아니라 가족과 공동체 수준의 변인의 영향에도 초점을 둔다. 예를 들어, Michael Rutter의 연구는 사회복지의 돌봄 속에서 자란 여성의 발달을 연구했고, 긍정적인 학교 환경이 중요한 보호요인이 될 수 있다는 것을 발견했다(Rutter & Quinton, 1984). 이 연구의 사회적 초점은 몇몇 연구들(예: Rutter & Quinton, 1984; Werner & Smith, 2001)의 장기간 추적 연구와 결합하여 탄력성 분야가 높은 외적 타당도를 가지고 그 분야의 관점, 사회적 개입, 그리고 교육과 연결되도록 하였다. 정신건강 분야에서 이 연구는 정신건강 문제들이 유전적이거나 생물학적으로 미리 결정되는 것이 아니라, 그러한 문제들의 인과관계는 복잡하고, 생물학적 원인뿐 아니라 사회적·심리적 원인이 있을 수 있다고 제안하는 증거를 제공하였다. 이러한 연구가 수행되었던 당시에는 그러한 관점이 널리 수용되지 못했기 때문에, 이러한 연구들은 정신건강 분야가 정신과 정서의 문제에 대한 총체론적 이해로 발전하는 데 도움을 준 것으로 인정될 수 있다.

그러나 이러한 영향에도 불구하고, 이 연구 영역에서의 발견들은 제한점이 있다. 제한점 중 하나는 '탄력적인' 결과를 나타내는 기준에 관한 명료성의 부족과 변산이다. 이 영역의 연구자들은 실질적으로 서로 다른 다양한 위험과 결과 측정치들을 사용하고, 연구의 내적 타당도에 이의를 제기한다. 또 다른 중요한 제한점은 탄력성 연구를 위한 구조의 부족이다. 이 영역의 연구자들은 일반적으로 탄력성을 위험이나 역경에도 불구하고, 좋은 결과를 만드는 수용력으로 이해하면서, '완충' 모델을 사용하여 탄력성을 연구할 필요성을 제안했고, 그리고 이 완충 모델은 위험이 부정적 결과로 이어질 가능성을 탄력성 요인들이 조절한다고 제안하고 있다. 그러나 이 영역의 많은 연구에서 사용하는 방법론들은 이를 입증하지 못했고, 이론적으로는 이것이 탄력성을 연구하는 몇 가지 가능한 관점 중 오직 하나일 뿐이라고 보았다(Garmezy et al., 1984; Masten, 2001).

강인성

발달적 관점에서 나타난 탄력성 연구가 1980년대에 더욱 자리를 잡으면서, 탄력성 연구에 대한 새로운 접근이 나타나기 시작했다. 이 접근은 스트레스와 건강에 관한 탄력성에 초점을 두었고, Suzanne Kobasa(1979)에 의해 제안된 '강인성(Hardiness)'의 개념에 초점을 두었다. 강인성에 대한 연구는 탄력성의 성격에 기반한 개념에 대한 연구로 여겨질 수 있다. 특히, 강인성의 구조는 실존주의적 성격이론에 기초하고 개인이 스트레스 요인의 부정적 영향에 저항할 수 있게 하는 일련의 성격특성들로 정의된다(Kobasa, Maddi, & Kahn, 1982). 강인성은 일반적으로 세 가지 하위 측면, 즉 전념, 통제, 도전으로 이루어진 것으로 여겨진다(Kobasa, 1979; Maddi, 2002). 전념은 타인과 주변 환경에 관여하고 참여하는 성향을 나타낸다. 통제는 주변 환경과 사건을 통제하려고 노력하는 성향을 묘사한다. 도전은 잠재적으로 어려운 사건을 위협보다는 도전으로 보는 성향을 나타낸다(Maddi, 2002). 도전 요인을 둘러싼 논쟁이 있는데, 도전이 건강 관련 측정치들과 빈곤한 예언타당도를 보이며, 심리측정적 속성이 약할 수 있다고 제안하는 일부 연구들이 있다(Funk & Houston, 1987; Hull, Van Treuren, & Virnelli, 1987). 비록 최근의 강인성 측정도구들이 이러한 문제를 다루기 위해 개발되고 있지만(예: Maddi & Khoshaba, 2001), 여전히 세 가지 하위 측면의 다양한 결과들 중 가장 약한 예측변인으로 여겨진다(예: Eschleman, Bowling, & Alarcon, 2010).

초기에는 강인성이 스트레스를 보호하는지 검증하기 시작하였다. 예를 들어, 이 분야의 초기 연구에서 Kobasa(1979)는 높은 수준의 스트레스를 경험하고 병에 걸린 경영진 집단과 높은 수준의 스트레스를 경험하지만 건강을 유지하는 경영진 집단을 비교했다. 연구 결과, 건강을 유지한 집단이 더 큰 강인한 태도를 보유하고 있는 것으로 나타났다(Kobasa, 1979). 추후 연구들은 직업성과(예: Rich & Rich, 1987), 정신건강(예: Florian, Mikulincer, & Taubman, 1995; Harrisson, Loiselle, Duquette, & Semenic, 2002)과 같은 더 광범위한 결과들과 관련된 강인성을 조사하고, 강인성과 대처유형 간의 연관성(예: Williams, Wiebe, & Smith, 1992; Crowley, Hayslip, & Hobdy, 2003)을 탐색하였다. 연구를 통해 강인성이 감소된 업무소진(Rich & Rich, 1987), 스트레스 요인에도 불구하고 감소된 정신적 고통(Florian et al., 1995; Harrisson et al., 2002), 그리고 더 적응적인 대처유형의 사용(Williams et al., 1992; Crowley et al., 2003)과 정적으로 관련되었음이 발견되었다.

강인성에 대한 연구는 스트레스와 건강 영역에서의 이해를 높이는 데 도움이 되었다고 인정할 수 있다. Maddi(2002)가 묘사한 것처럼, 강인성의 개념이 처음 도입되었을 때 스트레스의 부정적인 영향에 대한 평가가 급증하였지만, 이를 어떻게 접근하고 관리할 것인지를 둘러싼 혼란이 있었다. 강인성에 대한 연구는 이러한 스트레스와 건강 사이의 연관성을 확인했지만, 이러한 관계는 심리적 요인, 특히 강인성으로 묘사되는 태도에 따라 다양하게 나타날 수 있다. 이는 스트레스가 관리될 수 있다는 이해를 증진시키고 강인성과 안녕감을 향상시키기 위해 설계된 개입법을 발전시키는 데 기여하였다(Maddi, Kahn, & Maddi, 1998).

그래서 강인성 문헌은 직업과 관련된 탄력성의 이해와 건강심리학을 발전시켰다. 그러나 이 문헌은 두 가지 중요한 제한점이 있다. 첫 번째 제한점은 강인성 개념을 둘러싼 발달의 부족에 관한 것이다. 이 개념은 실존주의적 성격이론을 기반으로 하며, 30여 년 전 처음으로 Kobasa(1980)에 의해 제안되었다. 그때부터 안녕감과 스트레스 관리를 지원하는 인지, 대처전략, 평가유형, 그리고 다른 심리적 요인에 관한 지식이 극적으로 증가하였다. 그럼에도 불구하고, 강인성 개념은 비교적 고정되었으며, 다양한 연구의 결과들을 포괄하려 하지 않았다.

두 번째 제한점은 발달적 관점에서의 탄력성 연구와 공통된 것으로서, 강인성을 검증하기 위한 구조가 부족하다는 것이다. 발달연구에서 탄력성 개념과 유사하게, 강인성은 개인이 스트레스의 부정적 영향에 저항할 수 있도록 하는 한 가지 혹은 일련의 요인들로 여겨진다(Maddi, 2002). 따라서 스트레스와 부정적인 결과의 관계에서 완충 혹은 조절요인으로서 기대된다. 그러나 강인성에 대한 많은 연구는 조절효과를 검증하는 연구의 필요성을 인식하지 못하였다. 사실, 일부 연구들은 대신에 강인성과 심리적 결과 사이의 직접적인 연관성이 있는지 검증하거나, 스트레스와 결과변인 사이의 관계에서 강인성을 매개요인으로 검증하였다(예: Kobasa, Maddi, & Courington, 1981; Garmezy et al., 1984). 매개요인은 두 변인 간 관계에 영향을 미치는 것이 아니라 관계에 대한 설명을 제공한다. 이처럼 매개연구는 어떤 변인이 탄력성을 부여하거나 완충 역할을 한다는 증거를 제공하지 않는다. 게다가, 강인성을 스트레스의 조절요인으로 탐구한 연구들의 결과가 애매하다. 일부 연구는 강인성이 위험과 결과변인 사이의 연관성을 완충한다는 증거를 발견한 반면(Waysman, Schwarzwald, & Solomon, 2001; Klag & Bradley, 2004), 다른 연구에서는 이를 지지하지 않는다(Tang & Hammontree, 1992; Heckman & Clay, 2005). 이는 강인성이 실제로 스트레스를 저지할 수 있다는 관점에 대해 이의를 제기하지만, 그 분야의 많은 연구자들이 이를 인정하지 않는다.

최근 문헌에서의 제한점

이러한 탄력성 연구 분야들은 그 주제에 대해 많은 관심을 불러일으켰고, 현재는 위험이나 어려운 상황에 노출된 개인의 안녕감에 긍정적 영향을 미치는 것으로 보이는 요인들과 그 과정을 설명하는 문헌들이 많다. 그러나 이러한 탄력성 연구 분야는, 특히 제안된 변인에 탄력성이 있는지 검증하기 위한 구조가 부족하다는 제한점이 있다.

가이드가 되는 구조가 부족하기 때문에, 어떤 한 요인이 탄력성이 있는지 확인하기 위해 충족해야 하는 기준에도 혼란이 있다. 이 때문에 잠재적인 탄력성 요인을 연구하는 광범위한 분석적 접근이 있다. 이러한 연구들은 대부분 탄력성이 결과 점수와 직접적인 관련성이 있는지를 연구하였다. 이것은 탄력성을 긍정적 요인 또는 긍정적 요인들의 모임으로 보았고, 부정적 결과변인과의 부적 상관이 탄력성의 증거를 제공한다는 관점에 기반하고 있다. 그러나 이것은 어떻게 탄력성 요인이 위험요인과 다른지 구별하기 곤란하게 만들었다. 이러한 접근은 모든 요인이 반대 요인을 가지고 있기 때문에, 위험요인이 낮은 것이 탄력성이 있는 것으로 기술될 수 있는 것이다. 예를 들어, 일부 연구자들은 폭력적인 행동에 대한 위험요인으로 높은 수준의 물질 사용을 기술하는 반면(Dahlberg, 1998), 다른 연구자들은 탄력성 요인으로 물질 사용의 중단을 기술한다(McKnight & Loper, 2002).

이러한 문제점을 해결하는 한 가지 방법은 탄력성 요인은 내적 성격특성이고 위험요인은 외적 요인으로 제안하는 것이다. 이러한 해결책은 강인성에 대한 연구와 일관되는데, 탄력성을 성격구조로 간주하고 외적 요인으로 보이는 스트레스 요인과의 관련성을 연구하는 경향이 있다(예: Kobasa, 1979; Kobasa et al., 1981; Florian et al., 1995). 그러나 연구를 살펴보면 일상생활 사건과 같은 외적 요인으로 간주되는 많은 요인들이 개인 특성에 의해 어느 정도 영향을 받고, 완전히 무작위로 발생하는 것으로 추정할 수 없다고 제안한다(Eschleman et al., 2010). 게다가 부정적 결과에 대한 강력한 위험요인 중 일부는 내적인 것으로 알려졌는데, 예를 들어 우울과 무망감은 가장 일관되고 신뢰로운 자살경향성의 예측변인으로 알려져 있다(예: Beck, Steer, Kovacs, & Garrison, 1985; Beck, Brown, Berchick, Stewart, & Steer, 1990; Hawton, Sutton, Haw, Sinclair, & Harriss, 2005). 무망감이나 우울의 감정이 자살경향으로 이어지는 것을 막을 수 있는 다른 심리적 구성개념이 있을 수 있음을 제안할 수 있다. 하지만 탄력성의 구조에 외적인 위험요인들도 요구된다면 그러한 연구문제를 탐색하는 것은 불가능하다.

요약하면, ① 상관연구는 탄력성의 증거를 제공할 수 없지만, 대신에 오직 제안된 요인이 위험을 증가시키거나 감소시키는지 여부만 제시할 수 있다. ② 오직, 탄력성은 내적이고, 위험은 외적이라는 기준에 근거하여 위험요인과 탄력성 요인을 구분하는 것은 부정확하고 제한적이다. 이제 우리는 탄력성의 이차원 구조(Johnson et al., 2011b)를 제시할 것이며, 이는 이러한 제한점들을 극복할 수 있는 탄력성에 대한 기준을 개략적으로 서술하는 데 목적이 있다. 이 구조는 자살에 대한 탄력성 연구에 처음으로 도입되었다. 여기에서는 탄력성 연구를 위해 이차원 구조를 보다 일반적으로 적용하고 표현할 것이다.

탄력성의 이차원 구조

이차원 구조(Bi-Dimensional Framework)는 탄력성이 있는 것으로 여겨지는 변인들에 대한 세 가지 주요 기준을 설명한다. 첫째, 탄력성은 위험과 별개의 차원으로 구성되는 것으로 여겨지며, 부정적인 결과에서 위험의 영향을 누그러뜨리거나 완화시키는 역할을 한다고 제안한다. 둘째, 위험과 탄력성 모두 양극의 차원으로 이해되어야 한다. 즉, 각 위험요인은 긍정적이고 보호적으로 여겨지는 반대극을 지니며, 각 탄력성 요인은 위험의 영향을 증폭시키는 부정적이라고 여겨지는 반대극을 가진다. 이러한 이유로, 탄력성 개념은 단순히 긍정적인 요인이 아니라, 긍정과 부정적 가능성을 모두 포함하는 스펙트럼으로 이해되어야 한다. 셋째, 이차원 구조는 탄력성 요인들이 내적 성격특성으로 이해될 필요가 있다고 제안한다.

별개의 차원으로서 탄력성과 위험요인

구조에서 우선적이고 가장 필수적인 부분은 위험요인과 탄력성 요인을 구별하는 것이다. 이러한 구별을 위해, 기본적인 이원상관 연구를 넘어서서 변인 간 상호작용을 조사할 필요가 있다. 이는 제안된 탄력성 요인과 결과변인들 사이의 직접적인 연관성의 증거는 오직 그 요인이 결과의 위험을 증가시키거나 감소시키는지만 입증할 수 있기 때문이다. 예를 들어, 물질 남용을 하지 않는 것은 반사회적 행동에 대한 탄력성 요인으로 기술될 수 있으나(McKnight & Loper, 2002), 이것은 단지 위험요인이 낮은 것을 나타낼 뿐이다. 즉, 물질의 절제는 탄력성이 아니라 단순히 위험이 감소된 것으로 표현할 수 있다. 탄력성이 있는 것으로 이해되기 위해서, 이차원 구조는 한 요인이 위험과 결과 간 관련성의 힘을 **약화시키고, 조절하고, 완충하는** 증거를 입증할 필요가 있다고 제안한다.

이러한 제안은 탄력성 연구가 이동하는 방향과 일관되는데, 잠재적인 탄력성 변인을 연구할 때 상호작용을 연구하는 문헌에서 점차 일반화되고 있다. 그러나 탄력성의 존재를 입증하기 위해 상호작용 효과를 확립하는 데 필요하다고 간주할 수 있는 정도에 대해서는 명확성이 부족한데, 일부 연구자들은 이러한 점이 반드시 필요한 기준은 아니고 탄력성을 연구하는 접근 중 하나라고 보고 있다(예: Masten, 2001). 게다가 어떤 상호작용 형태가 탄력성을 입증하는 것으로 여겨질 수 있는지, 또는 상호작용의 특정한 패턴이 완충효과를 보여 주는 데 필요한 것인지 여부는 불확실하다. 개인이 높은 위험을 경험할 때 탄력성 요인이 효과가 있고 부정적인 결과의 가능성을 줄이는 데 영향을 미친다고 제안함으로써, 이차원 구조는 이러한 문제에서 명확성을 제공한다. 반대로, 위험 수준이 낮아질 때 탄력성은 작용을 하지 않는다고 예상할 수 있다. 따라서 낮은 수준의 위험을 경험하는 개인들의 경우, 높은 탄력성과 낮은 탄력성을 보고하는 사람들 간에 고통(또는 다른 부정적인 결과)에서 차이가 적어야 한다. 그러나 높은 위험에 직면한 개인들의 경우, 탄력성 수준에 따라 고통에 뚜렷한 차이가 있어야 한다([그림 6-1]).

이차원 구조에서는 탄력성이 위험과는 다른 차원으로서, 상호작용을 통해 위험의 부정적인 영향을 줄이는 것으로 이해되어야 한다고 제안하였다([그림 6-2]). 낮은 수준의 위험

완충효과(상호작용)

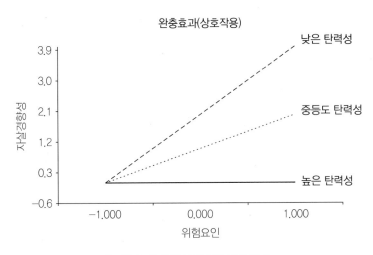

[그림 6-1] 탄력성의 상호작용 가설

탄력성이 높은 사람은 위험요인과 자살경향성의 관련성이 감소한다.
출처: Wood et al., 2011, pp. 563-591.

을 경험하는 사람들은 부정적 결과를 초래하는 원인이 없기 때문에 탄력성 요인들이 활성화되지 않을지도 모른다. 그러나 역경에 많이 노출된 사람들의 경우, 높은 수준의 탄력성이 위험과 부정적인 결과 사이의 관계를 약화시키면서 장벽의 역할을 할 수 있다. 반대로, 낮은 수준의 탄력성을 지닌 높은 위험에 노출된 사람들은 위험의 영향을 보호하는 장벽이 더 낮아 부정적 결과의 가능성이 증가될 것으로 예상할 수 있다. 이런 식으로, 탄력성과 위험의 이차원 관점은 개인이 그들의 위험 및 탄력성 수준에 의해 구분된 사분면 중 하나를 차지하는 것으로 이해될 수 있다고 제안한다([그림 6-2]).

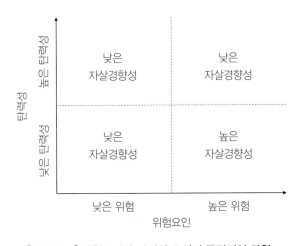

[그림 6-2] 위험요인과 탄력성 요인의 독립적인 차원

출처: Wood et al., 2011, pp. 563-591.

이는 탄력성의 존재를 확인하기 위해 세 가지 요인을 측정할 필요성이 있음을 제안한다
─① 위험 또는 역경, ② 제안된 탄력성 변인, ③ 결과변인. 다시 말하지만, 이것은 이 분야
에 이미 있었던 생각과 일치한다. 예를 들어, Masten과 Powell(2003)은 탄력성을 확인하
는 데 두 가지 판단이 필요하다고 제안한다. 첫 번째는 한 개인이 잘 대처하거나 잘 지내고
있다는 확신이고, 두 번째는 그 개인이 역경에 직면한 상태다. 그러나 이차원 구조는 첫 번
째 판단이 두 가지 기준을 포함하는 것으로 보아야 한다고 제안하면서, 이를 확장시켰다.
예를 들어, 첫 번째 기준은 결과에 의해 정의되는 대처의 증거, 즉 부정적인 결과 가능성의
감소다. 두 번째 기준은 우리가 탄력성으로 이해하는 것으로서, 부정적 결과로 이끄는 위
험요인의 영향을 약화시키는 완충 혹은 조절요인이다.

양극 차원으로서 탄력성과 위험요인

요약하면, 이차원 구조의 첫 번째 제안은 위험과 탄력성이 별개의 차원이라는 것이다.
이것을 확장하면서, 두 번째 제안은 이러한 차원들은 모두 양극이 있다는 것이다. 이러한
점은 각 위험요인이 긍정적이거나 위험을 줄여 주는 것으로 이해될 수 있는 반대의 측면
을 가지고 있고, 각 탄력성 요인이 부정적이거나 위험을 증폭시키는 것으로 이해될 수 있
는 반대의 측면을 가지고 있다는 관찰에 기초한다. 예를 들어, 외로움은 자살의 가능성을
증가시키는 위험요인으로 묘사될 수 있으며, 사회적 지지는 자살의 가능성을 줄여 주는 보
호요인으로 설명될 수 있다(예: Bonner & Rich, 1990; Stravynski & Boyer, 2001; Jeglic, Pepper,
Vanderhoff, & Ryabchenko, 2007). 이러한 차원들이 긍정적 혹은 부정적으로 보이는지 여부
는 차원이 긍정적 극단과 부정적 극단을 모두 가지고 있기 때문에 본래 임의적이다([그림
6-3]). 이러한 점은, 스트레스를 경험한 개인의 경우, 낮은 수준의 긍정적 탄력성 요인들이
부정적 영향을 미칠 것이고, 낮은 수준의 부정적 위험요인들은 더 긍정적인 결과를 이끌어
낼 것이라고 인식하면서, 탄력성의 개념들이 스펙트럼으로 여겨져야 한다고 제안한다. 이

[그림 6-3] 별개의 양극 차원으로서 위험요인과 탄력성 요인

출처: Wood et al., 2011, pp. 563-591.

차원 구조에 따르면, 위험요인이 높다고 여겨지는 개인에게 보호요인도 낮다고 기술할 수 있으며, 탄력성 요인이 높다고 여겨지는 개인들에게 증폭요인도 낮다고 기술할 수 있음을 제안한다([그림 6-3]).

이러한 제안은 위험요인들을 일차적으로 부정적 요인으로 보고, 탄력성 요인들을 일차적으로 긍정적 요인으로 보았던 기존의 많은 탄력성 연구의 암묵적 기본 가정에서 벗어난다. 사실, 어떤 변인이 '긍정적'이거나 긍정적 과정을 반영하는 것으로 여겨진다는 사실은 예전에 탄력성을 구성하는 것으로 여겼던 요인의 특성을 정의하는 것이다. 그러나 이는 Masten, Best, 그리고 Garmezy(1990)가 언급하였듯이 탄력성 연구와 축적된 위험 연구들을 구분하는 데 어려움으로 작용하였다. 앞의 예시로 돌아가면, 한 연구는 위험변인에 더하여 '사회적 지지'라고 불리는 변인의 예언적 가치를 조사할 수 있고, 그 연구를 탄력성 연구로 묘사할 수 있다. 대신에 같은 연구가 동일한 변인을 '외로움'으로 부를 수 있고, 위험을 탐색하는 연구로 묘사할 수 있다.

따라서 이차원 구조는, 탄력성 변인들이 부정적 결과의 가능성을 증가시키는 다른 변인들의 영향을 완화하는 능력으로 확인되어야 한다고 제안한다. 탄력성과 위험에 관한 이전 관점들은 탄력성 요인들은 긍정적이어야 하고, 위험요인들은 부정적이어야 한다고 제안함으로써 제한적이었다. 모든 위험과 탄력성 요인들을 긍정적 극과 부정적 극을 모두 지닌 스펙트럼으로 이해할 때, 이차원 구조가 더 정확하고 종합적인 탄력성의 관점들을 이끌 수 있다. 그러나 탄력성과 위험요인들 모두 긍정적 극과 부정적 극을 가진다고 제안함으로써, 상호작용에서 어떤 변인이 위험을 구성하고, 어떤 변인이 탄력성을 구성하는지 명확하지 않을 수 있다. 이런 점 때문에, 한 요인이 탄력성 또는 위험으로 여겨질 수 있는지 결정하는 것에 대한 추가적인 기준을 기술할 필요가 있다.

내적 성격특성으로서 탄력성

이차원 구조에서 위험요인은 특정한 결과의 가능성을 직접적으로 증가시키거나 감소시키는 어떠한 내적 혹은 외적 요인도 될 수 있다고 제안한다. 그렇다면 위험은 넓은 범주이고, 어떠한 부정적 결과는 많은 위험요인들이 있을 것이다. 그에 반해서, 탄력성 요인은 범위가 훨씬 더 좁다고 제안한다. 우선, 위에서 논의된 것처럼, 탄력성 요인은 관심의 대상이 되는 부정적 결과에 대한 위험요인들이나 위험요인의 영향을 중화 혹은 완화하는 요인들이다. 게다가 이 구조에서 탄력성 요인은 연구 단위(unit) 내에서의 내적 성격특성일 필요가 있다고 제안한다. 예를 들어, 만약 당신이 가족들의 탄력성에 관심이 있다면, 탄력성 요인들은 가족들의 맥락 또는 환경이기보다, 오히려 가족 단위의 내적 성격특성이어야 한다. '단위'가 개인적인 경우, 탄력성은 심리학적 구조로 이해되어야 한다. 이차원 구조는 세 가지 이유에서 이러한 관점을 취한다. 첫째, 많은 선행연구들과 일관된다. 둘째, 심리학자들 사이에서 탄력성의 일반적인 이해와 일관된다(Cohen, Poorley, Ferguson, & Harms, 2011). 셋째, 다른 연구 영역들에서 탄력성의 더 넓은 정의들과 일관된다(예: Seybold, Herrick, & Brejda, 1999; Brand & Jax, 2007; Haimes, 2009). 보통 탄력성은 부정적인 외적 힘의 영향에서 빠르게 회복하거나 견뎌내도록 하는 개체 또는 대상의 특성을 나타내는 데 사용하는 용어다. 탄력성에 관한 대부분의 연구는 개인에게 초점을 두는데, 이 경우에 탄력성을 심리적 능력이나 구성개념으로 정의하는 것이 일관된다.

기존의 일부 연구자들은 탄력성을 내적 성격특성과 환경 사이의 과정으로 설명하는 것을 선호했다는 점에 주목해야 한다(Rutter, 1987; Masten et al., 1990). 그러나 이차원 구조에서는 비록 외적 요인이 탄력성에 영향을 줄 수 있더라도, 그들이 탄력성을 구성하는 것으로 여겨질 수는 없다고 제안하면서 이러한 관점을 확장시켰다. 즉, 외적 요인들은 탄력성의 발달을 지원하거나 손상시킬 수도 있지만, 그것은 탄력성 그 자체이기보다 탄력성에 영향을 미치는 변인에 불과하다.

이차원 구조의 강점

이차원 구조는 탄력성의 어떤 특정한 개념을 묘사하거나 지지하지 않지만, 대신에 ① 탄력성의 새로운 개념들을 연구하는 방법과 ② 탄력성에 대한 기존 연구를 평가하는 방법을 기술한다. 이러한 접근은 세 가지 주요한 강점을 지닌다.

1. **이차원 구조는 귀납적이다.** 탄력성의 개념을 연구할 때, 이 구조에서는 연구자가 우선 관심 있는 위험요인이나 결과변인을 확인하고, 그런 다음에 특별한 완충요인을 확인하는 작업을 할 것을 요구한다. 이전에, 탄력성 연구에서는 탄력성의 개념을 제안하면서 종종 탑다운 방식을 취했고, 그런 다음에 탄력성이 존재하는 상황들의 범주를 연구하였다. 탄력성 개념으로 시작하고 탄력성 요인을 위험요인 및 결과변인에 적용하는 접근을 취했기 때문에, 개념 자체가 정립되는 데 방해가 되었다. 그에 반해서, 이차원 구조에서는 특별한 부정적 결과나 위험요인과 관련된 탄력성에 대한 연구를 종합하는 방식을 제공한다. 이러한 검토 과정을 촉진함으로써 이차원 구조에서는 증거 기반의 더욱 명확한 탄력성의 개념을 발전시킬 수 있다.

2. **이차원 구조는 유연하다.** 이차원 구조는 유연하고, 잠재적인 위험과 탄력성 요인들의 범위를 조정할 수 있다. 이러한 점 때문에, 이 구조는 다양한 상황에 적용될 수 있고, 특정한 결과와 관련된 위험 및 탄력성 요인에 대해 넓고 종합적인 관점을 발전시키는 데 사용될 수 있다.

3. **이차원 구조는 전문용어를 넘어선다.** 이차원 구조에서 제시한 기준들은 탄력성 변인을 기술하기 위해 전문 용어를 사용하기보다는 오히려, 변인들 본연의 특징(예: 심리적)과 그것들의 기능(즉, 결과에 있어 위험의 영향을 누그러뜨리거나 완화하는 탄력성 변인의 능력)에 근거하여 확인할 수 있다. 즉, 이러한 기준들은 '강인성', '적응적 대처', '정신력' 같이, 탄력성을 묘사하는 문헌에서 사용된 다양한 용어들을 넘어서서, 이러한 문헌들 각각에서 나오는 연구를 이해하기 위한 공통의 구조를 제공한다. 이것은 ① 특정 위험요인이나 부정적 결과에 대한 탄력성의 연구를 종합하고 검토하며, ② 탄력성의 새로운 개념들을 발달시킬 때 유용하다.

이차원 구조를 사용한 연구

이차원 구조는 원래 자살경향성에 대한 탄력성을 조사하는 연구를 안내하기 위해 개발되었다. 이러한 접근의 이점 중 하나는 유연성으로서, 설문연구와 실험연구 모두를 인도하는 데 사용되었다. 이 구조를 설문연구에 적용한 연구들은 문제를 해결하고, 감정을 처리하고, 사회적 지지를 얻는 개인의 능력에 관한 긍정적 자기신념이 위험요인과 자살경향성 사이의 연관성을 약화시킬 수 있다고 제안하는 증거를 발견했다(Johnson, Gooding, Wood, & Tarrier, 2010a; Johnson et al., 2010b). 특히, 이러한 유형의 긍정적 신념은 비임상 집단에서 부정적인 생활사건과 자살경향성 사이의 연관성을 완충하는 것으로 나타났으며(Johnson et al., 2010a), 조현병 진단을 받은 사람들 사이에서 무망감과 자살경향성 사이의 연관성을 완충하는 것으로 밝혀졌다(Johnson et al., 2010b).

2개의 실험연구에서 특질 재평가(trait reappraisal), 즉 사고 과정을 통제해서 감정을 통제하려는 경향성을 연구하는 데 이차원 구조를 적용하였다(Johnson, Gooding, Wood, Taylor, & Tarrier, 2011a). 이 연구는 실패 경험이 자살경향성과 연결되는 감정인 패배감에 미치는 영향을 특질 재평가가 완충하거나 증폭시키는 역할을 하는지를 알아보는 데 관심이 있었다. 모든 참가자들은 과제에 참여하기 전 기저선에서, 특질 재평가와 주관적 패배감의 측정을 완료하였다. 참가자의 반은 과제가 쉽고 높은 점수를 얻는 '성공' 조건에 할당되었지만, 다른 반은 과제가 매우 어렵고 점수도 매우 낮은 조건인 '실패' 조건에 할당되었다. '실패' 조건의 모든 참가자들이 '성공' 조건의 참가자들보다 더 패배했다고 느낀 것을 확인하였다. 그러나 더 높은 수준의 특질 재평가를 지닌 참가자들은 고정된 실패 과제의 효과에 취약한 상호작용 효과가 나타났다. 이러한 패턴은 임상 및 비임상 참가자 모두에게 발견되었다. 이차원 구조에 따르면, 이러한 결과는 사고를 통제함으로써 감정을 통제하려는 경향성을 감소시키는 것이 개인에게 탄력성이 될 수 있음을 제안하였다. 탄력성을 조사하기 위한 이러한 연구의 가치가 예전에는 인정받지 못했을지 모르지만, 탄력성 변인이 양극으로 간주될 때 위험을 조절하는 요인들이 (완충하거나 증폭시킴으로써) 어떻게 작용하는지 탄력성에 대한 우리의 이해를 명확하게 한다.

더 최근의 연구는 정신병의 흔한 주요 증상인 편집증과 관련하여 탄력성을 연구하는 데 이 구조를 적용하였다(Johnson, Jones, Lin, Wood, Heinze, & Jackson, 2014). 이러한 연구는 정신건강 서비스를 이용한 청소년을 대상으로 수행되었는데, 수치심을 경험하는 정도가 스트레스 생활사건과 편집증 사이의 연관성을 감소시켰음을 발견하였다. 수치심을 쉽게 느끼지 않는 사람은 스트레스를 겪을 때 편집증 경험에서 탄력적일 것이라고 제안하면서, 높은 수치심은 그 연관성을 증폭시켰고, 낮은 수치심은 완충제 역할을 하였다(Johnson et al., 2014).

기존 연구를 이해하기 위한 도구로서 이차원 구조

이차원 구조의 강점 중 하나는 새로운 연구를 위해 가이드로 사용되는 데 제약이 없으며, 기존 연구들을 이해하고, 종합하고, 검토하기 위한 도구로 사용될 수도 있다는 점이다. 예를 들어, 한 개관연구에서 자살경향성에 대한 탄력성을 연구하기 위해 이러한 접근을 사용하였다(Johnson et al., 2011b). 이 리뷰는 관련 연구를 확인하기 위해 이차원 구조에 기술된 기준들을 사용했을 때, 탄력성을 연구한다고 주장했던 연구들이 사실상 직접적인 관련성만을 연구했기에 이들은 포함시킬 수 없었다. 반대로, 적어도 하나의 심리적 변인을 포함하는 상호작용을 조사한 연구들이 스스로를 탄력성 연구로 여기지 않았다. 비록 그들의 발견이 탄력성 이해에 영향을 끼쳤더라도 말이다. '탄력성', '강인성', 또는 '대처'와 같은 탄력성과 관련된 용어를 포함하는 어떠한 연구도 이 연구들을 지나쳤던 것 같다. 연구자들이 자신의 연구와 발견에 대한 이해보다는 오히려 방법론적 접근으로 탄력성을 정의하는 기준을 사용함으로써 이차원 구조가 탄력성이 있는 심리적 변인들을 확인하고 검토할 수 있었지만, 반드시 탄력성 연구와 관련된 것으로 여겨지지는 않았다. 예를 들어, 그 개관연구는 더 긍정적인 귀인 양식들과 더 높은 주체의식이 자살경향성에 미치는 위험요인의 영향을 완충한다는 제안에 대한 증거를 발견했다. 게다가, 높은 수준의 무망감과 완벽주의 모두는 위험의 증폭요인으로서, 낮은 수준의 심리학적 구성개념이 탄력성이 있다고 제안하는 증거가 있었다. 긍정적이고 부정적인 요인들을 모두 포함하는 접근을 취함으로써, 자살경향성의 영역에서 탄력성에 대한 더욱 포괄적인 이해에 가까워질 수 있었다.

탄력성과 긍정 임상심리학

탄력성 연구는 개인이 스트레스에 직면해서 야기되는 부정적 결과에 완충작용을 한다고 여겨지는 요인들을 연구하는 것이다. 즉, 다른 사람들이 대처할 수 없을 때도 계속 기능을 하는 사람들이 과연 무엇을 하는지 탐구하는 것이다. 그러므로 사람들의 '올바른' 행동에 주목하고 싶어 하는 긍정심리학자들과 내담자가 '잘못'되어 가는 것을 막기 위해 어떤 도움을 주어야 하는지 알고자 하는 임상심리학자 모두에게 이러한 주제가 왜 인기가 있는지는 자명하다. 스트레스 요인, 위험요인, 그리고 개인적 특성 사이에 복잡한 상호작용이 있음을 인식하기 위해, '긍정적'이고 '부정적'인 면을 동시에 모두 보는 것이 바로 탄력성의 핵심이다. 탄력성은 이 두 분야에서 발견한 연구 결과들을 종합하는 데 관심이 있는 긍정 임상심리학의 분야에서 중요한 개념이 될 것이다(Wood & Tarrier, 2010; Johnson & Wood, 2016). 비록 연구자들이 탄력성 요인을 이차원 구조로 묘사하지는 않았더라도, 이차원 구조는 탄력성을 검증했던 연구들을 확인하고 종합하는 데 사용될 수 있기 때문에 유용한 도구일 수 있다. 사실, '긍정적'이라 불리는 다양한 심리적 변인들이 이러한 구조에 근거하여 정신건강의 결과변인과 관련된 탄력성 요인으로 입증되었다. 예를 들어, 희망과 낙관성 모두는 다양한 심리장애의 위험요인으로 알려진 반추가 자살사고로 이어질 가능성을 감소시키는 것으로 알려졌다(Tucker et al., 2013). 마찬가지로, 감사는 재정적 압박으로 인해 우울증이 발병하는 데 완충제로 밝혀졌고(Krause, 2009), 진정성은 낮은 사회적 지지로 인한 우울증 발병에 완충제로 밝혀졌다. 자기친절, 보편적 인간애, 마음챙김으로 구성된 자기자비는 소진으로 인한 우울증 발병에 대해 탄력성을 부여하고(Woo Kyeong, 2013), 스트레스성 폐경기 증상으로 인한 기능 손실에 대해서도 탄력성을 부여하는 것으로 밝혀졌다(Brown, Bryant, Brown, Bei, & Judd, 2014).

탄력성에 대한 긍정 임상심리학과 이차원 구조를 모두 지지하는 관찰 중 하나는, 어떤 변인도 오로지 긍정적이거나 부정적이지 않으며, 모든 변인들은 긍정과 부정의 연속선상에 존재한다는 것이다. 이러한 점을 고려하면, 임상적 관점에서 이루어진 일부 연구들이,

비록 연속선상의 다른 끝에 있는 탄력성 요인과 유사한 개념들을 연구했다는 점이 흥미롭다. 예를 들어, 자기자비의 정반대로 여겨지는 수치심(즉, 수용보다 자기의 거절)은 학대로 인한 정신건강 문제들을 더욱 악화시킨다고 알려졌으며(Beck et al., 2011; Shorey et al., 2011), 희망의 반대인 무망감은 위험요인들에 반응한 자살경향성의 가장 일관된 증폭제 중 하나다(Johnson et al., 2011b). 이는 생각보다 두 분야가 더 공통점이 많을 수 있으며, 그 통합자인 긍정 임상심리학적 접근이 탄력성 개념을 발달시키는 연구자들에게 이로울 것임을 제안한다.

임상 실제에서 탄력성

　이차원 구조가 초기에는 탄력성을 이해하기 위한 연구 중심의 기술적 접근으로 보일지 모르지만, 심리학적 개념화, 개입, 위험평가를 위한 중요한 의미를 지닌다. 문헌을 살펴보면, 최근 몇 년간 심리치료사들 사이에서 '탄력성' 요인들에 대한 논의가 급증한 것처럼 보이나, 이것은 일반적으로 단순히 '긍정적인 변인', 예를 들어, 사회적 지지의 존재나 과거 대처능력의 증가로 여겨졌다. 이러한 요인들은 내담자의 강점을 인식하고 상황에 더 긍정적인 견해를 제공하는 방법으로, 심리학적 개념화에 선택적으로 추가하는 정도로 여겨지는 경향이 있다. 그러나 이 장에서 기술했던 것처럼, 이차원 구조에서는 탄력성 요인들을 (사실, 모든 요인이 긍정과 부정의 연속선상에 존재하기 때문에) '긍정' 또는 '부정적' 요인보다는 오히려 위험의 완충제로서 제시하고 있다. 즉, 모든 단위 수준에서의 변화에 있어 결과 변인에 영향을 미치는 상가효과[1]를 지닌 요인들과 비교했을 때, 탄력성 요인들은 더 큰 영향을 미쳐야 한다. 달리 설명하면, 탄력성 요인은 위험의 영향을 감소시키는 '스위치'로 여겨질 수 있다. 탄력성은 단지 심리학적 개념화에 설명을 추가하는 정도가 아니라, 내담자가 생활 스트레스 요인이나 다른 위험요인들에 취약한 이유를 밝혀서 재발 방지를 목적으로 하는 개입의 지점을 알려 줄 수 있다. 예를 들어, 긍정적 자기평가가 생활 스트레스와 자살사고의 관계를 완충한다는 증거(Johnson et al., 2010a)는 낮은 수준의 긍정적 자기평가가 자살사고의 위험을 더 높일 수 있음을 제안하며, 이러한 내담자에게 긍정적 자기평가를 더욱 발달시키는 것이 추후 스트레스 사건에 직면했을 때 발생하는 자살사고를 예방할 수 있을 것이다. 위험의 완충제와 증폭제에 대한 지식은 변화하기 어렵거나 불가능한 위험요

---

1) 두 가지 이상의 약물을 함께 투여했을 때 효과가 각 약물의 작용의 합과 같은 현상을 말한다.

인을 지닌 내담자와 치료에서 특히 중요할 수 있다. 예를 들어, 성별, 나이, 사회경제적 지위나 관계 여건 등과 관련된다. 이러한 내담자에게 탄력성 요인을 함양하는 개입은 부정적 결과의 위험을 줄이기 위한(혹은 '잘 지낼' 가능성을 증가시키는) 중요한 과정일 것이다.

이러한 연구는 또한 임상적 위험성 평가에 영향을 미칠 수 있는데, 이는 자살처럼, 상당히 어렵기로 악명이 높지만 평가가 중요한 부정적 결과가 극히 드물게 발생할 때 더욱 그렇다(Gangwisch, 2011). 예를 들어, 현재 낮은 수준의 스트레스를 경험하는 내담자의 위험을 평가할 때, 그들이 상황 변화에 어떻게 반응할 지 추정하는 것은 어려울 수 있다. 관련된 탄력성 요인을 평가하는 것은 그 사람이 추후 스트레스 사건에 탄력적일 가능성의 범위를 나타내기 때문에, 평가를 통해 스트레스에 대한 반응의 예측이 가능하다.

다음은 어디인가? 탄력성 연구팀을 위한 이차원 구조

지금까지 이차원 구조는 개인의 수준(즉, 심리적 탄력성)에서 탄력성을 연구하기 위한 접근으로 사용되었다. 그러나 이 구조는 가족이나 조직과 같은 집단 수준에서 탄력성을 연구하는 데에도 적용될 수 있다. 그러한 연구는 심리적 탄력성을 살펴보기보다 오히려 집단의 내적 성격특성에 초점을 둘 것이다. 예를 들어, 만약 관심 집단이 팀이라면, 집단의 내적 특성은 팀의 의사소통, 응집력 또는 기능이 될 것이다.

건강관리 팀

이러한 연구의 가능성은 건강관리와 관련해서 특히 흥미롭다. 예를 들어, 영국에서는 건강관리 시스템상 노년층의 병약한 집단에 대한 요구가 증가하고 있기 때문에(National Health Service, 2014), 이들이 스트레스를 받을 때 건강관리 팀에서 안전하고 높은 수준의 돌봄을 제공하는 것이 점점 더 중요해지고 있다. 그러나 어떤 요인들이 팀을 '탄력적'으로 이끄는지 또는 요구가 다양할 때 질 높은 돌봄을 제공할 수 있는지, 그리고 어떻게 이러한 '탄력성'이 증진될 수 있는지는 현재 불분명하다. 이러한 질문들을 고려하기 위해 연구가 급증하기 시작하였고, 탄력적인 건강관리 팀과 시스템, 조직들이 보여 주는 특성과 요인들을 제안하지만(Hollnagel, Braithwaite, & Wears, 2013), 이 영역에서 더 많은 경험적 연구들이 필요하다. 일부 탄력성 변인들을 검증하는 데 이차원 구조가 사용될 수 있다. 예를 들어, Hollnagel(2010)는 탄력적인 건강관리 조직들이 ① 요구의 변화에 반응하는 능력,

② 발생하는 일들을 감찰하는 능력, ③ 추후 사건을 예측하는 능력, ④ 경험으로부터 학습하는 능력을 가진 것으로 제안한다. 이차원 구조를 활용해서 다층 모델 설계를 실시하면, 이러한 변인들 중 하나 혹은 다수의 변인들을 검증하는 것이 가능하다. 예를 들어, 여러 비교 가능한 팀들의 직원(예: 입원병실 팀)에게 ① 스트레스 요인(예: 직원 채용 비율, 환자의 건강관리 요구의 복잡성, 요구의 증감), ② 제안된 팀 탄력성 변인(예: 팀의 학습 및 적응 능력)을 평정하도록 요청할 수 있다. 결과변인도 팀 수준에서 찾을 수 있는데, 예를 들어 병동에 발생한 부정적 사건들, 또는 환자가 지각한 돌봄의 질이 될 수 있다. 그런 다음 팀 수준에서 보고된 스트레스 요인과 결과변인들 간의 연관성을 탄력성 변인들이 조절하는지 검증하기 위해 자료를 분석하였다. 이와 같은 연구는 어떤 요인이 팀의 스트레스를 견뎌 낼 수 있도록 하는지 찾고, 이상적인 환경뿐 아니라 다양한 요구가 있는 환경에서도 최적의 돌봄을 제공하도록 팀을 지지할 수 있는 방법을 찾는 데 도움을 줄 수 있다.

결론

이 장은 탄력성 연구의 발달과 최근까지의 일부 성과들에 대한 간단한 개관을 제공하는 데 목적을 두었다. 기존 문헌의 몇 가지 한계점들을 강조하였고, 탄력성으로 제안된 요인들을 검증하기 위한 일련의 기준들이 필요하다고 기술하였다. 이차원 구조가 그러한 기준을 제공한다. 이 기준들은 기존 문헌의 한계점을 극복하여, 탄력성 요인들을 긍정적 극과 부정적 극을 모두 지닌 연속선상에 존재하는 것으로 볼 필요성을 강조한다. 모든 긍정적 요인들은 부정적 반대 개념이 존재하고, 부정적 요인도 마찬가지다. 긍정적 요인의 부족은 부정적 영향을 미칠 것이고, 부정적 요인의 부족은 긍정적 영향을 미칠 것이다. 이차원 구조는 탄력성의 개념을 정립할 때 긍정심리학과 임상심리학 두 분야의 연구 결과를 통합하는 방법을 제공하고, 이러한 방법 속에서 긍정 임상심리학의 영역을 출현시키는 유용한 도구가 될 수 있다.

📖 참고문헌

Almeida, D. M. (2005). Resilience and vulnerability to daily stressors assessed via diary methods. *Current Directions in Psychological Science, 14*, 64-68.

Beck, A. T., Brown, G., Berchick, R. J., Stewart, B. L., & Steer, R. A. (1990). Relationship between hopelessness and ultimate suicide: a replication with psychiatric outpatients. *American Journal of Psychiatry, 147*, 190-195.

Beck, A. T., Steer, R. A., Kovacs, M., & Garrison, B. (1985). Hopelessness and eventual suicide: A 10-year prospective study of patients hospitalized with suicidal ideation. *American Journal of Psychiatry, 142*, 559-563.

Beck, J. G., McNiff, J., Clapp, J. D., Olsen, S. A., Avery, M. L., & Hagewood, J. H. (2011). Exploring negative emotion in women experiencing intimate partner violence: shame,
−Bonner, R. L. & Rich, A. R. (1990). Psychosocial vulnerability, life stress, and suicide ideation in a jail population: A cross-validation study. *Suicide and Life Threatening Behavior, 20*, 213-224.

Bowlby, J. (1958). The nature of the child's tie to his mother. *International Journal of Psychoanalysis, 39*, 350-373.

Brand, F. S. & Jax, K. (2007). Focusing the meaning(s) of resilience: Resilience as a descriptive concept and a boundary object. *Ecology and Society, 12*(1), 23.

Brown, L., Bryant, C., Brown, V. M., Bei, B., & Judd, F. K. (2014). Self-compassion weakens the association between hot flushes and night sweats and daily life functioning and depression. *Maturitas, 78*, 298-303.

Cohen, L., Pooley, J. A., Ferguson, C., & Harms, C. (2011). Psychologists' understandings of resilience: Implications for the discipline of psychology and psychology practice. *Australian Community Psychology, 23*, 7-22.

Crowley, B. J., Hayslip, B., Jr., & Hobdy, J. (2003). Psychological hardiness and adjustment to life events in adulthood. *Journal of Adult Development, 10*, 237-248.

Dahlberg, L. L. (1998). Youth violence in the United States: Major trends, risk factors, and prevention approaches. *American Journal of Preventive Medicine, 14*, 259-272.

Eschleman, K. J., Bowling, N. A., & Alarcon, G. M. (2010). A meta-analytic examination of hardiness. *International Journal of Stress Management, 17*, 277-307.

Florian, V., Mikulincer, M., & Taubman, O. (1995). Does hardiness contribute to mental health during a stressful real-life situation? The roles of appraisal and coping. *Journal of Personality and Social Psychology, 68*, 687-695.

Funk, S. C. & Houston, B. (1987). A critical analysis of the Hardiness Scale's validity and utility. *Journal of Personality and Social Psychology, 53*, 572-578.

Gangwisch, J. E. (2011). Suicide risk assessment. *International Journal of Clinical Review, 1*, 04.

Garmezy, N., Masten, A. S., & Tellegen, A. (1984). The study of stress and competence in children: A building block for developmental psychopathology. *Child Development, 55*, 97-

111.

Haimes, Y. Y. (2009). On the definition of resilience in systems. *Risk Analysis, 29*, 498-501.

Harrisson, M., Loiselle, C. G., Duquette, A., & Semenic, S. E. (2002). Hardiness, work support and psychological distress among nursing assistants and registered nurses in Quebec. *Journal of Advanced Nursing, 38*, 584-591.

Hawton, K., Sutton, L., Haw, C., Sinclair, J., & Harriss, L. (2005). Suicide and attempted suicide in bipolar disorder: A systematic review of risk factors. *Journal of Clinical Psychiatry, 66*, 693-704.

Heckman, C. J. & Clay, D. L. (2005). Hardiness, history of abuse and women's health. *Journal of Health Psychology, 10*, 767-777.

Hollnagel, E. (2010). *How resilient is your organisation? An introduction to the Resilience Analysis Grid(RAG)*. Toronto, Canada.

Hollnagel, E., Braithwaite, J., & Wears, R. L. (2013). *Resilient health care*. Farnham: Ashgate. Hull, J. G., Van Treuren, R. R., & Virnelli, S. (1987). Hardiness and health: A critique and alternative approach. *Journal of Personality and Social Psychology, 53*, 518-530.

Jeglic, E. L., Pepper, C. M., Vanderhoff, H. A., & Ryabchenko, K. A. (2007). An analysis of suicidal ideation in a college sample. *Archives of Suicide Research, 11*, 41-56.

Johnson, J., Gooding, P. A., Wood, A. M., & Tarrier, N. (2010a). Resilience as positive coping appraisals: Testing the schematic appraisals model of suicide (SAMS). *Behaviour Research and Therapy, 48*, 179-186.

Johnson, J., Gooding, P. A., Wood, A. M., Taylor, P. J., Pratt, D., & Tarrier, N. (2010b). Resilience to suicidal ideation in psychosis: Positive self-appraisals buffer the impact of hopelessness. *Behaviour Research and Therapy, 48*, 883-889.

Johnson, J., Gooding, P. A., Wood, A. M., Taylor, P. J., & Tarrier, N. (2011a). Trait reappraisal amplifies subjective defeat, sadness, and negative affect in response to failure versus success in nonclinical and psychosis populations. *Journal of Abnormal Psychology, 120*, 922-934.

Johnson, J., Jones, C., Lin, A., Wood, S., Heinze, K., & Jackson, C. (2014). Shame amplifies the association between stressful life events and paranoia amongst young adults using mental health services: Implications for understanding risk and psychological resilience. *Psychiatry Research, 220*, 217-225.

Johnson, J. & Wood, A. M. (2016). Integrating positive and clinical psychology: Viewing human functioning as continua from positive to negative can benefit clinical assessment, interventions and understandings of resilience. *Cognitive Therapy and Research*.

Johnson, J., Wood, A. M., Gooding, P., Taylor, P. J., & Tarrier, N. (2011b). Resilience to suicidality: The buffering hypothesis. *Clinical Psychology Review, 31*, 563-591.

Klag, S. & Bradley, G. (2004). The role of hardiness in stress and illness: An exploration of the effect of negative affectivity and gender. *British Journal of Health Psychology, 9,* 137-161.

Kobasa, S. C. (1979). Stressful life events, personality, and health: An inquiry into hardiness. *Journal of Personality and Social Psychology, 37,* 1-11.

Kobasa, S. C., Maddi, S. R., & Courington, S. (1981). Personality and constitution as mediators in the stress-illness relationship. *Journal of Health and Social Behavior, 22,* 368-378.

Kobasa, S. C., Maddi, S. R., & Kahn, S. (1982). Hardiness and health: A prospective study. *Journal of Personality and Social Psychology, 42,* 168-177.

Krause, N. (2009). Religious involvement, gratitude, and change in depressive symptoms over time. *International Journal for the Psychology of Religion, 19,* 155-172.

Maddi, S. R. (2002). The story of hardiness: Twenty years of theorizing, research, and practice. *Consulting Psychology Journal: Practice and Research, 54,* 173-185.

Maddi, S. R., Kahn, S., & Maddi, K. L. (1998). The effectiveness of hardiness training. *Consulting Psychology Journal: Practice and Research, 50,* 78-86.

Maddi, S. R. & Khoshaba, D. M. (2001). *Personal views survey* (3rd edn., rev.). Newport Beach, CA: The Hardiness Institute.

Masten, A. S. (2001). Ordinary magic: Resilience processes in development. *American Psychologist, 56,* 227-238.

Masten, A. S., Best, K. M., & Garmezy, N. (1990). Resilience and development: Contributions from the study of children who overcome adversity. *Development and Psychopathology, 2,* 425-444.

Masten, A. S. & Powell, J. L. (2003). A resilience framework for research, policy, and practice. In: S. S. Luthar (Ed.), *Resilience and vulnerability: Adaptation in the context of childhood adversities* (pp. 1-25). New York: Cambridge University Press.

McKnight, L. R. & Loper, A. B. (2002). The effect of risk and resilience factors on the prediction of delinquency in adolescent girls. *School Psychology International, 23,* 186-198.

National Health Service. (2014). *Five year forward view.* London: HM Government.

Rich, V. L. & Rich, A. R. (1987). Personality hardiness and burnout in female staff nurses. *Journal of Nursing Scholarship, 19,* 63-66.

Rutter, M. (1985). Resilience in the face of adversity: Protective factors and resistance to psychiatric disorder. *British Journal of Psychiatry, 147,* 598-611.

Rutter, M. (1987). Psychological resilience and protective mechanisms. *American Journal of Orthopsychiatry, 57,* 316-331.

Rutter, M. & Quinton, D. (1984). Long-term follow-up of women institutionalized in childhood: Factors promoting good functioning in adult life. *British Journal of Developmental*

Psychology, 2, 191-204.

Seybold, C. A., Herrick, J. E., & Brejda, J. J. (1999). Soil resilience: A fundamental component of soil quality. *Soil Science, 164*, 224-234.

Shorey, R. C., Sherman, A. E., Kivisto, A. J., Elkins, S. R., Rhatigan, D. L., & Moore, T. M. (2011). Gender differences in depression and anxiety among victims of intimate partner violence: The moderating effect of shame proneness. *Journal of Interpersonal Violence, 26*, 1834-1850.

Stravynski, A. & Boyer, R. (2001). Loneliness in relation to suicide ideation and parasuicide: A populationwide study. *Suicide and Life-Threatening Behavior, 31*, 32-40.

Tang, T. L. & Hammontree, M. L. (1992). The effects of hardiness, police stress, and life stress on police officers' illness and absenteeism. *Public Personnel Management, 21*, 493-510.

Tucker, R. P., Wingate, L. R., O'Keefe, V. M., Mills, A. C., Rasmussen, K., Davidson, C. L., & Grant, D. M. (2013). Rumination and suicidal ideation: The moderating roles of hope and optimism. *Personality and Individual Differences, 55*, 606-611.

Vernon, R. F. (2004). A brief history of resilience: From early beginnings to current constructions. In: C. S. Clauss-Ehlers & M. D. Weist (Eds.), *Community planning to foster resilience in children* (pp. 13-26). New York: Kluwer Academic/Plenum.

Waysman, M., Schwarzwald, J., & Solomon, Z. (2001). Hardiness: An examination of its relationship with positive and negative long term changes following trauma. *Journal of Traumatic Stress, 14*, 531-548.

Werner, E. E. (1990). Protective factors and individual resilience. In: S. J. Meisels (Ed.), *Handbook of early childhood intervention* (pp. 97-116). New York: Cambridge University Press.

Werner, E. E. (1995). Resilience in development. *Current Directions in Psychological Science, 4*, 81-85.

Werner, E. E. & Smith, R. S. (2001). *Journeys from childhood to midlife: Risk, resilience, and recovery*. New York: Cornell University Press.

Williams, P. G., Wiebe, D. J., & Smith, T. W. (1992). Coping processes as mediators of the relationship between hardiness and health. *Journal of Behavioral Medicine, 15*, 237-255.

Woo Kyeong, L. (2013). Self-compassion as a moderator of the relationship between academic burn-out and psychological health in Korean cyber university students. *Personality and Individual Differences, 54*, 899-902.

Wood, A. M. & Tarrier, N. (2010). Positive clinical psychology: A new vision and strategy for integrated research and practice. *Clinical Psychology Review, 30*, 819-829.

James E. Maddux & Evan M. Kleiman

제7장

자기효능감
긍정 임상심리학의 기본 개념

자기효능감이란 무엇인가

간략한 역사

'자기효능감(self-efficacy)'이라는 용어를 사용하기 시작한 것은 상대적으로 최근이나, 개인 통제력에 대한 관심은 철학이나 심리학에서 오랜 역사를 가지고 있다. Spinoza, David Hume, John Locke, William James, 그리고 보다 최근의 Gilbert Ryle까지 모두 인간 행동에 있어 '의욕'과 '의지'의 역할을 이해하기 위해 애써 왔다(Russell, 1945; Vessey, 1967). 개인의 유능감 지각, 행동, 심리학적 안녕 간의 관계를 탐구하고자 한 많은 이론들이 있으며(Skinner, 1995; Molden & Dweck, 2006 참고), 그중의 일부가 효능 동기(White, 1959), 성취 동기(McClelland, Atkinson, Clark, & Lowell, 1953), 사회적 학습(Rotter, 1966), 무력감(Abramson, Seligman, & Teasdale, 1978) 이론들이다. Bandura는 1977년 논문에서, 지각된 유능성에 대한 개념을 '자기효능감'으로 처음으로 공식화하고, 명료하게 정의하였으며, 또한 자기효능감이 어떻게 발달되고 인간 행동에 영향을 미치는지 자신의 이론 속에 정착시켰다.

자기효능감의 정의

자기효능감을 이해하기 위하여 이를 관련된 다른 개념과 구별하는 것도 좋은 방법이다. 자기효능감은 기술에 대한 지각이 아니라, 어떤 사람이 기술로 할 수 있는 것들에 대한 지각이다. 또한 구체적이고 사소한 활동을 수행하는 능력에 대한 믿음이 아니라, 어떤 사람이 상황을 변화시키거나 도전하는 데 있어 자신의 기술이나 능력을 조직화하고 편성할 수 있는가에 대한 믿음과 관련이 있다. 자기효능감은 어떤 사람이 '앞으로 할 것'이라고 믿는 것이 아닌 '할 수 있다'고 믿는 것들과 관련된다. 자기효능감 신념은 인과적 귀인이 아니다. 인과적 귀인은 어떤 행동이 어떤 사건을 일으키는지에 대해 설명하지만, 자기효능감은 어떤 행동을 할 수 있는 능력에 대한 믿음을 뜻한다. 자기효능감 신념은 행동하려는 의도 또는 특정한 목표를 성취하려는 의도가 아니다. 아마도 그렇게 할 것 같다고 말하는 게 의도라면, 연구들에서는 이러한 의도가 자기효능감 신념을 포함하지만, 여기에 한정되지 않는 다양한 요인들에 의해 영향을 받는다는 것을 보여 준다(Maddux, 1999a).

자기효능감은 자존감도 아니다. 자존감은 자기가치를 다른 사람이 평가하는 것에 기반하지만, 자기효능감 신념은 오직 특정 영역을 얼마나 중요하게 생각하느냐에 정비례하여 자존감에 기여한다. 자기효능감은 동기, 추동, 통제 욕구가 아니다. 개인은 특정 영역에서 강력한 통제 욕구를 가지지만, 효능감에 관해서는 여전히 약하게 느낄 수 있다. 자기효능감 신념은 결과에 대한 기대와 다르며(Bandura, 1997), 행동-결과에 대한 기대와도 다르다(Maddux, 1999b). 행동-결과 기대는 특정한 상황에서 특정한 행동이 특정한 결과로 이어질 수 있다는 믿음이다. 자기효능감 신념은 결과를 산출해 내는 행동들을 수행할 수 있는 능력에 대한 믿음이다. 자기효능감은 성격 특질도 아니다. 자기효능감은 특정 영역에서 원하는 목표를 달성하기 위하여 자신의 기술과 능력을 통합해 낼 수 있는 능력에 관한 신념으로 보아야 한다. 따라서 지금까지 개발되어 종종 연구에 사용된 '일반적인' 자기효능감 측정치(예: Sherer, Maddux, Mercandante, Pentice-Dunn, Jacobs, & Rogers, 1982; Tipton & Worthington, 1984; Chen, Gully, & Eden, 2001)의 경우, 보다 특정한 환경 아래에서 개인이 할 수 있는 것들을 예측하는 데 있어 구체적인 자기효능감 측정치만큼 유용하지는 않을 것이다(Bandura, 1997; Maddux, 1995).

자기효능감 신념이 행동을 일으키는가

자기효능감 신념이 중요한 이유는 이러한 신념이 어느 정도의 인과적 효과를 일으킬 것이라는 가정에 의지하고 있기 때문이다. 따라서 여기에서는 이 주제를 먼저 다루고자 한다. Bandura와 Locke(2003)는 9개의 대형 메타분석 결과를 요약하였는데, 여기에는 실험실과 현장에서의 직무-관련 수행, 심리사회적 기능(특히, 어린이와 청소년들), 학업 성취와 지속성, 건강 기능, 운동 수행, 실험실 연구(실험적으로 자기효능감 신념을 변화시킴), 집단 내 집합적 효능감에 대한 연구들이 포함되어 있다. Bandura와 Locke(2003)에 따르면, "이러한 메타분석에서 나온 증거들은 일관되게 효능감 신념이 동기 및 수행 수준에 유의미하게 기여한다는 것을 보여 준다(p. 87)." 이 연구의 보다 심도 깊은 논의는 Bandura와 Locke(2003) 논문을 참조하면 좋을 것이다.

자기효능감 신념은 어디에서 오는가

자기효능감 신념이 어떻게 발달하는지 이해하기 위해서는 보다 광범위한 사회인지이론(social cognitive theory)을 이해하는 것이 필요하다. 사회인지이론은 인간의 인지, 행위, 동기, 정서를 이해하는 접근 방식으로, 우리가 환경에 대해 단순히 수동적인 반응자가 아니라 적극적인 형성자라고 가정한다(Barone, Maddux, & Snyder, 1997; Bandura, 2001, 2006; Molden & Dweck, 2006). 사회인지이론의 네 가지 기본 전제는 다음과 같이 요약된다.

1. 우리는 강력한 인지 능력을 가지고 있다. 이를 통해 경험의 내적 모델을 창조하고, 행위 과정을 혁신하고 개발해 나간다. 또한 결과에 대한 예측을 통하여 행위 과정을 가설 검증하고, 다른 사람들과도 복잡한 사고 및 경험을 의사소통할 수 있다. 우리는 또한 자기관찰에 참여할 수 있고, 우리 자신의 행동, 사고, 정서를 분석하고 평가할 수 있다. 이러한 자기반성 활동은 자기조절을 위한 기초가 된다.
2. 환경적 사건, 개인 내적 요인(인지, 정서, 생리적 사건), 행동은 모두 상호작용하는 요인이 된다. 우리는 환경적 사건에 인지적·정서적·행동적으로 반응한다. 또한 우리는 인지를 통하여 우리 자신의 행동에 대한 통제력을 행사하며, 이는 이후 환경뿐만 아니라 우리의 인지, 정서, 그리고 생리적 상태에도 영향을 미친다.
3. '자기(self)'와 '성격(personality)'은 사회적으로 내재화된다. 이는 특정 상황에서 우리 자신과 타인들의 사회적 인지, 정서, 행동 패턴에 대한 지각으로, 정확하거나 정확하지 않을 수도 있다. 따라서 자기와 성격은 단순히 우리가 다른 사람들과 상호작용하기 위하여 가져 오는 것이 아니라, 이러한 상호작용 내에서 창조되고, 이러한 상호작용을 통하여 변화되는 것이다.
4. 우리는 자기조절을 할 수 있다. 우리는 목표를 선택하고 이러한 목표를 추구하기 위하여 우리의 행동을 조절한다. 자기조절의 핵심에는 예측하고 기대하는 능력이 있는

데, 이는 과거의 기억과 경험을 사용하여 미래의 사건이나 상태에 대한 신념, 그리고 우리의 능력과 행동에 대한 신념을 형성해 나가는 것이다.

이러한 가정들은 초기 자기효능감 신념의 발달이 주로 두 가지 상호작용 효과에 의해 영향을 받는다고 제안한다. 첫째, 자기효능감 신념은 상징적 사고, 원인-결과 관계를 이해하는 것, 자기관찰, 자기반성 능력의 발달에서 영향을 받는다. 개인적 행위주체성(agency)에 대한 감각은 유아기 때부터 발달하기 시작해서, 사건들 사이의 인과관계에 대한 지각에 이어, 행위가 결과를 산출한다는 이해로, 그리고 바로 자신이 환경에 영향을 미치는 행위의 근원이 될 수 있다는 인식까지 이동한다. 아이들의 언어 이해가 증가할수록, 상징적 사고 능력도 증가하며, 이에 따라 자기인식 능력과 개인적 행위주체성에 대한 감각도 증가하게 된다(Bandura, 1997).

둘째, 효능감 신념의 발달은 유아 또는 아동의 조작하거나 통제하려는 시도에 대해서 환경이 어떻게 반응하는가에 영향을 받는다. 아동의 행위에 반응적인 환경은 효능감 신념의 발달을 촉진하는 반면, 비반응적인 환경은 이러한 발달을 지연시킨다. 효능감 신념의 발달은 탐색을 격려하는데, 이는 결과적으로 유아의 행위주체성에 대한 감각을 강화시킨다. 아동의 사회적 환경(특히, 부모)은 보통 아동의 환경에서 가장 중요한 부분이다. 따라서 아동은 다른 사람의 행동에 영향을 미치는 행위에 참여함으로써 행위주체성에 대한 감각을 발달시키며, 이것은 이후 비사회적 환경에까지 일반화된다(Bandura, 1997).

그리고 효능감 신념과 행위주체성에 대한 감각은 전 생애를 통하여 지속적으로 발달하는데, 이는 다섯 가지 주요 원천으로부터 끊임없이 정보를 통합시키면서 이루어진다—수행 경험, 대리 경험, 상상 경험, 언어적 설득, 생리적·정서적 상태.

수행 경험

환경을 통제하려는 우리 자신의 시도는 자기효능감 정보에 있어 가장 강력한 원천이다(Bandura, 1997). 스스로의 노력 때문이라고 귀인할 수 있는 성공적인 통제 시도는 그 행동 또는 영역에 대한 자기효능감을 강화시킬 것이다. 예를 들어, 어떤 교수가 자신의 학생들로부터 수업 효과에 대한 매우 높은 평가를 받았고, 이 점수를 운이나 또는 학생들이 쉽게 만족하는 편이어서가 아니라 선생님으로서 자신의 능력에 귀인한다면, 그의 교수 능력에 대한 자기효능감 신념은 아마도 향상될 것이다. 마찬가지로, 자신의 무능력으로 귀인되는 실패의 지각은 일반적으로 자기효능감 신념을 약화시킨다.

대리 경험

자기효능감 신념은 다른 이들의 행동이나 그 행동의 결과를 관찰하는 데서도 영향을 받는다. 우리는 이러한 정보를 우리 자신의 행동이나 결과에 관한 기대를 형성할 때 사용하는데, 이는 특히 관찰한 사람이 우리와 얼마나 비슷하다고 믿는지 그 정도에 따라 달라진다. 대리 경험은 일반적으로 수행 경험보다는 자기효능감 기대에 있어 더 약한 효과를 보인다(Bandura, 1997).

상상 경험

우리는 가설적 상황에서 우리 자신이나 다른 사람들이 효율적 또는 비효율적으로 행동하는 것을 상상함으로써 자기효능감 신념에 영향을 미칠 수 있다. 그러한 심상은 예상하는 것과 비슷한 상황에서 실제로 또는 대리적으로 경험한 것에서부터 얻어진다. 또는 언어적 설득에 의해서도 유도될 수 있는데, 예를 들어 심리치료사들이 체계적 둔감화 및 내현적 모델링과 같은 치료 개입을 통하여 내담자를 안내할 때도 그러하다(Williams, 1995). 그러나 단순히 자신이 어떤 것을 잘하고 있는 것을 상상하는 것은, 실제 경험만큼 그 사람의 자기효능감에 강한 영향을 주지는 못할 것이다(Williams, 1995).

언어적 설득

자기효능감 신념은 다른 사람들이 우리에게 "네가 할 수 있다고 믿는다" 또는 "네가 할 수 없다고 믿는다"라고 말하는 것에 의해서도 영향을 받는다. 자기효능감 기대의 원천으로서 언어적 설득의 효력은 정보 제공자의 전문성, 진실성, 매력이라는 요인들에 의해 영향을 받는다. 이는 언어적 설득과 태도 변화에 관한 수십 년간의 연구에서도 제시되고 있다(예: Eagly & Chaiken, 1993). 하지만 언어적 설득은 자기효능감 기대의 변화를 야기하는 데 있어 수행 경험이나 대리 경험만큼 강력하지는 않다.

생리적/정서적 상태

생리적/정서적 상태도 자기효능감에 영향을 미친다. 우리는 수행 저하나 실패를 지각할 때 혐오적인 생리적 각성과 이를 연합시키고, 성공은 즐거운 감정 상태와 연합시키는 것을 배운다. 당신이 불유쾌한 생리적 각성을 자각하였을 때, 생리적 상태가 즐겁거나 또는 중립적일 때에 비해, 자신의 유능감을 더 의심하게 되기 쉽다. 마찬가지로, 편안한 생리적 감각은 우리로 하여금 상황이 우리 통제하에 있다는, 자기 능력에 대한 신뢰감을 느끼게 하기 쉽다. 그러나 자기효능감 기대의 생리적 징후는 자율적인 각성 그 너머에까지 이른다. 예를 들어, 운동이나 체육 활동과 같이 힘과 체력을 요하는 활동에서, 지각된 효능감은 피로와 통증과 같은 경험에 의해서도 영향을 받는다(예: Brown, Joscelyne, Dorfman, Marmar, & Bryant, 2012).

자기효능감이 왜 긍정 임상심리학에서 중요한가

자기효능감 신념이 긍정 임상심리학에서 중요하다는 것을 여러 방법으로 완전히 기술하려면 수백 페이지가 필요할지 모른다. 이에 우리는 자기효능감의 네 가지 분야에 초점을 맞출 것이다—자기조절, 심리적 적응, 신체적 건강, 심리적 개입.

자기효능감과 자기조절

자기효능감의 모든 효과는 자기조절의 역할에서부터 흘러나온다. 심리적 문제와 성공적인 심리적 개입에서 자기효능감이 작용하는 역할도 여기에 포함된다. 거의 대부분의 심리적 문제는 행동적, 인지적, 그리고 정서적인 붕괴라는 자기조절 곤란의 관점에서 이해할 수 있다. 게다가 심리치료 회기 동안 무슨 일이 벌어지든 상관없이, 치료 개입의 성공은 내담자의 인지적·정서적·행동적 변화 전략을 자신의 일상생활에서 실행해 나가는 능력에 기반하며, 이는 좋은 자기조절 기술을 필요로 한다.

자기조절은 "개인이 자신의 사고, 감정, 행동을 통제하는 과정(Hoyle, 2006, p. 1507)"이기 때문에, 자기조절을 이해하고자 할 때 단순히 누가 자기조절을 잘하는지 못하는지에 대한 이해가 중요한 것은 아니다. 자기조절은 "특정한 방식으로 혹은 성격적인 수준에서 성공 혹은 실패를 조절하는 안정적인 경향(Hoyle, 2006, p. 1507)"이다. 자기조절은 또한 사람들이 자기를 조절하는 과정 및 방식에 대한 이해로 구성된다. 자기조절에 대한 사회인지적 접근은 단순히 일반적인 자기조절 능력의 개인차를 측정하려 하기보다는, 이러한 과정을 이해하는 데 더욱 관심을 가진다(Cervone, Shadel, Smirth, & Fiori, 2006; Karoly, 2010). 사회인지적 접근에서는 자기조절이 학습되고 연습을 통해서 향상될 수 있는 일련의 기술로 구성된다고 가정한다. 따라서 사람들마다 성격 및 어느 정도는 생물학적인 차이로 인하여 이러한 기술을 숙달하는 능력에 있어 차이가 날 수 있다[예: 의도적 통제(effortful control), Eisenberg, Valiente, & Eggum, 2010; 성실성(conscientiousness), McCrae & Löckenhoff, 2010].

사회인지이론에서 볼 때, 자기조절은 주로 "어떠한 목표를 채택함으로써 선제적인 불일치(discrepancy)가 유발되고, 이와 함께 이 목표를 실현시키는 과정에서 반응적인 불일치의 감소가 일어나는 것(Bandura & Locke, 2003, p. 87)"이다. 목표를 정함으로써, 사람들은 현재 자신이 있는 위치와 장차 자신이 도달하고 싶은 위치 사이의 불일치를 만들어 내며, 이후 자신의 목표를 달성하기 위해 애쓰면서 이러한 불일치를 감소시키는 작업을 한다. 그리고 그 목표를 성취하기 위해 필요하다고 생각되는 자신의 자원과 노력을 동원한다(Bandura & Locke, 2003).

자기효능감 신념은 자기조절에 여러 가지 방식으로 영향을 미친다(Locke & Latham, 1990; Bandura, 1997; Bandura & Locke, 2003). 첫째, 자기효능감은 사람들이 선택하는 목표와 사람들이 착수하는 과제에 영향을 미친다. 특정 영역에 있어 그 사람의 자기효능감이 높으면 높을수록, 그 영역에서 그가 정한 목표는 더 높다(예: Tabernero & Wood, 2009).

둘째, 자기효능감 신념은 사람들로 하여금 목표-지향적인 활동을 선택하고, 목표와 현재 수행 사이의 지각된 불일치에 반응하여, 난제와 장애물에도 불구하고 자원, 노력, 인내심을 동원하는 데 영향을 미친다(Bandura, 1997; Bandura & Locke, 2003; Vancouver, More, & Yoder, 2008). 난관 앞에서, 약한 자기효능감 신념을 가진 사람들은 미래에 과제를 성취할 수 있는 자신의 능력에 쉽게 의심을 품는 반면, 강한 자기효능감 신념을 가진 사람들은 어려움이 발생했을 때도 과제를 끝내기 위해 자신의 노력을 보다 쉽게 지속할 것이다. 보다 불굴의 의지는 열망하는 결과를 성취하도록 만들며, 이러한 성공은 다시 개인의 자기효능감 신념을 강화시킨다.

셋째, 자기효능감은 문제를 해결하고 의사결정을 내리는 데 있어 효율성(efficiency) 및 효과성(effectiveness)에도 영향을 미친다. 복잡한 결정에 마주쳤을 때, 문제를 해결하는 자기 능력에 대해 자신감을 가진 사람들은, 자신의 인지 기술에 의심을 품는 사람보다, 더 명료하게 생각할 수 있고 보다 나은 결정을 내릴 수 있다(예: Bandura, 1997). 그러한 효능감은 일반적으로 보다 나은 해결책과 더 뛰어난 성취로 이어진다. 난관에도 불구하고, 높은 자기효능감을 가진 사람들은 보다 쉽게 과제-진단적(task-diagnostic)인 상태에 머무르고, 문제에 대한 해결책을 찾는 경향이 있다. 하지만 낮은 자기효능감을 가진 사람들은 보다 쉽게 자기-진단적(self-diagnostic)이 되어 자신의 부족함을 반추하는데, 이는 오히려 문제를 평가하고 해결하려는 노력으로부터 빗나가게 만든다(Bandura, 1997).

자기효능감이 자기조절에 미치는 효과에 대한 연구 대부분은 '많으면 많을수록 더 좋다'고 제안한다. 즉, 누군가의 자기효능감이 높으면 높을수록, 목표를 추구하는 데 있어 자기조절 능력도 더욱 효과적일 것이다. 그러나 자기효능감이 '너무 높을 수도' 있을까? 아마 적어도 세 가지 방식에서 그러한 것 같다. 첫째, Bandura(1986)가 제안한 바와 같이, "한 사람의 능력치에 대한 합리적이고 정확한 평가는 …… 효과적으로 기능하는 데 있어 상당한 가치가 있고", 자신의 능력을 과대평가하는 사람은 "명백히 자신이 도달할 수 없는 지점의 활동에 착수"하기도 한다(p. 393). 확실히 효과적인 자기조절의 중요한 특징은 언제 목표에서 손을 떼야 할지를 아는 것인데, 왜냐하면 그 사람의 노력이 결국에는 보상받지 못하기 때문이다. 강한 자기효능감 신념이 일반적으로 적응적인 끈기에 기여함에도 불구하고, 이러한 신념이 비현실적으로 높다면, 그들은 결코 도달하기 어려운 목표를 계속해서 추구하는 것일지 모른다. 따라서 과거 경험에 의해 지지되거나 긍정적인 목표-관련 피드백을 받지 못하는 높은 자기효능감 신념은, 다른 곳에서 보다 잘 사용될 수 있는 노력이나 자원을 헛되이 만들 수 있다. 그러나 아직까지 우리는 언제 자기효능감이 '너무 높은지', 그리고 어떤 지점에서 사람들이 자신의 목표를 성취하려는 노력을 포기해야만 하는지, 결정할 방법이 없다. 역사적으로 수많은 성공한 사람들이 성공에 도달하기 전 오랫동안 실패 그리고 거절을 경험해 왔다(Pajares, 2005).

둘째, 강한 자기효능감 신념이 발달해 온 방식이 행동에도 영향을 미칠 수 있다. 과장된 자기효능감 신념(긍정적 착각)은 자기만족으로 이끌어, 오히려 오랜 시간 노력 및 성과를 감소시킬 수 있으며(Yang, Chuang, & Chiou, 2009), 뿐만 아니라 잠재적으로는 위험한 행동, 예를 들어 운전 중에 휴대전화를 사용하는 것과 같은 행동을 증가시킬 수 있다(Schlehofer, Thompson, Ting, Ostermann, Nierman, & Skenderian, 2010). 게다가 노력 및 분투 없이 높은 수준의 자기효능감을 발달시킨 사람들은 어려운 과제를 통하여 강한 자기효능감 신념을 획득한 사람들과 비교하여, 더 낮은 목표를 설정하거나 더 낮은 성과에 만족할지 모른다(Bandura & Jourdan, 1991). 결과적으로, 목표를 향한 발전이 방해를 받을 수 있다.

셋째, 자기효능감이 실제 능력보다 더 클 때, 도움을 요청하는 행동이 더 적어질 수 있다. 예를 들어, 흡연을 멈추는 것에 대해 과장된 자기효능감을 가진 흡연자들은 금연 프로그램에 등록하는 경향이 덜하며, 금연에 성공하는 경우도 더 적을 수 있다(Duffy, Scheumann, Fowler, Darling-Fisher, & Terrell, 2010). 이러한 비현실적으로 높은 자기효능감과 도움을 추구하는 경향의 감소는 술이나 다른 물질 사용을 조절하는 능력, 다이어트, 운동, 그리고 자기조절을 필요로 하는 많은 다른 영역에서도 잠재적인 불이익으로 작용할 수 있다.

자기효능감과 심리적 안녕

대부분의 철학자와 심리학 이론가들은 우리의 행동과 환경, 그리고 우리 자신의 생각과 느낌에 대한 통제감이 행복과 심리적 안녕이라는 감각에 있어 필수적이라는 사실에 동의한다. 심리치료사와 상담자의 도움을 구하는 사람들이 통제 상실을 느끼는 경우는 흔하다. 이러한 통제 결여의 감각은 자기조절의 붕괴 및 실패에서 중요 요인이 되며, 이전에 언급한 것처럼 거의 모든 심리적 문제에서 현저히 나타난다.

자기효능감 신념은 일반적인 심리적 문제 다수에서 중요한 역할을 한다. 낮은 자기효능감 기대는 청소년들(Flett, Panico, & Hewitt, 2011) 및 성인들(Grembowski et al., 1993)의 우울증에 있어 중요한 특징이다. 우울한 사람들은 흔히 인생의 많은 중요한 영역에서 효과적으로 행동하는 다른 사람들보다 자신의 능력이 부족하다고 믿는다. 역기능적인 불안과 회피 행동도 위협적인 상황을 관리하는 데 있어 낮은 자기효능감 신념의 직접적인 결과로 나타난다(Williams, 1995; Bandura, 1997). 자기효능감 신념은 또한 물질 남용(DiClemente, Fairhurst, & Piotrowski, 1995), 섭식장애(Lobera, Estébanez, Fernández, Bautista, & Garrido, 2009), 외상 후 스트레스(Lambert, Benight, Wong, & Johnson, 2013), 그리고 자살행동(Thompson, Kaslow, Short, & Wyckoff, 2002)에 있어서 중요한 역할을 한다.

자기효능감과 신체적 안녕

제화된 감성(embodied emotion; Niedenthal, 2007) 연구에서 입증된 것처럼, 뇌의 활동, 신체적 감각의 경험, 정서적 경험과 표현은 서로 상호작용한다(Kagan, 2007 참조). 따라서 긍정 임상심리학은 마음뿐만 아니라 신체를 다루는 **포괄적인**(holistic) 임상심리학이 되어야 한다. 예를 들어, 운동이 정서 및 기분에 미치는 영향(Howarter, Bennett, Barber, Gessner, & Clark, 2014)에서 보듯이, 점점 더 많은 연구들에서 긍정 임상심리학자는 불안과 우울을 조절하는 데 어려움을 보이는 내담자에게 신체적 운동을 포함시키는 개입을 알아야 한다고 제안한다. 보다 넓게 생각해 보면, 긍정 임상심리학자들은 또한 자신의 내담자들이 먹고 마시는 것에도 관심을 기울여야 한다. 왜냐하면 영양 상태가 좋지 못하면 전반적인 신체적, 그리고 심리적 안녕도 감퇴될 수 있기 때문이다. 이러한 이유로, 긍정 임상심리학자들은 건강심리학에서 나온 이론과 연구들에도 친숙해져야만 하며, 이를 통해 내담자들이 긍정적인 생활양식의 변화를 만들어 내고 건강을 향상시키도록 동기를 부여하는 제안을 할 수 있어야 한다. 건강 문제를 예방하고, 건강을 강화시키며, 질병이나 손상으로부터 회복을 촉진하는 대부분의 전략들은 행동을 변화시키는 것을 포함한다. 자기효능감에 대한 연구들은 사람들이 어떻게 그리고 왜, 건강하고 건강하지 않은 행동을 채택하는지, 그리고 건강에 영향을 미치는 행동을 어떻게 변화시킬 수 있는지에 대한 우리의 이해를 높여 왔다(Maddux, Brawley, & Boykin, 1995; O'Leary & Brown, 1995; Bandura, 1997). 자기효능감에 대한 신념은 두 가지 방식으로 건강에 영향을 미친다.

첫째, 자기효능감 신념은 건강한 행동을 선택하고, 건강하지 않은 행동은 중지하며, 도전과 곤란에 직면해서는 행동을 변화시키도록 영향을 준다. 건강한 행동에 대한 모든 주요 이론들, 예를 들어 보호 동기 이론(protection motivation theory; Maddux & Rogers, 1983; Rogers & Prentice-Dunn, 1997), 건강 신념 모형(health belief model; Strecher, Champion, & Rosenstock, 1997), 합리적 행위/계획된 행동 이론(theory of reasoned action/planned behavior; Fishbein & Ajzen, 1975; Azjen, 1988; Maddux & DuCharme, 1997)에서 자기효능감은 주요 요인으로 포함된다(Maddux, 1993; Weinstein, 1993 참고). 게다가 강화된 자기효능감 신념은 사실상 건강에 핵심적인 행동들의 성공적인 변화와 유지에 있어 필수적인데, 여기에는 운동(Kassavou, Turner, Kamborg, & French, 2014), 다이어트(Berman, 2005), 치과 위생(Buglar, White, & Robinson, 2010), 통증 조절(Costa, Maher, McAuley, Hancock, & Smeets, 2011), 안전한 성관계(Widman, Golin, Grodensky, & Suchindran, 2013), 금연(Gwaltner, Metrik, Kahler, & Shiffman, 2009), 알코올 중독 극복(Kelly & Greene, 2014), 치료 순응도와 예방 교육(Chan, Zalilah, & Hii, 2012), 피부암 자가 검진과 같은 질병 탐지 행동(Robinson et al., 2014)이 모두 포함된다.

둘째, 자기효능감 신념은 다수의 생물학적 과정에도 영향을 미치는데, 이는 다시 건강 및 질병에 영향을 준다(Bandura, 1997). 자기효능감 신념은 면역 시스템이 스트레스에 반응하는 방식에 작용한다(O'Leary & Brown, 1995; Bandura, 1997; Caserta, Wyman, Wang, Moynihan, & O'Conner, 2011). 환경적 요구에 대한 통제 결여 지각은 감염에 대한 취약성을 증가시키고, 질병의 진행을 촉진시킬 수 있다(Gomez, Zimmermann, Froehlich, & Knop, 1994; Bandura, 1997). 자기효능감 신념은 또한 스트레스 및 지각된 위협의 조절에 있어 중요한 신경전달물질 집합체인 카테콜아민과 더불어, 엔도르핀이라 불리는 내인성 진통제의 활성화에도 영향을 준다(Bandura, Taylor, Williams, Mefford, & Barchas, 1985; O'Leary & Brown, 1995).

자기효능감과 심리치료

우리는 심리적 안녕을 강화시키기 위해 설계되며, 심리학 이론과 연구에 기반하여 전문적으로 안내되는 개입을 광범위하게 일컬어 '심리치료'라는 용어를 사용한다. 그리고 그러한 모든 개입에서 자기조절이 중요한 역할을 한다는 것을 알고 있다. 이때 다른 개입들이나 또는 개입의 다른 요소들이 동등하게 효과적일 수 있는데, 왜냐하면 이들이 핵심적인 행동 및 인지 기술에 대한 자기효능감을 동일하게 강화시키고(Maddux & Lewis, 1995; Bandura, 1997; Goldin et al., 2012; Warren & Salazar 2015), 치료적 진보 속에서 불가피한 '퇴보'에 사람들이 대처할 수 있도록 도와주기 때문이다(Kadden & Litt, 2011).

치료에 있어서, 심리적 어려움을 극복하며 특별히 도전이 되는 상황에서 자기통제 전략을 실행하기 위한 자기효능감을 강화시키는 것은 치료 개입의 성공에 있어 필수적이다(Maddux, 1995; Bandura, 1997). 대부분의 치료적 진전은, 치료 회기 밖에서 내담자가 과제(예: 치료 기술 훈련하기, 두려운 자극에 노출하기, 등)를 할 때 일어나기 때문에, 자기효능감은 치료에 있어서 매우 중요하다. 내담자가 회기 밖에서 작업을 할 수 있는 자신의 능력을 믿지 않는다면, 이들은 과제 활동에 덜 참여하게 되며, 치료의 효과성이 감소될 수밖에 없다. 따라서 치료에 할당된 과제를 완수할 수 있는 내담자의 능력과 관련하여 자기효능감을 평가하는 것, 그리고 필요하다면 낮은 자기효능감 문제를 해결하는 것이 중요하다. 사실상, 자기효능감의 증진은 우울(Nash, Ponto, Townsend, Nelson, & Bretz, 2013), 불안(Goldin et al., 2012; Brown et al., 2014), 약물 중독(Kadden & Litt, 2011), 담배 남용(Hendricks, Delucchi, & Hall, 2010; Alessi & Petry, 2014)과 같은 이슈의 치료에 있어 변화의 핵심 기제다.

자기효능감 이론은 특정한 문제 상황에서 그리고 도전이 되는 상황에서, 구체적인 행동에 대한 개인의 효능감을 증진시키기 위해 경험들을 계획 배치하는 것의 중요성을 강조한다. 자기효능감 이론은 공식적인 개입이 단순히 특정 문제를 해결하는 것이 아니라, 사람들에게 스스로 문제를 해결하기 위한 기술과 효능감을 가지도록 준비시키는 것이어야 한다고 제안한다. 자기효능감을 강화시키기 위한 기초 전략들은 이전에 언급한 자기효능감의 다섯 가지 원천에 기반한다.

수행 경험　'보는 것이 믿는 것이다'라는 문구는 사람들에게 성공에 대한 명백한 증거를 제공하는 것의 중요성을 강조한다. 실제로 사람들이 곤란한 상황에서 스스로 효과적으로 대처할 수 있다고 믿을 때, 그들의 숙달감 또한 증가될 가능성이 높다(Saemi, Porter, Ghotbi-Varzaneh, Zarghami, & Maleki, 2012). 이러한 경험은 목표와 전략이 모두 구체적일 때 가장 성공할 가능성이 높다. 구체적이고, 상세하며, 근접한 단기적인 목표는 추상적이고, 모호하며, 먼 미래로 계획된 목표에 비하여 더 큰 보상과 동기, 효과성의 증거를 제공한다. 상세한 목표는 사람들로 하여금 성공적인 성취를 위해 필요한 구체적인 행동을 찾고, 언제까지 계속해야 할지를 알게 해 준다. 예를 들어, 공포증과 두려움에 대한 가장 효과적인 개입은 '유도 숙달(guided mastery)'을 포함하는데, 즉 치료 회기 동안 또는 회기 사이에 '과제'를 할당함으로써 두려워하는 대상이나 상황에 대한 실제 노출 경험을 해 보게 하는 것이다(Williams, 1995; Gallagher et al., 2013). 최근의 기술적인 진보로 이제 공포증 및 두려움의 치료에 있어서 '가상현실' 경험도 가능해졌다(예: Rothbaum, Anderson, Zimand, Hodges, Lang, & Wilson, 2006). 우울증의 인지치료에서는 내담자들의 낮은 자기효능감 기대에 대항할 성공 경험들로 구성된 구조화된 지침을 제공한다(Maddux & Lewis, 1995).

대리 경험   대리 학습 및 상상은 새로운 기술을 가르치고 그러한 기술에 대한 자기효능감을 강화시키기 위해 사용될 수 있다. 예를 들어, 사회적으로 위축된 어린아이들의 경우 모델링을 위한 영화 및 비디오를 사용하여 다른 아이들과 상호작용하는 것을 격려할 수 있다. 영화를 보는 아이들은 자신과 비슷한 모델 아이가 성공을 경험하는 것을 보고, 자신들 또한 해낼 수 있다는 것을 믿게 된다(Conger & Keane, 1981). 실제적 모델링은 공포증을 경험하는 사람들의 치료에서 성공적으로 사용되어 왔다. 이 연구들은 접근 행동에 대한 자기효능감 신념의 변화가 적응적인 행동의 변화를 매개한다는 것을 보여 준다(Bandura, 1986; Williams, 1995; Ollendick, Öst, Reuterskiöld, & Costa, 2010). 자기효능감을 강화시키기 위해 대리 경험을 사용하는 흔한 일상의 비전문적인 예에는 체중 감량 및 금연 프로그램 광고도 포함된다. 이때 사람들이 알아볼 수 있는 성공한 사람의 추천이 중요한데, 이 추천장의 명확한 메시지는 청자나 독자들 또한 이 어려운 과제를 성취할 수 있다는 것이다. 공식적인 그리고 비공식적인 지지 그룹(예를 들어, 중독, 비만, 질병과 같은 공통의 역경을 극복하기 위해 개인적 경험을 나누는 사람들) 또한 자기효능감의 강화를 위한 토론 모임을 제공한다.

상상 경험   실제 살아 있는 모델이나 영화 속 모델을 구하기 어려울 때, 상상은 쉽게 이용할 수 있는 자원이 된다. 우리 자신이 두려운 행동에 참여하거나 어려움을 극복하는 것을 상상하는 것은 자기효능감을 강화시키는 데 사용될 수 있다. 예를 들어, 불안 및 공포에 대한 인지치료는 종종 위험과 불안의 시각적 심상을 변화시키는 것을 포함하는데, 여기에는 두려워하는 상황에서 자신이 효과적으로 대처하는 심상이 포함된다. 상상의 내현화된 모델링은 자기주장성에 대한 자기효능감 및 자기주장적인 행동을 증가시키기 위한 개입에서 성공적으로 사용되어 왔다(Kazdin, 1979). 체계적 둔감화와 내폭법(implosion)은 전통적인 행동치료 기법으로, 어려운 상황에서 효과적으로 대처하는 것을 상상하는 능력에 의존한다(Emmelkamp, 1994; Wiederhold & Bouchard, 2014). 불안과 우울에서도 왜곡되고 부적응적인 심상이 중요 요인이 되기 때문에, 내담자로 하여금 위험과 불안의 시각적 심상 속에 포함된 왜곡 및 부적응적인 가정을 수정하도록 돕는 다양한 기법들이 개발되어 왔다(예: Ng, Abbott, & Hunt, 2014). 내담자는 공포스러운 상황에서도 이러한 상황을 효과적으로 다룰 수 있는 미래의 자신을 상상함으로써 통제감을 얻을 수 있다.

언어적 설득   대부분의 공식적인 심리적 개입은 내담자의 자기효능감을 강화시키고, 작은 성공으로 이어질 수 있는 작은 위험을 격려하기 위하여 언어적 설득에 강하게 의존한다. 인지치료 및 인지행동치료(Holland, Stewart, & Strunk, 2006; Goldin et al., 2012)에서는, 내담자를 자신의 역기능적인 신념, 태도, 기대와 관련된 토론에 참여시키며, 내담자가 그러한 신념의 불합리성과 자기패배적인 특성을 볼 수 있도록 돕는다. 치료자는 내담자가 새로운 보다 적응적인 신념을 채택하고, 이러한 새로운 신념과 기대에 맞추어 행동하도록 격려한다. 결과적으로 내담자는 성공을 경험하고, 이는 자기효능감 신념 및 적응적인 행동의 보다 지속적인 변화를 이끌어 낼 수 있다. 사람들은 또한 자기효능감의 촉진자로 매일 언어적 설득에 의존하는데, 예를 들어 체중을 줄이거나, 담배를 끊거나, 운동 프로그램을 유지하거나, 어려운 상사나 애인에게 직면하고자 용기를 내려는 시도를 할 때, 다른 사람의 지지를 추구하는 것이 그러한 예다.

생리적/정서적 상태   우리는 흔히 각성되거나 고통스러울 때보다 차분할 때 보다 자기유능성을 느낀다. 따라서 새로운 행동을 시도하는 동안 정서적 각성(특히, 불안)을 통제하고 감소시키려는 전략은 자기효능감 신념을 강화시키고 성공적인 실행 가능성을 증가시킨다. 최면, 바이오피드백, 이완 훈련, 명상, 약물치료는 전형적으로 낮은 자기효능감 및 저조한 수행과 연관된 생리적 각성을 감소시키는 데 가장 흔하게 사용되는 전략이다. 이와 관련하여, 사회불안장애의 인지행동치료는 개인에게 불안을 유발하는 인지를 재평가하게 가르침으로써 불안한 정서적 각성을 줄이는 것을 목표로 한다. 연구들은 자기효능감의 인지적 재검토가 인지행동치료가 기능하는 통로 중 하나라는 것을 발견하였다(Goldlin et al., 2012).

요약

과거 30년 동안, 우리는 자기효능감 신념의 역할과 심리적 적응 및 부적응, 신체적 건강, 자기-안내 및 전문적으로 개입한 행동변화에 대하여 더 많은 것을 알게 되었다. 긍정 임상심리학은 부정적인 인간의 특성 및 불행의 방지/개선뿐만 아니라 긍정적인 인간의 특성, 심리적 건강의 촉진, 행복의 발달을 강조한다. 또한 개인이 자기 자신의 삶과 다른 이들의 삶에서 변화를 만들어 내는 자기주도적인 행위자가 될 수 있다는 개념을 받아들인다. 사회인지이론과 자기효능감 이론에서 예방과 위험 감소를 넘어서는 '가능화(enablement: 사람들에게 자신이 열망하는 삶의 목표를 선택하고 달성하기 위한 기술을 제공하는 것)'의 발달을 강조하는 것은 이러한 두 가지 강조점과 일치한다. 자기조절에 대한 우리의 이해를 강화하는 데 관심을 쏟는 자기효능감 연구는 이러한 가능화 기술을 사람들에게 제공하는 방법에 대해서도 우리의 이해를 높일 것이다.

과거 몇 년 동안 이러한 영역에 대한 연구가 증가되어 왔다. 하지만 대부분의 연구는 교육의 맥락 안에서 이루어져 왔다(Ramdass & Zimmermann, 2011; Piperopoulos & Dimov, 2014). 교육에서의 연구가 강력하게 보증하고는 있지만, 다른 사람들(예: Sitzmann & Ely, 2011)과 마찬가지로, 우리는 교육 너머에서도 자기효능감과 자기조절을 검토하는 것이 중요하다는 것을 주지하고자 한다. 직장, 취미, 그리고 삶의 다른 영역에 있어서 목표 달성에 대한 미래의 연구들이 필요하다.

둘째, 긍정 임상심리학은 사회적 배태성(social embeddedness), 즉 나의 개인적 성공과 행복이 크게는 다른 사람들과 협동하고, 협력하고, 협상하며, 조화롭게 살아가는 능력에 의존한다는 것을 깨닫기를 강조한다. 게다가 기업, 조직, 공동체, 정부의 목표 성취 능력도 각 노력을 협동시키는 능력에 점점 더 의존하게 되는데, 왜냐하면 특별히 이러한 목표가 자주 갈등에 처하기 때문이다. 이러한 이유로, 기관과 학교에서의 효능감(Goddard, 2001 참고), 사회와 정치적 변화에서의 효능감을 포함하는 집합적 효능감(collective efficacy)은 미래 연구에 대한 많은 중요한 질문을 제공한다. 전 세계적인 의사소통이 종종 거리 내 의사소통보다 더 빨라지는 세상, 기업과 정부 내 협동과 협력이 점점 더 보편화되고 핵심적인 일이 되어 가는 세상에서, 집합적 효능감을 이해하는 것은 더욱더 중요한 일이 되어 갈 것이다.

어린아이들이 〈칙칙폭폭 꼬마 기관차의 모험(The little Engine That Could)〉에서 배우는 단순하지만 강력한 진실("나는 할 수 있다고 생각해! 나는 할 수 있다고 생각해!")은 지난 30년간의 자기효능감 연구에서도 충분히 지지되어 왔다. 즉, 누군가의 사고, 목표, 그리고 성취를 위한 능력에 대한 흔들리지 않는 믿음이 갖추어질 때, 그 사람이 성취할 수 있는 것의 한계는 없다. Bandura(1997)가 명시한 바와 같이, "사람들은 다른 이들의 특별한 공적을 보지만, 이를 만들어 내기 위한 확고한 헌신과 셀 수 없이 많은 시간 동안의 불굴의 노력은 보지 못한다(p. 119)." 사람들은 이러한 성취에서 '재능'의 역할을 과대평가하는 대신, 자기조절의 역할은 과소평가한다. 자기효능감 연구에서 시간을 초월한 메시지는 자신감, 노력, 인내가 타고난 능력보다 더욱 강하다는, 단순하지만 강력한 진실이다. 이러한 관점에서, 자기효능감은 인간의 한계가 아닌 잠재력과 가능성에 관심을 가지며, 따라서 진정한 '긍정' 임상심리학의 필수 개념이 된다.

📖 참고문헌

Abramson, L. Y., Seligman, M. E. P., & Teasdale, J. D. (1978). Learned helplessness in humans: Critique and reformulation. *Journal of Abnormal Psychology, 87*, 49-74.

Alessi, S. M. & Petry, N. M. (2014). Smoking reductions and increased self-efficacy in a randomized controlled trial of smoking abstinence: Contingent incentives in residential substance abuse treatment patients. *Nicotine & Tobacco Research, 16*, 1436-1445.

Ajzen, I. (1988). *Attitudes, personality, and behavior.* Chicago: Dorsey Press.

Bandura, A. (1977). Self-efficacy: Toward a unifying theory of behavioral change. *Psychological Review, 84*, 191-215.

Bandura, A. (1986). *Social foundations of thought and action.* New York: Prentice-Hall.

Bandura, A. (1997). *Self-efficacy: The exercise of control.* New York: Freeman.

Bandura, A. (2001). Social cognitive theory: An agentic perspective. *Annual Review of Psychology, 52*, 1-26.

Bandura, A. (2006). Toward a psychology of human agency. *Perspectives on Psychological Science, 1*, 164-180.

Bandura, A. & Locke, E. A. (2003). Negative self-efficacy and goal effects revisited. *Journal of Applied Psychology, 88*(1), 87-99.

Bandura, A. & Jourdan, F. J. (1991). Self-regulatory mechanisms governing the motivational effects of goal system. *Journal of Personality and Social Psychology, 60*, 941-951.

Bandura, A., Taylor, C. B., Williams, S. L., Mefford, I. N., & Barchas, J. D. (1985). Catecholamine secretion as a function of perceived coping self-efficacy. *Journal of Consulting and Clinical Psychology, 53*, 406-414.

Barone, D., Maddux, J. E., & Snyder, C. R. (1997). *Social cognitive psychology: History and current domains*. New York: Plenum.

Berman, E. S. (2005). The relationship between eating self-efficacy and eating disorder symptoms in a non-clinical sample. *Eating Behaviors, 7*, 79-90.

Brown, A. D., Joscelyne, A., Dorfman, M. L., Marmar, C. R., & Bryant, R. A. (2012). The impact of perceived self-efficacy on memory for aversive experiences. *Memory, 20*(4), 374-383.

Brown, L. A., Wiley, J. F., Wolitzky-Taylor, K., Roy-Byrne, P., Sherbourne, C., Stein, M. B., & Craske, M. G. (2014). Changes in self-efficacy and outcome expectancy as predictors of anxiety outcomes from the CALM study. *Depression and Anxiety*. Online before print publication.

Buglar, M. E., White, K. M., & Robinson, N. G. (2010). The role of self-efficacy in dental patients' brushing and flossing: testing an extended Health Belief Model. *Patient Education and Counseling, 78*(2), 269-272.

Caserta, M. T., Wyman, P. A., Wang, H., Moynihan, J., & O'Connor, T. G. (2011). Associations among depression, perceived self-efficacy, and immune function and health in preadolescent children. *Development and Psychopathology, 23*, 1139-1147.

Cervone, D., Shadel, W. G., Smith, R. E., & Fiori, M. (2006). Self-regulation: Reminders and suggestions from personality science. *Applied Psychology, 55*(3), 333-385.

Chan, Y. M., Zalilah, M. S., & Hii, S. Z. (2012). Determinants of compliance behaviours among patients undergoing hemodialysis in Malaysia. *Plos ONE, 7*.

Chen, G., Gully, S. M., & Eden, D. (2001). Validation of a new general self-efficacy scale. *Organizational Research Methods, 4*, 62-83.

Conger, J. C. & Keane, S. P. (1981). Social skills intervention in the treatment of isolated or withdrawn children. *Psychological Bulletin, 90*, 478-495.

Costa, L. D. C. M., Maher, C. G., McAuley, J. H., Hancock, M. J., & Smeets, R. J. (2011). Self-efficacy is more important than fear of movement in mediating the relationship between pain and disability in chronic low back pain. *European Journal of Pain, 15*, 213-219.

DiClemente, C. C., Fairhurst, S. K., & Piotrowski, N. A. (1995). Self-efficacy and addictive behaviors. In: J. E. Maddux (Ed.), *Self-efficacy, adaptation and adjustment: Theory, research, and application* (pp. 109-142). New York: Plenum.

Duffy, S. A., Scheumann, A. L., Fowler, K. E., Darling-Fisher, C., & Terrell, J. E. (2010). Perceived difficulty quitting predicts enrollment in a smoking-cessation program for patients with head and neck cancer. *Oncology Nursing Forum, 37*(3), 349-356.

Eagly, A. H. & Chaiken, S. (1993). *The psychology of attitudes*. New York: Harcourt, Brace, Jovanovitch.

Eisenberg, N., Valiente, C., & Eggum, N. D. (2010). Self-regulation and school readiness. *Early Education and Development, 21*(5), 681-698.

Emmelkamp, P. M. G. (1994). Behavior therapy with adults. In: A. E. Bergin & S. L. Garfield (Eds.), *Handbook of psychotherapy and behavior change* (4th ed., pp. 379-427). New York: John Wiley.

Fishbein, M. & Ajzen, I. (1975). *Belief, attitude, intention, and behavior: An introduction to theory and research.* Reading, MA: Addison-Wesley.

Flett, G. L., Panico, T., & Hewitt, P. L. (2011). Perfectionism, type A behavior, and self-efficacy in depression and health symptoms among adolescents. *Current Psychology, 30,* 105-116.

Gallagher, M. W., Payne, L. A., White, K. S., Shear, K. M., Woods, S. W., Gorman, J. M., & Barlow, D. H. (2013). Mechanisms of change in cognitive behavioral therapy for panic disorder: The unique effects of self-efficacy and anxiety sensitivity. *Behaviour Research and Therapy, 51*(11), 767-777.

Goddard, R. D. (2001). Collective efficacy: A neglected construct in the study of schools and student achievement. *Journal of Educational Psychology, 93,* 467-476.

Goldin, P. R., Ziv, M., Jazaieri, H., Werner, K., Kraemer, H., Heimberg, R. G., & Gross, J. J. (2012). Cognitive reappraisal self-efficacy mediates the effects of individual cognitive-behavioral therapy for social anxiety disorder. *Journal of Consulting and Clinical Psychology, 80,* 1034-1040.

Gomez, V., Zimmermann, G., Froehlich, W. D., & Knop, J. (1994). Stress, control experience, acute hormonal and immune reactions. *Psychologische Beitrage, 36,* 74-81.

Grembowski, D., Patrick, D., Diehr, P., Durham, M., Beresford, S., Kay, E., & Hecht, J. (1993). Self-efficacy and health behavior among older adults. *Journal of Health and Social Behavior, 34*(2), 89-104.

Gwaltner, C. J., Metrik, J., Kahler, C. W., & Shiffinan, S. (2009). Self-efficacy and smoking cessation: A meta-analysis. *Psychology of Addictive Behaviors, 23,* 56-66.

Hendricks, P. S., Delucchi, K. L., & Hall, S. M. (2010). Mechanisms of change in extended cognitive behavioral treatment for tobacco dependence. *Drug and Alcohol Dependence, 109,* 114-119.

Holland, S. D., Stewart, M. O., & Strunk, D. (2006). Enduring effects for cognitive behavior therapy in the treatment of depression and anxiety. *Annual Review of Psychology, 57,* 285-315.

Howarter, A. D., Bennett, K. K., Barber, C. E., Gessner, S. N., & Clark, J. M. (2014). Exercise self-efficacy and symptoms of depression after cardiac rehabilitation: Predicting changes over time using a piecewise growth curve analysis. *Journal of Cardiovascular Nursing, 29*(2), 168-177.

Hoyle, R. H. (2006). Personality and self-regulation: Trait and information-processing perspectives. *Journal of Personality, 74*(6), 1507-1526.

Kadden, R. M. & Litt, M. D. (2011). The role of self-efficacy in the treatment of substance use disorders. *Addictive Behaviors, 36,* 1120-1126.

Kagan, J. (2007). *What is emotion?* New Haven, CT: Yale University Press.

Kaplan, M. & Maddux, J. E. (2002). Goals and marital satisfaction: Perceived support for personal goals and collective efficacy for collective goals. *Journal of Social and Clinical Psychology, 21,* 157-164.

Karoly, P. (2010). Goal systems and self-regulation. *Handbook of Personality and Self-regulation* (pp. 218-242). Wiley-Blackwell.

Kassavou, A., Turner, A., Hamborg, T., & French, D. P. (2014). Predicting maintenance of attendance at walking groups: Testing constructs from three leading maintenance theories. *Health Psychology, 33,* 752-756.

Kazdin, A. E. (1979). Imagery elaboration and self-efficacy in the covert modeling treatment of unassertive behavior. *Journal of Consulting and Clinical Psychology, 47,* 725-733.

Kelly, J. F. & Greene, M. C. (2014). Where there's a will there's a way: A longitudinal investigation of the interplay between recovery motivation and self-efficacy in predicting treatment outcome. *Psychology of Addictive Behaviors, 28,* 928-934.

Lambert, J. E., Benight, C. C., Wong, T., & Johnson, L. E. (2013). Cognitive bias in the interpretation of physiological sensations, coping self-efficacy, and psychological distress after intimate partner violence. *Psychological Trauma: Theory, Research, Practice, and Policy, 5,* 494-500.

Lobera, I. J., Estébanez, S., Fernández, M. J., Bautista, E. Á., & Garrido, O. (2009). Coping strategies in eating disorders. *European Eating Disorders Review, 17,* 220-226.

Locke, E. A. & Latham, G. P. (1990). *A theory of goal setting & task performance.* Upper Saddle River, NJ: Prentice-Hall.

McClelland, D. C., Atkinson, J. W., Clark, R. W., & Lowell, E. L. (1953). *The achievement motive.* New York: Appleton-Century-Croft.

McCrae, R. R. & Löckenhoff, C. E. (2010). Self-regulation and the five-factor model of personality traits. In: R. H. Hoyle (Ed.), *Handbook of Personality and Self-regulation* (pp. 145-168). Wiley-Blackwell.

Maddux, J. E. (1993). Social cognitive models of heath and exercise behavior: An introduction and review of conceptual issues. *Journal of Applied Sport Psychology, 5,* 116-140.

Maddux, J. E. (1995). Self-efficacy theory: An introduction. In: J. E. Maddux (Ed.), *Self-efficacy, adaptation, and adjustment: Theory, research, and application* (pp. 3-36). New York: Plenum.

Maddux, J. E. (1999a). Expectancies and the social-cognitive perspective: Basic principles, processes, and variables. In: I. Kirsch (Ed.), *How expectancies shape behavior* (pp. 17-40). Washington, DC: American Psychological Association.

Maddux, J. E. (1999b). The collective construction of collective efficacy. *Group Dynamics: Theory, Research, and Practice, 3,* 1-4.

Maddux, J. E., Brawley, L., & Boykin, A. (1995). Self-efficacy and healthy decision-making: Protection, promotion, and detection. In: J. E. Maddux (Ed.), *Self-efficacy, adaptation, and adjustment: Theory, research and application* (pp. 173-202). New York: Plenum.

Maddux, J. E. & DuCharme, K. A. (1997). Behavioral intentions in theories of health behavior. In: D. Gochman (Ed.), *Handbook of health behavior research, vol. I: Personal and social determinants* (pp. 133-152). New York: Plenum.

Maddux, J. E. & Lewis, J. (1995). Self-efficacy and adjustment: Basic principles and issues. In: J. E. Maddux (Ed.), *Self-efficacy, adaptation, and adjustment: Theory, research, and application* (pp. 37-68). New York: Plenum.

Maddux, J. E. & Meier, L. J. (1995). Self-efficacy and depression. In: J. E. Maddux (Ed.), *Self-efficacy, adaptation, and adjustment: Theory, research, and application* (pp. 143-169). New York: Plenum.

Maddux, J. E. & Rogers, R. W. (1983). Protection motivation and self-efficacy: A revised theory of fear appeals and attitude change. *Journal of Experimental Social Psychology, 19,* 469-479.

Molden, D. C. & Dweck, C. S. (2006). Finding "meaning" in psychology: A lay theories approach to self-regulation, social perception, and social development. *American Psychologist, 61,* 192-203.

Nash, V. R., Ponto, J., Townsend, C., Nelson, P., & Bretz, M. N. (2013). Cognitive behavioral therapy, self-efficacy, and depression in persons with chronic pain. *Pain Management Nursing, 14*(4), e236-e243.

Niedenthal, P. M. (2007). Embodying emotion. *Science, 316*(5827), 1002-1005.

Ng, A. S., Abbott, M. J., & Hunt, C. (2014). The effect of self-imagery on symptoms and processes in social anxiety: A systematic review. *Clinical Psychology Review, 34*(8), 620-633.

O'Leary, A. & Brown, S. (1995). Self-efficacy and the physiological stress response. In: J. E. Maddux (Ed.), *Self-efficacy, adaptation, and adjustment: Theory, research, and application* (pp. 227-248). New York: Plenum.

Ollendick, T. H., Öst, L-G., Reuterskiöld, L., & Costa, N. (2010). Comorbidity in youth with specific phobias: Impact of comorbidity on treatment outcome and the impact of treatment on comorbid disorders. *Behaviour Research and Therapy, 48,* 827-831.

Pajares, F. (2005). *Gender differences in mathematics self-efficacy beliefs.* Cambridge: Cambridge

University Press.

Piperopoulos, P. & Dimov, D. (2014). Burst bubbles or build steam? Entrepreneurship education, entrepreneurial self-efficacy, and entrepreneurial intentions. *Journal of Small Business Management*. Online before print publication.

Piper, W. (1930/1989). *The little engine that could*. New York: Platt & Monk.

Prussia, G. E. & Kinicki, A. J. (1996). A motivational investigation of group effectiveness using social cognitive theory. *Journal of Applied Psychology, 81*, 187-198.

Ramdass, D. & Zimmerman, B. J. (2011). Developing self-regulation skills: The important role of homework. *Journal of Advanced Academics, 22*, 194-218.

Robinson, J. K., Gaber, R., Hultgren, B., Eilers, S., Blatt, H., Stapleton, J., & Wayne, J. (2014). Skin self-examination education for early detection of melanoma: A randomized controlled trial of internet, workbook, and in-person interventions. *Journal of Medical Internet Research, 16*, 4-14.

Rogers, R. W. & Prentice-Dunn, S. (1997). Protection motivation theory. In: D. Gochman (Ed.), *Handbook of health behavior research, vol. I: Personal and social determinants* (pp. 113-132). New York: Plenum.

Rothbaum, B. O., Anderson, P., Zimand, E., Hodges, L., Lang, D., & Wilson, J. (2006). Virtual reality exposure therapy and standard (in vivo) exposure therapy in the treatment for the fear of flying. *Behavior Therapy, 1*(37), 80-90.

Rotter, J. B. (1966). Generalized expectancies for internal versus external control of reinforcement. *Psychological Monographs: General and Applied, 80*(1), 1-28.

Russell, B. (1945). *A history of Western philosophy*. New York: Simon & Schuster.

Saemi, E., Porter, J. M., Ghotbi-Varzaneh, A., Zarghami, M., & Maleki, F. (2012). Knowledge of results after relatively good trials enhances self-efficacy and motor learning. *Psychology of Sport and Exercise, 13*(4), 378-382.

Schlehofer, M. M., Thompson, S. C., Ting, S., Ostermann, S., Nierman, A., & Skenderian, J. (2010). Psychological predictors of college students' cell phone use while driving. *Accident Analysis & Prevention, 42*(4), 1107-1112.

Sherer, M., Maddux, J. E., Mercandante, B., Prentice-Dunn, S., Jacobs, B., & Rogers, R. W. (1982). The self-efficacy scale: Construction and validation. *Psychological Reports, 51*, 633-671.

Skinner, E. A. (1995). *Perceived control, motivation, and coping*. Thousand Oaks, CA: Sage.

Strecher, V. J., Champion, V. L., & Rosenstock, I. M. (1997). The health belief model and health behavior. In: D. Gochman (Ed.), *Handbook of health behavior research, vol. I: Personal and social determinants* (pp. 71-92). New York: Plenum.

Sitzmann, T. & Ely, K. (2011). A meta-analysis of self-regulated learning in work-related training and educational attainment: What we know and where we need to go. *Psychological Bulletin, 137,* 421-442.

Tabernero, C. & Wood, R. E. (2009). Interaction between self-efficacy and initial performance in predicting the complexity of task chosen. *Psychological Reports, 105*(3) (Pt 2), 1167.

Thompson, M. P., Kaslow, N. J., Short, L. M., & Wyckoff, S. (2002). The mediating roles of perceived social support and resources in the self-efficacy-suicide attempts relation among African American abused women. *Journal of Consulting and Clinical Psychology, 70,* 942-949.

Tipton, R. M. & Worthington, E. L. (1984). The measurement of generalized self-efficacy: A study of construct validity. *Journal of Personality Assessment, 48,* 545-548.

Vncouver, J. B., More, K. M., & Yoder, R. J. (2008). Self-efficacy and resource allocation: Support for a nonmonotonic, discontinuous model. *Journal of Applied Psychology, 93*(1), 35-47.

Vessey, G. N. A. (1967). Volition. In: P. Edwards (Ed.), *Encyclopedia of philosophy, vol. 8* (pp. 258-260). New York: Macmillan.

Warren, J. S. & Salazar, B. C. (2015). Youth self efficacy domains as predictors of change in routine community mental health services. *Psychotherapy Research, 25*(5), 583-594.

Weinstein, N. D. (1993). Testing four competing theories of health-protective behavior. *Health Psychology, 12,* 324-333.

White, R. W. (1959). Motivation reconsidered: The concept of competence. *Psychological Review, 66,* 297-333.

Wiederhold, B. K. & Bouchard, S. (2014). Fear of flying (aviophobia): Efficacy and methodological lessons learned from outcome trials, In: *Advances in virtual reality and anxiety disorders* (pp. 65-89). New York: Springer.

Widman, L., Golin, C. E., Grodensky, C. A., & Suchindran, C. (2013). Do safer sex self-efficacy, attitudes toward condoms, and HIV transmission risk beliefs differ among men who have sex with men, heterosexual men, and women living with HIV. *AIDS and Behavior, 17,* 1873-1882.

Williams, D. M. (2010). Outcome expectancy and self-efficacy: Theoretical implications of an unresolved contradiction. *Personality and Social Psychology Review, 14,* 417-425.

Williams, S. L. (1995). Self-efficacy, anxiety, and phobic disorders. In: J. E. Maddux (Ed.), *Self-efficacy, adaptation, and adjustment: Theory, research, and application* (pp. 69-107). New York: Plenum.

Yang, M. L., Chuang, H. H., & Chiou, W. B. (2009). Long-term costs of inflated self-estimate on academic performance among adolescent students: A case of second-language achievements. *Psychological Reports, 105*(3) (Pt 1), 727.

제8장

공감
'좋은 것, 나쁜 것, 추한 것'

Eamonn Ferguson

만약 당신이 고통에 처한 누군가를 본다면, 당신은 그들이 어떻게 느낄지를 상상하려고 노력하거나, 그들에게 염려나 동정심을 느낄 수 있다. 또는 만약 당신이 같은 상황에 있다면 어떨지를 상상해 볼 수도 있다. 아니면 그들이 고통받는 것을 보는 것만으로도 당신은 괴로운 경험을 할지도 모른다. 이러한 유형의 경험은 과학 및 철학 문헌에서 공감(empathy) 및 공감 관련 구성개념(empathy-related constructs)으로 다양하게 기술된다(Batson, 2009). 이는 공감에 대한 사람들의 통념적인 이해에서도 잘 드러난다(Kerem, Fishman, & Josselson, 2001; Hakansson & Montgomery, 2003). 공감은 중요한 구성개념인데, 왜냐하면 성공적인 사회적 상호작용에서는 공감이 핵심적일 뿐만 아니라, 공감받는 대상과 공감하는 사람 둘 모두에게 평판 쌓기, 긍정적인 안녕감, 심지어 장수라는 측면에서도 이득을 주기 때문이다(Brown, Nesse, Vinokur, & Smith, 2003; Hakansson & Montgomery, 2003; Weistein & Ryan, 2010). 이러한 효과에 기초하여, 공감은 응용심리학에서 보다 중심적인 역할을 맡기 시작했다. 예를 들어, 돌봄 제공자에게는 공감이 바람직한 특질이자(Ferguson, James, & Madely, 2002; Kim, Kaplowitz, & Johnston, 2004; Silvester, Patterson, Koczwara, & Ferguson, 2007), 적극적으로 그런 특질을 가진 사람을 뽑아야 하는 것으로 여겨진다(Patterson, Ferguson, Lane, Farrell, Martlew, & Wells, 2000).

공감의 효과를 진심으로 인정하면서도, 모집단 내 공감 특질의 다양성이 존재하는 것은 또한 공감이 '어두운 측면'을 가지고 있음을 암시한다(Nettle, 2006; Ferguson, 2013; Ferguson, Semper, Yates, Fitzgerald, Skatova, & James, 2014). 특질 발현의 다양성에 대한 여러 설명들 중 한 가지는 특질에 의해 나타나는 비용(costs)과 효과(benefits) 간 거래를 기반으로 한다

(Nettle, 2006). 예를 들어, 신경증(neuroticism)은 위험으로부터 주의 자원을 돌린다는 점에서 효과를 갖지만, 또한 정신과적 질환에 대한 취약성을 증가시킨다는 점에서 비용을 동반한다(Nettle, 2006). 이러한 논리에 힘입어, 이 장에서는 공감의 어두운 측면에 대한 증거를 검토하고, 응용심리학 실제에서의 이에 대한 잠재적인 함의를 살펴볼 것이다.

비용-효과 모델로 공감 정의하기

공감의 어두운 측면을 탐색하기 전에, 공감의 구성 요소와 처리 과정 측면에서 공감을 정의하는 것이 필요하다. 이러한 요소와 과정은 공감이 언제 효과(예: 타인을 돕는 것, 평판을 쌓는 것)나 비용(예: 통증 민감성의 증가)을 가져 올 것인지에 대한 이해의 기반을 제공한다.

일반적인 이론 구조

공감 과정의 폭넓은 이론적 모델은 세 가지 분류를 따른다(Rameson & Lieberman, 2009)—① 통념-이론, ② 모의실험 이론, ③ 이중-과정 이론.

통념-이론(Theory-Theories)   이 모델은 공감적 표상이 인지적 심리화(mentalizing)로부터 일어난다고 제안하는데, 이는 다른 사람의 감정을 추론하기 위해 마음의 '통념 모델(lay model)'을 적용하는 것에 기반한다(Batson, 2009; Rameson & Lieberman, 2009). 여기에는 대상과 그 대상이 행동하고 있는 상황에 대한 평가를 반영하는, 의식적이고 통제된 과정이 필요하다.

모의실험 이론(Simulation theories)   이 이론은 우리가 다른 사람이 어떻게 느끼는지 모의실험하기 위하여, "스스로를 다른 사람의 '심리적 상태(mental shoes)'에 대입하며……(Rameson & Lieberman, 2009, p. 95)", 우리 자신의 표상을 사용한다고 규정한다(Decety & Jackson, 2004; Keysers & Gazzola, 2007). 이러한 과정은 일반적으로 자동화되어 일어나는 것으로 보이며, 의식적인 자각을 필요로 하지는 않는다(Decety & Jackson, 2004). 그러나 타인의 감정에 대한 자동화된 표상은 아마도 대개 기본 정서(예: 공포)를 반영할 것이며, 동정심과 같은 보다 복잡한 사회적 정서는 적극적인 인지 과정을 더 필요로 할 것이다(Decety & Jackson, 2004).

이중-과정 이론(Dual-process theories)　　이 모델은 공감 반응에서 자동화된 과정이 의식적인 과정에 반영되는 두 가지 과정이 모두 중요하다고 인정한다(Decety & Jackson, 2004; Shamay-Tsoory et al., 2005; Singer, 2006; Keysers & Gazzola, 2007; de Wall, 2008). 이 분야에 대해서는 많은 우수한 개관연구들이 존재한다(예: Decety & Jackson, 2004; de Vignemont & Singer, 2006; Singer & Lamm, 2009).

정의

여기에서 채택한 공감의 정의는 이중-과정 모델에 기반하며, 이때 고통 속에 있으면서 공감적 과정이 향하고 있는 사람을 '대상(target)'이라 지칭하고, 공감하고 있는 사람은 '공감자(empathizer)'라고 지칭한다.

공감 과정은 다음과 같이 정의된다.

1. 표상을 형성하고 대상의 정서적 상태를 이해하게 되는 과정으로, 공감자 반응의 기초를 형성한다.
2. 이 표상은 반드시 직접적인 정서적 자극을 동반하지 않고도 발생할 수 있다(Singer, 2006).
3. 공감자는 자신이 느끼는 정서적 경험의 원천이 대상이라는 것을 안다. 즉, 자기-타인 분화(self-other differentiation)가 존재한다(Decety & Jackson, 2004; de Vignemont & Singer, 2006).
4. 공감자의 정서적 표상이 대상의 정서적 표상과 반드시 동형(isomorphic: 같음)이어야 하는 것은 아니나, 같을 수도 있다(Batson & Shaw, 1991 참고). 이는 다른 이론가들, 특히 공감의 신경과학에 대해 연구하는 이론가들이 대상과 공감자의 정서가 오직 동형일 때만 공감이 발생했다고 보는 것과는 다른 점이다(de Vignemont & Singer, 2006; Singer & Lamm, 2009; Bird & Viding, 2014). 여기에서 채택한 접근은 대상과 공감자에 의해 경험되는 정서가 같고, 따라서 동정심(sympathy)을 포함할 것을 요구하지 않는다(Batson & Show, 1991; Batson, 2009). 동정심은 다른 이들의 고통에 대한 경험적 반응의 일부일 뿐이다(Batson, 2009). 대상에 대한 공감자의 반응(돕고 싶거나, 피하고 싶거나, 해를 끼치고 싶음; 앞의 정의 중 1번)은 부분적으로만 공감자의 정서적 경험이 동형인지에 의존할 것이다(다음 '대상에 대한 효과' 부분 참조).

공감의 중심 요소와 하위 요소

공감의 세 가지 구성 요소, ① 인지적(cognitive: 대상의 정서적 상태를 이해하는 것), ② 정서적(emotional: 다른 사람의 정서적 상태를 어떤 방식으로 느끼는 것), ③ 운동적(motor: 행위-지각 동기화를 일으키는 자동화된 과정) 요소는 여러 문헌에서 전통적으로 알려져 있다(Decety & Jackson, 2004; Blair, 2005). 비유적으로, 이 세 가지 구성 요소는 '공감'이라는 행성의 궤도를 선회하는 위성들로 생각할 수 있다([그림 8-1]). 그리고 이 위성들의 지형은 각각의 다른 대륙, 즉 하위 요소를 확인함으로써 탐색할 수 있다. Batson(2009)은 공감을 인용하는 문헌 속에서 8개의 각각 다른 개념들을 확인하였다. 나는 이를 사용하여 공감의 하위 요소를 정의할 것인데, 이는 인지적·정서적·운동적 중심 요소를 구성한다. 또한 여기에 Singer과 동료들(Singer, 2006; Singer & Lamm, 2009), 그리고 Blair(2005, 2008)와 같은 저자들의 연구도 가져 올 것이다.

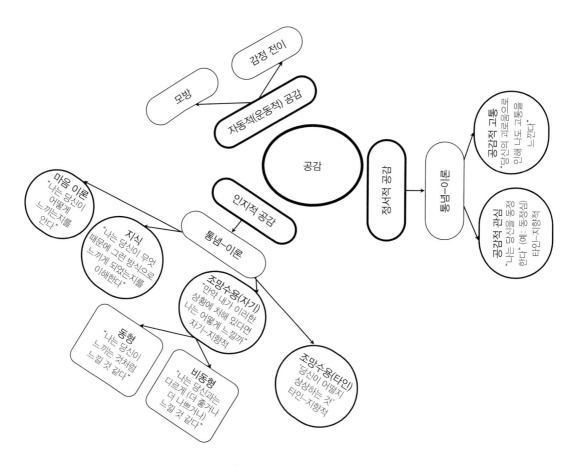

[그림 8-1] 공감의 구성 요소

첫째, 자동화된 과정에 연결된 두 가지 하위 요소가 있는데, 이는 '자동적(운동적) 공감 [Automatic(Motor) Empathy]'이라는 위성의 지형을 이룬다—① 운동성 모방(Motor Mimicry: 다른 사람의 태도, 정서, 표현에 자동적으로 동기화하는 것; Singer & Lamm, 2009: Batson의 두 번째 개념), ② 감정 전이(Emotional Contagion: 다른 사람의 정서를 알아차리는 자동화된 경향; Singer & Lamm, 2009: Batson의 세 번째 개념). Singer과 Lamm(2009)은 운동성 모방과 감정 전이가 서로 연결되어 있다고 제안하며, Decety와 Jackson(2004)은 감정 전이의 정의 안에 모방을 포함시켰다.

그러나 많은 저자들이 이야기하는 것처럼, 모방과 감정 전이가 공감과 일치하지는 않은데, 이러한 지각–행위 과정은 자기–타인 분화를 결여하고 있기 때문이다(예: Bernhardt & Singer, 2012). 하지만 여기에서는 두 가지 이유로 이를 공감 안에 포함시켰다. ① 모방도 의식적일 수 있다. 우리는 의도적으로 다른 사람을 흉내 내고자 선택하기도 한다(Decety & Jackson, 2004). ② 이중–과정 구조 내에서 이들은 일차 과정을 나타내는데, 이는 정신적 유연성을 선보이는 보다 복잡한 과정(예: 조망수용)의 기초를 형성한다(Decety & Jackson, 2004). 최근의 뇌영상 연구도 이러한 주장을 뒷받침한다(Morelli, Rameson, & Lieberman, 2014). 따라서 과정–지향 관점에서 모방과 감정 전이는 고차원적인 공감 과정을 위한 건축용 기초 블록이라고 볼 수 있다(예: de Wall, 2008; Lamm, Nurbaum, Meltzoff, & Decety, 2007 참고). 하지만 어떤 임상적 경우에는, 이러한 일차 과정 없이도 고차원적인 공감 과정이 도입될 수 있다는 것이 알려져 있으며(Danziger, Faillenot, & Peyron, 2009), 모방과 감정을 알아차리는 능력이 고차원적 공감 과정에 반드시 필요한지에 대해서도 논쟁이 있다. 사실상 대부분의 정상 발달에서 이것은 공감적 능력의 기초가 될 가능성이 높다(de Wall, 2008). 보다 명확하게는, 단지 감정 전이를 경험한다고 해서 이것이 공감은 아니지만, 공감을 경험하는 데 감정 전이를 발생시키는 능력이 필요하기는 하다.

둘째, '인지적 공감(Cognitive Empathy)'의 지형은 주로 통념–이론 과정을 반영하는 네 가지 하위 요소로 구성된다—① 마음 이론(Theory of Mind: ToM), ② 지식(Knowledge), ③ 조망수용(타인)[Perspective-Taking(other): PT$_{(o)}$], ④ 조망수용(자기)[Perspective-Taking(self): PT$_{(s)}$].

마음 이론은 다른 사람이 마음을 가지고 있다는 것, 정서·욕구·신념 등을 가지고 있다는 것을 이해하는 것을 의미한다. 지식은 기억, 대상이 처한 상황에 대한 평가, 대상에 관한 지식을 일컫는다. 이 세 가지는 모두 대상의 감정을 추론하는 데 사용된다(de Wall, 2008: Batson의 첫 번째 개념). 따라서 지식은 공감적 과정의 핵심 요소이며, 공감적 반응의 강도는 다음의 평가에 대한 함수로서 달라진다—① 대상의 상황, 정서, 성격에 대한 공감자의 평가와 공감자 자신의 상황, 정서, 성격에 대한 평가 사이의 유사성(similarity); ② 대상에 대한 친숙성(familiarity); ③ 대상 행위의 공정성(fairness); ④ 집단(group) 소속감; ⑤ 혈연관계(kinship; Vignemenot & Singer, 2006; Engen & Singer, 2013 관련 개관연구 참고).

2개의 조망수용 구성 요소([PT$_{(o)}$]와 [PT$_{(s)}$])는 공감자가 자신의 정서를 대상의 정서와 관련하여 어떻게 드러내는지에 따라 달라진다. PT$_{(o)}$는 다른 사람이 어떻게 느낄지를 상상하는 것을 말한다(Batson, 2009: Batson의 다섯 번째 개념). PT$_{(s)}$는 공감자가 만약 자신이 대상의 위치에 있다면 어떻게 느낄 것인지를 상상하는 것을 반영한다(Batson의 네 번째, 여섯 번째 개념). 연구들에서는 PT$_{(o)}$와 PT$_{(s)}$가 관련되어 있지만 구별되는 과정이라고 본다. PT$_{(s)}$는 신경학적 수준(Lamm, Batson, & Decety, 2007) 및 심리측정 면에서도(Lockwood, Seara-Cardoso, & Viding, 2014) PT$_{(o)}$와 구별되는 것으로 나타나며, 이와 더불어 정서적 반응 측면에서도 PT$_{(o)}$는 동정심과 연민(공감적 관심)을 초래하는 반면, PT$_{(s)}$는 개인적인 고통 또한 초래한다는 차이가 있다(Batson, Early, & Salvarini, 1997).

통념−이론 과정의 예로서 여기에서 정의한 것과는 달리, PT$_{(s)}$에는 어느 정도 적극적인 모의실험이 존재한다. PT$_{(s)}$는 공감자가 대상이 경험하고 있는 것을 상상하는 것이 아니라, 공감자 자신이 그 상황에서 어떻게 느낄 것인지를 가장한다는 점에서 모의실험의 측면을 담고 있다. 따라서 PT$_{(s)}$는 통념−이론과 모의실험 이론 접근이 혼합된 것으로 보는 것이 더 나을 수 있다.

PT$_{(s)}$는 '동형(isomorphic)'일 수도(당신이 대상과 동일한 부정적 감정을 느낄 거라 상상하는 것), '비동형(nonisomorphic)'일 수도 있다(당신이 다른 어떤 것을 느낄 거라 상상하는 것). 가장 약한 의미에서, 비동형 PT$_{(s)}$는 당신이 대상과 동일한 감정을 느끼지만 강도 면에서 보다 강하거나 보다 덜한 방식으로 느낀다고 상상하는 것일 수 있다. 이는 자기−타인 공감 격차(self-other empathy gap)라고 표현되기도 한다(Loewenstein, 2005). 가장 정확한 의미에서, 비동형 PT$_{(s)}$는 공감자가 대상과 동일한 상황에 있지만, 대상과는 다른 감정을 느낄 것이라고(예: 대상은 슬픈데, 공감자는 화가 나거나 심지어 행복하다고 느끼는 것) 상상하는 데서부터 유래된다. 예를 들어, 어떤 사람이 대상의 사별과 관련하여 PT$_{(s)}$를 채택한다면, 대상은 죽은 사람의 고통이 끝났다는 점에서 안도를 느끼는 반면, PT$_{(s)}$ 공감자는 대상과 동일한 상황에서 단지 슬픔만을 느끼거나 심지어는 화가 난다고 느낄 것이라 상상할 수 있다. 또한 PT$_{(s)}$ 공감자가 동일한 상황에 있다고 했을 때 긍정적인 정서를 느낄 법한 맥락도 있다. 예를 들어, 대상의 연애관계가 끝이 났을 때, 그러나 공감자는 대상의 연인이 과도하게 통제적이고 공격적이라고 느꼈다면, PT$_{(s)}$ 공감자는 자신이 대상의 위치에 있다면 이러한 이별이 기쁠 것으로 생각할 수 있다.

셋째, '정서적 공감(Emotional Empathy)'의 지형은 두 가지 하위 요소로 나뉜다―① 공감적 관심(Empathic concern), ② 공감적 고통(Empathic distress). 공감적 관심은 대상을 향하여 동정심이나 연민과 같은 감정을 느끼는 것을 일컫는다(Batson의 여덟 번째 개념). 동정심은 대상을 동정하는 것으로, 그 자체로 공감자에 의해 느껴지는 감정이 대상과 동형인 것은 아니다(Singer & Lamm, 2009 참조). 공감적 고통은 고통에 처한 대상을 볼 때 느끼는 고통을 일컫는다(Batson의 일곱 번째 개념). 이것은 PT(s)를 통하여 일어날 수 있다.

공감의 구성 요소에 대한 이중-과정 설명

[그림 8-1]에 제시한 중심 요소와 하위 요소를 재정리하여 이중-과정 모델을 제시하였다([그림 8-2]). 이때 초기의 일차 과정은 후반부의 보다 복잡한 공감적 표상과 과정의 기초가 된다(de Wall, 2008 참고).

우선 2개의 초기 과정이 존재한다―① 자동적 · 운동적 공감(모방과 감정 전이), ② 초기

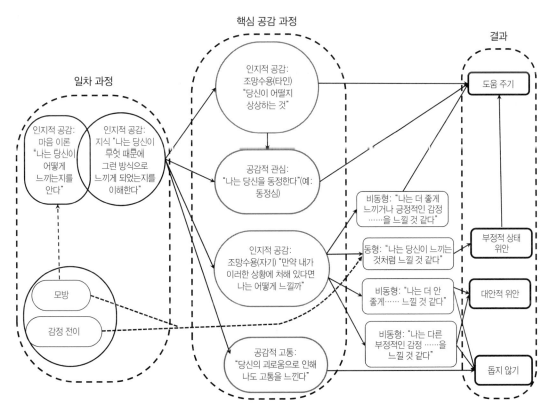

[그림 8-2] 공감 과정의 이중-과정 설명과, 이것이 도움 주기, 대안적 위안
(기분 조절자로서 약물, 여흥, 등), 돕지 않기와 연결되는 방식

인지적 과정(마음 이론과 지식). 전자는 자동화된 표상 과정을 나타내며, 후자는 이후의 인지적·정서적 공감 과정과 반응의 기초를 형성하는 의식적인 인지 과정을 나타낸다. 마음 이론은 거울 뉴런으로부터 일어난다고 가정되는데(Gallese & Goldman, 1998 참고), 기초적인 모방/흉내 내기가 이의 밑바탕이 된다(Lieberman, 2007; Iacoboni, 2009). 마음 이론과 지식의 결합은 사람들로 하여금 다른 사람이 감정을 가지고 있음을 알게 하며, 공감 과정의 핵심이 되는 자기-타인 분화를 제공하며, 보다 복잡한 감정을 알아차리는 평가 과정을 위해 맥락적 지식을 고려하도록 만든다. 이는 의식적인 통념-이론에서 유발된 과정이지만, 모방의 밑바탕이 되는 자동화된 모의실험에서도 만들어진다. 이러한 과정이 시작되자마자, 공감자는 이후 네 개의 핵심적인 공감 과정 중 하나를 사용하여 적극적으로 '공감할' 수 있게 된다—① $PT_{(o)}$, ② 공감적 관심, ③ $PT_{(s)}$, ④ 공감적 고통.

자동적(운동적) 공감 구성 요소는 곧바로 동형의 $PT_{(s)}$로 이어질 수 있다는 것을 유의하라. 이는 $PT_{(s)}$ 과정이 동형일 때, 표상이 거울 뉴런/감정 전이 시스템의 활성화와 일치하기 쉬워지기 때문이다. 우리는 이러한 핵심적 공감 과정이 어떻게 친사회적·반사회적 행동들에 다르게 영향을 미칠 수 있는지 탐색하기 위하여, 차후 이 주제로 다시 돌아올 것이다.

특질의 진화: 비용과 효과

공감 능력이 유전 특질로서 발현될 수 있다는 것이 인정되지만(Knafo, Zahn-Waxler, Hulle, Robinson, & Rhee, 2008), 모집단 안에서 변이들 또한 관찰된다(Davis, 1983; Hein & Singer, 2008; Baron-Cohen, 2012; Georgi, Petermann, & Schipper, 2014). 특질로서의 공감은 공감 과정에 관여하는 동일 뇌 영역의 상당수와 상관을 보이는데(Singer, Seymour, O'Doherty, Kaube, Dolan, & Frith, 2004), 이는 공감 특질이 발달적·사회적·인지적·신경과학적 문헌들에서 기술된 동일한 기초 공감 과정을 활용한다는 것을 보여 준다. 공감 특질은 또한 이러한 공감 과정을 강화시키는 데도 활용된다(Singer et al., 2004).

진화적 관점에서 왜 이러한 변이들이 존재하는지를 설명할 필요가 있다. 자연 선택(natural selection)은 변이에 대항하고, 적합성을 증가시키는 데 가장 잘 맞는 특질을 선택해야 한다. 퍼즐을 풀기 위한 한 가지 해결책은 비용-효과 교환 모델(cost-benefit trade-off model)의 관점이다(Nettle, 2006). 이러한 접근의 기본 견해는 특질이 변화되는 환경의 적응적인 요구를 충족시키기 위하여 진화된다는 것이다. 이를 위하여 최선의 가치는 아닐지라도, 그러한 특질이 비용과 효과 둘 다를 가져 올 때, 이들의 혼합이 현재 맥락에 따라 최선의 적합성 수준을 결정하게 된다는 것이다. 동일한 논리에 의해, 모집단 내에서 변이를 보이는 진화된 특질로서 공감 또한 마찬가지로 연관된 비용과 효과를 모두 가질 수 있다 (Nettle, 2006; Ferguson, 2013). 이러한 비용과 효과는 다음 부분에서 자세하게 다룰 것이다.

'좋은 것, 나쁜 것, 추한 것'

우리는 세르조 레오네의 영화, 〈석양의 무법자(The Good, The Bad, and The Ugly)〉©에서 비유를 가져 와서 공감의 상대적인 비용과 효과에 대해 분류하고자 한다. '좋은 것'은 공감 자, 대상, 사회에 자동적이든 또는 의도된 것이든 효과를 주는 것을 뜻한다. '나쁜 것'은 공 감자, 대상, 사회에 불쾌한 결과를 뜻하며, 이 또한 자동적일 수도 의도된 것일 수도 있다. 반면에 '추한 것'은 공감과 연결된 더럽고 악의적인 의도된 결과를 나타낸다.

좋은 것

공감의 효과는 공감자, 대상, 사회에 대한 효과를 반영한다. 이들 각각에 대하여 공감의 효과를 다음과 같이 간략하게 기술하였다.

공감자에 대한 효과   공감자에게 일어나는 주요 효과에는 온정, 평판 쌓기뿐만 아니라 장수도 관련이 있다.

온정(Warm-Glow)과 평판 쌓기(Reputation Building)   돕는 행위는 도와주는 사람에게 '온정심'을 일으킬 가능성이 높다(Andreoni, 1990). 공감 특질이나 조망수용 조작을 통하여 더 많은 공감을 표현하게 되는 사람은 실제 다른 사람을 도울 가능성이 더 크다(Batson & Shaw, 1991; Batson, 2002). 따라서 높은 공감적 특질을 가진 사람들은 온정심을 경험할 가 능성이 더 높을 것이다. 이에 따라 개인적인 심리적 안녕이라는 효과가 일어나게 된다.

만약 도움을 제공하는 사람이 세상에 알려지게 되거나, 또는 '좋은 사람'이라고 소개 된다면, 도와주는 사람은 평판이라는 측면에서도 이득을 얻게 될 것이다(Pfeiffer, Tran, Krumme, & Rand, 2012). 좋은 평판은 또한 다른 사람들로부터 도움을 받을 가능성을 증 가시키는 결과를 가져 온다(Milinski, Semmann, & Krambeck, 2002).[1] 그러나 평판은 거

---

1) 이는 간접적인 상호의존(reciprocity)을 나타낸다(Nowak & Sigmund, 2005).

짓말일 수도 있고, 그 사람의 이전 도움들이 그다지 신뢰롭지 못할 때는 가치를 잃기도 한다(Pfeiffer et al., 2012). 따라서 사람들은 좋은 행동이 실제로 관찰될 때나(Milinski et al., 2002), 믿을 수 있는 신호라고 생각될 때(Zahavi & Zahavi, 1997; Zollman, Bergstrom, & Huttegger, 2013), 다른 사람들에게 도움을 주는 경향이 더 높아진다.

장수(Longevity) 공감은 또한 장수와도 간접적으로 연결될 수 있다. 다른 사람을 도와주는 것은 수명 증가와 연관된다(Brwon et al., 2003). 정서적 공감은 공감과 유사한 타인 지향적인 동기와 자원봉사에 대한 자율적인 동기를 동반하며, 실제 자원봉사 활동의 증가와 연결되는데(Mitani, 2014), 이는 다시 수명 증가로 이어진다(Konrath, Fuhrel-Forbis, Lou, & Brown, 2012). 따라서 공감은 생존의 이득을 가질 수 있다. 앞으로 공감과 장수를 직접적으로 연결시키는 연구들도 시행될 필요가 있는데, 이때 가설은 공감이 유발하는 도와주는 행위의 정도를 통하여 공감과 장수가 연결된다는 것이다.

대상에 대한 효과 Batson의 공감-이타주의 모델(empathy-altruism model: Batson & Shaw, 1991; Batson, 2002 참고)은 도와주는 행위가 일차적으로는 대상의 고통을 완화시키려는 동기를 가진다고 제안하였다. 그리고 PT(o)와 '공감적 관심'이 도움 주기를 증가시킨다는 막대한 양의 연구를 생산해 냈다(Batson, 2002). 다른 한편으로 공감의 자기초점적인 하위 요소인 '공감적 고통'은 다른 사람의 고통을 목격할 가능성이 높은 상황을 회피하는 결과를 가져 오는 경향이 있다(Davis, Mitchell, Hall, Lothert, Snapp, & Meyer, 1999).

PT(s)와 행동 사이의 관계는 보다 복잡한데, 왜냐하면 PT(s)는 PT(s) 공감자와 대상에 의해 경험되는 정서적 표상이 동형인지 아닌지에 따라, 도움 주기(helping)나 정서적 자기조절(mood self-regulation), 또는 돕지 않기(not helping)를 유발할 수 있기 때문이다([그림 8-2] 참조). 이는 PT(s) 공감 과정을 채택하는 사람들이 어느 정도는 자신이 대상의 위치에 있다면 느낄 것이라고 상상하는 감정을 실제로 '느끼게' 된다는 점에서 예측된 것이다. 이러한 과정은 상호 연결된 두 가지 항로를 통해 일어날 수 있다—① 감정 점화(affective priming; Fazio, 2001) 및 또는 ② 재현의 선명성['정서적 상태가 재현되는 선명함(vividness)': Loewenstein, Weber, Hsee, & Welch, 2001; Loewenstein & Small, 2007]. 실제로 PT(s)가 공감자에게 더 큰 개인적 고통을 초래한다는 결과를 보여 주는 증거들이 있다(Batson, Early, & Salvarini, 1997). 귀인 과정은 또한 사회적 비교 과정(social comparison process)으로 이어질 수 있는데, 여기에서 PT(s) 공감자는 자신이 동일한 상황에 있을 때보다 대상을 더 약하거나 또는 더 강한 존재로, 즉 대처를 잘 못하거나 또는 더 잘 할 수 있는 존재로 볼 수 있다.

만약 PT(s) 공감자가 고통받는 대상과 동형의 감정을 느낄 것이라고 상상한다면, 그들은 PT(s)에서 유발된 어떤 부정적인 정서를 완화시키기 위한 행동으로 나아갈지 모른다. 이를 위한 한 가지 방법이 대상을 도와주기이며, 이는 대상의 고통을 완화시키는 것이 PT(s) 과정으로 공감자에게 일어난 동형의 부정적인 기분을 감소시키기 때문이다. 이는 Cialdini와 동료들의 부정적 상태 위안(negative-state-relief: NSR) 모델(Cialdini & Kenrick, 1976; Cialdini, Schaller, Houlihan, Arps, Fultz, & Beaman, 1987)과 유사한데, 여기에서 공감자는 대상을 돕지만, 대상의 고통보다는 그 자신의 부정적인 상태를 완화시키려는 동기가 주를 이룬다.

만약 PT(s) 공감자가 대상에 대해서 자신은 다른 부정적인 감정을 경험할 것 같다고 느낀다면, 그들의 표상은 비동형적이며, 행위를 선택하는 것도 다양한 과정에 의해 유도된다. 이 경우, 대상의 고통을 완화시켜도 공감자가 PT(s) 과정의 결과로서 느끼는 어떠한 정서적 고통을 덜어낼 가능성이 적다면, 대신에 다른 수단들, 예를 들어 약물, 운동, 영화를 보는 것과 같은 정서조절(emotional regulation)이 일어날 수 있다(Cialdini et al., 1987 참고). 공감자가 더 강렬한 부정적 감정(슬픔보다는 우울)이나 다른 부정적인 감정을 느낄 것이라고 믿는다면, 공감자는 기분조절전략을 통하여 개인적인 고통을 완화시키는 방법을 찾으려고 할지 모른다(Cialdini et al., 1987). PT(s) 공감자가 그들 자신의 기분을 조절하는 행동을 선택하는 것은 그러한 감정의 특정한 행위 패턴과 연결될 수 있다(Lazarus, 1993; Raghunathan & Pham, 1999). 따라서 이러한 개인적인 기분 조절은 간접적으로는 대상을 돕지 않는 것으로 이어질 것인데, 왜냐하면 '공감자'는 도움을 주기보다는 다른 수단으로써 자신의 부정적인 정서를 완화시키려고 하기 때문이다. 사회적 비교 과정 또한 돕지 않는 것으로 이어질 수 있다. 예를 들어, 대상은 슬프고 고립되어 있지만, 공감자는 동일한 맥락에서 자신이라면 화가 나고, 무언가를 얻기 위하여 노력할 것이라고 느낀다면, 공감자는 대상을 수동적이라고 지각하면서 돕지 않을 수 있다. 비슷하게 대상을 비난하는 것도 도움 주기를 감소시키는 결과를 가져 온다. 반대로, 공감자가 자신은 대상처럼 잘 대처하지 못할 것이라고 느낀다면, 공감자는 다른 기분조절전략을 채택하고 또다시 도움은 주지 않을 수 있다. 마지막으로, PT(s) 공감자가 자신이 대상보다 더 기분이 좋을 것이고 긍정적인 정서(예: 행복)를 경험할 것이라고 상상한다면, 공감자가 느끼는 이러한 긍정적 정서는 대상을 도와줄 가능성을 증가시킬 수 있다(Eisenberg, 1991).

공감(특히, PT(o)와 공감적 관심)과 도움 주기 사이의 연합은 다양한 맥락적 요인에 의해 영향을 받는다. 예를 들어, PT(o)는 도움 주기 종류로 이어질 가능성이 보다 높다(Maner & Gaillior, 2007). 특히, PT(o)와 공감적 관심은 둘 다 저비용의 도움 주기에서 중요한 것으로 보이며(Neuberg, Cialdini, Brown, Luce, Sagarin, & Lewis, 1997; Ferguson, Farrell, & Lawrence,

2008), 헌혈과 같은 고비용 도움 주기와는 관련성이 덜 하다(Ferguson, Lawrence, & Farrell, 2008; Schlumpf et al., 2008; Steele et al., 2008; Ferguson, Taylor, Keatley, Flynn, & Lawrence, 2012). 사실상 Batson, O'Quin, Fultz, Vanderplas, 그리고 Isen(1983, 연구 3)은 그들이 도움 주기의 비용을 증가시킬 때, 공감의 영향력은 감소하며 반응 양상도 이기적인 동기와 보다 일치하는 방식으로 바뀌는 것을 보여 주었다. 게다가 대상이 존재하지 않는 곳(헌혈, 기부금)에서도 공감과 계획된 도움 주기의 관련성이 떨어질 가능성이 높다(Einolf, 2008).

앞의 증거들은 자기보고 및 조작된 공감(조망수용)과 도움 주기(특히, 저비용 도움 주기) 사이의 확실한 연결고리를 보여 준다. 또한 공감의 생리적 평가를 사용하였을 때도 유사한 연결고리가 보고되었다(Eisenberg & Miller, 1987 참고). 예를 들어, Hein, Lamm, Brodbeck, 그리고 Singer(2011)는 자신이 고통을 느낄 때와 다른 사람이 고통을 느끼는 것을 관찰했을 때, 사람들의 피부 전도 반응(skin conductance response) 간의 차이 정도가 이후의 도움 주기(다른 사람을 대신하여 전기 충격을 받고자 하는 의지)를 예측하는지를 조사했다. 이때 전기 쇼크는 참을 수는 있지만 고통스러운 정도로 정하였다. 그 결과, 피부 전도 반응의 차이가 가장 컸을 때 도움 주기의 가능성도 증가하는 것으로 나타났다. 게다가 Morelli, Rameson, 그리고 Lieberman(2014)은 공감 반응과 연결된 뇌 활성화가 매일의 친사회적 행동을 예측한다는 것을 보여 주었다. 이들 모두는 지시 사항 알려 주기, 누군가를 위해 떨어진 물건 주워 주기, 출입문을 열고 잡고 있기 등과 같은 저비용의 도움 주기였다.

따라서 다른 모든 개관들과 마찬가지로 PT(o)와 공감적 관심이라는 측면에서 공감이 도움 주기(주로 저비용의 도움 주기)에 영향을 미친다는 강력한 증거가 있으며, 유일한 이탈은 특정 상황에서 공감적 고통과 PT(s)에서만 나타났다.[2]

이 영역에서 최근의 재미있는 연구로, 대상을 단순히 공감의 수동적인 수혜자로 보지 않고, 다른 사람이 적극적으로 자신의 입장이 되어 줄 것이라고 믿는 대상의 신념을 살펴보는 연구가 있다. Goldstein, Vezich, 그리고 Shapiro(2014)는 이를 '지각된 조망수용(perceived perspective-taking)'이라고 제안하며, 다른 사람이 자신의 입장이 되어 줄 것이라고 믿는 것의 결과를 탐색하였다. 그리고 다른 사람이 자신의 입장이 되어 준다고 대상

---

[2] 공감이 저비용 도움 주기를 예측하는 데 있어 보다 중요하지만, 최근의 어떤 연구들은 이것이 공감적 순응성(malleability)에 관한 신념에 따라 다를 수 있다고 제안한다. Schumann, Zaki, 그리고 Dweck(2014)은 사람들마다 공감의 정신적 모델이 다양하다는 것을 밝혀 주었는데, 한쪽이 순응적이라면(공감이 발전될 수 있다고 믿는 것) 다른 한쪽은 고정되어 있다고(공감은 발전될 수 없다고 믿는 것) 보는 것이다. 순응성 모델을 가진 사람들은 도전이 되는 맥락에서도 보다 노력할 가능성이 더 크다. 따라서 공감의 순응성 모델을 가진 사람들의 경우 공감이 고비용 상황에서의 도움 주기와도 관련이 될 수 있다.

이 느낄 때, 공감자를 돕는 것을 포함하여 공감하기의 많은 동일한 효과들이 나타난다고 밝혔다.

사회에 대한 효과   사회에 대한 공감의 효과는 사회적 상호작용이 더 넓어지고 나아지는 것, 그리고 편견은 감소하는 것이 있다.

단순한 협력과 교섭   공감 과정은 다른 사람을 돕는 것뿐만 아니라, 유익한 상호 협력을 통하여 더 나은 사회적 상호작용을 촉진할 수 있다. 죄수의 딜레마 게임과 같은 사회적 딜레마 속에서, 동료 게이머들에 대한 PT$_{(o)}$는 더 큰 협력을 이끌어 낸다(Batson & Moran, 1999; Batson & Ahmad, 2001). 유사하게 독재자 게임[3]에서도 공감적 관심과 비슷한 과정들은 더 많은 도움을 제공하도록 만든다(Andreoni & Rao, 2011). 따라서 공감은 협력을 촉진하며, 이는 '상향적 간접 호혜주의(upstream indirect reciprocity)'를 통하여 더 넓은 의미의 도움 주기라는 추가적인 효과를 가질 수 있다(Nowak & Sigmund, 2005). 즉, 도움을 받은(협력을 지켜 본) 대상은 감사함을 느끼고, 이어서 다른 누군가를 도우려고 한다는 것이다.

외집단 편파(Out-Group Bias)와 편견의 감소   공감이 사회를 돕는 마지막 방식은 편견의 감소를 통해서다. 외집단원들에 대한 PT$_{(o)}$는 더 넓은 사회구성원들을 향하여 도움을 주는 행동(예: 자선)을 증가시킬 수 있으며(Batson, Chang, Orr, & Rowland, 2002), 뿐만 아니라 편견 어린 행동도 줄일 수 있다(Batson et al., 2011).

나쁜 것

앞의 짧은 개관은 공감이 공감자, 대상, 그리고 사회에 효과를 가져 온다는 전반적인 합의를 지지한다. 이번 장에서는 공감이 공감자와 더 넓은 사회에 미치는 잠재적으로 부정적인 효과에 대해 기술할 것이다.

공감자에 대한 비용   공감자에게는 통증 지각, 공감적 고통, 정신과 질환이라는 측면에

---

3) 독재자 게임에서는 독재자와 수혜자라는 2명의 게이머가 있다. 독재자는 재정 기금을 가지고, 수혜자에게 기금의 일정 금액이나 전부를 넘겨줄 수도 있고 또는 전혀 주지 않을 수도 있다. 독재자가 어떻게 결정하든 양쪽은 모두 따라야 한다. 이때 독재자에게 합리적인 입장은 아무것도 주지 않는 것이다.

서 공감의 비용이 존재한다.

통증   내가 다른 사람의 신체 통증에 공감한다면, 이것이 나의 통증 경험에도 영향을 미칠까? 공감 내 자동화된 구성 요소가 존재해서 통증을 관찰하는 동안 공감자에게도 동일한 뇌 구조물이 활성화된다고 제안하는 이론들이 있다. 이러한 이론에 따르면 통증을 관찰하는 것이 통증 표상을 활성화시킬 수 있을 것이다. 실제로 타인의 고통을 관찰할 때, 관찰자 자신이 통증을 느낄 때 활성화되는 동일한 '통증 매트릭스(pain matrix)'가 활성화됨을 보여 주는 뇌영상 연구가 점점 많아지고 있다(Singer et al., 2004; Singer & Frith, 2005; Frith & Singer, 2008; Lamm, Decety, & Singer, 2011; Bernhardt & Singer, 2012; Engen & Singer, 2013; Singer & Kimecki, 2014 관련 개관연구 참고). 이러한 양상은 대상이 사랑하는 사람이든 낯선 사람이든 모두 관찰되지만, 특히 사랑하는 사람일 때 더 강력하다(Cheng, Chen, Lim, Chou, & Decety, 2010). 심지어 대상이 규준에 비추어 특이한 통증 반응(바늘에는 통증을 느끼지 못하지만 면봉에는 통증을 느낌)을 보일 때도 나타난다(Lamm, Meltzoff, & Decety, 2010). 게다가 이러한 효과는 PT(o)와 PT(s) 모두에서 관찰되며, 둘 다 유사한(전측뇌섬엽; anterior insula)과 분리된 우측 측두두정 연결부(right temperoparietal junction) 활성화 패턴을 초래한다(Jackson, Brunet, Meltzoff, & Decety, 2006). 이러한 신경학적 반응은 공감적 관심 특질에서 높은 점수를 보인 사람들에게서 더 강력하게 나타났다(Singer et al., 2004 참고).

또한 이러한 연구들은 공감자가 대상의 통증을 평정할 때, 그들 자신이 경험했던 통증만큼이나 고통스러운 것으로 평가한다는 것을 보여 준다(Singer et al., 2004; Loggia, Mogil, & Bushnell, 2008 참고). 그리고 대상에 대한 공감적 관심뿐만 아니라 공감적 고통도 증가된다고 보고되는데(Lamm, Meltzoff, & Decety, 2010), 이때 PT(s)가 PT(o)보다 더 심한 통증 평가를 유발하였다(Jackson et al., 2006). 이러한 실험실 기반 연구 결과들은 역학 조사 데이터와도 일치하며, 높은 공감 특질(PT(o) 참조)이 증가된 통증 보고와 관련 있다는 것을 보여 준다(Schieman & van Gundy, 2000).

과도한 공감(Hyper-Empathy)   어떤 사람의 공감 점수가 극히 높을 때, 그들은 다른 사람을 너무 많이 돌보려고 해서 자기 자신은 방치할지 모르며(Baron-Cohen, 2012), 또는 집단에 복종할 가능성도 더 커질 수 있다(Pessin, 2012). 둘 다 잠재적으로 개인에게는 위험할 수 있는데, 왜냐하면 자기 자신의 욕구(예: 음식, 정서적 지지, 등)를 부정하는 것은 육체적 그리고 심리적 고통을 유발할 수 있기 때문이다. 그러한 병리적 돌봄은 또한 도움받기를 원하지 않는 상대방에게도 고통을 줄 수 있다.

공감적 고통   공감적 고통의 경험, 즉 다른 사람의 고통과 관련하여 부정적인 느낌을 경험하는 것은 높은 정서적 과부하를 일으키는 도움 주기 상황을 회피하게 만들 수 있으며 (Davis, 1983; Davis et al., 1999), 이는 명백한 공감의 개인적인 부정적 결과일 수 있다.

정신질환   공감적 반응은 또한 정신질환을 이해하는 데도 도움을 준다. 여기에서는 우울과 강박장애를 검토할 것이다.

우울(Depression)   우울에서 공감의 역할은 ① 단순 결함(deficit) 모델, ② 공감 특질의 유독한 결합(toxic combination), 또는 ③ 위험(risk) 요인이라는 측면에서 고려될 수 있다.

우울 상태에서 자신에 대한 증가된 초점은 공감 과정의 결함을 일으키게 된다고 알려져 있다(Preston, 2007).

그러나 최근의 메타분석에서는 공감의 모든 구성 요소가 우울 상태에서 결함을 보이는 것은 아니라는 것을 보여 준다. 대신에 우울 상태에서 공감 특질의 유독한 결합이 일어날 수 있다(Schreiter, Pijnenborg, & ann het Rot, 2013). 특별히 Schreiter와 동료들(2013)은 우울 상태에서, 정서적 공감(공감적 관심)은 손상되지 않는 반면에, 인지적 공감(ToM, 조망수용) 에서의 결함이 일어나고, 공감적 고통의 수준도 증가된다는 것을 밝혔다. 따라서 우울은 다른 이들의 괴로움에 대하여 자기초점적 고통(PT(s))이 증가되는 것을 반영하며, 이는 사회적 상호작용을 회피하는 것으로 이어지는데, 여기에 다른 이들을 돕고자 하는 열망과 연결된 공감적 관심은 손상되지 않은 채 함께 있다. 그런 점에서 우울한 사람은 사회적 상호 작용을 회피하는 것과 다른 사람을 돕고 싶어 하는 것 사이에서 상처를 받는 것처럼 보이기도 한다. 이러한 정신 내부의 갈등은 불가피하게 고통을 줄 것이며, 이는 심리치료에서 다룰 필요가 있는 주제다.

Zann-Waxler와 Van Hule(2012)은 ① 슬픔에 대한 소인이 있거나, 또는 ② 공감이 병적인 죄책감으로 이어질 때, 높은 수준의 공감이 우울에 대한 위험요인이 될 수 있다고 제안한다. 예를 들어, 아이가 정서적으로 고통 받는 부모를 돌보아야 할 때, 이후 부모의 고통이 자신 때문이라고 귀인하기 시작하는 것처럼, 병리적 죄책감이 발생할 수 있다는 것이다. 실제로 높은 공감이 병리적 죄책감으로 이어진다는 증거가 있다(O'Connor, Berry, Lewis, & Stiver, 2012). 따라서 공감적 반응이 내재되어 있는 돌봄 상황에서는, 공감이 우울 증의 위험요인으로 작용할 것인지 아닌지에 대한 판단을 내리는 것이 중요하다. 이와 일관되게, 사람들이 효과 추구의 일환으로 공감을 발달시킬 때, 정서적으로 과부화된 맥락에서 대상을 도와주게 된다면, 이러한 공감은 이후 우울감의 증가로 이어진다는 증거가 있다

180

(Kim et al., 2007).

강박장애(Obsessive-Compulsive Disorder)   공감 특질은 또한 강박장애를 이해하는 데 있어서도 어느 정도의 역할을 담당한다(Fontenelle et al., 2009). 이는 Fontenell과 동료들 (2009)의 두 가지 관찰에 기초한다. 첫째, 강박장애를 가진 사람들은 물건에 과도하게 정서적으로 애착될 가능성이 더 높은데, 이 물건은 중요한 타인 및 과거의 감정을 표상하는 상징적 의미를 지닐 수 있다. 물건을 소유하는 것은 사랑하는 사람(에 대한 느낌)과 함께 '공감하는' 하나의 방식이 된다. 둘째, 높은 수준의 옥시토신(oxytocin)은 공감적 반응과 강박장애 둘 다와 관련이 있다. 이러한 결과와 일관되게, Fontenelle 등(2009)은 강박장애를 가진 사람들이 공감적 관심과 공감적 고통 둘 다에서 높은 수준을 보여 준다는 증거를 제시하였다. 이는 우울과 관련하여 위에서 기술한 것과 비슷한 양상인데, 다만 여기에서는 공감적 관심과 공감적 고통이 둘 다 증가된다는 차이가 있다. 게다가 ① 확인, ② 정리정돈, ③ 세척, ④ 저장 증상 보고 시, 더 큰 수준의 증상은 공감적 관심과 공감적 고통 모두와 정적인 상관을 보였다.

사회에 대한 비용   공감은 사회적 측면에서도, 공익에 대한 기여를 줄이고 내집단 편애를 증가시킨다는 비용을 가진다.

공익에 기여하기   공감에 대한 대부분의 심리학 실험은 (그리고 많은 수의 신경과학 실험 또한) 단일하게 대상화된 (현존하거나 또는 가설적인 존재로서의) 개인을 돕는 것에 초점을 맞춘다. 공감에 대한 어떤 연구도 ① 대상이 되는 개인을 도와주기, ② 더 넓은 집단을 도와주기, 또는 ③ 자원을 자기에게로 다시 향하게 하기 간에 긴장감이 존재하는 상황에서 공감을 조사한 경우는 거의 없었다.[4] 공감이 개인에게는 효과가 있지만, 더 넓은 공동체와 공익을 돕기에는 잠재적 위협이 될 수도 있는데, 왜냐하면 공감자가 자원을 모아서 많은 사람을 돕기보다는 특정 개인에게만 자원을 보내려고 할 수 있기 때문이다(Batson, 2011).

우리 모두가 공익을 위해 헌신한다면 사회가 더 나아질 것인지에 대해서도 논쟁이 있을 수 있다. 모두를 위해 사용해야 할 자원이 있고, 우리가 모두 더 많은 세금을 낸다면, 사회시설(예: 가로등), 보건의료, 법 집행, 교육 등과 같은 서비스가 모두를 위해 제공될 수 있

---

4) 죄수의 딜레마 게임과 같은 단순 협상 게임의 예도 있지만, 이러한 경우에도 공감은 여전히 단일 대상(다른 게이머)에게로 향한다(Batson & Moran, 1999; Batson & Ahmad, 2001).

다. 하지만 이때 사람들이 자신은 기여하지 않고 자원으로부터 이득만 얻으려고 하는 무임승차(free-riding)의 문제가 발생할 수 있다.[5] 무임승차는 이기심에 의해 유발되는 것으로 보인다. 이러한 효과는 공익 게임(public good games)이라는 용어로 실험실에서도 제작될 수 있는데, 예를 들어 여기에서 사람들은 익명의 게이머들 4명과 집단을 이루어 게임을 한다. 모든 사람은 최초의 동일한 기본금(개인 명의의 예금 계좌)을 가지며, 공공의 계좌로 이들 중 일부를 내거나, 전혀 안 내거나, 또는 모두 낼 수 있다. 기부한 금액이 얼마든, 이는 합산되어 두 배의 금액으로 모든 집단원들에게 동일하게 돌려주는데, 이때 그 집단원이 처음에 얼마를 기부했는지는 상관이 없다. 따라서 각 개인은 자기 자신을 위해, 공공의 계좌에 기부하는 돈은 적게 내면서, 공공의 계좌에서 자신에게 돌아오는 돈은 더 많이 받으려고 할 것이다. 만약 모든 사람이 동일하게 최대의 금액을 기부한다면, 집단도 이득을 가지며, 각 개인도 최대의 금액을 얻을 것이다. 그러나 개인들은 다른 사람이 얼마를 낼지 확신하지 못하기 때문에, 기부를 하지 않거나(무임승차) 적은 양의 돈만 기부를 하여[저임승차(cheap-riding)], 집단이 아닌 개인의 돈을 최대화시키려고 할 것이다. 여기에서 공감적 반응의 효과는 무엇일까? 공익 게임과 같은 보다 복잡한 사회적 교환에서, 집단 내 대상에 공감하는 것은 자원을 집단으로부터 가져 와서 그 대상에게로만 돌리려고 한다는 증거가 있다(Batson, Batson, Todd, Brummett, Shaw, & Aldeguer, 1995; Batson, Klien, Highberger, & Shaw, 1995; Batson et al., 1999). 따라서 대상이 되는 개인이 이득을 얻으면, 더 넓은 집단의 자원은 감소하게 되는 것이다.

　이러한 결과는 대상에게 공감하는 것이 편견을 줄일 수 있다는, 이전에 인용했던 연구들과는 충돌되는 것으로 보일 수 있다. Batson(2011)이 지적한 것처럼, 공감이 공익의 '친구 또는 적'이 될지 말지는 대상에게 달려 있다. 공감이 더 넓은 집단을 위하여 열정을 증가시키는 방식으로 대상을 정한다면 '친구'가 될 것이고, 그렇지 않고 공감이 집단 내 특정한 개인을 대상으로 한다면 '적'이 될 것이다. 실제로 더 넓은 집단에 대한 공감하기가 공익을 증진시킨다는 주장을 지지하는 증거가 여럿 있다(Oceja, Heerdink, Stocks, Ambrona, Lopez-Petez, & Salagado, 2014). 따라서 전통적인 이론에서 이야기하는 것처럼, 자기-초점적인 동기(예: 이기심)도 공익에 위협이 될 수 있지만, 매우 특별한 조건 아래에서는 타인-초점적인 동기(예: 개인을 향한 공감적 관심과 $PT_{(o)}$)도 위협이 될 수 있다.

---

5) 물론 사람들이 그럴 능력이 없기 때문에 기여를 하지 않는 합법적인 '무임승차'의 가능성도 있다(Ferguson & Corr, 2012; Ferguson et al., 2012). 또한 이를 일컬어 표현형 망명자(phenotypic defectors)라고 하기도 한다(Lotem, Fishman, & Stone, 1999). 이들은 다른 사람들로부터 무임승차자가 아닌 동반자(co-operator)로 대우받는 경향이 있다.

내집단 편애(In-Group Favoritism)   친족 또는 내집단이 우선적으로 선호되고 유리한 대우를 받을 때 편협한 이타주의와 족벌주의(Bernhard, Fischbacher, & Fehr, 2006)가 발생할 수 있다. 친족 선택은 이타주의의 존속을 설명함에 있어 중요한 모델이 되는 반면(Griffin & West, 2002), 이타주의의 어두운 면도 될 수 있다. 왜냐하면 도움 주기가 항상 가장 가난하거나 자격이 있는 대상에게로 향하는 것이 아니기 때문이다. 또한 그러한 내집단 편애에서 내집단 구성원에게로 향하는 공감이 강화된다는 증거가 있다(Sturmer, Snyder, & Omoto, 2005). 이는 다시 사회적 불이익과 고정관념의 강화로 이어질 수 있으며, 또한 외집단에게 해를 끼침으로써 내집단을 도우려 하는 것도 가능해진다(Griffin & West, 2002 참고).

추한 것

마지막으로, 공감의 가장 어두운 측면인 정신병질/반사회적 행동, 고문, 착취에 대해서 알아보자.

정신병질(psychopathy)   Blair(2005, 2008)는 정신병질의 모델을 제안하면서(Shamay-Tsoory, Harari, Aharon-Pertez, & Levkovitz, 2010 참고), 정신병질자는 인지적 공감(ToM)과 운동적 공감은 유지되는 반면에 정서적 공감은 감소되는 특징을 보인다고 하였다. Smith(2006)는 반사회성 성격장애를 설명하면서 유사한 모델을 제안하였다. Smith(2006)에 따르면, 정신병질자와 반사회성 성격장애를 가진 사람들은 타인의 감정과 느낌을 이해할 수 있고(인지적 공감은 좋고 잘 유지됨), 따라서 사람들을 조종할 수 있다. 하지만 '대상을 위해' 또는 '대상으로서' 또는 '대상과 함께' 느낄 가능성이 더 적으며, 이는 결국 다른 사람에게 위해를 끼치지 않으려는 동기를 없앨 수 있다. 따라서 이러한 개인들의 행동을 동기화하는 것은 인지적 그리고 정서적 공감의 상대적 강도이며, 높은 수준의 정신병질 특질은 더 낮은 정서적 공감과 상관을 보이지만(Mahmut, Homewood, & Stevenson, 2008), 인지적 조망수용은 잘 유지된다는 증거가 있다(Jones, Happe, Gilbert, Burnett, & Viding, 2010). 비임상적 집단에서도, 교섭 상황에서 조망수용 능력이 있는 사람들은 이면의 암묵적 합의를 알아봄으로써 교섭에서 유리한 반면, 공감적 관심은 교섭 시 유리하지도 불리하지도 않다는 결과가 있다(Galinsky, Massux, Gilin, & White, 2008). 이러한 양상은 높은 조망수용과 감소된 공감적 관심의 조합이, 자신에게 유리한 방식으로 협상을 조작하기 위하여 유용한 정보를 찾는 데 이득이 된다는 것을 알려 준다.

앞에서 기술한 공감의 하위 요소를 가져 와 보면([그림 8-1]과 [그림 8-2] 참조), 정신병질 특질은 뛰어난 마음 이론, 지식, PT(o)와 결합해 있어야 한다. 즉, 다른 사람이 감정을 가지고 있다는 것을 이해하고, 그러한 감정에 영향을 미치는 어떠한 맥락을 이해하며, 다른 사람이 느끼는 것을 상상할 수 있어야 한다. 그들은 또한 공감적 고통, 공감적 관심은 낮고, PT(s)에도 결함을 가진다. 따라서 그들은 대상의 괴로움에 대해서 고통을 느끼거나, 대상에게 동정심을 느끼거나, 또는 자신이 대상의 맥락 속에 있다면 어떻게 느낄 것인지 상상할 가능성은 거의 없다.

최근에, Bird와 Viding(2014)은 공감의 모델로 공감의 자기에서 타인으로의 모델(Self to Other Model of Empathy: SOME)을 기술하면서, 공감 경험에 기초가 되는 인지적·정서적 체계에 초점을 맞추었다. 그리고 이를 사용하여 정신병질을 포함한 공감의 더 어두운 측면들을 설명하고자 하였다. 여기에는 두 가지 입력체계가 있다―① 상황적 이해체계(Situational Understanding System), ② 정서적 단서 분류체계(Affective Cue Classification System). 상황적 이해체계는 일반적인 영역으로, 대상이 발견한 맥락에 기초하여 대상의 정서를 이해하고자 하는 체계를 말한다. 정서적 단서 분류체계는 얼굴 표정과 같이 단서에 기초하여 대상의 정서에 대한 일차 분류를 제공한다. 이러한 체계들은 양방향적으로 서로에게 정보를 제공하며, 두 가지 표상체계로 흘러 들어간다―① 정서적 표현체계(Affective Representation System), ② 마음 이론체계(Theory of Mind System). 정서적 표현체계는 대상을 향한 공감자의 정서적 상태를 드러낸다. 이러한 두 가지 표상체계는 양방향적으로 서로에게 정보를 제공하며, 또한 상황적 이해체계로 정보를 되돌려 보낸다. 마지막 체계는 거울 뉴런체계(Mirror Neuron System)로, 이는 정서적 단서 분류체계와 정서적 표현체계 사이의 연결을 중재한다. SOME의 마지막 구성 요소는 자기/타인 전환(Self/Other Switch)으로, 이는 감정 전이와 대조적으로 공감을 경험하는 데 필수적이다.

SOME 모델은 정신병질을 기술할 때, 마음 이론체계를 통하여 다른 사람의 고통을 개념화하는 능력은 가졌지만, 정서적 단서 분류체계에서는 손상을 가진 것으로 본다. 이는 위에서 기술한 것과 유사하다. 그러나 저자들은 이를 확장하여, 정상 발달한 개인들도 표현되는 정서(정서적 단서 분류체계)가 표현되는 맥락(상황적 이해체계)과 맞지 않을 때 발생하는 갈등(예: 행복해질 수 있는 맥락에서 불쾌해지는 것)을 해결하기 위하여 마음 이론체계를 사용한다고 주장하였다. 그러나 정신병질자들은 그러한 문제를 해결하는 데 있어 마음 이론체계를 사용하지 못한다는 것이다.

착취(exploitation) 공감은 착취에서도 두 가지 역할을 수행한다. 첫째, 어떤 사람들은 착취당할 가능성이 더 높을 수 있다. 예를 들어, 정서적 공감이 높은 사람들(Buss &

Duntley, 2008; Widiger & Presnall, 2012)이나 과공감적인 사람들(Baron-Cohen, 2012)의 경우, 타인에게 보다 쉽게 비밀을 털어놓고, 지나치게 다른 사람을 믿으며, 집단의 의견에 동조한다(Pessin, 2012). 둘째, 이러한 '착취적인' 행위는 인지적 공감에서 높은 점수를 보이는 사람들에 의해 일어날 가능성이 보다 높은데(Singer & Lamm, 2009), 이들은 또한 정서적 공감의 하위 요소에서는 낮은 점수를 받을 수 있다(앞에서 기술한 정신병질자).

고문(torture)   고문하는 사람은 공감이 결여되어 있을 것이라고 종종 가정되는데, 그래야지만 효과적으로 고문을 할 수 있기 때문이다(Reeder, 2010). 그러나 Reeder(2010)는 희생자를 괴롭히면서 즐기기 위하여 고문을 하는 '잔혹한(sadistic)' 고문자가 있다고 지적한다. 그 경우 고문자들은 희생자의 괴로움에는 공감을 하는 셈이다.

공감의 하위 요소 측면에서, '잔혹한' 고문자들은 정서적 고통, PT$_{(s)}$, 공감적 관심에서는 낮은 점수를 보이는 대신 마음 이론, 지식, PT$_{(o)}$는 잘 유지되어 있다. 즉, 이러한 유형의 고문자는 희생자를 동정하고, PT$_{(s)}$ 과정을 통하여 고통을 느끼며, 스스로의 고통을 회피하고자 노력하는 측면에서 행위(고문) 억제가 되지 않을 것이다. 그러나 그들은 고문의 맥락에서 희생자의 고통을 이해할 수는 있어야 할 것이며(마음 이론, 지식, PT$_{(o)}$), 이는 정신병질자에서 제안한 것과 동일한 내용이다.

관련된 구성 요소

결론을 내리기 앞서, 앞에 제시한 논쟁과 직접적으로 관련되는 최근의 두 가지 발달 분야에 대해 논의할 필요가 있다. 특별히, '병리적 이타심(pathological altruism: Oskley et al., 2012; Oakley, 2013)'과 Bird와 Viding(2014)이 기술한 '공감의 자기에서 타인으로의 모델(SOME)'이 그것이다.

병리적 이타심

공감의 어두운 측면이라는 개념은 '병리적 이타심(Oakley et al., 2012; Oakley, 2013)'이라는 개념과도 공명한다. 여기에서 이타적 행동은 자기, 타인, 그리고 사회에 위해를 초래할 수 있다. Oakley(2013)는 '병리적 이타심'을 "시도된 이타심이 …… 자신이나 이타심의 대상, 또는 그 대상을 넘어서 다른 사람들에게 명백하게 예측 가능하며 비합리적인 위해를 일으킬(p. 10408)" 때 발생하는 것으로 정의한다. 병리적 이타심의 핵심 쟁점은 위해가 '명백하게 예측 가능하며 비합리적인' 것이라는 점이다. 공감과 연합된 비용으로부터 야기되며 자신과 타인에게 잠재적인 위해라는 측면에서, 공감의 어떤 것들은 병리적 이타심이라는 정의 아래에 포함될 수 있지만(즉, 내집단 구성원에게 공익을 제공하려는 것), 또 어떤 것들은 아닐 수 있다(예: 증가된 통증 민감성).

공감의 자기에서 타인으로의 모델

Bird와 Viding(2014)이 제안한 SOME 모델의 구성 요소 또는 체계는 위에 기술한 공감의 하위 요소와 어느 정도는 개념적 중첩을 보인다([그림 8-1] 참조).

맥락 속에 있는 대상의 정서를 이해하기 위한 체계로서 상황적 이해체계는 '지식' 하위 요소와 유사하다. 최초의 정서 분류로서 정서적 단서 분류체계는 얼굴표정과 같은 단서에 기초하며, 모방 및 감정 전이와 같은 하위 요소뿐만 아니라 '지식' 하위 요소와도 유사한 면이 있다. 공감자의 정서적 상태를 제공하는 정서적 표현체계는 PT(o)와 PT(s)에 의해 일어나는 역할과 가장 유사하다. 마음 이론체계는 마음 이론 하위 요소와 동일하다. 거울 뉴런체계는 위에서 언급한 모방 하위 요소와 유사하다. [그림 8-1]에 나오는 정서적 공감 구성요소가 SOME에서는 빠져 있지만, SOME 모델 안에서 공감적 반응은 오직 동형이기 때문에 그리 놀라운 일은 아니다. 앞서 제시한 것처럼, 비동형의 반응은 이 장의 공감 모델에서 다음과 같이 포함된다—① 비동형 반응은 이중-과정 모델 내에서 다른 사람의 고통에 대한 사람들의 반응 중 일부를 구성하나, ② 비동형 반응은 우리로 하여금 공감 과정의 효과 및 비용의 더 넓은 영역(통증 지각, 우울, 강박장애 등)을 이해하도록 도와준다.

미래의 방향

앞의 간략한 개관은 명백히 공감이 다른 사람들을 돕고, 편견을 감소시키며, 공감자의 안녕과 명성을 증진시키는 것과 같은 밝은 측면('좋은 것')을 가지고 있다는 것을 보여 준다. 하지만 또한 통증 지각을 증가시키고, 공익에 기여하는 것을 감소시키며, 정신과 질환의 위험요인이 되기도 하는 등 어두운 측면('나쁜 것')도 일어난다. 마지막으로 공감의 가장 어두운 측면('추한 것')도 정신병질, 고문, 착취의 형태로 발생한다. 이는 ① 이론과 연구뿐만 아니라 ② 실용적인 측면에서도 함의를 가진다.

이론적 그리고 방법론적 함의

주요한 이론적·방법론적 결론으로 다음의 네 가지가 도출된다.

어두운 측면을 인정하는 것　첫째, 공감의 어둡고 더 어두운(추한) 측면들에 대해서 인정할 필요가 있는데, 이는 성실성과 같이 '항상 유익한' 것으로 이전에 알려진 다른 특질이 그랬던 것과 마찬가지다(Boyce, Wood, & Brown, 2010; Ferguson et al., 2014). 따라서 공감 특질은 공감의 구성 요소 간의 상대적인 상호작용뿐만 아니라 문맥이라는 측면에서도 주의 깊게 고려되어야 하는데, 왜냐하면 부정적인 효과들은 오직 특정한 문맥에서만 발생할 가능성이 있기 때문이다(Kim et al., 2007 참고).

두 가지 연구 전통을 하나로 합치기　지금까지 공감에 대한 연구들은 일반적으로 두 가지 다른 진영으로 나뉘어져 있었다―① 친사회적 연구자들과 ② 어두운 측면의 연구자들. 만약 비용-효과 모델이 타당성을 가진다면, 공감에 대한 어두운 측면과 친사회적 측면의 연구들 모두를 하나의 디자인 안에 결합시키는 단일 패러다임이 필요할 것이다. 비용-효과 교환 모델이 타당하다면, 동일한 개인 내에서 공감의 조작과 공감 특질의 평가는 친사회적 그리고 어두운 측면의 행동 모두를 이끌어 내야만 한다. 다음의 다단계식 설계는 이러한 맥락에서 풍성한 연구 결과를 가져 올 것이다. 1단계에서, Batson과 동료들에 의해 개발된 조망수용 패러다임을 사용하여 공감을 조작할 수 있다. 그리고 공감과 도움 주기와의 관련성을 탐색하는데, 이때 단순한 예측은 $PT_{(o)}$와 공감적 관심이 더 많은 도움 주기를 유발한다는 것이다. 통증으로 고통 받는 사람과 관련하여 조망수용 조작이 이루어지고, 실험의 후반 단계에서는 공감과 통증과의 연관성이 평가될 수 있다. 2단계에서는, 통증 역치 실험[예: 냉간압연기(cold pressor)]이 기본적인 통증 역치 및 통증 지각을 탐색하는 데 사용될 수 있다. 이때 예상은 공감 특질이 더 높은 사람 또는 $PT_{(o)}$ 조작에 더 많이 노출된 사람들에게서 통증 보고는 커지고 통증 역치는 감소된다는 것이다. 마지막 단계인 3단계에서는, 경제 게임을 사용하여 자신, 또는 더 큰 집단, 또는 1단계에서 공감한 대상에게 돈을 주는 것 사이에서 긴장감을 유발시킬 수 있다. 여기에서 가설은 사람들이 더 큰 집단에게 돈을 더 많이 줄지라도, 일부의 돈은 대상에게 준다는 것이다.

공감의 정확성　가능하다면, 연구에서 대상의 감정에 대한 공감자의 정서 판단의 정확성을 평가하는 것도 중요하다. 이것은 $PT_{(s)}$에서 중요한데, 여기에서 자신이 대상이라면 어떻게 느낄 것인지를 공감자는 상상하게 된다. 이것이 동형일지 아닐지를 판단하는 것은 공감자가 대상의 감정을 얼마나 정확하게 판단했는지를 아는 데 필요하다. 앞서 언급한 것처럼, 공감자에 의해 '느껴진' 감정이 동형인지 아닌지에 따라서, 도움 주기의 다른 함의들이 일어난다([그림 8-2] 참조). 그러나 결정적으로 PT$_{(o)}$와 PT$_{(s)}$에 대한 연구들 대다수는 '공감적 정확성'을 평가하지 않았으며, 따라서 앞으로 이러한 연구가 행해질 필요가 있다.

다른 '공감' 관련 현상　공감 체계와 뇌신경 회로를 공유하는 일련의 감정들이 있다. 여기에는 수치심, 죄책감, 시기심, 그리고 '샤덴 프로이데(Schadenfreude; 타인의 불행에 대한 쾌감)'가 포함된다. 이러한 느낌은 앞서 기술한 조망수용과 사회적 비교 과정을 통해서 발생할 수 있다. 공감자는 특정 맥락에서 자신이 죄책감이나 수치심을 느낄 것이라고 지각하며, 이는 대상이 느끼는 그대로일 수도 있고(동형), 또는 대상은 그렇지 않은데 공감자는 수치심을 느끼는 것일 수도 있다(비동형). 마지막으로, 우리가 다른 사람의 행운을 지각하면서 부정적인 정서 반응을 느낄 때는 시기심이, 다른 사람의 불운을 지각하고 이에 대해 긍정적인 정서 반응을 느낄 때는 '샤덴 프로이데'가 일어날 수 있다. 다시 이러한 것들은 중요한 사회적 정서들로서, 특정 맥락에서 조망수용 과정을 통해 발생하며, 밝은 측면의 행동과 어두운 측면의 행동 모두에 영향을 미칠 것이다. 수치심과 죄책감은 도움 주기 행동으로 이어질 수도 있는데, 예를 들어 인간관계와 자기 기분을 복구하기 위한 방법으로서 말이다(Jankowski & Takahashi, 2014 관련 개관연구 참고).

실용적 함의

실용성의 측면에서는 전문 심리학 학과들, 특별히 직업심리학과 임상심리학에 대해서 다양한 함의가 존재한다. 공감이 특정 직업(예: 의학, 법 집행)에서 중요한 특질로 확인된다면, 잠재적인 후보자들의 인지적 · 정서적 공감의 상대적 균형을 평가하는 데 특별한 주의가 필요하다. 또한 공감이 작업 환경의 특성과 어떻게 상호작용할 것인지를 평가하는 것도 필요하다. 예를 들어, 어떤 맥락에서는 공감이 우울에 대한 위험요인이 될 수 있는데, 특히 정서적으로 과부화가 일어날 수 있는 사회적 상호작용이 포함된 직업에서 그러하다. 그러한 맥락에서는, ① 공감 수준이 높은 후보자를 뽑지 않는 것, 또는 ② 적절한 훈련과 모니터링이 적재적소에 있는지를 확인하는 것이 더 나을 수 있다. 여기에 연민 훈련(compassion training)이 도움이 될지도 모른다. 연민 훈련은 친절함, 우호성, 자비심, 정서적 긍정성을 사랑하는 태도와 느낌을 함양하는 것을 목표로 한다(Leiberg, Klimecki, &

Singer, 2011). 연민 훈련이 더 높은 친사회성을 이끌어 낸다는 증거가 있다(Leiberg et al., 2011; Weng et al., 2013). 중요한 것은 연민 훈련은 공감 훈련과 비교하여, 고통에 대한 반응에서 부정적인 정서를 감소시키고 긍정적인 정서를 더욱 강화시킨다는 것이다(Klimecki, Lweiberg, Ricard, & Singer, 2014).

마지막으로, 임상심리학에서는 우울증 치료자를 양성할 때 공감 내 구성 요소의 미묘한 상호작용을 고려하도록 훈련시킬 필요가 있다. 특히 우울증과 같은 질환에서, 도움을 주기를 원하는 것과 다른 사람들의 고통에 의해 너무 많은 고통을 느끼는 것 사이의 긴장감이 작용한다면, 환자가 타인의 고통에 대한 자신의 반응을 이해하고 다루도록 하는 기법들이 유익할 수 있다. 다시 한번, 연민 훈련은 여기에서도 도움이 될 수 있다.

결론

이장의 목표는 공감에도 어두운 측면이 있다는 것, 그리고 응용심리학의 연구와 실용적 영역 모두에서 공감의 어두운 측면을 알고 이를 고려할 필요가 있다는 것을 밝히는 것이었다. 나는 이러한 목표가 잘 성취되어, 독자들도 공감 안에 어두운 측면이 있고 이를 탐색할 필요가 있다는 것을 확신하기를 희망한다.

참고문헌

Andreoni, J. (1990). Impure altruism and donations to public goods: A theory of warm glow giving. *Economic Journal, 100*, 464-487. doi.10.2307/2234133.

Andreoni, J. & Rao, J. M. (2011). The power of asking: How communicaiton affects selfishness, empathy and altruism. *Journal of Public Economics, 95*, 513-520. doi.0.1016/j.jpubeco.2010.12.008.

Baron-Cohen, S. (2012). Autism, empathizing-systematizing (E-S) theory, and pathological altruism. In: B. Oakley, A. Knafo, G. Madhava, & D. S. Wilson (Eds.), *Pathological altruism* (pp. 345-348). Oxford: Oxford University Press.

Batson, C. D. (2002). Addressing the altruism question empirically. In: S. G. Post, L. G. Underwood, J. P. Schloss, & W. B. Huribut (Eds.), *Altruism and altruisitc love: Science, philosophy and religion in dialogue* (pp. 89-105). Oxford: Oxford University Press.

Batson, C. D. (2009). These things called empathy: Eight related but distinct phenomena. In: J.

Decety and W. Ickes (Eds.), *Social neuroscience of empathy* (pp. 3-16). Cambridge, MA: MIT Press.

Batson, C. D. (2011). Empathy induced altruism: Friend or foe of the common good? In: R. Donelson, C. Forsyth, & L. Hoyt (Eds.), *For the greater good of all: Perspectives on individualism, society, and leadership* (pp. 29-47). Basingstoke: Palgrave.

Batson, C. D. & Ahmad, N. (2001). Empathy-induced altruism in a prisoner's dilemma II: What if the target of empathy has defected? *European Journal of Social Psychology, 31*, 25-36. doi.0.1002/ejsp.26.

Batson, C. D. & Moran, T. (1999). Empathy-induced altruism in a prisoner's dilemma. *European Journal of Social Psychology, 29*, 909-924. doi.10.1002/(SICI)1099-0992(199911)29:7〈909::AID-EJSP965〉3.0.CO;2-L.

Batson, C. D. & Shaw, L. L. (1991). Evidence for altruism: Towards a pluralism of prosocial motives. *Psychological Inquiry, 2*, 107-122.

Batson, C. D., Ahmad, N., Yin, J., Bedell, S. J., Johnson, J. W., Templin, C. M., & Whiteside, A. (1999). Two threats to the common good: Self interested egoism and empathy-induced altruism. *Personality and Social Psychology Bulletin, 25*, 3-16. doi.10.1177/014616729902500 1001.

Batson, C. D., Batson, J. G., Todd, R. M., Brummett, B. H., Shaw, L. L., & Aldeguer, C. M. R. (1995). Empathy and the collective good: Caring for one of the others in a social dilemma. *Journal of Personality and Social Psychology, 68*, 619-631. doi.10.1037/0022-3514.68.4.619.

Batson, C. D., Chang, J., Orr, R., & Rowland, J. (2002). Empathy, attitudes and action: Can feeling for a member of a stigmatized group motivate one to help the group? *Personality and Social Psychology Bulletin, 28*, 1656-1666. doi.0.1177/014616702237647.

Batson, C. D., Early, S., & Salvarini, G. (1997). Perspective-taking: Imagining how another feels versus imagining how you would feel. *Personality and Social Psychological Bulletin, 23*, 751-758. doi.10.1177/0146167297237008.

Batson, C. D., Klien, T. R., Highberger, L., & Shaw, L. L. (1995). Immorality from empathy-induced altruism: When compassion and justice conflict. *Journal of Personality and Social Psychology, 68*, 1042-1054. doi.10.1037//0022-3514.68.6.1042.

Batson, C. D., O'Quin, K., Fultz, J., Vanderplas, M., & Isen, A. M. (1983). Influence of self-reported distress and empathy on egoistic versus altruistic motivation to help. *Journal of Personality and Social Psychology, 45*, 706-718. doi.10.1037//0022-3514.45.3.706.

Batson, C. D., Polycarpou, M. P., Harmon-Jones, E., Imhoff H. J., Mitchener, E. C., Bednar, L. L., Klien, T. R., & Highberger, L. (1997). Empathy and attitudes: Can feeling for a member of a stigmatized group improve feelings toward the group. *Journal of Personality and Social*

Psychology, 72, 105-118. doi.10.1037/0022-3514.72.1.105.

Bernhard, H., Fischbacher, U., & Fehr, E. (2006). Parochial altruism in humans. *Nature, 442,* 912-915. doi.10.1038/nature04981.

Bernhardt, B. C. & Singer, T. (2012). The neural basis of empathy. *Annual Review of Neuroscience, 35,* 1-23. doi.10.1146/annurev-neuro-062111-150536.

Bird, G. & Viding, E. (2014). The self to other model of empathy: Proving a new framework for understanding empathy impairments in psychopathy, autism and alexithymia. *Neuroscience and Biobehavioral Reviews, 47,* 520-532.

Blair, R. J. P. (2005). Responding to the emotions of others: Dissociating form of empathy through the study of typical and psychiatric populations. *Consciousness and Cognition, 14,* 698-718. doi.10.1016/jconcog.2005.06.004.

Blair, R. J. P. (2008). Fine cuts of empathy and the amygdale: Dissociable deficits in psychopathy and autism. *Quarterly Journal of Experimental Psychology, 61,* 157-170. doi.10.1080/1740210701508855.

Boyce, C., Wood, A. M., & Brown, G. D. A. (2010). The dark side of conscientiousness: Conscientious people experience greater drops in life satisfaction following unemployment. *Journal of Research in Personality, 44,* 535-539. doi.10.1016/j.jrp.2010.05.001.

Brown, S. L., Nesse, R. M., Vinokur, A. D., & Smith, D. M. (2003). Providing social support may be more beneficial than receiving it: Results from a perspective study of mortality. *Psychological Science, 14,* 320-327. doi.10.1111/1467-9280.14461.

Buss, D. M. & Duntley, J. D. (2008). Adaptations for exploitation. *Group Dynamics, 12,* 53-62. doi.10.1037/1089-2699.12.1.53.

Cheng, Y., Chen, C., Lin, C. P., Chou, K. H., & Decety, J. (2010). Love hurts: An fMRI study. *Neuroimage, 51,* 923-929. doi.1016/j.neuroimage.2010.02.047.

Cialdini, R. B. & Kenrick, D. T. (1976). Altruism as hedonism: A social development perspective on the relationship of negative mood state and helping. *Journal of Personality and Social Psychology, 34,* 907-914. doi.10.1037/0022-3514.34.5.907.

Cialdini, R. B., Schaller, M., Houlihan, D., Arps, K., Fultz, J., & Beaman, A. L. (1987). Empathy-based helping: Is it selflessly or selfishly motivated? *Journal of Personality and Social Psychology, 52,* 749-758. doi.10.1037/0022-3514.52.4.749.

Danziger, N., Faillenot, I., & Peyron, R. (2008). Can we share pain we never felt? Neural correlates of empathy in patients with congenital insensitivity to pain. *Neuron, 61,* 203-212. doi.10.1016/j.neuron.2008.11.023.

Davis, M. H. (1983). Measuring individual differences in empathy: Evidence for a multidimensional approach. *Journal of Personality and Social Psychology, 44,* 113-126. doi.10.1037//0022-

3514.44.1.113.

Davis, M. H., Mitchell, K. W., Hall, J. A., Lothert, J., Snapp, T., & Meyer, M. (1999). Empathy, expectations and situational preferences: Personality influences on the decision to participate in volunteer helping behavior. *Journal of Personality, 67*, 469-503. doi.10.1111/1467-6494.00062.

de Vignemont, F. & Singer, T. (2006). The empathic brain: how, when and why? *Trends in Cognitive Science, 10*, 435-441. doi.10.1016/j.tics.2006.08.008.

de Wall, F. B. M. (2008). Putting the altruism back into altruism: The evolution of empathy. *Annual Review of Psychology, 59*, 279-300. doi.0066-4308/08/0203-0279$20.00.

Decety, J. & Jackson, P. L. (2004). The functional architecture of human empathy. *Behavioral and Cognitive Neuroscience Reviews, 3*, 71-100. doi.10.1177/153458230426187.

Drwecki, B. B., Moore, C. F., Ward, S. E., & Prkachin, K. M. (2011). Reducing racial disparities in pain treatment: The role of empathy and perspective-taking. *Pain, 152*, 1001-1006. doi.10.1016/j.pain.2010.12.005

Einolf, C. J. (2008). Empathic concern and prosocial behaviors: A test of experimental results using survey data. *Social Science Research, 37*, 1267-1279. doi.10.1016/j.ssresearch.2007.06.003.

Eisenberg, N. (1991). Meta-analytic contributions to the literature of prosocial behaviour. *Personality and Social Psychology Bulletin, 17*, 273-282. doi.10.1177/0146167291173007.

Eisenberg, N. & Miller, P. A. (1987). The relation of empathy to prosocial and related behaviors. *Psychological Bulletin, 101*, 91-119. doi.10.1037/0033-2909.101.1.91.

Engen, H. G. & Singer, T. (2013). Empathy circuits. *Current Opinion in Neurobiology, 23*, 275-282. doi.10.1016/j.conb.2012.11.003

Fazio, R. H. (2001). On the automatic activation of associated evaluations: An overview. *Cognition and Emotion, 15*, 115-141. doi.10.1080/0269993004200024.

Ferguson, E. (2013). Personality is of central concern to understand health: Towards a theoretical model for health psychology. *Health Psychology Review, 7*, S32-S70. doi.10.1080/17437199.2010.547985.

Ferguson, E. & Corr P. (2012). Blood, sex, personality, power and altruism. *Behavior and Brain Sciences, 35*, 25-26. doi.10.1017/S0140525X11001245.

Ferguson, E., Farrell, K., & Lawrence, C. (2008). Blood donation is an act of benevolence rather than altruism. *Health Psychology, 27*, 327-336. doi.10.1037/0278-6133.27.3.327.

Ferguson, E., James, D., & Madely, L. (2002). Factors associated with success in medical school: Systematic review of the literature. *British Medical Journal, 324*, 952-957. doi.10.1136/bmj.324.7343.952.

Ferguson, E., Lawrence, C., & Farrell, K. (2008). High cost helping behavior is driven by benevolence rather than altruism. *International Journal of Psychology, 43,* 254.

Ferguson, E., Semper, H., Yates, J., Fitzgerald, J. E., Skatova, A., & James, D. (2014). The "dark side" and "bright side" of personality: When too much conscientiousness and too little anxiety are detrimental to the acquisition of medical knowledge and skill. *PLoS One, 9,* 2, e8860. doi.10.1371/journal.pone.0088606.

Ferguson, E., Taylor, M., Keatley, D., Flynn, N., & Lawrence, C. (2012). Blood donors' helping behavior is driven by warm glow more evidence for the blood donor benevolence hypothesis. *Transfusion, 52,* 2189-2200. doi.10.1111/j.l537-2995.2011.03557.x.

Fontenelle, L. F., Soares, I. D., Miele, F., Borges, M. C., Prazeres, A. M., Range, B. P., & Moll, J. (2009). Empathy and symptoms dimensions of patients with obsessive-compulsive disorder. *Journal of Psychiatric Research, 43,* 455-463. doi.10.1016/j.psychires.2008.05.007.

Frith, C. D. & Singer, T. (2008). The role of social cognition in decision making. *Philosophical Transactions of the Royal Society, 363,* 3875-3886. doi.10.1098/rstb.2008.0156.

Galinsky, A. D., Massux, W. W., Gilin, D., & White, J. B. (2008). Why it pays to get inside the head of your opponent: The differential effects of perspective taking and empathy in negotiations. *Psychological Science, 19,* 378-384. doi.10.1111/j.l467-9280.2008.02096.x.

Gallese, V. & Goldman, A. (1998). Mirror neurons and the simulation theory of mind-reading. *Trends in Cognitive Science, 2,* 493-501. doi.10.1016/S1364-6613(98)01262-5.

Georgi, E., Petermann, F., & Schipper, M. (2014). Are empathic abilities learnable? Implications for social neuroscientific research from psychometric assessments. *Social Neuroscience, 9,* 74-81. doi.10.1080/17470919.2013.855253.

Goldstein, N. J., Vezich, S. I., & Shapiro, J. R. (2014). Perceived perspective taking: When other walk in our shoes. *Journal of Personality and Social Psychology, 106,* 941-960. doi.10.1037/a0036395.

Griffin, A. S. & West, S. A. (2002). Kin selection: Fact and fiction. *Trends in Ecology and Evolution, 17,* 15-21. doi.10.1016/S0169-5347(01)02355-2.

Hakansson, J. & Montgomery, H. (2003). Empathy as an interpersonal phenomena. *Journal of Social and Personal Relationships, 20,* 267-284. doi.10.1177/0265407503020003001.

Hein, G. & Singer, T. (2008). I feel how you feel but not always: The empathic brain and its modulation. *Current Opinion in Neurobiology, 18,* 153-158. doi.10.1016/j.conb.2008.07.012.

Hein, G., Lamm, C., Brodbeck, C., & Singer, T. (2011). Skin conductance responses to the pain of others predicts later costly helping. *PLos One, 6,* 8, e22759. doi.10.1016/j.conb.2008.07.012.

Iacoboni, M. (2009) Imitation, empathy and mirror neurons. *Annual Review of Psychology, 60,* 653-670. doi.10.1146/annrev.psych.60.110707.163604.

Jackson, P. L., Brunet, E., Meitzoff, A. N., & Decety, J. (2006). Empathy examined through the neural mechanisms involved in imaging how I feel versus how you feel pain. *Neuropsychologia, 44*, 752-761. doi.10.1016/j.neuropsychologia.2005.07.015.

Jankowski, K. F. & Takahashi, H. (2104). Cognitive neuroscience of social emotions and implications for psychopathology: Examining embarrassment, guilt, envy and schadenfreude. *Psychiatric and Clinical Neurosciences Frontier Review, 68*, 319-336. doi.10.1111/pcn.12182.

Jones, A. P., Happe, F. G. E., Gilbert, F., Burnett, S., & Viding, E. (2010). Feeling, caring, knowing: Different types of empathy deficit in boys with psychotic tendencies and autistic spectrum disorder. *Journal of Child Psychology and Psychiatry, 51*, 1188-1197. doi.10.1111/j.1469-7610.2010.02280.x.

Kerem, E., Fishman, N., & Josselson, R. (2001). The experience of empathy in everyday relationships: Cognitive and affective elements. *Journal of Social and Personal Relationships, 18*, 709-729. doi.10.1177/0265407501185008.

Keysers, C. & Gazzola, V. (2007). Integrating simulation and theory of mind: From self to social cognition. *Trends in Cognitive Science, 11*, 194-196. doi.10.1016/j.tics.2007.02.002.

Kim, S. S., Kaplowitz, S., & Johnston, M. V. (2004). The effects of physician empathy on patient satisfaction and compliance. *Evaluation and the Health Professions, 27*, 237-251. doi.10.1177/0163278704267037.

Kim, Y., Schulz, R., & Carver, C. S. (2007). Benefit finding in the cancer caregiving experience. *Psychosomatic Medicine, 69*, 283-291. doi.10.1097/PSY.0b013e3180417cf4.

Klimecki, O., Lweiberg, S., Ricar, M., & Singer, T. (2014). Differential pattern of functional brain plasticity after compassion and empathy training. *Social Cognitive and Affective Neuroscience, 9*, 873-879. doi.10.1093/scan/nst060

Knafo, A., Zahn-Waxler, C., Hulle, C. V., Robinson, J. J., & Rhee, S. H. (2008). The developmental origins of a disposition towards empathy: Genetic and environmental contributions. *Emotion, 8*, 737-752. doi.10.1037/a0014179.

Konrath, S., Fuhrel-Forbis, A., Lou, A., & Brown, S. (2012). Motives for volunteering are associated with mortality risk in older adults. *Health Psychology, 31*, 87-96. doi.10.1037/a0025226.

Lamm, C., Decety, J., & Singer, T. (2011). Meta-analytic evidence for common and distinct neural networks associated with directly experiencing pain and empathy for pain. *Neuroimage, 54*, 2492-2502. doi.10.1016/j.neuroimage.2010.10.014.

Lamm, C., Meltzoff, A. N., & Decety, J. (2010). How do we empathize with someone who is not like us? A functional magnetic resonance imaging study. *Journal of Cognitive Neuroscience, 22*, 362-376. doi.0.1162/jocn.2009.21186.

Lamm, C., Nurbaum, H. C., Meltzoff, A. N., & Decety, J. (2007). What are you feeling? Using functional magnetic resonance imaging to assess the modulation of sensory and affective responses during empathy for pain. *Plos One, 12*, e1292. doi.10.1371/journal.pone.0001292.

Lamm, C., Batson, C. D., & Decety, J. (2007). The neural substrate of human empathy: Effects of perspective-taking and cognitive appraisal. *Journal of Cognitive Neuroscience, 19*, 42-58. doi.10.1162/jocn.2007.19.1.42.

Lazarus, R. (1993). From psychological stress to the emotions: A history of changing outlooks. *Annual Review of Psychology, 44*, 1-22. doi.10.1146/annurev.ps.44.020193.000245.

Leiberg, S., Klimecki, O., & Singer, T. (2011). Short-term compassion training increases prosocial behaviour in a newly developed prosocial game. *PLoS One, 6*, e17798. doi.0.1371/journal.pone.0017798.

Lieberman, M. D. (2007). Social cognitive neuroscience: A review of core processes. *Annual Review of Psychology, 58*, 529-589. doi.10.1146/annrev-psych.58.110405.085654.

Lockwood, P. L., Seara-Cardoso, A., & Viding, E. (2014). Emotion regulation moderates the association between empathy and prosocial behaviour. *PLoS One, 9*, e96555. doi.10.1371/journal.pone.0096555

Loewenstein, G. F. (2005). Hot-cold empathy gaps in medical decision making. *Health Psychology, 24*, S49-S56. doi.10.1037/0278-6133.24.4.S49.

Loewenstein, G. & Small, D. A. (2007). The scarecrow and the tin man: The vicissitudes of human sympathy and caring. *Review of General Psychology, 11*, 112-126. doi.10.1037/1089-2680.11.1.112.

Loewenstein, G. F., Weber, E. U., Hsee, C. K., & Welch, N. (2001). Risk as feelings. *Psychological Bulletin, 127*, 267-286. doi.0.1037//0033-2909.127.2.267.

Loggia, M. L., Mogil, J. S., & Bushnell, M. C. (2008). Empathy hurts: Compassion for another increases both sensory and effective components of pain perception. *Pain, 136*, 168-176. doi.10.1016/j.pain.2007.07.017.

Lotem, A., Fishman, M. A., & Stone, L. (1999). Evolution of cooperation between individuals. *Nature, 400*, 226-227. doi.10.1038/22247.

Mahmut, M. K., Homewood, J., & Stevenson, R. J. (2008). The characteristics of non-criminals with high psychopathy traits: Are they similar to criminal psychopaths? *Journal of Research in Personality, 42*, 679-692. doi.10.1016/j.jrp.2007.09.002.

Maner, J. K. & Gailliot, M. T. (2007). Altruism and egoism: Prosocial motivations of helping depend on relationship context. *European Journal of Social Psychology, 37*, 347-358. doi.10.1002/ejsp.364.

Milinski, M., Semmann, M. M., & Krambeck, H. J. (2002). Donor to charity gain in both indirect reciprocity and political reputation. *Proceedings of the Royal Society of London, B, 269*, 881-

883. doi.10.1098/rspb.2002.1964.

Mitani, H. (2014). Influences of resources and subjective dispositions on formal and informal volunteering. *Voluntas, 25*, 1022-1040. doi.10.1007/s11266-013-9384-3.

Morelli, S. A., Rameson, L. T., Lieberman, M. D. (2014). The neural components of empathy: Predicting daily prosocial behaviour. *Social Cognitive and Affective Neuroscience, 9*, 39-47. doi.10.1093/scan/nss088.

Nettle, D. (2006). The evolution of personality variation in humans and other animals. *American Psychologist, 61*, 622-631. doi.10.1037/0003-066X.61.6.622.

Neuberg, S. L., Cialdini, R. B., Brown, S. L., Luce, C., Sagarin, B. J., & Lewis, B. P. (1997). Does empathy lead to anything more than superficial helping? Comment on Batson et al (1997). *Journal of Personality and Social Psychology, 73*, 510-516.

Nowak, M. & Sigmund, K. (2005). Evolution of indirect reciprocity. *Nature, 437*, 1291-1298. doi.0.1038/nature04131.

O'Connor, L. E., Berry, J. W., Lewis, T. B., & Stiver, D. J. (2012). Empathy-based pathogenic guilt, pathological altruism, and psychopathology. In: B. Oakley, A. Knafo, G. Madhava, & D. S. Wilson (Eds.), *Pathologicul altruism* (pp. 10-30). Oxford: Oxford University Press.

Oakley, B. A. (2013). Concepts and implications of altruism bias and pathological altruism. *Proceedings of the National Academy of Science, 110*, 10405-10415. doi.10.1073/pnas.1302547110.

Oakley, B., Knafo, A., Madhava, G., & Wilson, D. S. (Eds.) (2012). *Pathological altruism.* Oxford: Oxford University Press.

Oceja, L. V., Heerdink, M. W., Stocks, E. L., Ambrona, T., Lopez-Perez, B., & Salagado, S, (2014), Awareness of others, and action: How feeling empathy for one-among-others motivates helping the others. *Basic and Applied Social Psychology, 36*, 111-124. doi.10.1080/01973533. 2013.856787.

Patterson, F., Ferguson, E., Lane, P., Farrell, K., Martlew, J., & Wells, A. (2000). A competency model of general practice: Implications for selection, training and development. *British Journal of General Practice, 50*, 188-193.

Pessin, K. M. (2012). Seduction super-responders and hyper-trust: The biology of affective behaviour. In: B. Oakley, A. Knafo, G. Madhava, & D. S. Wilson (Eds.), *Pathological altruism* (pp. 349-367). Oxford: Oxford University Press.

Pfeiffer, T., Tran, L., Krumme, C., & Rand, D. G. (2012). The value of reputation. *Journal of the Royal Society Interface, 9*, 2791-2797. doi.1098/rsif.2012.0332.

Preston, S. D. (2007). A perception-action model of empathy. In: T. F. D. Farrow and P. W. R. Woodruff (Eds.), *Empathy in mental illness* (pp. 428-447). Cambridge: Cambridge University

Press.

Raghunathan, R. & Phun, M. T. (1999). All negative moods are not equal: Motivational influences of anxiety and sadness on decision making. *Organizational Behavior and Human Decision Processes, 79*, 56-77. doi.10.1006/obhd.1999.2838.

Rameson, L. T. & Lieberman, M. D. (2009). Empathy: A social cognitive neuroscience approach. *Personality and Social Psychology Compass, 3*, 94-110. doi.10.111141751-9004.2008.00154x

Reeder, J. P., Jr. (2010). What kind of person could be a torturer. *Journal of Religious Ethics, 38*, 67-92.

Schieman, S. & van Gundy, K. (2000). The personal and social links between age and self-reported empathy. *Social Psychology Quarterly, 63*, 152-174. doi.10.2307/2695889.

Schlumpf, K. S., Glynn, S. A., Schreiber, G. B., Wright, D. J., Steele, W. R., Tu, Y., Hermansen, S., Higgins, M. J., Garratty, G., & Murphy, E. L. (2008). Factors influencing donor return. *Transfusion, 48*, 264-272. doi.10.1111/j.l537-2995.2007.01519.x.

Schreiter, S., Pijnenborg, G. H. M., & ann het Rot, M. (2013). Empathy in adults with clinical or subclinical depressive symptoms. *Journal of Affective Disorders, 150*, 1-16. doi.10.1016/j.jad.2013.03.009.

Schumann, K., Zaki, J., & Dweck, C. S. (2014). Addressing the empathy deficit: Beliefs about the malleability of empathy predict effortful responses when empathy is challenging. *Journal of Personality and Social Psychology, 107*, 475-493. doi.10.1037/a0036738.

Shamay-Tsoory, S. G., Lester, H., Chisin, R., Israel, O., Bar-Shalom, R., Pertez, A., Tomer, R., Tsitrinbaum, Z., & Aharon-Peretz, J. (2005). The neural correlates of understanding the other's distress: A positron emission tomography investigation of accurate empathy. *Neuroimage, 27*, 468-472. doi.10.1016j.nueoimage.2005.05.012.

Shamay-Tsoory, S., Harari, H., Aharon-Peretz, J., & Levkovitz, Y. (2010). The role of orbitofrontal cortex in affective theory of mind deficits in criminal offenders with psychopathic tendencies. *Cortex, 46*, 668-677. doi.10.1016/jcortex.2009.04.008.

Silvester, J., Patterson, F., Koczwara A., & Ferguson, E. (2007). "Trust me …": Psychological and behavioral predictors of perceived physician empathy. *Journal of Applied Psychology, 92*, 519-527. doi.10.1037/0021-9010.92.2.519.

Singer, T. (2006). The neuronal basis and ontogeny of empathy and mind reading: Review of the literature and implications for future research. *Neuroscience and Biobehavioral Reviews, 30*, 855-863. doi.10.1016/j.neubiorev.2006.06.011.

Singer, T. & Frith, C. (2005). The painful side of empathy. *Nature Neuroscience, 8*, 845-846. doi.10.1038/nn0705-845.

Singer, T. & Kimecki, O. M. (2014). Empathy and compassion. *Current Biology, 24*, R875-R878.

Singer, T. & Lamm, C. (2009). The social neuroscience of empathy. *Annals of the New York Academy of Science, 1156*, 81-96. doi.10.1111/j.l749-6632.2009.04418x.

Singer, T., Seymour, B., O'Doherty, J., Kaube, H., Dolan, R. J., & Frith, C. (2004). Empathy for pain involves the affective but not sensory components of pain. *Science, 303*, 1157-1161. doi.10.1038/narure04271.

Smith, A. (2006). Cognitive empathy and emotional empathy in human behavior and evolution. *The Psychological Record, 56*, 3-21.

Steele, W. R., Schreiber, G. B., Guiltinan, A., Nass, C., Glynn, S. A., Wright, D. J., Kessler, D., Schlumpf, K. S., Tu, Y., Smith, J. W., & Garratty, G. (2008). The role of altruistic behaviour, empathic concern, and social responsibility motivation in blood donation behaviour. *Transfusion, 48*, 43-54. doi.10.1111/j.l537-2995.2007.01481.x.

Sturmer, S., Snyder, M., & Omoto, A. M. (2005). Prosocial emotions and helping: The moderating role of group membership. *Journal of Personality and Social Psychology, 88*, 532-546. doi.10.1037/0022-3514.88.3.532.

Weinstein, N. & Ryan, R. M. (2010). When helping helps: Autonomous motivation for prosocial behaviour and its influence on well-being for helper and recipient. *Journal of Personality and Social Psychology, 98*, 222-244. doi.10.1037/a0016984

Weng, H. Y., Fox, A. S., Shackman, A. J., Stodola, D. E., Caldwell, J. Z. K., Olson, M. C., Rogers, G. M., & Davidson, R. D. (2013). Compassion training alters altruism and neural responses to suffering. *Psychological Science, 24*, 1171-1180. doi.10/1177/0956797612469537.

Widiger, T. A. & Presnall, J. R. (2012). Pathological altruism and personality disorders. In: B. Oakley, A. Knafo, G. Madhava, & D. S. Wilson (Eds.), *Pathological altruism* (pp. 85-93). Oxford: Oxford University Press.

Zahavi, A. & Zahavi, A. (1997). *The handicap principle.* New York: Oxford University Press.

Zahn-Waxier, C. & Van Hule, C. (2012). Empathy, guilt and depression: When caring for others becomes costly to children. In: B. Oakley, A. Knafo, G. Madhava, & D. S. Wilson (Eds.), *Pathological altruism* (pp. 321-344). Oxford: Oxford University Press.

Zollman, K. J. S., Bergstrom, C. T., & Huttegger, S. M. (2013). Between cheap and costly signals: The evolution of partially honest communications. *Proceedings of the Royal Society, B, 280*, 20121878. doi.10.1098/rspb.2012.1878.

199

제9장

향수
달콤씁쓸한 감정이 심리적 건강에 미치는 효과

Constantine Sedikides & Tim Wildschut

> 향수는 바로 그 본성에서 달콤씁쓸하며, 멜랑콜리로 수놓아진, 가장 행복한 기억이다. 그것은 힘들의 결합이며, 또한 반대이며, 너무나 매력적으로 만드는 것들이다. 사람들, 장소들, 사건들, 시간들: 우리는 그것을 그리워하고, 그 그리움 속에 즐거움이 있고, 사랑 속에 슬픔이 있다.
>
> 『Walk Like a Man: Coming of Age with the Music of Bruce Springstein』
> —Robert J. Wiersema

긍정 임상심리학은 인간의 경험과 임상적 치료에서 긍정성과 부정성의 균형을 맞추는 데 관심을 가진다(Wood & Tarrier, 2010). 우리는 이번 장에서 본질적으로 긍정적이면서 동시에 부정적인 향수(nostalgia)라는 정서와, 이러한 정서가 심리적 건강에 미치는 효과에 초점을 맞출 것이다. 우선 향수의 통념적 정의, 향수 어린 경험의 이야기, 향수의 정서적 특징 안에 존재하는 달콤씁쓸함(bittersweetness) 또는 양가감정(ambivalence)에 대해 논의할 것이다. 나아가 향수의 심리적 건강효과를 사회적, 자기관련적, 그리고 실존적 측면에서 고려할 것이다. 마지막으로 향수 어린 양가감정과 그러한 정서가 주는 건강효과 사이의 이론적인 연결고리에 대해서도 결론을 내릴 것이다.

향수의 양가감정

『옥스퍼드 신 영어사전』(1998)에서는 향수라는 정서를 "과거를 향한 감상적인 동경 또는 간절한 애정(p. 1266)"이라고 정의한다. 이러한 정의에는 달콤씁쓸함 또는 양가감정이 함축되어 있다. 즉, 향수에 빠진 사람은 좋은 것과 나쁜 것을 동시에 느끼게 된다.

이론적 고찰

향수에 대한 이론적인 탐구에서도, 향수는 흔히 양가적인 감정으로 묘사된다. Davis(1979)는 향수가 "과거의 아름다움, 기쁨, 즐거움, 만족, 선, 행복, 사랑을 귀속시킴으로써 우러난다(p. 18)"고 주장하는 반면, 다른 저자들(Best & Nelson, 1985; Johnson-Laird & Oatley, 1989; Hertz, 1990)은 향수가 슬픔으로 가득 차 있다고 주장하는데, 왜냐하면 향수에 빠진 사람은 이미 과거는 돌이킬 수 없이 지나가 버린 것이라는 깨달음에 도달하기 때문이다. Kaplan(1987)은 향수가 "과거에 대한 따뜻한 느낌 …… 즐거움 중의 하나로, 열중하는 분위기와 의기양양한 느낌을 유발한다(p. 465)"고 간주하는 반면, Peters(1985)는 향수가 "덧없는 슬픔과 동경에서부터 시작해서, 오랫동안 지속되면 현재 환경에 적응하려는 개인의 시도를 현저히 방해하는 압도적인 갈망까지(p. 135)" 이른다고 단언하였다. 그리고 Chapin(2000)은 향수가 과거 경험에 대한 감사와 재경험하는 즐거움을 반영한다고 제시한 반면, 다른 저자들(Fodor, 1950; Socarides, 1977)은 향수에는 심리적 고통도 포함된다고 추가하였다. Werman(1977)이 말한 대로라면, 향수는 "간절한 즐거움, 슬픔의 기미가 있는 기쁨(p. 393)"이다.

결국 향수에 빠진 사람은 인생의 과거지사, 보물 같은 순간이 지나가 버린 것, 그리고 그들에게 중요했으나 현재는 존재하지 않는 사람들에 대해 부정적으로 느낄 것으로 추정된다. 그러나 동시에, 향수에 빠진 사람들은 그러한 중요한 사람들과 함께 삶의 결정적인 사건들을 공유할 기회를 가진 것에 대해서 긍정적으로 느낄 것이다. Davis(1979)는 비록 시적인 표현은 아니지만, 어떠한 경험에 대한 갈망과 동시에 이 경험의 돌이킬 수 없는 상실에 굴복하는 것 사이에 수반된 양가감정에 대하여 광범위하게 숙고하였다.

경험적 증거

우리는 양가감정에 대한 경험적 증거로 네 가지 원천을 이용할 것이다—향수의 통념적 개념, 향수와 관련된 이야기의 내용 분석, 실험적으로 유발된 향수와 평범한 자서전적 기억의 비교, 그리고 향수와 관련된 이야기 속 긍정적·부정적 사건의 병렬 배치.

향수의 통념적 개념(lay conception)　　우리는(Hepper, Ritchie, Sedikides, & Wildschut, 2012) 원형(prototype) 접근법을 적용하여 향수의 통념적 개념을 검토하였는데, 이는 향수가 중심적이라고 할 수 있는 보다 전형적인 부분/특징과 지엽적이라고 할 수 있는 덜 전형적인 부분/특징을 가진 흐릿한 범주로 여겨지기 때문이다. 참가자들로 하여금 향수에 관하여 생각하는 동안 마음속에 떠오르는 모든 기술어의 명단을 작성하도록 하였고, 그 후 2명의 평가자들이 이러한 기술어들을 35개의 특징으로 부호화하였다(연구 1). 그리고 또 다른 참가자들이 각 특징에 대하여 중심성(centrality) 또는 지엽성(peripherality)으로 나누어 평정하였는데, 즉 향수에 대한 그들의 관점에 따라 각 특징을 의미론적인 근접성의 수준으로 평가한 것이다(연구 2). 중심적인 향수의 특징은 긍정적이었으며(좋아하는, 장밋빛의, 어린 시절 또는 인간관계에 대한 개인적으로 중요한 회상들), 또한 부정적이었다(놓쳐 버린, 과거로 돌아가고 싶은). 마찬가지로 지엽적인 특징들도 긍정적이었으며(따뜻함, 고요함, 성공), 또한 부정적이었다(후회, 무기력함). 그러나 두 가지 경우 모두에서, 긍정적인 특질이 부정적인 특질보다 우세하였다. 우리는(Hepper et al., 2014) 5개 대륙에 걸친 18개 나라에서 모두 비슷한 결과를 관찰하였다. 결국, 향수에 대한 통념적 개념 또한 어느 정도의 양가감정으로 특징지어진다.

향수와 관련된 이야기(nostalgic narratives)의 내용 분석　　참가자들에게 자신의 삶에서 향수 어린 사건을 이야기하도록 요청하고, 이후 그들이 표현한 이야기를 긍정적 또는 부정적 정서의 정도에 따라 부호화함으로써, 또한 양가감정을 연구할 수 있다. 좋은 예로서, Holak과 Havlena(1988)는 참가자들에게 사람이나 사건, 또는 물건과 관련하여 세 가지 향수 어린 시점, 그때 둘러싼 환경, 자신이 느꼈던 감정들을 기술하도록 지시하였다. 그리고 평가자들이 보고한 기술들을 여러 감정 측면에서 평정하였다. 이야기들은 긍정적인 감정(따뜻함, 즐거움, 의기양양함, 부드러움, 고마움)과 부정적인 감정(슬픔, 초조, 공포)을 모두 반영하였으나, 긍정적인 감정이 부정적인 감정보다 더 수가 많았다.

　우리도(Wildschut, Sedikides, Arndt, & Routledge, 2006, 연구 1-2) 유사한 방법을 사용해 보았다. 연구 1에서는 1998년과 1999년 사이에 정기간행물 『노스탤지어(Nostalgia)』에서 출간된 42개의 향수 관련 에세이(1,000~1,500단어)를 검토하였다. 2명의 평가자들이 긍정 정서 및 부정 정서 척도(Positive and Negative Affect Schedule; Watson, Clark, & Tellegen, 1988)에 포함된 20개의 형용사가 에세이들에서 각각 얼마나 나오는지 그 정도를 평가하였다. 에세이에는 긍정적 · 부정적 정서가 모두 포함되어 있었지만, 긍정적 정서가 부정적 정서보다 더 많았다. 우리는 연구 2에서 이러한 결과의 재현 가능성을 입증하고자, 실험실 상황에서 참가자들에게 "당신을 가장 향수에 젖게 만드는, 과거의 중요한 부분(예: 사건 또는 일화)에 대해 생각해 보세요."라는 지시에 반응하여 향수와 관련된 이야기들을 생성토록 하였다.

실험적으로 유발된 향수와 평범한 자서전적 이야기의 비교 향수 어린 양가감정을 조사하는 또 다른 접근 방법은 실험적으로 향수를 조작해 내고 이때 생성된 이야기들을 평가하는 것이다. Abeyta, Routledge, Sedikides, 그리고 Wildshut(2014)는 향수를 조작해 내기 위하여, Wildschut 등(2006, 연구 5)에 의해 개발된 사건 회상 과제(event reflection task: ERT; Sedikides, Wildshut, Routledge, Arndt, Hepper, & Zhou, 2015)를 활용하였다. 실험 조건에서 참가자들은 "당신 인생에서 향수 어린 사건을 기억해 보세요. 특히, 당신을 가장 향수에 젖게 만드는 과거의 사건을 생각하시는 겁니다. 그때의 향수 어린 경험을 떠올리고, 그 속에 있는 당신 자신에게 몰두하세요. 어떤 느낌이 드나요?"라는 지시를 받는다. 통제집단의 참가자들은 "당신 인생에서 평범했던 사건을 기억해 보세요. 특히, 가장 평범했던 과거의 사건을 생각하시는 겁니다. 그때의 평범한 경험을 떠올리고, 그 속에 있는 당신 자신에게 몰두하세요. 어떤 느낌이 드나요?"라고 요청받는다. 두 가지 조건에서 모두, 참가자들은 그 경험이 어떤 느낌을 주는지 간략하게 생각해 보고, 이후 그와 관련된 네 가지 키워드를 작성한다. 마지막으로, 참가자들은 몇 분 동안 이야기를 작성하게 된다. 그 결과, 평가자들은 대체로 향수 어린 이야기들이 평범한 이야기와 비교하여 더 많은 느낌을 반영하며, 또한 긍정적인 느낌이 부정적인 느낌보다 더 많다고 평정하였다.

향수와 관련된 이야기 속 긍정적·부정적 사건의 병렬 배치 향수와 관련된 이야기의 구조가 양가감정을 나타내는 걸까? Davis(1977)는 향수 어린 설명 안에 긍정적이고 부정적인 정서상태의 병렬 배치를 강조하였다. 그는 향수 어린 일화는 부정적인 요소들을 포함하는데, 이러한 "상처, 짜증, 실망, 초조 ……가 '그게 최선이었어'라는 태도를 통하여 너그럽게 여과된다(p. 418)"고 언급하였다. McAdams, Reynolds, Lewis, Patten, 그리고 Bowman(2001)의 연구도 이러한 지점과 관련이 있다. 저자들은 2개의 이야기 순서를 주장하였는데, 바로 구원(redemption)과 타락(contamination)이다. 구원 순서에서는 이야기가 정서적으로 불쾌한 단계에서 정서적으로 유쾌한 단계로 진행된다. McAdams 등이 말한 대로, "나쁜 것이 구원되거나, 구조되거나, 완화되거나, 다음에 이어지는 선의 관점에서 더 좋아지는 것(p. 474)"이다. 타락 순서에서는 이야기가 반대의 궤적을 따른다. McAdams 등이 말한 대로, "좋은 것이 엉망이 되거나, 멸망하거나, 타락하거나, 혹은 뒤따르던 것에 의해 훼손되는 것(p. 474)"이다.

　우리는 향수와 관련된 이야기 구조에서 구원 대 타락 중 무엇이 더 전형적으로 나타나는지 궁금해하였다. 이러한 질문에 답하기 위하여, Wildschut 등(2006)은 정기간행물 『노스텔지어』에 독자들이 제출한 이야기들(연구 1), 그리고 실험실 내에서 "향수라는 주제로 글을 써 보세요"라는 지시 아래 참가자들이 작성한 사건들(연구 2)을 내용 분석에 맡겼다. 두 연구에서 모두, 향수와 관련된 이야기들은 타락보다는 구원 궤적을 우세하게 나타냈다. 향수와 관련된 이야기들의 구조는 구원에 의해 특정지어지는데, 이는 셰익스피어(1996)가 '소네트 30'에서 독자들의 마음을 완전히 사로잡은 양식이기도 하다(p. 47).

　　감미롭고 고요한 명상의 궁전으로
　　지난 옛일의 기억을 불러올 때면
　　나는 갈구하던 모든 것들을 갖지 못함을 한숨짓고
　　귀중한 시간을 낭비한 옛 비애를 새삼 애탄하노라……
　　그러나 벗이여, 그때 그대를 생각하면,
　　모든 손실은 회복되고 슬픔은 끝나도다.

향수의 심리적 건강효과

　경험적 증거의 네 가지 원천에 근거하여(향수의 통념적 개념, 향수와 관련된 이야기의 내용 분석, 실험적으로 유발된 향수와 평범한 자서전적 이야기의 비교, 향수와 관련된 이야기 속 긍정적·부정적 사건의 병렬 배치), 우리는 향수가 양가적이지만, 긍정적인 것들이 보다 우세한 감정이라고 결론을 내렸다. 아래에서 우리는 향수의 심리적 건강효과에 대한 연구를 개관할 것이다. 그 후 향수의 건강효과에 양가감정이 영향을 미치는지 살펴볼 것이다.

　우리는 향수를 고통을 극복하는 데 사용할 수 있는 자원으로서 개념화한다. 적어도 이러한 개념화는 향수가 근원적인 접근-지향적(approach-oriented) 행동 경향성과 상관이 있다는 증거를 필요로 한다. 그리고 우리는 그러한 증거를 확보하고 있다(Stephan et al., 2014). ERT를 통해 유도된 향수는 접근 동기를 부추기는데, 이는 행동억제체계/행동활성화체계 척도(Carver & White, 1994)에서 행동활성화체계(Behavioral Activation System) 하위척도로 평가될 수 있다. 향수는 접근-지향적인 감정이다. 다음에서, 우리는 향수의 건강효과에 대해 보다 구체적으로 논의할 것이다.

사회적, 자기관련적, 실존적 효과

우리는 향수가 주는 세 가지 종류의 건강효과를 고려할 것이다. 사회적, 자기관련적, 그리고 실존적 건강효과.

사회적(social) 건강효과   향수 속에 빠질 때면 과거의 중대한 사건들(예: 가족 전통, 졸업식, 결혼기념일)이나 중요한 사람들(예: 친척, 친구, 연인)이 떠오른다(Wildschut et al., 2006, 연구 1–2; Abeyta et al., 2014). 사실상 향수 어린 경험들은 사회적 테마로 가득하다. 향수 어린 공상 속에서 "마음은 '사람들이 사는 곳'이며(Herz, 1990, p. 195)", 향수에 빠진 사람들은 삶을 소생시키고 그 사람의 현재 일부가 된 과거 존재들과의 상징적 연결을 회복하게 된다(Batcho, 1998; Wildschut, Sedikides, Routledge, Arndt, & Cordaro, 2010). 따라서 향수에 빠지는 것은 사회적 건강효과를 수반한다.

우리는 이러한 주장에 대한 경험적 증거를 제시하고자 한다. 원형-기반 조작(prototype-based manipulation)이나 과거의 향기, ERT에 의해 유도된 향수는 상응하는 통제 조건과 비교하였을 때 사회적 연결성을 증가시킨다. 즉, 사랑받는다는 느낌, 보호받는다는 느낌, 사랑하는 사람과 연결되어 있다는 느낌, 타인에 대한 신뢰감 등이 증가한다(Wildschut et al., 2006, 연구 5; Hepper et al., 2012, 연구 7; Reid, Green, Wildschut, & Sedikides, 2014). 마찬가지로, ERT를 통해 유도된 향수는 사회적 지지에 대한 지각(예: "나는 상황이 안 좋을 때 친구들에게 의지할 수 있다", "나는 친구들에게 내 문제에 관해 이야기할 수 있다")을 촉진시킨다(Zimet, Dahlem, Zimet, & Farley, 1988). 그리고 이는 통제 조건보다 더 강한 수준이다(Zhou, Sedikides, Wildschut, & Gao, 2008, 연구 2–3). 마지막으로, ERT에서 유도된 향수는 통제 조건과 비교하여 애착 불안(예: "나는 내가 연인에게 신경 쓰는 만큼 연인은 나에게 신경 쓰지 않을까 봐 걱정한다")과 애착 회피(예: "나는 연인에게 가까이 있을 때 상당히 불편하다")을 감소시킴으로써 애착체계의 안전성을 증진시킨다(Fraley, Waller, & Brennan, 2000; Wildschut et al., 2006, 연구 6).

자기관련적(self-related) 건강효과   자기(self)는 향수와 관련된 이야기 안에서 매우 중요한 위치를 차지한다. 모든 사건에서 언제나 변함없는 주인공이 바로 자기이기 때문이다(Wildschut et al., 2006, 연구 1–2). 이에 따라, 향수에 빠지는 것은 자기에게도 영향을 줄 수 있다. 우리는 두 종류의 자기관련적 건강효과, 바로 자존감과 낙관주의에 초점을 맞추어 이를 실험해 보았다.

향수는 자존감을 증가시킨다. 즉, 향수에 빠진 참가자들은 통제집단의 참가자들보다 더 높은 수준의 자존감을 보고한다. 이러한 결과는 향수를 유도하는 방식이 ERT를 통하거나(Wildschut et al., 2006, 연구 5-6), 중심적인 또는 지엽적인 원형적 특징에 의존하여 이야기를 작성해 보도록 요청하거나(Hepper et al., 2012, 연구 7), 향수 어린 또는 통제된 노래를 듣도록 요청하거나(Cheung, Wildschut, Sedikides, Hepper, Arndt, & Vingerhoets, 2013, 연구 3), 다양한 향기(예: 샤넬 넘버 5, 애플파이, 갓 자른 장미)를 맡도록 지시하거나(Reid et al., 2014) 상관없이 발생하였다. 또한 이러한 결과는 자존감을 평가할 때 타당화된 척도(예: Rosenberg[1965] 자존감 척도; Wildschut et al., 2006, 연구 6)를 사용하거나, 미리 선택된 안면-타당도 문항들(예: '자기 자신을 소중히 여기는 것', '자기 자신에 관하여 좋게 느끼는 것'; Wildschut et al., 2006, 연구 5; Cheung et al., 2013; Hepper et al., 2012, 연구 7)을 사용하거나 상관없이 나타났다.

게다가 향수는 낙관주의를 높인다. ERT에서 유발된 향수와 관련된 이야기는 통제된 이야기보다 낙관주의와 더 높은 관련성을 보인다(Cheung et al., 2013, 연구 1). 향기에서 유발된 향수도 낙관주의를 증가시킨다(예: '나의 미래에 대해 낙관적인'; Reid et al., 2014). 향수에 빠진 참가자들은 통제집단보다 더 낙관적으로 보고한다(예: '무제한인 것처럼 느껴진다'; Cheung et al., 2013, 연구 2). 이때 중요한 것은, 자존감이 낙관주의에 대한 향수의 효과를 매개한다는 것이다. 즉, 향수는 자존감을 높임으로써 낙관주의를 증진시킨다(Cheung et al., 2013, 연구 3).

그렇다면 자존감은 어디에서 오는 걸까? 자존감의 핵심 근원으로 사회적 연결성에 집중하는 여러 이론들이 있는데, 예를 들어 애착(Mikulincer & Shaver, 2004), 사기가치 수반성(Crocker & Wolfe, 2001), 사회관계 측정(sociometer; Leary, 2005), 공포 관리(Pyszczynski, Greenberg, Solomon, Arndt, & Schimel, 2004) 등이 그러하다. 이러한 기초 위에서 우리는 인과적 순서를 확장하여 가설을 세웠는데, 즉 향수가 사회적 연결성을 양성하고, 이것이 자존감을 강화시키며, 다시 이것이 낙관주의를 높인다고 보는 것이다. 그리고 연구 결과는 이러한 가설을 지지하는 것으로 나타났다(Cheung et al., 2013, 연구 4).

실존적(existential) 건강효과   앞에서 제시한 것처럼, 향수 어린 기억은 누군가의 과거에서 중대한 사건 또는 중요한 사람과 관련되어 있다(Wildschut et al., 2006, 연구 1-2; Abeyta et al., 2014). 그러한 기억은 삶의 의미 있음(meaningfulness)으로 개인에게 안심을 제공할 수 있다(Lambert, Stillman, Baumeister, Fincham, Hicks, & Graham, 2010). 향수는 '의미에 대한 굶주림을 겨우 면하게 해 주거나(Bellow, 1970, p. 190)', '심연에 대한 두려움을 잠재울 수(Davis, 1979, p. 41)' 있다. 따라서 향수는 인생 속 의미의 저장소로서 기능할 가능성이 높다. 우리는 향수가 인생을 보다 의미 있는 것으로 지각하도록 증폭시켜 준다는 가설을 실험하였고, 이를 지지하는 결과를 얻었다.

향기가 일으키는 향수는 삶의 의미를 만들어 낸다(예: '인생은 목표를 가진다'; Reid et al., 2014). ERT 이후, 향수에 빠진 참가자들은 통제집단의 참가자들보다 삶을 더 의미 있는 것으로 지각하였다(예: '의미의 감각', '목적의 감각'; Van Tilburg, Igou, & Sedikides, 2013, 연구 5). 원형-기반 지시 이후에, 향수에 빠진 사람들은 통제집단보다 더 높은 의미를 보고하였다(예: '인생은 살 가치가 있다', '삶에는 더 큰 목적이 있다'; Hepper et al., 2012, 연구 7). 마지막으로, 향수 어린 사건 조건에서 참가자들은 평범한 사건이나 소망하는 미래 사건 조건에서 보다 삶을 더 의미 있는 것으로 표현하였으며(Routledge, Wildschut, Sedikides, Juhl, & Arndt, 2012, 실험 1), 긍정적인 과거 조건과 관련하여 의미에 대한 탐구도 감소하였다. 이는 아마도 의미가 발견되었기 때문일 것이다(Routledge et al., 2012, 실험 2).

향수와 관련된 이야기 안에 가득한 사회적 테마를 고려할 때, 향수의 사회성은 또한 실존적 건강효과를 강화시킬 가능성이 높다. 왜냐하면 사회적 테마(예: 가족, 연인, 친구)는 인생의 의미에서 핵심 원천이기 때문이다(Hicks, Schlegel, & King, 2010; Lambert et al., 2010). 게다가 실험 증거들은 개인이 실존적 위협에 직면했을 때, 사회적 연결성이 심리적 안녕감을 강화시키고 적응적인 기능을 촉진시킨다고 가리킨다(Arndt, Routledge, Greenberg, & Sheldon, 2005). 결국, 문헌들은 향수가 의미를 향상시키는 메커니즘으로서 사회적 연결성을 주목한다. 우리는(Routledge et al., 2012, 연구 2) 이러한 생각을 실험해 보기 위해, 특별히 노래 가사를 통하여 향수를 유발하였고, 사회적 공급 척도(Social Provision Scale; Cutrona & Russell, 1987; 표본 문항 '내 인생에 있어 중요한 결정과 관련하여 말할 수 있는 누군가가 있다', '나는 나의 태도 및 신념을 공유하는 집단원의 일부라고 느낀다')로 사회성을 측정하였다. 이후 삶의 의미 설문지(Steger, Frazier, Oishi, & Kaler, 2006; 표본 문항 '나는 내 삶을 의미 있게 만드는 것이 무엇인지 잘 알고 있다')의 삶의 의미 존재(Presence of Meaning in Life) 하위 척도를 가지고 의미를 평가하였다. 사회성은 향수가 의미에 미치는 효과를 매개하였는데, 즉 향수는 사회성을 증진시킴으로써 의미를 발전시켰다. 우리는 노래에 기반하여 향수를 유도하는 연구에서도 이러한 결과를 재현하였다(Routledge et al., 2012, 연구 1).

향수의 완충 역할

향수는 단지 심리적 건강에 효과를 주는 것뿐만이 아니라, 심리적 위협이 있을 때 이에 대항하여 위협을 완충시킬 수도 있다. 우리는 다음과 같이 향수의 조절 역할을 개념화하였다. 위협(예: 유해한 자극 또는 혐오적인 심리적 상태)은 심리적 기능의 사회적, 자기관련적, 또는 실존적 측면에 부정적인 영향을 미친다. 그러나 위협은 또한 향수를 촉발시킨다. 그리고 이어서 향수는 이러한 부정적인 영향을 경감시키거나 중화시킨다. 다른 곳에서 언급했던 것처럼, 유해한 자극 또는 혐오적인 상태의 직접적인 부정적 영향은 향수를 통한 간접적인 긍정적 영향에 의해 약해지거나 상쇄된다.

우리는(Stephan et al., 2014, 연구 2) 회피 및 접근 동기의 영역에서 이러한 조절 모델의 일반적인 형태를 실험하였다. 첫째, 회피 동기를 유발하였다(유해 자극 또는 혐오적인 심리적 상태). 실험 조건에서 참가자들은 미래에 피하고 싶은 5개의 사건을 적도록 하는 반면, 통제 조건에서는 미래에 일어날 만한 평범한 사건을 5개 적도록 하였다. 둘째, 향수를 측정하였다. 참가자들은 향수 질문지(Nostalgia Inventory; Batcho, 1995)의 상태 척도를 작성하였는데, 20개의 과거 문항에 대해서 현재 그리워하는 정도를 평정하였다(예: '우리 가족의 집', '어린 시절 장난감', '사람들이 있었던 길'). 셋째, 접근 동기를 평가하기 위하여, 참가자들에게 행동활성화체계 척도(Carver & White, 1994)를 완성하게 하였다. 통제 조건과 비교하여 실험 조건에서 회피 동기는 접근 동기를 감소시키는 경향이 있다. 그러나 회피 동기는 또한 향수를 촉발하였고, 이후 회피에 의해 촉발된 향수는 접근 동기를 강화시켰다. 조절 모델과 관련하여 우리는 차후 선별된 심리적 위협을 완충하는 향수의 능력을 검증하는 구체적인 실험도 논의하고 있다.

사회적 위협에 대항한 완충   우리는 향수가 외로움 및 부정적인 사고 또는 느낌이라는 용어로 정의되는 여러 감정들(예: 비관주의, 불행감, 자기비난, 우울, 소망하는 관계의 결여)이 주는 사회적 위협에 대항하여 완충 작용을 할 수 있을지를 검토하였다(Cacioppo et al., 2006). 우리는 외로움(혐오적인 상태)이 사회성(예: 사회적 지지의 지각)을 감소시키지만 또한 향수를 촉발할 것이라고 가설을 세웠다. 이후 향수는 사회적 건강효과를 통하여, 즉 사회적 지지의 지각을 증가시킴으로써 외로움과 대적할 것이다.

우리는(Zhou et al., 2008, 연구 2) 이러한 가설에 대한 지지 증거를 얻었다. 우선 Wildschut 등(2006, 연구 4)에 의해 개발된 절차를 가지고 외로움을 유발하였다. 모든 참가자들은 UCLA 외로움 척도(UCLA Loneliness Scale; Russell, Peplau, & Cutrona, 1980)에서 가져온 문장들을 읽는다. 그러나 이러한 문장에 대한 반응 선택은 조건에 따라 다르다. 실험 조건(강한 외로움)에서 우리는 동의를 최대화시키는 반응 선택을 조작해 내며(예: '나는 때때로 다른 사람들로부터 고립되어 있다고 느낀다'), 따라서 참가자들에게 강한 외로움의 감정을 일으킨다. 통제 조건(약한 외로움)에서 우리는 비동의를 최대화시키는 반응 선택을 조작해 내며(예: '나는 항상 다른 사람들로부터 고립되어 있다고 느낀다'), 따라서 약한 외로움의 감정을 만들어 낸다. UCLA 외로움 척도에 대한 표면상의 반응에 기초하여, 참가자들은 피드백을 받는데, 그 내용은 또래 그룹과 비교하여 그들이 외로움에서 높은 점수를 받았다(실험 조건) 또는 낮은 점수를 받았다(통제 조건)는 것이다. 그리고 조작 점검에서 실험 조건의 참가자들이 통제집단의 참가자들보다 더 외롭게 느끼는지를 확증하였다.

　외로움의 성공적인 유발 이후 향수와 사회적 지지를 평가하였다. 향수와 관련하여, 사우샘프턴 향수 척도(Southampton Nostalgia Scale; Routledge, Arndt, Sedikides, & Wildschut, 2008; Barrett, Grimm, Robins, Wildschut, Sedikides, & Janata, 2010)의 상태 척도를 사용하였는데, 이는 향수에 대한 경향성, 빈도, 개인적 관련성과 연관된 문항들로 구성되어 있다. 사회적 지지와 관련해서는 지각된 사회적 지지의 다차원 척도(Multidimensional Scale of Perceived Social Support; 예: "나는 상황이 안 좋을 때 친구들에게 의지할 수 있다"; Zimet et al., 1988)의 상태 척도를 사용하였다. 가설에서와 동일하게, 우리는 외로움이 향수와 사회적 지지에 대하여 직접적으로 반대의 인과 효과를 보인다는 것을 발견하였다. 하지만 이후 향수에 대한 느낌이 사회적 지지에 대한 감각을 증진시킴으로써 외로움에 대적하였다.

자기 위협에 대항한 완충　우리는 향수가 부정적인 수행 피드백에 내재된 자기 위협도 완충하는지 궁금해하였다(Sedikides, 2012). 향수는 자존감과 낙관주의를 증가시키며(Wildschut et al., 2006, 연구 5; Hepper et al., 2012, 연구 7; Cheung et al., 2013), 우리는 이러한 자기관련적 건강효과가 방어막으로 작용하여 자기 위협을 빗나가게 한다는 가설을 세웠다. 연구 결과는 이러한 가설과 일치하였다(Vess, Arndt, Routledge, Sedikides, & Wildschut, 2012, 실험 2). 우리는 참가자들에게 분석적 추론을 평가한다는 구실로 원격연상검사(Remote Associates Test; Mednick, 1962)를 완성하도록 지시하였고, 이후 참가자들에게 틀린 피드백(부정적 대 긍정적)을 주었다. 이후 우리는 ERT를 사용하여 향수를 유발하였다. 마지막으로, 종속 측정치들을 수집하기 위하여, 참가자들에게 자신의 검사 수행이 자기 능력에 기인하는 정도를 표시하도록 하였다. 이전 연구에서는 사람들이 이러한 측정치에 방어적으로 응답한다는 것을 보여 준다. 즉, 참가자들은 실패가 자신의 낮은 능력 때문이라는 것을 부인하였다(Campbell & Sedikides, 1999). 이러한 과거의 연구를 재현하였을 때, 참가자들은 성공 피드백보다는 실패 피드백을 받은 경우에 보다 개인적 책임을 낮게 가정할 가능성(예: 능력의 부족이라는 것을 부인함)이 높을 것이다. 그러나 참가자들의 반응은 그들이 얼마나 향수에 빠져 있는지와 일치하였다. 향수에 빠진 참가자들은 통제집단의 참가자들보다 자신의 실패에 대하여 더 많은 책임감을 느꼈는데, 성공에 대해 가정된 책임감과 관련해서는 두 집단 간에 차이가 나타나지 않았다. 즉, 향수는 자기 위협에 대한 방어성을 낮추며, 이것은 향수가 자기를 강화시켰다는 것을 암시한다(Sedikides, 2012).

실존적 위협에 대항한 완충   삶이 의미 없다는 말을 듣는 것은 위협을 전달할 수 있다(Becker, 1971). 우리는 향수가 이러한 실존적 위협에 대항하여 완충 작용을 할 수 있는지 궁금해하였고, 향수가 실존적 건강효과를 통하여, 즉 의미 있음(meaningfulness)을 증가시킴으로써 완충 작용을 할 수 있다는 가설을 세웠다. 이를 위해 실험실에서 의미 있음을 조작해 내었다(Routledge et al., 2011, 연구 3). 실험(의미-위협) 조건에서, 참가자들은 옥스퍼드 대학교의 철학 교수가 작성했다고 전해지는 수필을 읽는데, 여기에 삶은 의미가 없다는 주장이 담겨 있다. 인용문은 다음과 같다―"이 행성에는 대략 70억의 사람들이 있다…….지구는 50억 년의 나이를 먹었고, 전 세계적으로 인간의 평균 수명은 68세 정도다. 50억 년의 역사와 비교했을 때 한 사람의 쳇바퀴 같은 인생인 68년은 어떤 의미가 있을까? 우리가 우주 속 어떤 다른 형태의 삶보다 더 유의미하다고 할 수 있을까?" 통제집단(의미-위협의 부재)의 참가자들은 컴퓨터가 한계점을 가진다고 주장하는 수필을 읽게 된다. 인용문은 다음과 같다―"컴퓨터는 절대 이 글의 뜻을 이해하지 못한다. 도서관의 책들이 그 안에 포함된 내용을 이해하지 못하는 것처럼 컴퓨터도 '메모리' 속에 저장된 것을 이해하지 못한다." 수필들은 길이가 동일하며, 흥미, 참여, 독창성 면에서도 비슷하게 평정되었다. 의미 있음의 조작 이후, 우리는 3개의 항목 척도(예: '나는 지금 향수를 느낀다')를 사용하여 향수 상태를 측정하였다. 의미-위협 조건의 참가자들은 통제 조건의 참가자들보다 더 향수를 느낀다고 보고하였다. 의미 없음(meaninglessness)이 자발적으로 향수를 환기시킨 것이다.

우리의 조절 모델은 위협(예: 의미 없음) 이후에 향수가 이 위협을 흩트리기 위하여 급증할 것이라고 가정한다. 그러나 어떻게 그렇게 되는 것일까? 실존 심리학자들에 따르면, 위협을 흩트리는 가장 일반적인 전략 중 하나는 메시지와 그 원천의 가치를 저하시키는 것이다(Berger & Luckman, 1967; Greenberg et al., 1990). 우리는 다시 한번, 심리적 자원이 위협으로부터 스스로를 보호하고자 한다면, 이러한 자원을 강화시키는 것이 위협을 향한 방어성을 약화시킬 것이라는 원리를 지지한다(Pyszczynski et al., 2004; Sherman & Hartson, 2011). 향수가 위협으로부터 우리를 보호할 수 있는 심리적 자원이라면, 향수에 빠지는 것은 이 의미 위협을 향한 방어성을 낮출 것이다. ERT 이후에, 우리는(Routledge et al., 2011, 연구 4) 위에서 이야기한 의미 없음 조작을 참가자들에게 동일하게 노출시켰다(예: '삶은 의미가 없다' 대 '컴퓨터의 한계'). 다음으로, 우리는 수필의 질(예: '수필은 요점을 잘 납득시키고 있다')과 저자의 유능성(예: '저자는 신뢰할 만한 정보원이다')에 관련된 문항들에 참가자들이 반응하는 것을 통해 방어성을 평가하였다. 의미-위협 조건에서 향수에 빠진 참가자들은 통제집단의 참가자들보다 더 적은 범위로 수필 및 저자의 가치를 떨어트렸다. 통제 조건에서는 두 집단 모두 차이가 나지 않았다. 즉, 향수의 고취는 의미 위협에 대한 방어적인 반응의 강도를 억제하였다.

의미는 '삶의 의미 존재'나 '삶의 의미 추구'와 더불어, 사건이나 사물 사이의 기본적인 관계라는 측면에서 세상을 이해하는 것으로 개념화할 수 있다(Arndt, Landau, Vail, & Vess, 2013). 초현실주의 미술도 하나의 예가 된다(Proulx, Heine, & Vohs, 2010). 이러한 종류의 예술은 사물 및 사건 간의 일반적으로 인정되는 결합을 위반하며, 따라서 의미에 위협을 부과한다. 초현실주의 미술은 구조를 유지하고자 하는 구상주의 예술과 대조적으로 구조에 위협적이다. 우리는 의미를 조작하기 위하여 초현실주의 대 구상주의 미술을 사용하였다(Routledge et al., 2012, 연구 3). 실험(의미-위협) 조건에서 참가자들에게 초현실주의 그림[René Magritte가 그린 〈사람의 아들(The Son of Man)〉]을 보여 주고, 통제(의미 위협의 부재) 조건에서 참가자들에게 구성주의 그림[John Constable이 그린 〈쌍무지개가 있는 풍경(Landscape With a Double Rainbow)〉]을 보여 주었다. 다음으로 ERT를 사용하여 향수를 유도하였고, 마지막으로 삶의 의미를 측정하였다. 구성주의 예술 조건과 비교하여 초현실주의 예술 조건에서는 향수를 느낀 참가자들이 통제집단에 비해 보다 높은 삶의 의미를 지각한 반면, 구성주의 예술 조건에서는 두 집단 간의 삶의 의미 지각에서 차이가 없었다. 즉, 향수가 삶의 의미 있음을 축소하려는 시도에 대항하여 완충하는 역할을 한 것이다.

심리적 안녕(well-being) 위협에 대항한 완충　우리는 심리적 안녕을 위협하는 두 가지 영역, 스트레스와 권태라는 측면에서 향수의 조절 역할을 살펴보고자 한다.

사람들은 삶의 의미를 지각하는 데 있어 기질적으로 다양한 수준을 보인다. 의미 결함을 가진 사람들은 특히 압박이 심한 환경에서 스트레스를 경험할 때 취약해진다(Park & Folkman, 1997). 우리는 유도된 향수가 참가자들을 진정시킴으로써 스트레스 완화효과를 보일 것이라는 가설을 세웠다(Routledge et al., 2011, 연구 6). 첫째, 우리는 의미 있음의 기질적 수준을 평가하였다(예: '나의 삶은 의미를 가진다'). 그 후 ERT를 통하여 향수를 조작해 내었다. 이어서, 응시자 사회 스트레스 검사(Trier Social Stress Test; Kirschbaum, Pirke, & Hellhammer, 1993)를 통해 스트레스를 유발하였다. 이는 즉석에서 자신의 생각을 발표하도록 함으로써 스트레스를 유도하는 타당화된 절차다. 마지막으로, 응시자 사회 스트레스 검사 이후에 즉각적으로 스트레스(예: '신경질적인', '두려운')를 측정하였다. 일반적으로, 과거 연구(Park & Folkman, 1997)의 반복 실험에서는, 의미 결함을 보이는 참가자들이 그렇지 않은 참가자들보다 더 높은 수준의 스트레스를 보고하였다. 하지만 이러한 결과는 향수에 의해 수정되었다. 특히, 향수는 기질적으로 삶의 의미가 낮은 참가자들에게서 스트레스 수준을 감소시켰으나, 기질적으로 삶의 의미가 높은 참가자들 사이에서는 그러한 결과가 관찰되지 않았다. 즉, 향수는 스트레스를 완충시킨다.

우리는 향수가 또한 권태를 완충시킬 수 있는지 궁금해하였다. 권태라는 이 불쾌한 상태는 부정적 정서, 불만족감, 그리고 중요하게는 의미 있는 참여의 결핍에 의해 특징지어진다(Van Tilburg & Igou, 2012). 그 자체로 권태는 삶의 의미 추구를 자극할 가능성이 높다. 그리고 권태를 구조하기 위하여 향수가 나타날 수도 있다. 우리의 관찰은 이러한 개념에 대한 지지를 보여 준다(Van Tiburg et al., 2013). 첫째, 우리는 권태가 향수를 불러일으킨다는 것을 확인하였다. 권태를 유발하기 위하여 참가자들에게 콘크리트 혼합물에 관한 10개(높은 수준의 권태) 대 2개(낮은 수준의 권태)의 참고문헌을 베껴 쓰도록 하거나(연구 1), 9개(높은 수준의 권태) 대 3개(낮은 수준의 권태)의 커다란 소용돌이 모양을 따라 그리게 했다(연구 2-3). 두 가지 경우에 모두, 높은 수준의 권태 조건에서 참가자들은 낮은 수준의 권태 조건에서의 참가자들보다 더 큰 수준의 향수를 보고하였다(예: "지금 당장 나는 꽤 향수에 빠져들고 있다"). 다음으로, 우리는 향수의 의미-조절 기능을 탐색하였다(Van Tilburg et al., 2013, 연구 4). 우선 참고문헌 베껴 쓰기 과제를 가지고 권태를 조작해 내었다. 이후 참가자에게 만약 당신이 의미 있거나 목적이 있는 무언가에 참여하고자 하는 의도가 있는지를 물음으로써 의미 추구를 측정하였다. 그리고 향수 어린 기억을 회상하고 자기평가함으로써 향수를 측정하였다. 그 결과, 권태는 의미 추구를 증대시켰고, 또한 향수를 유발하였다. 더 나아가 의미 추구는 향수에 대한 권태의 효과를 중재하였다.

양가감정이 향수의 심리적 건강효과를 설명하는가

적어도 부분적으로는 양가감정이 향수의 심리적 건강효과를 일으키는 것 같다. 이러한 주장의 논리적 근거는 혼합된, 즉 긍정적이면서 또한 부정적인 감정에 기인한다('좋은 것과 나쁜 것을 함께 가져 오는 것'). Larsen, Hemenover, Norris, 그리고 Cacioppo(2003)는 혼합된 감정 경험에 대하여 긍정적인 관점을 가졌다. 그들은 긍정적인 정서의 존재가, 도전적이거나 고통을 주는 삶의 사건들 밖에서 의미를 만들어 냄으로써 부정적인 정서의 영향력을 떨어뜨리며, 이것이 심리적 안녕에 유익한 과정이 된다고 주장하였다. 그들의 논리가 정확하다면, 혼합된 감정을 경험하는 사람들은 시간이 흘러 증진된 안녕감을 보여 주어야 할 것이다(Zautra, Reich, Davis, Potter, & Nicolson, 2000). 경험적 증거는 이러한 생각과 일치하였다. 예를 들어, 사별을 경험하고 애도기간 동안 긍정적인 정서를 표현했던 성인은 시간이 지나 더 낮은 애도를 보고하였다(Bonanno & Keltner, 1997). 스트레스 사건을 그에 대한 감정적 반응과 함께 마음속에 떠올릴 수 있는 사람은 향상된 적응 능력(예: 사건에 대한 더 큰 수용, 사건에 대한 보다 긍정적인 재해석)을 보여 준다(Rivkin & Taylor, 1999). 스트레스가 심했던 시기에 대해 보다 긍정적인 감정을 보고하는 미망인들은 삶의 후반에 더욱 성공적인 적응을 보여 주었다(Ong, Bergeman, Bisconti, & Wallace, 2006). 그리고 심리치료를 받고 있는 내담자들의 경우, 긍정적이고 부정적인 감정을 동시에 경험하는 능력은 다른 잠재적 예측인자(예: 긍정적이고 부정적인 감정 각각의 독특한 효과, 성격 특질, 시간의 경과)를 훨씬 뛰어넘어 더 높은 안녕감을 예후해 준다(Adler & Hershfield, 2012). 정서적 양가감정이라는 특징을 가진 향수는 또한 긴 안목으로 보면 더 나은 적응 및 더 높은 안녕감과 관련이 될 수 있다.

우리는 향수와 관련된 이야기들의 서사적 구조 또한 양가적이라고 주장하였다. 과거 연구들은 타락과 반대되는 구원이 안녕감 및 건강 증가와 관련된다는 것을 보여 준다. 예를 들어, 구원–지향적인 삶의 이야기들은 심리적 성숙(Bauer, McAdams, & Sakaeda, 2005) 및 정체성 성숙(McLean & Pratt, 2006)과 정적인 상관을 보인다. 게다가 구원적인 삶의 이야기는 동시적으로나(Lilgendahl & McAdams, 2011), 종단적으로나(Tavernier & Willoughby, 2012) 모두 심리적 안녕과 정적인 상관을 보인다. 더 나아가, 보다 향상된 심리치료 내담자들은 덜 향상된 내담자들과 비교하여, 특히 자신의 치료 회기를 구원적인 방식으로 기억하는 경향이 높았다(Adler, Skalina, & MaAdams, 2008). 구원적인 이야기 구조에서 나타나는 향수는 또한 심리적 적응 지수와 긍정적인 상관을 보일 수 있다. 향수 어린 양가감정이, 적어도 부분적으로는, 정서의 건강효과에 기초가 될 수 있는지에 초점을 맞추어 미래 연구를 진행하는 것도 좋을 것이다.

결론

향수는 오랜 기간 뇌 질환, 정신과 질환, 또는 임상적 장애로 간주되어 왔다(Sedikides, Wildschut, & Baden, 2004 관련 개관연구 참고). 하지만 현대 연구는 향수의 위치를 복원시켰다(Sedikides et al., 2015). 이제 향수는 자의식이 강하고 사회적인 감정으로, 널리 퍼져 있고 보편적인 것으로 간주된다. 향수는 심리적 건강에 영향을 미치는 심리적인 자원이다. 이장의 목적과 관련지어, 향수는 긍정적인 것이 더 우세하긴 하지만 양가적인 감정이며, 그리고 이러한 양가감정은 부분적으로 향수의 건강효과를 담당한다. 긍정 임상심리학의 의제와 일맥상통하는 방식으로(Wood & Tarrier, 2010), 향수는 인간 경험에서 '좋은 것과 나쁜 것을 함께 가져 오는 것'이 심리적 건강에 어떻게 유리한지를 보여 준다.

📖 참고문헌

Abeyta, A., Routledge, C., Sedikides, C., & Wildschut, R. T. (2014). Attachment-related avoidance and the social content of nostalgic memories. *Journal of Social and Personal Relationships*. Advance online publication. doi.10.1177/0265407514533770.

Adler, J. & Hershfield, H. E. (2012). Mixed emotional experience is associated with and precedes improvements in psychological well-being. *PLoS ONE, 7*, 1-10. doi.10.1371/journal. pone.0035633.

Adler, J. M., Skalina, L., & McAdams, D. P. (2008). The narrative reconstruction of psychotherapy and psychological health. *Psychotherapy Research, 18*, 719-734. doi.10.1080/10503300802326020.

Arndt, J., Landau, M. J., Vail, K. E., & Vess, M. (2013). An edifice for enduring personal value: A terror management perspective on the human quest for multilevel meaning. In: K. D. Markman, T. Proulx, & M. J. Lindberg (Eds.), *The psychology of meaning* (pp. 49-69). New York: APA Books.

Arndt, J., Routledge, C., Greenberg, J., & Sheldon, K. M. (2005). Illuminating the dark side of creative expression: Assimilation needs and the consequences of creative action following mortality salience. *Personality and Social Psychology Bulletin, 31*, 1327-1339. doi.10.1177/0146167205274690.

Barrett, F. S., Grimm, K. J., Robins, R. W., Wildschut, T., Sedikides, C., & Janata, P. (2010). Music-evoked nostalgia: Affect, memory, and personality. *Emotion, 10*, 390-403. doi.10.1037/a0019006.

Batcho, K. I. (1995). Nostalgia: A psychological perspective. *Perceptual and Motor Skills, 80*, 131-143. doi.10.2466/pms.1995.80.1.131.

Batcho, K. I. (1998). Personal nostalgia, world view, memory, and emotionality. *Perceptual & Motor Skills, 87*, 411-432. doi.10.2466/pms.1998.87.2.411.

Bauer, J. J., McAdams, D. P., & Sakaeda, A. (2005). Interpreting the good life: Growth memories in the lives of mature, happy people. *Journal of Personality and Social Psychology, 88*, 203-217. doi.10.1037/0022-3514.88.1.203.

Becker, E. (1971). *The birth and death of meaning.* New York: Free Press.

Bellow, S. (1970). *Mr. Sammler's planet.* New York: Viking Press.

Berger, P. L. & Luckmann, T. (1967). *The social construction of reality.* Garden City, NY: Anchor.

Best, J. & Nelson, E. E. (1985). Nostalgia and discontinuity: A test of the Davis hypothesis. *Sociology and Social Research, 69*, 221-233.

Bonanno, G. A. & Keltner, D. (1997). Facial expressions of emotion and the course of conjugal bereavement. *Journal of Abnormal Psychology, 106*, 126-137. doi.10.1037/0021-843X.106.1.126.

Cacioppo, J. T., Hawkley, L. C., Ernst, J. M., Burleson, M., Berntson, G. G., Nouriani, B., & Spiegel, D. (2006). Loneliness within a nomological net: An evolutionary perspective. *Journal of Research in Personality, 40*, 1054-1085. doi.10.1016/j.jrp.2005.11.007.

Campbell, W. K. & Sedikides, C. (1999). Self-threat magnifies the self-serving bias: A meta-analytic integration. *Review of General Psychology, 3*, 23-43. doi.10.1037/1089-2680.3.1.23.

Carver, C. S. & White, T. L. (1994). Behavioral inhibition, behavioral activation and affective responses to impending reward and punishment: The BIS/BAS scales. *Journal of Personality and Social Psychology, 67*, 319-333. doi.10.1037/0022-3514.67.2.319.

Chaplin, S. (2000). *The psychology of time and death.* Ashland, OH: Sonnet Press.

Cheung, W. Y., Wildschut, T., Sedikides, C., Hepper, E. G., Arndt, J., & Vingerhoets, A. J. J. M. (2013). Back to the future: Nostalgia increases optimism. *Personality and Social Psychology Bulletin, 39*, 1484-1496. doi.10.1177/0146167213499187.

Crocker, J. & Wolfe, C. T. (2001). Contingencies of self-worth. *Psychological Review, 108*, 593-623. doi.10.1037/0033-295X.108.3.593.

Cutrona, C. E. & Russell, D. (1987). The provisions of social relationships and adaptation to stress. In: W. H. Jones & D. Perlman (Eds.), *Advances in personal relationships*, vol. *1* (pp. 37-67). Greenwich, CT: JAl Press.

Davis, F. (1977). Nostalgia, identity, and the current nostalgia wave. *Journal of Popular Culture, 11*, 414-425.

Davis, F. (1979). *Yearning for yesterday: A sociology of nostalgia.* New York: Free Press.

Fodor, N. (1950). Varieties of nostalgia. *Psychoanalytic Review, 37*, 25-38.

Fraley, R. C., Waller, N. G., & Brennan, K. A. (2000). An item response theory analysis of self-report measures of adult attachment. *Journal of Personality and Social Psychology, 78*, 350-365. doi.10.1037//0022.3514.78.2.350.

Greenberg, J., Pyszczynski, T., Solomon, S., Rosenblatt, A., Veeder, M., Kirkland, S., & Lyon,

D. (1990). Evidence for terror management II: The effects of mortality salience on reactions to those who threaten or bolster the cultural worldview. *Journal of Personality and Social Psychology, 58*, 308-318. doi.10.1177/01461672952111010.

Hepper, E. G., Ritchie, T. D., Sedikides, C., & Wildschut, T. (2012). Odyssey's end: Lay conceptions of nostalgia reflect its original Homeric meaning. *Emotion, 12*, 102-119. doi.10.1037/a0025167.

Hepper, E. G., Wildschut, T., Sedikides, C., Ritchie, T. D., Yung, Y.-F., Hansen, N., & Zhou, X. (2014). Pancultural nostalgia: Prototypical conceptions across cultures. *Emotion, 14*, 733-747. doi.10.1037/a0036790.

Hertz, D. G. (1990). Trauma and nostalgia: New aspects of the coping of aging holocaust survivors. *Israeli Journal of Psychiatry and Related Sciences, 27*, 189-198.

Hicks, J. A., Schlegel, R. J., & King, L. A. (2010). Social threats, happiness, and the dynamics of meaning in life judgments. *Personality and Social Psychology Bulletin, 36*, 1305-1317. doi.10.1177/0146167210381650.

Holak, S. L. & Havlena, W. J. (1998). Feelings, fantasies, and memories: An examination of the emotional components of nostalgia. *Journal of Business Research, 42*, 217-226.

Johnson-Laird, P. N. & Oatley, K. (1989). The language of emotions: An analysis of semantic field. *Cognition and Emotion, 3*, 81-123. doi.10.1080/02699938908408075.

Kaplan, H. A. (1987). The psychopathology of nostalgia. *Psychoanalytic Review, 74*, 465-486.

Kirschbaum, C., Pirke, K-M., & Hellhammer, D. H. (1993). The "Trier Social Stress Test": A tool for investigating psychobiological stress responses in a laboratory setting. *Neuropsychobiology, 28*, 76-81.

Lambert, N. M., Stillman, T. F., Baumeister, R. F., Fincham, F. D., Hicks, J. A., & Graham, S. M. (2010). Family as a salient source of meaning in young adulthood. *Journal of Positive Psychology, 5*, 367-376.

Larsen, J. T., Hemenover, S. H., Norris, C. J., & Cacioppo, J. T. (2003). Turning adversity to advantage: On the virtues of the coactivation of positive and negative emotions. In: L. G. Aspinwall & U. M. Staudinger (Eds.), *A psychology of human strengths: Perspectives on an emerging field* (pp. 211-216). Washington, DC: American Psychological Association.

Leary, M. R. (2005). Sociometer theory and the pursuit of relational value: Getting to the root of self-esteem. *European Review of Social Psychology, 16*, 75-111.doi.10.1080/10463280540000007.

Lilgendahl, J. P. & McAdams, D. P. (2011). Constructing stories of self-growth: How individual differences in patterns of autobiographical reasoning relate to well-being in midlife. *Journal of Personality, 79*, 391-428. doi.10.1111/j.1467-6494.2010.00688.x.

McAdams, D. P., Reynolds, J., Lewis, M., Patten, A. H., & Bowman, P. J. (2001). When bad things turn good and good things turn bad: Sequences of redemption and contamination in life narratives and their relation to psychosocial adaptation in midlife adults and in students. *Personality and Social Psychology Bulletin, 27*, 474-485. doi.10.1177/0146167201274008.

McLean, K. C. & Pratt, M. W. (2006). Life's little (and big) lessons: Identity status and meaning-making in the turning point narratives of emerging adults. *Developmental Psychology, 42*, 714-722. doi.10.1037/ 0012-1649.42.4.714.

Mednick, S. (1962). The associative basis of the creative process. *Psychological Review, 69*, 220-232.

Mikulincer, M. & Shaver, P. R. (2004). Security-based self-representations in adulthood: Contents and processes. In: W. S. Rholes & J. A. Simpson (Eds.), *Adult attachment: Theory, research, and clinical implications* (pp. 159-195). New York: Guilford Press.

Ong, A. D., Bergeman, C. S., Bisconti, T. L., & Wallace, K. A. (2006). Psychological resilience, positive emotions, and successful adaptation to stress in later life. *Journal of Personality and Social Psychology, 91*, 730-749. doi.10.1037/0022-3514.91.4.730.

Park, C. L. & Folkman, S. (1997). Meaning in the context of stress and coping. *Review of General Psychology, 1*, 115-144. doi.10.1037/1089-2680.1.2.115.

Peters, R. (1985). Reflections on the origin and aim of nostalgia. *Journal of Analytical Psychology, 30*, 135-148.

Proulx, T., Heine, S. J., & Vohs, K. D. (2010). When is the unfamiliar the uncanny? Meaning affirmative after exposure to absurdist literature, humor, and art. *Personality and Social Psychology Bulletin, 36*, 817-829. doi.10.1080/09658211.2012.677452.

Pyszczynski, T., Greenberg, J., Solomon, S., Arndt, J., & Schimel, J. (2004). Why do people need self-esteem? A theoretical and empirical review. *Psychological Bulletin, 130*, 435-468. doi.10.1037/0033-2909.130.3.469.

Reid, C. A., Green, J. D., Wildschut, T., & Sedikides, C. (2014). Scent-evoked nostalgia. *Memory Advance online publication.* doi.10.1080/09658211.2013.876048.

Rivkin, I. D. & Taylor, S. E. (1999). The effects of mental simulation on coping with controllable stressful events. *Personality and Social Psychology Bulletin, 25*, 1451-1462. doi.10.1177/01461672992510002.

Rosenberg, M. (1965). *Society and the adolescent self-image.* Princeton, NJ: Princeton University Press.

Routledge, C., Arndt, J., Sedikides, C., & Wildschut, T. (2008). A blast from the past: The terror management function of nostalgia. *Journal of Experimental Social Psychology, 44*, 132-140. doi.10.1016/j.jesp.2006.11.001.

Routledge, C., Wildschut, T., Sedikides, C., Juhl, J., & Arndt, J. (2012). The power of the past: Nostalgia as a meaning-making resource. *Memory, 20*, 452-460. doi.10.1080/09658211.2012.677452.

Russell, D., Peplau, L. A., & Cutrona, C. E. (1980). The revised UCLA Loneliness Scale: Concurrent and discriminant validity evidence. *Journal of Personality and Social Psychology, 39*, 472-480.

The New Oxford Dictionary of English. (1998). Ed. J. Pearsall. Oxford: Oxford University Press.

Sedikides, C. (2012). Self-protection. In: M. R. Leary & J. P. Tangney (Eds.), *Handbook of self and identity* (2nd ed., pp. 327-353). New York: Guilford Press.

Sedikides, C., Wildschut, T., & Baden, D. (2004). Nostalgia: Conceptual issues and existential functions. In: J. Greenberg, S. Koole, & T. Pyszczynski (Eds.), *Handbook of experimental existential psychology* (pp. 200-214). New York: Guilford Press.

Sedikides, C., Wildschut, T., Routledge, C., Arndt, J., Hepper, E. G., & Zhou, X. (2015). To nostalgize: Mixing memory with affect and desire. *Advances in Experimental Social Psychology, 51*, 189-273. doi.10.1016/bs.aesp.2014.10.001.

Shakespeare, W. ([1609] 1996). *The sonnets.* Cambridge: Cambridge University Press.

Sherman, D. K. & Hartson, K. A. (2011). Reconciling self-protection with self-improvement: Self-affirmation theory. In: M. Alicke & C. Sedikides (Eds.), *Handbook of self-enhancement and self-protection* (pp. 128-151). New York: Guilford Press.

Socarides, C. W. (1977). (Ed.). *The world of emotions: Clinical studies of affects and their expression.* New York: International University Press.

Steger, M. F., Frazier, P., Oishi, S., & Kaier, M. (2006). The Meaning in Life Questionnaire: Assessing the presence of and search for meaning in life. *Journal of Counseling Psychology, 53*, 80-93. doi.10.5502/ijw.v2.i3.2.

Stephan, E., Wildschut, T., Sedikides, C., Zhou, X., He, W., Routledge, C., Cheung, W. Y., & Vingerhoets, A. J. J. M. (2014). The mnemonic mover: Nostalgia regulates avoidance and approach motivation. *Emotion, 14*, 545-561. doi.10.1037/a0035673.

Tavernier, R. & Willoughby, T. (2012). Adolescent turning points: The association between meaning-making and psychological well-being. *Developmental Psychology, 48*, 1058-1068. doi.10.1037/a0026326.

Van Tilburg, W. A. P. & Igou, E. R. (2012). On boredom: Lack of challenge and meaning as distinct boredom experiences. *Motivation and Emotion, 36*, 181-194. doi.10.1007/s11031-011-9234-9.

Van Tilburg, W. A. P., Igou, E. R., & Sedikides, C. (2013). In search of meaningfulness: Nostalgia as an antidote to boredom. *Emotion, 13*, 450-461. doi.10.1037/a0030442.

Vess, M., Arndt, J., Routledge, C., Sedikides, C., & Wildschut, T. (2012). Nostalgia as a resource for the self. *Self and Identity, 3,* 273-284. doi.10.1080/15298868.2010.521452.

Watson, D., Clark, L. A., & Tellegen, A. (1988). Development and validation of brief measures of positive and negative affect: The PANAS scales. *Journal of Personality and Social Psychology, 55,* 1063-1070.

Werman, D. S. (1977). Normal and pathological nostalgia. *Journal of the American Psychoanalytic Association, 25,* 387-398.

Wiersema, R. J. *Walk like a man: Coming of age with the music of Bruce Springstein.* Available at: http://www.goodreads.com/work/quotes/16071366-walk-like-a-man-coming-of-age-with-the-music-of-bruce-springsteen, last accessed October 31, 2014.

Wildschut, T., Sedikides, C., Arndt, J., & Routledge, C. (2006). Nostalgia: Content, triggers, functions. *Journal of Personality and Social Psychology, 91,* 975-993. doi.10.1037/0022-3514.91.5.975.

Wildschut, T., Sedikides, C., Routledge, C., Arndt, J., & Cordaro, F. (2010). Nostalgia as a repository of social connectedness: The role of attachment-related avoidance. *Journal of Personality and Social Psychology, 98,* 573-586. doi.10.1037/a0017597.

Wood, A. M. & Tarrier, N. (2010). Positive Clinical Psychology: A new vision and strategy for integrated research and practice. *Clinical Psychology Review, 30,* 819-829. doi.10.1016/j.cpr.2010.06.003.

Zautra, A. J., Reich, J. W., Davis, M. C., Potter, P. T., & Nicolson, N. A. (2000). The role of stressful events in the relationship between positive and negative affects: Evidence from field and experimental studies. *Journal of Personality, 68,* 927-951.

Zhou, X., Sedikides, C., Wildschut, C., & Gao, D-G. (2008). Counteracting loneliness: On the restorative function of nostalgia. *Psychological Science, 19,* 1023-1029. doi. 10.1111/j.1467-9280.2008.02194.x.

Zimet, G. D., Dahlem, N. W., Zimet, S. G., & Farley, G. K. (1988). The multidimensional scale of perceived social support. *Journal of Personality Assessment, 52,* 30-41. doi.10.1207/s15327752jpa5201_2.

제10장

감사의 어두운 면? 감사와 웰빙의 긍정 임상심리학을 위한 유익한 감사와 유해한 사칭(詐稱) 감사의 구별

Alex M. Wood, Robert A. Emmons, Sara B. Algoe, Jeffrey J. Froh, Nathanial M. Lambert, & Philip Watkins

"감사는 미덕일 뿐만 아니라 모든 다른 미덕의 부모다"

—Cicero

"감사는 개가 앓고 있는 질병이다"

—Joseph Stalin

오랜 시간 동안 감사의 개념은 웰빙의 이해, 사회의 원활한 운영, 그리고 삶에 대한 철학적·종교적 설명의 중심에 놓여 있었다(Emmons & Crumpler, 2000). 그러나 감사가 성격심리학(McCullough, Emmons, & Tsang, 2001)과 임상심리학(Wood, Froh, & Geraghty, 2010)의 주류로 자리 잡게 된 것은 긍정심리학 운동이 태동되고 나서부터다(McCullough, Kilpatrick, Emmons, & Larson, 2001). 지난 15년 동안 감사에 대한 연구는 심리학에서 빠르게 증가해 왔다. 우리의 최근 개관 논문에 의하면(Wood, Froh, & Geraghty, 2010), 감사 수준은 임상적 기능손상과 관련 과정의 원인변인으로 기능하며, 다른 변인을 통제한 상황에서도 임상적 기능손상과 관련 과정을 설명하였으며, 감사를 높이는 것은 웰빙을 증진시키는 효과를 보였다.

감사는 긍정심리학 운동에서 빈번히 채택되었으며 긍정심리학 운동의 상징적인 대표 주자다(Bono, Emmons, & McCullough, 2004). 그러나 감사의 잠재적인 어두운 면에 대한 우려가 철학을 중심으로 제기되었다(Carr, 2016). 감사의 어두운 면에 대해 심리학 문헌에서 충분히 논의되지는 않았지만, 감사를 촉진하는 개입이 현장에서 널리 사용됨에 따라 감사의 '부작용'을 이해하는 것이 중요해졌다. 이 장의 목적은 감사에 대한 보다 균형 잡힌 연구성과를 구축하기 위해 감사가 언제, 어디에서 부정적일 수 있는지를 밝히는 것이다. 감사 연구에 있어 우리의 목적은 감사의 긍정적인 측면만큼 부정적인 측면도 고려하는 것이다. 특히, 우리는 감사에 유익한 형태와 유해한 형태가 모두 존재한다는 견해를 가지고 있다. 유익한 감사는 사람들에게 항상 긍정적이지만 연구자와 일반인 모두 유해한 감사와 유익한 감사를 종종 혼동한다. 이 둘을 구별하기 위해 많은 연구가 필요하고, 유해한 감사보다 유익한 감사를 촉진하기 위한 현장의 주의가 필요하다. 이 장의 목표는 긍정 임상심리학 (PCP; Wood & Tarrier, 2010; 이 책의 제1장)의 목표와 동일하며, 긍정적인 것에 쏟는 주의만큼 부정적인 것에도 관심을 기울이는 것이다. 우리는 긍정 임상심리학의 접근을 감사에게로 확장하여 감사의 유익한 형태와 감사를 사칭하는 유해한 형태의 차이를 명확히 하고자 한다.

이 장은 높은 수준의 감사가 일반적으로 도움이 된다는 것을 넘어서서 감사가 어떻게, 언제, 누구에게 도움이 된다는 것을 보여 주어, 감사 연구 분야에서 중요한 역할을 하는 것을 목표로 한다. 이러한 접근 방법은 심리학이 정서에 대해서 취하는 일반적인 접근법과 일치하며, 감사가 개인의 삶에 도움이 되는지에 대한 균형 잡힌 견해를 제공할 것이다. 균형 잡힌 접근 방식은 내담자에게 감사를 언제 어떻게 촉진할지에 대해 임상 현장에 훨씬 더 많은 정보를 제공할 수 있다. 이러한 접근은 유익한 감사에만 과도하게 초점을 두는 감사 연구에 대해서 회의적인 태도를 지니고 있는 학자들을 감사 연구에 참여하도록 이끌 수 있다. 만약 일부 사례를 제외하고 감사에 대한 대부분의 경험이 유익하다는 것이 밝혀진다면, 감사에 대한 후속 연구 문헌은 감사를 중요한 개념으로 여기지 않고 유해한 종류의 감사를 먼저 머릿속에 떠올리는 커뮤니티·문화·연구 집단·실무자 집단에게 설득력을 가질 것이다. 보다 균형 잡힌 감사 연구와 개입은 모든 형태의 감사가 유익한 것으로 간주되는 감사 연구에 대한 준비된 도전에 더 잘 대답할 수 있을 것이다. 감사의 '어두운 면'을 찾아내어야만 우리는 현장의 실무자들이 감사의 개념과 역할을 완전히 이해하고 안전하게 사용할 수 있으며 감사 연구에 참여하는 것에 대해 회의적인 사람들에게 설득력을 발휘할 수 있다고 믿는다.

감사의 유익한 결과

지난 15년간 이루어진 감사의 심리학적 연구는 감사의 유익에 대해서 초점을 맞추어 왔다(Wood, Froh, & Geraghty, 2010). 감사를 많이 경험하는 사람은 자신과 세계(Wood,

Maltby, Stewart, & Joseph, 2008), 그리고 미래(McCullough et al., 2001)의 긍정적인 면을 잘 인식한다고 보고되었다. 우울증이 자신, 세계, 미래에 대한 부정적인 견해를 포함한다는 Beck(1979)의 이론을 고려할 때, 이 점은 감사가 정신건강에 미치는 영향을 가늠하게 해 준다. 감사는 자신, 세계, 미래에 대한 긍정적 견해를 포함하는 긍정적인 인지삼제를 형성할 수 있다(Emmons & McCullough, 2003; Froh, Yurkewicz, & Kashdan, 2009). 감사와 낙관주의는 별도의 독립체가 아니라 Beck의 인지삼제의 누락된 절반을 형성한다고 생각한다. 만약 정신건강이 자신·세계·미래에 대한 부정적 견해에서 자신·세계·미래에 대한 긍정적 견해에 이르는 연속선상에 위치한다면, 감사는 자신·세계·미래에 대한 긍정적 견해와 긴밀한 관련성이 있을 것이다. 감사와 정신건강 간 높은 상관관계는 이러한 주장을 지지한다(Wood, Froh, & Geraghty, 2010).

감사와 웰빙의 관련성에 대한 횡단적 연구 결과에 더해서 감사의 임상적 중요성을 시사하는 네 가지 요인이 존재한다. 첫째, 높은 수준의 감사는 스트레스와 우울을 막아 주는 기능을 갖는다(Lambert, Fincham, & Stillman, 2012; Wood, Maltby, Gillett, Linley, & Joseph, 2008). 이는 감사가 삶의 전환기에 있어 임상적 증상에 대한 탄력성으로서 기능하며, 웰빙의 원인변인으로서 기능한다는 점을 보여 준다.

둘째, 높은 감사 수준은 낮은 수면장애 가능성(Wood, Joseph, Lloyd, & Atkins, 2009), 높은 수준의 사회적 지지 추구 행동과 적극적 대처 행동, 낮은 수준의 회피 대처 행동(Wood, Joseph, & Linley, 2007a), 사회적 지지의 개발(Wood, Maltby, Gillett, Linley, & Joseph, 2008), 긍정적 대인관계(Algoe, 2012; Algoe, Haidt, Gable, 2008; Algoe & Stanton, 2012; Lambert & Fincham, 2011; Lambert, Clarke, Durtschi, Fincham, & Graham, 2010), 사회적 상호작용에서 보다 호의적인 해석(Wood, Maltby, Stewart, Linley, & Joseph, 2008) 등과 관련되었다. 예를 들어, 감사 수준이 높은 사람은 낮은 사람에 비해 선물을 받았을 때 그 선물을 준 사람이 비용을 보다 많이 지불했을 것이라고 생각하고, 그 선물이 자신에게 보다 가치 있는 것이라고 여기며, 선물을 준 사람이 보다 이타적인 의도에서 그 선물을 제공했을 것이라고 간주하였다. 수면 곤란, 사회적 지지의 부족, 사회적 상호작용의 손상 등은 다양한 심리적·신체적 문제(American Psychiatric Association, 2013; Cohen, Gottlieb, & Underwood, 2000; Rodriguez & Cohen, 1998) 및 스트레스에 대한 대처 행동(Lazarus, 1993)과 결부된다. 감사가 수면, 사회적 지지, 사회적 상호작용 등의 과정에 영향을 미친다면, 이러한 효과는 정신건강에도 이를 것이다.

셋째, 감사와 웰빙의 관계는 5요인 성격이론에 근거한 NEO-PI-R의 30개 척도를 통제한 이후에도 여전히 유효하여, 감사가 웰빙에 미치는 영향은 고유한(unique) 것으로 드러났다

(Wood, Joseph, & Maltby, 2008, 2009). 실제 여러 특질(trait) 사이에는 개념적으로 혹은 경험적으로 공통되는 부분이 존재하고, 새롭게 웰빙을 설명하는 것으로 보고된 구성개념이라고 할지라도 나중에 연구가 진행되다 보면 기존에 존재하였던 구성개념과의 공통분 때문에 웰빙에 대한 설명력이 존재하였다는 점이 밝혀지는 경우가 드물지 않기에 이러한 고유성은 매우 중요하다. 감사는 심리학에서 기존에 존재하였던 모든 특질들을 상회하는 수준으로 웰빙을 설명하는 것으로 알려졌다.

넷째, 감사 수준을 증진시키는 기법이 개발되었고(Wood, Froh, & Geraghty, 2010 참고; Shin & Luybomirsky, 이 책의 제23장), 그러한 기법들 중 대표적인 것은 잠자리에 들기 전에 오늘 하루 감사할 만한 일 세 가지를 써 보는 것이다(Emmons & McCullough, 2002). 이 기법(축복 헤아리기)을 불안 수준이 높은 사람에게 실시했을 때 자동적 사고를 탐지하고 논박하는 기법보다 걱정 수준을 줄이는데 더 효과적이었고, 부정적 신체상을 지닌 사람에게 실시했을 때 신체상을 호전시키는 데 더 효과적이었다(Geraghty, Wood, & Highland, 2010a, b). 상기 연구의 독특한 점은 그 기법이 인터넷상에서 치료자 없이 자발적으로 이루어졌으며, 누구라도 접속하여 그 프로그램에 참여할 수 있었다는 점이다. 온라인상에서 이루어지는 프로그램이 통상적인 프로그램에 비해 높은 참가율을 보이기는 하지만, 탈락률이 낮지 않다는 한계점을 지닌다. 그러나 감사 개입은 그 효과가 유지되면서 낮은 탈락률을 보였다. 이는 치료 장면으로부터 쉽게 이탈할 가능성이 높은 내담자를 개입할 때, 그 프로그램 내에 감사 기법을 포함시키는 것의 유익을 보여 준다.

감사 개입에 참여한 어떤 참가자는 처음에는 이 연습을 전혀 할 수 없다고 생각했다. 세상에는 감사할 만한 것이 전혀 보이지 않았기 때문이다. 그러나 그런 참가자도 하루가 지나면서 이전에는 인식하지 못하였을 것들을 알아차리게 된다는 점을 깨달았다. 따라서 감사 개입은 매일 5분씩 연습하는 것이라기보다는 부정적인 것 이외에도 긍정적인 것을 알아차림으로써 종일(終日)의 사건들을 더 정확하게 재평가하려는 지속적인 시도라고 할 수 있다. 이것이 중요한 요소라면 참가자의 참여가 성공에 중요하다는 것을 암시한다. 참여 부족은 이 기법에 대한 연구에서 감사 조건과 스트레스 사건을 떠올리는 조건 사이에서는 차이를 보였으나 감사 조건과 중립적인 통제 조건 사이에서는 차이를 보이지 않았는지에 대한 이유를 설명한다(Wood, Froh, & Geraghty, 2010 참고, 감사 연구에서 통제집단에 대한 비판 글). 감사 개입이 효과를 보이지 않았던 결과는 참여에 덜 열정적일 수 있는 샘플을 사용하였기 때문인 것으로 보인다(예: 수강 이수 요건으로 감사 개입에 참여하는 학부생). 감사 개입의 효과를 지지하는 연구 결과는 우리의 두 연구에서 걱정과 신체상에 대한 개입에 자발적으로 참여한 참가자, Seligman, Steen, Park, 그리고 Peterson의 연구(2005)에서 긍정심리치료에 자발적으로 참여한 참가자, 긍정심리치료에 자발적으로 참여한 류머티스 관절염을 지닌 참여자(McCullough et al., 2002, 연구 3)에게는 효과가 있었지만, 학부 대학생에게 실시하였던 McCullough 등(2002)의 연구 3에서는 효과가 없었다. 고마움을 적절히 표현하지 못한 사람들에게 감사편지를 쓰는 기법도 존재한다. 현재 이 두 기법의 효과 차이를 살펴보고 있는 중이다(Wood, Froh, & Geraghty, 2010 참고; Shin & Lyubomirsky, 이 책의 제23장).

아동을 위한 세 번째 실험적 개입방법이 개발되었다. 이 개입에서는 선물을 받는 상황에서 감사를 유발하는 인지적 평가를 아동이 읽도록 한다. 아동은 선물을 받고 난 뒤 이 선물이 얼마나 가치 있는지, 선물을 제공한 사람이 얼마나 이타적인 의도가 있었는지에 대한 평가를 읽는다. 연구 결과, 이러한 개입은 아동의 웰빙 수준을 증진시켜 주었고 다른 상황에서 감사를 표현하는 행동 경향을 고양시켰다. 이 접근 방식의 새로운 점은 상황을 정확하게 해석하는 것에 초점을 두었다는 것이다. 이 접근 방식은 성인에게도 적용 가능하며, 특정 내담자에게 적용한다면 유해한 감사가 아닌 유익한 감사를 유발할 수 있을 것이다. 이 기법의 초점은 구체적인 지침 없이 일반적으로 감사를 증진하는 것이 아니라 상황을 정확하게 읽는 것에 있다.

감사 개입은 어떤 사람에게, 그리고 어떠한 때에 효과가 있는 것으로 보이므로, 더 많은 연구가 필요하다. 따라서 다양한 환경에서 이 개입을 즉각적으로 구현하려는 일부 심리학 커뮤니티의 열정은 시기상조일 수 있다. 실제로 한 연구에서는 감사 개입이 문헌의 일반적 경향과는 달리 웰빙을 감소시키는 것으로 나타났다(Sin, Della Porta, & Lyubomirsky, 2011). 향후 연구에 대한 중요한 질문은 다음과 같다(Watkins, 2013 참고). 첫째, 감사 개입의 작동 기제는 무엇인가? 둘째, 감사 개입은 어떤 사람에게 효과를 보이는가? 셋째, 감사 개입에서 참여자들은 실제로 어떤 경험을 하며 어떤 활동을 하는가? 넷째, 감사 개입에 외재적 동기가 있는 사람과 내재적 동기가 있는 사람 간 효과의 차이가 나타나는가? 다섯째, 감사 개입이 어느 정도로 행해져야 하는가? 예를 들어, ① 감사 연습은 얼마나 자주 행해져야 하는가? ② 감사 연습에서 몇 가지의 감사할 것을 적어야 하는가? ③ 적당한 감사 개입의 시간은 어느 정도인가? ④ 감사할 대상에 대해서 구체적인 안내가 있어야 하는가?(Wood, Maltby, Steward, & Joseph, 2008 참고) ⑤ 개입 이전에 이미 감사 수준과 웰빙 수준이 높다면 천장 효과로 인하여 무(無) 효과의 결과가 나타나는가? ⑥ 감사 기법이 언제, 어떤 사람에게 해로운가?

이러한 질문에 대한 답변은 위에서 언급한 일부 무(無) 효과 결과를 설명할 수 있다(Wood, Froh, & Geraghty, 2010에서 논의됨). 감사 개입이 도움이 되는 시기와 대상을 설명하는 '경계 조건' 혹은 조절변인이 존재할 수 있다. 사전검사의 긍정 정서 수준이 조절변인으로 기능한다는 연구 결과도 있었고(Froh, Kashdan, Ozimkowski, & Miller, 2009), 감사 개입의 편리성으로 인하여 '감사피로'가 발생할 수도 있다고 보고되었다(Froh, Sefick, & Emmons, 2008). 이에 대해서는 Sonja Lyubomirsky 연구실의 연구 결과와 이 책에서 그녀가 맡은 장에서 살펴볼 수 있다.

감사 개입은 신속하고 편리하며 낮은 중도탈락률에서 확인할 수 있듯이(Geraghty, Wood, & Hyland, 2010a, b) 내담자가 쉽게 수용할 수 있으며 일부 사람들에게 효과적이다. 이러한 장점으로 인하여 감사 개입이 임상가들에게 매력적인 기법이 될 수 있고 큰 부담 없이 기존 개입에 감사 개입을 덧붙여 긍정 임상심리학을 실현하는 간편한 방법이 될 수도 있다. 그러나 Wood, Froh, 그리고 Geraghty(2010)가 언급하고 이 장에서 논의된 바와 같이, 현재 감사 개입은 개입 대상과 개입지표에 대한 정보 없이 임상적 판단과 사전 동의에 기반하여 사용되고 있다고 인정할 수밖에 없다. 표준 임상 지침에 따라 감사 개입을 권장하기에는 아직 증거가 충분하지 않다. 우리는 증거 기반(evidence base)을 권장한다. 그러나 우리가 강조하는 연구 질문에 대한 답을 얻으려면 감사의 부정적 측면에 대한 더 많은 참여가 필요하며, 관련 문제에 대한 훨씬 더 많은 인식과 연구가 필요하다. 우리는 모든 형태의 감사가 항상 모든 사람에게 긍정적인 것이라는 관점보다는 개인이 처한 상황에 따라 유익하거나 유해할 수 있는 감사가 존재한다는 보다 균형 잡힌 긍정 임상심리학 관점을 지향한다.

감사의 균형 잡힌 관점을 향하여: 철학적 고려

Held(이 책 제3장)에 의해서 언급되었듯이 '긍정' 혹은 '부정' 특성에 대해서 이야기하는 것은 복잡한 일이다. 이 두 단어는 다양한 의미를 지니고 있고 다른 의미를 나타내기 위해 이 두 단어를 사용하는 경우가 많다. 긍정 혹은 부정의 개념은 ① 정서적 경험, ② 일반적 영향, ③ 주어진 상황에서 어떤 사람에게 미치는 역할 등을 의미한다. 예를 들어, 분노는 정서적 경험 면에서는 부정적일 수 있지만, 개인의 적절한 행동에 도움이 된다면 긍정적일 수도 있다. 긍정 혹은 부정의 개념에 대한 다양한 용례는 학자 간 의사소통의 불일치를 유발할 수도 있다. 이 장에서 의미하는 긍정 혹은 부정의 개념은 세 번째 용례를 의미한다. 즉, 긍정적인 것은 유익한 것이고, 부정적인 것은 유해한 것이다. 임상심리학자들은 '적응적' 혹은 '부적응적'이라고 표현하기도 하지만, 진화적 적응과의 혼동을 방지하기 위해서 이 글에서는 이 용어의 사용을 피한다.

한 개인에게 유익하거나 유해한 것이 무엇인지에 대한 질문은 규범적 관점(예: 문화 내에서 그리고 문화 전반에 걸쳐 거의 보편적으로 유익하다고 간주되는 것) 또는 개별적 관점(예: 개인의 삶에서 개인의 조건에 따라 긍정적인 것)으로 볼 수 있다. 감사가 언제 유익하고 언제 유해한지를 판단하는 데 유용한 출발점은 "감사는 미덕인가?"라는 질문이다. '미덕'이라는 단어는 긍정심리학에서 감사를 나타내기 위해 많이 사용되지만, 그 의미는 보편적이지 않다. 미덕에 대한 포괄적인 견해는 아리스토텔레스(1999)에 의해 제공되었다. 아리스토텔레스의 관점에 의하면, 미덕은 상황에 따라 여러 특성을 적절하게 사용하는 것이며, 그 적절한 사용은 인간애의 가장 훌륭한 표현 중의 하나다(일반적인 미덕의 규범적 설명). 그러나 사회적으로 바람직한 생각과 행동은 높은 수준에서 낮은 수준까지 연속선상에 존재하는 것이며, 극단의 높은 수준과 극단의 낮은 수준은 둘 다 미덕이 아닌 악덕이다. 사회적으로 바람직한 특성은 오로지 중용(golden mean)에서만 존재한다. 예를 들어, 개념적으로는 언제나 유익하다고 할 수 있는 겸손도 자기낮춤(self-effacement)에서 오만까지의 연속선상에 위치하므로 상황에 적절하게 나타날 때만 미덕이 될 수 있으며, 상황적으로 적절하지 않을 때에는 유해할 수 있다. 상황에 적절하지 않은 겸손은 미덕으로서의 겸손이 아니라 잘못 이름 붙여진 행동이라고 할 수 있다.

이 틀을 감사에 적용하면, '감사'라는 단어의 사용은 복잡다단하며, 감사 연구의 옹호자들과 비판자들이 이 용어를 서로 다른 방식으로 사용하고 있을 가능성이 높다. 미덕은 사회적으로 바람직하고 상황에 적절하게 생각, 감정 및 행동을 드러낸 상태이기 때문에 감사가 이 미덕에 해당될 때만 유익할 수 있다. 특질 감사는 상태 감사를 이와 같은 방식으로 경험하는 빈도와 강도로 정의할 수 있다. 그러나 감사라고 명명하기는 하지만 미덕으로서 사용되지 않는 사고, 감정 및 행동 상태는 상황적으로 부적절하고 유해할 수 있다. 따라서 학대자에게 고마움을 드러내는 것은 미덕으로서의 감사라고 볼 수 없고 상황에 부적절하여 과도한 행동이다. 반면, 미덕으로서의 감사는 상황에 적절하고 과잉도 부족도 없으니 항상 유익한 것이라고 말할 수 있다.

이 논의의 실질적 중요성은 상담실에서 감사 연구자의 제안을 해석하는 데 있다. 연구자가 고마움을 그 상황에 적합한 방식으로 드러내는 것으로 감사라는 단어를 사용하는 경우, 감사 연구는 오해받을 수 있다. 이 경우 감사는 항상 장려해야 하는 것이라는 표현이 논리적이겠지만, 이 말은 사람들이 지나친 감사를 표현해야 한다는 것을 의미하기 때문에 옳지 않다. 감사와 관련된 생각, 행동 및 감정이 어느 상황에서 적절한지, 그리고 이를 통해 연구자들이 감사를 언급할 때 암묵적으로 의미하는 미덕으로서의 감사의 정의를 충족하는지에 초점을 둘 때, 감사 연구와 감사 실천의 발전이 가능할 것이다.

　미덕으로서의 감사를 주장한 Peterson과 Seligman(2004)에 의하면 감사는 중용이다. 낮은 수준의 감사는 특권의식이고 감사가 전혀 없다면 그것은 무례 혹은 건망증이며 과잉 감사는 아첨이다. Shelton(2010) 또한 선함이 없거나 무시할 만큼 작은 수준의 선함이 있는 일곱 가지의 유사 감사와 가해의 의도를 지닌 세 가지 유해한 감사를 언급했다. 얕은 감사, 비자발적 감사, 자기 위주 감사, 방어적 감사, 뒤섞인 감사, 오지각 감사, 잘못된 대상을 향한 감사 등이 일곱 가지 유사 감사를 구성하고, 마음을 아프게 하는 감사, 일탈적인 감사, 악의에 찬 감사 등이 유해한 감사에 포함된다.

　Shelton(2010)의 잘못된 감사 중 어느 것도 감사라고 불릴 수는 없다. 잘못된 감사는 감사행동, 감사평가, 감사정서 등에서 유사한 면을 공유하기는 하지만 문화적으로 혹은 상황적으로 적절한 행동, 평가, 정서 등과 거리가 멀기 때문이다. 또한 잘못된 감사는 상황에 대한 적절한 반응이 아니라는 점에서 유해하다고 할 수도 있다. 잘못된 감사 행동·평가·정서를 보이는 사람은 스스로를 감사하는 사람이라고 생각할 수도 있지만, 미덕의 견지에서 그들은 스스로의 감사 행동·평가·정서에 대해서 잘못된 명명을 하고 있는 것이다. 감사 연구에서는 혼동을 피하기 위해 잘못된 감사와 미덕의 감사를 구별하려는 노력을 해야 할 것이며, 상반된 감사가 발생하는 상황에 대한 연구에 전념해야 할 것이다. 우리는 아리스토텔레스의 미덕 개념에 부합하는 감사를 '유익한' 감사라고 부르고, 나머지 감사를 '유해한' 감사라고 명명할 것이다.

　연구자들이 제각기 서로 다른 방식으로 감사를 사용하고 있기에 불일치와 혼란이 발생하고 있다. 이 불일치와 혼란은 핵심 개념에 대한 불일치 때문은 아니고 연구자들이 통용되는 언어를 사용하지 않기 때문이다. 감사 유형에 대해 민감성을 가지는 것은 임상심리학자들에게 매우 중요하다. 임상심리학자들은 감사 개입을 담당해야 하고, 부적응적 감사나 유사 감사가 아닌 상황에 적절한 감사를 권장해야 하기 때문이다.

　감사 유형에 대한 민감성이 모든 감사 연구에서 구현되지는 못하는 것 같다. 감사에 대한 연구 참여자의 이해에 감사 연구가 의존하고 있기 때문이다. 감사의 의미를 연구 참여자가 충분히 이해한다고 하더라도 연구는 자기보고형 척도에 의존하고 있기에 자신의 경험을 명명하는 참여자의 능력에 따라 달라질 수밖에 없다(감사의 자기보고형 척도에 대한 논의는 Davidson과 Wood의 연구를 참고하라). 감사의 개입 연구에서 발견되는 무효과 결과 또한 연구 참여자 중 일부가 감사 연습을 잘못 해석하여 유해한 감사를 불러일으켰기 때문이다. 만약 미덕으로서의 감사 개념을 채택한다면 감사는 그 자체로 항상 긍정적인 것이라고 간주한다. 그렇지만 유사한 경험이 감사로 이해될 수도 있으며 이는 감사가 항상 긍정적인지에 대한 학술적 논의에서 혼동을 가져 오고 자신의 삶 속에서 감사를 고양하려고 하는 사람들에게 혼란을 가져다준다. 감사 개념의 미묘한 차이를 간과함으로써 감사 연습에 참여하는 사람들이 유해한 감사가 아닌 유익한 감사를 계발하도록 유도하는 것은 임상심리학자의 임무다. 유해한 감사와 유익한 감사가 원인변인, 결과변인, 관련변인에서 어떤 차이를 보이는지, 이 두 유형의 감사가 상황과 어떻게 상호작용하는지, 감사 개입의 종류에 따라 차별되게 증진되는지를 살펴보는 학문적 과제가 요망된다.

상기의 고려 사항에도 불구하고, 경험적 연구들은 특질감사가 웰빙에 미치는 영향이 매우 강하고, 다른 변인을 통제한 연후에도 여전히 유효하며, 감사의 변화가 웰빙의 변화의 원인이 되는 동시에 감사 개입이 웰빙 증진에 도움이 된다는 것을 보여 주고 있다(Wood, Froh, & Geraghty, 2010 참고). 그렇지만 이러한 결과는 특정 집단의 결과를 통해서 추론한 통계적 패턴일 따름이다. 이 집단 내에서도 높은 수준의 감사를 지니고 있지만 웰빙 수준이 낮은 사람도 존재할 수 있고, 개입의 결과 더 악화된 경우도 있을 수 있다. 이러한 사안이 무선 오차(random error)인지 아니면 체계적 차이인지는 추후 연구를 통해서 밝혀질 것이다. 감사 연구와 감사 개입이 임상 집단에게 적용된다면 통계적으로 드문 사례들은 보다 빈번히 발견될 것이다. 언제, 어떤 사람들에게 유해한 감사가 발생하는지를 이해하는 것은 중요하고, 미래 연구를 위한 중요한 도정이 될 것이다. 우리가 주장하는 것은 감사 사용에 있어 정서지능을 갖추고, 감사 연구와 감사 개입에 있어서 민감성을 지니는 것이 중요하다는 점이다. 그러나 경험적 연구에서 감사와 웰빙 사이의 강한 관련성을 고려한다면 일반적인 감사 연구는 유해한 감사보다는 유익한 감사를 선택하는 것으로 보이며, 이 점에 대해서 과도하게 비판적이기보다는 본 연구 분야의 성장세에 설맞게 지속적인 개량을 목표로 하는 것이 중요하다.

유익한 감사와 유해한 감사를 구별하는 것은 감사는 항상 좋은 것이라고 간주하는 감사 연구의 잠재적 문제점을 피하도록 한다. 감사는 항상 좋은 것이라고 간주하는 것은 감사가 우리를 괴롭히는 모든 것에 대한 비약(秘藥)이라고 주장하여 모든 좋은 것은 감사가 된다고 감사를 재정의하는 것과 같다. 이 경우 역설적이게도 감사가 지니는 효과는 줄어들게 되므로 이렇게 정의하는 것은 위험하다. 감사는 의미 있고 구체적인 것이므로 좋은 삶에 중요한 특성이다. 감사를 '좋은 모든 것'으로 만들면 감사에 대한 명확한 개념을 잃고 감사는 거의 아무것도 혹은 아무것도 되지 않는다. 유익한 감사와 유해한 감사 사이의 엄격한 구별은 우리로 하여금 이러한 함정으로부터 피하게 해 준다.

유해한 감사

앞서 논의에서 유해한 감사가 발생하는 예에 대해서 강조하였다. 이 예는 임상심리학자가 내담자를 대상으로 감사를 증진시키려고 할 때 맞닥뜨리게 되는 상황을 포함한다. 이러한 예 중 일부는 Carr(2010)의 공헌을 기반으로 하며 심리학적 문헌보다는 철학적 문헌에서 더 많이 제공된다. 따라서 유해한 감사가 발생하는 예에 대한 경험적 근거가 부족하므로 감사가 유익한 것으로 나타났던 경험적 결과를 가려서는 안 된다. 유익한 감사와 유해한 감사를 구분하면서, 이 영역에 대한 더 많은 연구가 필요하다.

학대 관계에서의 감사

유해한 감사는 학대 관계에서 발생할 수 있고, 학대의 피해자는 학대의 가해자에 대해서 고마움의 마음을 경험할 수 있다(Card, 2016 참조). 이 경우 고마움의 감정은 부정적이며, 피해자가 그 관계를 유지하고 학대를 계속 용인하도록 동기를 부여한다. 사회복지사와 경찰을 비롯한 주변 사람들이 가해자로부터 떠나라고 피해자에게 조언하더라도 피해자가 그 관계를 지속하는 이유를 이 점이 부분적으로 설명한다. Stalin의 첫 인용문과 마찬가지로 가해자는 이러한 의도를 갖고 여러 가지 방법을 사용하여 피해자로 하여금 고마움의 마음을 갖도록 한다. 예를 들어, 가해자는 피해자에게 거짓 의존을 조장할 수 있다(예: "나 없이는 아무것도 할 수 없다.", "나 없이는 살아남을 수 없다.", "다른 사람은 당신을 감당할 수 없는데, 그러면 당신은 어디에 있을 수 있는가?"). 또한 가해자는 평소에 낮은 수준의 고마울 거리를 제공하기 때문에 상대적으로 낮은 수준의 감사거리를 제공하더라도 감사를 이끌어 낼 수 있다. 이것은 감사는 감사할 만한 행동 그 자체에 의해 결정되는 것이 아니라, 그 행동이 전체 범위에서 어디에 속하고 전체 행동에서 어느 순위를 차지하는지에 의해 결정된다는 Wood, Brown, 그리고 Maltby(2001)의 연구 결과와 일치한다(Algoe et al., 2008 참고).

미덕 모델에 의하면, 가해자에 대한 그러한 감정은 상황적으로 적절한 중용을 벗어나는 것이기에 감사로 간주되지 않을 것이다. 정기적으로 구타하는 남편에 대해서 감사의 마음을 갖고, 심지어 그 구타하는 행위에 대해서조차 아내가 감사를 경험한다면, 그 감사가 인간애의 표현이며 미덕의 반응이라고 인정하기는 어느 문화에서도 어려울 것이다. 여기의 예는 극단적이기는 하지만, 이러한 일이 덜 극단적인 수준에서 많은 사람들에게 발생한다. 대부분의 사회에서 대부분의 사람들이 극단적 학대 관계에 있지는 않지만, 많은 사람들은 개인생활과 직장생활에서 해로운 관계를 맺고 있으며, 모든 사람은 일상생활에서 자신에게 부적절하고 악의적인 의도로 행동하는 타인을 만난다. 부적절하고 악의적인 의도로 행동하는 타인에게 유해한 감사를 느끼는 사람은 그 타인에게 부적절하게 행동할 것이다. 이러한 유해한 감사는 잘못 행동하는 사람들이 자신의 행동을 수정하는 데 필요한 피드백을 제공하는 것을 막을 수도 있다. 따라서 해로운 감사는 잘못된 행동을 견디는 개인뿐만 아니라 해로운 행동과 관련하여 시정(是正)의 피드백이 필요한 사람들에게도 해로울 수 있다. 정기적으로 상호작용하는 사람들에게 그러한 부적절한 감정을 느끼는 경우, 건강한 경계가 부족한 경우에만 관계 문제를 일으킬 가능성이 있다.

감사의 사회인지 모델(socio-cognitive model of gratitude; Wood, Maltby, Stewart, Linley, & Joseph, 2008)을 확장하면, 이 상황에서 유익한 감사는 상황을 정확하게 판독하는 비용과 이익 및 이타주의에 대한 평가를 기반으로 한다는 것이다. 상대적 감사 모델(relative model of gratitude; Wood, Brown, & Maltby, 2011)에 의하면, 정확한 판단을 내리기 위해서는 일반적으로 받게 되는 도움의 양에 대한 정확한 인식이 필요하다. 이러한 인식이 상호교환적 감사(transactional gratitude)가 유익한지 아니면 유해한지를 평가할 수 있는 틀을 제공한다. Froh 등(2014)의 개입적 접근 방식은 건전한 상호교환적 감사를 촉진할 수 있는 방법을 제공할 수 있다.

상황에 대한 정확한 판단이 유익하다는 가정은 아리스토텔레스의 관점과 Beck 등(1979)의 임상적 관점과 일치한다. 이 가정은 사람들이 객관적 상황을 보다 정확하게 읽을 수 있다면 삶에 대해 더 합리적인 결정을 내릴 수 있다는 견해에 따른다. 그러나 또 다른 사람들(예: Taylor & Brown, 1988)은 세상에 대한 장밋빛 환상이 웰빙에 더 긍정적인 역할을 할 수 있다고 제안하였으며, 장밋빛 환상은 받은 도움에 대한 약간의 관대한 해석이 될 것이다. 감사의 증진과 관련하여 이 의견이 지니는 의미는 Watkins(2103)에 의해 논의되었다. 그러나 긍정적 환상에 대한 문헌은 논란이 되고 있으며(예: Joiner, Kistner, Stellrecht, & Merrill, 2006) 긍정적 환상이 보편적인지에 대한 견해도 도전받고 있는 실정이다(Harris & Haun, 2011). 그럼에도 불구하고 상황에 대한 부정확한 평가를 지니고 있지만 웰빙을 유지하고 있는 사람의 장밋빛 세계관에 이의를 제기하는 것은 복잡하고 개인적인 임상적 결정일 것이다.

이것은 학대 상황에서도 유익한 감사를 경험할 수 있는지에 대한 질문이기도 하다. 감사하는 것이 적절한 상황(예를 들어, 학대 관계가 아닌 상황)을 염두에 두는 것은 개인의 회복에 중요할 수 있다. 위에서 설명한 것과는 다른 형태의 감사는 개인의 적응에 도움을 줄 수 있다. 이 두 종류의 감사를 구별하는 것은 미래의 연구에서 다루어야 할 영역이다. 학대 관계에서의 감사에 대한 논의에서는 감사의 형태에 대한 보다 엄밀한 구별이 필요하다. 미덕으로서의 유익한 감사를 비판하기 위해서 해로운 감사를 이야기하다 보면 잘못된 결론으로 이어질 수 있다.

시스템 합리화 문제

Eibach, Wilmot, 그리고 Libby(2015)는 사회적 시스템 자체에 도전하는 것을 피하기 위해서 사회 시스템에 의해 조성되는 잠재적 부적응형 감사에 대해 논한다. 그들은 비록 간접적이기는 하지만 이것이 발생할 수 있다는 광범위한 증거를 제공한다(예를 들어, 아이들의 좋은 태도를 중시하는 부모들의 사회 시스템 합리화). 예를 들어, 그들은 전쟁 중에 감사를 쏟아 내는 것이 군사행동에 대한 지원을 증가시킬 수 있다고 주장한다. 이것은 Stalin의 첫 인용문과 유사하다. 이는 노벨상 수상자인 Amartya Sen이 '행복한 농민 문제'라고 묘사한 것의 다른 버전이다. Amartya Sen은 객관적인 삶의 질과 상황을 평가하는 주관적인 삶의 질(특히, 삶의 만족도)이 지닌 문제점을 지적했다. 첫째, 감사 수준이 가장 높은 사람들 중 일부는 가장 자유롭지 않은 국가(부패, 낮은 인권, 여성의 복종 등)에서 살고 있다. 실제로 공항에서 줄을 세우면서 공격적인 행동을 보이는 국경 수비대에 대해 현지인과 이야기할 때, 그 현지인들은 그 국경 수비대의 행동에 대해 감사하다고 명백히 진심으로 표현했으며, 만약 그들의 행동이 없었다면 안전과 자유가 없을 것이라고 설명했다. Amartya Sen은 이 장면이 시민의 이익을 최우선으로 여기지 않는 독재국가에서 모든 것을 통제함으로써 시민에게 쾌락을 제공하는 Huxley(1931)의 멋진 신세계를 연상시킨다고 기술하였다. 실제로 종교 조직에서 도덕적 의무로서 감사(Emmons & Crumpler, 2000)를 조장하였음을 고려할 때, 악덕 국가에서 종교 조직을 사회적 통제의 대리인으로 운영하였기 때문에 국가 정복의 목적을 위한 감사의 장려가 역사 전반에 걸쳐 널리 퍼져 있었다. 그러나 이에 대한 직접적인 연구는 없으므로 객관적인 생활조건과 주관적인 감사 사이의 상호작용에 대한 연구가 필요하다. 통제권을 지닌 사람에게 유해한 감사를 경험하고 자유롭지 못한 사람들은 자신의 많은 것을 참을 가능성이 높고 자신의 인권을 주장하기 위해 적절한 조치를 취할 가능성이 적을 것이다. 물론 이러한 현상은 (결국 변화를 위한 노력의 부족으로 이어지는) 안주(安住)의 형태로 모든 국가에서 일어날 수 있다. 그러나 이것은 유해한 감사의 예이며, 미덕으로서의 감사의 정의를 충족하지 못한다는 점을 다시금 주목해야 한다. 심지어 그러한 국가에서도 상황적으로 적절한, 유익한 감사 경험이 있을 수 있다. 국가가 제공하는 것에 대한 감사일 수도 있고 국가와는 무관한 대상, 즉 가족구성원에 대한 감사일 수도 있다. 이러한 국가에서 감사가 만연한다고 하더라도 유익한 감사와 유해한 감사를 구별해야 하고 출처를 파악해야 한다. 예를 들어, 국가에 대한 유해한 감사인지, 아니면 문화의 다른 긍정적 측면에 대한 유익한 감사인지의 여부를 파악해야 한다. 또한 '행복한 농민'의 문제에 대한 증거가 유해한 감사 때문인지, 아니면 감사와 삶의 만족도 사이의 공유변산 때문인지 고려할 필요가 있다(Wood, Joseph, & Maltby, 2008). 그럼에도 불구하고 이는 통제 상황에 놓여 있는 사람들에게 감사 개입이 옳지 않은 방식으로 사용될 수 있는 것에 대한 우려와 대규모의 사람들에게 감사 개입이 이루어질 때 유해한 감사가 아닌 유익한 감사가 제공되도록 조심해야 한다는 점을 시사한다.

비정체성 문제

순수철학의 관점에서, 그리고 특정 유형의 감사에 대해서 Smilansky(2016)는 '비(非)정체성' 문제를 설명한다. 이는 살아 있는 것에 대한 감사는 자신의 존재로 이어지는 모든 사건에 대한 감사를 필요로 한다는 것을 뜻한다. 예를 들어, 서구사회에서 제2차 세계 대전으로 인해 인명 손실과 함께 인구 이동이 일어났기에, 만약 제2차 세계 대전이 일어나지 않았다면 많은 사람들이 태어나지 못했을 것이다. 그렇다면 전쟁이나 잔혹행위에 대해서 감사하지 않고서 어떻게 자신의 존재에 대한 감사를 경험할 수 있을까. 스토아학파(Epictetus, 2008)와 불교(Sangharakshita, 1990)의 관점에서처럼, 우주를 광대한 인과적 실체로 받아들이는 동시에 그것에 대해 기뻐해야 한다는 답변이 존재할 것이다. 왜냐하면 이것이 의도된 방식일 뿐만 아니라 그것이 존재할 수 있는 유일한 방법이기 때문이다. (세속적인 설명에 의하면, 빅뱅 이후에 모든 것은 빅뱅이란 사건의 원자 수준에서의 상호작용의 결과물로 결정되었을 수도 있다.) 이것은 앞서 언급한 시스템 합리화와 맥락을 같이할 수도 있는 위험을 지닌 것도 사실이지만, 많은 종교 사상가의 일치된 의견이기도 하다. 또한 이것은 다소 급진적인 해결책이며 감사의 심리적 연구에서 명시적으로 채택된 것은 아니다. Smilansky(2016)의 견해는 아직 초기 단계이며 이 생각이 지속 가능한지를 깊이 고려하기 위해서는 철학적인 작업이 더 필요하다. 심리학의 과학적인 방법은 사람들이 이러한 상황에서 감사해야 한다고 믿는지에 대한 도덕적 이해를 확립하는 데 많은 도움이 될 수는 있지만, 사람들이 감사해야 하는지의 여부를 고려하는 데 필요한 윤리적 고려 사항에 도움을 주지 못할 것이다. 사람들이 감사에 대한 비정체성 문제의 장벽을 더 잘 알고 있을 때 감사가 달라지는지의 여부를 확인하기 위해 문제의 현저함(saliency)을 조작하는 실험뿐만 아니라 설문조사 데이터가 여기에서 유용할 것이다. 그러나 그러한 작업은 유익한 감사가 존재할 수 없다는 것을 보여 주기보다는 유해한 감사의 유형에 대해 이해하도록 도움을 줄 것이다. 긍정 임상심리학자와 비정체성 문제의 직접적인 관련성은 다른 주제에 비하여 적을 것이며, 임상 실천을 뒷받침하는 철학과 윤리에 관심이 있는 사람들에게 관련성이 있을 것이다.

노예-감독자 문제

Carr(2016)가 논의한 것과 마찬가지로, 억압적인 정권으로부터 가치 있고 이타적인 원조를 받았다고 하여 그 정권에 대해 감사를 느끼는 것에는 윤리적 문제가 존재한다. 예를 들어, 좋은 의도를 지닌 채 우리가 기대하는 수준을 뛰어넘는 친절을 행하는 감독자에게 노예가 감사를 경험하는 것이 적절한가(이 예에서 자신의 생명을 희생하더라도 노예를 석방하는 것은 감독자의 권한을 넘어서는 것이다.). 노예가 자신을 잡아넣은 포획자에게 감사를 표현할 수 있는지를 묻는다면 이는 윤리적으로 어려운 질문이다. 사회인지 모형에 따르면 노예가 포획자에게 감사를 표할 가능성이 높기는 하지만, 많은 사람들은 감사를 표하지 않을 것이라고 말한다. 감독자가 가치 있고 이타적인 방식으로 행동한다 하더라도 그 시스템은 감독자 없이 존재할 수 없기에 감독자의 행동은 문제의 해결 방식인 동시에 문제 그 자체다. 이론은 극단의 예를 포함하여야 하고 이론의 타당성은 극단의 예를 통해 검증되어야 한다는 철학적 인식론에 근거하여 이 장에서는 극단적 예가 제시되었지만 극단적이지 않고 일상적인 예는 자주 발생한다. 조직이 잘못된 행동을 했을 때, 그 조직의 직원이 가치 있고 이타적인 방식으로 피해를 줄이기 위해 자신의 역할에서 기대하는 것 이상의 행동을 하는 상황에서 우리는 그 직원에게 감사해야 할까? 이것은 시스템 합리화 문제의 한 버전이지만, 여기에서 사고 실험의 초점이 시스템을 담당하는 사람들이 아니라 그것이 계속 존재하는 것을 허용하면서 자신을 희생시키는 사람들이기 때문에 윤리적 복잡성이 다르다. 우리가 우려하는 것은, 우리가 만약 그 직원에게 감사를 표하게 되면 그 직원이 그 조직을 바꾸기 위한 노력을 덜 할 것이며, 결국 그 조직은 변화의 기회를 잃어버릴 것이라는 점이다.

사람들이 이러한 상황에서 어떻게 행동하는지 확인하고, 사람들이 이러한 상황에서 어떻게 반응해야 하는지에 대해 알기 위해 실험연구뿐 아니라 철학적 작업이 필요하다. 감사의 개입을 담당하는 임상심리학자는 내담자가 특정 상황에서 감사를 표할 때 상기의 윤리적 복잡성을 고려해야 한다.

다른 성격특성 문제

지금까지 감사가 문제가 되는 상황에 대해서 알아보았다. 많은 경우, 개인의 성향과 그 상황이 상호작용하여 어떤 반응을 유발한다(예: Boyce & Wood, 2011a, b; Boyce, Wood, & Brown, 2010). 이를 감사에 적용한다면 특별히 문제가 되는 성향을 지닌 사람이 존재할 수 있다. 심리도식치료의 성격이론이 이를 설명하는 데 유용하다(Young, Klosko, & Weishaar, 2003; van Vreeswijk, Broersen, & Nadort, 2015; Taylor & Arntz, 참고, 이 책의 제30장). 심리도식 치료 이론에서는 18개 도식이 발견되었고 이는 특정 양육방식과 관련되어 있다(각 도식은 부적응적인 것부터 적응적인 것으로 나뉜다; Lockwood & Perris, 2015). ① 자기희생 심리도식을 지닌 사람은 자신의 욕구보다 타인의 욕구를 우선시하고 불행을 감수한다. ② 처벌 심리도식을 지닌 사람은 자신의 선호와 욕구를 이야기하는 것이 안전하지 않다고 생각한다. ③ 의존 심리도식을 지닌 사람은 다른 사람으로부터 지원을 받지 못하면 하루하루의 삶을 제대로 살아가지 못할 것이라고 생각한다. 각각의 도식은 개인의 삶에 만연되어 있어서 도식에 따라 세상을 바라보고, 도식에 맞는 정보에 선택적으로 주의를 기울이며, 도식에 어울리는 정보를 선택적으로 기억한다. 이 도식은 만성적인 부정적 환경이나 급성적 부정적 사건에 의해서 형성되며, 대개 일차 양육자의 돌봄과 관련된 전자의 영향력이 더 크다. 18개 도식과 그에 따른 대처 양식이 상호작용하여 성격장애가 형성된다. 성격장애를 지닌 사람들은 유해한 감사를 경험하지만 스스로는 유익한 감사라고 생각할 것이다. 고마움의 정서가 다른 사람에게 굴복하는 것과 관련된다는 Watkins 등(2006)의 연구 결과는 이와 맥을 같이 한다. 임상가들은 치료 중에 내담자가 감사라고 이름을 붙이는 것이 무엇인지 질문하고, 내담자가 유해한 감사와 유익한 감사를 구별할 수 있도록 돕는다. 복종과 관련되어 있지 않고 가치 있고 이타적인 것에 대한 감사는 제대로 자리 잡은 감사이며, 자기희생 도식, 복종도식, 의존도식과 관련된 감사는 잘못 자리 잡은 감사다. 임상적 개입에 참여하는 대부분의 내담자들이 18개의 심리도식 중 일부 심리도식에서 부적응 기능을 가지고 있다는 점을 감안할 때, 이 점은 현장에서 유익한 감사와 유해한 감사를 구별하는 것과 심리도식을 심화시키기보다는 유익한 감사를 증진시키는 것이 중요하다는 점을 강조한다.

감사의 긍정적인 면과 부정적인 면을 통합하기

심리학 문헌에서는 일방적으로 감사의 유익한 점에 대해서만 관심을 가져 왔지만

(Wood, Froh, & Geraghty, 2010), 철학 문헌에서는 반복적으로 감사의 윤리적 문제에 천착해 왔다(Carr, 2016). 심리학 문헌에서 감사의 부정적 문제에 대해서 관심을 덜 가진 것은 구체적인 상황과 개인의 성향에 대해서 주목하기보다는 감사가 일반 대중에게 미치는 영향력에만 주목하였기 때문이다. 철학 문헌은 언제 우리는 감사해야 하는가에 대해서 관심을 가져 온 데 반해서, 심리학 문헌에서는 감사를 경험할 때 어떤 일이 발생하는가에 대해서 초점을 두었다. 철학 문헌에서는 검증할 수 있는 대상에 대해서 사변으로만 접근하려 하였고, 심리학 문헌에서는 감사가 때로는 해로울 수도 있다는 개념적이고 철학적인 도전을 회피하려고 하였으므로, 이 두 연구 흐름의 통합이 부족했다고 할 수 있다. 감사 연구가 앞으로 나아가야 할 바는, 첫째, 철학 문헌과 심리학 문헌을 통합하는 것이며, 둘째, 상황 변인과 개인차 변인을 차치하고 감사의 영향에만 관심을 두는 관행에서 벗어나는 것이다. 이는 감사와 상황변인, 개인차 변인이 서로 상호작용하여 감사가 과연 유해한 것인지 혹은 유익한 것인지를 밝혀내는 것이기도 하다. 치료 장면에서, ① 감사는 다른 변인을 통제한 상황에서도 강하고 인과적인 영향을 웰빙에 미치며, ② 상황적 변인과 개인차 변인을 결부시켜서 감사에 대한 사례개념화를 진행하여야 하며, ③ 치료적으로 감사를 증진하려는 시도는 내담자와 협력하에 임상가의 판단에 근거하여 신중하게 이루어져야 한다. 앞으로 충분한 연구 결과가 우리에게 도착하기 전까지, 우리가 해야 할 일은 유해한 감사보다 유익한 감사를 증진시키는 일이며, 이것이 한 개인의 삶에 긍정적 영향을 미칠 것이다.

📖 참고문헌

Algoe, S. B. (2012). Find, remind, and bind: The functions of gratitude in everyday relationships. *Social and Personality Psychology Compass, 6*, 455-469.

Algoe, S. B., Haidt, J., & Gable, S. L. (2008). Beyond reciprocity: Gratitude and relationships in everyday life. *Emotion, 8*, 425-429.

Algoe, S. B. & Stanton, A. L. (2012). Gratitude when it is needed most: Social functions of gratitude in women with metastatic breast cancer. *Emotion, 12*, 163-168.

American Psychiatric Association. (2013). *Diagnostic and statistical manual of mental disorders* (5th edn.). Washington, DC: APA.

Aristotle ([305 bc] 1999). *Nicomachean ethics*, trans. T. Irwine. Indianapolis, IN: Hackett.

Beck, A., Rush, A., Shaw, B., & Emery, G. (1979). *Cognitive therapy for depression*. New York: Guildford Press.

Bono, G., Emmons, R. A., & McCullough, M. E. (2004). Gratitude in practice and the practice of gratitude. In: P. A. Linley & S. Joseph (Eds.), *Positive psychology in practice* (pp. 464-481). Hoboken, NJ: John Wiley.

Boyce, C. J. & Wood, A. M. (2011a). Personality prior to disability determines adaptation: Agreeable individuals recover lost life satisfaction faster and more completely. *Psychological Science, 22,* 1397-1402.

Boyce, C. J. & Wood, A. M. (2011b). Personality and the marginal utility of income: Personality interacts with increases in household income to determine life satisfaction. *Journal of Economic Behavior & Organization, 78,* 183-191.

Boyce, C. J., Wood, A. M., & Brown, G. D. A. (2010). The dark side of conscientiousness: Conscientious people experience greater drops in life satisfaction following unemployment. *Journal of Research in Personality, 44,* 535-539.

Card, D. (2016). Counting Blessings: Towards a Spiritual Conception of Gratitude. In: D. Carr (Ed.), *Perspectives on gratitude: An interdisciplinary approach* (pp. 169-182). London: Routledge.

Carr, D. (Ed.). (2016). *Perspectives on gratitude: An interdisciplinary approach.* London: Routledge.

Cohen, S., Gottlieb, B., & Underwood, L. (2000). Social relationships and health. In: S. Cohen, L. Underwood, & B. Gottlieb (Eds.), *Measuring and intervening in social support* (pp. 3-25). New York: Oxford University Press.

Davidson, A. & Wood, A. M. (in press). The state of the psychological research into gratitude and the need for more interdisciplinary collaboration. In: D. Carr (Ed.), *Perspectives on gratitude: An interdisciplinary approach.* London: Routledge.

Eibach, R. P., Wilmot, M. O., & Libby, L. K. (2015). The system-justifying function of gratitude norms. *Social and Personality Psychology Compass, 9,* 348-358.

Emmons, R. A. & Crumpler, C. A. (2000). Gratitude as a human strength: Appraising the evidence. *Journal of Social and Clinical Psychology, 19,* 56-69.

Emmons, R. A. & McCullough, M. E. (2003). Counting blessings versus burdens: An experimental investigation of gratitude and subjective well-being in daily life. *Journal of Personality and Social Psychology, 84,* 377-389.

Epictetus ([180 ad] 2008). *Discourses and selected writings,* trans. R. Dobbin. London: Penguin.

Froh, J. J., Bono, G., Fan, J., Emmons, R. A., Henderson, K., Harris, C., Leggio, H., & Wood, A. M. (in press). Nice thinking! An educational intervention that teaches children how to think gratefully. *School Psychology Review (Special Issue), 43,* 132-152.

Froh, J. J., Kashdan, T. B., Ozimkowski, K. M., & Miller, N. (2009). Who benefits the most from a gratitude intervention in children and adolescents? Examining positive affect as a moderator.

Journal of Positive Psychology, 4, 408-422.

Froh, J. J., Sefick, W. J., & Emmons, R. A. (2008). Counting blessings in early adolescents: An experimental study of gratitude and subjective well-being. *Journal of School Psychology, 46*, 213-233.

Froh, J. J., Yurkewicz, C., & Kashdan, T. B. (2009). Gratitude and subjective well-being in early adolescence: Examining gender differences. *Journal of Adolescence, 32*, 633-650.

Geraghty, A. W. A., Wood, A. M., & Hyland, M. E. (2010a). Attrition from self-directed interventions: Investigating the relationship between psychological predictors, intervention content and dropout from a body dissatisfaction intervention. *Social Science & Medicine, 71*, 31-37.

Geraghty, A. W. A., Wood, A. M., & Hyland, M. E. (2010b). Dissociating the facets of hope: Agency and pathways predict dropout from unguided self-help therapy in opposite directions. *Journal of Research in Personality, 44*, 155-158.

Harris, A. J. L. & Hahn, U. (2011). Unrealistic optimism about future life events: A cautionary note. *Psychological Review, 118*, 135-154.

Huxley, A. (1932). *Brave New World*. London: Chatto & Windus.

Joiner, T. E., Kistner, J. A., Stellrecht, N. E., Merrill, K. A. (2006). On seeing clearly and thriving: interpersonal perspicacity as adaptive (not depressive) realism (or where three theories meet). *Journal of Social and Clinical Psychology, 25*, 542-556.

Lambert, N. M., Clarke, M. S., Durtschi, J. A., Fincham, F. D., & Graham, S. M. (2010). Benefits of expressing gratitude: Expressing gratitude to a partner changes one's views of the relationship. *Psychological Science, 21*, 574-580.

Lambert, N. M. & Fincham, F. D. (2011). Expressing gratitude to a partner leads to more relationship maintenance behavior. *Emotion, 11*, 52-60.

Lambert, N. M., Fincham, F. D., & Stillman, T. F. (2012). Gratitude and depressive symptoms: The role of positive reframing and positive emotion. *Cognition and Emotion, 26*, 602-614.

Lazarus, R. S. (1993). From psychological stress to the emotions: A history of changing outlooks. *Annual Review of Psychology, 44*, 1-21.

Lockwood, G. & Perris, P. (2015). A new look at core emotional needs. In: M. van Vreeswijk, J. Broersen, & M. Nadort (Eds.), *The Wiley-Blackwell handbook of schema therapy: Theory, research and practice* (pp. 41-66). Chichester: Wiley-Blackwell.

McCullough, M. E., Emmons, R. A., & Tsang, J. A. (2002). The grateful disposition: A conceptual and empirical topography. *Journal of Personality and Social Psychology, 82*, 112-127.

McCullough, M. E., Kilpatrick, S. D., Emmons, R. A., & Larson, D. B. (2001). Is gratitude a moral affect? *Psychological Bulletin, 127*, 249-266.

Peterson, C. & Seligman, M. E. P. (2004). *Character strengths and virtues: A handbook and classification.* Washington, DC: American Psychological Association.

Rodriguez, M. C. & Cohen, S. (1998). Social support. In: H. Friedman (Ed.), *Encyclopedia of mental health.* New York: Academic Press.

Sangharakshita (1990). *A guide to the Buddhist path.* Cambridge: Windhorse Publications.

Seligman, M. E. P., Steen, T. A., Park, N., & Peterson, C. (2005). Positive psychology progress: Empirical validation of interventions. *American Psychologist, 60,* 410–421.

Shelton, C. M. (2010). *The gratitude factor: Enhancing your life through grateful living.* New Jersey: Hidden Spring (Paulist Press).

Sin, N. L., Della Porta, M. D., & Lyubomirsky, S. (2011). Tailoring positive psychology interventions to treat depressed individuals. In: S. I. Donaldson, M. Csikszentmihalyi, & J. Nakamura (Eds.), *Applied positive psychology: Improving everyday life, health, schools, work, and society* (pp. 79–96). New York: Routledge.

Smilansky, S. (2016). Gratitude: The dark side. In: D. Carr (Ed.), *Perspectives on gratitude: An interdisciplinary approach* (pp. 126–138). London: Routledge.

Taylor, S. E. & Brown, J. (1988). Illusion and well-being: A social psychological perspective on mental health. *Psychological Bulletin, 103,* 193–210.

van Vreeswijk, M., Broersen, J., & Nadort, M. (Eds.). (2015). *The Wiley–Blackwell handbook of schema therapy: Theory, research and practice.* Chichester: Wiley-Blackwell.

Watkins, P. C. (2013). *Gratitude and the good life: Toward a psychology of appreciation.* Dordrecht: Springer.

Watkins, P. C. & McCurrach, D. (2016). Exploring how gratitude trains cognitive processes important to well-being. In: D. Carr (Ed.), *Perspectives on gratitude: An interdisciplinary approach* (pp. 41–54). London: Routledge.

Watkins, P. C., Scheer, J., Ovnicek, M., & Kolts, R. (2006). The debt of gratitude: Dissociating gratitude from indebtedness. *Cognition and Emotion, 20,* 217–241.

Wood, A. M., Brown, G. D. A., & Maltby, J. (2011). Thanks, but I'm used to better: A relative rank model of gratitude. *Emotion, 11,* 175–180.

Wood, A. M., Froh, J. J., & Geraghty, A. W. A. (2010). Gratitude and well-being: A review and theoretical integration. *Clinical Psychology Review, 30,* 890–905.

Wood, A. M., Joseph, S., & Linley, P. A. (2007a). Coping style as a psychological resource of grateful people. *Journal of Social and Clinical Psychology, 26,* 1076–109.

Wood, A. M., Joseph, S., & Linley, P. A. (2007b). Gratitude: Parent of all virtues. *The Psychologist, 20,* 18–21.

Wood, A. M, Joseph, S., Lloyd, J., & Atkins, S. (2009). Gratitude influences sleep through the mechanism of pre-sleep cognitions. *Journal of Psychosomatic Research, 66*, 43-48.

Wood, A. M., Joseph, S., & Maltby, J. (2008). Gratitude uniquely predicts satisfaction with life: Incremental validity above the domains and facets of the five factor model. *Personality and Individual Differences, 45*, 49-54.

Wood, A. M, Joseph, S., & Maltby, J. (2009). Gratitude predicts psychological well-being above the Big Five facets. *Personality and Individual Differences, 46*, 443-447.

Wood, A. M., Maltby, J., Gillett, R., Linley, P. A., & Joseph, S. (2008). The role of gratitude in the development of social support, stress, and depression: Two longitudinal studies. *Journal of Research in Personality, 42*, 854-871.

Wood, A. M., Maltby, J., Stewart, N., & Joseph, S. (2008). Conceptualizing gratitude and appreciation as a unitary personality trait. *Personality and Individual Differences, 44*, 619-630.

Wood, A. M., Maltby, J., Stewart, N., Linley, P. A., & Joseph, S. (2008). A social-cognitive model of trait and state levels of gratitude. *Emotion, 8*, 281-290.

Wood, A. M. & Tarrier, N. (2010). Positive Clinical Psychology: A new vision and strategy for integrated research and practice. *Clinical Psychology Review, 30*, 819-829.

Young, J. E., Klosko, J. S., & Weishaar, M. E. (2003). *Schema therapy: A practitioner's guide*. New York: Guilford Press.

제11장

삶의 개선을 위한 자기실현적
안녕감의 활용

Chiara Ruini & Carol D. Ryff

서론

이 긍정 임상심리학 핸드북은 정신건강 연구와 실제에서 급변의 신호다. 핵심 전제는 심리장애의 이해와 치료를 위해 긍정적 심리 경험과 부정적 심리 경험을 결합하여 초점을 맞출 필요가 있다는 것이다. 우리는 일반 대중의 심리적 건강을 향상시키기 위한 노력 역시 심리적 강점과 취약성에 대한 지식을 바탕으로 구성된 예방에 초점을 맞출 필요가 있다고 제안한다. 이 장에서 우리는 심리적 안녕감이라는 유대모니아(eudaimonia)[1] 개념에 주로 중점을 둘 것이며, 이는 인생의 실존적 도전에 대하여 안녕의 성취에 대한 본질적인 강조를 감안할 때 당면한 작업에 매우 적합하다. 아래 첫 부분에서 우리는 유대모니아 접근의 철학적 토대를 개관하고, 그 과정에서 심리적 안녕의 쾌락적 개념과 구별되는 특성에 주목한다. 그런 다음 유대모니아 접근의 심리학적 토대를 개관하는데, 이는 임상심리학, 발달심리학, 실존심리학, 인본주의 심리학의 긍정적 기능에 대한 다양한 개념의 통합을 통해 이루어졌다. 우리는 신체적 건강에 대한 자기실현적 안녕감의 보호적 가치에 대한 근거를 간단히 강조하고 정신건강에 대한 유대모니아의 관련성에 주의를 돌릴 것이다. 첫 번째 주제는 정신장애(우울, 불안)의 전통적 지표를 자기실현적 안녕과 연결시키는 연구 결과를 요약한다. 인생 과정에 걸친 연구 결과에 따르면 심리장애를 겪는 사람들은 유대모니아를 경험할 가능성이 더 적은데, 이는 치료 표적으로서 안녕의 중요성을 강조한다. (심

---

1) 역자 주: 유대모니아는 자기실현적 행복으로, 쾌락적(hedonic) 행복과 대비된다.

리장애를 치료하는) 임상 맥락과 (자기실현적 안녕의 증진을 통해 심리장애를 예방하는) 교육적 맥락에서 유대모니아를 증진시키기 위한 개입의 근거를 개관한다. 주된 메시지는 목적의식 있는 관여, 자기실현과 성장 경험을 촉진하기 위한 노력이 인간의 삶을 개선하기 위한 필수적인 길이라는 것이다.

유대모니아의 철학적 기초

기원전 350년에 쓰인 니코마코스 윤리학에서 아리스토텔레스는 인간의 행동에 의해 성취할 수 있는 최선은 '유대모니아'라고 주장했다. 그는 즐거움, 가치 혹은 존경과 같은 것들을 언급하기 위해서가 아니라 덕목과 부합하는 정신의 활동을 언급하기 위해서 그 용어를 사용했다. 그의 덕목 개념은 두 부분으로 이루어졌다. 첫째는 균형 혹은 중간을 위한 것이다. 따라서 덕목의 특징을 가진 사람들은 극도의 즐거움이나 고통, 두려움이나 자신감, 허영심 또는 겸손이든 지나치거나 부족한 것을 피하기 위해 선택한 의도적인 행위에 관여한다. 행동 양식에서 의미를 추구하는 것을 넘어서서 덕목에 대한 아리스토텔레스의 심오한 메시지는 그것이 자신의 독특한 재능과 능력에 따라 우리 안에 있는 최선을 성취하는 것을 포함한다는 것이다. 유대모니아는 따라서 개인의 진정한, 최선의 본성의 실현을 향한 성장이다. 아리스토텔레스는 윤리학에서 다양한 덕목을 기술하고 있지만 유대모니아(개인의 최선의 자기의 실현)를 최고의, 중요한 덕목으로 간주했다는 것을 강조하는 것이 중요하다 (Norton, 1976). 현대 학문에서(Norton, 1976), 그리스의 유대모니아는 개인이 자신의 다이몬(출생 시 모든 사람에게 주어지는 일종의 정신)을 알고 그에 따라 진실하게 살아야 하며 따라서 점차 (그리스어 'arête'에서 나온) 탁월함을 실현하는 도덕적 원리라는 특징이 있다. 유대모니아는 자기진실과 개인적 책임감에 의해 결정되는 의미 있는 삶이다. 그것은 2개의 위대한 그리스 명령인 "너 자신을 알라" 그리고 "너 자신이 되라"를 담고 있다(Ryff & Singer, 2008).

Aristippus와 Epicuris와 같은 다른 고대 그리스인은 인간의 최고선에 대해 다른 접근을 강조했다는 것을 언급하는 것이 중요하다. 그들에게—쾌락이 없는—즐거움과 만족 경험이 일차적이다. 이렇게 대비되는 두 가지 접근은 안녕감에 대한 현대 연구(Ryan & Deci, 2001)에서 핵심적인 차이로 기술되는데, 하나는 인간의 잠재력에, 다른 하나는 인간의 행복에 관심을 기울인다. 경험적 연구에서 두 가지 접근이 관련이 있지만 별개라는 것을 증명해 왔다(Keyes, Shmotkin, & Ryff, 2002). 우리의 초점은 아리스토텔레스의 유대모니아에서 시작한 안녕감의 전통에 있다.

유대모니아에 대한 현대 심리학적 관점

심리학의 많은 하위 분야에서 긍정적 기능을 정의하는 작업을 해 왔다. 어떤 연구자들은 인간의 성장과 발달에 중점을 둔 의미를 설명하였는데(Bühler, 1935; Erikson, 1959; Bühler & Massarik, 1968; Neugarten, 1968, 1973), 이는 서로 다른 삶의 단계에 있는 사람들의 과제와 도전으로 예시된다. 다른 한편에서는 실존적이고 인본주의적인 개념화를 끌어냈는데(Allport, 1961; Rogers, 1962; Maslow, 1968; Frankl, 1992), 여기서는 때때로 전쟁 시와 같은 전혀 이해되지 않는 세상에서 삶의 의미와 목적의 발견을 강조한다. 임상심리학의 다른 연구자들은 정신건강을 역기능에 초점을 맞추기보다는 긍정적인 용어로 정의하려고 노력했다(Jung, 1933; Jahoda, 1958).

이처럼 다양한 관점은 일치점과 반복되는 주제를 드러내는데, 이들은 심리적 안녕감의 다차원적 개념화로 통합될 수 있다(Ryff, 1989). 통합에서 얻어진 여섯 가지 핵심 차원은 다음에 간단하게 기술되어 있다. 이후에 경험적 연구, 임상 실제, 교육 프로그램에서의 활용에 대해 설명할 것이다.

자기수용

그리스인들은 우리가 우리 자신을 알아야 한다고, 즉 우리 자신의 행동, 동기, 느낌을 정확히 지각하기 위해 노력하라고 가르친다. 이어지는 심리적 개념화는 정신건강의 중심 특성(Jahoda), 자기실현(Maslow), 최적의 기능(Rogers), 성숙의 특징(Allport)으로서 긍정적 자기존중의 중요성을 강조한다. 생애이론가들은 더 나아가 과거 삶을 포함해서 자기의 수용(Erikson, Neugarten)을 강조했다. 개인화의 과정(Jung)은 자기의 어두운 측면(그림자)과 타협할 필요를 강조한다. 따라서 자아 통합(Erikson)과 개인화(Jung) 모두 표준적인 자기존중감을 넘어서 일종의 자기수용을 강조했다. 그것은 개인적 강점과 약점의 자각과 수용을 수반하는 보다 장기적인 자기평가다.

타인과의 긍정적 관계

위의 모든 관점은 대인관계 유대를 긍정적이고 잘 사는 삶의 핵심으로 강조한다. 아리스토텔레스의 윤리학은 우정과 사랑에 많은 부분을 할애하고 있다. 야호다(Jahoda)는 사랑하는 능력을 정신건강의 핵심 요소로 간주하였으며, 매슬로(Maslow)는 자기실현을 한 사람들이 타인에 대한 공감과 애정의 느낌을 강하게 가지고 있으며, 큰 사랑과 깊은 우정의 능력을 가지고 있다고 기술하였다.

개인적 성장

안녕감의 이 측면은 내적 자기평가의 유리한 시점에서 본 잠재력의 실현과 명시적으로 관련되어 있기 때문에 아리스토텔레스의 유대모니아와 의미가 가장 가깝다. 개인적 성장은 역동적이고 지속적으로 되어 가는 과정을 포함한다. 야호다의 정신건강에 대한 긍정적 개념화와 마찬가지로, 매슬로의 자기실현은 개인적 잠재력의 실현에 관심을 두었다. 로저스(Rogers)는 충분히 기능하는 인간을 문제가 해결된 고정된 상태를 성취하기보다는 경험 속에서 지속적으로 발달하고 되어 가는, 경험에 대한 개방성을 가지는 것으로 묘사했다. 생애이론(Buhler, Erikson, Neugarten, Jung) 역시 지속적인 성장과 인생의 서로 다른 시기마다 새로운 도전에 직면하는 것을 분명히 강조한다.

삶의 목적

이 차원의 안녕감은 실존적 관점 특히 프랭클(Frankl)의 역경 앞에서 의미 추구를 강조한다. 삶의 의미와 방향을 만드는 것은 실존적 접근에서 강조되는 것과 같이 진실한 삶의 기본이다. 목적의 주제는 러셀(Russell)의 열정에 대한 강조와 야호다의 정신건강의 정의에서도 분명하다. 올포트(Allport)의 성숙 개념은 방향성과 목적성에 대한 느낌을 포함해서 삶의 목적에 대해 분명히 이해하는 것을 포함한다. 생애발달이론도 결국 중년에 생산적이 되기, 노년에 정서적 통합으로 전환하기와 같이 서로 다른 인생 단계를 특징짓는 변화하는 목적 혹은 목표를 언급했다.

환경적 숙달

야호다는 자신의 심리적 욕구에 적합한 환경을 선택하거나 창조하는 개인의 능력을 정신건강의 핵심 특징으로 정의했다. 생애이론은 정신적 활동과 신체적 활동을 통해서 주변 세상에 영향을 미치고 변화시키는 능력뿐만 아니라 특히 중년에 복잡한 환경을 조작하고 통제하는 것의 중요성을 강조했다. 올포트의 성숙의 기준은 자신을 넘어서는 중요한 영역에 참여하는 능력을 포함시켰다. 환경적 숙달에서는 개인적 능력에 들어맞는 주변 맥락을 만드는 것에 중점을 두는 것이 독특하지만, 이 영역의 안녕감은 통제감, 자기효능감과 같은 다른 심리적 구성개념과 유사하다.

자율성

안녕감의 많은 개념적 구조가 자기 결정, 독립, 내적인 행동 조절과 같은 특질을 강조한다. 자기실현을 이룬 사람들은 자율적으로 기능하고 문화적응에 대한 저항을 보이는 것으로 묘사된다(Maslow). 충분히 기능하는 인간은 내부 평가 소재를 가지는데, 인정받기 위해 타인에 주의를 기울이지 않고 개인적 기준으로 자신을 평가한다(Rogers). 개인화는 '관습으로부터의 해방'의 관점에서 기술되는데(Jung), 개인은 더 이상 집단적 신념, 두려움, 대중의 법칙에 속하지 않는다. '잘못된 믿음' 안에서 살고 있다는 실존주의적 사고도 이와 비슷하게 타인의 도그마나 지시에 따르기보다는 자기결정과 진실되게 사는 것의 중요성을 전달한다. 마지막으로, 생애적 관점은 노년기에 일상을 지배하는 규칙으로부터 해방감을 얻는 것을 강조한다.

이상의 6개 차원은 개인이 다양한 측면의 안녕감을 가지고 있는지 아니면 부족한지 스스로 생각하는 정도를 경험적으로 측정할 수 있게 구조화된 자기보고형 척도로 조작적 정의가 이루어졌다. 척도가 만들어지고 25년간 이를 사용한 400개 이상의 출판이 이루어졌다. 안녕감이 노화와 함께 어떻게 변화하는지, 직업과 가정생활에서의 경험과 어떤 관계가 있는지에 대해 많은 연구가 이루어졌다. 지금의 목적을 위해 안녕감과 신체적·정신적 건강의 관련성을 살펴본 과학적 연구 결과를 간단하게 개관할 것이다.

유대모니아와 신체건강

Ryff(2014)가 개관한 바와 같이, 많은 연구들이 유대모니아를 신체건강의 결과와 연결시켜 왔다. 어떤 연구들은 사람들이 건강 문제(예: 허약, 장애, 섬유근육통, 파킨슨병)에 대처할 때 안녕감이 감소했다고 보고한 반면, 안녕감이 더 높을수록 만성질환이 더 적고 생산성이 더 높으며 보건의료를 더 적게 이용하는 것으로 평가된 보호적 이득을 검토한 연구들도 있다. 암 생존자들에 대한 연구도 실시되었는데 암이 없는 비교집단에 비해서 심리적 강점과 취약성을 드러낸다. 운동하기와 비흡연과 같은 좋은 건강행동을 하는 것은 숙면뿐만 아니라 더 높은 자기실현적 안녕감을 예측하는 것으로 나타났다. 종합하면, 이러한 연구들은 자기실현적 안녕감과 건강 간의 상호 관계가 가능함을 강조한다.

다른 연구들은 목적 있는 삶과 개인적 성장과 같은 특질이 유익한지 평가하기 위해서 자기실현적 안녕감을 다중 생리 시스템과 관련지어 왔다. 안녕감이 높은 사람들이 매일 타액의 코르티솔 수준이 더 낮았고 전 염증성 사이토카인 수준이 낮으며 심혈관계 위험도 더 낮은 결과를 보였다(Lindfors & Lundberg, 2002; Hayney et al., 2003; Ryff, Singer, & Love, 2004). 자기실현적 안녕감은 인생의 도전과 생물학적 위험요인 간의 관계에서 가능한 중재요인으로서도 연구되어 왔다. 사회적 불평등에 대한 연구에서 교육수준이 낮은 사람들이 다양한 요인을 조정한 후에 인터류킨-6(IL-6) 수준이 더 높은 것으로 나타났다(Morozink, Friedman, Coe, & Ryff, 2010). IL-6은 골다공증과 알츠하이머병뿐만 아니라 심혈관계 질환과 류머티즘 질환의 병인과 관련이 있다. 그러나 고등학교 혹은 그 이하의 교육수준인 사람들 중에서 (다양한 차원의) 자기실현적 안녕감이 높을수록 IL-6 수준이 더 낮았으며 이는 자기실현적 안녕감의 보호적 영향이 있을 수 있음을 드러내준다. 노화의 도전으로 주제를 바꾸면, 자기실현적 안녕감은 노년의 동반질환과 염증 간의 관계를 조절하는 것으로 나타났다(Friedman & Ryff, 2012). 즉, 많은 노인이 기능 쇠퇴에 영향을 미치는 염증과정을 촉진하는 다양한 만성질환을 가지고 산다. IL-6과 C 반응성 단백질(CRP)이 만성질환 수준이 높은 사람들에서 더 높게 나타났지만 이러한 효과는 자기실현적 안녕감 수준에 의해서 완충된다. 삶의 목적과 타인과의 긍정적 관계 수준이 높은 노인은 만성질환이 적은 사람에 필적하는 염증 수준을 보인다. 염증과 관련된 유전자 발현 프로파일은 자기실현적 안녕감과 관련지어져 왔는데(Fredrickson et al., 2013), 결과들은 자기실현적 안녕감이 높은 사람들이 전 염증성 유전자의 발현이 적고 항체 합성 유전자의 발현이 증가함을 보여 준다. 특히, 이러한 유전자 발현에 대한 건강 관련 이득은 쾌락적 안녕감에서는 분명하지 않았다.

유대모니아의 실존적 핵심 측면인 삶의 목적에 대해 특별한 관심을 보여 왔다. 종단연구에 따르면, 삶의 목적이 높은 사람들은 수많은 잠재적 혼입변인을 조정한 후에 사망 위험이 감소되었다(Boyle, Barnes, Buchman, & Bennett, 2009; Hill & Turiano, 2014). 높은 수준의 삶의 목적은 일어나기 쉬운 알츠하이머병, 경도 인지 손상의 위험 감소를 예측했으며(Boyle, Buchman, Barnes, & Bennett, 2010), 심지어 뇌의 기질적 병리가 있을 때에도 그랬다(Boyle et al., 2012). 높은 수준의 삶의 목적은 더 나은 예방 의료 행위(Kim, Strecher, & Ryff, 2014)뿐만 아니라 뇌졸중과 심근경색의 위험 감소(Kim, Sun, Park, & Peterson, 2013; Kim, Sun, Park, Kubzansky, & Peterson, 2013)를 예측했다.

자기실현적 안녕감의 신경학적 관련성 역시 연구되어 왔다. 기능성 자기공명 영상(fMRI)을 사용한 연구에서, 부정적 정서 자극을 더 빠르게 평가하는 사람들이 편도체 활성화가 증가하는데, 그 효과는 보고된 자기실현적 안녕감 수준에 따라 달라진다(van Reekum et al., 2007). 안녕감 수준이 높은 사람들이 부정적 정보를 평가하는 속도가 더 느렸고, 그들은 편도체 활성화가 감소되었다. 다른 연구에서는 높은 자기실현적 안녕감이 긍정적 자극을 보는 동안 더 적은 코르티솔 산출량뿐만 아니라 보상 회로(예: 복측 선조체)의 지속적 활동과 관련되어 있음을 보고했다(Heller et al., 2013). 마지막으로, 자기실현적 안녕감은 상위 기능에 관여하는 섬 피질의 부피와 관련지어져 왔다. 개인적 성장, 타인과의 긍정적 관계, 삶의 목적 수준이 높은 사람들이 우측 섬 피질 회백질 부피가 더 큰 것으로 나타났다(Lewis, Kanai, Rees, & Bates, 2014).

요약하면, 안녕감이 신체적 질병과 장애를 가진 사람들에서 발휘되지 못함을 시사하는 근거들도 많지만 질병 위험도와 더 이른 사망 앞에서 보호적 역할을 하는 것으로 나타난 결과도 많다. 더 높은 자기실현적 안녕감의 추가적인 이득은 더 나은 유전자 표현 프로파일뿐만 아니라 역경이나 도전의 맥락을 포함해서 더 낮은 스트레스 호르몬과 더 낮은 염증 지표와 관련이 있다. 자기실현적 안녕감은 정서조절과 상위 인지 과정에 수반되는 다양한 두뇌 기반 과정과도 연결되어 왔다. 이렇게 건강에 좋은 관계를 고려할 때, 생애 초기와 노년기에 정신적으로 건강한 사람들뿐만 아니라 우울과 불안을 겪고 있는 사람들에서 자기실현적 안녕감이 증진될 수 있는지 연구하는 것이 더 중요하다. 이러한 가능성이 다음 부분에서 검토된다.

유대모니아와 정신건강

이 부분에서 우리는 먼저 전통적인 정신건강 지표(예: 우울, 불안)와 자기실현적 안녕감의 관계에 대한, 대체로 인구 기반 역학연구에서 나온 근거를 개관할 것이다. 이런 결과는 중요한 점을 강조한다. 즉, 자기실현적 안녕감의 부재는 다른 심리장애에 기여하거나 심리장애에서 기인하는 취약성 요인일 수 있다는 것이다. 우리는 인생 초기, 특히 청소년기뿐만 아니라 성인기와 노년기에서 이러한 관계의 근거를 검토한다. 정신질환을 긍정적 정신건강과 연결 짓는 데 있어서 중심질문은 유대모니아가 수정 가능한지 여부다. 우리는 유대모니아를 성격특성과 연결 짓는 연구를 통해서뿐만 아니라 시간에 따른 안녕감의 변화에 대한 종단연구의 근거를 통해서 이 질문을 살펴본다. 이 부분의 중요한 메시지는 자기실현적 안녕감이 인생 전 과정에 걸쳐 정신건강에 매우 중요하다는 것이다.

안녕감과 정신질환에 대한 역학연구 결과

정신건강에 대한 완전 모델에서 Keyes(2002, 2006)는 미국 중년의 삶(Midlife in the US; 이하 MIDUS) 연구의 자료를 사용해서 번영(flourishing)의 조건을 기술하였는데, 이는 높은 수준의 쾌락적, 자기실현적, 사회적 안녕감이 존재함을 가리킨다. 반대로 쇠약(languishing)은 불안, 우울, 공황 장애 혹은 알코올 의존으로 고통받지 않음에도 불구하고 안녕감의 이러한 측면이 손상된 상태를 말한다. Keyes는 쇠약 상태의 특징은 정신장애의 전구 단계(초기 증상 단계)이거나 후유 단계라고 제안했다. 안녕감과 정신건강의 상호작용에 대한 추후 연구는 MIDUS의 종단 자료를 통합했다. 결과에 따르면, 안녕감의 교차시간 증가는 정신질환의 교차시간 감소를 예측했으며, 반대로 시간에 따른 안녕감의 감소는 정신질환의 증가를 예측했다(Keyes, Dhingra, & Simoes, 2010). 안녕감의 부재는 전 원인 사망률(all cause mortality)의 증가와도 관련이 있었다(Keyes & Simoes, 2012). 성인 표본에 기초한 이런 연구는 정신건강이 긍정적 심리적 특성과 부정적 심리적 특성의 복잡한 균형을 수반함을, 특히 손상된 수준의 안녕감이 정신과적 장애의 재발을 포함해서 심리적 고통의 위험을 구성함을 강조한다(Wood & Joseph, 2010).

성인 임상 표본에 대한 연구는 이러한 관찰을 강화한다. 정신적으로 건강한 통제 표본과의 비교를 포함한 연구에서, Rafanelli 등(2000)은 20명의 관해된 기분 및 불안장애 환자들을 연구했다. 그들은 건강한 통제집단에 비해 안녕감의 유의한 손상을 보였다. 유사하게, Fava 등(2001)은 30명의 관해된 공황장애 환자와 30명의 짝지어진 통제집단에서 자기실현적 안녕감을 평가했는데, 그 결과 특정한 몇몇 영역에서 환자들의 손상을 발견했지만 다른 영역에서는 그렇지 않았다. 중요한 것은 이 환자들이 장애의 관해 상태에 있으며 따라서 추후 치료가 필요하지 않은 것으로 평가되었다는 것이다. 그들이 받은 치료는 심리적 증상을 개선하는 데는 효과적이었지만 안녕감의 차원들은 건강한 통제집단에 비해 손상된 채로 남아 있었다. 자기실현적 안녕감이 환자들에서 손상되어 있다는 것은 이전 장애의 재발 취약성을 시사한다. 이 개념화에서 유대모니아 경험은 재발을 예방하기 위해 필요한 핵심 요소로 이해될 수 있다(Fava, Ruini, & Belaise, 2007).

성인 연구를 통해 구성된 이러한 생각들은 삶의 초기와도 관련된다. 12~18세의 미국 청소년의 인구 기반 표본에 대한 선구적인 연구에서, Keyes(2006)는 소수의 비율(약 25%)만이 실제로 (앞의 정의에 따른) 번영하고 있었으며 정신건강 수준이 연령에 따라 감소됨을 발견했다. 즉, 중학교와 고등학교 사이에 번영의 10% 감소가 있었다. 추후 분석에서 번영의 연령차를 확인했는데, 가장 어린 연령 집단에서 유병률이 가장 낮았다(Keyes, 2006, 2007; Keyes & Westerhof, 2012).

다른 연구들도 어린이와 청소년에서 심리적 어려움의 높은 유병률을 보고했다. 현재 가용한 역학연구자료에 따르면, 아동과 청소년의 정신장애의 전 세계 유병률이 거의 20%이다(World Health Organization, 2001). 인구 기반 연구에 대한 국제적인 메타분석 결과 모든 문화에서 우울장애는 아동보다 청소년에서, 남성 청소년보다 여성 청소년에서 더 높았다(Costello, Erkanli, & Angold, 2006). 이 연구에서 우울증 유병률이 연령에 따라 증가하였는데, 사춘기에 두 배 이상이었다. 학교 수행의 손상, 긍정적 대인관계의 부재 혹은 부족, 낮은 자아존중감은 초기 발달에서 빈약한 정신건강과 관련된 가장 공통적인 문제 중 일부다(Tao, Emslie, Mayes, Nakonezny, & Kennard, 2010). 게다가 이러한 문제들은 미래의 불안 혹은 우울장애 삽화를 예측하는 요인으로 간주될 수 있다(Emslie et al., 2008). 현재 장과 특히 관련 있는 것은 아동과 청소년의 빈약한 심리사회적 기능의 지표가 Ryff(1989)의 모델이 기술한 환경적 숙달, 개인적 성장, 타인과의 긍정적 관계, 자기수용, 삶의 목적과 자율성과 같은 자기실현적 안녕감의 부족을 반영한다는 것이다.

자기실현적 안녕감의 종단적 변화

자기실현적 안녕감이 심리장애의 예방 혹은 회복과 관련이 있다면, 주된 질문은 안녕감 자체가 대체로 안정적인지 아니면 시간에 따른 변이와 변화를 보이는지 이다. 안정성에 대한 강한 증거는 자기실현적 안녕감이 쉽게 수정되지 않는다고 시사한다. 성인기와 노년기에 대해서 횡단 설계에 근거한 많은 초기 연구들이 자기실현적 안녕감의 특별한 측면에서 연령차를 보고했다. 구체적으로, 몇몇 연구에서 나이든 사람들이 중년 성인에 비해 삶의 목적과 개인적 성장에서 상당히 낮은 프로파일을 가지는 것으로 나타났다(예: Ryff, 1989; Ryff & Keyes, 1995; Clarke, Marshall, Ryff & Rosenthal, 2000). 이러한 결과는 노화와 함께 생기는, 신체적 건강의 쇠퇴뿐만 아니라 역할과 중요한 관계의 상실과 관련이 있는 취약성을 시사한다. 대규모 국가 표본에 근거한 연구(Springer, Purdrovska, & Hauser, 2011)를 포함해서 다양한 종단연구에서 나온 이후 결과들은 안녕감의 실존적 측면(목적, 자기실현, 성장)에서 이러한 연령 쇠퇴를 확증했다. 나이 드는 것은 유대모니아의 측면에서 손실을 수반한다는 당황스러운 메시지를 전하지만 그럼에도 불구하고 그런 결과는 안녕감이 인생을 통해 안정적이거나 고정되지 않음을 분명히 했으며 오히려 삶의 사건과 경험에 반응하는 것으로 보인다.

유대모니아에서 연령과 관련된 쇠퇴는 노년기(약 75세)에 우울장애가 증가하는 경향을 보이는 다른 연구 결과와도 관련이 있다(Haynie, Berg, Johannson, Gatz, & Zarit, 2001; Steffens, Fisher, Langa, Potter, & Plassman, 2009). 이러한 가능성에 대해 직접적으로 이야기하면서, Wood와 Joseph(2010)은 자기실현적 안녕감 수준이 낮은 성인과 노인이 10년 뒤에 우울해질 가능성은 7배 더 높았으며 성격, 부정적 기능, 이전의 우울증, 인구학적, 경제적, 신체적 건강 상태를 통제한 후에도 우울해질 가능성이 두 배였다고 보고했다. 다른 종단연구에서도 초기(16세) 성격 프로파일과 중년의 안녕감의 관계를 조사했는데, 더 외향적인 10대 여성이 중년에 모든 PWB 차원에서 더 높은 안녕감을 가진 것으로 나타났다(Abbott et al., 2008). 반대로 10대의 신경증은 모든 차원에서 더 낮은 안녕감을 예측했으며, 그 효과는 정서적 적응을 통해 매개되었다.

따라서 유대모니아는 인간 발달 및 생애 전 과정과 관련된다. 이전에 기술된 바와 같이, 고대의 그리고 현대의 철학자들 모두 개인적 가치에 따라 사는 것, 생애에 걸쳐 자신의 잠재력을 개발하는 의미 있는 삶의 목적을 추구하는 것의 중요성을 강조했다. 유대모니아와 정신질환의 관계가 전 생애에 걸쳐 특히 중요한 것처럼 보이기 때문에, 다양한 연령에서 정신질환과 심리적 고통을 감소시키고 또한 임상 맥락을 넘어서 최적의 기능을 촉진하기 위해 자기실현적 안녕감을 키우기 위한 구체적인 개입을 개발하는 것의 중요성을 강조한다.

유대모니아 증진을 위한 임상적 개입과 교육적 개입

개입에 대한 우리의 초점은 먼저 안녕감의 증진을 통해 임상 맥락에서 정서장애를 치료하는 것을 다룬다. 두 번째, 우리는 교육적 맥락에서 유대모니아의 증진에 기반한 정서장애의 예방에 중점을 둔다. 앞부분에서 기술된 연구들은 안녕감의 부재는 미래의 역경에 취약한 상태를 만들어 냄을 시사한다. Ryff와 Singer(1996)를 따라서 우리는 부정적인 것을 경감시킬 뿐만 아니라 긍정적인 것을 키우기 위한 개입의 실행을 옹호한다.

유대모니아 증진을 위한 임상적 개입

지속적인 안녕감의 손상은 정서장애에 대한 성공적인 치료 이후에도 일어날 수 있다

(Rafanelli et al., 2000; Fava et al., 2001). 이러한 인식은 안녕감의 회복을 효과적인 치료의 구체적인 종점으로 보는 광범위한 임상적 시각을 포함하기 위해 임상심리학과 정신의학에서 '효과적인 치료'라는 개념을 재구성할 필요성을 불러일으킨다(Fava et al., 2007). 그런 관점은 환자의 개인적 편안함을 증가시키고 삶의 질과 유대모니아를 증진시키는 목적을 가진 새로운 치료 기법의 발달을 야기한다(Seligman, Rashid, & Parks, 2006; Wood & Tarrier, 2010; Ruini & Fava, 2012; Boiler et al., 2013). 그런 긍정심리치료 전략 중 하나인 웰빙 치료(Well-being Therapy; 이하 WBT)는 Ryff의 유대모니아 모델을 채택했으며, 기분장애와 불안장애 환자 대상의 많은 통제연구에서 검증되었다(Ruini & Fava, 2012). WBT는 6년 추적까지 재발성 우울의 보호요인으로 밝혀졌다(Fava et al., 2004).

이 연구에서 약물치료를 통해 성공적으로 치료된 재발성 주요우울장애 환자들이 WBT나 임상 관리(clinical management; 이하 CM) 집단에 무선할당되었으며, 6년간 추적되었다. 이 기간 동안 재발이 계속되지 않으면 어떤 항우울 약물도 사용되지 않았다. 재발은 WBT 집단에서 환자 20명 중 8명(40%), CM 집단에서 18명(90%)에서 일어났다. WBT 집단은 추적 기간 동안 모두 12번의 우울 삽화가 있었는데, 이는 CM 집단의 34회와 비교된다. 중요한 것은 WBT 집단에서 환자들은 치료 4년 후에 재발하는 경향이 있었던 반면 CM 집단 환자들은 2년 후에 재발했다. 따라서 WBT는 우울 재발 횟수를 감소시키고 지연시키는 효과가 상당히 유의했다(Fava et al., 2004). 우울에서 WBT의 보호 역할에 대한 다른 예는 임상 사례 예에서 나온다. Ruini, Albieri, 그리고 Vescovelli(2014)는 결혼 위기 후에 심각한 우울 삽화를 가진, 1년 동안 WBT 치료를 받은 여성의 사례를 기술했다. 그녀는 치료 후에 2년까지 이혼을 야기했던 또 다른 결혼 위기에 직면했을 때조차도 재발이 없었다. 이 환자의 임상 이야기는 개선된 자기실현적 안녕감이 대개는 심리사회적 스트레스에 의해 촉발되는 재발을 어떻게 완충시키는지를 설명해 준다.

게다가 WBT는 지속적인 효과와 함께 불안장애를 치료하는 데 특히 효과적인 것으로 나타났다(Fava et al., 2005; Ruini & Fava, 2009; Ruini et al., 2014). 범불안장애가 있는 20명의 환자들이 8회기의 인지행동치료(CBT) 혹은 4회기의 인지행동치료 후에 이어지는 WBT 4회기에 무선할당되었다. 1년간 추적 연구가 이루어졌다. 두 집단 모두 치료 전에 자기실현적 안녕감이 특히 자기수용과 환경적 숙달이 손상되었다. 하지만 치료 후에 불안 증상과 함께 이 차원들이 특히 개선되었다. 게다가 CBT-WBT 접근은 CBT만 한 것에 비해 중요한 장점을 보였으며, 이러한 개선은 추적 연구에서도 유지되었다. Ruini와 Fava(2009)는 이후에 불안 환자의 치료에서 WBT의 효율성에 대한 임상적 증거를 제공했다. 그들은 범불안장애, 완벽주의, 강박성 성격특성을 가지고 있는, CBT와 WBT의 연속적인 조합으로 치료를 받은 여성 사례를 기술했다. CBT는 걱정과 파국적 사고방식에 대한 인지적 재구성을 제공하는 데 특히 효과적이었던 반면, WBT는 자기수용을 증진시킴으로써 완벽주의를 치료하는 데 특히 가치가 있었다. 환경적 숙달과 대인관계의 개선 역시 관찰되었다. 이러한 이득은 장기적으로 유지되었으며 주요 생활 변화(작업 재배치, 시아버지의 사망)에 직면했을 때 환자를 보호해 주었다(Ruini & Fava, 2009).

이러한 유망한 결과에 비추어, Albieri 등(2009, 2011)은 수정된 WBT 프로토콜(아동 WBT)을 정서와 행동장애를 보고하는 임상적으로 고통받는 아동 집단에 적용했다. 공개 실험이었긴 하지만, 결과는 고무적이었으며, 아이들은 8회기의 아동 WBT 후에 증상과 안녕감 차원에서 유의미한 개선을 보였다(Albieri et al., 2009, 2011).

유대모니아 증진을 위한 교육적 개입

임상 집단을 넘어서, 유대모니아의 증진은 더 광범위한 집단에서 정신질환과 심리적 고통을 예방하는 데 중요한 역할을 할 수 있다. 이러한 가능성은 청소년이나 노년기와 같은 취약한 삶의 단계에서 중대한 중요성을 가질 수 있다.

청소년에 대한 예방적 개입은 학교와 교육 장면에서 자연스러운 맥락을 찾는다. 사실, 학교는 학습과 교육을 위한 이상적인 환경일 뿐만 아니라 탄력성과 심리적 안녕감을 증진시키는 기술을 만드는 토론의 장으로 점점 인식되고 있다(Caffo, Belaise, & Forresi, 2008). 더구나, 이전에 기술했던 유대모니아의 철학적 기초는 고대 철학자들이 학생들에게 이러한 실존적 주제를 가르치고 토론해 왔다는 사실을 강조한다. 따라서 유대모니아는 광범위한 시간에 걸쳐 교육 환경에서 상당히 실현 가능한 것처럼 보인다.

파일럿 연구에서, 수정된 형태의 WBT가 개발되어 학교 장면에 적용되었다(Ruini, Belaise, Brombin, Caffo, & Fava, 2006). 이 학교 WBT 프로토콜은 4회기의 수업으로 구성되어 있는데, 중학교 학생들이 ① 인지행동치료에서 나온 이론과 기법을 사용한 프로토콜 혹은 ② WBT에서 나온 프로토콜 중 하나에 무선할당되었다. 2개의 학교 기반 개입은 증상과 심리적 안녕감에서 비슷한 개선을 보였으며(Ruini et al., 2006), 따라서 어린 집단에서 WBT 기법의 실현 가능성을 증명했다. 하지만 회기 수가 4회기로 작았으며 처음 두 회기는 동일한 치료를 공유했다.

WBT와 CBT 접근의 차별적 효과는 이후에 더 긴 개입과 적절한 추적을 포함한 통제된 학교 연구에서 검토되었다. 이 연구에서(Tomba et al., 2010), 162명의 학생이 ① WBT에서 나온 프로토콜, ② 불안 관리 프로토콜 중 하나에 무선할당되었다. 이 연구의 목적은 각 전

략이 다른 것에 비해 구체적인 목표(안녕감/고통)에 대해 더 나은 결과를 낳는지 살펴보는
것이었다. 파일럿 연구(Ruini et al., 2006)에 비해, 회기 수가 늘어나서 6회기였다. 이 새로
운 연구 결과, 학교 기반 WBT 개입은 자율성과 우정을 유의하게 개선시킨 반면 학교 기반
불안 관리 개입은 심리적 고통(불안과 우울증상)을 경감시켰다. 두 가지 개입을 기저선 측
정에 대해 공변량 분석을 사용하여 비교한 결과, 불안관리 개입이 불안과 우울을 유의하게
감소시킨 반면, WBT는 학생들의 대인관계 기능과 불안의 생리적 증상을 개선하는 데 있
어서 유의한 긍정적 효과를 보였다. 이러한 결과는 심리적 안녕감의 개선은 긍정적 효과
와 부정적 효과의 복잡한 균형 내에서 불안의 감소 역시 낳을 수 있음을 시사한다. 하지만
주목해야 할 중요한 측면은 두 가지 개입전략 모두 6개월 후에도 이러한 효과를 유지시켰
다는 점이다.

중학교 학생에서 얻어진 유망한 결과(Ruini et al., 2006; Tomba et al., 2010)를 고려하면,
WBT 학교 개입은 기분과 불안장애의 '위험이 더 높은 집단'으로 여겨지는 고등학교 학생
(Clarke et al., 2005)에게도 확장되었다. 227명의 학생 표집에 대해 학교 개입이 실시되었
다. 수업이 ① WBT에서 나온 프로토콜(5학급), ② 주의 플라세보 프로토콜(4학급) 중 하나
에 무선할당되었다. 이 경우 역시 학교 기반 개입은 6회기, 두 시간으로 이루어졌다. WBT
학교 개입이 주의 플라세보 집단에 비해 특히 개인적 성장과 관련하여 심리적 안녕감을 증
진하는 데 효과적인 것으로 나타났다(Ruini et al., 2009). 게다가 특히 불안과 신체화에서
고통을 감소시키는 데 효과적인 것으로 나타났다. 이러한 자료는 신체적 안녕감과 신체화
에서 유의한 개선을 야기했던, 중학생을 대상으로 수행된 WBT 학교 프로그램에 대한 이
선 연구(Ruini et al., 2006; Tomba et al., 2010)에서 얻어진 결과를 확증한다. 대체로, 학교 기
반 WBT는 아동과 청소년에서 신체 증상의 유병률이 높게 보고되었다(Ginsburg, Riddle, &
Davies, 2006; Muris, Vermeer, & Horeselenberg, 2008)는 점에 대해 중요한 임상적 함의를 가
진다. 마지막 연구에서, WBT 학교 프로토콜이 불안을 감소시키는 유익한 효과는 추후에
도 유지되었던 반면, 주의 플라세보 집단의 개선은 퇴색되고 사라졌다. 어린 집단에서 긍
정적 기능을 증진시키고 개인적 강점을 구축하는 것이 단지 우울이나 불안 증상을 다루는
것 보다는 장기적으로 더 유익한 것처럼 보인다.

이러한 유망한 결과에 기반하여 지역사회 노인의 유대모니아를 증진시키기 위한 집단
개입이 최근에 개발되었다(Friedman et al., 2015). 노후의 삶은 많은 도전(역할과 중요한 타
인의 상실, 건강의 변화)이 따라오며 종단연구에 따르면 삶의 목적과 개인적 성장과 같은 특
정한 측면의 안녕감의 쇠퇴가 일어난다(Ryff, 2014 참고). 이러한 취약성을 염두에 두고,
WBT 학교 프로토콜이 인생 개관과 같은 연령에 적절한 실습을 추가하는 등 노인에 맞게

수정되었다(Serrano, Latorre, Gatz, & Montanes, 2004). 이 프로그램은 (노인센터나 공공 도서관 같은) 지역사회 환경에서 매주 1회, 90분 수업으로 구성되었으며, 긍정적 기억을 나누고 노후의 유대모니아의 특징과 역할에 대한 토론을 한다. 이 프로그램의 특징은 CBT 기법과 노후의 유대모니아를 증진하기 위한 구체적 실습을 결합한 것이다. 60세 이상인 남성과 여성 103명의 표본에게 실시되었다. 8주가 끝날 때 참여자들은 자기실현적 안녕감, 삶의 만족도, 사회적 안녕감이 유의하게 증가되었다고 보고했으며 우울 수준은 낮아지고 신체적 증상과 수면에 대한 호소도 더 적었다. 흥미로운 것은 이러한 이득은 프로그램 전에 자기실현적 안녕감 수준이 더 낮았던 참여자에게서 특히 강력했다. 유사하게, 초기에 더 높은 우울 수준을 보였던 사람들이 이 개입으로부터 가장 많은 이득을 얻었다. 이 결과들은 예비적인 것이지만, 지역사회 노인에서 긍정적 기능을 향상시키기 위한 예방적 집단 개입의 실현 가능성과 효과를 시사한다.

요약 및 결론

이 장의 목적은 유대모니아와 인간의 삶에서 유대모니아의 중요한 역할에 대해 기술하는 것이다. 우리는 고대 그리스의 철학자까지 거슬러 올라가는 철학적·심리학적 이론들에 대해 개관함으로써 유대모니아가 우리의 문화적 역사 속에 얼마나 깊이 내포되어 있는지를 설명하였다. 현대의 이러한 관점과 이에 따른 개념화는 삶의 목적과 덕목, 의미 있는 관계를 갖고 자신의 진정한 잠재력을 삶의 과정 내내 깨닫는 것의 중요성을 분명히 강조한다. 이러한 긍정적인 특징은 세기에 걸쳐 핵심 가치로 유지되어 왔으며, 따라서 유대모니아가 최적의 인간 기능을 정의하는 핵심 특징을 아우른다는 것을 분명히 한다.

최근의 많은 연구는 긍정심리학적 특징이 신체적 건강과 정신적 건강에 대해 가지는 이득을 보고해 왔다. 이 장은 삶의 도전에 직면해서 목적 있는 관여, 긍정적 대인관계, 개인적 성장과 같은 자기실현적 특징이 가지는 보호적 역할을 보고한 결과를 요약했다. 높은 수준의 안녕감을 가진 사람들은 만성적인 대사 장애와 퇴행 장애와 관련된 생물학적 위험 요인 수준이 더 낮았다. 유대모니아의 보호적 역할은, 특히 노년기에 중요한 것처럼 보인다. 높은 수준의 안녕감을 유지한 노인은 인지적 손상의 위험이 더 낮았으며 동반질병이 더 적었으며 더 오래 사는 경향이 있었다.

신체적 건강에서 얻는 이득 이외에도 우리는 유대모니아가 정신건강과 어떻게 깊이 관계되어 있는지를 강조하면서 긍정적 심리적 특성과 부정적 심리적 특성 간의 복잡한 균형이 수반된다고 주장했다. (자기실현적, 쾌락적, 사회적) 안녕감 수준이 낮은 사람들은 정신장애의 전구(초기) 혹은 후유 단계에 있다는 특징이 있다. 우리는 손상된 안녕감이 정신장애의 재발을 포함해서 심리적 고통의 위험을 구성한다는 것을 보여 주는 역학 연구와 임상연구를 요약했다. 유대모니아와 정신건강의 관계는 치료 장면에서도 검토되었는데, 최근에는 안녕감의 회복이 우울장애의 회복의 준거로 포함되었다. 이러한 관찰은 환자의 안녕감을 개선하기 위해 특별히 고안된 심리치료적 개입으로 전환되었다. 그런 긍정 개입 중 하나인 WBT는 Ryff의 안녕감 모델을 채택했다. 우리는 기분 및 불안장애 환자가 보고한 치료 후, 그리고 장기적인 이득에 대해 기술했다. 중요한 것은 이러한 기법이 최근에 아동 임상 집단에게 사용하도록 수정되었으며, 치료 후에 증상과 안녕감에서 개선을 보였다는 것이다.

이런 임상작업에 기초해서, 우리는 그런 개입을 예방 훈련으로 전환하기 위한 최근의 노력에 대해 기술하였다. 아동과 청소년에서 유대모니아를 증진하기 위한 일련의 학교 개입의 예시를 들었다. 과학적 결과는 불안과 심리적 고통을 감소시키는 데 있어서 중요한 유익을 보였다. 마지막으로, 노후의 삶은 인간의 여정에서 취약한 단계이기 때문에 우리는 지역사회의 노인에서 유대모니아를 증진하기 위한 집단 개입에서 얻은 유망한 결과를 보고했다.

결론적으로, 이 장은 청소년기의 초기 발달에서 성인기와 노인기까지 삶을 개선하기 위한 자기실현적 안녕감의 중요성을 강조함으로써 긍정 임상심리학 핸드북에 기여한다. 아마도 우리의 가장 중요한 메시지는 고대 그리스에서 현재까지 가치 있게 여겨지는 오랜 전통을 가진 유대모니아가 실현 가능한, 비용 효율이 높은, 근본적으로 가치 있는 방식으로 촉진될 수 있다는 것이다. 우리는 사회경제적 약자들 혹은 삶에서 스트레스 상황에 직면한 사람들과 같은 취약한 개인에게 그런 작업을 확장시킬 가능성이 매우 크다고 생각한다. 그런 사람들을 위해 자기실현적 안녕감을 보호하고 회복하거나 개선하기 위한, 여기서 기술된 것과 같은 표적이 있는 임상적·교육적 개입은 쇠약 상태에 빠지거나 신체적·정신적 질병을 발달시키지 못하도록 막을 수 있다. 우리가 생각하기에 유대모니아는 모든 인간이 누릴 자격이 있는 기회다.

📖 참고문헌

Abbott, R. A., Croudace, T. J., Ploubidis, G. B., Kuh, D., Richards, M., & Huppert, F. A. (2008). The relationship between early personality and midlife psychological well-being: Evidence from a UK birth cohort study. *Social Psychiatry and Psychiatric Epidemiology*, *43*(9), 679-687. doi.10.1007/s00127-008-0355-8.

Albieri, E., Visani, D., Offidani, E., Ottolini, F., & Ruini, C. (2009). Well-being therapy in children with emotional and behavioral disturbances: A pilot investigation. *Psychotherapy and Psychosomatics*, *78*(6), 387-390. doi.10.1159/000235983.

Albieri, E., Visani, D., Ottolini, F., Vescovelli, F., & Ruini, C. (2011). L'applicazione della Well-Being Therapy nell'infanzia: Esemplificazioni cliniche. (The application of Well-Being Therapy in childhood: Clinical cases presentation). *Rivista di Psichiatria*, *46*(4), 265-272.

Allport, G. W. (1961). *Pattern and growth in personality*. New York: Holt, Rinehart & Winston.

Aristotle. (1925). *The Nicomachean ethics*, trans. D. Ross. New York: Oxford University Press.

Becker, L. C. (1992). Good lives: Prolegomena. *Social Philosophy & Policy*, *9*, 15-37. doi.10.1017/S0265052500001382.

Bolier, L., Haverman, M., Kramer, J., Westerhof, G. J., Riper, H., Walburg, J. A., & Bohlmeijer, E. (2013). An internet-based intervention to promote mental fitness for mildly depressed adults: Randomized controlled trial. *Journal of Medical Internet Research*, *15*(9), 209-226. doi.10.2196/jmir.2603.

Boyle, P. A., Barnes, L. L., Buchman, A. S., & Bennett, D. A. (2009). Purpose in life is associated with mortality among community-dwelling older persons. *Psychosomatic Medicine*, *71*(5), 574-579. doi.10.1097/PSY.0b013e3181a5a7c0.

Boyle, P. A., Buchman, A. S., Barnes, L. L., & Bennett, D. A. (2010). Effect of a purpose in life on risk of incident Alzheimer disease and mild cognitive impairment in community-dwelling older persons. *Archives of General Psychiatry*, *67*(3), 304-310. doi.10.1001/archgenpsychiatry.2009.208.

Boyle, P. A., Buchman, A. S., Wilson, R. S., Yu, L., Schneider, J. A., & Bennett, D. A. (2012). Effect of purpose in life on the relation between Alzheimer disease pathologic changes on cognitive function in advanced age. *JAMA Psychiatry*, *69*(5), 499-506. doi.10.1001/archgenpsychiatry.2011.1487.

Buhler, C. (1935). The curve of life as studied in biographies. *Journal of Applied Psychology*, *43*, 653-673. doi.10.1037/h0054778.

Buhler, C. & Massarik, F. (Eds.). (1968). *The course of human life*. New York: Springer.

Caffo, E., Belaise, C., & Forresi, B. (2008). Promoting resilience and psychological well-being in vulnerable life stages. *Psychotherapy and Psychosomatics*, *77*(6), 331-336. doi.10.1159/000151386.

Clarke, G. N., Hawkins, W., Murphy, M., Sheeber, L. B., Lewinsohn, P. M., & Seeley, J. R. (1995). Targeted prevention of unipolar depressive disorder in an at-risk sample of high school adolescents: A randomized trial of group cognitive intervention. *Journal of the American Academy of Child & Adolescent Psychiatry, 34*(3), 312-321. doi.10.1097/00004583-199503000-00016.

Clarke, P. J., Marshall, V. W., Ryff, C. D., & Rosenthal, C. J. (2000). Well being in Canadian seniors: Findings from the Canadian Study of Health and Aging. *Canadian Journal on Aging, 19*(2), 139-159. doi.10.1017/S0714980800013982.

Costello, E. J., Erkanli, A., & Angold, A. (2006). Is there an epidemic of child or adolescent depression? *Journal of Child Psychology and Psychiatry, 47*(12), 1263-1271. doi.10.1111/j.1469-7610.2006.01682.x.

Emslie, G. J., Kennard, B. D., Mayes, T. L., Nightingale-Teresi, J., Carmody, T., Hughes, C. W., & Rintelmann, J. W. (2008). Fluoxetine versus placebo in preventing relapse of major depression in children and adolescents. *American Journal of Psychiatry, 165*(4), 459-467. doi.10.1176/appi.ajp.2007.07091453.

Erikson, E. H. (1959). Identity and the life cycle: Selected papers. *Psychological Issues, 1*, 1-171.

Fava, G. A., Rafanelli, C., Ottolini, F., Ruini, C., Cazzaro, M., & Grandi, S. (2001). Psychological wellbeing and residual symptoms in remitted patients with panic disorder and agoraphobia. *Journal of Affective Disorders, 65*(2), 185-190. doi.10.1016/S0165-0327(00)00267-6.

Fava, G. A., Ruini, C., & Belaise, C. (2007). The concept of recovery in major depression. *Psychological Medicine, 37*(3), 307-317. doi.10.1017/s0033291706008981.

Fava, G. A., Ruini, C., Rafanelli, C., Finos, L., Conti, S., & Grandi, S. (2004). Six-year outcome of cognitive behavior therapy for prevention of recurrent depression. *American Journal of Psychiatry, 161*(10), 1872-1876.

Fava, G. A., Ruini, C., Rafanelli, C., Finos, L., Salmaso, L., Mangelli, L., & Sirigatti, S. (2005). Well-being therapy of generalized anxiety disorder. *Psychotherapy and Psychosomatics, 74*(1), 26-30. doi.10.1159/000082023.

Frankl, V. E. & Lasch, I. ([1959] 1992). *Man's search for meaning: An introduction to logotherapy.* Boston, MA: Beacon Press.

Fredrickson, B. L., Grewen, K. M., Coffey, K. A., Algoe, S. B., Firestine, A. M., Arevalo, J. M. G., & Cole, S. W. (2013). A functional genomic perspective on human well-being. *Proceedings of the National Academy of Sciences, 110*(33), 13684-13689. doi.10.1073/pnas.1305419110.

Friedman, E. M. & Ryff, C. D. (2012). Living well with medical comorbidities: A biopsychosocial perspective. *Journals of Gerontology. Series B, Psychological Sciences and Social Sciences, 67*(5), 535-544. doi.10.1093/geronb/gbr152.

Friedman, E. M., Ruini, C., Foy, C. R., Jaros, L., Sampson, H., & Ryff, C. D. (2015). Lighten UP! A community-based group intervention to promote psychological well-being in older adults.

Aging and Mental Health, submitted

Ginsburg, G. S., Riddle, M. A., & Davies, M. (2006). Somatic symptoms in children and adolescents with anxiety disorders. *Journal of the American Academy of Child & Adolescent Psychiatry*, *45*(10), 1179-1187. doi.10.1097/01.chi.0000231974.43966.6e.

Hayney, M. S., Parm, D., Love, G. D., Buck, J. M., Ryff, C. D., Singer, B. H., & Muller, D. (2003). The association between psychosocial factors and vaccine-induced cytokine production. *Vaccine*, *21*, 2428-2432. doi.10.1016/S0264-410X(03)00057-4.

Haynie, D. A., Berg, S., Johansson, B., Gatz, M., & Zarit, S. H. (2001). Symptoms of depression in the oldest old: A longitudinal study. *Journal of Gerontology: Series B: Psychological Sciences and Social Sciences*, *56B*(2), P111-P118. doi.10.1093/geronb/56.2.P111.

Heller, A. S., van Reekum, C. M., Schaefer, S. M., Lapate, R. C., Radler, B. T., Ryff, C. D., & Davidson, R. J. (2013). Sustained ventral striatal activity predicts eudaimonic well-being and cortisol output. *Psychological Science*, *24*(11), 2191-2200. doi.10.1177/0956797613490744.

Hill, P. L. & Turiano, N. A. (2014). Purpose in life as a predictor of mortality across adulthood. *Psychological Science*, *25*(7), 1482-1486. doi.10.1177/0956797614531799.

Jahoda, M. (1958). *Current concepts of positive mental health*. New York: Basic Books.

Jung, C. G. (1933). *Modern man in search of a soul*, trans. W. S. Dell & C. F. Baynes. New York: Harcourt, Brace & World.

Keyes, C. L. M. (2002). The mental health continuum: From languishing to flourishing in life. *Journal of Health & Social Behavior*, *43*(2), 207-222.

Keyes, C. L. M. (2006). Mental health in adolescence: Is America's youth flourishing? *American Journal of Orthopsychiatry*, *76*(3), 395-402. doi.10.1037/t05317-000.

Keyes, C. L. M. (2007). Promoting and protecting mental health as flourishing. *American Psychologist*, *62*(2), 95-108. doi.10.1037/0003-066X.62.2.95.

Keyes, C. L., Dhingra, S. S., & Simoes, E. J. (2010). Change in level of positive mental health as a predictor of future risk of mental illness. *American Journal of Public Health*, *100*, 2366-2371.

Keyes, C. L. M., Shmotkin, D., & Ryff, C. D. (2002). Optimizing well-being: The empirical encounter of two traditions. *Journal of Personality & Social Psychology*, *82*(6), 1007-1022. doi.10.1037/0022-3514.82.6.1007.

Keyes, C. L. & Simoes, E. J. (2012). To flourish or not: positive mental health and all-cause mortality. *American Journal of Public Health*, *102*, 2164-2172.

Keyes, C. L. M. & Westerhof, G. J. (2012). Chronological and subjective age differences in flourishing mental health and major depressive episode. *Aging & Mental Health*, *16*(1), 67-74. doi.10.1080/13607863.2011.596811.

Kim, E. S., Strecher, V. J., & Ryff, C. D. (2014). Purpose in life and use of preventive health care services. *Proceedings of the National Academy of Sciences of the United States of America*, *111*(46), 16331-16336. doi.10.1073/pnas.1414826111.

Kim, E. S., Sun, J. K., Park, N., & Peterson, C. (2013). Purpose in life and reduced stroke in older adults: The health and retirement study. *Journal of Psychosomatic Research*, *74*(5), 427-432. doi.10.1016/j.jpsychores.2013.01.013.

Kim, E. S., Sun, J. K., Park, N., Kubzansky, L. D., & Peterson, C. (2013). Purpose in life and reduced risk of myocardial infarction among older US. Adults with coronary heart disease: A two-year follow-up. *Journal of Behavioral Medicine*, *36*(2), 124-133. doi.10.1007/s10865-012-9406-4.

Lewis, G. J., Kanai, R., Rees, G., & Bates, T. C. (2014). Neural correlates of the "good life": Eudaimonic well-being is associated with insular cortex volume. *Social Cognitive and Affective Neuroscience*, *9*(5), 615-618. doi.10.1093/scan/nst032.

Lindfors, P. & Lundberg, U. (2002). Is low cortisol release an indicator of positive health? *Stress and Health*, *18*(4), 153-160. doi.10.1002/smi.942.

Maslow, A. H. (1968). *Toward a psychology of being* (2nd edn.). New York: Van Nostrand.

Morozink, J. A., Friedman, E. M., Coe, C. L., & Ryff, C. D. (2010). Socioeconomic and psychosocial predictors of interleukin-6 in the MIDUS national sample. *Health Psychology*, *29*(6), 626-635. doi.10.1037/a0021360.

Muris, P., Vermeer, E., & Horselenberg, R. (2008). Cognitive development and the interpretation of anxiety-related physical symptoms in 4-13-year-old non-clinical children. *Journal of Behavior Therapy and Experimental Psychiatry*, *39*(1), 73-86. doi.10.1016/j.jbtep.2006.10.014.

Neugarten, B. L. (1968). *Middle age and aging*. Chicago: University of Chicago Press.

Neugarten, B. L. (1973). Personality change in late life: A developmental perspective. In: C. Eisodorfer & M. P. Lawton (Eds.), *The psychology of adult development and aging* (pp. 311-335). Washington, DC: American Psychological Association.

Norton, D. L. (1976). *Personal destinies: A philosophy of ethical individualism*. Princeton, NJ: Princeton University Press.

Rafanelli, C., Park, S. K., Ruini, C., Ottolini, F., Cazzaro, M., & Fava, G. A. (2000). Rating well-being and distress. *Stress Medicine*, *16*, 55-61. doi.10.1002/(SICI)1099-1700(200001)16:1<55::AID-SMI832>3.0.CO;2-M.

Rogers, C. R. (1962). The interpersonal relationship: The core of guidance. *Harvard Educational Review*, *32*(4), 416-429.

Ruini, C., Albieri, E., & Vescovelli, F. (2014). Well-Being Therapy: State of the art and clinical exemplifications. *Journal of Contemporary Psychotherapy*. Advance online publication.

doi.10.1007/s10879-014-9290-z.

Ruini, C., Belaise, C., Brombin, C., Caffo, E., & Fava, G. A. (2006). Well-being therapy in school settings: A pilot study. *Psychotherapy and Psychosomatics*, 75(6), 331-336. doi.10.1159/000095438.

Ruini, C. & Fava, G. A. (2009). Well-being therapy for generalized anxiety disorder. *Journal of Clinical Psychology*, 65(5), 510-519. doi.10.1002/jclp.20592

Ruini, C. & Fava, G. A. (2012). Role of well-being therapy in achieving a balanced and individualized path to optimal functioning. *Clinical Psychology & Psychotherapy*, 19(4), 291-304. doi.10.1002/cpp.1796.

Ruini, C., Ottolini, F., Tomba, E., Belaise, C., Albieri, E., Visani, D., & Fava, G. A. (2009). School intervention for promoting psychological well-being in adolescence. *Journal of Behavior Therapy and Experimental Psychiatry*, 40(4), 522-532. doi.10.1016/j.jbtep.2009.07.002.

Ryan, R. M. & Deci, E. L. (2001). On happiness and human potentials: A review of research on hedonic and eudaimonic well-being. *Annual Review of Psychology*, 52, 141-166. doi.10.1146/annurev.psych.52.1.141.

Ryff, C. D. (1989). Happiness is everything, or is it? Explorations on the meaning of psychological wellbeing. *Journal of Personality and Social Psychology*, 57(6), 1069-1081. doi.10.1037/0022-3514.57.6.1069.

Ryff, C. D. (2014). Psychological well-being revisited: Advances in the science and practice of eudaimonia. *Psychotherapy and Psychosomatics*, 83(1), 10-28. doi.10.1159/000353263.

Ryff, C. D. & Keyes, C. L. M. (1995). The structure of psychological well-being revisited. *Journal of Personality & Social Psychology*, 69(4), 719-727. doi.10.1037/0022-3514.69.4.719.

Ryff, C. D. & Singer, B. H. (1996). Psychological well-being: Meaning, measurement, and implications for psychotherapy research. *Psychotherapy & Psychosomatics*, 65, 14-23. doi.10.1159/000289026.

Ryff, C. D. & Singer, B. H. (2008). Know thyself and become what you are: A eudaimonic approach to psychological well-being. *Journal of Happiness Studies*, 9(1), 13-39. doi.10.1007/s10902-006-9019-0.

Ryff, C. D., Singer, B. H., & Love, G. D. (2004). Positive health: Connecting well-being with biology. *Philosophical Transactions of the Royal Society of London. Series B, Biological Sciences*, 359, 1383-1394. doi.10.1098/rstb.2004.1521.

Seligman, M. E. P., Rashid, T., & Parks, A. C. (2006). Positive psychotherapy. *American Psychologist*, 61(8), 774-788. doi.10.1037/0003-066X.61.8.774.

Serrano, J. P., Latorre, J. M., Gatz, M., & Montanes, J. (2004). Life review therapy using autobiographical retrieval practice for older adults with depressive symptomatology.

Psychology and Aging, 19(2), 272-277.

Springer, K. W., Pudrovska, T., & Hauser, R. M. (2011). Does psychological well-being change with age? Longitudinal tests of age variations and further exploration of the multidimensionality of Ryff's model of psychological well-being. *Social Science Research, 40*(1), 392-398. doi.10.1016/j.ssresearch.2010.05.008.

Steffens, D. C., Fisher, G. C., Langa, K. M., Potter, G. G., & Plassman, B. L. (2009). Prevalence of depression among older Americans: The aging, demographics and memory study. *International Psychogeriatrics, 21*(5), 879-888. doi.10.1017/S1041610209990044.

Tao, R., Emslie, G. J., Mayes, T. L., Nakonezny, P. A., & Kennard, B. D. (2010). Symptom improvement and residual symptoms during acute antidepressant treatment in pediatric major depressive disorder. *Journal of Child and Adolescent Psychopharmacology, 20*, 423-430. doi.10.1089/cap.2009.0116.

Tomba, E., Belaise, C., Ottolini, F., Ruini, C., Bravi, A., Albieri, E., & Fava, G. A. (2010). Differential effects of well-being promoting and anxiety-management strategies in a non-clinical school setting. *Journal of Anxiety Disorders, 24*(3), 326-333. doi.10.1016/j.janxdis.2010.01.005.

van Reekum, C. M., Urry, H. L., Johnstone, T., Thurow, M. E., Frye, C. J., Jackson, C. A., & Davidson, R. J. (2007). Individual differences in amygdala and ventromedial prefrontal cortex activity are associated with evaluation speed and psychological well-being. *Journal of Cognitive Neuroscience, 19*(2), 237-248. doi.10.1162/jocn.2007.19.2.237.

Wood, A. M. & Joseph, S. (2010). The absence of positive psychological (eudemonic) well-being as a risk factor for depression: A ten-year cohort study. *Journal of Affective Disorders, 122*(3), 213-217. doi.1016/j.jad.2009.06.032.

Wood, A. M. & Tarrier, N. (2010). Positive clinical psychology: A new vision and strategy for integrated research and practice. *Clinical Psychology Review, 30*(7), 819-829. doi:10.1016/j.cpr.2010.06.003

World Health Organization (2001). *The World health report 2001: Mental health: new understanding, new hope.* Available at: http://www.who.int/whr/2001/en/whr01_en.pdf.

제12장

긍정 임상노인학
노화에 대한 '긍정' 및 '부정' 관점의 통합

Adam Davidson & George Vaillant

자서전은 이분법적으로 쓰이지 않는다

　제2차 세계 대전 때 군복무를 거부당하고, 이후 직업적인 무기력함을 경험한 Charles Boatwright는 경력을 쌓는 데 어려움을 겪었다. 50대 초반에 알코올 중독자인 아내는 다른 사람에게로 떠났고, 그는 자신의 아이들과도 멀어지게 되었다. 그러나 그는 설문에서 몇 번이고 그의 행운과 낙관성을 주장하였다. 83세에 Boatwright는 그의 비영리 단체에서 주당 28시간 근무하는 것을 즐겼다. 85세 때 그는 지혜로운 사람의 본보기가 되었고, 89세에 그는 하루에 두 시간씩 운동하였다. 91세 때 Boatwright는 35년간 행복한 결혼생활을 이어 왔고, 완전히 의붓자식에게 헌신하였다(Vaillant, 2012c).

　우리는 Boatwright의 외견상 성공적으로 보이는 노화를 예상할 수 있었을까? 우리가 노년에 대해 기대해야 하는 것은 무엇일까? 행복과 지혜 혹은 외로움과 좋지 않은 건강? 당연하게도 이러한 극단적인 긍정 및 부정적 관점 간의 흑백 구분은 너무 순진한(naive) 것이다. 인생의 뒤얽힌 태피스트리(tapestry)는 많은 방향들로 짜여 있다―좋고, 나쁘고, 양가적이고, 무관심한 것이 우리 모두에게 일어난다. 모든 인생의 전기(biography)는 오르내림, 우여곡절, 낙관과 도전이 있다. 모든 '단순한 사실'(simple facts)은 더 미묘하고 정교한 이야기를 감추고 있다. 딱 떨어지게 맞는 '긍정적' 혹은 '부정적' 진술은 현실의 뉘앙스를 간단히 전달할 수가 없다. 이는 사람에게나 과학에나 동일하게 적용할 수 있다. (이를 '단순한 사실'로 묘사한 아이러니는 저자들에게 잊히지 않는다.)

　하지만 특히 충격과 선정성이 가미되었을 때 '단순한 사실'은 주의를 집중시킨다. 미국의 선도적인 생명윤리운동가이자 Affordable HealthCare Plan의 건축가 중 한 명인 Ezikiel Emanuel은 75세에 죽기를 원한다고 말하였다(Emanuel, 2014). 그는 Fries(1980)의 질병압축설(compression of morbidity)[1]을 주장하였는데, 그것은 인생 후기에 무능과 신체적 쇠약으로 연장된 기간을 믿기보다 사람들이 더 오래 건강하게 살아가고 있다고 주장하는 것이다.

노화의 양가성

노화의 많은 측면이 독립성과 유능성에 있어 위협적으로 보일 수 있다. 질병, 장애, 의존, 그리고 우울에 관한 안 좋은 고정관념들이 널리 퍼져 있다(Scheidt, Hympherys, & Yorgason, 1999; Kite, Stockdale, Whitley, & Johnston, 2005). 나이 들수록 만성질환이 더욱 만연하고(Department of Health, 1992), 신체적·인지적 저하가 필연적이다. 노인들은 정신적 처리속도(Kail & Salthouse, 1994), 언어 유창성(Light & Burke, 1993), 수리적 능력(Schaie, 1998)의 저하뿐 아니라, 일반적으로 육체적 힘의 감소(Larsson, Grimby, & Karlsson, 1979; Andrews, Thomas, & Bohannon, 1996; Bohannon, 1997), 체지방 증가(Jackson et al., 2002), 그리고 감각 손상(sensory impairment; Doty, Shaman, Applebaum, Giberson, Siksorski, & Rosenberg, 1984; Woodruff-Pak, 1997)을 경험한다.

하지만 이러한 기능저하가 반드시 일어나는 것은 아니다. Hardman과 Stensel(2009)은 이러한 저하가 적어도 부분적으로는 활동성의 부족 때문에 유발되며, 대개 근력운동(Vandervoort, 1992)과 같은 활동을 통해 예방할 수 있다고 주장하였다. 다양한 실증적인 연구들이 힘(strength) 손실과 반대되는 결과를 보여 왔다(Fiatarone, Marks, Ryan, Meredith, Lipsitz, & Evans, 1990; Skelton, Young, Greig, & Malbut, 1995; Meov, Tarnopolsky, Beckman, Felkey, & Hubbard, 2007). 게다가 노인들에게 활동을 고무하는 것이 인지기능 저하의 감소와 같은 신체정신적(somatopsychic) 이득을 가져 올지도 모른다(Hertzog, Kramer, Wilson, & Lindenberger, 2008; Aichberger, Busch, Reischies, Ströhle, Heinz, & Rapp, 2010).

일부 인지기능이 노화에 따라 저하된다고 할지라도, 대다수 은퇴자들은 스스로 인지적 손상에서 자유롭다고 여기며(Sauvaget, Jagger, & Arthur, 2001) 정신장애를 잘 겪지 않는다(Drentea, 2002; Mein, Martikainen, Hemingway, Stanfeld, & Marmot, 2003). 노인들의 마음

---

1) 노령화가 진행될수록 죽음 전에 압축적으로 질병을 앓다가 사망한다는 이론이다.

은 더 자족적이고, 복잡한 감정을 더 잘 수용하고, (유사한 수준의 긍정적 정서를 유지하면서도) 부정 정서를 덜 경험하며, 정서적으로 중요한 기억을 보유하고, 다양한 관점들을 포용하고, 대인관계로부터 더 큰 만족감을 얻는다(Carstensen & Charles, 2003; Helmuth, 2003; Vaillant, 2012a).

우리는 노년기를 두려워할 필요가 없으며, 심지어 우리의 신체적 건강에 대하여 그럴 필요가 없다. 거의 90%의 65~74세 사람들, 그리고 약 75%의 75~84세 사람들이 장애 상태가 아니며, 이러한 비율은 증가하고 있다(Manton, Corder, & Stallard, 1997). 뉴런은 노화에 따라 뇌에서 손실되지만, 새로운 뉴런들이 계속 생성되고(Shingo et al., 2003), 현명한 가지치기가 일생 동안 계속 이루어진다(Vaillant, 2012c). 평균적으로 5세가 21세보다 두 배 많은 뉴런들을 가진다. 많은 사람들이 삶의 끝자락에서 안녕감을 유지한다는 것을 보여 주는 증거들이 있다(Rowe & Kagn, 1998; Mayer & Baltes, 1999).

사실 노인들의 경험은 기대편향(expectation bias)의 영향을 받기 쉽기 때문에, 우리는 노년기를 두려워하지 않아도 된다. 긍정적 고정관념들이 과제 수행을 향상시킬 수 있는 반면에 노화와 관련된 부정적 고정관념들은 과제 수행을 감소시킬 수 있다(Levy, 1996, 2009). 50대에 긍정적 자기지각을 갖는 것은 7년 이상까지 생명을 연장해 줄 수 있다(Levy, Hausdorff, Hencke, & Wei, 2000; Levy, Slade, Kunkel, & Kasl, 2002).

노년기에 일단 살아 있는 것이 '성공적인' 노화에 필요조건이지만 충분조건은 아니다. 목표는 "단순히 삶에 몇 년을 더하는 것이 아니라, 그 몇 년에 삶을 더하는 것"이다(Vaillant, 2004, p. 561). 이 장에서는 '긍정적' 건강의 계량화에 대한 논의로 시작하여, '긍정' 노화를 예측하는 요인들, 즉 흔히 '긍정적'이라고 생각되기도 하고 '부정적'이라고 여겨지기도 하는 것들을 정리한다. 또한 번영(flourishing)을 기술하고 처방하고 촉진하는 방법에 대한 최근 연구를 소개하면서 '긍정'과 '부정'을 구분함으로써 나타난 복합성을 고려할 것이다.

변증법의 딜레마

노인학은 노년 인구의 이질성으로 인해 복잡한 측면이 있다. 우리의 삶이 길어질수록, 규준으로부터 멀어질 수 있다. 어떤 이들에게는 매해 나이 드는 것이 사고, 질병, 혹은 빈약한 자기관리로 피해를 입을 가능성을 높인다. 다른 이들에게 세월이 흐르는 것은 성숙하고 성공을 이루고 사회적 관계를 더 키우는 기회를 제공한다.

'성공적' 노화의 선행조건을 분석하는 것이 가능해지기 이전에, 용어가 정의되어야만 한다. '성공'의 어떤 지표가 잘 살아온 인생을 나타내는가? 분명히 생존과 적은 질병이 그 요인들이겠지만, 그것들로 충분하지는 않다. 건강은 단순히 질병의 부재가 아니다(World Health Organization: WHO, 1952). 신체건강은 혈압이나 단계적 검사로 측정될 수 있지만(Brouha, 1943), 정신건강은 주관적이다. 이는 문화적 민감성과 가치 판단에 대한 주의를 필요로 한다. Vaillant(2003, 2012b)는 다음의 가능성들을 제안하였다.

평범 수준 이상의 기능

질병 모델(disease model)을 지지하는 사람들은 정신건강을 80점 이상의 전반적 기능평가(global assessment of functioning: GAF; American Psychiatric Association, 1994) 점수로 정의한다(Vaillant, 2012b, p. 94). 하지만 GAF가 여러 국가와 언어에 걸쳐 실증적으로 타당화가 이루어졌을지라도(Armelius, Gerin, Luborsky, & Alexander, 1991), '정신건강은 이상적 허구(ideal fiction)'라는 Freud의 관점과 같이 가장 높은 점수를 받더라도 '최소 증상(minimal symptoms)'을 나타낸다(APA, 1994, p. 34). DSM-5(APA, 2013)에서 WHO 장애평가 목록(WHO Disability Assessment Schedule: WHODAS)이 GAF를 대체하였지만, 이 새로운 도구 역시 건강보다는 정신질환의 측정도구에 불과하다. 36문항 모두가 '어려움', '문제', '악화', 혹은 '건강 상태'라는 단어를 포함한다(pp. 747-748).

복합적인 강점의 존재

긍정심리학자들은 약점을 무시하고 정신건강을 강점의 존재로 정의하는 것을 선호할지도 모른다. 강점으로 간주할 수 있는(혹은 해야 하는) 것이 무엇인지에 대한 논란을 해결하기 위하여, Dahlsgaard, Peterson, 그리고 Seligman(2005)은 역사, 미덕, 종교, 철학을 통틀어 보편적이라고 믿는 6개의 '핵심 미덕'을 확인하였고, Values in Action Inventory of Strengths(VIA-IS; VIA 강점검사)를 개발하였다(Peterson & Seligman, 2004). 하지만 이후 이 6개의 핵심 미덕에 대하여 3요인, 4요인, 5요인 모형까지 제안되면서 통계적으로 의문이 제기되었다(Shryack, Steger, Krueger, & Kallie, 2010).

VIA-IS는 자기보고형 측정도구로서, 사람들이 사회적으로 바람직하다고 여기는 것(Crowne & Marlowe, 1960), 혹은 그들이 가지고 있다고 잘못 믿고 있는 것(Kristjánsson, 2013)만을 드러낼지도 모른다. '가치'라는 단어 자체가 사람들이 중요시하는 믿음을 의미하기는 하지만, 이 도구가 단순히 사람들이 주관적으로 어떤 미덕을 가치 있게 여기는가를 측정하는 것일지 모른다. 그렇기에 아마도 이는 성격 강점의 정의가 될 것이다. '미덕의 가방(a bag of virtue)'이라는 비평을 받기 때문에(Kristjánsson, 2012), VIA 강점을 언제 어떻게 적용할지를 선택하는 데 지혜가 필요하다(Aspinwall & Staudinger, 2003; Schwartz & Hill, 2006). 물론 보유하고 있는 것이 사용하고 있다는 것을 보장하지는 않으며, Seligman, Steen, Park, 그리고 Peterson(2005)은 그들의 강점을 사용하지 않는 사람들이 그 강점을 보유하지 않은 사람들과 다르지 않다는 것을 발견하였다. 아마 더 객관적인 강점 측정도구의 적용이 정신건강을 판단하는 데 필요할 것이다.

주관적 안녕감

실제로 안녕감을 느끼는 사람보다 안녕감에 대해 묻기에 적합한 사람은 누가 있겠는가? 자기보고에는 많은 문제점이 있지만(Nisbett & Ross, 1980), 만일 망상적인 사람이 좋은 인생을 살았다고 믿는다면 그들과 논쟁하는 것은 존재론적 논쟁이 될 것이다. 물론 망상이 끝나면 그들의 대답이 바뀔지도 모르고, 이는 측정의 주된 문제가 된다. 즉, 잘 살았는지에 대한 장기적인 판단보다는 상태의 일시적인 측정에 불과하다. 어떤 사건들은 우리의 환경을 변화시키고, 새로운 정보가 우리의 관점을 바꾼다. 빈센트 반 고흐가 그의 작품이 어떻게 될 것인지 알았다면, 그의 주관적 안녕감이 달라졌겠는가?

긍정 정서

삶의 질의 대체물로서 긍정 정서의 우세함을 사용하는 것은 많은 비판을 받았는데(King, 2001), 그 이유는 긍정심리학자들이 정서가의 선험적인 평가의 죄를 종종 저지르기 때문이다(Held, 2004). Lazarus(2003)에 의하면, 정서가 '긍정적'이라고 결정하기 위한 이유는 세 가지가 있다. ① 그것들이 주관적으로 기분이 좋거나, ② 호의적 환경에서 발생하거나, 혹은 ③ 바람직한 결과를 초래할 때다. 세 가지 이유들은 모두 주관적이고, 이들은 개인적 경험과 사회적 맥락에 의존한다. 정서가의 객관적 측정은 뇌과학에서 비롯되었지만(Panksepp, 1998), Barrett(2006)은 정서가 뇌가 아닌 마음의 특성이며 달리 경험되고 객관적으로 관찰되지 않는다고 주장하였다. 생물학은 정서를 투쟁-혹은-도피 반응을 일으키고 교감신경계를 활성화하는지, 혹은 이완을 일으키고 부교감신경계를 활성화하는지에 따라 분류하였다. 이는 Fredrickson(2001)의 확장 및 축적 이론(broaden-and-build theory)과 일치한다. 긍정 정서가 우리의 인식을 확장하고 탐색과 놀이를 고무하는 반면, 부정 정서는 즉각적인 위험에 대한 초점을 좁게 만든다. 하지만 부교감신경계는 롤러코스터에서 흥분을 느끼는 것처럼 '긍정' 정서에 의하여 자극되기도 한다. 저자들은 이것이 '긍정적'인지 아닌지에 대하여 의견이 다르기 때문에, 정서가의 맥락에 따른 해석이 의문으로 남아 있다.

높은 사회정서지능

맥락이 핵심이다. 부정적 정서들은 생존에 중요하다. 자족적인 즐거움을 느끼는 것은 사자가 당신을 공격한다면 방해물이 될 것이고, 사회는 지나친 행복 마니아를 재단할 것이다(Wood & Tarrier, 2010). 성격 강점처럼, 정서의 지혜로운 응용은 그들이 적응적이거나 부적응적인지를 결정해 준다. 높은 사회정서지능은 정서의 정확한 지각, 상황에 맞는 정서적 반응, 그리고 관계를 육성하고 목표를 성취하기 위하여 정서를 관리하는 것이다(Goleman, 2006). 사회정서지능이 높은 사람은 긍정 정서와 부정 정서 모두의 가치를 알아볼 것이다. 부정 정서는 보호적이고, 긍정 정서는 사회적이고 공감적이다. 한쪽은 적절한 반응일 수 있고, 이들 모두 목표의 추구를 위하여 전략적으로 적용된 것일 수 있다.

불수의적인 대처기제

사회정서지능은 갈등에 대한 반응이 자의적인(voluntary) 선택일 수 있음을 전제로 한다. 정신건강의 다른 개념화는 고통스러운 스트레스원으로부터 우리를 보호하기 위하여 현실 지각을 변화시키는 불수의적 대처기제를 고려한다(Vaillant, 1977, 1992, 2000). 우리의 신체가 불수의적인 심장박동과 체온 조절을 통하여 항상성을 유지하는 것처럼, Freud가 '자아방어기제'라고 불렀던 것은 주로 무의식적이고 분명히 불수의적이다. 무의식적인 과정은 실증주의적 인지심리학자들에게 인기가 없었음에도 불구하고(Vaillant, 2012a), 이 존재론적으로 주관적인 개념들은 인식론적으로 객관적이며(Searle, 1995), 그릿(grit; Duckworth, Peterson, Matthews, & Kelly, 2007), 방어적 비관주의(Norem & Chang, 2002), 그리고 '마시멜로 실험' 등의 용어가 나오면서 다시 유행하게 되었다. 지각의 불수의적인 변화는 정신적으로 건강하게 보이지는 않을지도 모르지만, 이 기제들은 현실왜곡의 정도에 따라 '정신증적인 것'부터 '성숙한 것'까지 분류될 수 있다(Vaillant, 1971; APA, 1994). 망상적 투사, 정신증적 부인, 정신증적 왜곡과 같은 '정신증적 방어'는 어린아이들에게 흔하고 병리적이다. 수동공격, 투사, 행동화와 같은 '미성숙한 방어'는 청소년, 성격장애와 물질 남용을 나타내는 사람들에게 흔하다. 전치, 고립을 포함하는 '신경증적 방어'는 많은 성인들, 특히 공포증과 강박충동을 가진 사람들에게 흔하다. 유머, 이타주의, 승화 등의 '성숙한 방어'는 현실을 최소한으로 변형시키며, 일반적으로 도덕적이고 적응적으로 간주된다.

이는 임상심리학이 다루는 부적응적인 것부터 긍정심리학자들의 적응적인 것에 걸쳐 있는 연속선이다. '성숙한 방어'는 자기보고된 행복, 신체적 건강, 직업 만족, 좋은 관계와 관련된다(Vaillant, 1977; Malone, Cohen, Liu, Vaillant, & Waldinger, 2013). 반면에 더 왜곡된 방어들은 빈곤한 적응, 결혼생활 문제, 병가, 빈곤한 친구관계와 관련된다. 뇌 병변이나 지속적 물질 남용으로 고통받는 사람들은 전형적으로 낮은 수준으로 떨어진다(Vaillant, 2000). 하지만 심리치료는 한 사람이 부적응적 대처에서 더 적응적인 대처로 이행하는 것, 즉 임상적인 변화를 돕는 일로 여겨져 왔다(Bond, 2004; Bond & Perry, 2004; Perry & Bond, 2012). 대처기제들은 사회경제적 계층 및 교육수준과 독립적이고, 일반적으로 나이가 들수록 더 적응적이게 된다(Vaillant, 2000).

성숙

성숙은 정신건강에 대한 우리의 마지막 정의로 이어진다. Erikson(1951)의 인간발달 단계와 2개의 추가적인 단계(Vaillant, 1995)를 이용한 종단연구들은 발달 과제의 숙달이 성별, 사회경제적 계층, 그리고 교육수준과는 독립적이지만(Vaillant, 2012b) 정신건강과 관련된다(Vaillant & Milofsky, 1980; Vaillant, 2002, 2012c)는 실증적 증거를 제공하였다.

성인기의 첫 번째 단계는 '정체감'으로서, 우리의 가치와 신념들을 아동기의 가족 및 문화의 가치관으로부터 분리하는 것이다. 두 번째는 '친밀감'으로, 상호적 혹은 상호의존적으로 한 사람이나 공동체에 헌신한다. '직업 안정화'는 우리가 즐기고 유능감을 느끼고 보상을 받는 직업에 전념하는 것을 포함한다. '생산성'은 네 번째 과제로, 타인을 돌보고 공동체를 이끄는 것이 개인적 성취보다 더 가치 있게 되는 시기다. '의미의 수호자[2]'가 되는 것은 보통 인생의 후반기에 나타나고, 역사, 문화, 그리고 부당한 것으로부터 원칙을 지켜내는 것을 의미한다. 마지막으로 '통합감(integrity)'은 죽음, 과거 사건, 결정 등을 수용하는 것, 그리고 세계 평화에 이바지하는 것이다.

각 단계는 주로 견디기 힘든 변화에 맞서 싸우는 개인의 성장을 나타낸다. 우리는 타협과 헌신을 행하고, 애착을 끊어내며, 다가올 기회에 대한 흥분과 오지 않는 기회에 대한 슬

---

2) keeper of the meaning을 번역한 용어로서 Vaillant가 Erikson의 심리사회적 발달 단계에 추가한 것이다.

폼을 가지고 선택을 제한한다. 보통 우리는 인식하지 못하는 불수의적인 대처전략으로 스스로를 보호하면서, 성장하고 살아가고, 나이가 들어가는 과정이 마음의 세 가지 측면(정서, 인지, 능동)에서 '긍정적'이고 '부정적'인 방식으로 모두 일어난다. 우리가 애써 한 단계씩 위로 올라갈 때, 과연 임상심리학으로부터 안내를 받아야 하는가? 아니면 긍정심리학으로부터? 혹은 두 분야 모두?

긍정 노화의 기준

어떤 정신건강의 정의가 가장 우수할까? 이는 맥락에 따라 다르다. '적응(adaptation)'과 '건강(fitness)'이라는 단어는 일부 외적인 기준과 일치한다. 해군 모집에서 임무를 정할 때, 편집성 성격은 잠수함과는 잘 맞지 않지만, 항공기 추적과는 잘 맞는다(Vaillant, 2012b, p. 93). 긍정 정서는 개인주의 문화에서 중요한 것으로 보일 수 있지만, 낙관성이 집단주의 문화에 잘 맞지 않는다는 증거가 있다(Chang, 1996). 제안된 모든 정의는 비교문화적 조사를 필요로 한다.

이러한 서로 다른 형태의 정신건강과 유사한 것을 운동선수에게서 발견할 수 있는데, 신체질환의 반대가 질환의 부재가 아니라 건강함(fitness)의 존재이기 때문이다. 다시 말하면, '건강하다(fit)'라는 단어가 목적을 내포하고, 이것이 무엇을 위한 것인지에 대하여 흔히 합의된 답은 없다. 인간은 많은 다양한 과제를 할 수 있으며 발레리나와 중량운동가는 매우 다르지만, 이들은 모두 인간의 잠재력에 대한 훌륭한 증거다.

번영으로 가는 방법은 많다. 과학자가 '좋은' 삶에 대한 개인적 이상을 강요하지 않는 것(King, 2001; Held, 2004; Vecker & Marecek, 2008), 건강하지 않은 사람들에게 정신질환의 미신을 만드는 위험을 무릅쓰지 않는 것(Szasz, 1960)은 반드시 필요하다.

긍정 노화의 예측

횡단적 · 후향적 연구도 흥미로운 정보를 제공할 수 있지만, 이 방법들은 모두 심각한 제한점이 있으며 성공적 노화의 선행조건들은 삶에 대한 전향적 종단연구에 의해 가장 잘 밝혀질 수 있다(Vaillant, 2012c, p. 95). 노화에 대한 횡단적 연구는 한 시점에서 단일 점수로 집단들을 비교한다는 점에서 한계가 있다. 집단 간 비교는 삶의 서사가 아니라 평균만을 조사한다. 노인과 청년은 같은 사람이 아니다. 그들은 다른 시기를 살았기 때문에, 서로 다른 기술과 교육수준, 건강관리의 질, 문화를 경험하였다. 횡단연구는 특질이 아닌 상태를 측정하며, 한 시점에서의 점수를 얻어낼 수 있다. 단일 측정치와 관련하여, 종단적 연구는 참가자들을 '정상'이라고 규정할 수 있지만, 단일 측정치는 유행성 감기에 걸린 운동선수와 좋은 날을 보내고 있는 만성질환자를 구별해 내지 못할 수 있다.

후향적 연구들은 현재 시점에서 과거의 일을 논의하는 것인데, 과거 경험이 보통 잊히고 꾸며지고 수정되기 때문에 일어난 그대로 기록하기까지 매우 다른 과정이 일어난다. 객관적 사실에 대한 후향적 분석이라 할지라도 선택적 편향이 일어나기 쉽고 현재까지 수집된 측정치로만 한정된다. 전향적 종단연구는 '장밋빛 회상'의 한계를 넘어서서 진실을 드러낼 수 있다. 즉, 나비는 애벌레로 태어나며, 올챙이는 두꺼비가 되는 진실처럼, 나쁜 점들까지도 모두 그대로 관찰하는 것이다.

이러한 종단연구 중에 ('Grant Study'로 잘 알려져 있는) 하버드 대학교의 한 성인발달 연구가 있다(Vaillant, 2002, 2012c). 이 연구는 성공적이고 성취적이며 건강한 남성들의 삶을 연구할 목적으로 1938년에 시작되었다. Seligman과 Csikszentmihalyi(2000)가 긍정심리학을 소개한 독창적인 논문보다 이미 60년 앞선 것이다. 연구 목적에 부합하는 하버드 대학생 몇백 명을 대상으로 신체검사, 정신과 면접, 심리검사, 가족구성원에 대한 면접, 그리고 EEG와 로르샤흐 검사까지 실시하였다(Vaillant, 2012c, p. 74). 상당수가 제2차 세계 대전을 겪은 후에 참여하였고, 이 남성 참가자의 아내를 대상으로도 심리검사와 면접을 실시하였다. 그 남성들은 이후 45세가 되고 나서 세 차례 면접을 반복 실시하였고, 5년 동안 격년으로 설문지와 신체검사를 받았다.

완벽한 전향적 연구(아동기 정보는 남성들이 대학생일 때, 여자친구에 대한 정보는 대다수가 1955년 내 결혼한 후에 수집되었음)는 아니었지만, 생존한 남성들은 이제 90세 이상이고, 적어도 격년으로 그들의 전체 성인기가 (매우 사소한 것을 제외하고) 측정되었다(Vaillant, 2012c, p. 83). 이 복합적인 데이터는 표본을 맥락에 따라 분석할 수 있고, 상태와 특질을 구별하며, 상관으로부터 인과관계를 추론할 수 있게 되었다.

사회경제적 배경, 교육수준, 성별에 따른 비교를 위해, Glueck 청소년 비행 연구로부터 비행이력이 없는 도심 지역 남성 집단의 자료, 그리고 본래 Stanford(Terman) 연구의 일부였던 유능한 여성 집단의 자료 또한 수집되었다(Vaillant, 2012c).

행복하고 건강한 사람과 슬프고 아픈 사람

Vaillant(2004)는 신체적·정신적 건강의 주관적이고 객관적 형태 모두를 고려함으로써

'성공적 노화'를 계량화하였다. 이렇듯, '행복하고 건강한 사람(happy-well)'은 '슬프고 아픈 사람(sad-sick)'과 대조될 수 있다. 집단은 여섯 요인으로 차별화되었고, 각 요인은 결과변인을 숨긴 채로 평가되었다(Vaillant & Mukamal, 2001).

1. 내과의사에 의하여 평가된 객관적 신체건강. 하버드 대학 졸업자(이하 대졸자)는 75세에, 도심 지역 남성들은 65세에, 매 5년마다 얻어진 그들의 의료기록이 5점 척도로 평가됨; 1-현재 치료할 수 없는 병이 없음; 2-현재 치료할 수 없는 병이 있지만, 장애이거나 삶을 단축시키는 것은 아님; 3-만성적 질병이 있지만, 아직 장애가 아님; 4-치료할 수 없는 병이 있고, 중요한 장애임(Vaillant, 1979).
2. 75세에 '일상생활 수행능력(Instrumental Activities of Daily Living; Vaillant, 2002)'으로 불리는 15점 척도로 측정한 자기보고형 주관적 신체건강. 이 척도는 능력에 대한 신념을 묻는 문항들을 포함함.
3. 80세에 객관적 혹은 주관적 장애 없이 살아온 해.
4. 객관적 정신건강은 65세에 일, 관계, 놀이에서의 유능감, 그리고 정신과적 문제의 부재의 증거를 사용하여, 좋은 평가자 간 신뢰도를 가지고 평가함(Vaillant & Vaillant, 1990).
5. 사회적 지지에 대한 객관적 평가로, 면접과 질문지, 그리고 가족이 작성한 질문지 등을 2명의 평가자가 검토한 것(Vaillant, Meyer, Mukamal, & Soldz, 1998).
6. 주관적 삶의 만족도로, 과거 20년 동안 삶의 아홉 가지 측면을 평가하는 자기보고형 질문지로 측정됨.

하버드 대학교를 졸업한 남성 237명에게 이 범주를 사용함으로써, 62명은 '행복-건강' 집단으로, 40명은 '슬픔-아픔' 집단으로, 그리고 60명은 '조기 사망'(50에서 75세에 사망)으로 분류되었다. 도심 지역 남성들 332명도 유사하게, 95명은 '행복-건강' 집단으로, 48명은 '슬픔-아픔' 집단으로, 그리고 75명은 '조기 사망'(65세 전에 사망)으로 분류되었다. '성공적 노화'는 각 참가자에 대해 '행복-건강'을 1점으로, '조기 사망'을 4점으로 코딩하여 얻어졌다. 두 집단의 분류는 성별, 인종, 민족과 같은 변인들을 통제하면서도 IQ, 사회경제적 지위, 교육수준이 다르게 측정된 집단 간 비교를 가능하게 하였다.

긍정 노화의 예측요인

번영은 장수와 관련이 있다. 선행연구들은 행복한 사람들이 더 오래 산다는 것을 밝혀 왔다(Friedman, Tucker, Tomlinson-Keasey, Schwartz, Wingard, & Criqui, 1993; Danner, Snowdon, & Friesen, 2001). Vaillant와 Mukamal(2001)은 예외가 없음을 보여 주었다. 장애로 인하여 사망하거나 장애를 가지는 평균 연령은 '슬프고 아픈' 대졸 남성 집단에서 71.4세였고, '슬프고 아픈' 도심 지역 남성 집단에서 62.3세였다. 반대로, '행복하고 건강한' 대졸 남성과 도심 지역 남성들은 평균적으로 각각 80세와 70세까지도 여전히 살아 있었다. 흥미롭게도, 15년 이상 교육을 이수한 도심 지역 남성들의 건강 저하는 대학생 남성들과 유사하였으며, 이는 교육이 미래의 건강을 예측하는 데 있어 사회경제적 지위보다 더 중요하다는 것을 시사한다. 여기에서 매개변인은 높은 교육수준 자체는 아니다. 그것은 당신에게 미래가 있으며 미래를 위하여 현재 만족감을 지연시키는 능력을 갖추고 있다는 신념이다. Duckworth는 이러한 대처기제를 '그릿(Grit)'이라고 부른다(Duckworth et al., 2007).

성공적 노화의 가장 중요한 선행조건은 니코틴과 알코올 남용을 피하는 것이다(Vaillant & Mukamal, 2001). 연간 담배 소비량(1년 동안 하루에 피우는 담뱃갑의 수)은 대졸 남성 집단($r = .35, p < .001$)과 도심 지역 남성 집단($r = .31, p < .001$) 모두에서 성공적 노화의 결여(더 건강하고 행복함을 나타내는 점수가 낮음)와 상관관계가 있었다. 이는 흡연과 관련된 신체적 건강의 위험 때문일지도 모른다. 주관적 삶의 만족도와의 상관은 유의하지 않았지만, 능동적 삶의 길이와의 상관은 유의하였다(대졸 남성 $r = -.30, p < .001$; 도심 지역 남성 $r = -.31, p < .001$). 알코올 남용도 성공적 노화에 있어 해로우며(대졸 남성 $r = .42, p < .001$; 도심 남성 $r = .19, p < .001$), 도심 지역 남성의 능동적 삶의 길이를 감소시켰다(대졸 남성 $r = -.38, p < .001$; 도심 지역 남성 $r = -.18, p < .001$). 흡연과 알코올이 주로 동시적이고 분리하기 어렵게 발생하는 혼입변인이라는 점을 주목해야 한다(DiFranza & Guerrera, 1990).

주관적으로든 객관적으로든 정신건강을 예측하는 가장 중요한 요인은 성숙한 대처기제의 사용이었다(Vaillant & Mukamal, 2001). 남성들은 47세에 면접을 통하여 DSM-IV 방어기능 척도(Defensive Functioning Scale)와 유사한 9점 척도 질문지로 평가되었다(Vaillant, 1992). 성숙한 방어(대처기제)가 나타났다고 여겨질 때(9점 척도에서 1~3점) '1'로, 그렇지 않으면(척도에서 4~9점) '2'로 코딩되었다. 방어의 성숙도는 대졸 남성($r = .41, p < .001$)과 도심 지역 남성($r = .46, p < .001$) 집단 모두에서 객관적 정신건강의 매우 큰 분산을 설명하였다. 대처기제 성숙도와 주관적 삶의 만족도 간 상관은 대학생 남성과 도심 지역 남성 집단

모두에서 유의하였으며, 나아가 앞에서 논의되었던 것처럼 정신건강의 측정치로서 불수의적 대처기제의 사용에 관한 주장을 지지하였다.

Vaillant와 Mukamal(2001)은 또한 50세에 구한 체질량지수(BMI) 21~29 사이를 '1'로, 나머지를 '2'로 코딩하여, 건강한 체중이 성공적 노화와 관련이 있음을 확인하였다(대졸 남성 $r = .14, p < .05$; 도심 지역 남성 $r = .11, p < .05$). 결혼생활 안정성의 경우, 참가자가 50세에 이혼, 별거, 혹은 다른 심각한 문제없이 결혼하였으면 '1', 다른 경우는 '2'로 코딩하였는데, 이는 또 하나의 매우 유의미한 요인이었다(대학생 남성 $r = .27, p < .001$; 도심 지역 남성 $r = .22, p < .001$). 주당 500kcal를 소모한 운동은 '1'로, 더 적게 소모하거나 운동을 하지 않으면 '2'로 코딩하였을 때(대졸 남성들만), 이 또한 성공적 노화를 예측하는 것으로 확인되었다($r = .22, p < .001$).

대졸 남성들과 도심 지역 집단의 비교는 특권층이 자기관리에서 더 우월함을 제안하였다(Vaillant, 2012c). 암과 관절염 같은 자기관리와 상관없는 병들은 집단 간 차이가 없는 반면에, 폐암과 제2형 당뇨와 같은 생활양식 선택의 결과일 수 있는 질병들은 도심 지역 남성들에게 훨씬 더 광범위하게 있었다. 하지만 이 높아진 위험은 대학원 교육을 받은 도심 지역 남성들에게서 보이지 않았으며, 이들은 하버드대 표본과 유사하였고, 교육이 향상된 자기관리를 통하여 성공적 노화를 이끌어 낸다는 점을 보여 주었다.

하버드 대학생 및 도심 지역 집단 모두는 1915년과 1935년 사이에 태어난 백인, 남성, 미국인이었음에 주목해야 한다. 작은 표본크기(총 569명)와 제한된 변산성으로 인해 이 결과들을 일반화하는 데 한계가 있다. 하지만 성인의 일생 전체를 조사한 종단연구를 반복 검증하기는 어렵기 때문에, 이 결과들이 향후 법칙정립적 연구[3]를 시행하는 데 기준점을 제공할 것이다.

단순한 전략은 충분하지 않다

노인학이 긍정심리학과 임상심리학의 영역들에 걸쳐 있는 것은 명백하다. 성공적 노화의 일부 예측요인들은 '긍정'(운동과 교육 등)과 '부정'(흡연과 알코올 남용 하지 않는 것 등)적이지만, 다른 예측요인들은 어느 것이든 학설에 따라 다를 수 있다. 결혼생활의 안정성은

---

3) nomothetic study의 번역어로서, 일반적 명제나 법칙을 공식화하는 것을 목표로 한 연구방법론을 의미하며, 이후에 나올 개별기술적(idiographic) 연구, 즉 질적 자료를 통해 개별 현상에 관심을 갖는 것과 대비되는 개념이다.

더 복잡한 이슈다. 이혼은 보통 '부정적'으로 여겨지지만, '나쁜' 관계를 유지하는 것은 부적응적일 것이다.

Vaillant(2002)는 성공적 노화를 지뢰밭으로 묘사하면서, 우리가 발자취를 따라가야 한다고 조언하였다. 그러나 일부 경로들은 사라지기도 하고(따르지 마라), 일부 발자취는 아무 데도 없는 것처럼 보인다. 유의한 변인과 막다른 길을 구별하는 짓밟힌 풀은 시간이 지나면서 변화한다(Melström, 1993). 다시 말해, Grant Study의 길이는 일생에 걸친 예측요인의 복잡성을 드러내었다. Vaillant(2012c)는 다른 연령대에서의 건강 저하에 중요한 요인들을 분리해 내며 55세에서 90세까지에 걸친 세 연구들을 종합하였다(p. 245). 55세 이전의 건강에 중요한 6개의 정신건강 변인들(예: 높은 약물 사용, 주요우울장애, 미성숙한 방어) 중에서 55세 이후에도 유의미한 변인은 없다. 교육수준의 경우, 55세 이전에는 중요하지 않았지만, 55세에서 80세 사이에는 중요하게 나타났고, 80세 이후에는 유의하지 않았다. 알코올 남용과 제2형 당뇨는 그 연령대에서 유의하였지만 이후에는 유의하지 않는 유사한 패턴을 가졌고, 이는 그러한 질병의 사망률과 표본에 영향을 주는 사람의 감소로 설명될 수 있다.

수면자 효과(sleeper effect)[4], 즉 생의 주기 동안 상관관계가 변화하는 변인들 때문에 '긍정적' 노화를 예측하는 데 어려움이 있다. '긍정' 및 '부정'적 변인 모두가 다자관계에서 타 요소들을 혼입시키며 '긍정' 및 '부정'적 결과를 모두 예측할 수 있고, 이는 시간이 지남에 따라 변하기도 한다.

복잡성과 모순에 대한 결론

노인학의 모든 측면에서, 즉 성공적 노화의 기술과 측정의 계량화부터 예측, 처방, 그리고 촉진에 이르기까지 '긍정'과 '부정'에 대한 통찰이 요구된다. 삶을 향상시키는 기술을 임상적인 치료에서 분리하는 것, 즉 단지 부정적인 것이나 약을 줄이는 것, 혹은 긍정적인 것만을 증가시키는 것은 인생의 다면적인 본질을 간과하는 것이다. 대부분의 임상심리학자들은 알코올 중독자들에게 단순히 '하지 마라' 조언하는 것을 충분한 치료라 여기지 않는다. 사회적 지지의 촉진(Vaillant, 2014)과 성숙한 대처기제의 계발(Vaillant, 2000) 또한 필요하다. 마찬가지로, 운동의 이익을 지지하는 긍정심리학자가 흡연의 위험성을 무시하지는

---

4) 신빙성이 낮은 출처에서 나와 신뢰도가 낮은 메시지가 시간이 지나면서 상대적으로 설득력이 높아지는 현상이다.

않을 것이다. 긍정적이고 부정적인 이슈들 모두 '긍정' 및 '일반' 유사 심리학자들에 의해 '더 나은 삶에 대한 긍정적 기대'로 다루어졌다(Held, 2004, p. 39). 그렇다면 왜 그들을 모두 '심리학자'라고 부르지 않는가?

모든 노화에 대한 치료는 단순하다. 우리는 모두 많은 이야기를 한다. 우리의 삶은 다면적이고 다차원적이며, 일, 놀이, 관계들은 우리가 동시에 짜놓은 많은 태피스트리의 일부다. 심리학자들은 대규모 집단에 대한 '전반적' 진술문을 만들어서 '좋고', '나쁜' 것으로 일반화하기 위해 법칙정립적 방법론을 선호하는 경향이 있다. 우리는 모두 과잉단순화와 과잉일반화라는 책임을 가진다(그렇다, 이 진술들은 단순한 일반화다.). 개별기술적 자료는 현실의 미묘함 일부를 드러내기 시작하였다. 올바른 조건하에서 올바른 선택을 하고, 일부 사람들은 성숙해지고 번영한다. 그리고 그렇지 않은 사람들도 있다.

심리학은 시간이 지남에 따라 숙성될 것이다. 심리학은 그 안의 학술자료들의 개별기술적 서사의 합이다. 각각의 생각은 심리학이라는 태피스트리에 있는 실 가닥들이다. 진실을 풀어내기 위해서는 이 매력적인 주제에 대한 복잡한 난제와 기회와 도전에 대해 감사할 줄 알아야 한다. 우리 모두는 인간의 삶과 성공적인 노화 과정의 이해라는 풍성한 태피스트리를 엮기 위하여 함께 연구하고 있다.

📖 참고문헌

Aichberger, M. C., Busch, M. A., Reischies, F. M., Strohle, A., Heinz, A., & Rapp, M. A. (2010). Effect of physical inactivity on cognitive performance after 2.5 years of follow-up: Longitudinal results from the Survey of Health, Ageing, and Retirement. *Journal of Gerontopsychology and Geriatric Psychiatry*, 23(1), 7. doi.org/10.1024/1662-9647/a000003.

American Psychiatric Association. (1994). *Diagnostic and statistical manual of mental disorders: DSM-4*. Washington, DC: APA.

American Psychiatric Association. (2013). *DSM-5*. Washington, DC: APA.

Andrews, A. W., Thomas, M. W., & Bohannon, R. W. (1996). Normative values for isometric muscle force measurements obtained with hand-held dynamometers. *Physical Therapy*, 76(3), 248-259.

Armelius, B. A., Gerin, P., Luborsky, L., & Alexander, L. (1991). Clinicians' judgment of mental health: An international validation of HSRS. *Psychotherapy Research*, 1(1), 31-38. doi.org/10.1080/10503309112331334051.

Aspinwall, L. G. & Staudinger, U. M. (2003). A psychology of human strengths: Some central issues of an emerging field. In: L. G. Aspinwall & U. M. Staudinger (Eds.), *A psychology of human strengths: Fundamental questions and future directions for a positive psychology* (pp. 9-22). Washington, DC: American Psychological Association. doi.org/10.1037/10566-001.

Barrett, L. F. (2006). Are emotions natural kinds? *Perspectives on Psychological Science, 1*(1), 28-58. doi.org/10.1111/j.1745-6916.2006.00003.x.

Becker, D. & Marecek, J. (2008). Positive psychology history in the remaking? *Theory & Psychology, 18*(5), 591-604. doi.org/10.1177/0959354308093397.

Bohannon, R. W. (1997). Comfortable and maximum walking speed of adults aged 20-79 years: Reference values and determinants. *Age and Ageing, 26*(1), 15-19. doi.org/10.1093/ageing/26.1.15.

Bond, M. (2004). Empirical studies of defense style: Relationships with psychopathology and change. *Harvard Review of Psychiatry, 12*(5), 263-278. doi.org/10.1080/10673220490886167.

Bond, M. & Perry, J. C. (2004). Long-term changes in defense styles with psychodynamic psychotherapy for depressive, anxiety, and personality disorders. *American Journal of Psychiatry, 161*(9), 1665-1671. doi.org/10.1176/appi.ajp.161.9.1665.

Brouha, L. (1943). The step test: A simple method of measuring physical fitness for muscular work in young men. *Research Quarterly. American Association for Health, Physical Education and Recreation, 14*(1), 31-37.

Carstensen, L. L. & Charles, S. T. (2003). Human aging: Why is even good news taken as bad? In: L. G. Aspinwall & U. M. Staudinger (Eds.), *A psychology of human strengths: Fundamental questions and future directions for a positive psychology*. Washington, DC: American Psychological Association. doi.org/10.1037/10566-006.

Chang, E. C. (1996). Evidence for the cultural specificity of pessimism in Asians vs Caucasians: A test of a general negativity hypothesis. *Personality and Individual Differences, 21*(5), 819-822. doi.org/10.1016/0191-8869(96)00110-9.

Crowne, D. P. & Marlowe, D. (1960). A new scale of social desirability independent of psychopathology. *Journal of Consulting Psychology, 24*(4), 349. doi.org/10.1037/h0047358.

Dahlsgaard, K., Peterson, C., & Seligman, M. E. (2005). Shared virtue: The convergence of valued human strengths across culture and history. *Review of General Psychology, 9*(3), 203. doi.org/10.1037/1089-2680.9.3.203.

Danner, D. D., Snowdon, D. A., & Friesen, W. V. (2001). Positive emotions in early life and longevity: Findings from the nun study. *Journal of Personality and Social Psychology, 80*, 804-813. doi.org/10.1037/0022-3514.80.5.804.

Department of Health. (1992). *The health of elderly people: An Epidemiological overview*. London: Central Health Monitoring Unit, HMSO.

DiFranza, J. R. & Guerrera, M. P. (1990). Alcoholism and smoking. *Journal of Studies on Alcohol and Drugs*, *51*(2), 130.

Doty, R. L., Shaman, P., Applebaum, S. L., Giberson, R., Siksorski, L., & Rosenberg, L. (1984). Smell identification ability: changes with age. *Science*, *226*(4681), 1441-1443. doi.org/10.1126/science.6505700.

Drentea, P. (2002). Retirement and mental health. *Journal of Aging and Health*, *14*(2), 167-194. doi.org/10.1177/089826430201400201.

Duckworth, A. L., Peterson, C., Matthews, M. D., & Kelly, D. R. (2007). Grit: Perseverance and passion for long-term goals. *Journal of Personality and Social Psychology*, *92*(6), 1087. doi.org/10.1037/0022-3514.92.6.1087.

Emanuel, E. J. (2014). Why I hope to die at 75: An argument that society and families–and you–will be better off if nature takes its course swiftly and promptly. *The Atlantic*, September 17.

Erikson, E. (1951). *Childhood and society*. Albury: Imago.

Fiatarone, M. A., Marks, E. C., Ryan, N. D., Meredith, C. N., Lipsitz, L. A., & Evans, W. J. (1990). Highintensity strength training in nonagenarians: effects on skeletal muscle. *Jama*, *263*(22), 3029-3034. doi.org/10.1001/jama.1990.03440220053029.

Fredrickson, B. L. (2001). The role of positive emotions in positive psychology: The broaden-and-build theory of positive emotions. *American Psychologist*, *56*(3), 218. doi.org/10.1037/0003-066X.56.3.218.

Friedman, H. S., Tucker, J. S., Tomlinson-Keasey, C., Schwartz, J. E., Wingard, D. L., & Criqui, M. H. (1993). Does childhood personality predict longevity? *Journal of Personality and Social Psychology*, *65*, 176-185. doi.org/10.1037/0022-3514.65.1.176.

Fries, J. F. (1980). Aging, natural death, and the compression of morbidity. *New England Journal of Medicine*, *303*(23), 1369-1370. doi.org/10.1056/NEJM198012043032317.

Goleman, D. (2006). *Emotional intelligence*. Bantam: New York.

Hardman, A. E. & Stensel, D. J. (2009). *Physical activity and health: The evidence explained*. London: Routledge.

Held, B. S. (2004). The negative side of positive psychology. *Journal of Humanistic Psychology*, *44*(1), 9-46. doi.org/10.1177/0022167803259645.

Helmuth, L. (2003). The wisdom of the wizened. *Science*, *299*(5611), 1300-1302. doi.org/10.1126/science.299.5611.1300.

Hertzog, C., Kramer, A. F., Wilson, R. S., & Lindenberger, U. (2008). Enrichment effects on adult cognitive development can the functional capacity of older adults be preserved and enhanced? *Psychological Science in the Public Interest*, *9*(1), 1-65.

Jackson, A. S., Stanforth, P. R., Gagnon, J., Rankinen, T., Leon, A. S., Rao, D. C., Skinner, J.

S., Bouchard, C., & Wilmore, J. H. (2002). The effect of sex, age and race on estimating percentage body fat from body mass index: The Heritage Family Study. *International Journal of Obesity and Related Metabolic Disorders*, *26*(6), 789-796.

Kail, R. & Salthouse, T. A. (1994). Processing speed as a mental capacity. *Acta Psychologica*, *86*(2), 199-225. doi.org/10.1016/0001-6918(94)90003-5.

King, L. A. (2001). The hard road to the good life: The happy, mature person. *Journal of Humanistic Psychology*, *41*(1), 51-72. doi.org/10.1177/0022167801411005.

Kite, M. E., Stockdale, G. D., Whitley, B. E., & Johnson, B. T. (2005). Attitudes toward younger and older adults: An updated meta-analytic review. *Journal of Social Issues*, *61*(2), 241-266. doi.org/10.1111/j.1540-4560.2005.00404.x.

Kristjánsson, K. (2012). Positive psychology and positive education: Old wine in new bottles?. *Educational Psychologist*, *47*(2), 86-105. doi.org/10.1080/00461520.2011.610678.

Kristjánsson, K. (2013). Ten myths about character, virtue and virtue education—Plus three well-founded misgivings. *British Journal of Educational Studies*, *61*(3), 269-287. doi.org/10.1080/00071005.2013.778386.

Larsson, L., Grimby, G., & Karlsson, J. (1979). Muscle strength and speed of movement in relation to age and muscle morphology. *Journal of Applied Physiology*, *46*(3), 451-456.

Lazarus, R. S. (2003). Does the positive psychology movement have legs? *Psychological Inquiry*, *14*(2), 93-109. doi.org/10.1207/S15327965PLI1402_02.

Levy, B. (1996). Improving memory in old age through implicit self-stereotyping. *Journal of Personality and Social Psychology*, *71*(6), 1092. doi.org/10.1037/0022-3514.71.6.1092.

Levy, B. (2009). Stereotype embodiment a psychosocial approach to aging. *Current Directions in Psychological Science*, *18*(6), 332-336. doi.org/10.1111/j.1467-8721.2009.01662.x.

Levy, B. R., Hausdorff, J. M., Hencke, R., & Wei, J. Y. (2000). Reducing cardiovascular stress with positive self-stereotypes of aging. *Journals of Gerontology Series B: Psychological Sciences and Social Sciences*, *55*(4), P205-P213. doi.org/10.1093/geronb/55.4.P205.

Levy, B. R., Slade, M. D., Kunkel, S. R., & Kasl, S. V. (2002). Longevity increased by positive self perceptions of aging. *Journal of Personality and Social Psychology*, *83*(2), 261. doi.org/10.1037/0022-3514.83.2.261.

Light, L. L. & Burke, D. M. (Eds.). (1993). *Language, memory, and aging*. Cambridge: Cambridge University Press.

Malone, J. C., Cohen, S., Liu, S. R., Vaillant, G. E., & Waldinger, R. J. (2013). Adaptive midlife defense mechanisms and late-life health. *Personality and Individual Differences*, *55*(2), 85-89. doi.org/10.1016/j.paid.2013.01.025.

Manton, K. G., Corder, L., & Stallard, E. (1997). Chronic disability trends in elderly United States populations: 1982-1994. *Proceedings of the National Academy of Sciences*, *94*(6), 2593-2598. doi.org/10.1073/pnas.94.6.2593.

Mayer, K. U. & Baltes, P. B. (1999). *The Berlin Aging Study: Aging from 70 to 100*. Cambridge: Cambridge University Press.

Mein, G., Martikainen, P., Hemingway, H., Stansfeld, S., & Marmot, M. (2003). Is retirement good or bad for mental and physical health functioning? Whitehall II longitudinal study of civil servants. *Journal of Epidemiology and Community Health*, *57*(1), 46-49. doi.org/10.1136/jech.57.1.46.

Melov, S., Tarnopolsky, M. A., Beckman, K., Felkey, K., & Hubbard, A. (2007). Resistance exercise reverses aging in human skeletal muscle. *PLoS One*, *2*(5), e465. doi.org/10.1371/journal.pone.0000465.

Melström, D. (1993). A longitudinal and cross-sectional gerontological population study in Gothenburg. In: J. J. F. Schroots (Ed.), *Aging, health and competence: The next generation of longitudinal research* (pp. 127-141). Amsterdam: Elsevier.

Mischel, W. (2014). *The marshmallow test: Understanding self-control and how to master it*. London: Random House.

Nisbett, R. E. & Ross, L. (1980). *Human inference: Strategies and short-comings of social judgment*. Englewood Cliffs, NJ: Prentice Hall.

Norem, J. K. & Chang, E. C. (2002). The positive psychology of negative thinking. *Journal of Clinical Psychology*, *58*(9), 993-1001. doi.org/10.1002/jclp.10094.

Panksepp, J. (1998). *Affective neuroscience: The foundations of human and animal emotions*. Oxford: Oxford University Press.

Perry, J. C. & Bond, M. (2012). Change in defense mechanisms during long-term dynamic psychotherapy and five-year outcome. *American Journal of Psychiatry*, *169*(9), 916-925. doi.org/10.1176/appi.ajp.2012.11091403.

Peterson, C. & Seligman, M. E. P. (2004). *Character strengths and virtues: A handbook and classification*. New York and Washington, DC: Oxford University Press and American Psychological Association.

Rowe, J. W. & Kahn, R. L. (1998). *Successful aging: The MacArthur Foundation Study*. New York: Pantheon.

Sauvaget, C., Jagger, C., & Arthur, A. J. (2001). Active and cognitive impairment-free life expectancies: results from the Melton Mowbray 75+ health checks. *Age and Ageing*, *30*(6), 509-515. doi.org/10.1093/ageing/30.6.509.

Schaie, K. W. (1988). Variability in cognitive function in the elderly: Implications for societal participation. *Phenotypic Variation in Populations* (pp. 191-211). New York: Springer. doi.

org/10.1007/978-1-4684-5460-4_20.

Scheidt, R. J., Humpherys, D. R., & Yorgason, J. B. (1999). Successful aging: What's not to like? *Journal of Applied Gerontology*, *18*(3), 277-282. doi.org/10.1177/073346489901800301.

Schwartz, B. & Hill, K. E. (2006). Practical wisdom: Aristotle meets positive psychology. *Journal of Happiness Studies*, *7*, 377-395. doi.org/10.1007/s10902- 005-3651-y.

Searle, J. R. (1995). *The construction of social reality*. New York: Simon & Schuster.

Seligman, M. E. & Csikszentmihalyi, M. (2000). Positive psychology: An introduction. *American Psychologist*, *55*(1), 5. doi.org/10.1037/0003-066X.55.1.5.

Seligman, M. E., Steen, T. A., Park, N., & Peterson, C. (2005). Positive psychology progress: Empirical validation of interventions. *American Psychologist*, *60*(5), 410. doi. org/10.1037/0003-066X.60.5.410.

Shingo, T., Gregg, C., Enwere, E., Fujikawa, H., Hassam, R., Geary, C., Cross, J. C., & Weiss, S. (2003). Pregnancy-stimulated neurogenesis in the adult female forebrain mediated by prolactin. *Science*, *299*, 117-120. doi.org/10.1126/science.1076647.

Shryack, J., Steger, M. F., Krueger, R. F., & Kallie, C. S. (2010). The structure of virtue: An empirical investigation of the dimensionality of the virtues in action inventory of strengths. *Personality and Individual Differences*, *48*(6), 714-719. doi.org/10.1016/j.paid.2010.01.007.

Skelton, D. A., Young, A., Greig, C. A., & Malbut, K. E. (1995). Effects of resistance training on strength, power, and selected functional abilities of women aged 75 and older. *Journal of the American Geriatrics Society*, *43*(10), 1081-1087.

Szasz, T. S. (1960). The myth of mental illness. *American Psychologist*, *15*(2), 113. doi. org/10.1037/h0046535.

Vaillant, G. E. (1971). Theoretical hierarchy of adaptive ego mechanisms. *Archives of General Psychiatry*, *24*, 107-118. doi.org/10.1001/archpsyc.1971.01750080011003.

Vaillant, G. E. (1977). *Adaptation to life*. Boston, MA: Little Brown.

Vaillant, G. E. (1979). Natural history of male psychological health: Effects of mental health on physical health. *New England Journal of Medicine*, *301*, 1249-1254. doi.org/10.1056/ NEJM197912063012302.

Vaillant, G. E. (1992). *Ego mechanisms of defense*. Washington, DC: APA.

Vaillant, G. E. (1995). *The wisdom of the ego*. Cambridge, MA: Harvard University Press.

Vaillant, G. E. (2000). Adaptive mental mechanisms: Their role in a positive psychology. *American Psychologist*, *55*(1), 89. doi.org/10.1037/0003-066X.55.1.89.

Vaillant, G. E. (2002). *Aging well: Surprising guideposts to a happier life*. Boston, MA: Little, Brown.

Vaillant, G. E. (2003). Reviews and overviews: Mental health. *American Journal of Psychiatry*,

160(8), 1373-1384. doi.org/10.1176/appi.ajp.160.8.1373.

Vaillant, G. E. (2004). Positive aging. In: P. A. Linley & S. Joseph (Eds.), *Positive Psychology in Practice* (pp. 561-578). Hoboken, NJ: John Wiley.

Vaillant, G. E. (2012a). Lifting the Field's "repression" of defenses. *American Journal of Psychiatry*, 169(9), 885-887. doi.org/10.1176/appi.ajp.2012.12050703.

Vaillant, G. E. (2012b). Positive mental health: Is there a cross-cultural definition? *World Psychiatry*, 11(2), 93-99. doi.org/10.1016/j.wpsyc.2012.05.006.

Vaillant, G. E. (2012c). *Triumphs of experience: The men of the Harvard Grant Study*. Cambridge, MA: Harvard University Press. doi.org/10.4159/harvard.9780674067424.

Vaillant, G. E. (2014). Positive emotions and the success of Alcoholics Anonymous. *Alcoholism Treatment Quarterly*, 32(2/3), 214-224. doi.org/10.1080/07347324.2014.907032.

Vaillant, G. E. & Milofsky, E. (1980). Natural history of male psychological health: IX. Empirical evidence for Erikson's model of the life cycle. *American Journal of Psychiatry*, 137(11), 1348-1359. doi.org/10.1176/ajp.137.11.1348.

Vaillant, G. E. & Mukamal, K. (2001). Successful aging. *American Journal of Psychiatry*, 158(6), 839-847. doi.org/10.1176/appi.ajp.158.6.839.

Vaillant, G. E. & Vaillant, C. O. (1990). Natural history of male psychological health: XII. A 45-year study of predictors of successful aging at age 65. *American Journal of Psychiatry*, 147(1), 31-37.

Vaillant, G. E., Meyer, S. E., Mukamal, K., & Soldz, S. (1998). Are social supports in late midlife a cause or a result of successful physical aging. *Psychological Medicine*, 28, 1159-1168. doi.org/10.1017/S0033291798007211.

Vandervoort, A. A. (1992). Effects of ageing on human neuromuscular function: implications for exercise. *Canadian Journal of Sport Sciences (Journal Canadien des Sciences du Sport)*, 17(3), 178-184.

Wood, A. M. & Tarrier, N. (2010). Positive clinical psychology: A new vision and strategy for integrated research and practice. *Clinical Psychology Review*, 30(7), 819-829. doi.org/10.1016/j.cpr.2010.06.003.

Woodruff-Pak, D. S. (1997). *The neuropsychology of aging*. Oxford: Blackwell.

World Health Organization. (1952). Constitution of the World Health Organization. In: *World Health Organization handbook of basic documents* (5th edn.). Geneva: WHO.

제**3**부

장애

제13장

심리치료를 통한 우울증 치료효과 증진
긍정 임상심리학 계획 수립

Barnaby D. Dunn & Henrietta Roberts

우울증은 16%의 평생 유병률을 지닌 반복적으로 발생하고 보편적이며 쇠약하게 만드는 정신장애다(Judd, 1997). 영국 인구의 2.5%, 그러니까 160만 명이 지금 이 시간 우울증을 지니고 있다. 이는 신체적 건강에 악영향을 미치는 것에 넘어서 경제적 부담을 가져 오기도 한다(Layard et al., 2006). 2020년에 이르면 우울증은 전 세계적으로 장애의 주요 기여자가 될 것이라고 예견된다(Ustun, Ayuso-Mateos, Chatterji, Mathers, & Murray, 2004). 우울증에 있어 최적의 치료방법은 아직 존재하지 않는다. 심리치료 중에서 가장 대표적인 인지행동치료는 우울증을 치료함에 있어 효과적이기는 하지만(Beck, Rush, Shaw, & Emery, 1979; Butler, Chapman, Forman, & Beck, 2006), 3분의 2 정도만 치료에 반응(증상의 50% 감소)하고 절반 정도는 2년 내에 재발하곤 한다. 우울증에 대한 다른 심리치료도 마찬가지다(Vittengl, Clark, Dunn, & Jarret, 2007; Cuijpers, van Straten, Andersson, & van Oppen, 2008; Fournier et al., 2010). 가장 보편적인 우울증의 치료방법인 약물치료 또한 그 효과는 연구결과마다 비일관적이다(예: Spence, Roberts, Ariti, & Bardsley, 2014). 예를 들어, 항우울제를 처방받은 55~65%의 내담자는 잔존 증상이 지속되었다(Anderson et al., 2008). 유지치료를 받지 않은 내담자의 경우의 재발률은 특히 높았다. 약물치료가 위약조건이나 통제조건보다 임상적으로 유의한 효과가 있다는 것에 대해서 여전히 논란이 존재한다(Kirsch, Deacon, Huedo-Medina, Scoboria, Moore, & Johnson, 2008; Cuijpers, Karyotaki, Weitz, Andersson, Hollon, & Streets, 2014; Cuijpers et al., 2014). 우울증의 치료효과를 고양해야 할 필요성이 절실하다. 많은 노력과 투자가 있어 왔지만 아직도 소기의 성과를 거두지는 못하였다. 하나의 방법은 우울증의 예후에 있어 중요하나 지금까지 충분히 다루어지지 못한 우울증의 증상에 초점을 맞추는 것이다.

무쾌감증(이전에는 즐거움을 느꼈던 대상에 이제는 흥미를 잃어버리는 상태)은 우울증의 주요 증상 중 하나다. 무쾌감증은 우울증을 진단하는 데 있어 핵심적인 특성이지만 지금까지 우울증을 치료하는 데 있어 간과되어 온 증상이기도 하다. 예를 들어서 국립보건임상연구원(NICE)에서 추천한 우울증 치료방법의 하나인 인지행동치료는 부정 정서를 완화시키기 위해서 부정사고를 수정하는 것을 목표로 하며, 대인관계심리치료는 중요한 대인관계에서의 변화를 초점에 두었으며(Weissman, Markowitz, & Klerman, 2000), 이 두 치료법 모두 무쾌감증을 중요하게 다루지 않았다. 행동활성화치료에서는 보상활동을 체계적으로 관리하여 웰빙 증진에 효과를 보기는 하였으나(Mazzucchelli, Kane, & Rees, 2010), 이 치료법은 긍정적 활동을 막는 심리적 방해물을 제거하는 것에 초점을 두었을 따름이며, 즐거움을 느꼈던 대상에 대해 왜 흥미를 잃어버렸는지에 대한 설명을 제공하지는 못했다. NICE에서는 부정 정서를 선택적으로 다루는 신경전달물질과 관련된 항우울제(예: SSRI)에 대해서는 관심을 가졌지만, 긍정 정서와 관련된 신경전달물질(예: 도파민)에 대해서는 간과하였다. 긍정 정서의 기제는 적어도 부분적으로는 부정 정서의 기제와는 독립적이므로(Watson, Weise, Vaidya, & Tellegen, 1999), 현재 부정 정서를 다루는 치료방법이 긍정 정서를 고양하는 데 반드시 영향을 미치는 것은 아니다(Dunn, 2012).

무쾌감증 문제의 범위와 무쾌감증이 우울증 예후에 기여하는 정도를 충분히 평가하는 것은 어렵다. 왜냐하면 현재 우울증의 약물치료와 심리치료의 효과를 보고할 때 무쾌감증을 선별적으로 보고하지는 않기 때문이다. 그렇지만 대규모의 기분장애 치료효과 연구에서 부정 정서를 낮추는 데에는 효과적이었으나 긍정 정서를 고양하는 데는 부족하였다고 보고하였다(Brown, 2007). 이는 현재 진행되는 외래 치료에서 무쾌감증이 치료되지 않은 채 잔존한다는 점을 시사한다.

이 장에서는 우울증 치료를 최대화하기 위해서 부정 정서의 감소와 함께 긍정 정서의 고양을 포함한 치료가 필요하다는 점을 다룰 것이다. 부정 정서를 감소시키는 일반의 우울증 치료방법에 긍정심리학의 기법을 차용하여 보다 정합적이고 통합적인 치료틀을 만들어야 한다(예: 긍정 임상심리학 치료계획) (Wood & Tarrier, 2010). 이러한 접근법은 우울증상을 감소시킬 뿐 아니라 웰빙을 증진시킬 것이다. 첫째, 이 장에서는 무쾌감증과 긍정 정서에 대한 조작적 정의를 제공할 것이다. 둘째, 이 장에서는 무쾌감증이 우울증의 핵심 증상이며 예후상 중요한 특성이라는 주장의 증거를 제공할 것이다. 셋째, 중간 수준의 우울 증상을 지닌 우울증 내담자를 대상으로 한 긍정심리학의 개입이 효과적이었음을 보일 것이다. 넷째, 폴리아나(Pollyanna) 문제라고 할 수 있는 긍정심리학 개입이 지니는 단점을 소개하고(Dunn, 2012) 이를 해결하는 방법을 모색할 것이다. 우리의 주장은 다음과 같다. ① 긍정성을 측정할 수 있는 척도가 요망된다. ② 우울증은 긍정성이 손상된 상태로 이해해야 한다. ③ 우울증에 있어서 긍정성 결핍의 저변에 있는 기제를 이해해야 한다. ④ 동기를 중요하게 간주하여 목표 설정을 위한 접근법을 채택해야 한다. ⑤ 긍정 임상심리학 개입에 있어서 새로운 디지털 기법을 도입해야 한다. ⑥ 현존하는 건강돌봄 환경에 긍정 임상심리학을 적용하기 위한 방법을 강구한다.

이 장은 우울증에 있어 긍정 정서를 고양하는 방법에 초점을 맞춘다. 물론 부정 정서의 감소가 중요하다는 것은 말할 나위도 없지만, 현존하는 치료방법은 부정 정서의 감소에 초점을 두었으며, 이에 대한 개관은 다른 곳에서 충분히 다루었기 때문에(Beck, 2005 참고; Dumidjian, Barrera, Martell, Munoz, & Lewinsohn, 2011; Markowitz & Weissman, 2012), 이 장에서는 자세히 다루지는 않을 예정이다.

무쾌감증의 정의

무쾌감증의 치료효과 증진을 위해서 심리학적 설명과 신경생물학적 설명을 통합하는 표준적인 정의를 정하는 것이 중요하다. 이전에서도 언급하였듯이(Dunn, 2012), 무쾌감증의 심리학적 정의는 이전에 즐거움을 느끼던 대상에 대한 흥미와 즐거움을 잃어버리는 것이며 긍정 정서 시스템의 결핍이라고 말할 수 있다. 긍정 정서는 주관적인 긍정적 감정상태(예: 행복, 기쁨, 만족), 긍정적 평가(어떤 대상에 대해 보상적이라고 평가하는 것), 긍정적인 행동경향(예: 보상자극으로 향한 접근 행동), 생리적 반응(조용하거나 흥분된 신체반응) (Dillon & Pizzagalli, 2010 참고)을 포괄한다. 상태 긍정 정서는 내적 혹은 외적 자극의 반응으로 짧게 지속될 수도 있고(즉, emotion) 특정 촉발물과는 덜 분명하게 연결되고 상대적으로 오랫동안 지속될 수도 있다(즉, mood)(Rottenberg, 2005). 특질 긍정성은 다양한 상황과 맥락에 걸쳐 일관적으로 긍정 정서를 경험하는 특질을 의미한다(Dunn, 2012). 심리치료와 약물치료는 감정 상태에 초점을 두기는 하지만, 감정 상태의 변화를 위해서 평가, 행동, 생리적 반응을 수정하기도 한다.

무쾌감증은 도파민과 오피오이드 신경전달물질 경로의 보상 시스템 기능과 관련되어 있다(Treadway & Zald, 2011). 보상 시스템 기능은 4개의 긍정 감정 시스템(정서상태, 평가, 행동경향, 생리적 반응)에 걸쳐 긍정 정서 반응의 전 영역과 관련되어 있다. 신경과학은 보상 시스템을 3개의 영역으로 나누었다. 욕구(wanting), 애호(liking), 학습(learning) 등이 그것이며, 욕구는 획득하기 전에 관심이 고조된 상태이고, 애호는 획득하는 행동에 대한 보상이며, 욕구와 애호가 함께 협력하여 학습을 만들어 낸다(Kringelbach & Berridge, 2009). 최근까지 무쾌감증에 대한 심리학적 정의와 보상 시스템 기능에 대한 기초과학의 정의는 통합되지 않았다. Research Domains Criteria framework(RDoC; Insel et al., 2010)의 도래로 인하여, 무쾌감증과 그와 관련된 정신장애를 긍정 정서 시스템 기능의 결핍과 연관 지으려는 움직임이 증가하고 있다.

이 장의 나머지 글에서는 무쾌감증을 긍정 정서 시스템 기능의 결핍과 그와 관련된 보상체계의 역기능으로 사용하고자 한다.

우울증의 중심에 있는 무쾌감증

최근의 개관 논문은 무쾌감증이 우울증의 핵심 증상임을 보였다(예: Treadway & Zald, 2011; Watson & Naragon-Gainey, 2011; Dunn, 2012). 우울한 사람은 스네이스−해밀턴 쾌감 척도(Snaith-Hamilton Pleasure Scale; Snaith, Hamilton, Morley, Hurmayan, Hargreaves, & Trigwell, 1995; Nakozeny, Carmody, Morris, Kurian, & Trivedi, 2010 참고)와 긍정 정서 및 부정 정서 척도(Positive Affect Negative Affect Schedule; Watson, Clark, & Tellegen, 1988)를 비롯한 자기보고형 척도에서 유의미한 무쾌감증을 보고했다. 만성적으로 우울한 사람들에게 있어 우울증의 증상은 변화하더라도 무쾌감증 수준은 일정하였다(Schrader, 1997). 우울한 사람들은 실험실에서 긍정적 이미지와 비디오 클립을 보여 줄 때 행복과 쾌감을 덜 보고하였다(예: Dunn, Dalgleish, Lawrence, Cusack, & Ogilvie, 2004; Bylsma, Morris, & Rottenberg, 2008 메타연구 참고). 경험표집법을 사용한 연구에서도 일상생활의 다양한 시점에서 우울증은 낮은 수준의 긍정 정서와 함께 나타났다(Telford, McCarthy-Jones, Corcoran, & Rowse, 2012 개관연구 참고). 그러나 우울한 사람들에게 경험표집법을 사용하였을 때 긍정 사건에 대한 긍정 정서 반응이 줄어든 것이 아니라 긍정 사건에 참여하는 비율 자체가 줄어든 것으로 보인다(예: Bylsma, Taylor-Clif, & Rottenberg, 2010).

게다가 우울한 사람들은 긍정적인 인지적 편향도 적게 보여서, 우울한 사람들은 자신의 수행에 대해서 과잉평가하는 경향이 적었고(Dunn, Dalgleish, Lawrence, & Ogilvie, 2007a; Dunn, Stefanovitch, Buchan, Lawrence, & Dalgleish, 2009), 긍정 자극에 대한 주의편향도 적었으며(Gotlib, McLachlan, & Katz, 1988), 자서전적 긍정 기억도 적었다(Dalgleish, Hill, Golden, Morant, & Dunn, 2011). 우울한 사람들은 금전적 보상에 대해 노력을 덜 기울이

는 모습을 보였고 이는 보상동기감소 이론(욕구, wanting)과 일치한다(Treadway, Bossaller, Shelton, & Zald, 2012). 또한 우울한 사람들은 보상 자극에 대한 반응편향의 학습 감소를 보여, 보상학습의 결여를 시사하였다(Pizzagalli, Iosifescu, Hallett, Ratner, & Fava, 2008; Vrieze et al., 2013).

뇌영상 연구 결과는 우울증에 있어 보상회로의 명백한 손상을 보고했다(Keedwell, Andrew, Williams, Brammer, & Phillips, 2005; Epstein et al., 2006; Heller et al., 2009; Pizzagalli et al., 2008; Smoski et al., 2009). 글루타메이트, 도파민, GABA 신경전달물질과 관련된 복측 피개 영역과 측좌핵을 연결하는 보상경로가 우울증에게 특별히 중요하다는 사실이 최근 개관 논문에서 밝혀졌다(Russo & Nestler, 2013). 결론적으로 우울증에 있어 무쾌감증과 긍정 정서 시스템이 핵심이라는 충분한 증거가 존재한다.

무쾌감증의 예후적 중요성

무쾌감증이 우울증의 부정적 예후에 영향을 미친다는 증거가 축적되고 있다. 지역사회 우울증 샘플을 사용한 연구에서 무쾌감증은 1년 후의 우울증상을 예언했다(Spijker, Bijl, de Graaf, & Nolen, 2001). 기저선의 낮은 무쾌감증은 항우울제와 인지행동치료의 낮은 반응률에 영향을 미쳤다(Geschwind, Nicolson, Peeters, van Os, Barge-Schaapveld, & Wichers, 2011; McMakin et al., 2012; Uher et al., 2012). 항우울제를 통한 회복은 스트레스 민감도보다 보상 성험에 의해서 예견되었나(Wichers et al., 2009). 지료를 받으러 온 826명을 대상으로 진행된 연구에서, 초기 증상 수준을 통제한 상태에서도 긍정 정서의 감소는 우울증상의 증가에 영향을 미쳤다(Naragon-Gainey, Gallagher, & Brown, 2013).

긍정 정서는 적응적 대처와 회복력을 고양한다고 알려져 있다. 예를 들어, Fredrickson의 확장-구축 이론에 의하면 긍정 정서는 외부 세계에 시선을 옮기도록 이끌고 창의성을 고양하며 친사회적인 행동을 불러일으키며, 이러한 현상의 결과로 부정적인 미래 사건에 대처할 수 있는 자원을 구축할 수 있도록 도움을 준다(Garland, Fredrickson, Kring, Johnson, Meyer, & Penn, 2010 참고). 따라서 치료 이후 잔존하는 무쾌감증은 향후 스트레스 사건의 결과로 인하여 우울증의 재발 가능성을 높일 것이라는 가설을 설정할 수 있으며, 낮은 수준의 웰빙은 10년 이후의 우울증을(Wood & Joseph, 2010), 스스로 보고한 무쾌감증은 20년 이후의 우울증을 예언하였다는 연구 결과는 이러한 가설과 일치한다(Shankman, Nelson, Harrow, & Full, 2010). 우울증 재발에 대한 마음챙김기반 인지치료(MBCT; Segal, Williams,

& Teasdale, 2002)와 같은 집단심리치료의 효과(Piet & Hougaard, 2011 메타연구 참고)도 긍정 정서 경험의 증가에 의해 부분적으로 매개되었다(Geschwind, Peeters, Drukker, van Os, & Wichers, 2011; Batink, Peeters, Geschwind, van Os, & Wichers, 2013).

긍정심리 개입은 웰빙 증진과 우울 감소에 효과적인가

우리는 이제 긍정 정서를 고양하는 심리치료 기법들이 우울증에도 효과가 있는지를 살펴볼 것이다. Seligman과 동료들에 의해서 긍정심리학적 접근을 지지하는 초기 증거들이 보고되었다. 자기주도의 긍정심리학 연습이 우울감을 감소시키는 데 효과적이었다(Seligman, Steen, Park, & Peterson, 2005). 경도의 우울증상을 지닌 411명이 다섯 가지 긍정심리치료 기법(감사편지 쓰기, 축복 헤아리기, Best Possible Selves, 대표 강점 인식하기, 대표 강점 활용하기)을 실시하는 조건과 위약조건에 무작위로 할당되었다. 두 조건에 참여한 사람들 모두 행복 증진과 우울 감소의 효과를 얻었지만, 위약조건에 할당된 참여자는 그 효과가 일주일 이상 지속되지는 못했다. 축복 헤아리기와 대표 강점 활용하기 기법에 참여한 참여자는 그 효과가 6개월 이상 지속되었다.

후속 연구에서는 보다 심각한 우울증을 지닌 사람에게도 상기의 효과가 나타난다는 것을 보였다. 경도에서 중등도 수준의 젊은 성인들($N = 19$)은 집단 긍정심리치료를 6주간 참여한 뒤 치료를 받지 않은 사람들($N = 21$)에 비해 우울증상이 감소하고 삶의 만족도는 증가하였고, 이 효과는 1년 이상 지속되었다(Seligman, Rashid, & Parks, 2006, 연구 1). 개인 긍정심리치료에 참여한 주요우울장애 내담자들($N = 13$)은 약물치료와 기존 심리치료를 함께 받는 집단($N = 15$)과 기존심리치료를 받는 집단($N = 17$)에 비해 행복 수준과 관해율은 증가하였고 슬픔 수준은 감소하였다(Seligman et al., 2006, 연구 2). 그렇지만 상기 연구에 포함된 기존 심리치료는 적극적인 개입이 아닌 통합적인 개입 방식이고, 샘플의 크기가 작고, 무선할당이 충분하지 않은 단점을 지닌다. 최근의 흥미로운 연구에서는 자살시도 내담자에게 긍정심리치료를 실시했을 때 낙관성이 증가하고 무망감이 감소하였다(Huffman et al., 2014). 그렇지만 모든 긍정심리치료 기법이 잘 적용된 것은 아니어서, 용서편지 쓰기의 참여자는 슬픔과 분노를 경험하였다.

긍정심리치료의 좋은 예 중 하나는 Fava와 동료들이 함께 개발한 웰빙 치료(well-being therapy: WBT)다. 이는 Ryff의 여섯 가지 심리적 웰빙(환경의 통제, 타인과의 긍정적 관계, 자율성, 개인적 성장, 인생의 목적, 자기수용)의 증진을 통해서 우울을 위시한 정신장애 증상의 호전을 목적으로 한 치료다(Ryff & Singer, 1996; Runi & Fava, 2012 개관연구 참고). 추가적인 연구가 필요하겠지만, WBT의 고무적인 연구 결과가 발표되었다. 약물치료와 심리치료 이후 잔존 증상을 지니고 있는 기분장애 내담자에게 WBT는 효과적이었으며, 인지행동치료보다 다소간 나은 효과를 보였다(Fava, Rafanelli, Grandi, Canestrari, & Morphy, 1998a). 인지행동치료와 WBT를 병합한 방식을 3회 이상의 우울증 삽화를 보인 바 있는 내담자에게 실시했을 때 표준적인 임상관리에 비해서 재발 가능성이 낮았다(Fava, Rafanelli, Grandi, Conti, & Belluardo, 1998b).

잠재적으로 유망한 두 가지의 긍정심리치료 접근은 마음 확장 정서 대처(Broad Minded Affective Coping: BMAC; Tarrier, 2010)와 목표설정 및 계획(goal-setting and planning: GAP; MacLeod, Coates, & Hetherton, 2008)이다. BMAC은 심상법을 사용하여 자서전적 기억을 회상하고 재현하여 긍정 정서를 주입하는 기법이다(Tarrier, 2010). BMAC는 PTSD(Panagioti, Gooding, & Tarrier, 2012)와 정신증 내담자(Johnson, Gooding, Wood, Fair, & Tarrier, 2013)의 긍정성을 고양시키는 기법이며 지금까지 우울증 치료에는 사용되지 못했다. GAP는 자기 조화적인 긍정 목표를 정하고 그 목표로 나아갈 것을 격려하는 웰빙 치료다(Sheldon, 1999 참고). GAP는 임상 집단과 비임상 집단 모두에서 우울증상을 감소시키고 웰빙을 증진시키는 데 효과를 보였다(MacLeod et al., 2008; Ferguson, Conway, Endersby, & MacLeod, 2009; Coote & MacLeod, 2012; Farquharson & MacLeod, 2014).

최근의 메타분석 연구에서는 51개 연구와 4,266명을 대상으로 상기의 긍정심리치료가 우울증상을 감소시키고 웰빙을 증진시키는지를 살펴보았다(Sin & Lyubomirsky, 2009). 포함된 연구 중 일부는 비임상 집단을 대상으로 한 것이고 일부는 임상 집단을 대상으로 한 것이며 임상 집단은 주로 우울증 집단이었다. 대체로 긍정심리치료는 통제집단에 비해 우울증상을 감소시키는 데 효과적이었고(pooled $r = .31$), 웰빙을 증진시키는 데도 효과적이었다(pooled $r = .29$). 그렇지만 집단 간 차이가 컸다(웰빙 효과크기: $-.31 \sim .84$; 우울증상 효과크기: $-.28 \sim .81$). 흥미로운 연구 결과는 긍정심리치료의 효과가 우울증상의 심각도가 클수록 더 컸다는 것이다.

대체로 긍정심리치료 기법은 우울증에 효과를 보였다. 그러나 이 메타분석에는 문제점이 있다. 첫째, 메타분석에 포함된 연구는 임상 집단을 대상으로 한 것이 드물었기 때문에, 보다 심한 우울증에 긍정심리치료가 효과를 보일 것인지는 불확실하다. 둘째, 긍정심리치료 개입의 효과는 고정효과분석에서만 나타났고 무선효과분석에서는 나타나지 않았다. (메타분석에 포함된 연구들은 다양하므로 이 경우에는 고정효과분석보다는 무선효과분석이 더 적합하다.) 셋째, 방법론상의 엄격함이 부족하여 긍정심리치료 기법의 효과는 다소 과장보고되었다. 오로지 무선통제실험 긍정심리치료 연구만 포함한 최근의 메타분석 연구에서의 효과크기는 0.3 미만이었다(Bolier, Haverman, Westerhof, Riper, Smit, & Bohlmeijer, 2013).

이러한 약점에도 불구하고 긍정심리치료가 우울증의 치료에 있어 유망한 치료법이라는 증거는 많다. 그러나 보다 심각한 수준의 우울증 내담자를 대상으로 한 무선통제실험 연구와 긍정심리치료가 우울증의 재발을 막아 주는지를 확인하는 연구가 필요하다. 우울증의 진단기준에 해당하다가 이제 부합하지 않는 내담자에게 긍정심리치료의 기법이 적절하므로, 긍정심리치료적 접근이 재발을 막는 데 효과적일 것으로 예상된다.

그러나 긍정심리치료가 우울증을 치료하기 위한 단일치료 기법으로 사용될 가능성은 낮다. 긍정성 부족은 우울증을 지닌 사람의 절반 정도에게서만 나타나는 문제이기에 내담자로 하여금 부정성을 낮추는 데 초점을 계속 두어야 하는 것은 중요하다. 지금 필요한 것은 긍정성 중심의 접근 방법과 부정성 중심의 접근 방법을 하나의 치료 개입 내에서 통합시키는 것이다. 통합된 치료방법이야말로 급성 우울증을 지닌 내담자를 치료하고 재발을 막는 데 효과적일 것이다.

우울증에 대한 긍정심리학 접근의 위험성: '폴리아나 문제'

지금까지 긍정심리학적 치료계획이 지닌 이익에 대해서 제시하였지만 그러한 접근법에 내재된 위험성이 존재한다. 긍정성에 대한 강조가 세상에 대해서 막연히 갖는 낙관적 태도에 그칠 수 있고 이 경우 개인이 겪는 고통에 대해서 타당화하지 않는 결과를 초래할 수 있다. 이와 관련된 우려가 우울증의 맥락에서 발생할 수 있다. 우울증을 지닌 내담자에게 긍정성을 이야기하는 것은 자신과 너무나 멀리 떨어진 이야기처럼 여겨질 수 있기 때문이다. 이것이 바로 '폴리아나 문제'다(Dunn, 2012). 예를 들어, 자살사고를 지니고 있고 세상에 대해 증오를 경험하고 있는 내담자에게 민감성이 부족한 상태에서 감사 연습이나 친절연습을 실시한다면 내담자의 고통을 타당화하지 않게 될 것이다. 개입에 노력을 충분히 투여하고 연습에 대한 자발적 동기 수준이 높은 내담자에게 긍정심리 개입이 효과적인 것은 명확하며(예: Sheldon & Lyubomirsky, 2006), 이러한 특성은 심한 우울증의 내담자에게는 어울리지 않는 것이다. 더욱 우려스러운 점은 낮은 기분 상태의 내담자에게 긍정심리치료의 기법은 오히려 역효과가 발생한다는 것이다(이 점은 Sin과 Lyubomirsky의 메타연구의 결과와 상반되는 것이다.). 예를 들어, 자존감이 높은 사람에게 긍정적인 자기표현(예: 나는 성공한 사람이라고 스스로에게 말하는 것)은 도움이 되겠으나 자존감이 낮은 사람에게 있어서는 오히려 긍정적 기분을 떨어뜨린다(Wood, Perunovis, & Lee, 2009). 우울한 내담자에게 감사연습을 실시했을 때 오히려 웰빙 수준이 낮아졌다. 앞서도 언급하였듯이 용서편지 쓰기를 자살시도 경험이 있는 내담자에게 실시했을 때 슬픔과 우울을 보고하였다.

우울한 내담자는 왜 긍정심리치료의 연습에 참여하는 것을 꺼리며, 왜 우울한 내담자에게 긍정심리치료 개입이 역효과를 일으킬까. 우울한 사람은 '우울한 현실주의(depressive realism)'를 지니고 있어서 일반인이 흔히 보고하는 '세상을 긍정적으로 보려고 하는' 정보처리 오류를 범하지 않기 때문이라는 전통적인 설명이 존재한다(Alloy & Abramson, 1979; Moore & Fresco, 2012 참고). 또한 삶이 원하는 만큼의 이상에 도달하지 않았을 때 경험할 수 있는 상처에 대해 방어하는 '방어적 비관주의(defensive pessimism)'도 이를 설명할 수 있다(Norem & Cantor, 1986). 따라서 '현실주의'와 '방어적 비관주의'의 시각을 지니고 있는 우울한 사람들이 긍정적인 치료계획에 참여하기를 꺼리는 것은 이해할 만한 일이다.

우울한 사람들은 긍정 정서 경험을 두려워하여(Werner-Seidler, Banks, Dunn, & Moulds, 2013; Gilbert, McEwan, Catarino, McEwan, & Palmeira, 2014), 즐거움과 접촉하지 않기 위해 노력을 다한다. 우울한 사람들은 잠깐 행복한 순간을 경험한 뒤에 영락없이 아래로 떨어지는 체험을 보고한다. 우울한 사람에게 좋은 기분을 느끼는 순간과 원래의 부정적인 기분을 느끼는 것 사이의 대비는 너무나 참혹해서 차라리 그 좋은 기분을 느끼는 것을 피하고 싶은 마음이 든다고 한다. 이것은 걱정(worry)의 대비 회피 모형(contrast avoidance model)과 유사한데(예: Newman & Llera, 2011; Cooper, Miranda, & Mennin, 2013), 긍정 정서 경험의 맥락에서 우울증에 적용된 바는 없다. 만약 이 이론이 사실이라면, 우울한 사람이 경험하는 긍정 정서에 대한 두려움이 해결될 때까지 긍정심리치료의 연습은 실효가 없을 것이다.

우울한 사람은 만성적으로 죄책감과 수치감에 시달리며, 자신이 행복한 사람이 될 자격이 없다고 생각한다(Gilbert, 2009). 부정적 결과를 경험하는 것이 그럴만하다고 생각한다면 자멸적 행동과 자기 불구화 행동으로 이어질 것이며(Callan, Kay, & Dawtry, 2014), 거부 상황에서 우울 기분과 자기비난을 피할 수 없을 것이다(Major, Kaiser, & McCoy, 2003). 또한 죄책감과 수치감을 경험하게 되면 의도적으로 즐거운 경험에 대해 부인하게 되며 자기처벌을 행할 것이다(Nelissen & Zeelenberg, 2009; Bastian, Jetten, & Fasoli, 2011; Inbar, Pizarro, Gilovich, & Ariely, 2012; Nelissen, 2012; Watanabe & Ohtsubo, 2012). 이 맥락에서 본다면, 긍정심리학의 접근법은 부정적 결과를 경험할 만하다고 생각하는 것과 어울리지 않으며, 그러한 믿음이 해결되지 않은 상태에서 감사 연습을 실시하면 오히려 죄책감과 자기처벌을 경험하게 될 것이다.

만약 어떤 사람이 기대 수준이 너무 높다면 행복을 추구하는 것이 도움이 되지 않을 것이라고 주장하기도 한다(Ford & Mauss, 2013). 예를 들어, 어떤 사람이 행복에 대한 지나치게 높은 기준을 설정하고(완벽하게 즐기는 것을 기대하는 것), 행복을 얻기 위해서 비생산적인 활동에 몰입하고(사회적 교류를 줄이고 지위, 돈, 승진을 추구하는 것), 현재의 기분 상태를 지속적으로 모니터링한다면 긍정 경험이 부정경험으로 바뀌게 될 것이다. 우울한 사람들이 긍정자극에 접했을 때 역설적이게도 슬픔의 감정이 증폭된다는 연구 결과는 이러한 특성과 관련된다(예: Rottenberg, Kasch, Gross, & Gotlib, 2002; Dunn et al., 2004).

긍정 임상심리학은 '폴리아나 문제'를 어떻게 다루어야 하는가. 하나의 방법은 현재 존재하는 긍정심리치료 기법을 우울한 사람들에 맞게 수정하는 것이다(Sin et al., 2011 참고). 예를 들어, 우울증상 수준이 높은 내담자에게 긍정심리치료를 실시할 때에는 개인 회기를 가지거나 시간을 충분히 들여서 내담자를 대하고, 내담자가 해당 기법이 자신에게 효과가 있을 것이라는 점을 믿을 수 있도록 배려한다(예: Sin & Lyubomirsky, 2009). 또한 내담자의 성향과 해당 기법이 잘 조화될 수 있도록 배려한다. 예를 들어, 사교적인 사람은 혼자서 행하는 활동(대표 강점 인식하기)보다는 타인과 함께 하는 활동(예: 친절연습)을 할 수 있도록 한다. 마찬가지로 과정 중심의 활동이 수행 중심의 활동보다 유익하며, 활동 참여를 이끌어 낼 수 있을 것이다(Elliott & Dweck, 1988).

내담자가 자신의 변화 폭에 대해서 현실적인 시각을 가질 필요가 있다. 삶에서 우리가 경험할 수 있는 긍정 경험은 유전적으로 정해져 있는 값이 존재한다(Lyubomirsky, Sheldon, & Schkade, 2005). 우울증에 취약한 사람은 성향적으로 낮은 행복 설정값을 지닐 것이며, 긍정성을 고양하려고 하는 노력은 그 설정값의 지붕에 부딪힐 것이다. 만약 어떤 사람이 정해져 있는 행복 설정값을 넘어서려고 노력한다면 자신을 치료로부터 점점 더 소외시키는 결과를 낳을 것이다.

폴리아나 문제가 긍정심리학 접근의 유일한 위험 요소는 아니다. 조증 성향을 지닌 사람에게 긍정 정서를 추구하는 것도 문제가 될 수 있다. 조증 성향은 평가 단계에서 쉽게 포착될 수 있는 것이 아니어서 우리는 단극성 우울증이라고 간주하기 쉽지만(예: Hirschfield, Lewis, & Vornik, 2003 참고), 긍정심리학 기법은 조증 성향의 사람들에게 도움이 될 리 없는 감정고양을 유발할 수도 있다(Mansell, 2006; Johnson, Gooding, Wood, Fair, & Tarrier, 2013 참고).

우울증에 대한 긍정 임상심리학 접근의 계획

앞서 폴리아나 문제와 관련된 문제점을 언급하였지만, 긍정성을 고양하는 것에 초점을 두어 우울증 문제를 해결한 많은 사례가 존재한다. 이 장의 마지막에서는 우울증 개입을 위해서 긍정 임상심리학이 앞으로 초점을 두어야 할 부분에 대한 견해를 밝힐 것이다.

치료 실행을 위한 보편적인 무쾌감증 척도의 도입

긍정 임상심리학 접근에 있어서 엄격한 평가가 요구되지만(Wood & Tarrier, 2010 참고), 무선할당 통제시행에서 무쾌감증을 측정할 수 있는 자기보고형 척도 혹은 인터뷰형 척도에서 보편적 척도(gold standard)는 아직 정해져 있지 않은 실정이다. 보편적 척도는 치료효과에 대한 믿을 만한 측정치를 제공할 수도 있고 개입 사이의 비교도 가능하게 한다. 예를 들어, 현존하는 메타연구는 다양한 척도의 측정치를 병합하여 분석하는 데(Sin & Lyubomirsky, 2009 참고; Bolier et al., 2013) 이러한 분석방법은 결론에 대한 신뢰를 한정시킨다.

구조화 임상면담 도구(Structured Clinical Interview for Diagnosis: SCID-I; First, Spitzer, Gibbon, & Williams, 1997), 해밀턴 우울평가 척도(Hamilton Depression Rating Scale: HDRS; Hamilton, 1960) 등의 면접 척도, 벡 우울 척도(Beck Depression Inventory: BDI-II; Beck, Steer, & Brown, 1996), 우울증 선별도구(Patient Health Questionnaire: PHQ-9; Kroenke, Spitzer, & Williams, 2001) 등의 자기보고형 척도는 연구와 임상 상면에서 많이 사용되는 척도다. 이 척도들은 무쾌감증을 측정하는 항목을 지니고 있지만 전체 척도에서 차지하는 비중은 크지 않으며(예: BDI-II의 경우 21개 문항 중에서 2문항만 무쾌감증을 측정함), 따로 무쾌감증 요인으로 묶기에는 범위 제한이 존재한다. 따라서 무쾌감증을 측정하기 위해서는 맞춤형 무쾌감증 척도가 필요하다.

무쾌감증을 측정할 수 있는 자기보고형 척도의 후보군에는 스네이스-해밀턴 쾌감 척도(Snaith-Hamilton Pleasure Scale; Snaith et al., 1995; Nakozeny et al., 2010)가 존재하며 이는 우울증 내담자에게서 그 타당도가 확인되었다. 우울증 연구에서 긍정 정서와 부정 정서를 측정하는 데 사용되는 척도로는 긍정 정서 및 부정 정서 척도(Positive Affect Negative Affect Schedule: PANAS; Watson et al., 1988)가 존재한다. 이 척도는 상태 긍정 정서와 특질 긍정 정서를 함께 측정할 수 있다. 기분 및 불안 증상 척도(Mood and Anxiety Symptom Questionnaire: MASQ; Watson & Clark, 1991)는 우울에 특정적인 무쾌감증과 불안에 특정적인 생리적 과각성, 그리고 우울과 불안의 공통 증상인 부정 정서를 측정한다.

긍정 정서의 다양한 측면을 선별적으로 측정하는 척도는 아직 개발되지 않았다(각성 수준에 따라서 고각성 긍정 정서, 중간각성 긍정 정서, 저각성 긍정 정서). Research Domains Criteria framework(RDoC; Insel et al., 2010 참고)의 등장에 따라 긍정 정서 시스템 내의 다양한 특성을 포착할 수 있는 척도의 개발도 필요하다(예: 보상 시스템 기능: 보상평가, 보상을 위한 수행의지, 보상기대, 행동선택, 보상에 대한 초기 반응 및 지속 반응, 보상학습; 사회관여 시스템의 조절)(Porges, 2007 참고).

우울증에 있어 무쾌감증의 구체화

우울증에 있어 무쾌감증의 본질을 구체화하는 것은 중요하다. 임상가들은 부정 정서에 대해서는 세부적으로 묘사하려고 노력하는데 비해서 긍정 정서에 대해서는 그렇지 못하다(예: 인지행동치료에서 활동을 평가할 때 '즐거움'의 기준에서만 평가함). 긍정 정서에도 다양한 종류가 존재하고(예: 기쁨, 흥분, 만족 등), 긍정 정서들을 묘사하는 임상적 용어가 개발되고 긍정 정서를 분류하는 용어가 필요하다. 정서에 대한 기초 연구자들의 작업이 도움이 될 것이다. 예를 들어, 우울증은 행복이나 즐거움과 같은 긍정 정서의 결핍보다는 자부심의 결핍과 관련되는 것 같다(Gruber, Oveis, Keltner, & Johnson, 2011). 현재의 연구는 주로 흥분, 즐거움을 비롯한 고각성의 긍정 정서에 주목하였지만 만족과 평온함을 포함한 저각성의 긍정 정서에도 관심을 가져야 한다. 위협이 존재하지 않으며 사회적 안전망이 가동되는 상태에서 경험되는 만족, 위안, 안전감 등의 감정을 증폭하는 정서조절 체계는 우울증과 관련된다(Gilbert, 2009, 2014).

지금까지 긍정 정서를 움직이지 않는 정적(static) 경험으로 간주하였으나 이제는 긍정 정서를 시간에 따라 변화하는 동적 현상으로 인식하기 시작했다(Davidson, 1998). 예를 들어, 우리는 어떤 사건을 예상할 때, 그리고 그 사건을 경험할 때, 또한 회상할 때 그 사건에 대한 즐거움을 체험한다. 또한 어떤 사건이 발생했을 때 우리는 원래 우리가 지니고 있었던 긍정 정서의 설정값에서 벗어났는지, 그 활동 동안 얼마나 긍정 정서가 증폭되는지('정서반응성'), 그 증폭된 긍정 정서가 얼마나 지속되는지('정서조절')를 평가한다(Dyn Affect framework 참고) (Kuppens, Oravecz, & Tuerlinckx, 2010). 우울증은 긍정 정서가 시작되어 증폭된 이후 얼마나 지속되는지와 관련된다는 연구 결과가 존재하지만(Heller et al., 2009), 이에 대한 연구는 지금까지 미진한 상황이다.

우울증에 있어서 긍정성의 문제는 긍정 정서 경험에 국한되지 않는다. 우울한 사람들에게는 긍정 정보 처리에서의 편향이 존재한다(예: 긍정인지의 결핍). 우울한 사람들은 자신의 수행을 실제 수행보다 나은 것으로 평가하지 못하며(Dunn, 2007a), 보통 사람들에 비해서 긍정적인 사건들이 자신에게 덜 발생한다고 추정한다(MacLeod & Byrne, 1996). 우울한 사람들은 부정 정보에 비해서 긍정 정보에 더 주의를 기울이거나 회상하지 못하며(예: Matt, Vazquez, & Campbell, 1992; McCabe & Gotlib, 2005), 긍정적인 자서전적 기억은 부정적인 자서전적 기억에 비해 덜 정교화되어 있다(Dalgleish et al., 2011).

앞서 논의하였듯이 신경과학은 보상 시스템을 욕구(wanting), 애호(liking), 학습(learning) 등의 3개의 영역으로 나누었다(Kringelbach & Berridge, 2009). 우울증은 이 세 가지 영역과 모두 관련되어 있으며 각 영역은 우울증의 과정과 연관된다(Bylsma et al., 2008 참고; Treadway et al., 2012; Vrieze et al., 2013). 그러나 세 영역이 어떻게 상호작용하고, 주관적으로 경험되는 무쾌감증에 어떻게 영향을 주는지에 대한 이해는 아직 충분하지 않다.

우울증이 삶의 경과에 따라 다른 양상을 나타낸다는 점을 인식할 필요가 있다. 예를 들어, 우울증의 시작, 우울증의 첫 번째 삽화, 만성적 경과를 갖는 우울증의 삽화, 삽화 사이에 존재하는 잔존증상, 회복 잠재력 등을 예언하는 데 있어 긍정성 결핍의 유사점과 차이점이 존재할 수 있다. 이러한 경과를 거칠 때 긍정성이 어떻게 달라지는지에 대해서 우리가 아는 바는 적다. 동일한 사람들이 다양한 시점에서 평가를 받는 종단 코호트 연구는 이 문제에 대한 답을 줄 수 있을 것이다.

우울증의 무쾌감증을 지속시키는 기제 파악

지금까지 대부분의 긍정심리치료는 '중립 기제'였다. 긍정심리치료가 효과를 지니는지를 파악하는 것이 주 관심이었고, 그 효과를 유발하는 기제는 관심사가 아니었다. PTSD(예: Ehlers, Clark, Hackmann, McManus, & Fennell, 2005), 사회공포증(Clark et al., 2003), 공황장애(Clark, Salkovis, Hackmann, Anastasiades, & Gelder, 1994) 등의 불안장애의 영역에서 겉으로 드러난 증상 이면에 존재하는 기제를 파악함으로써 큰 이익을 얻었다. 이러한 접근법이 우울증의 무쾌감증에도 적용될 수 있다.

무쾌감증을 지속시키는 기제에 대한 이해는 기초과학 문헌에서 시작되었다. 여기에 세 가지 유망한 기제에 대해 소개한다. 세 가지 기제는 긍정평가 방식(positive appraisal style), 마음유랑(mind-wandering), 신체와의 분리(disconnection from the body)다.

우울한 사람과 그렇지 않은 사람은 자신의 긍정 경험을 평가하는 방식에 있어 차이를 보인다. 우울한 사람은 가라앉히기(dampening) 평가를 행하고("이것은 너무 좋아서 오래 가지 못할 거야.", "나는 이것을 가질 자격이 되지 않아."), 행복을 감소시키며, 부정적 정서 경험을 증폭시킨다(Feldman, Joormann, & Johnson, 2008). 마찬가지로 우울한 사람은 행복 경험을 증가시키거나 유지시킬 수 있는 평가를 사용하는 것을 축소한다. 예를 들어서 우울한 사람은 "나는 나의 잠재력에 맞게 살고 있어."라는 자기 초점의 평가를 하지 않고, 자신의 감정이 어떠한지에 대한 평가를 하지 않는다. 연구에 의하면, 가라앉히기 평가를 많이 하고 감정평가를 적게 하면 우울증의 가능성이 커진다(Werner-Seidler et al., 2013). 이제 우리가 해야 할 것은 긍정평가 방식을 채택함으로써 긍정 자극에 대한 반응성이 변화하고 긍정 정서를 변모할 수 있는지에 대해서 살펴보는 것이다.

우울한 사람은 긍정적인 활동을 할 때 그 활동에 초점을 두지 못하고 여러 곳으로 초점이 분산되는 마음유랑(mind-wandering)을 보인다. 행동표집법을 사용한 연구 결과에 의하면, 이러한 경향은 일상생활에서의 즐거움 향유를 방해하며, 부정적 사건으로 초점이 옮겨 다니는 경우에는 더더욱 그렇다(Killingsworth & Gilbert, 2010). 우울한 사람이 마음유랑을 보인다는 증거는 다음과 같다. 자기보고형 척도로 측정한 마음유랑은 우울심각도와 정적 상관을 보였다(Smallwood, O'Connor, & Heim, 2005; Smallwood, O'Connor, Sudbury, & Obonsawin, 2007; Stawarczyk, Majerus, Van der Linden, & D'Argembeau, 2012; Murphy, Macpherson, Jeyabalasingham, Manly, & Dunn, 2013). 마음유랑은 보상활동에 참여할 수 있는 기회를 차단함으로써 무쾌감증에 영향을 줄 수 있다. 일상의 즐거움을 주는 활동에 참가할 때 마음유랑은 우울과 행복 사이를 부분 매개하는 것으로 나타났다. 모든 종류의 마음유랑이 부정적인지, 아니면 마음유랑의 종류에 따라 다른지가 연구의 핵심적 쟁점이다. 예를 들어, 미래 발생할 긍정적인 사건에 대해서 마음유랑을 하는 것은 긍정 정서를 불러일으킬 수도 있을 것이다.

세 번째 기제는 우울한 사람은 긍정 정서를 야기하는 신체 피드백 과정을 차단하는 것이다. 신체의 생리적 신호를 뇌로 다시 불러들이는 과정을 일컬어 '내부 감각(interoception)'이라고 칭한다(Cameron, 2001, p. 534 참고; Craig, 2009). 내부 감각이 정서 경험, 의사결정 등의 광범위한 인지정서 과정에 영향을 미친다는 증거가 존재한다(Dunn et al., 2010b; Dunn, Evans, Makarova, White, & Clark, 2012). 이 결과는 신체가 우리의 생각(예: Somatic Marker Hypothesis; Damasio, 1994; Dunn, Dalgleish, & Lawrence, 2006 개관연구 참고)과 감정(예: James-Lange theory of emotion; James, 1894; Dalgleish, Dunn, & Mobbs, 2009 개관연구 참고)의 원인이 된다는 주장과 일치한다. 흔히 내부 감각인식 능력을 심박동을 정확히 탐지할 수 있는 능력으로 평가하는 데, 우울한 사람은 심박동을 정확히 탐지하는 능력이 부족했으며(Dunn et al., 2007; Dunn, Stefanovitch, Evans, Oliver, Hawkins, &

Dalgleish, 2010a; Furman, Waugh, Bhattacharjee, Thompson, & Gotlib, 2013), 특히 무쾌감증과 내부 감각인식 능력과 관련된다는 연구 결과가 보고되었다(Dunn et al., 2009; Furman et al., 2013; Harshaw, 2015 참고).

　신체를 사용한 무쾌감증 연구의 가능성에 대해 많은 사람이 언급하고 있다(Farb et al., 투고). 그렇지만 이러한 연구가 가능하기 위해서는 내부 감각이 작동하는 시스템에 대한 보다 정교한 이해가 선행되어야 한다. 최근에 내부 감각이 적어도 신체 반응의 특성, 신체 반응에 대한 정확한 지각, 신체 반응에 대한 해석 등의 세 영역으로 나누어진다고 소개되었다(Verdejo-Garcia, Clark, & Dunn, 2012). 상이한 개입이 세 영역 각각에 상이하게 작용하여 긍정 정서 기능에 영향을 미칠 것이라고 생각할 수 있다. 예를 들어, 신체명상 연습은 신체 변화를 지각하고 명명하는 능력을 증가시킬 것이다(Mirams, Poliakoff, Brown, & Lloyd, 2013 참고; Parkin et al., 2014). 이완훈련은 만족감과 평안함과 연관된 부교감신경계의 활성화를 증진시킬 수 있고(Polyvagal theory 참조)(Porges, 2007; Gilbert, 2009 참고), 인지적 재구성 훈련은 내적 신체 반응을 이해하는 방식을 바꿀 수 있다(이 방식은 공황장애나 양극성 장애 내담자가 자신의 내적 신체 반응에 대해 해석하는 것과 유사함)(예: Mansell, 2006).

　앞으로 이루어져야 할 것은 무쾌감증을 매개하는 다른 변인을 찾고, 이 변인들이 서로 어떠한 상호작용을 보이는지를 살펴보는 것이다[예: 욕구(wanting), 애호(liking), 학습(learning), 혹은 보상 기대, 직접 경험, 회상]. 실험연구와 현장연구를 도입하여 무쾌감증의 기제를 변화시켜 긍정 정서의 변화를 야기하는지를 알아볼 필요가 있다. 이러한 기법이 소기의 성과를 거둔다면, 이를 실제 개입에 적용시킬 수 있다. 상호작용 효과에 대한 초기 연구들이 이미 그 결과를 보고하고 있나. 예를 들어, 우울한 사람들이 긍정적인 자전기억을 회상하는 데 어려움을 보인다는 선행연구 결과는(Williams et al., 2007) 기억 특정성 훈련(memory specificity training; Neshat-Doost et al., 2013)과 기억회상 훈련(Dalgleish, Navrady, Bird, Hill, Dunn, & Golden, 2013)에 도입되었다.

　이 기제를 타깃으로 한 치료방법이 얼마나 효과적인지 평가하고 기제의 변화가 치료성과로 이어지는지를 확인하기 위해서 적절하고 간결한 척도의 개발이 필요하다. 항암치료에서 사용하는 치료방법처럼 개인 맞춤형 치료방법을 개발하기 위해서라도 척도의 개발은 중요하다(Mendelsohn, Tursz, Schilsky, & Lazar, 2011 참고). 예를 들어, 평가를 통해서 마음유랑 점수가 높게 보고된 내담자가 있다면, 그 내담자에게는 특별히 마음챙김훈련 기술을 시행하여 '한 시점에 머무르도록' 도움을 줄 수 있다.

우울증의 무쾌감증을 지속시키는 기제 파악

긍정심리치료 개입에서 어려움을 겪는 것 중의 하나는 내담자의 동기 수준이 충분하지 않다는 점이다. 우울한 내담자는 당연히 긍정 정서를 원할 것이라고 짐작하지 말고, 내담자의 동기 수준을 고양하기 위한 사례계획을 세워야 한다. 이를 위해서는 기초과학의 연구 결과를 반영할 필요가 있다. 우울한 사람들은 개인적 목표의 어려움을 겪는 것이 일반적이다(Hadley & MacLeod, 2010). 우울한 사람들은 자신의 목표를 달성하기 어려울 것이고, 자신이 통제할 수 없는 것이며, 목표 사이에 갈등이 존재한다고 생각한다(Dickson & Moberly, 2010; Dickson, Moberly, & Kinderman, 2011). 우울한 사람들은 접근 목표(원하는 결과를 얻기 위한 동기)를 갖고 있지 못하고, 구체적이지 않으며 회피적인 목표를 지니고 있다(Dickson & MacLeod, 2004). 회피 목표(두려운 목표로부터 멀어지려고 하는 동기)를 지니는 것은 덜 유용하고, 목표에 대한 낮은 진보와 만족 수준, 적응적이지 않은 대처와 관련된다(Elliot & Sheldon, 1997; Elliot, Thrash, & Murayama, 2011). 내재적 동기의 목표(예: '그 자체로 흥미롭고 재미있는 것을 하는 것')를 추구하는 것이 유용하고(Ryan & Deci, 2000, p. 55), 개인으로 하여금 유능성, 자율성, 관계성(핵심 정서 욕구)을 경험할 수 있도록 지지하는 것이 건강에 유익하다(Sheldon & Elliott, 1999; Deci & Ryan, 2000, 2002; Neimiec, Ryan, & Deci, 2009). 반면, 외재적 동기(예: "다른 보상을 얻기 위해서 그 일을 하는 것"; Ryan & Deci, 2000, p. 55)를 갖는 것은 정신건강에 해롭고, 웰빙에 도움이 되지 않는다(Deci & Ryan, 2002; Neimiec et al., 2009). 수행동기보다는 숙달동기를 갖는 것이 효과적인 문제해결에 도움이 되며, 내담자가 문제해결에 대한 자신감이 부족할 때 더욱 그렇다(Elliott & Dweck, 1988).

디지털 기술을 활용하기

최근에 모마일 컴퓨터 기술의 활용이 급속히 증가하였다. 디지털 기술은 긍정 임상심리학에 쉽게 접근할 수 있도록 도울 수 있다. 실제로 우울증을 지닌 대부분의 사람들은 임상적 지원을 받지 못하고 있는 실정이다(Gilbody, Whitty, Grimshaw, & Thomas, 2003). 긍정심리학 운동은 일찍이 디지털 기술을 받아들였고(예: Schueller & Parks, 2014 참고), 일정 수준의 성공을 거두었다. 경험표집법을 사용한다면 일상생활의 활동에 즉각적인 피드백을 보상으로서 제공할 수 있고(예: Kramer et al., 2014), 즐거움의 경험을 증진시키기 위해서 정보처리 양식을 변화시킬 수도 있다(예: 긍정안면인식 편향 훈련; Penton-Voak, Bate, Lewis, & Munafo, 2013).

디지털 기술을 활용한 이 방법이 폴리아나 문제로부터 자유로울 수 있는지는 점검해야한다. 이를 위해서 디지털 기술 방식이 제대로 된 방법으로 사용되어야 하고, 그렇지 않으면 오히려 역효과가 나타날 수도 있다는 사실을 명심해야 한다(Rozental et al., 2014 인터넷개입의 부정적 효과에 대한 논의 참고). 한 가지 방법은 전통적인 심리치료 방법과 병용하여디지털 방식의 긍정심리치료를 사용하는 것이다(예: 과제, 회기 간 연습).

실행화 기술의 잠재력

우울한 사람들에게 긍정심리치료 개입을 실시할 때 중요한 것은 최종 소비자의 목표에부합하는가 여부일 것이다. 이는 연구 결과와 증거를 보건정책과 개입에 적용시킴으로써가능하다(예: Schillinger, 2010 참고). 역사적으로 정책과 개입 현장에 적용하는 것은 무선통제실험의 결과, 그 효과가 검증된 이후의 단계라고 인식되었다. 그렇지만 그런 단계를 거치다 보면 치료 프로토콜을 수정하는 데 늦어질 수밖에 없다. 최악의 시나리오는 치료효과가 충분히 검증되었음에도 불구하고 현실의 요구에 부합하지 못하여 사장되는 것이다.따라서 실제 적용을 고려한 상황에서 진행하는 것이 과학적이고 합리적이다(예: Medical Research Council, 2008 참고).

검증된 방식 중의 하나는 개입 매핑 절차다(Bartholomew, Parcel, Kok, Gottlieb, & Fernandez, 2011). 이 방식은 새로운 개입방법을 개발하는 데도 유용했고(예: 학교 장면에서의 비만 개입; Lloyd, Logan, Greaes, & Wyatt, 2011), 이미 존재하는 개입방법을 새로운환경에 적용시키는 데도 효과직이있다(직장 스트레스를 경험하는 직장인의 직장 복귀; van Oostrom, Anema, Terluin, Venema, de Vet, & van Mechelen, 2007). 이 장의 초반부에서 언급했듯이 폴리아나 문제에 대처하기 위해서 내담자와의 상담이 중요하다.

또 다른 방식은 May의 정규화(normalization) 방식이다. 정규화는 현재 존재하는 서비스에 새로운 아이디어를 성공적으로 실행하는 데 필요한 네 가지 요소를 포함한다(May et al., 2007; May & Finch, 2009). ① 정합성(coherence): 새로운 아이디어에 대한 스태프의 태도,② 인지적 참여(cognitive participation): 실행에 참여하고자 하는 스태프의 의지, ③ 집합행동(collective action): 실행에 포함되는 서비스 수준의 실제, ④ 성찰(reflexicity): 실행이 평가되는 방법.

결론

이 장에서는 부정성을 감소하는 것에 더해서 긍정성을 구축함으로써 우울증 치료에 도움이 되는 사례를 제안하였다(예: 급성치료 반응, 재발 가능성 감소, 주관적 안녕 증가). 폴리아나 문제를 최소화하고 치료적 이익을 최대화하는 방식으로 기존의 우울증 치료 개입에 긍정심리학 요소를 포함하여 구성하였다. 이러한 목표에 부합하는 방식으로 효과적인 긍정 임상심리학 개입이 쉽게 실행될 수 있도록 치료계획을 제안하였다. 이 제안에는 치료효과를 측정하는 방법, 긍정성 부족과 기제를 구체화하는 방법, 내담자의 동기를 고양하는 방법, 디지털 기법을 도입하는 방법, 실행화 기법을 도입하는 방법 등이 포함된다. 이 계획은 우울증을 치료하는 혁신적인 새 기법을 개발하기 위해서 임상심리학과 긍정심리학의 최신 지견을 사용할 기회를 제공한다. 우리는 긍정 임상심리학 운동을 통해서 우울증의 치료효과가 배가될 수 있다고 믿는다.

📖 참고문헌

Alloy, L. & Abramson, L. (1979). Judgment of contingency in depressed and nondepressed students: Sadder but wiser? *Journal of Experimental Psychology: General, 108*, 441–485. doi. org/10.1037/0096-3445.108.4.441.

Anderson, I. M., Ferrier, I. N., Balwin, R. C., Cowen, P. J., Howard, L., Lewis, G., & Tylee, A. (2008). Evidence-based guidelines for treating depressive disorders with antidepressants: A revision of the 2000 British Association for Psychopharmacology guidelines. *Journal of Psychopharmacology, 22*, 343–396. doi.org/10.1177/0269881107088441.

Bartholomew, L. K., Parcel, G. S., Kok, G., Gottlieb, N. H., & Fernandez, M. E. (2011). *Planning health promotion programs: An intervention mapping approach*. San Francisco: John Wiley.

Bastian, B., Jetten, J., & Fasoli, F. (2011). Cleansing the soul by hurting the flesh: The guilt-reducing effect of pain. *Psychological Science, 22*, 334–335. doi. org/10.1177/0956797610397058.

Batink, T., Peeters, F., Geschwind, N., Van Os, J., & Wichers, M. (2013). How does MBCT for depression work? Studying cognitive and affective mediation pathways. *PLosONE, 8*, e72778. doi.org/10.1371/journal.pone.0072778.

Beck, A. T. (2005). The current state of cognitive therapy: A 40-year retrospective. *Archives of*

General Psychiatry, 62, 953-959. doi.org/10.1001/archpsyc.62.9.953.

Beck, A. T., Rush, A. J., Shaw, B. F., & Emery, G. (1979). *Cognitive therapy of depression*. New York: Guilford.

Beck, A. T., Steer, R. A., & Brown, G. K. (1996). *BDI-II, Beck depression inventory: Manual*. San Antonio, TX: Psychological Corporation.

Bolier, L., Haverman, M., Westerhof, G. J., Riper, H., Smit, F., & Bohlmeijer, E. (2013). Positive psychology interventions: A meta-analysis of randomized controlled studies. *BMC Public Health, 13*, 119. doi.org/10.1186/1471-2458-13-119.

Brown, T. A. (2007). Temporal course and structural relationships among dimensions of temperament and DSM-IV anxiety and mood disorder constructs. *Journal of Abnormal Psychology, 116*, 313-328. doi.org/10.1037/0021-843X.116.2.313.

Butler, A. C., Chapman, J. E., Forman, E. M., & Beck, A. T. (2006). The empirical status of cognitivebehavioral therapy: A review of meta-analyses. *Clinical Psychology Review, 26*, 17-31. doi.org/10.1016/j.cpr.2005.07.003.

Bylsma, L. M., Morris, B. H., & Rottenberg, J. (2008). A meta-analysis of emotional reactivity in major depressive disorder. *Clinical Psychology Review, 28*, 676-691. doi.org/10.1016/j.cpr.2007.10.001.

Bylsma, L. M., Taylor-Clift, A., & Rottenberg, J. (2011). Emotional reactivity to daily events in major and minor depression. *Journal of Abnormal Psychology, 120*, 155-167. doi.org/10.1037/a0021662.

Callan, M. J., Kay, A. C., & Dawtry, R. J. (2014). Making sense of misfortune: Deservingness, self-esteem, and patterns of self-defeat. *Journal of Personality and Social Psychology, 107*, 142-162. doi.org/10.1037/a0036640.

Cameron, O. G. (2001). Interoception: The inside story-a model of psychosomatic processes. *Psychosomatic Medicine, 63*, 697-710. doi.org/10.1097/00006842-200109000-00001.

Clark, D. M., Ehlers, A., McManus, F., Hackmann, A., Fennell, M., Campbell, H., Flower, T., Davenport, C., & Louis, B. (2003). Cognitive therapy versus fluoxetine in generalized social phobia: A randomized placebo-controlled trial. *Journal of Consulting and Clinical Psychology, 71*, 1058-1067. doi.org/10.1037/0022-006X.71.6.1058.

Clark, D. M., Salkovis, P. M., Hackmann, A., Middleton, H., Anastasiades, P., & Gelder, M. (1994). A comparison of cognitive therapy, applied relaxation and imipramine in the treatment of panic disorder. *British Journal of Psychiatry, 164*, 759-769. doi.org/10.1192/bjp.164.6.759.

Cooper, S. E., Miranda, R., & Mennin, D. S. (2013). Behavioral indicators of emotion avoidance and subsequent worry in generalized anxiety disorder and depression. *Journal of Experimental Psychopathology, 5*, 566-583.

Coote, H. & MacLeod, A. (2012). A self-help, positive goal-focused intervention to increase well-being in people with depression. *Clinical Psychology and Psychotherapy*, *19*, 305-315. doi. org/10.1002/cpp.1797.

Craig, A. D. (2009). How do you feel-now? The anterior insula and human awareness. *Nature Reviews Neuroscience*, *10*, 59-70. doi.org/10.1038/nrn2555.

Cuijpers, P., Karyotaki, E., Weitz, E., Andersson, G., Hollon, S. D., & Streets, A. (2014). The effects of psychotherapies for major depression in adults on remission, recovery and improvement: A metaanalysis. *Journal of Affective Disorders*, *159*, 118-126. doi.org/10.1016/j.jad.2014.02.026.

Cuijpers, P., Turner, E. H., Mohr, D. C., Hofmann, S. G., Andersson, G., Berking, M., & Coyne, J. (2014). Comparison of psychotherapies for adult depression to pill placebo control groups: a metaanalysis. *Psychological Medicine*, *44*, 685-695. doi.org/10.1017/S0033291713000457.

Cuijpers, P., van Straten, A., Andersson, G., & van Oppen, P. (2008). Psychotherapy for depression in adults: A meta-analysis of comparative outcome studies. *Journal of Consulting and Clinical Psychology*, *76*, 909-922. doi.org/10.1037/a0013075.

Dalgleish, T., Dunn, B. D., & Mobbs, D. (2009). Affective neuroscience: Past, present and future. *Emotion Review*, *1*, 355-368. doi.org/10.1177/1754073909338307.

Dalgleish, T., Hill, E., Golden, A. M., Morant, N., & Dunn, B. D. (2011). The structure of past and future lives in depression. *Journal of Abnormal Psychology*, *120*, 1-15. doi.org/10.1037/a0020797.

Dalgleish, T., Navrady, L., Bird, L., Hill, E., Dunn, B. D., & Golden, A. M. (2013). Method-of-loci as a mnemonic device to facilitate access to self-affirming personal memories for individuals with depression. *Clinical Psychological Science*, *1*, 156-162. doi. org/10.1177/2167702612468111.

Damasio, A. R. (1994). *Descartes' error: Emotion, reason, and the human brain*. New York: Avon Books. See at: https://bdgrdemocracy.files.wordpress.com/2014/04/descartes-error_antonio-damasio.pdf.

Davidson, R. J. (1998). Affective style and affective disorders: Perspectives from affective neuroscience. *Cognition and Emotion*, *12*(3), 307-330. doi.org/10.1080/026999398379628.

Deci, E. L. & Ryan, R. M. (2000). The "what" and "why" of goal pursuits: Human needs and the self-determination of behavior. *Psychological Inquiry*, *11*, 227-268. doi.org/10.1207/S15327965PLI1104_01.

Deci, E. L. & Ryan, R. M. (2002). *Handbook of self-determination research*. New York: University of Rochester Press.

Dickson, J. M. & MacLeod, A. K. (2004) Approach and avoidance goals and plans: Their relationship to anxiety and depression. *Cognitive Therapy and Research, 28,* 415-432. doi. org/10.1023/B:COTR.0000031809.20488.ee.

Dickson, J. M. & Moberly, N. J. (2010). Depression, anxiety, and reduced facilitation in adolescents' personal goal systems. *Cognitive Therapy and Research, 34,* 576-581. doi. org/10.1007/s10608-010-9307-1.

Dickson, J. M., Moberly, N. J., & Kinderman, P. (2011). Depressed people are not less motivated by personal goals but are more pessimistic about attaining them. *Journal of Abnormal Psychology, 120,* 975-980. doi.org/10.1037/a0023665.

Dillon, D. G. & Pizzagalli, D. A. (2010). Maximizing positive emotions: A translational, transdiagnostic look at positive emotion regulation. In: A. M. Kring and D. M. Sloan (Eds.), *Emotion Regulation and Psychopathology* (pp. 229-252). New York: Guilford.

Dimidjian, S., Barrera Jr., M., Martell, C., Munoz, R., & Lewinsohn, P. (2011). The origins and current status of behavioral activation treatments for depression. *Annual Review of Clinical Psychology, 7,* 1-38. doi.org/10.1146/annurev-clinpsy-032210-104535.

Dunn, B. D. (2012). Helping depressed clients reconnect to positive emotion experience: Current insights and future directions. *Clinical Psychology & Psychotherapy, 19,* 326-340. doi. org/10.1002/cpp.1799.

Dunn, B. D., Dalgleish, T., & Lawrence, A. D. (2006). The somatic marker hypothesis: a critical evaluation. *Neuroscience and BioBehavioral Reviews, 30,* 239-271. doi.org/10.1016/j.neubiorev.2005.07.001.

Dunn, B. D., Dalgleish, T., Lawrence, A. D., Cusack, R., & Ogilvie, A. D. (2004). Categorical and dimensional reports of experienced affect to emotion-inducing pictures in depression. *Journal of Abnormal Psychology, 113,* 654-660. doi.org/10.1037/0021-843X.113.4.654.

Dunn, B. D., Dalgleish, T., Lawrence, A. D., & Ogilvie, A. D. (2007a). The accuracy of self-monitoring and its relationship to self-focused attention in dysphoria and clinical depression. *Journal of Abnormal Psychology, 116,* 1-15. doi.org/10.1037/0021-843X.116.1.1.

Dunn, B. D., Dalgleish, T., Ogilvie, A. D., & Lawrence, A. D. (2007b). Heartbeat perception in depression. *Behaviour Research and Therapy, 45,* 1921-1930. doi.org/10.1016/j.brat.2006.09.008.

Dunn, B. D., Evans, D., Makarova, D., White, J., & Clark, L. (2012). Gut feelings and the reaction to perceived inequity: The interplay between bodily responses, regulation, and perception shapes the rejection of unfair offers on the ultimatum game. *Cognitive, Affective and Behavioral Neuroscience, 12,* 419-429. doi.org/10.3758/s13415-012-0092-z.

Dunn, B. D., Stefanovitch, I., Buchan, K., Lawrence, A. D., & Dalgleish, T. (2009). A reduction in positive self-judgment bias is uniquely related to the anhedonic symptoms of depression.

Behaviour Research and Therapy, 47, 374-381. doi.org/10.1016/j.brat.2009.01.016.

Dunn, B. D., Stefanovitch, I., Evans, D., Oliver, C., Hawkins, A., & Dalgleish, T. (2010a). Can you feel the beat? Interoceptive awareness is an interactive function of anxiety- and depression-specific symptom dimensions. *Behaviour Research and Therapy, 48*, 1133-1138. doi.org/10.1016/j.brat.2010.07.006.

Dunn, B. D., Galton, H. C., Morgan, R., Evans, D., Oliver, C., Meyer, M., Cusack, R., Lawrence, A. D., & Dalgleish, T. (2010b). Listening to your heart: How interoception shapes emotion experience and intuitive decision-making. *Psychological Science, 21*, 1835-1844. doi.org/10.1177/0956797610389191.

Ehlers, A., Clark, D. M., Hackmann, A., McManus, F., & Fennell, M. (2005). Cognitive therapy for PTSD: Development and evaluation. *Behaviour Research and Therapy, 43*, 413-431. doi.org/10.1016/j.brat.2004.03.006.

Elliot, A. J. & Sheldon, K. M. (1997). Avoidance achievement motivation: A personal goals analysis. *Journal of Personality and Social Psychology, 3*, 171-185. doi.org/10.1037/0022-3514.73.1.171.

Elliot, A. J., Thrash, T. M., & Murayama, K. (2011). A longitudinal analysis of self-regulation and wellbeing: Avoidance personal goals, avoidance coping, stress generation, and subjective well-being. *Journal of Personality, 79*, 643-674. doi.org/10.1111/j.1467-6494.2011.00694.x.

Elliott, E. S. & Dweck, C. S. (1988). Goals: An approach to motivation and achievement. *Journal of Personality and Social Psychology, 54*, 5-12. doi.org/10.1037/0022-3514.54.1.5.

Epstein, J., Pan, H., Kocsis, J. H., Yang, Y., Butler, T., Chusid, J., & Silbersweig, D. A. (2006). Lack of ventral striatal response to positive stimuli in depressed versus normal subjects. *American Journal of Psychiatry, 163*, 1784-1790. doi.org/10.1176/ajp.2006.163.10.1784.

Farb, N., Daubenmier, J., Price, C., Gard, T., Kerr, C., Dunn, B. D., Klein, A., Paulus, M., & Mehling, W. (submitted). Interoception, contemplative practice and health. *Frontiers in Human Neuroscience.*

Farquharson, L. & Macleod, A. (2014). A brief goal-setting and planning intervention to improve wellbeing for people with psychiatric disorders. *Psychotherapy and Psychosomatics, 83*, 122-124. doi.org/10.1159/000356332.

Fava, G. A., Rafanelli, C., Grandi, S., Canestrari, R., & Morphy, M. A. (1998a). Six-year outcome for cognitive behavioral treatment of residual symptoms in major depression. *American Journal of Psychiatry, 155*, 1443-1445. doi.org/10.1176/ajp.155.10.1443.

Fava, G. A., Rafanelli, C., Grandi, S., Conti, S., & Belluardo, P. (1998b). Prevention of recurrent depression with cognitive behavioral therapy: preliminary findings. *Archives of General Psychiatry, 55*, 816-820. doi.org/10.1001/archpsyc.55.9.816.

Feldman, G. C., Joormann, J., & Johnson, S. L. (2008). Responses to positive affect: A self-report measure of rumination and dampening. *Cognitive Therapy and Research*, *32*, 507-525. doi. org/10.1007/s10608-006-9083-0.

Ferguson, G., Conway, C., Endersby, L., & MacLeod, A. K. (2009). Increasing subjective well-being in long-term forensic rehabilitation: Evaluation of well-being therapy. *Journal of Forensic Psychiatry and Psychology*, *20*, 906-918. doi.org/10.1080/14789940903174121.

First, M. B., Spitzer, M., Gibbon, M., & Williams, J. B. W. (1997). *Structured Clinical Interview for DSM-IV Axis I Disorders: Clinician version*. Washington, DC: American Psychiatric Association.

Ford, B. Q. & Mauss, I. B. (2013). The paradoxical effects of pursuing positive emotion: When and why wanting to feel happy backfires. In: J. Gruber & J. Moskowitz (Eds.), *The light and dark sides of positive emotion* (pp. 363-381). New York: Oxford University Press.

Fournier, J. C., DeRubeis, R. J., Hollon, S. D., Dimijian, S., Amsterdam, J. D., Shelton, R. C., & Fawcett, J. (2010). Antidepressant drug effects and depression severity: A patient level meta-analysis. *Journal of American Medical Association*, *303*, 47-53. doi.org/10.1001/ jama.2009.1943.

Furman, D. J., Waugh, C. E., Bhattacharjee, K., Thompson, R. J., & Gotlib, I. H. (2013). Interoceptive awareness, positive affect, and decision making in major depressive disorder. *Journal of Affective Disorders*, *151*, 780-785. doi.org/10.1016/j.jad.2013.06.044.

Garland, E. L., Fredrickson, B., Kring, A. M., Johnson, D. P., Meyer, P. S., & Penn, D. L. (2010). Upward spirals of positive emotions counter downward spirals of negativity: Insights from the broaden-andbuild theory and affective neuroscience in the treatment of emotion dysfunction and deficits in psychopathology. *Clinical Psychology Review*, *30*, 849-864. doi.org/10.1016/ j.cpr.2010.03.002.

Geschwind, N., Nicolson, N. A., Peeters, F., van Os, J., Barge-Schaapveld, D., & Wichers, M. (2011). Early improvement in positive rather than negative emotion predicts remission from depression after pharmacotherapy. *European Neuropsychopharmacology*, *21*, 241-247. doi. org/10.1016/j.euroneuro.2010.11.004.

Geschwind, N., Peeters, F., Drukker, M., van Os, J., & Wichers, M. (2011). Mindfulness training increases momentary positive emotions and reward experience in adults vulnerable to depression: A randomized controlled trial. *Journal of Consulting & Clinical Psychology*, *79*, 618-626. doi.org/10.1037/a0024595.

Gilbert, P. (2009). Introducing compassion-focused therapy. *Advances in Psychiatric Treatment*, *15*, 199-208. doi.org/10.1192/apt.bp.107.005264.

Gilbert, P. (2014). Attachment theory and compassion focused therapy for depression. In: A. N.

Danquah and K. Berry (Eds.), *Attachment theory in adult mental health: A guide to clinical practice* (pp. 35-48). New York: Routledge.

Gilbert, P., McEwan, K., Catarino, F., Baiao, R., & Palmeira, L. (2014). Fears of happiness and compassion in relationship with depression, alexithymia, and attachment security in a depressed sample. *British Journal of Clinical Psychology, 53*, 228-244. doi.org/10.1111/bjc.12037.

Gilbody, S., Whitty, P., Grimshaw, J., & Thomas, R. E. (2003). Educational and organizational interventions to improve the management of depression in primary care. A systematic review. *Journal of the American Medical Association, 289*, 3145-3151. doi.org/10.1001/jama.289.23.3145.

Gotlib, I. H., McLachlan, A. L., & Katz, A. N. (1988). Biases in visual attention in depressed and nondepressed individuals. *Cognition & Emotion, 2*, 185-200. doi.org/10.1080/02699938808410923.

Gruber, J., Oveis, C., Keltner, D., & Johnson, S. L. (2011). A discrete emotions approach to positive emotion disturbance in depression. *Cognition and Emotion, 25*, 40-52. doi.org/10.1080/02699931003615984.

Hadley, S. & MacLeod, A. K. (2010). Conditional goal-setting, personal goals and hopelessness about the future. *Cognition and Emotion, 24*, 1191-1198. doi.org/10.1080/02699930903122521.

Hamilton, M. (1960). A rating scale for depression. *Journal of Neurology, Neurosurgery and Psychiatry, 12*, 56-62. doi.org/10.1136/jnnp.23.1.56.

Harshaw, C. (2015). Interoceptive dysfunction: Toward an integrated framework for understanding somatic and affective disturbance in depression. *Psychological Bulletin, 141*, 311-363.

Heller, A. S., Johnstone, T., Shackman, A. J., Light, S. N., Peterson, M. J., Kolden, G. G., Kalin, N. H., & Davidson, R. J. (2009). Reduced capacity to sustain positive emotion in major depression reflects diminished maintenance of fronto-striatal brain activation. *Proceedings of the National Academy of Sciences, 106*, 22445-22450. doi.org/10.1073/pnas.0910651106.

Hirschfield, R. M., Lewis, L., & Vornik, L. A. (2003). Perceptions and impact of bipolar disorder: how far have we really come? Results of the national depressive and manic depressive association 2000 survey of individuals with bipolar disorder. *Journal of Clinical Psychiatry, 64*, 161-74. doi.org/10.4088/JCP.v64n0209.

Huffman, J. C., DuBois, C. M., Healy, B. C., Boehm, J. K., Kashdan, T. B., Celano, C. M., Denninger, J. W., & Lyubomirsky, S. (2014). Feasibility and utility of positive psychology exercises for suicidal inpatients. *General Hospital Psychiatry, 36*, 88-94. doi.org/10.1016/j.genhosppsych.2013.10.006.

Inbar, Y., Pizarro, D. A., Gilovich, T., & Ariely, D. (2012). Moral masochism: On the connection between guilt and self-punishment. *Emotion, 13*, 14-18. doi.org/10.1037/a0029749.

Insel, T., Cuthbert, B., Garvey, M., Heinssen, R., Pine, D. S., Quinn, K., Sanislow, C., & Wang, P. (2010). Research domain criteria (RDoc): Toward a new classification framework for research on mental disorders. *American Journal of Psychiatry, 167*, 748-751.

James, W. (1894). The physical bases of emotion. *Psychological Review, 1*, 516-529.

Johnson, J., Gooding, P. A., Wood, A. M., Fair, K. L. & Tarrier, N. (2013). A therapeutic tool for boosting mood: The broad minded affective coping procedure. *Cognitive Therapy and Research, 37*, 61-70. doi.org/10.1007/s10608-012-9453-8.

Johnson, S. L., Edge, M. D., Holmes, M. K., & Carver, C. S. (2012). The behavioral activation system and mania. *Annual Review of Clinical Psychology, 8*, 243-267. doi.org/10.1146/annurev-clinpsy-032511-143148.

Judd, L. L. (1997). The clinical course of major depressive disorders. *Archives of General Psychiatry, 54*, 989-991. doi.org/10.1001/archpsyc.1997.01830230015002.

Keedwell, P. A., Andrew, C., Williams, S. C. R., Brammer, M. J., & Phillips, M. L. (2005). The neural correlates of anhedonia in major depressive disorder. *Biological Psychiatry, 58*, 843-853. doi.org/10.1016/j.biopsych.2005.05.019.

Killingsworth, M. A. & Gilbert, D. T. (2010). A wandering mind is an unhappy mind. *Science, 330*, 932. doi.org/10.1126/science.1192439.

Kirsch, I., Deacon, B. J., Huedo-Medina, T. B., Scoboria, A., Moore, T. J., & Johnson, B. T. (2008). Initial severity and antidepressant benefits: A meta-analysis of data submitted to the Food and Drug Administration. *PLOS Medicine, 5*, e45. doi.org/10.1371/journal.pmed.0050045.

Kramer, I., Simons, C. J. P., Hartmann, J. A., Menne-Lothmann, C., Viechtbauer, W., Peeters, F., & Wichers, M. (2014). A therapeutic application of the experience sampling method in the treatment of depression: A randomized controlled trial. *World Psychiatry, 13*(1), 68-77. doi.org/10.1002/wps.20090.

Kringelbach, M. L. & Berridge, K. C. (2009). Towards a functional neuroanatomy of pleasure and happiness. *Trends in Cognitive Science, 13*, 479-487.

Kroenke, K., Spitzer, R. L., & Williams, J. B. (2001). The PHQ-9: Validity of a brief depression severity measure. *Journal of General Internal Medicine, 16*, 606-613. doi.org/10.1046/j.1525-1497.2001.016009606.x.

Kuppens, P., Oravecz, Z., & Tuerlinckx, F. (2010). Feelings change: Accounting for individual differences in the temporal dynamics of affect. *Journal of Personality and Social Psychology, 99*, 1042-1060. doi.org/10.1037/a0020962.

Layard, R., Clark, D., Bell, S., Knapp, M., Meacher, B., Priebe, S., Turnberg, L., Thornicroft, G., & Wright, B. (2006). *The depression report: A new deal for depression and anxiety disorders*. London: Centre for Economic Performance's Mental Health Policy Group, LSE.

Lloyd, J. J., Logan, S., Greaves, C. J., & Wyatt, K. M. (2011). Evidence, theory and context: Using intervention mapping to develop a school-based intervention to prevent obesity in children. *International Journal of Behavioral Nutrition and Physical Activity*, *8*, 17. doi. org/10.1186/1479-5868-8-73.

Lyubomirsky, S., Sheldon, K. M., & Schkade, D. (2005). Pursuing happiness: The architecture of sustainable change. *Review of General Psychology*, *9*, 111-131. doi.org/10.1037/1089-2680.9.2.111.

MacLeod, A. & Byrne, A. (1996). Anxiety, depression and the anticipation of future positive and negative experiences. *Journal of Abnormal Psychology*, *105*, 286-289. doi.org/10.1037/0021-843X.105.2.286.

MacLeod, A. K., Coates, E., & Hetherton, J. (2008). Increasing well-being through teaching goal setting and planning skills: Results of a brief intervention. *Journal of Happiness Studies*, *9*(2), 185-196. doi.org/10.1007/s10902-007-9057-2.

Major, B., Kaiser, C. R., & McCoy, S. K. (2003). It's not my fault: When and why attributions to prejudice protect well-being. *Personality and Social Psychology Bulletin*, *29*, 772-781. doi.or g/10.1177/0146167203029006009.

Mansell, W. (2006). The Hypomanic Attitudes and Positive Predictions Inventory (HAPPI): A pilot study to identify items that are elevated in individuals with bipolar affective disorder compared to non-clinical controls. *Behavioural and Cognitive Psychotherapy*, *34*, 467-476. doi.org/10.1017/S1352465806003109.

Markowitz, J. & Weissman, M. (2012). Interpersonal psychotherapy: Past, present and future. *Clinical Psychology & Psychotherapy*, *19*, 99-105. doi.org/10.1002/cpp.1774.

Martell, C. R., Dimidjian, S., & Hermann-Dunn, R. (2010). *Behavioral activation for depression: A clinician's guide*. New York: Guilford.

Matt, G., Vazquez, C., & Campbell, W. (1992). Mood-congruent recall of affectively toned stimuli: A metaanalysis review. *Clinical Psychology Review*, *12*, 227-255. doi.org/10.1016/0272-7358(92)90116-P.

May, C. & Finch, T. (2009). Implementing, embedding, and integrating practices: An outline of normalization process theory. *Sociology*, *43*, 535-554. doi.org/10.1177/0038038509103208.

May, C., Finch, T., Mair, F., Ballini, L., Dowrick, C., Eccles, M., & Heaven, B. (2007). Understanding the implementation of complex interventions in health care: The normalization process model. *BMC Health Services Research*, *7*, 148. doi.org/10.1186/1472-

6963-7-148.

McCabe, S. B. & Gotlib, I. H. (1995). Selective attention and clinical depression: Performance on a deployment- of-attention task. *Journal of Abnormal Psychology, 104*, 241-245. doi. org/10.1037/0021-843X.104.1.241.

Mazzucchelli, T., Kane, R., & Rees, C. (2010). Behavioral activation treatments for well-being: A metaanalysis. *Journal of Positive Psychology, 5*(2), 105-121. doi. org/10.1080/17439760903569154.

McMakin, D. L., Olino, T. M., Porta, G., Dietz, L. J., Emslie, G., Clarke, G., & Brent, D. A. (2012). Anhedonia predicts poorer recovery among youth with selective serotonin reuptake inhibitor treatment-resistant depression. *Journal of the American Academy of Child and Adolescent Psychiatry, 51*, 404-411. doi.org/10.1016/j.jaac.2012.01.011.

Medical Research Council. (2008). *Developing and evaluating complex interventions: New guidance MRC Complex Intervention Framework.* London: Medical Research Council.

Mendelsohn, J., Tursz, T., Schilsky, R., & Lazar, V. (2011). WIN Consortium. Challenges and advances. *Nature Reviews Clinical Oncology, 8*, 133-134. doi.org/10.1038/ nrclinonc.2010.230.

Mirams, L., Poliakoff, E., Brown, R. J., & Lloyd, D. M. (2013). Brief body-scan meditation practice improves somatosensory perceptual decision making. *Consciousness and Cognition, 22*, 348-359. doi.org/10.1016/j.concog.2012.07.009.

Moore, M. & Fresco, D. (2012). Depressive realism: A meta-analytic review. *Clinical Psychology Review, 32*, 496-509. doi.org/10.1016/j.cpr.2012.05.004.

Murphy, F., Macpherson, K., Jeyabalasingham, T., Manly, T., & Dunn, B. (2013). Modulating mindwandering in dysphoria. *Frontiers in Psychology, 4*, 888. doi.org/10.3389/ fpsyg.2013.00888.

National Institute for Helath and Care Excellence (NICE). (2009). NICE guidance CG90. Available at: https://www.nice.org.uk/guidance/cg90.

Naragon-Gainey, K., Gallagher, M. W., & Brown, T. A. (2013). Stable "trait" variance of temperament as a predictor of the temporal course of depression and social phobia. *Journal of Abnormal Psychology, 122*, 611-623. doi.org/10.1037/a0032997.

Nakozeny, P. A., Carmody, T. J., Morris, D. W., Kurian, B. T., & Trevedi, M. H. (2010). Psychometric evaluation of the Snaith-Hamilton Pleasure Scale (SHAPS) in adult outpatients with major depressive disorder. *International Clinical Psychopharmacology, 25*, 328-333. doi.org/10.1097/YIC.0b013e32833eb5ee.

Neimiec, C. P., Ryan, R. M., & Deci, E. L. (2009). The path taken: Consequences of attaining intrinsic and extrinsic aspirations in post-college life. *Journal of Research in Personality, 43*,

291-306. doi.org/10.1016/j.jrp.2008.09.001.

Nelissen, R. M. A. (2012). Guilt induced self-punishment as a sign of remorse. *Social Psychological and Personality Science, 3*, 139-144. doi.org/10.1177/1948550611411520.

Nelissen, R. M. & Zeelenberg, M. (2009). When guilt evokes self-punishment: Evidence for the existence of a Dobby effect. *Emotion, 9*, 118-122. doi.org/10.1037/a0014540.

Neshat-Doost, H. T., Dalgleish, T., Yule, W., Kalantari, M., Ahmadi, S. J., Dyregov, A., & Jobson, L. (2013). Enhancing autobiographical memory specificity through cognitive training: An intervention for depression translated from basic science. *Clinical Psychological Science, 1*, 84-92. doi.org/10.1177/2167702612454613.

Newman, M. G. & Llera, S. J. (2011). A new theory of experiential avoidance in generalized anxiety disorder: A review and synthesis of research supporting an avoidance of a negative emotional contrast. *Clinical Psychology Review, 31*, 371-382. doi.org/10.1016/j.cpr.2011.01.008.

Norem, J. & Cantor, N. (1986). Defensive pessimism: Harnessing anxiety as motivation. *Journal of Personality and Social Psychology, 51*, 1208-1217. doi.org/10.1037/0022-3514.51.6.1208.

Panagioti, M., Gooding, P., & Tarrier, N. (2012). An empirical investigation of the effectiveness of the broad-minded affective coping procedure (BMAC) to boost mood among individuals with posttraumatic stress disorder (PTSD). *Behaviour Research and Therapy, 50*, 589-595. doi.org/10.1016/j.brat.2012.06.005.

Parkin, L., Morgan, L., Rosselli, A., Howard, M., Sheppard, A., Evans, D., Hawkins, A., Martinelli, M., Golden, A., Dalgleish, T., & Dunn, B. D. (2014). Exploring the relationship between mindfulness and cardiac perception. *Mindfulness, 5*, 298-313. doi.org/10.1007/s12671-012-0181-7.

Penton-Voak, I. S., Bate, H., Lewis, G. H., & Munafo, M. R. (2012). Effects of emotion perception training on mood in undergraduate students: A randomized controlled trial. *British Journal of Psychiatry, 201*, 71-77. doi.org/10.1192/bjp.bp.111.107086.

Piet, J. & Hougaard, E. (2011). The effect of mindfulness-based cognitive therapy for prevention of relapse in recurrent major depressive disorder: A systematic review and meta-analysis. *Clinical Psychology Review, 31*, 1032-1040. doi.org/10.1016/j.cpr.2011.05.002.

Pizzagalli, D. A., Iosifescu, D., Hallett, L. A., Ratner, K. G., & Fava, M. (2008). Reduced hedonic capacity in major depressive disorder: Evidence from a probabilistic reward task. *Journal of Psychiatric Research, 43*, 76-87. doi.org/10.1016/j.jpsychires.2008.03.001.

Porges, S. W. (2007). The polyvagal perspective. *Biological Psychology, 74*, 116-143. doi.org/10.1016/j.biopsycho.2006.06.009.

Raes, F., Smets, J., Nelis, S., & Schoofs, H. (2012). Dampening of positive affect prospectively predicts depressive symptoms in non-clinical samples. *Cognition & Emotion*, *26*, 75-82. doi. org/10.1080/02699931.2011.555474.

Raes, F., Smets, J., Wessel, I., Van Den Eede, F., Nelis, S., Franck, E., Jacquemyn, Y., & Hanssens, M. (2014). Turning the pink cloud grey: Dampening of positive affect predicts postpartum depressive symptoms. *Journal of Psychosomatic Research*, *77*, 64-69. doi.org/10.1016/ j.jpsychores.2014.04.003.

Rottenberg, J. (2005). Mood and emotion in major depression. *Current Directions in Psychological Science*, *14*, 167-170. doi.org/10.1111/j.0963-7214.2005.00354.x.

Rottenberg, J., Kasch, K. L., Gross, J. J., & Gotlib, I. H. (2002). Sadness and amusement reactivity differentially predict concurrent and prospective functioning in major depressive disorder. *Emotion*, *2*, 135-146.

Rozental, A., Andersson, G., Boettcher, J., Ebert, D., Cuijpers, P., Knaevelsrud, C., & Carlbring, P. (2014). Consensus statement on defining and measuring negative effects of Internet interventions. *Internet Interventions*, *1*, 12-19. doi.org/10.1016/j.invent.2014.02.001.

Ruini, C. & Fava, G. A. (2012). Role of well-being therapy in achieving a balanced and individualized path to optimal functioning. *Clinical Psychology and Psychotherapy*, *19*, 291-304. doi.org/10.1002/cpp.1796.

Russo, S. J. & Nestler, E. J. (2013). The brain reward circuitry in mood disorders. *Nature Reviews Neuroscience*, *14*, 609-625. doi.org/10.1038/nrn3381.

Ryan, R. M. & Deci, E. L. (2000). Intrinsic and extrinsic motivations: Classic definitions and new directions. *Contemporary Educational Psychology*, *25*, 54-67. doi.org/10.1006/ ceps.1999.1020.

Ryff, C. D. & Singer, B. (1996). Psychological well-being: Meaning, measurement, and implications for psychotherapy research. *Psychotherapy and psychosomatics*, *65*, 14-23. doi. org/10.1159/000289026.

Schillinger, D. (2010). *An introduction to effectiveness, dissemination and implementation research* (Eds.), P. Fleisher & E. Goldstein. San Francisco, CA: Clinical Translational Science Institute Community Engagement Program, University of California.

Schrader, G. D. (1997). Does anhedonia correlate with depression severity in chronic depression? *Comprehensive Psychiatry*, *38*, 260-263. doi.org/10.1016/S0010-440X(97)90057-2.

Schueller, S. M. & Parks, A. C. (2014). The science of self-help: Translating positive psychology research into increased individual happiness. *European Psychologist*, *19*(2), 145-155. doi. org/10.1027/10169040/a000181.

Segal, Z. V., Williams, J. M. G., & Teasdale, J. D. (2002). *Mindfulness-based cognitive therapy for depression*. New York: Guildford.

Seligman, M. E. P., Rashid, T., & Parks, A. C. (2006). Positive psychotherapy. *American Psychologist*, *61*, 774-788. doi.org/10.1037/0003-066X.61.8.774.

Seligman, M. E., Steen, T., Park, N., & Peterson, C. (2005). Positive psychology progress: Empirical validation of interventions. *American Psychologist*, *60*, 410-421. doi.org/10.1037/0003-066X.60.5.410.

Shankman, S., Nelson, B., Harrow, M., & Faull, R. (2010). Does physical anhedonia play a role in depression? A 20-year longitudinal study. *Journal of Affective Disorders*, *120*, 170-176. doi.org/10.1016/j.jad.2009.05.002.

Sheldon, K. M. & Elliot, A. J. (1999). Goal striving, need-satisfaction, and longitudinal well-being: The self-concordance model. *Journal of Personality and Social Psychology*, *76*, 482-497. doi.org/10.1037/0022-3514.76.3.482.

Sheldon, K. M. & Lyubomirsky, S. (2006). How to increase and sustain positive emotion: The effects of expressing gratitude and visualizing best possible selves. *Journal of Positive Psychology*, *1*, 73-82. doi.org/10.1080/17439760500510676.

Sheldon, K. M. & Elliot, A. J. (1999). Goal striving, need satisfaction, and longitudinal well-being: The self-concordance model. *Journal of Personality and Social Psychology*, *76*, 482-497.

Sin, N. L., Della Porta, M. D., & Lyubomirsky, S. (2011). Tailoring positive psychology interventions to treat depressed individuals. In: S. I. Donaldson, M. Csikszentmihalyi, & J. Nakamura (Eds.), *Applied positive psychology: Improving everyday life, health, schools, work, and society* (pp. 79-96). New York: Routledge.

Sin, N. L. & Lyubomirsky, S. (2009). Enhancing well-being and alleviating depressive symptoms with positive psychology interventions: A practice-friendly meta-analysis. *Journal of Clinical Psychology*, *65*, 467-487. doi.org/10.1002/jclp.20593.

Smallwood, J., O'Connor, R. C., & Heim, D. (2005). Rumination, dysphoria, and subjective experience. *Imagination, Cognition, and Personality*, *24*, 355-367. doi.org/10.2190/AE18-AD1V-YF7L-EKBX.

Smallwood, J., O'Connor, R. C., Sudbery, M. V., & Obonsawin, M. (2007). Mind-wandering and dysphoria. *Cognition and Emotion*, *21*, 816-842. doi.org/10.1080/02699930600911531.

Smoski, M. J., Felder, J., Bizzell, J., Green, S. R., Ernst, M., Lynch, T. R., & Dichter, G. S. (2009). fMRI of alterations in reward selection, anticipation, and feedback in major depressive disorder. *Journal of Affective Disorders*, *118*, 69-78. doi.org/10.1016/j.jad.2009.01.034.

Snaith, R. P., Hamilton, M., Morley, S., Hurmayan, A., Hargreaves, D., & Trigwell, P. (1995). A scale for the assessment of hedonic tone: The Snaith-Hamilton Pleasure Scale. *British Journal of Psychiatry*, *167*, 99-103. doi.org/10.1192/bjp.167.1.99.

Spence, R., Roberts, A., Ariti, C., & Bardsley, M. (2014). Focus on antidepressant prescribing:

Trends in the prescribing of antidepressants in primary care. Available at: http://www. nuffieldtrust.org.uk/publications/focus-antidepressant-prescribing.

Spijker, J., Bijl, R. V., de Graaf, R., & Nolen, W. A. (2001). Care utilization and outcome of DSM-III-R major depression in the general population. Results from the Netherlands Mental Health Survey and Incidence Study (NEMESIS). *Acta Psychiatrica Scandinavica*, *104*, 19-24. doi. org/10.1034/j.1600-0447.2001.00363.x.

Stawarczyk, D., Majerus, S., Van der Linden, M., & D'Argembeau, A. (2012). Using the daydreaming frequency scale to investigate the relationships between mind-wandering, psychological well-being and present-moment awareness. *Frontiers in Psychology*, *3*, 363. doi.org/10.3389/fpsyg.2012.00363.

Tarrier, N. (2010). Broad minded affective coping (BMAC): A "positive" CBT approach to facilitating positive emotions. *International Journal of Cognitive Therapy*, *3*, 64-76. doi. org/10.1521/ijct.2010.3.1.64.

Telford, C., McCarthy-Jones, S., Corcoran, R., & Rowse, G. (2012). Experience sampling methodology studies of depression: The state of the art. *Psychological Medicine*, *42*, 1119-1129. doi.org/10.1017/S0033291711002200.

Treadway, M. T., Bossaller, N. A., Shelton, R. C., & Zald, D. H. (2012). Effort-based decision-making in major depressive disorder: A translational model of motivational anhedonia. *Journal of Abnormal Psychology*, *121*, 553-558. doi.org/10.1037/a0028813.

Treadway, M. T. & Zald, D. H. (2011). Reconsidering anhedonia in depression: Lessons from translational neuroscience. *Neuroscience and BioBehavioral Reviews*, *35*, 537-555. doi. org/10.1016/j.neubiorev.2010.06.006.

Uher, R., Perlis, R. H., Henigsberg, N., Zobel, A., Rietschel, M., Mors, O., & McGuffin, P. (2012). Depression symptom dimensions as predictors of antidepressant treatment outcome: replicable evidence for interest-activity findings. *Psychological Medicine*, *42*, 967-980. doi. org/10.1017/S0033291711001905.

Ustun, T.B., Ayuso-Mateos, J. L., Chatterji, S., Mathers, C., & Murray, C. J. L. (2004). Global burden of depressive disorders in the year 2000. *British Journal of Psychiatry*, *184*, 386-392. doi.org/10.1192/bjp.184.5.386.

Van Oostrom, S. H., Anema, J. R., Terluin, B., Venema, A., de Vet, H. C. W., & van Mechelen, W. (2007). Development of a workplace intervention for sick-listed employees with stress-related mental disorders: Intervention mapping as a useful tool. *BMC Health Services Research*, *7*, 127. doi.org/10.1186/1472-6963-7-127.

Verdejo-Garcia, A., Clark, L., & Dunn, B. D. (2012). The role of interoception in addiction: A critical review. *Neuroscience & Biobehavioural Reviews*, *36*, 1857-1869.

Vittengl, J. R., Clark, L. A., Dunn, T. W., & Jarrett, R. B. (2007). Reducing relapse and recurrence in unipolar depression: A comparative meta-analysis of cognitive-behavioral therapy's effects. *Journal of Consulting and Clinical Psychology, 75*, 475-488. doi.org/10.1037/0022-006X.75.3.475.

Vrieze, E., Pizzagalli, D. A., Demyttenaere, K., Hompes, T., Sienaert, P., de Boer, P., Schmidt, M., & Claes, S. (2013). Reduced reward learning predicts outcome in major depressive disorder. *Biological Psychiatry, 73*, 639-645. doi.org/10.1016/j.biopsych.2012.10.014.

Watanabe, E. & Ohtsubo, Y. (2012). Costly apology and self-punishment after an unintentional transgression. *Journal of Evolutionary Psychology, 10*(3), 87-105. doi.org/10.1556/JEP.10.2012.3.1.

Watson, D. & Clark, L. A. (1991). The mood and anxiety symptom questionnaire, unpublished manuscript, University of Iowa City.

Watson, D., Clark, L. A., & Tellegen, A. (1988). Development and validation of brief measures of positive and negative affect: The PANAS scales. *Journal of Personality and Social Psychology, 54*, 1063-1070. doi.org/10.1037/0022-3514.54.6.1063.

Watson, D. & Naragon-Gainey, K. (2011). On the specificity of positive emotional dysfunction in psychopathology: Evidence from the mood and anxiety disorders and schizophrenia/schizotypy. *Clinical Psychology Review, 30*, 839-848. doi.org/10.1016/j.cpr.2009.11.002.

Watson, D., Weise, D., Vaidya, J., & Tellegen, A. (1999). The two general activation systems of affect: Structural findings, evolutionary considerations, and psychobiological evidence. *Journal of Personality and Social Psychology, 76*, 820-838. doi.org/10.1037/0022-3514.76.5.820.

Weissman, M. M., Markowitz, J. C., & Klerman, G. L. (2000). *Comprehensive guide to interpersonal psychotherapy*. New York: Basic Books.

Werner-Seidler, A., Banks, R., Dunn, B. D., & Moulds, M. L. (2013). An investigation of the relationship between positive affect regulation and depression. *Behaviour Research and Therapy, 51*, 46-56. doi.org/10.1016/j.brat.2012.11.001.

Wichers M. C., Barge-Schaapveld, D. Q., Nicolson N. A., Peeters F., de Vries M., Mengelers R., & van Os, J. (2009). Reduced stress-sensitivity or increased reward experience: The psychological mechanism of response to antidepressant medication. *Neuropsychopharmacology, 34*, 923-931. doi.org/10.1038/npp.2008.66.

Williams, J. M., Barnhofer, T., Crane, C., Herman, D., Raes, F., Watkins, E., & Dalgleish, T. (2007). Autobiographical memory specificity and emotional disorder. *Psychological Bulletin, 133*, 122-148. doi.org/10.1037/0033-2909.133.1.122.

Wood, A. M. & Joseph, S. (2010). The absence of positive psychological (eudemonic) well-being as a risk factor for depression: A ten-year cohort study. *Journal of Affective Disorders*, *122*, 213–217. doi.org/10.1016/j.jad.2009.06.032.

Wood, A. M. & Tarrier, N. (2010). Positive Clinical Psychology: A new vision and strategy for integrated research and practice. *Clinical Psychology Review*, *30*, 819–829. doi.org/10.1016/j.cpr.2010.06.003.

Wood, J. V., Perunovic, W. Q., & Lee, J. W. (2009). Positive self-statements: Power for some, peril for others. *Psychological Science*, *20*, 860–866. doi.org/10.1111/j.1467-9280.2009.02370.x.

제14장

걱정하지 말고 행복하세요
불안장애를 위한 긍정 임상심리학

Philip C. Watkins & Andrew Pereira

걱정하지 말고 행복하세요: 불안장애에 대한 긍정심리학

이 글의 첫 번째 저자인 Watkins는 얼마 전 부인과 함께 하와이에 소재한 카우아이라는 지역으로 휴가를 다녀왔다. 하루는 태평양의 그랜드캐니언으로 불리는 와이메아 캐니언으로 이동하기 위해 운전을 하고 있었는데, 목적지에 거의 도착했을 무렵 앞쪽에서 불빛이 번쩍이는 것을 보게 되었다. 그는 곧 한 차량이 이들의 차선으로 돌진해 오는 것을 확인하고, 침착하게 갓길로 차를 옮겨 대었다. 갓길에서 기다리는 동안 문제의 차량이 이들 옆을 빠르게 스쳐 지나갔고, 뒤따라 하와이 주립 순찰차량 3대가 그 차량을 바짝 뒤쫓아 지나갔다. 이를 확인한 뒤에야 고속 차량추격전이 벌어지고 있다는 것을 알게 되었고, 하마터면 정면충돌 사고를 당할 뻔했다는 것도 깨닫게 되었다. 이를 깨닫게 되자 교감신경계 활성화로 인한 현상들이 뒤따라 일어났고, 옆에 있던 부인에게 이렇게 말했다고 한다. "우리가 얼마나 오랫동안 주변의 아름다운 것들을 즐겨야 마음이 차분해지고 이 사건에 대해 잊게 될 수 있을까?" 이 일화는 이번 장의 핵심 주제 한 가지를 잘 보여 준다. 긍정 정서와 긍정 활동은 두려움과 불안의 효과를 감소시킬 수 있을까? 이번 장의 목적은 불안장애에 대한 치료적 개입에서 긍정 임상심리학의 잠재력을 탐색하는 것이다.

긍정심리학적 개입은 얼핏 보면 불안장애보다 우울장애에 더 도움이 될 것처럼 여겨질 수 있다. 실제로 일부 학자들은 긍정 정서의 결핍이 우울증의 신뢰로운 지표가 된다는 측면에서 단극성 우울증(unipolar depression)과 다른 정서장애들이 구분된다고 주장했다 (Watson, Clark, & Carey, 1988; Clark & Watson, 1991; Watson & Naragon-Gainey, 2010). 본 저자들이 진행한 연구에서도 특질 감사(trait gratitude) 수준이 낮은 것은 불안보다는 우울에서 더 특징적으로 나타났으며, 불안 증상을 통제했을 때에도 감사와 우울의 상관이 유의한 것으로 확인되었다(예: McComb, Watkins, & Kolts, 2005). 또한 감사는 우울증에서의 부정적 기억 편향을 감소시켰으며, 감사 증진방법(gratitude intervention)은 일관되게 우울증상을 완화시키는 것으로 확인되었다(예: Watkins, Uhder, & Pichinevskiy, 2015). 이러한 결과들을 보면 긍정 임상심리학이 우울증에 제공하는 것이 많은 것처럼 보일 것이다. 그렇다면 긍정 임상심리학은 불안장애에 어떤 것들을 제공할까?

이론적 · 경험적 연구들은 긍정심리학적 개입과 활동이 불안장애의 치료에 효과적일 것으로 제안하고 있다. 예를 들어, 최근 불안장애와 우울장애의 공통적인 기제를 강조하는 정신병리에 대한 범진단적 접근이 몇 가지 소개된 바 있다(예: Nolen-Hoeksema & Watkins, 2011). 우리는 Barlow와 동료들이 제안한 접근이 매우 설득력 있다고 생각한다. 그들은 기분장애와 불안장애가 '부정적 정동 증후군(negative affective syndrome: NAS)'이라 부를 수 있는 보다 넓은 범주를 구성한다고 제안했다(Barlow, Allen, & Choate, 2004; Moses & Barlow, 2006). 그들에 따르면, 여기에 속한 모든 장애들은 신경증 성향(혹은 부정적 정동성; negative affectivity)과 통제감의 결여(lack of a sense of controllability)라는 공통의 원격 취약성(distal vulnerability) 요인을 공유하고 있다. 뿐만 아니라 부정적 정동 증후군에 속하는 모든 장애들은 부적응적인 정서조절(maladaptive emotion regulation)을 특징적으로 나타낸다. 따라서 우울증의 부적응적 기제에 영향을 미치는 치료 기법들은 불안장애의 유사한 역기능(dysfunctions)에도 효과적일 가능성이 있다.

둘째, 우울증에서 긍정적 정동의 결핍이 특징적으로 나타나는 것은 사실이지만, 불안장애에서도 긍정적 정동의 결핍 현상이 나타날 수 있다는 증거가 있다(Watson & Naragon-Gainey, 2010). 긍정적 정동의 결핍은 다른 불안장애들보다 사회불안장애에서 특징적으로 나타나는 것 같아 보이지만, 앞서 소개했던 연구(McComb et al., 2005)에서 우리는 특질 감사가 우울증상을 통제한 뒤에도 불안 증상과 부적 상관관계를 나타낸다는 사실을 확인했다. 따라서 감사는 우울 및 불안과 독립적인 관계를 맺고 있는 것으로 예상해 볼 수 있다. 정리하면, 역기능적인 불안에서 긍정적 정동과 특질 감사의 결핍이 나타난다고 볼 수 있으며, 이러한 결과는 긍정적 특성을 강화하는 개입의 효과를 탐색하는 연구들이 서둘러 진행되어야 함을 시사한다.

불안장애 치료에서 긍정심리학적 개입이 고려되어야 하는 세 번째 이유는, 긍정적 웰빙 증진방법(positive well-being intervention)이 불안 증상을 유의하게 감소시킨다는 치료효과 실험연구가 적어도 두 건은 진행되었다는 점이다(Fava et al., 2005; Geraghty, Wood, &

Hyland, 2010). 이 두 연구는 매우 중요하기 때문에 이후에 좀 더 자세하게 논의할 것이다. 여기에서 하고 싶은 말은, 긍정심리학적 개입과 긍정적 활동이 우울장애뿐만 아니라 불안장애에도 무언가를 제공할 수 있음을 시사하는 충분한 근거가 마련되었다는 점이다.

우리는 각 장애를 개별적으로 다루는 것보다, 여러 불안장애에서 공통적으로 확인되는 역기능적 과정이 있다고 가정하고, 이러한 기제를 약화시키는 긍정적 활동과 긍정심리학적 개입을 살펴보는 것이 더 유익하다고 생각한다. 여기서 역기능이란 간단히 말해 적응적으로 기능하지 못하는 심리적 기제(psychological mechanism)를 의미한다. 예를 들어, 정서조절 기제는 개인이 잘 지내는 데 도움이 되는 방식으로 작동해야 한다. 하지만 어떤 사람이 부정적 사건을 다룰 때 지속적으로 그 빈도와 중요성을 과대평가하고 그에 따라 해당 사건과 관련된 부정적 정동을 과도하게 경험한다면, 이러한 정서조절전략은 부적응적일 수 있다. 달리 말해, 해당 사례에서의 정서조절은 역기능적인 것이다.

이제 우리는 불안장애들에서 공통적으로 나타나는 중요한 역기능적 기제들에 대해 기술하고, 연구나 이론에서 이러한 기제들을 효과적으로 약화시킬 것으로 제안되는 긍정심리학적 개입들에 대해서도 함께 기술할 것이다. 기술될 기제들은 5개의 상위 범주, 즉 정서적 역기능(emotional dysfunction)과 인지적 역기능(cognitive dysfunction), 대처 역기능(coping dysfunction), 역기능적 자기몰두(dysfunctional self-preoccupation), 역기능적 세계관(dysfunctional world-view)으로 조직화될 것이다. 마지막 범주는 다른 역기능들의 기초가 될 수 있기 때문에, 이 범주를 다룰 때 우리가 다루었던 전체 내용들을 정리하고 통합할 것이다.

긍정 활동은 어떻게 불안장애의 역기능적 기제를 약화시키는가

정서적 역기능

여기에서는 불안장애에서 발견되는 몇 가지 특정한 정서적 역기능에 대해 논의하고, 이러한 기제들을 대상으로 하는 구체적인 긍정 임상심리학적 치료들을 제안할 것이다. 정서적 역기능들은 다른 역기능들(예: 인지적 역기능)과 상호작용하거나 그러한 역기능들에 의해 촉발될 가능성이 있지만, 정서적 기제들을 그 자체로 살펴보는 것 또한 도움이 될 것이라 생각한다. 여기에서는 세 가지 유형의 정서적 역기능, 즉 역기능적인 부정적 경험(dysfunctional negative experience)과 역기능적인 긍정적 경험(dysfunctional positive experience), 정서적 회피(emotional avoidance)에 대해 살펴볼 것이다.

부정적 정동(negative affect) 여러 불안장애에서 나타나는 가장 명백한 정서적 역기능은 부정적 사건에 대해 부정적 정동을 과도하게 경험하는 것과 관련이 있을 것이다(Clark & Watson, 1991; Watson et al., 1988). 긍정적 개입이나 긍정적 활동이 어떻게 부정적 정동의 역기능을 약화시킬 수 있을까? 우선, 긍정 정서가 두려움이나 불안과 같은 부정 정서의 영향을 '취소(undo)'할 수 있다는 것을 제시하는 실험연구 증거들이 있다. Fredrickson과 동료들은 Fredrickson이 개발한 긍정적 정동의 확장 및 축적 이론(broaden-and-build theory)을 검증한 한 연구에서, 긍정 정서가 두려움을 포함한 부정 정서의 효과를 취소할 수 있는지를 탐색하였다(Fredrickson & Levinson, 1998). 연구 1에서 참여자들은 두려움을 유발하도록 고안된 영상을 시청했다. 영상을 시청한 뒤에는 네 가지 서로 다른 정서 유발 조건, 즉 만족감(contentment)과 재미/우스움(amusement), 슬픔(sadness), 중립(neutral) 조건에 무작위로 할당되었으며, 각 정서가 유발되는 동안 이들의 심혈관 측정치들이 기록되었다. 연구자들은 긍정 정서 유발 조건에 할당된 참여자들이 중립 혹은 슬픔 조건에 할당된 참여자들보다 실험 전 심혈관 기능 수준을 더 빨리 회복하는 것을 확인하였다. 따라서 긍정 정서는 두려움에 수반되는 생리적 결과의 일부분을 취소하는 능력이 있다고 생각해 볼 수 있을 것이다. 후속 연구들은 이러한 효과가 단순히 긍정 정서가 부정 정서를 대체하여 나타난 현상이 아님을 제시하였다(Fredrickson, Mancuso, Branigan, & Tugade, 2000).

이러한 결과들은 임상가들이 긍정 정서를 유발시킴으로써 내담자들의 부적응적인 부정적 정동 반응을 취소하도록 도울 수 있음을 시사한다. 향후 연구자들은 긍정 정서를 유발시키는 것이 임상 현장에서 발견되는 부적응적인 두려움을 취소하는 데 효과적인지를 반드시 입증해야 할 것이며, 임상가들은 치료 과정에서 긍정 정서를 유발하는 효과적인 방법들을 탐색해야 할 것이다. 우리는 임상가들이 긍정 정서를 유발하는 창의적인 방법들을 사용했으면 한다. 내담자들이 치료 장면을 벗어났을 때에도 사용할 수 있는 그런 방법들을 말이다. 긍정 정서를 유발하는 것은 이완훈련(relaxation procedure)을 사용하는 내담자들에게서 확인된 바와 같이, 내담자들이 하나의 정서조절 기술로써 적극적으로 사용할 때에만 효과적일 가능성이 높기 때문이다. 임상가들을 위한 이러한 연구가 갖는 중요한 메시지는 내담자들이 각자의 삶에서 경험하는 불안의 해로운 효과를 제거하기 위해 긍정 정서를 사용할 수 있으며, 이러한 방법이 주의를 전환시키는 것이나 중립적인 정서적 상태로 돌려놓는 것보다 더 나아 보인다는 점이다. 따라서 부정적 정동을 감소시키는 효과적인

한 가지 방법은 긍정적 정동을 증가시키는 것이라고 볼 수 있을 것이다.

'긍정적 재평가(positive reappraisal)' 또한 부정적 사건에 대한 반응으로 경험되는 불안과 두려움을 감소시키는 잠재력을 가지고 있다. 하나의 예를 제시하기 위해, 괴로운 기억을 종결하도록 돕는 방안으로 감사 재평가(grateful reappraisal)를 사용했던 연구에 대해 기술하려고 한다(Watkins, Cruz, Holben, & Kolts, 2008). 이 연구는 역기능적인 회피 및 대처와도 연관되어 있지만, 고통스러운 기억과 연결된 부정적 정동을 감소시키는 감사 재평가의 잠재력을 고려하여 여기에 기술하려고 한다. 이 연구를 설계할 당시, 우리는 살면서 경험하는 부정적 사건의 영향의 많은 부분이 사건 그 자체보다는 사건에 대한 기억을 통해 나타난다고 추론했다. 이 연구에서 우리는 참여한 학생들에게 '불쾌한 미종결 기억(unpleasant open memory)'을 회상하도록 요청했다. 미종결 기억이란 간단히 말해 어떤 사건(잘 이해되지 않은)과 관련해서 '마무리 짓지 못한 무언가(unfinished business)'가 있는 정서적 기억을 말한다. 이러한 기억은 종종 원치 않을 때 의식에 침투하곤 한다. 참가자들은 이러한 사건을 회상한 뒤에 다수의 변인(variable) 측면에서 해당 기억을 평가했다. 우리는 모든 참가자들로 하여금 이후 3일 동안 글쓰기 과제를 하도록 했다. 참가자들 중 일부는 그들의 고통스러운 기억과 무관한 내용에 대해 글을 썼고(통제집단), 또 다른 일부는 Pennebaker(1997)가 제안한 정서적 공개 기법(emotional disclosure technique)에 따라 고통스러운 사건에 대해 글을 쓰도록 안내되었다. 남은 참가자들은 감사 재평가 조건에 할당되었다. 감사 재평가 조건에 할당된 참가자들은 괴로운 사건의 결과 중 지금은 감사하다고 느낄 수 있는 부분에 대해 글을 썼다. 결과를 간단히 소개하면, 감사 재평가 조건에 할당된 사람들이 다른 두 통제집단에 비해 고통스러운 기억에 대한 심리적 종결(psychological closure)을 더 많이 보고하였고, 실시간 평가에서 해당 기억이 덜 침투하는 것으로 확인되었다. 이보다 더 중요한 사실은 감사 재평가가 해당 기억과 관련된 부정적인 정서적 영향을 감소시켰다는 점이다. 이러한 결과는 감사 재평가와 같은 긍정적 개입이 과거의 괴로운 사건을 기억할 때 유발되는 부정 정서를 감소시킬 수 있다는 것을 보여 준다.

긍정적 정동(negative affect)   불안장애 환자들을 치료할 때에는 부정적인 경험에 초점을 맞추는 것만큼이나 역기능적인 긍정적 경험에 초점을 맞추는 것이 중요할 수 있다. 과도한 부정적 정동을 약화시키는 것이 반드시 긍정적 정동의 증가로 이어지지는 않기 때문이다(Diener & Emmons, 1985). 우리는 치료를 진행할 때 긍정적 경험의 결핍을 치료의 초점으로 삼아야 한다고 생각한다. 특히 사회불안장애(social anxiety disorder: SAD)의 경우에는 더욱 그렇다. 최근 진행된 연구들은 불안과 관련된 긍정적 경험의 역기능들을 보여 주었다. 이러한 결핍들은 다른 불안장애보다는 사회불안장애에 더 잘 적용되는 것 같아 보이지만, 다른 불안장애(예: 범불안장애)를 경험하는 사람들도 긍정적 경험에서의 결핍을 보일 가능성이 있다. 관련 연구에 따르면, 사회불안을 경험하는 사람들은 긍정적 활동을 덜 즐기며, 긍정적 사건의 빈도가 낮은 것으로 확인되었다(Kashdan, 2007). 또한 긍정적 사건의 발생 빈도에 대한 기대가 낮았으며, 긍정적 사건에 대한 부정적 반응과 결과를 더 많이 예상하는 것으로 나타났다(Gilboa-Schechtman, Franklin, & Foa, 2000). 뿐만 아니라 긍정 정서가 유지되는 정도도 덜했으며, 긍정 정서를 과도하게 하향조절(downregulation)하는 것으로 확인되었다(Carl, Soskin, Kerns, & Barlow, 2013 관련 개관연구 참고). 이러한 측면들은 모두 보상을 제공할 수도 있는 사건들을 회피하게 만들 가능성이 있다.

어떤 긍정적인 활동들이 이러한 역기능들에 대한 효과적인 개입이 될 수 있을까? 분명한 것은 긍정적 정동의 빈도를 증가시키는 방법들이 효과적일 것이라는 점이며, 긍정적 정동을 유발시키는 것은 긍정적 정동성(positive affectivity)을 증진시킬 뿐만 아니라 부정적 정동성(negative affectivity) 또한 감소시킬 것이라는 점이다. 연구자들은 앞서 소개한 긍정적 정동 유발 방안에 더해, 이러한 역기능에 개입할 수 있을 만한 몇 가지 다른 긍정적 활동들을 제안하고 있다. 첫째, 연구들은 감사 증진방법이 긍정적 경험을 강화시킬 수 있을 것이라고 제안하고 있다. 우리는 다른 논문에서 감사가 삶의 긍정적인 것들을 증가시키기 때문에 번영(flourishing)을 촉진할 것이라고 주장한 바 있다(Watkins, 2008; 2011; 2014). 만일 이것이 사실이라면, 긍정적인 사건을 감사하는 태도로 경험할 때 긍정적 정동이 강화될 것이다. 현재로서는 이 가설을 직접적으로 다루고 있는 연구가 거의 없지만(예외 사례: Watkins, Sparrow, Pereira, & Suominen, 2013), 감사할 것들을 세어 보는 연습과 관련된 연구는 가설과 일치하는 결과를 보여 주고 있다. 예를 들어, Emmons와 McCullough(2003)는 '축복으로 여기기(counting blessings)'와 관련된 초기 연구에서 감사하는 것들을 5개 이상 기록하는 활동이 비교 조건의 활동에 비해 긍정적 정동을 더 강화한다는 사실을 확인했다. 뿐만 아니라 Geraghty 등(2010)은 감사할 것들을 다시 세어 본 사람들의 불안이 대기 집단에 속한 사람들보다 감소했음을 확인하기도 했다. 이러한 결과를 고려하면, 연구자들이 감사의 효과를 확인할 수 있었던 한 가지 이유는 감사 훈련이 긍정적 정동을 증가시켰고 긍정적 정동이 불안을 '취소(undo)'하는 데 도움이 되었기 때문이라고 추측해 볼 수 있다. 우리는 감사 성찰(grateful reflection)(고마움을 느끼는 사람에 대해 숙고하는 것) 또한 긍정적 정동을 강화한다는 사실을 발견하기도 했다(Watkins, Woodward, Stone, & Kolts, 2003). 정리하면, 감사 훈련이 매일의 삶 속에서 긍정적 정동을 강화할 수 있음을 지지하는 훌륭한 증거들이 있으며, 이러한 증거들은 감사 훈련이 불안장애에서 나타나는 긍정적 경험 관련 역기능에 대항하는 데 효과적일 수 있음을 보여 주고 있다. Seligman, Steen, Park, 그리고 Peterson(2005)이 개발한 '감사방문(gratitude visit)'과 같은 감사표현(grateful expression) 또한 불안장애를 가진 사람들의 긍정적 경험을 효과적으로 증진할 가능성이 있다. 우리는 특히 사회불안장애를 가진 사람들에게 이러한 방법이 효과적일 것이라고 생각하지만, 이들에게서 흔히 확인되는 긍정 정서 표현에 대한 망설임에 우선적으로 개입해야 할 수 있다. 이 부분에 대해서는 이후에 좀 더 자세하게 다루기로 하겠다.

사회적 접촉 상황(social encounters)에서 개인이 경험하는 긍정적 정동을 강화하는 것은 중요한 치료목표인 것으로 보인다. 감사표현이 사회적 상황에서의 긍정적 정동을 증진하는 방법일 수 있지만, Fredrickson과 동료들이 제안한 자애명상(loving-kindness meditation: LKM) 또한 유사한 효과를 나타낼 수 있을 것이라고 생각한다(Fredrickson, Cohn, Coffey, Pek, & Finkel, 2008). 자애명상은 간단히 말해 자기 자신과 타인에 대해 온화하고 다정한 마음을 갖도록 돕는 기법이다(Fredrickson et al., 2008, p.1046). Fredrickson은 이 명상훈련에 특별한 흥미를 느꼈는데, 이 훈련이 타인뿐만 아니라 자기 자신에 대해 경험하는 긍정 정서를 강화하도록 개발되었기 때문이었다. 자애명상이 본래 제안된 기제에 따라 웰빙(well-being)을 증진시킨다는 것은 현재 충분한 경험적 지지를 얻고 있다(Fredrickson et al., 2008; Garland, Fredrickson, Kring, Johnson, Meyer, & Penn, 2010). 따라서 우리는 자애명상이 불안장애를 겪고 있는 사람들의 긍정적 정동을 강화하는 좋은 방법이라고 생각한다.

최근 연구들에 따르면, 친절한 행동(acts of kindness) 또한 긍정적 정동을 강화할 수 있다고 제안되고 있다. 한 실험연구에서 Alden과 Trew(2013)는 사회불안을 겪는 사람들에게 4주 동안 친절한 행동을 하도록 하는 것이 긍정적 정동을 증가시킨다는 것을 확인하였다. 같은 실험에서 비교집단(행동실험 혹은 행동관찰)에 속한 사람들의 긍정적 정동 수준에는 유의한 변화가 없었다. 친절한 행동 처치집단의 참가자들은 일주일 중 이틀 동안 각각 하루에 세 가지 친절한 행동을 하도록 안내받았다(Lyubomersky, Sheldon, & Schkade, 2005 참고). 처치집단에 속한 사람들은 대인관계에 대한 만족도가 상승하였으며, 사회적 상황을 회피하려는 경향 또한 감소하였다. 친절한 행동은 자애명상이나 감사치료와 마찬가지로, 사회불안에 대한 일반적인 치료를 보완할 수 있는 타인지향적 개입 방안이라고 볼 수 있다.

정서적 회피(emotional avoidance)   불안장애에서 특징적으로 정서적 회피가 나타난다는 사실은 현재 충분한 지지를 얻고 있다. 예를 들어, 많은 공황장애 환자들의 광장공포증적 경향성은 공황발작 증상에 대한 회피 때문에 나타난다. 뿐만 아니라 사회불안이 높은 사람들은 사회적 상황과 관련된 긍정 정서와 부정 정서를 모두 회피한다는 것을 지지하는 연구 결과들도 있다(Kashdan, 2007; Kashdan, Weeks, & Savostyanova, 2011). 또한 사회불안을 겪는 사람들이 긍정 정서를 약화시켜 표현한다는 증거들도 제시된 바 있다. 이러한 결과들은 마음챙김과 수용치료가 적절한 접근으로 고려될 수 있음을 보여 준다(예: Hayes, Luoma, Bond, Masuda, & Lillis, 2006). 개인이 사회적 상황에서의 긍정적 정서 반응을 수용할 수 없다면, 그러한 상황을 즐기는 능력 또한 약해질 수밖에 없을 것이기 때문이다. 긍정 정서를 수용하는 능력의 결함은 꽤나 흥미로운 현상이며, 부정적 정서 반응을 수용하는 데 어려움을 겪는 보다 전형적인 경향성과는 다른 측면들이 있다. 수용치료는 기본적으로 개인이 불쾌한 정서적 상태를 수용할 수 있도록 돕는 데 초점을 맞추는 경향이 있었다. 따라서 이 치료를 어떻게 긍정적 정서상태에 적용할지를 지켜보는 것은 흥미로운 일이 될 것이다. 이와 관련해서는 추가적인 연구를 기다려야 하겠지만, 불안장애에서 종종 관찰되는 정서적 회피를 치료하는 데 있어 마음챙김과 수용 기반의 치료가 갖는 잠재력은 충분하다고 생각한다.

요약하면, 사회불안장애에서 부정 정서의 역기능과 긍정 정서의 역기능이 모두 존재한다는 상당한 양의 증거가 있음을 확인할 수 있었다. 기존의 연구들은 몇 가지 긍정적 활동이 이러한 역기능에 개입하는 데 효과적일 수 있음을 보여 주었다. 우리는 자애명상과 친절한 행동, 감사 개입이 특히 효과적일 것이라고 믿지만, 이러한 기법들을 불안장애를 지닌 임상군에 적용하는 연구들이 더 진행되길 기다려야 할 것이다. 다음으로는 불안장애에서 일반적으로 나타나는 역기능적인 인지적 기제들을 살펴보겠다.

인지적 역기능

주의 편향(attention bias)   위협 자극에 주의를 돌리는 것은 불안장애에서 확인되는 가장 신뢰로운 정보처리 편향들 중 하나다(예: MacLeod, Mathews, & Tata, 1986; Mathews & MacLeod, 2005 관련 개관연구 참고). 위협적인 정보가 자동적으로 불안한 사람들의 주의를 사로잡는지, 아니면 불안한 사람들이 위협으로부터 주의를 돌리는 데 어려움을 겪는지에 대해서는 아직 의문이 남아 있지만(Fox, 2004 참고), 불안한 사람들이 주의 자원을 위협적인 정보에 할당한다는 것을 보여 주는 연구들이 많이 있다. 뿐만 아니라, 주의 편향이 단순히 불안의 결과물로 나타나는 것이 아니라, 부정적 정동성의 원인이 된다는 것을 지지하는 증거들이 있다. 인지적 편향수정(cognitive bias modification)이라 불리는 주의이동 과제를 이용한 많은 연구들에서는, 실험적으로 주의를 위협 자극에 두도록 훈련을 시킬 경우 부적응적인 정서적 결과를 초래한다는 것을 확인했다(Hertel & Mathews, 2011 관련 개관연구 참고). 또한 위협 자극으로부터 주의를 돌리도록 훈련받는 것의 유익한 효과 또한 확인된 바 있다(예: Hayes, Hirsch, & Mathews, 2010; Hertel & Mathews, 2011). 최근 수행된 연구에서는 긍정적 정보에 주의를 기울이도록 훈련받을 경우 스트레스를 주는 과제를 수행하는 과정에서 부정 정서가 감소하고 긍정 정서는 유지되는 것으로 나타났다(Taylor, Bomyea, & Amir, 2011; Grafton, Ang, & MacLeod, 2012). 우리는 이 연구가 불안장애를 가지고 있는 사람들에 대한 긍정적 주의 훈련(위협 자극으로부터 주의를 돌리는 훈련뿐만 아니라)의 강력한 근거가 된다고 믿는다. 이러한 주의 훈련기법들은 모두 컴퓨터 과제들이며, 인터넷상에서도 이용할 수 있기 때문에 불안장애 치료계획에 쉽게 통합될 수 있을 것이다.

여기에서 중요한 주의 사항을 하나 강조해야 할 것 같다. Taylor 등(2011)의 연구에 따르면, 사회불안을 경험하는 사람들의 경우 긍정적 주의 편향 훈련을 진행하는 데 어려움이 있었다. 이는 이들의 부정적 주의 편향이 너무 뿌리 깊어서 긍정적 주의 편향을 일으키기 어려웠기 때문일 수 있다. 연구자들은 당시 1회기 훈련을 실시하였는데, 사회불안을 경험하는 사람들의 경우에는 몇 회기에 걸친 좀 더 철저한 훈련이 필요할 것이라고 제안했다. 불안을 경험하는 사람들에 대한 긍정적 주의 편향 훈련의 잠재적 유용성을 감안할 때, 이 이슈는 향후 연구에서 반드시 다루어져야 할 필요가 있다. 이러한 이슈들이 아직 남아 있기는 하지만, 우리는 긍정적 주의 훈련 절차가 불안장애를 치료하는 유력한 방안이 될 것이라고 생각한다.

우리는 불안치료에 도움이 될 수 있는 긍정적 주의 편향을 유발하는 또 다른 긍정적 활동들이 있다고 생각한다. Seligman 등(2005)이나 Watkins 등(2015)의 '세 가지 축복(three-blessings)' 연구에 따르면, 집중 개입(critical intervention)이 종료된 이후에도 참가자들의 웰빙이 지속적으로 증가했다. 이러한 결과는 기존의 임상연구들에서 확인되어 온 전형적인 치료결과와는 극명한 대조를 이룬다. 기존 연구들에서는 치료가 끝난 직후에 가장 큰 개선을 나타내고, 이후에는 치료효과가 감소했기 때문이다. 세 가지 축복 연구 참여자들의 웰빙 수준은 왜 치료가 끝난 이후에도 꾸준히 향상된 것일까? 우리는 해당 연구에서 실시한 치료가 웰빙에 긍정적인 영향을 주는 인지적 과정을 습득하도록 훈련시켰기 때문에 이러한 향상이 지속되었을 것이라 생각한다(Watkins, Pereira, & Mathews, 2013). 세 가지 축복 치료에서는 개인으로 하여금 최근에 좋았던 일들 세 가지를 찾아보도록 하는데, 이렇게 각자의 삶에서 좋았던 일들을 찾기 시작하면서 이들의 주의가 긍정적인 것을 향하도록 훈련되었을 가능성이 있는 것이다. 실제로 연구 참여자들은 실험 종료 후 인터뷰에서 이와 같은 내용을 보고한 바 있다. 향후 연구에서는 이러한 인지적 기제를 좀 더 구체적으로 탐색해야겠지만, 이러한 결과는 세 가지 축복 기법이 기존의 주의 편향 훈련을 위해 사용해 왔던 컴퓨터 기반의 기법들에 비해 생태학적 타당도와 관련된 이점을 갖는 것으로 해석할 수 있을 것이다. 컴퓨터를 이용한 주의 훈련 과제에서는 긍정적 단어에 주의를 기울이도록 훈련시키는 반면, 세 가지 축복치료는 개인으로 하여금 그들의 실제 경험 속에서 현실적인 이득을 찾아보도록 훈련시키기 때문이다. 혹자는 이 두 기법이 서로를 보완하기 때문에 불안을 치료할 때 함께 사용될 수 있을 것이라고 주장할 수도 있을 것이다. 정리하면, 위협 자극에 대한 주의 편향이나 긍정적 정보에 대한 편향의 결핍은 불안장애를 가지고 있는 사람들을 치료할 때 초점으로 삼아야 하는 중요한 역기능적 기제로 보인다. 긍정적 주의 훈련이나 감사할 것들을 다시 확인하는 훈련과 같은 긍정적 개입이 이러한 장해를 감소시키는 데 도움이 될 수 있을 것이다.

해석 편향(interpretation bias)   많은 상황들이 어느 정도는 모호하기 때문에, 그 의미를 정확히 이해하기 위해서는 개인이 그 상황을 해석해야 한다. 누군가에는 어떤 상황이 반이나 비어 있는 잔으로 보이고, 다른 누군가에게는 반이나 차 있는 잔으로 보일 수 있다. 따라서 상황을 어떻게 해석하느냐는 그 상황에 얼마나 잘 대처할지를 결정하는 중요한 요인이 된다. 연구자들은 해석 편향이 불안(특히 사회불안)과 밀접하다는 것을 꾸준히 확인해 왔다. 예를 들어, 모호한 시나리오를 제시했을 때 사회불안을 가지고 있는 사람들은 상황을 부정적으로 해석하는 경향이 있는 반면, 불안하지 않은 사람들은 긍정적으로 해석하는 경향이 있는 것으로 확인되었다(예: Hirsch & Mathews, 2000; Amir, Beard, & Bower, 2005; Hertel & Mathews, 2011 관련 개관연구 참고). 긍정 임상심리학이 이러한 역기능적 인지 기제를 완화하는 데 어떤 기여를 할 수 있을까?

현재 해석 편향을 수정하는 데 효과적인 것으로 확인된 방법들이 개발되어 있다. 뿐만 아니라, 해석 편향이 수정될 경우 중요한 정서적 결과를 가져 온다는 것 또한 연구를 통해 확인되었다(예: Grey & Mathews, 2000; Mathews & Mackintosh, 2000; Mackintosh, Mathews, Yiend, Ridgeway, & Cook, 2006; Salemink, van den Hout, & Kindt, 2010; Hertel & Mathews, 2011 관련 개관연구 참고). 뿐만 아니라, 임상, 혹은 준임상 범불안장애 환자들(Hirsch, Hayes, & Mathews, 2009; Hayes, Hirsch, Krebs, & Mathews, 2010)과 사회불안장애 환자들(Beard & Amir, 2008)의 해석 편향이 수정될 수 있다는 것 또한 연구들을 통해 확인되었다. 두 환자군 모두에서 해석 편향을 수정하는 것이 보다 적응적인 정서적 반응을 가져 왔다. 따라서 해석 편향 수정 훈련은 불안장애 치료에 효과적이라고 정리할 수 있을 것이다. 우리는 이런 종류의 해석 훈련이 긍정 임상심리학의 영역에도 정확히 포함될 수 있다고 생각한다. 불안장애를 가진 사람들에게서 발견되는 해석 편향이 위협적인 해석에 대한 선호가 아니라 불안하지 않은 사람들에게서 발견되는 긍정적 해석 편향의 결핍이라는 사실을 언급하는 것은 중요할 것 같다. 또한 여러 연구들에서 사용된 훈련 절차들은 단순히 모호한 상황에 대해 부정적으로 해석하는 것을 피하도록 훈련시키는 것이 아니라, 부정적인 해석을 긍정적인 해석으로 대체하도록 훈련시키는 경향이 있다. 우리가 보기에 이러한 훈련 절차는 명백한 긍정적 개입이다.

전통적인 긍정심리학 훈련이 긍정적 해석 편향을 유발한다는 것을 지지하는 증거들이 있다. 앞서 우리는 세 가지 축복 감사치료가 치료가 끝난 이후에도 삶의 질을 향상시키는 이유에 대해 의문을 제기한 바 있다. 우리는 세 가지 축복 절차가 긍정적 주의 편향을 훈련시킬 뿐만 아니라, 긍정적 해석 편향을 훈련시킴으로써 삶의 질을 증진시킨다고 생각한다 (Watkins et al., 2013). 우리가 연구에서 사용한 세 가지 축복 감사 개입에서, 참가자들로 하여금 세 가지 축복을 단순히 나열하는 것이 아니라 각 축복이 어떻게 감사함을 느끼게 했는지 적게 했다는 것을 기억해 보라. 개인이 각자의 삶에서 좋았던 것들을 찾는 훈련만으로 웰빙 수준이 향상된 것이라면, 세 가지 축복 감사(gratitude)치료와 세 가지 축복 자부심(pride)치료 간에 차이가 나타나지 않아야 했을 것이다. 하지만 연구 결과를 보면 감사치료가 자부심치료보다 유의하게 더 좋은 성과를 내었다. 따라서 참가자들의 주의를 돌리는 것 이외에 다른 무언가가 일어났다고 볼 수 있으며, 우리는 참가자들이 긍정적인 사건에 대해 좀 더 감사하는 마음으로 해석하는 습관을 발달시켰을 것이라고 생각한다. 물론 현시점에서 보면, 이는 다분히 추측에 근거한 제안이라고 볼 수 있다. 향후에는 세 가지 축복 개입과 관련된 인지적 기제를 탐색하는 연구들이 좀 더 진행되어야 할 것이다. 정리하면, 우리는 해석 편향 수정 기법들과 세 가지 축복 감사치료가 불안과 관련된 해석 편향을 치료하는 유력한 방법이 될 것이라고 생각한다.

기억 편향(memory bias)   우울 연구에서 확인된 것만큼 튼튼한 것은 아니지만, 불안이 부정적 기억 편향과 관련이 있다는 증거들이 있다(Hertel & Mathews, 2011 관련 개관연구 참고). 그런데 불안에서의 기억 편향은 과도하게 부정적인 편향보다는 긍정적 편향의 결핍을 특징적으로 나타낸다는 점을 언급할 필요가 있겠다. 불안장애를 가지고 있는 사람들은 긍정적인 경험을 잘 기억하지 못하며, 그에 따라 삶의 질을 증진할 수 있는 일반적인 상황들을 피하는 경향이 있다. 파티에 참석한 사람을 예로 들어 보자. 연구에 따르면 불안하지 않은 사람들은 지난 파티에서 긍정적인 경험들을 기억하는 경향이 있는 반면, 사회불안을 겪는 사람들은 이러한 긍정적 경험을 뚜렷하게 기억하지 못하며, 기억을 한다고 해도 그러한 경험을 무시하는 경향이 있다(Vassilopoulos & Banerjee, 2010). 이러한 기억 편향은 주의 과정과 해석 과정에서의 편향 때문에 나타났을 가능성이 크지만(Hertel, Brozovich, Joorman, & Gotlib, 2008; Tran, Hertel, & Joorman, 2011), 인출 과정이 개입되었을 가능성도 남아 있다. 어쩌면 개인이 과거 경험으로부터 정보를 인출하는 방식을 수정하도록 긍정적 훈련 절차를 개발할 수 있을 것이다. 역기능적인 인출 과정이 불안장애와 관련이 있다면, 세 가지 축복 개입과 같은 긍정적 활동이 이러한 역기능적 기제에 개입할 것이라고 제안하는 것이 타당할 것이다. 우리는 이전 연구에서 세 가지 축복 감사치료가 지난 한 주간의 긍정적 사건 관련 기억에 대한 접근성을 증진한다는 것을 확인했다. 또 다른 연구에서는 감사한 기억을 회상하는 것이 통제집단과 비교했을 때 부정적 사건에 대한 회상을 감소시킨다는 것을 확인하기도 했다(Watkins, Neal, & Thomas, 2004). 또한 긍정적 추억치료(positive reminiscing treatments)가 참가자의 웰빙 수준을 증가시킨다는 것을 실험연구를 통해 확인한 바 있다(Bryant, Smart, & King, 2005). 다른 한 연구에서는 과거에 성공했던 경험을 회상하도록 안내받은 학생들이 평상시의 아침에 대해 기록하도록 한 학생들보다 긍정적 정동을 더 많이 경험하고 시험불안을 더 적게 경험하는 것으로 확인되기도 했다(Nelson & Knight, 2010). 가장 중요한 것으로 고려될 수 있는 시험 점수 또한 더 높은 것으로 나타났다. 따라서 긍정적 회상 기법이 불안장애를 가지고 있는 사람들에게 유익하다는 것을 제안하는 증거들이 있으며, 이러한 기법들은 불안장애에서 나타나는 긍정적인 기억 결함에 개입하여 치료효과를 나타내는 것이라고 예상해 볼 수 있다.

인지적 회피(cognitive avoidance) 지금까지 우리는 긍정적 개입으로 주의와 해석, 기억에서의 인지적 역기능을 줄일 수 있다는 것을 확인했다. 불안장애는 인지적 회피를 특징적으로 나타내기도 한다. 우리는 여기에서 인지적 회피의 두 형태인 걱정과 기억 회피를 살펴보려 한다. Borkovec과 동료들은 걱정을 '부정적인 정동을 담고 있으며, 비교적 통제가 되지 않는 일련의 생각과 이미지들'로 정의했다(Borkovec, Robinson, Pruzinsky, & Depree, 1983, p. 10). 어떻게 이것이 인지적 회피 과정으로 간주될 수 있을까? Borkovec은 걱정의 언어적 처리 과정이 미래의 위협과 관련된 이미지(정서가 담긴)를 회피하도록 돕는다고 주장한다(Borkovec, Alcaine, & Behar, 2004). 따라서 걱정이 불쾌하기는 하지만, 위협과 관련된 이미지에 의해 경험되는 보다 강렬한 부정 정서를 유발하지는 않으며, 이로 인해 걱정이 부적으로 강화된다. 걱정을 하는 사람들은 임박한 위협과 관련된 문제를 풀고 있다고 믿지만, 걱정은 사실 분명하고 구체적인 해결책을 회피하는 것이기 때문에 좋지 못한 대처유형으로 판명되곤 한다. 실제로 위협 이미지는 상대적으로 더 구체적인 반면, 병리적인 걱정은 보다 추상적인 경향이 있는 것으로 확인된 바 있다(Hirsch & Mathews,

2012). 긍정적 활동이 어떤 방식으로 이러한 역기능적 기제에 개입할 수 있을까?

앞서 우리는 긍정심리학적 개입이 걱정을 유의하게 감소시킨다는 사실을 보여 준 두 연구에 대해 기술한 바 있다(Fava et al., 2005; Geraghty et al., 2010). Fava의 웰빙 치료(well-being therapy)는 다양한 요소들을 포함하기 때문에, 이 치료가 어떻게 걱정에 개입하는지를 구체적으로 밝혀내기가 어렵다. 하지만 Geraghty와 동료들이 사용한 감사 재확인(grateful recounting) 기법은 좀 더 구체적이기 때문에, 이 기법이 어떻게 걱정에 개입하는지를 밝혀낼 수 있을 것이다. 두 절차는 모두 삶의 긍정적 측면을 찾아내어 자세히 말하는 것을 강조한다. 우리는 제시된 두 기법들이 걱정을 줄이는 데 효과적인 이유가 여기에 있다고 생각한다. 두 기법들은 모두 개인으로 하여금 삶의 긍정적인 것들을 찾아내도록 요구하는데, 이것이 긍정적인 무언가를 찾는 인지적 습관을 강화했을 가능성이 있다. 개인의 주의가 만성적으로 삶의 긍정적인 측면을 향하게 되면, 미래에 대한 좀 더 긍정적인 관점을 갖게 될 수 있다. 병리적인 걱정을 하는 사람들의 중요한 특징 중 하나는 미래에 나쁜 일이 일어날 것이라는 만성적인 기대를 가지고 있다는 점이며, 걱정이라는 수동적인 문제해결전략을 이용해 이에 대처한다는 점이다. 만약 어떤 사람이 삶 속의 좋은 것들을 찾도록 훈련받을 수 있다면, 이들이 미래에 대해 갖는 기대 또한 향상될 수 있으며, 이들이 지닌 부정적 기대에도 저항할 수 있게 될 것이다. 또한 삶 속의 긍정적 측면에 주의를 돌리게 되면, 임박한 위협에 대해 능동적이고 구체적인 문제해결적 접근을 추구함에 있어 좀 더 자신감을 얻게 될 수 있을 것이다. 우리는 삶 속의 구체적인 긍정적 측면에 주의를 기울이도록 하는 감사 재확인이나 다른 긍정적 활동들이 이러한 방식으로 걱정을 감소시킨다고 생각한다.

Borkovec의 말대로 걱정이 위협적인 이미지에 대한 회피로 인해 발생하는 것이라면, 위협적 이미지에 접근할 수 있도록(나아가 구체적인 문제해결을 할 수 있도록) 돕는 기술이 치료에 효과적일 수 있을 것이다. 이러한 측면에서 우리는 마음챙김과 수용치료가 효과적일 것이라고 믿는다. 개인이 위협적인 이미지에 대해 생각할 때 유발되는 불쾌한 정서를 수용할 수 있다면, 그러한 이미지를 회피할 가능성이 낮으며, 구체적인 문제해결을 좀 더 잘 할 수 있을 것이기 때문이다. 긍정적 재평가(positive reappraisal) 기법 또한 유용할 것이다. 이 기법은 일반적으로 개인의 과거에 일어난 사건에 적용되지만, 미래의 위협에 대해서도 쉽게 적용할 수 있을 것이다. 예를 들어, 임상가들은 임박한 위협의 잠재적인 긍정적 결과(결과적으로는 감사하는 마음을 갖게 될)에 대해 글을 쓰도록 격려할 수 있을 것이다(Watkins et al., 2008). 쉽게 걱정하는 사람들에 대한 연구에 따르면, 위협적인 이미지를 활성화하는 것이 걱정을 활성화하는 것보다 더 적응인 것으로 나타났다(Hirsch & Mathews,

2011). 만일 긍정적 재평가가 위협적인 이미지에 접근할 수 있도록 돕는다면, 이 기법이 유용함을 입증하는 셈이 될 것이다. 물론 이러한 기법들을 실제 임상 장면에서 사용하기 위해서는 더 많은 연구들이 필요하겠지만, 제안된 두 기법이 유의하게 걱정을 감소시켰다는 사실은 매우 고무적인 결과라고 볼 수 있다.

많은 불안장애에서(특히 외상후 스트레스장애) 괴로운 기억에 대한 회피가 나타나는데, 이러한 회피는 장애를 지속시키는 역기능적 기제인 것으로 보인다. 과연 어떻게 하면 고통스러운 기억에 접근하여 그 기억을 종결시킬 수 있을까? 임상 집단에 대해 검증을 해 보아야 하겠지만, 우리가 앞서 기술했던 감사 재평가 기법은 종결되지 않은 기억(open memory)을 종결시키며, 그러한 기억에 의해 유발되는 부정적 정동을 감소시키고, 침투성(intrusiveness) 또한 감소시키는 것으로 확인되었다(Watkins et al., 2008). 우리는 추가적인 분석에서 감사 재평가 조건에 할당된 참가자들이 통제집단에 비해 글쓰기 회기가 종료된 후 긍정적 정동을 더 많이 보고하고 부정적 정동은 더 적게 보고한 것을 확인했다(Watkins, Xiong, & Kolts, 2008). 따라서 괴로운 기억을 감사의 관점에서 재평가하는 것은 관련 정서적 사건에 대해 단순히 기술하는 것보다 더 유쾌한 작업이었다고 볼 수 있다. 우리는 이 기법이 부분적으로는 종결되지 않은 기억에 접근하는 하나의 방법을 제공했기 때문에 효과적이었다고 믿는다. 이 방법 덕분에 개인은 그동안 종결되지 않았던 기억을 처리하여 종결시킬 수 있었던 것이다. 물론 우리 연구에 참여했던 학생들이 회상한 괴로운 기억은 불안장애를 경험하는 사람들이 회피하는 기억과는 질적으로 다를 것이다. 향후에는 임상 집단을 대상으로 이 기법을 사용한 연구들이 더 많이 진행되어야 할 것이다.

기억회피는 종종 사고억제와 연관되어 있기 때문에(Watkins et al., 2008), 감사 재평가 치료와 유사한 절차들을 이용해 역기능적인 사고억제에 대항할 수 있다. 실제로 우리는 특질 감사가 사고억제 경향성과 부적인 관계를 맺고 있다는 것을 확인한 바 있다(Neal, Watkins, & Kolts, 2005). 현시점에서는 추측에 불과하지만, 감사를 강화하는 기법들은 사고억제 경향성을 줄이고, 나아가 여러 불안장애들의 고통스러운 측면인 침투사고(intrusive thoughts)를 줄이는 데 효과적일 가능성이 있다. 역설적이게도, 사람들이 사고억제를 사용하는 한 가지 이유는 그들이 사고를 억제하는 데 어려움을 겪기 때문이며, 이것은 정서장애(emotional disorders)에서 꽤나 흔한 현상인 것으로 보인다. 일부 연구에 따르면 긍정적인 생각과 기억은 주의를 전환하는 유용한 도구 역할을 하기 때문에, 이를 활용하면 성공적으로 원치 않는 생각을 억제할 수 있다(예: Wenzlaff & Bates, 2000). 따라서 긍정적인 인지에 대한 접근성을 높이는 긍정적 개입들은 불쾌한 생각을 회피하는 사람들을 돕는 데 유용할 가능성이 있다.

요약하면, 다수의 인지적 역기능이 불안장애에서 나타난다는 것은 분명하며, 우리는 특정한 기법을 이용해 특정한 인지적 역기능을 치료하는 것이 임상적으로 유용하다고 믿는다. 앞서 우리는 마음챙김과 수용치료, 감사치료, 자애명상과 같은 긍정적 개입들이 어떻게 이러한 인지적 역기능을 치료하는지를 구체적으로 살펴보았다. 우리는 이제 정서적 역기능과 인지적 역기능이 악순환을 초래하는 경직된 대처유형을 유발하는 과정에 대해 탐색할 것이다.

역기능적 대처와 악순환

불안장애에서 나타나는 역기능적인 대처유형을 모두 검토하는 것은 이 장의 범위를 넘어서는 것이지만, 이러한 대처 문제에 공통적으로 나타나는 한 가지 주제가 있다. 불안장애를 가지고 있는 사람들은 대부분 경직된 대처유형을 보인다는 점이다. 달리 말하면, 불안장애를 가지고 있는 사람들은 당면한 문제의 유형에 상관없이, 하나 혹은 소수의 대처방략을 사용하는 경향이 있다. 예를 들어, 사고억제는 특정 상황에서 확실히 기능적이지만, 불쾌한 생각이 떠오를 때마다 경직되게 이 방법을 사용하게 되면 역기능적인 양상을 띨 수밖에 없다. 뿐만 아니라 이러한 대처 방법을 경직되게 사용하면 종종 악순환에 빠지고 만다. 예를 들어, 범불안장애 환자들은 임박한 위협을 다루기 위해 병리적인 걱정을 경직되게 사용한다. 이들이 이러한 대처 방략을 사용하는 한 가지 이유는 미래의 위협과 관련하여 부정적인 결과를 기대하기 때문이다. 이들은 임박한 도전과 관련된 선명한 이미지를 피하기 위해, 수동석인 석성을 반복식으로 사용하고 능동직인 문세해길을 회피하기 때문에, 결국 위협에 적절히 대처하는 데 실패하고 만다. 위협에 적절히 대응할 준비가 되어 있지 않은 탓에 원치 않는 결과도 실제로 일어나고 만다. 이러한 결과는 이들이 걱정하는 경향을 더욱 강화하고, 결국 악순환이 반복되는 것이다. 시험불안을 가지고 있는 학생은 최악의 시험 결과에 대해 걱정을 하고 적절히 시험을 준비하는 것을 회피한다. 이로 인해 실제로 형편없는 시험 성적을 받게 되고, 앞으로 있을 시험에서도 좋지 않은 결과를 얻게 될 것이라는 기대를 더욱 강하게 갖게 된다. 이러한 부정적인 기대는 앞으로 있을 시험에 대한 병리적 걱정을 촉발하는 것이다. 이러한 예시들은 불안장애를 가지고 있는 사람들이 경직된 대처유형을 사용하여 역기능적인 악순환에 빠지는 과정을 잘 묘사하고 있다.

이러한 악순환을 치료함에 있어 긍정 임상심리학은 어떤(어떻게?) 고유한 관점을 제공할 수 있을까? Kashdan과 Rottenberg(2010)는 긍정적 개입이 목표로 삼아야 하는 하나의 강점(strength)으로, 심리적 유연성(psychological flexibility)을 고려해야 함을 보여 주는 좋은 사례를 제시한 바 있다. 우리는 심리적 유연성 개념이 지나치게 많은 심리적 과정을 포함하고 있다고 생각하지만, 연구자들은 심리적 유연성을 발달시키는 방법을 상당히 구체적으로 제시하고 있다. 대처 방략을 사용할 때 유연성을 습득할 수 있는 사람은 당연히 삶의 도전들을 더 잘 다룰 것이다. 각 상황들은 서로 다른 해결책을 요구할 것이기 때문이다. 이렇게 유연하게 대응할 수 있는 사람들은 살면서 직면하게 되는 도전적인 스트레스원들을 더 잘 다룰 수 있을 것이다. Isen이 과거에 진행한 연구들(예: Isen, Daubman, & Nowicki, 1987)에 따르면, 약한 긍정적 정동을 유발할 경우 문제해결에서의 인지적 유연성이 강화되는 것으로 나타났다. 따라서 긍정적 정동을 증진시키는 개입은 심리적 유연성을 강화하는 데 효과적일 것이다.

Fredrickson과 동료들은 긍정적 정동이 스트레스를 경험하는 과정에서만 유용한 것이 아니라, 도전적인 상황을 효과적으로 다루는 데 필요한 인지적 유연성을 구축하는 중요한 요인일 것이라고 주장했다(Garland et al., 2010). 실제로 그들은 자애명상 치료가 긍정 정서를 유발하고, 결과적으로 자아탄력성(심리적 유연성과 밀접한 개념)을 강화하기 때문에, 부분적으로나마 효과적일 수 있음을 보여 주었다. 자아탄력성은 스트레스를 경험하는 과정에서 긍정적 정동을 촉진하는 것으로 확인된 바 있다(Fredrickson et al., 2008; Kok & Fredrickson, 2010). 따라서 자애명상이나 감사 증진방법과 같은 긍정적 개입은 탄력성을 강화함으로써 치료효과를 나타내는 것일 수 있다. 탄력성은 불안장애에서 나타나는 악순환에 직접적으로 대응하는 선순환을 만들어 내기 때문이다(Fredrickson & Joiner, 2002; Fredrickson, Tugade, Waugh, & Larkin, 2003). 실제로 감사가 적응적인 것으로 보이는 한 가지 이유는, 감사하는 사람들이 괴로운 상황에 매우 능숙하게 대처하는 경향이 있기 때문이다(예: Wood, Joseph, & Linley, 2007; Wood, Maltby, Gillett, Linley, & Joseph, 2008). 하지만 긍정적 정동이 불안장애의 악순환에 직접적으로 저항하는 어떤 과정을 강화한다고 결론짓기에는 경험적인 요소들(empirical components)이 많이 누락되어 있는 것이 사실이다. 그럼에도 불구하고 우리는 초기 연구 결과들이 고무적이라 생각하며, 향후 연구들이 이러한 가능성들을 좀 더 구체적으로 탐색할 수 있을 것이라 생각한다.

역기능적 자기몰두

정서장애의 가장 두드러지는 특징 중 하나는 부적응적인 자기초점화(self-focus)다(Ingram, 1990). 불안장애와 우울장애를 가지고 있는 사람들은 과도한 자기몰두를 나타내는 경향이 있다. 우리가 앞서 검토한 인지적 역기능들은 좀 더 특정적인 반면, 역기능적인 자기몰두는 다수의 심리적 역기능들을 포함하는 좀 더 폭넓은 개념일 가능성이 있다. 하지만 과도한 자기 자각(self-awareness)이 인지적 자원을 고갈시켜 수행에 부정적인 영향을 미친다는 증거들이 있다(Kashdan, 2007; Kashdan et al., 2011). 이러한 증거들을 보면, 다른 사람을 지향하도록 하는 치료가 부적응적인 자기몰두를 효과적으로 감소시킬 수 있을 것이라는 주장을 제기할 수 있을 것이다. 놀랍게도 우리가 앞서 제시했던 많은 긍정적 개입들은 타인지향적 치료들이다. 친절한 행동, 자애명상, 감사치료는 모두 타인에 초점을 두고 있기 때문에, 부적응적인 자기몰두에 대한 효과적인 해결책이 될 수 있을 것이다. 어쩌면 긍정적 주의 및 해석 훈련과 같은 방법들 또한 타인지향적인 관점을 증진하는 데 활용될 수 있을 것이다.

우리는 Crocker(2008, 2011; Crocker & Canevello, 2011)의 자아체계(egosystem) 대 생태체계(ecosystem) 이론이 역기능적인 자기몰두 현상을 잘 설명해 줄 수 있다고 믿는다. 그녀에 따르면, 다른 사람들을 대할 때 우리는 두 가지 동기지향성(자아체계와 생태체계) 중 하나를 취하게 된다. 자아체계가 우세할 경우 개인은 자기 자신에게 초점을 두며, 자신의 필요와 욕구를 더 강하게 느끼게 된다. 다른 사람과의 협력을 통해 자신의 욕구를 만족시키기 어려운 상황이어서 스스로 자신의 이익을 챙겨야 한다고 판단했을 때 자아체계가 활성화된다. 자아체계가 활성화되면, 사람들은 "다른 사람들이 자신을 바라보는 방식에 영향을 미쳐 자기의 욕구를 만족시키고 목표를 달성하려 시도하게 된다. 그들은 자신을 증명하는 것에 몰두하며, 다른 사람들이 원하는 특징들을 자신이 지니고 있다는 증거를 보여 주고, 자신의 가치를 입증하며, 자격이 있다는 것을 확실시 하는 데 몰두한다"(Crocker, 2011, p. 260).

반면 생태체계 사고방식이 활성화되면 개인의 관심은 자기 자신을 초월하게 된다. "생태체계에서는 카메라 렌즈가 줌 아웃되는 것처럼 자기 자신의 필요와 욕구를 넘어선 영역에 있는 관심사에 주의를 기울이게 된다"(Crocker, 2011, p. 261). 생태체계는 자아체계와 달리, 다른 사람들과 협력하여 전체 생태체계의 공익을 추구하는 과정에서 자신의 욕구를 만족시킬 수 있다고 확신할 때 활성화된다. 우리는 생태체계를 활성화시키는 치료가 역기능적인 자기몰두를 약화시키는 데 효과적일 것이라고 믿는다. 친절한 행동이나 자애명상, 감사 재확인, 감사 성찰, 감사표현과 같은 활동들이 여기에 꼭 들어맞는다. 우리는 Crocker의 이론이 이러한 개입방법들의 기제를 탐색할 때 유용한 지침이 되어 줄 것이라고 생각한다.

역기능적 세계관

불안장애를 가지고 있는 사람들은 왜 만성적으로 자아체계가 활성화되어 있는 것일까? 우리는 이것이 불안장애들이 공유하는 역기능적인 세계관 때문이라고 생각한다. 흥미롭게도 불안정 애착이나 부적응적인 관계적 정신 모형(maladaptive relational mental model), 역기능적 도식(dysfunctional schemata), 통제감 결여, 기본적인 신뢰감 결여와 같은 개념을 강조하는 다양한 이론들은 모두 하나의 주제로 수렴된다. 불안한 사람들은 악의적인 세계관을 가지고 있다는 것이다. 불안장애를 가지고 있는 사람들은 불안하지 않은 사람들이 나타내는 해롭지 않은 편향이 결여된 세계관을 공유하고 있는 것처럼 보인다. 예를 들어, 불안한 사람들은 미래를 믿을 수 없다고 여기며(범불안장애), 다른 사람들을 믿을 수 없다고 생각한다(사회불안장애). 또한 과거가 매우 잔혹했다고 여기며(외상후 스트레스장애), 사건들이 통제 불가능한 양상을 띠기 때문에 개인이 직접 통제해야만 한다고 여긴다(강박장애). 사람들은 다른 사람들과 사건들이 자신의 웰빙을 유지하거나 향상시킬 것이라고 믿지 못하기 때문에 과도한 불안을 느끼곤 한다. 반면 불안하지 않은 사람들은 자신의 상황이나 미래가 자신이 잘 지내도록 도와줄 것이라고 확신하는 경향이 있다. 어떻게 하면 긍정적 개입과 활동들이 이러한 악의적인 세계관을 좀 더 자애로운 세계관으로 바꾸도록 도울 수 있을까?

우리는 그동안 살펴본 다수의 긍정적 활동들이 부적응적인 불안에서 특징적으로 나타나는 역기능적 세계관을 바꾸는 데 도움이 될 것이라고 생각한다. 여기에서 이 이슈를 다루는 것은 지금까지 살펴본 다양한 역기능과 개입 방안들을 요약하는 데 도움이 된다고 생각했기 때문이다. 첫째, 삶 속의 긍정적인 것들에 주의를 돌리도록 하는 치료는 시간이 흐름에 따라 좀 더 긍정적인 세계관을 형성하도록 도울 수 있을 것이다. 삶 속의 긍정적인 것들은 부정적인 것들에 의해 쉽게 덮일 가능성이 있다. 부정적 사건들의 심리적 충격이 매우 강하기 때문이다(Baumeister, Bratslavsky, Finkenauer, & Vohs, 2001). 긍정적인 것들에 주의를 돌리도록 돕는 치료들은 부정적인 편향을 줄여 줄 것이다. 이렇게 긍정적인 것들을 더 자각하게 되면, 개인이 잘 지낼 수 있도록 세상이 도와줄 것이라는 믿음을 갖게 될 가능성도 높아질 것이다. 따라서 긍정적 주의 훈련이나 감사 재확인과 같은 치료들은 불안한 사람들의 악의적인 세계관을 약화시켜 줄 수 있을 것이다.

둘째, 사건에 대한 긍정적 해석에 초점을 두는 개입 또한 좀 더 자애로운 세계관을 형성하도록 도울 것이다. 우리는 긍정적 해석 훈련과 같은 인지적 편향 수정 절차가 악의적인 도식을 약화시킬 것이라고 생각한다. 세 가지 축복 감사치료는 상황을 좀 더 긍정적인 방식으로 해석하도록 훈련시키기 때문에, 좀 더 신뢰로운 세계관을 형성하도록 도울 것이라고 생각한다. 마찬가지로 자애명상 또한 타인에 대한 견해를 향상시킬 것이다. 친절한 활동도 유사한 방식으로 효과적이라 여길 수 있을 것이다.

긍정적 개입이 적응적인 대응 패턴을 형성하도록 돕는다면, 이 또한 보다 긍정적인 세계관을 형성하는 데 도움이 될 수 있을 것이다. 이렇게 삶의 도전들에 효과적으로 대처하게되면, 부정적인 일이 일어나더라도 효과적으로 대응할 수 있을 것이라 믿게 될 것이기 때문이다. 어쩌면 힘겨운 사건들 속에서도 긍정적인 결과를 얻을 수 있을 것이라 믿게 될지도 모른다. 감사 재평가와 같은 기법들이 부정적인 사건이 일어날 때에도 자신의 삶을 긍정적인 이야기로 볼 수 있게 함으로써 좀 더 자애로운 세계관을 형성하도록 돕는다는 것을 이제 이해할 수 있게 되었을 것이다. 자애명상과 같은 치료가 스트레스를 효과적으로 다룰 수 있도록 돕는 긍정 정서를 강화한다면, 이 또한 긍정적 개입을 통해 세계관을 개선하는 또 다른 방법이 될 수 있을 것이라 생각한다. 물론 이러한 치료들을 단기적으로 적용하는 것은 세계관의 영구적인 변화를 가져 오지 못할 가능성이 높다. 악의적인 세계관에 초점을 두는 것은 치료의 중요한 마지막 목표가 되어야 할 것이다. 이와 관련해서는 좀 더 많은 연구가 진행되어야 할 것이다. 하지만 전체적으로 볼 때 긍정적 개입이 불안한 사람들의 세계관을 좀 더 자애롭게 만들 수 있는 잠재력을 가지고 있다는 유력한 증거들이 있다고 정리할 수 있겠다.

요약 및 결론

자애명상이나 인지적 편향 수정, 감사치료와 같은 긍정적 개입에 대한 연구들은 현재 사용되고 있는 불안장애 치료를 한층 더 향상시킬 수 있는 가능성을 보여 주고 있다. 이 장에서 살펴본 연구들이 희망적인 것은 사실이지만, 아직은 초기 단계에 머물러 있다는 점 또한 언급해야 할 것 같다. 긍정적 개입을 불안장애에 사용해야 한다고 자신 있게 주장할 수 있으려면, 해결해야 할 많은 문제들이 아직 남아 있는 것이다. 첫째, 불안장애 임상군을 대상으로 긍정적 치료 기법들을 이용한 무작위 대조군 연구(randomized controlled trial)를 더 많이 실시할 필요가 있다. 정상인이나 준임상 집단을 대상으로 이러한 기법들을 검증하는 것은 유망한 출발점이 될 수 있지만, 이제부터는 임상 집단에 초점을 두어야만 한다. 둘째, 이러한 기법들의 증분타당도(incremental validity)를 검증할 필요가 있다. 긍정적 활동들은 기존의 근거기반 치료에 추가적으로 기여할 수 있는 무언가를 정말 가지고 있는가? 긍정 임상심리학에 관심을 두고 있는 사람들은 불안장애에 효과적인 것으로 이미 확인된 전통적인 임상심리학적 개입들을 무시해서는 안 된다.

셋째, 특정한 역기능적 기제에 대한 긍정적 활동들의 효과성을 탐색하는 실험연구를 실시해야 할 것이다. 특정한 긍정적 개입이 특정한 역기능에 선별적으로 작용한다는 것을 보여 줄 수 있다면, 해당 개입은 불안장애 치료에 널리 활용될 것이다. 예를 들어, 우리는 감사 재평가 연구(Watkins et al., 2008)에서, 종결되지 않은 불쾌한 기억에 대해 감사 재평가를 하는 것이 해당 기억을 종결시키고, 부정적인 정서적 영향을 감소시키며, 기억의 침투성 또한 감소시키는지를 살펴보았다. 다수의 서로 다른 기제에 개입하는 여러 요소들을 포함하는 치료 패키지를 탐색하는 치료효과 연구는 치료의 효과적인 기제에 대해 알려 주는 바가 거의 없다. 우리는 특정한 역기능적 기제를 치료목표로 하는 특정한 치료를 연구하는 것이 임상연구의 유력한 방향이라고 생각한다.

넷째, 향후 연구들은 문화나 성별과 같은 잠재적인 조절변인들을 조심스럽게 살펴보아야 할 것이다. 우리는 최근 진행된 세 가지 축복 감사치료 연구에서 여성이 남성보다 치료과정을 더 즐기는 경향이 있으나, 치료로부터 얻은 이익은 남성이 더 많다는 것을 확인하였다(Watkins et al., 2015). 개인주의적 문화나 집단주의적 문화와 같은 이슈들 또한 중요한 조절변인이 될 가능성이 있다.

마지막으로 긍정적인 개입들을 실시함에 있어 치료적 동맹의 중요성을 고려하는 것이 매우 중요하다고 생각한다. 이 장에 기술된 대부분의 긍정적 개입 관련 연구들은 임상 장면에서 실시된 것이 아니었다. 따라서 이러한 치료들을 실시함에 있어 내담자와 치료자의 관계를 고려할 필요가 있다. 수용적이고 따뜻한 치료자-내담자 관계가 수립된 상황에서 이러한 개입들을 실시할 때 그 효과가 더욱 강화될 가능성이 있다. 다른 한편으로 보면, 긍정적 활동들이 치료적 동맹을 강화할 가능성도 있다. 이러한 이슈들은 향후 연구들에서 다루어져야 할 것이다. 우리는 전통적인 임상 장면에서 임상 집단을 대상으로 긍정적 활동을 적용하는 것이 유망하다는 결과가 도출되기를 기대한다.

전체적으로 정리하면, 불안장애를 치료하는 데 도움이 될 만한 유력한 긍정적 개입이 몇 가지 있는 것으로 확인되었다. 우리는 자애명상이나 감사와 같이 긍정적 정동을 강화하는 개입 방안들이 현재 사용되고 있는 불안장애 치료에 추가적으로 의미 있는 기여를 할 수 있을 것이라 생각한다. 긍정적 주의나 긍정적 해석 훈련과 같은 인지적 편향 수정 절차들 또한 긍정 임상심리학의 범주에 들어갈 수 있으며, 불안장애에서 확인되는 중요한 인지적 역기능들을 약화시킬 수 있는 잠재력을 가지고 있다고 본다. 이런 측면에서 우리는 세 가지 축복치료도 개인의 주의와 해석을 긍정적인 방향으로 전환시킬 수 있을 것이라 생각한다. 마지막으로 긍정적 재평가 개입들 또한 스트레스 사건에 효과적으로 대처하도록 돕는 유력한 방안이 될 수 있을 것이라 생각한다.

이제 가장 중요한 메시지들로 이 장을 마무리하려 한다. 첫째, 놀랍게도 악의적인 세계관은 여러 불안장애들에서 공통적으로 나타나는 것으로 보인다. 이와 관련하여 긍정적 정동과 긍정적 주의, 긍정적 해석을 강화하는 긍정적 개입들이 세계관을 좀 더 자애로운 방향으로 변화시킬 것이라고 생각한다. 둘째, 우리는 불안장애에서 특징적으로 나타나는 부적응적인 자기몰두에 대해 강조하고 싶다. 과도한 자기초점적 주의는 다른 사람들에게 좀 더 주의를 기울이도록 돕는 치료를 필요로 하는 것처럼 보인다. 임상가들은 종종 정서장애를 가진 사람들이 다른 사람들에게 접근하기에 앞서 각자가 가진 문제들과 자기존중감을 교정할 필요가 있다고 주장하지만, 이러한 가정은 연구를 통해 검증될 필요가 있다. 여기에서 Crocker의 자아체계 대 생태체계 이론(2008, 2011)을 다시 한번 강조해야 할 것 같다. 우리는 그녀의 이론이 긍정 임상심리학에 기여할 만한 것들을 풍부하게 가지고 있으며, 친절한 활동이나 자애명상, 감사 개입과 같은 치료들이 자아체계에서 생태체계로 옮겨 가도록 돕는 타인지향적인 치료라고 생각한다.

불안장애에 대한 긍정 임상심리학은 아직 초기 단계에 머물러 있지만, 우리는 여기에 큰 잠재력이 있다고 생각한다. 이제 우리가 이 장을 시작할 때 제기했던 질문으로 마무리를 지어 보려 한다. 긍정 정서와 긍정 활동은 두려움과 불안의 효과를 제거할 수 있을까? 우리는 이 장에서 살펴본 연구들이 이 질문에 대한 유망한 대답을 제공하고 있다고 믿는다. 하지만 우리는 좀 더 많은 연구가 진행되길 기대하고 있다. Watkins가 자신의 차선으로 다른 차가 돌진해 오는 위험을 지각했을 때 경험한 두려움을 카우아이의 아름다움이 잠재웠을까? Watkins와 그의 배우자가 와이메아 캐니언을 여행하기 위해 고속도로를 벗어나면서, 그 두려웠던 사건은 곧 잊혀졌다. 마치 태평양의 그랜드캐니언의 아름다움에 씻겨나간 것처럼 말이다. 실제로 Watkins 부부는 가족들에게 끔찍했던 고속도로 이야기에 대해 말하는 것을 휴가가 끝난 지 일주일 넘도록 잊고 말았다. 연구들은 이제 긍정 정서와 긍정 활동이 역기능적인 두려움과 불안을 제거하는 데 도움이 될 수 있음을 암시하는 희망적인 근거들을 제시하고 있다.

📖 참고문헌

Alden, L. E. & Trew, J. L. (2013). If it makes you happy: Engaging in kind acts increases positive affect in socially anxious individuals. *Emotion, 13*, 64-75. doi.10.1037/a0027761.

Amir, N., Beard, C., & Bower, E. (2005). Interpretation bias and social anxiety. *Cognitive Therapy and Research, 29*, 433-443. doi.10.1007/s10608-005-2834-5.

Barlow, D. H., Allen, L. B., & Choate, M. L. (2004). Toward a unified treatment for the emotional disorders. *Behavior Therapy, 35*, 205-230. doi.10.1016/S0005-7894(04)80036-4.

Baumeister, R. F., Bratslavsky, E., Finkenauer, C., & Vohs, K. D. (2001). Bad is stronger than good. *Review of General Psychology, 5*, 323-370. doi.10.1037/1089-2680.5.4.323.

Beard, C. & Amir, N. (2008). A multi-session interpretation modification program: Changes in interpretation and social anxiety. *Behaviour Research and Therapy, 46*, 1135-1141. doi.10.1016/j.brat.2008.05.012.

Borkovec, T. D., Alcaine, O., & Behar, E. (2004). Avoidance theory of worry and generalized anxiety disorder. In: R. G. Heimberg, C. L. Turk, & D. S. Mennin (Eds.), *Generalized anxiety disorder: Advances in research and practice* (pp. 77-108). New York: Guilford.

Borkovec, T. D., Robinson, E., Pruzinsky, T., & Depress, J. A. (1983). Preliminary exploration of worry: Some characteristics and processes. *Behaviour Research and Therapy, 21*, 9-16. doi.10.1016/0005-7967(83)90121-3.

Bryant, F. B., Smart, C. M., & King, S. P. (2005). Using the past to enhance the present: Boosting happiness through positive reminiscence. *Journal of Happiness Studies, 6*, 227-260. doi.10.1007/s10902-005-3889-4.

Carl, J. R., Soskin, D. P., Kerns, C., & Barlow, D. H. (2013). Positive emotion regulation in emotional disorders: A theoretical review. *Clinical Psychology Review, 33*, 343-360. doi.10.1016/j.cpr.2013.01.003.

Clark, L. A. & Watson, D. A. (1991). Tripartite model of anxiety and depression: Psychometric evidence and taxonomic implications. *Journal of Abnormal Psychology, 100*, 316-336. doi.10.1037/0021843x.100.3.316.

Crocker, J. (2008). From egosystem to ecosystem: Implications for learning, relationships, and well-being. In: H. A. Wayment & J. J. Brauer (Eds.), *Transcending self-interest: Psychological explorations of the quiet ego* (pp. 63-72). Washington, DC: American Psychological Association. doi.10.1037//11771-006.

Crocker, J. (2011). Safety in numbers: Shifting from egosystem to ecosystem. *Psychological Inquiry, 22*, 259-264. doi.10.1080/1047840X.2011.624978.

Crocker, J. & Canevello, A. (2011). Egosystem and ecosystem: Motivational perspectives on caregiving. In: S. E. Brown, M. Brown, & L. A. Penner (Eds.), *Moping beyond self-interest: Perspectives from evolutionary biology, neuroscience, and the social sciences* (pp. 211-223). Oxford: Oxford University Press.

Diener, E. & Emmons, R. A. (1985). The independence of positive and negative affect. *Journal of

Personality and Social Psychology, 47, 1105-1117. doi.10.1037/0022-3514.47.5.1105.

Emmons, R. A. & McCullough, M. E. (2003). Counting blessings versus burdens: An empirical investigation of gratitude and subjective well-being in daily life. *Journal of Personality and Social Psychology, 84*, 377-389. doi.10.1037/0022-3514.84.2.377.

Fava, G. A., Ruini, C., Rafanelli, C., Finos, L., Salmaso, L., Mangelli, L. et al. (2005). Well-being therapy of generalized anxiety disorder. *Psychotherapy and Psychosomatics, 74*, 26-30. doi. 10.1159/000082023.

Fox, E. (2004). Maintenance or capture of attention in anxiety-related biases? In: J. Yiend (Ed.), *Cognition, emotion, and psychopathology: Theoretical, empirical, and clinical directions.* New York: Cambridge University Press.

Fredrickson, B. L. (1998). What good are positive emotions? *Review of General Psychology, 2*, 300-319. doi.10.1037/1089-2680.2.3.300.

Fredrickson, B. L. (2001). The role of positive emotions in positive psychology: The broaden-and-build theory of positive emotions. *American Psychologist, 56*, 218-226. doi.10.1037/0003-066X. 56.3.218.

Fredrickson, B. L. & Joiner, T. (2002). Positive emotions trigger upward spirals toward emotional well-being. *Psychological Science, 13*, 172-175. doi.10.1111/1467-9280.00431.

Fredrickson, B. L. & Levinson, R. W. (1998). Positive emotions speed recovery from the cardiovascular sequelae of negative emotions. *Cognition and Emotion, 12*, 191-220. doi. 10.1080/026999398379718.

Fredrickson, B. L., Cohn, M. A., Coffey, K. A., Pek, L., & Finkel, S. M. (2008). Open hearts build lives: Positive emotions, induced through Loving-kindness meditation, build consequential personal resources. *Journal of Personality and Social Psychology, 95*, 1045-1062. doi.10.1037/a0013262.

Fredrickson, B. L., Mancuso, R. A., Branigan, C., & Tugade, M. M. (2000). The undoing effect of positive emotions. *Motivation and Emotion, 24*, 237-258. doi.10.1023/A:1010796329158.

Fredrickson, B. L., Tugade, M. M., Waugh, C. E., & Larkin, G. R. (2003). What good are positive emotions in crises? A prospective study of resilience and emotions following the terrorist attacks on the United States on September 11, 2001. *Journal of Personality and Social Psychology, 84*, 365-376. doi.10.1037/0022-3514.84.2.365.

Garland, E. L., Fredrickson, B. L, Kring, A. M., Johnson, D. P., Meyer, S., & Penn, D. L. (2010). Upward spirals of positive emotions counter downward spirals of negativity: insights from the broaden and-build theory and affective neuroscience on the treatment of emotion dysfunctions and deficits in psychopathology. *Clinical Psychology Review, 30*, 849-864. doi.10.1016/j.cpr.2010.03.002.

Geraghty, A. W. A., Wood, A. M., & Hyland, M. E. (2010). Dissociating the facets of hope: Agency and pathways predict drop out from unguided self-help therapy in opposite directions. *Journal of Research in Personality, 44*, 155-158. doi.10.1016/j.jrp.2009.12.003.

Gilboa-Schechtman, E., Franklin, M. E., & Foa, E. B. (2000). Anticipated reactions to social events: Differences among individuals with generalized social phobia, obsessive compulsive disorder, and nonanxious controls. *Cognitive Therapy and Research, 24*, 731-746. doi.10.1023/A:1005595513315.

Grafton, B., Ang, C., & MacLeod, C. (2012). Always look at the bright side of life: The attentional basis of positive affectivity. *European Journal of Personality, 26*, 133-144. doi.10.1002/per.1842.

Grey, S. & Mathews, A. (2000). Effects of training on interpretation of emotional ambiguity. *Quarterly Journal of Experimental Psychology, 53*, 1143-1162. doi.10.1080/02724980050156335.

Hayes, S., Hirsch, C. R., Krebs, G., & Mathews, A. (2010). The effects of modifying interpretation bias on worry in generalized anxiety disorder. *Behaviour Research and Therapy, 48*, 171-178. doi.10.1016/ j.brat.2009.10.006.

Hayes, S., Hirsch, C. R., & Mathews, A. (2010). Facilitating a benign attentional bias reduces thought intrusions. *Journal of Abnormal Psychology, 119*, 235-240. doi.10.1037/a0018264.

Hayes, S. C., Luoma, J. B., Bond, F. W., Masuda, A., & Lillis, J. (2006). Acceptance and commitment therapy: Model, processes, and outcomes. *Behaviour Research and Therapy, 44*, 1-25. doi.10.1016/ j.brat.2005.06.006.

Hertel, P. T., Brozovich, F., Joorman, J., & Gotlib, I. H. (2008). Biases in interpretation and memory in generalized social phobia. *Journal of Abnormal Psychology, 117*, 278-288. doi.10.1037/0021-843x.117.2.278.

Hertel, P. T. & Mathews, A. (2011). Cognitive bias modification: Past perspectives, current findings, and future applications. *Perspectives on Psychological Science, 6*, 521-536. doi.10.1177/1745691611421205.

Hirsch, C. R. & Mathews, A. (2012). A cognitive model of pathological worry. *Behaviour Research and Therapy, 50*, 636-646. doi.10.1016/j.brat.2012.06.007.

Hirsch, C. R., Hayes, S., & Mathews, A. (2009). Looking on the bright side: Accessing benign meanings reduces worry. *Journal of Abnormal Psychology, 118*, 44-54. doi.10.1037/a0013473.

Ingram, R. E. (1990). Self-focused attention in clinical disorders: Review and a conceptual model. *Psychological Bulletin, 107*, 156-176. doi.10.1037/0033-2909.107.2.156.

Isen, A. M., Daubman, K. A., & Nowicki, G. P. (1987). Positive affect facilitates creative problem solving. *Journal of Personality and Social Psychology, 52*, 122-1131. doi.10.1037/0022-

3514.52.6.1122.

Kashdan, T. B. (2007). Social anxiety spectrum and diminished positive experiences: Theoretical synthesis and meta-analysis. *Clinical Psychology Review, 27*, 348-365. doi.10.1016/j.cpr.2006.12.003.

Kashdan, T. B. & Rottenberg, J. (2010). Psychological flexibility as a fundamental aspect of health. *Clinical Psychology Review, 30*, 865-878.

Kashdan, T. B., Weeks, J. W., & Savostyanova, A. A. (2011). Whether, how, and when social anxiety shapes positive experiences and events: A self-regulatory framework and treatment implications. *Clinical Psychology Review, 31*, 786-799. doi.10.1016/j.cpr.2011.03.012.

Kok, B. E. & Fredrickson, B. L. (2010). Upward spirals of the heart: Autonomic flexibility, as indexed by vagal tone, reciprocally and prospectively predicts positive emotions and social connectedness. *Biological Psychology, 85*, 432-436. doi.10.1016/j.biopsycho.2010.09.005.

Lyubomirsky, S., Sheldon, K. M., & Schkade, D. (2005). Pursuing happiness: The architecture of sustainable change. *Review of General Psychology, 9*, 111-131. doi.10.1037/1089-2680.9.2.111.

Mackintosh, B., Mathews, A., Yiend, J., Ridgeway, V., & Cook, E. (2006). Induced biases in emotional interpretation influence stress vulnerability and endure despite changes in context. *Behavior Therapy, 37*, 209-222. doi.10.1016/j.beth.2006.03.001.

MacLeod, C., Mathews, A., & Tata, P. (1986). Attentional bias in emotional disorders. *Journal of Abnormal Psychology, 95*, 15-20. doi.10.1037/0021 843X.95.1.15.

Mathews, A. & Mackintosh, B. (2000). Induced emotional interpretation bias and anxiety. *Journal of Abnormal Psychology, 109*, 602-615. doi.10.1037/0021-843X.109.4.602.

Mathews, A. & MacLeod, C. (2005). Cognitive vulnerability to emotional disorders. *Annual Review of Clinical Psychology, 1*, 167-195. doi.10.1146/annurev.clinpsy.1.102803.143916.

McComb, D., Watkins, P., & Kolts, R. (2005, April). *The relationship between gratitude, depression, and anxiety.* Presentation to the 85th Annual Convention of the Western Psychological Association, Portland, OR.

Moses, E. B. & Barlow, D. H. (2006). A new unified treatment approach for emotional disorders based on emotion science. *Current Directions in Psychological Science, 15*, 146-150. doi.10.1111/j.0963-7214.2006.00425.x.

Neal, M., Watkins, P. C., & Kolts, R. (2005). *Does gratitude inhibit intrusive memories?* Presentation to the Annual Convention of the American Psychological Association, Washington, DC, August.

Nelson, D. W. & Knight, A. E. (2010). The power of positive recollections: Reducing test anxiety and enhancing college student efficiency and performance. *Journal of Applied Social*

Psychology, 40, 732-745. doi.10.1111/j.1559-1816.2010.00595.x.

Nolen-Hoeksema, S. & Watkins, E. R. (2011). A heuristic for developing transdiagnostic models of psychopathology: Explaining multifinality and divergent trajectories. *Perspectives on Psychological Science, 6,* 589-609. doi.10.1177/1745691611419672.

Pennebaker, J. W. (1997). *Opening up: The healing power of expressing emotions.* New York: Guilford.

Salemink, E., van den Hout, M., & Kindt, M. (2010). Generalization of modified interpretation bias across tasks and domains. *Cognition & Emotion, 24,* 453-464. doi.10.1080/02699930802692053.

Seligman, M. E. P., Steen, T. A., Park, N., & Peterson, C. (2005). Positive psychology progress: Empirical validation of interventions. *American Psychologist, 60,* 410-421. doi.10.1037/0003-066X.60.5.410.

Taylor, C. T., Bomyea, L., & Amir, N. (2011). Malleability of attentional bias for positive emotional information and anxiety vulnerability. *Emotion, 11,* 127-138. doi.10.1037/a0021301.

Tran, T., Hertel, P. T., & Joorman, J. (2011). Cognitive bias modification: Induced interpretive biases affect memory. *Emotion, 11,* 145-152. doi.10.1037/a0021754.

Vassilopoulos, S. P. & Banerjee, R. (2010). Social interaction anxiety and the discounting of positive interpersonal events. *Behavioural and Cognitive Psychotherapy, 38,* 597-609. doi.10.1017/S1352465810000433.

Watkins, P. C. (2008). Gratitude: The amplifier of blessing. In: A. Przepiorka (Ed.), *Closer to emotions II.* Lublin, Poland: Publishing House of Catholic University of Lublin.

Watkins, P. C. (2011). Gratitude and well-being. In: C. Martin-Kumm & C. Tarquinio (Eds.), *Trnité de psychologie positive: Théories et implications prntiques* (pp. 519-537). Brussels: De Boeck.

Watkins, P. C. (2014). *Gratitude and the good life: Toward a psychology of appreciation.* Dordrecht: Springer.

Watkins, P. C., Cruz, L., Holben, H., & Kolts, R. L. (2008). Taking care of business? Grateful processing of unpleasant memories. *Journal of Positive Psychology, 3,* 87-99. doi.10.1080/17439760701760567.

Watkins, P. C., Neal, M., & Thomas, M. (2004). *Grateful recall and positive memory bias: Relationships to subjective well-being.* Presentation to the Annual Convention of the American Psychological Association, Honolulu, HI, July.

Watkins, P. C., Pereira, A., & Mathews, A. (2013). Exploring how gratitude impacts cognitive processes that enhance well-being. In: R. A. Emmons & M. McMinn (Chairs), *Mechanisms of gratitude: Exploring how gratitude enhances well-being.* Symposium presented at the

Annual Convention of the American Psychological Association, Honolulu, HI, August.

Watkins, P. C., Sparrow, A., Pereira, A., & Suominen, S. (2013). *Are gifts better than goods? Benefits are better when experienced With gratitude.* Poster presented to the Annual Convention of the American Psychological Association, Honolulu, HI, August.

Watkins, P. C., Uhder, J., & Pichinevskiy, S. (2015). Grateful recounting enhances subjective well-being: The importance of grateful processing. *Journal of Positive Psychology, 2,* 91-98. doi. 10.1080/17439760. 2014.927909.

Watkins, P. C., Woodward, K., Stone, T., & Kolts, R. (2003). Gratitude and happiness: Development of a measure of gratitude, and relationships with subjective well-being. *Social Behavior and Personality, 31,* 431-452. doi.10.2224/sbp.2003.31.5.431.

Watkins, P. C., Xiong, I., & Kolts, R. L. (2008). *How grateful processing brings closure to troubling memories.* Presentation at the 20th Annual Convention of the Association for Psychological Science, Chicago, IL, May.

Watson, D. & Naragon-Gainey, K. (2010). On the specificity of positive emotional dysfunction in psychopathology: Evidence from the mood and anxiety disorders and schizophrenia/schizotypy. *Clinical Psychology Review, 30,* 839-848. doi.10.1016/j.cpr.2009.11.002.

Watson, D., Clark, L. A., & Carey, G. (1988). Positive and negative affectivity and their relation to anxiety and depressive disorders. *Journal of Abnormal Psychology, 97,* 346-353. doi.10.1037/0021-843X. 97.3.346.

Wenzlaff, R. M. & Bates, D. E. (2000). The relative efficacy of concentration and suppression strategies of mental control. *Personality and Social Psychology Bulletin, 26,* 1200-1212. doi.10.1177/0146167 200262003.

Wood, A. M., Joseph, S., & Linley, P. A. (2007). Coping style as a psychological resource of grateful people. *Journal of Social and Clinical Psychology, 26,* 1076-1093. doi.10.1521/jscp.2007.26.9.1076.

Wood, A. M., Maltby, J., Gillett, R., Linley, P. A., & Joseph, S. (2008). The role of gratitude in the development of social support, stress, and depression: Two longitudinal studies. *Journal of Research in Personality, 42,* 854-871. doi.10.1016/j.jrp.2007.11.003.

제15장

외상 후 스트레스에 대한
성장의 관점

Elizabeth L. Addington, Richard G. Tedeschi, & Lawrence G. Calhoun

외상 후 스트레스에 대한 성장의 관점

외상후 스트레스장애(PTSD)가『정신질환의 진단 및 통계 편람』(제3판)(American Psychiatric Association, 1980)에 통합되면서 외상 후 스트레스 반응은 특별한 증상으로 고려되었다. 제5판에서도 그러한 관점이 이어지면서 정신적 침습, 회피, 부정적 사고 및 기분, 과각성이 증상에 포함되었다(American Psychiatric Association, 2013). 일부 학자들은 도덕적 부상,[1] 즉 개인의 도덕성과 도덕적으로 행동하는 능력에 대한 감각의 붕괴를 포함하여 외상후 스트레스 반응에 추가할 요소들을 제안했다(Drescher, Foy, Kelly, Leshner, Schutz, & Litz, 2011). 도덕적 부상으로 PTSD를 개념화하는 것은 외상의 영향을 망가진 인지적 · 정서적 경험으로 이해하고자 하는 보다 광범위한 관점에 부합한다.

PTSD에서 나타나는 증상들은 세상과 그 안에서 자신의 처지를 이해하는 데 사용되는 핵심 신념과 개념체계의 붕괴의 표현이다. 이러한 이해는 가정적 세계(Janoff-Bulman, 1992), 작동 모델(Epstein, 1991), 현실이론(Parkes, 1971)으로 언급된다. 이러한 관점은 본질적으로 인지적이다. 즉, 개인의 구성개념이나 도식이 환경 속에서 일어나는 사건을 안내하고 그에 대한 반응을 결정한다는 가정에 기반한다. 외상은 위험을 회피하거나 처리하고 생존하도록 도와주는 체계에 대해 즉각적인 생리적 도전을 초래할 뿐 아니라, 세상과 그 안에서의

---

1) 역자 주: moral injury의 번역어로서, 도덕적 부상은 도덕적 가치를 위반한 참전 군인들이 혼히 겪게 되는 죄책감, 분노, 수치심 등의 정신적 후유증을 의미한다.

처지에 대한 사람들의 관점을 파괴하고 자극하는 일련의 환경으로 이해될 수 있다. 다소 역설적으로, 핵심 신념체계에 대한 도전은 그들의 신념을 재고하고, 자신과 세상, 미래에 대해 새롭게 이해하게 만드는 기회를 제공할 수 있다. 이러한 재고를 통해 삶에 대한 새로운 가능성을 인식하는 데 있어 더욱 적응적이고 깊이 있는 관점이 나타날 수 있다. 이러한 핵심 신념의 변화가 이전의 체계보다 더 가치 있으면 그 결과는 **외상 후 성장**(posttraumatic growth: PTG; 매우 큰 스트레스와 부담을 주는 생활 사건과에 투쟁한 결과로 나타나는 긍정적 변화)(Calhoun & Tedeschi, 1999)으로 묘사될 수 있다. 따라서 정신적 외상을 겪은 사람의 경험을 더 완전하게 이해하고 그들의 미래를 향한 가능성을 고려하기 위해 외상의 부정적 결과뿐만 아니라 긍정적 결과를 고려하는 것이 중요하다. 외상 생존자들의 경험과 가능성을 정확하고 완전하게 그리기 위해서 임상가들은 그들의 다양한 경험에 대해 명시적으로 질문하고, 긍정 결과와 부정 결과가 서로 배타적이지 않음을 인식할 필요가 있다.

PTG는 다양한 장소와 문화에 속한 사람들에게서 보고되었는데, 상당히 심각한 스트레스 사건의 범위가 다음과 같이 광범위하다. 중국의 지진 생존자(Xu & Liao, 2011), 미국, 호주, 동서유럽의 응급의료 요원들(Shakesperare-Finch, Gow, & Smith, 2005; Chopko & Schwartz, 2009; Kehl, Knuth, Holubová, Hulse, & Schmidt, 2014), 퇴역 군인과 현역 군인들(Lee, Luxton, Regar, & Gahm, 2010; Kaler, Erbes, Tedeschi, Arbisi, & Polusny, 2011; Palmer, Graca, & Occhietti, 2012), 심각하거나 만성적인 질환 환자들(Silva, Crespo, & Canavarro, 2012a; Bluvstein, Moravchick, Sheps, Schreiber, & Bloch, 2013; Danhauer et al., 2013)과 그들을 간병하는 가족들이나 간병인(Cadell, Regehr, & Hemsworth, 2003; Şenol-Durak & Ayvaşik, 2010; Taku, 2014), 그리고 기타 다양한 삶의 위기들(Calhoun & Tedeschi, 2013).

PTG의 수준은 특정한 외상 상황에 따라 다를 수 있다. 예를 들어, 성적 학대 생존자들은 자동차 사고로 인한 사별 생존자보다 PTG 수준이 낮은 것으로 보고된다(Shakesperare-Finch & Armstrong, 2010). 다양한 유형의 암 생존자들 또한 PTG의 다양한 수준을 보고하였는데, 유방암 생존자들이 가장 높은 PTG 점수를 나타냈다(Morris & Shakesperare-Finch, 2011a). 사건 유형과 상관없이 여성이 남성보다 더 높은 PTG를 나타내는 경향이 일관되게 나타난다(Vishnevsky, Cann, Calhoun, Tedeshci, & Demakis, 2010).

외상 후 성장의 발달

PTG는 지진과도 같은 사건, 즉 핵심 신념에 도전하거나 핵심 신념을 뒤흔들어서 보다 완전하고 복잡한 관점의 필요성을 보여 주는 사건과 마주한 결과로 발달한다. 그러한 사건은 심리적 지진과 같고, 도식체계를 붕괴시키고 도전하며 재구성 과정을 일으킨다. 중요한 것은 그러한 상황들이 사람들로 하여금 그들이 믿었던 근본적인 방향에 대해 질문할 수 있을 만큼 강렬하고 다양하다는 것이다. 이러한 과정에서 새로운 도식이 발전하게 되어 미래의 충격에 대해 더 큰 회복탄력성을 제공하고 삶의 의미를 증진시킬 수 있다. 그 사건들은 적어도 초반에는 파괴적이고 고통스러우며, 절대 긍정적으로 볼 수 없을 것이다. 하지만 긍정적인 요소들이 다음에 기술된 과정에 따라 나타날 수 있으며, 긍정적 반응 및 부정적 반응과 함께 때로는 두 가지가 함께 공존하고 서로 상호작용하면서 장기적인 결과에 영향을 미칠 것이다.

지진과 같은 사건의 여파에서 세계관을 재건하는 것은 많은 시간이 걸리고 정서적으로 괴로울 수 있다. 한때 진실이라고 생각했던 것을 놓쳐 버리면 큰 고통을 초래할 수 있다. 그 정서적 고통은 사건 자체를 겪는 과정이 아니라 세상에 대한 가정의 파괴와 관련이 있다. 침투사고 및 심상은 흔한 외상 후 반응이며, 발생한 사건과 타협하려는 시도를 나타낸다. 무엇이 발생했고, 어떻게 발생했고, 왜 발생했는지의 질문들은 반추할 기회를 많이 제공한다. PTG가 일어나기 위해 이러한 반추는 비생산적이고 침투적인 형태에서 더 의도적이고 성찰적인 형태로 이행해야 한다. 더욱 의도적·성찰적 반추가 일어나기 위해서 엄청난 스트레스 사건의 생존자들은 생각을 조직하고 통제감을 얻어야 할 것이다. 조직화 및 통제와 함께, 무슨 일이 일어난 건지, 자신과 세상, 미래에 대해 무엇을 믿어야 하는지와 같은 질문은 더 건설적으로 여겨질 수 있다.

적절한 자기공개는 의도적이고 성찰적인 사고를 하는 데 도움이 될 것이다. 다른 사람에게 자신의 사고과정을 드러냄으로써 타인이 이해하고 공감할 수 있는 형태로 사고과정을 조직화하고 표현하도록 격려할 수 있다. 공개는 대화나 글로써 이루어질 수 있다 (Stockton, Joseph, & Hunt, 2014). 대화는 기도, 적응적인 글쓰기, 심리치료의 형태이거나, 또는 친구나 지인처럼 배려하고 주의를 기울이는 청자에게 자신에게 일어난 일과 후유증에 대해 말함으로써 이루어질 수 있다. 우리는 외상 생존자들이 그들의 경험에서 떨어져서 일관성 있게 이야기를 구성할 수 있도록 기꺼이 주의 깊게 들어주고, 외상 생존자에게 겸허함과 존경의 반응을 보이는 사람을 전문적 동반자(expert companion)라고 부른다 (Tedeschi & Calhoun, 2006; Calhoun & Tedeschi, 2013).

사회적 지지 관련 연구와 사회 및 문화적 맥락의 영향 관련 연구는 전문적인 동반자가 외상 회복의 과정에서 PTG를 촉진하는 방식으로 결정적 역할을 할 수 있다고 제안한다. 예를 들어, 공포관리 이론에 대한 문헌고찰을 통해, 죽음의 위협에 직면한 사람들 사이에서 사회적 지지와 인지적 대처의 적극적 관여가 PTG와 같은 긍정적인 결과를 가능하게 한다고 결론내렸다(Vail, Juhl, Arndt, Vess, Routledge, & Rutjens, 2012). 유방암이 있는 여성들에 대한 종단연구에서 더 큰 사회적 지지의 추구와 수술 당시의 인지적 대처는 5개월 후의 더 큰 PTG와 관련이 있었다(Silva et al., 2012a). 유사하게 PTG의 이론적 모델을 검증하기 위해 설계된 구조방정식 모델에서 핵심 신념, 반추, 사회적 지지의 측정치는 PTG 수준을 정적으로 예측하였다(Morris & Shakespeare-Finch, 2011b; Wilson, Morris, & Chambers, 2014). 그러나 사회적 지지에 대한 전형적인 개념과 측정방법은 '전문적인 동반자'가 가진 특별한 경청과 의사소통의 미묘한 방식을 놓칠 수 있다.

PTG의 과정은 핵심 신념에서 몇 가지 가능한 변화를 일으킨다—대인관계의 깊이 증가, 삶에서 새로운 가능성의 발견, 영적 성숙과 실존적 문제에 대한 깊은 이해, 삶에 대한 감사의 증가, 자기지각의 변화. 이러한 PTG 영역들은 흔히 외상 후 성장 척도(PTGI)로 측정되었는데, 이 측정도구는 주요한 삶의 위기에 대처한 사람들의 보고와 외상 사건에 대한 반응을 기술한 문헌들의 질적 분석으로 개발되었다(Tedeschi & Calhoun, 1996; Taku, Cann, Calhoun, & Tedeschi, 2008). 대부분의 경우, PTG는 PTGI를 이용하여 측정되고 때때로 다른 비슷한 구성개념의 측정도구들이 이용된다(Joseph & Linley, 2008).

PTG는 또한 외상 생존자들이 건설적인 선택을 향하도록 안내하면서 외상 이전의 생활, 외상 그 자체, 외상의 후유증, 가능한 긍정적인 미래를 아우르는 서사를 만들어 낸다. 투쟁을 통해 얻은 교훈을 숙고하는 과정에서 지혜가 쌓이는데, 이는 역설이나 변증법적 사고에 대한 인식과 지적인 이해뿐 아니라 정서적인 방식으로의 이해가 깊어지는 특징을 보인다(Calhoun & Tedeschi, 2013). PTG는 회복탄력성을 증진시킬 수 있기 때문에, 이전의 외상 경험 이후 성장을 많이 할수록 이후 겪게 되는 사건의 부정적인 결과를 예방한다. 이러한 점은 특히 진행 중인 군사 갈등이나 대인 간 범죄처럼 반복 노출을 수반하는 외상의 맥락과 관련된다. 예를 들어, 네덜란드의 대인 범죄 생존자 연구는 이러한 생각을 지지했다. 반복적으로 범죄에 희생된 사람 중 첫 외상 경험 이후 PTG 수준이 낮으면 이후 PTSD 증상이 증가한 반면, 높은 PTG를 보인 사람들은 이후 증상이 유의미하게 증가하지 않은 것으로 보고되었다.

PTG와 PTSD

외상 후 고통과 외상 후 성장은 같은 스펙트럼상의 양극단에 있는 것이 아니다. 둘은 때

때로 같이 발생할 수 있으며, 적응에 독립적으로 영향을 미칠 수 있는 독특한 구성개념으로 잘 정립되어 있다(Baker, Kelly, Calhoun, Cann, & Tedeschi, 2008; Baraskova & Oesterreich, 2009; Cann, Calhoun, Tedeschi, & Solomon, 2010; Morris & Shakespeare-Finch, 2011b; Palmer et al., 2012; Barrington & Shakespreare-Finch, 2013). 예를 들어, 외상 후 고통은 더 빈곤한 생활의 질과 낮은 수준의 삶의 의미와 연관되는 반면, PTG는 높은 수준의 웰빙 측정치와 관련된다(Cann et al., 2010).

어떤 사건을 자신의 정체성이나 삶의 이야기의 중심에 두는 것은 PTSD와 PTG 둘 다 관련될 수 있다(Boals & Schuettler, 2011; Schuettler & Boals, 2011; Groleau, Calhoun, Cann, & Tedeschi, 2012). 그러나 이렇게 다른 결과가 발생되는 경로들은 다양하다. 침투적 반추는 PTSD에 강하게 영향을 미치는 반면, 의도적 반추와 사회적 지지는 PTG를 일으키는 데 중요한 역할을 한다(Prati & Pietrantoni, 2009; Calhoun, Cann, & Tedeschi, 2010; Morris & Shakespeare-Finch, 2011b; Groleau et al., 2012). 또한 회피 대처는 PTSD의 유의미한 구성요소이지만 PTG에는 아니다(Boals & Schuettler, 2011; Schuettler & Boals, 2011).

따라서 고통과 성장 모두와 관련되는 주제와 과정에 주의를 기울이는 것이 PTSD를 치료하는 가장 포괄적인 접근을 제공할 수 있다. 임상가들은 외상 사건을 인생의 중요한 사건으로 받아들이는 환자들을 인식하고 외상 사건과 그 영향을 더 의도적이고 건설적으로 처리하도록 함으로써 외상 생존자들에게 도움을 제공할 것이다. 게다가 사회적 지지를 증진하기 위해 외상 생존자들과 그들의 공동체에서 함께 작업하는 것은 외상 후 결과를 개선할 수 있다.

PTG와 PTSD의 관계를 더 잘 이해하기 위해, 최근에 다양한 외상 경험을 한 참가자들을 포함하는 연구의 자료들을 메타분석하였다. 선형관계와 이차함수 모두 유의미하였으나, 이차함수가 유의미하게 더욱 강력하였다(Shakespeare-Finch & Lurie-Beck, 2014). 역 U자 형태를 나타내는 곡선 그래프로서, PTSD 증상이 심각할수록 PTG가 증가하지만 어느 지점까지이며, PTSD 증상의 심각도가 매우 높은 경우에는 PTG가 덜 일어난다. PTG와 PTSD의 관계는 외상 사건의 유형에 따라 달라지며, 심각한 질병이나 성적 학대 생존자 또는 그들의 보호자들이 보이는 PTG와 PTSD의 상관은 약하거나 유의하지 않을 수 있다. 반면, 작은 표본크기는 이러한 모집단에서 효과를 나타내는 지표인 검증력을 제한할 것이다(Shakespeare-Finch & Lurie-Beck, 2014). 유방암 생존자들의 PTSD와 PTG에 대한 개관에서도 마찬가지로 PTSD와 PTG가 체계적인 방식으로 관련되어 있지 않다는 결론을 내렸다(Koutrouli, Anagnostopoulos, & Potamianos, 2012). 그럼에도 불구하고, 어떤 사람들에게는 PTG가 PTSD 증상과 공존하기도 한다(Barskova & Oesterreich, 2009).

외상 후 고통과 PTG의 관계는 특히 PTSD 증상의 범주에 달려 있다. 예를 들어, 연구를 통해 PTG와 침습 사이에 정적 상관을 발견했지만(Barskova & Oesterreich, 2009), 외상 후 회피와는 부적 상관을 발견하였다(Knaevelsrud, Liedl, & Maercker, 2010). 이러한 보다 미묘한 관점은 PTG 모델과 일관된다(Calhoun et al., 2010). 위에 기술한 것처럼 초기에 외상 경험이 사건에 대한 사고를 충분히 붕괴시키고 인생에 영향을 미칠 만큼 스트레스를 줄 때, 침투 증상이 결국에 더욱 성찰적인 인지 과정으로 바뀐다면(Calhoun et al., 2010; Cann et al., 2011) PTG가 더욱 촉진될 것이다. Stanton, Bower, 그리고 Low(2006)의 개관 논문은 이러한 영향-관여 모델(impact-engagement model)을 지지한다. 즉, PTSD의 침습 증상은 PTG 과정을 촉진하기 위해 사건 초기에 필요한 영향으로 대표될 수 있는 반면, 회피는 PTG 발달에 필요한 인지적 관여를 불가능하게 만든다. 따라서 침습 증상이 고통의 신호일 뿐만 아니라 더 건설적인 과정으로 향하는 잠재적인 관문이라는 것을 인식한 임상가들은 PTG를 가능하게 하는 기회를 붙잡을 것이다.

완충재로서 PTG

PTG와 PTSD 증상이 둘 다 존재할 때, PTG는 PTSD와 관련되는 부정적인 심리적 결과를 예방한다. 예를 들어, 심혈관 환자의 정신적 안녕에서 PTG가 외상 후 스트레스의 해로운 영향을 완충하였음을 발견하였다(Bluvstein et al., 2013). 심각한 PTSD 증상을 보고한 응답자들이 더 낮은 PTG를 보고할수록 다양한 척도로 측정한 심리적 건강 수준이 더 빈곤하였다. 그러나 심각한 PTSD 증상과 함께 더 높은 PTG를 지닌 사람들은 더 높은 심리적 안녕과 정신적 삶의 질, 그리고 낮은 고통을 보였다. 비슷한 맥락에서 유방암을 지닌 여성들을 대상으로 한 연구가 보고되었다(Silva, Moreira, & Canavarro, 2012). 암에 대해 더 부정적인 결과를 지각한 여성들 사이에서 더 높은 PTG를 지닌 여성들은 덜 우울할 뿐만 아니라 더 좋은 심리적·사회적 삶의 질을 보고하였다. 유방암 진단 이후 몇 개월 후에 측정한 PTG는 진단 후 1년일 때 더 낮은 우울과 더 나은 삶의 질을 예측하였다(Silva et el., 2012a). 암과 에이즈 연구에 관한 메타분석을 통해, (더 긍정적이고 덜 부정적인) 더 좋은 정신적 건강뿐 아니라 더 나은 신체적 건강이 PTG와 연결되어 있음을 확인하였다(Sawyer, Ayers, & Field, 2010).

스트레스의 완충재로서 PTG의 역할은 의학적인 표본에만 해당하는 것이 아니다. 복합 외상 표본에 대한 분석은 PTG와 삶의 의미 사이의 유의미한 연결성을 발견했으며, 이는 추가로 삶의 만족에 기여하였다(Groleau et al., 2012; Triplett, Tedeschi, Cann, Calhoun, & Reeve, 2012). 폭력적인 범죄나 군입대를 포함하는 다양한 스트레스 사건을 경험한 개인에 관한 연구에서 외상의 부정적인 영향을 보고한 응답자들이 동시에 더 높은 PTG를 보고하였을 때 그들의 삶의 질은 더 좋았다(Cann et al., 2010). 그러므로 외상 사건의 결과들은 긍정적이고 부정적인 반응의 조합에 달려 있으며, 그 두 가지를 모두 다루는 것이 외상 반응을 이해하고 생존자들의 안녕을 증진하는 데 가장 유용한 접근을 제공할 것이다.

임상 실제에서 참전용사들은 군무 관련 외상과 투쟁하여 얻은 긍정적 경험을 묘사하였다. 미군은 PTSD 증상의 감소를 목표로 둘 뿐 아니라, PTG 및 기타 강점에 기반한 결과의 중요성과 가능성을 점점 더 인식하고 있다. 미군과 가족들의 포괄적인 운동 프로그램(csf2.army.mil)은 PTG를 함양하기 위한 관점을 반영한다(Tedeschi & McNally, 2011). PTG를 촉진하는 데 적절한 사회적 지지의 중요성을 강조하는 PTG 모델에 부합하는 결과로서, 더욱 지지적이거나 화합하는 참전용사 집단이 더 높은 수준의 PTG를 보고하였다(Pietrzak et al., 2010; Mitchell, Gallaway, Millikan, & Bell, 2013). 비록 인과관계가 검증된 것은 아니지만, 전역한 미군들 중 PTG가 더 높을수록 정서적 불안정성이 낮고, PTSD 증상, 우울, 물질 남용(Bush et al., 2011)과 함께 자살 사고가 더 낮은 것으로 나타났다(Bush, Skopp, MaCann, & Luxton, 2011; Gallaway, Millikan, & Bell, 2011).

외상 초점 치료의 이차적 결과로서 PTG

PTG는 어떤 사람들에게는 자발적으로 일어나는 반면, 또 다른 사람들에게는 외상 초점 치료를 통한 이차적 결과로 나타날 수 있다. 외래환자 대상으로 PTSD를 위한 지속 노출치료를 받은 외상 생존자에 관한 연구에서 외상 후 성장(특히, 대인관계의 깊이 증가, 새로운 가능성의 발견, 자기지각의 변화)은 사전과 비교해 처치 후에 증가하였다(Hagenaars & van Minnen, 2010). 게다가 이러한 PTG의 증가는 PTSD의 감소와 관련이 있었다. 이 연구는 처치 전 더 높은 삶에 대한 감사(Appreciation of Life) 점수가 처치 후 더 낮은 PTSD 심각도를 예측하였다는 점에서 PTG의 추가적인 보호효과를 보여 주었다(Hagenaars & van Minnen, 2010). 다양한 외상 생존자들에게 온라인으로 진행하는 인지행동 글쓰기 개입은 사전에서 사후에 이르기까지 PTG의 증가를 보고하였다(Knaevelsrud et al., 2010). 처치 후 PTG는 침습 증상의 감소와 관련이 있었는데, 더 나아가 PTG의 발전에 있어 의도적인 인지 과정의 역할과 외상 후 고통을 중화하는 PTG의 잠재력을 지지하는 증거를 제공하였다.

조언 및 권고 사항

외상 후 성장이 널리 알려졌고 연구되었기 때문에 이 개념에 대한 기본 가정을 상기시키는 것은 불필요할 것이다. 그러나 때때로 어떤 사람들이 가지고 있는 오해가 있다는 사실을 고려하면 PTG에 대해 조언할 부분이 있다. 위에서 요약한 연구가 시사한 바를 다시 한번 강조하면, 한편에는 외상 후 증상들과 심리적 고통이, 또 다른 측면에는 PTG가 서로 독립적인 차원에 있는 것으로 잘 확립되어 있다. 비록 어떤 맥락에서는 서로 연관되어 있지만, 일반적으로는 독립적인 경향이 있다. PTG는 고통을 완충하고 안녕을 가능하게 하는 것으로 여겨진다. 비록 사람들이 주요한 삶의 위기와 투쟁하여 성장한다면 상실의 감정들, 비탄, 일반적인 고통 등이 그에 상응하는 만큼 감소할 것이라고 직관적으로 가정할 수 있지만, 반드시 그런 것은 아니다. 그러므로 매우 큰 스트레스 사건의 생존자들과 함께 작업하는 개인들이나 기관들은 긍정적이거나 부정적인 반응을 놓치지 않도록 상기해야 한다. 고통과 성장 모두의 신호에 주의를 기울이는 것이 가장 타당하고 포괄적인 반응이 될 것이다. 게다가 외상 후 성장과 외상 후 안녕의 잠재적인 관계는 분명히 안녕이 어떻게 평가되는지에 달려 있다. 종종 안녕은 증상이나 긍정 및 부정 정서상태에 초점을 맞춘 측정 도구를 사용하여 좁게 평가된다. 우리는 안녕을 더 광범위하게, 그리고 우리의 관점에서 더 깊이 평가할 필요가 있으며, 자기실현적(eudaimonic)[2]으로 묘사될 수 있는 요소를 포함할 필요가 있다고 주장한다(Ryan & Deci, 2001). 이러한 방향에서 안녕을 생각하는 것은 PTG와 고통 그리고 안녕이 어떻게 관련되는지를 더욱 명확하게 추구하는 길이다. 만약 안녕이 다른 사람에 대한 의미 있는 연결, 삶의 우선순위를 잘 생각하고 발달시키는 것, 삶의 목적의식, 그리고 그 순간을 마음에 두며 있는 그대로의 삶에 감사하는 능력과 같은 구성 요소들을 포함하는 것으로 여겨진다면 우리는 PTG가 그러한 요소들과 일관적이고 강하게 연결되어 있다고 예상할 것이다. 더 광범위한 안녕의 개념화가 PTG의 경험을 많이 반영하기 때문에 우리는 자기실현적 안녕과 PTG의 관계를 단순히 예측할 수 있다.

PTG 경험은 아주 값비싼 대가를 치른 결과임이 분명하고, 그 대가에는 심각하고 치료가 어려운 외상 후 증상들이 포함되어 있다. 몇몇 학자들은 PTG가 보편적인 현상이라 일어날 것이라는 기대를 드러냄으로써 외상과 비극, 상실로 인해 고군분투하고 있는 사람들에게

---

2) 역자 주: 자기실현적 행복(eudaimonic happiness)은 쾌락적 행복(hedonic happiness)과 대비되는 행복의 모습이다.

부담을 주어서는 안 된다고 경고를 해 왔다(Wortman, 2004). 여기에서 우리는 명백한 것이지만 상기시킬 가치가 있는 말을 진술하겠다. PTG는 **필연적이지도 보편적이지도 않다.** 학자와 의사들이 이러한 진실을 자각할 필요가 있다. 성장을 경험하지 못한 사람들이 다소 결핍되었다고 암시함으로써 외상 사건에 의해 이미 혼란에 빠진 사람들에게 힘든 부담을 주지 않도록 말하고 작업하며 연습할 필요가 있다.

마지막으로 외상 후 성장의 타당성에 대한 간단한 보고를 하겠다. 데이터는 PTG를 평가하는 검사의 타당도와 신뢰도에 대해 매우 좋은 지지 근거를 제공하고 있다[더 확장된 논의를 원한다면 Calhoun & Tedeschi(2013)의 논문 참고]. 하지만 다른 자기보고와 마찬가지로 과거를 회상하는 과정이나 자기고양적 편향의 결과로 왜곡이 나타날 가능성이 항상 있기 마련이다. 외상 후 성장의 보고에 대해 일부 회의적인 태도가 지속적으로 존재한다. 극단적인 회의적 태도의 경우, 모든 PTG의 보고를 최소한 의심하고, 최악의 경우엔 조롱한다. 임상가들은 그들의 환자들이 외상 후 성장의 경험을 보고하는 것으로 보일 때 무엇을 해야하는가? 우리가 제안하는 것은 무엇이 발생했는지에 대해 환자가 이해한 바대로 외상 후 성장을 수용하고 그 틀 내에서 작업하는 것이다. 사실, 성장 보고에 대해 크게 회의적인 전문가들이 외상 후 증상의 보고를 쉽게 수용하는 것도 의아한 일이다. 상담자가 내담자에게 "당신은 왜 그렇게 생각하나요?"라고 질문하듯이 한번 생각해 볼 만한 일이다.

 참고문헌

American Psychiatric Association. (1980). *DSM III: Diagnostic and statistical manual of mental disorders.* Washington, DC: American Psychiatric.

American Psychiatric Association. (2013). *Diagnostic and Statistical Manual of Mental Disorders: DSM-5.* Washington, DC: American Psychiatric Association.

Baker, J. M., Kelly, C., Calhoun, L. G., Cann, A., & Tedeschi, R. G. (2008). An examination of posttraumatic growth and post-traumatic depreciation: Two exploratory studies. *Journal of Loss and Trauma, 13,* 450-465. doi.10.1080/15325020802171367.

Barrington, A. & Shakespeare-Finch, J. (2013). Post-traumatic growth and post-traumatic depreciation as predictors of psychological adjustment. *Journal of Loss and Trauma, 18,* 429-443. doi.10.1080/15325024.2012.714210.

Barskova, T. & Oesterreich, R. (2009). Post-traumatic growth in people living with a serious medical condition and its relations to physical and mental health: A systematic review. *Disability and Rehabilitation, 31,* 1709-1733. doi.10.1080/09638280902738441.

Bluvstein, I., Moravchick, L., Sheps, D., Schreiber, S., & Bloch, M. (2013). Post-traumatic growth, posttraumatic stress symptoms and mental health among coronary heart disease survivors. *Journal of Clinical Psychology in Medical Settings*, *20*, 164-172. doi.10.1007/s10880-012-9318-z.

Boals, A. & Schuettler, D. (2011). A double-edged sword: Event centrality, PTSD and post-traumatic growth. *Applied Cognitive Psychology*, *25*, 817-822. doi.10.1002/acp.1753.

Bush, N. E., Skopp, N. A., McCann, R., & Luxton, D. D. (2011). Post-traumatic growth as protection against suicidal ideation after deployment and combat exposure. *Military Medicine*, *176*, 1215-1222.

Cadell, S., Regehr, C., & Hemsworth, D. (2003). Factors contributing to post-traumatic growth: A proposed structural equation model. *American Journal of Orthopsychiatry*, *73*, 279-287. doi.10.1037/0002-9432.73.3.279.

Calhoun, L. G. & Tedeschi, R. G. (1999). *Facilitating post-traumatic growth: A clinician's guide*. New York: Routledge.

Calhoun L. G. & Tedeschi, R. G. (2013) *Post-traumatic growth in clinical practice*. New York: Routledge.

Calhoun, L. G., Cann, A., & Tedeschi, R. G. (2010). The post-traumatic growth model: Sociocultural considerations. In: T. Weiss & R. Berger (Eds.), *Post-traumatic growth and culturally competent practice* (pp. 1-14). Hoboken, NJ: John Wiley.

Cann, A., Calhoun, L. G., Tedeschi, R. G., & Solomon, D. T. (2010). Post-traumatic growth and depreciation as independent experiences and predictors of well-being. *Journal of Loss and Trauma*, *15*, 151-166. doi.10.1080/15325020903375826.

Cann, A., Calhoun, L. G., Tedeschi, R. G., Triplett, K. N., Vishnevsky, T., & Lindstrom, C. M. (2011). Assessing post-traumatic cognitive processes: The Event Related Rumination Inventory. *Anxiety, Stress & Coping*, *24*, 137-156. doi:10.1080/10615806.2010.529901.

Chopko, B. A. & Schwartz, R. C. (2009). The relation between mindfulness and post-traumatic growth: A study of first responders to trauma-inducing incidents. *Journal of Mental Health Counseling*, *31*, 363-376.

Danhauer, S. C., Russell, G. B., Tedeschi, R. G., Jesse, M. T., Vishnevsky, T., Daley, K., & Powell, B. L. (2013). A longitudinal investigation of post-traumatic growth in adult patients undergoing treatment for acute leukemia. *Journal of Clinical Psychology in Medical Settings*, *20*, 13-24. doi.10.1007/s10880-012-9304-5.

Drescher, K. D., Foy, D. W., Kelly, C. M., Leshner, A., Schutz, K. E., & Litz, B. T. (2011). An exploration of the viability and usefulness of the construct of moral injury in war veterans. *Traumatology*, *17*, 8-13. doi.org/10.1177/1534765610395615.

Epstein, S. (1991). The self-concept, the traumatic neurosis, and the structure of personality. In: D. Ozer, J. M. Healy, & A. J. Stewart (Eds.), *Perspectives in personality* (pp. 63-98) London: Jessica Kingsley.

Gallaway, M. S., Millikan, A. M., & Bell, M. R. (2011). The association between deployment-related posttraumatic growth among US Army soldiers and negative behavioral health conditions. *Journal of Clinical Psychology*, 67, 1151-1160. doi.10.1002/jclp.20837.

Groleau, J. M., Calhoun, L. G., Cann, A., & Tedeschi, R. G. (2012). The role of centrality of events in post-traumatic distress and post-traumatic growth. *Psychological Trauma: Theory, Research, Practice, and Policy*, 5, 477-483. doi.10.1037/a0028809.

Hagenaars, M. A. & van Minnen, A. (2010). Post-traumatic growth in exposure therapy for PTSD. *Journal of Traumatic Stress*, 23, 504-508. doi.10.1002/jts.20551.

Janoff-Bulman, R. (1992). *Shattered assumptions: Towards a new psychology of trauma*. New York: Free Press.

Janoff-Bulman, R. (2006). Schema change perspectives on post-traumatic growth. In: L. G. Calhoun & R. G. Tedeschi (Eds.), *The Handbook of Post-traumatic Growth* (pp. 81-99). New York: Routledge.

Joseph, S. & Linley, P. (2008). Psychological assessment of growth following adversity: A review. In: S. Joseph & P. Linley (Eds.), *Trauma, recovery, and growth: Positive psychological perspectives on posttraumatic stress* (pp. 21-36). Hoboken, NJ: John Wiley.

Kaler, M. E., Erbes, C. R., Tedeschi, R. G., Arbisi, P. A., & Polusny, M. A. (2011). Factor structure and concurrent validity of the Post-traumatic Growth Inventory-Short Form among veterans from the Iraq War. *Journal of Traumatic Stress*, 24, 200-207. doi.10.1002/jts.20623.

Kehl, D., Knuth, D., Holubova, M., Hulse, L., & Schmidt, S. (2014). Relationships between firefighters' postevent distress and growth at different times after distressing incidents. *Traumatology*, 20, 253-261. doi:10.1037/h0099832.

Knaevelsrud, C., Liedl, A., & Maercker, A. (2010). Post-traumatic growth, optimism and openness as outcomes of a cognitive-behavioural intervention for post-traumatic stress reactions. *Journal of Health Psychology*, 15, 1030-1038. doi. 10.1177/1359105309360073.

Koutrouli, N., Anagnostopoulos, F., & Potamianos, G. (2012). Post-traumatic stress disorder and post-traumatic growth in breast cancer patients: A systematic review. *Women & Health*, 52, 503-516. doi.10.1080/03630242.2012.679337.

Kunst, M. J. J., Winkel, F. W., & Bogaerts, S. (2010). Post-traumatic growth moderates the association between violent revictimization and persisting PTSD symptoms in victims of interpersonal violence: A six-month follow-up study. *Journal of Social and Clinical Psychology*, 29, 527-545. doi.10.1521/jscp.2010.29.5.527.

Lee, J. A., Luxton, D. D., Reger, G. M., & Gahm, G. A. (2010). Confirmatory factor analysis of the Posttraumatic Growth Inventory with a sample of soldiers previously deployed in support of the Iraq and Afghanistan wars. *Journal of Clinical Psychology*, *66*, 813-819. doi:10.1002/jclp.20692.

Mitchell, M. M., Gallaway, M. S., Millikan, A. M., & Bell, M. R. (2013). Combat exposure, unit cohesion, and demographic characteristics of soldiers reporting post-traumatic growth. *Journal of Loss and Trauma*, *18*, 383-395. doi. 10.1080/15325024.2013.768847.

Morris, B. A. & Shakespeare-Finch, J. (2011a). Cancer diagnostic group differences in post-traumatic growth: Accounting for age, gender, trauma severity, and distress. *Journal of Loss and Trauma*, *16*, 229-242. doi.10.1080/15325024.2010.519292.

Morris, B. A. & Shakespeare-Finch, J. (2011b). Rumination, post-traumatic growth, and distress: Structural equation modelling with cancer survivors. *Psycho-Oncology*, *20*, 1176-1183. doi.10.1002/pon.1827.

Palmer, G. A., Graca, J. J., & Occhietti, K. E. (2012). Confirmatory factor analysis of the Post-traumatic Growth Inventory in a veteran sample with post-traumatic stress disorder. *Journal of Loss and Trauma*, *17*, 545-556.

Parkes, C. M. (1971). Psycho-social transitions: A field for study. *Social Science and Medicine*, *5*, 101-115.

Pietrzak, R. H., Goldstein, M. B., Malley, J. C., Rivers, A. J., Johnson, D. C., Morgan, C. A. I., & Southwick, S. M. (2010). Post-traumatic growth in veterans of Operations Enduring Freedom and Iraqi Freedom. *Journal of Affective Disorders*, *126*(1/2), 230-235. doi.10.1016/j.jad.2010.03.021.

Prati, G. & Pietrantoni, L. (2009). Optimism, social support, and coping strategies as factors contributing to post-traumatic growth: A meta-analysis. *Journal of Loss and Trauma*, *14*, 364-388. doi.10.1080/15325020902724271.

Ryan, R. M. & Deci, E. L. (2001). On happiness and human potentials: A review of research on hedonic and eudaimonic well-being. *Annual Review of Psychology*, *52*, 141-166. Doi.10.1146/annurev.psych.52.1.141.

Sawyer, A., Ayers, S., & Field, A. P. (2010). Post-traumatic growth and adjustment among individuals with cancer or HIV/AIDS: A meta-analysis. *Clinical Psychology Review*, *30*, 436-447. doi.10.1016/j.cpr.2010.02.004.

Schuettler, D. & Boals, A. (2011). The path to post-traumatic growth versus post-traumatic stress disorder: Contributions of event centrality and coping. *Journal of Loss and Trauma*, *16*, 180-194. doi.10.1080/15325024.2010.519273.

Şenol-Durak, E. & Ayvaşik, H. B. (2010). Factors associated with post-traumatic growth among the spouses of myocardial infarction patients. *Journal of Health Psychology*, *15*, 85–95. doi.10.1177/1359105309342472.

Shakespeare-Finch, J. & Armstrong, D. (2010). Trauma type and post-trauma outcomes: Differences between survivors of motor vehicle accidents, sexual assault, and bereavement. *Journal of Loss and Trauma*, *15*, 69–82. doi.10.1080/15325020903373151.

Shakespeare-Finch, J. & Lurie-Beck, J. (2014). A meta-analytic clarification of the relationship between post-traumatic growth and symptoms of post-traumatic distress disorder. *Journal of Anxiety Disorders*, *28*, 223–229. doi.10.1016/j.janxdis.2013.10.005.

Shakespeare-Finch, J., Gow, K., & Smith, S. (2005). Personality, coping and post-traumatic growth in emergency ambulance personnel. *Traumatology*, *11*, 325–334. doi.10.1177/153476560501100410.

Silva, S. M., Crespo, C., & Canavarro, M. C. (2012a). Pathways for psychological adjustment in breast cancer: A longitudinal study on coping strategies and post-traumatic growth. *Psychology & Health*, *27*, 1323–1341. doi.10.1080/08870446.2012.676644.

Silva, S. M., Moreira, H. C., & Canavarro, M. C. (2012b). Examining the links between perceived impact of breast cancer and psychosocial adjustment: The buffering role of post-traumatic growth. *Psycho- Oncology*, *21*, 409–418. doi.10.1002/pon.1913.

Stanton, A. L., Bower, J. E., & Low, C. A. (2006). Post-traumatic growth after cancer. In: L. G. Calhoun & R. G. Tedeschi (Eds.), *Handbook of post-traumatic growth: Research & practice*. (pp. 138-175). Mahwah, NJ: Lawrence Erlbaum.

Stockton, H., Joseph, S., & Hunt, N. (2014). Expressive writing and post-traumatic growth: An Internetbased study. *Traumatology*, *20*, 75–83. doi.10.1037/h0099377.

Taku, K. (2014). Relationships among perceived psychological growth, resilience and burnout in physicians. *Personality and Individual Differences*, *59*, 120-123. doi.10.1016/j.paid.2013.11.003.

Taku, K., Cann, A., Calhoun, L. G., & Tedeschi, R. G. (2008). The factor structure of the post-traumatic growth inventory: A comparison of five models using confirmatory factor analysis. *Journal of Traumatic Stress*, *21*, 158-164. doi.10.1002/jts.20305.

Tedeschi, R. G., & Calhoun, L. G. (1995). *Trauma & transformation: Growing in the aftermath of suffering*. Thousand Oaks, CA, US: Sage Publications, Inc.

Tedeschi, R. G. & Calhoun, L. G. (1996). The Post-traumatic Growth Inventory: Measuring the positive legacy of trauma. *Journal of Traumatic Stress*, *9*, 455–472. doi.10.1007/BF02103658.

Tedeschi, R. G. & Calhoun, L. G. (2006). Expert companions: Post-traumatic growth in clinical practice. In: L. G. Calhoun and R. G. Tedeschi (Eds.), *Handbook of post-traumatic growth: Research and practice* (pp. 291-310). Mahwah, NJ: Lawrence Erlbaum.

Tedeschi, R. G. & McNally, R. J. (2011). Can we facilitate post-traumatic growth in combat veterans? *American Psychologist*, *66*(1), 19-24. doi.10.1037/a0021896.

Triplett, K. N., Tedeschi, R. G., Cann, A., Calhoun, L. G., & Reeve, C. L. (2012). Post-traumatic growth, meaning in life, and life satisfaction in response to trauma. *Psychological Trauma: Theory, Research, Practice, and Policy*, *4*, 400-410. doi.10.1037/a0024204.

Vail, K. E. I., Juhl, J., Arndt, J., Vess, M., Routledge, C., & Rutjens, B. T. (2012). When death is good for life: Considering the positive trajectories of terror management. *Personality and Social Psychology Review*, *16*, 303-329. doi.10.1177/1088868312440046.

Vishnevsky, T., Cann, A., Calhoun, L. G., Tedeschi, R. G., & Demakis, G. J. (2010). Gender differences in self-reported post-traumatic growth: A meta-analysis. *Psychology of Women Quarterly*, *34*, 110-120. doi.10.1111/j.14716402.2009.01546.x.

Wilson, B., Morris, B. A., & Chambers, S. (2014). A structural equation model of post-traumatic growth after prostate cancer: Post-traumatic growth after prostate cancer. *Psycho-Oncology*, *23*, 1212-1219. doi.10.1002/pon.3546.

Wortman, C. (2004). Post-traumatic growth: Progress and problems. *Psychological Inquiry*, *15*, 81-90.

Xu, J. & Liao, Q. (2011). Prevalence and predictors of post-traumatic growth among adult survivors one year following 2008 Sichuan earthquake. *Journal of Affective Disorders*, *133*, 274-280. doi.10.1016/j.jad.2011.03.034.

제16장

'긍정기분이 너무 긍정적이라 나쁠 것은 없다'
양극성 장애에서 긍정 및 부정 임상심리학을 활용하는 법

Warren Mansell

서론

양극성 장애는 심각한 정신장애로, 극도로 기분이 고양된 상태(경조증 또는 조증)와 극도로 기분이 저조한 임상적 우울증을 겪는 것이 특징이다(APA, 2013). 경조증 또는 조증 동안 사람들은 평소보다 훨씬 더 자신감이 생기고, 거의 잠을 자지 않으면서 말, 생각, 행동이 더 빨라지고, 여러 가지 일을 벌이거나 매우 위험할 소지가 있는 쾌락 활동(예: 가진 것 이상의 금전적 지출, 문란한 성생활)에 몰두하기도 한다.

양극성 장애에 대한 일반적 인식은 조증이 너무나 긍정적인 나머지 중대한 임상적 문제들을 유발할 수 있는 기분과 기타 관련 특징이 나타나는 시기라는 것이다(예: Gruber, Johnson, Oveis, & Keltner, 2008; Gruber, 2011; Giovanelli, Hoerger, Johnson, & Gruber, 2013). 흥미롭게도, 양극성 장애가 한 사람의 정체성에서 핵심적인 부분을 형성하는 긍정적인 경험이 될 수 있다는 생각 또한 존재하는 것으로 보인다(Jamison, Gerner, Hammen, & Padesky, 1980; Lobban, Taylor, Murray, & Jones, 2013). 나는 양극성 장애에 대한 이상의 두 가지 설명이 ① **경조증적 경험**이 일반 인구 및 양극성 장애 외에 다른 다양한 정신건강 문제에서도 비교적 흔하게 나타난다는 점, ② 양극성 장애는 기능장해에 의해 **정의되는** 것이라는 점을 명확히 구분하지 못한 것에서 기인하는 것으로 생각하며, 그와 반대되는 견해를 제시하려고 한다.

나는 많은 사람이 경조증적 경험 때문에 양극성 장애에 '취약한' 것으로 보이지만 결국 양극성 장애로 발병하지 않으며, 이들이 겉보기에는 정상적인 성격 특질을 가진 것으로 보이기 때문에 연구 문헌에서 사람들을 '헷갈리게 만드는 존재(red herring)'가 된다는 증거를 검토하도록 할 것이다. 마찬가지로 양극성 장애가 있는 사람이 다른 심리장애와 어떤 점이 구분되는지를 찾으려고 하는 연구들도 똑같이 헷갈리게 만드는 지표를 쫓고 있다 — 역기능적 과정 대신 성격 특질. 그리고 양극성 장애가 있는 사람들이 이 성격 특질의 기저에 있는 창의성, 낙관성, 사회성과 같은 긍정적 특징들을 알아본다는 것도 놀라운 일이 아니다.

나는 양극성 장애를 유지하는 것이 경조증적 특질이 아니라는 점을 제안하고자 한다. 그것은 장애 간 구분되는 특징들이 아니라 모든 장애가 공유하는 범진단적 과정이다 (Harvey, Watkins, Mansell, & Shafran, 2004). 이러한 관점은 긍정심리학이 양극성 장애를 겪는 사람들이 기분이 '너무 좋아질' 위험성 없이도 긍정적 경험과 삶의 가치들을 유연하게 추구할 수 있도록 어떻게 도와줄 수 있는지를 제대로 인식할 수 있게끔 해방시켜 줄 것이다. 물론 다른 위험성도 존재하며 이것들을 앞으로 논의할 것이다. 그러나 내가 제안하고자 하는 것은 많은 경우 기분이 너무 좋아질 것에 대한 두려움이 그 장애를 유지시키는 점이며, 특히 삶의 목표들로부터 만성적으로 유리된 결과 지속적인 무력감과 소외감을 겪는 경우에 그러하다. 긍정적인 것을 구축하는 작업은 지속적인 자기비난, 공격성, 파국적 사고, 그리고 정서적 및 대인관계적 문제들을 자각하는 것을 방해하는 장기화된 억제 등의 과정에서 드러나는 '부정심리학' 측면을 다루는 데 타당한 것으로 밝혀진 작업과 동등하게 병행될 수 있다. 긍정심리학과 부정심리학의 요소들을 통합적으로 엮어 나가는 것을 통하여, 양극성 장애가 있는 사람들은 인간 조건이 제공하는 광범위한 긍정 그리고 부정기분을 수용하고 활용함으로써, 회복으로 가는 길에 다시 합류할 수 있게 된다.

위의 주장을 더 정교화하기 위하여, 이 장에서는 먼저 양극성 장애에 대해 생각하는 여러 다른 방식들의 특징을 나타내기 위한 이카로스(Icarus)의 비유를 사용할 것이다. 다음으로 양극성 장애에 대한 주류의 관점과 우리 TEAMS(Think Effectively About Mood Swings) 그룹(Mansell, Morrison, Reid, Lowens, & Tai, 2007; Searson, Mansell, Lowens, & Tai, 2012)의 관점 뒤에 있는 가정들을 명확히 기술하고 도식화해 볼 것이다. 그 후 양극성 장애와 관련된 '표현형(phenotype)' 또는 일련의 '경조증적 특질'이 있다거나 긍정기분 상태의 과장된 처리 양식으로 간주할 수 있다는 광범위한 증거들을 살펴볼 것이다. 우리는 이러한 것이 양극성 장애를 장애로 만드는 가장 중요한 특징이라는 견해를 비판할 것이다. 대신 우리는 경조증적 특질의 정상성과 유용성을 시사하는 증거들과 이러한 특질의 처리 과정에서 문제적 측면을 이해하는 데는 '부정심리학'이 상대적으로 더 중요하다는 증거들을 제시할 것이다. 이러한 결론은 심리치료를 위한 권고 사항을 명료화하기 위하여 사용될 것이다. 이러한 TEAMS의 적용은 보통 긍정적 변화를 촉진하고 부정적 결과를 제한할 역량이 있는 심리학적 맥락 내에서 신중한 약물학적 개입을 배치시킨다.

이카로스 신화

많은 사람이 태양 너무 가까이 날아갔던, 날개를 가진 소년인 그리스 신화 속 이카로스를 익히 알고 있을 것이다. 나는 이 신화에 대한 피상적인 이해와 함께 이카로스 이야기의 세부적인 사항들이 밝혀질 때 갖게 되는 더 심층적인 이해를 모두 제시하고자 한다. 이는 마치 양극성 장애에서 기분 고양에 대한 단순화된 입장('좋은 게 너무 많아서 문제'라는 시각)과 한 사람의 삶에서 기분 고양의 기능과 맥락을 고려하는 견해와도 유사하다.

이 신화에서 잘 알려진 부분은 이카로스가 왁스로 붙여진 날개를 가지고 있었고 안전을 위해 다른 곳으로 날아갔어야 한다는 것이다. 그러므로 태양 너무 가까이 날아가지 않도록 조심해야 했고, 그렇지 않으면 날개가 녹아 버릴 것이었기 때문이다. 그런데 그 이야기에 따르면, 그는 태양의 온기에 유혹되어 점점 더 가까이 날아갔다. 날개를 감싸는 왁스가 녹았고, 그는 바다 아래로 곤두박질쳐 익사했다. 이 비유의 메시지는 명확하다—매우 긍정적인 기분을 경험하려는 유혹에 빠지지 말라, 그렇지 않으면 대가를 치르게 될 것이다. 이 비유는 일반적으로 사람들에게 **자만**에 대해 경고하기 위해 사용된다—남들이 보기에는 추락 후 구겨진 자존심.

이카로스 신화에 대한 단순한 이해는 양극성 장애가 있는 사람들이 긍정 정서상태에 더 영향을 받는 경향성을 가지고 있으며 이것이 생물학적 측면과 뇌 기능에 기초해 있다는 견해와 잘 맞아떨어진다. 그러나 진정한 이카로스 이야기는 무엇인가? 특히 이카로스는 일단 왜 날게 되었는가? 그에게 태양이 왜 그리 매력적이었는가?

실제로 이카로스의 이야기는 그레데 섬의 미로에 있던 미노타우로스(Minotaur)의 신화로부터 시작된다. 이카로스의 아버지는 미노스 왕을 위해 그 미로를 설계한 다이달로스(Daedalus)였다. 그리스의 영웅이었던 테세우스(Theseus)가 미로에 갇혔을 때 다이달로스는 탈출을 도왔었다. 그에 대한 벌로 미노스 왕은 다이달로스와 **그의 아들**을 다이달로스 자신이 설계한 미로에 가두었고, 다이달로스는 자신의 창의적인 설계물의 희생양이 되었으며, 아들은 테세우스의 탈출을 돕지도 않았지만 그 대가를 함께 치르게 된 것이다. 이카로스는 미로 안에서 아버지와 함께 나머지 유년기 동안 **태양을 전혀 보지 못한 채** 성장했다. 역시 다이달로스의 창의적인 아이디어였던 그 날개와 관련된 계획은 이카로스에게 탈출할 기회이자 다이달로스에게는 아들이 그간 겪어 온 것을 만회할 기회이기도 했다. 다이달로스는 이카로스에게 "태양 너무 가까이 날지는 말아라!" 하고 가르쳤다. 그러나 우리가 아는 대로 이카로스는 아버지의 충고를 따르지 않았다. 하지만 당신이 이카로스라고 상상해 보라. 당신이라면 희미하게 기억하던 그리고 다시 경험하길 갈망했던 따뜻한 느낌으로부터 거리를 유지할 수 있었을까? 만약 당신이 다른 젊은이(테세우스)를 돕기 위해 자기 아들의 자유까지도 희생하게 만든 아버지의 결정에 대해 분개하는 아들이라면, 그 아버지의 충고를 따를 수 있었을까?

이카로스 신화에서 전체적인 맥락은 양극성 장애가 있는 사람들에게 긍정기분을 조절하는 것이 왜 그리도 어려운지에 대한 다른 시각을 제공한다(Stott, Mansell, Salkovskis, Lavender, & Cartwright-Hatton, 2010). 이것은 우울한 기분의 난처한 '미로'에서 빠져나올 수 있는 한 가지 방법으로 여겨질 수 있다. 또는 다른 사람들의 실수가 자신의 삶을 어떻게 결정지었는가에 대한 실망을 표현하는 방법일 수도 있다. 그러나 동시에 긍정기분은 실제로 파국을 유발하는 것으로 보인다—정신병원에 입원하거나 이후 우울증에 빠져들거나, 또는 가장 심각한 경우에는 자살이나 무모한 행동으로 인한 죽음. 그러나 이것이 일반적인 긍정기분의 경우에도 진실인가? 비유로 돌아가 보자. 만약 이카로스 날개의 깃털이 왁스가 아닌 철사로 고정되어 있었다면? 그래도 여전히 녹았을 것이다. 만약 이카로스가 수영하는 법을 배웠다면? 그렇다면 그는 익사하지는 않았을 것이다. 이러한 대안적인 고려사항들은 긍정기분이 지나친 것 자체가 문제인지, 아니면 기분에 대한 개인의 반응이나 그 결과가 문제인지를 물어보게끔 한다. TEAMS 모델은 긍정기분에 빠져들고 나오는 것은 정상이지만, 이러한 기분이 이해되고 조절되고 평가되는 방식에 문제가 있다고 제안한다. 이러한 전략들은 강력한 대인관계적 맥락을 가지고 있는 초기 정서조절 경험에 기원이 있는 것으로, 이카로스의 (진짜) 이야기와 비슷하게 역경, 트라우마에 대처하는 방식, 사회적 환경을 과도하게 통제하려는 것과 주로 관련된다. 이제 그 차이점들을 보다 명시적인 단어들로 설명할 것이다.

양극성 장애 취약성 관련 대조적인 두 모델

우리는 양극성 장애의 내적 표현형(endophenotype)에 대한 광범위한 증거들을 간략히 살펴볼 것이다. 내적 표현형이란 어떠한 장애에 대한 취약성을 부여하는 성격적·행동적 특질들의 집합체를 가리키는 것으로 대개 유전적 기반을 가지고 있다. [그림 16-1]은 현대 연구자들이 내적 표현형을 양극성 장애의 중요한 표지자로 간주하고 양극성 장애 자체의 부정적·긍정적 속성에 관한 연구들을 수행해 왔다는 것을 보여 준다. 그들은 TEAMS 접근법(예: Mansell et al., 2007; Mansell & Pedley, 2008)에 있는 다른 여러 가능성을 고려하지 않는 것으로 보인다. 이는 〈표 16-2〉에 표시되어 있다. 이 도식에서 동일한 경조증적 내적 표현형은 양극성 장애가 되지 않는 방식으로 표현될 수 있고, 이것이 바로 사람들이 양극성 장애의 '긍정적 속성'이라고 부르는 것의 원천이 된다. 다시 말해 이 내적 표현형은 긍정심리학적 개입에서 우리가 제한하기보다는 **함양해야** 할 기능적 부분을 가지고 있을 수 있다. 더욱이 그리고 개입을 위해서는 더욱 중요하게는, 양극성 장애를 문제적으로 만드는 원천은 과거의 트라우마, 초기 아동기 경험 그리고 광범위한 자기비난, 걱정, 정서 억제와 같은 심리적 과정들처럼 다양한 **다른** 요인들이라는 점이 제안되어 있다. 기존의 보편적인 관점에서는 양극성 장애를 그 개인 안에 내재되어 있는 어떤 것으로 보고 이것이 나중에 표현된다고 간주한다면, 우리의 관점에서 양극성 장애는 다요인이 작용한 결과로 나타

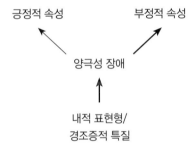

[그림 16-1] 장애와 밀접한 내적 표현형이 있고 이것이 주로 부정적인 속성과 연관되지만, 일부 긍정적 속성과도 연관된다는 양극성 장애에 대한 대표적인 모델(굵은 화살표는 강한 연관성 또는 영향력을, 가는 화살표는 약한 연관성 또는 영향력을 나타낸다.)

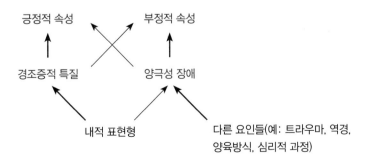

[그림 16-2] 양극성 장애에 대한 TEMAS 접근법에서는 내적 표현형이 일반 인구에서 다양한 정도로 경조증적 특질과 양극성 장애로 발현될 수 있으나, 내적 표현형 자체가 양극성 장애를 '장애'로 만드는 데 가장 중요한 역할을 하는 것은 아님

나는 것으로 본다는 점이 핵심적인 차이라고 볼 수 있다(Mansell, 2012 참고).

경조증적 내적 표현형이 양극성 장애와 신뢰롭게 연관되는가

생물학적으로 상관되는 성격 양식이 식별될 수 있고, 이러한 특질을 가진 사람들이 양극성 장애로 진행될 가능성이 크다는 광범위한 증거가 있다(예: Depue, Slater, Wolfstetter-Kausch, Klein, Goplerud, & Farr, 1981; Kwapil, Miller, Zinser, Chapman, Chapman, & Eckblad, 2000; Hasler, Drevets, Gould, Gottesman, & Manji, 2006; Balanzá-Martínez et al., 2008). 요약하면 내적 표현형을 가진 사람들은 양극성 장애 환자들이 나타내는 신경심리학적 특징들을 (약한 정도로) 보이며, 다른 일반인들에 비해 양극성 장애가 발병하는 비율이 높다는 것이다. 그러나 그러한 전환 비율은 장기적으로 볼 때도 그리 크지는 않다는 점을 나중에 보게 될 것이다.

경조증적 내적 표현형이 실제 양극성 장애 발생을 결정짓는 것이 아니라는 여러 갈래의 증거들이 있다. 이는 영국심리학회(British Psychological Society)에서 발간한『양극성 장애를 이해하기(Understanding Bipolar Disorder)』와도 일치한다(Jones et al., 2011).

첫째, 경조증의 '증상'은 양극성 장애에 실제로 위험성을 가진 사람들에게 한정되기에는 너무 흔하다. 최근의 정의에 따르면 양극성 장애는 일반 인구의 단 1%에서 나타난다(Merikangas et al., 2011). 그러나 연구에서 비임상 표본의 다수가 일부 경조증적 경험들을 보고한다(Jones, Mansell, & Waller, 2006; Udachina & Mansell, 2008). 예를 들어, 한 연구에서는 167명의 대학생들에게 경조증으로 진단될 증상을 측정하기 위하여 자기보고형 기분장애 질문지(Mood Disorders Questionnaire)를 사용하였는데(Hirschfeld et al., 2000), 다소 놀라운 결과를 얻었다(Udachina & Mansell, 2008). 167명의 참여자 중 단 6명만이 경조증적 경험을 전혀 보고하지 않았고, 경조증적 경험의 최빈치(mode)는 9였으며, 기존에 출간된 선별기준점(Isometsae et al., 2003)에 따르면 참여자의 거의 절반이 양극성 스펙트럼 장애로 진단될 '중간 정도의 가능성'이 있는 것으로 나타났다. 이 정도 비율의 사람들이 사례에 해당되는 것(caseness)은 분명 과대평가된 것으로, 경조증의 과거력이 양극성 장애의 지표가 되는 것이 타당한지에 대한 의문을 제기한다.

둘째, 경조증적 특질을 가진 사람의 대다수가 지금까지 출간된 연구 기간 내에 양극성 장애로 발병하지 않는다는 증거들이 있다. 이는 긴 후속관찰 기간을 설정한 대규모 연구들에도 적용된다. 예를 들어, 1,500명의 학생들에서 고위험군으로 판별된 36명 중 단 8명만

이 13년간의 후속관찰 기간 중 양극성 장애로 진단받았다(Kwapil et al., 2000). 양극성 장애 발병 시점의 절정기(28~30세)를 지난 성인들을 대상으로 한 지역사회 연구에서는 취리히 코호트 집단 중 4%가 적어도 하루 이상의 경조증 삽화를 경험했으나 이 중에서 반 이상이 어떠한 장해, 고통 또는 치료 필요성을 보고하지 않았다(Wicki & Angst, 1991).

셋째, 경조증적 경험을 했던 (그러나 양극성 장애는 없었던) 사람들은 이 경험의 다양한 긍정적·기능적 속성들을 보고한다. 이는 그 경험 자체가 핵심적인 문제는 아닐 수 있음을 시사한다. 한 연구에서는 경조증적 경험의 과거력이 있는 30세 이상 성인 12명을 면접했는데, 그중 9명은 진단 가능한 4일 이상의 경조증 과거력이 있었다(Seal, Mansell, & Mannion, 2008). 그들 중 누구도 과거 우울한 적이 있거나 치료를 받은 적이 없었으며, 연구 당시에도 일하거나 고등교육을 받는 중이었다. 그들은 면접자에게 경조증적 경험이 자신감을 유지하고 현실에 대처하는 긍정적인 방식이며, 대체로 자신이 경험하는 것에 대한 통제감을 가지고 있다고 설명하였다. 그들은 자신들의 지인들 대다수도 유사한 경험을 하는 것으로 보았다. 그들은 비록 자신들의 기분 좋음에 부정적으로 반응하는 사람도 간혹 있다는 것을 알았지만, 사회적 경계를 넘은 것은 아니라는 것을 확신할 수 있었다. 더욱이 그들은 경조증적 경험이 사람들과 더 어울리고 더 효율적으로 일하는 등 일종의 사회적 역할을 수행하는 데 도움이 되었다고까지 보고하였다.

넷째, 어떤 장애의 내적 표현형이 비임상 표본에서 흔하게 존재하고 기능적인 측면을 갖고 있다는 생각은 양극성 장애에만 독특하게 나타나는 것은 아니다. 다른 영역에서 이러한 비임상적 특질들이 유사하게 존재한다는 것에 대해 간접적인 지지가 있다. 예를 들어, 정신증 경향성의 지표가 되는 조현병 또는 조현형 성격(schizotypy)은 비임상 집단에서 광범위하게 관찰되고 창의성, 경험에 대한 개방성 측정치와 상관이 있다(Nelson & Rawlings, 2010).

요약하건대 경조증적 특질이 내적 표현형으로 고려될 수 있다는 점은 주목할 만하지만, 높은 비율로 나타나고 임상적 진단을 예측하는 능력이 제한적이라는 점 그리고 기능적인 속성을 지니고 있다는 증거들은 모두 양극성 장애와 경조증적 특질의 긴밀한 관계에 도전을 제기한다. 이는 양극성 장애를 구성하는 것이 무엇인가에 대한 질문을 열어두는 것이다.

무엇이 경조증적 경험을 문제로 만드는가

TEAMS 접근법은 경조증적 내적 표현형이 임상적 문제로 이어지기 위해서는 다른 요인들과 결합될 필요가 있다고 제안한다. 이러한 추가적 요인들은 모든 정신건강 문제들에 대체로 공통적으로—범진단적이며—더욱 분명하게 '부정적'이다. 여기에는 조증 동안의 부정 정서, 공병, 과거의 트라우마와 역경, 유전 그리고 스트레스에 대처하는 경직되거나 충동적인 방식을 시사하는 다양한 심리적 과정들이 포함된다. 이러한 주장에 대한 증거는 다음 절에 소개될 것이다.

여러 연구에 걸쳐 트라우마의 과거력은 양극성 장애 환자의 약 1/2에서 보고되었다 (Hammersley, Dias, Todd, Bowen-Jones, Reilly, & Bentall, 2003; Garno, Goldberg, Ramirez, & Ritzler, 2005; Kauer-Sant'Anna et al., 2007). 이 연구들에서는 다른 장애에서 나타나는 굴욕, 사회적 거부 경험 등 다른 부정적인 아동기 경험들이 측정되지 않았기 때문에, 이것은 과소추정된 수치일 수 있다(Hackmann, Clark, & McManus, 2000). 게다가 트라우마 과거력은 더 중대한 여러 문제와 연결되어 있는데, 심각한 아동기 학대가 환청(Hammersley et al., 2003), 자살 시도(Garno et al., 2005)와 연관된다든가, 어떤 종류든 과거 트라우마가 있는 것이 불안장애, 물질 남용이 공병할 가능성을 높인다는 것이다(Kauer-Sant'Anna et al., 2007). 이러한 생활사건은 양극성 장애에만 독특한 문제는 아니지만, 정신병리의 위험성을 전반적으로 증가시킨다.

양극성 장애의 유전에 관한 연구는 사실 트라우마 연구를 보완해 준다. 특정 조증 증상과 연결된 일부 유전자가 있다는 연구가 있지만(Backlund et al., 2011), 범진단적 요인이 양극성 장애에 핵심적이라는 설득력 있는 증거가 있다. 예를 들어, 최근 이루어진 한 대규모의 협력 연구에서 양극성 장애는 조현병과 상당한 수준의, 주요우울장애와는 중간 수준의 유전적 변량을 공유하는 것으로 나타났다(Cross-Disorder Group of the Psychiatric Genomics Consortium, 2013).

양극성 장애와 연관된 원격요인에 대한 증거와 일관되게, 진단적 증거들은 또한 부정 정서의 중요성을 가리킨다. 조증에 대한 7개 요인분석을 개관한 연구에서 조증 증상 대부분을 설명한 요인은 울적함(dysphoria)이었으며 고양된 기분이 아니었다(Mansell & Pedley, 2008). 이에 더해서 이러한 연구들은 공황, 불안, 공격성, 과민성 등 조증에서 나타나는 다른 다양한 부정 정서상태들이 있다는 점을 밝혔다. 이와 관련하여 양극성 장애에서 다른 정신과적 진단이 공병하는 비율이 매우 높다는 점을 언급할 필요가 있겠다. 예를 들어,

500명 환자의 치료 임상시험에서 절반이 넘는 환자가 적어도 1개 이상의 불안장애를 함께 앓고 있었고, 공병은 더 낮은 삶의 질, 더 높은 자살 시도 가능성 등 더 심각한 임상적 프로파일과 일관되게 상관이 있었다(Simon et al., 2004). (성격장애 제외) 전반적인 축 1 정신과적 공병은 표본의 2/3에 이르기까지 높게 나타나기도 했으며(McElroy et al., 2004), 성격장애가 공병하는 비율은 매우 다양하지만 50%에 육박하기도 했다(Üçok, Karaveli, Kundakçi, & Yazici, 1998). 이러한 공병은 여러 연구에 걸쳐 일관되게 더 심각하고 만성적인 경과와 상관되어 있었다. 이렇게 굳건한 결과는 그간 잘 고려되지 않던 가능성을 제기한다―양극성 장애에 독특하게 나타나는 경조증적 경험이 아니라 이러한 공병과 관련된 특징들(예: 충동성, 공격성, 공황)이 양극성 장애 환자들이 겪는 문제 대부분을 유발하고 유지시킬 수 있다.

앞의 주장을 지지하는 증거로서, 다양한 정신장애를 유지하는 것으로 알려진 범진단적 과정이 양극성 장애가 있는 사람들(그리고 이 사람 중 다수가 앞서 이야기한 공병을 갖고 있을 것이다.)에게서 증가되어 있다는 점을 들 수 있다. 이러한 과정에는 부정 반추(Johnson, McKenzie, & McMurrich, 2008), 사고억제(Miklowitz, Alatiq, Geddes, Goodwin, & Williams, 2010), 과일반화된 기억(Mansell & Lam, 2004), 침습적 심상과 기억을 억제하려는 시도(Gregory, Brewin, Mansell, & Donaldson, 2010)가 포함된다. 충동적 비동조성, 비판적 완벽주의와 같은 범진단적 구성개념이 종단적으로 양극성 증상을 예측한다거나(Kwapil et al., 2000), 비판적 완벽주의가 생활사건과 상호작용하여 기분 증상을 예측한다는(Francis-Raniere, Alloy, & Abramson, 2006) 전향적 설계 연구의 결과들도 있다. 여러 연구에 걸쳐 이러한 '부정적' 과성들이 부성석 기분 상태와 연관되어 있었으며, 경조증직 특질 관련 과정들과는 구별되었다(Johnson et al., 2008; Carver & Johnson, 2009; Dempsey, Gooding, & Jones, 2011; Kelly, Mansell, Sadhnani, & Wood, 2012).

이러한 결론을 조금 더 진전시키자면, 양극성 장애에서 증가되어 있는 것이 바로 기분 상승에 대한 **부정적 사고**라는 특정적인 증거가 있다. 예를 들어, 기분이 들뜨게 되면 통제력을 잃을까 봐 두렵다거나 평소보다 동요될 때 다른 사람들에게 비난받거나 거부당할 것 같다는 것이다. 또 다른 간접적 증거는 양극성 증상에 대한 경향성을 측정하는 문항들의 속성들을 살펴봄으로써 얻을 수 있다. 일례로 '긍정 조급성(positive urgency)'의 측정수단은 앞서 이야기한 양극성 장애의 위험도를 측정하는 척도인 경조성 성격 척도와 강한 상관관계를 맺고 있다(Giovanelli, Hoerger, Johnson, & Gruber, 2013). 이 척도에 수록된 여러 문항은 고양된 기분의 부정적 결과를 보고하도록 요구하는데, 예를 들어 "내가 매우 행복할 때, 나중에 나쁜 결과를 가져 올 일을 하는 것을 멈출 수 없을 것 같다" 같은 것이다.

TEAMS 모델 관련 연구에서 우리는 상승된 기분에 대한 부정적 사고를 구체적으로 측정하였고, 이것이 비임상 대조 집단(Mansell, 2006; Alatiq, Crane, Williams, & Goodwin, 2010; Mansell et al., 2011), 관해 상태의 단극성 우울집단(Alatiq et al., 2010; Mansell et al., 2011), 경조증적 경험이 있었으나 어떠한 정신장애도 겪지 않은 집단(Mansell et al., 2011)과 비교하여 양극성 장애에서 증가되어 있음을 발견하였다. 더욱이 상승된 기분에 대한 부정적 사고는 1개월(Dodd, Mansell, Morrison, & Tai, 2011), 6개월(Gilbert, Nolen-Hoeksema, & Gruber, 2013) 기간에 걸쳐 양극성 장애가 있는 사람들의 기분 증상을 예측하였다. 이러한 결과들에 덧붙여, 한 핵심적 연구에서는 긍정 사고가 비임상 대조 집단과 양극성 장애가 있는 사람들을 구별할 수 있었으나, 상승된 기분에 대한 긍정적 사고는 경조증 과거력이 있으나 임상적인 장애의 증거가 없는 사람들과 양극성 장애가 있는 사람들을 구별하지 **못했다**(Mansell et al., 2011).

부정적인 인지 양식의 중요성에 대한 가장 흥미로운 증거 중 일부는 다음의 표본에서 긍정 및 부정 평가를 비교한 연구로부터 나왔다—양극성 장애 환자 171명, 단극성 우울증 환자 42명, 비임상 대조 집단 64명(Kelly et al., 2011). 상승된 기분에 대한 부정적 사고가 없을 때, 상승된 기분에 대한 긍정적 견해를 표시한 사람들은 실제로 양극성 장애가 있을 가능성이 더 **낮았다**(10%). 그러나 이러한 효과는 상승된 기분에 대한 부정적 사고가 긍정적 사고와 결합되었을 때 **역전되었는데**, 믿기 어렵게도 이 하위 집단의 97%가 양극성 장애를 가진 것으로 나타났다. 이 연구는 기분 상승에 대한 긍정적 사고가 동일한 기분 상태에 대한 부정적 사고와 결합될 때에만 문제가 된다는 점을 시사하며, 즉 그 사람은 일종의 갈등 상태에 있게 된다는 것이다. 이러한 갈등의 고전적인 예시로는 동요되는 상태를 우울로부터 벗어나기 위한 유일한 방법으로 보면서도 이러한 느낌이 '미쳐 간다'거나 결국 입원하게 될 것이라는 표시로 받아들여 두려워하는 경우가 있다.

종합하자면, 앞서 소개한 문헌들은 기분 상승 자체가 양극성 장애에서 문제가 되는 것은 아님을 보여 준다. 긍정기분이 해롭게 되려면, 대부분의 정신건강 문제와 흔히 연관되는 다른, 더 치명적인 요인들과 결합되어야 한다. 이것으로부터 중요한 임상적 메시지는 환자, 전문가와 가족들이 양극성 장애 안의 긍정기분 자체에 대해 두려움을 가질 필요가 없다는 것이다. 사실 삶에 나름의 목표를 가진 인간에게 있어, 긍정기분은 수용되고 소중히 여겨지고 그 위에 삶을 쌓아 나갈 재료가 되어야 한다. 회복 과정에 있는 많은 환자들은 이러한 통찰을 갖게 된다. 예를 들어, 최근에 이루어진 질적 연구에서 양극성 장애가 있는 4명의 환자는 조증 증상으로 인한 파괴, 혼란과 정상적인 긍정기분 동안 경험되는 자기수용 및 타인과의 긍정적 연결을 분명히 구분할 수 있었다(Russell & Moss, 2012). 더욱이 일반

인구에서 경조증이 결코 드물지 않다는 증거를 고려하면, 우리는 환자, 전문가, 가족들이 경조증의 활성화된 상태와 과민성, 불안, 분노, 피해의식 등 연관된 부정적 기분들을 잠재적으로 이해 가능한 경험으로 수용하도록 도울 필요가 있다. 이러한 기초에서 긍정 및 부정기분에 관해 기능적이고 정상적인 설명을 할 수 있으며, 그에 따라 TEAMS 개입법을 구축할 수 있다. TEAMS는 양호한 삶의 질을 유지하고 인생 목표들을 성취할 수 있는 방식으로 사람들이 이러한 기분을 단순하게 조절하도록 돕는다.

TEAMS에서 긍정 및 부정심리학 개입법

TEAMS는 '긍정' 및 '부정' 심리학의 미덕을 개방적으로 통합한다. 우리가 가장 주안점을 두는 것은 사람들이 자신의 가장 중요하고 장기적인 인생 목표들을 추구할 수 있도록 돕는 것이며, 여기에는 종종 현실에서 특정 상태를 유지하고 특정 원칙과 가치들을 옹호하는 것이 포함한다. 또한 자율성/통제력 그리고 타인과의 연결성에 대한 욕구를 모두 다루는 것도 포함될 수 있다. 우리의 모델은 사람들이 내적 상태[기분, 생리, 사고 과정, 느껴진 행동(felt action)]를 통제하려는 시도가 이러한 목표와 상충한다는 것을 제안한다. 예를 들어, 어떤 사람들은 들뜨고 흥분을 느끼자마자 타인이 자신의 별난 행동을 비난할 것이라고 느낄 수 있는데, 이는 다른 사람들이 좋아하는 사람이 되고 싶은 목표와 갈등을 일으킨다. 역설적으로 그들은 흥분된 상태가 우울의 나락으로부터 빠져나오고 자신이 원하는 것을 성취하고 스스로 가치 있게 느낄 수 있는 유일한 방법이라고 동시에 믿을지도 모른다. 따라서 TEAMS에서는 목표를 추구하는 것이 재발 위험성을 가지고 있다고 보는 대신 사람들이 흔히 재발 신호로 간주하는 특정한 범위의 내적 상태를 정상적인 목표 추구의 과정으로 보고, 이러한 상태에 대한 평가와 이를 억제하거나 증진하려고 노력하는 방식이 문제가 된다고 본다.

그에 따라 우리는 양극성 장애가 있는 사람들에게 특정한 내적 상태에 대한 갈등이 있으며, 이 갈등이 전반적인 삶에 대한 통제감을 갖지 못하게 한다고 제안한다. 내적 상태와 그 기저의 내적 표현형은 그 자체로서 문제가 아니라, 이러한 상태가 평가되고 통제되는 방식이 핵심이다. 실제로 사람들이 통제하고자 노력하는 내적 상태―분노, 두려움, 슬픔, 흥분―는 우리가 사회적 상황에서 기능하기 위하여 모두 필요한 정서들이다. 일례로 두려움은 우리가 현실의 위험에 경계를 유지하고 지지를 위해 의사소통하도록 돕는다.

특히 내적 상태를 문제화시키는 것은 사람들이 균형된 시각을 취하기보다 한 번에 단 한 가지 목표에만 집중할 때인 것으로 보인다(예: '어떤 대가를 치르더라도 흥분을 억제하기'). 다른 것을 모두 희생하고 하나의 목표에만 집중하는 이러한 반사적 사고방식은 어떤 맥락에서는 인내력, 결단력, 한 길에 매진하는 데 도움이 될 수도 있지만, 갈등을 더욱 심화시키는 충동적, 경직된 대처 방식으로 이어질 수 있다. 정서 억제, 자기비난, 반추가 이렇게 융통성 없는 방식으로 적용될 때에 고통을 지속시키거나 악화시키는 경향이 있음을 발견하게 된다. 이에 정상적인 삶의 '긍정적' 과정이 정서, 연관된 기억, 심상 및 사고를 통제하려는 경직된 방식의 '부정적' 부작용에 의해 제한되는 결과가 나타난다.

TEAMS에서 우리가 사용하는 주요 전략 중 하나는 내담자가 이 역설을 이해하고 자신의 웰빙을 향상시키기 위한 대안적 방식에 대해 생각할 수 있도록, 이러한 상충되는 정서를 조절하는 방식을 가지고 있음을 자각하도록 돕는 것이다. 이러한 반성적 사고방식을 취할 때 사람들은 우유부단하거나 불확실하게 느낄 수 있으나, 이는 그들이 행동과 목표에 있어 장단점을 고려하고, 대처 방식 중 자기패배적인 것들을 가려내고 다양한 대안 중 선택할 수 있게끔 해 준다. 또한 우리는 내담자가 위험에 대처하는 데 있어 능동적인 역할을 하도록 돕는다. 예를 들어, 재발을 피하기 위한 '부정적' 전략을 보완하기 위하여, 미래에 자기 자신이 어떻게 보이길 원하는지 '건강한 자기'의 심상을 만들어 보도록 격려하고, 내담자가 그러한 상태에 접근할 때에 그것을 알아차리도록 한다. 이러한 방식으로 그들은 재발에 대해 두려워질 때 우울증에서 조증으로 도피하거나 (조증 방어) 반대로 조증에서 우울증으로 도피하는 (우울 방어) 대신에 취할 중간 지점을 갖게 된다. 실제로 우리의 모델은 기분 상승과 하락을 이해하는 이분법적, 극단적 방식이 기분 변동을 지속시키는 것이라고 제안하며, 우리는 연속선 개념을 사용하여 내담자가 자신의 삶에 피해를 덜 주는 범위 내에 있는 다른 기분 상태들을 신중하고 완전하게 변별할 수 있도록 돕는다.

이러한 방식으로 우리는 심리학의 '긍정적' 그리고 '부정적' 요소들을 동시에 통합하는 것이 이상적 개입이라는 점을 이해하게 되었다. 즉각적인 보상과 위협은 '좋은 결정'이 내려질 수 있도록 장기적인 목표와 이상의 관점에서 평가된다. 어쩌면 이 개입법은 긍정적이지도 부정적이지도 않지만, 어떤 쪽이더라도 핵심은 **기능성**을 고려해야 한다는 것이다. 우리는 그러한 접근이 환자가 스스로 유능하고 안전하게 느껴서 자유롭게 이야기하고 이전에 억제되었던 정서, 기억, 생각이 의식 속으로 들어오는 것을 허락할 수 있을 때야 비로소 촉진된다고 예상한다. 이는 여러 다른 치료법과 문제들에 걸쳐 적극적 경청, 수용되는 느낌, 공감, 연민, 따뜻함이 어떻게 변화를 촉진할 수 있는지를 설명할 것이다(Carey, Kelly, Mansell, & Tai, 2012).

우리는 TEAMS가 첫 번째의 사례 시리즈에서 성공적인 치료 성과로 이어진 것에 고무되었고(Searson et al., 2012), 이 치료법은 현재 무선통제실험에서 평가되고 있는 중이다 (Mansell et al., 2014). 더욱이 TEAMS의 목표는 무엇이 회복을 돕는가에 대한 환자들 스스로의 견해와도 잘 맞아떨어진다. 우리는 평균 10년 동안 재발 없이 지낸 양극성 장애 환자 11명에게 무엇이 그들을 건강한 상태로 유지해 주었는지 면담하였다(Mansell, Powell, Pedley, Thomas, & Jones, 2010). 우리의 분석은 2개 주제로 귀결되었는데, 각기 4개의 하위 주제를 갖는 양가적 전략과 공통적 전략이었다. 양가성은 모델에서 갈등의 중심적 역할을 반영하였다. 약물치료, 재발의 경고신호 찾기, 진단 받아들이기가 자신에게 얼마나 도움이 되었는지에 대해 두 마음을 가지고 있었고, 이는 그들이 현재 '건강한지' 아닌지에 대해 확신하지 못하게 만들었다. 그러나 이들에게는 공통적으로 도움이 되었던 네 가지 방법이 있었다. 생활양식의 기초적인 부분(균형 잡힌 수면과 활동), 사회적 지지를 받기, 증가된 이해와 정보, 자신의 기본적인 요구를 타인에게 표현하기 위하여 사회불안을 극복하기.

초기에 그리고 치료 전반에 걸쳐 사람들의 목표에 대해 자세히 듣고 이것을 TEAMS 개입법에 활용함으로써, 우리는 통합적인 대처 방식을 촉진하려고 하였다. 예를 들어, 다양한 불안장애 공병이 있는 어떤 내담자는 회복 후 직장에 복귀하고 '정상적인' 사회생활을 할 것이라고 이야기하면 치료진에게 비판받거나 거부될 것에 대한 두려움을 갖고 있었다. 치료자는 이러한 비판에 대한 두려움이 보살핌과 상실이 있었던 초기 아동기 경험으로부터 기원한다는 점을 찾아내고, 그 기능을 점검하였으며, 원하는 것을 다른 사람들에게 표현할 때 기대되는 바에 대하여 대안적인, 좀 더 온정적인 심상을 갖도록 작업하였다. 내담자는 이러한 경험적 기법의 연습뿐만 아니라 개인적인 이야기를 읽고 회복에 대해 더 잘 일게 됨으로써 크게 도움을 일을 수 있었다.

체계적·문화적·의학적 이슈

환자들에게 '긍정' 심리학을 활용하는 데 큰 도전 중 일부는 가족, 임상적 서비스 및 고용주 등 보다 큰 시스템으로부터 온다고 할 수 있다. 그들 중 다수는 양극성 장애, 일반적인 정신건강 문제에 대한 자신만의 가정을 갖고 있고, 이것이 여기서 우리가 설명하는 접근법과 갈등을 빚을 수 있다. 양극성 장애가 있는 사람들이 평생 약물치료를 필요로 하는 뚜렷이 구분된 유형의 사람이라는 가정도 있을 수 있다.

그와는 반대로 TEAMS에서는 양극성 장애를 다양한 사람들에게 적용될 수 있는 표(label)로 간주하며, 정상적인 연속선상의 어떤 역치에 이르러서 기분 변동이 삶에 지장을 겪게 된 사람들로 본다. 우리는 이 연속선상의 극단에서 매우 통제하기 어려운 상태들(예:

조증, 우울증)이 나타날 수 있고, 따라서 약물치료가 위험성을 낮추고 조절이 더 쉬운 상태로 기분을 바꾸기 위해 성공적으로 사용될 수 있다는 점은 인정한다. 그러나 증거들에 의해 지지가 되듯이, 많은 양극성 장애 환자들이 더욱 '정상적인' 삶으로 돌아올 수 있으며, 이들 중 일부는 때에 따라 약물을 줄이거나 복용하지 않으면서도 그렇게 할 수 있다고 우리는 예상한다. 이는 긍정심리학적 개입을 포함하여 심리적 개입에 의해 잘 치료될 수 있는 다른 많은 정신건강 문제들(예: 불안장애, 우울증)에 대한 공통적인 견해를 대변하는 것이다.

시스템에 접근하는 우리의 주요 전략은 환자의 요약 보고, 서비스 이용자 참여 워크숍과 훈련, 연구 결과에 이르기까지 모든 수준에서 우리의 작업에 대한 증거들을 공유하는 것이다. 그러나 우리의 목표는 향후 공유된 TEAMS 모델을 가지고 멀티 시스템적 체계 내에서 작업할 수 있게 되는 것이다.

요약

TEAMS 접근법은 양극성 장애가 치료될 수 없는 평생 지속되는 병이라거나 창의성과 성공의 원천이 되는 힘이라는 이분법적 가정들에 의문을 제기하려 한다. 우리는 양극성 장애의 위험성에 기저하는 내적 표현형을 '긍정심리학'을 통하여 생산적인 방식으로 다루어질 수 있으며 개인의 삶의 목표를 저해하지 않는 정상적인 성격 특질로 간주함으로써 그런 의문 제기를 하였다. 동시에 TEAMS는 외상화, 자기비난, 걱정, 반추, 파국화, 인지적 경직성 등의 해로운 요인들이 양극성 장애가 있는 사람들의 심리적 고통과 기능장해에 핵심적 원인이 되는 것으로 제안하고 이에 접근함으로써 '부정심리학'으로부터의 통찰을 활용한다. 그렇게 함에 있어, 우리의 모델은 다른 정신건강 문제들을 치료하는, 잘 알려진 인지적 접근법들과 공유하는 바가 많이 있으나, 양극성 장애가 평생 지속되는 의학적 질병이라는 관점을 의심하지 않고 받아들이는 다른 양극성 장애 치료법들과는 대조를 이룬다. 우리의 이론적 모델은 잘 입증이 되고, 개입 성과에 대한 초반의 연구 결과도 유망하지만, 이러한 새로운 관점이 일상적인 임상 서비스 내에 파급될 수 있기까지는 아직 상당한 작업이 필요할 것이다.

참고문헌

Alatiq, Y., Crane, C., Williams, J. M. G., & Goodwin, G. M. (2010). Dysfunctional beliefs in bipolar disorder: Hypomanic vs. depressive attitudes. *Journal of Affective Disorders*, *122*, 294-300. doi.10.1016/j.jad.2009.08.021.

American Psychiatric Association (APA). (2013). *Diagnostic and Statistical Manual of Mental Disorders* (5th edn.). Washington, DC: American Psychiatric Association.

Backlund, L., Nikamo, P., Hukic, D. S., Ek, I. R., Traskman-Bendz, L., Landén, M., et al. (2011). Cognitive manic symptoms associated with the P2RX7 gene in bipolar disorder. *Bipolar Disorders*, *13*, 500-508. doi.10.1111/j.1399-5618.2011.00952.x.

Balanzá-Martínez, V., Rubio, C., Selva-Vera, G., Martinez-Aran, A., Sanchez-Moreno, J., Salazar-Fraile, J., et al. (2008). Neurocognitive endophenotypes (endophenocognitypes) from studies of relatives of bipolar disorder subjects: a systematic review. *Neuroscience & Biobehavioral Reviews*, *32*, 1426-1438. doi.10.1016/j.neubiorev.2008.05.019.

Carey, T. A., Kelly, R. A., Mansell, W., & Tai, S. J. (2012). What's therapeutic about the therapeutic relationship? A hypothesis for practice informed by Perceptual Control Theory. *The Cognitive Behavioural Therapist*, *5*, 47-59. doi.org/10.1017/S1754470X12000037.

Carver, C. S. & Johnson, S. L. (2009). Tendencies toward mania and tendencies toward depression have distinct motivational, affective, and cognitive correlates. *Cognitive Therapy and Research*, *33*, 552-569. doi.10.1007/s10608-008-9213-y.

Cross-Disorder Group of the Psychiatric Genomics Consortium (2013). Genetic relationship between five psychiatric disorders estimated from genome-wide SNPs. *Nature Genetics*, *45*, 984-994. doi.10.1038/ng.2711.

Dempsey, R. C., Gooding, P. A., & Jones, S. H. (2011). Positive and negative cognitive style correlates of the vulnerability to hypomania. *Journal of Clinical Psychology*, *67*, 673-690. doi.10.1002/jclp.20789.

Depue, R. A., Slater, J. F., Wolfstetter-Kausch, H., Klein, D., Goplerud, E., & Farr, D. (1981). A behavioral paradigm for identifying persons at risk for bipolar depressive disorder: A conceptual framework and five validation studies. *Journal of Abnormal Psychology*, *90*, 381-437. doi.org/10.1037/0021-843X.90.5.381.

Dodd, A. L., Mansell, W., Morrison, A. P., & Tai, S. J. (2011). Extreme appraisals of internal states and bipolar symptoms: The Hypomanic Attitudes and Positive Predictions Inventory. *Psychological Assessment*, *23*, 635-645. doi.org/10.1037/a0022972.

Francis-Raniere, E. L., Alloy, L. B., & Abramson, L. Y. (2006). Depressive personality styles and bipolar spectrum disorders: Prospective tests of the event congruency hypothesis. *Bipolar*

Disorders, 8, 382-399. doi.10.1111/j.1399-5618.2006.00337.x.

Garno, J. L., Goldberg, J. F., Ramirez, P. M., & Ritzler, B. A. (2005). Impact of childhood abuse on the clinical course of bipolar disorder. *British Journal of Psychiatry, 186*, 121-125. doi.10.1192/bjp.186.2.121.

Giovanelli, A., Hoerger, M., Johnson, S. L., & Gruber, J. (2013). Impulsive responses to positive mood and reward are related to mania risk. *Cognition & Emotion, 27*, 1091-1104. doi.10.108 0/02699931.2013.772048.

Gregory, J. D., Brewin, C. R., Mansell, W., & Donaldson, C. (2010). Intrusive memories and images in bipolar disorder. *Behaviour Research and Therapy, 48*, 698-703. doi.10.1016/ j.brat.2010.04.005.

Gruber, J. (2011). Can feeling too good be bad? Positive emotion persistence (PEP) in bipolar disorder. *Current Directions in Psychological Science, 20*, 217-221. doi. 10.1177/0963721411414632.

Gruber, J., Johnson, S. L., Oveis, C., & Keltner, D. (2008). Risk for mania and positive emotional responding: Too much of a good thing? *Emotion, 8*, 23-33. doi.org/10.1037/1528-3542.8.1.23.

Gilbert, K. E., Nolen-Hoeksema, S., & Gruber, J. (2013). Positive emotion dysregulation across mood disorders: How amplifying versus dampening predicts emotional reactivity and illness course. *Behaviour Research and Therapy, 51*, 736-741.

Hackmann, A., Clark, D. M., & McManus, F. (2000). Recurrent images and early memories in social phobia. *Behaviour Research and Therapy, 38*, 601-610. doi.10.1016/S0005-7967(99)00161-8.

Hammersley, P., Dias, A., Todd, G., Bowen-Jones, K., Reilly, B., & Bentall, R. P. (2003). Childhood trauma and hallucinations in bipolar affective disorder: preliminary investigation. *British Journal of Psychiatry, 182*, 543-547. doi.10.1192/bjp.182.6.543.

Harvey, A. G., Watkins, E., Mansell, W., & Shafran, R. (2004). *Cognitive behavioural processes across psychological disorders: A transdiagnostic approach to research and treatment.* Oxford: Oxford University Press.

Hasler, G., Drevets, W. C., Gould, T. D., Gottesman, I. I., & Manji, H. K. (2006). Toward constructing an endophenotype strategy for bipolar disorders. *Biological Psychiatry, 60*, 93-105. doi.10.1016/j.biopsych.2005.11.006.

Hirschfield, R. M., Williams, J. B., Spitzer, R. L., Calabrese, J., Flynn, L., Keck, P. E., et al. (2000). Development and validation of a screening instrument for bipolar spectrum disorder: The Mood Disorder Questionnaire. *American Journal of Psychiatry, 157*, 1873-1875. doi. org/10.1176/appi.ajp.157.11.1873.

Isometsae, E., Suominen, K., Mantere, O., Valtonen, H., Leppämäki, S., Pippingsköld, M., & Arvilommi, P. (2003). The Mood Disorder Questionnaire improves recognition of bipolar disorder in psychiatric care. *BMC Psychiatry*, *3*, 8. doi.10.1186/1471-244X-3-8.

Jamison, K. R., Gerner, R. H., Hammen, C., & Padesky, C. (1980). Clouds and silver linings: Positive experiences associated with primary affective disorders. *American Journal of Psychiatry*, *137*, 198-202.

Johnson, S. L., McKenzie, G., & McMurrich, S. (2008). Ruminative responses to negative and positive affect among students diagnosed with bipolar disorder and major depressive disorder. *Cognitive Therapy and Research*, *32*, 702-713. doi.10.1007/s10608-007-9158-6.

Jones, S., Lobban, F., Cooke, A., Hemmingfield, J., Kinderman, P., Mansell, W., et al. (2010). *Understanding bipolar disorder: Why some people experience extreme mood states and what can help*. British Psychological Society, available at: shop.bps.org.uk/understanding-bipolar-disorder.html.

Jones, S. H., Mansell, W., & Waller, L. (2006). Appraisal of hypomania relevant experiences: Development of a questionnaire to assess positive self dispositional appraisals in bipolar and behavioural high risk samples. *Journal of Affective Disorders*, *93*, 19-28. doi.10.1016/j.jad.2006.01.017.

Kauer-Sant'Anna, M., Tramontina, J., Andreazza, A. C., Cereser, K., Costa, S. D., Santin, A., & Kapczinski, F. (2007). Traumatic life events in bipolar disorder: impact on BDNF levels and psychopathology. *Bipolar Disorders*, *9*(s1), 128-135. doi.10.1111/j.1399-5618.2007.00478.x.

Kelly, R. E., Mansell, W., Sadhnani, V., & Wood, A. M. (2012). Positive and negative appraisals of the consequences of activated states uniquely relate to symptoms of hypomania and depression. *Cognition & Emotion*, *26*, 899-906. doi.10.1080/02699931.2011.613918.

Kelly, R. E., Mansell, W., Wood, A. M., Alatiq, Y., Dodd, A., & Searson, R. (2011). Extreme positive and negative appraisals of activated states interact to discriminate bipolar disorder from unipolar depression and non-clinical controls. *Journal of Affective Disorders*, *134*, 438-443. doi.10.1016/j.jad.2011.05.042.

Kwapil, T. R., Miller, M. B., Zinser, M. C., Chapman, L. J., Chapman, J., & Eckblad, M. (2000). A longitudinal study of high scorers on the Hypomanic Personality Scale. *Journal of Abnormal Psychology*, *109*, 222-226. doi.org/10.1037/0021-843X.109.2.222.

Lobban, F., Taylor, K., Murray, C., & Jones, S. (2012). Bipolar disorder is a two-edged sword: A qualitative study to understand the positive edge. *Journal of Affective Disorders*, *141*, 204-212. doi.10.1016/j.jad.2012.03.001.

Mansell, W. (2006). The Hypomanic Attitudes and Positive Predictions Inventory (HAPPI): A pilot study to select cognitions that are elevated in individuals with bipolar disorder compared to non-clinical controls. *Behavioural and Cognitive Psychotherapy*, *34*, 467-476. doi. org/10.1017/S1352465806003109.

Mansell, W. (2012). Working with comorbidity in CBT. In: W. Dryden & R. Branch (Eds.), *The CBT Handbook*. London: Sage.

Mansell, W. & Lam, D. (2004). A preliminary study of autobiographical memory in remitted bipolar and unipolar depression and the role of imagery in the specificity of memory. *Memory*, *12*, 437-46. doi.10.1080/09658210444000052.

Mansell, W. & Pedley, R. (2008). The ascent into mania: a review of psychological processes associated with manic symptoms. *Clinical Psychology Review*, *28*, 494-520. doi.10.1016/j.cpr.2007.07.010.

Mansell, W., Morrison, A. P., Reid, G., Lowens, I., & Tai, S. (2007). The interpretation of and responses to changes in internal states: an integrative cognitive model of mood swings and bipolar disorder. *Behavioural and Cognitive Psychotherapy*, *35*, 515-541. doi.org/10.1017/S1352465807003827.

Mansell, W., Paszek, G., Seal, K., Pedley, R., Jones, S., Thomas, N., et al. (2011). Extreme appraisals of internal states in bipolar I disorder: A multiple control group study. *Cognitive Therapy and Research*, *35*, 87-97. doi.10.1007/s10608-009-9287-1.

Mansell W., Powell, S., Pedley, R., Thomas, N., & Jones, S. A. (2010). The process of recovery from Bipolar I Disorder: A qualitative analysis of personal accounts in relation to an integrative cognitive model. *British Journal of Clinical Psychology*, *49*, 193-215. DOI: 10.1348/014466509X451447.

Mansell, W., Tai, S., Clark, A., Akgonul, S., Dunn, G., Davies, L., & Morrison, A. P. (2014). A novel cognitive behaviour therapy for bipolar disorders (Think Effectively About Mood Swings or TEAMS): study protocol for a randomized controlled trial. *Trials*, *15*, 405. doi. 10.1186/1745-6215-15-405.

McElroy, S. L., Altshuler, L. L., Suppes, T., Keck, Jr., P. E., Frye, M. A., Denicoff, K. D., & Post, R. M. (2001). Axis I psychiatric comorbidity and its relationship to historical illness variables in 288 patients with bipolar disorder. *American Journal of Psychiatry*, *158*, 420-426. doi. org/10.1176/appi.ajp.158.3.420.

Merikangas, K. R., Jin, R., He, J. P., Kessler, R. C., Lee, S., Sampson, N. A., et al. (2011). Prevalence and correlates of bipolar spectrum disorder in the world mental health survey initiative. *Archives of General Psychiatry*, *68*, 241-251. doi.10.1001/archgenpsychiatry.2011.12.

Miklowitz, D. J., Alatiq, Y., Geddes, J. R., Goodwin, G. M., & Williams, J. M. G. (2010). Thought suppression in patients with bipolar disorder. *Journal of Abnormal Psychology*, *119*, 355-

365. doi.org/10.1037/a0018613.

Nelson, B. & Rawlings, D. (2010). Relating schizotypy and personality to the phenomenology of creativity. *Schizophrenia Bulletin*, *36*, 388-399. doi.10.1093/schbul/sbn098.

Russell, L. & Moss, D. (2013). High and happy? Exploring the experience of positive states of mind in people who have been given a diagnosis of bipolar disorder. *Psychology and Psychotherapy: Theory, Research and Practice.* doi.10.1111/j.2044-8341.2012.02064.x.

Seal, K., Mansell, W., & Mannion, H. (2008). What lies between hypomania and bipolar disorder? A qualitative analysis of 12 non-treatment-seeking people with a history of hypomanic experiences and no history of depression. *Psychology and Psychotherapy: Theory, Research and Practice*, *81*, 33-54. doi. 10.1348/147608307X209896.

Searson, R., Mansell, W., Lowens, I., & Tai, S. J. (2012). Think Effectively About Mood Swings (TEAMS): A case series of cognitive behavioural therapy for bipolar disorders. *Journal of Behavior Therapy and Experimental Psychiatry*, *43*, 770-779. doi.10.1016/j.jbtep.2011.10.001.

Simon, N. M., Otto, M. W., Wisniewski, S. R., Fossey, M., Sagduyu, K., Frank, E., & Pollack, M. H. (2004). Anxiety disorder comorbidity in bipolar disorder patients: Data from the first 500 participants in the Systematic Treatment Enhancement Program for bipolar disorder (STEP-BD). *American Journal of Psychiatry*, *161*, 2222-2229. doi.10.1176/appi.ajp.161.12.2222.

Stott, R., Mansell, W., Salkovskis, P. M., Lavender, A., & Cartwright-Hatton, S. (2010). *The Oxford guide to metaphors in CBT: Building cognitive bridges*. Oxford: Oxford University Press.

Üçok, A., Karaveli, D., Kundakçi, T., & Yazici, O. (1998). Comorbidity of personality disorders with bipolar mood disorders. *Comprehensive Psychiatry*, *39*, 72-74. doi.10.1016/S0010-440X(98)90081-5.

Udachina, A. & Mansell, W. (2007). Cross-validation of the Mood Disorders Questionnaire, the Internal State Scale, and the Hypomanic Personality Scale. *Personality and Individual Differences*, *42*, 1539-1549. doi.10.1016/j.paid.2006.10.028.

Wicki, W. & Angst, J. (1991). The Zurich study: X. Hypomania in a 28-30 year-old cohort. *European Archives of Psychiatry and Clinical Neuroscience*, *240*, 339-348. doi.10.1007/BF02279764.

제17장

정신증에서 긍정 임상심리학과
행복, 자비, 자율성의 증진

Paul Hutton

지난 20년간 정신증(psychosis) 이해에 주목할 만한 진전이 있었으나(BPS, 2014), 현재 존재하는 의학적 및 심리학적 치료의 효과는 제한적이다. 만약 정신건강 서비스가 정신증이 있는 사람들의 삶을 향상시키는 데 더욱 실질적으로 기여하고자 한다면, 사고의 전환이 필요할지도 모른다. 이 장은 정신증의 기존 약물 및 심리치료에 대한 간략한 개관으로 시작하여, 정신증을 이해하는 데 긍정 임상심리학이 어떠한 잠재적인 기여를 할 수 있을지를 검토하는 것으로 나아갈 것이다.

기존 정신증 치료의 효과

비정동성 정신증 진단을 받은 사람에게 제공되는 치료의 효과, 수용성 그리고 안전성을 향상시켜야 할 여지가 충분히 있다. 또한 활용 가능한 증거의 질을 높여야 할 필요성도 있다. 지금까지의 증거 중 다수는 신뢰롭지 않거나 간접적이기 때문에(Miyar & Adams, 2012), 서비스 이용자, 보호자 또는 전문가들이 충분한 정보를 가지고 의사결정하는 것에 애로 사항이 있다. 지금까지는 대부분 증상 감소에 초점을 맞추어 왔으며, 삶의 질이나 주관적 회복과 같은 영역에서 대표적인 개입법의 효과를 살펴본 연구들은 좌절스러울 정도로 드물다.

약물치료

정신증 증상에 대한 항정신증(antipsychotic) 약물의 효과는 그 종류에 따라 작은 것부터 큰 것까지 다양한 범위다(Leucht et al., 2013). 평균적인 효과는 작거나 중간 크기인데, 더 큰 효과를 가진 항정신증 약물은 체중 증가, 진정, 운동장애 등 더 많은 부작용을 일으킬 가능성 또한 더 높다(Leucht et al., 2013). 항정신증 약물에 반응이 있었던 사람들도 약물 복용을 중단하면 단기 또는 중기적으로 재발할 가능성이 높다는 증거가 있는데(Leucht et al., 2012), 최근의 증거들은 약물 중단이 장기적인 기능 및 회복 증가와 연관될 수 있음을 시사한다(Harrow, Jobe, & Faull, 2012; Wunderink, Nieboer, Wiersma, Sytema, & Nienhuis, 2013). 그 이유가 확실치는 않지만, 항정신증 약물에 기인하는 효과는 시대가 흐르면서 작아지고 있으며, 현대의 약물 임상시험은 과거의 희망적인 결과를 반복검증하는 데 종종 실패하곤 한다(Agid et al., 2013). 참여하는 피험자들의 대표성을 비롯하여 기업의 후원을 받는 임상시험의 외적 타당도에 많은 사람이 의문을 제기하고 있다(Leucht, Heres, Hamann, & Kane, 2008).

항정신증 약물을 복용하는 것에 대해 서비스 이용자들은 자주 양가감정을 느끼는데, 부분적으로 이는 불편한 동기 및 의욕 저하 효과 때문이다(Moncrieff, Cohen, & Mason, 2009). 오래 효과가 지속되는 주사형 항정신증 약물을 사용함으로써 100%의 순응(adherence)을 촉진하는 것이 더 많은 부작용을 일으킬 수 있는 것에 비해(Rosenheck et al., 2011), 전통적인 알약과 비교하였을 때 치료성과에 뚜렷한 이점을 가져 오지는 못한다(Kishimoto et al., 2013; Stroup, 2014). 우리는 많은 사례에서 항정신증 약물을 복용하지 않기로 선택하는 것이 대가와 이득에 대한 균형적인 평가에 기초한, 정보에 근거한 선택을 반영한다는 점을 최근 주장한 바 있다(Morrison, Hutton, Shiers, & Turkington, 2012).

심리치료

심리치료는 임상시험에서 상대적으로 낮은 탈락률을 보이며 서비스 이용자들에게도 인기가 있다(Villeneuve, Potvin, Lesage, & Nicole, 2010). 많이 연구된 개입법 중 하나인 인지행동치료(CBT)가 환각, 망상 등 잔류하는 정적 증상을 감소시키는 효과는 작은 반면, 사회기술훈련은 부적 증상에 대해 필적할 만한 이점을 가지고 있는 것으로 보인다(Turner, van de Gaag, Karyotaki, & Cuijpers, 2014). 잘 연구된 또 다른 개입법인 가족치료는 다수 연구에서 재발 위험성을 낮추었으며(National Institute for Clinical Excellence, 2009), 메타분석에 따르면, 이러한 이점이 실생활에 얼마나 파급될지는 미지수이지만, 집중적인 인지 훈련의 한 가지인 인지재활치료(cognitive remediation therapy: CRT)는 인지기능에 중간 정도의 효과가 있는 것으로 여겨진다(Wykes, Huddy, Cellard, McGurk, & Czobor, 2011). 미술 및 음악치료에 관한 증거는 유망해 보이지만(National Institute for Clinical Excellence, 2009), 확실한 결론을 내리기 위해서는 더 양질의 임상시험이 필요하다.

대부분의 심리치료 연구가 항정신증 약물에 저항적인, 잔류 문제를 가진 환자들에게서 진행되었고, 이것이 작거나 중간 효과크기가 관찰된 것에 일부 기여했을 수 있다는 점이 언급되어야 할 것이다. 한편 치료효과의 가장 큰 조절변인 중 하나는 바로 연구의 질(quality)인데, 규모가 작고 연구의 질이 낮은 임상시험에서 보고된 유망한 성과가 엄격한 방법론이 적용된 대규모 임상시험에서는 반복검증되지 않는 경우가 잦았다(Wykes, Steel, Everitt, & Tarrier, 2008; Jauhar et al., 2014). 현존하는 심리치료법들은 대체로 안전한 것으로 간주되지만, 몇몇 예외를 제외하고는(Klingberg et al., 2012) 이를 충분한 깊이로 측정한 임상시험들이 거의 없다.

정신증에 관한 심리학적 모델

지난 15~20년 동안 정신증에 관한 영향력 있는 심리학적 모델이 다수 발표되었다(Chadwick & Birchwood, 1994; Bentall, Corcoran, Howard, Blackwood, & Kinderman, 2001; Garety, Kuipers, Fowler, Freeman, & Debbington, 2001; Morrison, 2001; Freeman, Garety, Kuipers, Fowler, & Bebbington, 2002). 각 모델은 관찰, 실험, 종단연구로부터 상당한 경험적 입증을 얻었으나, 앞서 기술하였듯이 이러한 모델로부터 도출된 CBT 접근법의 효과에 대해서는 아직 증거가 제한적이다. 물론 이는 제안된 변화 기제를 실제로 변화시키는 것의 어려움을 반영하는 것일 수도 있지만, 이러한 기제를 구체화하는 모델들이 불충분하거나 부정확하다는 것을 시사하는 것일 수도 있다. 대부분의 모델은 평가, 신념, 역효과를 내는 안전추구 행동의 수정이 고통과 증상 감소로 이어질 것을 가정한다. 현재 가지고 있는 강점이나 능력을 이해하고 활용하는 것은 이러한 모델에서 핵심 초점이 되지 못했으며, 대신 정신증의 정적 증상(환각, 망상) 및 연관된 고통을 설명하는 것에 초점을 맞춰 왔다.

최근 부적 증상과 기능손상에 대한 인지적 설명도 제안되고 검증되어 왔다(Rector, Beck, & Stolar, 2005). 정적 증상에 관한 선행 모델들과 마찬가지로, 이들도 평가, 안전추구 행동의 핵심적 역할을 상정하고 있으며, 관찰 연구에서 경험적 지지를 받았다(Beck &

Grant, 2008; Grant & Beck, 2009; Beck, Grant, Huh, Perivoliotis, & Chang, 2013). 안타깝게도 이러한 모델에 기초한 치료법은 최근 임상시험에서 유망한 결과를 얻었으나(Grant, Huh, Perivoliotis, Stolar, & Beck, 2012) 방법론적으로 양호한 대규모 임상시험에서는 인지재활에 비해 더 나은 성과를 입증하지 못하는(Klingberg et al., 2011) 등 혼재된 결과를 양산하였다.

증상 감소에 집중함으로써 얻을 수 있는 바가 제한적이라는 인식이 점차 증대되고 있으며, 긍정 정서 경험의 증진(J. Johnson, Gooding, Wood, Fair, & Tarrier, 2013), 대인관계적 회복, 자비(compassion), 수용(Gumley, Braehler, Laithwaite, MacBeth, & Gilbert, 2010), 친절성(D. P. Johnson et al., 2009; D. P. Johnson et al., 2011) 등의 중요성을 강조하는 연구자들이 있다. 그러한 발전은 강점, 탄력성과 웰빙의 촉진에 대한 연구를 포함하여 반경을 넓히려는 임상심리학 내의 최근 움직임과 합치되는 것이다(Wood & Tarrier, 2010).

긍정 임상심리학과 정신증

Wood와 Tarrier(2010)는 지금까지의 임상심리학이 삶의 부정적인 측면에 과도하게 집중해 왔다는 것을 지적하면서, 긍정 임상심리학을 '삶의 긍정적인 측면과 부정적인 측면에 균형 잡힌 그리고 동등한 초점을 두는 것'을 특징으로 심리적 고통을 이해하고 치료하려는 접근으로 정의하였다(Wood & Tarrier, 2010, p. 820). 그들은 긍정성에 대한 이러한 강조점이 '장애를 예측, 설명하며 개념화(p. 820)'하고, 임상 집단에서 고통을 완충할 만한 보호요인을 찾아내고 촉진하며, 비임상 집단에서 탄력성을 개발시키는 능력을 포함하여 여러 이점을 가지고 있음을 설명하였다(Wood & Tarrier, 2010). 그들의 접근법은 긍정심리학 연구에 영향을 받은 것으로, 이는 결국 긍정심리학 운동에 의해 태동한 것이다. 그러나 Wood와 Tarrier는 이 운동에 특징적이었던 분리주의를 반복하는 것을 유의해야 함을 경고하면서, 대신 기존의 임상심리학 내에 긍정심리학의 개념들을 통합하는 것이 필요하다고 주장하였다. 요컨대, 그들은 임상심리학이 초점을 확장하여, 부정적 경험, 결핍, 장해뿐만 아니라 긍정적 경험, 강점, 능력에 이르기까지 인간 행동과 경험의 전 범위를 포함하도록 요구하는 것이다(Wood & Tarrier, 2010).

정신증 분야에서 활동하는 임상심리학자들은 이러한 요구에 특히 수용적일 수 있을지도 모른다. 영향력 있는 영국심리학회(British Psychological Society: BPS) 보고서인 「정신장애 및 정신증적 경험의 최신 이해(Recent Advances in Understanding Mental Illness and Psychotic Experiences)」는 2000년 처음 발간되어 최근에는 2014년에 업데이트되었는데,

회복에 대한 서비스 이용자의 관점을 상당 부분 받아들였고, '질병 관리'에서 희망과 임 파워먼트(empowerment)[1]의 증진으로 초점을 변경해야 함을 강력하게 주장하였다(BPS, 2000, 2014). 2000년도 보고서는 이전의 서비스 이용자이자 정신증 전공 임상심리학자인 Rufus May 박사를 다음과 같이 인용하였다.

　　정신의학과 심리학은 왜, 수백만 파운드를 정신증 연구에 쏟아붓고도, 자신의 삶을 재 건하려 애쓰거나 이러한 어려움을 가지고 살아가는 사람들, 긍정적인 치료성과를 가지고 있는 사람들을 들여다보지 않으려고 했는지를 자문해야 한다. 이러한 경시는 학습된 무 기력을 지속시키는 결과를 낳았다…… 비록 나는 내가 받았던 의학적 치료에 대하여 매우 비판적이지만, 긍정적으로 보자면 정신병원이 나와 가족을 위한 안전망으로 역할을 하였 다는 것은 이해할 수 있다. 나의 주된 불만 사항은 그 안전망에서 현실의 줄타기로 나를 복 귀시켜 줄 '탄성(springness)'의 부재였다(BPS, 2000, p. 69).

　　BPS 보고서에 기여한 사람 중에는 정신건강 관리에서 회복초점 접근법의 국제적인 전 문가인 Mike Slade 교수가 있었다. Slade 교수는 정신건강 관리에서 긍정심리학적 접근이 서비스 이용자 중심 회복 운동의 목표를 진전시키는 데 필요한 경험적 기반을 제공하는 데 사용될 수 있음을 지적하면서, 긍정심리학적 접근의 사용을 오랫동안 옹호해 왔다(Slade, 2010). 그는 두 접근법이 공통적으로 질병 관리를 넘어 인간의 번영, 자율성과 웰빙 증진으 로 초점을 이동시켜야 한다는 강조점을 공유한다는 점을 이야기하였다. 회복 운동이 개인 적 증언과 회복초점 목표의 중요성에 주의를 기울이는 반면, 긍정심리학의 전통은 회복을 촉진하는 데 무엇이 실제로 효과적인지에 대한 '임상적으로 신뢰할 수 있는' 경험적 증거 를 만들어 내는 데 도움이 될 수 있다는 주장이다(Slade, 2010).

　　이는 회복 운동이 임파워먼트와 웰빙에 대한 비전을 공유하는 다른 학문 연구자들과의 동맹을 통하여 이득을 얻을 것이라는 점을 제안하면서 협력을 촉구한 정신의학 연구자인 Sandra Resnick과 Robert Rosenheck의 주장과도 공명하는 것이다(Resnick & Rosenheck, 2006). 예를 들어, Resnick과 Rosenheck은 심각한 정신장애를 가진 퇴역군인들에게 긍정 심리학자들이 강점과 미덕을 프로파일링하는 도구로 개발한 강점 척도(Values in Action Inventory: VIA-IS; Peterson & Seligman, 2004)를 사용하는 것이 긍정적인 치료효과를 가질

---

1) 역자 주: 임파워먼트는 개인의 역량과 자율성을 인정하고 권한을 부여함으로써, 적극성의 함양을 통해 문제해결력 을 높인다는 의미로 사용되는데, 그에 일대일 대응되는 적절한 번역어가 아직 없으므로 원어로 표기하였다.

수 있다는 점을 설명하였다.

> 컴퓨터가 '공식적인' 대표 강점 보고서를 결론적으로 보여 주면, 자기를 발견하는 과정
> 이 기대했던 것보다 더 나았다며, 대부분의 참가자들은 자부심과 고양감을 보고하였다
> (Resnick & Rosenheck, 2006, p. 21).

영국 정신건강 자선단체 Rethink 보고서에서 Slade는 정신증이 있는 사람들과 일하는
직원들이 VIA-IS를 사용할 것을 권고하였는데, VIA-IS나 다른 강점기반 측정도구가 서비
스 이용자들의 더 긍정적인 정체감을 형성하는 데 도움이 될 수 있다는 주장에 따른 것이
다(Slade, 2009a). 정신증에서 VIA-IS의 신뢰도, 타당도, 변화에 대한 민감성에 관한 연구
가 아직 진행되어야 하긴 하나, 초기 정신증이 있는 29명의 젊은이에게서 이루어진 무비
교군(uncontrolled) 연구에서는 VIA-IS를 실시하는 것이 긍정 정서와 인지기능에서 중간
정도의 향상과 상관이 있었다(Sims, Barker, Price, & Fornells-Ambrojo, 2014). 그러나 상태적
인 자존감 또는 자기효능감에서의 향상은 발견되지 않았고, 다수의 참여자(34%)가 질문지
에서 그들이 가지고 있다고 말한 강점들을 실제로 보유하고 있는지 자신이 없다고 보고하
였는데(Sims et al., 2014), 이는 정신증 환자들에게서 관찰되는 높은 수준의 자기비난을 상
쇄시키기에 1회기가 충분치 않았음을 시사하는 것일 수 있다(Hutton, Kelly, Lowens, Taylor,
& Tai, 2013).

정신증에서 긍정심리치료의 개발과 적용에 대한 관심은 긍정 임상심리학에 관련된 개
념들의 연구 증가와 함께 지난 몇 년 간 증대되어 왔다. 여기서는 행복, 자비, 마음챙김, 치
료 관련 임파워먼트를 이해하고 향상시키는 것에 대한 최근 연구들을 개관할 것이지만,
회복(Slade, 2009b; Hamm, Hasson-Ohayon, Kukla, & Lysaker, 2013), 기능 향상(Hodgekins &
Fowler, 2010; Penn et al., 2011), 영성(Wagner & King, 2005; Huguelet et al., 2011; McCarthy-
Jones, Waegeli, & Watkins, 2013; Brownell, Schrank, Jakaite, Larkin, & Slade, 2014), 희망
(McCann, 2002; Noh, Choe, & Yang, 2008), 감사(Brownell et al., 2014; Bussing et al., 2014), 탄
력성(J. Johnson, Gooding, Wood, Taylor, Pratt, & Tarrier, 2010; Torgalsboen, 2012; Henderson
& Cock, 2014), 사랑과 애착(Berry, Barrowclough, & Wearden, 2008; Redmond, Larkin, &
Harrop, 2010; McCarthy-Jones & Davidson, 2013; Gumley, Taylor, Schwannauer, & MacBeth,
2014) 등 다른 긍정적인 현상들에 대한 이해를 증진시키는 것에도 그러한 관심이 기울여져
왔다는 것을 언급해야 할 것이다.

행복

최근 연구들은 정신증 환자들이 계속 불행한 상태라는 견해에 도전한다. 정신증에서 즐거움을 경험하고 예상하는 능력이 감소된다는 것이 특징적이기는 하지만, Agid와 동료들은 31명의 첫 정신증 삽화에서 관해된 정신증 환자들이 매칭된 정상군과 비교하여 매우 감소된 기능과 독립성에도 불구하고 유사한 수준의 행복, 삶에 대한 만족, 지각된 성공을 보고한다는 점을 발견하였다(Agid et al., 2012). Agid와 동료들은 이 표본에서 정신증 환자들이 긍정적인 인간적 경험을 할 수 있는 능력을 보유하고 있었다는 주장을 하면서, 연구자와 임상가들이 초기 정신증에서 회복한 사람들의 웰빙과 행복 수준에 대해 선입견을 갖는 것을 경계해야 한다고 하였다. 그러나 이러한 연구 결과는 해당 표본에 국한된 것일 수도 있으며, 장기적인 만성 증상을 가진 사람들에 대한 다른 연구에서는 매칭된 정상 통제 집단보다 유의하게 낮은 행복 수준이 보고되었다(Palmer, Martin, Depp, Glorioso, & Jeste, 2014). 그럼에도 불구하고 이 집단에서도 약 38%가 높은 수준의 행복을 보고하였는데, 이는 심각한 정신장애에서 웰빙이 가능할 뿐만 아니라 꽤 흔한 것이고 잠재적으로는 가변적인 것임을 시사하는 것이다. 또 다른 연구에서 젊은 정신증 환자들은 행복을 타인과의 관계, 자기와 영성, (정신적 및 신체적) 건강, 물질적 행복(경험, 소유물)에 의하여 정의하였다(Buckland, Schepp, & Crusoe, 2013). 아울러 항정신증 약물의 부작용, 고립, 정상이 아니라는 느낌, (정신적 통제력을 잃거나 주변 환경에 관여하는) 두려움이 행복에 방해가 되는 것으로 확인되었다(Buckland et al., 2013).

심리치료를 활용하여 정신증에서 행복과 웰빙을 직접적으로 향상시키는 것이 가능할 수 있다는 고무적인 초기 증거가 있다. 그러한 접근 중 하나는 긍정심리치료(positive psychotherapy: PPT)인데, Shrank와 동료들이 유용한 설명을 제공한다(Schrank, Brownell, Tylee, & Slade, 2014).

긍정심리치료는 긍정 정서를 촉발하고 새로운 아이디어를 생성하고 어려운 상황을 더 긍정적인 방식으로 체계화하는 데 도움이 되는 활동에 착수하도록 격려함으로써, 내담자의 관점을 확장시킨다. …… 주의 깊은 긍정 재평가를 통하여 부정적 상황에 대하여 생각해 보도록 내담자를 돕고…… 내담자의 자신감과 동기 향상을 위하여 핵심 강점을 확인하고 개발하는 데 초점을 맞추고…… 내담자들이 자신의 긍정적 측면에 대하여 적극적으로 사고하고 이것을 활용하여 문제를 해결할 수 있음을 깨닫도록(가르친다). 마지막으로 PPT는 부정적인 것에 대한 주의, 기억, 예상하는 것에서 긍정적인 마음가짐을 가지는 방향으로 재교육함으로써 내담자를 돕는다(Schrank et al., 2014, pp. 98-99).

소규모의 무비교군 연구에서 15명의 정신증 환자에게 실시된 10회기의 집단 PPT는 심리적 웰빙의 증진과 상관이 있었다(Meyer, Johnson, Parks, Iwanski, & Penn, 2011). 이러한 연구 결과를 보완하면서, 최근에는 11회기의 집단 PPT를 받은 37명의 경험을 질적으로 평가하였는데, 참여자들이 자신의 강점을 인식하게 되었을 뿐만 아니라 PPT가 부정적 반추를 줄이고 삶의 긍정적 측면에 집중하는 데 도움이 된 것으로 나타났다(Brownell et al., 2014). 용서와 감사를 촉진하는 활동들이 참여자들에게 대체로 긍정적으로 받아들여졌으나, 일부 참여자들은 이러한 과제가 어렵고 불편했다고 반응하였다는 점은(Brownell et al., 2014), 심리적 개입에는 부작용이 전혀 없을 것이라 가정하지 않는 것의 중요성을 강조하는 것이다.

또한 정신증에서 행복이 증진될 수 있다는 관점을 지지하는 결과로, 조현병으로 진단받은 50명의 참여자에 대한 무선화된(randomized) 연구에서는 긍정 정서를 증가시키기 위한 20분 활동이 음악 감상과 비교하여 자기보고된 행복에서 큰 규모의 단기적 향상을 가져왔음이 발견되었다(J. Johnson et al., 2013). 환청을 겪는 사람들의 자존감을 직접 향상시키기 위한 치료적 접근법의 임상시험에서는 통상적인 기존 치료만을 받은 38명에 비해 2개월간 이 새로운 치료를 받은 39명의 환자에게서 중간 정도의 기분 향상이 보고되었다(van der Gaag, van Oosterhout, Daalman, Sommer, & Korrelboom, 2012). 또 다른 최근의 예비 연구에서는 PPT의 기법과 아이디어를 통합한, 임상적 편집증을 위한 새로운 유형의 인지치료가 부정적 자기인지를 감소시키기보다는 긍정적 자기인지를 증가시키는 데 성공적이었다는 것이 밝혀졌다(Freeman et al., 2014). 또한 이 소규모의 단일맹검(single-blinded) 연구에서는 편집증적 사고와 전반적인 망상에서 큰 호전이 보고되었으나, 더 큰 향상은 심리적 웰빙에서 관찰되었다.

중요하게도 이러한 모든 새로운 발전은 부정적 평가, 인지적 편향, 인지적 결손 또는 증상을 교정하는 것을 덜 강조하고, 긍정 정서와 평가를 향상시키는 것에 대한 초점을 공유하고 있다는 것이다. 방법론적으로 엄격한 통제연구들이 완수될 때까지 긍정심리치료의 진정한 효과와 안전성에 대해 우리가 온전히 알 수는 없음에도 불구하고, 이러한 초기 연구들은 잔류 증상의 호전, 인지적 결손과 부정적 자기개념의 수정을 먼저 시도하지 않고도 웰빙, 주관적 회복, 행복을 증진하는 것이 가능할 수 있다는 생각을 뒷받침하는 일부 증거를 제공한다.

자비와 마음챙김

최근 심리적 유연성, 마음챙김, 자비가 무엇이며 이러한 강점들이 정신증 환자들에게 어떻게 함양될 수 있는가에 관한 연구의 증가는 정신증 연구자들이 긍정 임상심리학적 접근을 취하는 것의 또 다른 이점을 잘 보여 준다. 개관 및 메타분석에 따르면, 몇몇 통제된 연구들에서 정신증이 있는 사람들에게 마음챙김을 가르칠 수 있으며, 이것이 정적 및 부적 증상의 감소와 연관된다는 점이 보고되었다(Khoury, Lecomte, Gaudiano, & Paquin, 2013). 그러나 이것이 기능, 삶의 질 또는 수용의 향상으로 파급되지는 않는 것으로 보인다. 이러한 혼재된 결과는 증상 감소만으로는 의미 있는 변화를 위해 충분치 않다는 것을 시사하며, 웰빙, 회복, 강점을 이해하는 데 더 많은 자원을 투자해야 한다는 긍정 임상심리학의 주장에 힘을 싣는 것이다(Wood & Tarrier, 2010). 실제 지난 몇 년 사이 나타난 놀라운 결과 중 하나는 정신과적 평가자와 서비스 이용자들이 최소한도의 임상적 진전을 알아차리기 위해서는 상당히 많은 양의 증상 감소가 필요하다는 것이며(Leucht, Kane, Etschel, Kissling, Hamann, & Engel, 2006; Hermes, Sokoloff, Stroup, & Rosenheck, 2012), 이는 증상 호전이 서비스 이용자와 임상가에게 가치 있는 변화를 성취하는 효과적인 방법이 아닐 수 있음을 시사한다.

또한 정신증이 있는 사람에게 특히 회복과의 관련성에서 자비의 역할을 이해하는 것에 진전이 있었다. 예를 들어 선행연구(Boyd & Gumley, 2007; Mills, Gilbert, Bellew, McEwan, & Gale, 2007)에 기초하여, 우리는 피해망상이 있는 사람들이 정상 대조군보다 자기비난이 승가, 자기자비가 감소해 있다는 것을 발견하였고(Hutton et al., 2013), Mayhew와 Gilbert 는 비난하는 환청을 듣는 사람들이 자기자비를 경험하는 데 어려움이 있다는 것을 밝혔다(Mayhew & Gilbert, 2008). Andrew Gumley와 동료들은 종합적인 자비초점적 정신증 회복 모델을 최근 발표하였는데, 정신증 집단에서 웰빙을 지속시키기 위하여 자기위안, 용서, 자신의 불완전함에 대한 수용의 중요성을 강조하였다(Gumley et al., 2010). 그들의 주장은 다음과 같다.

> [자비초점치료의] 주된 치료적 목표 중 하나는 사람들이 자신의 경험에 대하여, 자신과 타인의 상호작용을 이해하는 데 있어서 그리고 정서적, 대인관계적 문제를 해결하는 방법에서 자비로운 자기반성적 입장을 함양할 수 있도록 돕는 것이다(Gumley et al., 2010, p. 196).

이들의 치료적 접근법은 무선통제실험에서 지지되었는데, 비록 단일맹검 방식의 평가가 결론을 제한함을 고려할지라도(McKenna, 2003), 정신증 재발을 방지하는 데 효과가 시사되었다(Gumley et al., 2003). 최근의 무선화된 예비 임상시험에서 Gumley와 동료들에 의해 제시된 모델(Gumley et al., 2010)에 기반한, 더 명확한 자비초점적 접근도 성공을 거두었는데, 안전도가 높은 상황에 있는 20명의 환자는 통상적 치료만을 받은 20명의 환자에 비교해 전반적 호전 및 증진된 자비를 경험할 가능성이 높았다(Braehler, Gumley, Harper, Wallace, Norrie, & Gilbert, 2013). 중요한 것은 이 단일맹검 연구에서 어떠한 부작용도 관찰되지 않았고 수용도가 높았다는 것이며, 이는 이전에 수행된 일련의 사례연구에서의 결과를 지속적으로 입증하는 것이다(Mayhew & Gilbert, 2008; Laithwaite et al., 2009). 마지막으로(자비와 자기 및 타인에 대한 친절을 증가시키는 데 초점을 두는) 집단 자애명상(loving-kindness meditation)에 관한 무비교군 연구에서는 18명 환자에서 6회기를 실시한 결과, 예기적 즐거움(anticipatory pleasure)과 삶의 목적에 있어서는 유의한 결과를 얻지 못하였으나, 집단 자애명상이 긍정 정서, 삶의 만족도, 완결적 즐거움(consummatory pleasure), 무쾌감증의 호전과는 연관되었다(D. P. Johnson et al., 2011).

치료 관련 자율성과 임파워먼트

항정신증 약물을 복용하지 않기로 결정한 정신증 환자들과 함께 작업(Hutton, Morrison, & Taylor, 2012; Morrison et al., 2012; Morrison et al., 2014)하는 것은 우리가 제공하는 서비스 내에서 세 가지 발전 사항의 중요성을 역설하였다. 첫째, 정신증 환자들이 자신의 치료에 대하여 자율적 결정을 내리고 치료 관련 임파워먼트를 경험할 수 있는 능력을 키우거나 제한하는 요인들에 대해 우리가 더 이해할 필요가 있다(Grealish, Tai, Hunter, & Morrison, 2011). 둘째, 효과적이고 안전한 비약물적 개입법을 다양하게 개발하는 데 자원을 투입하여, 자신에게 가용한 치료의 유형을 결정하는 데 있어 진짜 선택권을 정신증 환자들에게 제공해야 한다(Howes, 2014). 셋째, 정신증 환자를 위한 치료 방안을 논의할 때 처방권을 가진 임상가들이 공유된 의사결정을 하도록 격려해야 한다(Hamann, Leught, & Kissling, 2003).

긍정 임상심리학의 이상은 이러한 자율성 관련 목표들을 진전시키는 데 특히 의의가 있다(Slade, 2010). 전통적인 임상심리학과 정신의학은 손상된 의사결정과 관련된 유용한 개념들을 제공해 주었고, 이 문제에 있어서 관련된 요인들을 이해하기 시작하게 도와주었다(Grisso & Appelbaum, 1995; Grisso, Appelbaum, & Hill-Fotouhi, 1997; Okai, Owen, McGuire, Singh, Churchill, & Hotopf, 2007; Owens, Richardson, David, Szmukler, Hayward, &

Hotopf, 2008). 반면 긍정 임상심리학은 치료와 관련된 의사결정이 어떻게 훌륭해질 수 있는지 또는 일부 정신증 환자들이 어떤 방식으로 자신의 치료에 대해 높은 임파워먼트를 경험할 수 있는지를 이해하도록 자극하면서 우리가 더 대담해지도록 할 수 있을지도 모른다. 회복 초점 연구는 이 영역에서 벌써 그러한 길을 인도하고 있으며, 정신과적 시스템에서 겪은 트라우마 경험을 이겨낸 사람들의 상세한 내러티브(narrative)를 통하여 통찰을 제공하고 있다(Romme, 2009). 현재 정신증에서 주관적 임파워먼트에 관한 상당한 양의 경험적 연구가 존재하는 것은 Mike Slade(Slade, 2009a, b), Mary Ellen Copeland(Cook et al., 2013), Patrick Corrigan(Vauth, Kleim, Wirtz, & Corrigan, 2007), David Penn(Penn et al., 2011), Marius Romme(Romme, Honig, Noorthoorn, & Escher, 1992; Romme, 2009), Diana Rose(Rose, Evans, Sweeney, & Wykes, 2011), Tony Morrison(Neil et al., 2009; Grealish et al., 2011)과 같은 연구자들의 기여 덕택이다.

의사결정 능력의 증진 및 주관적 임파워먼트에 대하여 연구하는 것은 자율성을 보존하고 향상시키기 위해서 서비스에서 무엇을 해야만 하는가를 배울 수 있게 해 준다(Owen, Freyenhagen, Richardson, & Hotopf, 2009). 현재의 서비스는 증상 감소와 기능 복구에 초점을 맞추는 것으로 보이며(Seale, Chaplin, Lelliott, & Quirk, 2006), 자율성이 본질적인 가치를 갖고 있다는 것은 많은 사람이 인정하지만, 정신과적 치료의 목표로서 자율성이 명시적으로 고려되는 것이 흔치는 않은 일이다(Owen et al., 2009). 실로 정신건강 관리에서 의견의 불일치와 논쟁 중 일부는 자율성에 대한 서로 다른 개념에 근원을 두고 있는데(Owen et al., 2009; Radden, 2012), 서비스 이용자들은 서비스에서 제공되는 개입과 치료가 자신의 자율성에 대한 노선이기보다는 자율성을 시사하고 신장시키는 것으로 간주한다(Hamann, Mendel, Fink, Pfeiffer, Cohen, & Kissling, 2008; Owen, David, Hayward, Richardson, Szmukler, & Hotopf, 2009; Grealish et al., 2011; Moritz et al., 2013).

보다 긍정적인 초점을 가진 정신건강 시스템이 윤리적·법적 실무에 어떤 영향을 미칠 것인지를 고려하면 흥미롭다. 현재의 시스템은, 능력에 기초하는 것으로 되어 있는 것조차도, 서비스 이용자들이 온전한 또는 '그만하면 충분히 좋은' 능력을 갖추고 있는지를 평가하거나 그렇지 못한 사람들의 필요를 충족시키는 데 관심이 더 있다. 그러나 서비스 이용자들이 치료에서 **증진된** 자율성과 임파워먼트를 계발하는 것을 임상가들의 의무 사항으로 두는 시스템이 실제 이들이 나중에 유의한 자율성 상실을 겪을 위험성을 낮추고, 그럼으로써 트라우마가 되는 강제 치료의 위험성을 최소화하는지를 알아보는 것은 흥미로운 일이 될 것이다(Lu et al., 2011).

치료 동의를 구하는 기본 요건을 넘어 자율성을 증진하는 일은 어쩌면 많은 임상가들이 이미 하고 있다고 느끼는 것일까? 예를 들어, 정신과 의사들은 항정신증 약물이 환자들에게 힘을 부여하고 의사결정 능력을 향상시킨다고 믿을 수도 있으며, 심리학자들은 인지재활, 인지행동치료 또는 가족치료가 본질적으로 자율성을 증진하는 활동이라고 믿을 수도 있다. 그러나 현재로서 우리는 그런지 아닌지를 알 수 있을 만한 충분한 증거를 갖고 있지 않으며, 일상에서 운영되는 정신건강 서비스가 강압과 설득에 의존하는 경우가 계속되고 있다는 것이 분명해 보인다(Seale et al., 2006; Burns et al., 2011; Canvin, Rugkasa, Sinclair, & Burns, 2013). 자율성과 임파워먼트의 증진에 있어 특히 좋은 상황에 있는 집단은 회복의 여정에 있는 서비스 이용자들로, 여러 연구에서 이들로 하여금 다른 서비스 이용자들에게 상호 또는 또래 지지를 제공하도록 훈련하는 것의 이득을 조사한 바 있다(Lloyd-Evans et al., 2014).

처방을 담당한 임상가가 공유된 의사결정(shared decision-making: SDM) 접근을 채택하도록 격려하는 것도 임파워먼트를 향상시킬 수 있거나(Beitinger, Kissling, & Hamann, 2014), 또는 적어도 임파워먼트의 감소를 방지할 수 있다. SDM은 서비스 이용자의 목표와 우선순위에 대한 고려를 바탕으로 임상가와 서비스 이용자가 치료 및 대안의 이점과 대가에 관하여 협력적인, 인간중심적 대화를 나누도록 격려하는 것을 포함한다. 우리는 최근 정신증에서 SDM의 증거를 개관하였는데, 주관적 임파워먼트와 환자-임상가 관계 측정치에서 작은 정도의 이득을 발견하였으나, 의사결정 능력이나 강제 치료 사용 측면에서는 분명한 성과가 없었다(Stovell, Morrison, & Hutton, 투고). 특히 평생 동안 실패와 사회적 배제를 경험해 온 사람에게서 더욱 실질적인 변화를 원한다면, 보다 정교한 개입법이 필요할지도 모른다(Gard et al., 2014). 또한 정신증이 있는 사람들의 목표를 더 잘 이해할 필요가 있으며, 이는 때로 모험과 임파워먼트에 대한 것이라기보다는 관계성이나 사회적 접촉(Gard et al., 2014) 또는 안내를 받는 것(guidance)이기도 하다.

요약과 몇 가지 방법론적 권고

긍정 임상심리학은 연구자와 임상가가 단지 부정적인 것을 경감시키려고 노력하기보다 인간 경험의 긍정적인 측면을 이해하고 증진하는 데 더 많은 관심을 기울이기를 격려한다. 이러한 목표는 정신증 환자들이 유의미한 회복을 경험하기에 증상 감소가 필수적이거나 충분치 않다는 점을 지적하는 회복 운동과도 맞닿아 있다. 행복, 자비, 마음챙김, 임파워먼트 등에 관한 일련의 연구 문헌이 이미 존재하듯, 다수의 정신증 연구자와 임상가는 이러한 목표에 동질감을 느껴 온 것으로 보인다. 이는 이 영역에서 긍정 임상심리학을 적용하는 것에 있어 고무적인 일이며, 긍정심리학 연구자들에 의해 개발된 새로운 심리치료가 이와 같은 중요한 성과변인들에서 효과를 나타낼 것인지에 대한 관심이 증대되고 있다. 지난 20년간 정신증 이해에 상당한 진전이 있었지만, 기존의 치료방법들은 약물학적이든 심리학적이든지 간에 그 옹호자들이 믿는 것만큼 효과적이지는 않다. 비록 정교한 인지 모델들이 개발된 바 있으나, 이로부터 도출된 개입법들은 기대만큼 인상적이지는 않다. 이러한 악순환을 반복하는 것을 피하기 위하여, 긍정 임상심리학 연구자들은 몇 가지 방법론적 혁신을 도입하는 것을 고려해야 할 것이다.

첫째, 모든 경험적 작업과 기초연구는 '사전 등록(pre-registration)'할 것을 강하게 권고한다(Chambers & Munafo, 2013). 정신증을 위한 새로운 심리치료의 대규모, 고비용 임상시험은 돈이 많이 들고 시간이 오래 걸리는 개발 과정의 마지막에 위치하지만, 너무 많은 경우이 후기 단계에서 실패한다(Lewis et al., 2002; Garety, Fowler, Freeman, Bebbington, Dunn, & Kuipers, 2008; Barrowclough et al., 2010; Klingberg et al., 2011; Crawford et al., 2012). 이를 방지하기 위하여, 긍정 임상심리학 연구는 초기 단계, 즉 이론 개발과 개입 요소 검증에서 선택적 보고와 출판의 위험성을 최소화할 필요가 있다. 가설과(표본크기 계산을 포함한) 방법이 사전에(a prior) 그리고 공개적으로 접근 가능한 데이터베이스에 공개되는 사전 등록이 도움이 될 수 있다(Chambers & Munafo, 2013).

둘째, 긍정 임상심리학 연구는 표본크기를 계산하기 위하여 사전 연구에 의존해서는 안된다. 그러한 계산은 단지 '전에 관찰된 것'이 아니라 이론적 또는 실용적 유의성을 지닌 효과를 탐지할 수 있는 적절한 통계적 검정력을 가진 연구를 제공하는 것을 목표로 해야 한다. 신경과학 연구를 비롯하여(Button et al., 2013) 기존에 출간된 정신증에 관한 임상심리학 연구 중 상당수가 아마도 검정력이 부족하고(underpowered) 영가설을 기각하지 못한 소규모의 부적 결과(negative finding)가 출판되지 않아 왜곡되어 있을 가능성이 있다. 개념 증명을 제공하거나 실행 가능성을 사전 검토하기 위해서 통계적 검정력이 부족한 연구들도 필요할 수 있으나, 이러한 연구들은 분명히 예비 연구로 표시되어야 한다.

셋째, 정신증의 심리학적 모델을 연구하고 개발할 때 맹검 평가(masked assessment)가 더욱 널리 사용되어야 한다. 우리는 현재 정신증에서 '결론으로 비약'하는 인지 편향에 관한 연구들을 개관하고 있는데(Taylor, Hutton, & Dudley, 2014), 통제된 연구 중 소수에서만 실험자에게 연구참여자의 정신증 유무 여부를 감춘 채 평가하였다는 점을 발견하였다. 이는 의식적이든 무의식적이든 실험자의 기대가 연구 결과를 왜곡시킬 수 있다는 분명한 증거에도 불구하고 그러하다(Schulz, Chalmers, Hayes, & Altman, 1995; Day & Altman, 2000;

Schulz & Grimes, 2002). 연구자들이 어떠한 연구 결과가 견고하고 어떠한 것이 연구자 편향에 따른 결과인지를 판별하려고 더 노력하고 있는 시점에 이러한 위험성을 인식하고 최소화하지 않는 것은 효과적인 치료 개발을 지연시킬 것이다.

마지막으로 정신증을 위한 긍정심리치료 개입법의 임상시험에서는 잠재적인 부작용에 대한 주의 깊은 분석을 포함시켜야 한다. 안타깝게도 기존의 접근법들은 그러한 분석이 되어 있지 않은데, 대개 연구자들이 지금까지는, 심리치료 연구에서 널리 퍼져 있지만 정당화되지 않은 가정임에도 불구하고(Johnson, Alaie, Parling, & Arnberg, 2014; Vaughan, Goldstein, Alikakos, Cohen, & Serby, 2014), 긍정심리치료 개입법이 안전할 것으로 **추정**해 왔기 때문으로 보인다. 더욱 종합적인 방식으로 임상시험의 안전성을 평가하기 위한 전략에는 연구참여자 경험에 대한 질적 평가, 심각한 부작용의 보고, 유의한 악화의 비율, 심리치료-특정적인 부작용에 관한 질문지의 실시, 치료 중단 이유에 대한 세심한 분석이 포함된다.

결론

정신증이 있는 사람들을 위한 더 나은 심리치료를 개발하는 것은 매우 중요하며, 긍정 임상심리학이 이를 위해 제공할 수 있는 것이 많다. 정신증에서 행복, 자비, 마음챙김, 자율성과 다른 긍정적 현상을 이해하는 데 이미 진전이 있었으며, 유망한 초기 연구 결과들이 여기에서 소개되었다. 앞서 주장하였듯이, 그러한 성과들의 증진에 어떤 작업이 효과적인지에 관한 신뢰롭고 견고한 경험적 기초를 만들어 내는 일은 사전 등록의 광범위한 시행, 정당한 표본크기의 확보, 맹검의 사용, 새로운 치료의 부작용에 대한 상세한 고려 등을 포함한 방법론적 엄격성에서의 발전과 병행되는 것이 유익할 것이다.

📖 참고문헌

Agid, O., McDonald, K., Siu, C., Tsoutsoulas, C., Wass, C., Zipursky, R. B., & Remington, G. (2012). Happiness in first-episode schizophrenia. *Schizophrenia Research*, 141(1), 98-103. doi.10.1016/j.schres.2012.07.012S0920-9964(12)00406-9 [pii].

Agid, O., Siu, C. O., Potkin, S. G., Kapur, S., Watsky, E., Vanderburg, D., Remington, G., et al. (2013). Meta-regression analysis of placebo response in antipsychotic trials, 1970-2010.

American Journal of Psychiatry. doi.10.1176/appi.ajp.2013.120303151722041 [pii].

Barrowclough, C., Haddock, G., Wykes, T., Beardmore, R., Conrod, P., Craig, T., Tarrier, N., et al. (2010). Integrated motivational interviewing and cognitive behavioural therapy for people with psychosis and comorbid substance misuse: randomised controlled trial. *British Medical Journal, 341*, c6325. doi.10.1136/bmj.c6325bmj.c6325 [pii].

Beck, A. T. & Grant, P. M. (2008). Negative self-defeating attitudes: Factors that influence everyday impairment in individuals with schizophrenia. *American Journal of Psychiatry, 165*(6), 772; author reply 772. doi.10.1176/appi.ajp.2008.08020229165/6/772 [pii].

Beck, A. T., Grant, P. M., Huh, G. A., Perivoliotis, D., & Chang, N. A. (2013). Dysfunctional attitudes and expectancies in deficit syndrome schizophrenia. *Schizophrenia Bulletin, 39*(1), 43-51. doi.sbr040 [pii] 10.1093/schbul/sbr040.

Beitinger, R., Kissling, W., & Hamann, J. (2014). Trends and perspectives of shared decision-making in schizophrenia and related disorders. *Current Opinion in Psychiatry, 27*(3), 222-229. doi.10.1097/YCO.0000000000000057.

Bentall, R. P., Corcoran, R., Howard, R., Blackwood, R., & Kinderman, P. (2001). Persecutory delusions: A review and theoretical integration. *Clinical Psychology Review, 22*, 1-50.

Berry, K., Barrowclough, C., & Wearden, A. (2008). Attachment theory: a framework for understanding symptoms and interpersonal relationships in psychosis. *Behaviour Research and Therapy, 46*(12), 1275-1282. doi.10.1016/j.brat.2008.08.009S0005-7967(08)00186-1 [pii].

Boyd, T. & Gumley, A. (2007). An experiential perspective on persecutory paranoia: A grounded theory construction. *Psychology and Psychotherapy: Theory, Research and Practice 80*(1), 1-22. doi.10.1348/147608306X100536.

BPS. (2000). *Recent advances in understanding mental illness and psychotic experiences*. Leicester: British Psychological Society.

BPS. (2014). Understanding psychosis and schizophrenia: Why people sometimes hear voices, believe things that others find strange, or appear out of touch with reality ⋯ and what can help. In: A. Cooke (Ed.), *Division of Clinical Psychology*. London: British Psychological Society.

Braehler, C., Gumley, A., Harper, J., Wallace, S., Norrie, J., & Gilbert, P. (2013). Exploring change processes in compassion focused therapy in psychosis: Results of a feasibility randomized controlled trial. *British Journal of Clinical Psychology, 52*(2), 199-214. doi.10.1111/bjc.12009.

Brownell, T., Schrank, B., Jakaite, Z., Larkin, C., & Slade, M. (2014). Mental health service user experience of positive psychotherapy. *Journal of Clinical Psychology*. doi.10.1002/jclp.22118.

Buckland, H. T., Schepp, K. G., & Crusoe, K. (2013). Defining happiness for young adults with schizophrenia: A building block for recovery. *Archives of Psychiatric Nursing*, *27*(5), 235-240. doi.10.1016/j.apnu.2013.07.002S0883-9417(13)00091-5 [pii].

Burns, T., Yeeles, K., Molodynski, A., Nightingale, H., Vazquez-Montes, M., Sheehan, K., & Linsell, L. (2011). Pressures to adhere to treatment("leverage") in English mental healthcare. *British Journal of Psychiatry*, *199*(2), 145-150. doi.199/2/145 [pii]10.1192/bjp.bp.110.086827.

Bussing, A., Wirth, A. G., Reiser, F., Zahn, A., Humbroich, K., Gerbershagen, K., Baumann, K., et al. (2014). Experience of gratitude, awe and beauty in life among patients with multiple sclerosis and psychiatric disorders. *Health Quality of Life Outcomes*, *12*, 63. doi.10.1186/1477-7525-12-631477-752-5-12-63 [pii].

Button, K. S., Ioannidis, J. P., Mokrysz, C., Nosek, B. A., Flint, J., Robinson, E. S., & Munafo, M. R. (2013). Power failure: Why small sample size undermines the reliability of neuroscience. *Nature Reviews Neuroscience*, *14*(5), 365-376. doi.10.1038/nrn3475nrn3475 [pii].

Canvin, K., Rugkasa, J., Sinclair, J., & Burns, T. (2013). Leverage and other informal pressures in community psychiatry in England. *International Journal of Law and Psychiatry*, *36*(2), 100-106. doi.10.1016/j.ijlp.2013.01.002S0160-2527(13)00003-4 [pii].

Chadwick, P. & Birchwood, M. (1994). The omnipotence of voices: A cognitive approach to auditory hallucinations. *British Journal of Psychiatry*, *164*, 190-201.

Chambers, C. & Munafo, M. R. (2013). Trust in science would be improved by study pre-registration: We must encourage scientific journals to accept studies before the results are in, *The Guardian*. Available at: http://www.theguardian.com/science/blog/2013/jun/05/trust-in-science-studypre-registration, last accessed June 5, 2013.

Cook, J. A., Jonikas, J. A., Hamilton, M. M., Goldrick, V., Steigman, P. J., Grey, D. D., Copeland, M. E., et al. (2013). Impact of Wellness Recovery Action Planning on service utilization and need in a randomized controlled trial. *Psychiatric Rehabilitation Journal*, *36*(4), 250-257. doi.10.1037/prj00000282013-42745-004 [pii].

Crawford, M. J., Killaspy, H., Barnes, T. R., Barrett, B., Byford, S., Clayton, K., Waller, D., et al. (2012). Group art therapy as an adjunctive treatment for people with schizophrenia: a randomised controlled trial(MATISSE). *Health Technology Assess*, *16*(8), iii-iv, 1-76. doi.10.3310/hta16080.

Day, S. J. & Altman, D. G. (2000). Statistics notes: Blinding in clinical trials and other studies. *British Medical Journal*, *321*(7259), 504.

Freeman, D., Garety, P. A., Kuipers, E., Fowler, D., & Bebbington, P. E. (2002). A cognitive model of persecutory delusions. *British Journal of Clinical Psychology*, *41*(4), 331-347.

Freeman, D., Pugh, K., Dunn, G., Evans, N., Sheaves, B., Waite, F., Fowler, D., et al. (2014). An early Phase II randomised controlled trial testing the effect on persecutory delusions of using CBT to reduce negative cognitions about the self: The potential benefits of enhancing self confidence. *Schizophrenia Research*, *160*(1/3), 186-192. doi.10.1016/j.schres.2014.10.03 8S0920-9964(14)00607-0 [pii].

Gard, D. E., Sanchez, A. H., Starr, J., Cooper, S., Fisher, M., Rowlands, A., & Vinogradov, S. (2014). Using self-determination theory to understand motivation deficits in schizophrenia: the "why" of motivated behavior. *Schizophrenia Research*, *156*(2/3), 217-222. doi.10.1016/j.s chres.2014.04.027S0920-9964(14)00199-6 [pii].

Garety, P. A., Fowler, D. G., Freeman, D., Bebbington, P., Dunn, G., & Kuipers, E. (2008). Cognitivebehavioural therapy and family intervention for relapse prevention and symptom reduction in psychosis: randomised controlled trial. *British Journal of Psychiatry*, *192*(6), 412-423. doi.10.1192/bjp.bp.107.043570192/6/412 [pii].

Garety, P. A., Kuipers, E., Fowler, D., Freeman, D., & Bebbington, P. E. (2001). A cognitive model of the positive symptoms of psychosis. *Psychological Medicine*, *31*, 189-195.

Grant, P. M. & Beck, A. T. (2009). Defeatist beliefs as a mediator of cognitive impairment, negative symptoms, and functioning in schizophrenia. *Schizophrenia Bulletin*, *35*(4), 798-806.

Grant, P. M., Huh, G. A., Perivoliotis, D., Stolar, N. M., & Beck, A. T. (2012). Randomized trial to evaluate the efficacy of cognitive therapy for low-functioning patients with schizophrenia. *Archives of General Psychiatry*, *69*(2), 121-127. doi.10.1001/archgenpsychiatry.2011.129arch genpsychiatry.2011.129 [pii].

Grealish, A., Tai, S., Hunter, A., & Morrison, A. P. (2011). Qualitative exploration of empowerment from the perspective of young people with psychosis. *Clinical Psychology and Psychotherapy*. doi.10.1002/cpp.785.

Grisso, T. & Appelbaum, P. S. (1995). The MacArthur Treatment Competence Study. III: Abilities of patients to consent to psychiatric and medical treatments. *Law and Human Behavior*, *19*(2), 149-174.

Grisso, T., Appelbaum, P. S., & Hill-Fotouhi, C. (1997). The MacCAT-T: A clinical tool to assess patients' capacities to make treatment decisions. *Psychiatry Services*, *48*(11), 1415-1419.

Gumley, A., Braehler, C., Laithwaite, H., MacBeth, A., & Gilbert, P. (2010). A compassion focused model of recovery after psychosis. *International Journal of Cognitive Therapy*, *3*(2), 186-201.

Gumley, A. I., O'Grady, M., McNay, L., Reilly, J., Power, K., & Norrie, J. (2003). Early intervention for relapse in schizophrenia: results of a 12-month randomised controlled trial of cognitive behaviour therapy. *Psychological Medicine*, *33*, 419-431.

Gumley, A. I., Taylor, H. E., Schwannauer, M., & MacBeth, A. (2014). A systematic review of attachment and psychosis: measurement, construct validity and outcomes. *Acta Psychiatrica Scandinavica*, *129*(4), 257-274. doi.10.1111/acps.12172.

Hamann, J., Leucht, S., & Kissling, W. (2003). Shared decision making in psychiatry. *Acta Psychiatrica Scandinavica*, *107*(6), 403-409. doi.130 [pii].

Hamann, J., Mendel, R., Reiter, S., Cohen, R., Buhner, M., Schebitz, M., Berthele, A., et al. (2011). Why do some patients with schizophrenia want to be engaged in medical decision making and others do not? *Journal of Clinical Psychiatry*, *72*(12), 1636-1643. doi.10.4088/JCP.10m06119yel.

Hamann, J., Mendel, R. T., Fink, B., Pfeiffer, H., Cohen, R., & Kissling, W. (2008). Patients' and psychiatrists' perceptions of clinical decisions during schizophrenia treatment. *Journal of Nervous and Mental Disease*, *196*(4), 329-332. doi.10.1097/NMD.0b013e31816a6 2a000005053-200804000-00010 [pii].

Hamm, J. A., Hasson-Ohayon, I., Kukla, M., & Lysaker, P. H. (2013). Individual psychotherapy for schizophrenia: Trends and developments in the wake of the recovery movement. *Psychology Research and Behavior Management*, *6*, 45-54. doi.10.2147/PRBM.S47891prbm-6-045 [pii].

Harrow, M., Jobe, T. H., & Faull, R. N. (2012). Do all schizophrenia patients need antipsychotic treatment continuously throughout their lifetime? A 20-year longitudinal study. *Psychological Medicine*, *42*(10), 2145-2155. doi.10.1017/S0033291712000220S0033291712000220 [pii].

Henderson, A. R. & Cock, A. (2014). The responses of young people to their experiences of first-episode psychosis: harnessing resilience. *Community Mental Health Journal*. doi.10.1007/s10597-014-9769-9.

Hermes, E. D., Sokoloff, D., Stroup, T. S., & Rosenheck, R. A. (2012). Minimum clinically important difference in the Positive and Negative Syndrome Scale with data from the Clinical Antipsychotic Trials of Intervention Effectiveness(CATIE). *Journal of Clinical Psychiatry*, *73*(4), 526-532. doi.10.4088/JCP.11m07162.

Hodgekins, J. & Fowler, D. (2010). CBT and recovery from psychosis in the ISREP trial: Mediating effects of hope and positive beliefs on activity. *Psychiatry Services*, *61*(3), 321-324. doi.61/3/321 [pii] 10.1176/appi.ps.61.3.321.

Howes, O. (2014). Cognitive therapy: at last an alternative to antipsychotics? *Lancet*, *383*(9926), 1364-1366. doi.10.1016/S0140-6736(13)62569-6S0140-6736(13)62569-6 [pii].

Huguelet, P., Mohr, S., Betrisey, C., Borras, L., Gillieron, C., Marie, A. M., Brandt, P. Y., et al. (2011). A randomized trial of spiritual assessment of outpatients with schizophrenia: Patients' and clinicians' experience. *Psychiatry Services*, *62*(1), 79-86. doi.10.1176/appi.ps.62.1.7962/1/79 [pii].

Hutton, P., Kelly, J., Lowens, I., Taylor, P. J., & Tai, S. (2013). Self-attacking and self-reassurance in persecutory delusions: a comparison of healthy, depressed and paranoid individuals. *Psychiatry Research*, *205*(1/2), 127-136. doi.10.1016/j.psychres.2012.08.01 0S0165-1781(12)00442-8 [pii].

Hutton, P., Morrison, A. P., & Taylor, H. (2012). Brief cognitive-behavioural therapy for hallucinations: Can it help people who decide not to take antipsychotic medication? A case report. *Behavioural and Cognitive Psychotherapy*, *40*, 111-116.

Jauhar, S., McKenna, P. J., Radua, J., Fung, E., Salvador, R., & Laws, K. R. (2014). Cognitive-behavioural therapy for the symptoms of schizophrenia: Systematic review and meta-analysis with examination of potential bias. *British Journal of Psychiatry*, *204*, 20-29. doi.10.1192/bjp.bp.112.116285204/1/20 [pii].

Johnson, D. P., Penn, D. L., Fredrickson, B. L., Kring, A. M., Meyer, P. S., Catalino, L. I., & Brantley, M. (2011). A pilot study of loving-kindness meditation for the negative symptoms of schizophrenia. *Schizophrenia Research*, *129*(2/3), 137-140. doi.10.1016/j.schres.2011.02.015S0920-9964(11)00098-3 [pii].

Johnson, D. P., Penn, D. L., Fredrickson, B. L., Meyer, P. S., Kring, A. M., & Brantley, M. (2009). Lovingkindness meditation to enhance recovery from negative symptoms of schizophrenia. *Journal of Clinical Psychology*, *65*(5), 499-509. doi.10.1002/jclp.20591.

Johnson, J., Gooding, P. A., Wood, A. M., Fair, K. L., & Tarrier, N. (2013). A therapeutic tool for boosting mood: The broad-minded affective coping procedure(BMAC). *Cognitive Therapy and Research*, *37*(1), 61-70.

Johnson, J., Gooding, P. A., Wood, A. M., Taylor, P. J., Pratt, D., & Tarrier, N. (2010). Resilience to suicidal ideation in psychosis: Positive self-appraisals buffer the impact of hopelessness. *Behaviour Research and Therapy*, *48*(9), 883-889. doi.10.1016/j.brat.2010.05.01 3S0005-7967(10)00109-9 [pii].

Jonsson, U., Alaie, I., Parling, T., & Arnberg, F. K. (2014). Reporting of harms in randomized controlled trials of psychological interventions for mental and behavioral disorders: A review of current practice. *Contemporary Clinical Trials*, *38*(1), 1-8. doi.10.1016/j.cct.2014.02.00 5S1551-7144(14)00025-1 [pii].

Khoury, B., Lecomte, T., Gaudiano, B. A., & Paquin, K. (2013). Mindfulness interventions for psychosis: A meta-analysis. *Schizophrenia Research*, *150*(1), 176-184. doi.10.1016/j.schres.2 013.07.055S0920-9964(13)00433-7 [pii].

Kishimoto, T., Robenzadeh, A., Leucht, C., Leucht, S., Watanabe, K., Mimura, M., Correll, C. U., et al. (2013). Long-acting injectable vs oral antipsychotics for relapse prevention in schizophrenia: A metaanalysis of randomized trials. *Schizophrenia Bulletin*. doi.sbs150 [pii]10.1093/schbul/sbs150.

Klingberg, S., Herrlich, J., Wiedemann, G., Wolwer, W., Meisner, C., Engel, C., Wittorf, A., et al. (2012). Adverse effects of cognitive behavioral therapy and cognitive remediation in schizophrenia: results of the treatment of negative symptoms study. *Journal of Nervous and Mental Disease*, *200*(7), 569-576. doi.10.1097/NMD.0b013e31825bfa 1d00005053-201207000-00005 [pii].

Klingberg, S., Wolwer, W., Engel, C., Wittorf, A., Herrlich, J., Meisner, C., Wiedemann, G., et al. (2011). Negative symptoms of schizophrenia as primary target of cognitive behavioral therapy: results of the randomized clinical TONES study. *Schizophrenia Bulletin*, *37 Suppl 2*, S98-110. doi.sbr073 [pii] 10.1093/schbul/sbr073.

Laithwaite, H., O'Hanlon, M., Collins, P., Doyle, P., Abraham, L., Porter, S., & Gumley, A. (2009). Recovery After Psychosis(RAP): A compassion focused programme for individuals residing in high security settings. *Behavioural and Cognitive Psychotherapy*, *37*(5), 511-526. doi. S1352465809990233 [pii]10.1017/S1352465809990233.

Leucht, S., Cipriani, A., Spineli, L., Mavridis, D., Orey, D., Richter, F., & Davis, J. M. (2013). Comparative efficacy and tolerability of 15 antipsychotic drugs in schizophrenia: A multiple-treatments metaanalysis. *Lancet*. doi.S0140-6736(13)60733-3 [pii]10.1016/S0140-6736(13)60733-3.

Leucht, S., Heres, S., Hamann, J., & Kane, J. M. (2008). Methodological issues in current antipsychotic drug trials. *Schizophrenia Bulletin*, *34*(2), 275-285. doi.sbm159 [pii]10.1093/schbul/sbm159.

Leucht, S., Kane, J. M., Etschel, E., Kissling, W., Hamann, J., & Engel, R. R. (2006). Linking the PANSS, BPRS, and CGI: Clinical implications. *Neuropsychopharmacology*, *31*(10), 2318-2325. doi.1301147 [pii]10.1038/sj.npp.1301147.

Leucht, S., Tardy, M., Komossa, K., Heres, S., Kissling, W., Salanti, G., & Davis, J. M. (2012). Antipsychotic drugs versus placebo for relapse prevention in schizophrenia: A systematic review and meta-analysis. *Lancet*. doi.S0140-6736(12)60239-6 [pii]10.1016/S0140-6736(12)60239-6.

Lewis, S., Tarrier, N., Haddock, G., Bentall, R., Kinderman, P., Kingdon, D., Dunn, G., et al. (2002). Randomised controlled trial of cognitive-behavioural therapy in early schizophrenia: Acute-phase outcomes. *British Journal of Psychiatry: Suppl.*, *43*, s91-97.

Lloyd-Evans, B., Mayo-Wilson, E., Harrison, B., Istead, H., Brown, E., Pilling, S., Kendall, T., et al. (2014). A systematic review and meta-analysis of randomised controlled trials of peer support for people with severe mental illness. *BMC Psychiatry*, *14*, 39. doi.10.1186/1471-244X-14-391471-244X-14-39 [pii].

Lu, W., Mueser, K. T., Shami, A., Siglag, M., Petrides, G., Schoepp, E., Saltz, J., et al. (2011).

Posttraumatic reactions to psychosis in people with multiple psychotic episodes. *Schizophrenia Research*, *127*(1/3), 66-75. doi.10.1016/j.schres.2011.01.006S0920-9964(11)00017-X [pii].

Mayhew, S. L. & Gilbert, P. (2008). Compassionate mind training with people who hear malevolent voices: A case series report. *Clinical Psychology & Psychotherapy*, *15*(2), 113-138. doi.10.1002/cpp.566.

McCann, T. V. (2002). Uncovering hope with clients who have psychotic illness. *Journal of Holistic Nursing*, *20*(1), 81-99.

McCarthy-Jones, S. & Davidson, L. (2013). When soft voices die: auditory verbal hallucinations and a four letter word(love). *Mental Health, Religion & Culture*, *16*(4), 367-383.

McCarthy-Jones, S., Waegeli, A., & Watkins, J. (2013). Spirituality and hearing voices: Considering the relation. *Psychosis*, *5*(3), 247-258. doi.10.1080/17522439.2013.831945.

McKenna, P. J. (2003). Targeted cognitive behavioural therapy may reduce relapse in people with prodromal symptoms of schizophrenia. *Evidence Based Mental Health*, *6*(4), 112.

Meyer, P. S., Johnson, D. P., Parks, A., Iwanski, C., & Penn, D. L. (2011). Positive living: A pilot study of group positive psychotherapy for people with schizophrenia. *Journal of Positive Psychology*, *7*(3), 239-248.

Mills, A., Gilbert, P., Bellew, R., McEwan, K., & Gale, C. (2007). Paranoid beliefs and self-criticism in students. *Clinical Psychology & Psychotherapy*, *14*, 358-364.

Miyar, J. & Adams, C. E. (2012). Content and quality of 10,000 controlled trials in schizophrenia Over 60 years. *Schizophrenia Bulletin*, *39*(1), 226-229. doi.sbr140 [pii]10.1093/schbul/sbr140.

Moncrieff, J., Cohen, D., & Mason, J. P. (2009). The subjective experience of taking antipsychotic medication: A content analysis of Internet data. *Acta Psychiatrica Scandinavica*, *120*(2), 102-111. doi.ACP1356[pii]10.1111/j.1600-0447.2009.01356.x.

Moritz, S., Favrod, J., Andreou, C., Morrison, A. P., Bohn, F., Veckenstedt, R., Karow, A., et al. (2013). Beyond the usual suspects: positive attitudes towards positive symptoms is associated with medication noncompliance in psychosis. *Schizophrenia Bulletin*, *39*(4), 917-922. doi.10.1093/schbul/sbs005sbs005 [pii].

Morrison, A. P. (2001). The interpretation of intrusions in psychosis: An integrative cognitive approach to hallucinations and delusions. *Behavioural and Cognitive Psychotherapy*, *29*, 257-276.

Morrison, A. P., Hutton, P., Shiers, D., & Turkington, D. (2012). Antipsychotics: Is it time to introduce patient choice? *British Journal of Psychiatry*, *201*, 83-84. doi.10.1192/bjp.bp.112.112110201/2/83 [pii].

Morrison, A. P., Hutton, P., Wardle, M., Spencer, H., Barratt, S., Brabban, A., Turkington, D., et al. (2012). Cognitive therapy for people with a schizophrenia spectrum diagnosis not taking antipsychotic medication: an exploratory trial. *Psychological Medicine*, *42*(5), 1049-1056. doi.S0033291711001899 [pii]10.1017/S0033291711001899.

Morrison, A. P., Turkington, D., Pyle, M., Spencer, H., Brabban, A., Dunn, G., Hutton, P., et al. (2014). Cognitive therapy for people with schizophrenia spectrum disorders not taking antipsychotic drugs: A single-blind randomised controlled trial. *Lancet*, *383*(9926), 1395-1403. doi.10.1016/S0140-6736(13)62246-1S0140-6736(13)62246-1 [pii].

National Institute for Clinical Excellence(NICE). (2009). *Schizophrenia: core interventions in the treatment and management of schizophrenia in primary and secondary care*. London: NICE.

Neil, S. T., Kilbride, M., Pitt, L., Welford, M., Nothard, S., Sellwood, W., & Morrison, A. P. (2009). The Questionnaire about the Process of Recovery(QPR): A research instrument developed in collaboration with service users. *Psychosis*, *1*, 145-155.

Noh, C., Choe, K., & Yang, B. (2008). Hope from the perspective of people with schizophrenia(Korea). *Archives of Psychiatric Nursing*, *22*(2), 69-77. doi.10.1016/j.apnu.2007.10.002S0883-9417(07)-00217-8 [pii].

Okai, D., Owen, G., McGuire, H., Singh, S., Churchill, R., & Hotopf, M. (2007). Mental capacity in psychiatric patients: Systematic review. *British Journal of Psychiatry*, *191*, 291-297. doi.191/4/291 [pii]10.1192/bjp.bp.106.035162.

Owen, G. S., David, A. S., Hayward, P., Richardson, G., Szmukler, G., & Hotopf, M. (2009). Retrospective views of psychiatric in-patients regaining mental capacity. *British Journal of Psychiatry*, *195*(5), 403-407. doi.195/5/403 [pii]10.1192/bjp.bp.109.065151.

Owen, G. S., Freyenhagen, F., Richardson, G., & Hotopf, M. (2009). Mental capacity and decisional autonomy: An interdisciplinary challenge. *Inquiry and Interdisciplinary Journal of Philosophy*, *52*(1), 79-107. doi.10.1080/00201740802661502.

Owens, G. S., Richardson, G., David, A. S., Szmukler, G., Hayward, P., & Hotopf, M. (2008). Mental capacity to make decisions on treatment in people admitted to psychiatric hospitals: Cross-sectional study. *British Medical Journal*, *337*, 448.

Palmer, B. W., Martin, A. S., Depp, C. A., Glorioso, D. K., & Jeste, D. V. (2014). Wellness within illness: Happiness in schizophrenia. *Schizophrenia Research*, *159*(1), 151-156. doi.10.1016/j.schres.2014.07.027S0920-9964(14)00384-3 [pii].

Penn, D. L., Uzenoff, S. R., Perkins, D., Mueser, K. T., Hamer, R., Waldheter, E., Cook, L., et al. (2011). A pilot investigation of the Graduated Recovery Intervention Program(GRIP) for first episode psychosis. *Schizophrenia Research*, *125*(2/3), 247-256. doi.10.1016/j.schres.2010.08.006S0920-9964(10)01452-0 [pii].

Peterson, C. F. & Seligman, M. E. P. (2004). *Character strengths and virtues: A handbook and classification*. Washington, DC and Oxford: American Psychological Association and Oxford University Press.

Radden, J. H. (2012). Recognition rights, mental health consumers and reconstructive cultural semantics. *Philosophy, Ethics and Humanities in Medicine, 7*, 6. doi.10.1186/1747-5341-7-61747-5341-7-6 [pii].

Rector, N. A., Beck, A. T., & Stolar, N. (2005). The negative symptoms of schizophrenia: A cognitive perspective. *Canadian Journal of Psychiatry, 50*, 247-257.

Redmond, C., Larkin, M., & Harrop, C. (2010). The personal meaning of romantic relationships for young people with psychosis. *Clinical Child Psychology and Psychiatry, 15*(2), 151-170. doi.10.1177/1359104509341447135910450934144 7 [pii].

Resnick, S. G. & Rosenheck, R. A. (2006). Recovery and positive psychology: parallel themes and potential synergies. *Psychiatric Services, 57*(1), 120-122. doi.57/1/120 [pii]10.1176/appi. ps.57.1.120.

Romme, M. A. J. (2009). *Living with voices: 50 stories of recovery*. Ross-on-Wye: PCCS Books in association with Birmingham City University.

Romme, M. A., Honig, A., Noorthoorn, E. O., & Escher, A. D. (1992). Coping with hearing voices: An emancipatory approach. *British Journal of Psychiatry, 161*, 99-103.

Rose, D., Evans, J., Sweeney, A., & Wykes, T. (2011). A model for developing outcome measures from the perspectives of mental health service users. *International Review of Psychiatry, 23*(1), 41-46. doi.10.3109/09540261.2010.545990.

Rosenheck, R. A., Krystal, J. H., Lew, R., Barnett, P. G., Fiore, L., Valley, D., Liang, M. H., et al. (2011). Long-acting risperidone and oral antipsychotics in unstable schizophrenia. *New England Journal of Medicine, 364*(9), 842-851. doi.10.1056/NEJMoa1005987.

Schrank, B., Brownell, T., Tylee, A., & Slade, M. (2014). Positive psychology: An approach to supporting recovery in mental illness. *East Asian Archives of Psychiatry, 24*(3), 95-103.

Schulz, K. F., Chalmers, I., Hayes, R. J., & Altman, D. G. (1995). Empirical evidence of bias. Dimensions of methodological quality associated with estimates of treatment effects in controlled trials. *Journal of the American Medical Association, 273*(5), 408-412.

Schulz, K. F. & Grimes, D. A. (2002). Blinding in randomised trials: hiding who got what. *Lancet, 359*(9307), 696-700.

Seale, C., Chaplin, R., Lelliott, P., & Quirk, A. (2006). Sharing decisions in consultations involving antipsychotic medication: A qualitative study of psychiatrists' experiences. *Social Science and Medicine, 62*(11), 2861-2873. doi.S0277-9536(05)00584-8 [pii]10.1016/ j.socscimed.2005.11.002.

Sims, A., Barker, C., Price, C., & Fornells-Ambrojo, M. (2014). Psychological impact of identifying character strengths in people with psychosis. *Psychosis: Psychological, Social and Integrative Approaches*, 7(2), 179-182.

Slade, M. (2009a). *100 ways to support recovery: A guide for mental health professionals*. Rethink recovery series, vol. 1. London: Rethink.

Slade, M. (2009b). *Personal recovery and mental illness: A guide for mental health professionals*. Cambridge: Cambridge University Press.

Slade, M. (2010). Mental illness and well-being: The central importance of positive psychology and recovery approaches. *BMC Health Service Research 10*, 26. doi.10.1186/1472-6963-10-261472-6963-10-26 [pii].

Stovell, D., Morrison, A. P., & Hutton, P. (submitted). The effect of shared decision making interventions on empowerment-related outcomes in psychosis: systematic review and meta-analysis.

Stroup, T. S. (2014). What is the role of long-acting injectable antipsychotics in the treatment of schizophrenia? *Journal of Clinical Psychiatry*, 75(11), 1261-1262. doi.10.4088/JCP.14com09518.

Taylor, P., Hutton, P., & Dudley, R. (2014). Rationale and protocol for a systematic review and metaanalysis on reduced data gathering in people with delusions. *Systematic Reviews*, 3, 44. doi.10.1186/2046-4053-3-442046-4053-3-44 [pii].

Torgalsboen, A. K. (2012). Sustaining full recovery in schizophrenia after 15 years: Does resilience matter? *Clinical Schizophrenia and Related Psychoses*, 5(4), 193-200. doi.10.3371/CSRP.5.4.3YL08017404N045VW [pii].

Turner, D. T., van der Gaag, M., Karyotaki, E., & Cuijpers, P. (2014). Psychological interventions for psychosis: a meta-analysis of comparative outcome studies. *American Journal of Psychiatry*, 171(5), 523-538. doi.10.1176/appi.ajp.2013.130811591831621 [pii].

van der Gaag, M., van Oosterhout, B., Daalman, K., Sommer, I. E., & Korrelboom, K. (2012). Initial evaluation of the effects of competitive memory training(COMET) on depression in schizophreniaspectrum patients with persistent auditory verbal hallucinations: A randomized controlled trial. *British Journal of Clinical Psychology*, 51(2), 158-171. doi.10.1111/j.2044-8260.2011.02025.x.

Vaughan, B., Goldstein, M. H., Alikakos, M., Cohen, L. J., & Serby, M. J. (2014). Frequency of reporting of adverse events in randomized controlled trials of psychotherapy vs. psychopharmacotherapy. *Comprehensive Psychiatry*, 55(4), 849-855. doi.10.1016/j.comppsych.2014.01.001S0010-440X(14)00006-6 [pii].

Vauth, R., Kleim, B., Wirtz, M., & Corrigan, P. W. (2007). Self-efficacy and empowerment as outcomes of self-stigmatizing and coping in schizophrenia. *Psychiatry Research*, 150(1), 71-

80. doi.S0165-1781(06)00203-4 [pii] 10.1016/j.psychres.2006.07.005.

Villeneuve, K., Potvin, S., Lesage, A., & Nicole, L. (2010). Meta-analysis of rates of drop-out from psychosocial treatment among persons with schizophrenia spectrum disorder. *Schizophrenia Research, 121*(1/3), 266-270. doi.S0920-9964(10)01256-9 [pii]10.1016/j.schres.2010.04.003.

Wagner, L. C. & King, M. (2005). Existential needs of people with psychotic disorders in Porto Alegre, Brazil. *British Journal of Psychiatry, 186*, 141-145. doi.186/2/141 [pii]10.1192/bjp.186.2.141.

Wood, A. M. & Tarrier, N. (2010). Positive Clinical Psychology: a new vision and strategy for integrated research and practice. *Clinical Psychology Review, 30*(7), 819-829. doi.10.1016/j.cpr.2010.06.003S0272-7358(10)00097-8 [pii].

Wunderink, L., Nieboer, R. M., Wiersma, D., Sytema, S., & Nienhuis, F. J. (2013). Recovery in remitted first-episode psychosis at 7 years of follow-up of an early dose reduction/discontinuation or maintenance treatment strategy: Long-term follow-up of a 2-year randomized clinical trial. *JAMA Psychiatry, 70*(9), 913-920. doi.10.1001/jamapsychiatry.2013.191707650 [pii].

Wykes, T., Huddy, V., Cellard, C., McGurk, S. R., & Czobor, P. (2011). A meta-analysis of cognitive remediation for schizophrenia: Methodology and effect sizes. *American Journal of Psychiatry, 168*(5), 472-485. doi.appi.ajp.2010.10060855 [pii]10.1176/appi.ajp.2010.10060855.

Wykes, T., Steel, C., Everitt, B., & Tarrier, N. (2008). Cognitive behavior therapy for schizophrenia: Effect sizes, clinical models, and methodological rigor. *Schizophrenia Bulletin, 34*, 523-537.

제18장

성격적 강점과 약점에 대한 통합적 모형

Thomas A. Widiger

성격적 강점과 약점에 대한 통합적 모형

이번 장의 목적은 성격적 강점과 약점에 대한 통합적 모형을 제안하는 것이다. 이 모형은 성격 특질들을 단순히 긍정적 혹은 부정적 용어로 기술하는 것을 넘어서, 복잡성과 상호연계성을 인식하는 방향으로 나아가야 함을 강조한다. 이 장에서는 이 모형이 일반적인 성격 특질을 더 잘 이해하는 데 사용될 수 있을 뿐만 아니라, 성격 문제나 성격장애(personality disorder)를 다루는 접근들을 개선하는 데에도 사용될 수 있을 것이라 제안할 것이다. 이 모형은 긍정 임상심리학(Wood & Tarrier, 2010)에서 소개된 아이디어와 유사하게, 긍정적인 것과 부정적인 것을 통합하는 데 초점을 두고 있다.

성격이란 개인의 고유한 사고방식과 감정을 경험하는 방식, 행동하는 방식, 다른 사람들과 관계 맺는 방식을 의미한다(McCrae & Costa, 2003). 심리학계에서 가장 영향력 있는 성격구조의 기술적 모형(descriptive model)은 5요인 모형(five-factor model: FFM)이다. 이 모형은 외향성(내향성)과 우호성(적대성), 성실성(탈억제), 신경증 성향(정서적 안정성), 개방성(폐쇄성)으로 불리는 5개의 넓은 영역으로 구성되어 있다(John, Naumann, & Soto, 2008). 논란의 여지가 있기는 하지만, 모든 성격 특질은 이 5개 영역의 어딘가에 포함된다. 모든 인간은 이 5개 영역으로 충분히 잘 기술될 수 있으며, 각 영역 안에 포함되어 있는 개별 특질들을 이용하면 좀 더 구체적으로 기술될 수 있다. 예를 들어, 우호성(적대성)은 신뢰감(의심)과 정직함(속이는/기만하는), 이타심(착취), 타협(저항/대립), 겸손함(거만함), 마음이 약한(강인한)의 여섯 가지 주요 특질로 구성된다.

적응적 특질과 부적응적 특질

FFM의 일부 영역들과 그 안에 포함된 특질들은 적응적인 것으로 간주되며, 이러한 특질들(예: 우호성)은 성격적 강점에 해당한다. 반면 어떤 영역들과 그 안에 포함된 특질들은 부적응적인 것으로 간주되며, 이러한 특질들(예: 적대감)은 성격적 약점에 해당한다. 하지만 성격적 강점과 약점의 통합적 모형은 그렇게 단순하지가 않다. 부적응적인 특질로 보이는 것들 중 일부는 특정 상황에서 적응적일 수 있다. 마찬가지로 보통 적응적이라 여기는 특질들의 극단적인 형태는 부적응적일 수도 있다.

일반적으로 부적응적이라 여겨지는 특질의 적응적 강점

한 사람의 특질을 이야기할 때, 일반적으로 내향성과 적대성, 탈억제, 폐쇄성, 신경증 성향이 높은 것보다는 외향성과 우호성, 성실성, 개방성, 정서적 안정성이 높은 것을 더 좋다고 여긴다. 실제로 많은 연구에서 외향성과 우호성, 성실성, 개방성, 정서적 안정성이 높은 사람들이 그 반대 특질을 가지고 있는 사람들보다 삶의 여러 영역에서 더 나은 성과를 보여 주었다(Ozer & Benet-Martinez, 2006). 그럼에도 불구하고, 진정한 긍정심리학적 관점에서는 내향성과 적대성, 탈억제, 폐쇄성, 신경증 성향이 높은 것에도 잠재적인 이득과 장점이 있음을 인정한다. 이득과 장점이 생각만큼 많은 것은 아니지만 분명히 존재하며, 이러한 이득과 장점은 인식되고 인정될 필요가 있다.

"Big Five에서 제시하는 인간의 성격 차원들은 각각 서로 다른 적응비용(fitness cost)과 이득 간 트레이드오프의 결과물로 볼 수 있다"(Nettle, 2006, p. 622). 이러한 주장은 개인차(individual differences)의 유전학을 설명하는 데 도움이 된다. 즉, "적응비용과 이득 간의 트레이드오프는 무조건적인 최적치라는 것이 없기 때문에, 집단 내에서 유전적 다양성이 유지될 것으로 기대되는 것이다"(p. 622). 내향적이거나 적대적인 것, 탈억제적인 것, 보수적인 것, 심지어는 신경증적인 것조차도 어떤 맥락이나 상황에서는 도움이 되었을 것이다. 그렇기 때문에 이러한 성격 특질들이 집단 내에 여전히 존재하고 있는 것이다.

적대성은 대부분의 경우 문젯거리이지만, 이점이 될 때도 있다. "착한 사람은 늘 손해를 본다(nice guys finish last)"는 말에는 일말의 진실이 담겨 있다. 실제로 적대적인 사람들은 평균적으로 높은 봉급을 받으며, 직장에서의 여러 이득을 누리는 경향이 있다. 이런 사람들은 자신의 유익을 위해 불만을 제기하고 무언가를 요구할 가능성이 높기 때문이다

(Judge, Livingston, & Hurst, 2012). 자기중심적인 성향이나 다른 사람들을 속이고 조종하는 성향, 공격적이거나 착취적인 성향을 보이면, 얻는 것이 많을 수 있다(Nettle, 2006). 우호적인 사람들은 이런 사람들 때문에 손해를 입거나 후회감에 빠지기도 한다.

　신경증 성향이 높은 것과 관련해서는 긍정적인 것이 거의 없다고 생각할지 모르겠지만, 이것은 사실이 아니다. 정서적 안정성은 정서적 불안정성과 비교했을 때 분명 선호할 만한 특질이기는 하다. 하지만 불안을 느끼지 못하는 상태에 대해서 상상해 보라. 신경증 성향이 매우 보편적으로 나타나는 이유는, 적어도 부분적으로는 이 특질이 적응기능에 분명한 도움이 되기 때문일 것이다(Crespi, 2014; Del Giudice & Del Giudice, 2014). 예를 들어, 불안은 부정적인 결과나 위험을 예상하는 데 도움이 되는 특질이다. 불안을 느끼는 능력을 상실한 것은 신체적 통증을 느끼는 능력을 상실한 것과 유사하다. 신체적 통증을 느끼지 못하는 것은 선천적 통각상실증에서 발견되는 양상인데, 이 질병은 심신을 약화시키고 생명을 위협하기도 하는 매우 심각한 질병으로 잘 알려져 있다. 불안 수준이 매우 낮은 사람들은 위험한 활동을 피하지 않을 가능성이 높으며, 사회적 · 신체적 가해를 암시하는 단서들에 적절히 반응하지 못할 가능성이 높다(Nettle, 2006).

일반적으로 적응적이라 여겨지는 특질의 부적응적 이형

　보통 적응적인 강점으로 여겨지는 특질들 또한 부적응적인 이형(variant)이 존재할 수 있다(Widiger, 2011). 예를 들어, FFM의 성실성은 능숙함(competence)과 질서정연함(orderliness), 훈련됨(discipline), 성취지향적인(achievement-striving), 신중함(deliberation)을 포함하고 있다(Costa & McCrae, 1992). 많은 수의 연구들은 사람들이 이러한 특질들의 부적응적인 극단의 형태[완벽주의(perfectionism), 강박 성향(compulsivity), 외곬수이고 완강한(single-minded doggedness), 일중독(workaholism), 반추적 신중함(ruminative deliberation)]를 취할 수 있음을 제시하였다(Samuel & Widiger, 2011).

　Samuel, Riddell, Lynam, Miller, 그리고 Widiger(2012)는 실제로 FFM의 이론적 관점을 이용하여 강박성 성격장애(obsessive-compulsive personality disorder: OCPD) 관련 측정도구를 개발하기도 했다. 이 도구의 명칭은 Five-Factor Obsessive-Compulsive Inventory(FFOCI)로 성실성의 부적응적인 이형[완벽주의, 깐깐하고 까다로움(fastidiousness), 꼼꼼함(punctiliousness), 완고함(doggedness), 일중독, 반추적 신중함]을 측정하는 6개의 하위 척도들로 구성되어 있다. 이들에 따르면 제시된 6개의 하위 척도들은 모두 FFM 성실성 및 OCPD 관련 측정치들과 중간 정도에서 강한 정도로 상관관계를 맺는 것으로 나타났다.

Crego, Samuel, 그리고 Widiger(2015)는 Inventory of Personal Characteristics(Tellegen & Waller, 1987)의 믿음성/신뢰성 척도(dependability scale)나 Zuckerman-Kuhlman-Aluja Personality Questionnaire(Aluja, Kuhlman, & Zuckerman, 2010)의 활기(activity), International Personality Item Pool-NEO(IPIP-NEO)(Goldberg et al., 2006)의 성실성, 5-Dimensional Personality Test(Van Kampen, 2012)의 질서정연함과 같은 추가적인 성실성 관련 척도들도 포함하여 위의 결과들을 재확인하였다. FFOCI의 6개 부적응적 성실성 척도들은 제시된 4개의 성실성 척도들과 일관된 관계를 맺고 있는 것으로 확인되었다. 예를 들어, IPIP-NEO의 성실성과의 상관계수는 .52(반추적 신중함)에서 .70(완벽주의)인 것으로 나타났다.

FFM의 우호성은 순종성(being compliant)과 다른 사람을 잘 믿는(trusting), 겸손한(modest), 이타적인(altruistic) 성향으로 구성된다. 일반적으로는 우호적인 성격이 적대적인 성격보다 낫다고 보는 경향이 있다. 하지만 어떤 사람은 너무 순종적이거나 사람을 너무 잘 믿고, 지나치게 겸손하거나 과도하게 이타적이라는 점 또한 분명한 것 같다. 실제로 과도한 우호성의 범주 안에 포함될 수 있는 부적응적인 특질 용어들이 있다. 예를 들어, 잘 속는 것(gullibility)이나 자기몰각(self-effacement), 굴종(subservience), 복종(submissive), 유순해서 다루기 쉬운(docile), 굽실거리는(servile), 매달리는(clinging), 무방비의(defenseless), 자기를 돌보지 않는(selfless), 묵종하는(acquiescent) 등의 용어들이 여기에 해당한다(Coker, Samuel, & Widiger, 2002). 이러한 특질들은 의존성 성격장애를 암시하는 것들이다(Gore & Pincus, 2013).

Gore, Presnall, Lynam, Miller, 그리고 Widiger(2012)는 FFM의 이론적 관점을 이용해 의존성 성격장애(dependent personality disorder: DPD)를 측정하는 도구를 개발하였다. 이 도구의 이름은 Five-Factor Dependent Inventory(FFDI)이며, 신경증 성향에서 추출한 척도들[분리 불안정성(separation insecurity), 비관주의(pessimism), 창피스러움(shamefulness), 무력함(helplessness)]과 우호성에서 추출한 척도들(잘 속음, 자기를 돌보지 않음, 굴종, 자기를 몰각하는)로 구성되어 있다. Gore와 동료들(2012)은 DPD 측정도구들과의 관계뿐만 아니라 FFM의 다른 영역들과의 관계 또한 분석하여 이 측정도구의 타당도를 확인하였다. FFM의 다른 영역들은 NEO Personality Inventory-Revised(NEO PI-R)(Costa & McCrae, 1992)과 NEO PI-R 우호성 척도를 실험적으로 조작한 버전(적응적인 NEO PI-R 문항들의 부적응적 변형과 부적응적인 문항들의 적응적 변형으로 구성되어 있음)(Haigler & Widiger, 2001), Interpersonal Adjectives Scale-Big Five(Trapnell & Wiggins, 1990)로 평가하였다.

종합하면, 제시된 연구들은 성격적 특질을 '긍정적인 것'이나 '부정적인 것'으로 이해하는 것은 지나치게 단순하며, 경험적 증거들도 이러한 가정을 지지하지 않는다는 것을 제시하고 있다. 특질은 발현되는 정도나 맥락에 따라 긍정적인 결과와 부정적인 결과를 모두 나타낼 수 있는 것으로 인식되어야 하는 것이다.

성격장애의 정신의학적 개념

미국정신의학회(American Psychiatric Association: APA)의 『정신질환의 진단 및 통계 편람 (Diagnostic and Statistical Manual of Mental Disorders: DSM-5)』(APA, 2013)에는 성격장애 진단에 대한 섹션이 포함되어 있다. 성격 특질 때문에 사회적·직업적 활동에서 심각한 수준의 손상을 경험하게 되면(혹은 주관적인 고통을 경험하게 되면) 성격장애가 있는 것으로 간주할 수 있다. DSM-5에는 10개의 성격장애 유형(반사회성 성격장애, 회피성 성격장애, 경계선 성격장애, 연극성 성격장애, 자기애성 성격장애, 편집성 성격장애, 분열성 성격장애, 분열형 성격장애, 의존성 성격장애, 강박성 성격장애)이 포함되어 있다.

성격장애들과 관련해서는 긍정적으로 볼 만한 것이 거의 없다. 하지만 FFM의 부적응적 성격 특질들이 특수한 환경 맥락 내에서는 개인적인 이득 혹은 유익과 관련되어 있듯이(Nettle, 2006), 성격장애들 중 일부에서도 어떤 장점을 발견할 수 있을 것이다. 강박성 성격장애에서 발견되는 일중독 경향성은 직업적인 성공과 관련이 있는 것으로 확인되어 왔다(Samuels & Costa, 2012). 자기애성 성격장애에서 나타나는 오만한 자기확신(self-confidence)이나 찬사를 추구하는 경향성(acclaim-seeking) 또한 유사한 이익을 가져다주는 것으로 확인되었다(Ackerman, Witt, Donnelan, Trzesniewski, Robins, & Kashy, 2011; Miller & Campbell, 2011). 의존성 성격장애 환자들의 기꺼이 순종하고자 하는 태도는 관계의 유지에 매우 큰 도움이 된다(Bornstein, 2012). 그럼에도 불구하고, 제시된 성공적인 결과들은 논란거리가 되어 왔다(Pincus & Lukowitsky, 2010; Crego & Widiger, 인쇄 중). 성격장애를 '장애(disorder)'로 만드는 것은 바로 현저한 부적응이기 때문이다(Livesley, 2007).

성격장애는 정신장애들 중에서도 낙인찍힐(stigmatizing) 가능성이 높은 장애들 중 하나이다(Millon, 2011). 이 장애는 자아동질적(egosyntonic)이라는 측면에서 비교적 고유하다(Tyrer, 2009). 불안장애나 기분장애, 물질사용장애와 같은 다른 정신장애들은 '개인에게 어떤 일이 일어나는 것'을 포함하기 때문에 자아이질적(egodystonic)인 것으로 경험된다. 정신장애를 경험하는 대부분의 사람들은 이렇게 무언가가 그들에게 닥쳐 왔다고 여기며, 그것을 극복하길 원한다. 이는 신체적인 질병이나 부상을 겪게 되었을 때의 경험과 유사한 것으로 볼 수 있다. 반면 성격장애는 무언가가 일어난 것으로 경험되지 않는다. 그것은 그 사람 자체인 것이다(Millon, 2011). 그것은 곧 자기 자신에 대해 생각하는 방식이자 다른 사람들과 관계 맺는 방식이며, 하루 대부분의 시간 동안 행동하는 방식이자 살아온 생의 대부분의 시간 동안 행동해 온 방식인 것이다.

　이러한 이유 때문에, 성격장애를 치료받기 위해 실제로 치료기관을 방문하는 사람은 거의 없다(Tyrer, 2009). 자신의 자기애적 성향이나 강박적 성격, 의존성 성격을 치료받기 위해 직접 찾아오는 사람은 거의 없다는 말이다. 경계선 성격장애나 회피성 성격장애는 예외로 간주되고 있는데, 그것은 아마도 이들 성격장애가 상당한 수준의 부정적 정동을 경험하기 때문일 가능성이 있다(Widiger, 2009). 사람들은 보통 자신의 성격적 특질을 편안하게 여긴다. 심지어 자신의 특질이 삶의 문제들의 주요 원인일 때에도 그렇게 여긴다. 성격장애를 가지고 있는 사람들도 자신의 삶이 문제투성이이며 스트레스와 실패, 혼란, 갈등으로 가득 차 있다고 여기지만, 그들은 보통 다른 사람들이나 상황, 기회, 운명, 혹은 자기 자신을 제외한 대부분의 것들을 탓한다(Millon, 2011).

　성격장애의 이러한 자아동질적 특성을 고려하면, 성격장애가 낙인찍힐 가능성에 대해 특별히 염두에 두지 않아도 좋을 것이라 판단할 사람이 있을지 모르겠다. 성격장애를 가지고 있는 사람들은 장애의 존재 자체를 인식하지 못할 것이기 때문이다. 하지만 바로 이러한 자아동질적 특성 때문에, 진단을 내리거나 인정하는 것이 어려워질 수 있는 것이다. 만일 성격장애 진단이 내려졌다면, 그것은 그 사람 자체가 정신장애라는 것을 의미한다. 그것은 곧 그 사람의 자기에 대한 감각(sense of self)과 삶의 방식, 다른 사람들과 관계 맺는 방식 자체가 정신장애임을 암시하는 것이다. 요컨대, 기본적인 자기에 대한 감각이나 다른 사람들과 관계 맺는 방식 자체가 정신장애임을 제시하는 것은 상당한 낙인효과를 유발할 가능성이 있다.

　APA의 진단 매뉴얼 4판(APA, 1994)의 저자들은 거식증(anorexia)을 가지고 있는 사람을 거식증적(anorexic)이라고 기술하지 않도록 지시를 받았다. 마찬가지로 정신분열증(schizophrenia)을 가지고 있는 사람을 정신분열적(schizophrenic)이라 기술하지 않고, 양극성장애(bipolar mood disorder)를 가지고 있는 사람을 양극적(bipolar)이라고 기술하지 않도록 지시 받았다(Frances, First, & Pincus, 1995). 인간은 정신장애와 동일하지 않다. 특정한 정신장애가 존재하는 것 이상의 많은 것들이 각 사람에게 있는 것이다. 같은 논리를 성격장애 진단에도 적용할 필요가 있다. 사람들은 누군가가 나르시시스트(narcissist)라거나 사이코패스(psychopath)라는 말을 쉽게 하지만, 성격장애를 가지고 있는 사람들이 성격장애 그 이상이라는 것은 명백하다. 성격장애가 개인의 특징적인 사고방식과 감정을 경험하는 방식, 다른 사람들과 관계 맺는 방식과 관련이 있기는 하지만, 동일한 성격장애를 가지고 있는 사람들도 현저하게 다른 성격을 나타낸다는 사실이 점점 더 분명해지고 있다(Clark, 2007; Widiger & Trull, 2007). 사실 DSM-5의 각 성격장애들은 특정한 부적응적 성격 특질 세트만을 다루고 있다. DSM-5 성격장애로 진단되는 사람들은 추가적인 성격 특질들을 가지고 있을 것이며, 그러한 특질들 중 많은 수는 적응적인 강점일 수 있다.

동일한 성격장애로 진단된 사람들도 특정 성격장애의 특질 전체를 공유할 가능성은 낮다는 사실 또한 분명하게 확인되고 있다(Clark, 2007). DSM-III(APA, 1980)는 구체적인 진단기준 세트가 포함된 첫 번째 APA 진단 매뉴얼이었다(Spitzer, Williams, & Skodol, 1980). 이 매뉴얼에 제시된 일부 성격장애들은 제시된 특질을 모두 만족해야 진단될 수 있었다(APA, 1980). 이러한 단일 기준(monothetic criterion)을 적용한 것은 동일한 진단을 부여받은 모든 사람들이 반드시 해당 성격장애의 모든 특징을 공유하도록 하기 위함이었다. 하지만 각각의 성격장애를 가진 것으로 여겨진 대부분의 사람들이, 매뉴얼에 제시된 특징들을 모두 가지고 있지는 않다는 사실이 금세 드러나고 말았다. 결국 DSM-III-R(APA, 1987)에서는 제시된 특징들 중 일부 하위 세트를 만족하면 되는 다중 기준(polythetic criterion) 체계로 변경되었다(Widiger, Frances, Spitzer, & Williams, 1988). 이러한 다중 기준체계는 성격장애 환자들의 실제 성격구조를 더 정확하게 반영하고 있다. 하지만 이 체계로 인해 동일한 진단을 공유하는 사람들 사이에서 상당한 수준의 이질성(heterogeneity)과 비유사성(dissimilarity)이 나타나게 되었다. 예를 들어, 강박성 성격장애를 진단하기 위해서는 전체 8개의 증상들 중 어떤 것이든 4개를 만족해야 한다(APA, 2013). 이 말은 강박성 성격장애 진단을 공유하는 두 사람이 서로 공유하는 특징이 하나도 없을 수 있다는 것을 의미한다. 공유하는 증상은 없어도 각각 4개의 증상을 가지고 있으면 진단될 수 있기 때문이다. 사실 8개의 증상들 중 4개 혹은 그 이상의 서로 다른 잠재적인 조합은 163개에 이른다(Samuel et al., 2012). DSM-5 성격 및 성격장애 작업 집단(Personality and Personality Disorder Work Group: PPDWG)의 의장이었던 Skodol(2012)이 DSM-IV의 경계선 성격장애 진단기준과 관련하여 언급한 대로, "진단기준 목록(예: 9개)에서 최소 몇 개(예: 5개) 이상을 만족시키면 되는(필수 기준은 하나도 없는) DSM의 다중 기준체계는 심각한 수준의 이질성을 초래하고 말았다"(p. 36). 실제로 경계선 성격장애 진단기준을 만족시킬 수 있는 조합은 256가지나 된다(Johansen, Karterud, Pedersen, Gude, & Falkum, 2004). 동일한 진단을 받은 사람들 간의 이질성이나 비유사성은 각 성격장애의 병인(etiology)을 밝히고 치료방안을 수립하는 과정을 상당히 복잡하게 만든다. 하지만 이러한 현상은 DSM-IV의 성격장애들이 동질적인 증후군이 아니라는 현실을 정확하게 반영하는 것이기도 하다(Clark, 2007; Widiger & Trull,

2007).

동일한 성격장애 진단을 공유하는 사람들에게서 확인되는 또 다른 양상은 이들이 추가적인 부적응적(혹은 적응적) 성격 특질을 보유하고 있다는 것이다(Skodol, 2012). 환자들을 보면 단 하나의 성격장애 진단기준만 만족하는 경우가 거의 없다. 다중진단(multiple diagnoses)은 예외적인 것이라기보다 오히려 일반적인 것이라 볼 수 있다(Trull & Durrett, 2005; Clark, 2007; Widiger & Trull, 2007). 둘 이상의 진단이 동시에 내려지는 것은 DSM-5 성격 및 성격장애 작업 집단이 중요하게 고려했던 문제였다. 이들은 이 문제를 해결하기 위해 성격장애 진단의 절반 정도를 제거하는 것을 제안하기도 했다(Skodol, 2010). 이러한 방법은 매우 가혹한 해결책이 되었을 가능성이 있다(Widiger, 2011). 논란의 여지가 있기는 하지만, 성격장애를 적절하게 포괄하지 못하는 것 또한 비슷하게 문제가 될 수 있기 때문이다(Westen & Arkowitz-Westen, 1998; Verheul & Widiger, 2004). 그럼에도 불구하고 이러한 제안은 문제의 중요성에 대한 분명한 증거라고 볼 수 있다. 실제로 성격장애의 공존현상은 준임상 사례(subthreshold cases)들까지 고려하면 더욱 커지게 된다. 자기애성 성격장애로 진단받은 어떤 사람은 반사회성 성격장애 진단기준을 만족하지는 못할지라도 반사회성 성격 특질 일부를 보유하고 있을 가능성이 있는 것이다.

동일한 성격장애를 가지고 있는 사람들 사이에서의 이질성이나 다른 성격장애의 특질을 추가적으로 나타내는 것은, 사람(성격장애 환자 포함)이 하나의 단어나 하나의 진단, 혹은 특정한 성격 특질 집합으로 충분히 기술되지 않는다는 것을 반영한다. 성격과 마찬가지로, 성격장애 또한 단순히 부정적인 특질들의 조합으로만 볼 수는 없다. 각 사람은 비교적 고유한 성격 특질의 집합을 지니고 있을 것이며, 이러한 특질들은 긍정적일 수도 부정적일 수도 있을 것이다. 또한 개인의 특정한 특질들의 집합은 다른 대부분의 사람들과 공유되지 않을 것이다. 정리하면, 성격구조의 복잡한 패턴은 하나의 특정 증후군을 반영하는 진단적 범주로 충분히 기술되지 않는 것으로 보인다. 좀 더 정확한 기술방법은 범주적인(categorical) 것이 아니라 차원적인(dimensional) 방법일 것이다(Widiger, Simonsen, Krueger, Livesley, & Verheul, 2005; Skodol, 2012).

성격장애의 5요인 모형

FFM은 성격 특질 용어들에 대한 요인분석을 통해 도출된 것이기 때문에, 일반적인 성격구조를 포괄적으로 기술한다. 또한 다른 모든 성격 모형들을 포괄하는 능력 면에서도 상당히 튼튼한 모형이라고 볼 수 있다. "Big Five 분류체계의 큰 강점 중 하나는, 넓은 추상적 수준에서 기존 성격 특질 시스템들의 공통 부분(commonalities)을 포착하여, 통합적인 기술적 모형(descriptive model)을 제공한다는 점이다"(John et al., 2008, p.139). 실제로 FFM 은 기존의 많은 경험 연구들과 개관연구들에서 다양한 성격 척도들을 비교/대조하거나 통합하는 도구로 사용되어 왔다(Goldberg, 1993; Ozer & Reise, 1994; Funder, 2001; McCrae & Costa, 2003).

　　FFM은 정상(normal) 성격기능뿐만 아니라 이상(abnormal) 성격기능을 포괄함에 있어서도 비교적 튼튼한 모형이다(Widiger & Costa, 1994). 실제로 FFM이 DSM-IV(현재는 DSM-5) 성격장애의 증상과 특질들을 성공적으로 설명한다는 사실은 많은 연구들에서 확인되었다(Saulsman & Page, 2004; O'Connor, 2005; Clark, 2007; Samuel & Widiger, 2008). 또한 DSM-5 체계 내에서 다루어지지 않은 추가적인 부적응적 성격기능들도 FFM에 의해 설명되는 것으로 확인되었다[예: 정신병질 성향(psychopathy), 감정표현불능증(alexithymia), 편견(prejudice)]. Livesley(2001)는 FFM을 이용한 성격장애 연구들을 검토한 뒤, "DSM의 모든 범주적 진단들은 5요인 체계 내에 담을 수 있다"고 결론지었다(p. 24). Markon, Krueger, 그리고 Watson(2005)은 정상 성격기능과 이상 성격기능을 측정하는 수많은 도구들에 대해 메타분석과 탐색적 위계요인분석(exploratory hierarchical factor analyses)을 실시하였는데, 이들 또한 일관되게 5요인 모형을 확인하였다. 이들은 확인된 5요인 모형이 "기존 문헌들에서 흔하게 기술되었던 Big Five 구조(신경증 성향, 우호성, 외향성, 성실성, 개방성)와 매우 유사하다"고 지적하기도 했다(p. 144). Clark(2007)이 표현한 대로 "성격 5요인 모형은 정상 성격 특질과 이상 성격 특질의 상위 구조를 대표하는 것으로 널리 받아들여지고 있다"(p. 246).

　　달리 말하면, FFM은 적응적 성격 특질과 부적응적 성격 특질을 모두 포괄하는 통합적인 성격구조 모형으로 한 개인이나 환자의 고유한 성격 프로파일을 제공할 수 있는 잠재력을 가지고 있다는 것이다. 이러한 접근을 이용하는 것은 많은 장점이 있다(Widiger, Samuel, Mullins-Sweatt, & Crego, 2012). FFM은 특정한 범주에 개인을 강제적으로 할당해 넣지 않는다. 즉, 충분히 정확한 기술을 제공하지 못하고, 중요한 성격적 특질(성격적 강점 포함) 또한 포착하지 못하며, 개인이 가지고 있지 않은 진단적 증후군에 속하는 특질을 포함하고 있는 범주에 억지스럽게 할당해 넣지 않는 것이다. 오히려 임상가로 하여금 실제로 존재하는 특질들(적응적인 성격적 강점과 부적응적 역기능 포함)을 정밀하게 반영하는 개별화된 프로파일을 제공하도록 돕는다. 이러한 형식의 진단적 기술은 진단적 범주보다 훨씬 더 정밀하고 정확하다. 때문에 치료나 연구, 보험, 혹은 다른 임상적 의사결정 측면에서 명백하게 더 유익하다.

개인의 성격적 강점과 부적응적·문제적 특질을 인식하는 능력은 성격장애 평가 및 진단과 관련된 낙인 문제를 다루는 데에도 도움이 될 수 있다. 성격장애에 대한 FFM은 두 가지 방법으로 낙인 문제를 다룰 수 있을 것이다. 첫째, FFM은 성격장애를 겪지 않는 사람들에게 적용하는 것과 동일한 기술적 모형을 성격장애 환자들에게도 적용한다. 두 유형의 사람들에게 동일한 언어가 사용되는 셈이다. 성격장애는 더 이상 정상 성격기능과 질적으로 다른 무언가로 여겨지지 않는다. 오히려 모든 사람들에게 존재하는 동일한 특질의 부적응적인 이형이나 극단적인 이형으로 이해될 뿐이다(Widiger & Trull, 2007).

둘째, 성격장애에 대한 FFM은 성격장애로 진단된 사람들이 지니고 있는 성격적 강점을 인식한다. FFM 체계 내에서 환자들은 더 이상 정신병질적(psychopathic)이라거나 경계선적(borderline), 혹은 자기애적(narcissistic)인 존재가 되지 않는다. 이들이 정신병질적인 성격 특질이나 경계선적 성격 특질, 혹은 자기애적 성격 특질을 가질 수 있는 것은 사실이지만, FFM은 개인이 성격장애 이상의 존재임을 인식하고 인정하는 좀 더 완전한 이해를 제공한다. 현저하게 부적응적인 성격 특질이 존재할지라도, 개인이 지닌 자기(self)의 또 다른 측면은 적응적일 수 있으며, 심지어는 칭찬할 만한 것일 수 있음을 인식할 수 있도록 돕는 것이다.

"이러한 강점들 중 일부는 상당 부분 치료와도 관련이 있을 수 있다. 예를 들어, 경험에 대한 개방성은 탐색적 심리치료에서 흥미와 관심으로 나타날 수 있을 것이며, 우호성은 집단치료에서 참여(engagement) 정도로 나타날 수 있을 것이다"(Widiger & Mullins-Sweatt, 2009, p. 203). Sanderson과 Clarkin(2013)은 FFM을 이용한 평가와 치료계획의 이득에 대해 기술한 바 있는데, 특히 성실성의 평가를 중요하게 다루었다. "(경계선 성격장애) 환자들에게서는 성실성과 관련된 특징들이 높게 나타나지 않는 것이 일반적이지만, 만일 높게 나타났다면 변증법적 행동치료 프로그램의 요구 사항이나 엄격한 지침들에 대한 좋은 반응성의 징조로 볼 수 있다"(p. 342). 변증법적 행동치료(dialectical behavior therapy: DBT)는 요구 사항이 많은 치료요법이다. 환자들은 집단교육 모임에 참여해야 하며, 사회 기술(social skill) 관련 숙제를 해야 하고, 마음챙김(mindfulness) 명상 훈련에도 참여해야 한다(Stepp, Whalen, & Smith, 2013). 성실성 수준이 높은 사람들은 이러한 프로그램을 충실하게 완료할 가능성이 훨씬 높다. Stone(2002)은 경계선 성격장애 환자들에 대한 정신역동적 치료(psychodynamic therapy)를 실시하는 과정에서, 치료와 관련된 의사결정을 내릴 때 FFM의 영역(domain)들과 하위 요인(facet)들을 사용한 바 있다. 그에 따르면, "신경증 성향과 우호성 척도는 경계선 환자들의 병리적 측면을 포착하지만(DSM 문항들이 그런 것처럼), 외향성과 성실성, 개방성 척도는 직장에서의 인내(perseverance)와 사회적 능력, 새로운 아이디어에 대한 개방성 관련 이슈들에 대한 중요한 정보를 제공한다"(p. 412). Stone(2002)이 제안한 바와 같이, "이러한 특징들은 치료에 대한 순응도(amenability)를 결정하는 데 중요한 역할을 한다"(p. 412).

Krueger와 Eaton(2010) 또한 경계선 성격장애 진단을 받은 한 사람이 어떻게 치료에 도움이 되는 높은 개방성과 외향성을 가질 수 있는지에 대해 기술한 바 있다. "누군가의 개방성이 높다는 것은, 행동의 내재된 동기와 깊이를 탐색하는 치료적 접근에 개방적일 것임을 암시할 수 있다"(Krueger & Eaton, 2010, p. 102). 탐색적인 심리치료에서는, 개인이 지닌 삶의 문제와 현재 혹은 과거의 대인관계에 대한 대안적 관점을 탐색할 수 있는 자기반성 능력 및 호기심을 필요로 한다. 개방성이 높은 사람들은 이러한 치료적 접근에 잘 맞을 가능성이 높다. 하지만 성격장애를 가진 사람들의 적응적 강점에 대한 체계적인 연구는 지금까지 거의 진행되지 않았다. 따라서 향후 연구에서 중점적으로 다루어야 할 주제는 성격장애로 진단된 사람들의 추가적인 성격적 특질을 고려하는 것이 잠재적으로 어떤 기여를 할 수 있는지 경험적으로 확인하는 것이다. 다른 형태의 정신병리를 가진 환자들의 치료결과를 예측하는 측면에서 FFM이 지닌 잠재적 가치에 대해서는 소수의 산발적인 연구들이 진행된 바 있다(예: Ogrodniczuk, Piper, Joyce, McCallum, & Rosie, 2003; Talbot, Duberstein, Butzel, Cox, & Giles, 2003). 일화적인 임상 경험들을 보면 성격장애 환자들에 대한 치료를 계획할 때 중요한 기여를 할 수 있다는 것을 알 수 있지만(Stone, 2002; Sanderson & Clarkin, 2013; Stepp et al., 2013), 무엇보다 필요한 것은 성격장애 환자 샘플을 이용하여 치료결과나 중요한 사회적·임상적 기능 수준에 대해 체계적으로 탐색하는 경험적 연구들일 것이다.

임상적 유용성 연구

임상적 유용성 측면에서 FFM과 APA 진단 범주를 직접적으로 비교한 연구들이 많이 있다(Mullins-Sweatt & Lengel, 2012). Samuel과 Widiger(2006)는 임상가들에게 실제 사례에 대한 짧은 글을 보여 준 뒤, DSM-IV 성격장애 진단과 FFM의 5개 영역(domain) 및 30개 하위 요인(facets)[McCrae와 Costa(2003)의 구분법을 이용함]을 이용해 각 사례를 기술하도록 요청했다. 이들에 따르면, 임상가들은 개인의 성격에 대한 전체적인 기술을 제공하는 능력 면이나 내담자들에게 정보를 전달하는 능력 측면, 효과적인 치료계획 수립에 도움이 되는 측면에서 DSM-IV보다 FFM을 더 높게 평가했다.

Mullins-Sweatt과 Widiger(2011)는 임상가들에게 그들의 성격장애 환자들 한두 명을 제시한 뒤 FFM과 DSM-IV 체계를 이용해 이들을 기술하도록 요청했다. 일부 사례들은 DSM-IV의 10개 성격장애들 중 하나의 기준을 만족시키는 내담자였고, 나머지 사례들은 달리 구분되지 않는 성격장애(personality disorder not otherwise specified: PDNOS) 진단을 받은 내담자였다. PDNOS는 성격장애이기는 하지만 기존의 10개 범주들로는 잘 기술되지 않는 환자들에게 부여하는 일종의 쓰레기통 진단(waste-basket diagnosis)이다. 임상가들은 두 경우 모두 개인의 성격에 대한 전체적인 기술을 제공하는 능력 면이나 내담자들에게 정보를 전달하는 능력 측면, 개인의 성격적 문제들을 포괄하는 능력 측면에서 DSM-IV보다 FFM이 현저하게 더 유용하다고 평가했다. 특히 임상가들은 PDNOS와 관련하여, FFM이 적용의 용이성이나 전문적 의사소통 측면에서 중간에서 높은 정도로 유용하다고 보고하였다. FFM의 임상적 유용성에 대한 완벽한 개요는 Mullins-Sweatt과 Lengel(2012)의 연구에 제시되어 있다.

DSM-5와 FFM

DSM-5 성격장애 섹션의 저자들은 본래 부적응적 특질에 더해 긍정적이고 적응적인 특질 또한 포함시키려는 의도를 가지고 있었다(Krueger & Eaton, 2010). 이는 작업 집단의 명칭(성격과 성격장애)에서도 분명하게 드러나고 있다(Skodol, 2012). 하지만 이러한 의도는 곧 폐기되고 말았다.

DSM-5 성격 및 성격장애 작업 집단(PPDWG)의 최종 제안에는 FFM에 맞게 조정하여 5개 영역으로 구성한 차원적 특질 모형이 포함되어 있었다. DSM-5에 진술되어 있듯이, "여기에 제시된 5개의 넓은 영역은, 'Big Five', 혹은 '성격의 5요인 모형(Five-Factor Model of Personality)'으로 잘 알려져 있는, 광범위하게 타당화되고 재검증된 성격 모형에 포함된 5개 영역의 부적응적 이형들이다"(APA, 2013, p.773). 하지만 이 제안은 적응적 특질들을 전혀 포함하고 있지 않았다.

차원적 특질 모형에 대한 제안은 훨씬 더 복잡한 다른 제안들과 함께 제출되었다. 여기에는 4개의 진단을 제거하는 것과, 구체적(specific)이고 명시적인(explicit) 진단기준 세트를 성격장애 진단에 대한 새로운 하이브리드 모형(이 모형은 아직까지 경험적 연구의 대상이 된 적이 없었다.)으로 교체하는 것이 포함되어 있었다(Skodol, 2012). 또한 정신역동 문헌에서 차용한 자기에 대한 감각과 대인관계에서의 결함을 포함하도록 성격장애 정의를 확장하는 것도 포함되었다(Bender, Morey, & Skodol, 2011; Kernberg, 2012). 과학심사위원회(Scientific Review Committee)는 이 모든 제안을 거절했다(Kendler, 2013).

이러한 제안들이 모두 거절된 이유는 아직 충분히 밝혀지지 않았다(Gunderson, 2013; Krueger, 2013; Skodol, Morey, Bender, & Oldham, 2013; Widiger, 2013). 성격장애 섹션을 차원적 특질 모형으로 변경하는 것에 대해서 큰 반대가 있었다는 점은 분명하다(예: Gunderson, 2010; Shedler et al., 2010). Miller와 Lynam(2013)은 PPDWG가 차원적 특질 모형 제안을 위한 경험적 증거를 적절히 제시하지 않았다는 점을 지적했다. 성격장애에 대한 FFM을 지지하는 경험적 증거들은 상당히 많지만(Widiger, Costa, Gore, & Crego, 2013), PPDWG는 이런 연구들을 거의 인용하지 않았다. Blashfield와 Reynolds(2012)는 최종 제안문의 참고문헌들을 체계적으로 검토한 뒤, 단 하나의 FFM 연구만 인용되었다는 사실을 지적한 바 있다. Lilienfeld, Watts, 그리고 Smith(2012)나 Livesley(2012)가 언급한 바와 같이, 이것은 PPDWG의 구성원들이 FFM에 대해 어느 정도 양가적인 태도를 가지고 있었다는 점을 반영한다. 최종 제안문에서는 FFM과 일치하는 방향으로 조정했다고 진술되어 있지만, 초기의 제안문에서는 FFM과는 분명하게 구별되는 6개 영역을 지닌 모형을 제시했었다(Clark & Krueger, 2010). 이것이 차원적 특질 모형에 대한 반대 의견을 부채질한 것이다. Shedler 등(2010)이 주장한 바와 같이, "최종 모형은 더 이상 수십 년간의 연구에 기초하지 않게 되었다. 이 수십 년의 연구가 차원 모형을 포함시키는 가장 중요한 이유였음에도 말이다"(p. 1027). First(2014)가 제안한 바와 같이, 작업 집단이 숙고 끝에 FFM을 채택한 것은, 그들의 제안에 대한 경험적 지지를 강화하기 위한 마지막 시도였을 수 있다. 그럼에도 불구하고, DSM-5를 위해 제안했던 차원적 특질 모형은 이후 많은 양의 경험적 연구들의 지지를 얻게 되었다(Krueger & Markon, 2014). FFM과의 일치도를 지지하는 연구들도 여기에 포함된다(예: Thomas, Yalch, Krueger, Wight, Markon, & Hopwood, 2012; De Fruyt, De Clerq, De Bolle, Willie, Markon, & Krueger, 2013; Gore & Widiger, 2013; Wright & Simms, 2014; Griffin & Samuel, 인쇄 중).

적응적 특질과 부적응적 특질의 통합적 평가

성격장애에 대한 기술, 혹은 평가와 관련하여 공통적으로 제기되는 FFM에 대한 비판한 가지는, 현재 사용되고 있는 FFM 측정도구들이 부적응적인 특질 이형을 평가함에 있어 적정한 수준의 정확도(fidelity)를 가지고 있지 못하다는 점이다(예: Reynolds & Clark, 2001; Krueger, Eaton, Derringer, Markon, Watson, & Skodol, 2011). 하지만 FFM의 주요 측정도구인 NEO Personality Inventory-Revied(NEO PI-R)(Costa & McCrae, 1992)이 DSM-IV(현재는

DSM-5)의 일부 성격장애들을 타당하게 평가한다는 점은 인정해야 할 것이다. NEO PI-R 은 높은 신경증 성향과 낮은 외향성, 낮은 개방성, 높은 적대성, 낮은 성실성의 부적응적 이형에 대한 평가를 제공한다(Haigler & Widiger, 2001). 이것들은 DSM-IV 성격장애 대부 분과 관련되어 있는(하지만 모두 관련되어 있지는 않은) FFM의 극단들(poles)이다(Lynam & Widiger, 2001). 정상적인(일반적인) 성격기능을 측정하는 도구인 NEO PI-R이 성격장애 중 상당수를 효과적으로 평가할 수 있는 것은 바로 이러한 이유 때문이다(Miller, 2012). 다만 의존성 성격장애와 강박성 성격장애, 분열형 성격장애, 연극성 성격장애의 평가는 예외적 인 경우로 간주되곤 하는데, 이들 성격장애는 부적응적인 우호성과 성실성, 개방성, 외향 성의 중요한 요소들을 각각 포함하고 있기 때문이다(Lynam & Widiger, 2001). NEO PI-R은 제시된 FFM 영역 극단의 부적응적 이형을 측정하는 능력이 매우 제한되어 있다(Haigler & Widiger, 2001).

기존의 FFM 측정도구들이 부적응적 특질을 적절히 포괄하지 못하는 것과 관련된 이 슈는 더 이상 문제가 되지 않는다. FFM의 부적응적 이형을 평가하는 대안적인 측정도 구들이 많이 개발되었기 때문이다. 여기에는 Personality Inventory for DSM-5(Krueger, Derringer, Markon, Watson, & Skodol, 2012)와 Computerized Adaptive Test-Personality Disorder(CAT-PD)(Simms, Goldberg, Roberts, Watson, Welte, & Rotterman, 2011), 일련의 FFM 성격장애 척도들(Widiger, Lynam, Miller, & Oltmanns, 2012)이 포함된다. 이 장에서 특별히 관심을 갖게 되는 도구는 아마도 Structural Interview for the Five Factor Model (SIFFM)(Trull et al., 1998)일 것이다. SIFFM은 비록 낮은 신경증 성향과 높은 외향성, 높은 개방성, 높은 우호성, 높은 성실성의 부적응적 이형을 보다 포괄적으로 평가하도록 개발된 것이지는 하지만, 기본적으로는 NEO PI-R(Costa & McCrae, 1992)을 따르도록 설계되었다. SIFFM에서는 우선 FFM의 하위 요인(facets)들의 적응적인 이형에 대해 평가를 한 뒤, 좀 더 극단적이고 부적응적인 이형을 평가한다. 하나의 측정도구를 이용해 FFM의 각 하위 요인 들의 정상적이고 적응적인 강점들뿐만 아니라 비정상적인 이형들까지도 평가하게 되는 것이다.

De Clercq, De Fruyt, Van Leeuwen, 그리고 Mervielde(2006)는 SIFFM을 따르도록 설 계된 Dimensional Personality Symptom Item Pool(DIPSI)을 개발한 바 있다. 이 도구 는 Hierarchical Personality Inventory for Children(HiPIC)에 포함된 하위 요인들의 부적 응적인 이형을 평가하는 문항들로 구성되어 있다(Mervielde & De Fruyt, 2002). HiPIC는 NEO PI-R과 유사하게 아동 및 청소년들의 정상적이고 적응적인 FFM 특질들을 평가한다. DIPSI는 HiPIC 문항과 척도들의 부적응적인 이형을 평가할 수 있는 도구라고 볼 수 있다.

〈표 18-1〉 5요인 평정 척도(Five-Factor Form)

	부적응적으로 높음 (5)	높음(정상 범위) (4)	중간 정도 (3)	낮음(정상 범위) (2)	부적응적으로 낮음 (1)
신경증 성향					
불안함	두려워하는, 불안한	경계하는, 걱정하는, 조심하는		평안한, 평온한	위험의 조짐을 의식하지 못하는
적대감/분노	격분하는	(불쾌한 감정을 곱씹는, 분하게 여기는, 저항하는)		침착한	착취를 당할 때조차도 저항하지 않는
우울	우울한, 자살경향성이 있는	비관적인, 낙심한		쉽게 낙심하지 않는	비현실적인, 과도하게 낙관적인
자의식	자기 자신에 대해 확신이 전혀 없는, 수치스러워하는	자기를 의식하는, 쑥스러워하는		자신감 있는, 매력적인	일이 가벼운, 뻔뻔한
충동성	충동에 전혀 저항하지 못하는	자기 하고 싶은 대로 하는		절제된	과도하게 절제된
취약함	무력한, 압도되는	연약한		회복력 있는	두려움이 없는, 아무 것도 자신을 겁줄 수 없다고 느끼는
외향성					
따뜻함	강렬하게 애착을 형성하는	다정한, 따뜻한		예의를 갖추는, 감정을 드러내지 않는	차가운, 감정을 드러내지 않는
사교성	관심을 추구하는	사교적인, 활발한, 상냥한		독립적인	다른 사람들과 교류하지 않는, 고립된
주장성	지배적인, 지나치게 밀어붙이는	확신에 찬, 단호한		수동적인	체념한, 영향력이 없는
활동성	정신없이 서두는	정력적인		속도가 느린	무기력한, 몸을 많이 움직이지 않는
흥분추구	신중하지 못한, 무모한	모험적인		조심스러운	따분한, 열의 없는
긍정 정서	멜로드라마 같이 정서가 과장된, 조증적인	활기찬, 쾌활한, 기뻐하는		무덤덤한, 냉철한, 진지한	엄숙한, 냉철한, 무쾌감적인
개방성					
상상/공상	비현실적인, 공상 속에서 사는	상상이 풍부한		실용적인, 현실적인	분명하게 실재하는 것들만 고려하는(concrete)
미학적 관심	기벽적인 관심 및 흥미	미학적 관심 및 흥미		미학적 관심이 적은	미학적 관심이 전혀 없는

감정	감정이 강렬한, 감정이 혼란스러운	감정을 자각하는, 감정을 표현하는	감정을 억제하는, 감정이 둔화된 (감정표현불능증)
행동	행동이 과잉한	행동이 새로운	행동이 기계적인, 관에 박힌 듯 행동하는
생각/관념	생각이 기이한, 기괴한	생각이 창의적인, 호기심이 많은	새로운 생각을 받아들이지 않는 (closed-minded)
가치	급진적인	개방적인, 유연한	교조적인, 도덕적으로 매우 엄격한
우호성			
신뢰	잘 속아 넘어가는	사람을 믿는	냉소적인, 사람을 의심하는
진실함	다른 사람을 전혀 속일 줄 모르는	정직한, 솔직한	요령 있는, 꾀가 많은, 상황 관리에 능한 단어 빼고 기만하는, 부정직한, 다른 사람을 조종하는
이타주의	자기희생적인, 이기심이 전혀 없는	다른 사람들에게 나누어 주는, 무엇을 주는 데 있어서 너그러운	탐욕적인, 이기적인, 착취적인
순응	굴복하는, 굴종하는	협력적인, 말을 잘 듣는, 공손한	전투적인, 공격적인
겸손	자기를 몰각하는, 자기를 폄하하는	겸허한, 겸손한, 잘난 체하지 않는	자신감 있는, 자기를 확신하는, 허풍을 떠는, 허영심이 많은, 허세를 부리는, 오만한
마음이 약함	과도하게 마음이 약한	공감적인, 동정하는, 온화한	냉담한, 무자비한, 인정사정없는
성실성			
능숙함	완벽주의적인	효율적인, 자략 있는	내키지 않아 하는, 헤이한
질서	조직화에 집착하는	조직화된, 체계적인	조심성 없는, 엉성한, 무계획적인
의무감	과도하게 원칙을 따르는	믿을 수 있는, 신뢰할 만한, 책임감 있는	무책임한, 신뢰할 수 없는, 부도덕한
성취	일중독적인, 찬사를 요구하는	목적의식이 있는, 근면한, 야심찬	목표가 없는, 야망이 없는, 종잡을 수 없는
자기훈련	외곬수이고 완강한	자기 훈련이 된, 의지력이 있는	태만한, 쾌락주의적인
신중함	반추적인, 우유부단한	사려 깊은, 사색적인, 신중한	성급한, 경솔한

이 두 가지 도구들을 함께 사용하면, 아동 및 청소년들의 긍정적 성격기능 및 부정적 성격 기능을 통합적으로 평가할 수 있다(De Fruyt & De Clercq, 2014).

Five-Factor Model Rating Form(FFMRF)과 같은 FFM의 단축형 측정도구들도 많이 있다 (Mullins-Sweatt, Jamerson, Samuel, Olson, & Widiger, 2006). FFMRF는 NEO PI-R의 30개 하 위 요인을 평가할 수 있는 1페이지로 구성된 평정 척도(rating form)이며, 임상가 평정 척도 (clinician rating form) 및 자기보고형 척도(self-report inventory) 형태로 여러 연구들에서 사 용되어 왔다(Samuel, Mullins-Sweatt, & Widiger, 2013). 분명하게 구분되어 있지는 않지만, 이 도구 또한 적응적 특질과 부적응적 특질을 모두 포함하고 있다.

Rojas와 Widiger(2014)는 Five Factor Form(FFF)이라는 도구를 개발하기도 했다. FFF 또 한 1페이지로 구성된 척도이며, 평정 척도 혹은 자기보고형 척도 형식으로 사용될 수 있 다. 이 도구에는 30개의 NEO PI-R FFM 하위 요인들이 포함되어 있으며, 다른 도구들과 달리 30개 하위 요인의 60개 극단 모두에 대한 부적응적인 이형과 적응적인(적어도 덜 부적 응적인) 이형이 포함되어 있다. 예를 들어, 우호성 영역의 하위 요인인 겸손함(modesty)의 경우, 5점은 '자기를 지우는(self-effacing) 경향이나 자기를 폄하하는 것(self-denigrating)' (부적응적인)을 반영하며, 4점은 '겸허하고(humble), 겸손하며(modest), 잘난 체하지 않는 (unassuming)' 경향을 반영한다. 3점은 중립을 의미하고, 2점은 '자신감 있고(confident), 자 기에 대한 확신이 있는(self-assured)' 것을 반영한다. 1점은 '허풍을 떨고(boastful), 허영심 이 많으며(vain), 허세를 부리고(pretentious), 오만한(arrogant)' 경향(부적응적인)을 반영한 다. 성실성 영역의 하위 요인인 성취 지향성(achievement-striving)의 경우, 5점은 '일중독적 이고(workaholic), 찬사를 요구하는(acclaim-seeking)' 경향을 반영하고, 4점은 '목적의식이 있고(purposeful), 근면하며(diligent), 야심찬(ambitious)' 경향을 의미한다. 3점은 중립을 의 미하고, 2점은 '근심걱정 없고(carefree), 만족하는(content)' 경향을 반영한다. 1점은 '목표 가 없고(aimless), 야망이 없으며(shiftless), 종잡을 수 없는(desultory)' 경향을 의미한다. FFF 는 한 개인의 적응적 강점뿐만 아니라 적응적 특질의 극단적이고 부적응적인 이형을 기술 하는 데 사용될 수 있다. 예를 들어, FFF를 이용해 평가한 결과 적응적인 특질(disposition) 은 사람을 잘 믿고(trusting) 정직하며(honest), 관대하고(giving), 협력적이고(cooperative), 겸허하고(himble), 공감적인(empathic) 특질인 한편, 부적응적인 특질은 잘 속아 넘어가고 (gullible) 다른 사람을 속일 줄 모르며(guileless), 자기희생적이고(self-sacrificing), 굴종하고 (aubservient), 자기를 폄하하고(slef-denigrating), 마음이 약한(soft-hearted) 특질로 확인될 수 있다. 비슷한 방식으로, 적응적인 특질은 주의 깊고(cautious) 요령 있으며(savvy), 검소 하고(frugal), 비판적이고(critical), 자신감 있고(confident), 강인한(strong) 특질인 한편, 부적응적인 특질은 냉소적이고(cynical) 부정직하며(dishonest), 자기중심적이고(self-centered), 공격적이고(aggressive), 오만하고(arrogant), 냉담한(callous) 특질로 확인될 수 있다. Rojas 와 Widiger(2014)는 FFM 측정도구로서 FFF의 타당도에 대한 기초적인 연구를 제시한 바 있다. 〈표 18-1〉에는 FFF의 모든 문항들이 제시되어 있다.

결론

정상 성격기능과 이상 성격기능을 통합하는 모형은 많은 장점을 가지고 있다. 특히 FFM 과 연계하여 조직화할 때 더욱 그렇다. FFM은 성격구조에 대한 차원 모형으로서 상당한 수준의 구성타당도(construct validity)를 확보하고 있다. 따라서 관련된 아동기 선행요인 (childhood antecedents)이나 행동유전학(behavior genetics), 발달 경과(course), 개인의 삶에 미치는 영향에 대한 연구들은 분명 성격장애의 이해에 중요한 영향을 끼칠 수 있을 것이다 (Widiger & Trull, 2007). 또한 통합적인 차원적 특질 모형을 사용할 경우, 임상가와 연구자 들은 특정 환자의 성격적 강점과 결함을 모두 포함하는 개별화된 성격 프로파일을 구성할 수 있을 것이다.

어떤 사람은 결점을 보완하는 특질이 전혀 없을 수도 있다. 즉, 성격 전체가 문제적 결핍 과 결함, 역기능의 집합일 수 있는 것이다. 하지만 연구들에 따르면 모든 성격 특질은 긍정 적 가능성과 부정적 가능성을 포함하는 연속체(continua)이며, 특질이 발현되는 정도나 표 현되는 맥락에 따라 그 양상이 달라질 수 있다. 따라서 대부분의 사람들은 일종의 성격적 강점을 나타낼 가능성이 있다. 이러한 관점은 성격에 대한 이해를 증진시킬 것이다. 뿐만 아니라 현재 적절히 정의되지도, 적절히 사용되지도 못하고 있는 개념인 성격장애에 대한 이해 또한 증진시킬 것이다. 이 장에서는 이와 관련된 모형을 제시하였으며, 해당 모형을 평가할 수 있는 잠재적인 측정도구들 또한 제시하였다.

📖 참고문헌

Ackerman, R. A., Witt, E. A., Donnellan, M. B., Trzesniewski, K. H., Robins, R. W., & Kashy, D. A. (2011). What does the Narcissistic Personality Inventory really measure? *Assessment, 18*, 67-87. doi.org/10.1177/1073191110382845.

Aluja, A., Kuhlman, M., & Zuckerman, M. (2010). Development of the Zuckerman-Kuhlman-

Aluja Personality Questionnaire (ZKA-P): A factor/facet version of the Zuckerman-Kuhlman Personality Questionnaire (ZKPQ). *Journal of Personality Assessment, 92*(5), 416-431. doi.org/10.1080/00223891.2010.497406.

American Psychiatric Association (APA). (1980). *Diagnostic and statistical manual of mental disorders* (3rd edn.). Washington, DC: APA.

American Psychiatric Association (APA). (1987). *Diagnostic and statistical manual of mental disorders* (3rd edn., rev.). Washington, DC: APA.

American Psychiatric Association (APA). (1994). *Diagnostic and statistical manual of mental disorders* (4th edn.). Washington, DC: APA. doi.10.1176/appi.b00ks.9780890423349.11547.

American Psychiatric Association (APA). (2013). *Diagnostic and statistical manual of mental disorders* (5th edn.). Washington, DC: APA. doi.org/10.1176/appi.books.9780890425596.

Bender, D. S., Morey, L. C., & Skodol, A. E. (2011). Toward a model for assessing level of personality functioning in DSM-5, Part I: A review of theory and methods. *Journal of Personality Assessment, 93*, 332-346. doi.org/10.1080/00223891.2011.583808.

Blashfield, R. K. & Reynolds, S. M. (2012). An invisible college view of the DSM-5 personality disorder classification. *Journal of Personality Disorders, 26*, 821-829. doi.org/10.1521/pedi.2012.26.6.821.

Bornstein, R. F. (2012). Dependent personality disorder. In: T. A. Widiger (Ed.), *Oxford handbook of personality disorder* (pp. 505-526). New York: Oxford University Press. doi.10.1093/oxfor dhb/9780199735013.001.0001.

Clark, L. A. (2007). Assessment and diagnosis of personality disorder: Perennial issues and an emerging reconceptualization. *Annual Review of Psychology, 57*, 277-257. doi.org/10.1146/annurev.psych. 57.102904.190200.

Clark, L. A. & Krueger, R. F. (2010). *Rationale for a six-domain trait dimensional diagnostic system for personality disorder.* Available at: http://www.dsm5.org/ProposedRevisions/Pages/RationaleforaSixDomainTraitDimensionalDiagnosticSystemforPersonalityDisorder.aspx, February 10.

Coker, L. A., Samuel, D. B., & Widiger, T. A. (2002). Maladaptive personality functioning within the Big Five and the FPM. *Journal of Personality Disorders, 16*, 385-401. doi.org/10.1521/pedi.16.5.385.22125.

Costa, P. T. & McCrae, R. R. (1992). *Revised NEO Personality Inventory (NEO PI-R) and NEO Five Factor Inventory (NEO-FM) professional manual.* Odessa, FL: Psychological Assessment Resources.

Crego, C., Samuel, D. B., & Widiger, T. A. (2015). The FFOCI and other measures and models of OCPD. *Assessment, 22*, 135-151. doi.org/10.1177/1073191114539382.

Crego, C. & Widiger, T. A. (in press). Psychopathy and the DSM. *Journal of Personality*.

Crespi, B. (2014). An evolutionary framework for psychological maladaptations. *Psychological Inquiry, 25*, 322-324.

De Clercq, B., De Fruyt, F., Van Leeuwen, K., & Mervielde, I. (2006). The structure of maladaptive personality traits in childhood: A step toward an integrative developmental perspective for DSM-V. *Journal of Abnormal Psychology, 115*(4), 639-657. doi.org/10.1037/0021-843X.115.4.639.

De Fruyt, F. & De Clercq, B. (2014). Antecedents of personality disorder in childhood and adolescence: Toward an integrative developmental model. *Annual Review of Clinical Psychology, 10*, 449-476. doi.org/10.1146/annurev-clinpsy-032813-153634.

De Fruyt, F., De Clerq, B., De Boile, M., Willie, B., Markon, K. E., & Krueger, R. F. (2013). General and maladaptive traits in a five-factor framework for DSM-5 in a university student sample. *Assessment, 20*, 295-307. doi.org/10.1177/1073191113475808.

Del Giudice, M. & Del Giudice, M. (2014). An evolutionary life history framework for psychopathology. *Psychological Inquiry, 25*, 261-300.

First, M. B. (2014). Empirical grounding versus innovation in the DSM-5 revision process: Implications for the future. *Clinical Psychology: Science and Practice, 21*, 262-268. doi.org/10.1111/cpsp.12069.

Frances, A. J., First, M. B., & Pincus, H. A. (1995). *DSM-IV guidebook*. Washington, DC: American Psychiatric Press.

Funder, D. C. (2001). Personality. *Annual Review of Psychology, 52*, 197-221. doi.org/10.1146/annurev.psych.52.1.197.

Goldberg, L. R. (1993). The structure of phenotypic personality traits. *American Psychologist, 48*, 26-34. doi.org/10.1037/0003-066X.48.1.26.

Goldberg, L. R., Johnson, J. A., Eber, H. W., Hogan, R., Ashton, M. C., Cloninger, C., & Gough, H. G. (2006). The international personality item pool and the future of public-domain personality measures. *Journal of Research in Personality, 40*, 84-96. doi.org/10.1016/j.jrp.2005.08.007.

Gore, W. L. & Pincus, A. L. (2013). Dependency and the five factor model. In: T. A. Widiger & P. T. Costa (Eds.), *Personality disorders and the five-factor model of personality* (3rd edn., pp. 163-177). Washington, DC: American Psychological Association.

Gore, W. L., Presnall, J. R., Miller, J. D., Lynam, D. R., & Widiger, T. A. (2012). A five-factor measure of dependent personality traits. *Journal of Personality Assessment, 94*, 488-499. doi.org/10.1080/ 00223891.2012.670681.

Gore, W. L. & Widiger, T. A. (2013). The DSM-5 dimensional trait model and five factor models of general personality. *Journal of Abnormal Psychology, 122*, 816-821. doi.org/10.1037/a0032822.

Griffin, S. A. & Samuel, D. B. (in press). A closer look at the lower-order structure of the Personality Inventory for DSM-5: Comparison with the five-factor model. *Personality Disorders: Theory, Research, and Treatment.*

Gunderson, J. G. (2010). Commentary on "Personality traits and the classification of mental disorders: Toward a more complete integration in DSM-5 and an empirical model of psychopathology." *Personality Disorders: Theory, Research, and Treatment, 1*, 119-122. doi.org/10.1037/a0019974.

Gunderson, J. G. (2013). Seeking clarity for future revisions of the personality disorders in DSM-5. *Personality Disorders: Theory, Research, and Treatment, 4*, 368-378. doi.org/10.1037/per0000026.

Haigler, E. D. & Widiger, T. A. (2001). Experimental manipulation of NEO PI-R items. *Journal of Personality Assessment, 77*, 339-358. doi.org/10.1207/S15327752JPA7702_14.

Johansen, M., Karterud, S., Pedersen, G., Gude, T., & Falkum, E. (2004). An investigation of the prototype validity of the borderline DSM-IV construct. *Acta Psychiatrica Scandinavica, 109*, 289-298. doi.org/10.1046/j.1600-0447.2003.00268.x.

John, O. P., Naumann, L. P., & Soto, C. J. (2008). Paradigm shift to the integrative Big Five trait taxonomy: History, measurement, and conceptual issues. In: O. P. John, R. R. Robins, & L. A. Pervin (Eds.) *Handbook of personality. Theory and research* (3rd edn., pp. 114-158). New York: Guilford.

Judge, T. A., Livingston, B. A., & Hurst, C. (2012). Do nice guys - and gals - really finish last? The joint effects of sex and agreeableness on income. *Journal of Personality and Social Psychology, 102*(2), 390-407. doi.org/10.1037/a0026021.

Kendler, K. S. (2013). A history of the DSM-5 scientific review committee. *Psychological Medicine, 43*, 1793-1800. doi.org/10.1017/S0033291713001578.

Kernberg, O. F. (2012). Overview and critique of the classification of personality disorders proposed for DSM-V. *Swiss Archives of Neurology and Psychiatry, 163*, 234-238.

Krueger, R. F. (2013). Personality disorders are the vanguard of the post-DSM-5.0 era. *Personality Disorders: Theory, Research, and Treatment, 4*, 355-362. doi.org/10.1037/per0000028.

Krueger, R. F., Derringer, J., Markon, K. F., Watson, D., & Skodol, A. E. (2012). Initial construction of a maladaptive personality trait model and inventory for DSM-5. *Psychological Medicine, 42*, 1879-1890. doi.org/10.1017/S0033291711002674.

Krueger, R. F. & Eaton, N. R. (2010). Personality traits and the classification of mental disorders: Toward a complete integration in DSM-V and an empirical model of psychopathology.

Personality Disorders: Theory, Research, and Treatment, 1, 97-118. doi.org/10.1037/a0018990.

Krueger R. F., Eaton, N. R., Derringer, J., Markon, K. E., Watson, D., & Skodol, A. E. (2011). Personality in DSM-5: Helping delineate personality disorder content and framing the meta-structure. *Journal of Personality Assessment, 93*, 325-331. doi.org/10.1080/00223891.2011.577478.

Krueger, R. F. & Markon, K. E. (2014). The role of the DSM-5 personality trait model in moving toward a quantitative and empirically based approach to classifying personality and psychopathology. *Annual Review of Clinical Psychology, 10*, 477-501. doi.org/10.1146/annurev-clinpsy-032813-153732.

Lilienfeld, S. O., Watts, A. L., & Smith, S. F. (2012). The DSM revision as a social psychological process: A commentary on Blashfield and Reynolds. *Journal of Personality Disorders, 26*, 830-834. doi.org/10.1521/pedi.2012.26.6.830.

Livesley, W. J. (2001). Conceptual and taxonomic issues. In: W. J. Livesley (Ed.), *Handbook of personality disorders. Theory, research, and treatment* (pp. 3-38). New York: Guilford.

Livesley, W. J. (2007). A framework for integrating dimensional and categorical classifications of personality disorder. *Journal of Personality Disorders, 21*, 199-224. doi.org/10.1521/pedi.2007.21.2.199.

Livesley, W. J. (2012). Tradition versus empiricism in the current DSM-5 proposal for revising the classification of personality disorders. *Criminal Behavior and Mental Health, 22*, 81-90. doi.org/ 10.1002/cbm.1826.

Lynam, D. R. & Widiger, T. A. (2001). Using the five factor model to represent the DSM-IV personality disorders: An expert consensus approach. *Journal of Abnormal Psychology, 110*, 401-412. doi.org/10.1037/0021-843X.110.3.401.

Markon, K. E., Krueger, R. E., & Watson, D. (2005). Delineating the structure of normal and abnormal personality: An integrative hierarchical approach. *Journal of Personality and Social Psychology, 88*, 139-157. doi.org/10.1037/0022-3514.88.1.139.

McCrae, R. R. & Costa, P. T. (2003). *Personality in adulthood. A five-factor theory perspective, 2nd edn.* New York: Guilford.

Mervielde, I. & De Fruyt, F. (2002). Assessing children's traits with the Hierarchical Personality Inventory for Children. In: B. De Raad & M. Perugini (Eds.), *Big Five assessment* (pp. 129-146). Seattle, WA: Hogrefe & Huber.

Miller, J. D. (2012). Five-factor model personality disorder prototypes: A review of their development, validity, and comparison with alternative approaches. *Journal of Personality, 80*, 1565-1591. doi.org/10.1111/j.1467-6494.2012.00773.x.

Miller, J. D. & Campbell, W. K. (2011). Addressing criticisms of the Narcissistic Personality Inventory (NPI). In: W. K. Campbell & J. D. Miller (Eds.), *The handbook of narcissism and narcissistic personality disorder* (pp. 146-152). New York: John Wiley.

Miller, J. D. & Lynam, D. R. (2013). Missed opportunities in the DSM-5 Section III personality disorder model. *Personality Disorders: Theory, Research, and Treatment, 4*, 365-366. doi. org/10.1037/per0000043.

Millon, T. (2011). *Disorders of personality. Introducing n DSM/ICD spectrum from normal to abnormal* (3rd edn.). New York: John Wiley.

Mullins-Sweatt, S. N., Jamerson, J. E., Samuel, D. B., Olson, D. R., & Widiger, T. A. (2006). Psychometric properties of an abbreviated instrument of the Five-Factor Model. *Assessment, 13*, 119-137. doi.org/10.1177/1073191106286748.

Mullins-Sweatt, S. N. & Lengel, G. J. (2012). Clinical utility of the five-factor model of personality disorder. *Journal of Personality, 80*, 1615-1639. doi.org/10.1111/j.1467-6494.2012.00774.x.

Mullins-Sweatt, S. N. & Widiger, T. A. (2011). Clinicians' judgments of the utility of the DSM-IV and five-factor models for personality disordered patients. *Journal of Personality Disorders, 25*, 463-477. doi.org/10.1521/pedi.2011.25.4.463.

Nettle, D. (2006). The evolution of personality variation in humans and other animals. *American Psychologist, 61*, 622-631. doi.org/10.1037/0003-066X.61.6.622.

O'Connor, B. P. (2005). A search for consensus on the dimensional structure of personality disorders. *Journal of Clinical Psychology, 61*, 323-345. doi.org/10.1002/jclp.20017.

Ogrodniczuk, J. S., Piper, W. E., Joyce, A. S., McCallum, M., & Rosie, J. S. (2003). NEO-five factor personality traits as predictors of response to two forms of group psychotherapy. *International Journal of Group Psychotherapy, 53*(4), 417-442. doi.org/10.1521/ijgp.53.4.417.42832.

Ozer, D. J. & Benet-Martinez, V. (2006). Personality and the prediction of consequential outcomes. *Annual Review of Psychology, 57*, 401-421. doi.org/10.1146/annurev. psych.57.102904.190127.

Ozer, D. J. & Reise, S. P. (1994). Personality assessment. *Annual Review of Psychology, 45*, 357-388. doi.org/l().1146/annurev.ps.45.020194.002041.

Pincus, A. L. & Lukowitsky, M. R. (2010). Pathological narcissism and narcissistic personality disorder. *Annual Review of Clinical Psychology, 6*, 421-446. doi.org/10.1146/annurev. clinpsy.121208.131215.

Reynolds, S. K. & Clark, L. A. (2001). Predicting dimensions of personality disorder from domains and facets of the Five-Factor Model. *Journal of Personality, 69*, 199-222. doi. org/10.1111/1467-6494.00142.

Rojas, S. L. & Widiger, T. A. (2014). The convergent and discriminant validity of the Five Factor Form. *Assessment, 21*, 143-157. doi.org/10.1177/1073191113517260.

Samuel, D. B., Mullins-Sweatt, S. N., & Widiger, T. A. (2013). An investigation of the factor structure and convergent and discriminant validity of the Five Factor Model Rating Form. *Assessment, 20*, 24-35. doi.org/10.1177/1073191112455455.

Samuel, D. B., Riddell, A. D. B., Lynam, D. R., Miller, J. D., & Widiger, T. A. (2012). A five-factor measure of obsessive-compulsive personality traits. *Journal of Personality Assessment, 94*, 456-465. doi.org/10.1080/00223891.2012.677885.

Samuel, D. B. & Widiger, T. A. (2004). Clinicians' descriptions of prototypic personality disorders. *Journal of Personality Disorders, 18*, 286-308. doi.org/10.1521/pedi.18.3.286.35446.

Samuel, D. B. & Widiger, T. A. (2006). Clinicians' judgments of clinical utility: A comparison of the DSM-IV and five factor models. *Journal of Abnormal Psychology, 115*, 298-308. doi.org/10.1037/0021-843X.115.2.298.

Samuel, D. B. & Widiger, T. A. (2008). A meta-analytic review of the relationships between the five-factor model and DSM-IV-TR personality disorders: A facet level analysis. *Clinical Psychology Review, 28*, 1326-1342. doi.org/10.1016/j.cpr.2008.07.002.

Samuel, D. B. & Widiger, T. A. (2011). Conscientiousness and obsessive-compulsive personality disorder. *Personality Disorders: Theory, Research, and Treatment, 2*, 161-174. doi.org/10.1037/a0021216.

Samuels, J. & Costa, P. T. (2012). Obsessive-compulsive personality disorder. In: T. A. Widiger (Ed.), *Oxford handbook of personality disorders* (pp. 566-602). New York: Oxford University Press. doi.10.1093/oxfordhb/9780199735013.001.0001.

Sanderson, C. J. & Clarkin, J. F. (2013). Further use of the NEO PI-R personality dimensions in treatment planning. In: T. A. Widiger & P. T. Costa (Eds.), *Personality disorders and the five-factor model of personality* (pp. 325-349). Washington, DC: American Psychological Association.

Saulsman, L. M. & Page, A. C. (2004). The five-factor model and personality disorder empirical literature: a meta-analytic review. *Clinical Psychology Review, 23*, 1055-1085. doi.org/10.1016/j.cpr.2002.09.001.

Shedler, J., Beck, A., Fonagy, P., Gabbard, G. O., Gunderson, J. G., Kernberg, O., Michels, R., & Westen, D. (2010). Personality disorders in DSM-5. *American Journal of Psychiatry, 167*, 1027-1028. doi.org/10.1176/appi.ajp.2010.10050746.

Simms, L. J., Goldberg, L. R., Roberts, J. E., Watson, D, Welte, J., & Rotterman, J. H. (2011). Computerized adaptive assessment of personality disorder: Introducing the CAT-PD project. *Journal of Personality Assessment, 93*, 380-389. doi.org/10.1080/00223891.2011.577475.

Skodol, A. E. (2010, February 10). *Rationale for proposing five specific personality types*. Available at: http://www.dsm5.org/ProposedRevisions/Pages/RationaleforProposingFiveSpe cificPersonalityD isorderTypes.aspx, February 10.

Skodol, A. E. (2012). Diagnosis and DSM-5: Work in progress. In: T. A. Widiger (Ed.), *The Oxford handbook of personality disorders* (pp. 35-57). New York: Oxford University Press. doi. 10.1093/oxfor dhb/9780199735013.001.0001.

Skodol, A. E., Morey, L. C., Bender, D. S., & Oldham, J. M. (2013). The ironic fate of the personality disorders in DSM-5. *Personality Disorders: Theory, Research, & Treatment, 4*, 342-349. doi.org/10.1037/per0000029.

Spitzer, R. L., Williams, J. B. W., & Skodol, A. E. (1980). DSM-I Il: The major achievements and an overview. *American Journal of Psychiatry, 137*, 151-164. doi.org/10.1176/ajp.137.2.151.

Stepp, S. D., Whalen, D. J., & Smith, T. D. (2013). Dialectical behavior therapy from the five-factor model perspective. In: T. A. Widiger & P. T. Costa (Eds.), *Personality disorders and the five-factor model of personality* (pp. 395-408). Washington, DC: American Psychological Association.

Stone, M. H. (2002). Treatment of personality disorders from the perspective of the five-factor model. In: P. T. Costa & T. A. Widiger (Eds.), *Personality disorders and the five-factor model of personality* (2nd edn, pp. 405-430). Washington, DC: American Psychological Association.

Talbot, N. L., Duberstein, P. R., Butzel, J. S., Cox, C., & Giles, D. E. (2003). Personality traits and symptom reduction in a group treatment for women with histories of childhood sexual abuse. *Comprehensive Psychiatry, 44*, 448-453. doi.org/10.1016/S0010-440X(03)00142-1.

Tellegen, A. & Waller, N. G. (1987). *Exploring personality through test construction: Development of the Multidimensional Personality Questionnaire*. Unpublished manuscript, Minneapolis, Minnesota.

Thomas, K. M., Yalch, M. M., Krueger, R. F., Wright, A. G. C., Marlon, K. E., & Hopwood, C. J. (2012). The convergent structure of DSM-5 personality trait facets and five-factor model trait domains. *Assessment, 12*, 308-311. doi.org/10.1177/1073191112457589.

Trapnell, P. D. & Wiggins, J. S. (1990). Extension of the interpersonal adjective scales to include the Big Five dimensions of personality. *Journal of Personality and Social Psychology, 59*, 781-790. doi.org/10.1037/0022-3514.59.4.781.

Trull, T. J. & Durrett, C. A. (2005). Categorical and dimensional models of personality disorder. *Annual Review of Clinical Psychology, 1*, 355-380. doi.org/10.1146/annurev. clinpsy.1.102803.144009.

Trull, T. J., Widiger, T. A., Useda, J. D, Holcomb, J., Doan, B-T., Axelrod, S. R., Stern, B. L., &

Gershuny, B. S. (1998). A structured interview for the assessment of the five-factor model of personality. *Psychological Assessment, 10*, 229-240. doi.org/10.1037/1040-3590.10.3.229.

Tyrer, P. (2009). Why borderline personality disorder is neither borderline nor a personality disorder. *Personality and Mental Health, 3*(2), 86-95. doi.org/10.1002/pmh.78.

Van Kampen, D. (2012). The 5-Dimensional Personality Test (5DPT): Relationships with two lexically based instruments and the validation of the Absorption scale. *Journal of Personality Assessment, 94*(1), 92-101. doi.org/10.1080/00223891.2011.627966.

Verheul, R. & Widiger, T. A. (2004). A meta-analysis ofthe prevalence and usage of the personality disorder not otherwise specified (PDNOS) diagnosis. *Journal of Personality Disorders, 18*, 309-319. doi.org/10.1521/pedi.2004.18.4.309.

Westen, D. & Arkowitz-Westen, L. (1998). Limitations of Axis Il in diagnosing personality pathology in clinical practice. *American Journal of Psychiatry, 155*, 1767-1771. doi.org/10.1176/ajp.155.12.1767.

Widiger, T. A. (2009). In defense of borderline personality disorder. *Personality and Mental Health, 3*, 120-123. doi.org/10.1002/pmh.74.

Widiger, T. A. (2011). A shaky future for personality disorders. *Personality Disorders: Theory, Research, and Treatment, 2*, 54-67. doi.org/10.1037/a0021855.

Widiger, T. A. (2013). DSM-5 personality disorders: a postmortem and future look. *Personality Disorders: Theory, Research, and Treatment, 4*, 382-387.

Widiger, T. A. & Costa, P. T. (1994). Personality and personality disorders. *Journal of Abnormal Psychology, 103*, 78-91. doi.org/10.1037/0021-843X.103.1.78.

Widiger, T. A., Costa, P. T., Gore, W. L., & Crego, C. (2013). Five factor model personality disorder research. In: T. A. Widiger & P. T. Costa (Eds.), *Personality disorders and the five-factor model of personality* (3rd edn., pp. 75-100). Washington, DC: American Psychological Association.

Widiger, T. A., Frances, A. J., Spitzer, R. L., & Williams, J. B. W. (1988). The DSM-I Il-R personality disorders: An overview. *American Journal of Psychiatry, 145*, 786-795. doi.org/10.1176/ajp.145.7.786.

Widiger, T. A., Lynam, D. R., Miller, J. D., & Oltmanns, T. F. (2012). Measures to assess maladaptive variants of the five factor model. *Journal of Personality Assessment, 94*, 450-455. doi.org/10.1080/00223891.2012.677887.

Widiger, T. A. & Mullins-Sweatt, S. N. (2009). Five-factor model of personality disorder: A proposal for DSM-V. *Annual Review of Clinical Psychology, 5*, 115-138. doi.org/10.1146/annurev.clinpsy.032408.153542.

Widiger, T. A., Samuel, D. B., Mullins-Sweatt, S., Gore, W. L., & Crego, C. (2012). Integrating normal and abnormal personality structure: the five-factor model. In: T. A. Widiger (Ed.), *Oxford handbook of personality disorders* (pp. 82-107). New York: Oxford University Press. doi.10.1093/oxfor dhb/9780199735013.001.0001.

Widiger, T. A., Simonsen, E., Krueger, R. F., Livesley, W. J., & Verheul, R. (2005). Personality disorder research agenda for the DSM-V. *Journal of Personality Disorders, 19*, 317-340. doi. org/10.1521/pedi.2005.19.3.315.

Widiger, T. A. & Trull, T. J. (2007). Plate tectonics in the classification of personality disorder: Shifting to a dimensional model. *American Psychologist, 62*, 71-83. doi.org/10.1037/0003-066X.62.2.71.

Wood, A. M. & Tarrier, N. (2010). Positive Clinical Psychology: A new vision and strategy for integrated research and practice. *Clinical Psychology Review, 30*(7), 819-829. doi. org/10.1016/j.cpr.2010.06.003.

Wright, A. G. C. & Simms, L. J. (2014). On the structure of personality disorder traits: Conjoint analysis of the CAT-PI), PID-5, and NEO PI-3 trait models. *Personality Disorders: Theory, Research, and Treatment, 5*, 43-54. doi.org/10.1037/per0000037.

제19장

아동 · 청소년기의
탄력성과 보호요인

Peter J. Taylor

아동 · 청소년기 탄력성의 구조

아동 · 청소년의 심리적 · 정서적 장애에 관한 연구는 역경이나 위험요인과 함께 장애로부터 청소년을 보호하는 긍정적 요인을 고려하는 것이 중요하다고 반복적으로 강조하고 있다(Masten, Best, & Garmezy, 1990; Luthar, Cicchetti, & Becker, 2000; Masten, 2001, 2011). 분명 성인기보다는 아동 · 청소년기의 정신병리를 이해하는 데 있어서 보호적 · 긍정적 변인에 더욱 초점을 맞추고 폭넓게 연구해 왔다. 대부분의 연구는 탄력성의 개념적 구조에서 이루어졌다(Luthar & Cicchetti, 2000; Luthar et al., 2000; Masten, 2001, 2011). 이 장의 목적은 탄력성의 개념이 아동 · 청소년기에 특히 중요한 이유를 헤아려 보고, 탄력성의 개념을 사용하는 데 있어 핵심 이슈들을 살펴보고, 아동기의 탄력성이 성인기와 어떻게 다르게 이해되어야 하는지 살펴보면서, 이 개념이 임상 실제에 어떻게 적용되는가에 대한 문헌 조사와 비판적 개관을 제공하는 것이다.

아동과 청소년 연구에서 탄력성의 구조는 청소년(young adults)의 보호요인을 연구하기 위한 개념적, 방법론적 구조로 발전해 왔다(예: Luthar et al., 2000; Masten, 2011). 이러한 맥락에서 탄력성은 역경과 위험요인과 마주했을 때(했음에도 불구하고) 긍정적인 결과의 발현으로 정의되었다. 따라서 탄력성의 예로는 어린 시절 학대와 방치를 경험했음에도 불구하고 이후에 정신질환을 겪지 않는 청소년을 들 수 있다(Collishaw, Pickles, Messer, Rutter, Shearer, & Maughan, 2007). 이 정의 내에서 다양한 핵심 구성 요소를 설명할 수 있다. 청소년들이 직면하는 위험 또는 역경요인, 그 위험과 상호작용하면서 그 집단에 속한 모든 청소년들이 어려움을 경험하지 않는 이유를 설명하는 보호요인, 그리고 결과로서 관찰되는 긍정적 적응과 대처가 있다. 이러한 관점을 취해서 역경이나 취약성과 보호요인의 상호작용이 청소년이 경험하는 어려움을 어떻게 설명하는지를 살펴보는 광범위한 연구가 있다(Masten et al., 1990; Luthar & Cicchetti, 2000; Masten, 2001).

아동·청소년기에 탄력성이 중요한 이유는 무엇인가

이 책의 이전 장들에서 정신병리의 발생 및 유지를 이해하는 데 있어서 역경, 위험요인과 더불어 탄력성 및 긍정적 혹은 보호적 요인을 고려하는 것이 중요한 이유를 이미 제시하였다. 물론 이러한 변인과 과정들은 특히 아동기와 청소년기에 중요할 수 있다. 이에 대한 두 가지 주요한 이유가 있다.

성인기 장애의 기원으로서 아동기

첫째, 많은 경우 성인기의 심리적 어려움은 그들의 아동기에 기원을 두고 있다는 의견에 대해 점점 합의가 이루어지고 있다. 많은 이론적 틀이 그 연결성을 증명한다. 예를 들면, 애착이론은 주 양육자와의 초기 관계가 개인의 대인관계적 행동, 감정조절 그리고 자신과 타인에 대한 신념과 기대의 형성에 결정적인 영향을 미친다고 주장한다(Cassidy, 1994; Bretherton & Munhollan, 1999; Shaver & Mikulincer, 2007, 2011). 초기 양육자가 둔감하거나 부적절하거나 학대적인 경우, 아동기에 발달하는 내적 작동 모델(internal working model)은 아동기와 이후의 성인기에도 정신병리에 취약하게 만든다. 정신병리에 관한 다른 이론들은 심리도식치료(Young, Klosko, & Weishaar, 2003)나 인지분석치료(Ryle & Kerr, 2002)와 같은 치료 모델의 맥락에서 발달했으며, 정신병리가 흔히 아동기에 기원한다는 개념을 고수한다. 아동기 학대와 방임과 같은 경험은 아동기와 성인기의 다양한 심리적 어려움에 대한 상당한 예측요인이라는 것은 잘 알려져 있다(Gilbert, Widom, Browne, Fergusson, Webb, & Janson, 2009; Maniglio, 2009, 2010; Radford et al., 2011; Varese et al., 2012). 마찬가지로, 변형된 시상하부−뇌하수체−부신(HPA) 축 함수와 같은 다양한 신경생리학적 변화가 아동기 초기의 역경과 관련이 있으며, 이후 장애 유발 위험이 있다고 알려져 있다(Penza, Heim, & Nemeroff, 2003; Elzinga, Spinhoven, Berretty, de Jong, & Roelofs, 2010). 종단연구에서는 섭식장애(Kotler, Cohen, Davies, Pine, & Walsh, 2001), 정신증적 증상(Poulton Caspi,

Moffitt, Cannon, Murray, & Harrington, 2000), 내재화 문제(Fichter, Kohlboeck, Quadflieg, Wyschkon, & Esser, 2009)를 포함하여, 아동기에 발생한 어려움이 성인기까지 지속될 수 있음을 보여 준다. 이러한 정신병리의 연속성은 심리적 어려움의 장기적인 발달에 있어 아동기가 중요함을 강조한다.

우리는 이러한 관찰을 통해 아동기가 흔히 성인기 장애를 형성하는 시발점이 된다는 것을 알 수 있다. 이러한 관점에서 청소년들의 역경과 보호요인의 상호작용을 이해하는 것은 아동기에 발생한 정신병리뿐 아니라 성인기에 경험하는 장애에 대한 통찰을 제공하는 데에도 중요할 것이다. 이러한 맥락에서 연구자들은 이미 발생한 문제를 고치는 것으로부터 역경에 직면했을 때 예방력과 탄력성을 향상시키는 것으로 초점을 전환할 때의 이점을 거듭 강조하고 있다(Forrest & Riley, 2004; Lynch, Geller, & Schmidt, 2004; Saxena, Jane-Llopis, & Hosman, 2006; Masten, 2011).

낙인에 대응하는 강점 고려하기

아동기에 긍정적 성격 특질과 보호요인에 초점을 맞추는 것이 중요한 두 번째 이유는, 이 시기에 정신건강 혹은 행동적 장애의 진단을 받을 때의 영향을 고려하기 때문이다. 정신건강 관련 진단은 (인간면역결핍 바이러스와 같은 몇 가지 예외가 있을 수 있지만) 신체건강 상태와 관련된 진단보다 많은 낙인과 당혹감을 줄 수 있는 것으로 알려져 있다(Alonso et al., 2008). 또한, 성인뿐 아니라 아동과 청년도 그런 상태와 관련된 수치심과 낙인을 경험한다는 증거가 있다. 정신장애로 진단된 청소년들은 스스로 그런 꼬리표와 낙인의 관점을 내면화하기 쉬우며, 이것은 그들의 회복과 안녕감에 영향을 미칠 수 있다(Link, Struening, Neese-Todd, Asmussen, & Phelan, 2001; Eisenberg, Downs, Golberstein, & Zivin, 2009; Moses, 2009, 2010). 이러한 문제는 단지 정신장애의 '위험성이 있다'고 여겨지는 청소년처럼, 공식적으로 진단받지 않은 경우에도 나타날 수 있다(Pyle et al., 인쇄 중). 청소년들의 어려움을 이해하려고 노력하는 것과 더불어, 그들의 강점과 긍정적 자질을 일상적으로 인식하고 강조하는 정신건강 서비스를 개발하는 것이 꼬리표와 치료의 의원성 결과(iatrogenic consequences)[1]를 완충하는 하나의 방법이 될 수 있다. 이러한 예는 '비문제초점적 대화(non-problem talk)'의 사용을 장려하는 해결중심치료와 같은 치료 모델에서, 본래 임상적

---

1) 역자 주: 의원성(醫原性)이란 의사의 검사, 태도 및 토론 등에 입각하여 환자가 암시를 받아 생기는 질환에 적용되었던 용어로서, 현재는 의사의 치료결과로 환자의 불쾌한 상황에 적용되고 있다.

만남의 일환이지만 청소년의 강점과 긍정적 특질에 초점을 둔 대화를 들 수 있다(Young & Holdorf, 2003). 역경, 역기능 그리고 보호요인 또는 강점을 수용하는 청소년들의 임상적 개입과 연구에 대한 균형 잡힌 접근은 낙인을 감소시키고 낙관성을 키워 주는 데 도움이 될 수 있다.

보호요인의 형태와 특성

탄력성은 아동과 청소년들이 경험하는 어려움을 이해하고 치료하는 데 보편적이고 유용한 구조이지만, 보호요인의 형태와 특성을 고려하는 것이 더 도움이 된다. 양극성인지 단극성인지, 보호요인이 어떠한 수준에서 작용하는지, 보호효과가 특정 맥락에 따라 달라지는지, 그리고 긍정적인 특성과 강점이 그들의 안녕감의 결정요인일 뿐 아니라 그 자체로 타당하고 임상적으로 의미 있는 결과물인지 등을 고려할 수 있다.

위험과 탄력성의 단극성 또는 양극성 차원

탄력성 구조에서는 긍정적 또는 보호적 요인과 부정적, 위험 또는 역경요인을 구분한다(Luthar & Cicchetti, 2000). 그러나 많은 경우에 이러한 변수들이 긍정적 극과 부정적 극, 둘 다를 갖는 양극성 차원을 나타낸다(Luthar & Cicchetti, 2000; Johnson, Wood, Gooding, Taylor, & Tarrier, 2011). 예를 들어, 사회적 고립은 위험요인으로 간주되는 반면, 사회적 지지는 종종 보호요인으로 간주된다. 마찬가지로 권위 있는(authoritative) 양육은 허용적·독재적·방임적 양육과 비교하여 더 큰 공감과 학업 능력 그리고 낮은 내재화 장애처럼 긍정적인 결과와 관련이 있지만, 이런 양육 방식들은 따뜻함과 단호함의 양극적 연속성에 기반을 두고 있다(DeVore & Ginsburg, 2005; Steinberg, Blatt-Eisengart, & Cauffman, 2006). 그런 이유로, 권위 있는 양육은 보호적으로 간주될 수도 있고(예: DeVore & Ginsberg, 2005), 이런 다른 양육 방식을 위험요인으로 설명하는 것 또한 참일 수 있다. 이것은 보호와 위험요인을 구분하는 것의 가치와 타당성에 의문을 제기한다.

긍정적·부정적 분류가 더 적절하거나 유용할 수 있는 몇 가지 맥락이 있다. 한 가지 예는 진정 단극성이라고 말할 수 있는 사례로서, 보호요인이나 위험요인으로 쉽게 분류할 수 있다. 예를 들어, '아동이 학대 또는 방임을 경험하지 않는 것'은 보다 일반적인 것으로 간주될 수 있고(비록 학대가 놀라울 정도로 만연하지만), 따라서 그 자체로 보호요인으로 여기지 않을 것이며, 아동기 학대 경험은 단극성의 위험요인으로 고려할 수 있을 것이다. 물질 사용에 대해서도 유사한 사례를 들 수 있다. 약물 남용 자체가 역경의 원천이지만, 약물 남용의 부재는 아마도 적극적인 보호요인이라기보다는 일반적인 것으로 볼 수 있다. 보호요인과 위험요인의 구별 또한 임상 실제에서 어느 정도 관련지어 볼 수 있다. 인지행동치료 내에서 부적응 도식을 수정하려는 시도와 같은 특정한 개입은 취약성을 감소시키고 있다고 할 수 있는 반면, 양육 기술을 향상시키거나 아동에게 새로운 대처전략을 가르치려는 시도와 같은 개입은 보호요인을 구축하고 있다고 말할 수 있다.

본질적으로 양극성 차원을 보호요인 또는 위험요인으로 분류하는 것은 상황의 요구에 따라 달라질 수 있지만, 많은 경우 의미의 문제로 간주될 수 있다. 그러나 어떤 척도의 반대 극을 무시하고 양극성을 단극성 차원인 것처럼 취급할 때 문제가 발생할 수 있다. 예를 들어, 양극성의 심리 구조를 측정하도록 설계된 도구에서 이러한 현상이 발생할 수 있는데, 여기서 강조점은 구조의 다른 극을 무시하고 잘라내는 결과로 한 극에 놓일 수 있다. 예를 들면, 수치심은 정신병리와 밀접하게 연관된 중요한 감정 경험이다(Kim, Thibodeau, & Jorgensen, 2011). 수치심은 학대 경험이 있는 아이들에게 특히 중요할 수 있는데, 이는 이후 정신병리 발생을 중재할 수 있다(Andrews, 1995, 1997; Murray & Waller, 2002). 수치심은 실제로 반대극에 자부심이 있는 감정적 경험의 연속체로 여겨져 왔다(Weisfeld & Wendorf, 2000). 그러나 수치심에 대한 많은 자기보고형 척도는 자부심의 긍정적인 감정을 담아내려고 시도하지 않아서(예: Goss, Gilbert, & Allan, 1994; Andrews, Qian, & Valentine, 2002), 이 차원의 다른 쪽 극은 잘리거나 충분히 반영되지 않는다. 낙관성의 긍정적 경험의 연속선상에 함께 존재하는 비관수의 척도에서도 유사한 문제가 발생할 수 있다(Roysamb & Strype, 2002).

여러 수준의 탄력성

성인기 탄력성 연구를 위한 개념적 구조는 주로 개인적인 수준에서 발생하는 변인들에 초점을 맞춘다(예: Johnson 등의 연구, 2011). 아동과 청소년의 경우, 애착유형(Grych & Kinsfogel, 2010), 친사회적 특질(Griese & Buhs, 인쇄 중) 그리고 공감(Dallaire & Zeman, 2013)을 포함한 다양한 개인적 수준의 변인이 외로움과 외현화 문제와 같은 부정적인 결과를 결정하는 역경과 함께 상호작용하는 요인으로 확인되었다. 그러나 보호요인 역시 폭넓은 대인관계와 제도적·사회적 수준에서 종종 나타난다(Luthar & Cicchetti, 2000). 예를 들면, 좋은 부모의 돌봄이나 가족 구조 관련 변인들은 종단 및 횡단연구 모두에서 아동학대에 따른 적응을 예측한다(Afifi & MacMillan, 2011). 부모-청소년 상호작용에서 더 큰 자율성과 관계성은 삶의 스트레스에 직면했을 때 내재화 및 외현화 증상을 감소시키는 것으로 나타났다(Willemen, Schuengel, & Koot, 2011). 또한 청소년의 외현화 문제는 방임하거나 적대적인 양육 행동의 맥락에서 동시에 발생했을 때만 모성 우울과 관련이 있었다(McCullough & Shaffer, 2013). Brody와 동료들(2001)은 10~11세의 아프리카계 미국인 아동들의 일탈적인 또래 집단 가입을 예측하기 위해 여러 수준에 걸쳐 상호작용하는 변인의 또 다른 예를 제공한다. 더 큰 집단적 사회화(아동의 비행을 본 지역의 성인은 개입할 것이라는 인식)와 더 많은 양육 및 육아 참여는 둘 다 더 낮은 수준의 일탈적 또래 집단 가입을 예측하는 인자였지만, 이러한 영향은 더 불리한 지역사회의 맥락에서 강화되어 이들 보호요인이 더 큰 역경의 맥락에서 더 강한 효과를 가져 올 수 있음을 시사하였다.

Bronfenbrenner(1994)의 연구와 같은 생태학적 모델은 청소년들이 살고 있는 더 넓은 시스템에 주의를 집중시켰다. 물론, 이러한 더 넓은 시스템 내에서 발생하는 보호요인의 중요성은 아동·청소년에게만 국한되지 않는다. 비슷한 과정이 성인에게도 예상될 것이다. 그러나 여러 중첩된 시스템 속에서 일어나는 탄력성에 대한 고려는 성인보다는 특히 청소년에게 더 중요할 수 있다. 왜냐하면 그들은 가족과 더 넓은 기관들(학교, 클럽)로 둘러싸여 있고 융합되어 있어 자율성이 제한되기 때문이다.

더 넓은 대인관계 및 사회적 수준에서 탄력성을 연구하는 데에는 어려움이 있을 수 있다. 즉, 위계적 구조에서 적절한 분산을 포괄할 만큼 충분히 광범위한 표집을 해야 하는 문제가 있다. 예를 들면, 학교 문화의 보호효과가 관심 영역인 경우, 문화가 다른 각 학교로부터 표집을 해야 하는 문제가 발생한다. 마찬가지로, 단일 수준 설계에 필요한 것보다 더 복잡한 분석이 군집별 자료에서 이루어져야 한다(Snijders & Bosjer, 2012).

그럼에도 불구하고, 여러 수준에서 탄력성을 고려하는 것은 예측과 개입의 측면에서 분명한 이점이 있다. 청소년들의 어려움을 예측할 때, 그들의 넓은 사회적, 제도적 그리고 지역사회의 맥락과 관련된 고차적 변인들은 개인 수준의 변인이 설명할 수 있는 것 이상으로 결과에 대한 추가적인 변량을 설명할 수 있다(예: Brody et al., 2001). 개입의 측면에서 보면, 부모가 일반적으로 치료자보다는 자녀와 훨씬 더 많이 접촉할 수 있기 때문에, 부모 수준에서 발생하는 개입은 아동과의 직접적인 접촉을 통해 개입하려는 것보다 더 효과적일 수 있다. 양육을 수정함으로써 아동의 행동적 어려움을 감소시키는 것에 목적을 둔 개입은 효과적인 것으로 나타났다(Woolfenden, Williams, & Peat, 2002; Kendrick, Barlow, Hampshire, Stewart-Brown, & Polnay, 2008). 마찬가지로, 부모와 양육 행동에 대한 개입은 과체중 아동의 체질량 지수와 체중 관련 문제 행동을 줄이는 데 효과적이었다(West,

Sanders, Cleghorn, & Davies, 2010). 또한, 불안을 가진 아동을 위한 인지행동적 개입에서 사용된 특정 부모 주도의 개입 수준이 아동의 전반적 기능 향상에 기여했다는 증거가 있다 (Khanna & Kendall, 2009). 적어도 영국에서는 부모나 보호자를 참여시키려는 시도 없이 아동과 함께 임상작업을 수행하는 경우는 드물다.

효율성 측면에서, 아동에게 개별적으로 개입하는 것보다는 지역사회 혹은 학교 수준에서 개입하는 것이 비용 면에서도 훨씬 더 효율적일 수 있다. 예를 들어, Triple P[2]라는 부모 양육 개입은 단계적 구조로 이루어져 있는데, 우선 미디어나 다른 채널을 통해 긍정적 양육 접근법에 대한 정보를 공유하는 광범위한 수준의 개입부터 시작한 후, 좀 더 좁혀서 그룹 세미나나 상담 회기를 통해 개별 부모에 대한 더 적극적인 훈련 및 지원을 제공하는 집중적인 개입을 실시한다(Prinz, Sanders, Shapiro, Whitaker, & Lutzker, 2009). 이러한 단계적 구조는 모집단의 모든 아동과 개별적인 작업을 시도하는 것보다 분명히 더 효율적이며, 더 사소한 어려움을 가진 개인조차도 여전히 어떤 형태의 지원이든 받을 수 있도록 보장한다.

절대적 탄력성 대 조건적 탄력성

청소년의 심리적 어려움을 연구할 때, 한 변인을 보호요인 혹은 위험/역경요인 중 하나로 간주하고 싶은 유혹에 빠진다. 그러나 보호요인은 항상 절대적인 방식으로 작동하지 않는다. 한 예로 친사회성(prosociality)을 들 수 있다. 친사회성은 청소년들이 다른 사람들과 공유하고 협동하고 지지하는 것과 같은 타인을 도와주고자 하는 행동을 하는 경향과 관련된 특질과 같은 변수로 개념화된다(Eisenberg & Mussen, 1989; Hay, 1994; Chen, Li, Li, Li, & Liu, 2000; Eisenberg et al., 2002). 더 높은 수준의 친사회성은 낮은 정신병리 경향, 높은 자존감, 다른 영역에서의 높은 기능 수준과 관련된다는 증거가 있다. 게다가 내재화 문제를 이미 경험하고 있는 사람들을 대상으로 한 전향적 연구에서는 친사회적 특질이 추적 관찰에서 더 적은 내재화 문제와 관련된다고 제안한다(Chen et al., 2000). 그러나 다른 연구자들은 높은 수준의 친사회성이 가까운 사람들의 안녕감에 대한 과도한 걱정과 연관될 수 있고 그로 인해 높은 수준의 불안과 고통이 초래될 수 있다는 점을 지적했다(Hay, 1994; Hay & Pawlby, 2003; Zahn-Waxler, Shirtcliff, & Marceau, 2008). 연구에서 11세 아동의 친사회성과 타인에 대한 과도한 염려 사이에 관련성이 있음을 지지했으며, 타인에 대한 과도한 염려

---

2) 역자 주: Positive Parenting Program(Triple P)의 약자: 긍정심리학 이론을 적용한 증거기반의 부모양육 프로그램을 말한다.

를 보고하는 아동들은 더 큰 문제를 갖고 있는 경향이 있음을 보여 주었다(Hay & Pawlby, 2003). 또 다른 연구에서도 '적극적인' 친사회적인 행동(파티에 초대받길 희망하여 또래와 공유하기와 같이 원하는 목표 또는 목적에 의해 구체적으로 동기화된 친사회적 행동)과 사회불안 간에 어느 정도의 정적 상관이 있음을 보여 준다(Culotta & Goldstein, 2008).

따라서 어떤 특질들은 혼재된 결과를 낳을 수 있다. 친사회성은 외현화 문제나 행동적 문제와 같은 유형의 어려움과는 더 낮은 수준의 관련성이 있으면서 동시에 불안 같은 유형의 어려움과는 정적 관련성이 있을 수 있다(Hay & Pawlby, 2003). 또 다른 예로 수줍음은 우울과 불안과 같은 내재화 문제를 가진 아동들에게서 더 높은 경향을 보인다는 증거가 있다. 그러나 동시에 외현화 문제를 가진 아동들은 그렇지 않은 아동에 비해 수줍음의 정도가 더 낮았다(Oldehinkel, Hartman, De Winter, Veenstra, & Ormel, 2004). 이는 아마 수줍음이 일반적으로 행동을 억제하는 것과 관련이 있기 때문일 수 있으며, 특히 다른 사람들로부터 부정적 관심을 끌기 쉬운 행동과 연관되어 있기 때문일 것이다. 그러한 특질은 다양한 범위의 신체적·심리적 문제들과 관련이 있고, 보편적으로 부정적인 영향을 미치는 것으로 보이는 아동기 학대와 같은 경험과 대비된다(Gilbert et al., 2009; Maniglio, 2009, 2010; Radford et al., 2011; Varese et al., 2012).

또한 보호요인들은 정신병리와 이차함수관계 혹은 곡선적 관계[3]에 있을 가능성이 있다. 예를 들어, 일일 캠프에 참여한 라틴계 미국 아동들로 구성된 표본에서 (개인이 자신의 충동을 통제하는 정도와 관련) 자아통제와, 행동적 기능 혹은 사회적 기능 두 측면을 모두 포함하는 복합적 기능 사이에 이차함수 관계가 있었다(Flores, Cicchetti, & Rogosch, 2005). 이 결과는 자아통제에 적절한 수준이 있어서, 과다통제나 과소통제 모두 문제를 일으킬 수 있음을 시사한다.

특정 구성개념이 보호효과를 지니는지 아닌지를 고려할 때, 이 구성개념이 누구의 관점에서 평가되고 있는지를 고려하는 것도 중요할 수 있다. 아동·청소년들의 정신건강을 연구하는 맥락에서 정신병리 측정치에 대한 부모-아동의 일치율은 일반적으로 낮다(Achenbach, McConaughy, & Howell, 1987; De Los Reyes & Kazdin, 2005). 자녀들의 친사회성에 대한 부모의 인식과 아동의 자기평가 사이의 불일치는 실제로 내재화 장애(예: 우울 및 불안장애)의 더 큰 위험도를 예측한다(Taylor & Wood, 2013). 구체적으로, 친사회성에 대해 청소년의 자기평정은 높은데 부모평정은 낮을수록 내재화 문제의 위험성은 높아진다. 이 결과는 일상적 임상 실제에서 보호요인이 어떻게 평가되는지에 대해 중요한 의미를 내포

---

3) 역자 주: 선형적 관계가 아닌 역U자 형태의 그래프를 의미한다.

한다. 만약 자신의 친사회적 자질이 높다고 보고하는 청소년이 내방했을 때, 임상가는 이 것을 장점이자 탄력성의 지표라고 받아들일 것이다. 그러나 이 청년의 자기인식이 부모보 고와 실제로 불일치한다면, 이것은 사실 심리적인 어려움을 시사하는 지표가 될 수 있다.

요약하면, 여러 변인들의 보호효과와 역효과는 그 효과가 발생하는 맥락에 따라 달라질 수 있다. 하나의 변인이 보호효과를 발휘할지 그렇지 않을지 여부는 관심을 두는 결과변 인, 그 변인의 수준, 변인이 어떻게 측정되는지뿐만 아니라 이 과정이 일어나고 있는 더 넓 은 맥락에 따라 좌우될 수 있다. 이러한 경험과 특징을 지속적으로 밝혀내는 연구가 진행 됨에 따라, 이러한 보호요인이 작용하는 조건을 탐구하는 것이 중요해질 것이다.

긍정적 결과변인들

지금까지 이 장에서 우리는 청소년들이 겪는 어려움의 발달이나 심각성을 예측하는 변 인들의 측면에서 강점과 긍정적 요인들을 주로 살펴보았다. 결과변인들은 주로 내재화된 유형 혹은 외현화된 유형의 어려움으로 구분하였다. 그러나 청소년을 대상으로 한 탄력성 연구에서는 전통적으로, 청소년들이 도달해야 하는 일반적인 능력들에 초점을 맞춰, 사회 적, 학문적 그리고 개인적 목표물과 같은 결과변인에 대해 광범위하게 접근해 왔다(Luthar & Cicchetti, 2000). 임상심리학 내에서 정신병리학의 발달과 고통과 관련된 수준 그리고 손 상된 기능은 종종 주된 관심사이지만 결과에 대한 광범위한 접근 방식이 유리할 수 있다. 많은 저자들은 증상과 고통뿐 아니라 긍정적 기능과 적응 영역을 통합한 정신건강의 광범 위한 개념화를 주장해 왔다(Park, 2004; Wood & Tarrier, 2010; Suldo, Thalji, & Ferron, 2011; Lyons, Huebner, Hills, & Shinkareva, 2012).

주관적 안녕감(subjective well-being: SWB)은 중요한 긍정적 결과변인의 한 예다. 이것은 전반적 삶에 대한 개인적 평가를 포함하는 고차구조이며, 삶의 만족도와 긍정적 정서 요소 를 포함한다(Diener, 1994; Diener, Suh, Lucas, & Smith, 1999). 아동과 청소년의 SWB는 다양 한 신체적 · 심리적 어려움을 예측한다(Gilman & Huebner, 2003; Park, 2004; Proctor, Linley, & Maltby, 2009). 임상 장면에서 작업은 SWB의 개선에 더욱 중점을 두어야 하며, 따라서 일 차 결과인 증상 감소에 덜 집중해야 한다는 주장이 제기되어 왔다(Pais-Ribeiro, 2004; Swan, Watson, & Nathan, 2009).

정신건강의 이중요인 모델(dual-factor model)은 청소년들에게 적용하도록 권장해 온 정 신건강에 대한 다차원적 접근을 설명하는 한 가지 틀이다. 이 모델은 하나는 정신병리, 또 다른 하나는 SWB로 이루어져 있고, 두 변인은 구별된 연속선상에서 정신건강을 구성한다

(Antaramian, Scott Huebner, Hills, & Valois, 2010; Lyons et al., 2012). 이러한 구조 속에서 어떤 청소년의 경우 특정 정신장애 증상이 나타나지 않을지라도 손상된 SWB를 경험하고 있을 수 있다('취약한' 개인에 해당됨). 그런 개인은 낮은 정신병리와 높은 SWB를 가진 청소년보다 부모의 사회적 지원이 더 낮고, 학업 참여 경험이 적으며, 학업 지원이 불충분하다는 보고가 있다(Antaramian et al., 2010; Lyons et al., 2012). 마찬가지로, 증상이 있지만 좋은 SWB를 보이는 다른 청소년의 경우, '취약한' 청소년(낮은 SWB, 낮은 정신병리)보다는 지원을 제공하는 원천이 부족하고 더 많은 역경에 직면하는 것처럼 보이지만, 그럼에도 불구하고 낮은 SWB와 높은 정신병리를 가진 청소년들보다는 더 잘 지낸다(Lyons et al., 2012). 이러한 연구는 청소년들을 증상학적 측면뿐만 아니라 안녕감과 긍정적 기능의 측면에서 구별하는 것이 유의미한 시사점이다.

임상 실제에서의 탄력성

청소년들의 어려움을 판단하는 데 있어서 보호요인 및 강점과 역경의 상호작용은 개입과 임상 실제에 중요한 결과를 가져 온다. 임상 서비스에 참여하는 청소년들이 탄력성과 강점이 완전히 부족한 경우는 아닌 것 같다. 예를 들어, 아동·청소년 정신건강 서비스(Child and Adolescent Mental Health Services)에 참석한 가족의 경우, 문제가 있음에도 불구하고 부모는 서로의 지원을 구할 수 있는 능력과 같은 다양한 강점을 인식하고 식별할 수 있었다(Allison, Stacey, Dadds, Roeger, Woode, & Martinf, 2003). 보기에 뚜렷한 내재화 또는 외현화의 어려움을 가진 청소년들에게 개인, 대인관계 또는 사회적 수준에서 발생하는 긍정적인 요인이 그 문제들이 더 현저해지는 것을 예방하는 데 중요한 역할을 할 것이다.

역경 및 역기능에 대한 정보와 함께, 강점과 긍정적 요인들에 대한 정보를 찾으려는 노력은 그 사람에 대한 전체 그림을 제공하고, 그 결과 개입의 선택권을 극대화한다. 청소년이 우울과 불안의 문제를 경험하고 있지만, 타인과 긍정적이고 지지적인 관계를 형성할 수 있는 능력 측면에서 강점을 보이는 경우, 감정적 어려움의 기초가 되는 인지 또는 행동 과정의 수정을 시도하기보다 이 강점을 더욱 발전시키고 활용하는 데 초점을 맞춘 치료가 더 효과적일 수 있다. 긍정적 요인을 논의하거나 강점에 초점을 맞춘 개입을 채택하는 것은 치료 과정에 대한 참여를 촉진하거나 비관주의에 대응하는 등 또 다른 이득을 가져 올 수 있다(예: Tedeschi & Kilmer, 2005; Geraghty, Wood, & Hyland, 2010). 그러나 탄력성에 기반을 둔 접근법의 핵심 철학은 긍정 요인과 부정 요인의 균형을 고려하는 것이다. 따라서 청소년들이 직면하고 있는 역경이나 그들이 처한 역기능적 과정을 소홀히 하면서 그들의 강점이나 긍정적인 특성에만 초점을 맞추는 것은 부정적 요인에만 초점을 맞추는 것만큼 도움이 되지 않는다. 자녀가 부모로부터 지속적인 비판과 적대감을 형성하는 경우, 부모의 대인관계 스타일이 확인되지 않은 상태에서 자녀의 대처 기술을 개발하기 위해 노력하는 것은 효과가 제한될 수 있다.

탄력성에 기반한 접근에서 특히 중요할 수 있는 또 다른 영역은 청소년이 수정하기 쉽지 않은 지속적인 역경에 직면하는 상황이다. 예를 들어, 보육시설에 있는 아동을 들 수 있다. 이러한 '관심군 아동'의 심리적 어려움은 증가하고 있으며, 초기 외상과 분리 경험뿐만 아니라 보육 시스템 자체의 문제나 불확실성과 관련된 지속적인 역경에 처해 있다(Legault, Anawati, & Flynn, 2006; Fernandez, 2007). 이러한 도전과 불확실성을 제거할 수 없는 개인에게는 강점을 강조하고 대처 자원을 구축하기 위한 임상적 개입이 가치가 있을 수 있다.

임상심리학자들이 보호요인을 청소년들의 어려움에 대한 사례개념화의 일부로 간주할 것을 권한다(Carr, 2006). 그러나 보호요인을 개념화에 제대로 통합하는 것은 종종 어려울 수 있다. 왜냐하면 공식화는 일반적으로 어려움이 어떻게 발전하고 유지되었는지에 대한 추정적인 설명을 제공하는 역할을 하기 때문이다. 통합을 이루기 위한 한 가지 접근법은 공식을 변경할 수 있는 지점(그리고 그것이 어떻게 달성될 수 있는지)을 개략적으로 설명하는 데 있어서 청소년의 강점에 대한 지식을 활용하는 것이다. 예를 들어, 분리불안이 있는 아동의 개념화는 분리에 대한 부정적인 생각(예: 부모가 해를 끼칠 우려)과 이후 분리 회피(예: 학교 출석 거부)와 관련된 유지 패턴을 나타낼 수 있다. 심리학자로서 변화가 일어날 수 있는 지점을 고려하면, 특정한 학교 선생님과의 좋은 관계 혹은 특정한 개입(예: 단계적 노출)에 도움이 되는 요소로서 학업 성취를 향한 아동의 전념행동과 같은 보호요인에 주목할 수 있다.

청소년의 강점과 탄력성을 증진시키는 것을 목표로 하는 많은 개입 및 치료 프로그램이 개발되었다. 여기에는 친사회적 특질을 개발하는 것을 목표로 하는 집단 기반의 양육 개입이 포함된다(Dumas, Prinz, Smith, & Laughlin, 1999; Kim & Leve, 2011). 초기 증거는 청소년들의 친사회성을 촉진하기 위한 그러한 개입의 능력을 뒷받침한다(Kim & Leve, 2011). 게다가 비임상 집단을 대상으로 한 실험연구에 따르면, 기본적인 친사회성 개입(4주 간 세 곳을 방문하기 vs 일주일에 세 번의 친절한 행동하기)이 인기와 긍정 정서를 증가시키는 것으로 나타났다(비록, 후자의 경우 집단 간 차이가 없었지만)(Layous, Nelson, Oberle, Schonert-Reichl, & Lyubomirsky, 2012). 향후 임상 집단에 대해 이러한 기본 개입의 영향을 검증하기 위한 추가 연구가 필요하다. 이러한 개입은 개별 수준에서 작동하지만, 탄력성은 여러 수준에서 작용하여 더 높은 수준에서 개입할 기회를 제공한다는 점에서 주목받고 있다(앞에서 논의한 '여러 수준의 탄력성' 부분 참고).

결론

심리적 어려움과 고통을 이해하는 데 있어서 역경과 보호요인의 상호작용을 고려하는 사례가 광범위하게 제기되어 왔다. 이러한 접근 방식은 많은 심리적 어려움이 원인이 될 수 있고, '역기능 및 역경' 지향적인 접근 방식이 부정적 결과를 초래할 수 있는 아동기와 청소년기의 맥락에서 특히 중요할 수 있다. 그럼에도 불구하고 이러한 탄력성의 관점을 채택할 때 고려해야 할 복잡한 문제들이 있다. 예를 들어, 양극성 구조, 즉 긍정 또는 부정으로 구분하는 것, 많은 관련 보호요인의 단계적 특성, 일부 보호요인의 경우 잠정적 조건에 따라 작동하는 특성이 다르다는 점 등이 있다. 이러한 탄력성의 관점을 임상 실제에 통합하는 것이 가능하며, 이것은 역경, 역기능 및 증상 감소를 강조하는 관점보다 많은 이점을 가질 수 있다.

주의

발달심리학적 관점에서 탄력성을 연구하는 학자들은 탄력성을 개인 내적인 특성으로 간주하는 것에 대해 강하게 반대해 왔다(아이들을 탄력적인 아이와 그렇지 않은 아이로 꼬리표를 달 수 있다는 우려에서, 그리고 부정적 결과의 책임을 아동에게 부과하는 것이 공정하지 않기 때문에). 그럼에도 불구하고, 탄력성을 개인 수준의 내적 특성으로 사용하지 않는 데서조차 그러한 관점은 여전히 보호적이고 긍정적인 요인으로, 즉 개인의 특성으로 볼 수 있는 관점으로 사용하고 있다.

📖 참고문헌

Achenbach, T. M., McConaughy, S. H., & Howell, C. T. (1987). Child/adolescent behavioral and emotional problems: Implications of cross-informant correlations for situational specificity. *Psychological Bulletin, 101,* 213-232. doi.10.1037/0033-2909.101.2.213.

Afifi, T. O. & MacMillan, H. L. (2011). Resilience following child maltreatment: A review of protective factors. *Canadian Journal of Psychiatry*, *56*, 266-272. doi.10.1002/car.2258.

Allison, S., Stacey, K., Dadds, V., Roeger, L., Woode, A., & Martinf, G. (2003). What the family brings: Gathering evidence for strengths-based work. *Journal of Family Therapy*, *25*, 263-284. doi.10.1111/1467-6427.00248.

Alonso, J., Buron, A., Bruffaerts, R., He, Y., Posada-Villa, J., Lepine, J-P., The World Mental Health Consortium, et al. (2008). Association of perceived stigma and mood and anxiety disorders: Results from the World Mental Health Surveys. *Acta Psychiatria Scandinavica*, *118*, 305-314. doi.10.1111/j.1600-0447.2008.01241.x.

Andrews, B. (1995). Bodily shame as a mediator between abusive experiences and depression. *Journal of Abnormal Psychology*, *104*(2), 277-285.

Andrews, B. (1997). Bodily shame in relation to abuse in childhood and bulimia: A preliminary investigation. *British Journal of Clinical Psychology*, *36*(1), 41-49. doi.10.1111/j.2044-8260.1997.tb01229.x.

Andrews, B., Qian, M., & Valentine, J. D. (2002). Predicting depressive symptoms with a new measure of shame: The Experience of Shame Scale. *British Journal of Clinical Psychology*, *41*(1), 29-42. doi.10.1348/014466502163778.

Antaramian, S. P., Scott Huebner, E., Hills, K. J., & Valois, R. F. (2010). A dual-factor model of mental health: Toward a more comprehensive understanding of youth functioning. *American Journal of Orthopsychiatry*, *80*(4), 462-472. doi.10.1111/j.1939-0025.2010.01049.x.

Bretherton, I. & Munhollan, K. A. (1999). Internal working models in attachment relationships: Elaborating a central construct in attachment theory. In: J. Cassidy & P. R. Shaver (Eds.), *Handbook of attachment: Theory, research, and clinical applications* (pp. 89-114). New York: Guilford Press.

Brody, G. H., Xiaojia, G., Conger, R., Gibbons, F. X., Murry, V. M., Gerrard, M., & Simons, R. L. (2001). The influence of neighborhood disadvantage, collective socialization, and parenting on African American children's affiliation with deviant peers. *Child Development*, *72*, 1231-1246. doi.10.1111/1467-8624.00344.

Bronfenbrenner, U. (1994). Ecological models of human development. In: M. Gauvain & M. Cole (Eds.), *Readings on the development of children*, 2nd edn. New York: Freeman.

Carr, A. (2006). *The handbook of child and adolescent clinical psychology: A contextual approach* (2nd edn.). London: Routledge.

Cassidy, J. (1994). Emotion regulation: Influences of attachment relationships. *Monographs of the Society for Research in Child Development*, *59*, 228-249. doi.10.2307/1166148.

Chen, X., Li, D., Li, Z., Li, B., & Liu, M. (2000). Sociable and prosocial dimensions of social competence in Chinese children: Common and unique contributions to social, academic, and psychological adjustment. *Developmental Psychology*, *36*, 302-314. doi.10.1037//0012-1649.36.3.302.

Collishaw, S., Pickles, A., Messer, J., Rutter, M., Shearer, C., & Maughan, B. (2007). Resilience to adult psychopathology following childhood maltreatment: Evidence from a community sample. *Child Abuse & Neglect*, *31*(3), 211-229. doi.10.1016/j.chiabu.2007.02.004.

Culotta, C. M. & Goldstein, S. E. (2008). Adolescents' aggressive and prosocial behavior: Associations with jealousy and social anxiety. *Journal of Genetic Psychology*, *169*, 21-33. doi.10.3200/GNTP.169.1.21-33.

Dallaire, D. H. & Zeman, J. L. (2013). Empathy as a protective factor for children with incarcerated parents. *Monographs of the Society for Research in Child Development*, *78*, 7-25. doi.10.1111/mono.12018.

De Los Reyes, A. & Kazdin, A. E. (2005). Informant discrepancies in the assessment of childhood psychopathology: A critical review, theoretical framework, and recommendations for further study. *Psychological Bulletin*, *131*, 483-509. doi.10.1037/0033-2909.131.4.483.

DeVore, E. R. & Ginsburg, K. R. (2005). The protective effects of good parenting on adolescents. *Current Opinions in Pediatrics*, *17*, 460-465. doi.10.1097/01.mop.0000170514.27649.c9.

Diener, E. (1994). Assessing subjective well-being: Progress and opportunities. *Social Indicators Research*, *31*(2), 103-157. doi.10.1007/BF01207052.

Diener, E., Suh, E. M., Lucas, R. E., & Smith, H. L. (1999). Subjective well-being: Three decades of progress. *Psychological Bulletin*, *125*(2), 276-302. doi.10.1037/0033-2909.125.2.276.

Dumas, J. E., Prinz, R. J., Smith, E. P., & Laughlin, J. (1999). The EARLY ALLIANCE prevention trial: An integrated set of interventions to promote competence and reduce risk for conduct disorder, substance abuse, and school failure. *Clinical Child and Family Psychlogy Review*, *2*, 37-53. doi.10.1023/A:1021815408272.

Eisenberg, D., Downs, M. F., Golberstein, E., & Zivin, K. (2009). Stigma and help seeking for mental health among college students. *Medical Care Research and Review*, *66*(5), 522-541. doi.10.1177/1077558709335173.

Eisenberg, N., Guthrie, I. K., Cumberland, A., Murphy, B. C., Shepard, S. A., Zhou, Q., & Carlo, G. (2002). Prosocial development in early adulthood: A longitudinal study. *Journal of Personality and Social Psychology*, *82*, 993-1006. doi.10.1037/0022-3514.82.6.993.

Eisenberg, N. & Mussen, P. H. (1989). *The roots of prosocial behavior in children*. Cambridge: Cambridge University Press.

Elzinga, B. M., Spinhoven, P., Berretty, E., de Jong, P., & Roelofs, K. (2010). The role of childhood abuse in HPA-axis reactivity in social anxiety disorder: A pilot study. *Biological Psychology*, *83*(1), 1-6. doi.10.1016/j.biopsycho.2009.09.006.

Fernandez, E. (2007). How children experience fostering outcomes: Participatory research with children. *Child & Family Social Work*, *12*(4), 349-359. doi.10.1111/j.1365-2206.2006.00454.x.

Fichter, M. M., Kohlboeck, G., Quadflieg, N., Wyschkon, A., & Esser, G. (2009). From childhood to adult age: 18-year longitudinal results and prediction of the course of mental disorders in the community. *Social Psychiatry and Psychiatric Epidemiology*, *44*(9), 792-803. doi.10.1007/s00127-009-0501-y.

Flores, E., Cicchetti, D., & Rogosch, F. A. (2005). Predictors of resilience in maltreated and nonmaltreated Latino children. *Developmental Psychology*, *41*(2), 338-351. doi.10.1037/0012-1649.41.2.338.

Forrest, C. B. & Riley, A. W. (2004). Childhood origins of adult health: A basis for life-course health policy. *Health Affairs*, *23*(5), 155-164. doi.10.1377/hlthaff.23.5.155.

Geraghty, A. W. A., Wood, A. M., & Hyland, M. E. (2010). Attrition from self-directed interventions: Investigating the relationship between psychological predictors, intervention content and dropout from a body dissatisfaction intervention. *Social Science & Medicine*, *71*, 30-37. doi.10.1016/j.socscimed.2010.03.007.

Gilbert, R., Widom, C. S., Browne, K., Fergusson, D., Webb, E., & Janson, S. (2009). Burden and consequences of child maltreatment in high-income countries. *Lancet*, *373*, 68-81. doi.10.1016/S0140-6736(08)61706-7.

Gilman, R. & Huebner, S. (2003). A review of life satisfaction research with children and adolescents. *School Psychology Quarterly*, *18*, 192-205. doi.10.1521/scpq.18.2.192.21858.

Goss, K., Gilbert, P., & Allan, S. (1994). An exploration of shame measures — I: The other as Shamer scale. *Personality and Individual Differences*, *17*(5), 713-717. doi.http://dx.doi.org/10.1016/0191-8869(94)90149-X.

Griese, E. R. & Buhs, E. S. (in press). Prosocial behavior as a protective factor for children's peer victimization. *Journal of Youth & Adolescence*. doi.10.1007/s10964-013-0046-y.

Grych, J. H. & Kinsfogel, K. M. (2010). Exploring the role of attachment style in the relation between family aggression and abuse in adolescent dating relationships. *Journal of Aggression, Maltreatment & Trauma*, *19*(6), 624-640. doi.10.1080/10926771.2010.502068.

Hay, D. F. (1994). Prosocial development. *Journal of Child Psychology and Psychiatry*, *35*, 29-71. doi.10.1111/j.1469-7610.1994.tb01132.x.

Hay, D. F. & Pawlby, S. (2003). Prosocial development in relation to children's and mothers' psychological problems. *Child Development*, *74*, 1314-1327. doi.10.1111/1467-8624.00609.

Johnson, J., Wood, A. M., Gooding, P., Taylor, P. J., & Tarrier, N. (2011). Resilience to suicidality: The buffering hypothesis. *Clinical Psychology Review*, *31*(4), 563-591. doi.10.1016/j.cpr.2010.12.007.

Kendrick, D., Barlow, J., Hampshire, A., Stewart-Brown, S. L., & Polnay, L. (2008). Parenting interventions and the prevention of unintentional injuries in childhood: Systematic review and meta-analysis. *Child: Care, Health & Development*, *34*, 682-695. doi.10.1111/j.1365-2214.2008.00849.x.

Khanna, M. S. & Kendall, P. C. (2009). Exploring the role of parent training in the treatment of childhood anxiety. *Journal of Consulting and Clinical Psychology*, *77*(5), 981-986. doi.10.1037/a0016920.

Kim, H. K. & Leve, L. D. (2011). Substance use and delinquency among middle school girls in foster care: A three-year follow-up of a randomized controlled trial. *Journal of Consulting & Clinical Psychology*, *79*(6), 740-750. doi.10.1037/a0025949.

Kim, S., Thibodeau, R., & Jorgensen, R. S. (2011). Shame, guilt, and depressive symptoms: A meta-analytic review. *Psycholoigcal Bulletin*, *137*, 68-96. doi.10.1037/a0021466.

Kotler, L. A., Cohen, P., Davies, M., Pine, D. S., & Walsh, B. T. (2001). Longitudinal relationships between childhood, adolescent, and adult eating disorder. *Journal of the American Academy of Child and Adolescent Psychiatry*, *40*, 1434-1440. doi.10.1097/00004583-200112000-00014.

Layous, K., Nelson, S. K., Oberle, E., Schonert-Reichl, K. A., & Lyubomirsky, S. (2012). Kindness counts: Prompting prosocial behavior in preadolescents boosts peer acceptance and well-being. *PLoS One*, *7*(12), e51380. doi.10.1371/journal.pone.0051380.

Legault, L., Anawati, M., & Flynn, R. (2006). Factors favoring psychological resilience among fostered young people. *Children and Youth Services Review*, *28*(9), 1024-1038. doi.10.1016/j.childyouth.2005.10.006.

Link, B. G., Struening, E. L., Neese-Todd, S., Asmussen, S., & Phelan, J. C. (2001). Stigma as a barrier to recovery: The consequences of stigma for the self-esteem of people with mental illnesses. *Psychiatry Services*, *52*(12), 1621-1626. doi.10.1176/appi.ps.52.12.1621.

Luthar, S. S. & Cicchetti, D. (2000). The construct of resilience: Implications for interventions and social policies. *Developmental Psychopathology*, *12*, 857-885.

Luthar, S. S., Cicchetti, D., & Becker, B. (2000). The construct of resilience: A critical evaluation and guidelines for future work. *Child Development*, *71*, 543-562. doi.10.1111/1467-8624.00164.

Lynch, K. B., Geller, S. R., & Schmidt, M. G. (2004). Multi-year evaluation of the effectiveness of a resilience- based prevention program for young children. *Journal of Primary Prevention*, *24*, 335-353. doi.10.1023/B:JOPP.0000018052.12488.d1.

Lyons, M. D., Huebner, E. S., Hills, K. J., & Shinkareva, S. V. (2012). The dual-factor model of mental health: Further study of the determinants of group differences. *Canadian Journal of School Psychology*, *27*(2), 183-196. doi.10.1177/0829573512443669.

Maniglio, R. (2009). The impact of child sexual abuse on health: A systematic review of reviews. *Clinical Psychology Review, 29*, 647-657. doi.10.1016/j.cpr.2009.08.003.

Maniglio, R. (2010). Child sexual abuse in the aetiology of depression: A systematic review of reviews. *Depression and Anxiety, 27*, 631-642. doi.10.1002/da.20687.

Masten, A. S. (2001). Ordinary magic: Resilience processes in development. *American Psychologist, 56*(3), 227-238. doi.10.1037//0003-066x.56.3.227.

Masten, A. S. (2011). Resilience in children threatened by extreme adversity: Frameworks for research, practice, and translational synergy. *Development and Psychopathology, 23*(2), 493-506. doi.10.1017/S0954579411000198.

Masten, A. S., Best, K. M., & Garmezy, N. (1990). Resilience and development: Contributions from the study of children who overcome adversity. *Development and Psychopathology, 2*, 425-444. doi.10.1017/S0954579400005812.

McCullough, C. & Shaffer, A. (2013). Maternal depressive symptoms and child externalizing problems: Moderating effects of emotionally maltreating parenting behaviors. *Journal of Child and Family Studies, 23*(2), 389-398. doi.10.1007/s10826-013-9804-4.

Moses, T. (2009). Stigma and self-concept among adolescents receiving mental health treatment. *American Journal of Orthopsychiatry, 79*(2), 261-274. doi.10.1037/a0015696.

Moses, T. (2010). Being treated differently: Stigma experiences with family, peers, and school staff among adolescents with mental health disorders. *Social Science & Medicine, 70*(7), 985-993. doi.10.1016/j.socscimed.2009.12.022.

Mukolo, A., Heflinger, C. A., & Wallston, K. A. (2010). The stigma of childhood mental disorders: A conceptual framework. *Journal of the American Academy of Child and Adolescent Psychiatry, 49*, 92-103. doi.10.1016/j.jaac.2009.10.011.

Murray, C. & Waller, G. (2002). Reported sexual abuse and bulimic psychopathology among nonclinical women: The mediating role of shame. *International Journal of Eating Disorders, 32*(2), 186-191. doi.10.1002/eat.10062.

Neuman, M., Obermeyer, C. M., & The MATCH Study Group. (2013). Experiences of stigma, discrimination, care and support among people living with HIV: A four country study. *AIDS and Behavior, 17*, 1796-1808. doi.10.1007/s10461-013-0432-1.

Oldehinkel, A. J., Hartman, C. A., De Winter, A. F., Veenstra, R., & Ormel, J. (2004). Temperament profiles associated with internalizing and externalizing problems in preadolescence. *Development and Psychopathology, 16*, 421-440. doi.10.10170S0954579404044591.

Pais-Ribeiro, J. (2004). Quality of life is a primary end-point in clinical settings. *Clinical Nutrition, 23*, 121-130. doi.10.1016/S0261-5614(03)00109-2.

Park, N. (2004). The role of subjective well-being in positive youth development.

Annals of the American Academy of Political and Social Science, *591*, 25-39. doi.10.1177/0002716203260078.

Penza, K. M., Heim, C., & Nemeroff, C. B. (2003). Neurobiological effects of childhood abuse: Implications for the pathophysiology of depression and anxiety. *Archives of Women's Mental Health*, *6*(1), 15-22. doi.10.1007/s00737-002-0159-x.

Poulton, R., Caspi, A., Moffitt, T. E., Cannon, M., Murray, R., & Harrington, H. (2000). Children's selfreported psychotic symptoms and adult schizophreniform disorder: A 15-year longitudinal study. *Archives of General Psychiatry*, *57*, 1053-1058. doi.10.1001/archpsyc.57.11.1053.

Prinz, R. J., Sanders, M. R., Shapiro, C. J., Whitaker, D. J., & Lutzker, J. R. (2009). Population-based prevention of child maltreatment: The US triple P system population trial. *Prevention Science*, *10*, 1-12. doi.10.1007/s11121-009-0123-3.

Proctor, C., Linley, A. P., & Maltby, J. (2009). Youth life satisfaction measures: A review. *Journal of Positive Psychology*, *4*(2), 128-144. doi.10.1080/17439760802650816.

Pyle, M., Stewart, S. L. K., French, P., Byrne, R., Patterson, P., Gumley, A., Morrison, A. P., et al. (in press). Internalized stigma, emotional dysfunction and unusual experiences in young people at risk of psychosis. *Early Intervention in Psychiatry*. doi.10.1111/eip.12098.

Radford, L., Corral, S., Bradley, C., Fisher, H., Bassett, C., Howat, N., & Collishaw, S. (2011). Child abuse and neglect in the UK today. Available at: http://www.nspcc.org.uk/Inform/research/findings/child_abuse_neglect_research_wda84173.html.

Roysamb, E. & Strype, J. (2002). Optimism and pessimism: Underlying structure and dimensionality. *Journal of Social and Clinical Psychology*, *21*, 1-9. doi.10.1521/jscp.21.1.1.22403.

Ryle, A. & Kerr, I. B. (2002). *Introducing cognitive analytic therapy: Principles and practice*. Oxford: Wiley-Blackwell.

Saxena, S., Jane-Llopis, E., & Hosman, C. (2006). Prevention of mental and behavioural disorders: Implications for policy and practice. *World Psychiatry*, *5*, 5-14. doi.http://www.ncbi.nlm.nih.gov/pmc/articles/PMC1472261.

Shaver, P. R. & Mikulincer, M. (2007). Adult attachment strategies and the regulation of emotion. In: J. J. Gross (Ed.), *Handbook of emotion regulation* (pp. 446-465). New York: Guilford Press.

Shaver, P. R. & Mikulincer, M. (2011). An attachment-theory framework for conceptualizing interpersonal behavior. In: L. M. Horowitz & S. Strack (Eds.), *The handbook of interpersonal psychology: Theory, research, assessment and therapeutic intervention* (pp. 17-36). Hoboken, NJ: John Wiley.

Snijders, T. A. B. & Bosjer, R. J. (2012). *Multilevel analysis: An introduction to basic and advanced multilevel modeling* (2nd edn.). London: Sage.

Steinberg, L., Blatt-Eisengart, I., & Cauffman, E. (2006). Patterns of competence and adjustment among adolescents from authoritative, authoritarian, indulgent, and neglectful homes: A replication in a sample of serious juvenile offenders. *Journal of Research on Adolescence, 16,* 47-58. doi.10.1111/j.1532-7795.2006.00119.x.

Suldo, S., Thalji, A., & Ferron, J. (2011). Longitudinal academic outcomes predicted by early adolescents' subjective well-being, psychopathology, and mental health status yielded from a dual factor model. *Journal of Positive Psychology, 6,* 17-30. doi.10.1080/17439760.2010.536 774.

Swan, A., Watson, H. J., & Nathan, P. R. (2009). Quality of life in depression: An important outcome measure in an outpatient cognitive-behavioural therapy group programme? *Clinical Psychology & Psychotherapy, 16*(6), 485-496. doi.10.1002/cpp.588.

Taylor, P. J. & Wood, A. M. (2013). Discrepancies in parental and self-appraisals of prosocial characteristics predict emotional problems in adolescents. *British Journal of Clinical Psychology, 52,* 269-284.doi.10.1111/bjc.12013.

Tedeschi, R. G. & Kilmer, R. P. (2005). Assessing strengths, resilience, and growth to guide clinical interventions. *Professional Psychology: Research and Practice, 36,* 230-237. doi.10.1037/0735-7028.36.3.230.

Varese, F., Smeets, F., Drukker, M., Lieverse, R., Lataster, T., Viechtbauer, W., et al. (2012). Childhood adversities increase the risk of psychosis: A meta-analysis of patient-control, prospective and cross-sectional cohort studies *Schizophrenia Bulletin, 38,* 661-671. doi.10.1093/schbul/sbs050.

Weisfeld, G. E. & Wendorf, C. A. (2000). The involuntary defeat strategy and discrete emotions theory. In: L. Sloman & P. Gilbert (Eds.), *Subordination and defeat: An evolutionary approach to mood disorders and their therapy* (pp. 125-150). Mahwah, NJ: Lawrence Erlbaum.

West, F., Sanders, M. R., Cleghorn, G. J., & Davies, P. S. (2010). Randomised clinical trial of a family-based lifestyle intervention for childhood obesity involving parents as the exclusive agents of change. *Behaviour Research & Therapy, 48*(12), 1170-1179. doi.10.1016/ j.brat.2010.08.008.

Willemen, A. M., Schuengel, C., & Koot, H. M. (2011). Observed interactions indicate protective effects of relationships with parents for referred adolescents. *Journal of Research on Adolescence, 21*(3), 569-575. doi.10.1111/j.1532-7795.2010.00703.x.

Wood, A. M. & Tarrier, N. (2010). Positive Clinical Psychology: A new vision and strategy for integrated research and practice. *Clinical Psychology Review, 30,* 819-829. doi: 10.1016/

j.cpr.2010.06.003.

Woolfenden, S. R., Williams, K., & Peat, J. K. (2002). Family and parenting interventions for conduct disorder and delinquency: A meta-analysis of randomised controlled trials. *Archives of Disease in Childhood, 86*, 251-256.

Young, J. E., Klosko, J. S., & Weishaar, M. (2003). *Schema therapy: A practitioner's guide*. New York: Guilford Press.

Young, S. & Holdorf, G. (2003). Using solution focused brief therapy in individual referrals for bullying. *Educational Psychology in Practice, 19*(4), 271-282. doi.10.1080/0266736032000138 526.

Zahn-Waxler, C., Shirtcliff, E. A., & Marceau, K. (2008). Disorders of childhood and adolescence: Gender and psychopathology. *Annual Review of Clinical Psychology, 4*, 275-303. doi.10.1146/annurev.clinpsy.3.022806.091358.

제20장

자살행동
미래에 대한 예상의 영향력

Andrew K. MacLeod

겉으로 보기에 자살만큼 긍정심리학과 멀리 떨어져 있는 것은 없을 것이다. 하지만 바로 그 거리가 몇 가지 고유한 기회를 만들어 준다. 첫 번째 기회는 과학적인 것으로, 자살 충동을 느끼는 사람들이 낮은 웰빙 수준의 표준 사례를 보여 주기 때문에 발생하는 기회다. 사실 자살하려는 순간은 웰빙의 완전한 부재(absence) 상태로 보는 것이 가장 적절할 것이다. 어떤 과정이 잘못 처리되었을 때 일반적인 과정에 대한 정보를 얻는 것과 마찬가지로, 자살행동을 웰빙의 완전한 부재로 볼 때 다른 방법으로는 발견하기 어려운 웰빙의 본질에 대한 소중한 정보를 얻을 가능성이 있다.

두 번째 기회는 임상적인 것이다. 이것은 웰빙 관련 개념이나 긍정심리학 관련 개념들이 자살경향성을 이해하는 새로운 방법을 제시하기 때문에 발생하는 기회다. 또한 치료하기 매우 어려운 것으로 확인된 문제를 치료할 수 있는 새로운 개입 방안을 제공하기 때문에 발생하는 기회이기도 하다. 임상적 문제들에 대한 전통적 접근들은 주로 원치 않는 경험(증상)의 존재에 초점을 두며, 관련 치료 기법들은 그러한 경험의 영향을 감소시키거나, 제거하거나, 최소화하는 데 목표를 둔다. 반면 긍정심리학은 번영하는 삶(flourishing lives), 즉 사람들이 잘 살아갈 때 존재하는 것들에 대해 많은 통찰을 제공한다(예: Seligman, 2011). 질문은 이러한 통찰이 잘 살아가지 못하는 사람들을 돕는 데 사용될 수 있는가 하는 것이다. 좋은 삶의 요소들에 대해 이해하는 것이 자살하고자 하는 사람들의 삶에서 빠진 것들을 설명하는 데 도움이 될 수 있을까? 아마도 이러한 접근은 삶을 힘들게 만드는 것을 감소시키거나 관리하는 것에 더해, 좋은 삶의 요소들을 구축하는 데 초점을 맞춤으로써 전통적 관점을 보완할 수 있을 것이다(MacLeod, 2012 참조). 자살경향성에 대한 웰빙 접근이 생산적일 수 있음을 시사하는 증거들이 있다. 예를 들어, Heisel과 Flett(2004)은 정신과 환자들을 대상으로 진행한 연구에서, 삶에 대한 목적의식의 결핍이 우울을 통제한 뒤에도 자살사고를 예측한다는 것을 확인했다. Malone, Oquendo, Haas, Ellis, Li, 그리고 Mann(2000)은 삶의 이유를 더 많이 가지고 있는 것이, 우울하지만 자살시도를 하지 않은 사람들과 우울하면서 자살시도를 한 사람들을 구분한다는 사실을 확인하기도 했다. 따라서 이론적으로나 경험적으로 보았을 때, 자살경향성을 고통의 존재뿐만 아니라 웰빙의 심각한 부재로 개념화하는 것이 가치 있다고 제안할 이유가 충분하다고 판단할 수 있겠다.

긍정적 웰빙과 자살경향성을 연결하는 연구는 매우 드물다. 하지만 중요한 접점이 하나 있는데, 최근에는 예상(prospection)이라 불리고 있는 미래지향적 사고(future-directed thinking)와 관련된 연구들이다(Seligman, Railton, Baumeister, & Srifada, 2013). 이 접점이 이번 장의 주요 초점이다. 이번 장의 전반적인 목표는 해당 연구 분야에 대해 토론할 수 있는 장을 여는 것이며, 어떻게 하면 웰빙초점적 접근이 자살경향성에 대한 새롭고 유익한 관점을 제공할 수 있을지를 생각해 보는 것이다. 우선은 자살행동에 대한 개관으로 시작해서 우울과 자살의 연결고리에 대해 검토할 것이다. 다음으로 예상(미래지향적 사고)을 소개하고, 예상과 웰빙의 관계를 전반적으로 살펴본 뒤, 예상과 자살행동의 관계를 구체적으로 검토할 것이다. 마지막으로 자살사고와 자살행동에 대한 개입에 적용할 수 있는 웰빙 관련 개념들에 대해 논의할 것이다.

자살행동

유형, 용어, 인구통계학적 특성

자살행동(suicidal behavior)이란 용어는 자살사고(thoughts of suicide)부터 완료된 자살(completed suicide)에 이르기까지 매우 넓은 범위의 현상들을 포괄한다. 완료된 자살은 적어도 이론적으로는 정의하기 복잡하지 않다. 당사자가 스스로 목숨을 끊었다는 명백한 증거가 있는지와 관련된 법적 판단에 의해 정의되기 때문이다. 하지만 실제 현장에서는 관련된 증거가 늘 그렇게 명백하지는 않기 때문에, 판단하는 것이 항상 쉽지만은 않다. 자살이 의심되지만 명백한 증거가 부족한 사례들은 다른 방식으로 기록되곤 한다. 자살사고는 죽고 싶다는 일시적인 생각부터 구체적인 자살계획을 수반하는 반복적이고 능동적인 자살 욕구까지 포함하는 개념이다. 자살사고와 완료된 자살 사이에 있는 것이 치명적이지 않은 의도적 자해행동(deliberate self-harming behavior)이다. 치명적이지 않은 의도적 자해는 자살시도(attempted suicide)와 비자살적 자해(nonsuicidal self-injury: NSSI)의 두 유형으로 구분될 수 있다(Klonsky, May, & Glenn, 2013). NSSI에는 죽으려는 의도가 없는 칼로 베기(cutting), 태우기(burning), 긁기(scratching)와 같은 행동들이 포함된다. 이러한 행동들은 죽으려는 명백한 의도가 있고 잠재적으로 치명적인 자해를 수반하는 자살시도와 대조를 이룬다. 어떤 행동들은 이 두 유형 중 하나로 분명하게 분류되지만, 그렇지 않은 경우도 많이 있다. 여기에는 전문 치료를 받게 되는 가장 흔한 형태의 의도적 자해행동인 약물 과용이 포함된다. 사람들은 약물 과용의 의학적 치명성에 대해 충분히 자각하지 못할 때가 많다. 이 때문에 과용했다는 사실만 가지고는 실제 자살 의도에 대해 판단하기가 어려운 것이 사실이다. 실제로 이들에게 관련 질문을 했을 때, 단지 도망치고 싶었다고 보고하는 일이 가장 흔했다고 하며, 죽기를 원했는지 그렇지 않은지가 분명하지 않았다고 한다(예: Bancroft, Hawton, Simkin, Kingston, Cumming, & Whitwell, 1979). 아마도 이러한 이유 때문에 많은 연구들이 의도적 자해행동의 유형을 구분하지 않는 것일지도 모른다. 이 장에서는 의도적 자해라는 용어를 치명적이지 않은 자해행동 전체(심각한 자해시도를 포함)를 포괄하는 용어로 사용할 것이다. 또한 죽고자 하는 의도 수준이 높은 사람들을 명시적으로 선별한 연구에 한해 자살시도(suicide attempt)라는 용어를 사용하고자 한다.

　자살은 전 세계적으로 10번째 사망 원인이며, 모든 사망의 1.5%를 설명한다(Windfuhr & Kapur, 2011). 의도적 자해는 자살보다 훨씬 더 흔한 것으로 알려져 있다. 지역마다 서로 다른 정의가 사용될 뿐만 아니라 자료를 수집하는 방법도 다양한 탓에 자료가 신뢰롭지 않은 경향이 있지만, 적어도 완료된 자살의 10배 정도는 되는 것으로 추성되고 있다(Welch, 2001). Nock 등(2008)은 세계보건기구(World Health Organization: WHO)의 설문 자료를 보고한 바 있는데, 이들에 따르면 자살시도의 유병률은 2.7%인 것으로 확인되었다. 미국 내에서 실시된 한 대규모 설문에서는 응답자의 4.6%가 적어도 한 번의 자살시도를 한 것으로 보고되었으며, 이들 중 대략 절반은 죽으려는 의도를 어느 정도 가지고 있었던 심각한 시도였다고 보고하였다(Kessler, Borges, & Walter, 1999). 같은 설문조사에서 Kessler 등(1999)은 응답자의 13.5%가 자살사고를 경험한 것으로 보고하였으며, Nock 등(2008)의 WHO 설문조사에서도 자살사고 유병률이 9.2%인 것으로 확인되었다.

　의도적 자해의 반복은 흔한 현상이며 심각한 임상적 문제를 유발한다. WHO 유럽 연구에 따르면, 자살시도자의 54%가 이전에도 시도한 경험이 있으며, 30%는 1년 추적 연구 기간 동안 추가적인 자살시도를 한 것으로 확인되었다(Kerkhof, 2000). 자살시도자들의 대략 1%는 1년 내에 자살을 완료하며, 적어도 5년 이상 추적한 연구들에 따르면 3%에서 13%

가 자살을 완료하는 것으로 확인되었다(Qin et al., 2009). 또한 자살한 사람들의 1/3에서 2/3는 이전에 자살시도 경력이 있는 것으로 나타났다(Sakinofsky, 2000). 자살행동의 역학 (성별, 연령, 인종, 국적 등과의 관계)에 대해서는 많은 것들이 알려져 있지만(예: Windfuhr & Kapur, 2011), 관련 내용에 대한 논의는 이 장의 범위를 넘어선다.

우울과 자살행동

우울은 자살행동과 밀접한 관계를 맺고 있기 때문에, 자살행동에 대해 논의할 때 우울을 언급하는 것은 그만한 가치가 있다. 우울과 자살행동이 밀접한 관계를 맺고 있다는 것은, 우울에 대해 알려진 것들이 자살행동과도 관련이 있을 가능성이 있다는 것을 의미한다. 물론 두 현상이 서로 구분된다는 것은 염두에 둘 필요가 있다. 우울증을 경험한 사람들에서 표준화된 자살 사망률(일반 대중에서 자살로 사망할 위험성 대비 특정 집단에서 자살로 사망할 위험성)은 대략 20이다(Ösby, Brandt, Correia, Ekbom, & Sparén, 2001). 이것은 주요우울 삽화를 경험한 사람들의 경우 자살로 사망할 가능성이 일반 대중에 비해 20배 정도 더 높다는 것을 의미한다. 이렇게 우울증을 경험하는 사람들에게서 상대적인 위험성이 크게 증가하는 것은 사실이지만, 자살로 사망하지 않을 가능성이 여전히 훨씬 더 높다는 것은 염두에 두어야 할 것이다. 실제로 주요우울 삽화를 경험한 사람들이 평생 동안 자살로 사망할 위험 추정치는 5%에서 15% 사이인 것으로 확인되고 있다(Bostwick & Pancratz, 2000). 의도적 자해는 우울증 환자의 1/3 정도에서 나타나며(MacLeod, 2013a), 자살사고는 50% 정도에서 나타나는 것으로 확인되고 있다(Schaffer et al., 2000). 반대 측면에서 보면, 자살에 성공한 사람들 중 1/3에서 2/3는 우울하며, 자살시도자의 절반에서 3/4은 우울한 것으로 나타난다(MacLeod, 2013a).

우울과 자살행동의 이러한 관계는, 우울증의 기본 과정 및 치료효과에 대한 지식이 자살행동과도 관련이 있을 것임을 암시한다. 하지만 두 현상의 특수성을 고려하면 우울증에 대해 알려진 것들을 자살경향성을 이해하는 데 단순하게 적용할 수 없다는 것을 알 수 있다. 그럼에도 불구하고 자살행동과 우울에 대한 상당한 양의 연구들을 보았을 때 자명한 사실은 우울의 한 가지 특정한 측면, 즉 미래에 대한 절망감이 자살행동과 연결되는 우울 경험의 요소라는 점이다(Niméus, Träskman-Bendz, & Alsén, 1997 참고). 자살경향성에서 절망감의 역할은 미래에 대한 사고와 감정의 근본적인 중요성을 암시한다.

미래지향적 사고(예상)

인간은 미래지향적이며, 미래에 대한 기대와 계획, 목표에 따라 반응한다. 미래를 예상하는 능력은 다른 동물들도 가지고 있지만(Thom, Clayton, & Simons, 2013), 인간은 자극에 의존하지 않는 방식으로 미래에 대해 생각할 수 있다는 점과 매우 먼 미래까지도 생각할 수 있다는 점에서 다른 동물들과 구분된다(Gilbert, 2006). 뿐만 아니라 인간의 미래지향적 상태는 종종 정동(affect)을 수반하는 경향이 있다. 즉, 우리가 미래를 생각할 때 갈망하거나 원하는 것들이 있는가 하면, 걱정하거나 두려워하는 것이 있다.

인간의 경험과 행동에서 미래지향적 사고가 중요하다는 인식은 점점 더 증가하고 있다. 예를 들어, Seligman 등(2013)은 예상이 인간의 행동을 동기화하는 본질적인 요소라는 매우 그럴듯한 주장을 제안한 바 있다. 이들에 따르면, 기존의 지배적인 동기이론들은 각자가 지닌 과거 경험에 의해 인간이 움직인다고 보는 반면, 예상 이론은 현재 가지고 있는 미래에 대한 표상에 의해 인간의 행동이 형성된다고 본다. 이러한 설명은 사람들이 자신의 삶을 경험하는 방식과도 잘 어울린다. 예상은 사회심리학이나 성격심리학 영역에서 늘 중요하게 다루어져 왔다. 종종 목표이론의 형태로 다루어졌으며(예: Carver & Scheier, 1990), Little의 개인적 프로젝트 분석(Personal Projects Analysis)과 같은 흥미로운 형태로 다루어지기도 했다(Little, 1989). 개인적 프로젝트는 개인의 미래에 대한 갈망과 관심, 열망을 나타낸다. 이러한 요소들은 프로젝트를 형성하거나, 촉진 혹은 지연시킬 수 있는 사회적·환경적 맥락 안에 놓인다.

목표이론은 우리가 미래에 대해 가지고 있는 정신적 표상이 사고와 감정, 동기에 어떻게 영향을 미치는지를 생각해 볼 수 있는 좋은 방법이다. 하지만 모든 예상이 목표나 개인적 프로젝트의 형태를 띠고 있는 것은 아니다. 상당한 양의 예상은 좀 더 넓은 의미에서의 기대와 예측(직접적으로 목표지향적 활동과 관련되지는 않을 수 있는)에 관한 것이다. 예를 들어, 어떤 사람이 주말에 있을 친구와의 만남이나 다음 주에 방문할 가족을 생각할 때, 혹은 다음 달에 있을 오페라 공연을 떠올릴 때, 이러한 생각들은 우리가 일반적으로 목표라 부르는 것들이 분명 아니다. 물론 이런 생각들을 넓은 의미에서의 소속되고자 하는 목표나 즐거움을 느끼려는 목표의 일부로 간주할 수 있겠지만, 이런 식으로 목표의 개념을 확장하게 되면 우리가 목표에 대해 이야기할 때 실제로 의미하는 바의 상당 부분을 놓치고 말 것이다. 목표는 예상의 중요한 일부분이다. 하지만 예상은 미래에 대한 모든 인지적·정서적 표상을 포함하며, 그러한 표상과 관련된 현재의 활동들 또한 포괄하는 좀 더 넓은 개념이다.

예상과 웰빙

인간이 기본적으로 미래지향적인 유기체라고 보는 이론들에서는 웰빙이 예상과 본질적으로 연결되어 있다고 가정한다. 결과적으로 웰빙에 대한 목록을 작성하는 많은 접근들(웰빙을 구성하는 '좋은 것들'의 목록을 작성하는 접근들)은 각각의 목록에 미래에 대한 생각과 관련된 것을 포함하고 있다. 예를 들어, Ryff의 심리적 웰빙(Psychological Well-Being) 모형(Ryff, 1989)에서는 삶의 목적(Purpose in Life), 즉 목표를 가지고 있으며 삶의 방향성에 대한 감각을 가지고 있는 상태를 좋은 삶의 여섯 가지 요소 중 하나로 제안한 바 있다.

미래지향적 사고를 웰빙의 한 요소로 정의하는 것과 함께, 두 개념의 관계를 살펴보는 또 다른 방법은 경험적 연구를 이용하는 것이다. 여기에서 살펴볼 연구들의 상당 부분은 사람들이 지니고 있는 목표와 관련된 것들이다(MacLeod, 2013b 참고). 목표를 가지고 그 목표를 향해 나아가는 것은, 그 목표가 개인의 내재된 동기와 잘 들어맞는 한 자기보고형 도구로 측정된 웰빙 수준과 밀접한 관련이 있는 것으로 나타나고 있다(예: Sheldon & Elliot, 1999; Sheldon et al., 2010). Brunstein, Schultheiss, 그리고 Grässman(1998)은 사람들이 근본적으로 지니고 있는 주재(agency) 혹은 효과(effectiveness)에 대한 동기나 교감(communion) 혹은 관계(relatedness)에 대한 동기와 일치하는 목표를 추구하는지에 따라 웰빙 관련 이득이 결정된다는 것을 확인하기도 했다. 이 연구에서 주재에 대한 동기를 추구하는 참가자들은 교감과 관련된 목표를 추구하는 것으로부터 웰빙 관련 이득을 얻지 못했으며, 주재와 관련된 목표들로부터 이득을 얻을 수 있었다. 교감에 대한 동기를 추구하는 참가자들은 반대의 패턴을 보였다. Sheldon과 Elliot(1999)은 내적인 동기로 인해 목표를 추구하는 사람들[활동 자체를 즐기거나 가치 있게 여김: 자기일치(self-concordance) 정도가 높음]이 목표가 달성됨에 따라 웰빙 수준이 증가하는 것을 확인하였다. 반면 그렇게 해야 한다고 느끼거나, 혹은 하지 않을 경우 기분이 나빠질 것이기 때문에 어떤 목표를 추구하는 사람들(자기일치 정도가 낮음)은, 웰빙 수준이 증가하지 않는 것으로 나타났다. 달리 말해 웰빙 수준이 증가하기 위해서는 개인의 내재된 동기나 가치와 일치하는 목표 측면에서 진척(progress)이 있어야 하며, 외재적 동기(external motivation)와 관련된 목표들은 웰빙에 별다른 도움이 되지 않는 것으로 확인되었다. 또 다른 연구에서는 보다 접근적인 목표(approach goals)를 가지고 있는 것(원하는 것을 실제로 얻기 위해 노력하는 것)이 높은 수준의 웰빙과 관련이 있다는 것을 보여 주었다. 반대로 회피적인 목표(avoidance goals)를 가지고 있는 것(원치 않는 무언가가 실제로 일어나지 않도록 막기 위해 노력하는 것)은 낮은 수준의 웰빙과 관련이 있는 것으로 나타났다. 이러한 결과는 비임상 집단과(Elliot, Thrash, &

Murayama, 2011) 임상 집단(예: Sherratt & MacLeod, 2013)에서 모두 확인되었다.

앞서 언급한 바와 같이 미래에 대한 생각의 많은 측면들은 목표의 형태를 취하고 있지 않다. 이에 MacLeod와 동료들은 개인이 지니고 있는 미래에 대한 긍정적·부정적 기대들을 좀 더 포괄적으로 평가할 수 있는 미래 사고 과제(Future-Thinking Task: FTT; MacLeod, Rose, & Williams, 1993)를 개발한 바 있다. FTT에서 참가자들은 미래의 다양한 기간에 대해 기대하는 것과 기대하지 않는 것을 생각하도록 안내 받는다. 주요한 측정치는 참가자들이 특정한 기간에 대해 생성할 수 있는 반응의 개수다. 각 반응에 대해 추가적인 평정을 하는 것도 가능하다. 이 검사의 주요 측정치는 몇 가지 측면에서 목표 기반의 측정치와 다르다. FTT의 측정치는 목표의 형태가 아닌 미래지향적 사고들을 평가한다. 예를 들어, 어떤 사람은 오늘 저녁 식사나 주말에 친구를 만나는 것, 혹은 내년에 결혼하는 것을 기대하고 있다고 말할 수 있다. 만일 목표에 대해 질문했다면 이러한 종류의 미래에 대한 생각들은 보고되지 않았을 가능성이 높다. 왜냐하면 사람들에게 목표에 대해 질문하면 보통 ① 사소한 것보다는 중요하다 여기는 것들을 보고하는 경향이 있으며, ② 열망하기는 하지만 아직 노력이 더 필요하며 결과가 확실치 않은 것들을 보고하는 경향이 있기 때문이다. 하지만 미래에 대한 많은 생각들은 비교적 사소한 경향이 있으며, 개인이 이미 속해 있어서 앞으로 일어날 것이라고 단순히 지각할 수 있는 어떤 궤적의 미래에 대한 예상인 경우가 많다. 미래에 대한 생각을 이렇게 폭넓은 방식으로 물으면 목표와 유사한 종류의 예상(특히 장기적인 미래와 관련된 예상) 또한 생성될 수 있지만, 이것을 포함한 좀 더 넓은 범위의 다양한 생각들을 포착할 수 있다.

이러한 넓은 의미에서의 미래지향적 사고가 웰빙과 밀접하게 연결되어 있다는 강력한 증거들이 있다. 일반인들을 대상으로 진행된 한 연구에서, MacLeod와 Conway(2005)는 기대하는 것들이 많을수록 긍정적 정동(positive affect: PA) 수준이 높으며, 기대하지 않는 것들이 많을수록 부정적 정동(negative affect: NA) 수준이 높은 것을 확인하였다. 기대하지 않는 것들의 수와 긍정적 정동은 서로 무관한 것으로 나타났다. 또한 긍정적인 기대가 많을수록 삶의 만족도가 높으며, 부정적인 기대가 적을수록 삶의 만족도가 높은 것으로 확인되었다. 임상 집단과 준임상 집단을 대상으로 진행된 연구들에서도 관련 증거들이 보고되었다. 관련 증거들은 미래지향적 사고에서의 혼란(disruption)뿐만 아니라 이러한 혼란의 특정한 패턴에 대한 것들을 포함한다. 우울증 환자들은 우울하지 않은 집단에 비해 기대하는 것들을 적게 보고하였으나, 부정적 기대의 측면에서는 차이가 없었다(MacLeod, Tata, Kentish, & Jacobsen, 1997; MacLeod & Salaminiou, 2001; Bjärehed, Sarkohi, & Andersson, 2010). 반면 불안한 환자들은 미래에 대한 부정적 사고가 증가된 양상을 보였으며, 긍정적 생각은 감소되지 않는 것으로 확인되었다(MacLeod & Byrne, 1996; MacLeod, Pankhania, Lee, & Mitchell, 1997). 불안과 우울 기준을 모두 만족하는 사람들은 부정적 기대 수준이 높고 긍정적 기대 수준은 낮은 것으로 나타났다(MacLeod & Byrne, 1996).

요컨대, 좋은 삶을 구성하는 것들을 정의하거나 목록화하는 웰빙 모형들은 목적이나 지향성(directedness), 목표의 측면에서 미래에 대한 어떤 방향성(orientation)을 갖는 것을 포함하는 경향이 있다. 뿐만 아니라, 임상 집단과 준임상 집단을 대상으로 진행된 연구들은 사람들이 미래에 대해 생각하는 방식(목표에 대한 것이든 좀 더 넓은 의미에서의 기대들에 대한 것이든)이 웰빙과 밀접하다는 것을 지지하는 강력한 증거들을 제시하고 있다. 다음으로는 미래지향적 사고와 자살경향성의 관계에 대해 살펴보겠다.

예상과 자살경향성

앞서 절망감이 자살행동과 연결되는 우울증의 특성이라는 것을 지지하는 강력한 증거들이 있다고 언급한 바 있다(Niméus et al., 1997). 연구들에 따르면 절망감은 고의적 자해 집단에서 우울과 자살의도의 관계를 매개하는 것으로 확인되었다(Wetzel, Margulies, Davis, & Karam, 1980; Salter & Platt, 1990). 또한 6개월 뒤에 고의적 자해의 반복을 예측하였으며(Petrie, Chamberlain, & Clarke, 1988), 10년 내 자살 성공을 예측하는 것으로 나타났다(Beck, Brown, & Steer, 1989; Fawcett et al., 1990). 자살 위험이 높은 또 다른 두 심리장애 집단인 정신증 집단(예: Klonsky, Kotov, Bakst, Rabinowwitz, & Bromet, 2012)과 물질사용장애 집단(Weissman, Beck, & Kovacs, 1979)에서도 절망감과 자살행동의 유사한 관계가 확인된 바 있다.

제시된 연구들에서의 절망감은 미래에 대한 전반적인 부정적 시각을 특징으로 하며, 단일 문항이나 벡 절망감 척도(Beck Hopelessness Scale; Beck, Weissman, Lester, & Trexler, 1974)로 측정되었다. 벡 절망감 척도(Beck Hopelessness Scale)는 '네/아니요'로 응답하는 20개 문항으로 구성된 자기보고형 도구이며, '나의 미래는 어둡다'와 같은 문항들을 담고 있다. FTT를 처음 개발한 것은 절망감이라는 넓은 개념을 좀 더 구체적인 요소들로 분해하려는 시도였다(MacLeod et al., 1993). MacLeod와 동료들(1993)은 자살하려는 사람들(최근에 약물을 과다 복용하여 입원된 환자들)이 통제집단에 비해 미래에 대한 긍정적 생각(앞으로 일어나길 기대하는 것들에 대한 생각)을 더 적게 한다는 것을 확인했다. 이들은 생성해 낼 수 있는 부정적인 생각(앞으로 일어나지 않았으면 하는 것들에 대한 생각)의 양 측면에서는 통제집단과 차이가 없었다. MacLeod 등(1997)은 이러한 결과를 재확인했으며, 긍정적 기대의 결핍이 우울 수준에 의존하지 않는다는 사실 또한 밝혀내었다. 즉, 우울하면서 자살의도가 있는 집단과 우울하지 않으면서 자살의도가 있는 집단은 비슷하게 긍정적 기대의 결핍을 나타내었다. 대규모 자살환자 집단을 대상으로 진행된 또 다른 연구에서도, 긍정적 기대는 자기보고로 측정된 절망감과 상관관계를 맺고 있는 것으로 나타났지만, 부정적 기대는 절망감과 무관한 것으로 확인되었다(MacLeod, Tata, Tyrer, Schmidt, Davidson, & Thompson, 2005). 이러한 결과는 O'Connor, Fraser, Whyte, McHale, 그리고 Masterton(2008)에 의해 재확인되었다. O'Connor 등(2008)은 긍정적 기대의 결핍이 자기보고로 측정된 절망감보다 향후의 자살사고를 더 잘 예측하는 것을 확인하기도 했다. 자살하려는 사람들은 FTT 검사상 긍정적 생각의 결핍을 나타내는 것에 더해, 목표 관련 사고에서도 문제를 나타낸다. 실제로 자살하려는 사람들은 개인적인 목표에 대한 질문을 받았을 때 목표들을 보고할 수 있지만, 그러한 목표가 달성될 수 있을 것이라는 기대가 매우 낮은 경향이 있다(Vincent, Boddana, & MacLeod, 2004; Danchin, MacLeod, & Tata, 2010). 따라서 자살경향성이 있는 사람들이 미래에 대해 생각할 때 경험하는 문제는, 미래에 대한 부정적 생각이 우세한 것과 관련이 있다기보다 주로 긍정적 사고의 결핍과 관련이 있다고 볼 수 있다. 이러한 결론을 고려하면, 긍정심리학적 관점에서 자살경향성을 이해하고 이러한 경향성이 높은 사람들을 돕는 새로운 방법들을 탐색하는 것의 잠재적 가치를 충분히 납득할 수 있을 것이다.

계획과 고통스러운 관여

이 시점에서 우리가 던질 수 있는 명백한 질문은 이것이다. 왜 어떤 사람은 다른 사람보다 기대하는 것들이 적은 것일까? 여기에 영향을 미치는 요인들이 많이 있겠지만, 한 가지 가능한 요인은 계획 능력(planning ability)이다. 긍정적인 미래에 대한 생각은 계획과 관련이 있다. 미래에 대해 생각하고 관련된 활동에 관여하는 것의 많은 부분은 계획을 세우고 실행하는 것에 달려 있다. MacLeod 등(2005)은 긍정적인 예상이 계획하기에 달려 있다는 아이디어와 일치하는 연구 결과를 제시한 바 있다. 이들은 일반인들을 대상으로 진행한 연구에서, 목표를 달성하기 위해 계획을 세우는 과제에서 우수한 수행을 보인 사람들이 FTT 결과상 긍정적인 미래에 대한 생각을 더 많이 보인다는 것을 확인했다. 이 연구에서는 참가자들에게 그들의 목표에 대해 알려 준 뒤 해당 목표를 달성하기 위해 지금부터 어떻게 해야 할지를 말하도록 함으로써 계획하기 수준을 측정했다. 이러한 측정방법은 수단—목표 문제해결 과제(Means End Problem Solving Task; Platt & Spivack, 1975)를 기반으로 개발한 것이지만, 현재의 문제를 해결하는 것이 아닌 원하는 목표를 얻는 것에 초점을 두었다는 점이 다르다. 현재 상황에서 목표를 달성한 상태로 나아가도록 하는 데 계획하기가 얼마나 도움이 되는가를 측정하는 방법으로는 여러 가지를 고려할 수 있다. 예를 들어, 계획안에 포함된 단계의 수를 측정할 수도 있고, 독립적인 평가자가 계획의 효과성을 판단하도록 할 수도 있다. 연구에 따르면, 자살경향성이 있는 환자들은 통제집단에 비해 계획 과제에서 유의미하게 저조한 수행을 보이는 것으로 확인되었다(Vincent et al., 2004).

이러한 결과들을 보면 자살경향성이 있는 사람들은 각자의 목표를 가지고는 있지만 목표를 달성하는 데 어려움을 겪고 있다는 것을 알 수 있다. 이들이 어려움을 겪는 이유는 적어도 부분적으로는 이들이 목표를 실현하기 위해 필요한 효과적인 단계들을 생각하는 데 비교적 덜 능숙하기 때문일 수 있다. 이들은 자신의 목표에 대해 말할 수는 있지만, 각자가 지닌 목표들로부터 지금 여기에서 웰빙에 도움이 되는 무언가를 끌어내지는 못한다. 이들은 목표를 향해 나아가고 있다는 느낌이 결여되어 있으며, 목표를 성공적으로 달성하는 것 또한 상상하지 못하기 때문이다. MacLeod와 동료들(MacLeod & Conway, 2007; Danchin et al., 2010)은 이렇게 목표는 있지만 그 목표를 달성할 수 있다는 느낌이 결여되어 있는 상태를 고통스러운 관여(painful engagement)라 명명하였으며(Danchin et al., 2010, p. 915), 이것이 바로 웰빙에 치명적인 목표 관련 사고라고 보았다. 이들에 따르면, 자살행동을 보이는 사람들은 이러한 사고를 특징적으로 나타내는 경향이 있다. 이러한 패턴은, 목표는 있지만 그 목표를 달성할 수 없다고 느끼며 동시에 해당 목표를 포기할 수도 없는 상태로 절망감을 정의한 Melges와 Bowlby(1969)의 주장과도 일치한다. 목표를 포기할 수 없다는 것은 다른 목표들을 추구하지 않는다는 것을 의미할 것이다. 실제로 O'Connor, Fraser, Whyte, MacHale, 그리고 Masterton(2009)이 목표에 대한 일반적인 태도를 측정하는 자기보고형 도구를 이용하여 진행한 연구에 따르면, 목표를 달성할 수 없다는 사실에 직면했을 때 대안적인 목표를 위해 노력하거나 전념하지 않는 것이 자살시도자들의 자살사고를 예측했다.

고통스러운 관여와 관련하여 제기될 수 있는 질문 하나는, 달성될 가능성이 낮다고 여기면서도 왜 특정한 목표를 고집스럽게 붙잡고 있는가 하는 점이다. 이 질문에 대한 한 가지 대답은 조건적 목표 설정(conditional goal setting)과 관련이 있을 것이다(Street, 2002). 조건적 목표 설정이란 상위의 목표(예: '행복해지는 것')를 특정한 하위 목표(예: '톰과 사는 것')와 연결짓는 것을 말한다. 이러한 연결은 목표들이 위계적으로 조직화된다는 사실을 반영한다. 문제는 상위의 목표가 특정한 하위 목표와 너무 밀접하거나 지나치게 의존하는 관

계를 맺고 있을 때 발생한다. Hadley와 MacLeod(2010)는 우울증 자가치료 집단에 속해 있
는 사람들을 대상으로 진행한 연구에서, 행복과 만족감, 자기가치(self-worth)가 특정한 목
표 달성에 달려 있다고 믿는 정도는 절망감과 강한 상관관계를 맺고 있다는 사실을 확인했
다. Danchin 등(2010) 또한 최근에 자살시도를 한 사람들이 자살경향성이 없는 우울/불안
집단이나 일반 정상인 집단에 비해 조건적 목표 설정 수준이 높다는 사실을 확인한 바 있
다. 조건적 목표 설정과 절망감, 자살경향성의 이러한 관계는 왜 사람들이 달성하기 어렵
다고 판단되는 목표에 고집스럽게 매달리는지를 설명해 준다. 최근 연구에서는 비생산적
인 목표에서 손을 떼고 대안적인 목표에 관여하는 능력이 건강한 기능의 특징이며, 웰빙
수준이 낮은 사람들은 이러한 이탈−재관여(disengagement-re-engagement) 능력을 나타낼
가능성이 낮다는 것을 확인하였다(Wrosch & Miller, 2009). 조건적 목표 설정 이론은 왜 이
러한 현상이 나타나는지를 설명해 준다. 만일 자신의 행복이 특정한 목표에 의존한다고
느낀다면, 목표가 달성될 가능성이 낮다고 여겨질 때조차도 그 목표에 매달리는 것 이외에
다른 선택지가 없는 것이다. 이러한 상태가 바로 MacLeod와 Conway(2007)가 기술한 고
통스러운 관여 상태를 의미한다. 목표를 가지고는 있으나 그 목표가 달성될 가능성은 낮
다고 여긴다. 하지만 미래의 웰빙이 그 목표에 달려 있다고 믿기 때문에 그 목표에 집착하
는 것 이외에는 다른 대안이 없는 것이다.

개입 방안

　자살행동은 전통적으로 치료에 잘 반응하지 않는 것으로 확인되어 왔다. 하지만 최근
들어 심리치료가 도움이 될 수 있다는 증거들이 누적되고 있다(Wenzel, Brown, & Beck,
2009; Hawton, Taylor, Saunders, & Mehadevan, 2001 참고). 문제해결치료(Salkovskis, Atha, &
Storer, 1990)나 인지행동치료(Brown, Have, Henriques, Xie, Hollander, & Beck, 2005), 대인
관계적 정신역동치료(Guthrie et al., 2001)와 같은 심리치료들이 추적 연구에서 기존의 일
반적인 치료에 비해 자살시도 반복률을 감소시킨 것으로 확인되었다. 변증법적 행동치료
(Dialectical Behavior Therapy) 또한 경계선 성격장애 환자들에게서 자살시도 반복률을 감
소시킨 것으로 보고되었다(Linehan, Armstrong, Suarez, Allmon, & Heard, 1991). 이렇게 긍정
적인 결과들이 보고된 것은 사실이지만, 치료의 효과는 대체로 작은 편이었고, 장기 추적
연구에서는 그 효과가 사라지는 경우도 있었으며, 치료효과를 더욱 개선할 수 있는 여지도
분명히 남아 있었다. 일상적인 치료 상황에서, 임상가들은 분명 정도는 다를지라도 웰빙

과 관련된 이슈들을 다룰 것이다. 하지만 자살경향성을 치료하는 데 웰빙 관련 개념을 체계적으로 적용한 경우는 지금까지 없었다. 여기서 제기할 수 있는 질문은, 웰빙에 초점을 둔 체계적인 개입이 자살경향성 치료에 도움이 될 것인가 하는 질문이다.

　자살경향성이 있는 사람들은 복잡한 문제들과 어려움들을 나타내곤 한다. 따라서 긍정적 웰빙을 강화하는 개입들은 자살사고와 행동을 포함한 문제들의 복잡성과 다양성, 심각도를 고려하는 전체적인 치료적 틀 안에 포함되어야 한다. 이러한 치료적 틀의 한 예로 Jobes와 동료들(Jobes, Comtios, Brenner, & Gutierrez, 2011)이 제안한 협력적 자살 위험 평가 및 관리(Collaborative Assessment and Management of Suicidality: CAMS)를 들 수 있다. CAMS는 자살경향성을 치료하는 것을 목표로 하는 방대한 치료적 틀이다. 여기에는 자살사고에 대한 공감(자살사고를 지지하는 것은 아님)을 통해 환자와 튼튼한 치료적 동맹을 형성하는 것과 자살 위험을 평가하고 실시간으로 관찰하는 것, 절망감과 같이 자살사고를 유발하고 유지시키는 기저의 원인을 다루는 것, 안전 계획 및 위기대응 계획을 세우는 것이 포함된다. CAMS에 포함되는 마지막 요소는 목적의식과 의미감을 느끼도록 돕고 긍정적인 삶의 이유를 갖도록 돕는 것이다. Jobes 등(2011)은 희망을 키우고 목적의식과 의미감을 심어 주기 위해 전체적인 치료적 틀 안에 미래에 대한 계획과 목표를 포함시켜야 함을 지적했다. 이들은 이러한 작업이 항상 쉬운 것만은 아니라는 점도 인식하고 있었다.

　MacLeod와 동료들은 목표 세우기와 계획하기(goal setting and planning: GAP) 기술에 중점을 둔 웰빙 초점적 개입 방안을 개발한 바 있다(MacLeod, Coates, & Hetherton, 2008). GAP는 일반인들의 주관적인 웰빙을 증진시키는 것으로 확인되었다(MacLeod et al., 2008). 또한 법정신의학적 환자들의 정신과적 증상과 절망감을 감소시켰으며, 장기적으로는 이들의 미래에 대한 긍정적 생각을 증가시키는 것으로 나타났다(Furguson, Conway, Endersby, & MacLeod, 2009). 만성 우울증 환자들을 대상으로 진행된 연구에서는, GAP가 참가자들의 우울감과 부정적 정동을 감소시키고 삶의 만족도와 긍정적 정동을 증가시키는 것으로 확인되었다(Coote & MacLeod, 2012). 아직까지 GAP를 자살경향성에 적용한 사례는 없지만, 미래지향적 목표 설정 및 계획 기술 훈련은 자살경향성이 있는 사람들이 나타내는 미래 관련 사고 및 계획에서의 결핍 문제를 개선하는 데 적합할 것이다. 이 외에도 개발 중인 미래지향적 치료 기법들이 있다. 예를 들어, Vilhauer와 동료들은 우울증 치료를 위한 미래지향적 치료를 개발한 바 있으며(Vilhauer, Cortes, Moali, Chung, Mirocha, & Ishak, 2013), Van Beek, Kerkhof, 그리고 Beekman(2009) 또한 자살경향성을 치료하기 위한 미래지향적 집단치료를 개발한 바 있다.

　자살경향성 치료에 활용될 수 있는 유력한 두 번째 웰빙 초점적 접근은 Giovanni Fava

와 동료들(예: Ruini & Fava, 2012)에 의해 개발된 웰빙 치료(Well-Being Therapy: WBT)다. WBT는 Ryff의 웰빙 모형을 인지행동치료 모델과 치료구조에 통합한 치료이론이다. WBT 에서는 우선 내담자들로 하여금 긍정적 경험의 사례들(짧게 지속되는 것들도 포함)을 보고 하도록 하여 웰빙과 관련된 사건들을 좀 더 잘 자각하도록 돕는다. 다음 단계에서는 보고 된 긍정적 경험들을 (너무 이르게) 종결시켜 버리는 생각이나 행동들을 찾는다. 예를 들어, 어떤 사람은 자신이 사랑스럽지 않다는 생각으로 파트너와 친밀감을 느끼는 순간을 방해 할 수 있다. 혹은 성공 경험을 하고도 과거에 실패했던 경험들을 떠올리거나 성공이 오래 지속되지 않을 것이라고 생각함으로써 성공의 즐거움을 놓치게 될 수 있을 것이다. 이러 한 경험들은 Ryff(1989)가 제안한 PWB의 6개 차원으로 설명될 수 있다. 예를 들어, 위에 언급한 사례들은 각각 다른 사람들과의 긍정적 관계(Positive Relations with Others)와 환경 에 대한 통제력(Environmental Mastery)과 관련이 있으며, 두 차원에서의 결핍은 치료 상황 에서 확인되고 다루어지게 된다. 이 치료는 본래 우울증의 잔여 증상(residual depression) 을 치료하기 위한 목적으로 개발되었으나, 이후 다른 치료들에도 적용되고 있으며(Ruini & Fava, 2012), 아동들에게도 적용되고 있다(Ruini et al., 2009). 아직까지 WBT를 자살경향성 치료에 적용한 사례는 없었지만, 자살경향성과 우울증의 관계를 고려하면 충분히 탐색할 만한 가치가 있을 것이라고 생각된다. 특히 Ryff(1989)가 개발한 척도의 6개 차원 중 한 하 위 척도로 측정된 삶의 목적의 부재(Absence of Purpose in Life) 정도가 우울증을 통제한 뒤 에도 자살사고를 예측했다는 연구 결과는 이 모형을 자살경향성에 적용하는 것이 적절함 을 시사한다.

　적용 가능한 마지막 영역은 강점기반 모형들(strength-based models)과 관련이 있다. Padesky와 Mooney(2012)는 강점기반 CBT 모형을 소개한 바 있는데, 이 모형은 이들이 수 년간 개발해 온 표준 CBT의 변형이다. 이 모델에서는 내담자로 하여금 그들의 강점을 찾 도록 도우며, 삶의 상황이 어려워질 때 이러한 강점들이 어떻게 회복을 촉진하는지 생각해 보도록 한다. 규명된 강점들은 다양한 삶의 영역에 적용될 수 있는 내담자 고유의 회복력/ 탄력성 모형으로 일반화된다. Padesky와 Mooney(2012)에 따르면, 임상 장면에서는 만연 한 부정성이 환자들을 뒤덮고 있는 경우가 많기 때문에, 초반에 강점을 확인하는 것조차도 많은 도움이 필요할 수 있다고 지적했다. Seligman(2003)은 개인의 강점을 확인하고 사용 하는 것을 핵심으로 하는 행복 모형을 개발한 바 있다. Seligman의 모형은 회복력/탄력성 자체에 대한 모형은 아니다. 오히려 사람들이 각자의 직업과 대인관계, 그 외 다양한 활동 영역에서 개인의 고유한 강점을 활용함으로써 각자의 삶의 질을 강화하는 것과 관련된 모 형이라고 볼 수 있다. 제시된 두 모형은 비슷한 시기에 개별적으로 개발된 것으로 강조점들이 서로 다르다. 하지만 개인의 탄력성/회복력을 강화하는 것을 통해서든 아니면 좀 더 직접적으로 웰빙을 강화하는 것을 통해서든, 개인의 강점을 규명하여 더 나은 삶을 위해 활용한다는 공통점이 있다. 자살경향성이 있는 사람들로 하여금 그들의 강점을 찾고 제시된 두 가지 방식으로 강점을 활용하도록 돕는다면, 이들이 삶의 장애물들을 다루는 데 도움이 될 것이다. 이러한 개입은 자살경향자들이 앞으로의 여정을 의미 있고, 즐거우며, 매력적인 것으로 상상할 수 있도록 도울 수도 있을 것이다. 지금 여기에서 그들의 강점을 활용하여 미래를 구축하기 때문이다.

결론

치명적이든 그렇지 않든, 자살행동은 심각한 공공의 건강 문제이자 개인의 삶을 황폐화시키는 중요한 문제다. 기존 연구들은 미래에 대해 생각하는 방식이 자살사고를 이해하는 중요한 열쇠임을 지지하는 많은 증거들을 보여 주고 있다. 예상은 임상 문헌에서 그 중요성이 인식되어 왔으며, 일반적인 웰빙과 예상의 관계 또한 적절히 잘 작동하는 것으로 확인되고 있다. 자살행동을 치료하는 것은 어렵다는 사실이 확인되었지만, 예상과 관련된 임상 및 비임상 문헌들은 자살행동을 이해하고 치료함에 있어 기존 치료들에 더해 추가적으로 기여할 수 있는 것들을 제공하고 있다.

 참고문헌

Bancroft, J., Hawton, K., Simkin, S., Kingston, B., Cumming, C., & Whitwell, D. (1979). The reasons people give for taking overdoses: A further inquiry. *British Journal of Medical Psychology, 52*(4), 353-365. doi.org/10.1111/j.2044-8341.1979.tb02536.x.

Beck, A. T., Brown, G., & Steer, R. A. (1989). Prediction of eventual suicide in psychiatric inpatients by clinical ratings of hopelessness. *Journal of Consulting and Clinical Psychology, 57*(2), 309-310.

Beck, A. T., Weissman, A., Lester, D., & Trexler, L. (1974). The measurement of pessimism: The Hopelessness Scale. *Journal of Consulting and Clinical Psychology, 42*(6), 861-865.

Bjärehed, J., Sarkohi, A., & Andersson, G. (2010). Less positive or more negative? Future-directed thinking in mild to moderate depression. *Cognitive Behaviour Therapy, 39*(1), 37-45. doi. org/10.1080/16506070902966926.

Bostwick, J. M. & Pankratz, V. S. (2000). Affective disorders and suicide risk: A reexamination. *American Journal of Psychiatry, 157*(12), 1925-1932. doi.org/10.1176/appi.ajp.157.12.1925.

Brown, G. K., Have, T. T., Henriques, G. R., Xie, S. X., Hollander, J. E., & Beck, A. T. (2005). Cognitive therapy for the revention of suicide attempts: A randomized controlled trial. *Journal of the American Medical Association, 294*(5), 563-570. doi.org/10.1001/jama.294.5.563.

Brown, M. Z., Comtois, K. A., & Linehan, M. M. (2002). Reasons for suicide attempts and nonsuicidal self-injury in women with borderline personality disorder. *Journal of Abnormal Psychology, 111*(1), 198-202. doi.org/10.1037/0021-843X.111.1.198.

Brunstein, J. C., Schultheiss, O. C., & Grässman, R. (1998). Personal goals and emotional well-being: The moderating role of motive dispositions. *Journal of Personality and Social Psychology, 75*(2), 494-508. doi.org/10.1037/0022-3514.75.2.494.

Carver, C. S. & Scheier, M. F. (1990). Origins and functions of positive and negative affect: A control process view. *Psychological Review, 97*(1), 19-35. doi.org/10.1037/0033-295X.97.1.19.

Coote, H. M. J. & MacLeod, A. K. (2012). A self-help, positive goal-focused intervention to increase wellbeing in people with depression: Self-help, goals, well-being, and depression. *Clinical Psychology & Psychotherapy, 19*(4), 305-315. doi.org/10.1002/cpp.1797.

Danchin, C. L., MacLeod, A. K., & Tata, P. (2010). Painful engagement in deliberate self-harm: The role of conditional goal setting. *Behaviour Research and Therapy, 48*(9), 915-920. doi.org/10.1016/j.brat.2010.05.022.

Elliot, A. J., Thrash, T. M., & Murayama, K. (2011). A longitudinal analysis of self-regulation and wellbeing: Avoidance personal goals, avoidance coping, stress generation, and subjective well-being. *Journal of Personality, 79*(3), 643-674. doi.org/10.1111/j.1467-6494.2011.00694.x.

Fawcett, J., Scheftner, W. A., Fogg, L., Clark, D. C., Young, M. A., Hedeker, D., & Gibbons, R. (1990). Time-related predictors of suicide in major affective disorder. *American Journal of Psychiatry, 147*(9), 1189-1194.

Ferguson, G., Conway, C., Endersby, L., & MacLeod, A. (2009). Increasing subjective well-being in longterm forensic rehabilitation: evaluation of well-being therapy. *Journal of Forensic Psychiatry & Psychology, 20*(6), 906-918. doi.org/10.1080/14789940903174121.

Gilbert, D. (2006). *Stumbling on Happiness* (new edn.). London: Harper Perennial.

Guthrie, E., Kapur, N., Mackway-Jones, K., Chew-Graham, C., Moorey, J., Mendel, E., Tomenson, B., et al. (2001). Randomised controlled trial of brief psychological intervention after deliberate self poisoning. *British Medical Journal, 323*(7305), 135-135. doi.org/10.1136/bmj.323.7305.135.

Hadley, S. A. & MacLeod, A. K. (2010). Conditional goal-setting, personal goals and hopelessness about the future. *Cognition & Emotion, 24*(7), 1191-1198. doi. org/10.1080/02699930903122521.

Hawton, K., Taylor, T. L, Saunders, K. E. A., & Mehadevan, S. (2011). Clinical care of deliberate self-harm patients: An evidence-based approach. In: R. C. O'Connor, S. Platt, & J. Gordon (Eds.), *International handbook of suicide prevention* (pp. 329-352). Chichester: Wiley-Blackwell.

Heisel, M. J. & Flett, G. L. (2004). Purpose in life, satisfaction with life, and suicide ideation in a clinical sample. *Journal of Psychopathology and Behavioral Assessment, 26*(2), 127-135. doi. org/10.1023/ B:JOBA.0000013660.22413.e0.

Jobes, D., Comtois, K. A., Brenner, L. A., & Gutierrez, P. M. (2011). Clinical trial feasibility studies of the collaborative assessment and management of suicidality. In: R. C. O'Connor, S. Platt, & J. Gordon (Eds.), *International handbook of suicide Prevention* (pp. 383-400). Chichester: Wiley-Blackwell.

Kerkhof, A. J. F. M. (2000). Attempted suicide: Patterns and trends. In: K. Hawton & K. van Heeringen (Eds.), *The international handbook of suicide and attempted suicide* (pp. 49-64). Chichester: Wiley-Blackwell.

Kessler, R. C., Borges, G., & Walters, E. E. (1999). Prevalence of and risk factors for lifetime suicide attempts in the National Comorbidity Survey. *Archives of General Psychiatry, 56*(7), 617-626. doi.org/10.1001/archpsyc.56.7.617.

Klonsky, E. D., Kotov, R., Bakst, S., Rabinowitz, J., & Bromet, E. J. (2012). Hopelessness as a predictor of attempted suicide among first admission patients with psychosis: A 10-year cohort study. *Suicide and Life-Threatening Behavior, 42*(1), 1-10. doi.org/10.1111/j.1943-278X.2011.00066.x.

Klonsky, E. D., May, A. M., & Glenn, C. R. (2013). The relationship between nonsuicidal self-injury and attempted suicide: Converging evidence from four samples. *Journal of Abnormal Psychology, 122*(1), 231-237. doi.org/10.1037/a0030278.

Linehan, M. M. , Armstrong, H. E., Suarez, A., Allmon, D., & Heard, H. L. (1991). Cognitive-behavioral treatment of chronically parasuicidal borderline patients. *Archives of General Psychiatry, 48*(12), 1060-1064. doi.org/10.1001/archpsyc.1991.01810360024003.

Little, B. R. (1989). Personal projects analysis: Trivial pursuits, magnificent obsessions, and the search for coherence. In: D. Buss & N. Cantor (Eds.), *Personality psychology: Recent trends and emerging directions* (pp. 15-31). New York: Springer.

MacLeod, A. K. (2012). Well-being, positivity and mental health: An introduction to the special issue: well-being positivity and mental health: An introduction. *Clinical Psychology &*

Psychotherapy, 19(4), 279-282. doi.org/10.1002/cpp.1794.

MacLeod, A. K. (2013a). Suicide and attempted suicide. In: M. Power (Ed.), *Mood disorders: A handbook ofscience and practice, 2nd edn.* (pp. 319-336). Chichester: Wiley-Blackwell.

MacLeod, A. (2013b). Goals and plans: Their relationship to well-being. In: A. Efldides & D. Moraitou (Eds.), *A positive psychology perspective on quality of life, vol. 51* (pp. 33-50). New York: Springer.

MacLeod, A. K. & Byrne, A. (1996). Anxiety, depression, and the anticipation of future positive and negative experiences. *Journal of Abnormal Psychology, 105*(2), 286-289.

MacLeod, A. K., Coates, E., & Hetherton, J. (2008). Increasing well-being through teaching goal-setting and planning skills: results of a brief intervention. *Journal of Happiness Studies, 9*(2), 185-196. doi.org/10.1007/s10902-007-9057-2.

MacLeod, A. K. & Conway, C. (2005). Well-being and the anticipation of future positive experiences: The role of income, social networks, and planning ability. *Cognition & Emotion, 19*(3), 357-374. doi.org/10.1080/02699930441000247.

MacLeod, A. K. & Conway, C. (2007). Well-being and positive future thinking for the self versus others. *Cognition & Emotion, 21*(5), 1114-1124. doi.org/10.1080/02699930601109507.

MacLeod, A. K., Pankhania, B., Lee, M., & Mitchell, D. (1997). Parasuicide, depression and the anticipation of positive and negative future experiences. *Psychological Medicine, 27*(4), 973-977. doi.org/10.1017/s003329179600459X.

MacLeod, A. K. & Salaminiou, E. (2001). Reduced positive future-thinking in depression: Cognitive and affective factors. *Cognition & Emotion, 15*(1), 99-107.

MacLeod, A. K., Tata, P., Kentish, J., & Jacobsen, H. (1997). Retrospective and prospective cognitions in anxiety and depression. *Cognition & Emotion, 11*(4), 467-479.

MacLeod, A. K., Tata, P., Tyrer, P., Schmidt, U., Davidson, K., & Thompson, S. (2005). Hopelessness and positive and negative future thinking in parasuicide. *British Journal of Clinical Psychology, 44*(4), 495-504. doi.org/10.1348/014466505X35704.

MacLeod, A., Rose, G., & Williams, J. M. (1993). Components of hopelessness about the future in parasuicide. *Cognitive Therapy and Research, 17*(5), 441-455. doi.org/10.1007/BF01173056.

Malone, K. M., Oquendo, M. A., Haas, G. L, Ellis, S. P., Li, S., & Mann, J. J. (2000). Protective factors against suicidal acts in major depression: Reasons for living. *American Journal of Psychiatry, 157*(7), 1084-1088. doi.org/10.1176/appi.ajp.157.7.1084.

Melges, F. T. & Bowlby, J. (1969). Types of hopelessness in psychopathological process. *Archives of General Psychiatry, 20*(6), 690-699. doi.org/10.1001/archpsyc.1969.01740180074007.

Niméus, A, Träskman-Bendz, L., & Alsén, M. (1997). Hopelessness and suicidal behavior. *Journal of Affective Disorders, 42*(2/3), 137-144. doi.org/10.1016/S0165-0327(96)01404-8.

Nock, M. K., Borges, G., Bromet, E. J., Alonso, J., Angermeyer, M., Beautrais, A., Williams, D., et al. (2008). Cross-national prevalence and risk factors for suicidal ideation, plans and attempts. *British Journal of Psychiatry, 192*(2), 98-105. doi.org/10.1192/bjp.bp.107.040113.

O'Connor, R. C., Fraser, L., Whyte, M-C., MacHale, S., & Masterton, G. (2008). A comparison of specific positive future expectancies and global hopelessness as predictors of suicidal ideation in a prospective study of repeat self-harmers. *Journal of Affective Disorders, 110*(3), 207-214. doi.org/10.1016/j.jad.2008.01.008.

O'Connor, R. C., Fraser, L., Whyte, M-C., MacHale, S., & Masterton, G. (2009). Self-regulation of unattainable goals in suicide attempters: The relationship between goal disengagement, goal reengagement and suicidal ideation. *Behaviour Research and Therapy, 47*(2), 164-169. doi.org/10.1016/j.brat.2008.11.001.

Ösby, U., Brandt, L., Correia, N., Ekbom, A., & Sparén, P. (2001). Excess mortality in bipolar and unipolar disorder in Sweden. *Archives of General Psychiatry, 58*(9), 844-850. doi.org/l0.l00l/archpsyc.58.9.844.

Padesky, C. A. & Mooney, K. A. (2012). Strengths-based cognitive-behavioural therapy: A four-step model to build resilience. *Clinical Psychology & Psychotherapy, 19*(4), 283-290. doi.org/10.1002/cpp.1795.

Petrie, K., Chamberlain, K., & Clarke, D. (1988). Psychological predictors of future suicidal behaviour in hospitalized suicide attempters. *British Journal of Clinical Psychology, 27*(3), 247-257.

Platt, J. J. & Spivack, G. (1975). *The means end problem solving procedure manual.* Philadelphia, PA: Hahnemann University.

Qin, P., Jepsen, P., Nørgård, B., Agerbo, E., Mortensen, P. B., Vilstrup, H., & Sørensen, H. T. (2009). Hospital admission for non-fatal poisoning with weak analgesics and risk for subsequent suicide: A population study. *Psychological Medicine, 39*(11), 1867-1873.doi.org/10.1017/S0033291709005741.

Ruini, C. & Fava, G. A. (2012). Role of well-being therapy in achieving a balanced and individualized path to optimal functioning. *Clinical Psychology & Psychotherapy, 19*(4), 291-304.

Ruini, C., Ottolini, F., Tomba, E., Belaise, C., Albieri, E., Visani, D., Fava, G. A., et al. (2009). School intervention for promoting psychological well-being in adolescence. *Journal of Behavior Therapy and Experimental Psychiatry, 40*(4), 522-532. doi.org/10.1016/j.jbtep.2009.07.002.

Ryff, C. D. (1989). Happiness is everything, or is it? Explorations on the meaning of psychological well-being. *Journal of Personality and Social Psychology, 57*(6), 1069-1081. doi.

org/10.1037/0022-3514.57.6.1069.

Sakinofsky, I. (2000). Repetition of suicidal behaviour. In: K. Hawton & K. van Heeringen (Eds.), *The international handbook of suicide and attempted suicide* (pp. 385-404). Chichester: Wiley-Blackwell.

Salkovskis, P. M., Atha, C., & Storer, D. (1990). Cognitive-behavioural problem solving in the treatment of patients who repeatedly attempt suicide: A controlled trial. *British Journal of Psychiatry, 157*, 871-876. doi.org/10.1192/bjp.157.6.871.

Salter, D. & Platt, S. (1990). Suicidal intent, hopelessness and depression in a parasuicide population: The influence of social desirability and elapsed time. *British Journal of Clinical Psychology, 29*(4), 361-371.

Schaffer, A., Levitt, A. J., Bagby, R. M., Kennedy, S. H., Levitan, R. D., & Joffe, R. T. (2000). Suicidal ideation in major depression: Sex differences and impact of comorbid anxiety. *Canadian Journal of Psychiatry (La revue Canadienne de psychiatrie), 45*(9), 822-826.

Seligman, M. E. P. (2011). *Flourish*. London: Nicholas Brealey.

Seligman, M. E. P., Railton, P., Baumeister, R. F., & Sripada, C. (2013). Navigating into the future or driven by the past. *Perspectives on Psychological Science, 8*(2), 119-141. doi.org/10.1177/1745691612474317.

Sheldon, K. M., Abad, N., Ferguson, Y., Gunz, A., Houser-Marko, L., Nichols, C. P., & Lyubomirsky, S. (2010). Persistent pursuit of need-satisfying goals leads to increased happiness: A 6-month experimental longitudinal study. *Motivation and Emotion, 34*(1), 39-48. doi.org/10.1007/s11031-009-9153-1.

Sheldon, K. M. & Elliot, A. J. (1999). Goal striving, need satisfaction, and longitudinal well-being: The self-concordance model. *Journal of Personality and Social Psychology, 76*(3), 482-497. doi.org/10.1037/0022-3514.76.3.482.

Sherratt, K. A. L. & MacLeod, A. K. (2013). Underlying motivation in the approach and avoidance goals of depressed and non-depressed individuals. *Cognition & Emotion, 27*(8), 1432-1440. doi.org/10.1080/02699931.2013.786680.

Street, H. (2002). Exploring relationships between goal setting, goal pursuit and depression: A review. *Australian Psychologist, 37*(2), 95-103. doi.org/10.1080/00050060210001706736.

Thom, J. M., Clayton, N. S., & Simons, J. S. (2013). Imagining the future: A bird's eye view. *The Psychologist, 26*, 418-421.

Van Beek, W., Kerkhof, A., & Beekman, A. (2009). Future oriented group training for suicidal patients: A randomized clinical trial. *BMC Psychiatry, 9*. doi.org/10.1186/1471-244X-9-65.

Vilhauer, J. S., Cortes, J., Moali, N., Chung, S., Mirocha, J., & Ishak, W. W. (2013). Improving quality of life for patients with major depressive disorder by increasing hope and positive expectations with future directed therapy (FDT). *Innovations in Clinical Neuroscience, 10*(3), 12-22.

Vincent, P. J., Boddana, P., & MacLeod, A. K. (2004). Positive life goals and plans in parasuicide. *Clinical Psychology & Psychotherapy, 11*(2), 90-99.

Weissman, A. N., Beck, A. T., & Kovacs, M. (1979). Drug abuse, hopelessness, and suicidal behavior. *International Journal of Addiction, 14*, 451-464.

Welch, S. S. (2001). A review of the literature on the epidemiology of parasuicide in the general population. *Psychiatric Services, 52*(3), 368-375. doi.org/10.1176/appi.ps.52.3.368.

Wenzel, A., Brown, G. K., & Beck, A. T. (2009). *Cognitive therapy for suicidal patients.* Washington, DC: American Psychological Association.

Wetzel, R. D., Margulies, T., Davis, R., & Karam, E. (1980). Hopelessness, depression, and suicide intent. *Journal of Clinical Psychiatry, 41*(5), 159-160.

Windfuhr, K. & Kapur, N. (2011). International perspective on the epidemiology and aetiology of suicide and self-harm. In: R. C. O'Connor, S. Platt, & J. Gordon (Eds.), *International handbook of suicide prevention* (pp. 27-58). Chichester: Wiley-Blackwell.

Wrosch, C. & Miller, G. E. (2009). Depressive symptoms can be useful: Self-regulatory and emotional benefits of dysphoric mood in adolescence. *Journal of Personality and Social Psychology, 96*(6), 1181-1190. doi.org/10.1037/a0015172.

제**4**부

임상 현장의 긍정심리학적 개입

제21장

긍정심리학적 개입
개관

Acacia C. Parks & Liudmila Titova

    상대적으로 새로운 학문 분야인 긍정심리학은 행복하게 살아가는 방법을 꾸준히 연구하고 있다. 행복을 추구하는 방법은 다양하다. 어떤 사람은 감각적 경험을 통해서 행복을 추구하고(향유하기), 어떤 사람은 사회적 관계를 통해서 행복을 추구하고(적극적·건설적으로 반응하기, 감사하기), 어떤 사람은 인지적 경험을 통해서 행복을 추구한다(낙관주의). 이러한 활동을 '긍정심리학적 개입(Positive Psychological Interventions: PPIs; Schuller & Parks, 2014)'이라고 부르며, 임상 집단 및 비임상 집단 모두에 적용한다.

    긍정심리학적 개입이라는 개념 자체가 새롭기 때문에 연구자들의 정의도 저마다 다르다. 예컨대, Sin과 Lyubomirsky(2009)는 두 가지의 중요한 요소를 강조했다. 첫째, 무성성의 감소보다 긍정성의 증가에 초점을 맞춰야 한다. 둘째, 장기적 효과를 지향해야 한다. 이에 더해 Bolier, Haverman, Westerhof, Riper, Smit, 그리고 Bohlmeijer(2013)는 긍정심리학에서 개발된 이론을 계획적으로 반영해야 한다는 요건을 추가했다. 이러한 정의에 따르면, 어떤 활동은 긍정심리학적 개입으로 간주할 수 없다. 예컨대, 실험실에서 순간적으로 기분을 유도하는 처치는 긍정심리학적 개입이 아니다. 기분이 변화되기는 했지만 장기적으로 변화된 것은 아니기 때문이다. 다른 예로, 규칙적으로 운동하고 건강하게 다이어트하는 것도 긍정심리학적 개입이 아니다. 비록 장기적 효과를 지향하지만 긍정심리학에서 개발된 이론을 적용한 것은 아니기 때문이다.

    이러한 정의는 긍정심리학적 개입이 무엇인지 이해하는 데 도움이 된다. 그러나 여전히 완전하고 포괄적인 정의는 아니다. Parks와 Biswas-Diener(2013)는 기존의 정의에서 한 발 더 나가서 가장 상세하게 정의했다. 그들에 따르면, 긍정심리학적 개입에는 '긍정심리학적 구성개념'이 포함되어야 하고, 그것의 효과를 입증하는 연구 결과가 존재해야 한다. 따라서 긍정심리학적 개입의 잠정적 후보인 수많은 활동 중에서 아직 그것의 효과를 입증하는 충분한 과학적 근거가 확보되지 못한 활동은 긍정심리학적 개입이 아니다. Parks와 Biswas-Diener(2013)는 명백한 과학적 근거가 있어야 긍정심리학적 개입과 '긍정적으로 생각하기' 운동을 구별할 수 있다고 강조했다. 이 운동의 산물인『시크릿(The Secret)』은 대중적으로 유명하지만 어떤 과학적 근거도 제시하지 않는다.

긍정심리학적 개입의 목적은 일상생활의 긍정성을 촉진함으로써 부정적 사건과 기분에 대처할 수 있도록 돕는 것이다(Seligman, Rashid, & Parks, 2006). 이 장에서는 긍정심리학적 개입의 작동 기제를 설명하는 이론 모형 및 연구 결과를 살펴본다. 또한 긍정심리학적 개입이라는 '우산' 아래의 다양한 활동을 개관하고, 그것을 실행하는 방법을 소개하며, 그것을 임상작업에 어떻게 적용할 수 있는지 모색한다. 마지막으로 긍정심리학적 개입의 지향점과 한계점을 논의한다.

영원히 행복할 수 있는가

행복을 증진하는 방법을 이야기하기 전에 행복 수준이 정말로 변화될 수 있는지를 먼저 따져 볼 필요가 있다. 과거에 이것은 상당히 논쟁적인 질문이었는데, 최근의 연구에서 유전적 및 상황적 조건과 무관하게 행복 수준을 증진시킬 수 있다는 사실이 밝혀졌다(Lyubomirsky, Sheldon, & Schkade, 2005). Lyubomirsky 등(2005)에 따르면, 유전적으로 설정되어 있는 '행복기준점(happiness set-point)'과 무관하게, 의도적 행동이 개인의 행복 수준에 매우 중요한 영향을 미쳤다. 행복기준점이란 외부적 영향에도 불구하고 다시 회귀하는 기저 수준을 뜻한다. 비유컨대, 체중기준점을 생각해 보자. 체중기준점이 비만으로 설정되어 있는 사람은 각별히 노력하지 않으면 실제로 비만할 가능성이 높다. 하지만 실질적 및 규칙적 노력을 거듭하면, 유전적으로 강력한 비만 소인을 가지고 태어난 사람도 정상 수준의 체질량지수(BMI)에 도달할 수 있고 유지할 수 있다. 충분한 노력을 기울이면, 의도적 행동을 통해서 유전적 소인을 상당히 극복할 수 있는 것이다. 마찬가지로, 투덜대는 성향을 가지고 태어난 사람도 일상의 기분을 향상시키는 활동을 의도적으로 실천할 수 있고, 충분하고 지속적인 연습을 통해서 '행복한 사람'이 될 수 있다. 행복기준점 이론은 경험적 근거로 뒷받침되었다. 행복 수준을 증진시키는 활동에 참여한 사람들의 안녕감이 증가되었고 유지되었음을 보여 주는 여러 연구 결과가 있다(Lyubomirsky et al., 2005).

행복 수준이 변화되더라도, 일상의 기분을 향상시키는 활동에 차츰 익숙해지면 그것의 효능이 상실되면서 결국 원 상태로 복귀하는 현상은 일어나지 않을까? Sheldon과 Lyubomirsky(2012)는 '쾌락 적응 방지 모형(hedonic adaptation prevention model)'을 통해서 쾌락 적응을 방지하는 방법 및 증진된 행복 수준을 장기적으로 유지하는 방법을 제안했다. 쾌락 적응이란 자극에 익숙해져서 기존의 정서 수준으로 복귀하는 현상을 의미한다. 이 모형은 쾌락 적응을 방지할 수 있는 두 가지의 핵심 과정을 강조한다. 첫째, 상황의 변화와 규칙적 활동에 대한 평가를 갱신해야 한다. 상황의 변화(예: 이사, 이직)에 적응하면 그것을 당연하게 여기기 쉽고, 규칙적 활동(예: 데이트)을 반복하면 그것을 식상하게 여기기 쉽다. 그러나 그것을 어떻게 평가하느냐에 따라서 매번 새롭고 유쾌한 경험으로 인식할 수도 있다. 또한 끊임없이 이전보다 더 강렬한 긍정적 정서를 경험하려는 목표를 추구하는 것이 아니라 현실적 기대 수준을 유지하는 것이 바람직하다. 둘째, 다양한 활동에 참여해야 하고 의외의 요소를 포함해야 한다. 다른 조건이 모두 같다면(예: 시간, 노력), 동일한 활동을 반복하는 것보다 다양한 활동에 참여하는 것이 더 낫고(Parks, Della Porta, Pierce, Zilca, & Lyubomirsky, 2012), 참신한 요소를 가미하는 것이 더 낫다(예: 배우자와 저녁식사를 즐기되 매번 새로운 식당을 탐색한다.).

사람마다 성격이 다르기 때문에 일상적 사건과 행동에 익숙해지는 쾌락 적응의 수준도 사람마다 다르다(Boyce & Wood, 2011). 어떤 사람은 갖은 노력을 기울여야 쾌락 적응을 방지할 수 있고, 어떤 사람은 거의 혹은 전혀 노력하지 않아도 쾌락 적응을 방지할 수 있다.

어떻게 행복을 증진할 수 있는가

긍정심리학적 개입은 일곱 가지의 주요 범주로 구분된다―① 향유하기, ② 감사하기, ③ 친절하기, ④ 공감하기, ⑤ 낙관하기, ⑥ 강점, ⑦ 의미(Park & Layous, 인쇄 중). 각각 살펴보자.

향유하기

향유하기(savoring)의 목적은 특정한 경험과 행동에 주의와 의식을 집중해서 그것의 유쾌한 영향을 연장하는 것이다(Peterson, 2006). 마음챙김 명상은 긍정심리학적 개입이 아니지만, 향유하기의 근본 원리는 어떤 경험의 모든 요소를 의도적이고 계획적으로 처리하는 마음챙김 명상과 유사하다(Kabt-Zinn, 2009). 향유하기의 대상은 감각적 경험(예: 음식, 향기)부터 인지적·정신적 자극(예: 기억, 감정)까지 다채롭다(Bryant, Smart, & King, 2005). 향유하기를 실천하는 사람은 행복감과 만족감을 더 많이 경험하고, 우울증상을 더 적게 경험한다(Bryant, 2003). 향유 과정을 촉진하는 몇 가지 요인이 있다. 경험의 의미에 집중하고, 향유 경험에 대한 글을 쓰고, 타인과 함께 있을 때 향유하고, 유머를 가미하고, 모든 활동의 순간적 속성을 기억하고, 정반대의 측면까지 인식하는 것이 도움이 된다(Bryant & Veroff, 2007).

Schueller와 Parks(2014)는 향유하기 개입의 두 가지 하위 범주를 제안했다. 첫째, 향유하기의 일반적 원리에 집중해서 원칙을 교육하고 연습을 격려하는 개입을 실시한다. Schueller(2010)는 연구참여자에게 매일 2~3분씩 두 가지의 유쾌한 경험을 숙고하면서 가능한 오랫동안 그 경험을 유지하려고 노력하라고 지시했다. 예컨대, 맛있는 음식(예: 케이크)과 관련된 경험에 적용하면, 케이크가 무엇으로 이루어져 있는지 관찰하면서 그것들의 질감과 취향에 각별한 주의를 기울인다. 이때, 케이크의 부분들을 각각 분리해서 인식하고 그것들이 어떻게 결합되어 있는지 파악하면 유쾌한 경험을 연장할 수 있다. 이것은 매우 단순한 지시에 불과했지만, 이런 방법으로 향유하기를 실천한 연구참여자는 일주일 뒤에 안녕감이 향상되었다(Schueller, 2010). 이것이 일반적 원리에 집중하는 향유하기 개입이고, 다양한 상황에서 실천할 수 있다.

둘째, 향유하기의 특수한 기술/활동을 교육하고 연습을 격려하는 개입을 실시한다. Kurtz(2012)는 연구참여자에게 개인적으로 유의미한 창의적인 사진을 아름답게 찍으라고 지시했다. 매일 최소 15분씩 '마음챙김 사진 찍기' 활동을 실천한 연구참여자는 (특별한 지시를 받지 않고 사진을 찍은 연구참여자보다) 2주일 뒤에 긍정적 정서를 더 많이 경험했다. 특수한 기술/활동의 다른 예로, 좋은 소식을 향유하고 연장하기 위해서 친구나 연인을 도와주는 일련의 행동을 실천하는 '적극적·건설적으로 반응하기' 활동이 있다(Gable, Reis, Impett, & Asher, 2004). 이것들은 특수한 기술을 연마하는 향유하기 개입이다. 특정한 상황에서 실천할 수 있고, 그 상황에 적합한 일련의 구체적 활동을 수행할 수 있다.

감사하기

감사하기(gratitude)는 자신의 삶에 긍정적 사건/경험을 제공해 준 (자신이 아닌) 누군가/무언가에 대해서 감사하는 느낌을 자아내려고 노력하는 활동이다(Schueller & Parks, 2013). 감사하기 개입은 오로지 감사함을 인식하는 것에 집중할 수도 있고, 감사함에서 우러난 행동을 실천하는 것에 주목할 수도 있다. 예컨대, Emmons와 McCullough(2003)는 연구참여자에게 감사함을 인식하도록 지시했다. 그들은 연구참여자에게 감사일기를 쓰게 했고, 그것을 타인과 공유하지 말라고 요청했다. 그러므로 이 고전적 연구에서 확인된 감사하기의 효능은 누군가에게 감사함을 표현하고 공유하는 행위가 아니라 오로지 스스로 감사함을 인식하는 행위를 통해서 얻어진 것이다. 후속 연구에서 감사일기의 효능이 반복검증되었고, 여러 통제집단과 비교하는 방식으로 연구 설계가 확장되었다(Geraghty, Wood, & Hyland, 2010a, 2010b). 어떤 연구에서는 감사함을 느끼는 까닭을 숙고하는 것이 중요하다는 사실이 밝혀졌고, 어떤 연구에서는 감사함을 느끼는 사건을 단순히 언급하는 것도 유익하다고 보고되었다(Emmons & McCullough, 2003; Seligman, Steen, Park, & Peterson, 2005).

사회적 요소를 내포하는 감사하기 개입도 있다. 여기에는 감사함을 인식하는 행위뿐만 아니라 감사함을 표현하는 행위까지 포함된다. 인식과 표현이 모두 반영된 고전적 감사하기 개입인 '감사편지'의 경우, 특별한 사람에게 상당한 깊이로 감사편지를 작성한다(Seligman, 2002). 이것을 변형한 연구에서는 감사편지를 직접 전달하는 것이 중요하다는 사실이 확인되었고, 가장 이상적인 조합은 감사편지를 직접 읽어 주는 것이었다. 감사편지를 상세하게 작성하는 활동만도 유익하지만, 감사편지를 직접 전달하는 활동이 훨씬 강력한 효능을 발휘한다(Boehm, Lyubomirsky, & Sheldon, 2011; Lyubomirsky, Dickerhoof, Boehm, & Sheldon, 2011; Schueller, 2012).

전반적으로, 모든 형태의 감사하기 개입은 긍정적 정서를 증가시키고, 신체적 건강을 증진시키고, 우울증상을 감소시켜서 결과적으로 안녕감을 향상시키는 효과가 있는 것으로 확인되었다(Wood, Froh, & Geraghty, 2010). 하지만 '사회적' 감사하기 활동은 단기적 효과를 유발하는 경향이 있다는 사실에 주목할 필요가 있다. 감사편지를 전달하고 표현하는 일회적 행위의 효과는 최초의 강력한 효능에도 불구하고 지속되지 않았다. 일회적 행위는 쾌락 적응에 취약하고, 일회적 행위의 효능은 시간이 지나면서 소실될 가능성이 크다. 감사편지/감사방문 활동을 변형하면 장기적 효과를 유지할 수 있고 지속적으로 실천할 수 있다. 예컨대, 감사하게 생각하는 연인의 행동을 꾸준하게 기록했다가 1개월 간격으로 감사보고서를 전달하게 한다. 그러나 우리가 알고 있는 한, 그것의 효과는 아직 경험적으로 검증되지 않았다.

친절하기

친절하기(kindness)는 타인에게 의도적으로 친절을 베푸는 활동을 의미한다. 친절한 행동은 작은 선물을 사주거나 적은 금액을 기부하는 행위부터 전혀 돈이 들지 않는 행위 (예: 무거운 가방을 옮기는 것을 도움)까지 매우 다양하다. 여러 연구에서 행복한 사람의 공통특성으로 친절한 행동에 주목했고, 행복과 친절은 순환적으로 서로 강화하고 공존한다 (Aknin, Dunn, & Norton, 2012; Dunn, Aknin, & Norton, 2008).

타인을 위해서 금전을 지출하는 '친사회적 소비'는 일종의 긍정심리학적 친절하기 개입이다(Dunn et al., 2008). 예컨대, 노숙자에게 샌드위치를 사주는 행위, 동료에게 커피를 대접하는 행위, 자선단체에 금품을 기부하는 행위는 친절을 베푸는 간단한 활동이다. 자신이 아니라 타인을 위해서 금전을 지출하면 안녕감이 증진된다(Dunn et al., 2008). '돈으로 행복을 살 수 없다'는 보편적 통념이 있지만, 친절하기는 예외에 해당한다. 친절한 행동에 사용하는 돈으로는 행복을 살 수 있다(Howell, Pchelin, & Iyer, 2012).

일반적인 수준에서 친절하게 행동하면 안녕감이 증진된다. 예컨대, (반드시 금전을 지출하지 않더라도) 타인을 친절하게 대하라는 요청을 받은 연구참여자의 행복감이 증진되었다 (Lyubomirsky, Tkach, & Sheldon, 2004). 이와 동시에, 중요한 '용량-반응(dose-response)' 관계가 관찰되었다. 하루에 다섯 가지의 친절행동을 집중해서 실천한 조건의 안녕감이 일주일간 다섯 가지의 친절행동을 분산해서 실천한 조건의 안녕감보다 유의미하게 더 증진되었다. 하루에 한 가지씩 5일간 실천한 조건에서는 안녕감이 증진되지 않았다. 아마도 대부분의 사람들이 일상적으로 작은 친절을 베풀기 때문에, 그 수준 이상의 친절행동을 의도적으로 실천해야 개입효과가 나타나는 것으로 이해할 수 있었다.

공감하기

공감하기(empathy)의 목적은 인간관계에 대한 이해의 폭을 넓힘으로써 사회적 유대관계를 강화하는 것이다. 소중한 사회적 유대관계가 행복의 본질이라는 사실은 여러 연구에서 확인되었다(Myers & Diener, 1995; Diener & Seligman, 2002; Peterson, 2006). 긍정심리학적 공감하기 개입의 한 예인 '자애명상'은 타인을 향한 혹은 심지어 자신에 대한 긍정적 감정을 자아내는 활동이다. 연구 결과, 자애명상에 참여한 사람들의 삶에 대한 만족감이 증진되었고, 우울증상이 감소되었고, 긍정적 정서와 행동이 전반적으로 촉진되었다 (Fredrickson, Cohn, Coffey, Pek, & Finkel, 2008).

긍정심리학적 공감하기 개입의 다른 예로 '조망하기'가 있다. 조망하기는 두 사람 사이에 존재하는 공통 부분에 대한 인식을 증진시키는 개입이다(Davis et al., 2004). 타인이 채택한 관점을 파악하려고 노력하면 서로의 감정을 진정으로 이해할 수 있고, 자신과 타인이 서로 비슷하다는 느낌을 더 많이 경험할 수 있다(Hodges, Clark, & Myers, 2011). 자신과 타인의 공통 부분을 인식하는 사람은 더 강력한 사회적 유대감을 경험하며(Galinsky, Ku, & Wang, 2005), 궁극적으로 타인의 심정을 더 복잡하고 미묘하게 헤아릴 수 있다(Waugh & Fredrickson, 2006). 공감은 용서와 밀접한 관련이 있으므로, 공감하기를 촉진하는 활동은 용서하기를 촉진하는 활동에도 적용할 수 있다(McCullough, Root, & Cohen, 2006).

낙관하기

미래에 대해서 긍정적으로 생각하고 긍정적으로 기대하는 활동이 긍정심리학적 낙관하기(optimism) 개입이다. 예컨대, 실험에 참가한 연구참여자에게 자신이 생각하는 미래를 10~15분간 가장 긍정적으로 기록하게 한다(King, 2001). 매우 쉬운 활동이지만, 낙관하기는 주관적 안녕감을 유의미하게 증진시키고 신체적 질병을 완화시킨다(King, 2001). 실험실 밖에서 실행할 수 있는 유사한 활동으로는 '인생 요약(life summary)'이라고 부르는 낙관하기 개입이 있다(Seligman et al., 2006). 우선, 생산적인 인생을 충분히 오래 살았다고 가정한 상태에서 자서전에 수록될 1~2쪽의 인생 요약을 작성하게 한다. 이어서, 현재 시점에서 무엇에 시간을 투자하고 있는지 점검하라고 요구하고, 이상적 상태에 도달하려면 일상적 활동을 어떻게 조정해야 하는지 숙고하라고 요청한다.

이것은 모두 일회성 활동이기 때문에 규칙적으로 지속하기는 어렵다. Sheldon과 Lyubomirsky(2006)는 반복할 수 있는 낙관하기 활동을 고안했다. 연구참여자에게 앞에서 소개한 방식과 유사한 활동을 하도록 요청하면서 미래에 도달할 수 있는 '최고의 자기 상태(best possible self)'를 기록하게 한다. 그런 다음, 자신이 기록한 최고의 상태를 2주일에 한 번씩 정기적으로 다시 생각하게 한다. 이 개입은 즉각적 효과를 유발하였고, 추수연구에서도 효과가 유지되었다.

강점

이것은 자신의 강점(strengths)을 확인하고, 사용하고, 계발하는 활동을 강조하는 긍정심리학적 개입이다(Parks & Biswas-Diener, 2013). 연구참여자에게 자신의 강점을 확인하고 사용하게 지시했을 때, 행복감이 증가되었고 우울증상이 감소되었다(Seligman et al., 2005). 하지만 이러한 접근 방식에 의문을 제기하는 연구자가 많았다. '확인 및 사용' 전략이 자칫하면 강점의 견고성과 경직성을 초래할 수 있다고 우려했기 때문이다(Biswas-

Diener, Kashdan, & Minhas, 2011). 실제로 연구참여자는 강점을 확인하는 개입보다 강점을 계발하는 개입을 더 좋아했고, 강점의 계발에 초점을 맞췄을 때 자신의 강점을 변화될 수 있고 계발할 수 있는 속성이라고 인식했다(Haidt, 2002; Louis, 2011). 자신이 보유하고 있는 강점을 활용하라는 요청은 신중해야 하고, 그것을 적절하게 활용하고 있는지 확인해야 한다(Schwartz & Hill, 2006). 예컨대, 정직성이라는 강점을 부적절하게 활용하면 타인에게 상처를 줄 수 있고 인간관계를 망칠 수 있다. 따라서 Schwartz와 Sharpe(2005)가 명명한 '실용적 지혜'를 함께 함양하는 것이 중요하다. 실용적 지혜는 자신의 강점을 적절하고 유익하게 사용하는 능력을 뜻한다.

의미

의미(meaning)와 관련된 긍정심리학적 개입은 삶의 의미를 이해하는 활동 및 그것을 고양하고 달성하는 활동에 초점을 맞춘다. 삶의 의미를 인식하는 행위는 행복감과 만족감을 일관적으로 예측하는 변인이다(Steger, Kashdan, & Oishi, 2008; Steger, Oishi, & Kashdan, 2009). 삶의 의미를 일깨우는 긍정심리학적 개입에는 직업의 의미를 성찰하기(Grant, 2008), 의미지향적 목표와 계획을 설정하기(Linely, Nielson, Gillett, & Biswas-Diener, 2010), 자신의 삶에 대한 글쓰기와 숙독하기(McAdams, Reynolds, Lewis, Patten, & Bowman, 2001) 등이 있다. 적극적인 의미부여 활동, 특히 전화위복(부정적 사건에서 비롯된 긍정적 사건)에 대한 글쓰기는 부정적 생활사건에 대처하는 중요한 방법이다(Folkman & Moskowitz, 2000).

긍정심리학적 개입의 보급방법

긍정심리학적 개입은 쉽게 접근할 수 있고 학습할 수 있어서 심리치료자 및 행복추구자 모두에게 매우 유용하다. 긍정심리학적 개입이 최고의 효과를 발휘하는 영역은 치료 장면이다. 아마도 임상적 수준의 고통을 겪고 있는 사람은 변화의 여지가 더 크기 때문일 것이다. 그러나 긍정심리학적 개입을 스스로 실천해도 안녕감을 효과적으로 증진할 수 있다(Sin & Lyubomirsky, 2009). 몇 가지 보급 방법을 논의하는데, 비임상 집단의 자조노력과 관련된 부분을 먼저 소개하고 임상 집단의 치료 노력과 관련된 부분을 나중에 소개한다.

도서

개인적으로 긍정심리학적 개입을 실천하려는 사람은 자조 서적을 통해서 가장 간편하고 저렴하게 접근할 수 있다. 심리적 상태를 향상시키는 구체적 기법을 소개하는 자조 서적이 많은 사람의 안녕감을 잠재적으로 향상시킬 수 있다. Parks와 Szanto(2013)는 두 권의 자조 서적의 안녕감 증진효과를 조사했다. 대학교 신입생을 2개의 집단에 무선할당하고, 긍정심리학적 개입을 소개하는 『행복의 방법(The How of Happiness)』(Lyubomirsky, 2008)과 인지행동치료의 원리를 안내하는 『우울의 조절(Control Your Depression)』(Lewinsohn, Munoz, Youngren, & Zeiss, 1992)을 각각 읽게 했다. 두 책 모두 우울증상을 효과적으로 감소시켰다. 그러나 긍정심리학 자조 서적을 읽은 대학교 신입생의 삶에 대한 만족감 수준이 더 높았고, 그 책에서 더 재미있고 의미 있는 방법을 발견했다고 보고했다. 연구 결과는 자조서적을 통해서 일반인에게 긍정심리학적 개입을 전달할 수 있는 잠재적 영향력을 시사했다.

강좌

강좌를 통해서도 긍정심리학적 개입을 보급할 수 있다. 최근 들어, 자조 기술과 관련된 내용을 포함하는 긍정심리학 강좌가 대학에서 늘어나고 있고(Magyar-Moe, 2011), 심지어 오로지 자조 기술과 안녕감을 중심으로 운영되는 긍정심리학 강좌도 생겨나고 있다(Parks, 2013). 대학교 수준 강좌의 주된 목적은 긍정심리학의 이론적 배경을 교육하는 것이지만, 대학생이 스스로 안녕감을 관리할 수 있도록 강좌에서 실용적 기법을 소개하는 경우가 많다(Biswas-Diener & Patterson, 2011). 새롭게 부상하고 있는 무료 온라인 강좌(MOOCs)를 활용하면 긍정심리학적 개입을 대중에게 더 순조롭게 전파할 수 있다. 전통적 대학 강좌와 비교할 때, 더욱 다양한 사람들에게 다가갈 수 있다는 장점이 있다.

기술

자조 서적과 대학 강좌의 효과는 부정할 수 없지만, 시간이 소모되기 때문에 더 많은 사람에게 보급하기는 어렵다. 급격하게 성장하고 있는 정보통신기술을 이용하면 이 문제를 어느 정도 해결할 수 있다. 인터넷 사이트와 스마트폰 어플리케이션을 통해서 긍정심리학적 개입을 보급할 수 있고, 그것의 효과도 추적할 수 있다(Schueller & Parks, 2013). 몇몇 웹 사이트에서는 한 가지의 긍정심리학적 개입만 집중적으로 소개한다. 예컨대, Zach Prager 의 「Gratitude Bucket」과 공공이익재단의 「Thnk4.org」는 감사하기를 촉진하는 기법만 안내한다. 다양한 긍정심리학적 개입을 소개하는 웹 사이트도 있다. 그중의 하나인 「Daily Challenge」는 개입효과를 연구하는 학자들의 관심을 받았다. Cobb과 Poirier(2014)에 따르면, 웹 사이트에 게시된 활동을 실천한 사람들의 안녕감이 통제집단보다 더 높았다. 스마트폰 어플리케이션을 활용한 긍정심리학적 개입의 효과도 경험적으로 검증되었다. Sonja Lyubomirsky의 연구를 기반으로 제작된 아이폰 앱인 「Live Happy」의 사용자들은 행복 수준을 높이는 데 그 앱이 도움이 되었다고 보고했다(Parks et al., 2012). 그 밖에도 「Happify」는 인터넷과 스마트폰을 모두 활용해서 긍정심리학적 개입 서비스를 제공한다. 사용자가 접근 방법을 선택할 수 있고 얼마든지 혼용할 수 있다(Ben-Kiki, Leidner, & Parks, 2013).

임상 장면의 긍정심리학적 개입

지금까지 우리는 대체로 건강한 일반인을 상정하고 긍정심리학적 개입에 대해서 논의했다. 그러나 심리장애를 예방하고 회복하는 과정에도 긍정심리학적 개입을 유용하게 활용할 수 있다. 심리장애로 인해서 고통을 겪고 있는 사람의 안녕감은 몹시 우려되는 부분이고 매우 중요하게 살펴야 할 영역이다. 안녕감의 증진은 회복 과정의 본질적 요소다. 긍정심리학적 개입이 임상 장면에서 발휘하는 효과에 대해서는 Parks 등(2015)의 상세한 저술을 참고하기 바란다. 여기서 몇 가지만 소개한다.

긍정심리학적 개입이 조현병(정신분열증) 환자에게 미치는 영향을 조사한 연구가 있다 (Meyer, Johnson, Parks, Iwanski, & Penn, 2012). 연구자는 조현병 환자의 심리적 문제를 개선하려고 고안한 프로그램의 일부에 '긍정적으로 생활하기'를 추가했다. 주로 Parks와 Seligman(2007)이 개발한 집단 활동을 응용했고 마음챙김 활동도 가미했다. 연구 결과, 이러한 개입을 통해서 조현병 환자의 안녕감, 기능 수준, 향유, 희망이 증진되었다. 또한 인상적이게도, 긍정적으로 생활하기 개입 이후에 조현병의 증상이 감소되었고, 개입 직후부터 효과가 나타나기 시작해서 3개월 이후까지 유지되었다. 이것은 전통적 치료방법(인지행동치료, 심리교육, 사회기술훈련 등)과 긍정심리학적 개입을 접목하면 조현병 환자의 회복과정을 향상시킬 수 있음을 보여 주는 결과였다.

금연 프로그램에 긍정심리학적 개입을 효과적으로 적용한 사례도 있다(Kahler et al.,

2002). 연구자는 Parks와 Seligman(2007)이 고안한 긍정심리치료를 변형하여 '금연 긍정심리치료(Positive Psychotherapy for Smoking Cessation: PPT-S)'를 개발했다. 이 프로그램의 목적은 금연을 시도하기 이전에 혹은 도중에 연구참가자의 안녕감을 증진시키는 것이다. 연구 결과는 아직 제한적이지만, 프로그램의 효능을 낙관적으로 평가할 수 있는 부분이 있다. 프로그램을 시작하기 직전에 우울증상이 증가했지만, 금연을 시도하는 도중에는 연구참가자의 기분이 안정적으로 유지되었다. 안타깝게도, 이 연구에는 통제집단이 없어서 연구 결과를 전적으로 신뢰하기는 어렵다. 그러나 이 분야의 향후 연구를 위한 좋은 출발인 것만은 분명하다.

심리장애의 표준적 치료방법에 긍정심리학적 개입을 접목하는 연구 외에 신체적 건강과 관련된 임상작업에 긍정심리학적 개입을 적용하는 연구도 진행되고 있다. Hausmann, Parks, Youk, 그리고 Kwoh(2014)는 긍정심리학적 개입이 통증 수준을 장기적으로 감소시킨다는 사실을 확인했다. 이 연구는 일반인을 대상으로 온라인에서 진행되었고, 만성통증을 경험하는 사람은 제외되었다. 더 나아가서, Hausmann과 동료들은 관절염 때문에 만성통증을 경험하는 재향군인을 대상으로 '관절염과 함께 긍정적으로 살아가기(Staying Positive with Arthritis)'라는 특별한 프로그램을 개발했다. 이 프로그램의 효능을 탐색하는 연구는 아직 진행되고 있지만, 재향군인의 피드백과 기존에 효과적이었던 긍정심리학적 개입을 반영해서 특별하게 고안된 프로그램이기 때문에 결과가 기대된다.

흥미롭게도, 긍정심리학적 개입이 심리장애의 발생을 예방하는 효과가 있다는 연구 결과가 발표되었다(Lyubomirsky & Layous, 2013; Layous, Chancellor, & Lyubomirsky, 2014). 안녕감 증진 프로그램과 긍정심리학적 개입의 일부 전략을 조합했을 때, 심리장애(반추, 외로움)의 위험요인이 완화되었다. 긍정심리학적 개입을 통해서 계발한 기술을 발휘하면 환경적 촉발요인을 상쇄하는 효과를 기대할 수 있을 것이다(Layous, Chancellor, & Lyubomirsky, 2014).

우려와 한계

지금까지 긍정심리학적 개입의 효과기제 및 주요한 보급유형과 보급방법을 논의했다. 긍정심리학적 개입의 효율성과 수월성에도 불구하고 우려와 한계도 분명히 존재한다. 동기부여의 문제, 개인-활동 적합성의 문제, 행복에 대한 태도의 문제, 그리고 문화적 차이를 감안해야 한다. 이런 주의 사항을 자세히 살펴보겠다.

동기부여 및 개인-활동 적합성

스스로 긍정심리학적 개입을 실천하는 경우, 동기를 유지하는 것이 항상 관건이다. 어떤 사건 혹은 감정을 계기로 모바일 어플리케이션을 다운로드하고, 자조 서적을 구입하고, 공개 강좌에 등록하지만 시간이 흐르면 동기도 자연스럽게 감소한다. 연구 결과, 「Live Happy」라는 어플리케이션을 다운로드한 사람들 중에서 그것 때문에 기분이 향상되었다고 판단할 수 있을 정도로 충분하게 사용한 사람은 극소수였다(Park et al., 2012). 다른 연구에서는 인터넷으로 진행되는 개입 프로그램을 신청한 사람들 중에서 상당수가 심지어 첫번째 활동을 마치지 못하고 중도에 탈락했다(Christensen, Griffiths, Groves, & Korten, 2006). 그러므로 연구자가 공들여서 개발한 프로그램을 사용자/내담자가 충분히 활용하기 원한다면, 질적으로 우수한 내용의 프로그램을 제공하는 것뿐만 아니라 사용자의 동기를 유지하는 방안에도 주의를 기울여야 한다.

사용자의 동기를 유지하고 꾸준히 실천하게 하려면 '개인-활동 적합성(person-activity fit)'을 고려할 필요가 있다. 모든 사용자가 동일하지 않으므로, 사용자에 적합한 맞춤형 접근을 시도해야 최적의 효과를 기대할 수 있다. 여러 연구자들이 이러한 주제의 중요성을 강조해 왔다. 예컨대, Parks 등(2012)은 행복추구자(더 행복해질 방법을 적극적으로 찾는 사람)를 두 가지 하위 유형으로 구분했다. 하나는 이미 상당히 행복한 사람이고, 다른 하나는 거의 임상적 수준으로 우울한 사람이다. 그러므로 모든 사람을 한 묶음으로 간주하거나 그들이 모두 동일한 욕구를 지니고 있을 것이라고 가정하는 것은 바람직하지 않다.

긍정심리학적 개입의 효과를 높이려면 성격의 차이(Sergeant & Mongrain, 2011; Senf & Liau, 2013), 개인적 선호(Schueller, 2010), 동기의 수준(Lyubomirsky et al., 2011)을 모두 고려해야 한다. 더 나아가서, 문화, 연령, 태도 등과 같은 여러 가외변인이 긍정심리학적 개입의 효과에 영향을 미치는 것으로 나타났다(Layous & Lyubomirsky, 2014). 그러므로 개인-활동 적합성에 각별한 주의를 기울여야 하고, 특정한 개입이 특정한 개인에게 과연 적절한 것인지 검토해야 한다.

기대 및 태도

긍정심리학적 개입에 대한 기대는 긍정심리학적 개입에 의한 결과에 강력한 영향을 미친다. 예컨대, Sheldon 등(2010)은 행복을 소중히 여기는 수준이 실제로 행복을 느끼는 수준에 중요한 영향을 미친다는 사실을 발견했다. 행복을 더 긍정적으로 생각하는 사람이 실제로 더 많이 향상되었고 그것이 더 오래 유지되었다. 연구에 따르면, 성공적으로 개입하기 위해서는 두 가지 핵심 요소가 중요하다. 첫째는 기꺼이 더 행복해지려는 소망이고, 둘째는 행복에 도달할 수 있는 적절한 수단이다. 이와 유사하게, Parks와 Szanto(2013)는 행복을 더 소중히 여기는 사람이 더 열심히 노력하기 때문에 긍정심리학적 개입을 통해서 결과적으로 더 많은 혜택을 누린다는 사실을 발견했다.

그런데 행복을 소중히 여기는 것은 항상 바람직한가? 최근의 연구에서 행복에 대한 태도와 관련된 새로운 우려가 제기되었다. Mauss, Tamir, Anderson, 그리고 Savino(2011)는 놀라운 역설을 발견했다. 행복을 더 소중히 여기는 사람의 행복 수준이 오히려 더 낮았고 우울증상은 오히려 더 많았다. 그러나 후속 연구에서, 행복을 소중히 여기는 수준을 측정하는 방법이 중요하다는 사실이 드러났다. Mauss 등(2011)이 개발한 척도는 상당히 극단적인 용어로 구성되어 있었지만, 다른 척도들은 다분히 중립적인 용어로 제작되어 있었다. 다른 척도를 사용해서 행복에 대한 태도를 측정했을 때는 역설적 효과가 전혀 나타나지 않았다(Titova & Parks, 2014). Ferguson과 Sheldon(2013)이 개발한 척도로 측정한 경우, 행복을 소중히 여기는 사람은 행복을 소중히 여기지 않는 사람보다 긍정기분 유도 과제 이후에 긍정적 정서를 더 많이 경험했다. 이에 반해, Mauss 등(2011)이 개발한 척도로 측정한 경우, 행복을 소중히 여기는 사람은 정반대의 양상을 드러냈다. Mauss 등(2011)의 척도를 사용하여 우리가 진행한 예비 연구에서는 더 흥미로운 사실이 관찰되었다. 행복해질 수 있는 효과적 수단이 주어지지 않는 경우, 행복을 소중히 여기는 태도는 정말로 문제를 일으켰다. 행복해질 수 있는 효과적 수단을 보유하지 못한 경우, 행복을 소중히 여기는 사람은 목표를 달성하지 못해서 좌절했고 부정적 정서를 더 많이 보고했다. 그러나 행복해질 수 있는 효과적 수단을 보유하고 있는 경우, 행복을 소중히 여기는 사람은 그렇지 않은 사람보다 더 많은 혜택을 경험했다. 그래서 맥락이 중요하다. 행복을 소중히 여기지만 행복해질 방법을 모르는 것이 문제의 핵심이다. 행복해질 방법을 알고 있다면, 행복을 소중히 여기는 것은 유익하다.

문화적 차이

문화적 차이가 개인의 행복에 매우 중요한 영향을 미친다. 행복의 의미는 문화에 따라서 천차만별이다. Lu와 Gilmour(2004)는 미국인과 중국인의 행복에 대한 정의를 비교했다. 중국인은 타인 및 환경과의 연결을 행복의 중요 요소라고 보고했고, 미국인은 목표의 달성과 개인적 성장을 행복의 중요 요소라고 언급했다. 더 나아가서, 미국인이 생각하는 행복에는 쾌락적 및 물질적 가치가 매우 중요하게 반영되었지만 중국인이 생각하는 행복에는 그것이 투영되지 않았다. Oishi, Grahan, Kesebir, 그리고 Galinha(2013)는 행복의 통제 가능성에 대한 믿음을 조사했다. 미국인 중에는 자신이 행복을 통제할 수 있다고 생각하는 사람이 많았지만, 다른 여러 국가의 사람들은 행복을 행운이나 신앙으로 귀인했고 전반적으로 우연히 주어지는 것으로 인식했다. 다른 연구에 따르면, 일부 문화권에서는 '행복에 대한 두려움'이 관찰되었고 행복을 공개적으로 추구하는 것을 주저하는 경향도 확인되었다. 의도적으로 행복을 추구하면 나중에 부정적으로 보복을 당할까 봐 혹은 나중에 정반대의 사건이 발생하여 상쇄될까 봐 두려워했다. 이른바 새옹지마(塞翁之馬)다(Lyubomirsky, 2000; Joshanloo, 2013).

행복을 정의하는 방식은 행복을 추구하는 수단과 밀접한 관련이 있다. 긍정심리학적 개입을 설계하고 실행하는 연구자는 이것을 감안해야 한다. Boehm, Lyubomirsky, 그리고 Sheldon(2011)은 긍정심리학적 개입을 통해서 유발되는 행복 수준의 문화 간 차이를 조사하기 위해서 2개의 문화집단을 비교했다. 실천한 활동의 종류와 무관하게, 영미계 미국인이 아시아계 미국인에 비해서 전반적으로 더 유의미하게 향상되었다. 통제집단 내에서는 아무런 차이도 관찰되지 않았다. 하지만 아시아계 미국인은 낙관하기보다 감사하기에 더 민감한 반응을 보였다. 이것은 문화적 사고방식이 긍정심리학적 개입의 효과에 중요한 영향을 미친다는 사실을 드러내는 결과였다.

Layous, Lee, Choi, 그리고 Lyubomirsky(2013)도 미국인과 한국인을 비교하여 긍정심리학적 개입을 통해서 유발되는 행복 수준의 문화 간 차이를 조사했다. 감사하기와 친절하기를 실천하게 했을 때, 두 가지 활동 모두에서 미국인이 한국인에 비해 더 유의미하게 향상되었다. 이것은 미국인이 더 많이 노력했다고 보고했기 때문일 수 있다. 친절하기 활동은 미국인과 한국인의 안녕감을 모두 유의미하게 향상시켰다. 그러나 감사하기 활동은 미국인의 안녕감을 한국인의 안녕감에 비해서 더 많이 향상시켰다. 아시아 문화권에서는 감사함이라는 긍정적 감정에 미안함이라는 부정적 감정이 동반되기 때문에 이러한 차이가 관찰된 것으로 이해할 수 있었다(Layous et al., 2013). 더 나아가서 51개의 선행연구를 메타분석한 결과, 문화적 배경과 긍정심리학적 개입의 효과 사이에 중요한 상관관계가 있다는 사실이 확인되었다.

긍정심리학적 개입의 효과에 대한 연구는 주로 서구권 국가에서 문화적 차이를 감안하지 않고 진행되었다. 그러나 문화적 차이를 드러내는 몇몇 연구 결과를 고려할 때, 그리고 행복 수준의 문화적 차이에 대한 이론적 및 경험적 지식을 종합할 때, 일부 긍정심리학적 개입은 보편적으로 동등한 효과를 보이지만 일부 긍정심리학적 개입은 오직 서양 문화권에만 적합하다는 사실을 유의해야 한다.

맺음말

지금까지 긍정심리학적 개입의 학문적 정의, 주요한 범주와 활동, 일반 대중과 임상 집단에 보급하는 방법을 개관했다. 또한 긍정심리학적 개입을 실시할 때 유념해야 하는 몇 가지 우려와 한계를 논의했다. 행복에 대한 개인의 태도와 그가 속한 문화적 배경을 고려해야 한다.

우려와 한계를 감안할 때, 긍정심리학적 개입을 임상작업과 코칭 활동에 적용하는 임상가는 비판적 태도를 견지하는 것이 바람직하다. 여러 내담자가 긍정심리학적 개입에 매력을 느끼는 것이 사실이고, 메타분석에서도 긍정심리학적 개입이 전반적으로 유익하다는 근거가 확인되었다. 그러나 일부 부분 집단(특정한 문화권, 특정한 성격유형)에는 긍정심리학적 개입이 유익하지 않고 심지어 해로울 수 있다. 내담자가 어떤 사람인지 고려하지 않은 채 그리고 어떤 활동이 내담자에게 적합한지 감안하지 않은 채 모든 사람에게 보편적인 긍정심리학적 개입을 실시해서는 안 된다. 긍정심리학적 개입은 유용하지만, 다른 모든 기법과 마찬가지로 시의적절하게 적용하는 것이 바람직하다.

참고문헌

Aknin, L. B., Dunn, E. W., & Norton, M. I. (2012). Happiness runs in a circular motion: Evidence for a positive feedback loop between prosocial spending and happiness. *Journal of Happiness Studies, 13,* 347-355.

Biswas-Diener, R., Kashdan, T. B., & Minhas, G. (2011). A dynamic approach to psychological strength development and intervention. *Journal of Positive Psychology, 6,* 106-118.

Biswas-Diener, R. & Patterson, L. (2011). An experiential approach to teaching positive psychology to undergraduates. *Journal of Positive Psychology, 6,* 477-481.

Boehm, J. K., Lyubomirsky, S., & Sheldon, K. M. (2011). A longitudinal experimental study comparing the effectiveness of happiness-enhancing strategies in Anglo-Americans and Asian Americans. *Cognition & Emotion, 25,* 1263-1272.

Bolier, L., Haverman, M., Westerhof, G. J., Riper, H., Smit, F., & Bohlmeijer, E. (2013). Positive psychology interventions: A meta-analysis of randomized controlled studies. *BMC Public*

Health, 13, 119.

Boyce, C. J. & Wood, A. M. (2011). Personality prior to disability determines adaptation: Agreeable individuals recover lost life satisfaction faster and more completely. *Psychological Science, 2011,* 1397-1402.

Bryant, F. B. (2003). Savoring Beliefs Inventory (SBI): A scale for measuring beliefs about savoring. *Journal of Mental Health, 12,* 175-196.

Bryant, F. B., Smart, C. M., & King, S. P. (2005). Using the past to enhance the present: Boosting happiness through positive reminiscence. *Journal of Happiness Studies, 6,* 227-260.

Bryant, F. B. & Veroff, J. (2007). *Savoring: A new model of positive experience.* Mahwah, NJ: Lawrence Erlbaum.

Christensen, H., Griffiths, K., Groves, C., & Korten, A. (2006). Free range users and one hit wonders: Community users of an Internet-based cognitive behaviour therapy program. *Australian and New Zealand Journal of Psychiatry, 40,* 59-62.

Cobb, N. K. & Poirier, J. (2014). Effectiveness of a multimodal online well-being intervention: A randomized controlled trial. *American Journal of Preventive Medicine, 46*(1), 41-48.

Davis, M. H., Soderlund, T., Cole, J., Gadol, E., Kute, M., Myers, M., & Weihing, J. (2004). Cognitions associated with attempts to empathize: how do we imagine the perspective of another? *Personality and Social Psychology Bulletin, 30,* 1625-1635.

Diener, E. & Seligman, M. E. (2002). Very happy people. *Psychological Science, 13,* 81-84.

Dunn, E. W., Aknin, L. B., & Norton, M. I. (2008). Spending money on others promotes happiness. *Science, 319,* 1687-1688.

Emmons, R. A. & McCullough, M. E. (2003). Counting blessings versus burdens: An experimental investigation of gratitude and subjective well-being in daily life. *Journal of Personality and Social Psychology, 84,* 377-389.

Ferguson, Y. L. & Sheldon, K. M. (2013). Trying to be happier really can work: Two experimental studies. *Journal of Positive Psychology, 8*(1), 23-33.

Folkman, S. & Moskowitz, J. T. (2000). Positive affect and the other side of coping. *American Psychologist, 55,* 647-654.

Fredrickson, B. L., Cohn, M. A., Coffey, K. A., Pek, J., & Finkel, S. M. (2008). Open hearts build lives: Positive emotions, induced through loving-kindness meditation, build consequential personal resources. *Journal of Personality and Social Psychology, 95,* 1045-1062.

Gable, S. L., Reis, H. T., Impett, E. A., & Asher, E. R. (2004). What do you do when things go right? The intrapersonal and interpersonal benefits of sharing positive events. *Journal of Personality and Social Psychology, 87*(2), 228-245.

Galinsky, A. D., Ku, G., & Wang, C. S. (2005). Perspective-taking and self-other overlap:

Fostering social bonds and facilitating social coordination. *Group Processes Intergroup Relations, 8*, 109-124.

Geraghty, A. W. A., Wood, A. M., & Hyland, M. E. (2010a). Dissociating the facets of hope: Agency and pathways predict dropout from unguided self-help therapy in opposite directions. *Journal of Research in Personality, 44*, 155-158.

Geraghty, A. W. A., Wood, A. M., & Hyland, M. E. (2010b). Attrition from self-directed interventions: Investigating the relationship between psychological predictors, intervention content and dropout from a body dissatisfaction intervention. *Social Science & Medicine, 71*, 30-37.

Grant, A. M. (2008). The significance of task significance: Job performance effects, relational mechanisms, and boundary conditions. *Journal of Applied Psychology, 93*(1), 108-124.

Haidt, J. (2002). It's more fun to work on strengths than weaknesses (but it may not be better for you). Manuscript available at: http://people.virginia.edu/~jdh6n/strengths_analysis.doc.

Hausmann, L. M., Parks, A., Youk, A. O., & Kwoh, C. K. (2014). Reduction of bodily pain in response to an online positive activities intervention. *Journal of Pain, 15*(5), 560-567.

Hodges, S. D., Clark, B., & Myers, M. W. (2011). Better living through perspective taking. In: R. Biswas- Diener (Ed.), *Positive psychology as a mechanism for social change* (pp. 193-218). Dordrecht: Springer.

Howell, R. T., Pchelin, P., & Iyer, R. (2012). The preference for experiences over possessions: Measurement and construct validation of the Experiential Buying Tendency Scale. *Journal of Positive Psychology, 7*, 57-71.

Joshanloo, M. (2013). The influence of fear of happiness beliefs on responses to the satisfaction with life scale. *Personality and Individual Differences, 54*(5), 647-651.

Kabat-Zinn, J. (2009). *Full catastrophe living: Using the wisdom of your body and mind to face stress, pain, and illness*. New York: Random House.

Kahler, C. W., Brown, R. A., Ramsey, S. E., Niaura, R., Abrams, D. B., Goldstein, M. G., Miller, I. W., et al. (2002). Negative mood, depressive symptoms, and major depression after smoking cessation treatment in smokers with a history of major depressive disorder. *Journal of Abnormal Psychology, 111*(4), 670-675.

King, L. A. (2001). The health benefits of writing about life goals. *Personality and Social Psychology Bulletin, 27*, 798-807.

Kurtz, J. L. (2012). *Seeing through new eyes: An experimental investigation of the benefits of photography*. Unpublished manuscript.

Layous, K., Chancellor, J., & Lyubomirsky, S. (2014). Positive activities as protective factors against mental health conditions. *Journal of Abnormal Psychology, 123*, 3-12.

Layous, K., Lee, H., Choi, I., & Lyubomirsky, S. (2013). Culture matters when designing a successful happiness-increasing activity: A comparison of the United States and South Korea. *Journal of Cross-Cultural Psychology, 44*(8), 1294-1303.

Layous, K. & Lyubomirsky, S. (2014). The how, what, when, and why of happiness: Mechanisms underlying the success of positive interventions. In: J. Gruber & J. Moskowitz's (Eds.), *Positive emotion: Integrating the light sides and dark sides* (pp. 473-495). New York: Oxford University Press.

Lewinsohn, P. M., Munoz, R. F., Youngren, M. A., & Zeiss, A. M. (1992). *Control your depression*. New York: Fireside.

Linley, P. A., Nielsen, K. M., Gillett, R., & Biswas-Diener, R. (2010). Using signature strengths in pursuit of goals: Effects on goal progress, need satisfaction, and well-being, and implications for coaching psychologists. *International Coaching Psychology Review, 5*, 6-15.

Louis, M. (2011). Strengths interventions in higher education: Effects on implicit self-theory. *Journal of Positive Psychology, 6*, 204-215.

Lu, L. & Gilmour, R. (2004). Culture and conceptions of happiness: Individual oriented and social oriented SWB. *Journal of Happiness Studies, 5*(3), 269-291.

Lyubomirsky, S. (2000). In the pursuit of happiness: Comparing the US and Russia. Paper presented at the Annual Meeting of the Society of Experimental Social Psychology, Atlanta, Georgia.

Lyubomirsky, S. (2008). *The how of happiness: A scientific approach to getting the life you want*. New York: Penguin Press.

Lyubomirsky, S., Dickerhoof, R., Boehm, J. K., & Sheldon, K. M. (2011). Becoming happier takes both a will and a proper way: An experimental longitudinal intervention to boost well-being. *Emotion, 11*, 391-402.

Lyubomirsky, S. & Layous, K. (2013). How do simple positive activities increase well-being? *Current Directions in Psychological Science, 22*, 57-62.

Lyubomirsky, S., Sheldon, K. M., & Schkade, D. (2005). Pursuing happiness: The architecture of sustainable change. *Review of General Psychology, 9*, 111-131.

Lyubomirsky, S., Tkach, C., & Sheldon, K. M. (2004). *Pursuing sustained happiness through random act of kindness and counting one's blessings: Tests of two six-week interventions*. Unpublished raw data.

Magyar-Moe, J. L. (2011). Incorporating positive psychology content and applications into various positive psychology courses. *Journal of Positive Psychology, 6*, 451-456.

Mauss, I. B., Tamir, M., Anderson, C. L., & Savino, N. S. (2011). Can seeking happiness make people unhappy? Paradoxical effects of valuing happiness. *Emotion, 11*, 807-815.

McAdams, D. P., Reynolds, J., Lewis, M., Patten, A. H., & Bowman, P. J. (2001). When bad things turn good and good things turn bad: Sequences of redemption and contamination in life narrative and their relation to psychosocial adaptation in midlife adults and in students. *Personality and Social Psychology Bulletin, 27,* 474-485.

McCullough, M. E., Root, L. M., & Cohen, A. D. (2006). Writing about the benefits of an interpersonal transgression facilitates forgiveness. *Journal of Consulting and Clinical Psychology, 74,* 887-897.

Meyer, P., Johnson, D., Parks, A. C., Iwanski, C., & Penn, D. L. (2012). Positive living: A pilot study of group positive psychotherapy for people with severe mental illness. *Journal of Positive Psychology, 7,* 239-248.

Myers, D. G. & Diener, E. (1995). Who is happy? *Psychological Science, 6,* 10-19.

Oishi, S., Graham, J., Kesebir, S., & Galinha, I. (2013). Concepts of happiness across time and cultures. *Personality and Social Psychology Bulletin, 39*(5), 559-577.

Parks, A. C. (2013). *Positive psychology in higher education.* New York: Routledge.

Parks, A. C. & Biswas-Diener, R. (2013). Positive interventions: Past, present and future. In: T. Kashdan & J. Ciarrochi (Eds.), *Mindfulness, acceptance, and positive psychology: The seven foundations of well-being* (pp. 140-165). Oakland, CA: Context Press.

Parks, A. C., Della Porta, M. D., Pierce, R. S., Zilca, R., & Lyubomirsky, S. (2012). Pursuing happiness in everyday life: The characteristics and behaviors of online happiness seekers. *Emotion, 12,* 1222-1234.

Parks, A. C., Kleiman, E. M., Kashdan, T. B., Hausmann, L. R., Meyer, P., Day, A. M., Spillane, N. S., & Kahler, C. W. (2015). Positive psychotherapeutic and behavioral interventions. In: D. V. Jeste & B. W. Palmer (Eds.), *Positive psychiatry: A clinical handbook.* Arlington, VA: American Psychiatric Press.

Parks, A. C. & Layous, K. (in press). Positive psychological interventions. In: J. C. Norcross, G. R. VandenBos, & D. K. Freedheim (Eds.), *APA handbook of clinical psychology, vol. III: Applications and methods.* Washington, DC: American Psychological Association.

Parks, A. C. & Seligman, M. E. P. (2007). 8-week group positive psychotherapy (PPT) manual. Unpublished manual, available by request.

Parks, A. C. & Szanto, R. K. (2013). Assessing the efficacy and effectiveness of a positive psychology-based self-help book. *Terapia Psicologica, 31,* 141-149.

Peterson, C. (2006). *A primer in positive psychology.* New York: Oxford University Press.

Seligman, M. E. P. (2002). *Authentic happiness: Using the new positive psychology to realize your potential for lasting fulfillment.* New York: Free Press.

Seligman, M. E., Rashid, T., & Parks, A. C. (2006). Positive psychotherapy. *American Psychologist,*

61, 774-788.

Seligman, M. E. P., Steen, T. A., Park, N., & Peterson, C. (2005). Positive psychology progress: Empirical validation of interventions. *American Psychologist*, *60*, 410-421.

Senf, K. & Liau, A. K. (2013). The effects of positive interventions on happiness and depressive symptoms, with an examination of personality as a moderator. *Journal of Happiness Studies*, *14*, 591-612.

Sergeant, S. & Mongrain, M. (2011). Are positive psychology exercises helpful for people with depressive personality styles? *The Journal of Positive Psychology*, *6*, 260-272.

Sheldon, K. M., Abad, N., Ferguson, Y., Gunz, A., Houser-Marko, L., Nichols, C. P., & Lyubomirsky, S. (2010). Persistent pursuit of need-satisfying goals leads to increased happiness: A 6-month experimental longitudinal study. *Motivation and Emotion*, *34*(1), 39-48.

Sheldon, K. M. & Lyubomirsky, S. (2006). Achieving sustainable gains in happiness: Change your actions, not your circumstances. *Journal of Happiness Studies*, *7*, 55-86.

Sheldon, K. M. & Lyubomirsky, S. (2012). The challenge of staying happier: Testing the Happiness Adaptation Prevention model. *Personality and Social Psychology Bulletin*, *38*, 670-680.

Schueller, S. M. (2010). Preferences for positive psychology exercises. *Journal of Positive Psychology*, *5*, 192-203.

Schueller, S. M. (2012). Personality fit and positive interventions: Extraverted and introverted individuals benefit from different happiness increasing strategies. *Psychology*, *3*, 1166-1173.

Schueller, S. M. & Parks, A. C. (2014). The science of self-help: Translating positive psychology research into individual happiness. *European Psychologist*, *19*, 145-155.

Schwartz, B. & Hill, K. E. (2006). Practical wisdom: Aristotle meets positive psychology. *Journal of Happiness Studies*, *7*, 377-395.

Schwartz, B. & Sharpe, K. E. (2005). Practical wisdom: Aristotle meets positive psychology. *Journal of Happiness Studies*, *1*, 1-19.

Sin, N. L. & Lyubomirsky, S. (2009). Enhancing well-being and alleviating depressive symptoms with positive psychology interventions: A practice-friendly meta-analysis. *Journal of Clinical Psychology: In Session*, *65*, 467-487.

Steger, M. F., Kashdan, T. B., & Oishi, S. (2008). Being good by doing good: Daily eudaimonic activity and well-being. *Journal of Research in Personality*, *42*, 22-42.

Steger, M. F., Oishi, S., & Kashdan, T. B. (2009). Meaning in life across the life span: Levels and correlates of meaning in life from emerging adulthood to older adulthood. *Journal of Positive Psychology*, *4*, 43-52.

Titova, L. & Parks, A. C. (2014). *Valuing happiness: A hindrance or asset to the pursuit of happiness?* Poster presented at the 122nd Annual Convention of the American Psychological

Association, August.

Waugh, C. E. & Fredrickson, B. L. (2006). Nice to know you: Positive emotions, self-other overlap, and complex understanding in the formation of a new relationship. *Journal of Positive Psychology, 1*, 93-106.

Wood, A. M., Froh, J. J., & Geraghty, A. W. (2010). Gratitude and well-being: A review and theoretical integration. *Clinical Psychology Review, 30*, 890-905.

제22장

긍정심리치료
긍정심리학의 임상적 적용

Tayyab Rashid & Ryan N. Howes

서론

수백, 아니 수천 가지 유형의 심리치료가 증상과 심리적 고통을 완화하는 데 이용될 수 있다. 임상가는 경험적으로 입증되지 않은 치료부터 증례가 보고된 접근법, 그리고 행동 수정 방식부터 마음의 대안적인 반응을 훈련시키는 기법 중에서 선택할 수 있다. 내담자는 이런 방식 외에도 자조 서적을 읽거나 피정을 가고, 강좌에 등록하거나 대체 건강요법을 이용하기도 한다. 이러한 개입의 초점은 거의 항상 증상 완화와 습관 교정에 있다. 이는 심리치료를 받으려는 내담자들이 긍정보다는 부정을 훨씬 더 많이 경험하고 보고한다는 맥락에서 이해할 수 있다(Schwartz, Ward, Monterosso, Lyubomirsky, White, & Lehman, 2002a; Wong, 2012). 그들은 정서적으로 연약하고, 스스로 늘 결함이 있다고 여기며, 정신적으로 손상된 채 치료 장면에 들어간다. 내담자에게 심리치료란 부정을 고치는 일에 전문인 공감적인 치료자 앞에서 억압된 감정을 발산하고, 고통스러운 관계를 알아차리며, 어두운 비밀을 공개하는 곳으로, 이는 모두 망가진 자기개념을 구축하거나 회복하기 위한 노력에서 비롯된다. 한편 치료자는 아동기 외상을 밝히고, 잘못된 생각을 바로잡거나 역기능적 관계를 조정함으로써 내담자의 우울과 불안을 경감하는 데 많은 노력과 전문지식을 쏟는다. 내담자와 심리치료자는 몇 가지 이유에서 거의 부정에만 초점을 둔다. 첫째, 본질상 심리치료의 주된 기능은 부정을 포착하여 해결하는 것이다. 둘째, 내담자이든 심리치료자이든 관계없이, 인간의 마음은 기본적으로 부정성 쪽으로 향해 있어서 긍정보다 부정에 더 강하게 반응한다(Rozin & Royzman, 2011; Williams, Gratt, Schofield, Olivieri, Peduto, &

Gordon, 2009). 부정적인 인상과 고정관념은 더 빨리 형성되고 원상태로 돌리는 것이 더 힘들다(Baumeister, Bratslavsky, Finkenauer, & Vohs, 2001). 긍정적인 기억은 일시적인 반면, 부정적인 기억은 수일, 수개월 또는 수년간 지속된다(Lyubomirsky, Caldwell, & Nolen-Hoeksema, 1998). 셋째, 부정에 집중하는 것은 또한 기능적일 수 있으며 항상 역효과가 나는 것은 아니다. 사람들이 부정 정서를 더 많이 느끼는 것은 긍정 정서보다 적응에 유리하기 때문이다(Young, Kashdan, & Macatee, 2014). 슬픔은 상실된 대상, 관계 또는 능력의 중요성에 대해 알려 주고, 불안은 임박한 위협의 신호를 보내주며, 분노는 특히 불의나 학대에 맞서 적절한 조치를 취하도록 격려해 준다. 부정적인 정서의 유익과 위험은 상황에 따라 달라질 수 있다.

긍정심리치료(positive psychotherapy: PPT)는 부정을 무시 또는 최소화하거나 성급하게 긍정으로 바꾸지 않고, 긍정에 동등한 노력을 기울인다. 왜냐하면 부정의 우세와 영향력, 견인에도 불구하고, 대부분의 내담자는 슬픔이나 우울, 분노나 양가감정을 덜 느끼기 위해 치료받기 때문이다. 그들은 행복하고, 친절하며, 용기 있고, 관계를 맺으며, 흥미를 갖고, 적극적이며, 낙관적이고, 창의적이길 바란다. 명백히 표현하지 않았더라도, 그들은 적극적이고 목적 있는 삶을 원한다.

내담자들이 종종 "선생님, 전 행복해지고 싶어요."라고 말하는 것을 듣는 건 놀랍지 않다. 이런 말이 들리더라도 사실 주목받지 못한다. PPT는 말을 넘어 그들의 바람을 다루고 있다. PPT는 정신병리의 제거를 목적으로 내담자의 긍정 자원, 특히 긍정 정서, 성격 강점, 의미, 긍정 관계 및 내재적 동기에 의한 성취를 체계적으로 확장시키는 치료법이라 정의할 수 있다. 명칭에 긍정이라는 단어가 있기는 하지만, PPT는 긍정만 다루는 것이 아닐뿐더러, 다른 치료가 부정에 관한 것이라고 암시하지도 않는다. PPT는 검증된 다른 치료를 대체하려거나 경쟁하려는 게 아니다. 이 치료법은 심리치료가 인간 경험의 부정적인 면을 고치는 것뿐만 아니라 긍정적인 면을 강화하기 위한 유일한 기회라는 전제에 근거하고 있다. 오로지 부정이나 긍정에만 초점을 맞추면 좀 더 쉽거나 간단한 접근이 될 테지만, 부정과 긍정을 모두 포함한 내담자 경험의 복잡한 특징을 이해하는 일이야말로 치료적 도전이 된다. 심리치료는 정신병리를 평가하고 개입하는 일을 잘해 왔다(Leykin & DeRubeis, 2009; Castonguay, 2013). 아마도 차세대 심리치료는 내담자의 고통, 결함, 역기능, 장애와 더불어 자원, 능력, 강점, 재능을 함께 파악하는 일이 될 것이다. 이러한 통합이 복잡하고 힘들긴 하지만, 심리치료자들이 아직 가보지 않은 다른 길과 치료 방식을 개척해 줄 것이다. PPT는 이러한 통합을 추상적인 개념으로부터 보다 구체적인 치료적 응용으로 전환하려는 시도다. 예컨대, 내담자가 잘못한 일에 대해 논의하는 동시에 최근에 행한 친절한 행동에 초점을 맞추도록 한다. 이와 유사하게 무례함과 교만, 증오와 더불어 진심 어린 칭찬과 겸손, 화합을 신중하게 이끌어 낸다. 외상 관련 고통을 공감적으로 돌보면서 성장 가능성을 함께 탐색한다. 원한을 계속 품고 있는 이유를 탐색하는 동시에 용서함으로부터 얻는 안도감도 함께 살펴본다. 불안을 초래하는 상황과 스트레스 요인을 밝히면서 내담자의 긴장을 완화시키고 풀어 주는 자원도 함께 다루어 준다.

심리치료의 지평을 넓히는 일은 중요하다. 특히 심리치료 이용이 줄어들고, 향정신성 약물이 모든 약물 중에서 가장 많이 처방되고 있으며(Olfson & Marcus, 2010), 쉽게 접근할 수 있는 뉴에이지(New-Age)와 자조 요법(예: 책, CD, 웹 사이트, 가공품, 식품)이 범람하는 상황에서는 말이다. 플라세보 이상의 효과는 거의 없는 이런 요법들은 미국에서만 자조 서적에 약 120억 달러의 비용을 썼다(Slerno, 2006; Valiunas, 2010). 반면 심리치료는 효력이 입증된 확실한 과학적 근거가 있으며, 많은 경우 약물치료와 같거나 더 좋은 효과를 보인다(Leykin & DeRubeis, 2009; Castonguay, 2013). 치료 과정을 매력적이고 이용하기 쉽게 만들어야 할 절실한 필요가 있다. 대부분의 사람들은 낙인 때문에 치료를 받지 않으려 한다(Corrigan, 2004). 컴퓨터에 능통하며, 도시에 살고, 문화적으로 다양한 밀레니엄 세대에게는 심리치료가 혁신적, 탈낙인화, 집중적, 단기적이며, 모바일 및 온라인 인터페이스와 호환될 필요가 있다. 마음-신체 통합(Smith & Aaker, 2013)의 경우, 심리치료는 증상 완화, 안녕감 증진, 신체건강 증진, 건강한 관계 및 시민참여와 같은 다양한 결과들과 관련이 있다.

가정

PPT는 특정 행동 양상의 성질, 원인, 과정 및 치료에 대해 세 가지를 가정한다. 인본주의 심리학과 일관되게, PPT의 첫 번째 가정은 다음과 같다. 정신병리는 내담자의 성장, 성취, 안녕에 대한 고유한 능력이 장기간의 심리사회적 고통에 의해 좌절될 때 발생한다. 유전적인 영향을 고려하더라도, 안녕감과 정신병리는 전적으로 내생적인 과정이라기보다, 내담자의 성향과 환경적 요인 간의 복잡한 상호작용이라 할 수 있다. 사람들이 손상을 입을 때마다, 이 상호작용은 그들의 성장을 지원하지 않고 중단시켜 버린다. 심리치료는 인간관계의 변화를 불러오는 힘을 통해 인간의 잠재력을 일으키거나 회복할 수 있는 독특한 기회를 제공한다. 심리치료에서 보이는 전대미문의 상호작용에서, 공감적이고 비판단적인 치료자는 내담자의 가장 깊은 감정과 욕구, 열망, 생각, 신념, 행동, 습관에 내밀히 관여한다. 이러한 배타적인 접근이 부정—자연스럽게 나타나는 것—을 처리하고 최악을 고치는 데에 대부분 제공되면, 성장을 촉진할 기회는 무색해지거나 완전히 상실되어 버린다. 교정은 내담자를 덜 취약하게 만들지만, 성장은 내담자에게 회복탄력성을 만들어 준다. 분노를 표출하면 속은 후련하겠지만(때로는 필요함), 용서하려는 의지를 갖고 방법을 찾는 것은 훨씬 치료적일 수 있다. 공포 자극에의 계획적이고 신중한 노출이 불안과 화피를 치료하는 데 필요하지만, 실제 긍정 정서를 유발하는 경험을 하면 불안을 완화할 수 있다. 따라서 성장을 위한 강점을 평가하고 강화하는 것은 심리적 고통을 막기 위해 증상을 평가하고 완화하는 것만큼 중요하다. 강점에 초점을 맞추면 내담자는 경직되지 않고, 지루하지 않고, 상투적이지 않고, 불평하지 않는 법을 배우는 것보다 더 자발적이고, 쾌활하고, 창의적이고, 감사하기 위한 구체적인 기술들을 배울 수 있다. 최근 증거에 따르면, 강점은 매우 심각한 상황에서도 성장에 핵심적인 역할을 할 수 있다는 점이 시사된다. 전국적 표본을 이용한 다년간의 종단연구에서, 인생 역경을 겪은 사람은 역경이 많은 사람뿐만 아니라 역경이 없는 사람보다 더 나은 정신건강과 안녕감을 보고하였다(Seery, Holman, & Silver, 2010). 마찬가지로 낙관성, 심미안, 영성과 같은 성격 강점의 존재는 우울로부터의 회복을 촉진한다(Huta & Hawley, 2008). Linley, Nielsen, Wood, Gillett, 그리고 Biswas-Diener(2010)는 개인의 강점을 활용하는 사람들이 목표를 성취할 가능성이 높다는 사실을 밝힌 바 있다. 높은 수준의 긍정 특성은 부정적 생활사건의 영향 및 정신병리를 완화한다(Johnson, Wood, Gooding, Taylor, & Tarrier, 2011). 이러한 연구들로 미루어 보건대, 긍정적인 특성이 없다면 심리적 스트레스 요인을 견딜 수 있는 탄력성과 이에 적절히 대처할 수 있는 회복력—심리적 성장과 성숙에 중요한 두 가지 특성—모두 가능하지 않다는 점이 시사된다.

두 번째, PPT의 가정은 다음과 같다. 긍정 정서와 강점은 믿을 만한 근거가 있으며, 증상과 장애만큼 실제적이고, 그 자체로 가치 있는 것이다. 강점은 방어도 아니고, 폴리아나[1]와 같은 착각이나 임상 주변부에 방치된 증상 완화의 부산물도 아니다. 분노, 거짓, 경쟁, 질투, 탐욕, 걱정, 스트레스가 실재한다면, 정직, 협력, 만족, 감사, 연민, 평온과 같은 특성도 실재한다. 확실한 연구들을 통해 증상의 부재가 정신적 안녕의 존재로 직결되지 않는다는 사실이 입증되었다(Wood & Joseph, 2010; Keyes & Eduardo, 2012; Fink, 2014). 따라서 특히 치료적 맥락에서는 강점을 부정 특질의 부재로 인한 결과라고 간주해서는 안 된다. 치료자가 용기, 친절, 겸손, 끈기, 정서 및 사회지능을 회복하고 함양하고자 적극적으로 노력하면, 내담자의 삶은 훨씬 만족스러워질 것이다. 반대로, 상담자가 증상의 경감에

---

1) 역자 주: 폴리아나(Pollyanna)는 엘리너 포터의 소설에 나오는 매우 낙천적인 등장인물을 말한다.

초점을 둔다면, 내담자의 삶은 덜 불행해질 것이다. 또한 증상군은 진단을 일관되게 구성한다는 전제 때문에, 증상에 초점을 맞출수록 강점을 간과할 가능성이 높아진다. 그리고 이렇게 되면, 치료는 불가피하게 내담자의 깊고 복잡한 임상 문제를 탐색하는 과정이 되어 버린다(Boisvert & Faust, 2002). 강점을 실제적이고 유효한 치료 구성 요소로 간주하는 일은 PPT에서 필수적이다. 왜냐하면 고통스러워하는 내담자들은 치료자가 무슨 진단을 내리든지 간에 무조건 받아들일 가능성이 있기 때문이다. 어떤 내담자는 자신을 진단명으로 말하기도 한다. "나는 심한 강박장애다.", "나는 ADHD(주의력결핍 과잉행동장애)이다.", "그는 자기애성 성격장애의 특성을 다 가지고 있다."처럼 말이다. 증상과 함께 강점을 통합하는 일은 내담자의 자기지각을 확장하고 치료자에게 또 다른 개입 방식을 제시해 준다. Cheavens, Strunk, Lazarus, 그리고 Goldstein(2012)의 최근 연구에 따르면, 내담자의 약점보다 강점을 활용한 집단이 심리치료에서 더 좋은 결과를 보였다. 마찬가지로, Flückiger와 Grosse Holtforth(2008)는 매 치료 회기 전에 내담자의 강점에 집중함으로써 치료효과가 향상된다는 사실을 밝힌 바 있다. 이러한 연구들은 강점이 실제적이고 치료적 효능이 있음을 입증하고 있다.

마지막으로 세 번째는 다음과 같다. 효과적인 치료적 관계는 개인의 긍정적인 강점 및 경험(예: 긍정 정서, 강점 및 덕목)의 탐색과 분석 위에서 확립될 수 있다. 이것은 심리치료자가 진단의 형태로 증상군을 분석해서 내담자에게 설명하는 전통적인 접근법과 대조된다. 심리치료자의 이런 역할은 대중매체에서 심리치료를 엉성하게 묘사하는 바람에 더욱 강화되었는데, 거기서는 치료적 관계의 전형적인 특징이 고민을 말하고, 억눌렸던 감정을 드러내며, 잃어버렸거나 망가진 자존감을 치료자의 도움으로 회복하는 것으로 그려졌다. 내담자는 어떤 식으로든 자신에게 심한 결함이나 손상이 있다는 기본적인 가정과 함께 유일한 '출구'는 아동기 외상, 불만, 충족되지 못한 욕구 등에 대한 장기간의 고통스러운 토론이라고 사회화된 채 심리치료를 시작한다. 이러한 고정관념은 치료적 관계가 고민과 약점을 말하고 상의하는 것을 중심으로만 공감이 이루어질 때 더욱 강화된다. 고정관념의 강화는 치료자들에게 성향상 부정적인 편향을 증가시킬 수 있다. 치료자가 가지고 있는 정신과적 분류와 조건들에 대한 사전지식은 내담자의 지지체계에 대한 부정적인 추론을 이끌어 내고 이어서 치료관계를 과대평가할 수 있다(Boisvert & Faust, 2002). 정신적 고통으로 인해 이미 취약해진 내담자는 정신과적 꼬리표에 부합하는 '환자' 역할을 취할 가능성이 높다. 어떤 이들에게는 이런 역할이 사회적으로 허락된 위안을 줄지 모르겠지만, 다른 이들에게는 수치심, 소외감, 사회적 거리, 거절감을 일으킬 수 있으며, 이 모든 것은 치료 과정의 조기 종결에 원인이 될 수 있다. 그런데 일부 내담자는 진단에 사로잡혀 자신의 의지 안에 있는 개인적 책임을 회피하는 핑계로 진단을 사용할 수 있다. 정신건강 문제가 있는 내담자에게 귀를 기울이고, 공감하며, 적극적으로 작업하는 일은 심리치료자를 소진에 취약하게 만든다(Jenaro, Flores, & Arais, 2007). 새로운 증거는 치료관계에 대한 이러한 전통적인 관점에 도전하고 있다. Scheel, Davis, 그리고 Henderson(2012)은 치료자의 내담자 강점 활용을 분석한 질적 연구를 통해, 강점에 집중하면 치료자의 신뢰 관계 형성에 도움이 되고 내담자에게 희망을 심어 줄 수 있다고 밝혔다. 브라질 심리치료자 26명과의 면담에 근거한 다른 연구에서는, 치료자가 내담자의 의견에서 긍정적인 정서를 이끌어 낼 때, 회기 내 자각과 지략을 증진시키고 전문성 함양에 필요한 노력을 기울이게 함으로써 치료가 개선되는 것으로 나타났다. 뿐만 아니라, 양자 관계에 연민과 친밀감을 촉진시킴으로써 내담자와의 관계 몰입을 향상시켰다(Vandenberghe & Silvestre, 2014).

PPT: 이론에서 적용으로

PPT는 행복과 안녕감에 대한 Seligman의 개념에 근거한다(Seligman, 2002, 2011). Seligman은 행복과 안녕감이라는 매우 주관적이고 다루기 힘든 개념을 5개의 측정 가능하고, 다루기 쉬우며, 가단성 있는 구성 요소로 나누었다. ① 긍정 정서, ② 몰입, ③ 관계, ④ 의미, ⑤ 성취. 기억하기 쉽게 각 구성 요소의 첫 글자를 합쳐서 PERMA(Seligman, 2011)라고 한다(〈표 22-1〉). PERMA는 긍정 정서와 몰입, 의미로 구성된 진정한 행복이론(Csikszentmihalyi, 1990; Seligman, 2002)의 새로운 버전이다. 연구에 따르면, 세 요소의 충족은 더 낮은 비율의 우울 및 더 높은 비율의 삶의 만족도와 관련되는 것으로 나타났다(Vella-Brodrick, Park, Peterson, 2008; Sirgy & Wu, 2009; Headey, Schupp, Tucci, & Wagner,

〈표 22-1〉 PERMA: 안녕감 이론*

요소	설명
긍정 정서	만족, 자부심, 평온, 희망, 낙관, 신뢰, 확신, 감사와 같은 긍정 정서를 경험하는 것
몰입	자신의 강점을 활용하는 활동에 깊이 몰두하여 예리한 집중력, 강력한 주의집중 상태, 지속적인 발전에의 내적 동기로 특정되는 최적 상태를 경험하는 것
관계	긍정적이고 안정된 신뢰관계를 갖는 것
의미	목적의식과 신념을 가지고 자기 자신보다 더 큰 것에 소속되고 기여하는 것
성취	성공, 통달, 업적을 그 자체로서 추구하는 것

*Seligman(2011)에 근거함.

2010; Lamont, 2011; Bertisch, Rath, Long, Ashman, & Rashid, 2014). PPT는 원래 이 세 가지 요소에 기반하였으나, 관련 활동에는 관계와 성취도 포함되어 있다. 뒷부분에서는 PERMA의 적용을 구체적인 PPT 활동으로 제시하였으며, 이러한 활동의 실시 과정을 설명하였다.

PPT는 초기, 중기, 후기로 나눌 수 있는데, 활동 순서는 내담자의 현 문제해결에 맞춰 조정할 수 있다. 초기 단계에서는 라포를 형성하고 내담자의 이야기를 이해하는 데 집중함으로써 희망을 고취시키고 자기효능감을 향상시키며, 자신이 증상의 합 이상이라는 사실을 깨닫게 한다. 이후 내담자는 다양한 방법으로 자신의 강점을 평가하고, 현 문제뿐만 아니라 안녕감을 위한 현실적인 목표를 설정한다. 중기 단계에서는 내담자가 강점을 적절히 활용하여 원한, 극히 부정적인 기억 또는 외상에 대처할 수 있도록 돕는다. 또한 역경으로부터 성장할 수 있는 가능성을 탐색할 것을 권하기도 한다. 내담자는 주의 자원의 분배에 대한 인식을 키우고, 일상의 안녕감을 증진하기 위해 자신의 삶을 단순화하고 좋은 경험을 향유하는 기술을 배운다. PPT의 세 번째와 마지막 단계는 주로 긍정적인 관계―친밀하고 상호적인―를 회복하거나 함양하고 의미와 목적을 찾아서 추구하는 활동에 초점을 둔다. 치료 과정 동안 내담자는 부정성으로 기울어진 영향을 상쇄하기 위해 하루 동안 일어난 좋은 일에 대해 매일 일기를 쓴다. PPT 활동이 〈표 22-2〉에서처럼 잘 짜여져 있기는 하지만, 내담자의 현 문제에 맞추어서 순서와 구조에서 유연성을 발휘해도 좋겠다.

〈표 22-2〉 긍정심리치료(PPT)의 회기별 개요

회기 & 주제	기술 설명	기술 연습
1. PPT 오리엔테이션 긍정 정서	• 기본 규칙, 내담자-임상가 역할과 의무에 대해 논의하기 • 치료 회기 안류에서 다루어지는 적용 기술에 대해 논의하기	긍정 소개: 내담자의 최상을 불러일으킨 사건을 기억하고 생각하여, 한 페이지 분량의 처음, 중간, 긍정적인 결말이 있는 긍정 소개글을 구체적으로 작성한다.
감사(계속 진행) 긍정 정서	• 일상의 좋은 일과 경험을 알아차리는 인식을 발달시키고 고마워함으로써 감사 기술을 연마하기	감사 일기: 내담자는 매일 밤(작든 크든) 좋은 일 세 가지를 기록하고 어떻게 그런 일이 일어났는지를 일기에 작성한다.
2. 성격 강점 몰입	• 성격 강점은 본질상 가치 있는 특성으로서 자기 개발을 위해 활용, 개선, 발전시킬 수 있음을 이해하기 • 성격 강점의 탐색은 증상과 약점만큼이나 실제적이고 믿을 만하다는 점을 이해하기	성격 강점: 내담자는 자기보고, 온라인 척도, 가족구성원, 친구를 비롯한 복수의 출처로부터 정보를 수집하여 자신의 대표 강점을 정리한다.

단계	내용	설명
3. 대표 강점 실천계획 (나의 더 나은 버전) 성취	• 대표 강점을 결정하기 위해 다양한 관점에서 성격 강점을 통합하기 • 특히 개인의 현 문제 상황에서 균형 잡히고 적응적인 방식으로 대표 강점을 사용하는 실천적 지혜 기술을 배우고 연습하기	나의 더 나은 버전: 내담자는 구체적이고 측정 및 성취 가능한 목표를 향해 자신의 강점을 적응적으로 사용하는 '나의 더 나은 버전'이라는 자기 계발 계획서를 작성한다.
4. 열린 기억 대 닫힌 기억 의미	• 심리적 고통을 영속화시키는 기억을 비롯해 (괴로운) 기억들을 공개할 때의 결과를 생각하고 탐색하기	긍정적인 인지적 평가: 내담자는 이완을 훈련한 후에, 괴로운 기억들을 기록하고 이를 적응적으로 다룰 수 있는 다양한 방법을 배운다.
5. 용서 긍정적인 관계	• 용서를 원함에 따른 부정적인 감정, 동기, 생각을 멈추는 과정으로 인식하기 • 용서가 힘을 되찾고 치유하는 데 어떻게 유용한지 배우기 • 무엇이 용서이고 무엇이 용서가 아닌지 배우기	용서: 내담자는 용서 과정인 REACH에 대해 배운다. 용서 편지를 작성하기도 하는데 이 편지를 꼭 부칠 필요는 없다.
6. 감사 긍정적인 정서 및 관계	• 좋은 것에 대한 인식 조율하기 • 고마움을 지속시키는 과정으로서 감사를 탐색하기 • 관점을 확장시키고 다른 긍정 정서를 구축하기	감사 편지 및 방문: 내담자가 제대로 감사하지 못한 누군가에게 감사 편지를 작성한다. 문안을 다듬어서 직접 전달할 약속을 정한다.
치료 경과 성취	• 동기 및 치료 경과에 대해 논의하기, 피드백을 유도하고 제공하기 • 잠재적 방해물에 대해 논의하고 강점-기반한 해결책 만들기	내담자는 용서 및 감사 활동을 끝마치도록 한다. 내담자는 나의 더 나은 버전과 관련된 자신의 경험을 이야기한다.
7. 자족하기 대 극대화하기 긍정적인 정서 및 의미	• 극대화와 자족에 대해 배우기 극대화는 가능한 최고의 선택, 결정, 결과물을 얻는 것을 말하는 반면, 자족은 대부분의 삶의 영역에서 충분히 좋은 것에 만족하는 것을 의미 • 극대화의 비용 이해하기	자족하기: 내담자는 자신이 극대화하거나 자족하고 있는 삶의 영역을 탐색한다. 내담자는 자족을 증가시킬 수 있는 계획을 작성한다.
8. 희망과 낙관주의 긍정적인 정서	• 최선이면서 현실적인 측면을 볼 수 있는 능력 계발하기 • 직면한 문제가 일시적이라는 것과 문제를 극복할 수 있다고 믿기 • 대부분의 목표를 달성할 수 있다고 기대하기	한 개의 문이 닫히면, 다른 문이 열린다: 내담자는 자신에게 닫힌 문 3개뿐만 아니라 열린 문 3개를 떠올려보고 작성한다.

9. 외상 후 성장(PTG) 의미	• 외상 이후에도 PTG가 일어날 수 있는 가능성 탐색하기 • PTG에는 새로워진 삶의 철학, 이겨내려는 의지, 관계 증진을 위한 헌신, 실제 중요한 일에 대한 우선순위가 동반됨을 이해하기	PTG에 대해 생각하기 & 글쓰기: 내담자는 선택 활동으로 괴롭고 외상적인 경험을 글로 써 볼 수 있다. 안전한 장소에서 내담자 스스로의 시각으로 쓸 수 있는 확신이 있어야 한다. 이 활동은 내담자가 건강한 대처 기술을 발전시키고 난 뒤 현 스트레스 요인에 압도당하지 않을 때 실시된다.
10. 느림과 향유하기 긍정적인 정서 및 몰입	• 빠름의 심리적 위험 및 속도를 늦추는 구체적인 방식에 대해 배우기 • 온전한 경험을 표현하는 능력으로서 향유에 대한 인식 발전시키기 • 사건, 경험, 상황의 긍정적인 특성에 주의 깊게 집중하는 법 배우기	느림 & 향유: 내담자는 자신의 성격과 생활환경에 적합한 느림 기법 한 가지와 향유 기법 한 가지를 고른다.
11. 긍정적인 관계 관계성	• 타인과의 관계가 생물학적 욕구일 뿐만 아니라 안녕감의 성취와 유지를 자극하는 동기라는 것을 배우기 • 자산화(capitalization)에 대해 배우기: 부분보다 더 큰 전체를 보고 느끼고 소중히 여기는 과정	능동적-건설적 반응(ACR): 내담자는 중요한 타인의 강점을 탐색하고 능동적-건설적 반응을 연습한다.
12. 이타주의 의미	• 자기 자신보다 더 큰 것에 소속되고 기여하는 것이 심리적 고통에 강력한 해독제가 될 수 있음을 배우기	시간이라는 선물: 내담자는 자신의 대표 강점을 적용하는 활동을 함으로써 시간이라는 선물을 주는 계획을 세운다
13. 긍정적인 유산 의미와 성취	• 안녕감의 요소들을 통합하고 접목될 수 있는 집단 활동 및 방식에 대해 생각해 보기 • 치료 성과 유지하기	긍정적인 유산: 내담자는 자신이 어떻게 기억되고 싶은지, 내담자의 긍정적인 유산은 무엇인지와 관련하여 특히 개인적인 활동을 작성한다.

처음부터 치료자는 내담자의 현 문제에 공감적으로 귀 기울이고, 치료적 신뢰관계를 형성하고 유지해 나간다. 동시에, 상담자는 내담자가 자신의 강점을 확인하고 인지할 수 있는 기회를 적극적으로 찾는다. 내담자의 현 문제에 집중하면서, 상담자는 내담자에게서 최선을 끌어낸 사건과 경험, 일화를 논의할 수 있도록 내담자를 격려한다. 가령 난관에 적절히 대처한 일, 실수나 잘못으로부터 건설적으로 배운 일, 다른 사람을 도운 일, 건강한 관계를 맺은 경험, 어려운 상황에서도 무언가를 성취한 경험, 크거나 작게 좋은 일을 한 일상 행동이나 습관을 들 수 있다. 긍정 소개(Positive Introduction)로 알려진 이 활동의 목표

는 흔히 심각한 결함이 있는 심리상태로 간주되는, 내담자의 부러지고 깨진 취약한 자기개념을 서서히 확장하는 것이다. 이 활동은 현재 상황에 비추어서 상세하게 논의된다. 어떤 모형이나 분류법에 근거한 강점 목록이나 설명 없이, 상담자는 긍정적인 소개에서 예시된 강점들을 내담자가 확인할 수 있도록 격려한다. 현재 상황과 의미 있게 연결된 이러한 서술방식은 전체 상담 과정 동안 역동적인 이야기—내담자가 치유와 성장 과정을 시작할 수 있는 긍정적인 내적 버팀목—가 될 수 있다. 매우 개인적이고 희망적이면서 진정한 자기표현은 내담자의 자기효능감을 증진시킬 수 있다. 모두는 아니지만 대다수 내담자는 그들이 부적절하다는 말을 다른 사람이 했거나 스스로 그렇게 생각해서 치료를 받으러 온다. 연구에서 밝혀졌다시피, 긍정 기억의 회상은 기분 조절에 중요한 역할을 한다(Joormann, Siemer, & Gotlib, 2007). 게다가 긍정 기억의 회상은 치료를 시작할 때 긍정 정서를 일으키기도 한다. Fitzpatrick과 Stalikas(2008)에 따르면, 특히 치료 초기에 긍정 정서의 생성 촉진은 치료적 변화를 예측하는 것으로 나타났다.

많은 긍정 개입들이 "당신의 강점을 확인하고 활용하라"는 직접적인 전략을 채택하고 있다. 참여자들은 온라인으로 보통 VIA(Values in Action: 강점검사)를 실시한 후, 일상생활에서 자신의 대표 강점 대여섯 개를 더 자주 활용하도록 지도받는다. PPT에서는 내담자가 자원과 위험이 모두 포함된 대인관계 역동의 일부라는 점을 감안하여, 다수의 자기보고형 척도와 함께 중요한 타인이 내담자의 대표 강점을 확인(순위는 매기지 않음)시켜 준 보고를 통합한 종합적인 과정을 완료하게 된다. 자기보고의 경우, PPT는 강점 및 덕목의 분류 체계(CSV; Peterson & Seligman, 2004) 모델에 기반한 대표 강점 질문지(Rashid et al., 2013)를 사용하는데, 이것은 타당도와 신뢰도가 확립된 72문항의 단축형 척도다. PPT 과정 전반에 걸쳐 대표 강점을 전방과 중심부, 그리고 적절한 때마다 사용하기 위해, 상담자는 내담자가 자신의 대표 강점을 개발하고 활용한 기억, 경험, 실화, 일화, 성취, 재능을 이야기하도록 부드럽게 유도하는 것이 좋다(Rashid & Ostermann, 2009). Seligman(2002)이 시사했다시피, 대표 강점이 자신의 진정한 표현인지, 대표 강점을 의식적으로 인지하고 있는지, 대표 강점을 사용할 때 활력을 느끼는지 여부를 내담자가 말하도록 격려한다. 치료자와 협력해서 내담자는 현 문제와 대표 강점의 적절한 활용을 대상으로 한 구체적이고 달성 가능한 행동 목표를 설정한다. 목표는 내담자의 관계 맥락에 적합할 뿐만 아니라 개인적인 의미를 갖는 것이 중요하다. 예컨대, 호기심을 더 많이 활용하는 것이 목표라면, 구체적인 행동 수준에서 호기심의 최적 균형을 상의해서 참견(과다 사용)이나 지루함(과소 사용)이 되지 않도록 한다. 24개 성격 강점과 이것의 과소 및 과다 사용에 대한 설명이 〈표 22-3〉에 제시되어 있다.

〈표 22-3〉 성격 강점: 정의와 활용(부족/과잉)*

성격 강점	설명	부족/ 과소 사용	과잉/ 과다 사용
1. 심미안	자연이나 예술(그림, 음악, 연극 등) 또는 탁월성의 아름다움에 깊이 감동받는다.	망각	속물근성
2. 진실성과 정직성	자신이 아닌 누군가인 체하지 않는다. 진실되고 정직한 사람이라는 인상을 준다.	천박함, 허위	독선
3. 용감성과 용맹	해야만 하는 일을 하기 위해 두려움을 극복한다. 고난이나 문제에 부딪혀 포기하지 않는다.	두려움, 쉽게 겁먹음	무모함, 위험을 감행함
4. 창의성 & 독창성	새롭고 더 나은 방식을 생각한다. 틀에 박힌 방식으로 하는 것에 만족하지 않는다.	순응	기이함
5. 호기심, 세상에 대한 관심 및 경험에의 개방성	탐구 활동에 끌린다. 질문을 한다. 모호한 것을 그냥 지나치지 않는다. 다양한 경험과 활동에 개방적이다.	무관심, 권태	오지랖
6. 공정성, 형평성 및 정의	부당한 취급을 받거나 괴롭힘 또는 놀림을 당하는 사람이 있을 때 그들을 위해 나선다. 일상 활동에서 공정성을 보인다.	편견, 당파심	거리감
7. 용서와 자비	잘못한 사람을 잘 용서한다. 원한을 품지 않는다.	무자비	방임
8. 감사	말과 행동으로 좋은 일에 대한 고마움을 표현한다. 당연하게 여기지 않는다.	특권의식	아부
9. 희망, 낙관주의 및 미래-지향성	나쁜 일보다는 좋은 일이 더 많이 일어날 것이라 바라고 믿는다. 좌절에서 회복하여 실패를 극복하기 위한 조치를 취한다.	현재 지향성	과도한 낙천성
10. 유머와 장난스러움	장난스럽고 재미있으며 타인과 친해지기 위해 유머를 사용한다.	유머감각이 없음	무모한 장난
11. 친절성과 너그러움	요구하지 않고 타인을 위해 친절한 행동을 한다. 정기적으로 타인을 돕는다. 친절한 사람으로 통한다.	냉담	과잉간섭
12. 리더십	다른 사람들을 포함시키는 활동을 조직한다. 다른 사람들이 따르기 좋아하는 사람이다. 동료들에 의해 리더로 자주 뽑힌다.	복종	독재
13. 사랑하고 사랑받을 수 있는 능력	가족, 친구들과 따뜻하고 보살피는 관계를 맺는다. 규칙적으로 행동을 통해 진실된 사랑과 애정을 보인다.	고립, 분리	정서적 혼란

14. 학구열	학교에서 또는 스스로 많은 것, 개념, 사상, 사실을 배우는 것을 좋아한다.	안주, 자기도취	'모든 것을 다 안다' 주의
15. 겸손과 겸허	관심의 중심에 서는 것을 좋아하지 않는다. 특별한 것처럼 행동하지 않는다. 약점을 기꺼이 인정한다. 자신이 무엇을 할 수 있고 무엇을 할 수 없는지 안다.	근거 없는 자신감	자기-비하
16. 열린 마음과 비판적 사고	결정하기 전에 모든 측면을 심사숙고하고 검토한다. 다른 사람들과 상의한다. 필요하다면 자신의 마음을 유연하게 바꿀 수 있다.	경솔함	냉소주의, 회의론
17. 끈기, 성실 및 근면	대부분의 일을 끝까지 한다. 주의가 흩뜨려지면 다시 집중할 수 있으며 불평 없이 업무를 완수한다. 난관을 이겨내고 일을 마무리 짓는다.	직무태만, 게으름	강박, 집착, 달성할 수 없는 목표 추구
18. 안목(지혜)	상황을 종합해서 숨은 뜻을 파악한다. 친구들 간의 갈등을 해결한다. 실수로부터 배운다.	피상성	상아탑, 난해, 현학적 사고
19. 신중성, 조심성 및 분별력	주의 깊고 신중하다. 지나치게 위험을 감수하는 일을 피한다. 외부 압력에 쉽게 굴하지 않는다.	무분별	내숭, 답답함
20. 종교성 및 영성	신 또는 초자연적인 힘을 믿는다. 종교적인 또는 영적인 훈련(예: 기도, 명상 등)에 참여하는 것을 좋아한다.	가치 혼란	광신
21. 자기조절과 자기통제	대부분의 시간 동안 감정과 행동을 잘 관리한다. 규칙과 일과를 기꺼이 따른다.	자기-방종	억제
22. 사회지능	타인의 감정을 잘 이해한다. 사회적 상황에서 잘 대처한다. 탁월한 대인 기술을 발휘한다.	둔감, 무지	심리학 용어를 횡설수설함
23. 팀워크, 시민 의식 및 충성심	팀원 또는 집단원과 잘 지낸다. 집단의 성공에 기여한다.	이기주의, 반항심	분별없고 자동적인 복종
24. 활력, 열정 및 에너지	에너지가 넘친다. 생기발랄하고 활기차다. 다른 사람들이 함께 시간을 보내고 싶어 한다.	수동성, 자제	과잉행동

*Rashid(2015). (Taylor와 Francis의 승인하에 제시)

목표를 설정하면서 내담자는 상황 문제에 적절히 대처할 수 있게 유연한 방식으로 강점을 활용하도록 훈련받는다(Schwartz & Sharpe, 2006; Biswas-Diener, Kashdan, & Minhas, 2011). 이렇게 작업하는 동안 특정한 행동이나 습관이 강조되는데, 여기서는 증상이나 문제를 강점의 결핍 또는 과잉으로 설명한다. 예를 들면, 우울한 기분, 희망이나 활기가 없는 느낌은 활력과 쾌활함의 결핍으로, 과도한 걱정은 감사의 결핍 또는 놓아버리지 못함으로, 우유부단은 결단력 부족으로, 반복적인 침투 사고는 마음챙김의 결핍으로, 자기도취는 겸손의 결핍으로, 부적절감은 자기효능감 부족으로, 의사결정 곤란은 지나친 신중성으로 설명된다. 뿐만 아니라 사랑과 용서의 과다 사용(당연히 여겨지는 경우), 특정 영역에서 자기조절의 과소 사용(방종), 선호 집단과 관련하여 몇몇 상황이나 공동작업에 한정된 공정성(편견과 차별)의 경우에는 내담자가 곤경에 처할 수 있다는 점을 다룬다. 치료 과정 동안 내담자와 치료자는 목표 달성 수준을 모니터링한다. 치료자는 필요한 변화를 만들기 위해 피드백을 제공하고 이끌어 내는 것은 물론, 특히 강점에 따른 문제와 관련해 지속적으로 강점의 미묘한 차이와 속성을 탐색하도록 한다. 지속적인 피드백이 치료효과에 결정적이라는 사실이 밝혀진 바 있다(Lambert, 2010). 내담자는 사회지능을 이용해서 고통스러운 감정과 기억을 확인하고, 특정 상황이나 개인, 경험에 관한 긍정 기억에 접근함으로써 원한을 누그러뜨리며, 힘든 상황을 회피하는 대신 직면하도록 용기와 자기조절을 발휘하는 것을 배워 나간다. 다음은 저자가 대학 상담센터에서 실시한 개인 또는 집단치료의 사례 내용이다. 여기에는 현 문제를 극복하는 과정에서 강점을 세밀하고 목표지향적으로 활용한 방식이 소개되어 있다.

• 20대 백인 미혼 내담자로서, 현 증상으로 정서조절 곤란 및 불안정한 관계력이 있었으며, 초기에는 PPT 훈련에 매우 회의적이었다. 집단 장면에서 이 내담자는 주로 조용히 있었다. 대다수 집단원들이 긍정적인 소개를 나누면서, 그 내담자에게 회복탄력성과 관련된 것을 이야기하도록 요청했다. 내담자는 자기소개에 가족에 의한 심각한 정서적 학대와 알코올 중독, 부모 중 한 분의 치료되지 않은 정신질환이 포함되어 있다며 비꼬듯이 말했다. 그와 관련해 좋은 것은 하나도 없었다. 내가 실수를 저지른 것 같았고 그 내담자의 고통의 무게를 느낄 수 있었다. 불편하고도 긴 침묵이 흐른 뒤, 다른 집단원이 그 내담자에게 "하지만 당신은 매주 여기 이 집단에 오는군요."라고 부드럽게 말했다. 이 말을 듣자마자, 내담자의 눈에서 눈물이 흘러내렸다. "이것이 유일한 희망이에요……. 절대 포기하지 않을 거예요." 모두가 말이 없었지만 깊은 감동을 받았다.

- 대학교의 학부생으로서 훌륭한 학업성적에도 불구하고 최악의 상황을 예상했으며, 자신이 아무리 노력하더라도 대학원 진학 목표를 이루지 못할 것이라 믿었다. 이로 인해 우울증상이 발생했으며 불법 약물에 손을 댔다. 개인 PPT를 통해 내담자는 자신의 대표 강점이 학구열과 영성, 진실성, 끈기, 심미안, 친절성이라는 것을 알게 되었다. 치료 과정 동안 그는 대표 강점 중에서 특히 학구열과 친절성을 활용하기 시작했다. 그는 중독 행동의 과학을 다룬 자료를 많이 읽었다. 완만한 진전 끝에 돌파구를 찾은 그는 청소년들이 건강한 대처전략을 배우도록 돕는 자원봉사자 역할을 맡게 되었다.

- 보수적인 문화적 배경 출신의 20대 미혼 내담자로서, 대표 강점 분석 결과에서 친절성, 진실성, 겸손, 사회 지능, 영성이 성격의 핵심을 구성하는 것으로 나타났다. 성향상 내성적인 그녀는 기분부전장애에 부합하는 증상들을 보였다. PPT 훈련을 통해 그녀의 기분이 어느 정도 향상되기는 했지만, 대인관계 문제는 개선되지 않았다. 가족들은 그녀가 강점을 활용(예: 정서와 사회지능을 표현)하기 시작하자 부정적으로 반응했다. 양성 평등을 더 요구하는 것(공정성), 그녀의 권리를 지키는 것(용기), 다른 사람이 그녀의 권리를 침해할 때 겸손하고 친절하게 반응하지 않는 것에 대해 말이다. 내담자가 힘이 있다고 느끼게 되자, 그녀와 가족 사이에 갈등이 늘어났다. 내담자는 친절성을 활용해 이러한 갈등에 대처했지만, 중간 정도의 성공을 거두었다.

이 짧은 예시가 보여 주듯이, 내담자는 자신의 성격 강점과 적절한 문제 대처 방식을 통합할 수 있다. 부정성과 증상 관련 고통에 내재된 편향은 내담자가 이런 방식들을 보지 못하도록 가린다. PPT는 이를 전방과 중심부로 가지고 와서, 문제를 다루는 다양한 길을 치료자와 내담자 양쪽에 제공한다. 그렇게 함으로써, PPT는 부정을 절대 무시, 회피하거나 경시하지 않을뿐더러 서둘러 긍정에 주목하지도 않는다. 정서의 적응적 가치는 맥락과 상황에 달려 있다. 슬픔, 불안, 분노, 당황, 수치심, 죄책감, 질투, 시기는 사회적 상호작용상 관계의 균형을 유지하거나 회복하려 할 때 유익할 수 있다. 또한, 부정적인 정서는 가치 있는 것으로서 문화에 따라 다르게 표현된다(Parrott, 2014). 예컨대, 특히 학대, 차별, 불의, 범죄에 대한 분노는 무조건적인 용서보다 더 선호되며, 비관주의가 문제 초점적인 대처를 촉진한다면 유용할 수 있다. 쇠약하게 만들지 않는 불안은 수행을 향상시키며 우리가 예방 조치를 취하도록 만들 수도 있다(Kashdan & Rottenbger, 2010).

임상 경험에 따르면, 대부분 내담자는 빠르고 매우 복잡한 환경에서의 생활과 관련된 스트레스 요인을 관리하는 수단으로 스트레스 대처를 위한 치료를 받고자 한다. 만족 대 극대화(Schwartz et al., 2002b)와 **향유하기**(Bryant & Veroff, 2007)와 같은 PPT 훈련들은 내담자에게 의도적으로 속도를 늦추고 경험을 통해 작은 즐거움(예: 식사하기, 샤워하기, 걸어서 출근하기)을 즐길 수 있도록 가르친다. 활동을 하고 나면, 내담자는 자신이 무엇을 했는지, 서둘러 처리했을 때와 비교해 어떤 점을 다르게 느꼈는지 생각해 보고 기록한다. 마찬가지로, 치료 과정 동안 매일 내담자는 자신에게 일어난 좋은 일 세 가지와 그 일이 일어난 이유를 감사 일기에 적는다. 이것은 번잡한 일상생활 속에서 놓칠 수 있는 좋은 경험에 의도적으로 주의를 돌리게 하는 방식으로서, 대부분의 내담자에게 유용하다. 이런 긍정적인 경험은 타인에 대한 감사를 함양시켜 다른 사람들에게 구체적으로 전달되기도 한다. 감사 편지와 방문 활동에서, 내담자는 최근 또는 오래전 자신을 위해 좋은 일 또는 긍정적이고 지지적인 일을 해 주었으나 제대로 고맙다는 말을 전달하지 못한 누군가를 떠올린다. 상담 회기에서 내담자는 세부 사항을 기억하여 초안을 작성한다. 몇 장을 작성한 후에, 내담자는 친절한 행동과 그것의 긍정적인 결과들을 세세하게 묘사한다. 이후에 내담자는 수령인에게 직접 또는 전화로 편지를 읽어 주는 것이 좋다. 직접 편지를 읽어 주는 경우, 이 훈련은 양측에 모두 강력한 긍정 정서를 불러일으킨다—종종 내담자들이 표현하기를, 처음에는 하기 망설였지만 정말 감동적인 경험이었다고 한다. 집단 PPT에서 느림과 향유에 관한 연습을 통해 내담자는 인스턴트 메시지부터 드라이브 스루, 멀티태스킹에 이르는 빠른 방식이 우리 삶의 좋은 것에 대한 감사와 즐거움을 어떻게 빼앗고 있는지를 깨닫게 된다. 이러한 훈련은 긍정 정서의 함양을 목적으로 한다. 확장 및 축적 이론에 따르면, 목표는 내담자의 심리상태를 변화시켜 주의를 넓히고 행동 목록을 확장하며 창의성을 증진시켜 준다. 긍정 정서는 부정 정서의 영향을 '원상 복귀'시킴으로써 회복탄력성을 구축한다(Fredrickson, 2001). 기쁨, 재미, 희망, 경외심과 같은 긍정 정서를 체계적이고 계획적으로 상황에 적절한 방식으로 함양한다면, 심리적 고통의 해로운 영향을 완충하거나 원상 복귀시킬 수 있다. 최근 신경가소성에 관한 연구들에 따르면, 긍정 정서상태가 뇌 구조와 기능 및 유전자 발현에 지속적이고 영속적인 변화를 유발하는 것으로 밝혀졌다(Garland & Howard, 2009; Fredrickson et al., 2013). 긍정 정서의 함양이 고통스러워하는 내담자에게 매력적일 수 있다는 점에서 심리치료의 목표가 될 수 있을 것으로 보인다. PPT에서 목표는 맥락 없이 긍정 정서를 함양하는 데 있지 않고, 내담자가 긍정 정서와 부정 정서를 모두 적절히 활용하는 기술을 배우도록 하는 데 있다. 전술했다시피, 부정 정서가 적응적일 때가 있다. 긴장되거나 슬프고 의기소침한 기분이 내담자에게 항상 방해가 되는 것은 아니며, 보다 정확한 결정을 내리게 하기도 한다(Seligman, 2002).

긍정 정서의 가치에도 불구하고, 치료받으러 온 내담자는 부정 정서로 인해 괴로워하고, 원한을 붙잡고 있으며, 수동적이고 소극적인 생각과 감정을 곱씹곤 한다. Schwartz와 동료들(2002)이 밝힌 것처럼, 심리치료를 받는 우울한 내담자는 긍정 정서에 비해 부정 정서를 최소한 두 배 더 경험한다. 그들은 이 악순환에서 벗어나고 싶어 한다. PPT 중기 단계에서 확고한 치료적 라포를 형성하고 내담자의 자기효능감을 회복할 수 있는 강점을 탐색한 뒤에, 내담자가 가지고 있는 원한이나 괴로운 기억, 분노에 대해 적어 보고, 이들을 붙잡고 있을 때 어떤 결과가 있는지 논의하도록 한다. 구체적인 근거기반 방식을 통해 회복탄력성과 건강한 대처를 구축하는 것으로 입증된 긍정평가라는 개념은 PPT에서 내담자의 원한과 분노를 푸는 데 사용된다(Luyten, Boddez, & Hermans, 2015). PPT에서 긍정평가는 다음 네 가지 구체적인 방식을 적용하고 있다.

1. 심리적 공간: 내담자에게 제삼자의 관점에서, 시공간상 사소한 변경은 있지만 핵심은 건드리지 않은 채 아픈 기억을 기록하거나 묘사하도록 한다(Joormann, Dkane, & Gotlib, 2006; Ayduk & Kross, 2010).

2. 재통합(재강화): 편안하고 안전한 환경에서 내담자에게 힘든 기억을 회상하고 부정성 편향 때문에 놓친 긍정적인 측면을 찾아보도록 한다. 특히 기억 때문에 고통스러운 내담자라면, 기억의 회상이 이를 수정하거나 재통합할 수 있는 기회를 준다는 것을 알게 된다. 이 방식은 연구에 기반한 것으로서, 기억은 우리가 생각하고 회상하는 것보다 훨씬 유연하며, 특히 편안한 환경에서는 오랜 기억에서 새로운 의미를 이끌어 내는 기회를 줄 수 있다는 점이 입증된 바 있다(Sandler, 2007; Alberini & Ledoux, 2013).

3. 마음챙김 집중: 부정적인 기억에 반응하기보다 주의 깊게 관찰하고, 부정적인 기억을 촉발하는 단서, 상황, 경험에 대한 지각을 점진적으로 향상시키도록 내담자에게 가르친다.

4. 주의전환 및 의도적 망각: 내담자가 촉발요인에 대한 지각을 발달시킨 후에는, 비통하거나 부정적인 기억에 대한 전체 회상을 멈추기 위해 대안적이고 적응적인 행동적(비인지적) 활동 목록을 만들도록 한다. 정신적 고통이 큰 내담자의 괴로운 기억은 촘촘하게 연결되어 있어서 외적 단서에 의해 자주 촉발된다. 내담자의 주의 자원을 분산시키는 대안 활동을 하는 것은 내담자에게 유용할 수 있으며(주의전환), 괴로운 기억의 나락에 빠지는 것을 막는 데 쉽게 이용할 수 있다(Van Dillen & Koole, 2007; Hertel & McDaniel, 2010).

　긍정평가와 함께, 내담자에게 용서의 과정을 고려해 보도록 권할 수 있다. PPT에서 용서는 사건이나 행사가 아니라, 복수하려는 (지각된 또는 실제적) 권리를 기꺼이 포기하는 변화의 과정으로 개념화된다(Worthington, Witvliet, Pietrini, & Miller, 2007). 용서란 범죄자를 눈감아 주거나 사면해 주는 것이 아니고, 사회적으로 용인된 수단을 통해 정의에 대한 요구를 낮추거나 완화하는 것이 아니며, 잘못된 행위를 망각하거나 범죄의 당연한 결과를 간과하는 것도 아님을 내담자에게 가르친다. 내담자는 또한 용서가 부정적인 생각이나 감정을 중립적이거나 긍정적인 것으로 단순히 대체하는 것이 아님을 배우게 된다(Enright & Fitzgibbons, 2014). PPT에서 용서와 같은 훈련들은 부정적이고 불편한 감정을 유발하기도 하는데, 이 중 일부는 외상 또는 외상적인 기억과 관련될 수 있다. 여느 심리치료와 마찬가지로, PPT는 모든 다양한 정서 경험에 주의를 기울인다. 그러나 외상 경험과 관련된 고통에 공감적으로 주의를 기울이면서, 내담자가 의미와 심리적인 성장도 탐색할 수 있도록 조심스럽게 고무시킨다(Calhoun & Tedeshi, 2006; McKnight & Kashdan, 2009; Bonanno & Mancini, 2012). 일례로 "하나의 문이 닫히면, 또 하나의 문이 열린다"라는 연습이 있는데, 여기서는 기회, 애정, 표현의 문이 닫힌 후에 열리는 성장, 탐험, 의미의 문을 탐색하는 데 집중한다. 하지만 이 과정에서 치료자는 외상이나 상실, 역경으로부터 긍정적인 결과를 너무 성급하게 도출하지 않도록 해야 한다. 내담자가 부정적인 경험을 보다 긍정적인 마음으로 직면하고 이를 적응적이고 유용한 방식으로 재구성하고 분류할 수 있도록 증상과 강점을 통합하는 데 중점을 둔다.

　PPT의 세 번째와 마지막 단계 연습(예: 긍정적인 관계, 긍정적인 대화, 시간이라는 선물, 긍정적인 유산)에서는 내담자의 강점을 계속 활용하되, 자기 자신보다 더 큰 어떤 것에 소속되고 기여하기 위해 강점을 활용하는 데 주안점을 둔다. '긍정적인 대화'라는 연습에서는 상대방이 좋은 소식을 그들에게 나눌 때 소중한 기회로 여기고 활용하는 방식을 가르친다(Gable, Reis, Impett, & Asher, 2004). '시간이라는 선물'과 같은 훈련은 내담자의 강점을 활용하여 의미와 목적을 탐색하고 추구하는 데 유용하다. 의미와 목적은 친밀한 대인관계 및 공동체 관계의 강화와 예술적 · 지적 · 과학적 혁신이나 철학적 · 종교적 고찰의 탐구와 같은 다양한 방식을 통해 추구될 수 있다(Frankl, 1963; Wrzesniewski, McCauley, Rozin, & Schwartz, 1997; Hicks & King, 2009; Stillman & Baumeister, 2009). 연구에서 의미감과 목적의식이 있으면 역경으로부터 빠르게 낫거나 회복될 수 있으며, 무망감과 통제불능감을 완충하는 데 도움이 되는 것으로 입증되었다(Lightsey, 2006; Graham, Lobel, Glass, & Lokshina, 2008).

　PPT를 실시할 때 치료 과정과 결과에 모두 중요한 몇 가지 유의 사항이 있다. 첫째, PPT

는 강점을 강조하고 있음에도 불구하고 규범적인 것이 아니다. 오히려 PPT는 기술적 접근으로서 경험의 긍정적인 측면에 주의를 기울일 때 특정 이점이 발생함을 보여 주는 많은 과학적 증거에 기반한다. 머지않아 생물학적 · 유전적 지표의 측정으로 긍정과 강점이 인과적 역할을 한다는 구체적인 증거들도 축적될 것이다. 가령 단순히 기분이 좋은 것이 아니라, 잘 지내는 것은 항체 및 항바이러스 유전자의 더 강한 발현과 관련이 있다(Fredrickson et al., 2013). 공중 보건 당국에서는 심장질환이 사망의 근본 원인으로 확인된 경우를 신중히 집계하고 있다. 또한 흡연, 비만, 고혈압, 운동 부족과 같은 가능한 위험요인에 대한 정확한 데이터를 수집하고 있다. 이 데이터는 미국의 개별 자치주 수준에서 입수할 수 있다. 펜실베이니아 대학교의 한 연구팀에서는 이런 신체 역학 자료를 디지털 트위터 버전과 연계하는 것을 목적으로 했다. 연구진은 2009년과 2010년 사이 일반인 트윗에 기반하여, 개인의 위치 정보를 승인한 사람들에게서 무선적으로 표집한 트윗을 분석하기 위해 기존 정서 사전을 활용하였다. 자치주 주민의 80%가 포함된 트윗과 보건 데이터는 약 1,300개의 자치주에서 수집한 것이다. 해당 자치주 주민들의 트윗에 나타난 분노, 스트레스, 피로와 같은 부정 정서의 표현은 소득과 교육수준을 통제한 후에도 더 높은 심장질환 위험과 관련이 있었다. 반면에 흥미, 낙관성과 같은 긍정 정서의 표현은 낮은 위험도와 관련되었다(Eichstaedt et al., 2015). 따라서 긍정심리학 및 PPT의 가정과 주장이 규범적이더라도, 점차 증거를 통해 입증될 것이다. 그렇긴 하더라도 PPT가 어떤 심리적 문제에는 유용하고 다른 문제에는 유익하지 않다는 것을 인식하는 것이 중요하다. 예컨대, PPT는 심한 우울증상을 겪는 성인 내담자를 대상으로 입증된 바 있다(Seligman, Rashid, & Parks, 2006). 이 결과는 3개의 독립적인 연구에서 반복검증되었다(Asgharipoor, Farid, Arshadi, & Sahebi, 2010; Cuadra-Peralta, Veloso-Besio, Pérez, & Zúñiga, 2010; Bay & Csillic, 2012). 또한 불안 증상에도 효과적이었으며(Kahler et al., 2014), 최근에는 경계선 성격장애 증상(Uliaszek, Rashid, Williams, & Gulamani, 2016)과 정신증(Riches, Schrank, Rashid, & Slade, 2015; Schrank et al., 2015)에 효과적인 것으로 나타났다. 초기 타당성 검증 연구 이후로, 학술지에 게재된 8개의 PPT 매뉴얼 연구는 인지행동치료(cognitive behavioral therapy: CBT) 및 변증법적 행동치료(dialectical behavior therapy: DBT)와 같은 유효한 치료와 비교해서 동등한 효과 또는 그 이상의 효과를 입증하였다. 세계 대전을 비롯한 여러 외상과 사회 탄압, 상대적으로 적은 자유를 경험한 베이비붐 세대에 비해, 밀레니엄과 포스트 밀레니엄 세대는 우울과 불안 증상을 다루면서 동시에 이들의 잠재력, 능력, 역량을 탐색하고 강점에 기반한 기술을 분명히 쌓을 수 있는 수단과 방법을 제시해 주는 PPT를 더 선호할지 모른다. 아마 긍정심리학의 급속한 인기와 발전은 이러한 갈망을 설명해 주는 것 같다. 그렇다 하더라도 공황장애 급성증상 또는 선택적 함구증, 편집성 성격장애를 겪는 내담자에게 PPT를 적용하는 것은 임상적으로 무모한 일이 될 수 있다. 왜냐하면 현재 이러한 증상에 PPT가 효과적이라는 증거가 없기 때문이다. 여전히 어떤 내담자들은 강점이 아닌 증상이 치료의 초점이 되어야 한다고 확고히 생각한다. 그들은 약점의 표출이나 표현이 치료자의 판단을 야기할까 봐 두려워한다. 다른 내담자들은 피해자라는 깊이 뿌리박힌 자기지각을 지니고 있는데, 이들은 여기에 훨씬 익숙해져 있다. 그러나 다른 내담자들에게 성격강점의 확인은 자기애성 특성을 악화시킬 수 있다. 따라서 구체적인 상황적 맥락 안에서 강점을 논하고 이것의 미묘한 차이를 면밀히 살펴보는 것이 중요하다. 가령 어떤 내담자에게는 특정 상황에서 친절이나 용서가 유익하지 않을 수 있다. 마찬가지로 어떤 내담자는 진실한 것과 사회 지능을 발휘하는 것 사이에서 갈등할 수 있다. 어떤 사람은 정직 또는 공감 중 하나를 택해서 복잡한 문제를 해결해야 하는 딜레마에 직면할 수 있다. 비슷한 맥락에서 오랜 학대력과 겸손, 친절, 용서의 강점이 있는 내담자의 경우, 상황을 보다 정확하고 현실적으로 이해할 수 있는 안목과 비판적 사고 능력의 강점을 발달시킬 때까지는 PPT가 당장 유용하지 않을 수 있다. 해결되지 못한 외상력과 외상 후 스트레스 증상이 있는 내담자는 증상 초점적인 치료에 더 잘 반응할 수 있으며, 외상 후 성장을 위한 PPT 훈련을 시작할 준비가 안 되어 있을 수 있다. 요컨대, PPT는 만병통치약이 아니며 대다수 내담자와 전혀 관련이 없는 것도 아니다. 치료 과정 동안 이것의 적합성을 지속적으로 분석하고 추적 관찰해야 한다.

둘째, PPT는 만병통치약이 아니며 모든 상황에서 모든 내담자에게 적합한 것은 아니다. 그렇기 때문에 개별 내담자에게 PPT가 적합한지 결정하기 위해서는 임상적 판단이 필요하다. 예컨대, 과장된 자기개념이 있는 내담자가 강점을 사용하면 그의 자기도취가 더 심해질 수 있다. 마찬가지로 피해자라는 인식이 깊이 뿌리박힌 내담자는 그 역할을 너무 편안하게 여기고, 자신의 강점을 믿지 않을 수도 있다. 또한 PPT를 적용하는 치료자는 직선형 치료 경과를 기대해서는 안 된다. 왜냐하면 오랜 행동 및 정서적 패턴을 바꾸려는 동기는 치료 과정 동안 변동을 보이기 때문이다. 치료자는 한 내담자의 차도로 인해 다른 내담자의 차도 가능성에 편견을 가져서는 안 된다. PPT의 변화 기제가 체계적으로 분석되지 않았지만, Lyubomirsky와 Layous(2013)가 밝힌 긍정 개입의 변화 기제로 미루어 보건대, 긍정 개입으로 인한 변화는 증상의 심각도, 개인의 성격 변인(동기, 노력), 훈련과 기술의 습득 및 적용에서의 유연성, 전반적인 내담자-개입 적합성에 의해 가감될 수 있다. 그럼에도 불구하고 치료자는 변화가 기대효과에 기인하지 않는다는 사실을 명심해야 한다. 마지막으로 강점을 평가할 때 문화 감수성을 인지하는 것이 중요하다. 감정적인 의사소통

방식, 대가족 구성원에 대한 상호 의존, 직접적인 눈맞춤을 피하는 것은 활력, 사랑, 존경을 전달하는 것일 수 있다(Pedrotti, 2011).

긍정심리학은 사람들의 문제를 충분히 깊게 다루지 않고 서둘러 긍정적인 생각으로 이끈다는 비판을 받아 왔다(Ehrenreich, 2009; Coyne & Tennen, 2010; McNulty & Fincham, 2012). 이 책 전체에서 다양한 방식으로 거듭 강조했다시피, PPT라는 치료는 부정 정서를 부인하지 않으며, 내담자에게 장밋빛 렌즈로 긍정을 빠르게 찾으라고 재촉하지도 않는다. PPT는 만병통치약이 아니며, 행복과 안녕에 대해 폴리아나식 또는 판글로스식[2]의 관점을 부추기려는 것이 아니다. PPT는 내담자가 자신의 온전한 자원을 탐색하고 이를 활용해 어려움을 극복하는 법을 배우도록 부드럽게 촉진하는 과학적 노력이다.

경험적 근거, 경고 및 향후 방향

PPT는 비록 예비 조사이기는 하지만 여러 연구를 통해 경험적으로 입증되었다. 개별 활동은 무선통제실험(randomized controlled trial: RCT)을 통해 초기에 입증되었는데(Seligman, Steen, Park, & Peterson, 2005), 긍정 개입 조건의 참여자들은 우울증상의 유의한 감소와 안녕감의 증가를 보였다. 이러한 결과는 이후 독립적으로 반복검증된 바, 비슷한 효과가 확인되었다(Giannopoulos & Vella-Brodrick, 2011; Mongrain & Anselmo-Matthews, 2012; Senf & Liau, 2013). 특정 활동의 선호 및 지속 관련성과 같은 정교한 측면들도 탐색되었다(Schueller, 2010). 〈표 22-4〉에는 패키지 치료 방식으로 PPT 매뉴얼(Segligman et al., 2006; Rashid & Seligman, 인쇄 중)을 명시적으로 사용한 14개 연구가 제시되어 있다. 대부분 집단 치료로서, 14개 중 8개는 무선 통제연구이고, 9개는 학술지에 게재된 논문이며, 3개는 학위논문이다. 이 연구들 중 7개는 캐나다, 중국, 칠레, 프랑스, 이란, 미국의 지역 표본을 대상으로 우울, 불안, 경계선 성격장애, 정신증, 니코틴 의존을 비롯한 임상 문제에 개입한 것이다. 이들 중 방법론적으로 가장 엄격한 PPT 연구는 런던 정신의학 연구소에서 실시한 것이다. 이 무선 연구에서는 수정 버전인 WELLFOCUS PPT를 통상 치료와 비교하였다(Riches et al., 2015). 그 결과 통상 치료에 비해 PPT 집단은 우울증상의 유의한 개선을 보였다. 안녕감의 경우 PPT 관련 척도에서 변화가 관찰되었으나, 두 번째 척도에서는 그렇지 않았다(Schrank et al., 2015). 〈표 22-4〉에 제시된 14개 연구 중에서 2개의 무선통제실험을

---

2) 역자 주: 판글로스(Pangloss)는 볼테르의 꽁트에 나오는 매우 낙천적인 등장인물을 말한다.

포함한 4개의 연구에서는 PPT를 DBT와 CBT라는 2개의 유효한 매뉴얼 치료와 직접적으로 비교하였다. 전반적으로 이 모든 연구에서 PPT는 통제 조건 또는 치료 전 점수에 비해 치료 후 결과 측정치에서 고통 증상을 유의하게 감소시키고 안녕감을 향상시켰으며, 중간에서 높은 수준의 효과크기를 보였다(효과크기 참조, Rashid, 2015). CBT 또는 DBT와 같은 다른 치료에 비해 PPT는 특히 안녕감 측정치에서 이와 동등하거나 그 이상의 효과를 보였다(예: Asgharipoor et al., 2010; Cuadra-Peralta et al., 2010). 이들 연구를 검토할 때 중요하게 유의할 사항은 표본크기가 작다는 점이다.

14개 연구들의 결과는 긍정 개입을 다룬 2개의 메타분석 결과와 일치한다. 51개의 긍정 개입에 대해 처음으로 메타분석을 실시한 Sin과 Lyubomirsky(2009)에 따르면, 긍정 개입은 우울증상을 유의하게 감소(mean r =.31)시키고 안녕감을 향상(mean r =.29)시키는 데 효과적이었으며, 효과크기는 중간 수준으로 나타났다. PPT를 포함한 긍정 개입을 통해 긍정이 증상을 경감시키고 안녕을 증진시킬 수 있다는 사실이 입증되고 있다. 두 번째로 학술지에 게재된 총 6,139명의 참여자와 39개의 무선 연구를 검토한 Bolier와 동료들(2013)의 메타분석 연구에 따르면, 우울 감소에 대한 긍정 개입의 효과크기는 작았으나(mean r =.23), 안녕감 향상의 효과크기는 중간 수준으로 나타났다(mean r =.34). 임상 집단을 대상으로 보다 구조적이고 매뉴얼화된 단계적 PPT와 비교해 볼 때, 긍정 개입은 심리장애의 위험성을 예방하거나 완화할 수 있는 안녕감 증진 전략으로서 비임상 집단에 유용한 것으로 보인다. 체계적인 분석을 통해 Hone, Jarden, 그리고 Schhofield(2015)는 40개 긍정심리학 개입의 효과성을 접근, 실행, 수용의 핵심 성과 측면에서 검토하였다. 그 결과, 긍정 개입의 73%는 효능 점수를, 84%는 채택 점수를, 58%는 실행 점수를 획득한 것으로 나타났다.

PPT의 경험적 근거도 중요하지만, 패키지 치료, 단독 개입, 기존 치료와의 통합 형태로 PPT를 실시할 때 PPT 훈련 활동의 사례연구, 삽화, 실례의 목록을 정하는 것이 필수적이다. 이것은 임상가가 PPT의 일상 적용을 이해하는 데 도움이 될 것이다. 이와 관련하여 개발된 내용은 주목할 만하다. 2009년 임상심리학 학술지(*Journal of Clinical Psychology*) 5월호는 많은 사례연구들을 통해 임상 장애에 관한 긍정 개입을 전적으로 조명한 바 있다. George Burns(2010)는 긍정심리학을 대표하는 임상가들이 집필한 27장의 사례집을 편찬하였다. 각 장은 고통스러워하는 내담자를 대상으로 한 PPT 활동을 비롯해 긍정심리학의 임상 적용에 관하여 풍부한 사례 예시를 제공한다. 대부분의 장에는 단계별 전략들이 제시되어 있다. 매뉴얼이 있는 패키지 치료 외에도 단독 긍정 개입이 특정 임상 조건에 효과적인지 검증되었다. 가령 우울증상 회복에서의 감사(Wood, Maltby, Gillett, Linley, & Joseph,

2008), 우울에서 최상의 가능한 자기(best possible self) 및 세 가지 좋은 일(Pietrowsky & Mikutta, 2012), 외상후 스트레스장애 치료로서 희망(Gilman, Schumm, & Chard, 2012), 심리 치료에서 영성과 의미의 치료적 역할(Steger & Shin, 2010), 약물 남용을 치료하기 위한 긍 정심리학 개입(Aktar & Boniwell, 2010), 조현병 증상의 치료에서 긍정 정서의 함양(Johnson, Pen, Fredrickson, Meyer, Kring, & Brantley, 2009), 분노를 천천히 놓아 주는 방법으로서 용 서(Harris et al., 2006)를 들 수 있다. 전통적인 임상작업을 보완하고 보충하는 긍정 개입의 역할도 모색되고 있다(예: Fava & Ruini, 2003; Frisch, 2006; Karwoski, Garratt, & Ilardi, 2006; Harris, Thoresen, & Lopez, 2007; Ruini & Fava, 2009; Moeenizadeh & Salagame, 2010). 특정 임상 조건과 강점 및 안녕감 간의 관계도 탐색되고 있는데, 창의성과 양극성 장애(Murray & Johnson, 2010), 긍정심리학과 뇌 손상(Evans, 2011), 긍정 정서와 사회 불안(Kashdan, Julian, Merritt, & Uswatte, 2006), 사회적 관계와 우울(Oksanen, Kouvonen, Vahtera, Virtanen, & Kivimäki, 2010), 안녕감의 다양한 측면과 정신증(Schrank, Bird, Tylee, Coggins, Rashid, & Slade, 2013), 긍정심리학과 전쟁 외상(Al-Krenawi, Elbedour, Parsons, Onwuegbuzie, Bart, & Fer, 2011), 학교기반 긍정심리학 개입(Waters, 2011), 신경과학(Kapur et al., 2013), 성격 강점과 안녕감(Niemiec, Rashid, & Spinella, 2012)을 들 수 있다. 또한 많은 온라인 연구에 서 PPT 기반 개입을 효과적으로 사용하여 유망한 결과를 얻었다(예: Mitchell, Stanimirovic, Klein, & Vella-Brodrick, 2009; Parks, Della Porta, Pierce, Zilca, & Lyubomirsky, 2012; Schueller & Parks, 2012). 이것은 예방 전략으로서 비임상 집단에게 정신건강 서비스를 제공하는 비 교적 경제적인 방식이 될 수 있다.

심리치료자가 임상 실무에 긍정 개입을 통합하도록 돕기 위해, 몇 권의 저서들도 출판되 었다(예: Linley & Joseph, 2004; Joseph & Linley, 2006; Conoley & Conoley, 2009; Magyar-Moe, 2009; Levak, Siegel, Nichols, 2011; Bennink, 2012; Proctor & Linley, 2013). 임상 실무에서 강 점 통합에 관한 이론적 접근 및 다양한 응용 장면에서 긍정심리학과 강점의 적용을 탐색한 논문들도 학술지에 게재되었다(예: Lent, 2004; Smith, 2006; Dick-Niederhauser, 2009; Slade, 2010; Wong, 2012). 결과 측정치로서 PPT의 구체적인 핵심 요소를 평가하는 긍정심리치료 척도(PPTI)는 긍정 정서, 몰입, 의미, 관계로 구성되어 있는데, 최근 개정판의 타당화 연구 가 이루어졌다(Rashid, 2008; Guney, 2011; Bertisch et al., 2014).

개입의 효능 또는 효과성을 확정하기 위해서는 공개 연구부터 사례 보고, 통제 예비 연 구, 다장면 연구(multi-site studies)에 이르는 수십 년의 연구가 강구된다. PPT의 효과를 입 증하기 위한 긴 여정이 시작되었으며, 변화 기제를 발견하고 확인하는 일이 여전히 필요하 다. PPT는 치료의 구체적인 측면, 가령 변화 기제라든지 증상 초점적 접근에 더해 증분 효과가 있는지와 같은 정교한 질문에 답해야 한다. 머지않아 종단적이고 다중-기법(예: 실험 표집, 생리학 및 신경학적 지표) 연구 설계가 특정 장애에 관한 PPT 효과를 밝혀 나갈 것이다. 특히 임상 장면에서 안녕감의 인식론에 대한 지식이 부족하다. 이러한 질문은 보다 엄격하고 명확하며 치밀한 연구들을 통해 해결될 것이라 기대한다.

〈표 22-4〉 긍정심리치료: 연구 요약

저자 및 출판 상태	개입 설명 & 표본 특성	주요 결과 측정치	핵심 결과들
무선임상실험(RCTs)			
1. Seligman, Rashid, & Parks (2006), 개재	개인 PPT(N=11), 12~14회기, 주요우울장애(MDD) 진단받은 내담자, 통상 치료(TAU; N=9) 및 통상 치료와 약물치료 병행(TAUMED; N=12) 조건과 비교하였음. 내담자는 미국 대학 상담센터에 심리료를 받으러 온 학부생과 대학원생들이었음.	우울(ZDRS & Hamilton), 전반적인 정신과 문제(OQ-45), 삶의 만족도(SWLS), 안녕감(PPTI)	PPT를 완료한 내담자들은 우울, 전반적인 정신과 문제, 안녕감 측정치에서 유의하게 좋은 점수를 보였음.
2. Seligman, Rashid, & Parks (2006), 개재	집단 PPT(N=21), 6회기, 경도에서 중등도 우울증상을 겪고 있는 대학 상담센터 내담자, 무처치 통제집단(N=21)과 비교	우울(BDI-II), 삶의 만족도(SWLS)	PPT는 치료 직후, 치료 후 3개월, 6개월, 12개월 우울 측정치에서 개선되는 효과를 보였으며, 변화율은 통제집단에 비해 유의하게 있음.
3. Parks-Schiener (2009), 학위논문	개인(N=52), 온라인상에서 6개의 PPT 활동을 완료, 무처치 통제집단(N=69)과 비교	우울(CES-D), 삶의 만족도(SWLS), 긍정 정서 및 부정 정서(PANAS)	PPT 활동을 완료한 개인은 치료 직후, 치료 후 3개월과 6개월에 유의하게 낮은 우울을 보고하였음.
4. Lu, Wang, & Liu (2013), 개재	집단 PPT(N=16), 매주 2시간 16회기, 중국 대학생, 무처치 통제집단(N=18)과 비교하였음. 상황 문제에 대처할 때 긍정 정서가 미주신경 긴장도에 미치는 영향을 탐색하였음.	긍정 정서 및 부정 정서(PANAS), 호흡 동성 부정맥(RSA)	PPT를 완료한 참여자들은 유의하게 낮은 우울과 부정 정서 및 높은 긍정 정서를 보고하였음.
5. Rashid et al. (2013), 개재	집단 PPT(N=9), 8회기, 캐나다 공립학교 6학년과 7학년 학생, 무처치 통제집단(N=9)과 비교	사회 기술(SSRS), 학생 만족도(SLSS), 안녕감(PPTI-C), 우울(CES-D)	참여자들은 부모와 교사 평정에서 사회 기술이 향상된 것으로 나타났음.
6. Reinsch, C. (2012), 논문	집단 PPT(N=9), 캐나다 근로자 지원 프로그램을 통해 심리치료를 받으려는 성인, 무처치 통제집단(N=9)과 비교	우울(CES-D), 안녕감(PPTI)	통제집단에 비해 치료집단의 우울이 45% 유의하게 감소하였음. 치료효과는 치료 후 1개월까지 지속되었음.

연구	설명	측정치	결과
7. Rashid & Uliaszek (2013), 발표	집단 PPT(N=6), 캐나다 대학 상담센터에 치료를 받으러 온 학부생들로서 정제된 성격장애 증상이 있는 것으로 진단되었음. 변증법적 행동치료(DBT)(N=10)와 비교	우울(SCID), 정신과 증상(SCL-90), 정서조절(DER), 안녕감(PPTI), 마음챙김(KIMS), 삶의 만족도(SWLS), 고통감내력(DTS)	PPT와 DBT 참여자 모두 우울, 불안, 정서조절 곤란, 마음챙김, 안녕감, 삶의 만족, 특히 측정치에서 유의한 증진을 보였음. 하지만 고통감내력에서는 두 치지가 유의하게 달랐는데, DBT가 유의하게 많은 향상을 보였음.
8. Asharipoor et al. (2012), 개재	집단 PPT(N=9), 12주, 이란 병원 구속 심리치료센터에 치료를 받으러 온 지역사회 성인들로서 주요우울장애로 진단을 받았음. 인지행동치료(CBT)와 비교	우울(BDI-II & SCID), 행복(OTS), 삶의 만족도(SWLS), 심리적 안녕감(SWS)	치지 후 PPT 집단은 유의하게 높은 행복 수준을 보인 반면, 우울 측정치에서는 두 치지 간에 차이가 관찰되지 않았음.
9. Brownwell et al. (2014), 개재	집단 PPT(N=94), 11회기, 정신증 진단을 받은 환자들로서 영국 전담 무선통제실험(ISRCTN04199273)에서 통상 치료와 비교하였음. 결과 보고서는 제출된 상태이며, 37명의 내담자로부터 얻은 질적 자료는 여기에 언급된 연구에 포함되었음.	안녕감(Warwick-Edinburgh MEntal Well-Being Scale), 정신과 증상(Brief Psychiatric Rating Scale)	PPT 활동을 완료한 참가자들은 치지 후 면담에서 PPT 활동이 매우 유익했으며, 특히 향유, 체험, 강점의 확인과 개발, 용서, 감사가 그러하다고 보고하였음.
비-무선			
10. Cuadra-Peralta et al. (2012), 개재	집단 PPT(N=8), 9회기, 우울 진단받은 내담자, 칠레 지역사회센터에서 행동치료와 비교하였음.	우울(BDI-II & CES-D), 행복(AHI)	행동치료에 비해 PPT는 행복의 유의한 증가 및 우울증상의 유의한 감소를 보였음.
11. Bay & Callidiac (2012), 발표	집단 PPT(N=10), 인지행동치료(N=8)와 비교하였음.	우울(BDI-단축형), 우울과 불안(HADS), 행복(SHS), 정서 질문지(EQ-I), 삶의 만족도(SWLS), 긍정 정서 및 부정 정서(PANAS)	PPT는 CBT와 약물치료 집단에 비해 우울, 낙관성, 정서지능, 안녕감 측정치에서 더 좋은 점수를 보였음.
12. Meyer, Johnson, Parks, Iwanski, & Penn (2012), 개재	집단 PPT, 10회기, 현재 조현병이나 조현정동장애에 진단을 받은 경우, 병원과 지역사회 정신건강센터에서 모집된 두 집단과 비교하였음.	심리적 안녕감(SWS), 심리적 안녕감(SBI), 희망(DHS), 회복(RAS), 증상(BSI), 사회 기능(SFS)	치지 후 PPT는 우울, 행복, 삶의 만족도, 낙관성 측정치에서 더 좋은 점수를 보였음. 대체로 PPT와 CBT는 약물치료 집단에 비해 더 좋은 점수를 보였음.

13. Kahler et al. (2014), 관계	개인 PPT(N=19), 8회기, 지역의료센터, 금연 상담 및 니코틴 패치가 포함됨.	우울(SCID & CES-D), 니코틴 의존(FTND), 긍정 정서 및 부정 정서(PANAS), 내담자 만족도(CSQ-8)	PPT 활동을 완료한 대다수 참가자들의 회기 참석률과 만족도가 높았음. 표집의 약 1/3(31.6%)은 6개월 동안 금연이 지속되는 결과를 보였음.
14. Goodwin (2010), 하위논문	집단 PPT(N=11), 10회기, 처치 전과 처치 후 설계, 지역사회센터에서 불안과 스트레스 수준이 높은 개인을 대상으로 실시함. 훈련 클리니어의 지역표본을 대상으로 처치가 관계 만족도를 증진시키는지 연구함.	불안(BAI), 스트레스(PSS), 관계 적응(DAS)	지각된 스트레스의 감소를 경험한 개인은 전반적인 관계 기능에서 유의한 향상을 보였음. 마찬가지로 불안 감소를 경험한 참여자들은 처치 후 관계 수준에서 유의한 증가를 보인 반면, 관계 만족도의 변화는 관찰되지 않았음.

결과 측정치(일괄)벳순): BDI-II(Beck Depression Inventory-II: 벡 우울 척도 2판)(Beck, Steer, & Brown, 1996); BDI-SF(Beck Depression Inventory-II Short Form: 벡 우울 척도 2판-단축형)(Chibnall & Tait, 1994); BAI(Beck Anxiety Inventory: 벡 불안 척도)(Beck, Epstein, & Steer, 1988); BSI(Brief Symptom Inventory: 단축형 증상 척도)(Derogatis, 1993); CES-D(Centre for Epidemiological Studies for Depression: 역학연구센터 우울 척도)(Radloff, 1977); CDI(Children Depression Inventory: 아동 우울 척도)(Kovacs, 1992); CSQ-8(Client Satisfaction Questionnaire: 이용자 만족도 척도)(Larsen, Atkisson, Hargreaves, & Nguyen, 1979); DERS(Difficulties in Emotion Regulation: 정서조절 곤란 척도)(Gratz & Roemer, 2004); DTS(Distress Tolerance Scale: 고통감내력 척도)(Simons & Gaher, 2005); DAS(Dyadic Adjustment Scale: 부부 적응 척도)(Spanier, 1976); EQ-I(Emotional Quotient Inventory: 정서지능 척도)(Dawda & Hart, 2000); FTND(Fagerstrom Test for Nicotine Dependence: 파거스트롬 니코틴 의존도 검사)(Heatherton, Kozlowski, Frecker, & Fagerström, 1991); HRSD(Hamilton Rating Scale for Depression: 해밀턴 우울평가 척도)(Hamilton, 1960); HADS(Hospital Ansiety and Depression Scale: 병원 불안-우울 척도)(Bjelland, Dahl, Haug, & Neckelmann, 2002); KIMS(Kentucky Inventory of Mindfulness Skills: 켄터키 마음챙김 기술 척도)(Baer, Smith, & Allen, 2004); OTS(Orientation to Happiness: 행복추구 경향 척도)(Peterson, Park, & Seligman, 2005); LOT-R(Life Orientation Test-Revised: 삶의 지향성 검사 개정판)(Scheier, Carver, & Bridges, 1994); OQ-45(Outcome Questionnaire-45: 상담성과 척도)(Lambert et al., 1996); PANAS(Positive and Negative Affective Scale: 긍정 정서 및 부정 정서 척도)(Watson Clark, & Tellegen, 1988); PPTI(Positive Psychotherapy Inventory: 긍정심리치료 척도)(Rashid, 2005); PPTI-C(Positive Psychotherapy Inventory-Children's Version: 아동용 긍정심리치료 척도)(Rashid & Anjum, 2008); RAS(Recovery Assessment Scale: 회복평가 척도)(Corrigan, Salzer, Ralph, Sangster, & Keck, 2004); RSA(Respiratory sinus arrhythmia: 호흡 동성 부정맥, 호흡 관련 심박률의 변화 정도 측정)(Berntson et al., 1997); SBI(Savoring Beliefs Inventory: 향유 신념 척도)(Bryant, 2003); SWB(Scales of Well-Being: 안녕감 척도)(Ryff, 1989); SSRS(Social Skills Rating System: 사회기술 평정 척도)(Gresham & Elliot, 1990); SCID(Structured Clinical Interview for DSM-IV-Axis I: 구조화 임상면담 도구I)(First, Pitzer, Gibbon, & Williams, 2007); SLSS(Students' Life Satisfaction Scale: 학생용 삶의 만족도 척도)(Huebner, 1991); SFS(Social Functional Scale: 사회기능 척도)(Birchwood, Smith, Cochrane, & Wetton, 1990); VIA-Youth(Values in Action: 청소년용 성격강점검사)(Park & Peterson, 2006); ZSRS(Zung Self-Rating Depression Scale: Zung 자기평가 우울 척도)(Zung, 1965).

참고문헌

Al-Krenawi, A., Elbedour, S., Parsons, J. E., Onwuegbuzie, A. J., Bart, W. M., & Ferguson, A. (2011). Trauma and war: Positive psychology/strengths approach. *Arab Journal of Psychiatry*, *22*, 103-112.

Akhtar, M. & Boniwell, I. (2010). Applying positive psychology to alcohol misusing: A group intervention. *Groupwork*, *20*, 7-23.

Alberini, C. M. & Ledoux, J. E. (2013). Memory reconsolidation. *Current Biology*, *23*, R746-50. doi.10.1016/j.cub.2013.06.046.

American Psychiatric Association (2013). *Diagnostic and Statistical Manual of Mental Disorders (DSM-5)* (5th edn.). Arlington, VA: American Psychiatric Association.

Asgharipoor, N., Farid, A. A., Arshadi, H., & Sahebi, A. (2010). A comparative study on the effectiveness of positive psychotherapy and group cognitive-behavioral therapy for the patients suffering from major depressive disorder. *Iranian Journal of Psychiatry and Behavioral Sciences*, *6*, 33-41.

Ayduk, Ö. & Kross, E. (2010). From a distance: Implications of spontaneous self-distancing for adaptive self-reflection. *Journal of Personality and Social Psychology*, *98*, 809-829. doi.10.1037/a0019205.

Baer, R. A., Smith, G. T., & Allen, K. B. (2004). Assessment of mindfulness by self-report: The Kentucky inventory of mindfulness skills. *Assessment*, *11*, 191-206.

Baumeister, R. F., Bratslavsky, E., Finkenauer, C., & Vohs, K. D. (2001). Bad is stronger than good. *Review of General Psychology*, *5*, 323-370. doi.10.1037/1089-2680.5.4.323.

Bay, M. & Csillic, A. (2012). *Comparing Positive Psychotherapy with cognitive behavioral therapy in treating depression.* Unpublished manuscript. Universite Paris Ouest Nanterre la Defense, Paris.

Beck, A. T., Steer, R. A., & Brown, G. K. (1996). BDI-II. *Beck Depression Inventory: Manual* (2nd edn.). Boston, MA: Harcourt Brace.

Beck A. T., Epstein N., Brown, G., & Steer R. A. (1988). An inventory for measuring clinical anxiety: Psychometric properties. *Journal of Consulting and Clinical Psychology*, *56*, 893-897.

Bennink, F. (2012). *Practicing Positive CBT: From reducing distress to building success.* Hoboken. NJ: John Wiley.

Bertisch, H., Rath, J., Long, C., Ashman, T., & Rashid, T. (2014). Positive psychology in rehabilitation medicine: A brief report. *NeuroRehabilitation*. doi.10.3233/NRE-141059.

Birchwood, M., Smith, J., Cochrane, R., & Wetton, S. (1990). The social functioning scale: The development and validation of a new scale of social adjustment for use in family intervention programmes with schizophrenic patients. *British Journal of Psychiatry*, *157*, 853-859.

Biswas-Diener, R., Kashdan, T. K., & Minhas, G. (2011). A dynamic approach to psychological strength development and intervention, *Journal of Positive Psychology*, *6*(2), 106-118.

Bjelland, I., Dahl, A. A., Haug, T. T., & Neckelmann, D. (2002). The validity of the Hospital Anxiety and Depression Scale. An updated literature review. *Journal of Psychosomatic Research*, *52*, 69-77.

Boisvert, C. M. & Faust, D. (2003). Leading researchers' consensus on psychotherapy research findings: Implications for the teaching and conduct of psychotherapy. *Professional Psychology: Research and Practice*, *34*, 508-513.

Bolier, L., Haverman, M., Westerhof, G., Riper, H., Smit, F., & Bohlmeijer, E. (2013). Positive psychology interventions: a meta-analysis of randomized controlled studies. *BMC Public Health*, *13*, 119.

Bonanno, G. A. & Mancini, A. D. (2012). Beyond resilience and PTSD: Mapping the heterogeneity of responses to potential trauma. *Psychological Trauma: Theory, Research, Practice, and Policy*, *4*(1), 74-83. doi.10.1037/a0017829.

Bryant, F. B. (2003). Savoring Beliefs Inventory (SBI): A scale for measuring beliefs about savouring. *Journal of Mental Health*, *12*, 175-196.

Bryant, F. B. & Veroff, J. (2007). *Savoring: a new model of positive experience*. Mahwah, NJ: Lawrence Erlbaum.

Burns, G. W. (Ed.). (2010). *Happiness, healing and enhancement*. Chichester: Wiley-Blackwell.

Calhoun, L. G. & Tedeschi, R. G. (Eds.). (2006). *Handbook of posttraumatic growth: Research and practice*. Mahwah, NJ: Lawrence Erlbaum.

Castonguay, L. G. (2013). Psychotherapy outcome: An issue worth re-revisiting 50 years later. *Psychotherapy*, *50*(1), 52-67. doi.10.1037/a0030898.

Cheavens, J. S., Strunk, D. S., Lazarus, S. A., & Goldstein, L. A. (2012). The compensation and capitalization models: A test of two approaches to individualizing the treatment of depression. *Behaviour Research and Therapy*, *50*, 699-706.

Chibnall, J. T. & Tait, R. C. (1994). The short form of the beck depression inventory: Validity issues with chronic pain patients. *Clinical Journal of Pain*, *10*, 261-266.

Conoley, C. W. & Conoley, J. C. (2009). *Positive psychology and family therapy*. Hoboken, NJ: John Wiley.

Corrigan, P. (2004). How stigma interferes with mental health care. *American Psychologist*, *59*, 614-625.

Corrigan, P. W., Salzer, M., Ralph, R., Sangster, Y., & Keck, L. (2004). Examining the factor structure of the recovery assessment scale. *Schizophrenia Bulletin*, *30*, 1035-1041.

Coyne, J. C. & Tennen, H. (2010). Positive psychology in cancer care: Bad science, exaggerated claims, and unproven medicine. *Annals of Behavioral Medicine*, *39*, 16-26. doi.10.1007/s12160-009-9154-z.

Csikszentmihalyi, M. (1990). *Flow: The psychology of optimal experience*. New York: Harper Collins.

Cuadra-Peralta, A., Veloso-Besio, C., Pérez, M., & Zúñiga, M. (2010). Resultados de la psicoterapia positiva en pacientes con depresion (Positive psychotherapy results in patients with depression). *Terapia Psicologica*, *28*, 127-134. doi.doi:10.4067/S0718-48082010000100012.

Dawda, D. & Hart, S. D. (2000). Assessing emotional intelligence: Reliability and validity of the bar-on emotional quotient inventory (EQ-i) in university students. *Personality and Individual Differences*, *28*(4), 797-812.

Derogatis, L. R. (1993). *Brief symptom inventory (BSI): Administration, scoring, and procedures manual* (3rd ed.). Minneapolis, MN: National Computer Systems.

Dick-Niederhauser, A. (2009). Therapeutic change and the experience of joy: Toward a theory of curative processes. *Journal of Psychotherapy Integration*, *19*, 187-211.

Eichstaedt, J. C., Schwartz, H. A., Kern, M. L., Park, G., Labarthe, D. R., Merchant, R. M., Seligman, M. E. P., et al. (2015). Psychological language on Twitter predicts county-level heart disease mortality. *Psychological Science*. doi.10.1177/0956797614557867.

Enright, R. D. & Fitzgibbons, R. P. (2014). *Forgiveness therapy: An empirical guide for resolving anger and restoring hope*. Washington, DC: American Psychological Association.

Ehrenreich, B. (2009). *Bright-sided: How positive thinking is undermining America*. New York: Metropolitan Books.

Evans, J. (2011). Positive psychology and brain injury rehabilitation. *Brain Impairment*, *12*, 117-127. doi.10.1375/brim.12.2.117.

Fava, G. A. & Ruini, C. (2003). Development and characteristics of a well-being enhancing psychotherapeutic strategy: Well-being therapy. *Journal of Behavior Therapy and Experimental Psychiatry*, *34*(1), 45-63. doi.10.1016/S0005-7916(03)00019-3.

First, M. B., Spitzer, R. L., Gibbon, M., & Williams, J. (2007). *Structured Clinical Interview for DSM-IVTR Axis I Disorders, Research Version, Patient Edition (SCID-VP)*. New York: Biometrics Research, New York State Psychiatric Institute.

Fitzpatrick, M. R. & Stalikas, A. (2008). Integrating positive emotions into theory, research, and practice: A new challenge for psychotherapy. *Journal of Psychotherapy Integration*, *18*, 248-258.

Flückiger, C. & Grosse Holtforth, M. (2008). Focusing the therapist's attention on the patient's strengths: A preliminary study to foster a mechanism of change in outpatient psychotherapy. *Journal of Clinical Psychology*, *64*, 876-890.

Frankl, V. E. (1963). *Man's search for meaning: An introduction to logotherapy*. New York: Washington Square Press.

Fredrickson, B. L. (2001). The role of positive emotions in positive psychology. *American Psychologist*, *56*, 218-226.

Fredrickson, B. L., Grewen, K. M., Coffey, K. A., Algoe, S. B., Firestine, A. M., Arevalo, J. M. G., Cole, S. W., et al. (2013a). A functional genomic perspective on human well-being. *Proceedings of the National Academy of Sciences*, *110*(33), 13684-13689. doi.10.1073/pnas.1305419110.

Fink, J. E. (2014). Flourishing: Exploring predictors of mental health within the college environment. *Journal of American College Health*, *62*, 380-388. doi.org/10.1080/07448481.2014.917647.

Frisch, M. B. (2006). *Quality of life therapy: Applying a life satisfaction approach to positive psychology and cognitive therapy*. Hoboken, NJ: John Wiley.

Gable, S. L, Reis, H. T., Impett, E. A., & Asher, E. R. (2004). What do you do when things go right? The intrapersonal and interpersonal benefits of sharing positive events. *Journal of Personality and Social Psychology*, *87*, 228-245.

Garland, E. L. & Howard, M. O. (2009). Neuroplasticity, psychosocial genomics, and the biopsychosocial paradigm in the 21st century. *Health and Social Work*, *34*(3), 191-199.

Giannopoulos, V. L. & Vella-Brodrick, D. (2011). Effects of positive interventions and orientations to happiness on subjective well-being. *Journal of Positive Psychology*, *6*, 95-105. doi.http://dx.doi.org/10.1080/17439760.2010.545428.

Gilman, R., Schumm, J. A., & Chard, K. M. (2012). Hope as a change mechanism in the treatment of posttraumatic stress disorder. *Psychological Trauma: Theory, Research, Practice, and Policy*, *4*, 270-277. doi.10.1037/a0024252.

Gockel, A. (2010). The promise of mindfulness for clinical practice education. *Smith College Studies in Social Work*, *80*, 248-268. doi.10.1080/00377311003784184.

Graham, J. E., Lobel, M., Glass, P., & Lokshina, I. (2008). Effects of written constructive anger expression in chronic pain patients: Making meaning from pain. *Journal of Behavioral Medicine*, *31*, 201-212.

Gratz, K. L. & Roemer, L. (2004). Multidimensional assessment of emotion regulation and dysregulation: Development, factor structure, and initial validation of the difficulties in emotion regulation scale. *Journal of Psychopathology and Behavioral Assessment*, *26*, 41-54.

Gresham, F. M. & Elliot, S. N. (1990). *Social Skills Rating System Manual*. Circle Pines: American

Guidance Service.

Guney, S. (2011). The Positive Psychotherapy Inventory (PPTI): Reliability and validity study in Turkish population. *Social and Behavioral Sciences*, *29*, 81-86.

Hamilton, M. (1960). A rating scale for depression. *Journal of Neurology, Neurosurgery, and Psychiatry*, *23*, 56-62.

Harris, A. H. S., Luskin, F., Norman, S. B., Standard, S., Bruning, J., Evans, S., & Thoresen, C. E. (2006). Effects of a group forgiveness intervention on forgiveness, perceived stress, and trait-anger. *Journal of Clinical Psychology*, *62*, 715-33. doi.10.1002/jclp.20264.

Harris, A. S. H., Thoresen, C. E., & Lopez, S. J. (2007). Integrating positive psychology into counseling: Why and (when appropriate) how. *Journal of Counseling & Development*, *85*, 3-13.

Headey, B., Schupp, J., Tucci, I., & Wagner, G. G. (2010). Authentic happiness theory supported by impact of religion on life satisfaction: A longitudinal analysis with data for Germany. *Journal of Positive Psychology*, *5*, 73-82.

Heatherton, T. F., Kozlowski, L. T., Frecker, R. C., & Fagerstrom, K. (1991). The Fagerstrom test for nicotine dependence: A revision of the Fagerstrom tolerance questionnaire. *British Journal of Addiction*, *86*, 1119-1127. doi.org/10.1111/j.1360-0443.1991.tb01879.x.

Hertel, P. T. & McDaniel, L. (2010). The suppressive power of positive thinking: Aiding suppressioninduced forgetting in repressive coping. *Cognition and Emotion*, *24*, 1239-1249.

Hicks, J. A. & King, L. A. (2009). Meaning in life as a subjective judgment and lived experience. *Social and Personality Psychology Compass*, *3*, 638-658.

Hone, L, C,, Jarden, A., & Schofield, G. M. (2015). An evaluation of positive psychology intervention effectiveness trials using the re-aim framework: A practice-friendly review. *Journal of Positive Psychology*, *10*(4), 303-322. doi.10.1080/17439760.2014.965267.

Huebner, E. S. (1991). Initial development of the Students' Life Satisfaction Scale. *School Psychology International*, *12*, 231-243.

Huta, V. & Hawley, L. (2008). Psychological strengths and cognitive vulnerabilities: Are they two ends of the same continuum or do they have independent relationships with well-being and ill-being? *Journal of Happiness Studies*, *11*, 71-93. doi.10.1007/s10902-008-9123-4.

Jenaro, C., Flores, N., & Arias, B. (2007). Burnout and coping in human service practitioners. *Professional Psychology: Research and Practice*, *38*, 80-87. doi.10.1037/0735-7028.38.1.80.

Johnson, J., Wood, A. M., Gooding, P., Taylor, P. J., & Tarrier, N. (2011). Resilience to suicidality: The buffering hypothesis. *Clinical Psychology Review*. doi.10.1016/j.cpr.2010.12.007.

Johnson, D. P., Penn, D. L., Fredrickson, B. L., Meyer, P. S., Kring, A. M., & Brantley, M. (2009). Lovingkindness meditation to enhance recovery from negative symptoms of schizophrenia.

Journal of Clinical Psychology, *65*, 499-509. doi.10.1002/jclp.20591.

Joormann, J., Dkane, M., & Gotlib, I. H. (2006). Adaptive and maladaptive components of rumination? Diagnostic specificity and relation to depressive biases. *Behavior Therapy*, *37*, 269-280. doi.0.1016/j.beth.2006.01.002.

Joormann, J., Siemer, M., & Gotlib, I. H. (2007). Mood regulation in depression: Differential effects of distraction and recall of happy memories on sad mood. *Journal of Abnormal Psychology*, *116*(3), 484-490. doi.10.1037/0021-843X.116.3.484.

Joseph, S. & Linley, A. P. (2006). *Positive Therapy: A meta-theory for positive psychological practice*. New York: Routledge.

Kahler, C. W., Spillane, N. S., Day, A., Clerkin, E. M., Parks, A., Leventhal, A. M., & Brown, R. A. (2013). Positive psychotherapy for smoking cessation: Treatment development, feasibility, and preliminary results. *Journal of Positive Psychology*. doi. 10.1080/17439760.2013.826716.

Kapur, N., Cole, J., Manly, T., Viskontas, I., Ninteman, A., Hasher, L., & Pascual-Leone, A. (2013). Positive clinical neuroscience: Explorations in positive neurology. *The Neuroscientist*, *19*, 354-369. doi.org/10.1177/1073858412470976.

Kashdan, T. B., Julian, T., Merritt, K., & Uswatte, G. (2006). Social anxiety and posttraumatic stress in combat veterans: Relations to well-being and character strengths. *Behaviour Research and Therapy*, *44*, 561-583.

Kashdan, T. B. & Rottenberg, J. (2010). Psychological flexibility as a fundamental aspect of health. *Clinical Psychology Review*, *30*, 865-878.

Karwoski, L., Garratt, G. M., & Ilardi, S. S. (2006). On the integration of cognitive-behavioral therapy for depression and positive psychology. *Journal of Cognitive Psychotherapy*, *20*, 159-170.

Keyes, C. L. M. & Eduardo, J. S. (2012). To flourish or not: Level of positive mental health predicts ten-year all-cause mortality. *American Journal of Public Health*, *102*, 2164-2172.

Kovacs, M. (1992). *Children depression inventory: Manual*. New York: Multi Health Systems.

Lambert, M. J. (2010). *Prevention of treatment failure: The use of measuring, monitoring, and feedback in clinical practice*. Washington, DC: American Psychological Association.

Lambert, M. J., Burlingame, G. M., Umphress, V. J., Hansen, N. B., Vermeersch, D., Clouse, G., & Yanchar, S. (1996). The reliability and validity of the Outcome Questionnaire. *Clinical Psychology and Psychotherapy*, *3*,106-116.

Lamont, A. (2011). University students' strong experiences of music: Pleasure, engagement, and meaning. *Music and Emotion*, *15*, 229-249.

Larsen, D. L., Attkisson, C. C., Hargreaves, W. A., & Nguyen, T. D. (1979). Assessment of client/ patient satisfaction: Development of a general scale. *Evaluation and Program Planning*, *2*,

197-207. doi.org/10.1016/0149-7189(79)90094-6.

Lent, R. W. (2004). Towards a unifying theoretical and practical perspective on well-being and psychosocial adjustment. *Journal of Counseling Psychology, 5*, 482-509.

Levak, R. W., Siegel, L., & Nichols, S. N. (2011). *Therapeutic feedback with the MMPI-2: A positive psychology approach.* London: Taylor & Francis.

Leykin, Y. & DeRubeis, R. J. (2009). Allegiance in psychotherapy outcome research: Separating association from bias. *Clinical Psychology: Science and Practice, 16*, 54-65. doi.10.1111/j.1468-2850.2009.01143.x.

Lightsey, O. (2006). Resilience, meaning, and well-being. *The Counseling Psychologist, 34*, 96-107. doi.10.1177/0011000005282369.

Linley, P. A. & Joseph, S. (Eds.). (2004). *Positive Psychology in practice.* Hoboken, NJ: John Wiley.

Linley, P. A., Nielsen, K. M., Wood, A. M., Gillett, R., & Biswas-Diener, R. (2010). Using signature strengths in pursuit of goals: Effects on goal progress, need satisfaction, and well-being, and implications for coaching psychologists. *International Coaching Psychology Review, 5*, 8-17.

Lu, W., Wang, Z., & Liu, Y. (2013). A pilot study on changes of cardiac vagal tone in individuals with low trait positive affect: The effect of positive psychotherapy. *International Journal of Psychophysiology, 88*, 213-217. doi.10.1016/j.ijpsycho.2013.04.012.

Luyten, L., Boddez, Y., & Hermans, D. (2015). Positive appraisal style: The mental immune system? *Behavioral and Brain Sciences, 38*, e112. doi.10.1017/S0140525X14001629.

Lyubomirsky, S., Caldwell, N. D., & Nolen-Hoeksema, S. (1998). Effects of ruminative and distracting responses to depressed mood on retrieval of autobiographical memories. *Journal of Personality and Social Psychology, 75*, 166-177.

Lyubomirsky, S. & Layous, K. (2013). How do simple positive activities increase well-being? *Current Directions in Psychological Science, 22*, 57-62. doi.0.1177/0963721412469809.

Magyar-Moe, J. L. (2009). *Therapist's guide to positive psychological interventions.* New York: Elsevier Academic.

McKnight, P. E. & Kashdan, T. B. (2009). Purpose in life as a system that creates and sustains health and well-being: An integrative, testable theory. *Review of General Psychology, 13*, 242-251.

McNulty, J. K. & Fincham, F. D. (2012). Beyond positive psychology? Toward a contextual view of psychological process and well-being. *American Psychologist, 67*, 101-110.

Meyer, P. S., Johnson, D. P., Parks, A., Iwanski, C., & Penn, D. L. (2012). Positive living: A pilot study of group positive psychotherapy for people with schizophrenia. *Journal of Positive Psychology, 7*, 239-248. doi.10.1080/17439760.2012.677467.

Mitchell, J., Stanimirovic, R., Klein, B., & Vella-Brodrick, D. (2009). A randomised controlled trial of a self-guided internet intervention promoting well-being. *Computers in Human Behavior*, *25*, 749-760. doi.10.1016/j.chb.2009.02.003.

Moeenizadeh, M. & Salagame, K. K. K. (2010). Well-being therapy (WBT) for depression. *International Journal of Psychological Studies*, *2*, 107-115.

Mongrain, M. & Anselmo-Matthews, T. (2012). Do positive psychology exercises work? A replication of Seligman et al. (2005). *Journal of Clinical Psychology*, *68*, 382-389.

Murray, G. & Johnson, S. L. (2010). The clinical significance of creativity in bipolar disorder. *Clinical psychology Review*, *30*, 721-32. doi.10.1016/j.cpr.2010.05.006.

Niemiec, R. M., Rashid, T., & Spinella, M. (2012). Strong mindfulness: Integrating mindfulness and character strengths. *Journal of Mental Health Counseling*, *34*, 240-253.

Oksanen, T., Kouvonen, A., Vahtera, J., Virtanen, M., & Kivimaki, M. (2010). Prospective study of workplace social capital and depression: Are vertical and horizontal components equally important? *Journal of Epidemiology and Community Health*, *64*, 684-689. doi.10.1136/jech. 2008.086074.

Olfson, M. & Marcus, S. C. (2010). National trends in outpatient psychotherapy. *American Journal of Psychiatry*, *167*, 1456-1463.

Park, N. & Peterson, C. (2006). Values in action (VIA) inventory of character strengths for youth. *Adolescent & Family Health*, *4*, 35-40.

Parks, A., Della Porta, M., Pierce, R. S., Zilca, R., & Lyubomirsky, S. (2012). Pursuing happiness in everyday life: The characteristics and behaviors of online happiness seekers. *Emotion*, *12*, 1222-1234.

Parrott, W. G. (Ed.). (2014). *The positive side of negative emotions*. New York: Guilford.

Pedrotti, J. T. (2011). Broadening perspectives: Strategies to infuse multiculturalism into a positive psychology course. *Journal of Positive Psychology*, *6*(6), 506-513. doi.10.1080/17439760.201 1.634817.

Proctor, C. & Linley, A. (Eds.). (2013). *Research, applications, and interventions for children and adolescents: A positive psychology perspective*. New York: Springer.

Peterson, C. (2006). *A Primer in Positive Psychology*. New York: Oxford University Press.

Peterson, C. (2013). *Pursuing the good life: 100 reflections on positive psychology*. New York: Oxford University Press.

Peterson, C. & Seligman, M. E. P. (2004). *Character strengths and virtues: A handbook and classification*. Oxford and Washington, DC: Oxford University Press and American Psychological Association.

Peterson, C., Park, N., Seligman M. E. P. (2005). Orientations to happiness and life satisfaction: The full life versus the empty life. *Journal of Happiness Studies*, *6*, 25-41.

Pietrowsky, R. & Mikutta, J. (2012). Effects of positive psychology interventions in depressive patients: A randomized control study. *Psychology*, *3*, 1067-1073.

Radloff, L. (1977). The CES-D Scale. *Applied Psychological Measurement*, *1*, 385-401. doi.10.1177/014662167700100306.

Rashid, T. (2005). *Positive Psychotherapy Inventory (PPTI)*. Unpublished Manuscript, University of Pennsylvania.

Rashid, T. (2008). Positive psychotherapy. In: S. J. Lopez (Ed.), *Positive psychology, vol. 4: Exploring the best in people* (pp. 188-217). Westport, CT: Praeger.

Rashid, T. (2013). Positive psychology in practice: Positive psychotherapy. *The Oxford handbook of happiness* (pp. 978-993). New York: Oxford University Press.

Rashid, T. (2015). Positive psychotherapy: A strength-based approach. *Journal of Positive Psychology*, doi.10.1080/17439760.2014.920411.

Rashid, T. & Anjum, A. (2008). Positive psychotherapy for young adults and children. In: J. R. Z. Abela & B. L. Hankin (Eds.), *Depression in children and adolescents: Causes, treatment and prevention* (pp. 250-287). New York: Guilford Press.

Rashid, T. & Ostermann, R. F. O. (2009). Strength-based assessment in clinical practice. *Journal of Clinical Psychology*, *65*, 488-498.

Rashid, T. & Seligman, M. E. (in press). *Positive Psychotherapy: A manual*. Oxford: Oxford University Press.

Rashid, T. & Seligman, M. E. P. (2013). Positive psychotherapy. In: D. Wedding & R. J. Corsini (Eds.), *Current psychotherapies*. (pp. 461-498). Belmont, CA: Cengage.

Rashid, T., Anjum, A., Lennex, C., Quinlin, D., Niemiec, R., Mayerson, D., & Kazemi, F. (2013). In: C. Proctor & A. Linley (Eds.), *Research, applications, and interventions for children and adolescents: A positive psychology perspective*. New York: Springer.

Reinsch, C. (2012). *Adding science to the mix of business and pleasure: An exploratory study of positive psychology interventions with teachers accessing employee assistance counselling*. Master's thesis, University of Manitoba, Winnipeg, Manitoba, Canada.

Riches, S., Schrank, B., Rashid, T., & Slade, M. (2015). WELLFOCUS PPT: Modifying Positive Psychotherapy for psychosis. *Psychotherapy*. Advance online publication. doi.org/10.1037/pst0000013.

Rozin, P. & Royzman, E. (2001). Negativity bias, negativity dominance, and contagion. *Personality and Social Psychology Review*, *5*, 296-320.

Ruini, C. & Fava, G. A. (2009). Well-being therapy for generalized anxiety disorder. *Journal of Clinical Psychology*, *65*, 510-519.

Ryff, C. D. (1989). Happiness is everything, or is it? Explorations on the meaning of psychological well-being. *Journal of Personality and Social Psychology*, 57, 1069-1081.

Salerno, S. (2006). A very critical look at the self-help movement. A review of SHAM: How the self-help movement made America helpless. *Psyocritiques*, 51, 2.

Sandler, S. (2007). The reunion process: A new focus in short-term dynamic psychotherapy. *Psychotherapy*, 44, 121-36. doi.10.1037/0033-3204.44.2.121.

Scheel, M. J., Davis, C. K., & Henderson, J. D. (2012). Therapist use of client strengths: A qualitative study of Positive processes. *The Counseling Psychologist*, 41(3), 392-427. doi.10.1177/0011000012439427.

Scheier, M. F., Carver, C. S., & Bridges, M. W. (1994). Distinguishing optimism from neuroticism (and trait anxiety, self-mastery, and self-esteem): A reevaluation of the Life Orientation Test. *Journal of Personality and Social Psychology*, 67, 1063-1078. doi.10.1037/0022-3514.67.6.1063.

Schrank, B., Brownell, T., Jakaite, Z., Larkin, C., Pesola, F., Riches, S., Slade, M., et al. (2015). Evaluation of a positive psychotherapy group intervention for people with psychosis: Pilot randomised controlled trial. *Epidemiology and Psychiatric Sciences*, doi.10.1017/S2045796015000141.

Schrank, B., Bird, V., Tylee, A., Coggins, T., Rashid, T., & Slade, M. (2013). Conceptualising and measuring the well-being of people with psychosis: Systematic review and narrative synthesis. *Social Science and Medicine*, 92, 9-21. doi.10.1016/j.socscimed.2013.05.011.

Schueller, S. (2010). Preferences for positive psychology exercises. *Journal of Positive Psychology*, 5, 192-203.

Schueller, S. M. & Parks, A. C. (2012). Disseminating self-help: Positive psychology exercises in an online trial. *Journal of Medical Internet Research*, 14(3), e63. doi.10.2196/jmir.1850.

Schwartz, B. & Sharpe, K. E. (2006). Practical wisdom: Aristotle meets Positive Psychology. *Journal of Happiness Studies*, 7, 377-395.

Schwartz, B., Ward, A., Monterosso, J., Lyubomirsky, S., White, K., & Lehman, D. R. (2002). Maximizing versus satisficing: Happiness is a matter of choice. *Journal of Personality and Social Psychology*, 83, 1178-1197. doi.10.1037/0022-3514.83.5.1178.

Schwartz, R. M., Reynolds III, C. F., Thase, M. E., Frank, E., Fasiczka, A. L., & Haaga, D. A. F. (2002). Optimal and normal affect balance in psychotherapy of major depression: Evaluation of the balanced states of mind model. *Behavioral and Cognitive Psychotherapy*, 30, 439-450.

Seery, M. D., Holman, E. A., & Silver, R. C. (2010). Whatever does not kill us: Cumulative lifetime adversity, vulnerability, and resilience. *Journal of Personality and Social Psychology*, 99(6), 1025-1041. doi.10.1037/a0021344.

Seligman, M. E. P. (2002). *Authentic happiness: Using the new Positive Psychology to realize your potential for lasting fulfillment.* New York: Free Press.

Seligman, M. E. P. (2011). *Flourish: A visionary new understanding of happiness and well-being.* New York: Simon & Schuster.

Seligman, M. E. P., Steen, T. A., Park, N., & Peterson, C. (2005). Positive psychology progress: Empirical validation of interventions. *American Psychologist, 60,* 410-421.

Seligman, M. E., Rashid, T., & Parks, A. C. (2006). Positive psychotherapy. *American Psychologist, 61,* 774-788. doi.10.1037/0003-066X.61.8.774.

Seligman, M. E., Steen, T. A., Park, N., & Peterson, C. (2005). Positive psychology progress: empirical validation of interventions. *American Psychologist, 60,* 410-421. doi.10.1037/0003-066X.60.5.410.

Senf, K. & Liau, A. K. (2013). The effects of positive interventions on happiness and depressive symptoms, with an examination of personality as a moderator. *Journal of Happiness Studies, 14,* 591-612. doi.10.1007/s10902-012-9344-4.

Simons, J. S. & Gaher, R. M. (2005). The distress tolerance scale: Development and validation of a selfreport measure. *Motivation and Emotion, 29,* 83-102. doi.http://dx.doi.org/10.1007/s11031-005-7955-3.

Sin, N. L. & Lyubomirsky, S. (2009). Enhancing well-being and alleviating depressive symptoms with positive psychology interventions: A practice-friendly meta-analysis. *Journal of Clinical Psychology, 65,* 467-487. doi.10.1002/jclp.20593.

Sirgy, M. J. & Wu, J. (2009). The pleasant life, the engaged life, and the meaningful life: What about the balanced life? *Journal of Happiness Studies, 10,* 183-196.

Slade, M. (2010). Mental illness and well-being: The central importance of positive psychology and recovery approaches. *BMC Health Services Research, 10*(26).

Smith, E. J. (2006). The strength-based counseling model. *Counseling Psychologist, 34,* 13-79.

Smith, E. E. & Aaker, J. L. (2013). Millennial searchers, Sunday Review, *The New York Times,* November 30, 2013. Available at: http://www.nytimes.com/2013/12/01/opinion/sunday/millennialsearchers.html?_r=0, last accessed June 13, 2015.

Spanier, G. B. (1976). Measuring dyadic adjustment: New scales for assessing the quality of marriage and similar dyads. *Journal of Marriage and the Family, 38,* 15-28.

Steger, M. F. & Shin, J. Y. (2010). The relevance of the meaning in life questionnaire to therapeutic practice: A look at the initial evidence. *International Forum for Logotherapy, 33,* 95-104.

Stillman, T. F. & Baumeister, R. F. (2009). Uncertainty, belongingness, and four needs for meaning. *Psychological Inquiry, 20,* 249-251.

Valiunas, A. (2010). The science of self-help. *The New Atlantis.* Summer.

Van Dillen, L. F. & Koole, S. L. (2007). Clearing the mind: A working memory model of distraction from negative mood. *Emotion*, 7, 715-23. doi.10.1037/1528-3542.7.4.715.

Vandenberghe, L. & Silvestre, R. L. S. (2014). Therapists' positive emotions in-session: Where they come from and what they are good for. *Counselling and Psychotherapy Research*, *14*, 119-127.

Vella-Brodrick, D. A., Park, N., & Peterson, C. (2009). Three ways to be happy: Pleasure, engagement, and meaning: Findings from Australian and U.S. samples. *Social Indicators Research*, *90*, 165-179.

Uliaszek, A., Rashid, T., Williams, G., & Gulamani, T. (2016). Group therapy for university students: A randomized control trial of dialectical behavior therapy and positive psychotherapy. *Behaviour Research and Therapy*, *77*, 78-85.

Waters, L. (2011). A review of school-based positive psychology interventions. *Australian Educational and Developmental Psychologist*, *28*(2), 75-90. doi.org/10.1375/aedp.28.2.75.

Watson, D., Clark, L. A. & Tellegen, A. (1988). Development and validation of brief measures of positive and negative affect: The PANAS scales. *Journal of Personality and Social Psychology*, *54*, 1063-1070.

Williams, L. M., Gatt, J. M., Schofield, P. R., Olivieri, G., Peduto, A., & Gordon, E. (2009). Negativity bias in risk for depression and anxiety: Brain-body fear circuitry correlates, 5-HTT-LPR and early life stress. *NeuroImage*, *47*, 804-814. doi.http://dx.doi.org/10.1016/j.

Wong, W. J. (2012). Strength-centered therapy: A social constructionist, virtue-based psychotherapy. *Psychotherapy*, *43*, 133-146.

Wood, A. M. & Joseph, S. (2010). The absence of positive psychological (eudemonic) well-being as a risk factor for depression: a ten year cohort study. *Journal of Affective Disorders*, *122*, 213-217. doi.10.1016/j.jad.2009.06.032.

Wood, A. M., Maltby, J., Gillett, R., Linley, P. A., & Joseph, S. (2008). The role of gratitude in the development of social support, stress, and depression: Two longitudinal studies. *Journal of Research in Personality*, *42*, 854-871.

Worthington, E. L., Witvliet, C. V. O., Pietrini, P., & Miller, A. J. (2007). Forgiveness, health, and well-being: A review of evidence for emotional versus decisional forgiveness, *Journal of Behavioral Medicine*, *30*(4), 291-302. doi.10.1007/s10865-007-9105-8.

Wrzesniewski, A., McCauley, C., Rozin, P., & Schwartz, B. (1997). Jobs, careers, and callings: People's relations to their work. *Journal of Research in Personality*, *31*, 21-33.

Young, K. C., Kashdan, T. B., & Macatee, R. (2014). Strength balance and implicit strength measurement: New considerations for research on strengths of character. *Journal of Positive Psychology*, *2015*, 1-8. doi.10.1080/17439760.2014.920406.

Zung, W. W. K. (1965). A self-rating depression scale. *Archives of General Psychiatry*, *12*, 63-70.

제23장

정신건강 질환을 위한 긍정 활동 개입
기초 연구와 임상 적용

Lilian J. Shin & Sonja Lyubomirsky

새로운 접근의 필요성

21세기에는 정신건강이 정신장애가 없는 것과 긍정적인 심리적 자원이 있는 것, 두 가지 모두를 포함하는 것으로 점차 이해되고 있다. 따라서 우리는 정신장애들—특히 기분장애들—을 치료함에 있어 긍정심리과학이 중대한 역할을 할 것으로 기대한다. 세계적으로 2003년에는 1억 5천만 명 이상, 2012년에는 3억 5천만 명 이상의 사람들이 우울증을 겪는 것으로 보고되며 증가하는 추세에 있다[세계보건기구(WHO), 2003, 2012; Marcus, Yasamy, van Ommeren, Chisholm, & Saxena, 2012]. 17개 국가에서 실시한 세계정신건강조사에 의하면 평균적으로 대략 20명 중의 1명꼴로 지난해에 우울 삽화를 경험한 것으로 보고된다(Marcus et al., 2012). 미국에서는 성인 인구의 9.5%가 기분장애로 고통받고 있으며, 이들 중 45%는 '중증'으로 분류된다(Kessler, Chiu, Demler, & Walters, 2005).

기분장애의 유병률과 발병률이 높다고 해서 이 장애가 개인에게 큰 고통을 야기하지 않는다고 할 수는 없다. 우울장애는 종종 어린 나이에도 발병하며 일상적인 기능에 현저한 손상을 가져 오고, 흔히 만성적이며 재발한다. 이러한 이유로 우울장애는 '장애로 인해 건강하게 살지 못한 기간의 연수(total years lost due to disability)'의 측면에서 세계적으로 남녀 모두에게 주된 원인이 된다(Marcus et al., 2012). 매년 거의 백만 명이 자살로 생명을 잃고 있으며, 이는 하루에 3천 명이 자살로 죽는 것을 의미한다. 게다가 자살에 성공하는 한 명꼴로 자살을 시도하는 20명이 있다[Marcus et al., 2012; 약물 남용 및 정신건강청(SAMHSA), 2012].

비록 우울증을 위한 심리치료와 약물치료와 같은 인정받는 효과적인 치료들이 있지만, 우울증을 경험하는 사람들 중 세계적으로는 절반도 못 되게, 대부분의 지역에서는 1/3도 못 되게, 몇몇 국가에서는 10명 중 1명도 못 되게 치료를 받고 있다(WHO, 2003, 2012; Marcus et al., 2012). 이는 세계 대부분의 지역들에서 보고된 우울증 사례의 2/3가 치료를 받지 못하는 것을 의미한다. 선진국에서조차 우울한 많은 사람들이 정확하게 진단을 받지 못한다. 효과적인 도움을 받지 못하는 이유에는 금전적 자원의 부족, 전문가의 부족, 정신장애 관련 낙인 등이 있다(Marcus et al., 2012; SAMHSA, 2012; WHO, 2012).

치료를 받을 만한 경제적 여유가 없는 것이 필요한 정신건강 서비스를 받지 못하는 첫 번째 이유다(SAMHSA, 2012). 치료적 개입은 비싸다. 통상 세 번의 심리치료 회기에 200불이 소요되며, 미국심리학회에서 중등도에서 중증의 우울증을 위한 최적의 서비스로 제안한 항우울제 복용과 함께 최소 10회의 심리치료를 위해서는 1,200불이 소요된다(Watkins, Burnam, Orlando, Escarce, Huskamp, & Goldman, 2009). 게다가 경제적 자원이 부족한 이들이나 19~34세의 젊은 성인들과 같이 우울증의 고위험군들은 건강보험이 부족하기 쉽고, 치료를 받을 만한 여력도 부족하다(Wang, Schmitz, & Dewa, 2010; SAMHSA, 2012; Smith & Medalia, 2014).

아울러 연구들은 항우울제 치료는 효과가 제한적임을 보여 준다. 단일 항우울제의 치료 반응률은 대략 60~70%로 나타나며, 그 효과의 80% 이상은 위약효과로 설명된다(Kirsch, Moore, Scoboria, & Nicholls, 2002). '매우 심각한' 우울증 환자들에서는 투약과 위약 차이의 효과크기가 .20 이하로 미미했다(Fournier et al., 2010; Khin, Chen, Yang, Yang, & Laughren, 2011). 또한 치료효과가 나타나기까지 보통 4~8주가 걸렸으며(미국정신의학회, 2010), 대략 1/3의 환자들은 2~4번의 다른 약물치료 시행에도 불구하고 나아지지 않았다(Rush, 2007). 항우울제는 메스꺼움, 성기능장애, 체중 증가와 같은 부작용을 가져 올 수 있으며 이는 조기에 치료를 중단하게 할 수 있다(미국정신의학회, 2010). 결국 항우울제 치료를 받는 이들은 부정적인 사고 패턴과 행동에 빠지지 않도록 돕는 방략을 가르치는 인지행동치료를 받는 이들에 비해 재발하기 쉽다(Evans et al., 1992; Fava, Ruini, Rafanelli, Finos, Conti, & Grandi, 2004; Dobson et al., 2008).

우울을 완화하기 위해 긍정 활동 개입을 활용하는 이유

전통적인 약물치료와 심리치료에 더해 비용 면에서 효율적이며 효과가 있고, 그 효과가 빨리 나타나고 오래 지속되는 치료가 필요하다. 이 장에서 우리는 긍정 활동 개입들(positive activity interventions: PAIs)의 잠재적인 가능성에 대해 논의할 것이다. 긍정 활동 개입은 단순한 자조 인지행동 방략으로 긍정적인 감정, 사고, 행동들을 촉진함으로써 주관적 안녕감(즉, 행복)을 증진할 수 있다. 이러한 훈련들은 감사편지 쓰기(Seligman, Steen, Park, & Peterson, 2005; Boehm, Lyubomirsky, & Sheldon, 2011; Lyubomirsky, Dickerhoof, Boehm, & Sheldon, 2011; Layous, Lee, Choi, & Lyubomirsky, 2013a), 자신의 축복을 헤아리기(Emmons & McCullough, 2003; Lyubomirsky, Sheldon, & Schkade, 2005b; Seligman et al., 2005; Froh, Sefick, & Emmons, 2008; Chancellor, Layous, & Lyubomirsky, 2014), 낙관성 훈련(King, 2001; Sheldon & Lyubomirsky, 2006; Boehm et al., 2011; Lyubomirsky et al., 2011; Layous, Nelson, & Lyubomirsky, 2013b), 친절한 행동하기(Lyubomirsky et al., 2005b; Dunn, Aknin, & Norton, 2008; Layous, Nelson, Oberle, Schonert-Reichl, & Lyubomirsky, 2012; Sheldon, Boehm, & Lyubomirsky, 2012; Layous et al., 2013a; Nelson et al., 인쇄 중), 새로운 방식으로 강점 활용하기(Seligman et al., 2005), 자신의 가장 중요한 가치들을 확인하기(Nelson, Fuller, Choi, & Lyubomirsky, 2014), 자신과 타인에 대한 긍정적인 감정 명상하기(Fredrickson, Cohn, Coffey, Pek, & Finkel, 2008) 등을 포함한다.

전통적인 치료들은 부정적인 기분과 인지를 경감시키는 데 초점을 두고, 긍정적인 감정, 사고, 행동을 함양하는 데에는 관심을 덜 두었다(Seligman & Csikszentmihalyi, 2000). 하지만 부정 정서와 긍정 정서는 독립적인 구성개념이며(Watson & Tellegen, 1985), 부정적인 감정의 부재는 긍정적인 감정의 존재를 의미하지는 않는다. 우리는 긍정 활동 개입이 강점을 키우고 우울증을 특성짓는 긍정 정서, 참여, 삶의 의미의 결핍을 다루도록 하여 전통적인 약물치료와 심리치료를 보완할 수 있다고 제안한다. 역사적으로 전통적인 치료들은 우울증상들을 경감시키는 데 초점을 맞추어 왔으나, 대부분의 사람들은 우울해지지 않는 것뿐만 아니라 번영하고 행복해지기를 바란다.

긍정 활동 개입은 스스로 실행할 수도 있고, 집단이나 개인치료로 실시할 수도 있으므로 비용 면에서 매우 효율적일 수 있다. 대부분의 긍정 활동 개입은 자기반성(감사, 낙관성, 경험의 향유, 목표 설정)이나 현재 사회적 관계를 향상시키는 것 이상을 요구하지 않는다(Layous, Chancellor, Lyubomirsky, Wang, & Doraiswamy, 2011).

일부 증거들은 긍정 활동 개입이 빠르고 지속적으로 작동할 수 있음을 보여 준다. Seligman과 동료들(2005)의 연구는 경증의 우울을 경험하는 사람들이 일주일 이하의 긍정 활동 개입을 통해 우울증상의 유의미한 경감을 나타내었고 그 효과는 적어도 6개월 이상 지속됨을 보여 주었다. 반면 위약 집단 참가자들은 안녕감의 짧은 호전을 나타내었으나, 일주일 후에 우울의 정도가 다시 기저선으로 돌아왔다. 중증의 우울 환자들을 대상으로 하는 다른 연구에서는 긍정 활동 개입에 참여한 지 단 15일 만에 우울증상이 중증에서 경도 혹은 중등도 수준으로 경감되었다(Seligman, 2002).

4,266명이 참여한 51개의 긍정 활동 개입 연구들을 메타분석한 2009년 연구에서는 전반적으로 긍정 활동 개입이 통제집단에 비해 안녕감을 유의미하게 증진(평균 r[효과크기] = .29)시켰으며 우울증상을 경감(평균 r = .31)시켰다(Sin & Lyubomirsky, 2009). 보다 최근의 39개의 긍정 활동 개입에 대한 메타분석에서는 다소 효과크기가 줄어들었으나 유사한 결과를 보여 주었는데, 안녕감은 .34, 우울증상은 .23의 효과크기를 보여 주었다(Bolier, Haverman, Westerhof, Riper, Smit, & Bohlmeijer, 2013). 이러한 효과크기는 작거나 중간 정도로 긍정 활동 개입이 효과가 있을 뿐만 아니라, 안녕감을 증진시키고 우울증상을 감소시키는 데 잘 작용함을 보여 준다. 이러한 효과의 정도가 얼마나 실제로 유의미한지 파악하기 위해 매우 자주 인용되는 375개의 심리치료 연구들에 대한 메타분석(Smith & Glass, 1977)을 참고할 수 있다. 이 메타분석에서는 심리치료가 적응, 자존감과 같은 다양한 심리적 결과에서 r = .32의 평균 효과크기를 가짐을 보여 준다.

결국 긍정 활동 개입은 안녕감을 신뢰롭게 향상시키는 것뿐만 아니라, 긍정 정서를 증가시킴으로써 다른 긍정적인 결과들을 촉진할 수 있다. 긍정 정서의 가치는 단지 '기분 좋아짐'을 넘어선다. 긍정 정서는 삶의 다양한 영역에서 지속적인 긍정적 결과에 선행하고, 연관되며, 원인이 되기까지 한다. 이러한 긍정적 결과들에는 높은 결혼만족도, 향상된 사회적 관계, 우수한 직업적 수행, 높은 창의성 등이 포함된다(Lyubomirsky, King, & Diener, 2005a). 적절한 예로, 특히 우울증으로 손상되기 쉬운 건강 문제에 있어 긍정 정서의 유익을 들 수 있겠다. 긍정 정서는 부정 정서가 심혈관계에 미치는 악영향으로부터의 회복을 촉진시키고(Fredrickson & Levenson, 1998; Tugade & Fredrickson, 2004), 재발을 막아 주며(Fava & Ruini, 2003), 폭넓은 대처 기술들을 향상시킨다(Fredrickson & Joiner, 2002). Fredrickson(2001)의 확장–구축 이론(broaden-and-build theory)에 의하면, 긍정 정서는 사고를 확장시켜 새로운 생각과 행동(즉, 놀고 탐색하려는 욕구)과 오래 지속되는 개인적 자원(예: 지속적인 사회적 유대와 애착)의 구축으로 이끈다고 한다. 부정 정서상태의 특징인 좁은 주의(Gasper & Clore, 2002)와 행동 억제(Kasch, Rottenberg, Arnow, & Gotlib, 2002)와는 반대로, 긍정 정서는 더 큰 정서적 안녕감을 향한 상승 순환을 촉진한다(Fredrickson & Joiner, 2002).

우울하지 않은 사람들을 위한 긍정 활동 개입

긍정 활동 개입에 대한 대부분의 연구들은 우울하지 않은 비임상 집단을 대상으로 실시되었다. 앞에서 언급되었듯이 안녕감을 증진시킬 수 있는 긍정 활동 개입들은 다양하다. 그중에서도 감사, 친절, 낙관성 훈련 이 세 가지는 무선통제실험을 통해 가장 경험적으로 지지되는 개입들이다.

감사

자신의 주변 환경과 가까운 사람들에 대해 주의를 기울이고, 향유하며, 고마워하는 훈련인 감사는 매사를 당연한 것으로 여기지 않게 하고, 타인과의 유대를 강화하고, 힘들 때에 효과적인 대처 방략을 제공하여 안녕감을 촉진시킬 수 있다. 자주 인용되는 Emmons와 McCullough(2003)의 연구에서 참가자들은 다섯 가지의 감사 목록을 나열함으로써 '복을 헤아리도록' 지시된다. 이 활동에 10주 동안 참가한 사람들은 중립 통제집단에 비해 자신들의 삶 전체에 대해 더 좋게 느꼈고, 다음 주에 대해 보다 낙관적인 기대를 하였고, 보다 적은 신체 증상을 보고하였다. 게다가 신경근 질환을 가진 환자 집단에서도 복을 헤아리는 것이 보다 긍정적인 기분, 나은 수면, 높은 사회적 유대감을 가져다주었다.

이와 유사하게 6주의 연구에서도 복을 헤아리는 것이 안녕감을 증진시키는 것으로 나타났다. 그러나 빈도가 중요한 것으로 나타났는데, 일주일에 한 번씩 복을 헤아린 학생들이 일주일에 세 번씩 복을 헤아린 학생들보다 더 행복해진 것으로 나타났다(Lyubomirsky et al., 2005a). 엔지니어링 회사에 다니는 종사자들을 무선할당한 최근 연구에서는 직장에서 있었던 세 가지 긍정적인 사건들을 다시 세어 보거나 완성한 업무를 나열(통제집단)해 보도록 하였다(Chancellor et al., 2014). 긍정적인 사건들을 돌아본 종사자들이 통제집단에 비해서 더 큰 행복감뿐만 아니라 신체적인 향상도 보고하였다.

감사하기는 멘토, 친구, 가족에게 감사편지를 쓰도록 함으로써도 훈련될 수 있다. 유럽계와 아시아계 미국인들을 대상으로 한 종단연구에서, 감사를 전달한 모든 참가자들은 통제집단에 비해 삶의 만족도가 더 크게 증가되었으며 그 효과는 유럽계 미국인들에게서 가장 크게 나타났다(Boehm et al., 2011). 이와 유사하게 비교문화 연구에서 통제집단에 비해 미국인 참가자들이 한국인 참가자들보다 감사편지 쓰기를 통해 더 큰 효과를 나타내었다(Layous et al., 2013a). 이러한 결과들은 미국인 참가자들이 감사를 표현하기 위해 더 많은 노력과 헌신을 쏟은 것을 의미할 수도 있다. 예를 들어, 연구에 따르면 보다 높은 동기를 가진 학생들이 감사편지를 쓴 후에 안녕감이 상대적으로 더 크게 증가했다는 것을 보여 준다(Lyubomirsky et al., 2011). 게다가 감사편지에 더 많은 노력(독립적인 평가자들이 평정함)을 한 참가자들이 안녕감에 있어 더 큰 향상을 나타내었다.

친절

친절, 혹은 친사회적 행동은 안녕감과 관련이 있고 이를 촉진시키는 것으로 밝혀졌다. Otake와 동료들(2006)은 행복한 사람들이 친절하길 바랄 뿐만 아니라, 친절에 보다 익숙하며 친절한 태도로 행동할 가능성이 더 높음을 발견하였다. 또한 이 연구자들은 사람들이 단지 일주일 동안 '친절을 헤아림'으로도 더 행복해질 수 있음을 발견하였다. 즉, 자신들이 타인에게 베푼 친절한 행동들을 떠올려 보는 것이다. 친절한 행동들을 더 많이 회상할수록 더 큰 행복의 향상을 나타내었다. 타인을 돕는 사람들은 자신에 대해 좋게 느끼는 경향이 높았으며, 변화를 일으킬 수 있는 능력에 대해 더 큰 자신감을 보였다. 아울러 그들의 친사회적 행동은 더 좋은 대인관계를 형성하는 데 도움을 주고, 긍정 정서와 긍정적인 대인관계 상호작용의 상승 순환을 촉발하였다(Lyubomirsky, 2005a; Otake et al., 2006).

Lyubomirsky, Sheldon, 그리고 Schkade(2005a)의 개입 연구에서는, 학생들에게 6주 이상의 기간 동안 한 주에 다섯 가지의 친절행동을 (단지 회상하는 것이 아니라) 실천하도록 요청하였다. 그 결과 다섯 가지 친절행동들이 1주에 걸쳐서 나누어진 경우가 아니라 하루에 다 실천되었을 때, 친절 집단이 비교 집단에 비해 안녕감이 증가함을 보여 주었다. 비교문화 연구에서는 미국과 한국 학생들 모두 6주 이상 1주에 세 가지 친절행동들을 실천했을 때 안녕감이 증가함을 보고하였다(Layous et al., 2013a). 끝으로 이러한 결과는 아동들에게도 동일하게 나타났다. 현장연구에서 4~6학년(9~11세)들이 친절행동을 실천하였을 때, 안녕감만 증가하는 것이 아니라 또래 수용도 증가함을 보여 주었다(Layous et al., 2012).

낙관성

안녕감을 신뢰롭게 증가시킬 수 있는 다른 방법은 낙관적 사고를 훈련하는 것이다. 하나의 예는 자신의 미래에 있어 '최고의 가능한 모습(best possible selves)'을 시각화해 보는 것이다. King(2001)은 그의 선구적 연구에서 참가자들에게 하루에 한 번씩 다가올 4일에 대하여 "모든 일이 가능한 가장 좋게 지나가는 것을 상상해 보라"고 지시하고 이를 20분 동안 쓰게 하였다. 이 활동에 참여한 사람들은 트라우마에 대해 쓰거나, 트라우마와 최고의 가능한 모습 둘 다를 쓴 사람들에 비해서 긍정적인 기분이 더 촉진되는 것을 경험하였다. 또한 최고의 가능한 모습에 대해 쓴 사람들은 5개월 후에 상대적으로 더 건강함을 보고하였다. 보다 최근의 추적 연구에서는 인상적이게도 다가올 2일의 '최고의 가능한 모습'에 대해 2분만 쓰는 것으로도 유사한 효과를 보여 주었다(Burton & King, 2008).

　이러한 결과들은 4주간의 연구에서도 반복되었다. 최고의 가능한 모습에 대해 상상하고 쓴 참가자들이 다른 통제 훈련을 한 집단에 비해 긍정 정서에 대해 즉각적이고 지속적인 효과를 나타내었다(Sheldon & Lyubomirsky, 2006). 추적 연구에서 8주 이상 일주일에 15분간 최고의 가능한 모습에 대해 쓴 학생들(Lyubomirsky et al., 2011)과 6주 이상 일주일에 10분간 쓴 지역사회 성인들(Boehm et al., 2011) 모두에서 통제집단에 비해 안녕감의 상승을 나타내었다. 특히 실험집단과 통제집단의 안녕감 증가의 차이는 개입이 끝난 후 6개월과 1개월 각각에서 나타났다. 끝으로 4주 동안 일주일에 한 번씩 최고의 가능한 모습에 대해 학생들에게 쓰게 한 연구에서, 동료들의 설득력 있는 격려의 글을 읽은 참가자들이 중립적인 정보를 읽거나 다른 통제 과제를 한 경우보다 더 행복해진 것으로 나타났다. 이는 사회적 지지의 긍정적인 역할을 강조한다(Layous et al., 2013b).

　요약하면 감사, 친절, 낙관성의 훈련을 포함하는 긍정 활동 개입들은 다양한 비임상 집단들에 걸쳐서 안녕감을 신뢰롭게 증진시킴을 보여 준다.

우울한 사람들을 위한 긍정 활동 개입

　몇몇 연구들에서 임상적으로 우울한 개인들을 위한 긍정 활동 개입의 효과를 검증하였다. 예를 들어, Seligman과 동료들(2005)은 경도의 우울을 보이는 이들에게 감사편지를 쓰고 전달하게 하였을 때, 통제집단에 비해 행복감이 증진되고 우울증상이 감소하는 것을 발견하였다. 이 효과는 개입 후에 즉시 나타났고 한 달의 추후에도 나타났다. 같은 연구에서 자신의 고유 강점을 새로운 방식으로 활용하거나 자신의 삶에서 '세 가지 좋은 점들'을 찾아보게 한 참가자들은 통제집단에 비해서 행복감이 증진되고 우울증상이 감소되는 효과가 6개월까지 나타났다. 다른 실험에서는 심한 우울을 보이는 이들에게 2주간 매일 세 가지의 좋은 점들을 써 보게 하였을 때, 우울에 있어서 (중증 수준으로부터 경도에서 중등도의 수준으로의) 유의미한 개선을 나타내었다(Seligman, 2002).

　몇몇 연구들은 임상 집단을 위한 하나의 긍정 활동 개입(예: 친절의 훈련)의 효과를 살펴보았지만, 연구자들은 여러 개의 긍정 활동 개입들(예: 몇 주 과정의 친절 훈련, 행복한 순간 향유, 낙관적 사고)을 통합한 몇몇 치료 프로그램들을 개발하고 검증하기도 하였다. 이러한 프로그램들은 긍정심리치료(positive psychotherapy: PPT)와 웰빙 치료(well-being therapy: WBT)에 대한 선구적 연구들을 포함한다.

긍정심리치료에 대한 6주간의 연구에서 경도에서 중등도의 우울을 보이는 젊은 성인들은 집단 긍정심리치료에 참여하거나 비치료 통제조건에 할당되었다(Seligman, Rashid, & Parks, 2006). 긍정심리치료에는 매주 다양한 긍정 훈련들이 포함되었는데, 이에는 축복 헤아리기, 파트너에 대한 적극적이고 건설적인 반응 연습, 강점 활용, 감사편지 쓰기, 매일 향유하기 활동 등이 있다. 주당 2시간의 회기 동안, 참가자들은 집단 토론에 참여하고, 긍정 훈련을 실시하는 방법에 대한 지도를 받고, 과제를 부여받게 된다. 집단 긍정심리치료는 우울증상을 경감하고 삶의 만족도를 증진시키는 데 있어 실제로 효과가 있었다. 우울을 경감시키는 지속적인 결과는 인상적이었는데, 평균적으로 긍정심리치료 참가자들은 1년이 지날 때까지도 보다 낮은 우울을 보고하였다. 반면에 통제집단의 경우에는 경도에서 중등도의 우울을 계속 보고하였다.

긍정심리치료와 우울증을 위한 전통적인 치료들을 비교하기 위해 Seligman과 동료들(2006)은 주요우울장애를 가진 이들을 14회기의 긍정심리치료, (통합적이고 절충적인 '전통적' 심리치료 개입을 포함하는) 통상치료, (우울의 심각도에 따라 긍정심리치료 참가자들과 매칭을 한) 통상치료와 항우울제 약물치료의 병행으로 무선할당하였다. 긍정심리치료는 우울증의 압도적인 부정성을 조절하기 위한 목적으로 구성된 매뉴얼화된 프로토콜을 사용하여 실시되었는데, 이에는 온정적이고 공감적인 라포의 형성, 삶에서 좋은 점들을 기억하도록 지도하기, 내담자의 강점을 인식하고 활용하기, 긍정적인 친사회적 행동 가르치기 등이 포함된다. 그 결과, 긍정심리치료가 통상치료, 통상치료와 약물치료의 병행보다 더 큰 행복감, 더 나은 증상 개선, 더 높은 완화율을 보여 주었다.

다른 연구들은 안녕감을 증진시키는 치료들이 전통적인 치료들에 비해 주요우울장애의 **잔존** 증상들을 완화시키는 데에 더 나은 효과를 보일 수 있음을 시사한다. 그중 하나가 웰빙 치료이며, '자율성, 개인적 성장, 환경에 대한 숙달감, 삶의 목적, 긍정적 관계, 자기수용'의 심리적 안녕감의 여섯 가지 차원들을 향상시키는 것을 목표로 한다(Ryff, 1989; Fava & Ruini, 2003). 웰빙 치료에서는 참가자들이 안녕감의 일화들을 스스로 감찰하고, 안녕감을 저해하는 신념들을 확인하고 변화시키며, 안녕감을 촉진하는 신념들을 강화하도록 격려된다(Fava & Ruini, 2003). 실제로 완화된 정동장애(affective disorder) 환자 20명을 대상으로 한 연구에서, 웰빙 치료가 인지행동치료보다 심리적 안녕감에 있어 더 높은 향상을 관찰자 평정 도구에서 나타내었다(Fava, Rafanelli, Cazzaro, Conti, & Grandi, 1998).

또한 용서, 희망, 마음챙김 명상 등을 포함하는 특정 긍정적 관점들을 촉진하는 개입들은 정신건강을 증진하고 우울증상을 감소시키는 것으로 나타났다. 예를 들어, 다수의 통제된 용서 개입들을 메타분석한 결과, 억울함을 의도적으로 내려놓고 가해자에 대한 공감을 함양하는 것이 우울, 불안, 희망, 자존감으로 측정된 정서적 건강을 증진시킬 수 있음이 나타났다(Baskin & Enright, 2004).

희망 치료는 의미 있는 목표를 설정하고, 그 목표를 추구할 수 있는 방법을 찾고, 동기를 강화하며, 목표를 향한 진전을 감찰하도록 돕는 치료다(Snyder et al., 1991; Cheavens, Feldman, Gum, Michael, & Snyder, 2006). 많은 이들이 이전에 심리치료를 경험하였고 정신장애 진단기준을 충족시켰던 지역사회 구성원 32명을 대상으로 무선화와 대기 집단과의 비교를 실시한 통제연구에서, 희망 기반 집단치료는 우울을 감소시키고 자존감과 삶의 의미를 증진시킴을 보여 주었다(Cheavens et al., 2006).

끝으로 의도적이고 비판단적인 자각과 현재 순간에 대한 수용을 증진시키는 마음챙김 명상훈련(Kabat-Zinn, 1990)은 치료에 저항하는 환자들의 우울을 경감시키고(Eisendrath, Delucchi, Bitner, Fenimore, Smit, & McLane, 2008), 잔존하는 우울증상을 감소시켰으며(Kuyken et al., 2008), 반추를 줄이고(Ramel, Goldin, Carmona, & McQuaid, 2004), 반복되는 우울증의 재발을 방지하였다(Kuyken et al., 2008).

어떻게 긍정 활동이 임상적 증상들을 완화시키는가

안녕감의 증진

우리는 긍정 활동 개입들이 임상군에서 긍정 정서, 긍정 사고, 긍정 행동, 욕구 충족을 향상시킴으로써 안녕감을 증진시킬 수 있으며, 이는 결국 행복감을 증진시킨다고 주장한다. 이러한 매개 과정에 대한 증거는 비임상군을 대상으로 한 연구들에서 도출된다. 예를 들어, 명상 기반 긍정 활동은 긍정 정서의 증가를 촉발하고, 이는 사회적 관계와 신체건강과 같은 개인적 자원들의 향상을 가져 온다. 그리고 이러한 개인적 자원들의 향상은 삶의 만족도를 높여 준다(Fredrickson et al., 2008). 다른 연구에서 감사와 낙관성을 훈련한 사람들은 비록 객관적인 평가자들이 삶에서 실질적인 개선이 있다고 평정하지 않았지만 자신의 삶의 경험이 더욱 만족스럽다고 보고하였다. 이는 긍정 활동 개입이 어떻게 사람들이 자신의 삶의 사건에 대한 해석을 긍정적인 방향으로 변화시킬 수 있는지를 보여 준다(Dickerhoof, 2007). 뿐만 아니라 축복 헤아리기와 같은 긍정 활동은 운동하는 데 쓰는 시간의 증가와 같이 직접적인 관련이 없는 긍정적인 행동도 증가시킨다(Emmons & McCullough, 2003).

또한 긍정 활동들은 자율성(통제)과 유대감(연결) 같은 기본적인 심리적 욕구들을 충족시켜 안녕감을 촉진시킬 수도 있다(Deci & Ryan, 2000). 6주간의 개입을 통해 감사와 낙관성을 표현한 것이 자기보고된 자율성과 유대감을 향상시켰으며, 이는 결국 삶의 만족도를 향상시켰다(Boehm, Lyubomirsky, & Sheldon, 2012). 이러한 가정된 매개변인들을 직접적으로 다룬 연구에서 자율성과 유대감 향상 활동에 참여한 사람들이 삶의 환경에 집중한 사람들보다 더 큰 안녕감을 획득하였다(Sheldon et al., 2010).

최적화된 실시

긍정 활동 개입들이 우울한 사람들에게 최상의 안녕감 효과를 가져 오기 위해서는 최적화된 방법으로 실시되어야 한다. 특정 긍정 활동 개입의 효과를 증진시키기 위해서 연구자들은 활동과 훈련하는 사람의 기본적인 특성을 고려하고 최적화해야 한다.

활동의 특성   개입에 활용되는 어떤 긍정 활동이든 고유의 특징들을 가지고 있다. 예를 들어, 활동의 양, 기간, 훈련의 종류, 제시하는 형식 등이 있는데, 이들은 안녕감을 증진시키고 우울을 완화시키는 효과에 영향을 줄 수 있다. 예를 들어, 일반적으로 (최적의 양으로) 장기간의 개입들이 단기간의 개입들보다 더 효과적인 경향이 있다(Sin & Lyubomirsky, 2009). 6주의 연구에서 하루 안에 5번의 친절행동을 한 학생들은 통제집단에 비해 안녕감의 향상을 경험하였지만, 한 주간에 걸쳐 5번의 친절행동을 한 학생들은 통제집단에 비해 더 행복하지 않았다(Lyubomirsky et al., 2005b). 왜냐하면 그 친절행동들은 소소한 것(즉, 타인을 위해 요리하기, 동생 돌보기)이었기 때문에 하루 안에 그것들을 하는 것이 긍정 정서를 의미 있게 일으킬 수 있고, 이것은 심리적 안녕감을 상승시키는 선순환을 가져 올 수 있다. 예컨대, 월요일에 기쁘고 충족된 느낌이 화요일에 일의 생산성을 높이고, 수요일에 친구를 위한 더 많은 친절행동을 하게 하는 식으로 말이다(Fredrickson & Joiner, 2002 참고). 반면 긍정 활동 개입들이 과도할 때도 있는데, 이런 경우에는 참신함과 의미가 약해질 수도 있다. Lyubomirsky, Sheldon, 그리고 Schkade(2005b)는 참가자들에게 감사하기를 일주일에 한 번 혹은 세 번씩 훈련하도록 하였다. 결과는 훈련의 빈도(혹은 양)가 중요함을 보여 준다.

즉, 축복 헤아리기를 일주일에 한 번 훈련한 참가자들만이 안녕감의 증진을 경험하였다.

특정 긍정 활동 개입을 훈련할 때 시간이 지남에 따라 활동을 당연한 것으로 여기거나 열정을 잃어버리게 될 수 있다. 그러므로 이러한 타성을 늦출 수 있는 요인들을 고려하는 것이 중요하다. 한 가지 가능한 요인은 훈련하는 긍정 활동 개입의 다양함이다. 이를 지지하는 결과가 있다. 10주 개입의 중반부에서 매주 다양한 친절행동을 한 이들은 안녕감이 증가하였으나, 그렇지 않은 사람들은 덜 행복한 것으로 나타났다(Sheldon et al., 2012). 긍정 활동 개입을 훈련할 때 특정 방략들을 변화시키거나 서로 다른 몇 가지 긍정 활동들을 동시에 진행하거나 순차적으로 바꿈으로써 다양성을 확보할 수 있다.

끝으로 긍정 활동 개입을 훈련할 때의 형식이 성과와 관련될 수 있는데, 일대일의 개입이 가장 큰 효과크기를 나타내고, 다음으로 집단 형식의 개입 그리고 자가 개입의 순서로 나타났다(Sin & Lyubomirsky, 2009).

훈련자의 특성　　긍정 활동 개입을 훈련하는 사람의 특성 또한 개입의 성과에 영향을 미친다. 이러한 특성에는 예를 들어, 동기와 노력, 개입의 효과에 대한 신념, 기본 정서상태, 사회적 지지 등이 있다. 예를 들어, 최고의 가능한 모습을 시각화하는 참가자들 중에서 이 훈련을 중요하게 받아들이고 즐거이 할 수 있을 것으로 기대하는 사람들이 4주 이상 집에서 훈련을 지속하는 노력을 기울일 가능성이 높았다. 결과적으로 그들은 통제 활동에 참여한 사람들에 비해서 긍정기분의 향상을 나타내었는데 이는 개입이 끝난 직후와 추후에도 유지되었다(Sheldon & Lyubomirsky, 2006). 다른 연구에서 감사와 친절의 훈련에 있어 더 노력했다고 보고하는 미국인 참가자들이 덜 노력한 것으로 보고한 참가자들에 비해 유의미하게 더 큰 안녕감의 향상을 경험하였다(Layous et al., 2013a). 다시 말해 훈련자들이 개입의 목적을 인식하고, 행복감을 증진하기 위해 동기가 부여되고, 이 목표를 위해 노력을 발휘할 때, 긍정 활동 개입이 안녕감을 촉진시키는 것이다.

개인의 기본 정서상태 또한 긍정 활동 개입의 효과를 조절할 수 있는데, 우울한 이들이 그렇지 않은 이들에 비해 안녕감의 더 큰 향상과 우울증상의 더 큰 감소를 경험할 수 있다(Sin & Lyubomirsky, 2009). 어떤 연구들은 긍정 정서가 낮거나 중등도로 우울한 사람들이 긍정 활동 개입을 통해 가장 큰 효과를 볼 수 있다고 제안하는데, 이는 단순히 이들이 개선의 여지가 더 많기 때문이다(즉, 바닥 효과를 말함). 그러나 이러한 결과는 치료 형식과 혼입될 수 있는데, 임상적으로 우울한 사람들은 개인이나 집단치료를 받는 경향이 있고 우울하지 않은 사람들은 자가 훈련을 하는 경향이 있기 때문이다. 다른 한편으로 우울한 사람들은 긍정 활동 개입에서 최선의 혜택을 누리기 어렵게 하는 특정 정서적·인지적·행동적 결함을 가지고 있을 수도 있다. 무선화된 종단연구에서 (임상적으로 우울하지는 않으나) 기분이 불쾌한(dysphoric) 사람들이 감사를 훈련하였을 때 실제로 안녕감이 저하되기도 하였다(Sin, Della Porta, & Lyubomirsky, 2011). 이 연구에서 몇몇 기분이 불쾌한 사람들에게 감사편지를 쓰는 훈련은 매우 어렵거나 부담이 되었을 수 있다. 왜냐하면 에너지와 동기의 부족이 우울의 지표이기 때문이다. 혹은 감사편지를 쓰는 것이 우울한 사람들로 하여금 자신들은 감사할 것이 없다고 믿게 하거나 (그래서 과제를 완성하는 데 '실패'하게 되고), 도움을 준 사람에게 보답을 못했거나 더 빨리 감사를 표현하지 않은 것에 대해 죄책감을 느끼게 하는 식으로 역효과를 냈을 수도 있다.

사회적 지지를 받는 것은 다양한 자기개선 목표의 효과를 높이며(예: Norcross & Vangarelli, 1989; Wing & Jeffery, 1999), 긍정 활동 개입 또한 예외가 아니다. 예를 들어, 친절행동을 훈련할 때 동료로부터 자율성 지지(autonomy-supporting) 메시지를 받은 참가자들은 이러한 사회적 지지를 받지 못한 이들보다 행복감에서 더 큰 향상을 나타내었다(Nelson, Della Porta, Jacobs Bao, Lee, Choi, & Lyubomirsky, 인쇄 중). 유사하게 낙관성 함양 훈련을 하고 있는 학생들이 동료들로부터의 공감적인 격려의 글을 읽었을 때, 다른 집단들보다 행복감에 있어 더 큰 향상을 경험하였다(Layous et al., 2013b). 가까운 사람들은 격려를 제공하거나 긍정 활동 개입의 훈련을 북돋아 주는 원천이 될 수 있으며(예: 그들이 감사편지를 받는 사람인 경우), 혹은 안녕감의 향상에 대해 피드백을 제공하거나 조언을 해 줄 수도 있다.

훈련자와 활동의 조화   끝으로 훈련자와 특정 긍정 활동 개입 간의 적절한 '조화(fit)'가 개입의 성공에 영향을 미칠 수 있다. 사람들은 각자의 욕구, 강점, 선호, 가치, 흥미 등을 가지고 있으며 이러한 성향들은 특정 긍정 개입들에서 더 많은 성과를 가져 오게 만든다. 예를 들어, 우울한 사람들 중 집단주의 문화에 속한 이들은 타인 지향적인 긍정 활동 개입 (예: 친절행동하기)에서 더 많은 혜택을 경험할 수 있다. 반면에 개인주의 문화에 속한 이들은 자기지향적인 개입(예: 낙관성 훈련)에서 더 많은 혜택을 경험할 수 있다(가능한 증거로 Boehm et al., 2011 참고). 아울러 특정 개입들(예: 타인을 돕기)은 사회-행동적인 특성을 가지는 반면, 다른 개입들(예: 행복한 시간 향유하기)은 반성적이며 인지적인 특성을 가지므로 각각 외로운 이들과 불안한 이들에게 잠재적으로 성과가 있을 수 있다.

맺음말

긍정 활동 개입이 가져 온 성과의 기제에 대한 대부분의 연구들은 단지 건강한 인구를 대상으로 이루어져 왔다. 더 많은 반복 연구가 필요하며 우울한 사람들을 대상으로 하여 확장되어야 한다. 현재 긍정 심리과학자들은 왜 특정 긍정 활동 개입들(예: 감사편지 쓰기)이 임상 집단에서 역효과를 나타내는지에 대한 온전한 이해가 부족하며, 또한 임상 집단에서 효과를 나타내는 긍정 활동 개입들의 작동 기제가 무엇인지에 대해서도 이해가 부족하다. 차후 연구는 어떤 긍정 활동 개입들이 특정 우울증상들을 경감시키는 데(예: 반추를 줄이기 위한 친절행동, 부정적인 자동적 사고를 줄이기 위한 최고의 가능한 모습)에 가장 효과적인지 밝혀내는 것에 초점을 맞추어야 한다. 핵심 기제를 밝히는 것이 기초 연구자와 임상가 모두가 임상 집단 치료를 위한 우수한 개입을 찾아내도록 도울 수 있을 것이다.

어떻게 긍정 활동이 임상적 질환을 막을 수 있는가

긍정 활동은 이미 존재하는 임상적 증상들을 완화시킬 수도 있지만, 증상들의 최초 발현을 막을 수도 있다. Nolen-Hoeksema와 Watkins(2011)의 범진단적 위험요인의 체계를 사용하여 우리는 긍정 활동이 세 가지 방향에서 보호요인으로 작동할 수 있다고 본다. 첫째는 소위 근접 위험요인들(예: 반추, 외로움)을 완화시킬 수 있고, 둘째는 원격 위험요인과 근접 위험요인의 연결 기제(예: 부정적인 자기관, 신체 불만족)를 완화시킬 수 있으며, 마시막으로 장애를 발생시키는 근접 위험요인에 대한 조절변인(예: 최근의 상실 경험, 현재의 사회적 스트레스)을 완화시킬 수 있다.

첫째로, 감사, 향유, 친절과 같은 긍정 활동들은 사람들이 사고와 행동의 부정적인 패턴(즉, 근접 위험요인과 이를 촉발하는 기제)에 접하게 될 때 이를 다룰 수 있는 도구 세트가 될 수 있다. 예를 들면, 반추—자신과 자신의 문제에 대한 해결행동이 부재한 초점적 주의(Nolen-Hoeksema, 1991)—는 다양한 장애, 특히 기분장애를 예언하는 범진단적 근접 위험요인으로 제안되어 왔다(Nolen-Hoeksema & Watkins, 2011). 그런데 친절행동을 하는 것은 반추와 자기초점화로부터 빠져 나오게 하고, 부정적인 자기평가가 수정(즉, "나는 배려하는 사람이다"와 같은 자기관의 변화)되게 할 수도 있다(Layous, Chancellor, & Lyubomirsky, 2014). 긍정 활동 개입이 정신병리를 일으키는 요인을 완화시키는 다른 예로, 감사가 자신의 체형에 집착되어 있는 사람들의 신체 만족도를 개선시킨 것을 들 수 있다(Geraghty, Wood, &

Hyland, 2010). 또한 자신의 가장 중요한 가치들을 확인하도록 한 개입은 부정적인 자기관을 개선하였으며(Steele, 1988; Sherman & Cohen, 2006), 이는 결국 반추 삽화를 촉발할 수 있는 위협적인 자기의심을 줄이게 할 수 있다. 마지막으로 긍정 활동 개입을 통해 촉발된 긍정 정서는 반추하고 있는 문제를 해결하거나 그 문제가 처음부터 일어나지 않도록 막을 수 있는 창의적 사고를 자극할 수도 있다(Isen, Daubman, & Nowicki, 1987; Fredrickson, 2001).

외로움은 긍정 활동을 통한 친밀감과 유대감의 증진으로 완화될 수 있는 다른 근접 위험요인이다. 감사와 같은 긍정 활동은 타인과의 유대감을 증진시키고 관계 유지 행동과 현재 관계에 대한 만족감을 촉진시키기도 한다(Wood, Maltby, Gillett, Linley, & Joseph, 2008; Algoe, Haidt, & Gable, 2008; Algoe, Gable, & Maisel, 2010; Lambert & Fincham, 2011). 한 연구에서는 자애명상(loving-kindness meditation)을 훈련하여 개입 기간 동안 긍정 정서를 경험한 참가자들은 차후에 지각된 사회적 지지와 타인과의 충만한 관계를 나타내었다. 아울러 사람들이 활동 후에 타인과 상호작용을 하였을 때, 긍정 정서의 증가가 가장 뚜렷하게 나타났다(Fredrickson et al., 2008). 요약하면 긍정 활동은 타인과의 긍정적인 관계를 촉진하고, 이는 외로움과 같은 대인관계 관련 위험요인들을 완화시킬 수 있다. 이러한 작용은 (사랑받지 못하거나 혼자라는 느낌을 줄이는 식으로) 직접적으로도 혹은 (안녕감과 이와 관련된 혜택을 증진시키는 식으로) 간접적으로도 일어날 수 있다.

삶의 스트레스원들은 근접 위험요인들을 촉발(예: 아동기 외상이라는 원격 위험요인이 반추라는 근접 위험요인을 촉발시킴)시킬 수도 있고 악화(예: 사랑하는 이의 죽음이 반추를 강화시킴)시킬 수도 있으며, 결국 정신병리를 일으킬 수도 있다(Nolen-Hoeksema & Watkins, 2011). 따라서 긍정 활동 개입을 통해 유발된 긍정 정서가 이러한 스트레스 상황을 위협이 아닌 도전거리로 해석할 수 있도록 하여 이를 완화시킬 수 있다(Folkman & Moskowitz, 2000; Folkman, 2008). 실제로 긍정 정서는 외상 경험 후의 개인적인 성장과 지속적인 관련이 있으며, 연구들은 긍정 정서가 회복탄력성이 높은 사람들의 적응적 대처 반응에서 중요한 역할을 함을 보여 주었다. 예를 들어, 감사는 정서적 · 도구적 지지, 긍정적 재해석, 능동적 대처, 계획과 같은 적응적인 대처와 상관이 있는 것으로 나타났다(Wood et al., 2008). 불쾌한 사건으로 일어난 긍정적인 결과에 대해 감사를 쓰게 한 사람들은 그 사건의 기억들이 더 끝난 것으로 느껴지고, 침습적 사고를 적게 경험하고, 정서적 영향이 적은 것으로 보고하였다(Watkins, Cruz, Holben, & Kolts, 2008). 이 연구는 감사를 표현하는 사람들이 부정적인 사건이 근접 위험요인을 촉발하거나 악화시킬 가능성을 줄임으로써 부정적 사건을 완화시킬 수 있음을 보여 준다. 또한 감사의 훈련은 긍정 정서를 촉진하고, 다른 지속적이거나 새롭게 발생할 수 있는 스트레스 사건에 대한 적응적 대처를 강화하고, 임상 증상들로 악화되는 것을 막을 수 있다.

요약하면 긍정 활동 개입으로 촉발된 긍정 정서는 정신건강 관련 질환들이 발생하는 것을 방지하는 데 있어 다양한 보호요인(예: 주의분산, 반작용, 방지, 재구성의 역할)으로 작용할 수 있다.

향후 연구 방향

이 장에서 언급된 긍정 활동 개입에 대한 임상 관련 연구들 대부분은 우울한 사람들을 대상으로 실시되었다. 그러나 예비 증거들은 긍정 개입들이 다른 정신건강 질환들에도 효과가 있을 수 있음을 보여 준다. 예를 들어, 범불안장애를 가진 이들을 대상으로 한 탐색적 연구에서는 불안의 평정에 있어 웰빙 치료의 효과에 대한 증거를 제공한다(Fava et al., 2005). 또한 자신의 최고의 가능한 모습에 대해 낙관적으로 기록하기(King, 2001), 미래 목표 설정과 달성을 통해 희망을 함양하기(Cheavens et al., 2006), 힘든 삶의 환경 속에서도 감사하기(Watkins et al., 2008)는 외상후 스트레스장애 치료를 위한 가능성을 보여 준다. 긍정 개입을 통해 치료될 수 있는 다른 장애로 섭식장애(즉, 신경성 식욕부진증, 신경성 폭식증)를 들 수 있다. 친절행동하기, 자신의 건강에 감사하기, 자신의 가장 중요한 가치들을 확인하기는 각각 (이 장애의 특징이라고 할 수 있는) 자기초점화와 반추로부터 주의를 분산하고, 부정직인 신체상과 신체 만족도를 개선하고, 자기의심과 사회적 비교를 감소시켰다(Steele, 1988; Sherman & Cohen, 2006; Geraghty et al., 2010; Layous et al., 2014). 이러한 정신건강 질환들(그리고 중독장애나 성격장애와 같은 다른 장애들)과 가장 적합하게 대응되는 긍정 활동 개입들은 문헌을 통해 더 많은 탐색이 필요하다.

임상 집단에서 언제 그리고 왜 긍정 활동 개입들이 역효과를 일으킬 수 있는지에 대한 보다 깊은 이해 또한 향후 연구를 통해 이루어져야 한다. 몇몇 증거들은 과중한 부담을 느끼는 우울한 이들이 특정 개입들을 받게 될 때 득보다 실이 더 많을 수 있음을 보여 주었다. 이러한 이유로 우울한 사람들에게 어떤 기제가 긍정 활동 개입이 역효과를 일으키게 하는지 찾아내고(예: 훈련의 어려움과 이로 인한 실패감의 강화, 혹은 죄책감), 긍정 활동 개입을 보다 적합하게 구성할 수 있는 방법을 마련하는 것이 중요하다. 뿐만 아니라 모든 우울 삽화가 같지는 않다(예: 성격에 따른 특유의 개인차, 양극성 대 단극성 우울, 사별로 유발된 우울 대 신경증-성격으로 유발된 우울 대 유전에 기반한 우울 등). 그러므로 긍정 활동 개입은 이러한 특성들에 맞도록 특수하게 구성될 필요가 있다.

이 장에서 드러나는 것처럼, 지난 10년 동안 긍정 활동 개입은 정신건강 질환들을 치료하는 데 있어 가능성을 보여 주었으나 대부분의 연구들이 정상(비임상) 표본을 대상으로 실시되었다. 향후 10년 동안 임상적으로 우울한 (그리고 다른 장애를 가진) 사람들에게 어떤 긍정 개입이 가장 효과가 있는지 탐색하고, 이러한 사람들에게 어떻게 그 유용성을 최적화할지에 대해서도 연구하는 것이 절실하다. 수년간에 걸친 장기간의 추적을 통한 종단연구가 긍정 활동이 지속적인 효과를 달성하고, 항우울제와 비교하여 얼마나 효과가 있는지를 발견하는 데에 유용한 정보를 제공할 것으로 생각된다.

요약 및 결론

우울증은 현재 세계 질병부담(disease burden)에 있어 세 번째 주요 원인이며, 우울증으로 인한 질병부담은 더욱 커질 것으로 예측된다. 세계보건기구는 2020년까지 우울증이 질병부담의 두 번째 주요 원인이 될 것으로 예측하며, 2030년에는 첫 번째 원인이 될 것으로 예측한다(Murray & Lopez, 1996; WHO, 2008). 긍정 활동 개입—즉, 긍정 정서와 개인의 강점을 함양하는 것을 주된 목적으로 하는 실험적 프로그램—은 기존의 치료에 반응하지 않는 환자들에게 도움을 줄 수 있는 잠재력을 보여 주어, 전통적인 약물치료와 심리치료에 추가적인 효과를 가져 올 것으로 기대된다. 게다가 긍정 활동 개입은 경제적이며 상대적으로 낮은 낙인효과를 가져 오고 부작용이 없다. 뿐만 아니라 긍정 활동 개입은 몇몇 형태의 정신장애를 막아 주는 보호요인이 될 수도 있다. 경험적 연구는 이미 의도적인 활동을 통해 안녕감이 증진될 수 있음을 보여 주었다. 그러나 이러한 개입들을 임상 집단에서 효과를 확인하고 적합하게 구성하는 것이 필요하다. 결국 치료의 궁극적인 목표는 단지 고통스러운 증상의 경감만이 아니라 행복감과 번영을 촉진하는 것까지임을 의미한다.

📖 참고문헌

Algoe, S. B., Gable, S. L., & Maisel, N. C. (2010). It's the little things: Everyday gratitude as a booster shot for romantic relationships. *Personal Relationships*, *17*, 217-233. doi.10.1111/j.1475-6811.2010.01273.x.

Algoe, S. B., Haidt, J., & Gable, S. L. (2008). Beyond reciprocity: Gratitude and relationships in everyday life. *Emotion*, *8*, 425-429. doi.10.1037/1528-3542.8.3.425.

American Psychiatric Association. (2010). *Practice guideline for the treatment of patients with major depressive disorder, Third Edition, Part A*. Available at: http://psychiatryonline.org/pb/assets/raw/sitewide/practice_guidelines/guidelines/mdd.pdf.

Baskin, T. W. & Enright, R. D. (2004). Intervention studies on forgiveness: A meta-analysis. *Journal of Counseling and Development*, *82*, 79-90. doi.10.1002/j.1556-6678.2004.tb00288.x.

Boehm, J. K., Lyubomirsky, S., & Sheldon, K. M. (2011). A longitudinal experimental study comparing the effectiveness of happiness-enhancing strategies in Anglo Americans and Asian Americans. *Cognition & Emotion*, *25*, 1263-1272. doi.10.1080/02699931.2010.541227.

Boehm, J. K., Lyubomirsky, S., & Sheldon, K. M. (2012). The role of need satisfying emotions in a positive activity intervention. Unpublished raw data.

Bolier, L., Haverman, M., Westerhof, G. J., Riper, H., Smit, F., & Bohlmeijer, E. (2013). Positive psychology interventions: a meta-analysis of randomized controlled studies. *BMC Public Health*, *13*(1), 119. doi.10.1186/1471-2458-13-119.

Burton, C. M. & King, L. A. (2008). Effects of (very) brief writing on health: The two-minute miracle. *British Journal of Health Psychology*, *13*, 9-14. doi.10.1348/135910707X250910.

Chancellor, J., Layous, K., & Lyubomirsky, S. (2014). Recalling positive events at work makes employees feel happier, move more, but interact less: A 6-week randomized controlled intervention at a Japanese workplace. *Journal of Happiness Studies*. doi.10.1007/s10902-014-9538-z.

Cheavens, J. S., Feldman, D. B., Gum, A., Michael, S. T., & Snyder, C. R. (2006). Hope therapy in a community sample: A pilot investigation. *Social Indicators Research*, *77*, 61-78. doi.10.1007/s11205-005-5553-0.

Deci, E. L. & Ryan, R. M. (2000). The "what" and "why" of goal pursuits: Human needs and the self-determination theory of behavior. *Psychological Inquiry*, *11*, 227-268. doi.10.1207/S15327965PLI1104_01.

Dickerhoof, R. M. (2007). Expressing optimism and gratitude: A longitudinal investigation of cognitive strategies to increase well-being. *Dissertation Abstracts International*, *68*, 4174 (UMI No. 3270426).

Dobson, K. S., Hollon, S. D., Dimidjian, S., Schmaling, K. B., Kohlenberg, R. J., Gallop, R. J., Jacobson, N. S., et al. (2008). Randomized trial of behavioral activation, cognitive therapy, and antidepressant medication in the prevention of relapse and recurrence in major depression. *Journal of Consulting and Clinical Psychology*, *76*(3), 468-477. doi.10.1037/0022-006X.76.3.468.

Dunn, E. W., Aknin, L. B., & Norton, M. I. (2008). Spending money on others promotes happiness. *Science*, *319*, 1687-1688. doi.10.1126/science.1150952.

Eisendrath, S. J., Delucchi, K., Bitner, R., Fenimore, P., Smit, M., & McLane, M. (2008). Mindfulnessbased cognitive therapy for treatment-resistant depression: A pilot study. *Psychotherapy and Psychosomatics*, *77*, 319-320. doi.10.1159/000142525.

Emmons, R. A. & McCullough, M. E. (2003). Counting blessings versus burdens: An experimental investigation of gratitude and subjective well-being in daily life. *Journal of Personality and Social Psychology*, *84*, 377-389. doi.10.1037/0022-3514.84.2.377.

Evans, M. D., Hollon, S. D., DeRubeis, R. J., Piasecki, J. M., Grove, W. M., Garvey, M. J., & Tuason, V. B. (1992). Differential relapse following cognitive therapy and pharmacotherapy for depression. *Archives of General Psychiatry*, *49*(10), 802-808. doi.10.1001/archpsyc.1992.01820100046009.

Fava, G., A., Rafanelli, C., Cazzaro, M., Conti, S., & Grandi, S. (1998). Well-being therapy: A novel psychotherapeutic approach for residual symptoms of affective disorders. *Psychological Medicine*, *28*, 475-480. doi.10.1017/S0033291797006363.

Fava, G. A. & Ruini, C. (2003). Development and characteristics of a well-being enhancing psychotherapeutic strategy: Well-being therapy. *Journal of Behavior Therapy and Experimental Psychiatry*, *34*, 45-63. doi.10.1016/S0005-7916(03)00019-3.

Fava, G. A., Ruini, C., Rafanelli, C., Finos, L., Conti, S., & Grandi, S. (2004). Six-year outcome of cognitive behavior therapy for prevention of recurrent depression. *American Journal of Psychiatry*, *161*(10), 1872-1876. doi.10.1176/appi.ajp.161.10.1872.

Fava, G. A., Ruini, C., Rafanelli, C., Finos, L., Salmaso, L., Mangelli, L., & Sirigatti, S. (2005). Well-being therapy of generalized anxiety disorder. *Psychotherapy and Psychosomatics*, *74*(1), 26-30. doi.10.1159/000082023.

Folkman, S. (2008). The case for positive emotions in the stress process. *Anxiety, Stress & Coping*, *21*, 3-14. doi.10.1080/10615800701740457.

Folkman, S. & Moskowitz, J. T. (2000). Stress, positive emotion, and coping. *Current Directions in Psychological Science*, *9*, 115-118. doi.10.1111/1467-8721.00073.

Fredrickson, B. L. (2001). The role of positive emotions in positive psychology: The broaden-and-build theory of positive emotions. *American Psychologist*, *56*(3), 218-226. doi.10.1037/0003-066X.56.3.218.

Fredrickson, B. L., Cohn, M. A., Coffey, K. A., Pek, J., & Finkel, S. M. (2008). Open hearts build lives: Positive emotions, induced through loving-kindness meditation, build consequential personal resources. *Journal of Personality and Social Psychology*, *95*, 1045-1062. doi.10.1037/a0013262.

Fredrickson, B. L. & Joiner, T. (2002). Positive emotions trigger upward spirals toward emotional wellbeing. *Psychological Science*, *13*, 172-175. doi.10.1111/1467-9280.00431.

Fredrickson, B. L. & Levenson, R. W. (1998). Positive emotions speed recovery from the cardiovascular sequelae of negative emotions. *Cognition and Emotion*, *12*, 191-220. doi.10.1080/026999398379718.

Froh, J. J., Sefick, W. J., & Emmons, R. A. (2008). Counting blessings in early adolescents: An experimental study of gratitude and subjective well-being. *Journal of School Psychology*, *46*(2), 213-233. doi.10.1016/j.jsp.2007.03.005.

Fournier, J. C., DeRubeis, R. J., Hollon, S. D., Dimidjian, S., Amsterdam, J. D., Shelton, R. C., & Fawcett, J. (2010). Antidepressant drug effects and depression severity: A patient-level meta-analysis. *Journal of the American Medical Association*, *303*(1), 47-53. doi.10.1001/jama.2009.1943.

Gasper, K. & Clore, G. L. (2002). Attending to the big picture: Mood and global versus local processing of visual information. *Psychological Science*, *13*, 34-40. doi.0.1111/1467-9280.00406.

Geraghty, A. W., Wood, A. M., & Hyland, M. E. (2010). Attrition from self-directed interventions: Investigating the relationship between psychological predictors, intervention content and dropout from a body dissatisfaction intervention. *Social Science & Medicine*, *71*, 30-37. doi.10.1016/j.socscimed.2010.03.007.

Isen, A. M., Daubman, K. A., & Nowicki, G. P. (1987). Positive affect facilitates creative problem solving. *Journal of Personality and Social Psychology*, *52*, 1122-1131. doi.10.1037/0022-3514.52.6.1122.

Kabat-Zinn, J. (1990). *Full catastrophe living: Using the wisdom of your body and mind to face stress, pain and illness*. New York: Delacourt.

Kasch, K. L., Rottenberg, J., Arnow, B. A., & Gotlib, I. H. (2002). Behavioral activation and inhibition systems and the severity and course of depression. *Journal of Abnormal Psychology*, *111*, 589-597. doi.10.1037/0021-843X.111.4.589.

Kessler, R. C., Chiu, W. T., Demler, O., & Walters, E. E. (2005). Prevalence, severity, and comorbidity of 12-month DSM-IV disorders in the national comorbidity survey replication. *Archives of General Psychiatry*, *62*(6), 617-627. doi.10.1001/archpsyc.62.6.617.

Khin, N. A., Chen, Y-F., Yang, Y., Yang, P., & Laughren, T. P. (2011). Exploratory analyses of efficacy data from major depressive disorder trials submitted to the US food and drug administration in support of new drug applications. *Journal of Clinical Psychiatry*, *72*(04), 464-472. doi.10.4088/JCP.10m06191.

King, L. A. (2001). The health benefits of writing about life goals. *Personality and Social Psychology Bulletin*, *27*, 798-807. doi.10.1177/0146167201277003.

Kirsch, I., Moore, T. J., Scoboria, A., & Nicholls, S. S. (2002). The emperor's new drugs: An analysis of antidepressant medication data submitted to the US Food and Drug Administration. *Prevention & Treatment*, 5(1). doi.10.1037/1522-3736.5.1.523a.

Kuyken, W., Byford, S., Taylor, R. S., Watkins, E., Holden, E., White, K., Teasdale, J. D., et al. (2008). Mindfulness-based cognitive therapy to prevent relapse in recurrent depression. *Journal of Consulting and Clinical Psychology*, 76(6), 966-978. doi.10.1037/a0013786.

Lambert, N. M. & Fincham, F. D. (2011). Expressing gratitude to a partner leads to more relationship maintenance behavior. *Emotion*, *11*, 52-60. doi.10.1037/a0021557.

Layous, K., Chancellor, J., & Lyubomirsky, S. (2014). Positive activities as protective factors against mental health conditions. *Journal of Abnormal Psychology*, *123*(1), 3-12. doi.10.1037/a0034709.

Layous, K., Chancellor, J., Lyubomirsky, S., Wang, L., & Doraiswamy, P. M. (2011). Delivering happiness: Translating positive psychology intervention research for treating major and minor depressive disorders. *Journal of Alternative and Complementary Medicine*, *17*(8), 675-683. doi.10.1089/acm.2011.0139.

Layous, K., Lee, H., Choi, I., & Lyubomirsky, S. (2013a). Culture matters when designing a successful happiness-increasing activity: A comparison of the United States and South Korea. *Journal of Cross- Cultural Psychology*, *44*, 1294-1303. doi.10.1177/0022022113487591.

Layous, K., Nelson, S. K., & Lyubomirsky, S. (2013b). What is the optimal way to deliver a positive activity intervention? The case of writing about one's best possible selves. *Journal of Happiness Studies*, *14*, 635-654. doi.10.1007/s10902-012-9346-2.

Layous, K., Nelson, S. K., Oberle, E., Schonert-Reichl, K. A., & Lyubomirsky, S. (2012). Kindness counts: Prompting prosocial behavior in preadolescents. *PLOS ONE*, *7*, e51380. doi.10.1371/journal.pone.0051380.

Lyubomirsky, S., Dickerhoof, R., Boehm, J. K., & Sheldon, K. M. (2011). Becoming happier takes both a will and a proper way: An experimental longitudinal intervention to boost well-being. *Emotion*, *11*, 391-402. doi.10.1037/a0022575.

Lyubomirsky, S., King, L., & Diener, E. (2005a). The benefits of frequent positive affect: Does happiness lead to success? *Psychological Bulletin*, *31*, 803-855. doi.10.1037/0033-2909.131.6.803.

Lyubomirsky, S., Sheldon, K. M., & Schkade, D. (2005b). Pursuing happiness: The architecture of sustainable change. *Review of General Psychology*, *9*, 111-131. doi.10.1037/1089-2680.9.2.111.

Marcus, M., Yasamy, M. T., van Ommeren, M., Chisholm, D., & Saxena, S. (2012). *Depression: A global public health concern*. Available at: http://www.who.int/mental_health/management/

depression/who_paper_depression_wfmh_2012.pdf?ua=1.

Murray C. J. L. & Lopez, A. D. (1996). *The global burden of disease: A comprehensive assessment of mortality and disability from diseases, injuries and risk factors in 1990 and projected to 2020.* Cambridge, MA: Harvard University Press.

Nelson, S. K., Della Porta, M. D., Jacobs Bao, K., Lee, H., Choi, I., & Lyubomirsky, S. (in press). "It's up to you": Experimentally manipulated autonomy support for prosocial behaviors improves well-being in two cultures over six weeks. *Journal of Positive Psychology.*

Nelson, S. K., Fuller, J. A. K., Choi, I., & Lyubomirsky, S. (2014). Beyond self-protection: Self-affirmation benefits hedonic and eudaimonic well-being. *Personality and Social Psychology Bulletin, 40,* 998-1011. doi.10.1177/0146167214533389.

Nolen-Hoeksema, S. (1991). Responses to depression and their effects on the duration of depressive episodes. *Journal of Abnormal Psychology, 100,* 569-582. doi.10.1037/0021-843X.100.4.569.

Nolen-Hoeksema, S. & Watkins, E. R. (2011). A heuristic for developing transdiagnostic models of psychopathology explaining multifinality and divergent trajectories. *Perspectives on Psychological Science, 6*(6), 589-609. doi.10.1177/1745691611419672.

Norcross, J. C. & Vangarelli, D. J. (1989). The resolution solution: Longitudinal examination of New Year's change attempts. *Journal of Substance Abuse, 1,* 127-134. doi.10.1016/S0899-3289(88)80016-6.

Otake, K., Shimai, S., Tanaka-Matsumi, J., Otsui, K., & Fredrickson, B. L. (2006). Happy people become happier through kindness: A counting kindness intervention. *Journal of Happiness Studies, 7,* 361-375. doi.10.1007/s10902-005-3650-z.

Ramel, W., Goldin, P. R., Carmona, P. E., & McQuaid, J. R. (2004). The effects of mindfulness meditation on cognitive processes and affect in patients with past depression. *Cognitive Therapy and Research, 28,* 433-455. doi.10.1023/B:COTR.0000045557.15923.96.

Rush, A. J. (2007). STAR*D: What have we learned? *American Journal of Psychiatry, 164*(2), 201-204. doi.10.1176/appi.ajp.164.2.201.

Ryff, C. D. (1989). Happiness is everything, or is it? Explorations on the meaning of psychological well-being. *Journal of Personality and Social Psychology, 57,* 1069-1081. doi.10.1037/0022-3514.57.6.1069.

Seligman, M. E. P. (2002). *Authentic happiness.* New York: Free Press.

Seligman, M. E. P. & Csikszentmihalyi, M. (2000). Positive psychology: An introduction. *American Psychologist, 55*(1), 5-14. doi.10.1037/0003-066X.55.1.5.

Seligman, M. E. P., Rashid, T., & Parks, A. C. (2006). Positive psychotherapy. *American Psychologist, 61,* 774-788. doi.10.1037/0003-066X.61.8.774.

Seligman, M. E. P., Steen, T. A., Park, N., & Peterson, C. (2005). Positive psychology progress: Empirical validation of interventions. *American Psychologist*, *6*, 410-421. doi.10.1037/0003-066X.60.5.410.

Sheldon, K. M., Abad, N., Ferguson, Y., Gunz, A., Houser-Marko, L., Nichols, C. P., & Lyubomirsky, S. (2010). Persistent pursuit of need satisfying goals leads to increased happiness: A 6-month experimental longitudinal study. *Motivation & Emotion*, *34*, 39-48. doi.10.1007/s11031-009-9153-1.

Sheldon, K. M., Boehm, J. K., & Lyubomirsky, S. (2012). Variety is the spice of happiness: The hedonic adaptation prevention (HAP) model. In: I. Boniwell & S. David (Eds.), *Oxford handbook of happiness* (pp. 901-914). Oxford: Oxford University Press.

Sheldon, K. M. & Lyubomirsky, S. (2006). How to increase and sustain positive emotion: The effects of expressing gratitude and visualizing best possible selves. *Journal of Positive Psychology*, *1*, 73-82. doi.10.1080/17439760500510676.

Sherman, D. K. & Cohen, G. L. (2006). The psychology of self-defense: Self-affirmation theory. In: M. P. Zanna (Ed.), *Advances in experimental social psychology*, vol. *38* (pp. 183-242). San Diego, CA: Academic Press.

Sin, N. L., Della Porta, M. D., & Lyubomirsky, S. (2011). Tailoring positive psychology interventions to treat depressed individuals. In: S. I. Donaldson, M. Csikszentmihalyi, & J. Nakamura (Eds.), *Applied positive psychology: Improving everyday life, health, schools, work, and society* (pp. 79-96). New York: Routledge.

Sin, N. L. & Lyubomirsky, S. (2009). Enhancing well-being and alleviating depressive symptoms with positive psychology interventions: A practice friendly meta-analysis. *Journal of Clinical Psychology*, *65*, 467-487. doi.10.1002/jclp.20593.

Smith, M. L. & Glass, G. V. (1977). Meta-analysis of psychotherapy outcome studies. *American Psychologist*, *32*(9), 752. doi.10.1037/0003-066X.32.9.752.

Smith, J. C. & Medalia, C. (2014). *Health insurance coverage in the United States: 2013*. Available from US Census Bureau website at: http://www.census.gov/content/dam/Census/library/publications/2014/demo/p60-250.pdf.

Snyder, C. R., Harris, C., Anderson, J. R., Holleran, S. A., Irving, L. M., Sigmon, S. T., Harney, P., et al. (1991). The will and the ways: Development and validation of an individual-differences measure of hope. *Journal of Personality and Social Psychology*, *60*(4), 570-585. doi.10.1037/0022-3514.60.4.570.

Steele, C. (1988). The psychology of self-affirmation: Sustaining the integrity of the self. In: L. Berkowitz (Ed.), *Advances in experimental social psychology*, vol. *21* (pp. 261-302). New York: Academic Press. doi:10.1016/S0065-2601(08)60229-4.

Substance Abuse and Mental Health Services Administration (SAMHA). (2012). *Results from the 2010 National Survey on Drug Use and Health: Mental health findings*. NSDUH Series H-47, HHS Publication No. (SMA) 13-4805. Available at: http://archive.samhsa.gov/data/NSDUH/2k10MH_Findings/2k10MHResults.htm.

Tugade, M. M. & Fredrickson, B. L. (2004). Resilient individuals use positive emotions to bounce back from negative emotional experiences. *Journal of Personality and Social Psychology*, *86*, 320-333. doi.10.1037/0022-3514.86.2.320.

Wang, J. L., Schmitz, N., & Dewa, C. S. (2010). Socioeconomic status and the risk of major depression: The Canadian National Population Health Survey. *Journal of Epidemiology and Community Health*, *64*(5), 447-452. doi.10.1136/jech.2009.090910.

Watkins, K. E., Burnam, M. A., Orlando, M., Escarce, J. J., Huskamp, H. A., & Goldman, H. H. (2009). The health value and cost of care for major depression. *Value in Health*, *12*(1), 65-72. doi,10.1111/j.1524-4733.2008.00388.x.

Watkins, P. C., Cruz, L., Holben, H., & Kolts, R. L. (2008). Taking care of business? Grateful processing of unpleasant memories. *The Journal of Positive Psychology*, *3*, 87-99. doi.10.1080/17439760701760567.

Watson, D. & Tellegen, A. (1985). Toward a consensual structure of mood. *Psychological Bulletin*, *98*, 219-235. doi.10.1037/0033-2909.98.2.219.

Wing, R. R. & Jeffery, R. W. (1999). Benefits of recruiting participants with friends and increasing social support for weight loss and maintenance. *Journal of Consulting and Clinical Psychology*, *67*, 132-138. doi.10.1037/0022-006X.67.1.132.

Wood, A. M., Maltby, J., Gillett, R., Linley, P. A., & Joseph, S. (2008). The role of gratitude in the development of social support, stress, and depression: Two longitudinal studies. *Journal of Research in Personality*, *42*, 854-871. doi.10.1016/j.jrp.2007.11.003.

World Health Organization (WHO) (2003). *Investing in mental health*. Available at: http://www.who.int/mental_health/media/investing_mnh.pdf.

World Health Organization (WHO) (2008). *The Global Burden of Disease: 2004 Update*. Available at: http://www.who.int/healthinfo/global_burden_disease/GBD_report_2004update_full.pdf.

World Health Organization (WHO) (2012). *Depression fact sheet*. Available at: http://www.who.int/mediacentre/factsheets/fs369/en, October.

제24장

긍정 임상심리학의 본보기로서
용서 촉진 개입

Everett L. Worthington, Jr., Brandon J. Griffin, Caroline R. Lavelock, Chelsea M. Hughes, Chelsea L. Greer,
Steven J. Sandage, & Mark S. Rye

긍정 임상심리학의 본보기로서 용서 촉진 개입

이번 장에서 우리는 용서가 긍정 임상심리학의 본보기라고 주장한다. 용서는 성격 강점, 덕목, 안녕감이라는 긍정심리학적 초점과 스트레스 관련 신체적 · 정신적 건강 문제를 예방하고자 하는 전략으로서의 임상심리학 양쪽 모두를 아우르고 있다. 실제로 몇몇 심리장애는 성적 및 신체적 학대와 방임, 근친상간, 강간, 사랑하는 사람의 살해에서 기인한 대인관계 외상, 또는 심지어 (피해자가 신이나 자연에 대해 앙심을 품을 수 있는) 자연재해를 포함하는 부적응적인 역동과 아주 밀접하게 관련되어 있다. 자기애성, 편집성, 경계선 성격장애와 같은 많은 성격장애들 또한 용서 못함(unforgiveness)이 만연한 발달적 역동에 뿌리를 두고 있다. 내담자들이 타인에 대해 만성적으로 용서하지 않는 부정적 감정에 머물러 있는 한 그들은 무수히 많은 건강 및 관계 문제를 경험할 위험이 있다. 용서 관련 개입들은 파괴적 역동의 희생자들에게 부적응적인 행동 패턴을 극복할 수 있게 해 주어 적응과 개인적 성장을 촉진한다.

많은 장애들의 중심에는 죄책감과 수치심이라는 감정이 있다. 이러한 감정들은 일반적으로 자기비난과 연관되어 있다. 그러므로 자기용서는 심리치료의 중요한 부분이 될 수 있다. 예를 들어, 반추는 많은 정신장애들—특히 주요우울장애, 지속성 우울(기분부전)장애, 다양한 불안장애, 분노장애, 많은 강박장애, 그리고 외상후 스트레스장애—의 핵심 과정이다(McCullough, Orsulak, Brandon, & Akers, 2007). 자기용서는 반추적 걱정과 무가치감으로 인해 치료적 성과가 더딘 내담자들에게 긍정적 자존감과 자기수용의 회복을 촉진할 수 있다.

이러한 주장들 중 일부—용서 못함은 정신질환의 중심 문제이며 용서가 그러한 내담자를 도울 수 있다는 것—는 수년 동안 제기되어 왔다. Enright와 Fitzgibbons(2014)는 용서치료를 강하게 주장했다. 그들은 과정 중심적인(process-oriented) 용서치료의 여러 혜택들을 옹호하고, 다양한 심리장애를 가진 사람들에게 임상적으로 적용할 것을 추천했다. 그 이후로 다양한 접근 방식의 용서 개입들이 심리치료 환자들을 도울 수 있다는 증거가 축적되어 왔다(〈표 24-1〉 참고).

이번 장에서 우리는 용서와 관련된 개념들을 정의하고, 용서 개입들을 요약하며, 그 효능에 대한 경험적 증거를 검토한다. 우리는 용서 개입이 신체적, 정신적 건강을 증진할 수 있게 하는 잠재적인 기제를 살펴본다. 그 후 우리는 임상 표본과 지역사회 표본 그리고 문제를 고치기보다 용서를 추구하여 삶을 더욱 풍요롭게 하고자 한 표본을 비교하여 용서 개입의 강점을 살펴본다. 우리는 분석을 통해 하나의 중요한 함의점을 제안할 수 있는데, 이는 용서 개입이 심리치료의 비용 대비 효율성을 높일 수 있는 보충물로 자주 활용될 수 있다는 것이다. 우리는 심리치료자들이 심리치료의 속도를 높이고 그 깊이를 더하기 위해 용서 개입을 활용할 수 있다고 결론짓는다. 이 결론은 이후에 살펴보겠지만 잠정적이며 과학적 조사가 필요하다.

용서에 대한 기초 및 응용 조사연구의 이해

잘못(Transgression)은 신체적 그리고/또는 심리적 경계를 침해하는 행위(offenses)와 상처(injuries)를 일컫는다. 이는 사람들을 안전하지 않다고 느끼게 한다. 이는 어떤 때에는 쉽게 해결 가능하지만, 어떤 경우에는 용서 못함(unforgiveness)이라고 불릴 수 있는 피해자의 분개, 씁쓸함, 증오, 적대감, 분노, 두려움으로 인해 오래 머물러 있다. 용서 못함은 반응성 심리장애에 수반되는 불안, 우울, 분노, 절망감, 의기소침 등을 유발 또는 악화한다. 더 나아가 희망을 침식시켜 치유를 저해할 수 있다. 용서는 심리적 문제와 용서 못함에 매여 있는 환자가 심리적 건강을 향한 길로 나아갈 수 있게 해 주는 변화다.

정의

피해자 관점의 용서　용서는 피해자의 가해자를 향한 부정적인 생각, 감정, 동기를 감소

〈표 24-1〉 임상, 지역사회, 학생 표본을 통한 개입 연구의 비교

저자	표본	모델	용서 문제	참여자 수 (치료 조건)	개입 시간 (시간)	변화량 (신뢰구간)
개입을 위해 모집된 임상 표본						
Waltman 등(2009)	임상적 건강	Enright	심근 관류	10	9	0.97(0.39, 1.58)
Lin 등(2004)	임상	Enright	물질 남용	50	12	1.51(0.57, 2.44)
Coyle과 Enright(1997)	임상	Enright	낙태 후 파트너(남성)	64	18	3.33(1.38, 5.29)
Hart와 Shapiro(2002)	임상	Enright	알코올 치료(남성)	34	20	0.58(0.32, 1.05)
Reed와 Enright(2006)	임상	Enright	정서적으로 학대받은 여성	64	32	2.27(1.22, 3.32)
Freedman과 Enright(1996)	임상	Enright	근친 성폭력 생존자	12	57.2	2.66(1.06, 4.26)
개입을 위해 모집된 지역사회 성인 표본						
DiBlasio와 Benda(2008)	지역사회 커플	DiBlasio	커플치료를 위해 모집된 갈등을 겪는 커플	45	3	0.35(−0.14, 0.84) 유의하지 않음
DiBlasio와 Benda(2008)	지역사회 커플(기독교인)	DiBlasio	커플치료를 위해 모집된 갈등을 겪는 커플	30	3	0.42(0.03, 0.82)
Luskin, Ginzburg와 Thoresen(2005)	지역사회 남성	Luskin	심장질환 위험이 있는 화가 많은 남성	53	6	0.23(−0.21, 0.68) 유의하지 않음
Harris 등(2006)	지역사회 건강	Luskin	분노와 건강	36	9	−0.18(−0.38, 0.03) 유의하지 않음
Kiefer 등(2010)	지역사회 부모	Worthington	배우자나 자식을 용서하는 부모	35	9	0.34(−0.23, 0.91) 유의하지 않음
Worthington 등(2010)	필리핀 지역사회 교회 구성원(기독교인)	Worthington	원한	31	6	0.92
Worthington 등(2015)	지역사회 신혼 커플	Worthington	파트너에 의해 가장 상처받은 지속적인 가해	40	9	0.54(0.24, 0.85)

연구	표본	개발자	결과	N	주	효과크기
Luskin과 Bland(2000)	지역사회 남성	Luskin	분노와 건강	63	15	0.61(−0.12, 1.35) 유의하지 않음
Luskin과 Bland(2001)	지역사회 남성 / 지역사회 구성원, 개입 없음 (통제)	Luskin	분노와 건강	63	15	0.14(−0.29, 0.56) 유의하지 않음
Lampton 등(2005)	지역사회 학생 (기독교인)		확인된 지속적 상처	23	6	0.26
Stratton 등(2008)	지역사회 학생 (기독교인)		확인된 지속적 상처	29	6	0.13
Toussaint 등(인쇄 중)	지역사회 학생 (기독교인) / 개인 개입이 아닌, 지역사회 인식 제고(awareness-raising) / 개입에 노출된 지역사회 구성원		확인된 지속적 상처	36	2.5	0.09(−0.07, 0.25) 유의하지 않음
Griffin 등(검토 중)	지역사회 학생 / 개입을 위해 모집된 학생 표본 (아동, 고등학생, 청년)	Worthington	확인된 지속적 상처	679	2.5	0.05(0.025, 0.075)
Al-Mabuk 등(1995)	고등학생	Enright	사랑이 결핍된 청소년	34	4	1.04(0.58, 1.50)
Stratton 등(2008)	대학생	Worthington	지속적 상처	30	5.5	0.42(0.03, 0.82)
Lampton 등(2005)	대학생	Worthington	지속적 상처	42	6	0.15(−.24, 0.54) 유의하지 않음
Wade 등(2009)	대학생	Worthington	지속적 상처	35	6	0.36(−0.25, 0.96) 유의하지 않음
Wade 등(2009)	대학생	Worthington	지속적 상처	30	6	0.28(0.04, 0.51)
Sandage와 Worthington(2010)	대학생	Worthington	지속적 상처	36	6	0.53(0.15, 0.90)
Lin 등(2014)	대학생(미국인 절반, 국제학생 절반)	Worthington	지속적 상처	88	6	0.33

						(평균, 표준편차)
Toussaint 등(인쇄 중)	대학생	지속적 상처	Worthington (W로 표기); Luskin(L로 표기)	34(W); 31(L)	6	TRIM: W(0.43, 0.10); L(0.30, 0.08); C(0.08, 0.08) W>L>C; TFS: W(0.26, 0.10); L(0.21, 0.01); C(0.17, 0.05) W=L, W>C, L=C; EFS: W(0.48, 0.10); L(0.38, 0.10); C(0.03, 0.07) W=L>C; Rye: W(0.25, 0.08), L(0.36, 0.08), L(0.36, 0.08); C(0.03, 0.05) L>W>C[1]
Gassin(1995)	학생	지속적 상처	Enright	38	6.67	-0.05(-0.78, 0.88) 유의하지 않음
Greer 등(2014)	기독교인 대학생 (워크북)	동료 기독교 집단구성원 용서하기	Worthington	52	6.7	1.37
Harper 등(2014)	대학생(워크북)	지속적 상처	Worthington	41	6.7	1.18
McCullough 등(1997)	대학생	지속적 상처	Worthington	33	8	0.93(0.44, 1.42)
Freedman과 Knupp(2003)	고등학생	지속적 상처	Enright	61	8	0.41(-.79, 1.62) 유의하지 않음
Goldman과 Wade(2012)	대학생	지속적 상처	Worthington	30	9	0.36(-0.06, 0.77) 유의하지 않음
Klatt와 Enright(2009)	고등학생	지속적 상처	Enright	9	9	0.62(-0.17, 1.40) 유의하지 않음
Hepp-Dax(1996)	아동	5학년 학생	Enright	일수 없음	일수 없음	0.33(-0.19, 0.86) 유의하지 않음

1) 역자 주: TRIM(Transgression Related Interpersonal Motivations Inventory), TFS(Trait Forgiveness Scale), EFS(Emotional Forgiveness Scale), Rye(Rye Forgiveness Scale)는 다양한 용서 관련 척도들을 말한다.

시키는 것, 그리고 가능하면 긍정적 생각, 감정, 동기를 촉진시키는 것을 뜻한다(정의에 대한 논의는 Worthington, 2005를 참고). 타인에 대한 용서는 [관대함(forgivingness)으로 불리는] 특성과 상태 모두로서 측정되어 왔다. 특성으로서의 **관대함**은 개인이 여러 시간과 상황에 걸쳐 용서를 하는 정도를 의미하는 반면, 상태로서의 **용서**는 특정 가해에 대한 용서를 뜻한다. **용서 못함**(unforgiveness)은 단순히 용서의 결핍이 아니라 원한을 품거나 복수하려는 동기와 감정들로 나타날 수 있다. 용서 못함은 작업 기억이 가해자를 향한 용서 못하는 느낌이라고 명명하는 여러 부정적 감정들(즉, 분함, 증오, 씁쓸함, 분노, 공포)의 조합이다. 그리고 부정적 동기는 이러한 부정적 감정과 자주 연관된다. 일부의 경우에서 용서 못함은 피해자가 가해자를 향해 용서 못하는 느낌을 무감각하게 하거나 억압하는 결과를 일으킬 수 있다. 상태로서의 용서나 용서 못함도 배우자에 대한 용서처럼 특정한 대상을 향할 수 있다(Paleari, Regalia, & Fincham, 2009).

McCullough와 동료들은 용서가 시간이 흐름에 따라 동기와 감정이 더 친사회적으로(또는 덜 적대적으로) 변화하는 것이라고 개념화했다(McCullough, Fincham, & Tsang, 2003; McCullough & Root, 2005). 그들은 가해가 일어난 순간에 용서 못함의 정도가 다를 수 있다고 주장했다. A는 B보다 높은 수준의 용서 못함을 가질 수 있다. 그러나 만약 A가 B와 같은 수준으로 용서 못함을 감소시키고 B는 변화하지 않고 그대로라면, A는 용서한 것이지만 B는 아니다. 그러므로 용서는 시간에 따른 변화로 고려되어야 한다.

Worthington(2006; 또한 Exline, Worthington, Hill & McCullough, 2003도 참고)은 서로 관련되어 있으면서도 다른 두 종류의 용서가 있다고 주장했다. **결정적 용서**(decisional forgiveness)는 가해자에 대한 복수심을 내려놓고 상대를 가치 있는 사람으로 대하고자 하는 행동적인 의도다. 이 경우 용서하고자 하는 결정(즉, 행동적 의도)을 내리면서도 부정적인 복수하려는 동기나 용서하지 않는 감정을 품을 수 있다. 따라서 **감정적 용서**(emotional forgiveness)는 부정적인 용서하지 않는 감정을 공감, 동정, 연민, 사랑이라는 타인지향적인 긍정적 감정을 통해 중화시키는 것을 뜻한다.

용서 못함은 종종 종교적 신념과 연관된다. 예를 들어, Exline과 동료들은 신에 대한 분노를 연구했다. 어떤 사람들은 '신을 용서한다'는 말이, 신이 인간의 판단 아래 놓여 있음을 암시하기 때문에 이를 신학적으로 불쾌하게 여긴다(Wood, Froh, & Geraghty, 2010; Exline, Park, Smyth, & Carey, 2011). 그러나 사람들은 신이나 신성한 대상을 향해 용서 못하는 마음을 경험할 수 있으며, 어떤 이들은 용서의 역동과 유사한 방식으로 이를 극복한다.

가해자 관점의 용서　가해자에 대해 이루어진 소수의 연구들은 그들의 용서 추구에 영향을 미치는 변인들에 초점을 두었다. 여러 명백한 이유들로 가해자와 피해자에게 용서는 다르다. 첫째, 통상적으로 목표가 다르다. 즉, 피해자는 용서를 하는 것이고, 가해자는 용서를 구하는 것이다. 둘째, 가해자와 피해자의 정서적 상태가 다르다. 가해자의 정서적 상태는 보통 죄책감, 수치심, 또는 자기합리화가 지배적인 반면, 피해자의 정서적 상태는 보통 분노, 두려움, 아픔, 분개심, 적대감이나 증오와 같은 감정에 중심을 두고 있다. 셋째, 가해자와 피해자는 각자의 역할의 차이로 인해 사건을 다르게 인식할 것이다.

최근 연구는 **잘못에 관해 소통하기**(communicating about transgressions)의 과정을 조사했다. 예를 들어, Waldron과 Kelly(2008)는 용서의 과정을 둘러싼 사회적 상호작용을 요약하였다(예: 다양한 형태로 책망하거나 해명하는 것). 자책(self-condemnation)은 가해자에게 잘못에 대해 소통하도록 동기부여를 할 수 있다. 자책은 다음과 같은 이유로 사람들에게 죄책감이나 수치심을 자극할 수 있다. ① 다른 사람에게 잘못하는 것, 또는 ② 자신의 도덕적 기준이나 개인적 기대에 미치지 못하는 것. 이처럼 개인은 도덕적 잘못을 저지르지 않더라도 자책할 수 있으며, 특히 개인의 기대가 비현실적이거나 비논리적일 경우에 그렇다. 신성한 용서(divine forgiveness)와 자기용서(self-forgiveness)는 일반적으로 피해자보다 가해자와 더 관련된다. **신성한 용서**는 자신이 신성하게 여기는 신에게 용서받은 느낌을 뜻한다. **자기용서**는 스트레스 대처 모델 내에서 개념화되어 왔다(Worthington, 2006). Hall과 Finchman(2005)은 자신의 악행을 더 높은 섭리나 존재에 맞추길 추구하고, 상대에게 보상하며, 피해자와의 관계를 고려하여 자신을 용서하는 것을 포함하는 자기용서에 대한 모델을 발전시켰다. 그들은 이 모델을 종단적으로 테스트하여(Hall & Fincham, 2008) 자기용서가 가해로부터 시간이 지날수록 선형적으로 증가함을 발견했다. Davis 등(2015)은 자기용서를 탐색하는 연구를 50개 넘게 메타분석하여 자기용서와 임상적인 건강 간의 강력한 연관성을 발견했다.

그러므로 다양한 과정과 구성개념들이 잘못이 일어난 대인관계적 맥락에서 포함된다. 긍정 임상심리학을 위한 도구로서 용서는 사람들이 ① (그들이 피해자건 가해자건 간에) 잘못에 대한 괴로운 반응들을 다룰 수 있게 하고, ② 자신의 삶을 풍요롭게 하고 (특히 극단적이거나 만성적인 형태의) 용서 못함을 방지할 수 있게 하며, ③ 회복을 위한 치료를 찾을 필요 없이 잘못을 다룰 수 있는 대처 기술을 기를 수 있게 한다. 그러나 치료가 하나의 덕목—용서—이기 때문에 사람들은 회복이나 예방, 또는 풍부하게 하려는 작업 어느 것에 참여하든 그 덕목을 쌓게 된다. 그러므로 긍정 임상심리학적 개입은 세 가지 목적 중 어느 것에서도 사용될 수 있는 용서 개입들을 포함하고 있다.

주요 용서 개입들

Enright의 심리치료적 및 심리교육적 용서 개입

Enright의 용서에 대한 과정 모델(Enright & Fitzgibbons, 2014)은 용서 못함으로 인한 심각한 신체적 건강과 정신건강의 문제를 치료하기 위해, 그리고 (긍정 임상심리학의 좋은 예인) 심리적 풍요로움을 증진시키기 위해 사용되어 왔다. Enright의 개입은 4개의 상위 단계(phase)로 묶이는 20개의 하위 단계들로 이루어져 있으며, 다음에 간단히 설명되어 있다. 도입 단계(uncovering phase) 동안 사람들은 고통과 상처의 실체 모두와 그것이 자신에게 어떻게 영향을 주었는지를 경험한다. 심리적 또는 신체적 상처를 회상함으로써 고통을 느끼는 것은 몇몇 사람들에게 변화하고 용서를 향해 나아가야 할 필요성을 느끼도록 동기부여한다. 결정 단계(decision phase)에서 개인은 용서하기 전에 용서에 대해 생각한다. 작업 단계(work phase)에서는 정서의 대체가 핵심이다. 공감적 재구성이 이루진 후에 사람들은 공감, 연민 그리고 수용에 집중한다. 심화 단계(deepening phase)에서 사람들은 괴로움과 용서에서 의미를 찾고, 과거에 자신이 다른 이들의 용서를 필요로 했음을 깨달으며, 자신이 혼자가 아님을 통찰하고, 용서 이후 삶에서 새로운 목적을 받아들여, 부정적 정서를 덜, 긍정적 정서를 더 자각하게 된다.

Worthington의 심리교육적 개입을 위한 REACH 용서 모델

Worthington(2006)의 REACH 용서 모델은 대부분 심리교육적 상황에서 자주 활용되어 왔으나, 최근에는 경계선 성격장애에도 적용되었다(Sandage et al., 인쇄 중). REACH 용서 개입은 사람들이 용서하기로 결정한 후, 용서하지 않는 감정을 보다 용서하는 감정으로 대체하는 다섯 단계를 거치도록 이끈다. 각 단계는 REACH의 각 글자에 대응한다. 첫째, 참가자는 상처를 회상하며(Recall), 이는 잘못을 회상함과 동시에 비난을 줄이고 피해자로서의 위치를 강조하는 것을 포함한다. 사람들은 상처를 용서하는 결정을 하도록 초대된다. 둘째, 참가자는 가해자에 대해 공감한다(Empathize). 이는 공감과 함께 동정, 연민, 심지어 사랑과 같은 긍정적인 타인지향적 감정을 가해자에 대해 촉진하기 위함이다. 셋째, 참가자는 용서라는 이타적인(Altruistic) 선물을 선사한다. 용서라는 이타적인 선물을 주기 위해, 개인은 ① 공감, ② 과거에 타인에게 용서를 받은 경험 대한 감사, 그리고 ③ 겸손을 촉진시키는 연습을 한다. 넷째, 참가자는 자신이 경험한 정서적 용서를 공적으로 알림으로써 이에 대해 전념한다(Commit). 마지막으로, 이 개입은 참가자들이 확신을 품지 못하는 순간에 자신의 전념을 떠올리게 하고, 용서하지 않는 생각, 감정 또는 관련 행동이 촉발될 때 이에 대처하는 전략을 계획하게 하여 용서를 유지할(Hold on) 수 있도록 한다. 리더와 참가자 매뉴얼은 무료로 www.EvWorthington-forgiveness.com에서 조회할 수 있다.

기타 용서 개입들

앞의 개입들이 가장 경험적으로 검증된 용서 개입들을 대표하는 반면, 다른 몇몇 접근들 또한 사용되어 왔다. Rye와 동료들(Rye & Pargament, 2002; Rye, Pargament, Pan, Yingling, Shogren, & Ito, 2005; Rye et al., 2012)은 연인 관계의 이별 이후 경험하는 분노와 씁쓸함에 대해 전 애인을 향한 용서를 증가시키도록 고안된 개입을 개발했다. 이 개입에는 다섯 개의 단계가 있다. ① 배신당한 느낌에 대한 토의, ② 분노에 대처하는 인지행동적 전략, ③ 용서 교육, 용서를 가로막는 장애물, 그리고 용서를 성취하기 위한 전략, ④ 자기돌봄과 자기용서, 그리고 ⑤ 재발 방지와 종결. 종교적 및 비종교적 버전 모두가 검증되었다.

Luskin(2001)의 완전한 용서(Forgive-For-Good) 모델은 용서에 접근함에 있어 주로 인지행동치료적 방법들을 사용한다. 그는 완전한 용서 모델을 아홉 단계로 정리한다. ① 가해에 대한 개인의 괴로움을 조사한다. ② 기분이 나아지기 위해 전념한다. ③ 용서와 화해의 차이를 이해하고, 가해를 덜 개인적인 것으로 받아들인다. ④ 괴로움이 상처 자체가 아니라 상처받은 느낌, 생각, 신체적인 동요에서 오는 것임을 인시한나. ⑤ 녹상함을 느낄 때 교감신경계 활성화를 완화시키기 위해 스트레스 관리 훈련을 한다. ⑥ 다른 사람들이 자신의 필요를 채워 줄 것이라는 기대를 멈춘다. ⑦ 상처받은 경험이 아닌 긍정적인 목표 달성을 위한 다른 방법들에 에너지를 투자한다. ⑧ 잘 사는 것이 최고의 복수임을 기억하며, 상한 마음에 집중함으로써 가해자에게 주도권을 주지 않는다. 그 대신 사랑, 아름다움과 친절함을 추구한다. 그리고 ⑨ 용서하기로 한 자신의 영웅적인 선택을 상기한다.

커플치료를 위해 여러 종류의 접근들이 맞춤식으로 개발되었다. Gordon과 동료들은 불륜이 발생한 커플들을 위한 용서 모델을 개발했다(Gordon, Baucom, & Snyder, 2004). 용서는 3개의 요소로 이루어져 있다. ① 관계에 대한 현실적이고, 왜곡되어 있지 않으며, 균형 잡힌 관점, ② 파트너를 향한 부정적인 감정의 통제로부터 벗어나기, ③ 파트너를 처벌하고 싶은 욕구의 감소. 개념화와 커플치료의 방법은 인지행동치료와 정신역동이론으로부터 차용했다.

Worthington의 REACH 용서 모델은 공감의 경험을 통한 용서와 화해(Forgiveness and Reconciliation through Experiencing Empathy: FREE)라는 더 커다란 모델에 들어맞는다. 여러 연구들이 커플(Ripley & Worthington, 2002; Burchard, Yarhouse, Worthington, Berry, Kilian, & Canter, 2003)과 부모(Kiefer et al., 2010)에 대해 이 모델을 검증했다.

Greenberg, Warwar, 그리고 Malcolm(2010)은 용서를 통해 정서적·대인관계적 상처의 해결을 촉진하는 특화된 정서중심치료 개입을 개발했다. DiBlasio(2000) 또한 커플치료에서 몇몇 잘못을 다루고 있는 커플들을 위한 용서 개입을 개발했다.

전반적으로 용서를 위한 치료법들은 다양한 심리치료 이론들의 방법들을 사용한다. 소수가 인지행동치료 방법에만 의존하며 많은 치료법들이 정서적 반응성을 수정하는 데 초점을 두지만, 변화를 가져 오는 방식은 매우 다양하다. 일부는 커플 또는 가족관계에 적용되지만, 초점은 여전히 용서다. 이제 질문이 제기된다. 이들이 효과가 있는가?

용서 개입들을 지지하는 증거

용서치료는 용서를 가져 온다

용서 개입들에 대한 메타분석은 개인, 커플, 심리교육, 그리고 과정 집단 개입들이 용서를 촉진하는 데에 효과적임을 보였다(효과크기는 개입 시간당 0.1 S.D. 정도다.). Wade, Hoyt, Kidwell, 그리고 Worthington(2014)은 용서 개입들에 대한 메타분석을 실시했다. 대부분이 효과가 있었으며, 서로 다른 개입들 간의 차별적인 효과가 나타나지는 않았다. Enright(Enright & Fitzgibbons, 2014)의 용서 과정($N = 23$)과 Worthington(2006)의 REACH 용서($N = 22$)는 기타 결합된 개입들($N = 22$)만큼이나 자주 검증되었다. 단순 직접비교(head-to-head comparison)에서 Enright 대 Worthingson은 $p = .27$, Enright 대 기타는 $p = .15$였다. 개입의 효능은 ① 치료 양식(개인치료가 집단치료보다 효과적이었다, $p = .021$, 그러나 커플치료는 그렇지 않았다, $p = .251$), 그리고 ② 치료양(dosage)에 따라 달라졌다. 일반적으로 더 심각한 문제들(예: 근친 성폭력)에는 더 긴 치료 기간과 더 큰 이득이 따랐다.

용서치료는 건강에 긍정적인 영향을 줄 수 있다

용서는 보다 나은 신체적, 정신적, 관계적 그리고 영적인 건강과 반복적이고 강하게 연관되어 왔다. 개관연구들이 관계적(Waldron & Kelly, 2008) 그리고 영적(Davis, Worthington, Hook, & Hill, 2013) 건강에 대해 정리했다. 우리는 주로 신체적·정신적 건강에 초점을 둔다.

용서는 더 나은 신체적 건강과 관련된다   질적 연구에서는 용서가 더 나은 신체적 건강과 관련이 있음이 일관적으로 발견되었다. 예를 들어, Toussaint, Williams, Music, 그리고 Everson(2001)은 국가 확률조사 표본을 이용해, 65세 이상의 성인들에게서 용서 못함과 부정적인 건강 지표 간 유의미한 상관을 발견했으나, 보다 낮은 연령에서는 이를 찾지 못했다. 그러므로 많은 건강 문제는 용서 못함의 스트레스원으로서의 특성에서 비롯하고, 이에 따라 만성적이며 장기적인 스트레스가 신체적 건강에 큰 피해를 가져 오게 된다. 건강 문제는 심혈관계과 면역체계에서 발생하며(Worthington, Witvliet, Pietrini, & Miller, 2007 관련 개관연구 참고), 상승한 코르티솔로 인해 많은 다른 체계들에서도 일어난다(Sapolsky, 2004 참고).

Lavelock과 동료들(2015)은 용서가 더 나은 신체적 건강으로 이어질 수 있게 하는 기제에 대한 개념적 모델을 제안했다. 먼저, 그들은 부정 정서에서 긍정 정서로의 변화가 Harris와 Thoresen(2003)의 용서와 건강 모델을 지지한다고 제안했다. Harris와 Thoresen은 긍정 정서를 더 경험하고 부정 정서를 덜 경험하는 것이 건강을 촉진하는 행동, 더 높은 빈도의 최대 생리적 기능, 그리고 더 나은 미주신경 긴장도로 이어진다고 추정했다. 사실상 더 나은 건강 관련 결과는 용서 못함의 감소, 긍정적 정동의 증가, 그리고 이 효과들이 행동에 미치는 영향들과 결합될 때 나타난다. 둘째, 용서는 개인의 사회적 지지 네트워크를 유지하는 데 도움을 줄 수 있으며, 이는 신체적 건강에 영향을 줄 수 있다. 용서는 더 좋은 신체적 건강으로 이어지는 반면 사회적 고립은 개인과 집단에게 위협적이다. 셋째, 용서는 부정적 정동과 같이 신체적 건강에 간접적으로 영향을 미칠 수 있는 정신건강 변인들과 관련이 있다. 특성으로서의 관대함 또한 더 나은 갈등 관리와 상관이 있었으며, 이는 용서와 건강의 관계를 완전히 매개했다. 넷째, 타인을 용서하는 사람은 더 강한 면역체계(Seybold, Hill, Neumann, & Chi, 2001), 스트레스에 대한 더 낮은 생리적 반응성(Witvliet, Ludwig, & Vander Laan, 2001), 낮은 혈압(Lawler, Younger, Piferi, Jobe, Edmondson, & Jones, 2005), 그리고 전반적으로 적은 신체적 증상(Toussaint et al., 2001)을 나타내는 경향이 있었다. 용서와 관련된 생리적 반응은 보통 스트레스와 관련이 있었다. 용서와 낮은 수준의 코르티솔(Berry & Worthington, 2001; Tabak & McCullough, 2011)과 옥시토신(Tabak, McCullough, Szeto, Mendez, & McCabe, 2011)과의 연관 또한 발견되었다. 많은 생리적 변인들은 용서와 신체적 건강을 매개하며(자세한 내용은 Toussaint, Worthington, & Williams, 2015 관련 개관연구 참고), 이는 심리적 건강을 통해 나타나는 간접적 효과들을 포함한다. 단기적인 분노는 특정 상황에서 기능적일 수 있으나, 만성적인 분노와 관련된 용서 못함은 전형적으로 신체적 건강에 유해하다.

용서치료는 정신건강 변인들에 긍정적 영향을 줄 수 있다

Wade 등(2014)에서 용서치료는 더 낮은 우울과 불안, 그리고 더 높은 희망감과 관련이 있었다. 예를 들어, 연구들에서 용서치료를 한 후 용서와 우울 모두 측정한 경우(k = 10), 용서는 우울보다 효과크기가 컸지만 그럼에도 불구하고 우울에서도 큰 이득이 있었다(우울의 효과크기 = 0.34, 95% 신뢰구간 [0.17, 0.51], 용서의 효과크기 = 0.60, 95% 신뢰구간 [0.26, 0.94])(p = .09). 유사하게, 불안을 겪는 사람들에게 용서치료를 했을 때(k = 7), 용서(효과크기 = 1.34, 95% 신뢰구간 [0.55, 2.12])와 비교한 경우, 불안에 대한 총 효과크기는 0.63, 95% 신뢰구간 [0.0003, 1.26]이었다(p = .21). 양 사례 모두 우울이나 불안에 대해 다루지 않고도 이득은 용서에서 얻은 이득의 거의 절반에 달했다. 대인관계에서의 이득을 우울, 불안에 대한 인지행동치료에서 전형적으로 발생하는 이득과 비교해 보았을 때, 그 이득은 우울과 불안을 목표로 한 전체 심리치료의 대략 1/3에서 1/2에 달했다. 희망에 대해서는(k = 6), 희망에 대한 총 효과크기는 1.00, 95% 신뢰구간 [0.38, 1.62]였으며, 같은 연구들 내의 용서에 대한 효과크기는 0.94, 95% 신뢰구간 [0.16, 1.73]이었다(p = .96).

용서가 정신건강에 긍정적 영향을 미칠 수 있는 기제

여러 기제들이 잠재적으로 용서와 정신건강의 개선을 연결 짓는다. 이들은 다시 한번 용서가 어떻게 임상심리학과 긍정심리학 양쪽 모두를 아우를 수 있으며, 긍정 임상심리학의 본보기인지 보여 준다.

용서는 임상적 회복을 촉진할 수 있다. 예를 들어, 상처가 된 사건에 대한 반추는 자주 불안, 우울 그리고 희망의 상실로 이어진다. 용서 못함이 약해지면서 반추는 줄어들며, 희망은 용서 개입과 정신건강의 결과들 간의 연결을 매개한다(Witvliet, DeYoung, Hofelich, & DeYoung, 2011). 이처럼 개입은 희망을 증가시키고 인과적으로 우울과 불안에 영향을 준다. 그러므로 용서 개입은 불안이나 우울 관련 인지, 정서를 촉발할 수 있는 조건들에 대처할 수 있도록 일반화될 수 있는 심리적 · 대인관계적 전략들을 촉진할 수 있다. 이들은 또한 대인관계에서 정서적 균형을 개선할 수 있는 관계 회복 방법들을 촉발할 수 있다.

용서 개입은 또한 환자의 애착 도식에 존재하는 파열들을 수리할 수 있게 하여 자기분화를 촉진할 수 있다. Sandage와 동료들(자세한 내용은 Worthington & Sandage, 2015 관련 개관연구 참고)은 가장 지속적으로 용서와 용서가 환자, 지역사회 구성원, 그리고 학생들의 애착 도식에 미치는 영향을 조사했다. 최근의 임상적 적용에서 Sandage 등(인쇄 중)은 REACH 용서 개입을 경계선 성격장애가 있는 사람들을 위한 변증법적 행동치료 프로토콜 내에서 적용하였다. 그들은 환자가 용서의 개념을 받아들일 뿐만이 아니라, 용서에서의 긍정적인 변화가 정신과적 증상 및 애착 불안의 감소와 연관이 있음을 발견했다.

용서 개입은 성장과 다른 긍정적인 심리적 과정들 또한 촉진할 수 있다. 이는 대인관계에서의 잘못을 다루기 위한 효과적인 대처전략을 촉진하고, 다른 덕목이나 성격 강점을 포함하는 확장-구축(broaden-and-build) 성장 과정을 확립하며, 종교가 있는 환자들로 하여금 종교적 가치나 공동체로부터 심리적 회복을 위한 자원을 가져 오게 한다. Rye와 Pargament(2002) 그리고 Rye 등(2005)은 Rye의 용서 개입의 비종교적 버전과 기독교인들을 위한 버전을 기독교 학부생과 지역사회 내에서 이혼 경험이 있는 사람들을 대상으로 비교했다. 비종교적 버전과 기독교인을 위한 버전 간 차이가 거의 없었으며, 사후분석은 기독교인들이 비종교적 버전에서도 종교적 전통에서 끌어온 종교적 대처전략을 활용함을 보여 주었다. 용서를 촉진하는 개입들이 증가된 공감을 통해 작용한다는 증거가 있으며, 이는 분명히 중요한 관계적 강점이다(McCullough et al., 1998; Sandage & Worthington, 2010). 용서 개입은 또한 다른 덕목이나 성격 강점들을 함양하고, 회복탄력성을 촉진시키며, 희망을 고취한다.

요약하면, 여러 기제들이 증상의 감소를 통한 용서와 증가된 정신건강의 관계를 잠재적으로 관련짓는다. 다른 기제들은 긍정적인 심리적 상태들을 가속할 수 있다. 용서 개입은 임상심리학과 긍정심리학 측면 모두에서 작용하며, 긍정 임상심리학의 본보기가 된다.

임상 및 비임상 집단을 위한 용서 개입

연구들의 요약

우리는 임상 그리고 준임상 인구 모두에 대한 용서 개입들을 분석하고자 했다(〈표 24-1〉 참고). 우리는 무선적인 임상적 용서 개입 시행들을 분석한 Wade와 동료들(2014)에서 연구 목록을 참고했다. 우리는 Enright, Worthington, Luskin, 그리고 DiBlasio의 개입들이 가장 자주 사용되었기에 이들을 사용한 치료들을 선별했다. 또한 우리는 Wade 등(2014)과 다른 연구들에서 우리가 접근할 수 있는 다른 종류의 개입들을 다룬 연구들을 보충했다. 이에는 지역사회 전체가 인식 제고(awareness-raising) 개입을 받는 상황에서 통제집단을 살펴보는 것들을 포함했으며(예: Lampton, Oliver, Worthington, & Berry, 2005; Sratton, Dean, Nooneman, Bode, & Worthington, 2008), 이들은 단지 (추가적인 심리교육적 개입을 받는) 치료 집단과 인식을 제고하려는 지역사회의 통제집단 간 차이만을 보고했다. 우리는 임상연구에서 (구체적인 개입 목표가 있다면) 문제와, 치료 기간, 그리고 효과크기를 요약했다. 일부 연구에서는 신뢰구간이 제공되지 않아 평균만을 보고했다. Wade 등의 메타분석에서 이론적 접근을 무색하게 하는 강한 용량-반응(dose-response) 관계를 발견했기 때문에, 우리는 각 분류의 치료를 치료 기간에 따라 나열했다. 〈표 24-1〉에서 알 수 있듯이, 각 분류에서 기간이 짧은 치료에서는 유의하지 않은 결과들이 우세하다.

준임상 집단보다 임상 집단에서 더 많은 용서가 경험된다

임상적 치료   임상 환자를 대상으로 한 연구에서는, 대부분이 Enright의 과정 모델을 사용했다. Enright는 환자들을 대상으로 자신의 모델을 가장 자주 적용했다. 환자를 대상으로 용서를 촉진한 다른 연구들 또한 긍정적인 기록이 있다는 점, 그리고 다른 접근들이 해당 집단을 대상으로 한 연구가 없다는 점 때문에 전형적으로 Enright의 모델을 활용했다. 임상 표본의 치료는 일반적으로 유의한 효과가 있었다. 치료 조건에서 표본크기는 보통으로 12명에서 64명(평균 39명)이었다. 총 6개의 연구를 정리하였으며 모두 유의한 효과를 가졌다. 임상 환자들은 근친성폭력, 애정이 결핍된 힘들었던 청소년 등과 같이 용서할 심각한 상처가 있었다. 그 결과 치료 기간은 9에서 57.2시간으로 매우 길었으며, 효과크기는 0.58(알코올 중독자 갱생회)에서 3.33(파트너의 낙태로 어려움을 겪는 남성) 사이였다. 이러한 '용서치료'의 단점은 임상가가 단 하나의 문제를 치료하여 용서를 달성하기 위해 9시간이 가용한 경우는 거의 없으며, 이에 헌신할 57시간을 확보할 수 있는 경우는 사실상 없다는 것이다. 그러므로 이러한 치료의 임상 장면으로의 전환에는 의문이 있을 수 있다.

지역사회 기반 치료   표본이 치료를 위해 지역사회로부터 모집되었을 때, 표본크기는 30에서 63으로 중간 정도였으며, 평균은 45명이었다. 효과크기는 환자들에 대한 것과 비교했을 때 다소 줄어들었으며, 이는 아마 참가자 모두가 삶에서 용서하지 못한 주요 사건이 있지는 않았기 때문일 것이다. 4개의 연구에서, Harris와 동료들(2006)은 화가 심혈관계 질환 위험에 미치는 영향이 걱정되는 남성들을 모집했다. 이 4개의 연구에서 심리교육 집단 개입의 초점은 용서였으나, 참가자들은 자신의 건강을 더 걱정했다. 그러므로 6, 9, 15 그리고 15시간을 할애한 4개의 개입 모두에서 용서를 촉진하는 데에 통계적으로 유의하지 않은 결과가 나온 점은 놀랍지 않다.

종교 공동체   DiBlasio와 Benda(2008)는 지역사회에서 커플들을 모집해 용서를 촉진하는 3시간의 개입을 포함한 커플치료를 소개했다. 3시간의 치료는 기독교인 커플에게는 유의한 효과를 가져 왔다(그러나 자신을 기독교인이라고 하지 않은 사람들에게는 그렇지 않았다.). 국제 커플 표본에서도 유사한 결과가 발견되었다. Worthington 등(2010)은 필리핀의 교회에서 이루어진 6시간의 집단 심리교육 개입에 대해 0.92의 효과크기를 보고했다. Greer, Worthington, Lin, Lavelock, 그리고 Griffin(2014)은 자신에게 상처를 주거나 무례하게 대한 (많은 경우, 목사를 포함하는) 교회 구성원을 용서하고자 하는 기독교인 표본에 대해 워크북 형태의 용서 개입을 활용했다. 워크북은 평균적으로 완료하는 데 6.7시간이 걸렸으며, 평균 효과크기는 1.37이었다. Davis 등(2013) 또한 50개가 넘는 연구들의 메타분석을 통해 유의한 효과를 보고했으며, 대부분 기독교인이었다(그러나 이들에게만 한정되지는 않았다.). 그러므로 공동체의 기독교인 구성원에 대한 여러 개의 치료 연구들에서 연구자들은 대부분 통계적으로 유의한 효과크기를 발견했다. 공동체의 집단원들이 구체적으로 용서 집단에 참여하기 위해 모집되었음에도 불구하고, 우리가 검토한 10개의 연구 중에서는 난 4개만이 유의한 효과를 보여 주었다.

지역사회에서의 통제집단   지역사회 기반의 변화가 나타났거나, 지역사회 전체를 대상으로 (용서 집단과 같은) 프로그램이 주어지고, 통제조건으로 하위 표본이 선택된 지역사회 표본에서는 효과크기가 보다 작았다. 두세 연구가 신뢰구간을 보고하지 않았으나, 유의성은 없어 보인다. 3개의 연구에서 표본크기는 23에서 36명이었다. 효과크기는 0.26, 0.13, 그리고 0.09였다.

큰 지역사회에서의 인식 제고 개입   지역사회의 용서에 대한 인식 제고 개입을 한 하나의 연구에서는, Griffin 등(검토 중)이 877명의 학생들과 그 외 기숙사 관리자, 기숙사 조교, 그리고 보건 담당자를 평가했다. 그들의 예배 시간, 수업 프로젝트, 에세이 대회, 포스터, 광고, 신문 기사 등을 통한 용서 개입에 대한 평균적인 노출 시간은 2.5시간이었다. 평균적인 변화량은 노출 시간당 0.02였으며, 효과크기는 0.05였다. 이것이 큰 효과는 없는 것처럼 보이지만, 이는 700명이 넘는 (검사를 받은; 개입을 경험한 사람은 더 많다) 사람들에게서 나타났다. 그러므로 의미 있는 용서의 양을 추정하는 것은 어렵다. 그러나 만약 10명 중 한 명만이라도 임상적으로 유의미한 변화를 경험했다면, 이는 지역사회 전체에 걸쳐 상당한 변화량으로 이어진다.

용서치료와 심리치료

우리는 심리치료자들이 심리치료의 속도를 증가시키고 깊이를 더하기 위해 용서치료를 사용할 수 있다고 잠정적으로 결론짓는다. 그러나 이 결론은 아직 조사되지 않았다. 우리는 이 의제를 조사하기 위해 여러 개의 가설을 제안한다.

- 심리치료에서 다양한 방식으로 나타나는 대인관계의 특성에도 불구하고, 용서가 심리치료에서 주된 초점이 되는 경우는 드물다. 임상적 경험은 사람들이 거의 '용서치료'를 심리치료의 초점으로 두지 않는다고 시사한다(그리고 이는 검증될 필요가 있다.). 커플치료자에서 사회복지사, 심리학자에 이르는 임상가들에 대한 설문은 환자들이 심리치료에서 주목을 필요로 하는 용서 못함과 관련된 이슈가 높은 빈도로 있다는 데에 동의한다(DiBlasio & Proctor, 1993).
- 용서 못함이 심리치료에서 중점이 될 때, 용서 개입은 어려움 없이 심리치료적 과정에 통합될 수 있다.
- 용서 못함이 심리치료에서 중점이 되지 않을 때, 용서 개입을 심리치료에 포함시키는 것은 심리치료를 방해할 수 있다. 다시 말해, 용서 못함이 심리치료에서 중점이 되지 않을 때, 용서에 한 주 동안 초점을 두는 것은 심리치료 과정에 혼선을 줄 수 있다고 생각된다.
- 일부 내담자들은 용서라는 주제에 대해 부정적인 관점을 가지고 있거나, 문화적 · 종교적 전통에 기반한 특정한 이해방식을 가지고 있을 수 있다. 치료자들은 모든 임상적 실무에서 그렇듯이 용서 개입을 사용할 때에도 높은 수준의 문화적인 유능함이 필요하다.
- 심리교육적 용서 집단 또는 자가 훈련용 워크북이 심리치료에 있어 적절한 보충물이 될 수 있다. 예를 들어, 용서치료는 대인관계 문제로 상담을 제공하고 있는 환자들을 대상으로, 1년에 몇 번 주말에 만나는 (여섯 시간의) 심리교육적 용서 집단을 포함할

수 있다. 이러한 집단은 석사 수준의 전문가가 시행하고 집단치료 수준의 가격에 청구할 수 있으며, 이는 전형적으로 ① 내담자들에게 재정적으로 이득이 되고, ② 치료 시간을 줄이고 (그러나 실무에 여전히 금전적인 수입을 줄 수 있고), ③ 용서에 집중하여 치료를 가속시키며 불안과 우울이 줄어들고 희망이 증가하는 효과를 얻고, ④ 심리치료에서 초점을 두지 않는 것들을 다루고 집단의 치료적 요인(Yalom, 1975)을 활용하기 때문에 더욱 일반화가 가능하며, ⑤ 경력 있는 심리치료자가 (기관에서 인턴 또는 신입 상담자가 되거나, 노련한) 집단 전문가로 성장하여, 심리치료자가 일부 환자들에 있어 보다 지엽적인 문제로 보이는 것들을 다루기 위해 곁길로 샐 필요 없이 중심 문제에 집중할 수 있도록 해 준다. 유사하게, 용서를 촉진하기 위해 환자들은 숙제용 또는 웹 기반의 워크북을 통한 과제를 부여받을 수 있다(Teachman, 2014). 초기 무선 임상시행(Greer et al., 2014; Harper et al., 2014)에서 개인 용서치료와 비교해 긍정적인 효과를 가졌던, 이러한 근거기반 워크북은 심리 기술자(psychological technician)가 모니터링 할 수 있다. 이는 전문적인 심리치료 시간에 더 여유를 주고, 전문가나 환자의 큰 비용 부담 없이 상당한 심리적 효과를 준다.

요약

선별된 연구들을 검토하며, 우리는 용서 개입이 치료양과 초기의 용서 못함 수준에 크게 영향을 받는다고 결론짓는다. 비록 안정된 지역사회에서도 어느 정도의 용서는 필요하며, 이를 위한 적절한 수준의 치료는 더욱 절실하다. 특정 가해 행위들을 겨냥한 무선 임상시행들에서의 임상적 적용들은 극명한 개선을 보여 주었다. 그러나 이는 치료가 가장 길었고 용서 못함의 수준이 가장 높았기 때문일 가능성이 있다. 한편으로 이러한 연구들에 있어 외적인 타당도는 이제 효능(efficacy)에서 효과성(effectiveness)과 보급 시행(dissemination trials)으로까지 조사되어야 한다. 추가적인 탐색이 필요하다.

결론

우리는 용서가 긍정 임상심리학의 본보기임을 보여 주었다. 용서는 단지 번영을 향상시키는 방법일 뿐만 아니라, 호소 문제에 자주 필수적으로 포함되는 대인관계 문제를 예방하고 해결하기 위해 심리치료적, 심리교육적, 지역사회 기반 공공 보건 개입을 통해 장려되어 온 경험이다. 우리는 하나의 중요한 함의점을 제안했다. 즉, 용서 개입은 심리치료를 더욱 비용 대비 효과적으로 만들기 위한 보충물로 사용될 수 있다. 현재 이 주장에 대한 실험적인 증거는 존재하지 않지만, 우리의 분석으로 볼 때 이는 논리적인 다음 단계다. 많은 용서 개입들이 검증되어 왔으나, 구체적으로 용서 집단을 보충물로 포함한 그리고 포함하지 않은 치료를 받는 심리치료 환자들을 대상으로 살펴본 것은 아직 없었다.

참고문헌

Al-Mabuk, R. H., Enright, R. D., & Cardis, P. A. (1995). Forgiving education with parentally love-deprived late adolescents. *Journal of Moral Education*, *24*, 427-444.

Berry, J. W. & Worthington, E. L., Jr. (2001). Forgiveness, relationship quality, stress while imagining relationship events, and physical and mental health. *Journal of Counseling Psychology*, *48*, 447-455. doi.10.1037/0022-0167.48.4.447.

Burchard, G. A, Yarhouse, M. A., Worthington, E. L., Jr., Berry, J. W., Kilian, M. K., & Canter, D. E. (2003). A study of two marital enrichment programs and couples' quality of life. *Journal of Psychology and Theology*, *31*, 240-252.

Coyle, C. T. & Enright, R. D. (1997). Forgiveness intervention with post-abortion men. *Journal of Consulting and Clinical Psychology*, *65*, 1042-1045.

Davis, D. E., Ho, M. Y., Griffin, B. J., Bell, C., Hook, J. N., Van Tongeren, D. R., Worthington, E. L., Jr., DeBlaere, C., & Westbrook, C. (2015). Forgiving the self and physical and mental health correlates: A meta-analytic review. *Journal of Counseling Psychology*, *62*(2), 329-335.

Davis, D. E., Worthington, E. L., Jr., Hook, J. N., & Hill, P. C. (2013). Research on religion/spirituality and forgiveness: A meta-analytic review. *Psychology of Religion and Spirituality*, *5*, 233-241. doi.10.1037/a0033637.

DiBlasio, F. A. (2000). Decision-based forgiveness treatment in cases of marital infidelity. *Psychotherapy: Theory, Research, Practice, Training*, *37*(2), 149-158. doi.10.1037/h0087834.

DiBlasio, F. A. & Benda, B. B. (2008). Forgiveness intervention with married couples: Two empirical analyses. *Journal of Psychology and Christianity*, *27*(2), 150-158.

DiBlasio, F. A. & Proctor, J. H. (1993). Therapists and the clinical use of forgiveness. *American Journal of Family Therapy*, *21*, 175-184. doi.10.1080/01926189308250915.

Enright, R. D. & Fitzgibbons, R. P. (2014). *Forgiveness therapy: An empirical guide for resolving anger and restoring hope*. Washington, DC: American Psychological Association. doi.10.1037/10381-000.

Exline, J. J., Park, C. L., Smyth, J. M., & Carey, M. P. (2011). Anger toward God: Social-cognitive predictors, prevalence, and links with adjustment to bereavement and cancer. *Journal of Personality and Social Psychology, 100*, 129-148. doi.10.1037/a0021716.

Exline, J. J., Worthington, E. L., Jr., Hill, P. C., & McCullough, M. E. (2003). Forgiveness and justice: A research agenda for social and personality psychology. *Personality and Social Psychology Review, 7*, 337-348. doi.10.1207/S15327957PSPR0704_06.

Freedman, S. R. & Enright, R. D. (1996). Forgiveness as an intervention goal with incest survivors. *Journal of Consulting and Clinical Psychology, 64*, 983-992. doi.10.1037/0022-006X.64.5.983.

Freedman, S. & Knupp, A. (2003). The impact of forgiveness on adolescent adjustment to parental divorce. *Journal of Divorce and Remarriage, 39*, 135-164. doi.10.1300/J087v39n01_08.

Gassin, E. A. (1995). *Social cognition and forgiveness in adolescent romance: An intervention study.* Doctoral dissertation. Available from PsychInfo at: 1995-95020-077.

Goldman, D. & Wade, N. G. (2012). Comparison of group interventions to promote forgiveness: A randomized controlled trial. *Psychotherapy Research, 22*, 604-620. doi.10.1080/10503307.2012.692954.

Gordon, K. C., Baucom, D. H., & Snyder, D. K. (2004). An integrative intervention for promoting recovery from extramarital affairs. *Journal of Marital and Family Therapy, 30*, 213-231. doi.10.1111/j.1752-0606.2004.tb01235.x.

Greenberg, L. S., Warwar, S. H., & Malcolm, W. M. (2010). Emotion-focused couples therapy and the facilitation of forgiveness. *Journal of Marital and Family Therapy, 36*, 28-42. doi.10.1111/j.1752-0606.2009.00185.x.

Greer, C. L., Worthington, E. L., Jr., Lin, Y., Lavelock, C. R., & Griffin, B. J. (2014). Efficacy of a selfdirected forgiveness workbook for Christian victims of within-congregation offenders. *Spirituality in Clinical Practice, 1*, 218-230. doi.10.1037/scp0000012.

Griffin, B. J., Toussaint, L. L., Worthington, E. L., Jr., Coleman, J. A., Lavelock, C. R., Wade, N. G., Hook, J. N., Sandage, S. J., & Rye, M. S. (under review). Forgiveness blitz: A community-based forgiveness initiative.

Harper, Q., Worthington, E. L., Jr., Griffin, B. J., Lavelock, C. R., Hook, J. N., Vrana, S. R., & Greer, C. L. (2014). Efficacy of a workbook to promote forgiveness: A randomized controlled trial with university students. *Journal of Clinical Psychology, 70*, 1158-1169. doi.10.1002/jclp.22079.

Hall, J. H. & Fincham, F. D. (2005). Self-forgiveness: The stepchild of forgiveness research. *Journal of Social and Clinical Psychology, 24*, 621-637. doi.10.1521/jscp.2005.24.5.621.

Hall, J. H. & Fincham, F. D. (2008). The temporal course of self-forgiveness. *Journal of Social and Clinical Psychology, 27*, 174-202. doi.10.1521/jscp.2008.27.2.174.

Harris, A. H. S. & Thoresen, C. E. (2003). Strength-based health psychology: Counseling for total human health. In: B. Walsh (Ed.), *Counseling psychology and optimal human functioning* (pp. 199-227). Mahwah, NJ: Lawrence Erlbaum.

Harris, A., Luskin, F., Norman, S. B., Standard, S., Bruning, J., Evans, S., & Thoresen, C. E. (2006). Effects of a group forgiveness interventions on forgiveness, perceived stress, and trait-anger. *Journal of Clinical Psychology, 62*, 715-733. doi.10.1002/jclp.20264.

Hart, K. E. & Shapiro, D. A. (2002). *Secular and spiritual forgiveness interventions for recovering alcoholics harboring grudges.* Paper presented at the annual convention of the American Psychological Association, Chicago, IL, August.

Hepp-Dax, S. H. (1996). *Forgiveness as an educational goal with fifth grade inner city children.* Unpublished doctoral dissertation, Fordham University, New York.

Kiefer, R. P., Worthington, E. L., Jr., Myers, B., Kliewer, W. L., Berry, J. W., Davis, D. E., Kilgour, J., Jr., Miller, A. J., Van Tongeren, D. R., & Hunter, J. L. (2010). Training parents in forgiveness and reconciliation. *American Journal of Family Therapy, 38*, 32-49. doi.10.1080/01926180902945723.

Klatt, J. & Enright, R. D. (2009). Investigating the place of forgiveness within the positive youth development paradigm. *Journal of Moral Education, 38*(1), 35-52. doi.10.1080/03057240802601532.

Lampton, C., Oliver, G., Worthington, E. L., Jr., & Berry, J. W. (2005). Helping Christian college students become more forgiving: An intervention study to promote forgiveness as part of a program to shape Christian character. *Journal of Psychology and Theology, 33*, 278-290.

Lavelock, C. R., Snipes, D., Griffin, B. J., Worthington, E. L., Jr., Davis, D. E., Hook, J. N., Benotsch, E. G., & Ritter, J. (2015). Conceptual models of forgiveness and physical health. In: L. Toussaint, E. L. Worthington, Jr., & D. Williams (Eds.), *Forgiveness and health: Scientific evidence and theories relating forgiveness to better health* (pp. 29-42). New York: Springer.

Lawler, K. A., Younger, J. W., Piferi, R. L., Jobe, R. L., Edmondson, K., & Jones, W. H. (2005). The unique effects of forgiveness on health: An exploration of pathways. *Journal of Behavioral Medicine, 28*, 157-167. doi.10.1007/s10865-005-3665-2.

Lin, W. F., Mack, D., Enright, R. D., Krahn, D., & Baskin, T. W. (2004). Effects of forgiveness therapy on anger, mood, and vulnerability to substance use among inpatient substance-dependent clients. *Journal of Consulting and Clinical Psychology, 72*, 1114-1121. doi.10.1037/0022-006X.72.6.1114.

Lin, Y., Worthington, E. L., Jr., Griffin, B. J., Greer, C. L., Opare-Henaku, A., Lavelock, C. R., Hook, J. N., Ho, M. Y., & Muller, H. (2014). Efficacy of REACH Forgiveness across cultures.

Journal of Clinical Psychology, 70(9), 781-793.

Luskin, F. M. & Bland, B. (2000). Stanford-Northern Ireland HOPE-1 project. Unpublished manuscript, Stanford University, Palo Alto, CA.

Luskin, F. M. & Bland, B. (2001). Stanford-Northern Ireland HOPE-2 project. Unpublished manuscript, Stanford University, Palo Alto, CA.

Luskin, F. M., Ginzburg, K., & Thoresen, C. E. (2005). The efficacy of forgiveness intervention in college age adults: Randomized controlled study. *Humboldt Journal of Social Relations*, 29, 163-184.

McCullough, M. E., Rachal, K. C., Sandage, S. J., Worthington, E. L., Jr., Brown S. W., & Hight, T. L. (1998). Interpersonal forgiving in close relationships II: Theoretical elaboration and measurement. *Journal of Personality and Social Psychology*, 75, 1586-1603. doi.10.1037/0022-3514.75.6.1586.

McCullough, M. E., Worthington, E. L., Jr., & Rachal, K. C. (1997). Interpersonal forgiving in close relationships. *Journal of Personality and Social Psychology*, 73, 321-336. doi.10.1037/0022-3514.73.2.321.

McCullough, M. E., Orsulak, P., Brandon, A., & Akers, L. (2007). Rumination, fear, and cortisol: An in vivo study of interpersonal transgressions. *HealthPsychology*, 26(1), 126-132. doi.10.1037/0278-6133.26.1.126.

McCullough, M. E. & Root, L. M. (2005). Forgiveness as change. In: E. L. Worthington (Ed.), *Handbook of forgiveness* (pp. 91-107). New York: Brunner-Routledge.

McCullough, M. E., Fincham, F. D., & Tsang, J. (2003). Forgiveness, forbearance, and time: The temporal unfolding of transgression-related interpersonal motivations. *Journal of Personality and Social Psychology*, 84(3), 540-557. doi.10.1037/0022-3514.84.3.540.

Paleari, F. G., Regalia, C., & Fincham, F. D. (2009). Measuring offence-specific forgiveness in marriage: The marital offence-specific forgiveness scale (MOFS). *Psychological Assessment*, 21(2), 194-209. doi.10.1037/a0016068.

Reed, G. L. & Enright, R. D. (2006). The effect of forgiveness therapy on depression, anxiety, and posttraumatic stress for women after spousal emotional abuse. *Journal of Consulting and Clinical Psychology*, 74, 920-929. doi.10.1037/0022-006X.74.5.920.

Ripley, J. S. & Worthington, E. L., Jr. (2002). Hope-focused and forgiveness-based group interventions to promote marital enrichment. *Journal of Counseling and Development*, 80, 452-463. doi.10.1002/j.1556-6678.2002.tb00212.x.

Rye, M. S., Fleri, A. M., Moore, C. D., Worthington, E. L. Jr., Wade, N. G., Sandage, S. J., & Cook, K. M. (2012). Evaluation of an intervention designed to help divorced parents forgive their ex-spouse. *Journal of Divorce & Remarriage*, 53, 231-245. doi.10.1080/10502556.2012.

663275.

Rye, M. S. & Pargament, K. I. (2002). Forgiveness and romantic relationships in college: Can it heal the wounded heart? *Journal of Clinical Psychology, 58*, 419-441. doi.10.1002/jclp.1153.

Rye, M. S., Pargament, K. I., Pan, W., Yingling, D. W., Shogren, K. A., & Ito, M. (2005). Can group interventions facilitate forgiveness of an ex-spouse? A randomized clinical trial. *Journal of Consulting and Clinical Psychology, 73*, 880-892. doi.10.1037/0022-006X.73.5.880.

Sandage, S. J. & Worthington, E. L., Jr. (2010). Comparison of two group interventions to promote forgiveness: Empathy as a mediator of change. *Journal of Mental Health Counseling. Special Issue: Forgiveness in Therapy, 32*, 35-57. doi.10.1037/t05863-000.

Sandage, S. J., Long, B., Moen, R., Jankowski, P. J., Worthington, E. L., Jr., Rye, M. S., & Wade, N. G. (in press). Forgiveness in the treatment of Borderline Personality Disorder: A quasi-experimental pilot study. *Journal of Clinical Psychology*, in press.

Sapolsky, R. M. (2004). *Why zebras don't get ulcers* (3rd edn.). New York: Henry Holt.

Seybold, K. S., Hill, P. C., Neumann, J. K., & Chi, D. S. (2001). Physiological and psychological correlates of forgiveness. *Journal of Psychology and Christianity, 203*(3), 250-259.

Stratton, S. P., Dean, J. B., Nooneman, A. J., Bode, R. A., & Worthington, E. L., Jr. (2008). Forgiveness interventions as spiritual development strategies: Workshop training, expressive writing about forgiveness, and retested controls. *Journal of Psychology and Christianity, 27*, 347-357. doi.10.1037/t03960-000.

Tabak, B. A. & McCullough, M. E. (2011). Perceived transgressor agreeableness decreases cortisol response and increases forgiveness following recent interpersonal transgressions. *Biological Psychology, 87*(3), 386-392. doi.10.1016/j.biopsycho.2011.05.001.

Tabak, B. A., McCullough, M. E., Szeto, A., Mendez, A., & McCabe, P. M. (2011). Oxytocin indexes relational distress following interpersonal harms in women. *Psychoneuroendocrinology, 36*(1), 115-122. doi.10.1016/j.psyneuen.2010.07.004.

Teachman, B. A. (2014). No appointment necessary: Treating mental illness outside the therapist's office. *Perspectives on Psychological Science, 9*, 85-87. doi.10.1177/1745691613512659.

Toussaint, L., Worthington, E. L., Jr., & Williams, D. (Eds.). (2015). *Forgiveness and health: Scientific evidence and theories relating forgiveness to better health.* New York: Springer.

Toussaint, L. L., Williams, D. R., Music, M. A., & Everson, S. A. (2001). Forgiveness and health: Age differences in a US probability sample. *Journal of Adult Development, 8*, 249-257. doi.10.1023/A:1011394629736.

Wade, N. G., Hoyt, W. T., Kidwell, J. E. M., & Worthington, E. L., Jr. (2014). Efficacy of psychotherapeutic interventions to promote forgiveness: A meta-analysis. *Journal of Consulting and Clinical Psychology, 82*(1), 154-170. doi.10.1037/a0035268.

Wade, N. G., Worthington, E. L., Jr., & Haake, S. (2009). Promoting forgiveness: Comparison of explicit forgiveness interventions with an alternative treatment. *Journal of Counseling and Development, 87*, 143-151.

Waldron, V. R. & Kelley, D. L. (2008). *Communicating forgiveness.* Thousand Oaks, CA: Sage.

Waltman, M. A., Russell, D. C., Coyle, C. T., Enright, R. D., Holter, A. C., & Swoboda, C. M. (2009). The effects of a forgiveness intervention on patients with coronary artery disease. *Psychology and Health, 24*(1), 11-27. doi.10.1080/08870440801975127.

Witvliet, C. V. O., DeYoung, N., Hofelich, A. J., & DeYoung, P. (2011). Compassionate reappraisal and emotion suppression as alternatives to offense-focused rumination: Implications for forgiveness and psychophysiological well-being. *Journal of Positive Psychology, 6*, 286-299. doi.10.1080/17439760.2011.577091.

Witvliet, C. V. O., Ludwig, T. E., & Vander Laan, K. L. (2001). Granting forgiveness or harboring grudges: Implications for emotion, physiology, and health. *Psychological Science, 121*, 117-123.

Wood, A. M., Froh, J. J., & Geraghty, A. W. A. (2010). Gratitude and well-being: A review and theoretical integration. *Clinical Psychology Review, 30*, 890-905. doi.10.1016/j.cpr.2010.03.005.

Worthington, E. L., Jr. (Ed.). (2005). *Handbook of forgiveness.* New York: Brunner-Routledge.

Worthington, E. L., Jr. (2006). *Forgiveness and reconciliation: Theory and application.* New York: Brunner-Routledge.

Worthington, E. L., Jr., Berry, J. W., Hook, J. N., Davis, D. E., Scherer, M., Griffin, B. J., Wade, N. G., Yarhouse, M., Ripley, J. S., Miller, A. J., Sharp, C. B, Canter, D. E., & Campana, K. L. (2015). Forgiveness-reconciliation and communication-conflict-resolution interventions versus rested controls in early married couples. *Journal of Counseling Psychology, 62*(1), 14-27.

Worthington, E. L., Jr. & Sandage, S. J. (2015). *Forgiveness and spirituality in psychotherapy: A relational approach.* Washington, DC: American Psychological Association.

Worthington, E. L., Jr., Witvliet, C. V. O., Pietrini, P., & Miller, A. J. (2007). Forgiveness, health, and well-being: A review of evidence for emotional versus decisional forgiveness, dispositional forgivingness, and reduced unforgiveness. *Journal of Behavioral Medicine, 30*, 291-302. doi.10.1007/s10865-007-9105-8.

Worthington, E. L., Jr., Hunter, J. L., Sharp, C. B., Hook, J. N., Van Tongeren, D. R., Davis, D. E., Miller, A. J., Gingrich, F. C., Sandage, S. J., Lao, E., Budbod, L., & Monforte-Milton, M. (2010). A psychoeducational intervention to promote forgiveness in Christians in the Philippines. *Journal of Mental Health Counseling, 32*, 75-93.

Yalom, I. D. (1975). *The theory and practice of group psychotherapy* (2nd edn.). New York: Basic Books.

제25장

긍정 임상심리학에서
마음챙김

Shauna Shapiro, Sarah de Sousa, & Carley Hauck

긍정 임상심리학의 발전과 실제에 있어서 가장 중요한 것은 임상가가 부정적 정서, 생각, 경험과 긍정적 정서, 생각, 경험의 상호의존성을 존중하는 안녕감 개념을 받아들이는 것이다(Wood & Tarrier, 2010). 이론적 체계로서뿐만 아니라 임상적 개입으로서 마음챙김에 대한 연구는 임상작업에서 이러한 최근의 주목에 많은 것을 제공한다. 모든 경험의 상호연결성에 대한 깊은 이해가 지혜 전통의 중심에 있으며, 이는 임상심리학에서 마음챙김에 대한 우리의 이해에 영향을 미친다.

마음챙김의 핵심 신조는 모든 것이 상호의존적이라는 것이다. 모든 것은 연결되어 있다. 마음챙김에 영향을 받은 심리치료는 모든 인간 경험이 복잡하고 상호의존적인 원인과 결과의 망으로 연결되어 있다는 관점에서 경험적 연구뿐만 아니라 임상적 작업에 접근할 기회를 제공한다(Shapiro & Carlson, 2009). 이러한 관점에서 더 나은 건강과 인간의 행복으로 향하는 과정을 연구하는 것은 다양한 형태의 인간 고통을 연구하는 것과 별개가 아니다. 사실, 일상생활의 어려움은 더 큰 지혜, 평화, 명확성과 안녕감의 씨앗을 내포하고 있다.

우리가 이 장에서 살펴보겠지만 지혜의 핵심 씨앗과 마음챙김이 구축하는 치유 기제 중 하나는 긍정적인 생각, 느낌, 그리고 감각뿐만 아니라 부정적인 생각, 느낌, 그리고 생각이 일어날 때마다 함께하는 능력이다. 마음챙김은 긍정적 경험과 부정적 경험 모두를 똑같이 타당한 것으로 받아들인다. 우리의 모든 경험을 '환영'하고 평정심, 식견, 친절함을 가지고 그것을 탐색하도록 초대하는 것이다. 심리치료자이자 마음챙김 교육자인 Jack Kornfield(1993)가 말한 바와 같이, "끝없는 자비의 공간 내에 있는 모든 것을 우리의 가슴이 견디는 보다 깊고 광대한 정체성을 스스로 창조하기 위해 우리가 시작할 수 있는 것은 우리 삶의 모든 노래를 받아들이는 것"이다(p. 48). 타인의 경험뿐만 아니라 우리 자신의 모든 범위의 경험에 대해 깊은 자비를 촉진함으로써 마음챙김은 임상가와 보다 의미 있고 충만한 삶을 살기 위해 우리의 도움을 구하는 사람 모두를 위한 임상작업에 도움이 된다.

마음챙김의 정의

　우리는 마음챙김의 조작적 정의를 제공함으로써 긍정 임상심리학에서 마음챙김에 대한 설명을 시작한다. 마음챙김의 임상적 적용을, ① 진단적 장애, ② 예방 및 건강하지만 스트레스가 많은 집단, ③ 긍정심리학적 개입의 세 범주로 나누어서 살펴볼 것이다. 그리고 나서 마음챙김의 기저에 있는 기제를 탐색하고 특히 재인식하기(reperceiving)라고 불리는 마음챙김실습을 통해 일어나는 관점의 변화에 초점을 맞출 것이다. 우리는 연구와 임상 적용에서 미래의 방향을 탐색하고, 마지막으로 마음챙김이 부정적 경험과 긍정적 경험을 똑같이 중요하고 타당한 것으로 받아들임으로써 임상심리학 분야에 무언가 독특하고 깊은 치유를 제공한다고 가정한다.

　마음챙김은 종종 의식 원리로 언급된다. 그것은 마음, 정신, 신체가 삶과 함께 완전히 현재에 존재하도록 훈련하는 방법이다. 종종 명상과 관련되지만, 마음챙김은 명상 기법 그 이상이다. 그것은 존재의 방식이자 삶의 방식이다. 마음챙김은 존재에 대한 것이다—지금, 여기에 완전히 존재하는 것이다. 완전히 살아 있고 완전히 깨어 있는 능력은 인간의 핵심이다—그리고 치유전문가의 작업에서도 핵심이다. 마음챙김하는 임상가는 현재에 존재하고 깨어 있는 연습을 하는 데 전념하고, 순간순간에 내담자를 깊이 경청하는 사람이다.

마음챙김의 세 가지 핵심 요소

　마음챙김은 의도, 주의, 태도의 세 가지 핵심 요소로 구성된다. 의도는 우리가 하고 있는 것을 왜 하고 있는지 우리의 궁극적 목적, 미래상, 열망을 아는 것이다. 주의는 현재 순간에 온전히 주의를 기울이는 것이며 경험을 판단하지 않고 받아들이는 능력이다. 태도 혹은 우리가 주의를 기울이는 방식은 우리로 하여금 열린 상태로 친절하고 호기심 있게 머무르도록 한다. 이러한 세 가지 요소는 개별적이지 않다. 그들은 서로 정보를 주고 피드백을 주면서 엮여 있다. 마음챙김은 단지 우리의 경험에 가만히 머물러 있는 것이다. 우리는 닫혀있기 보다는 열려 있고, 변화하기보다는 존재하고, 연습하기보다는 참여한다. 마음챙김을 통해 우리는 지혜와 자비로 우리의 모든 경험을 만날 수 있다.

의도   마음챙김의 첫 번째 핵심 구성 요소는 의도다. 의도는 단지 우리가 하고 있는 것을 왜 하고 있는지 아는 것이다. 우리가 의도에 대해 알아차리고 연결되어 있을 때 우리의 의도는 정말 중요한 것을 상기시켜 주면서 우리를 동기화시키는 것을 돕는다. 의도를 알아차리는 것은 가장 깊이 있는 희망, 소망, 열망에 대해 조사하는 것을 수반한다. 유기적으로 일어나도록 허용하면서 답을 경청한다. 과정과 시점에 대한 신뢰와 함께 이렇게 깊이 경청함으로써 신뢰가 제 속도대로 나타난다. 자신의 의도에 대한 마음챙김 주의를 통해 우리는 무의식적 가치를 의식으로 가져 올 수 있고 그러한 가치가 정말 우리가 추구하길 원하는 것인지 결정할 수 있다.

마음챙김의 맥락에서 의도는 우리의 환자나 자신을 위해 어떤 성과를 추구하거나 붙잡는 것과 같지 않고 이를 포함하지도 않는다. 오히려, Jack Kornfield가 말하듯이 "의도는 목적지가 아니라 방향이다"(개인적 교신, 2012). 우리는 우리의 의도가 가리키는 방향에 기꺼이 발을 디디지만 어떤 문제이든 삶은 문제에 대해 자신만의 이야기를 가지고 있으며 우리가 아직 모르는 것이 많다는 것을 인식하며 눈, 귀와 가슴을 열고 가볍게 움직인다.

주의   마음챙김의 두 번째 근본 구성 요소는 주의다. 마음챙김은 명확하게 보는 것과 관련되어 있으며, 만약 우리가 분명히 보기를 원하면 현재 순간에 지금 여기에 존재하는 것에 대해 주의를 기울일 수 있어야 한다는 것을 기억하라. 주의를 기울이는 것은 매 순간의 경험을 관찰하고 경험하는 것을 포함한다. 하지만 이는 그렇게 쉽지 않다. 최근 연구에 따르면, 우리의 마음은 대략 47%의 시간을 방황한다(Killingsworth & Gilbert, 2010). 인간의 마음은 원숭이가 이 나무 저 나뭇가지들을 옮겨 다니는 것처럼 이 생각 저 생각 왔다 갔다 하는 '원숭이 마음'으로 언급된다. 마음챙김은 우리의 마음을 다스리고 훈련하도록 돕는 도구이며 이를 통해 주의가 안정되고 집중될 수 있으며, 주의는 이러한 집중을 가능하게 하는 마음챙김의 요소다.

종종, 주의를 집중하려고 할 때 우리의 주의는 긴장되고 줄어든다. 이는 우리가 철저하게 주의를 집중하기 위해 스트레스를 받고 바짝 경계해야 한다고 잘못 생각하기 때문이다. 하지만 명상 전통이 스트레스나 경계 없이 분명하고 정밀한 '이완된 각성'이라는 다른 종류의 주의를 가르쳐 준다(Wallace & Bodhi, 2006). 이 이완된 각성은 마음챙김에 필수적인 종류의 주의다. 마음챙김 주의는 깊고 통찰력이 있다. Bhikkhu Bodhi가 언급한 바와 같이, "마음챙김 없는 마음은 박이 물 위를 떠다니듯이 대상의 표면을 '떠다니는' 반면, 마음챙김은 물의 표면에 놓인 돌이 바닥으로 가라앉듯이 대상 안으로 **빠져든다**"(Wallace & Bodhi, 2006, p. 7).

태도   마음챙김의 세 번째 핵심 구성 요소인 태도는 우리가 의도적으로 현재 순간에 주의를 기울이는 것을 학습한 후에 작동하기 시작한다. 그렇게 하면서 우리는 무언가를 주목할 수 있다. 우리의 마음은 계속해서 판단하고 있다. 우리가 주의를 기울일 때 가지는 태도는 마음챙김에 필수적이다. 예를 들면, 주의는 차갑고 비판적인 특성이나 열린 마음의 자비로운 특성을 지닐 수 있다. 후자는 우리의 최선의 인간성을 드러나게 하고 임상적 작업을 향상시키며, 우리가 마음챙김의 관점에서 이야기할 때 말하고 있는 것이다. 시인 Khalil Gibran(연도 불명)이 말했듯이, "당신의 삶은 삶이 당신에게 주는 것에 의해 결정되기보다는 당신이 삶에 보내는 태도에 의해 결정된다."

호기심(curiosity), 개방성(openness), 수용(acceptance) 그리고 사랑(love)(COAL; Siegel, 2007)의 태도적 특성을 실습에 가져 오지 않고 주의를 기울이는 것은 당신이나 내담자의 내적 혹은 외적 경험을 비난하거나 수치스러워하는 주의로 귀결된다. 이는 실습의 목적과 반대되는 결과를 갖는 것이다. 예를 들면, 평정과 수용 대신에 비난과 분투를 쌓는 패턴에 처하게 된다.

이러한 마음챙김 태도는 우리의 경험을 바꾸지 않으며 단지 경험을 품고 있다. 예를 들면, 마음챙김에 참여하는 동안 갈망이 일어나면 우리는 갈망에 주목하고 그 갈망에 수용과 친절함의 기운을 보낼 수 있는지 본다. 우리는 이러한 갈망의 특징을 바꾸려고 노력하지 않으며 갈망이 사라지도록 만들기 위해 사용하지 않는다. 이러한 태도는 일이 어떤 방식으로 되도록 만들기 위한 노력이 아니라 어떤 방식으로 존재하든 그것과 관계 맺기 위한 시도다. 자신의 경험을 자각하면서 의도적으로 COAL의 태도를 가져 옴으로써 우리는 유쾌한 경험을 추구하거나 혐오적인 경험을 추방하는 습관을 버린다. 대신에, 우리는 무엇이든 여기에 존재하는 것에 주의를 기울인다. 호기심, 개방성, 수용, 그리고 사랑의 맥락 내에서 그렇게 함으로써 현재에 머무르는 것이 더 쉬워질 뿐만 아니라 우리의 임상적 돌봄을 원하는 사람들의 안녕을 증진시킬 수 있는 능력을 형성할 수 있다.

마음챙김의 증진

우리는 실습할수록 더 강해진다. 마음챙김을 실습할 때 우리는 호기심 있고 수용적이며 온화한 방식으로 매 순간마다 존재하는 능력을 강화시킨다. 마음챙김실습은 정규적인 실습과 일상적인 실습으로 구분될 수 있다. 각 실습이 다른 실습을 서로 지원한다. 정규적인 실습은 일상적인 생활에서 마음챙김을 실습하는 능력을 뒷받침할 것이며, 일상적인 실습은 정규적인 실습 동안 배운 것을 일상생활에 일반화하기 위한 목적을 가지고 있다.

정좌 명상처럼 정규적인 실습은 집중적이고 체계적인 방식으로 마음챙김 기술을 증진시키기 위해 설계된다. 이것은 일상에 짜 넣은 비교적 간단한 매일 명상이나 몇백 년 전통에 따라 많은 시간 동안 정규적으로 앉고 걷는 명상을 포함해서 집중적인 수일 혹은 수 주 동안 지속되는 은둔을 수반할 수 있다. 일상적인 실습은 우리가 책을 읽고, 운전을 하고, 음식을 먹거나 치료를 하든, 무엇을 하고 있든지 그것에 대해 의도적으로 열려 있고 수용적이며 알아차리는 주의를 기울이는 것을 포함한다. Kabat-Zinn(2005)이 지적하였듯이, 일상적인 실습의 묘미는 그것이 의식의 순환만 필요로 한다는 것이다. 이 장에서 나중에 살펴보겠지만 이러한 의식의 순환은 미묘하지만 중요하며, 보건전문가나 임상작업에 가지는 함의는 심오하다.

정규 실습과 일상 실습 모두 임상적 작업에서 역할을 한다. 다음에서 우리는 다양한 임상 집단에 걸쳐서 마음챙김에 기반한 구체적인 개입의 효과성을 살펴본 연구를 개관할 것이다. 다양한 방법으로 마음챙김에 기반한 개입은 정규적인 정좌 명상(마음챙김에 기반한 스트레스 감소 프로그램, MBSR)부터 '마음챙김 기술'(변증법적 행동치료, DBT)까지 정규 실습과 일상 실습 모두를 포함한다. 구체적인 개입으로서 마음챙김이 할 수 있는 역할에 더해서 모든 치료와 임상작업에 일상적인 마음챙김실습으로 접근할 수 있음을 고려해 보는 것은 가치가 있다. 매 지료 회기, 집단, 임상실습이나 슈퍼비전을 시작할 때 '친절함, 개방성, 알아차림, 수용의 태도를 가지고 의도적으로 주의를 기울이려는' 의도를 정하는 것은 경험을 변화시킬 수 있는 강력하고 효과적인 훈련이다.

임상적 적용

심리적 증상과 장애의 치료를 위한 마음챙김기반 개입의 효과성을 살펴본 연구들은 빠른 속도로 계속해서 성장하고 있다. 현재 상태 그대로, 마음챙김기반 치료가 우울과 불안 증상의 치료에 성공적으로 적용될 수 있다는 확실한 근거가 있다. 하지만 개인적 성장과 초월의 가능성을 살펴본 연구가 그러하듯이 건강한 지역사회 집단에서 심리적 결과를 살펴본 연구는 현재로는 매우 소수다(Shapiro & Carlson, 2009). 다음에서 우리는 이러한 임상

연구 영역 각각에서 현재, 가장 적절한 문헌을 개관하고 부각되고 있는 긍정 임상심리학 분야에서 미래에 중요하게 관심을 기울일 만한 연구 영역에 대해 시사점을 제공할 것이다.

진단적 장애

다양한 임상 집단에서 마음챙김에 기반한 개입의 효과를 검토하면서 개관을 시작하고자 한다. 지난 30년에 걸친 연구는 다양한 임상 집단에서 마음챙김기반 개입의 효과성을 평가해 왔다.

한 연구는 사회불안장애가 있는 53명의 환자들을 대상으로 MBSR과 치료표준인 12주 회기 인지행동치료(CBT)를 비교하였다(Koszycki, Benger, Shlik, & Bradwejn, 2007). 두 개입 모두 기분, 기능, 삶의 질에서 개선을 보였으나 CBT가 사회불안의 심각도에 대한 구체적 측정치에서 더 나은 개선을 보였다.

Weiss, Nordlie, 그리고 Siegel(2005)은 주로 불안과 우울증상을 가진 외래환자 집단을 대상으로 심리치료에 MBSR 훈련을 추가했다. 심리치료만 받은 집단과 비교했을 때 두 집단은 심리적 고통에서는 유사한 개선을 보였으나 MBSR을 받은 집단이 목표 성취 측정치에서 더 높은 점수를 보였으며 치료를 더 빨리 종결할 수 있었다.

MB-EAT는 폭식장애를 가진 사람들을 위해 특별히 고안된, 적절하게 바뀐 MBSR이다. 최근 연구에서 Kristeller, Wolever, 그리고 Sheets(2014)는 150명(이들 중 66%는 폭식장애의 DSM-IV-R 기준을 완전히 충족시켰다.)의 무선할당된 참가자에서 MB-EAT를 심리교육/인지행동 개입과 대기자 통제집단과 비교했을 때 사후에 임상적으로 의미 있는 수준으로 폭식 빈도와 관련 증상이 감소했다고 보고했다. 게다가 증상 감소 정도가 마음챙김실습 정도와 상관이 있었다.

MBSR을 불면증, 중독, ADHD와 같은 심리적 행동적 장애에 알맞게 적용해서 더 많은 임상연구가 이루어져 왔다. 하지만 심리적 개입으로서 MBSR의 효과성을 지지하는 연구 기반은 의료 집단에서 효과성을 설명하는 연구 기반에 비해 상당히 덜 탄탄하다. 엄격하게 고안된 임상시행을 사용해서 정신건강 주제에 대해 다른 치료표준과 비교해서 MBSR의 효과성을 연구할 필요가 있다.

마음챙김에 기반한 인지치료(MBCT)는 주요우울장애를 가진 환자를 치료하고 재발을 예방하는 데 있어서 효과성에 대해 상당한 주목을 받아 온 마음챙김기반 개입이다. MBCT 연구는 숙련된 심리치료 연구자에서 출발했기 때문에 방법론적으로 상당히 탄탄한 경향이 있다. 많은 연구가 영국의 Teasdale, Williams와 동료들에 의해 이루어져 왔다. 이들에 의해 수행된 많은 연구들이 위험 집단에서 MBCT를 보통의 치료와 비교했을 때 유의하게 더 적은 우울증 재발을 증명했다(Williams, Teasdale, Segal, & Soulsby, 2000; Ma & Teasdale, 2004). 불면증(Heidenreich, Tuin, Pflug, Michal, & Michalak, 2006), 아동의 행동문제와 불안(Lee, 2006; Semple, Lee, & Miller, 2006), 남성의 분노와 가정폭력(Silva, 2007)을 포함해서 MBCT 적용에 대한 예비 연구를 통해 생산적인 후속 연구가 나타나기 시작하고 있다.

또 다른 형태의 마음챙김기반 개입인 수용전념치료(ACT)는 경계선 성격장애(Gratz & Gunderson, 2006), 아편 의존(Hayes et al., 2004), 금연(Gifford et al., 2004), 수학 불안(Zettle, 2003), 발모광(Woods, Wetterneck, & Flessner, 2006)과 같은 다양한 심리장애에 대한 ACT의 효과를 평가하는 무선통제실험(RCT) 연구를 시행해 왔다. ACT의 RCT 연구에 대한 2008년 개관(Ost, 2008)에서 ACT를 단일로 혹은 다른 치료와 혼합해서 실시하고 이를 통제집단이나 다른 적극적 치료와 비교한 13개의 RCT를 기술했다. 메타분석과 결합했을 때 다양한 심리사회적, 증상 관련 결과 측정치에서 전체적인 효과크기는 0.68이었다. 다른 마음챙김기반 치료 양식에서 그렇듯이, 추후 연구에서 어떤 대상에게 무엇이 효과적인지 상세히 결정할 필요가 있긴 하지만 이 연구는 마음챙김기반 치료가 다양한 임상 집단에 적용될 수 있음을 시사한다.

DBT는 경계선 성격장애(BPD)를 가진 사람들에게 적용될 수 있는 치료로 개발되었기 때문에(Linehan, 1987, 1993) 효과를 지지하는 많은 증거가 경계선 성격장애 치료 집단에서 나오는 것은 놀랄 일이 아니다. BPD의 DBT에 대한 2007년 개관(Lynch, Trost, Salsman, & Linehan, 2007)에서 DBT에 대한 7개의 RCT와 BPD 진단을 받지 않은 사람들에 대한 4개의 RCT를 요약했다. 이후 Ost(2008)의 개관에서 DBT에 대한 13개의 RCT를 확인했는데, 이 중 9개는 BPD 환자에 대한 것이었다. Ost(2008)의 개관에 따르면 DBT 개입의 평균 효과 크기는 0.58이었으며, 이는 중간 정도의 효과이며 임상적으로 의미 있는 것으로 여겨진다. DBT는 다른 집단, 주로 우울증의 증상을 가진 사람들에 맞게 바뀌어 적용되어 왔다. DBT와 같은 혼합된 양식의 집약적인 치료에서 기저 기제는 탐색되기 시작했을 뿐이고, 특정 증상의 치료에서 그런 개입의 효과뿐만 아니라 다양한 집단에 대한 적용 가능성은 풍부한 임상연구 기회를 제공한다.

예방 및 건강하지만 스트레스가 많은 집단

범위가 제한적이긴 하지만 건강하지만 스트레스가 많은 집단에 대한 연구는 마음챙김 훈련이 광범위한 신체적, 정서적, 그리고 심리적 유익을 제공함을 시사한다. 건강한 대학생 집단에서 6회기의 마음챙김훈련을 2회기의 안내된 심상 회기와 비교했다(Kingston, Chadwick, Meron, & Skinner, 2007). 기분이나 혈압에서는 차이가 없었지만 마음챙김훈련을 받은 학생들이 다른 조건의 학생에 비해 통증감내력에서 치료 전후에 유의한 증가를 보였다.

Carson, Carson, Gil, 그리고 Baucon(2004)은 비교적 행복하고 고통이 없는 커플 집단에서 무선할당된 대기자 시행을 사용해서 마음챙김기반 관계증진의 예비효과를 평가했다. 그 개입에 참여한 커플들은 서로에 대한 수용의 증진과 관계에 대한 고통의 감소뿐만 아니라 관계 만족도, 자율성, 관계, 친밀감에서 개선을 보고했다. 개인으로서 그들은 대기자 집단에 있던 사람들에 비해 더 낙관적이고 이완되었으며 고통을 덜 보고했다. 3개월이 지나도 유익이 유지되었으며, 명상실습의 양이 보고된 유익의 정도와 관련되어 있었다. 대부분의 마음챙김 연구가 환자들의 유익에 초점을 맞추고 있긴 하지만 최근 연구에서 마음챙김훈련이 스트레스 관리와 자기돌봄 증진 수단으로서, 특히 임상 전문가에게 유용한 것으로 나타났다(Irving, Dobkin, & Park, 2009; Shapiro & Carlson, 2009). MBSR의 효과를 평가한 연구에서는 의예과 학생, 간호대 학생, MBSR 프로그램 수료 후 훈련 중인 치료자에서 불안, 우울, 반추와 스트레스의 감소와 공감, 자기자비, 영성, 긍정기분의 증가가 나타났다(Shapiro, Schwartz, & Bonner, 1998; Beddoe & Murphy, 2004). 간호사와 의사에 대한 연구에서도 유사한 결과가 얻어졌다.

의예과 학생에 대한 통제 시행 연구에서 Jain과 동료들(2007)은 MBSR 개입을 받은 학생들이 통제집단에 비해 긍정기분 상태의 증가와 반추와 스트레스의 유의한 감소를 경험했다고 밝혔다. 특히, 기분 상태 증가의 효과크기가 MBSR 집단에서는 중간에서 큰 정도로 나타난 데 반해, 통제집단은 아무런 효과도 보이지 않았다. MBSR 훈련 후에 현역 간호사는 소진(개인적 성취와 정서적 고갈)의 측면에서 유의한 개선을 보고했으며(Cohen-Katz, Wiley, Capuano, Baker, & Shapiro, 2004, 2005; Cohen-Katz, Wiley, Capuano, Deitrick, Baker, & Shapiro, 2005), 1차 진료 의사도 8주 마음챙김 과정과 (매월 2.5시간의) 10개월 유지기 후에 소진, 이인화, 공감, 전반적인 기분장해, 의식, 정서적 안정성에서 개선을 보였다(Krasner et al., 2009).

건강하지만 스트레스가 많은 집단뿐만 아니라 건강한 지역사회 집단에서 심리적 결과를 연구한 연구가 많아지고 있지만 이 영역에서 더 많은 연구가 필요하다. 긍정 임상심리학 분야는 특히 부정 정서 및 경험과 긍정 정서 및 경험의 복잡한 상호관련성에 초점을 맞추며 이러한 집단에서 마음챙김의 효과를 연구할 태세를 갖추었다.

긍정 심리상태와 안녕감의 증진

긍정심리학의 임무는 개인, 지역사회, 사회가 번영하도록 하는 요인을 이해하고 증진하는 것이다(Seligman & Csikszentmihalyi, 2000). 긍정 정서와 경험에 마음챙김하며 존재하는 것은 번영의 지표가 될 수 있으며 따라서 증진할 가치가 있다(Fredrickson, 2001). 기쁨, 만족감, 사랑 혹은 자비와 같은 긍정 정서에 주의를 기울일 때 우리는 부정 정서나 경험에 집중하고 있지 않다. '무효화 효과(undoing effect)'라는 용어는 긍정 정서를 증진시키는 것이 부정 정서에 대처하기 위해 시의적절한 순간에 긍정 정서의 경험을 증진시킴으로써 개인의 심리적 안녕감과 신체적 건강 또한 증가시키는 것을 의미한다(Fredrickson, Mancuso, Branigan, & Tugade, 2000). 약간의 기쁨과 만족감이라는 서로 다른 종류의 긍정 정서가 부정 정서 이후 오래 지속되는 심혈관계 후유증을 무효화시키는 힘을 공유하고 있음이 이후 연구에서 밝혀졌다(Fredrickson et al., 2000).

자애명상(loving-kindness meditation: LKM)은 긍정 정서를 증가시키는 데 도움이 되는 핵심적인 명상실습이다. 자신과 타인의 행복을 빌도록 하는 이 명상실습은 판단에 대한 해독제로 알려져 있다. LKM은 자신과 타인에 대한 따뜻함과 돌봄의 느낌을 증가시키는 데 사용되는 기법이다(Salzberg, 1995). 다른 명상실습과 마찬가지로 LKM은 종종 눈을 감고 처음에는 호흡에 초점을 맞추며 앉은 자세로 조용히 명상하며 시작한다. 그다음에 LKM은 열린 마음으로 따뜻하고 온화한 느낌을 취하도록 요청한다. 처음에는 심장 부분에 집중하고 이미 따뜻하고 온화한 느낌을 가지고 있는 사람들(예를 들면, 자신의 아이나 가까운 사랑하는 사람)을 생각하도록 요청한다. 그러고 나서 이러한 따뜻한 느낌을 먼저 자신에게 확장시키고 은인, 중립적인 사람, 힘든 사람을 향하게 하고 마지막으로 모든 존재로 확장시킨다. 다음에 제시된 자애 문구는 가슴을 열고 신경계를 진정시키는 데 도움이 되는 만트라로 사용될 수 있다.

> 나와 당신과 모든 존재가 행복하기를 바랍니다.
> 나와 당신과 모든 존재가 안전하고 보호받기를 바랍니다.
> 나와 당신과 모든 존재가 건강하고 튼튼하기를 바랍니다.
> 나와 당신과 모든 존재가 편안하게 살아가기를 바랍니다.

LKM은 일련의 생각과 심상을 수반하는데 (사랑, 만족감과 자애와 같은) 엄선된 긍정 정서를 직접적으로 불러일으키며 부정 정서를 환기시킬 약간의 가능성을 가지고 있다. LKM은 틀림없이 긍정 정서뿐만 아니라 확장된 주의도 증진시킬 것이다. 9주간의 LKM 개입의 효과를 관찰한 연구에서 마음챙김 주의, 자기수용, 타인과의 긍정적 관계, 신체적 건강을 포함해서 다양한 개인적 자원을 증가시키는 것으로 나타났다. 이러한 개인적 자원의 획득은 결과적으로 사람들이 자신의 삶에 더 만족하게 되고 우울증상을 더 적게 경험하도록 만들었다(Fredrickson, Cohn, Coffey, Pek, & Finkel, 2008).

자애는 사랑과 긍정 정서의 네 가지 특징인 친절함 혹은 남의 행복을 비는 자애, 자비, 공감하는 기쁨, 평정심을 만들어 내는 일련의 명상 중 첫째다. 자비실습은 자신과 타인의 고통에 대한 공감을 증진시킨다는 점에서 LKM과 다르다. 이 실습 역시 연구되었으며, 부정 정서상태를 조절하고 개인의 고통에 대한 자각을 키우며 따라서 타인의 고통에 대해 더 많이 공감할 수 있게 하는 것으로 나타났다(Pennebaker & Traue, 1993). 연구에 따르면 자비는 부정 정서와 스트레스의 감소 및 긍정 정서, 사회적 유대감, 자신과 타인에 대한 친절함의 증가와 관련이 있는 것으로 나타났다(Fredrickson et al., 2008; Hutcherson, Seppala, Gross, & Phelps, 2008; Lutz, Brefczynski-Lewis, Johnstone, & Davidson, 2008; Pace et al., 2009; Hofmann, Grossman, & Hinton, 2011).

자비실습은 힘들었던 경험이나 힘겨운 시간에 대한 구체적인 기억을 확인하는 것으로 시작한다. 이러한 투쟁을 생각하고 자비롭고 비판적이지 않은 방식으로 그것과 함께 존재하도록 요청한다. 자비실습의 몇 가지 전형적인 문구는 다음과 같다.

몸과 마음을 편안하게 하세요. 이제 당신에게 안정과 자비를 주세요. 가슴이 들어갔다 나왔다 호흡하며 반복합니다.

내가 위험으로부터 벗어나기를 바랍니다.
내가 슬픔과 고통으로부터 벗어나기를 바랍니다.
내가 평화와 치유를 찾기를 바랍니다.
내가 열린 마음을 찾기를 바랍니다.

LKM 실습에서처럼, 먼저 자신에게 자비로운 주의가 향하도록 하고 나서 은인, 중립적인 사람, 어려운 사람, 그리고 마지막에 모든 존재에게 이러한 자비로운 느낌이 확장되도록 요청한다. 자비는 모든 선물 중 가장 값진 선물이다. 그것은 우리를 회복시키고 보호해 주는 것이다. 우리가 타인의 상심에 다가가서 어루만지게 하는 것은 우리 마음속에 있는 공감의 힘이다.

자비는 효과적인 치료의 초석이다. 위에 제시된 실습은 치료적 개입으로서 그리고 효과적인 임상작업과 관련된 자질과 기술을 향상시키기 위한 훈련으로서 모두 유용하다. 공감, 무조건적 긍정적 존중, 그리고 치료자와 내담자 간의 일치성을 특히 강조하는 치료적 관계는 치료결과의 강력한 예측변인으로 알려져 있다(Bohart, Elliot, Greenburg, & Watson, 2002). LKM과 자비실습을 통해 자기조율과 자기자비를 강화시킴으로써 임상가는 치료적 동맹을 향상시키는 자질을 강화시킨다. 자신에 대해 비판적인 치료자가 환자에 대해서도 적대적이고 통제적이며 비판적임을 보여 주는 연구가 있다(Henry, Schacht, & Strupp, 1990). 따라서 임상가의 자기수용은 내담자가 지지적이고 수용적인 관계를 경험하는 데 매우 중요하다.

마음챙김의 기제

마음챙김이 긍정 임상심리학에 무엇을 제시해 줄 수 있으며, 개입으로서 마음챙김이 어떻게 임상작업에서 긍정적인 경험과 부정적인 경험의 통합을 촉진시킬 것인가? 마음챙김의 기제는 의도, 주의, 태도의 세 가지 요소를 수반한다. 재인식하기는 서양 심리학의 개념인 탈중심화(Safran & Segal, 1990), 탈자동화(Deikman, 1982; Safran & Segal, 1990), 그리고 거리두기(Bohart, 1983)와 유사한데, 이들은 핵심에 관점의 근본적인 변화라는 공통점을 가진다. 우리는 이러한 변화가 개방성과 비판단의 태도로 순간순간에 의도적으로 주의를 기울이는 과정인 마음챙김을 통해 촉진된다고 믿는다. 그것은 "감각, 생각, 느낌에 대한 자각이 감각, 생각, 그리고 느낌 그 자체와 다르다"는 것을 깨닫게 한다(Kabat-Zinn, 1990, p. 297). 이러한 자각, 주체에서 객체로의 변화는 깊은 평정심과 명확성이 생겨나게 한다. 평정심은 개인의 소망이 무엇이든 상관없이 삶을 있는 그대로 보게 한다. 우리가 진심으로 있는 그대로 사물에 존재할 때 우리는 반응 경향으로부터 벗어나서 놓여나고 평화롭게 된다.

우리가 재인식하기라고 부른 자기중심적 관점에서 객관적 관점으로의 이러한 변화는 발달과정에서 자연스럽게 일어난다. 발달심리학자들은 타인의 관점을 취하는 ('주체'였던 것을 '객체'로 인식하는) 이러한 능력을 전 생애에 걸친 발달적 성장의 핵심으로 본다(Kegan, 1982). 이러한 발달과정은 종종 자신의 장난감을 엄마에게 선물로 주는 아이와 대신에 엄마에게 꽃다발을 주는 동일한 아이의 차이로 예증된다. 자신의 개인적 준거점으로 한정된 좁고 제한적인 범위에서 벗어나서 관점을 변화시킬 수 있을 때 발달이 일어난다. 이것이 공감의 시작이다. 우리는 마음챙김실습이 계속되고 개인의 내적 경험과 외적 경험과 관련해서 객관성의 능력을 증가시킴으로써 이러한 과정을 촉진시킨다고 생각한다.

의식의 내용에 대해 의도적으로 비판단적 주의의 초점을 맞추는 과정을 통해 마음챙김 실습을 하는 사람들은 Deikman이 '관찰하는 자기'(Deikman, 1982)라고 부른 것을 강화시키기 시작한다. 재인식하기를 통해 참여자들은 경험의 영역에서 일어나는 것은 무엇이든지 작업할 수 있게 된다. 이러한 변화는 긍정 정서, 생각, 감각과 부정 정서, 생각, 감각에 대한 개방성과 이들과 함께 '존재하는' 능력을 촉진시킨다. 일어나는 것이 무엇이든—고통, 우울, 흥분, 두려움, 감사—재인식하기를 통해 메타적 관점에서 보이는 모든 것을 관찰할 수 있게 된다.

그러나 재인식하기라고 부르는 것이 의미하는 것과 거리 두기, 무관심, 무감각을 구별하는 것이 중요하다. 재인식하기는 경험의 개인적 드라마에 완전히 빠지지 않고 순간순간에 일어나는 모든 것을 깊게 이해하고 친밀감을 갖게 한다. 대신에 재인식하기는 명확성의 관점에서 더 큰 거리를 갖게 한다. 그리고 하지만 이것이 단절이나 분리를 의미하는 것은 아니다. 대신에, 재인식하기를 통해 마음과 신체의 매 사건과 동일시하거나 집착하지 않고 깊게 경험할 수 있게 된다. 이러한 과정을 통해, 실제로 자신의 순간순간의 경험과 더 가깝게 연결될 수 있으며, 경험은 집착의 느낌 없이 자연스럽게 일어났다 사라지게 된다. 사람들은 그것에 대한 해설이나 이야기 대신에 있는 그대로 그것을 경험한다. 그러므로 재인식하기는 무관심하게 만들지 않으며 순간순간에 풍성함, 질감, 깊이를 더 크게 경험하게 한다.

우리는 재인식하기가 마음챙김의 변화효과에 기여하는 중요한 요인이라고 제안한다. 우리는 재인식하기가 행동의 메타 기제라고 믿으며, 이것이 변화와 긍정적 결과를 야기할 수 있는 추가적인 직접적 기제를 지배한다. 여기서 우리는 임상심리학에서 긍정적인 것과 부정적인 것을 통합하는 것에 대한 토론과 특히 밀접한 관련이 있는 두 가지 추가적인 기제를 강조한다—① 자기조절과 자기관리, ② 심리적 유연성.

자기조절과 자기관리

'정서적 자기조절'이라고도 알려진 정서조절은 Gross(2013)에 의해 개인이 정서를 경험하고 표현하는 방식뿐만 아니라 정서 반응의 유형에 영향을 미치는 일련의 인지적 과정으로 정의되었다. 재인식하기의 과정을 통해 우리는 매 순간에 내포된 정보에 주의를 기울일 수 있다. 이전에는 조사하기 너무 힘들었던 자료들이긴 하지만 우리는 더 많은 자료에 접근한다. Hayes(2002)가 주장한 바와 같이, "경험회피는 덜 자동적이고 덜 필수적이게 된다"(p. 104). 이 과정을 통해, 조절의 어려움과 이후의 질병을 피할 수 있다. 게다가 재인식 하기는 자동적인 부적응적 습관을 막는다. 사람들은 특별한 감정과 생각에 의해 덜 통제 받을 수 있으며, 따라서 습관적인 반응패턴을 가지고 그것을 자동적으로 따라가지 않을 수 있다. 예를 들면, 불안이 생겨나면 그것에 강하게 동일시하고 음주, 흡연 혹은 폭식과 같은 건강하지 않은 행동을 통해 불안을 조절하려는 경향성이 더 커질 수 있다. 재인식하기를 통해 불안에서 한발 물러서서 일어나고 있으며 때가 되면 사라질 하나의 정서상태로 분명 하게 바라볼 수 있게 된다.

불안과 같은 정서상태를 물러서서 관찰할 수 있는 능력을 발달시킴으로써, 사람들은 그 런 상태에 대한 반응에서 '자유도'를 증가시키고, 자동적인 행동 패턴으로부터 효과적으로 자유로워진다. 재인식하기를 통해, 더 이상 불안이나 공포와 같은 상태에 의해 통제되지 않으며 대신에 그런 상태를 정보로 사용할 수 있게 된다. 그리고 건강과 안녕감을 더 많이 증진시키는 방식으로 자기를 조절할 수 있게 된다. 이러한 가설에 대한 예비적 지지 근거 를 Brown과 Ryan(2003)의 연구에서 찾을 수 있다. 이 연구에서 마음챙김에 대한 타당하고 신뢰로운 측정치에서 점수가 높은 사람들이 자기조절된 정서와 행동을 유의하게 더 많이 보고하였다. 이후의 지지자료에 따르면, 적응적인 정서조절전략(예: 재평가)의 사용은 신 체적 장애와 관련된 스트레스 유발 감정의 감소를, 따라서 전반적인 안녕감의 향상을 가져 온다.

심리적 유연성

매 순간을 일어나는 그대로 분명하게 봄으로써 나타는 능숙한 반응은 심리적 건강의 핵심 지표 중 하나인 심리적 유연성으로도 이해될 수 있다(Kashdan & Rottenberg, 2010). Kashdan과 Rottenberg(2010)가 주장하듯이, "특별한 조절전략의 가치에 대한 연구가 많 이 있지만, 상황에 가장 적합하게 반응을 수정하는 능력은 직관적으로 매우 중요하다. 어 떤 조절전략이 우리가 불러오는 상황, 가치와 목표에 달려 있는 수반적인 이득과 반대되는 전체적인 이득을 제공하는지 의문이다"(p. 866). 마음챙김은 새로운 순간의 상황적 요구 에 우리의 심층의 욕구, 관심, 가치와 일치하는 방식으로 반응할 기회를 제공한다(Ryan & Deci, 2000; Brown & Ryan, 2003).

매 순간 자비롭게, 평정과 분별력을 가지고 반응하는 능력은 자각에 달려 있다. 자각을 이해하는 공통적인 방식은 호흡의 자각을 실습하는 것이다. 당신은 바로 지금 숨을 쉬고 있는가? 당신이 숨을 쉬고 있다는 것을 어떻게 아는가? 당신의 앎이 지적이고 개념적인 앎이 될 수 있지만 느껴지는 감각일 수도 있다. 당신의 존재 전체를 가지고 아는 것. 이러한 깊은 앎이 마음챙김이다. 지금 시도해 보라. 당신이 숨을 들이쉴 때 당신의 존재 전체가 '숨을 들이쉬고 있는 것'을 알라. 당신이 숨을 내쉴 때, 당신의 존재 전체가 '숨을 내쉬고 있는 것'을 알라.

마음챙김은 자각에 달려 있다. 왜냐하면 우리가 이 순간을 지각하고 틀을 잡는 방식이 우리의 현실을 만들어 내고 다시 우리가 반응하는 방식에 영향을 미치기 때문이다. Viktor Frankl(1984)이 말한 것처럼, "우리의 반응을 선택하는 힘은 그 공간에 있다. 우리의 성장과 자유는 우리의 반응에 달려 있다." 우리가 분명하게 볼 수 있을 때 우리는 진정한 중심으로 더 가까이 다가갈 수 있다. 거기에서 우리는 매 순간 가장 능숙한 반응이 무엇인지 안다. 마음챙김을 실습할 때 우리가 진정 누구인지 기억하는 데 도움이 된다. 우리는 반응성이나 관련시키는 뿌리 깊은 습관 그 이상이다. 우리는 가장 중요한 것이 무엇인지 아는 진정한 중심을 알아차리고 초점을 맞추기 시작한다. 우리는 의도적으로 이 순간에 깨어 있고 호기심과 자비를 가지고 분명하게 볼 것을 선택한다. 이러한 존재 방식은 우리의 두뇌 회로를 공감과 이해 그리고 자신의 지혜에 대한 의미 있는 느낌으로 이동시키기 시작한다. 이러한 변화가 일어날 때 우리는 긍정적인 경험에 덜 집착하고, 덜 저항하며 부정적 경험을 만나게 된다. 삶에 나타난 긍정적 힘과 부정적 힘에 대한 우리의 관계는 바람에 날리는 돛 같지 않고 변화하는 조수를 능숙하게 항해하는 선장과 같게 된다.

결론

마음챙김은 삶이 그렇게 단순하지 않음을, 긍정적 경험이 부정적 경험과 별개의 공간과 시간에 깔끔하게 일어나지 않음을 인식한다. 삶은 복잡하다. 부정 정서와 긍정 정서는 일어나서 계속 변화하고 역동적으로 상호작용하며 섞인다. 만약 우리가 스스로를 고통스러운 경험으로부터 차단시키면 우리는 자연스럽게 긍정적 경험도 차단한다. 우리가 실습하는 것은 더 강력해진다. 만약 우리가 무감각해지고 경험을 차단하면 이것에 능숙해져서 일어나는 정서, 감각, 생각에 상관없이 우리도 차단된다. 전통적인 선문답이 이를 예시하는 데 도움이 된다.

한 남자가 정글을 뛰어가고 맹렬한 호랑이가 뒤를 쫓고 있다. 그 남자는 호랑의 이빨과 치명적인 발톱으로부터 생명을 지키기 위해 달리고 있다. 갑자기 그는 벼랑 끝에 있다. 호랑이는 덮치려고 하고 그는 점프해서 운 좋게 절벽에서 튀어나온 가지가 있어서 죽기 직전에 붙잡는다. 그는 아래를 내려다보고 아래에 격렬한 급류가 있다. 그는 놓을 수 없다. 그는 도움을 구하려고 오른쪽을 보지만 아무도 없다. 그는 왼쪽을 보고 절벽에서 자라나는 야생 딸기를 발견한다. 그는 딸기를 집고 마음챙김하며 먹는다. 그의 입에서 감각의 폭발을 경험할 때 그는 생각한다. "딸기가 이렇게 달콤하다니!" 끝.

이 이야기의 교훈은 무엇인가? 우리는 스트레스를 받을 때 종종 스스로를 차단시키고 무감각하게 하며 주의를 분산시킨다. 마음챙김은 우리가 스트레스를 받는 동안 열린 상태로, 압도되지 않는 방법을 가르쳐 준다. 그래야 우리는 스트레스가 많은 삶의 한가운데서 일어나는 달콤함 역시 경험할 수 있다. 삶은 복잡하다. 슬픔과 유쾌함, 이익과 손해, 고통과 즐거움, 빛과 어둠, 삶은 정반대를 포함한다. 만약 우리가 삶이 제공해 주는 모든 것을 경험하려고 한다면 우리는 그 모든 것에 계속 열려 있는 방법을 배워야 한다.

📖 참고문헌

Beddoe, A. E. & Murphy, S. O. (2004). Does mindfulness decreases stress and foster empathy among nursing students? *Journal of Nursing Education*, *43*, 305-312.

Bohart, A. (1983). *Detachment: A variable common to many psychotherapies?* Paper presented at the 63rd Annual Convention of the Western Psychological Association, San Francisco, CA.

Bohart, A. C., Elliott, R., Greenberg, L. S., & Watson, J. C. (2002). Empathy. In: J. C. Norcross (Ed.), *Psychotherapy relationships that work: Therapist contributions and responsiveness to patients* (pp. 89-108). New York: Oxford University Press. doi.10.1093/acprof:oso/9780199737208.001.0001.

Brown, K. W. & Ryan, R. M. (2003). The benefits of being present: Mindfulness and its roles in psychological well-being. *Journal of Personality and Social Psychology*, *84*, 822-848. doi.10.1037/0022-3514.84.4.822.

Carson, J. W., Carson, K., Gil, K. M., & Baucom, D. H. (2004). Mindfulness-based relationship enhancement. *Behavior Therapy*, *35*, 471-494. doi.10.1016/s0005-7894(04)80028-5.

Cohen-Katz, J., Wiley, S., Capuano, T., Baker, D. M., Deitrick, L., & Shapiro, S. (2005). The effects of mindfulness-based stress reduction on nurse stress and burnout: A qualitative and quantitative study. Part III. *Holistic Nursing Practice*, *19*, 78-86. doi.10.1097/00004650-200503000-00009.

Cohen-Katz, J., Wiley, S., Capuano, T., Baker, D. M., & Shapiro, S. (2004). The effects of mindfulnessbased stress reduction on nurse stress and burnout: A qualitative and quantitative study. *Holistic Nursing Practice*, *18*, 302-308. doi.10.1097/00004650-200411000-00006.

Cohen-Katz, J., Wiley, S., Capuano, T., Baker, D. M., & Shapiro, S. (2005). The effects of mindfulnessbased stress reduction on nurse stress and burnout: A qualitative and quantitative study. Part II. *Holistic Nursing Practice*, *19*, 26-35. doi.10.1097/00004650-200501000-00008.

Deikman, A. J. (1982). *The observing self*. Boston, MA: Beacon Press. doi.10.1525/jung.1.1982.3.4.25.

Frankl, V. (1984). *Man's search for meaning* (rev. edn.). Boston, MA: Washington Square Press.

Fredrickson, B. L., Cohn, M. A., Coffey, K. A., Pek, J., & Finkel, S. M. (2008). Open hearts build lives: Positive emotions, induced through loving-kindness meditation, build consequential personal resources. *Journal of Personality and Social Psychology*, *95*(5), 1045-1062. doi,10.1037/a0013262.

Fredrickson, B. L. (2001). The role of positive emotions in positive psychology: The broaden-and-build theory of positive emotions. *American Psychologist*, *56*(3), 218-226. doi.10.1037/0003-066x.56.3.218.

Fredrickson, B. L., Mancuso R. A., Branigan C., & Tugade, M. (2000). The undoing effect of positive emotions. *Motivation and Emotion*, *24*(4), 237-258. doi.10.1023/a:1010796329158.

Gifford, E. V., Kohlenberg, B. S., Hayes, S. C., Antonuccio, D. O., Piasecki, M. M., Rasmussen-Hall, M. L., et al. (2004). Acceptance based treatment for smoking cessation. *Behavior Therapy*, *35*, 689-705. doi.10.1016/s0005-7894(04)80015-7.

Goleman, D. (1980). A map for inner space. In: R. N. Walsh & F. Vaughan (Eds.), *Beyond ego* (pp. 141-150). Los Angeles: Tarcher.

Gratz, K. L. & Gunderson, J. G. (2006). Preliminary data on an acceptance-based emotion regulation group intervention for deliberate self-harm among women with borderline personality disorder. *Behavior Therapy*, *37*, 25-35. doi.10.1016/j.beth.2005.03.002.

Gross, J. J. (2013). Emotion regulation: Taking stock and moving forward. *Emotion*, *13*(3), 359-365. doi.10.1037/a0032135.

Hayes, S. C. (2002). Acceptance, mindfulness, and science. *Clinical Psychology: Science and Practice*, *9*, 101-106. doi.10.1093/clipsy.9.1.101.

Hayes, S. C., Wilson, K. G., Gifford, E. V., Bissett, R., Piasecki, M., Batten, S. V., et al. (2004). A preliminary trial of twelve-step facilitation and acceptance and commitment therapy with polysubstance-abusing methadone-maintained opiate addicts. *Behavior Therapy*, *35*, 667-688. doi.10.1016/s0005-7894(04)80014-5.

Heidenreich, T., Tuin, I., Pflug, B., Michal, M., & Michalak, J. (2006). Mindfulness-based cognitive therapy for persistent insomnia: A pilot study. *Psychotherapy and Psychosomatics*, *75*, 188-189. doi.10.1159/000091778.

Henry, W. P., Schacht, T. E., & Strupp, H. H. (1990). Patient and therapist introject, interpersonal process, and differential psychotherapy outcome. *Journal of Consulting and Clinical Psychology, 58,* 768-774. doi.10.1037/0022-006x.58.6.768.

Hofmann, S. G., Grossman, P., & Hinton, D. E. (2011). Loving-kindness and compassion meditation: Potential for psychological interventions. *Clinical Psychology Review, 31*(7), 1126-1132. doi.10.1016/j.cpr.2011.07.003.

Hutcherson, C. A., Seppala, E. M., Gross, J. J., & Phelps, E. A. (2008). Loving-kindness meditation increases social connectedness. *Emotion, 8*(5), 720-724. doi.0.1037/a0013237.

Irving, J. A., Dobkin, P. L., & Park, J. (2009). Cultivating mindfulness in health care professionals: A review of empirical studies of mindfulness-based stress reduction. *Complementary Therapies in Clinical Practice, 15,* 61-66. doi.10.1016/j.ctcp.2009.01.002.

Jain, S., Shapiro, S. L., Swanick, S., Roesch, S. C., Mills, P. J., Bell, I., & Schwartz, G. (2007). A randomized control trial of mindfulness meditation versus relaxation training: Effects on distress, positive states of mind, rumination, and distraction. *Annals of Behavioral Medicine, 33,* 11-21. doi.10.1207/s15324796abm3301_2.

Kabat-Zinn, J. (1990). *Full catastrophe living: Using the wisdom of your body and mind to face stress, pain and illness.* New York: Delacourt.

Kabat-Zinn, J. (2005). *Coming to our senses: Healing ourselves and the world through mindfulness.* New York: Hyperion.

Kashdan, T. B. & Rottenberg, J. (2010). Psychological flexibility as a fundamental aspect of health. *Clinical Psychology Review, 30*(7), 865-878. doi.10.1016/j.cpr.2010.03.001.

Kegan, R. (1982). *The evolving self: Problem and process in human development.* Cambridge, MA: Harvard University Press.

Killingsworth, M. A. & Gilbert, D. T. (2010). A wandering mind is an unhappy mind. *Science, 12,* 932. doi.10.1126/science.1192439.

Kingston, J., Chadwick, P., Meron, D., & Skinner, T. C. (2007). A pilot randomized control trial investigating the effect of mindfulness practice on pain tolerance, psychological well-being, and physiological activity. *Journal of Psychosomatic Research, 62,* 297-300. doi.10.1016/j.jpsychores.2006.10.007.

Kornfield, J. (1993). *A path with heart: A guide through the perils and promises of spiritual life.* New York: Bantam.

Koszycki, D., Benger, M., Shlik, J., & Bradweijn, J. (2007). Randomized trail of a meditation-based stress reduction program and cognitive behavior therapy in generalized social anxiety disorder. *Behaviour Research and Therapy, 45,* 2518-2526. doi.10.1016/j.brat.2007.04.011.

Krasner, M. S., Epstein, R. M., Beckman, H., Suchman, A. L., Chapman, B., Mooney, C. J., et al. (2009). Association of an educational program in mindful communication with burnout, empathy, and attitudes among primary care physicians. *Journal of the American Medical Association*, *302*, 1284-1293. doi.10.1001/jama.2009.1384.

Kristeller, J., Wolever, R., & Sheets, V. (2014). Mindfulness-Based Eating Awareness Training (MB-EAT) for binge eating: A randomized clinical trial. *Mindfulness*, *5*(3), 282-297. doi.10.1007/s12671-012-0179-1.

Lee, J. (2006). *Mindfulness-based cognitive therapy for children: Feasibility, acceptability, and effectiveness of a controlled clinical trial*. Unpublished doctoral dissertation. Columbia University, New York.

Linehan, M. M. (1987). Dialectical behavior therapy for borderline personality disorder. Theory and method. *Bulletin of the Menninger Clinic*, *51*, 261-276. doi.10.1016/j.cbpra.2007.08.006.

Linehan, M. M. (1993). *Cognitive-behavioral treatment of borderline personality disorder*. New York: Guilford Press.

Lutz, A., Brefczynski-Lewis, J., Johnstone, T., & Davidson, R. J. (2008). Regulation of the neural circuitry of emotion by compassion meditation: Effects of meditative expertise. *Plos ONE*, *3*(3), 1-10. doi.10.1371/journal.pone.0001897.

Lynch, T. R., Trost, W. T., Salsman, N., & Linehan, M. M. (2007). Dialectical behavior therapy for borderline personality disorder. *Annual Review of Clinical Psychology*, 3, 181-205. doi.10.1146/annurev.clinpsy.2.022305.095229.

Ma, S. H. & Teasdale, J. D. (2004). Mindfulness-based cognitive therapy for depressions: Replication and exploration of differential relapse prevention effects. *Journal of Consulting and Clinical Psychology*, *72*, 31-40. doi.10.1037/0022-006x.72.1.31.

Ost, L. G. (2008). Efficacy of the third wave of behavioral therapies: A systematic review and meta-analysis. *Behaviour Research and Therapy*, *46*, 296-321. doi.10.1016/j.brat.2007.12.005.

Pace, T. W. W., Negi, L. T., Adame, D. D., Cole, S. P., Sivilli, T. I., Brown, T. D., Issa, M. J., & Raison, C. L. (2009). Effect of compassion meditation on neuroendocrine, innate immune and behavioral responses to psychosocial stress. *Psychoneuroendocrinology*, *34*(1), 87-98. doi.10.1016/j.psyneuen.2008.08.011.

Pennebaker, J. W. & Traue H. C. (1993). Inhibition and psychosomatic processes. *Emotion, Inhibition, and Health*. Seattle, WA: Hogrefe Hube.

Ryan, R. M. & Deci, E. L. (2000). Self-determination theory and the facilitation of intrinsic motivation, social development, and well-being. *American Psychologist*, *55*, 68-78. doi.10.1037/0003-066x.55.1.68.

Safran J. D. & Segal, Z. V. (1990). *Interpersonal process in cognitive therapy*. New York: Basic Books.

Salzberg, S. (1995). *Lovingkindness: The revolutionary art of happiness*. Boston, MA: Shambhala.

Seligman, M. E. P. & Csikszentmihalyi, M. (2000). Positive psychology: An introduction. *American Psychologist*, 55, 5-14. doi.10.1037/0003-066x.55.1.5.

Semple, R. J., Lee, J., & Miller, L. F. (2006). Mindfulness-based cognitive therapy for children. In: R. A. Baer (Ed.), *Mindfulness-based treatment approaches* (pp. 143-166). New York: Academic Press.

Shapiro, S. & Carlson, L. (2009). *The art and science of mindfulness: Integrating mindfulness into psychology and the helping professions*. Washington, DC: American Psychological Association.

Shapiro, S. L., Carlson, L. E., Astin, J. A., & Freedman, B. (2006). Mechanisms of mindfulness. *Journal of Clinical Psychology*, 62, 373-386. doi.10.1002/jclp.20237.

Shapiro, S., Schwartz, G., & Bonner, G. (1998). Effects of mindfulness-based stress reduction on medical and premedical students. *Journal of Behavioral Medicine*, 21(6), 581-599.

Siegel, D. (2007). *The mindful brain*. New York: W. W. Norton.

Silva, J. M. (2007). Mindfulness-based cognitive therapy for the reduction of anger in married men. *Dissertation Abstracts International: Section B: The Sciences and Engineering*, 68(3-B), 1945.

Wallace, A. B. & Bodhi, B. (2006). The nature of mindfulness and its role in Buddhist meditation: A correspondence between B. Alan Wallace and the venerable Bhikkhu Bodhi. Unpublished manuscript, Santa Barbara Institute for Consciousness Studies, Santa Barbara, CA.

Weiss, M., Nordlie, J., & Siegel, E. P. (2005). Mindfulness-based stress reduction as an adjunct to outpatient psychotherapy. *Psychotherapy and Psychosomatics*, 74, 108-112. doi.10.1159/000083169.

Williams, J. M., Teasdale, J. D., Segal, Z. V., & Soulsby, J. (2000). Mindfulness-based cognitive therapy reduces overgeneral autobiographical memory in formerly depressed patients. *Journal of Abnormal Psychology*, 109, 150-155. doi.10.1037/0021-843x.109.1.150.

Wood, A. & Tarrier, N. (2010). Positive clinical psychology: A new vision and strategy for integrated research and practice. *Clinical Psychology Review*, 30(7), 819-829. doi.10.1016/j.cpr.2010.06.003.

Woods, D. W., Wetterneck, C. T., & Flessner, C. A. (2006). A controlled evaluation of acceptance and commitment therapy plus habit reversal for trichotillomania. *Behaviour Research and Therapy*, 44, 639-656. doi.10.1016/j.brat.2005.05.006.

Zettle, R. D. (2003). Acceptance and commitment therapy (ACT) vs. systematic desensitization in treatment of mathematics anxiety. *The Psychological Record*, 53(2), 197-215.

제26장

웰빙 치료

Giovanni A. Fava

서론

웰빙 치료(Well-being Therapy: WBT; Fava, 1999)는 기분 및 불안장애에 대한 표준적인 치료가 완전한 회복을 결정하는 데 충분히 효과적이지 않다는 인식이 증가함에 따라 임상 장면에서 개발되었다. 표준적인 기준에 따르면 관해되었다고 판단된 상당수의 환자들에게서 상당한 잔류 증상이 발견되어 왔다. 이러한 잔류 증상들은 재발의 전조 증상으로 진행될 수 있다(Fava, Ruini, & Belaise, 2007). 결국 기분 및 불안장애의 치료에서의 도전은 회복의 달성보다는 재발 방지인 것으로 나타났다(Fava & Tomba, 2010; Fava, 2013). 심리적 웰빙의 부재는 우울증의 위험요인이라는 것이 밝혀지고 있다(Wood & Joseph, 2010). Thunedborg, Black, 그리고 Bech(1995)는 증상에 대한 평정치가 아니라 삶의 질 측정치가 우울증의 재발을 예측한다는 것을 관찰했다. 따라서 심리적 웰빙을 증가시키는 것이 반복과 재발을 막을 수 있다(Wood & Joseph, 2010). 게다가 정신신체 의학에 대한 많은 연구들이 정신건강과 신체건강 모두에서 웰빙의 보호 역할을 확증해 주었다. 긍정 정서와 웰빙은, 다른 요인들의 도움과 함께 다양한 질병의 치료 과정에 영향을 미칠 수 있다(Chida & Steptoe, 2008; Fava & Sonino, 2010; Ryff, 2014).

한편 긍정을 표적으로 하는 개입은 전통적인 치료에서 대체로 해결하지 못한 채 남아 있던 건강과 기능의 측면을 해결할 수 있다. 1954년이라는 이른 시기에, Parloff, Kelman, 그리고 Frank는 심리치료의 목표가 개인의 편안함과 효율성을 증가시키는 것이라고 제안했으며, 인본주의 심리학도 치료의 최종 목표로서 자기실현과 같은 개념을 제안했다. 오랜 기간 동안, 자기실현의 성취는 증상 감소의 부산물이거나, 임상연구자들이 감당할 수 없는 사치로 여겨졌다. 아마도 그 이유는 역사적으로 정신건강 연구는 심리적 기능장애에 지나친 가중치를 부여해 왔고, 건강은 안녕의 존재보다는 질병의 부재와 동일하게 여겨져 왔기 때문이다(Ryff & Singer, 1996). 1991년, Garamoni와 동료들은 건강한 기능이란 긍정적인 인지 또는 정서와 부정적인 인지 또는 정서의 최적의 균형을 특징으로 하며, 정신병리는 최적의 균형으로부터의 이탈에 의해 나타난다고 제안했다.

그러므로 긍정적인 개입은 단지 행복과 웰빙의 증가만을 목표로 하는 것이 아니라 심리적 웰빙과 고통 사이의 복잡한 균형을 고려해야 하며(MacLeod & Moore, 2000), 구체적이고 개별화된 욕구를 표적으로 삼아야 한다. Wood와 Tarrier(2000)는 감사와 자율성과 같은 긍정 특성이 흔히 연속적으로 존재한다는 것을 강조했다. 그것은 '부정적'이지도 않고 '긍정적'이지도 않다. 그 영향은 특정한 상황, 그리고 동반되는 고통과 다른 심리적 태도와의 상호작용에 달려 있다.

이러한 모든 요소를 심리치료 과정에서 고려해야 한다. 웰빙 치료는 최적의 기능에 이르는 균형적이면서도 개별화된 경로를 이루기 위해 앞서 제시한 개념들을 고려한 심리 치료적 개입이다.

웰빙 치료의 구조

웰빙 치료는 단기적인 심리치료 전략으로, 8~12회기로 진행되며, 매주 혹은 격주로 이루어진다(Fava, 1999; Fava & Tomba, 2009). 각 회기 시간은 30분에서 50분의 범위다. 웰빙 치료는 구조화된 일기를 활용한 자기관찰(Emmelkamp, 1974)과 치료자와 환자 사이의 상호작용을 강조하는 기법이다. 웰빙 치료는 1958년 Marie Jahoda가 처음 개발한 심리적 웰빙에 대한 인지적 모델을 기반으로 한다. 그녀는 긍정적인 정신건강에 대한 6개의 기준을 마련했다. ① 자율성(내부로부터의 행동 조절), ② 환경적 통제, ③ 타인이나 환경과의 만족스러운 상호작용, ④ 성장, 발전, 자기실현에 대한 개인의 스타일과 정도, ⑤ 자신에 대한 개인의 태도(자기지각/수용), ⑥ 삶에 대한 전망과 스트레스에 대한 저항을 포함하는 정신적 힘의 균형과 통합. Carol Ryff(1989)는 긍정 기능에 대한 이러한 여섯 가지 차원을 더 정교화하면서 심리적 웰빙 척도(Psychological Well-being scales; Ryff, 1989, 2014)라는 평가 도구를 소개했다. 우리는 웰빙 치료로서 후자의 개념화를 언급할 것이다. 회기의 진행은 다음과 같다.

초기 회기들

초기 회기에는 그들이 얼마나 살았는지와 관계없이, 단지 웰빙 일화를 확인하고 그것을 상황적 맥락 내에 두는 데 관심이 있다. 환자들에게 구조화된 일기장에 웰빙 일화와 관련된 상황을 보고하도록 요청하고, 0점은 웰빙의 부재, 100점은 그들이 경험한 가장 강한 웰빙의 상태를 기준으로 0~100점 척도에 평정하도록 한다.

특히 환자들에게 웰빙의 순간을 찾도록 권장하는데, 이러한 순간은 쾌락을 자극하는 특별한 상황뿐 아니라 일상적인 활동을 하는 동안일 수도 있다. 여러 연구들에서 개인들은 보상적이고 도전적인 의식 상태, 특히 최적의 경험과 관련된 활동에 자신의 주의와 정신적 자원을 우선적으로 투자하는 것으로 나타났다(Csikszenmihalyi, 1990). 이것은 높은 환경적 도전과 환경적 통제에 대한 지각, 깊은 몰두, 참여, 즐거움, 상황에 대한 통제, 활동 과정에 대한 명확한 피드백, 그리고 내재적 동기를 특징으로 한다(Delle Fave, 2013). 횡단적 연구들은 최적의 경험이 일과 여가와 같은 모든 일상적인 맥락에서 일어날 수 있음을 보여 준다(Delle Fave & Massimini, 2003). 따라서 환자들에게 일상생활에서 최적의 경험을 했을 때를 보고하도록 요구하고, 관련된 활동이나 상황을 기록하도록 요청한다. 이러한 초기 단계는 대개 두 회기로 연장될 수 있다. 하지만 그 기간은 저항이나 순응과 같이 숙제 할당에 영향을 미치는 요인들에 의해 달라질 수 있다.

중간 회기들

일단 웰빙의 사례를 적절하게 인식하고 나면, 환자에게 웰빙을 조기에 중단하게 하는 사고와 믿음이 무엇인지 확인하도록 권한다. 이는 Ellis와 Becker의 합리적 정서치료에서의 비합리적인 불안 유발 사고와 인지치료에서의 자동적 사고(Beck, Rush, & Emery, 1979)를 찾는 것과 명백히 유사하다. 그러나 자기관찰을 위한 촉발요인이 고통이 아니라 웰빙을 기반으로 한다는 점에서 다르다.

이 단계는 매우 중요한데, 왜냐하면 치료자가 심리적 웰빙의 어떤 영역이 비합리적인 자동적 사고에 의해 영향을 많이 받는지 또는 영향을 받지 않는지를 확인할 수 있기 때문이다. 또한 치료자는 웰빙과 최적의 경험을 이끌어 낼 가능성이 있는 활동을 강화하고 권장한다(예를 들면, 매일 정해진 시간 동안 즐거운 특별 활동을 하도록 과제 할당하기). 또한 그러한 강화는 결과적으로 환자가 회피할 가능성이 있는 공포스럽거나 도전적인 상황에 대한 노출과 함께 점진적인 과제 할당으로 이어진다(Beck et al., 1979). 시간이 지나면서 환자들은 웰빙에 대해 양가적인 태도를 발달시킬 수 있다. 그들은 웰빙을 잃어버린 것을 불평하거나 또는 웰빙을 열망하면서도, 동시에 그들의 삶에 긍정적인 순간이 실제로 일어났을 때 두려워할 수도 있다. 이러한 순간에 특정한 부정적인 자동적 사고가 촉발되는데, 대개 그 생각들은 웰빙이 지속되지 않을 것이라거나(즉, 사실이라고 믿기 어려울 정도로 너무 좋기 때문에), 웰빙이 환자에게 가치가 없다거나, 웰빙은 어려움이나 고통을 극복해야만 얻을 수 있다는 생각과 관련된다. 따라서 WBT의 이 단계에서 매우 핵심적인 것은 환자가 최적의 경험과 즐거운 활동을 찾고 이에 참여하도록 독려하는 것이다. 이러한 중간 단계는 특정한 웰빙 강화 전략을 위한 기반이 될 수 있고 환자의 동기와 능력에 따라 두 회기 또는 세 회기에 걸쳐 연장될 수 있다.

마지막 회기들

웰빙 일화의 과정을 감찰하면서 치료자는 Jahoda-Ryff의 개념적 틀에 따라 웰빙 차원에서 특정한 손상이 있는지를 확인하게 된다. 기록된 자료가 적합하다면 심리적 웰빙에 대한 Ryff의 여섯 가지 차원을 점차적으로 환자에게 소개한다. 예를 들면, 만일 환자의 태도에서 특정한 영역의 손상이 나타난다면, 자율성은 내적 통제 소재, 독립성, 자기결정력을 갖는 것으로 구성되고, 개인적 성장은 새로운 경험에 대한 개방성과 시간 경과에 따른 자기확장성으로 구성된다는 것을 치료자가 설명할 수 있다. 그 이후에는 생각의 오류와 대안적 해석이 논의된다. 이 지점에서 환자는 웰빙의 순간을 기꺼이 확인하고, 웰빙 기분의 방해물(인지)을 자각하며, 이러한 방해물을 해결하고 최적의 경험을 추구하기 위해 인지행동적 기법을 활용하게 될 것이다. 이때 최적의 경험에 수반되는 문제들을 해결하는 것이 중요한데, 왜냐하면 이러한 문제를 통해 자기의 성장과 개선이 일어날 수 있기 때문이다.

임상적 양상

치료자의 목표는 심리적 웰빙의 여섯 가지 차원이 손상된 수준에서 최적의 수준이 되도록 환자를 이끌어 가는 것이다. 이는 환자에게 단지 심리적 웰빙의 모든 차원에서 가능한 가장 높은 수준을 추구하도록 하는 것이 아니라, 균형 잡힌 기능을 획득하도록 독려하는 것을 의미한다. 이러한 최적의 균형 잡힌 웰빙은 성격특성, 사회적 역할, 그리고 문화 및 사회적 맥락과 같은 요인에 따라 환자마다 다를 수 있다.

긍정적으로 기능하는 다양한 차원들은 서로 보상될 수 있으며(일부는 더 대인관계 지향적일 수 있고, 일부는 개인적이고 인지적일 수 있다.), 다른 긍정적인 개입과 마찬가지로 WBT의 목표는 개인의 번영을 촉진하기 위해서 이러한 차원들 간에 최적의 균형 잡힌 기능을 증진시키는 것이다(Keyes, 2002). 이것은 때때로 환자에게 특정한 영역에서 긍정적인 기능의 수준을 줄이도록 권해야 한다는 것을 의미한다. 이러한 임상적 틀이 없다면, 환자는 개인에게 역기능적이거나 스트레스를 일으키는 비현실적인 기대를 하면서 지나치게 높은 수준의 자기확신을 갖는 위험에 처할 수 있다.

환경적 통제

이 차원에서는 손상이 가장 자주 나타날 수 있으며, 환자는 통제감의 부족을 느낀다. 이로 인해 환자는 이후 후회할 가능성이 있는 환경적인 기회들을 놓치게 된다. 반면, 때때로 어떤 환자들은 일이나 가족 활동에 지나치게 관여하다 보니 일상생활을 향유하거나 즐기지 못한다고 도움을 요청할 수도 있다. 계획을 세우고 문제를 해결하는 그들의 능력으로 인해 다른 사람들이 지속적으로 도움을 요청하게 되고, 그 결과 그러한 요구들에 의해 압도되거나 착취받는다고 느낀다. 따라서 이러한 극단적으로 높은 수준의 환경적 통제는 개인에게 스트레스와 이항상성 부하를 가중시키는 원인이 된다. 환경적 통제는 스트레스가 많은 삶의 경험에 핵심적인 매개변인이나 조절변인으로 고려될 수 있다(Fava et al., 2010). 보호요인이 되는 긍정적인 특성으로는 개인을 심리학적 활동가로 표현하려고 노력하는 것인데, 즉 외적인 힘에 의해 수동적으로 시달림을 당하기보다는 주도적이고 효과적으로 문제를 해결하면서도(Ryff & Singer, 1998) 일상생활에서 휴식하거나 이완할 시간을 찾을 수 있는 사람으로 바라본다.

개인적 성장

환자들은 대체로 목표 성취를 향해 이루어 왔던 진전보다 기대했던 목표와의 거리를 강조하는 경향이 있다. 이 차원에서 나타날 수 있는 기본적인 손상은 과거에 성공적으로 다루어 왔던 사건이나 상황과 앞으로 다가올 사건이나 상황 간의 유사성(경험의 전달)을 확인할 수 없다는 것이다. 반면, 개인적 성장의 수준이 지나치게 높은 사람들은 전적으로 미래지향적이기 때문에 과거의 경험을 잊어버리거나 충분히 강조하지 않는다. 특히 부정적이거나 외상적인 경험은 '나는 이 상황을 극복하고 나의 삶을 계속할 필요가 있어'와 같은 일종의 극단적인 방어 기제(부인)로 인해 과소평가될 수 있다(Held, 2002; Norem & Chang, 2002). 역기능적으로 높은 개인적 성장은 과거의 (부정적인) 경험과 관련된 학습과정의 통합을 방해한다는 점에서, 인지적으로 유리한 착각, 또는 소망적 사고와 유사하다.

삶의 목적

환자들은 삶에서 방향감이 부족하다고 지각하거나 자신의 기능을 평가절하한다. 특히 이러한 양상은 환경적 통제와 개인적 성장이 손상되었을 때 발생한다. 반면, 삶의 목적 수준이 지나치게 높을 때에도 임상적 주의가 필요한 여러 다른 상태가 나타날 수 있다. 우선, 한 가지(또는 그 이상) 삶의 목표(들)를 달성하는 데 강한 결단력을 가진 사람은 자신의 활동에 온전히 헌신할 수 있고, 그럼으로써 장애물에도 불구하고 지속할 수 있으며, 결국 탁월한 결과에 이를 수 있다. 그러나 이는 다시 스트레스나 이항상성 부하라는 희생을 치를 수 있다. 게다가 Vallerand와 동료들(2003)은 한 사람의 정체성의 핵심적인 특징이자 개인을 정의하는 데 도움이 되는 목표나 활동을 기술하기 위해 '강박적 열정'이라는 개념을 제안했다. 강박적 열정을 가진 개인은 자아 투자적인 자기구조를 발달시키게 되는데(Hodgins & Knee, 2002), 결과적으로 활동을 경직되게 지속하면서 최적의 기능에 이르지 못하게 된다. 이러한 지속을 경직되었다고 하는 이유는 긍정 정서 때로는 긍정적인 피드백의 부재뿐 아니라, 심지어는 관계의 손상, 전념의 실패, 삶의 다른 활동과의 충돌과 같은 중요한 개인적 손실을 일으키기 때문이다(Vallerand et al., 2007). 따라서 특정한 목표에 대한 개인의 몰두는 웰빙보다 정신병리와 더 연결된 심리적 경직성의 형태가 될 수 있다(kashdan & Rottenberg). 실제로, 어떤 사람은 자신의 목표 달성이 불가능해 보이는 상황에서도 목표에 집착하고, 이러한 목표를 달성하는 동안 행복할 것이라고 계속 믿는다. 이러한 기제는 무망감(MacLeod & Conway, 2005; Hadley & MacLeod, 2010)이나 유사 자살행동(Vincent, Boddana, & MacLeod, 2004)과 관련된다. 게다가 이것은 또 다른 미래지향적인 긍정 정서인 희망을 쓸모없다고 생각하게 하고, 부정성과 실패를 직면하고 받아들이는 것을 방해한다(Bohart, 2002; Geraghty, Wood, & Hyland, 2010).

자율성

환자들이 자기가치감의 부족으로 인해 비주장적인 행동을 하는 패턴은 임상적으로 자주 관찰된다. 예를 들면, 환자들은 자신의 의견과 선호를 숨기고, 자신에게 최선의 이익이 되지 않는 상황을 따르며, 일관되게 자신의 요구를 다른 사람의 요구 뒤에 두기도 한다. 이러한 패턴은 환경적 통제와 삶의 목적을 서서히 약화시키고 이후에는 자율성에 영향을 미치는데, 왜냐하면 이러한 차원들이 임상 집단과 상당히 관련되기 때문이다. 이러한 태도는 사회적 승인에 대한 상당한 욕구를 숨기는 환자에게는 분명하지 않을 수 있다. 이처럼 모든 사람을 기쁘게 해 주려는 환자는 자율성이라는 목표를 달성하는 데 실패할 가능성이 있고, 만성적인 불만족감과 좌절감을 초래할 수 있는 불가피한 갈등을 겪을 수 있다. 반면, 특히 서구에서는 개인이 자율적이고 독립적이어야 한다고 문화적으로 권장한다. 어떤 사람들은 자기 스스로 어려움이나 문제를 해결해야 한다고 생각하면서 조언이나 도움을 요청하지 못한다. 또한 이러한 경우, 불균형하게 높은 자율성은 사회적/대인관계 기능에 해가 될 수 있다(Seeman, Singer, Ryff, Dienberg Love, & Levy-Storms, 2002). 어떤 환자들은 자신의 의견과 독립성을 위해 끊임없이 싸우고 있기 때문에, 다른 사람과 잘 어울리거나, 팀으로 작업하거나, 친밀한 관계를 유지할 수 없다고 호소한다.

자기수용

환자들은 완벽주의적인 태도(자기수용의 부족을 반영하는) 그리고/또는 개인적 기준이 아닌 외부의 승인(자율성의 부족을 반영하는)을 받기 위해 비현실적으로 높은 기준이나 기대를 유지할 수 있다. 그 결과 자신에 대한 만성적인 불만족감으로 인해 모든 경우의 웰빙이 상쇄된다. 이처럼 사람은 자신의 수행에 대해 비현실적인 기준을 정할 수 있다. 반면, 과장된 자기존중감은 고통의 원인이 되거나 현실과 충돌할 수 있는데, 이는 순환성 장애와 양극성 장애의 사례에서 발견된다(Garland, Fredrickson, Kring, Johnson, Meyer, & Penn, 2010; Tomba, Rafanelli, Grandi, Guidi, & Fava, 2012).

타인과의 긍정적 관계

대인관계는 환자가 자각하지 못하는 역기능적인 완벽주의적 태도를 강하게 유지하는 경우에 영향을 받을 수 있다. 또한 자기수용의 손상(그 결과 자신은 거절당할 만하고 사랑스럽지 않다는 믿음이나, 다른 사람들이 열등하고 사랑스럽지 않다는 믿음을 갖게 되면서)도 타인과의 긍정적인 관계를 서서히 약화시킨다. 사회적 통합, 사회적 네트워크, 그리고 지각된 지지의 완충 효과에 대한 방대한 문헌들이 있다(Uchino, Cacioppo, & Kiecolt-Glaser, 1996). 반면 지나친 사회적 기능으로 인한 부정적인 결과에 대한 연구는 거의 존재하지 않는다. 대개 공감, 이타주의, 관대함과 같은 특성은 보편적으로 긍정적으로 간주된다. 그러나 임상 실제에서 환자들은 누군가를 도울 수 없다거나 범죄자를 용서하지 못하는 것에 대해 죄책감을 보고하기도 한다. 강한 친사회적 태도를 가진 사람은 다른 사람의 욕구와 웰빙을 위해서 자신을 희생하는데, 이것이 오랫동안 계속된다면 해가 되거나 때로는 낙담하게 된다. 또한 이런 개인은 타인의 문제와 고통에 대해 지나치게 걱정하고 압도될 수 있기 때문에 번아웃 신드롬의 위험이 있다. 마지막으로, 다른 사람을 용서하거나 은인에게 감사하는 일반적인 경향은 낮은 자존감과 낮은 자기가치감을 감출 수 있다.

타당화 연구들

웰빙 치료는 여러 임상연구들에 적용되어 왔으며, 현재 여러 다른 연구들이 진행되고 있다.

정서장애의 잔류기

정서장애 잔류기에서의 웰빙 치료의 효과는 소규모의 통제연구에서 처음 시행되었다(Fava, Rafanelli, Cazzaro, Conti, & Gandi, 1998a). 행동치료(불안장애) 혹은 약물치료(기분 장애)로 성공적으로 치료받은 정서장애 환자 20명을 잔류 증상에 대한 인지행동치료(CBT) 또는 웰빙 치료에 무선적으로 할당했다. 웰빙 치료와 인지행동치료 모두 PWB의 웰빙과 관련되고, '우울증에 대한 임상적 면담(CID)'(Guidi, Fava, Bech, & Paykel, 2011; Paykel, 1985)으로 측정한 잔류 증상의 유의한 감소와 관련된다. 그러나 치료 이후 두 집단의 잔류 증상을 비교했을 때, 인지행동치료에 비해 웰빙 치료의 유의한 효과가 CID에서 관찰되었다. 또한 웰빙 치료는 PWB의 웰빙, 특히 개인적 성장 척도에서 유의하게 증가했다.

잔류 증상의 개선은 긍정 정서와 부정 정서의 균형을 기반으로 설명될 수 있다(Fava et al., 1998a). 만일 정신과적 증상의 치료가 웰빙의 개선을 이끌어 내고, 웰빙을 설명하는 하위 척도들이 증상을 설명하는 하위 척도보다 약물 효과에 확실히 더 민감하다면(Kellner, 1987; Rafanelli & Ruini, 2012), 웰빙의 변화가 긍정 정서와 부정 정서의 균형에 영향을 미친다고 생각해 볼 수 있다. 이런 의미에서, 이 연구의 웰빙 치료에서 상당한 정도로 증상이 개선되었다는 것은 그리 놀랄 만한 일이 아니다. 즉, 정서장애의 급성기에는 증상 제거가 가장 중대한 변화를 가져 올 수 있지만, 잔류기에는 웰빙의 개선이 변화를 가져 올 수 있다.

재발성 우울증의 예방

웰빙 치료는 재발성 우울증에 적용되는 인지행동 패키지의 혁신적이면서도 특별한 부분이다(Fava, Rafanelli, Grandi, Conti, & Belluardo, 1998b). 또한 이 패키지에는 생활양식 수정과 잔류 증상에 대한 CBT도 포함된다. 항우울제로 성공적으로 치료받은 재발성 주요우울증이 있는 40명의 환자를 웰빙 치료가 포함된 인지행동 패키지 또는 임상적 관리에 무선적으로 할당했다. 두 집단 모두 항우울제는 점차 줄이다가 중단했다. CBT-WBT를 받은 집단은 임상적 관리 집단에 비해 약물 중단 이후의 잔류 증상이 유의한 수준으로 낮아졌다. 또한 CBT-WBT(25%)는 임상적 관리 집단(80%)에 비해 2년 후 추수평가에서 유의미하게 더 낮은 재발률을 보였다. 6년 후 추수평가에서는(Fava, Ruini, Rafanelli, Finos, Conti, & Grandi, 2004) 재발률이 전자는 40%이고 후자는 90%였다.

이러한 결과는 3개의 독립적인 연구에서 재검증되었다. 독일에서 수행한 다기관 연구에서, 주요우울 삽화를 3번 이상 경험한 180명의 환자를 CBT, 웰빙 치료, 마음챙김기반 인지치료를 통합한 집단 또는 매뉴얼화된 심리교육 집단에 무선적으로 할당했다(Stangier et al., 2013). 비록 추수평가가 1년으로 제한되고(우리의 연구에서 가장 중대한 차이는 그 이후에 나타났다.) 약물치료를 유지했지만, 실험집단에서 재발 위험이 높은 환자들의 재발률에서 유의한 효과가 있었다. 미국에서 Kennard와 동료들(2014)은 우리가 성인에게 도입했던 일련의 치료(Fava & Tomba, 2009)를 주요우울증이 있는 144명의 아동과 청소년에게 적용했다. 그들은 6주 동안 플루옥세틴으로 치료받았고, 충분한 반응을 보이는 사람들은 플루옥세틴과 함께 잔류 증상을 해결하기 위한 CBT-WBT 집단 또는 지속적인 약물관리 집단에 무선적으로 할당했다. CBT-WBT 통합 집단은 재발 위험을 낮추는 데 효과적이었는데, 이러한 결과는 주요우울증이 있는 아동·청소년에 관한 연구에서 매우 예외적인 것이다. 아쉬운 점은, 우리의 원래 연구와 달리(Fava et al., 1998b), 이러한 환자 집단에 항우울제를 장기치료하는 것이 문제가 있음에도 불구하고(Leckman, 2013; Offidani, Fava, Tomba, & Baldessarini, 2013), CBT-WBT 집단에서도 약물치료를 지속했다는 것이다. 세 번째 확증은 이란의 Moeenizadeh와 Salagame(2010)에 의해 이루어졌다. 우울증으로 힘들어하는 40명의 고등학생과 대학생을 WBT 또는 CBT에 무선적으로 할당했다. 그 결과는 WBT가 CBT보다 우울증의 증상 개선에 더 효과적이라는 사실을 확실히 보여 주었다. 우울장애의 심각도를 구체적으로 평가하지는 않았지만 증상은 대체로 경증이었다. 그럼에도 불구하고 그 결과는 매우 놀랄 만하다.

약물치료 동안의 임상 효과의 상실

항우울제 치료를 유지하는 동안 우울증상의 재발은 일반적이면서도 성가신 임상 현상이다(Fava & Offidani, 2011; Carvalho, Berk, Hyphantis, & McIntyre, 2014). 항우울제를 복용하는 동안 재발한 재발성 우울증 환자 10명을 복용량을 증량한 집단 또는 인지행동치료와 웰빙 치료를 순차적으로 통합한 집단에 무선적으로 할당했다(Fava, Ruini, Rafanelli, & Grandi, 2002). 복용량 증량의 경우 5명의 환자 중 4명이 반응했으나, 1년 후 추수평가에서는 같은 복용량에 모두 재발했다. 심리치료의 경우 5명의 환자 중 4명이 반응했으며 단 1명만 재발했다. 이러한 결과는 웰빙 치료의 적용이 장기적인 항우울제 치료 동안의 임상 효과의 상실을 막아 준다는 것을 나타낸다.

범불안장애의 치료

웰빙 치료는 범불안장애의 치료에도 적용되어 왔다(Fava et al., 2005). DSM-IV의 GAD 환자 20명을 4회기의 CBT에 이어 4회기의 WBT를 순차적으로 시행한 집단 또는 8회기의 CBT 집단에 무선적으로 할당했다. 두 치료 모두 불안의 유의미한 감소와 관련되었다. 그러나 WBT-CBT를 순차적으로 통합한 집단이 CBT에 비해 증상 감소와 심리적 웰빙의 개선 모두에서 유의한 효과가 나타났다. 이러한 초기 연구 결과는 GAD 치료에 WBT를 추가하는 것의 타당성과 임상적 이점을 제시한다. 이러한 결과에 대한 가능한 설명은, 웰빙 일화에 대한 자기감찰이 인지치료에서 고통의 일화를 통상적으로 감찰하면서 이루어졌던 것보다 자동적 사고를 더 광범위하게 확인하도록 했기 때문일 수 있다.

외상후 스트레스장애

외상 환자의 치료에서 WBT의 활용은 아직 통제된 연구에서 검증되지 않았다. 그러나 비록 주요 외상이 초기 과거력 탐색 회기에서만 논의되긴 했지만, WBT로 개선이 되었다는 두 사례가 보고되었다(Belaise, Fava, & Marks, 2005). 물론, 두 사례로부터 나온 결과는 조심스럽게 해석되어야 하지만(그 환자들은 자연적으로 관해되었다.), 외상을 극복하고 회복력을 발달시키기 위한 대안적인 경로를 제시하였고, 추가적인 연구에 대한 근거를 보여 주었다는 점에서 흥미롭다(Fava & Tomba, 2009).

순환성 장애

최근에는 웰빙 치료가 주요우울장애 또는 조증의 공식적인 진단기준을 충족시키지는 않지만, 기분, 생각, 행동에서 경증 혹은 중증으로 변동을 보이는 순환성 장애(Tomba et al., 2012)의 치료를 위해 CBT와 순차적으로 통합되어 적용되고 있다(Fava, Rafanelli, Tomba, Guidi, & Grandi, 2011). DSM-IV의 순환성 장애에 해당하는 62명의 환자를 CBT-WBT(N=31) 또는 임상적 관리(CM)(N=31)에 무선적으로 할당했다. 사전 지식이 없는 독립적인 평가자가 치료 전, 치료 후, 1년 후, 2년 후에 환자들을 평가했다. 치료 이후에 결과 측정치 모두에서 유의한 차이가 발견되었는데, CBT-WBT 집단이 CM 집단에 비해 치료 이후에 훨씬 더 개선되었다. 치료적 효과는 1년과 2년 추수평가에서도 유지되었다. 본 연구 결과는 CBT와 WBT의 순차적인 통합이 양극성의 기분 변화와 공병하는 불안을 해소하면서 순환성 장애에서 유의하면서도 지속적인 효과를 가져 온다는 것을 시사한다.

학교에서의 개입

요즘에는 학교가 학습 및 교육과정을 발전시키기 위해서뿐 아니라 심리적 웰빙과 회복탄력성의 기제를 증진시키기 위해서도 이상적인 환경으로 여겨진다. 두 시간 정도 지속되는 수업 시간에 WBT에 기반한 학교에서의 개입으로, 중학생과 고등학생 집단에 대한 3개의 무선통제실험이 수행되었다. WBT에 기반한 개입은 임상적 관리(Ruini et al., 2009)에 비해 유의하게 더 높은 효과를 나타냈고, CBT에 비해서도 증상과 심리적 웰빙에서 개선을 보여 주었다(Ruini, Belaise, Brombin, Caffo, & Fava, 2006; Tomba et al., 2010). 이러한 연구는 웰빙 강화 전략이 아동들의 심리적 고통을 예방하고 최상의 인간 기능을 증진하는 데 중요한 역할을 할 수 있다는 것을 보여 준다.

심리치료로 인한 웰빙의 변화는 지속적인가

웰빙 치료의 효과는 두 개의 구분되는 그러나 표면상으로는 관련된 임상 현상을 기반으로 한다. 첫 번째는 심리적 웰빙의 증가가 만성적이거나 급성적인 생활 스트레스의 취약성 면에서 보호효과가 있다는 사실과 관련된다. 두 번째는 긍정 정서와 부정 정서의 복잡한 균형과 관련된다. 또 다른 논문(Rafanelli, Park, Ruini, Ottolini, Cazzaro, & Fava, 2000)에서 상세히 기술했듯이, 긍정 정서와 부정 정서 간에 어느 정도의 역상관이 나타난다는 것에 대한 광범위한 연구들이 있다. 따라서 웰빙의 변화가 고통의 저하를 야기하고, 그 반대도 동일하다. 질병의 급성기에는 증상 제거가 가장 중대한 변화를 가져 오지만, 잔류기에는 그 반대가 사실이다. 즉, 심리적 웰빙의 증가는 직접적인 전략(인지행동치료 또는 약물치료)이 영향을 미치지 못하는 잔류 증상을 감소시킨다.

Cloninger(2006)는 웰빙 치료와 관련된 임상적 변화를 자율성(즉, 책임감 있는, 목적 있는, 자원 있는), 연대감(관대한, 도움을 주는, 자비로운), 자기 초월(직관적인, 판단력 있는, 영적인)로 정의되는 3개의 성격특성에 기인한 것으로 설명한다. 이러한 모든 성격에서 높은 점수를 받으면 긍정 정서(행복한, 즐거운, 만족한, 낙관적인)를 자주 경험하고 부정 정서(불안한, 슬픈, 화난, 비관적인)를 드물게 경험한다. 3개의 요인 중 어느 하나라도 발달이 이루어지지 않으면, 불안과 우울로 이어지는 갈등 발생에 취약해질 수 있다(Cloninger, 2006). 이러한 성격특성은 자율성에 대한 숙달감과 희망을 독려하는 개입을 통해 발달하고 활용될 수 있다.

더불어, 인지행동치료가 스트레스와 관련된 유전자 발현과 단백질 합성을 변화시키는 분자 수준에 작동하거나, 뉴런 구조에서 학습과 기억 획득과 관련된 기제에 영향을 미친다는 제안이 있어 왔다(Charney, 2004). 회복탄력성의 신경생물학적 상관에 대한 연구에서는 서로 다른 신경 회로(보상, 공포 조건화와 소거, 사회적 행동)가 같은 뇌구조, 특히 편도체, 측핵, 내측 전전두엽과 어떻게 관련되는지를 밝혔다(Charney, 2004). Singer, Friedman, Seeman, Fava, 그리고 Ryff(2005)는 임상 전 근거를 기반으로, WBT가 해마의 수상돌기 망을 자극하고 기저측 편도체의 돌기 위축을 유도하여(공포 또는 스트레스 경험의 기억 저장소), 고통과 외상적 기억을 약화시킨다고 제안했다. 따라서 웰빙 치료의 병리생리학적 기반은 웰빙과 고통이 단순히 반대가 아닌 것처럼, 증상 지향적인 인지행동적 전략과 다르게 비교될 수 있다(Rafanelli et al., 2000).

결론

우리가 논의했던 웰빙 치료에 대한 통제된 실험들은 심리적 웰빙이 특정한 심리치료 방식에 의해 증가될 수 있고, 이러한 변화가 고통의 감소와 만족, 친절, 이완, 신체적 웰빙의 개선과 매우 관련이 있다는 사실을 보여 준다. 주관적 웰빙을 단기적으로 개선하도록 하는 사회적 활동이나 통제감 증가를 목표로 하는 비특정적 개입(Okun, Olding, & Cohn, 1990)과는 달리, WBT에 의한 변화는 추후에도 지속되고(Fava et al., 2002; Fava et al., 2004;

Fava et al., 2005; Fava et al., 2011), 회복탄력성 증가의 기반이 되며, 새로운 사건이 발생하더라도 재발이 덜 되도록 한다. 성인 집단에서 수행되었던 모든 무선통제실험에서, WBT는 표준적인 심리치료적 접근 그리고/또는 약물치료나 임상적 관리와 비교했을 때 추가적인 효과를 수반하는 것으로 나타났다.

 WBT는 원래 임상 집단에서 표준적인 약물치료 또는 심리치료 이후에 여전히 손상되어 있는 심리적 웰빙을 개선하기 위한 전략으로 개발되었다. 이는 이러한 손상이 질병에 따라, 환자에 따라, 심지어는 같은 환자에서 같은 질병의 삽화마다 다를 수 있다는 가정을 기반으로 한다. 이러한 손상은 역경과 재발의 취약요인을 나타낸다(Fava & Tomba, 2009). 따라서 WBT는 환자의 임상적 결과를 예측할 때 웰빙과 고통을 모두 고려하는, 임상심리학에서 개발된 긍정적인 치료적 개입으로 간주될 수 있다(Rafanelli & Ruini, 2012). 이에 더해, 우리는 매우 개별화된 전략을 통해 최적의 균형 잡힌 웰빙에 이르는 경로를 획득할 수 있다고 제안한다. 어떤 경우에는, 일부 심리적 차원에서의 강화와 성장이 필요하다. 다른 경우에는 지나치거나 왜곡된 수준의 특정한 차원들이 역기능적이거나 번영을 방해하기 때문에 조절될 필요가 있다. 개인들은 웰빙을 손상된 낮은 수준에서 최적의 수준으로 높이는 것뿐 아니라 부적절하게 높은 수준에서 최적의 균형 수준으로 낮추는 것으로 도움을 받을 수 있다. 이것은 특정한 행동 과제, 즐거운 활동의 할당뿐 아니라 이러한 차원들에서 보다 균형 잡힌 긍정적 기능에 도달할 수 있는 인지적 재구성을 활용함으로써 달성될 수 있다. 경직된 특정한 가정(가령, 우울증의 인지삼제)을 기반으로 하는 표준적인 인지치료와 달리, WBT는 다른 치료들이 탐색하지 않는 심리적 문제를 해결하기 위해 개별화된 접근과 유연성(Kashdan & Rottenberg, 2011)을 특징으로 한다. 이러한 WBT의 다양한 가능성과 유연성은 긍정 임상심리학적 접근과 일치하며, 개인의 특정한 요구를 기반으로 선택된 여러 다른 개입들을 필요로 한다(Wood & Tarrier, 2010).

📖 참고문헌

Beck, A. T., Rush, A. J., Shaw, B. F., & Emery, G. (1979). *Cognitive therapy of depression*. New York: Guilford Press. doi.10.1002/9780470479216.corpsy0198.

Belaise, C., Fava, G. A., & Marks, I. M. (2005). Alternatives to debriefing and modifications to cognitive behavior therapy for posttraumatic stress disorder. *Psychotherapy and Psychosomatics*, 74(4), 212-217. doi.10.1159/000085144.

Bohart, A. C. (2002). Focusing on the positive, focusing on the negative: Implications for psychotherapy. *Journal of Clinical Psychology*, 58(9), 1037-1043. doi.10.1002/jclp.10097.

Carvalho, A. F., Berk, M., Hyphantis, T. N., & McIntyre, R. S. (2014). The integrative management of treatment resistant depression. *Psychotherapy and Psychosomatics*, 83(2), 70-88. doi,10.1159/000357500.

Charney, D. S. (2004). Psychobiological mechanisms of resilience and vulnerability: Implications for successful adaptation to extreme stress. *American Journal of Psychiatry*, 161(2), 195-216. doi.10.1176/appi.ajp.161.2.195.

Chida, Y. & Steptoe, A. (2008). Positive psychological well-being and mortality: a quantitative review of prospective observational studies. *Psychosomatic Medicine*, 70(7), 741-756. doi.10.1097/PSY.0b013e31818105ba.

Cloninger, C. R. (2006). The science of well-being: an integrated approach to mental health and its disorders. *World Psychiatry*, 5(2), 71-76.

Csikszentmihalyi, M. (1990). *Flow: The psychology of optimal experience*. New York: Harper & Row. doi.10.1007/978-94-017-9088-8.

Delle Fave, A. (2013). Past, present, and future of flow. In: S. A. David, I. Bomwell, & A. Conley Agers (Eds.), *The Oxford handbook of happiness* (pp. 60-72). Oxford: Oxford University Press. doi.10.1093/oxfordhb/9780199557257.001.0001.

Delle Fave, A. & Massimini, F. (2003). Optimal experience in work and leisure among teachers and physicians. *Leisure Studies*, 22(4), 323-342. doi.10.1080/02614360310001594122.

Ellis, A. & Becker, I. (1982). *A guide to personal happiness*. Hollywood, CA: Melvin Powers Wilshire.

Emmelkamp, P. M. G. (1974). Self-observation versus flooding in the treatment of agoraphobia. *Behaviour Research and Therapy*, 12(3), 229-237. doi.10.1016/0005-7967(74)90119-3.

Fava, G. A. (1999). Well-being therapy: conceptual and technical issues. *Psychotherapy and Psychosomatics*, 68(4), 171-179. doi.10.1159/000012329.

Fava, G. A. (2013). Modern psychiatric treatment: A tribute to Thomas Detre, MD (1924-2011). *Psychotherapy and Psychosomatics*, 82(1), 1-7. doi.0.1159/000343002.

Fava, G. A. & Offidani, E. (2011). The mechanisms of tolerance in antidepressant action. *Progress in Neuropsychopharmacology & Biological Psychiatry*, 35(7), 1593-1602. doi.10.1016/j.pnpbp.2010.07.026.

Fava, G. A. & Sonino, N. (2010). Psychosomatic medicine. *International Journal of Clinical Practice*, 64(8), 1155-1161. doi.10.1111/j.1742-1241.2009.02266.x.

Fava, G. A. & Tomba, E. (2009). Increasing psychological well-being and resilience by psychotherapeutic methods. *Journal of Personality*, 77(6), 1903-1934. doi.10.1111/j.1467-6494.2009.00604.x.

Fava, G. A. & Tomba, E. (2010). New modalities of assessment and treatment planning in depression. *CNS Drugs*, *24*(6), 453-465. doi.10.2165/11531580-000000000-00000.

Fava, G. A., Guidi, J., Semprini, F., Tomba, E., & Sonino, N. (2010). Clinical assessment of allostatic load and clinimetric criteria. *Psychotherapy and Psychosomatics*, *79*(5), 280-284. doi.10.1159/000318294.

Fava, G. A., Rafanelli, C., Cazzaro, M., Conti, S., & Grandi, S. (1998a). Well-being therapy. A novel psychotherapeutic approach for residual symptoms of affective disorders. *Psychological Medicine*, *28*(2), 475-480. doi.10.1017/S0033291797006363.

Fava, G. A., Rafanelli, C., Grandi, S., Conti, S., & Belluardo, P. (1998b). Prevention of recurrent depression with cognitive behavioral therapy: preliminary findings. *Archives of General Psychiatry*, *55*(9), 816-820. doi.10.1001/archpsyc.55.9.816.

Fava, G. A., Rafanelli, C., Tomba, E., Guidi, J., & Grandi, S. (2011). The sequential combination of cognitive behavioral treatment and Well-being therapy in cyclothymic disorder. *Psychotherapy and Psychosomatics*, *80*(3), 136-143. doi.10.1159/000321575.

Fava, G. A., Ruini, C., & Belaise, C. (2007). The concept of recovery in major depression. *Psychological Medicine*, *37*(3), 307-317. doi.10.1017/S0033291706008981.

Fava, G. A., Ruini, C., Rafanelli, C., & Grandi, S. (2002). Cognitive behavior approach to loss of clinical effect during long-term antidepressant treatment. *American Journal of Psychiatry*, *159*(12), 2094-2095. doi.10.1176/appi.ajp.159.12.2094.

Fava, G. A, Ruini, C., Rafanelli, C., Finos, L., Conti, S., & Grandi, S. (2004). Six-year outcome of cognitive behavior therapy for prevention of recurrent depression. *American Journal of Psychiatry*, *161*(10), 1872-1876. doi.10.1176/appi.ajp.161.10.1872.

Fava, G. A., Ruini, C., Rafanelli, C., Finos, L., Salmaso, L., Mangelli, L., & Sirigatti, S. (2005). Well-being therapy of generalized anxiety disorder. *Psychotherapy and Psychosomatics*, *74*(1), 26-30. doi.10.1159/000082023.

Garamoni, G. L., Reynolds, C. F., Thase, M. E., Frank, E., Berman, S-R., & Fasiczska, A. L. (1991). The balance of positive and negative affects in major depression. *Psychiatry Research*, *39*(2), 99-108. doi. 10.1016/0165-1781(91)90079-5.

Garland, E. L., Fredrickson, B., Kring, A. M., Johnson, D., Meyer, P. S., & Penn, D. L. (2010). Upward spirals of positive emotions counter downward spirals of negativity. Insights from the broaden-andbuild theory and affective neuroscience on the treatment of emotion dysfunction and deficits in psychopathology. *Clinical Psychology Review*, *30*(7), 849-864. doi.10.1016/j.cpr.2010.03.002.

Geraghty, A. W. A., Wood, A. M., & Hyland, M. E. (2010). Dissociating the facets of hope: Agency and pathways predict dropout from unguided self-help therapy in opposite directions. *Journal of Research in Personality*, *44*(1), 155-158. doi.10.1016/j.jrp.2009.12.003.

Guidi, J., Fava, G. A., Bech, P., & Paykel, E. S. (2011). The Clinical Interview for Depression: A comprehensive review of studies and clinimetric properties. *Psychotherapy and Psychosomatics*, *80*(1), 10-27. doi.10.1159/000317532.

Hadley, S. & Macleod, A. K. (2010). Conditional goal-setting, personal goals and hopelessness about the future. *Cognition and Emotion*, *24*(7), 1191-1198. doi.10.1016/j.brat.2010.05.022.

Held, B. S. (2002). The tyranny of positive attitude in America: Observation and speculation. *Journal of Clinical Psychology*, *58*(9), 965-992. doi.10.1002/jclp.10093.

Hodgins, H. S. & Knee, R. (2002). The integrating self and conscious experience. In: E. L. Deci & R. M. Ryan (Eds.), *Handbook on self-determination research* (pp. 87-100). Rochester, NY: University of Rochester Press.

Jahoda, M. (1958). *Current concepts of positive mental health*. New York: Basic Books. doi.10.1037/11258-000.

Kashdan, T. B. & Rottenberg, J. (2010). Psychological flexibility as a fundamental aspect of health. *Clinical Psychology Review*, *30*(7), 865-878. doi.10.1016/j.cpr.2010.03.001.

Kellner, R. (1987). A symptom questionnaire. *Journal of Clinical Psychiatry*, *48*(7), 269-274. Available at: http://www.psychiatrist.com/jcp/Pages/home.aspx.

Kennard, B. D., Emslie, G. J., Mayes, T. L., Nakonezny, P. A., Jones, J. M., Foxwell, A. A., & King, J. (2014). Sequential treatment with fluoxetine and relapse-prevention CBT to improve outcomes in pediatric depression. *American Journal of Psychiatry*, *171*(10), 1083-1090. doi.10.1176/appi.ajp.2014.13111460.

Keyes, C. L. (2002). The mental health continuum: from languishing to flourishing in life. *Journal of Health and Social Behavior*, *43*(2), 207-222. Available at: http://www.jstor.org/stable/3090197.

Leckman, J. F. (2013). The risks and benefits of antidepressants to treat pediatric-onset depression and anxiety disorders. *Psychotherapy and Psychosomatics*, *82*(3), 129-131. doi.10.1159/000345543.

MacLeod, A. K. & Conway, C. (2005). Well-being and the anticipation of future positive experiences: The role of income, social networks and planning ability. *Cognition and Emotion*, *19*(3), 357-374. doi.10.1080/02699930441000247.

MacLeod, A. K. & Moore, R. (2000). Positive thinking revisited: positive cognitions, well-being and mental health. *Clinical Psychology and Psychotherapy*, *7*(1), 1-10. doi.10.1002/(SICI)1099-0879(200002)7:1⟨1::AIDCPP228⟩3.0.CO;2-S.

Moeenizadeh, M. & Salagame, K. K. K. (2010). The impact of well-being therapy on symptoms of depression. *International Journal of Psychological Studies*, *2*(2), 223-230. doi.10.5539/ijps.

v2n2p223.

Norem, J. K. & Chang, E. C. (2002). The positive psychology of negative thinking. *Journal of Clinical Psychology, 58*(9), 993-1001. doi.10.1002/jclp.10094.

Offidani, E., Fava, G. A., Tomba, E., & Baldessarini, R. J. (2013). Excessive mood elevation and behavioral activation with antidepressant treatment of juvenile depressive and anxiety disorders. *Psychotherapy and Psychosomatics, 82*(3), 132-141. doi.10.1159/000345316.

Okun, M. A., Olding, R. W., & Cohn, C. M. G. (1990). A meta-analysis of subjective well-being interventions among elders. *Psychological Bulletin, 108*(2), 257-266. doi.10.1037//0033-2909.108.2.257.

Parloff, M. B., Kelman, H. C., & Frank, J. D. (1954). Comfort, effectiveness, and self-awareness as criteria of improvement in psychotherapy. *American Journal of Psychiatry, 111*(5), 343-352. doi.10.1176/ajp.111.5.343.

Paykel, E. S. (1985). The clinical Interview for Depression: Development, reliability and validity. *Journal of Affective Disorders, 9*(1), 85-96. doi.10.1016/0165-0327(85)90014-X.

Rafanelli, C., Park, S. K., Ruini, C., Ottolini, F., Cazzaro, M., & Fava, G. A. (2000). Rating well-being and distress. *Stress Medicine, 16*(1), 55-61. doi.10.1002/(SICI)1099-1700(200001)16:1 <55::AID-SMI832>3.0.CO;2-M.

Rafanelli, C. & Ruini, C. (2012). Assessment of psychological well-being in psychosomatic medicine. *Advances in Psychosomatic Medicine, 32*, 182-202. doi.10.1159/000330021.

Ruini, C., Belaise, C., Brombin, C., Caffo, E., & Fava, G. A. (2006). Well-being therapy in school settings. *Psychotherapy and Psychosomatics, 75*(6), 331-336. doi.10.1159/000095438.

Ruini, C., Ottolini, F., Tomba, E., Belaise, C., Albieri, E, Visani, D, Offidani, E., Caffo, E., & Fava, G. A. (2009). School intervention for promoting psychological well-being in adolescence. *Journal of Behavior Therapy and Experimental Psychiatry, 40*(4), 522-532. doi.10.1016/j.jbtep.2009.07.002.

Ryff, C. D. (1989). Happiness is everything, or is it? Explorations on the meaning of psychological well-being. *Journal of Personality and Social Psychology, 57*(6), 1069-1081. doi.10.1037/0022-3514.57.6.1069.

Ryff, C. D. (2014). Psychological well-being revisited: advances in the science and practice of eudaimonia. *Psychotherapy and Psychosomatics, 83*(1), 10-28. doi.10.1159/000353263.

Ryff, C. D. & Singer, B. H. (1996). Psychological well-being: meaning, measurement, and implications for psychotherapy research. *Psychotherapy and Psychosomatics, 65*(1), 14-23. doi.10.1159/000289026.

Seeman, T. E., Singer, B. H., Ryff, C. D., Dienberg Love, G., & Levy-Storms, L. (2002). Social relationships, gender, and allostatic load across two age cohorts. *Psychosomatic Medicine,*

64(3), 395-406. doi.10.1097/00006842-200205000-00004.

Singer, B., Friedman, E., Seeman, T., Fava, G. A., & Ryff, C. D. (2005). Protective environments and health status: Cross-talk between human and animal studies. *Neurobiology of Aging*, *26*(1)S, S113-S118. doi.10.1016/j.neurobiolaging.2005.08.020.

Stangier, U., Hilling, C., Heidenreich, T., Risch, A. K., Barocka, A., Schlosser, R., Kronfeld, K., Ruckes, C., Berger, H., Roschke, J., Weck, F., Volk, S., Hambrecht, M., Sertling, R., Erkwoh, R., Stirn, A., Sobanski, T., & Hautzinger, M. (2013). Maintenance cognitive-behavioral therapy and manualized psychoeducation in the treatment of recurrent depression. *American Journal of Psychiatry*, *170*(6), 624-632. doi.10.1176/appi.ajp.2013.12060734.

Thunedborg, K., Black, C. H., & Bech, P. (1995). Beyond the Hamilton depression scores in long-term treatment of manic-melancholic patients: prediction of recurrence of depression by quality of life measurements. *Psychotherapy and Psychosomatics*, *64*(3/4), 131-140. doi.10.1159/000289002.

Tomba, E., Belaise, C., Ottolini, F., Ruini, C., Bravi, A., Albieri, E., Rafanelli, C., Caffo, E., & Fava, G. A. (2010). Differential effects of well-being promoting and anxiety-management strategies in a nonclinical school setting. *Journal of Anxiety Disorders*, *24*(3), 326-333. doi.10.1016/j.janxdis.2010.01.005.

Tomba, E., Rafanelli, C., Grandi. S., Guidi, J., & Fava, G. A. (2012). Clinical configuration of cyclothymic disturbances. *Journal of Affective Disorders*, *139*(3), 244-249. doi.10.1016/j.jad.2012.01.014.

Uchino, B. N., Cacioppo, J. T., & Kiecolt-Glaser, J. K. (1996). The relationship between social support and physiological processes. *Psychological Bulletin*, *119*(3), 488-531. doi.10.1037/0033-2909.119.3.488.

Vallerand, R. J., Blanchard, C. M., Mageau, G. A., Koestner, R., Ratelle, C., Leonard, M., Gagne, M., & Marsolais, J. (2003). Les passions de l'ame: On obsessive and harmonious passion. *Journal of Personality and Social Psychology*, *85*(4), 756-767. doi.10.1037/0022-3514.85.4.756.

Vallerand, R. J., Salvy, S. J., Mageau, G. A., Elliot, A. J., Denis, P. L., Grouzet, F. M. E., & Blanchard, C. (2007). On the role of passion in performance. *Journal of Personality*, *75*(3), 505-533. doi.10.1111/j.1467-6494.2007.00447.x.

Vincent, P. J., Boddana, P., & MacLeod, A. K. (2004). Positive life goals and plans in parasuicide. *Clinical Psychology and Psychotherapy*, *11*(2), 90-99. doi.10.1002/cpp.394.

Wood, A. M. & Joseph, S. (2010). The absence of positive psychological (eudemonic) well-being as a risk factor for depression: A ten-year cohort study. *Journal of Affective Disorders*, *122*(3), 213-217. doi.10.1016/j.jad.2009.06.032.

Wood, A. M. & Tarrier, N. (2010). Positive clinical psychology: A new vision and strategy for integrated research and practice. *Clinical Psychology Review*, *30*(7), 819–829. doi.10.1016/j.cpr.2010.06.003.

제27장

삶의 질 치료

Michal B. Frisch

서론

삶의 질 치료(Quality of Life Therapy: QOLT) (또한 삶의 질 치료와 코칭으로 알려진)는 코칭과 임상적 적용 모두에 적합한 긍정심리학적 개입 패키지로서, 포괄적이고 매뉴얼화되어 있으며 개별적으로 맞추어져 있다. (코칭 의뢰인은 DSM의 장애는 없지만 그럼에도 불구하고 일상 생활에서 더 좋게 느끼고 더 잘 기능하기를 바라는 사람들이다.) DSM-5 장애로 고통받는 내담자에 관해서는 QOLT가 근거기반 치료와 약물치료를 대체한다기보다는 강화시키는 것을 의미한다(Land, 2006; Furey, 2007). Clark과 Beck(1999)에 따르면, 치료계획에 긍정심리학을 더함으로써 Beck과 동료들이 '건설적'이라고 말했던 것, 즉 웰빙 또는 감정의 행복 양식을 활성화시키는 것은 치료적 변화를 지속하는 데 필수적이다. 더 나아가 QOLT는 부정 정서를 조절하기 위한 기술 외에도 긍정 정서 경험을 향상시키기 위한 기법을 포함함으로써 임상심리학과 긍정심리학을 통합했다.

QOLT 내담자들은 인간의 웰빙 또는 행복을 구성한다고 알려진 16개의 삶의 가치 영역에서 그들에게 가장 중요한 욕구, 목표, 바람을 확인하고, 추구하며, 충족시키도록 도울 수 있는 전략과 기술을 배우게 된다. 이러한 영역은 〈표 27-1〉에 자세히 정의되어 있으며, 웰빙 평가의 일부로서 [그림 27-1]에도 설명되어 있다.

〈표 27-1〉 삶의 질 치료와 코칭 그리고 삶의 질 척도인 QOLI의 '달콤한 16' 영역: 개인의 전반적인 삶의 질을 구성하는 삶의 16개 영역*

---

1. 건강은 신체적으로 적합한 상태로, 아프지 않고 고통이나 장애가 없는 상태다.

2. 자존감은 자신의 강점과 약점, 성공과 실패, 문제를 다루는 능력에 비추어 자신을 좋아하고 존중하는 것을 의미한다.

3. 목표와 가치(또는 삶의 철학)는 삶에서 가장 중요한 것이 무엇인지와 현재와 미래 모두에서 어떻게 살아야 하는지에 대한 자신의 믿음이다. 이는 당신의 삶의 목표, 당신이 옳거나 그르다고 생각하는 것은 무엇인지, 당신이 바라보는 삶의 목적과 의미를 포함한다. 영적인 믿음은 포함될 수도 있고 아닐 수도 있다.

4. 돈(또는 삶의 기준)은 세 가지로 구성된다. 당신이 버는 돈, 당신이 소유한 것(차 또는 가구와 같은), 미래에 당신이 필요한 것과 돈을 가지게 될 것이라는 믿음이다.

5. 일은 당신의 경력 또는 대부분의 시간을 어떻게 보내는지를 의미한다. 당신은 직장에서 일하거나, 집에서 가족을 돌보거나, 학교에서의 학생일 수 있다. 일에는 직장에서의 업무, 당신이 버는 돈(만일 그렇다면), 함께 일하는 사람이 포함된다.

6. 놀이(또는 여가)는 자유 시간에 편히 쉬고 즐거움을 느끼며 자신을 발전시키기 위해서 하는 것을 의미한다. 여기에는 영화 보는 것, 친구를 방문하는 것, 스포츠나 정원 가꾸기와 같은 취미를 추구하는 것을 포함한다.

7. 배움은 관심 있는 것에 대한 새로운 기술이나 정보를 얻는 것을 의미한다. 배움은 역사, 자동차 수리, 컴퓨터 활용과 같은 주제의 책을 읽거나 강의를 듣는 것들로 이루어진다.

8. 창의성은 일상의 문제를 해결하거나 그림, 사진, 바느질과 같은 취미를 추구하는 새롭고 현명한 방법을 생각해 내기 위해 상상력을 활용하는 것이다. 여기에는 집을 꾸미는 것, 기타를 치는 것, 일에서의 문제를 해결하기 위해 새로운 방법을 찾는 것이 포함될 수 있다.

9. 돕기(사회봉사와 시민운동)는 도움이 필요한 사람을 돕거나 지역사회를 더 살기 좋은 곳으로 만들기 위해 돕는 것을 의미한다. 돕기는 혼자서 할 수도 있고, 교회, 이웃 연합, 정치적인 정당과 같이 집단으로 할 수도 있다. 돕기에는 학교에서 자원봉사를 하거나 선한 이유로 기부를 하는 것도 포함될 수 있다. 돕기는 친구나 친척이 아닌 사람들을 돕는 것을 의미한다.

10. 사랑(또는 연인관계)은 다른 사람과의 매우 친밀한 로맨틱한 관계다. 사랑에는 대개 성적인 감정과 사랑받고 돌봄 받고 이해받는 느낌이 포함된다.

11. 친구(또는 우정)는 당신과 유사한 관심과 의견을 가진 사람(친척이 아닌)으로 당신을 잘 알고 걱정해 주는 사람이다. 친구는 함께 즐기고, 개인적 문제를 이야기하며, 서로 돕는다.

12. 자녀는 당신이 아이(또는 아이들)와 어떻게 잘 지내는지를 의미한다. 당신이 아이를 돌보고, 여행을 가고, 함께 놀아 주면서 어떻게 지내는지를 생각해 보라.

13. 친척은 당신의 부모, 조부모, 형제, 자매, 숙모, 삼촌, 인척 관계의 사람들과 어떻게 지내는지를 의미한다. 당신이 방문하거나, 전화로 대화하거나, 서로 도울 때와 같이 무언가를 함께 할 때 어떻게 지내는지를 생각해 보라.

14. 집은 당신이 사는 곳이다. 그것은 당신의 집 또는 아파트, 그 주변의 마당이다. 그곳이 얼마나 좋아 보이는지, 집의 크기, 임대료 또는 주택자금을 생각해 보라.

15. 이웃은 집 주변의 지역을 의미한다. 그곳이 얼마나 좋아 보이는지, 그 지역의 범죄율, 이웃들을 얼마나 좋아하는지를 생각해 보라.

16. 지역사회는 당신이 사는 도시 전체, 마을, 시골 지역을 의미한다(단지 이웃만이 아니다.). 지역사회에는 그곳이 얼마나 좋아 보이는지, 범죄율, 당신이 얼마나 그 사람들을 좋아하는지를 포함한다. 또한 공원, 콘서트, 스포츠 행사, 레스토랑과 같이 즐거움을 위해서 가는 곳도 포함한다. 또한 구입해야 하는 물건의 비용, 일자리의 가용성, 정부, 학교, 세금, 공해도 고려할 수 있다.

* © 2006, Michael B. Frisch, 모든 권리를 소유함.

이 이론을 기반으로 한 접근은 모든 내담자에게 단일한 단기 개입이나 표준적인 개입 패키지를 제공하는 것이 아니라, 내담자에게 개별적으로 맞추어진 웰빙 개입 패키지를 제공한다(이 장에서 언급되고 QOLT에서 사용하는 모든 내담자용 '도구상자' 실습들은 http://www.wiley.com/go/frisch에서 다운로드 받아 이용할 수 있다.).

QOLT에서는 개인별 평가인 삶의 질 척도(Quality of Life Inventory: QOLI)를 사용하는데(Frisch, Clark, Rouse, Rudd, Paweleck, & Greenstone, 2005; Frisch, 2009), 이는 내담자의 특정한 필요에 맞는 개별화된 개입을 하고, 그 진행과 결과를 평가하며, 치료를 조정하고, 웰빙의 위험요인이나 불행의 '재발'을 평가하기 위해서다(Frisch, 2006). 이러한 접근을 뒷받침하는 QOLT 이론은 긍정심리학, 웰빙, 행복, 삶의 질 분야의 결과들과 사회지표 연구, 코칭, 일반적인 심리치료, 특히 Beck의 인지치료를 통합하려고 시도했다(Clark, 2006; Diener, 2006).

이 장에서는 QOLT에 대해 무선적으로 통제된 실험을 개관하고, 긍정심리학의 '근거기반' 치료와 개입(코칭 의뢰인의 경우)을 위해 임상심리학의 표준안을 채택하도록 제안하고자 한다. QOLT의 기본 이론과 단계는 사례연구를 통해 소개하고 설명하였다. 또한 연구와 서비스 전달 시스템도 제안하였다.

QOLI® 프로파일 보고서
01/03/2008, 2쪽

ID:1
Blacksheep-치료 전

소개

삶의 질 척도(QOLI)는 개인의 전반적인 삶의 만족도를 나타내는 점수를 제공한다. 사람들의 삶의 만족도는 그들의 욕구, 목표, 바람이 중요한 삶의 영역에서 얼마나 잘 충족되고 있는지를 기반으로 한다. 이 보고서의 정보는 개인에 관한 여러 다른 관련 정보를 고려하여 전문적인 판단과 함께 사용되어야 한다.

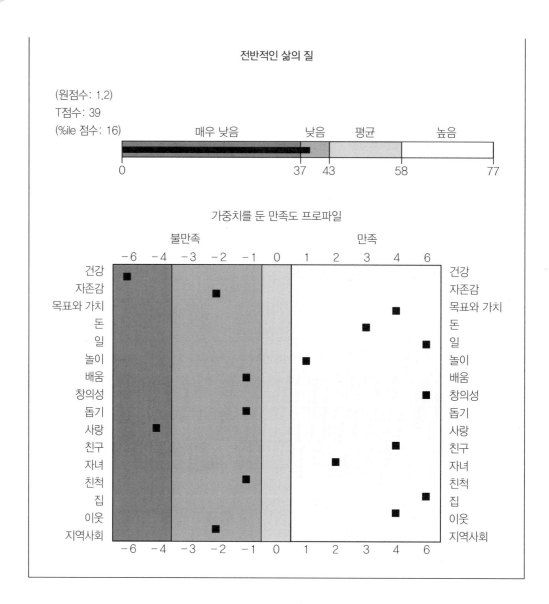

전반적인 삶의 질

(원점수: 1.2)
T점수: 39
(%ile 점수: 16)

매우 낮음 | 낮음 | 평균 | 높음

0 | 37 | 43 | 58 | 77

가중치를 둔 만족도 프로파일

불만족 | 만족

-6 -4 -3 -2 -1 0 1 2 3 4 6

건강 / 건강
자존감 / 자존감
목표와 가치 / 목표와 가치
돈 / 돈
일 / 일
놀이 / 놀이
배움 / 배움
창의성 / 창의성
돕기 / 돕기
사랑 / 사랑
친구 / 친구
자녀 / 자녀
친척 / 친척
집 / 집
이웃 / 이웃
지역사회 / 지역사회

-6 -4 -3 -2 -1 0 1 2 3 4 6

QOLI® 프로파일 보고서   ID:1
01/03/2008, 3쪽   Blacksheep-치료 전

전반적인 삶의 질 분류

내담자의 삶의 만족도는 낮다. 이 사람은 전반적으로 불행하고 삶에 만족스러워하지 못한다. 이 범위의 점수를 받은 사람들은 기본적인 욕구를 충족시킬 수 없고, 삶의 여러 중요한 영역에서의 목표를 성취할 수 없다. 그러나 이 사람은 삶의 일부 영역에서 만족감을 얻을 수 있으며, 이러한 사실은 변화를 위한 노력을 독려하기 위해 치료에서 활용될 수 있다. 비록 이 사람이 심리적 장애나 고통에 대한 명백한 징후를 보이지는 않고 있지만, 그럼에도 불구하고 혼란되어 있다. 이 사람은 현재 손상을 보이지는 않지만, 신체적 및

정신적 건강장애, 특히 임상적 우울증이 진행될 위험이 있다. 이러한 위험은 내담자의 점수가 평균 범위에 도달하거나 초과될 때까지 유지된다. 추가적인 심리평가를 통해 이 사람의 상태를 살펴볼 수 있다.

가중치를 둔 만족도 프로파일

가중치를 둔 만족도 프로파일은 QOLI 원점수에 기여하는 만족과 불만족의 특정 영역을 확인함으로써 개인의 전반적인 삶의 질을 설명하는 것을 돕는다. 임상적 경험에 의하면, 부정적으로 가중치를 둔 만족도 점수는 개인이 치료로부터 도움을 받을 수 있는 삶의 영역을 뜻하는데, −6과 −4의 점수가 가장 우려되고 긴급하다고 볼 수 있다. 불만족에 대한 구체적인 이유는 임상 면담에서 내담자와 함께 충분히 살펴보아야 한다. 『삶의 질 척도를 위한 매뉴얼과 치료지침서』에는 QOLI에 의해 평가된 각 삶의 영역에서의 만족도를 향상시킬 수 있는 치료 기법이 제시되어 있다.

다음의 가중치를 둔 만족도 점수들은 내담자의 불만족 영역을 나타낸다.

영역	가중치를 둔 만족도 점수
건강	−6
사랑	−4
자존감	−2
지역사회	−2
배움	−1
돕기	−1
친척	−1

생략된 항목

없음.

보고서 끝.

[그림 27-1] 삶의 질 척도 프로파일

B의 사례: 내담자의 온라인 프로파일 보고서에서 발췌.

삶의 질 치료에 대한 무선 실험들

베스 이스라엘 의학센터와 하버드 의학센터의 James R. Rodrigue와 동료들은 QOLT에 대해 NIH가 연구비를 지원한 2개의 연구를 수행하였고, 현재 NIH의 지원을 받은 세 번째 연구를 진행 중이다. 이러한 실험에는 폐이식을 위해 대기 중인 환자, 신장이식을 위해 대기 중인 환자, 삽입형 심장 제세동기(ICDs)를 사용하고 있는 심각한 질환의 환자들이 각각 포함되었다.

폐이식을 받는 데 일반적으로 걸리는 수년 동안, 폐 질환 환자와 그들을 간병하는 배우자는 스트레스를 겪는다. 1년에서 3년 정도의 대기 기간과 이러한 만성적이고 심각한 질환을 관리해야 하는 요구는 웰빙과 삶의 질을 낮추고, 스트레스를 높이며, 간병 중인 배우자와의 긴장된 관계를 초래하게 되고, 이러한 환자와 그들의 배우자를 웰빙/긍정심리학 개입을 위한 주요 후보자로 만든다. 첫 번째 실험에서, 폐 이식을 기다리는 심각한 폐질환 환자들을 QOLT(N = 17) 또는 기존 치료 조건(TAU)(N = 18)에 무선할당했다(Rodrigue, Baz, Widows, & Ehlers, 2005).

TAU 집단은 이식을 기다리는 폐 질환 환자를 위한 기존 치료와 유사하게 정서적 및 교육적 지원, 걱정에 대한 공감적 경청, 토론 활동, 친구나 친척 그리고 다른 지원체계와의 접촉을 격려하는 것을 포함하도록 설계했다. 환자의 평균 연령은 48.7세였고, 각각 8회기에서 12회기의 치료를 받았다. 환자의 치료 조건을 알지 못한 상태에서 자료를 수집했다. 이때 QOLT는 매우 중요하기는 하지만 충족되지 않고 불만족스러워서 환자가 작업하기를 바라는 QOLI의 2~5가지 삶의 영역을 확인하는 것과 관련된다. 다음에는 이러한 삶의 영역 각각에 대한 환자의 만족감 수준을 높이기 위해서 개입이 시행되었다. 예를 들어, 멀어진 관계에서 접촉과 친밀감을 재형성하기 위해서 '편지 쓰기 기법'과 같은 관계 기술을 적용했다. 또한 '행복에 이르는 다섯 경로' 연습도 부정 정서를 줄이기 위한 정서조절 기법과 함께 삶의 각 영역을 위해 시행되었다.

개입 전에는 두 집단 간 유의한 차이가 없었지만, QOLT 환자들은 TAU 환자들보다 1개월과 3개월이라는 두 번의 추수 기간에 자신의 삶에 대해 유의하게 더 만족스러워했다(사후 검사는 수행되지 않았다.). 또한 통계적으로 유의하다고 밝혀진 임상적·실제적 유의성에 관한 측정치(Kazdin, 2003)에서도, 3개월 이후 QOLT 환자는 17명 중 13명, 즉 76.47%가 기능적이고 비임상적인 전국 표준화 표본에 대한 QOLI에서 정상 범위 이내로 이동한 반면, TAU 환자의 경우에는 18명 중 5명, 즉 27%에 불과했다. QOLT 환자는 TAU 환자와 비교할 때 1개월 후 추수평가에서 간병 중인 배우자/간병인과 사회적 애착과 친밀감이 유의하게 더 증가했고, 3개월 후 추수평가에서는 부정 정서가 유의하게 더 감소했다고 보고했다. 연구의 결론에서 건강 상태의 변화와 치료-치료자 과정 평정을 각 개입 집단별로 비교했는데, 이러한 요인은 결과에 영향을 덜 미치는 것으로 나타났다.

환자와 마찬가지로 두 집단의 환자를 간병 중인 배우자 또는 간병인에게도 같은 평가를 동시에 진행했는데, 이는 긍정치료의 효과가 '전염성이 있는지', 즉 치료의 대상이 아닌 배우자 또는 간병인에게도 나타나는지 알아보기 위해서였다. 이러한 결과가 Rodrigue, Widows, 그리고 Baz(2006)의 별도의 연구에서 보고되었다. TAU 조건에 할당된 환자의 간병인과 비교할 때, QOLT 조건에 할당된 환자의 간병인이 1개월과 3개월 추수평가 모두에서 사회적 친밀감이 유의하게 더 높은 것으로 보고되었고, 1개월 추수평가에서는 삶의 만족도/삶의 질(QOLI)이 더 높았고, 3개월 추수평가에서는 부정 정서가 유의하게 더 낮았다. 배우자/간병인의 세 가지 모든 측정치에서의 이러한 결과 패턴은, Rodrigue 등(2005)에서 보고되었던 QOLT 훈련을 받은 환자들의 결과 패턴을 직접적으로 반영한다. 즉, QOLT를 받은 환자와 그들이 QOLT를 받는 동안 함께 살았던 배우자/간병인 모두 (지지적인 치료 집단의 참여자와 비교할 때) QOLT 개입을 시행한 이후에 삶의 질, 정서, 사회적 친밀감이 유의하게 개선되었다.

> 삶의 질 치료를 받은 환자의 간병인들은 기존 또는 표준적인 개입을 받은 환자의 간병인들과 비교할 때 삶의 질, 정서, 사회적 친밀감에서 자신도 치료를 받은 것 같은 대리적인 이득을 보고했다. 이러한 결과는 삶의 질 치료가 환자 이외에도 그들의 간병인에게까지 확장되는 이로운 효과가 있음을 제안한다.…… 이 연구 결과는 삶의 질 치료가 폐이식을 기다리는 환자와 그들의 주요 간병인 모두의 삶을 향상시키는 기회를 제공한다는 것을 시사한다. 간병인의 기분 장해와 사회적 친밀감에서의 이득은 환자가 심리치료를 완료한 이후 3개월까지 오랫동안 지속되었다(Rodrigue et al., 2006, p. 341).

QOLT 환자의 배우자/간병인의 대리적인 이득은 QOLT 과정 내내 환자가 배우자 또는 간병인과 QOLT 치료의 개념이나 과제 할당을 공유하고 논의했기 때문일 수 있다. 결국, QOLT의 결과로서 환자의 기분과 삶의 질 개선은 간병 중인 배우자 또는 간병인의 기능을 더 높이고, 그럼으로써 중요한 사회적 지원체계의 유지를 돕는 것으로 예상된다.

폐 질환 환자를 대상으로 한 무선통제실험은 신장이식을 기다리는 말기 신장 질환이 있는 성인을 대상으로 한 NIH 연구비를 지원받은 두 번째 연구에서 반복 검증되었다(Rodrigue, Mandelbrot, & Pavlakis, 2011). 환자들은 (심리) 치료를 받지 않은 통제집단(NTC)($N=20$) 또는 폐 환자 연구의 TAU 조건을 확장하고 정교화한 TAU($N=20$)나 QOLT($N=22$)를 매주 8회기 진행한 집단에 무선할당되었다.

QOLT 집단에 할당된 환자들은 TAU 또는 NTC 환자들보다 치료 직후와 (3개월) 추수평가 모두에서 삶의 만족도/삶의 질 점수가 유의하게 더 높았다. QOLT 집단의 평균은 치료 이전에는 QOLI의 낮은 범위였다가 치료 이후와 추수에서는 평균 범위로 이동했다. 이러한 이동은 임상적으로 유의한 변화를 나타내는데, 이는 환자들이 기능적이고 비임상적인 미국 성인의 전국 표준화 표본의 평균 범위의 1 표준편차 이내로 이동했다는 것이다(Kazdin, 2003). 다른 2개 집단의 집단 평균은 모든 평가 시기에 낮거나 매우 낮은 범위로 유지되었는데, 이는 기능적인 표준화 표본의 평균(또는 그 이상)에 도달할 수 없다는 것을 나타낸다.

QOLT 집단에 할당된 환자들은 3개월 이후의 추수평가에서 TAU 또는 NTC 집단보다 SF-36 정신적 기능 점수가 유의하게 더 높았다. 추수평가에서 QOLT 집단에 할당된 환자들은 TAU 환자와 차이가 없었던 NTC 환자들보다 (간병인을 포함해서) 사회적 친밀감 점수가 유의하게 더 높았다. 부정 정서의 측정치에서도 동일한 패턴이 나타났다. 다시 말하면, QOLT 환자들은 '기분상태 척도−단축형(Profile of Mood States-Short Form)'으로 측정한 부정 정서의 수준이 TAU 환자와 차이가 없었던 NTC 환자보다 추수평가에서 유의하게 더 낮았다. QOLT와 TAU 환자들은 추수평가에서 2개의 증상 측정치, 즉 Hopkins의 지난달 정신적으로 건강하지 않은 날의 수(Hopkins' Number of Unhealthy Mental Health Days)와 홉킨스 증상 척도−25(Hopkins Symptom Checklist-25)에서 NTC 환자들보다 점수가 더 낮았다.

NIH 연구비를 지원받아 Rodrigue와 동료들이 수행한 QOLT에 대한 두 연구는 다른 나라의 다른 연구실에서 지금까지 검증되지 않은 집단을 대상으로 수행한 무선통제실험에서 반복 검증되었다. 이 세 번째 실험은 DSM의 난해한 정신장애인 강박증 자녀를 키우느라 자주 힘들어하는 부모와 관련된다(Abedi & Vostanis, 2010). 이란에 살고 있는 40명의 부모를 QOLT(N = 20)와 대기자 통제집단(N = 20)에 무선할당했다. QOLT 훈련은 각각 10명의 참여자를 대상으로 4주의 기간 동안 90분씩 8회기의 집단으로 시행되었다. QOLT는 전반적인 삶의 질을 구성한다고 알려진 16개 삶의 영역에서 삶의 목표를 확인하고, 행복과 만족을 증진하기 위한 전략으로 이루어졌다. 또한 다섯 경로 개입의 일환으로, 부모들은 기대를 낮추고, 삶의 우선순위를 변경하며, 완벽주의를 줄이고, 자녀들의 증상에 대해 더 긍정적인 태도를 취하도록 배웠다. 또한 부모들은 가족들과 떨어져서 자신을 위한 시간을 갖는 것을 포함하여 삶의 균형에 대한 필요성(균형 있는 삶의 교리)과 시간 관리 기술을 배웠다. 통제집단과 비교할 때, QOLT 부모들은 사후 검사에서 삶의 질이나 삶의 만족도 점수(QOLI)가 더 높았다. 사실 QOLT를 받은 부모들의 QOLI의 평균점수는 매우 낮은 범위(백분위 점수 1~10)에서 기능적인 표준화 표본의 평균 범위 이내로 이동한 반면, 통제조건의 부모의 QOLI 평균점수는 연구가 진행되는 내내 매우 낮은 범위에 머물러 있었다.

Rodrigue 등(2006)의 '사회적 전염 효과'의 반복 검증에서, 부모의 삶의 질 향상은 자녀들이 QOLT를 경험하지 않았음에도 불구하고 자녀들에게 일반화되었다. 특히 QOLT 부모의 자녀들은 아동 대상으로 설계된 측정치의 5개 특정 아동기 영역 중 세 영역의 삶의 질과 전반적인 삶의 질이 더 높다고 보고했다. 게다가 QOLT 부모의 자녀들은 (통제집단의 자녀들에 비해서) 일반화된 불안과 강박 증상에서 유의한 감소를 보고했다. Rodrigue의 2개의 연구와 달리, 이 연구는 적극적으로 확립된 치료/개입을 한 통제집단은 없었다.

누구나 알고 있지만 쉽게 다루기 어려운 문제, 즉 무엇이 근거기반 개입을 구성하는가

근거기반 치료에 대한 설명은 의학, 치의학, 간호학, 임상심리학, 교육학, 사회복지학, 사회사업을 포함하여 다양한 현장이나 직종과 관련된 전 세계적인 움직임이 되었다 (Kazdin, 2006). 긍정심리학 현장에서는 근거기반 개입과 평가를 사용하는 것이 가장 중요하다고 내세우고 있지만, 긍정심리학자는 '방 안의 코끼리'라는 속담처럼, 우선적으로 '근거기반' 개입이라고 신뢰롭게 지정할 만한 합의된 기준이 부족하다는 점을 외면해 왔다. 이러한 기준이나 지침이 없다면, 임상가가 적절한 연구의 지원을 받는 개입을 선택하는 것이 불가능하지는 않지만 어렵다. 이러한 난제에 대한 한 가지 해결책은 긍정심리학자들이 임상심리학이 발전시켜 왔던 엄격한 표준안을 적용하는 것이다(Wood & Tarrier, 2010). 또한 이러한 해결책은 DSM 장애에 대한 기존의 치료와 웰빙을 통합하려는 QOLT의 목적과도 일치한다. 임상심리학의 기준을 개관하면서, Kazdin(2006)은 지금까지의 노력을 요약하여 근거기반 치료를 다음과 같이 구체화했다.

1. 치료 단계를 문서로 된 지침서나 책에 명시하는 것과 같이 매뉴얼화되어야 함.
2. 2개 이상의 무선통제 임상연구에서, '표준적인 치료'나 기존의 치료와 같이 잘 확립된 다른 개입 또는 비처치 통제집단과 비교할 때 (통계적으로 유의하게) 더 효과가 있어야 함.
3. 최초의 연구자 또는 치료의 창시자 이외에 적어도 하나의 반복 연구에서 효과적이어야 함.

지금까지 단지 3개의 무선통제 실험이 이루어진 삶의 질 치료가 잘 확립된 긍정심리학적 개입 패키지가 되기 위해서는 확실히 더 많은 연구가 필요하다. 그럼에도 불구하고

(그리고 본고의 연구 개관을 기반할 때) 삶의 질 치료는 근거 기반 개입에 대해 Kazdin(2006) 이 요약한 임상심리학의 기준을 충족시킨다. 안타깝게도, 많은 긍정심리학적 개입은 이 러한 3개의 무선통제실험조차 이루어지지 않았고, 현재 사용되고 있거나, 표준적이거나, 잘 확립된 개입을 받은 적극적인 통제집단을 대상으로 한 연구는 여전히 드물다(Wood & Tarrier, 2010). 잘 확립된 통제집단은, 웰빙 개입 그 자체만으로 주요우울장애나 니코틴 사 용장애와 같은 임상장애를 효과적으로 치료할 수 있다는 과장된 주장을 할 때 특히 중요하 다. 이 장에서 사용한 기준이나 다른 엄격한 기준을 적용하는 것은 현장을, 특히 과학적인 기반을 추구하거나 기술의 '경험적 타당성'을 주장하는 현장을 확실히 앞으로 나아가게 할 것이다.

이론과 치료

개입의 이론적 근거와 동기

내담자들이 만일 QOLT에서 성공한다면 행복이 주는 이득의 '삼위일체'를 기대하도록 배우게 된다. ① 더 좋은 건강과 장수 ② 다른 사람과의 더 가치 있는 관계 ③ 일에서의 더 큰 성공. 또한 행복이 커질수록 '돕기'/이타성/친사회적 행동에도 긍정적인 영향을 미친다 (QOLT의 상세한 이론과 이를 뒷받침하는 참고문헌은 QOLT를 위한 '지침서'에서 찾을 수 있다.) (Frisch, 2006; Frisch, 2013 참조). 이것이 변호사, 교사, 사업가, 의사, 성직자, 경찰관과 같 은 전문직을 가진 비임상적인 코칭 내담자들을 위한 QOLT의 이론적 근거다. 또한 DSM-5 장애를 치료받는 내담자들도 웰빙 개입이 전형적인 심리치료와 약물치료에 더해질 때 치료 반응을 빨리 증가시킬 수 있고, 또한 웰빙 개입이 임상적 재발도 예방할 수 있다는 것 을 배우게 된다(이 책의 제26장 Fava 참고; Kennard et al., 2014, 여기에 제시한 QOLT에 대한 Rodrigue 연구들).

다음으로 내담자들은 요약된 형식으로 QOLT 이론을 배우게 된다(상세한 이론에 대해서 는 Frisch, 2006, 2013 참조). 기저선이 되는 기분을 영구적으로 변화시키는 소위 '학대의 상 처'와 기질을 제외한 후에, 인간의 행복과 의미의 50~80%(Diener & Biswas-Diener, 2008) 는 인간의 행복과 관련된다고 밝혀진 삶의 '달콤한 16' 영역에서 우리가 가장 소중하게 여 기는 필요, 목표, 바람을 충족시키려는 노력에서 비롯된다(이 책의 〈표 27-1〉과 QOLI 검사 지에 상세하게 정의되어 있다.). 다음으로, '달콤한 16'에 있는 각 삶의 영역에서의 만족도는 그 영역의 객관적 상황(Circumstances), 그 영역에 대한 태도(Attitudes)/해석, 그 영역의 충족 기준(Standards), 그 영역의 중요도(Importance), 즉 다른 것에 비해 그 영역에 얼마나 가치를 두고 소중히 여기며 우선순위를 두는지의 정도에 의해 결정된다. 이러한 네 가지 요소가 QOLT의 문제해결 방법인 행복에 이르는 다섯 경로, 즉 CASIO를 구성하는 다섯 번째와 결합된다. 다섯 번째 경로, 즉 'O' 전략은 **특정한 영역에서의 만족도가 증가하면 전반적인 삶의 질이나 만족도가 증가할 것이라고 가정하면서, 문제나 상담의 초점이 아니라 '달**

각각의 CASIO 전략에 따라, 즉 문제를 다루거나 해결하기 위한 태도와 행동을 목록화함으로써 가능한 해결책을 생각하기				
C	A	S	I	O
상황 변화시키기	태도 변화시키기	목표와 기준 변화시키기	우선순위 또는 무엇이 중요한지를 변화시키기	전에는 고려하지 않았던 다른 영역에서의 만족감 강화하기
기본 전략:	기본 전략:	기본 전략:	기본 전략:	기본 전략:
상황을 개선하기 위한 문제해결	실제로 무엇이 일어나고 있는지, 그것이 당신과 당신의 미래에 무엇을 의미하는지를 발견하라.	현실적인 목표를 설정하고, 기준을 높이거나 낮추면서 시도해 보라. 어떤 새로운 목표와 기준이 떠올랐는가?	삶의 우선순위를 재평가하고, 무엇이 가장 중요하고 통제 가능한지를 강조하라.	행복을 전반적으로 향상시키기 위해 당신이 관심 있는 어떤 영역에서의 만족감을 증가시켜라.
나는 애슐리와 화해하고 제안을 받아들일지, 아니면 그녀에게 계속 '화를 낼지'를 결정할 필요가 있다.	내 가족이 나는 '형편없어'와 같이 내가 들을 필요가 없는 쓰레기 같은 말을 가르쳤다. 나는 그들이 부모로서 '형편없다'고 생각한다. 선천적으로 나쁜 아이는 없다.	한 주 동안 수업에서 B를 받도록 노력해 보고, '하늘이 무너지는지'를 확인하라.	소설을 읽고, 친구를 사귀고, 교회에 가는 것으로 나의 영혼을 살찌우라. 내적인 풍요로움이 없다면, 나는 누구에게도 좋을 수 없다.	그늘진 산책길을 걷는 것은 사람들을 만날 수 있게 하는, 내가 얻은 최고의 '항우울제'다.
	스탠(남편)이 옆에 앉아서 잔디가 자라는 것을 '보기'를 원한다고 해서, 내가 내 자식들과 손주를 보러 갈 수 없다는 의미는 아니다.	진주 목걸이를 만드는 것처럼, 내가 만나는 사람들과 매일 긍정적 연결의 '목걸이를 만들기 위해', 사람들/잠재적인 친구들에게 '인사'를 하며 관계를 맺고 친절해지도록 노력하라.	벽에 머리를 박는 일을 멈추라. 나는 스탠(남편)을 바꿀 수 없다. 애쓰지 말고 '자신의 일'을 더 많이 하라.	

[그림 27-2] 행복(혹은 문제해결)에 이르는 다섯 경로(CASIO) 실습: 내담자 사례에서 발췌

콤한 16'의 다른(Other) 영역의 만족도를 향상시키는 것을 의미한다.

5개의 경로는 QOLT에서 문제를 해결하거나 삶의 모든 영역에서의 만족감/충족감을 향상시키기 위한 일반적인 접근으로 사용된다. 이 연습의 완성된 예시가 [그림 27-2]에 제시되어 있다.

일반적인 다섯 경로 전략 이외에도, 내담자들은 QOLT에서 영역 특정적인 개입을 적용하는 방법을 배운다. 예를 들면, 매뉴얼(Frisch, 2006)의 '직업과 은퇴' 장에서의 개입은 내담자의 직업적 목표와 전반적인 직업 불만족에 성공적으로 적용되어 왔다. 마찬가지로, 매뉴얼의 '관계' 장에서의 개입은 현재 존재하지 않는 우정이나 새로운 연인관계를 찾거나, 또는 관계 만족도를 높이는 데 도움이 되도록 고안되었다. 사실 QOLT는 이러한 말로 가장 잘 요약될 수 있다. 즉, QOLT는 인간의 행복과 의미를 구성한다고 알려진 삶의 '달콤한 16' 영역 중 하나에 대한 개입과 내담자의 목표를 일치시킴으로써, 웰빙, 행복, 삶의 의미, 삶의 질, 긍정적인 목표 달성의 수준을 향상시키는 것을 목적으로 한다. 더불어 QOLT 개입은 전반적인 행복과 의미가 어떤 특정한 삶의 영역이 향상되는 정도에 따라 증가될 것이라는 이해를 기반으로, 내담자에게 중요하다고 평가되는 삶의 '달콤한 16' 영역 모두에 적용될 수 있다. QOLT는 한 번에 단지 2~5개의 삶의 영역에 초점을 맞춤으로써 내담자에게 적용하기 더 쉽게 되어 있다. 추가적인 영역은 내담자가 멀리 떨어져 있는 친한 친구에게 한 달에 한 번 스카이프를 시작할 때처럼, 아주 작은 '실행 가능한' 변화가 해당 영역의 만족도를 향상시킬 수 있을 때 개입의 표적이 될 수 있다.

웰빙 평가를 기반으로 한 개입 계획의 수립

내담자가 QOLT의 이론적 근거를 숙지하고 나면, 영역에 기반한 웰빙 평가를 시행한다. QOLI는 QOLT에서 활용하기에 특히 적합한 삶의 만족도 측정치다(Frisch et al., 2005; Frisch, 2009). QOLI는 전반적인 삶의 만족도 또는 행복과 경험적으로 연관된 삶의 영역을 포함하도록 선택된 16문항으로 구성된다(〈표 27-1〉 참고). 응답자는 16개의 각 영역이 그들의 전반적인 행복과 만족도에 얼마나 중요한지를 평정한 다음(0= 전혀 중요하지 않음, 1 = 중요함, 2 = 매우 중요함), 해당 영역에서 얼마나 만족스러운지를 평정한다(−3 = 매우 만족스럽지 않음, 3 = 매우 만족함). 각 문항에 대한 중요도와 만족도 평정을 곱해서 −6에서 6의 범위의 가중치를 둔 만족도 평정치를 만든다. MMPI 프로파일과 유사하게 웰빙(대 불행)에 대한 '가중치를 둔 만족도 프로파일'이 생성되며 이는 내담자의 삶의 만족도에 대한 전반적인 개요를 제공한다([그림 27-1] 참고). 전반적인 삶의 만족도는 0이 아닌 중요도 평정에 가중치를 둔 만족도 모두를 평균하여 계산한다. 따라서 전체 점수는 자신이 중요하다고 생각하는 삶의 영역에서만의 만족도를 반영한다. 또한 응답자는 QOLI 문제지의 서술 부분에서 각 영역에서의 만족도를 방해하는 문제가 무엇인지를 표현할 수 있다.

내담자의 QOLI 결과의 그래프가 [그림 27-1]에 제시되어 있다. 전반적인 삶의 질, 즉 웰빙은 미국의 전국 표준화 표본으로 환산해서 페이지 상단에 표시했다. 전반적인 삶의 질을 구성하는 삶의 '달콤한 16' 영역 각각의 결과는 [그림 27-1]의 하단의 가중치를 둔 만족도 프로파일에 표시되며, 그래프의 오른쪽은 강점, 충족, 만족한 영역을 나타내고, 그래프의 왼쪽은 중요한 필요, 목표, 바람이 충족되지 않은 불만족 영역을 나타낸다.

전형적으로 불만족한 영역이 QOLT의 개입과 목표 설정의 표적이 된다. 이것이 개입 전에 QOLI 결과와 함께 내담자와 공유해야 하는 사례 개념화와 개입 계획의 핵심이다 (Frisch, 2006). 즉, 전반적인 만족도는 삶의 중요한 영역에서의 만족도의 합으로 구성되기 때문에, 불만족스러운 영역에 대한 개입이 '처방될' 것이다. 이론에 따르면, 불만족스러운 특정 영역에서의 만족도를 향상시키게 되면 전반적인 만족도와 웰빙도 증가할 것이다. 만일 내담자가 이러한 근거를 이해하고 받아들인다면, 그들의 불만족스러운 영역을 언제, 어떻게 해결할지를 결정할 때 치료자/코치와 협력하게 될 것이다.

목표 설정, 자기 관리, 변화 노력을 위한 시간 만들기

다음으로, 내담자들은 자신에게 중요한 삶의 영역에 대한 목표를 설정하고, 더 의미 있고 행복한 삶을 구축하기 위한 노력을 지원하기 위해 자기 관리('내적 충만함') 연습을 시행한다. 여기에는 QOLT 노력에 대한 성찰과 이완을 위해 마련한 매일의 시간이 포함된다. 전체적으로, 이 과정을 QOLT의 '세 개의 기둥'이라고 부른다.

부정 정서의 조절과 시간 관리

QOLT는 삶의 중요한 영역에서의 개인적 목표를 추구하는 과정에서 그들의 삶을 조직화하고 부정 정서를 조절하기 위한 목적으로 내담자에게 기본 정서를 조절하고 생활을 관리하는 기술을 가르친다. Diener와 여러 연구자들(Diener, Suh, Lucas, & Smith, 1999 참고)이 행복을 부정 정서 경험보다 긍정 정서가 우세한 것으로 정의한 이래로, 코칭과 임상에서의 내담자 모두 부정 정서가 긍정 정서 경험의 증가를 손상시키거나 없애지 않도록 부정 정서를 조절하는 기술을 배워야만 한다. 부정 정서는 소위 '만성적'인 문제가 있거나(Lyubomirsky, Sheldon, & Schkade, 2005) 혹은 매우 행복하다고 할지라도(Diener & Seligman, 2002), 인간이 경험하는 필연적인 부분이다. 예를 들면, 목표 추구가 좌절되었을 때, 내담자들은 불안, 우울 그리고/또는 분노를 경험할 것으로 예상된다. 부정 정서를 느끼는 것은 마치 불행한 연인들이 화해할 수 없는 차이를 깨닫고 더 적합한 누군가를 찾는 것과 같이, 욕구를 충족시킬 수 있는 새롭거나 또 다른 길을 발견할 수 있도록 경종을 울릴 수 있다는 점에서 좋을 수 있다. 그러나 부정 정서를 자주 오랜 시간 동안 느끼는 것은 좋지 않을 수 있다. 이런 이유로, 내담자들이 부정 정서를 건설적으로 다루도록 돕기 위해, 즉 부정 정서의 강도를 최소화하고 긍정적인 삶의 목표를 적극적으로 추구하도록 하기 위해, 마음챙김 기술, 걱정 미루기, 문제해결, 인지적 재구성을 제안한다. '(부정) 정서조절'을 위한 그러한 기술이 없다면(Frisch, 2006), 내담자의 부정 정서 경험의 수준은 긍정 정서의 이득을 무효로 만들고, 내담자를 무력하게 하며, 관계를 손상시키고, 포스트모던 사회의 진보된 사회적 문제해결을 방해하며, 심지어는 중독적이거나 위험한 행동을 하게 될 수도 있다(Witkiewitz & Marlatt, 2004). 임상적인 내담자들은 '부정 정서증'(Barlow, Allen, & Choate, 2004), 신경증, 부정 정서와 같은 만성적인 문제가 있을 때 그러한 기술이 특히 필요하다.

'달콤한 16'의 영역 특정적 개입에 목표 맞추기

일반적으로 적용 가능한 다섯 경로 개입을 사용하는 것 이외에도, 삶의 질 치료 개입은 코칭, 치료, 삶에 대한 내담자의 목표를 '달콤한 16' 영역 중 하나의 개입과 맞추는 것으로 구성된다. 그 절차는 현장이 코칭, 조직심리학, 정신건강 또는 행동 의학이든 동일하다. QOLT의 매뉴얼(Frisch, 2006)에는 웰빙을 평가하고, 개입을 계획하고 조정하며, 삶의 질 척도를 통해 개입의 진행과 결과를 관찰하기 위한 단계별 지침과 사례 설명이 제공된다. 그러한 개입에는 이 책에서 논의된 통합적인 이론과 저자의 20년간의 긍정심리학적 코칭, 치료, 슈퍼비전 실제(Furey, 2007; Sirgy & Wu, 2009)를 기반으로 한 보다 혁신적인 개입과 함께, 감사와 강점 연습과 같은 '최고 수준의' 긍정심리학 개입의 해설이 포함된다(Diener, 2006). 많은 개입들은 부록의 '긍정심리 실천 질문지(Positive Psychology Practices Questionnaire: P3Q)'라고 불리는 간편한 내담자 체크리스트의 형태로 요약되어 있다.

재평가, 조정, 재발 방지를 위한 추후 관리

삶의 질 척도는 개입의 표적이 되는 삶의 영역에서의 진전을 측정하기 위해 개입이 이루어지는 동안 3주마다 재평가된다. 평가 결과에서 새로운 형태 또는 문제가 발생하게 되면, 개입은 미세하게 조정되거나 변경된다(예시는 Kazin, 1993, 2003 참고).

예시로서의 임상 사례: 'Black Sheep', 즉 B의 사례

다음의 사례에서 설명하는 바와 같이, 임상 혹은 치료 실제에 QOLT를 추가하는 것은 내담자에게 10분 정도의 평가를 시행하고, 중요한 삶의 영역에 대해 긍정적인 삶의 목표를 설정하며, 이러한 목표를 달성하기 위해 몇 개의 영역 특정적 개입을 적용하는 것과 같이 단순한 일일 수 있다[이 사례는 내담자의 익명성을 보호하기 위해 만들어진 가상 사례다. B는 자신을 집안의 '말썽꾸러기(Black Sheep)'라고 생각하는 원가족으로부터 거절당했다고 느낀다.].

"제임스 박사님. 저는 잭 스프랫입니다. 힘든 일이 있어요. 저의 슈퍼바이저이자 인턴십 수련 책임자(일명 B)가 저에게 '오고' 있어요. 자신의 아파트에서 저녁 식사를 함께 하자면서 슈퍼비전 회기를 저녁 8시로 변경했어요. 그녀는 저를 평가하고 있고 인턴십을 마치면 취직을 위한 추천서를 써 주는 사람이기 때문에 제가 무언가를 하기가 두려워요." B를 잭의 업무에 관한 수련 감독직에서 물러나도록 개입한 이후에, B가 치료의 당사자로 의뢰되었다.

B는 55세의 유럽계 미국인이며 미혼 여성이다. B는 잭을 '완벽한 남자'이고 '여성에게 준 신의 선물'이라고 묘사했다. 잭은 영화배우 같은 외모에, 완벽한 매너, 넘치는 재치를 지녔다. 그는 미식 요리사였고, '여성 취향'의 영화나 책에 대해 토론하기를 좋아했다. B는 주요 인턴십 장소였던 텍사스주 웨이코에 있는 의학센터에서 약간 떨어져 있는 시골 진료소로 가는 장거리 버스를 타면서 잭을 '알게 되었고 사랑'하게 되었다.

B는 잭 스프랫과의 관계가 끝나면서 겪게 된 주요우울장애에 대해 인지치료 과정을 성공적으로 '그대로' 마친 이후, 증상은 없었지만 '지루한' 느낌을 보고했다. 그녀는 더 이상 기분이 우울하지는 않았지만, 특별히 기분이 **좋지도** 않았다. 특히 긍정 정서 및 부정 정서 척도(Diener et al., 2010)로 측정했을 때, B의 부정 정서 수준은 치료 이후에 10%ile이었지만, 그녀의 긍정 정서 경험의 수준 또한 매우 낮았다(7%ile). 그녀의 BDI-II 점수는 치료 이후에 비임상 범위로 낮아졌지만, 삶의 질 척도의 전반적인 점수 또한 낮은 범위였는데, 이

는 삶의 매우 중요한 몇 개의 영역에서 충족감이 부족하다는 것을 나타낸다. B의 QOLI 검사 결과는 [그림 27-1]에 제시했다. 이러한 평가 결과는 전통적인 심리치료에 긍정심리학을 추가하는 것에 대한 David A. Clark(2006)의 이론적 근거를 떠올리게 한다.

> 어떤 측면에서, 임상심리학과 정신의학은 심리장애에 대한 이론, 연구, 치료에서 우울한 사고 양식을 제시해 왔다. 우리는 부정적인 것에 배타적으로 초점을 두는 경향이 있었다. 우리는 고통의 경감, 부정 정서의 완화, 부정적인 인지와 역기능적 도식의 재구성, 문제가 되는 행동 반응의 수정에 몰두해 왔다. …… 심리치료자로서, 우리는 문제의 '절반'의 측면을 무시해 왔다. 즉, 우리는 행복, 만족감, 삶의 질의 문제를 거의 다루지 않았다. 마침내, Ed Diener, Martin Seligman, 그리고 Michael B. Frisch와 같은 심리학자들이 인간 정서에 대한 우리의 관점에서의 이러한 불균형을 재조명하기 시작했다. …… **부정 정서를 치료한다고 해서 자동적으로 환자들의 행복과 삶의 만족감이 높아지지는 않는다. 그보다는 긍정 정서, 삶의 만족도, 만족감의 문제를 직접적으로 다루는 새롭고 확장된 치료적 관점이 필요하다**(Clark, 2006, p. ix, 고딕체가 추가됨).

이러한 이론적 근거를 기반으로, B의 긍정 정서 경험과 삶의 만족도를 향상시키기 위해 QOLT를 시행했다(또한 QOLT는 심리치료 그리고/또는 약물치료와 **동시에** 시행될 수 있다.). [이 방법에 대한 지침은 Furey(2007)와 Frisch(2006) 참조]. B는 삶을 더 행복하고 더 열정적이게 하는 방법을 배울 수 있다는 기대로 흥분했고 동기가 부여되었다. 또한 그녀는 QOLT의 예방 효과에 대한 이론적 근거에 호기심을 느꼈다. 주요우울장애의 다섯 번의 삽화 이후에, B는 재발의 위험을 줄이는 방법 또한 배우고 싶어 했다.

B의 전반적인 삶의 질 점수는 삶의 '달콤한 16' 영역으로 구분될 수 있다. [그림 27-1]의 가중치를 둔 만족도 프로파일을 보라. 그녀는 돈, 일, 집과 같은 삶의 영역에서는 충족감과 만족감을 느꼈지만, 건강, 자존감, 배움, 돕기, 사랑, 친척, 지역사회와 같은 영역에서는 불만족스러워했다.

Clark과 Beck(1999)은 긍정적인 목표 추구가 웰빙의 '건설적인 양식'을 활성화하고 치료적 변화를 '지속하기' 위한 핵심이라고 밝혔다. 또한 긍정적인 목표 추구는 QOLT의 핵심 개입이다. 예를 들어, B는 치료의 첫 단계의 특성인 보다 부정적이고 증상 지향의 목표와 대조적으로(이렇듯 초기에는 수면과 식욕 문제, 자살 사고, 피곤, 우울감과 같은 증상 감소를 목표로 했다. 또한 B는 이러한 첫 번째 인지치료 단계에서 알츠하이머병으로 인한 주요 신경인지장애가 있는 허약한 노모를 위해 주간보호소와 같은 서비스를 확보했다.), 불만족스러운 7개 영역

(즉, 건강, 사랑, 자존감, 지역사회, 배움, 돕기, 친척) 각각을 위한 긍정적인 목표를 확인했다. 그중 불만족스러운 5개 영역에 대해서는, QOLT 매뉴얼의 해당 장들을 B와 논의하면서 개입의 우선순위를 정하고 계획을 세웠다.

B가 압도되지 않도록 하기 위해서, 불만족스러운 영역 중 돕기와 사랑이라는 2개 영역만이 지속적인 개입의 대상이 되었다. 반면, 다른 4개의 영역(건강, 자존감, 친척, 지역사회)의 만족도를 향상시키기 위해서는 치료자의 도움과 다섯 경로 연습과 함께 '행복 습관'이라는 간단한 방법을 선택했다. 예를 들어, 건강에 대한 걱정("나는 살이 쪄서 몸매가 좋지 않아")은 평일 아침 출근하기 전에 지역 YMCA에서 운동 수업에 참여하면서 해결되었고, 그곳에서 새로운 친구를 사귀었을 뿐 아니라 그녀가 신뢰하는 비영리 기관을 지원함으로써 지역사회에 봉사하거나 도움을 주는 것과 같은 추가적인 이득을 얻었다. 자존감에 대해서는 '경로를 묻지 않기'를 실행했는데, 이는 자존감을 무의미한 추상적 개념으로 간주하고 자기를 비하하는 생각이 떠올랐을 때 그것을 마음챙김하면서 무시하는 것을 배우는 것이다. 또한 그녀는 돕기와 사랑과 같은 삶의 다른 영역에서 목표를 향해 나아감으로써 자존감이 향상되기를 기대했다(자존감에 이르는 '성공적인 경로'). 친척과 관련해서, B는 매주 시간을 정해 스카이프 또는 페이스타임을 통해서 캘리포니아에 있는 사이가 소원해진 두 명의 자매와 연락을 했다. 그들은 책을 함께 읽거나 심지어는 넷플릭스의 프로그램을 연속적으로 몰아보면서, 마치 같은 방에 있는 것처럼 전화로 한 작품에 대해 논평하기도 했다.

B는 '가장 좋은 항우울제'가 돕기 또는 이타성/친사회적 행동이라는 것을 알게 되었다. 즉, 그녀는 우울한 기분이 들 때, 캘리포니아에 있는 두 자매 또는 알츠하이머 지원 그룹의 친구들에게 전화나 스카이프를 하고, 그들을 방문하면서, 그들이 어떻게 지내는지를 묻거나, 문제를 해결하려는 그들의 노력을 격려하기도 했다. 또한 이들에게 직접 만든 안부 카드나 e 카드를 보냈다. 또한 지역 사람들과의 교류는 커피, 점심, 저녁식사를 위한 깊은 우정과 만남으로 이어졌다.

B가 가장 갈망하는 봉사 프로젝트는 지역에 존재하지 않는 알츠하이머병 지원 단체를 만들기 위해서 '일상적인 돕기'를 구축하는 모든 단계와 관련되었다. 처음에, 그녀는 이 프로젝트를 생각하면 너무 부끄럽고 압도적이라고 느꼈다. 그러나 그녀는 이 아이디어에 대해 지역사회의 많은 '전문가 친구'들과 이야기를 나누었고, 그 꿈을 현실로 만들기 위해 시간 관리와 관계 기술에 관련된 QOLT 기술을 사용했다. 가령, B는 미국 알츠하이머 협회와 어머니의 주치의에게 전화하여 지도와 조언을 얻는 것과 같이, 그 프로젝트를 15분 정도의 간단한 작업으로 나누었다. 마지막에, 그녀는 다른 사람들에게 이 그룹의 리더 역할을 맡도록 요청했다.

중년의 후반에는 '모든 좋은 남자들은 이미 결혼했거나 죽었다'는 친구들의 충고에도 불구하고, 역할 연기나 '대화하기'와 같은 QOLT의 관계 기술이나 '친구 찾기, 배우자 찾기'와 같은 교리를 사용해서, B는 남자친구를 찾았고 이후에 결혼도 했다. 그녀의 비결은 온라인 데이트 웹 사이트와 웨이코의 '문화적 중심지'인 반스앤노블 서점에서 남자들을 만나는 것이었다.

자기관리와 정서조절의 측면에서, B는 그녀의 '행복 프로젝트'를 수행하면서 좌절하거나 압도될 때 도움이 될 수 있는 '이완 의식'을 발견했다. 매뉴얼에서 그녀가 가장 좋아하는 의식은 QOLT를 구성하는 여러 철학과 태도, 기술들을 요약한 '만족 교리'라고 불리는 내담자용 유인물을 조용하게 읽는 것으로 이루어진다. 그것을 읽는 동안, 그녀는 소위 '행복 프로젝트'에 적용 가능하다고 생각되는 교리로부터 영감을 얻었다. 그녀는 '나는 편안하고 조용한 곳이나 화장실에서 자조서처럼 교리를 읽었다'고 말을 했다. 또한 B는 평온하고 집중이 되며 서두르지 않아도 될 때 문제를 해결하거나, 걱정을 연기하는 것이 유용하다는 것을 알게 되었다('걱정 많은 사람을 위한 안내' 연습). 또 다른 경우에, 그녀는 존 카밧진과 오스틴 선 센터의 명상과 마음챙김 접근에 기반한 '마음챙김 호흡'을 통해 하루 종일 걱정으로부터 주의를 분산시키려고 애썼다.

활력과 번영을 이끈 웰빙 개입에 대한 B의 12주는 SPANE(긍정 정서의 하위 검사 점수는 83%ile)과 삶의 질 척도의 증가에 반영되었다. 삶의 질 점수는 표준화 표본의 평균 범위로 이동했다.

B는 비록 목표 추구가 실패했을 때에는 며칠 동안 여전히 기분이 나쁘기도 했지만, 진정으로 '아침에 일어날 이유를 갖게 된 것'처럼 기분이 좋다고 보고했다. 2년 후 추수평가에서는 삶의 질 척도 점수가 높은 범위로 이동했는데, B에 의하면 3~4개월마다 삶의 질 척도를 사용하여 자신의 '정서 온도'를 평가해 왔다고 했다(이 웰빙 척도들은 내담자와 비전문가가 스스로 사용하면서 직접 점수를 얻을 수 있다.). 정기적으로 웰빙 검사를 스스로 시행하는 것은 행복을 고갈시키는 생각, 행동, 활동이 재발하는 것을 방지할 수 있다는 점에서 B와 같은 내담자에게 도움이 될 수 있다.

향후 연구와 시사점

QOLT와 이와 짝을 이루는 평가인 삶의 질 척도에 대한 연구는 아직 초기 단계다. 이 장을 통해 재능 있는 연구자들이 다양한 집단과 장애에 대한 QOLT의 효과와 재발 방지 기능을 더 많이 탐구하고, DSM-5 장애를 위한 확립된 치료에 유의한 효과를 추가할 수 있도록 영감을 받기 바란다. 현재까지는 한 연구에서 QOLI가 대학의 1년에서 3년의 학업 유지를 미리 유의하게 예측하는 것으로 보고되었다(Frisch et al., 2005). 또한 낮은 QOLI 점수가 건강, 일, 관계 문제를 예측할 수 있다는 이론에 기반한 예상에 대해서도 더 큰 교차 타당화 표본을 비롯한 엄격한 검증이 동일하게 필요하다.

무선통제실험에 대한 '분해 전략'을 통해 QOLT의 어떤 요소가 가장 효과적인지를 확인할 수 있다. 예를 들어, 긍정 및 부정 정서뿐 아니라 삶의 만족도, DSM-5의 증상과 기능에 대한 긍정 정서 대 부정 정서 개입의 추가적인 효과는 이러한 요소들 간의 복잡한 상호 관계를 고려하여 엄밀하게 조사해야 한다. 그 예로, David Barlow와 동료들(Carl, Fairholme, Gallagher, Thompson-Hollands, & Barlow, 2014)은 불안과 우울증상이 긍정 정서의 반응성을 감소시키고, 긍정 정서의 발현을 억제한다는 것을 밝혔다. 긍정 정서와 부정 정서는 페퍼민트 스틱의 빨간 줄과 하얀 선과 같이 밀접하게 관련되어 있다. 이제는 임상작업에서 두 정서에 동시에 주의를 기울여야 한다는 명확한 요구에 응할 때다(Wood & Tarrier, 2010; Gilbert, 2012; Carl, Soskin, Kerns, & Barlow, 2013).

또한 전통적인 대면 코칭과 임상 전달 시스템으로는 긍정심리학적 개입과 평가가 필요한 모든 사람들에게 전달하기가 어렵기 때문에, QOLT는 페이스북이나 스마트폰 앱과 같은 웹을 통해서 전달되어야 한다. 또한 직업, 종교, 취미에 기반한 집단이나 가족으로부터 확장된 동료 주도 지지 그룹을 활용하게 되면, 일반 대중들이 긍정심리학에 노출되는 범위를 확장할 수 있다.

QOLT는 건강 전문가들을 위한 윤리 및 정서 능력 훈련의 한 형태로도 검증될 수 있다. 윤리 위반의 50%는 위반 당시의 불행과 관련이 있다(Frisch, 2006; Koocher & Keith-Spiegel, 2008). 이는 앞서 논의했던 B의 사례에서도 명백히 사실이다. Pope와 Vasquez(2011)에 의하면, QOLT는 기술적 역량뿐 아니라 정서 능력을 배우고 실천해야 하는 정신건강 전문가들의 윤리적 또는 기술적 실수와 소진을 예방할 수 있다. 이것을 어떻게 이루어 낼 수 있을까? 처음에는 자신에게 아이디어와 기술들을 시험했던 Freud와 Ellis처럼, 임상가들도 처음에는 자신에게 QOLT을 시도해 봄으로써 그 개입을 배울 수 있다. 이것은 내담자의 접근에서 QOLT를 교육하는 것과 동시에 자신의 웰빙을 향상시킬 수 있다. 또한 영국심리학회와 같은 전문가 사회에서는 지속적인 교육을 제공하는 윤리의 일환으로 구성원에게 QOLT 훈련을 제공하고 있다.

전통적인 건강관리의 측면에서, 웰빙의 평가와 개입을 증상 지향의 평가 및 개입과 동등하게 고려하고, 두 가지를 동시에 수행하는 통합된 서비스 전달 시스템을 개발하고 평가할 필요가 있다. 또한 건강관리 개입의 목표는 장애 또는 질병에 대한 효과적인 '치료'와 더불어 웰빙과 삶의 질을 유지하고 강화하는 것이므로, 심리학과 의학에 웰빙의 평가와 개입절차를 일상적으로 추가하는 것은 내담자와 환자의 웰빙과 삶의 질을 개선할 것으로 기대될 수 있다. Diener와 Chan(2011)이 제기한 흥미로운 가능성은 QOLT와 같은 웰빙 개입 패키지가 질병 또는 장애(예: 만성 통증, 심장병)와 직접적으로 관련되지 않을 때조차 장애/질병의 증상에 영향을 미치는 등 건강을 직접적으로 개선시킨다는 것이다.

📖 참고문헌

Abedi, M. R. & Vostanis, P. (2010). Evaluation of Quality of Life Therapy for parents of children with obsessive-compulsive disorders in Iran. *European Child and Adolescent Psychiatry*. doi.10.1007/s00787-010-0098-4.

Barlow, D. H., Allen, L. B., & Choate, M. L. (2004). Toward a unified treatment for emotional disorders. *Behavior Therapy, 35*, 205-230.

Carl, J. R., Fairholme, C. P., Gallagher, M. W., Thompson-Hollands, J., & Barlow, D. H. (2014). The effects of anxiety and depressive symptoms on daily positive emotion regulation. *Journal of Psychopathology and Behavioral Assessment, 36*(2), 224-236. doi.10.1007/s10862-013-9387-9.

Carl, J. R., Soskin, D. P., Kerns, C., & Barlow, D. H. (2013). Positive emotion regulation in emotional disorders: A theoretical review. *Clinical Psychology Review, 33*(3), 343-360. doi.10.1016/j.cpr.2013.01.003.

Clark, D. A. (2006). Foreword. In: M. B. Frisch, *Quality of Life Therapy: Applying a life satisfaction approach to positive psychology and cognitive therapy* (pp. xi-x). Hoboken, NJ: John Wiley.

Clark, D. A. & Beck, A. T. (1999). *Scientific foundations of cognitive theory and therapy of depression*. New York: John Wiley.

Diener, E. (2006). Foreword. In: M. B. Frisch, *Quality of Life Therapy* (pp. vii-viii). Hoboken, NJ: John Wiley.

Diener, E. & Biswas-Diener, R. (2008). *Happiness: Unlocking the mysteries of psychological wealth*. Malden, NJ: Blackwell. doi.10.1002/9781444305159.

Frisch, M. B. (1994). *Quality of Life Inventory Manual and Treatment Guide*. Minneapolis, MN: NCS Pearson & Pearson Assessments.

Diener, E. & Seligman, M. E. P. (2002). Very happy people. *Psychological Science, 13*, 81-84.

Diener, E., Suh, E. M., Lucas, R. E., & Smith, H. L. (1999). Subjective well-being: Three decades of progress. *Psychological Bulletin*, *125*, 276-302.

Diener, E., Wirtz, D., Tov, W., Kim-Prieto, C., Choi, D. W., Oishi, S., & Biswas-Diener, R. (2010). New well-being measures: Short scales to assess flourishing and positive and negative feelings. *Social Indicator Research*, *97*, 143-156. doi.10.1007/s11205-009-9493-y.

Diener, E. & Chan, M. Y. (2011) Happy people live longer: Subjective well-being contributes to health and longevity. *Applied Psychology: Health and Well-Being*, *3*(1), 1-43.

Frisch, M. B. (2006). *Quality of life therapy*. Hoboken, NJ: John Wiley.

Frisch, M. B. (2009). *Quality of life inventory handbook: A guide for laypersons, clients, and coaches*. Minneapolis, MN: NCS Pearson & Pearson Assessments.

Frisch, M. B. (2013). Evidence-based well-being/positive psychology assessment and intervention with quality of life therapy and coaching and the Quality of Life Inventory (QOLI). *Social Indicators Research*, *114*, 193-227. doi.10.1007/s11205-012-0140-7.

Frisch, M. B., Clark, M. P., Rouse, S. V., Rudd, M. D., Paweleck, J., & Greenstone, A. (2005). Predictive and treatment validity of life satisfaction and the Quality of Life Inventory. *Assessment*, *12*(1), 66-78.

Furey, R. (2007). Beyond feeling better: Adding happiness to the treatment plan. *PsycCritiques (serial online) 52*(5).

Gilbert, K. E. (2012). The neglected role of positive emotion in adolescent psychopathology. *Clinical Psychology Review*, *32*(6), 467-481. doi.10.1016/j.cpr.2012.05.005doi:10.1037/a0006300.

Kazdin, A. E. (1993). Evaluation in clinical practice: Clinically sensitive and systematic methods of treatment delivery. *Behavior Therapy*, *24*, 11-45.

Kazdin, A. E. (2003). *Research design in clinical psychology* (4th edn.). Boston, MA: Allyn & Bacon.

Kennard, B. D., Emslie, G. J., Mayes, T. L., Nakonezny, P. A., Jones, J. M., Foxwell, A. A., & King, J. (2014). Sequential treatment with fluoxetine and relapse-prevention CBT to improve outcomes in pediatric depression. *American Journal of Psychiatry*, *171*(10), 1083-1090.

Koocher, G. P. & Keith-Spiegel, P. (2008). *Ethics in psychology: Professional standards and cases* (3rd edn.). New York: Oxford University Press.

Land, K. C. (2006). Quality of life therapy for all!: A review of Frisch's approach to positive psychology, Quality of Life Therapy. *SINET (Social Indicators Network News)*, *85*, 1-4.

Lyubomirsky, S., Sheldon, K. M., & Schkade, D. (2005). Pursuing happiness: The architecture of sustainable change. *Review of General Psychology*, *9(2)*, 111-131.

Pope, K. S. & Vasquez, M. T. (2011). *Ethics in psychotherapy and counseling: A practical guide*

(4th edn.). Hoboken, NJ: John Wiley.

Rodrigue, J. R., Baz, M. A., Widows, M. R., & Ehlers, S. L. (2005). A randomized evaluation of quality of life therapy with patients awaiting lung transplantation. *American Journal of Transplantation*, 5(10), 2425-2432.

Rodrigue, J. R., Mandelbrot, D. A., & Pavlakis, M. (2011). A psychological intervention to improve quality of life and reduce psychological distress in adults awaiting kidney transplantation. *Nephrology Dialysis Transplantation*, 26(2), 709-715. doi.10.1093/ndt/gfq382.

Rodrigue, J. R., Widows, M. R., & Baz, M. A. (2006). Caregivers of patients awaiting lung transplantation: Do they benefit when the patient is receiving psychological services? *Progress in Transplantation*, 16, 336-342.

Sirgy, M. J. & Wu, J. (2009). The pleasant life, the engaged life, and the meaningful life: what about the balanced life? *Journal of Happiness Studies*, 10, 183-196.

Wood, A. M. & Tarrier, N. (2010). Positive clinical psychology: A new vision and strategy for integrated research and practice. *Clinical Psychology Review*, 30(7), 819-829. doi.10.1016/j.cpr.2010.06.003.

부록: 긍정심리 실천 질문지
(Positive Psychology Practice Questionnaire: P3Q)

이름: _____   날짜: _____

지시문: 이 질문지에서는 행복하고, 의미 있고, 즐거운 삶을 구축하기 위해 언제라도 할 수 있는 행복 연습, 태도, 기술에 대해 묻습니다. 질문지에는 사람들의 행복 또는 웰빙을 강화하기 위한 주요한 긍정심리 기법이 요약되어 있습니다. 일상생활에서 이것들을 실험해 보십시오. 당신의 기분, 만족감, 의미를 확실하게 강화할 수 있는 활동과 태도를 행복 습관으로 만들어 그 효과를 극대화할 수 있습니다. 일상에서 참여하기에 '간단한 일'이 되는 그러한 문항들이 당신의 행복과 의미를 가장 높게 될 것입니다. 또한 더 큰 행복은 더 나은 건강, 관계, 직업 수행, 타인과 지역사회에 대한 봉사로 이어질 것입니다. 불법적이거나, 타인을 괴롭히거나, 자신을 파괴하거나, 삶의 장기 목표를 방해하는 일을 하지 마십시오. 매일, 이러한 태도와 기술을 실천하기 위한 계획을 세우십시오. 행운을 빕니다!

해당되는 각 문항에 동그라미 치세요. "이번 달에 나는……."

1. 나를 진정으로 사랑하고 존경하고 신뢰하는 친구들이나 사랑하는 사람들을 방문했다.
2. 자신이 무엇을 하고 있는지 아는 사람들에게 문제 상황을 해결하는 방법을 물어보았다.
3. 나의 삶에서 감사함을 느끼는 많은 것들에 대해 생각했다.
4. 삶의 목표를 성취하는 데 어떤 진정한 발전이 있었다.
5. 나의 목표를 이루기 위해 나의 강점, 기술, 재능을 사용했다.
6. 나를 대체로 평화롭고, 평온하며, 만족스럽게 해 주는 무언가를 했다.
7. 자기관리를 잘 연습했거나 진정으로 휴식할 시간을 가졌다.
8. 도전적이면서도 모든 주의를 기울이게 하고 이후에 나를 기분 좋게 하는 '몰입' 활동을 했다.
9. 누군가 또는 어떤 활동에 의해서 영감을 받거나 동기부여가 되었다.
10. 때때로 깊은 경외감이나 경이로움을 느꼈다.
11. 나에게 진정으로 흥미 있는 무언가를 배웠다.
12. 정말 즐겁고, 재미있고, 스릴 넘치는 어떤 일을 했다.
13. 요가, 명상, 기도를 했다.
14. 다른 사람의 성취에 자부심을 느꼈다.
15. 나를 진정으로 사랑하고, 존경하고, 신뢰하는 친구 또는 사랑하는 사람들과 시간을 보냈다.

16. 느린 속도로 식사를 하거나 아름다운 것을 즐기는 데 시간을 보냈다.

17. 7~8시간의 수면을 취했다.

18. 건강에 도움이 되면서도 맛있는 음식을 먹었다.

19. 심장 박동이 빨라지는 활발한 신체 활동을 30분 했다.

20. 30분 이상의 유산소 운동을 했다.

21. 내가 관심 있는 사람과 사랑을 주고받았다.

22. 사랑하는 사람. 친구, 직장 동료와의 스트레스가 되거나 긴장된 만남에서 적어도 5번의 긍정적인 상호
작용을 했다.

23. 삶에서 일이 잘 되어 갈 것이라고 믿는다.

24. 나의 삶의 좋을 일들에 대해 깊은 감사를 느낀다.

25. 진정으로 '총알을 피했다'고 할 만큼 큰 문제 또는 사고를 피했다.

26. 역경이나 나쁜 일로부터 빨리 회복되었다.

27. 자연 또는 녹지에서 시간을 보냈다.

28. 나는 성공할 것이라고 믿는다.

29. 더 행복해지거나 새로운 무언가를 시도하기 위해 위험을 감수했다.

30. 어떤 중요한 삶의 목표와 가치를 포기하지 않았다.

31. 몇 번의 실패에도 불구하고 계속 노력했다.

32. 나는 착하고 좋은 사람이라고 믿는다.

33. 스스로 유능하고 가능성이 있는 사람이라고 믿는다.

34. 스스로 행복할 자격이 있는 사람이라고 믿는다.

35. 나 자신을 믿는다.

36. 우울하거나 힘들어하는 친구에게 전화했다.

37. 다른 사람을 도왔다.

38. 다른 사람을 위해 무언가를 했다.

39. 내가 믿는 사람. 집단, 대의를 위해 봉사했다.

40. 힘든 시간을 '버티어 나가거나' 이겨냈다.

41. 나의 미래에 대해 낙관적으로 느꼈다.

42. 일상적인 활동에 흥미를 느끼고 참여했다.

43. 다른 사람들이 진정으로 나를 존중한다고 믿었다.

44. 친한 친구에게 내가 가진 문제를 이야기했다.

45. 친한 친구를 사귀거나 친한 친구를 방문했다.

46. 내가 가진 문제와 내가 추구하는 목표에 나의 강점을 적용했다.

47. 나에게 진정으로 편안함과 평화를 주는 활동이나 영적 공동체와 시간을 보냈다.

48. 낮 시간 동안 내가 완전히 참여하고 도전하며 시간을 인식하지 못할 정도의 몰입하는 시간을 가졌다.

49. 나를 더 행복한 사람으로 만들어 준다고 알고 있는 행복 습관에 참여했다.

50. 하루 종일 내가 만났던 사람들과 좋은 관계를 맺었다.

51. 누군가를 긍정하면서 그들이 얼마나 위대한 사람이고 얼마나 대단한 일을 했는지에 대해 이야기했다.

52. 크게 웃었다.

53. 많이 웃었다.

54. 내가 내 일이나 취미, 또는 은퇴 후 활동을 정말 좋아한다고 생각했다.

55. 나의 성공 중 하나를 인정했다.

56. 나쁜 일이 일어난 것에 대해 전적으로 자신을 비난하는 것을 거부했다.

57. 연인과 즐겁게 지냈거나 사랑하는 사람을 찾기 위해 노력했다.

58. 두 명의 친한 친구와 즐겁게 지냈거나 두 명의 친한 친구를 사귀기 위해 노력했다.

59. 내 삶에 목적과 의미가 있다고 느꼈다.

60. 나 자신과 다른 사람의 실수를 용서했다.

61. 나 사진을 창의적인 방식으로 표현했다.

62. 예술적인 것을 만들거나 예술적인 것을 했다.

63. 스스로를 분노, 우울, 불안으로부터 건강한 방식으로 주의 분산시켰다.

64. 오늘, 이번 주, 생애 동안 내가 이루어 왔던 위대한 일에 대해 생각했다.

65. 나에게는 즐겁고 나를 진정으로 아껴 주는 사랑하는 사람과 친구가 있다고 믿었다.

66. 다른 사람에게 친절하거나 도움이 되었다.

67. 나와 사랑하는 사람의 문제 또는 긍정적 미래를 기록했다.

68. 좋은 수면 위생 또는 습관을 연습했다.

69. 좋은 식습관을 연습했다.

70. 미래의 목표와 나를 포기하지 않았다.

71. 하루 종일 여러 사람에게 미소 지었다.

72. 많은 사람들에게 어떻게 지내고 있는지를 물었다.

73. 하루 종일 많은 사람들에게 웃으면서 인사했다.

74. 의미 있는 교회/절/모스크 예배에 참석했다.

75. 즐겁거나 아름다운 주변 환경을 방문했다.

76. 내 집, 이웃, 지역사회의 어떤 긍정적인 면을 탐색했다.

77. 세상을 더 좋은 곳으로 만드는 무언가를 했다.

78. 피하고 있었지만 진정으로 주의가 필요한 작업이나 문제를 해결했다.

79. 과거의 후회로부터 스스로를 주의 분산시켰다.

80. 과거가 아니라 현재와 미래에 초점을 맞추었다.

81. 누군가에게 극도의 분노를 표현하기 전에 기다렸다.

82. 나의 가치에 진실했다.

83. '꽃향기를 맡기' 위해, 즉 즐거운 장소나 경험을 진정으로 즐기기 위해 멈추었다.

84. 나의 원칙, 윤리, 개인적인 도의를 지켰다.

85. 극도의 분노, 우울, 불안에 따라 행동하는 것을 거부했다.

86. 일과 놀이를 위한 시간을 만들었다.

87. 다른 사람과 비교하기를 거부하고 내가 필요로 하고 원하는 것에 대해 나만의 기준을 따랐다.

88. '다른 사람을 따라 하려는' 시도를 거부했다.

89. 기분이 좋고 일을 완수하기에 도움이 되는 방식으로 나의 시간과 삶을 조직화했다.

90. 내가 성취할 수 있고 기분이 좋아지는 그 날의 적절한 목표를 세웠다.

91. 내가 무엇을 원하고 어떻게 그것을 얻을 수 있는지를 생각했다.

92. 걷기 또는 정원 가꾸기와 같은 긍정적인 중독을 추구했다.

93. 친구 또는 정보를 가진 '전문가'로부터 어려운 문제에 대해 '두 번째 의견'을 받았다.

94. 스스로를 우울하게 하거나, 비판하거나, 포기하기를 거부했다.

95. 함께 하면 즐거운 사람들과 어울렸다.

96. 내가 누군가에게 느끼는 분노 이면의 상처를 공유했다.

97. 친구 또는 사랑하는 사람의 성공을 축하했다.

98. 하루 종일 내가 상호작용하는 모든 사람에게 친절하게 대하고 긍정적으로 연결되려고 노력했다.

99. 나를 사랑하고 지지해 주며, 나와 나의 성공 가능성을 진정으로 믿는 친구들로 구성된 '대리' 가족을 만들기 위해 노력했다.

100. 그들이 나에게 해 준 것들에 대해 내가 할 수 있는 모든 사람에게 감사했다.

101. 내가 '물속에 처박아' 두었던 어려운 문제를 마주했다.

102. 누군가에게 자랑스럽다고 말했다.

103. 과거에 대한 후회가 아니라 미래의 목표에 집중했다.

제5부

기존 치료의 재해석

제28장

인간중심심리학
삶의 문제와 인간의 번영을 돕기 위한
유기체적 긍정 접근[1]

Pete Sanders & Stephen Joseph

이 장에서는 칼 로저스(Carl Rogers, 1902~1987)의 저술에 기반한 인간중심심리학을 임상심리학자, 심리치료자, 집단상담자, 보다 최근에는 응용 긍정심리학자에게 의미 있는 강렬하고 획기적이며 근거에 기반하여 발전하고 있는 작업으로 소개한다. 인간중심치료의 이론적 토대는 임상심리학자로서 1930년대와 1940년대에 이루어진 로저스의 저술(Rogers, 1939, 1942)에서 시작되며, 그의 이후 저술과 이에 대한 다른 사람들의 해석(예: Rogers, 1951, 1959, 1961; Barrett-Lennard, 1998; Mearns & Thorne, 2000, 2007; Sanders, 2006a; Kirschenbaum, 2007 참고)을 통해 추적될 수 있다. 인간중심심리학에 대한 현대 해석의 철학적 기초에 대한 철저한 설명과 분석을 위해서는 Tudor와 Worrall(2006)을 참고하기 바란다. 로저스를 이론의 중요한 원천으로 언급하면서 인간중심 심리학자들은 그들이 지지하는 이론적 요소에서 더 나아가 부분집합을 식별하기도 한다(Sanders, 2012 참고). 정신역동적·인지적·행동적 접근과 같은 다른 심리학 접근에서의 차이와 유사하게, 이러한 차이는 임상 실제와 일상적인 이론적 담론에서도 나타난다.

이 간단한 요약은 변화에 대한 다른 현대적 접근과의 건설적인 비교를 촉진하기 위해 현대의 실제 이론, 연구 그리고 요소들을 살펴보고 인간중심 접근이 어떻게 본래 긍정심리학이었는지 보여 줄 것이다(Joseph, 2015). 하버드 대학교 심리학자이자 인간중심심리학의 초기 개척자 중 한 사람인 John Shlien은 1956년 저술에서 다음과 같이 말했다.

---

1) Sanders(2013)을 개작하였다.

과거에 정신건강은 질병의 부재라는 '잔여' 개념이었다. 우리는 '불안 감소'라는 관점에서 나아지는 것을 기술하는 것 이상을 할 필요가 있다. 우리는 건강해질 때 그 사람이 할 수 있는 것에 대해 말할 필요가 있다. 병리학 수업에 대한 강조 때문에 정신건강에 대한 긍정적 개념화를 향한 약간의 노력이 최근에 있어 왔다. 이들 중 주목할 만한 것은 칼 로저스의 '충분히 기능하는 인간'이다(Shlien, 2003, p. 17).

전통적으로, 임상심리학자들은 증상 감소의 관점에서만 생각해 왔다. 긍정심리학의 출현과 함께 긍정적 기능을 촉진시키는 방법을 고안하기 위해 도전해 왔다. 이것이 치료에 대한 로저스의 접근 방식과 정확히 일치했다는 것을 알면 인간중심 접근이 낯선 사람들은 놀랄 것이다. 치료에 대한 그의 접근은 사람들이 성장, 발달, 그리고 충분히 기능하게 되는 내재된 경향성을 가지고 있다는 초이론적 가정에 기초하고 있다(Joseph, 2015). 하지만 이것은 자동적으로 나타나지는 않는다. 사람들이 내재된 최적의 본성을 실현하기 위해서는 알맞은 사회적 환경이 필요하다. 알맞은 사회적 환경이 없으면 성장을 향한 내재된 경향성은 좌절되고 빼앗기며 대신에 심리적 고통과 역기능을 초래한다. 이런 식으로, 인간중심 접근은 심리적 기능의 스펙트럼의 기초가 되는 단일한 유기체적 과정을 개념화한다. 우리는 로저스의 성격이론과 이 이론이 어떻게 건강과 고통의 단일 이론을 제공하는지 다음 장에서 좀 더 자세히 설명할 것이다.

성격, 건강, 그리고 고통: 심리적 기능의 스펙트럼에 대한 단일 유기체적 개념 구조

1930년대와 1960년대 사이에 인간중심치료는 인간을 통합적인 유기체 전체로 이해하면서 전체적인 이론으로 발전했다. 이것은 인간을 '신체'와 '마음'으로 나누고 더 나아가 '성격'과 같은 마음의 요소들로 나누는 전반적인 견해에 부딪쳤다. 그럼에도 불구하고, 로저스는 정통의 심리학 관습을 따르고 1951년과 1959년 저술에서 성격이론을 발전시켰다. 그의 생각들은 급진적이었지만 처음에는 학계와 전문 심리학자들을 멀어지게 하지 않았다. 문헌을 자세히 읽어 보면 인간중심심리학은 유기체적 이론으로 구성되었으며 누군가는 보다 환원주의적 틀로 전환될 수 있다고 믿지만 다른 사람들은 그것은 불가능하다고 보며 이는 결국 철학의 왜곡을 낳는다.

로저스의 '성격과 행동에 대한 이론'(Rogers, 1951, pp. 481-533) 장은 경험의 본질, 성격의 발달과 구조, 자연의 질서, 장애와 고통, 치료적 변화에 대한 19가지 전제가 나열되어 있으며, 이 생각들은 1959년에 Koch(1959, pp. 184-256)의 중요한 장에서 정교화되었다. 중요한 것은, 1951년 저술이 인간중심심리학을 지각 이론과 현상학적 접근으로 자리 잡게 했다는 것이다. 전제 II(Rogers, 1951, p. 484)에서 로저스는 경험한 현실은 유기체의 지각적 장에 의해 결정된다고 분명히 밝혔기 때문에 '지각' 이론으로 여겨진다. "우리는 현실 그 자체가 아니라 지각적 '지도'를 가지고 살아간다"(1951, p. 485). 이는 변화 과정에 함의를 갖는다. 왜냐하면 "지각적 장이 개인이 반응하는 현실이라는 것은 종종 놀랍게도 치료에서 드러나기 때문이다. 지각이 변화할 때 개인의 반응도 변화한다."

'세상에 대한 사실'―개인의 '진실'―은 그 순간에 그들의 경험에 의해 생성되기 때문에 이는 현상학적 접근이다. 개인이 그의 경험 세계의 중심에 있으며, 우리는 그들의 세상과 이야기에 관여하고 이해하기 위해서 그들에게 주의를 돌려야 한다. 개별 내담자의 세상을 이해하기 위한 단서는 책, 이론, 구조, 범주, 분류 혹은 체계에서 찾을 수 없다. 여기서 로저스는 공감을 질문의 도구로서가 아니라 내담자의 이야기를 이해하기 위한 핵심―관계의 기초―으로 간주하는 근거를 구축한다.

많은 현대의 근거기반 접근들은 이론에 의해 도출된 개입과 미세 진단에 의한 기법 뒤에 '따라가는' 위치로 그것을 강등시키면서 관계의 질에 치료적 노력의 초점을 맞춘다. 인간중심치료와 반대로, 어떤 이론과 실제 접근은 공감을 단지 예를 들면, 정보 수집이나 신뢰 형성과 같은 의도적인 목적을 위해 적절한 시간에 도입되어야 하는 또 다른 기법으로 여긴다. 인간중심심리학에서 공감은 모든 것의 시작과 끝이다. 칼 로저스는 최초로 치료적 관계를 조작적으로 정의하였으며(Rogers, 1957, 1959) 이어지는 인간중심치료의 발전은 역동에 대한 이해를 정교화하고 발달시켰다.

로저스 이론의 철학적 배경에 대해 기술하면서 우리는 유아 발달 주제로 주의를 돌려서 인생 초기의 경험이 심리적 기능을 어떻게 결정하는지 기술할 것이다.

유아 발달

위에서 언급한 바와 같이, 인간중심 접근의 초이론적 기초는 인간은 기본적으로 자기조직화와 자기조절, 유기체의 완전한 잠재력의 실현을 향해 성장을 하고자 하는 성향과 잠재력을 가지고 있다는 관점이다. 이 과정은 유기체가 적절한 사회환경 요인의 지지를 받을 때 자연스럽게 일어나지만 개인의 맥락이 통제적이고 강요할 때 쉽게 탈선하는 것으로 이해된다. 개인적 성장이 본능적으로 건설적이고 사회적인 행동과 개인의 잠재력이 충분히

드러나는 것을 향해 이루어지고 있다는 주장 때문에 이러한 관점이 인간중심 접근을 긍정
심리학이 되게 하는 것이다. 우리는 먼저 유아기에 이것이 일어나는 것을 볼 수 있다.

유아는 자신을 '현실'의 중심으로 경험한다. 유아에게는 자신을 둘러싼 끊임없이 변화하
는 세계가 현실이다. 발달하는 유기체는 생존하고 유지하고 자신을 향상시키고자 하는 '실
현'에 대한 내재적 경향을 가지고 있으며, 주된, 유일한 동기적 힘이다(아래 참고). 실현하
고자 하는 힘은 유아가 전체 유기체로서 조직화된 방식으로 자신의 세계에 반응함으로써
자신이 경험하는 욕구를 충족시키도록 추동한다. 실현경향성은 유아가 새로운 경험을 계
속해서 추구하도록 만든다. 호기심은 실현에 내재되어 있다.

유아는 유기체를 긍정적으로 유지하고 향상시키는 경험을 가치 있게 여기는 내재적 경
향 역시 가지고 있다; 유기체의 실현에 반대되는 일을 하는 것들은 부정적으로 평가된다.
삶의 초기 사례에서 '평가'는 '좋아하는', '즐거운', '매력적인' (문자 그대로), 혹은 '흥미로운'
처럼 단순한 무언가를 의미할 수 있다. 이는 유기체적 평가 과정이다. 발달하면서 유아는
긍정적으로 평가된 경험에 끌리고 이를 받아들이며 부정적으로 평가된 경험은 피하고 거
부한다.

하지만 발달이 진행되면서 잠재력의 완전한 발현을 향한 긍정적인 방향의 힘은 유아가
자기감을 발달시키기 시작하면서 사회적 세계에 의해 방해받게 된다.

자기와 성격의 발달

로저스는 연령, 단계 혹은 민감기를 구체화하지 않았다는 것에 주목해야 한다. 인간중
심심리학은 예를 들면 정신분석이론과 반대로 다소 느슨해 보이는 명제를 제시한다. 발달
을 성숙, 학습/적응, 유기체의 실현경향성에 의해 추동되는 생래적인 호기심을 함께 엮어
가는 각 개인에 고유한 과정으로 본다.

발달이 진행되면서 어느 시점에 유아는 경험한 세계의 일부가 특별한 특징을 가진 것으
로 서로 다르고 '특별한' 것으로 구별한다. 경험에 대해 이렇게 변별되는 부분이 자기로 자
각된다. 유아는 특히 타인과 함께 있고 타인에 의해 평가되는 것의 결과로 개념(자기개념)
을 형성한다. 유아가 자기를 자각하게 되면, (실현 경험의 수용에서 기원하는) 만족하고자 하
는 전반적 욕구가 타인으로부터 긍정적 존중을 받고자 하는 특별한 욕구가 된다. 타인으
로부터 긍정적 존중은 (유기체의 모든 측면; 생존, 유지, 향상과 관련되어 있기 때문에) 매우 강
력해서 행동을 결정하는 데 있어서 유기체적 평가 과정보다 더 매력적이 된다. 타인으로부
터 얻는 그러한 평가는 유기체적 평가 과정에서 기원하지만 자기개념으로 간주되며 내

사된 가치라고 불린다.

타인의 조건적인 긍정적 존중의 결과 유아가 자기 경험을 수용하거나 회피할 때 '가치의 조건'을 발달시켰다고 이야기할 수 있다. 자기가 인식될 수 있는 존재로 발달하게 되면, 역시 실현경향성—자기를 유지하고 향상시키는 경향성(자기실현)을 가지게 된다. 하지만 자기는 타인의 평가로부터 직접 내사된 내용을 함유하기 때문에 자기는 유기체의 것과 다른 방향으로 실현하게 될 수 있다. 이것은 자기와 유기체 간의 잠재적인 혹은 실제의 불일치 상태다. 개인의 자각은 출현하는 자기를 통해 걸러지는 경향이 있으며, 경험이 자기구조에 의해 인식되고 처리될 수 있다는 것이 가장 중요하다. 하지만 대개 전형적인 성인의 자기구조는 불일치의 긴장 상태에 있고 어떤 경험에 대한 이해를 피하거나 부인하는 데 기득권을 가지고 있으며, 우리는 이후에 인간 성격의 근본적인 잠재적 역동과 그것이 어떻게 고통을 야기하는지 살펴볼 것이다.

고통

고전적인 내담자 중심치료 이론에서 심리적 고통은 유일한 원인을 가지고 있다. 다른 인간중심치료들은 인간중심 정신병리학의 다른 가능성에 기여하지만(Sanders, 2012; O'Hara, Schmid, & Bohart, 2013 참고), 심리적 고통의 기원을 스케치하기 위해 우리는 여기서 로저스의 원저를 살펴볼 것이다.

간단히 말하면 긍정적 기능은 전체 성격에서 사회적 환경이 그 사람의 개인적 성장을 지향하는 경향성을 촉진할 때 나타나는 자기구조와 개인의 살아있는 경험 간의 일치에서 기인하는 반면, 고통은 자기구조와 개인의 삶의 경험 간의 불일치에 의해 유발된다(Rogers, 1951, pp. 481-533, 1959, pp. 226-227). 고전 이론에서 이러한 불일치 상태의 선행 사건은 비교적 소수의 범주가 있지만 가능한 결과는 거의 무한대로 배치될 수 있다(Joseph & Worsley, 2005). 그래서 우리는 긍정적 기능에서 각 개인의 독특성에 따라 나타나는 고통의 표현의 무한성까지 기능의 단일한 원인을 효과적으로 상정한 이론을 가지고 있다.

따라서 고통의 궤적은 개별 사례에서 절대 예측할 수 없으며, 의학 모델을 포함하여 진단 모델과는 매우 다르다. 이는 증상 분류를 터무니없게 만들며, 인간중심 실제가 실용적인 현상학을 실행하도록 한다. 따라서 인간중심 문헌은 이 문제 혹은 그 진단을 치료할 방법에 대한 에세이로 과중되지 않는다. 아주 변별된 진단범주들을 정교화와 연결시키는 전문가들에게는 이것이 인간중심이론이 단순하고 순진한 것처럼 보이게 한다. 하지만 이러한 견해를 반박하기 위해 이러한 전문가들이 선호하는 소위 정신과적 장애가 인간중심

이론의 관점에서 설명될 수 있다는 것을 이해하는 것이 유용하다(Joseph & Worsley, 2005; Sanders & Hill, 2014 참고). 하지만 Mearns(1997, p. 146)는 "개별 내담자의 행동을 예측하기 위해 이론을 사용하려는 시도가 없었다.······ 이론으로는 상세히 이해할 수 없을 것이다. 오직 공감만이 그렇게 할 수 있다."고 설명한다.

일치와 긍정적 기능

이미 언급했듯이, 개인이 자신의 자기개념에 일치하는 경험을 할 때 그 경험은 자기구조와 조화롭고 일치하며 정확하게 상징될 수 있으며, 그 결과 '충분히 기능하는' 인간이 된다. 로저스는 개인이 경험에 개방적이고, 현재에 초점을 맞추며, 자율적이고, 사회와 조화를 이루는 안녕감의 상태를 기술하기 위해 충분히 기능한다는 용어를 사용했다. 이런 식으로, 이 이론은 긍정적 심리 기능이 어떻게 일어나는지에 대한 발달적 이해를 제공하며, 인간중심치료를 결핍이론이 아니라 잠재력 이론에 위치하게 한다.

인간중심심리학에서, 상징화는 경험을 잠재적으로 자각하게 한다.[2] 하지만 자기개념이 내사된 재료를 함유하고 있기 때문에 개인은 자기구조와 조화되지 않는 경험을 하게 될 것이며 따라서 정확하게 상징화될 수 없다. 이는 자기와 경험 간의 불일치이며, 잠재적이거나 실제적 심리적 긴장을 야기한다.

불일치와 심리적 긴장

내사의 결과 자기와 유기체 간의 부조화가 클수록 자기와 경험 간의 불일치가 더 크고 심리적 긴장을 경험할 가능성이 더 크다. 자기와 경험 간의 불일치가 있으면 두 종류의 행동 간의 불일치가 생겨난다. ① 자기개념과 일관된 행동(개인은 이 행동을 자각한다.), ② 유기체의 나머지 부분과 일관된 행동(개인은 이러한 행동이 자기와 관련된 것으로 인식하지 못할 수 있다. 예를 들면, 그 행동을 '인정하지' 않을 수 있다─이 행동들은 자각 밖에 있을 것이다.).

---

2) 인간중심심리학은 의식과 무의식이라는 프로이트의 개념을 가지고 있으며 몇 몇 이론가들과 저자들이 적극적으로 반대한다는 문제가 있다. 고전적인 인간중심 상담자들은 자각하는 혹은 자각 밖의 경험에 대해 이야기하는 것을 선호하며 이 용어를 사용하지 않을 것이다. 이는 트집 잡는 말장난처럼 들릴 수 있지만 중요한 점은 숙련된 분석가의 해석에 의해서만 드러나는 알려지지 않은, 알 수 없는 원시적 충동의 저장소에 대한 생각을 확실히 논박하는 것이다.

위협, 방어, 쇠약, 그리고 치료적 변화

자기개념과 불일치하는 경험들은 정확하게 상징화되지 않을 뿐만 아니라 자기구조의 통합성을 위협하는 것으로 경험될 수 있다. 그 경험들은 자기개념이 '틀렸다'는 것을 암시할 것이며, 이것이 자기구조의 실질적인 중심이기 때문에 자기의 전체가 위협을 받게 될 것이다.

위협적인 경험은 두 가지 방식으로 다루어질 수 있다. ① 완전히 자각되지 못할 수 있다. 즉, 경험에 대한 상징화가 부인된다. ② 위협 없이 자기개념에 들어맞도록 변화(왜곡)될 수 있다.

'건강한' 사람은 새로운 경험 앞에서 자기개념이 유연하고 적응적이다. 하지만 위협에 직면했을 때 유기체는 자기개념을 경직되고 유연하지 않게 만듦으로써 스스로를 보호한다. 개인은 자신에 대해 잘 방어하는 경직된 확실한 것으로 후퇴한다. 경직될수록 점점 더 과거 경험—확실한 것—에 의존하게 된다. 따라서 현재 경험들은 점점 더 왜곡되거나 부인될 것이다. 방어의 과정이 점점 자리 잡게 되고 심리적 긴장이 형성되어서 (외상 혹은 위협의 누적) 어떤 상황에서 자기개념은 압력을 받아 실질적으로 '붕괴'된다. 결과적인 와해 상태는 불안, 우울, 혼란, 혼돈스러운 사고, 자기비난, 정서적 혹은 인지적 압도 혹은 통증으로 기이하게 경험될 것이다. 이렇게 자기구조의 긴장과 붕괴가 나타나는 것은 극도로 고통스러울 수 있으며 관찰자에게는 '정신증'을 포함해서 정신적 '질병'의 증상으로 보일 것이다. 이렇게 분명히 혼란스럽고 일관성 없는 경험에 항상 의미가 있으며 (아래의) 공감적 이해가 이렇게 혼란스럽고 종종 무서운 세상에서 의미를 이해하고 (재)구성하는 방법이다.

유기체는 자기개념에 대한 위협을 제거하고 모든 경험을 자기개념에 통합함으로써 회복될 것이며, 경직성과 방어가 이완될 것이다. 관계에서 무조건적 긍정적 존중을 구현함으로써 이렇게 될 수 있다. 이전에는 자기개념과 불일치했던 새로운 경험이 시험적으로 받아들여지고 통합의 과정이 시작된다. 이것이 치료적 변화의 과정이다.

이를 통해 우리는 성격발달에 대한 이 단일한 이론틀이 고통에서 완전히 기능적인 행동까지 심리적 기능의 스펙트럼을 어떻게 설명하는지에 대해 분명한 이론적 설명을 볼 수 있다.[3] 그처럼 인간중심 치료자들은 내담자가 고통과 역기능을 경험하는 방식을 기술하기

---

3) 사람들은 본래 개인적 발달과 성장을 향해 동기화된다는 메타이론에 기초한, 기능에 대한 유일한 이론으로서 이것은 자기결정이론과 거의 동일하다(Patterson & Joseph, 2007a 참고).

위해 주류 정신의학적 용어를 사용하기보다는 일치성, 보다 최근의 긍정심리학 용어로는 진정성(authenticity)의 차원에서 생각한다(Wood, Linley, Maltby, Baliousis, & Joseph, 2008). 고통과 역기능의 모든 표현은 불일치에서 생겨나는 세상과 관계 맺는 방식으로 볼 수 있다. 인간중심 접근은 긍정적인 기능과 부정적인 기능을 별개의 개념으로 보지 않으며, 단일한 발달과정의 결과로 본다.

상기의 이론적 견해에 근거하는 인간중심치료는 내담자의 현재 이슈가 무엇이든지 간에 사람들이 일치성을 더 키우도록 돕는 것에 관심이 있다. 공감적 이해와 무조건적 긍정적 존중이라는 치료적 기제는 이후에 보다 상세하게 살펴볼 것이다.

긍정적 방향을 가진 과정으로서 변화와 성격

'위스콘신 프로젝트'에서 유진 젠드린(Eugene Gendlin)과의 작업의 결과 로저스는 성격과 치료적 변화 모두 상태(성격) 혹은 사건이나 상태의 변화의 행렬(치료)이 아니라 과정이라는 생각에 대한 관심을 발전시켰다. 어떤 모델은 변화의 학습 모델을 제안하지만 로저스는 변화에 대한 성장 모델에서 학습을 많은 변화 과정의 하나로 포함시켰다. 이 변화 과정은 어떤 특징을 가지고 있는데(Rogers, 1961, pp. 125-159), 상대적 고정성에서 유동성으로의 변화로 나타난다. 로저스는 과정의 특징을 설명하기 위해 감정의 고정성/유동성, 표현, 개인적 구성개념, 변화에 대한 태도, 경험의 변별과 정교화를 포함해서 많은 연속체를 사용했다.

로저스의 과정에 대한 관심은 변화의 과정에서 멈추지 않는다. 그는 인간 성격 자체를 포함시키는 것으로 생각을 확장시켰다. 로저스에게 성격은 (컴퓨터 프로그램이나 마음의 에너지 균형을 맞추는 체계처럼) '상태'를 가진 '사물'이 아니라 경험하는 인간의 형태이자 방식 그리고 수행이다. 인간중심의 용어에서 고통받는 사람이 이전에 고통받지 않은, 병전 상태로 '회복'되거나 무언가 잘못된 정신적 기계가 '수리'되는 것을 기대하는 것은 이치에 맞지 않다. 대신에, 인간중심이론은 아래의 과정을 거치면서 사람들이 현재 순간의 경험을 통해 계속해서 성장해서 새로운, 다른 사람이 되게 한다.

- 모든 이전의 경험을 가지고 이를 보다 긍정적이고 적응적인 과정으로 통합해 나가면서
- 그 과정에서 (개별 내담자의 삶의 궤적에 고유한 다른 많은 경험과 함께) '회복'과 '수리'의 가능성을 받아들이면서
- 탄력성과 적응적인 기능의 새로운 특유의 가능성을 창조하면서

이러한 변화 과정에 예측 불가능성이 내재되어 있다. 치료자는 호기심 있는 동반자, 촉진자, 지지적이고 힘을 주는 존재이며 최선의 결과에 대한 희망을 전달하는 것 외에 과정의 궤적에 대한 예상을 하지 않는다. 그 과정의 운명은 (모든 개인적, 사회적 맥락의 압력을 가진) 내담자와 (태도를 가진) 치료자가 같이 창조하는 순간에 있다.

치료적 변화의 특성과 조건

유기체에서 가능한 변화의 형태가 모두 치료적이지는 않지만 매우 다양하다는 것은 분명하다. 물론, '치료적'이라는 의미는 맥락이나 이론에 따라서 다른 것을 의미하며, 우리는 특히 인간중심이론에서 그 의미에 대해 정의를 살펴보고 있다. 치료적 변화의 두 가지 요소를 기술하는데, 첫째 변한다는 것이 무엇인지(변화의 특성에 대한 이론) 그리고 둘째 무엇이 변화가 일어나게 만드는지(변화의 실제 혹은 조건)이다.

변화의 특성

성격변화가 일어날 때 서로 다른 심리치료에 의해 옹호되며 일상적인 경험에서 상식적인 설명으로 보고될 수 있는 몇 가지 옵션이 있다. 예를 들면, 우리 대부분은 우리는 다른 것을 배울 수 있으며 고전적 조건화와 조작적 조건화가 심리치료 이론과 실제 모두에서 유용하다는 데 동의할 것이다.

통찰은 적극적인 변화의 동인으로 여겨질 수 있다. 즉, 단지 우리 자신과 성격심리학에 대해 더 잘 이해하는 것이 변화의 방법으로 수용될 수 있다. 어떤 치료적 접근은 통찰이 더 나아지는 방법에 중점을 둔다.

우리는 위에서 인간중심이론의 변화를 '성장 모델'로 기술했지만 여기서는 조금 다른 입장에서 시작해서—독자가 이러한 생각을 찾는 데 도움이 되는—다른 용어로 돌아갈 것이다. 인간중심심리학을 유기체 이론으로 여기는 사람도 있고 위키피디아는 다음과 같이 간단하게 정의한다.

심리학에서 유기체 이론은 각 개인의 고유한 성장 또는 발달 경향을 통해 표현된 인간의 조직화, 통일성, 통합을 강조하는 일종의 전체론적 심리학 이론이다(http://en. wikipedia.org/wiki/Organismic_theory, 최근 접속 2014년 7월 22일).

인간중심심리학은 기계, 컴퓨터 프로그램 혹은 (시냅스, 호르몬 혹은 뇌 구조와 같은) 유기체의 축소된 부분이 아니라 완전한 유기체로서 인간에서 시작한다. 게다가 유기체는 맥락에 놓여 있다. 인간과 맥락은 모두 의미와 행위를 위한 독특한 기회를 창조하는데, 매 순간의 의미 구성은 개인적이고 독특하기 때문에 관찰자에게 드러나고 이해될 수도 그렇지 않을 수도 있다. 그리고 그것은 변화에서도 그렇다. 모든 가능한 변화 방법은 생존, 유지, 향상을 추구하는 개인에 의해 이용될 수 있다. 변화-이론의 범위를 학습, 통찰, 초월 혹은 그 무엇에 한정시키는 것은 그 개인의 창조성을 완전히 다룰 수 없다.

그렇게 광범위한 가능성은 환원주의 체계와 실제가 수용하기 어렵다. 그것은 개인의 매 순간의 의미를 이해하는 비예측적 변화 이론이며 목표, 검사, 평가 및 투여량을 가진 대부분의 정신건강 시스템이 대처하기 어렵게 만든다. 그것은 또한 엘리트 예술이나 과학을 창조할 기회를 거의 제공하지 않으며 학자들이 매력적으로 여기는 이론적 복잡성과 정교함이 부족해 보인다. 하지만 인간중심이론이 자기결정이론과 수렴할 때 보여 주는 것은 그렇지 않다(Patterson & Joseph, 2007a). 또한 긍정심리학이 기능에 대한 새로운 사고방식, 즉 사람들이 보다 충분히 기능하도록 돕고자 하는 인간중심의 열망에 의지하고 이와 일관된 사고방식을 받아들이기 시작하면서 사용되는 목표, 검사, 평가가 인간중심치료를 더 잘 수용하는 방식으로 변화하기 시작한다.

유기체적 변화이론으로서 그것은 비선형적 역학 체계를 이해하기 위해 씨름하는 다른 자연과학 방법론과 나란히 놓여 있다. 심리기술자가 아니라 체계의 관찰자, 변화의 촉진자로서 임상가가 있다. 따라서 인간중심 접근이 최적의 인간 기능과 관련되어 있기 때문에 긍정심리학이라고 할지라도 모든 긍정심리학자가 공유하지는 않는 특정한 유기체적 메타이론에 뿌리를 두고 있다(Joseph & Murphy, 2013a).

변화의 조건

로저스가 변화를 촉진하기 위해서 위협적이지 않은 공감적 관계가 필요하다고 설명한 것을 살펴보았지만, 치료적 변화를 위해 필요한 완전한 관계의 조작적 개념화와 관련해서 더 많은 것이 있다. 건강한 성장에 필요한 조건은 '치료적 성격 변화를 위한 필요충분조건'의 기초—인간중심치료 실제의 기초—가 된다(Rogers, 1957, 1959). 1950년대의 '필요충분조건'이라는 기술은 건설적인 인간관계를 위한 일련의 지침이며 다음 두 세대 동안 인간중심치료에 대한 많은 연구의 특징이었던 로저스의 '만일-그렇다면' 가설 설정의 시작점이다. 만약 필요충분조건이 존재한다면, 치료적 변화가 나타날 것이다. 다른 요인이나 요소는 필수적이지 않다. 여러 해에 걸쳐 대부분의 이론가와 임상가는 그 조건이 정말로 필수적이라는 데에 의견이 일치한다. 하지만 그들이 충분하다는 것은 논쟁의 여지가 있었으며 지금도 여전히 그렇게 남아 있다. 로저스는 1957년과 1959년 저술에서 이러한 조건을 제시했다. 여기 1959년 판(Rogers, 1959, p. 213)이 제시되어 있으며 1957년판과의 차이는 고딕체로 표시되어 있다.

1. 두 사람이 (심리적으로) 접촉하고 있다.
2. 내담자라고 부르는 첫 번째 사람은 불일치의 상태에 있으며 취약하거나 불안하다.
3. 치료자라고 부르는 두 번째 사람은 관계에서 일치적이다(혹은 **통합되어 있다**).
4. 치료자는 내담자에 대해 무조건적 긍정적 존중을 경험하고 있다.
5. 치료자는 내담자의 내적 참조틀에 대해 공감적 이해를 경험하고 있다(그리고 내담자에게 이를 전달하려고 노력한다).
6. 내담자는 최소한이라도 조건 4와 5를, 즉 자신에 대한 치료자의 무조건적 긍정적 존중과 치료자의 공감적 이해를 지각한다(치료자의 공감적 이해와 무조건적 긍정적 존중이 내담자에게 전달되는 것이 최소한으로 이루어진다).

Bozarth와 Wilkins(2001), Haugh와 Merry(2001), Wyatt(2002), Wyatt와 Sanders(2002)가 조건 1, 3, 4, 5, 6에 대해 상세히 주의를 기울였다. Joseph과 Worsley(2005)는 정신병리를 논의하는 자료(조건 2)를 편집하였으며, Tudor와 Worrall(2006)은 조건에 대한 최근의 일관된 평가를 제시한다. 지금은 부적절하고 오래된 용어인 '핵심' 조건—소위 '치료자가 제공하는' 조건—을 사용한 인간중심 문헌을 찾아보기 힘들다.

로저스의 작업은 공식적인 '치료' 혹은 치료자의 전문성이 드러나는 것이나 진단의 형태로 내담자의 내현적 혹은 외현적 병리가 아니라 두 사람간의 만남으로서 관계를 치료 과정의 핵심으로 확고하게 확립시켰다. 1950년대에 우세한 치료적 문화에서 이것은 로저스의 혁명적 기여 중 하나이며, DSM-5 시대인 오늘날에도 여전히 급진적으로 남아 있다. 아마도 너무 급진적이다. 환원주의, 역량 기반 매뉴얼, 미세 개입의 형태로 원자화된 실제 앞에서 인간중심 치료자는 그 조건들이 하나하나가 아니라 하나의 조각으로 간주되어야 한다는 생각을 완고하게 강조한다. 실제에서 도움이 되는 관계가 이론적으로는 해부할 수 있지만 인간중심 실제에서는 불가분의 실체로서만 존재할 수 있으며 공통점과 모순이 모두 관계의 역동적 긴장 안에 공존한다. 그 조건들은 진단에 따라 섞이고 나뉘고 처치되는 기술이 아니라 유지되어야 하는 태도다. 이러한 요인들은 인간중심 임상가(그리고 그들의 훈련)를 다른 치료적 접근과 구별해 준다.

인간중심치료와 현대의 긍정 임상심리학의 주제

최근에 긍정심리학자들은 질병 이데올로기에 의문을 갖고 인간 경험에 대해 생각하는 대안적인 방식을 찾기 시작했다. 고통을 긍정적 특징이 없거나 과다한 것으로 재구성하는 시도가 있어 왔다(예: Rashid, 2015). 그러나 그런 접근은 긍정적인 지향이더라도 구체적인 문제에 대해 특정한 치료가 필요하다고 여전히 생각하는 한 질병 이데올로기에 바탕하고 있다. 반대로, 인간중심 접근은 발달을 향한 자연적 욕구의 좌절로 인해 고통이 생긴다고 가정하는 성장 모델에 근거하고 있기 때문에 구체적인 문제에 대한 특정한 치료를 필요로 하지 않는다. 그런 진단은 필요하지 않다.

진단의 대안

인간중심치료는 항상 원칙과 실제에서 진단에 반대하는 입장을 취해 왔다. 충분히 기능하는 인간은 근본적이고 적극적인 내적 평가 소재를 가지고 있기 때문에 부과된 외적인 판단은 심리적 건강과 충족에는 금물이다. 평가, 판단 혹은 진단을 부여하는 모든 심리치료는 처음부터 반치료적으로 여겨진다. 오직 내담자의 자기-진단, 이야기, 내러티브 혹은 해석을 받아들인다(Rogers, 1951; Shilen, 2001; Sanders, 2006b). 고전적인 인간중심치료는 의학적 진단, 치료자의 해석 혹은 최선의 방법에 대한 전문가의 개입을 구별하지 않는다. 비효율적으로 보이기보다는 내담자가 회복하고 자율적 성격 내에서 일치하는 강력한 자기개념을 형성하는 것에 적극적으로 해가 되는 것으로 여겨진다.

사회적 영역으로 옮겨가면, 인간중심심리학은 의학적 라벨과 진단적 범주의 낙인찍는 특성을 지적하는 모든 사람들과 행동을 같이 하며(예: Rapley, Moncrieff, & Dillon, 2011; Read & Dillon, 2013) 낙인찍는 것에 반대하는 실제의 모델이다. 인간중심 치료자들은 서비스 이용자 운동을 지지하고 철학과 어휘에서 탈의학화함으로써 정신건강 문제를 탈낙인화하기 위한 모든 노력을 지지한다. 인간중심 접근의 사회적 함의는 Foucault(1965), Illich(1976)의 통찰과 일상생활에서 의사의 의학적 은유의 오싹함을 다양성의 의학화로 보고 모든 대가를 치르고 저항해야 할 것으로 보는 모든 사람들을 공명한다. 그러나 반진단적 입장 때문에 인간중심치료는 심각한 심리적 문제를 가진 사람에게 적합하지 않은 것으로 오해되어왔다. 그러나 우리가 아래에서 살펴보듯이 그렇지 않다. 언급했듯이 그것은 인간 경험을 이해하기 위한 대안적 패러다임－질병 이데올로기보다는 유기체적 잠재력 이론에 근거하고 있기 때문에 반진단적이다.

심각하고 지속적인 고통

위스콘신 대학교의 심리학과 정신의학 교수로서 로저스는 1960년대에 조현병으로 진단받은 사람들에 대한 심리치료의 활용이라는 획기적인 연구 프로젝트를 진행했다(Rogers, Gendlin, Kiesler, & Truax, 1967).[4] Kirtner와 Cartwright(1958)의 초기 작업과 함께, 이 내담자와의 작업과 연구 결과는 치료결과의 핵심 요인으로서 내담자 경험의 특성이 중요함을 지적했다. 게다가 로저스와 팀은 그 분야의 최초 결과 연구에 대해 방법론을 발전시킨 선구자였다. 이 작업에 대한 개관은 Traynor, Elliott, 그리고 Cooper(2011)을 참고하기 바란다. 로버트 엘리엇(Robert Elliott)은 최근에 정신증 진단을 받은 사람에 대한 인간중심치료와 체험적 치료를 메타분석하여 1.08의 효과크기를 보이고 다른 치료에 비해 효과크기가 .39 개선되었음을 보여 주는 자료를 제시했다(Elliott, 2013). 인간중심이론과 실제는 정신증의 치료에서 최근에 개발되고 선호되는 다른 치료적 개입과 비교된다.

- 실현경향성과 고유한 인간 유기체의 지혜는 대처전략 향상에 대한 생각과 중첩된다 (Tarrier, 2004). 인간중심치료는 내담자를 억압으로부터 자유롭게 하며 이를 통해 그들의 천연 자원이 스스로 회복해 나갈 수 있다.
- 인간중심치료의 적극적으로 수용하고 비판단적인 태도는 목소리, 환각과 기타 기이한 생각을 받아들이는 것에 대한 Romme과 Escher(2000)의 저술과 유사하다. 이는 모든 경험, 행동, 정서 그리고 생각이 의미를 가지고 있다는 인간중심치료의 분명한 입장으로 확장된다. 인간중심 치료자들은 (환각을 포함한) 내담자의 경험을 공감적으로 이해하려고 노력하며, 이는 다시 내담자의 인식에서 지금까지 내재된 의미를 드러내 준다.
- 인간중심치료에는 경험이나 행동에 대한 범주화가 존재하지 않기 때문에 내담자가 자신에게 적용하는 무언가를 넘어서서 치료자가 행동의 유형이나 정도에 대해 구분

---

4) 조현병으로 진단된 사람들의 심리치료효과에 대한 연구 프로젝트로, 위스콘신주 멘도타 주립병원에서 이루어진다 (Rogers et al., 1967).

하지 않는다. 이는 예를 들면 정상적인 경험과 비정상적인 경험 간의 연속성을 증명한 Bentall(2003)의 작업을 상기시킨다.

• 로렌 모셔(Loren Mosher, 1997, p. 37)는 원래 소테리아 프로젝트에서 '치료'를 '1일 24시간 대인관계적 현상학적 개입'으로 기술했다. 인간중심치료는 제1의 현상학적 치료방법이기 때문에 모셔의 기술은 현대의 인간중심치료 실제에 대한 상당한 근사치 이상이다.

• 로저스(1959)는 공감에 대한 정의가 분명하며, 실제(내담자)와 반영된 (치료자) 경험 간의 구분을 지적하였다('마치' 그것이 내담자의 것인 것처럼, '마치 ~인 것처럼'을 잃어버리지 않고). 이는 '티가 나는 반영(marked mirroring)'에 대한 애착이론과 포나기의 저술(예: Allen, Fonagy, & Bateman, 2008)에서 나타나는 최근의 생각과 유사하다. 통합된 경험으로서 인간중심치료의 치료적 관계는 임상 실제에서 정신화를 시작하고 유지하기 위해 중요한 관계의 유형에 대한 기준을 충족시킨다.

인간중심전략이 예를 들면 목소리를 듣는 내담자와 어떻게 작업할 것인가? 다음의 예는 Rundle(2010)의 저술에서 가져 온 것이다.

목소리 듣기: 가능한 설명   목소리를 듣는 것은 다음과 같은 방식으로 인간중심 접근에서 이해될 수 있다.

• 외상의 내면화를 촉진하는 환경에서 일어난, 외상으로 경험되었을 가능성이 큰 아동기 사건 때문에 목소리가 생겨난다.
• 성인 외상 뒤의 내면화 때문에 목소리가 생겨난다.
• 목소리는 자기/타인 혹은 하위 성격들의 내면화된 측면을 나타낸다.
• 목소리는 해리된 경험을 나타낸다.

가능한 인간중심치료 전략들   목소리를 듣는 사람이 인간중심치료로 도움을 받을 수 있는 방법들이 다음에 제시되어 있다.

• 지지와 정보를 제공하고, 지켜보고, 드러난 것을 반영한다.
• 목소리와 관계를 맺거나 목소리에 대처하는 방법을 발달시키도록 돕는다.
• 의미를 이해하기 위해 (파괴적인 목소리를 포함해서) 목소리에 참여하고 받아들인다.

- 인간중심치료의 모든 전략들은 내담자에 의해 결정되고 자기지향적이다. 치료자에 의해 지시되는 개입은 없다.

가능한 결과　인간중심치료가 도움이 되었을 때 기대할 수 있는 결과는 다음과 같다.

- 목소리가 수용되고 경험으로 통합된다.
- 내담자가 목소리와 협상하여 목소리는 간헐적이거나 덜 위협적이게 된다.
- 목소리는 상당히 약해지지만 여전히 존재한다.
- 목소리가 사라진다.

연구 근거

　시카고 대학교 상담센터에서 로저스는 심리치료의 효과를 연구하기 위해 최초의 연구 프로그램 중 하나를 개발했으며 완전한 치료관계를 기록한 그의 선구자적 작업에 의해 가능해졌다. 상담센터는 내담자로부터 동의서를 수집하고 일상적으로 내담자 면담을 기록하도록 설립되었다. 이렇게 꾸준히 내담자 자료가 모여서 연구 프로그램이 잘 진행되었다. 사실, 그것은 최초의 심리치료 연구 클리닉이었다.[5] 로저스는 매우 큰 규모의 연구비를 받았으며 심리치료를 체계적으로 평가하기 위해 적절한 방법론을 개발하는 것을 포함해서 안정적인 흐름의 연구가 출판되었다. 이는 심리치료에 대한 최초의 경험적 연구가 거의 전적으로 인간/내담자 중심이 되도록 했다.

　1955년에 미국심리학회가 수여한 최초의 Distinguished Scientific Contribution Award를 받으면서 칼 로저스는 Howard Kirschenbaum이 설명하듯이 세계의 선도적인 심리학과 심리치료 연구자로 인정받았다.

　　일찍이 1950년에 브리태니커 백과사전에 "비지시적 치료방법에 대해 과학적 검증을 받도록 한 로저스의 최초의 노력은 임상심리학에 있어서 획기적인 사건이다"라고 적혀 있다. 『Library Journal』은 *Psychotherapy and Personality Change*에 보고된 연구 프로젝트

---

5) 이 모델은 로버트 엘리어트가 University of Strathclyde에 도입한 이후에 영국에서 현재 인기를 얻은 '연구 클리닉' 모델과 유사하다.

가 "적절한 통제를 사용한 심리치료의 결과에 대한 최초의 객관적 연구"였다고 인정했다(Kirschenbaum, 2007, p. 210).

로저스의 이러한 초기 선구자적 작업에도 불구하고 인간중심치료는 1970년대에서 1990년대에 학문적 연구 장면에서 거의 완전히 사라졌으며, 오늘날 근거에 기반하지 않는다는 추정 때문에 고통 받으면서 임상 장면에서 비판적으로 과소평가되고 있다. 2004년에 Elliott, Greenberg, 그리고 Lietaer는 인간중심 및 체험적 치료효과를 수집해서 메타분석을 출판했으며, 가장 마지막 출판(Elliott & Freire, 2008)은 191개 연구를 포함한다. 최근에 Elliott(2013)은 자료를 가지고 다음과 같은 범주로 최신의 축적된 요약을 제시했다.[6]

1. 사전-사후연구
- '개방 임상시험' 그리고 효과연구
- 191개 연구, 203개 연구
- 14,235명의 내담자
- 결론: 인간중심 및 체험적 치료는 내담자의 긍정적 변화를 야기한다.

2. 통제연구
- 대기자 혹은 무처치 조건과 대조
- 63개 연구 표본, 60개의 연구, 31개의 무선통제실험 포함
- 2,144명의 내담자와 1,958명의 통제군
- 결론: 인간중심 및 체험적 치료는 대기자 혹은 무처치 조건보다 더 낫다. 효과크기가 크다(전체적으로 0.76, 가중치를 준, 무선통제실험에서만).

3. 비교연구
- (인지행동치료, 통상적인 치료 등) 인간중심 및 체험적 치료가 아닌 것과 비교
- 135개의 비교, 105개의 연구 표본, 100개의 연구; 91개의 무선통제실험
- 6,097명의 내담자
- 결론: 인간중심 및 체험적 치료는 (주로 인지행동치료와 비교해서) 다른 치료만큼 효과적이며 효과크기는 작다(전체적으로 −0.01, 가중치를 둔, 무선통제실험에서만).

---

6) 계속해서 엘리엇과 동료들은 표준적인 방식으로 효과크기를 계산하고 치료자 충성도에 대해 교정했다.

Elliot과 Freire의 요약 장(Elliot & Freire, 2010, pp. 9-11)은 여섯 가지 결론을 도출했는데, 이들 대부분은 정교화가 필요 없다.

- 결론 1: 인간중심 및 체험적 치료는 매우 큰 사전-사후 내담자 변화와 관련이 있다.
- 결론 2: 내담자의 큰 치료 후 소득이 추후 연구 초기와 후기에 걸쳐 유지된다.
- 결론 3: 인간중심 및 체험적 치료에서 내담자는 치료를 받지 않은 내담자에 비해 큰 유익을 보인다.
- 결론 4: 전반적으로 인간중심 및 체험적 치료는 임상적으로나 통계적으로 다른 치료들과 동등하다.
- 결론 5: 폭넓게 정의하면 인간중심 및 체험적 치료는 인지행동치료보다 약간 안 좋을 수 있다. 연구자의 치료적 지향이 통제될 때까지 인간중심 및 체험적 치료와 인지행동치료 간에 지속적이지만 아주 작은 차이가 있기 때문에 이런 결론이 나온다. 이것은 소위 '연구자 충성도 효과'이며 연구자가 보통 가장 효과적인 치료는 자신이 선호하거나 이론적 충성도를 가진 치료라고 생각할 때 나타나는 효과를 가리킨다. 이것을 제거하면 인간중심 및 체험적 치료와 인지행동치료결과 간에 차이가 없다.
- 결론 6: 소위 '지지적인' 치료는 인지행동치료 보다 약간 나쁜 결과를 보이지만 다른 종류의 인간중심 및 체험적 치료는 인지행동치료만큼 혹은 인지행동치료보다 더 효과적이다. 추가 분석에 따르면, 비교연구에서 인간중심 및 체험적 연구자가 아닌 사람이 진정한 인간중심치료가 아닌 '지지적인' 치료를 실시하기 때문에 이러한 효과가 나타난다.

21세기의 인간중심치료

1970년대부터 21세기 초기까지 인간중심치료는 영국 1차 의료에서 상담을 지배했다. 2005년 경 정부계획은 특별한 형태의 근거에 기반한 실제를 요구했으며 이는 인지행동치료가 빠르게 영역을 차지하고 인간중심치료가 배제되는 결과를 낳았다. 하지만 지난 몇 년에 걸쳐 인간중심 접근에서 주목할 만한 발전이 있었다.

우울증에 대한 상담

2009년 이후 영국 상담 및 심리치료 학회(British Association for Counseling and Psychotherapy; BACP)의 지원을 받고 연구위원장 Andy Hill이 주도한 '우울증에 대한 상담' 프로젝트는 영국 1차 의료 분야에서 인간중심치료가 추천되도록 노력했다. 목적은 '우울증에 대한 상담(Counseling for depression: CfD)'을 정부의 Improving Access to Psychological Therapies(IAPT)의 틀 내에 치료로서 통합하는 것이었다. CfD는 새로운 접근으로(Sanders & Hill, 2014 참고), 고전적인 인간중심치료와 정서중심치료의 몇몇 요소를 통합한다(Elliott, Watson, Goldman, & Greenberg, 2004 참고). 보다 중요한 것은 그것이 경도의 우울에서 중등도의 우울 치료에 대한 지침에서 National Institute for Health and Care Excellence(NICE)에 의해 승인되었다는 것이다. CfD 계획의 성공은 근본적으로 인간중심치료의 기술을 매뉴얼화하고 Elliott(2013)에서 개관된 형태의 연구 근거를 제시하는 역량의 발달에 기초하고 있다. 우울증 상담에 대해 영국의 인간중심 운동 내에서 비판이 없는 것은 아니다. 인간중심치료의 매뉴얼화는 누군가에게는 철학적, 이론적 위반으로 보일 수 있다. 영국에서 NHS의 문에 발을 들여놓았기 때문에 환자들이 법정 서비스로 무료로 우울증에 대해 인간중심치료를 선택할 것이 확실하며 이를 축하하는 사람들도 있다. Sanders와 Hill(2014)을 참고하기 바란다.

학교에서의 상담

학교상담―젊은 사람들을 위해 특별히 개발된 통합적 인간중심 접근―을 평가하는 연구 프로그램은 2002년 University of Strathclyde에서 시작되었으며 긍정적인 결과를 낳았다(Cooper, 2006). Welsh Government의 자금지원을 받은 확장된 프로젝트 역시 긍정적인 평가를 받았으며(Pattison et al., 2009), 다른 연구와 함께 이 둘 모두 Cooper(2008)가 효과성에 대해 개관하였다. 정부에 제시하기 위한 견고한 근거기반을 확립하기 위한 작업은 Cooper 등(2010)을 포함해서 추가 출판과 무선통제실험을 포함한 최근의 발전과 함께 계속되고 있다.

긍정심리학과의 가교 구축

지난 세기 동안 인간중심 접근을 주류 인지행동 접근과 함께 치료로 (재)확립하기 위한 광범위한 연구 노력이 시작되었다. 이 작업은 고통에 처한 사람들을 돕는 방법으로 인간중심 접근을 재확립할 필요의 결과이며 연구 결과는 연구질문과 측정도구 측면에서 이를 반영한다. 그러나 지금쯤 분명하겠지만 이 연구는 치료가 고통의 감소를 가져 올 뿐만 아니라 긍정적 기능을 촉진할 것이라고 가정하며 인간중심 접근에 대해 부분적인 그림을 그릴 수 있을 뿐이다(Joseph, 2015).

가장 중요한 최근의 발전 중 하나는 인간중심 성격이론이 보다 최근에 개발된 자기결정이론과 근본적으로 같다는 인식이다. 자기결정이론은 긍정심리학 내에서 유명하고 광범위하게 채택되는 접근임이 증명되어 왔다(Patterson & Joseph, 2007a; Joseph & Murphy, 2013b; Sheldon, 2013). 일반적으로 인식되는 것보다 더 많은 연구 근거들이 인간중심 접근을 지지하고 있다.

그러나 새로운 연구의 필요성도 있다. 현대의 관련성을 유지하기 위한 시도로서 수 해에 걸쳐 인간중심 상담자들은 의학적 모델의 구성개념에 대항해서 치료의 효과성을 확립시키기 위해 앞서 살펴본 바와 같이 예를 들면 다른 치료와의 통계적 동등성을 확립하기 위해서 그리고 우울증의 치료로 확립시키기 위해서 원래의 긍정심리학적 관점을 양보하고 장애와 결핍이라는 언어를 수용했다. 그러나 이제 긍정심리학이 보다 널리 받아들여지게 되었기 때문에 안녕감, 진실성, 충분히 기능하는 등등에 대한 이론적으로 일관된 측정도구를 도입함으로써 인간중심 접근의 긍정심리학적 잠재력을 설명하기 위해 다음 세대의 연구가 시작될 필요가 있다(Patterson & Joseph, 2007b; Joseph, 2015; Joseph & Patterson, 이 책의 제4장).

마지막으로, 긍정심리학에서 인간중심 접근과 일관된 방식으로 지난 10년에 걸쳐 상당한 진전을 이루어 온 하나의 연구영역은 외상 후 성장 분야다. 로저스는 참전 용사와 전쟁이 심리적 기능에 미치는 영향에 대해 연구하고 저술하는 데 수년을 보냈으며, 이는 외상 후 스트레스 개념이 도입되기 전에 이루어진 작업이다. 그러나 인간중심 접근이 외상 후 스트레스장애라는 용어의 도입 이후에 발전된 심리적 외상에 대한 문헌을 앞장섰다 할지라도 그럼에도 불구하고 이론적으로 일관되고 실제에 대한 현대적 문헌과 일치한다. Joseph(2004)은 Rogers(1959)의 이론적 저술에 대한 검토에 기반하여 외상 후 스트레스에 대한 인간중심적 설명을 제안했다. 그 설명에서 외상 후 스트레스는 불일치에 대한 특별한 표현으로 생각될 수 있다. 외상 사건이 일어날 때 사람들은 자기개념과 직접적으로 갈등을 일으키는 압도적인 양의 자료를 맞닥뜨린다. 자기개념에 그런 극단적인 불일치가 제시되면 자기가 붕괴되거나 해체될 위험이 있다. 외상 사건은 자기개념에 상당한 위협을 주기 때문에 붕괴 과정이 일어나는 것으로 여겨질 수 있다. 유기체적 이론은 차후에 일어나는 자기구조의 재구축의 자연스럽고 정상적인 방향이 외상 후 성장이라고 가정하며, 이 것이 자연스럽고 정상적인 과정이라고 가정한다(Joseph & Linley, 2005; Joseph, 2011).

결론

수십 년 동안 제자리걸음을 한 후에 인간중심심리학은 21세기 초에 훨씬 더 건강하게 되었다. 끈질긴 결심, 지속적인 이론 개발 그리고 연구의 초점을 새로운 근거기반 실제 프로토콜에 선명하게 함으로써 많은 분야에서 재기할 수 있었으며 인간중심 접근이 도움이 되는 관계를 발전시키는 데 효과적인 접근이라는 인식을 가져 왔다. 60년 전에 로저스가 관찰하고 조작적 정의를 내린, 치료에서 관계의 중심적 역할을 인정하는 것에서 추가적인 승인 인장을 발견할 수 있다. 긍정심리학의 대두는 인본주의 심리학의 선구자가 원래 긍정심리학자였으며 인간중심치료가 응용된 긍정심리학이었다는 것을 인식하게 됨에 따라 인간중심 접근에 대한 새로운 관심을 불러일으켰다(Joseph, 2015). 많은 임상심리학자는 이미 인간중심적인 도움 관계를 이용할 것이지만 그렇게 할 때 자신이 일종의 긍정 임상 심리학에 관여하고 있다는 것을 인식하지 못할 수도 있다. 우리는 인간중심심리학이 사람들은 본래 자신의 잠재력의 개인적 성장을 향해 동기화되며 진실하고 공감적이며 무조건적으로 수용적인 관계 안에서 촉진될 때 이러한 지향의 힘이 더 큰 긍정적 기능을 가져 온다는 핵심적인 가정 때문에 긍정심리학이라는 것을 다시 상기시키며 마치고자 한다. 현대 심리학이 의학적 모델을 넘어서서 새로운 사고방식과 작업방식을 찾아 변화함에 따라 인간중심 접근은 고통에 처한 사람들이 번영하도록 돕기 위해 긍정심리학적 견해라는 대안을 제공한다.

 참고문헌

Allen, J. G., Fonagy, P., & Bateman, A. W. (2008). *Mentalizing in clinical practice*. Arlington, VA: American Psychiatric Publishing.

Barrett-Lennard, G. T. (1998). *Carl Rogers' helping system: Journey and substance*. London: Sage.

Bentall, R. P. (2003). *Madness explained: Psychosis and human nature*. London: Allen Lane/ Penguin.

Bozarth, J. & Wilkins, P. (Eds.). (2001). *Rogers' therapeutic conditions, vol. 2: Unconditional positive regard.* Ross-on-Wye: PCCS Books.

Cooper, M. (2006). *Counselling in Schools Project, Glasgow, Phase II: Evaluation report.* University of Strathclyde: Glasgow.

Cooper, M. (2008). The effectiveness of humanistic counselling in UK secondary schools. In: M. Behr & J. H. D. Cornelius-White (Eds.), *Facilitating young people's development: International perspectives on person-centred theory and practice* (pp. 122-139). Ross-on-Wye: PCCS Books.

Cooper, M., O'Hara, M., Schmid, P. F., & Bohart, A. C. (Eds.). (2013). *The handbook of person-centred psychotherapy and counselling* (2nd edn.). Basingstoke: Palgrave Macmillan.

Cooper, M., Rowland, N., McArthur, K., Pattison, S., Cromarty, K., & Richards, K. (2010). Randomised controlled trial of school-based humanistic counselling for emotional distress in young people: Feasibility study and preliminary indications of efficacy. *Child and Adolescent Psychiatry and Mental Health*, 4(12). doi.10.1186/1753-2000-4-12.

Elliott, R. (2013). *Big data and little data.* Presentation to the British Association for the Person-Centred Approach Research Group, Edge Hill University, June 29, 2013.

Elliott, R. & Freire, B. (2008). *Person-centred experiential therapies are highly effective: Summary of the 2008 meta-analysis.* The British Association for the Person-Centred Approach, available at: http://www.bapca.org.uk/images/files/meta-summary.bapca.pdf, last accessed August 2, 2013.

Elliott, R. & Freire, E. (2010). The effectiveness of person-centred and experiential therapies: A review of the meta-analyses. In: M. Cooper, J. C. Watson, & D. Holldampf (Eds.), *Person-centred and experiential therapies work: A review of the research on counselling, psychotherapy and related practices* (pp. 1-15). Ross-on-Wye: PCCS Books.

Elliott, R., Greenberg, L. S., & Lietaer, G. (2004). Research on experiential psychotherapies. In: M. J. Lambert (Ed.), *Bergin and Garfield's handbook of psychotherapy and behavior change* (5th edn., pp. 493-539). New York: John Wiley.

Elliott, R., Watson, J. C., Goldman, R. S., & Greenberg, L. S. (2004). *Learning emotion-focused therapy: The process-experiential approach to change.* Washington, DC: American Psychological Association.

Foucault, M. (1965). *Madness and civilization: A history of insanity in the age of reason.* Trans. R. Howard. New York: Vintage.

Haugh, S. & Merry, T. (Eds.). (2001). *Rogers' therapeutic conditions, vol. 2: Empathy.* Ross-on-Wye: PCCS Books.

Illich, I. (1976) *Medical nemesis: The expropriation of health.* New York: Pantheon Books.

Joseph, S. (2004). Client-centred therapy, posttraumatic stress disorder and post-traumatic growth: Theory and practice. *Psychology and Psychotherapy: Theory, Research, and Practice, 77*, 101-120.

Joseph, S. (2011). *What doesn't kill us: The new psychology of posttraumatic growth.* New York: Basic Books.

Joseph, S. (2015). *Positive therapy: Building bridges between positive psychology and person-centred psychotherapy* (2nd edn.). Hove: Routledge.

Joseph, S. & Linley, P. A. (2005). Positive adjustment to threatening events: An organismic valuing theory of growth through adversity. *Review of General Psychology, 9*, 262-280. doi. org/10.1037/1089-2680.9.3.262.

Joseph, S. & Murphy, D. (2013a). Person-centered approach, positive psychology and relational helping: Building bridges. *Journal of Humanistic Psychology, 53*, 26-51. doi.10.1177/0022167812436426.

Joseph, S. & Murphy, D. (2013b). Person-centered theory encountering mainstream psychology: Building bridges and looking to the future. In: J. H. D. Cornelius-White, R. Motschnig-Pitrik., & M. Lux (Eds.), *Interdisciplinary handbook of the person-centered approach: Research and theory* (pp. 213-226). Springer: New York.

Joseph, S. & Worsley, R. (Eds.). (2005). *Person-centred psychopathology: A positive psychology of mental health.* Ross-on-Wye: PCCS Books.

Kirschenbaum, H. (2007). *The life and work of Carl Rogers.* Ross-on-Wye: PCCS Books.

Kirtner, W. L. & Cartwright, D. S. (1958). Success and failure in client-centred therapy as a function of initial in-therapy behavior. *Journal of Consulting Psychology, 22*(5), 329-333.

Mearns, D. (1997) *Person-centred counselling training.* London: Sage.

Mearns, D. & Thorne, B. (2000). *Person-centred therapy today: New frontiers in theory and practice.* London: Sage.

Mearns, D. & Thorne, B. (2007). *Person-centred counselling in action* (3rd edn.). London: Sage.

Mosher, L. R. (1999). Soteria and other alternatives to acute psychiatric hospitalization: A personal and professional view. *Changes, 17*(1), 35-51.

Patterson, T. G. & Joseph, S. (2007a). Person-centered personality theory: Support from self-determination theory and positive psychology. *Journal of Humanistic Psychology, 47*, 117-139. doi.10.1177/0022167806293008.

Patterson, T. G. & Joseph, S. (2007b). Outcome measurement in person-centred practice. In: R. Worsley & S. Joseph (Eds.), *Person-centred practice: Case studies in positive psychology* (pp. 200-215). Ross-on-Wye: PCCS Books.

Pattison, S., Rowland, N., Cromarty, K., Richards, K., Jenkins, P. L., Cooper, M., & Couchman, A., et al. (2009). *Counselling in schools: A research study into services for children and young people in Wales*. Lutterworth, Leicestershire: BACP.

Rapley, M., Moncrieff, J., & Dillon, J. (2011). *Demedicalising misery: Psychiatry, psychology and the human condition*. Basingstoke: Palgrave Macmillan.

Rashid, T. (2015). Strength-based assessment. In: S. Joseph (Ed.), *Positive psychology in practice: Promoting human flourishing in work, health, education, and everyday life* (2nd edn., pp. 519-542). Hoboken, NJ: John Wiley.

Read, J. & Dillon, J. (2013). *Models of madness: Psychological, social and biological approaches to psychosis* (2nd edn.). Hove: Routledge.

Rogers, C. R. (1939). *The clinical treatment of the problem child*. Boston, MA: Houghton Mifflin.

Rogers, C. R. (1942). *Counseling and psychotherapy*. Boston, MA: Houghton Mifflin.

Rogers, C. R. (1951). *Client-centered therapy*. Boston, MA: Houghton Mifflin.

Rogers, C. R. (1957). The necessary and sufficient conditions of therapeutic personality change. *Journal of Consulting Psychology*, *21*, 95-103. Reprinted in H. Kirschenbaum & V. L. Henderson (Eds.) (1990). *The Carl Rogers reader* (pp. 219-35). London: Constable.

Rogers, C. R. (1959). A theory of therapy, personality and interpersonal relationships, as developed in the client-centered framework. In: S. Koch (Ed.), *Psychology: A study of science, vol. 3: Formulations of the person and the social context* (pp. 184-256). New York: McGraw-Hill.

Rogers, C. R. (1961). *On becoming a person*. Boston, MA: Houghton Mifflin.

Rogers, C. R., Gendlin, E. T., Kiesler, D. J., & Truax, C. B. (1967). *The therapeutic relationship and its impact: A study of psychotherapy with schizophrenics*. Madison, WI: University of Wisconsin Press.

Romme, M. & Escher, S. (2000). *Making sense of voices: A guide for mental health professionals working with voice-hearers*. London: Mind.

Rundle, K. (2010). *Person-centred therapy and hearing voices*. Presentation at the World Hearing Voices Congress, Nottingham, November 4.

Sanders, P. (2006a). Why person-centred therapists must reject the medicalisation of distress. *Self & Society*, *34*, 32-39.

Sanders, P. (2006b). *The person-centred counselling primer*. Ross-on-Wye: PCCS Books.

Sanders, P. (Ed.), (2012). *The tribes of the person-centred nation: An introduction to the schools of therapy related to the person-centred approach* (2nd edn.). Ross-on-Wye: PCCS Books.

Sanders, P. (2013). *Person-centred therapy theory and practice in the 21st century*. Ross-on-Wye: PCCS Books.

Sanders, P. & Hill, A. (2014). *Counselling for depression: A guide for practitioners*. London: Sage.

Sheldon, K. (2013). Self-determination theory, person-centered approaches and personal goals:

Exploring the links. In: J. H. D. Cornelius-White, R. Motschnig-Pitrik., & M. Lux (Eds.), *Interdisciplinary handbook of the person-centered approach: research and theory* (pp. 227-244). Springer: New York.

Shlien, J. M. ([1989] 2001) Response to Boy's symposium on psychodiagnosis. *Person-Centered Review*, 4(7), 157-62. Reproduced in D. J. Cain (Ed.). (2002). *Classics in the person-centered approach* (pp. 400-402). Ross-on-Wye: PCCS Books.

Shlien, J. M. (2003). A criterion of psychological health. In: P. Sanders (Ed.), *To lead an honourable life: Invitations to think about Client-Centered Therapy and the Person-Centered Approach* (pp. 15-18). Ross-on-Wye: PCCS Books.

Tarrier, N. (2004). The use of coping strategies in self-regulation in the treatment of psychosis. In: Morrison, A. P. (Ed.), *A casebook of cognitive therapy for psychosis*. Hove: Brunner-Routledge.

Traynor, W., Elliott, R., & Cooper, M. (2011). Helpful factors and outcomes in person-centered therapy with clients who experience psychotic process: Therapists' perspectives. *Person-Centered and Experiential Psychotherapies*,10(2), 89-104.

Tudor, K. & Worrall, M. (2006). *Person-centred therapy: A clinical philosophy*. London: Routledge.

Wood, A. M., Linley, P. A., Maltby, J., Baliousis, M., & Joseph, S. (2008). The authentic personality: A theoretical and empirical conceptualization and the development of the authenticity scale. *Journal of Counselling Psychology*, 55, 385-399. doi.10.1037/0022-0167.55.3.385.

Wyatt, G. (Ed.) (2001). *Rogers' therapeutic conditions, vol. 1: Congruence*. Ross-on-Wye: PCCS Books.

Wyatt, G. & Sanders, P. (Eds.) (2002). *Rogers' therapeutic conditions, vol. 4: Contact and perception*. Ross-on-Wye: PCCS Books.

제29장

수용전념치료
긍정 임상심리학에 적용될 수 있는
'긍정'과 '부정'의 맥락적 관점

Timothy K. Feeney & Steven C. Hayes

    임상심리학과 긍정심리학은 때로 서로 상충하는 것으로 보인다. 긍정심리학이 기여한 일환으로 병리의 악화를 더 잘 조절할 수 있게 되었으나, 우리는 병리로 인한 비정상적인 과정을 제거하려는 시도로 인해 인간적 기능의 향상이 억제되기도 한다. 그러나 임상심리학이나 긍정심리학은 둘 다 하나의 단일체가 아니다. 이 때문에 수용전념치료(Hayes, Strosahl, & Wilson, 2012)도 이 책 전체에서 짧은 한 장을 차지하는 것이다.

    임상심리학에서도 정상적인 심리 과정에 기반을 두고, 고통이나 어려움에 대한 관심, 강점, 가치에 대한 관심 간의 균형을 잡으려는 시도들이 점차 늘어나고 있다. 이러한 접근들은 보다 전체론적 · 맥락적 · 실용적 세계관에서 주로 출현하고 있으며, 이는 보다 기계론적, 환원주의적 접근들과 대비된다. 역사 속에서 자연스럽고 사회적인 환경 속에서 살고 있는 전인적 인간의 기능에 관심을 가질 때, '긍정적'이고 '부정적'으로 여겨지는 것들이 보다 크고 기능적인 맥락 속에서 자리 잡을 수 있게 된다. 때로는 끔찍하게 여겨지는 것들이 번영을 위한 예기치 못한 원천이 될 수 있는데, 사람들이 아픔이나 죽음 또는 상실을 경험했을 때 그 사건이 성장의 원천이 되거나 새로운 의미와 목적에 집중하게 되는 경우가 그 예다. 때로는 긍정적으로 여겨지는 것들이 예기치 못한 비극의 원천이 될 수 있는데, 사람들이 고통스러운 기억들의 존재를 부인하기 위한 방법으로 긍정적인 경험에 집착하는 경우가 그 예다. 이 장에서는 인간의 고통을 설명하는 것뿐만 아니라 성장을 촉진하는 데에도 유용한 임상적 접근을 살펴보려고 한다. 이는 긍정심리학이 추구하는 맥락에 대해 보다 숙고할 수 있게 하는 일련의 철학적 가정과 이론적 원리들에 뿌리를 두고 있다. 이러한 변증법 속에서 수용전념치료가 긍정 임상심리학의 성숙과 발전에 기여할 수 있기를 바란다.

행동치료의 흐름

행동치료는 기능적이고 일원론적인 과학적 접근에 기반을 두고 있으며, 인간 행동에 대한 이해에 상당한 기여를 해 왔다. 비록 행동주의 역사에서 인간기능에 대한 구성주의적 접근에 대한 강조가 오랜 기간 지속되었으나(예: Goldiamond, 1974), 행동치료의 '제1단계 변화' 초점은 명백하게 문제행동 감소에 대해 지나치게 강조하게 하였다. 그러나 행동치료가 발전하면서 여러 번의 반복을 거듭하게 되었고, 결국 현대적 형태에서 점점 더 긍정 임상심리학의 기조와 분명하게 일치하게 되었다.

첫 번째 흐름

행동치료는 임상심리학 분야에서 다른 과학적 원리들을 더욱 지향하려는 요구에서 나타났다. 당시 임상심리학 분야는 정신분석과 인본주의가 주를 이루고 있었고 실험과학은 상대적으로 꺼려지는 분위기였다. 행동치료는 보다 엄격하며 인간의 복잡성을 받아들이며 이를 실험실에서 발견된 행동적 원리들과 연관시킬 수 있는 이론들을 제공하였다. 그 대표적인 예가 Freud(1928, 1955)의 환상적인 이론화를 보여 주었던 꼬마 Hans의 사례가 실험실에서 도출된 행동주의 원리들(예: Ayllon, Haughton, & Hughes, 1965)로 비교적 간단하게 행동치료자들(예: Wolpe & Rachman, 1960)에 의해서 설명된 경우다. 행동치료는 두 가지 기본 개념으로 정리될 수 있는데, 첫째는 사람들에게 제공되는 개입은 통제된 심리학적 연구를 통해 신중하게 검증되어야 한다는 점이고, 둘째는 임상적 방법들은 심리적 기능에 대한 기초 지식에서 도출된 과학적 원리들에 기반을 두어야 한다는 점이다(Franks & Wilson, 1974). 많은 경우 동물실험에서 도출된 기초 행동주의 원리들(예: 강화, 자극통제)을 활용하여, 행동의 기능적 구분에 초점을 맞춘 다양하고 새로운 개입들이 만들어졌다.

행동치료는 임상심리학 분야를 실험과학의 전통에 더 가까워지도록 함으로써 큰 기여를 하였다. 심오한 임상적 전통은 지혜와 비상식 모두를 포함하고 있으며, 행동치료 전통은 더 높은 수준의 증거를 요구하는 역할을 하였다. 그러나 초기 형태의 행동치료는 인간의 목표, 가치, 열망의 기반을 제공하는 언어와 인지에 대한 접근까지는 도달하지 못하였다. 이 주제로 인해 보다 인간 중심적인 지향을 가진 사람들이 인본주의 심리학은 과학의 새로운 형식이 필요하다고 결론짓게 되었다. 예를 들어, 이러한 주제들을 이해하려는 시도에서 에이브러햄 매슬로(Abraham Maslow)는 다음과 같이 썼다. "나는 특정 심리학적 문제들에 관심을 가지게 되었고, 이 문제들은 당시의 전통적인 과학적 구조(행동주의적, 실증주의적, '과학적', 몰가치적, 만유기계론적 심리학)로는 해답을 얻거나 다룰 수 없다는 것을 깨달았다. 나는 타당한 의문들을 제기하였고 이 문제들을 다루기 위해 심리학적 문제들에 대한 새로운 접근을 고안해야 했다"(1971, p. 3). 이와 유사하게 칼 로저스(Carl Rogers, 1964)는 다음과 같이 제안하였다. "개인의 개념과 그 개인이 실제로 경험하는 것 사이의 근본적인 불일치와 개인의 가치에 대한 지적 구조와 그 개인이 인식하지 못한 채로 지속되는 가치의 처리 사이의 근본적인 불일치가 존재하며, 이 불일치가 현대인이 자신으로부터 경험하는 근본적인 소외의 일부다"(p. 163). 행동치료자들도 곧 동일한 일반적인 문제들을 인식하게 되었고, 이에 대해 무언가를 시도하게 되었다.

두 번째 흐름

얼마 지나지 않아 행동치료자들도 기초 행동주의 원리들이 인간의 언어와 인지를 예견하고 변화시키는 데 있어 적절한 지침을 제공하지 못함을 인식하게 되었다. 다른 대안이 없어 보이기에 임상가들과 연구자들은 인지에 대한 임상이론(예: Beck, 1976)에 기초한 개입들을 발달시키기 시작하였고, 그 결과 인지행동치료가 출현하게 되었다.

인지행동치료 연구자들은 고통받는 사람들이 종종 특유의 사고 패턴을 가지고 있음을 재빠르게 발견하게 되었다. 행동치료 전통의 두 번째 흐름은 왜곡되고 역기능적인 신념이 정신병리를 일으키고, 행동변화 이전에 신념의 변화에 직접적인 초점을 맞추어야 한다는 가정에 중점을 두었다. '인지행동치료(cognitive-behavior therapy)'라는 명칭은 행동치료의 첫 번째와 두 번째 흐름의 차이를 추가적인 방식으로 통합하려는 시도를 반영한다. 비록 변화에 대한 통합적 모형은 재빠르게 행동주의 원리가 아닌 인지적 처리를 지향하게 되었지만, 행동적 기법과 인지적 기법 모두가 사용되었다. 전통적인 '두 번째 흐름'의 인지행동치료에서 과제는 "생각을 현실에 맞게 조정하기 위해"(Clark, 1995, p. 155) "환자가 자신의 특유한 사고유형을 인식하고 증거와 논리를 활용하여 이를 수정하도록 돕는 것"(Leahy, 2003, p. 1)이 되었다. 이러한 구성 원리에 의해 만들어진 인지행동치료 개입들은 경험적으로 성공적이었다. 그러나 그 개입들은 다양한 인지적·행동적 방법들을 포함하는 커다란 패키지 형태가 되기 쉬웠다. 그리고 임상 현장 전반에서 두 가지의 불편한 문제점들이 있다는 것을 발견하기까지는 여러 해가 걸렸다. 첫째는 전반적으로 인지적 기법들이 이 패키지에 포함된 행동적 요소들에 대해 크게 추가적인 임상적 효과를 보이지 못했다는 점이었다. 심지어 주요 인지치료자들이 "인지치료에서 인지적 개입을 제공하는 것이 추가적인 효과가 없다"는 결론을 내리기 시작했다(Dobson & Khatri, 2000, p. 913). 아울러 유용한 주요 연구들에 대한 포괄적인 개관연구(Longmore & Worrell, 2007)는 "특정 인지적 개입들이 유의미하게 치료의 효과를 증가시킨다는 증거는 거의 없다"는 결론을 내리기도 하였다.

둘째로 불편한 발견은 전통적인 CBT를 통해 호전된 사람들에게 있어 반드시 그들의 사고가 변화된 것은 아니라는 점이었다. 이는 주로 매개연구들을 통해 탐색할 수 있는데, '이론적으로 중대한 과정의 변화가 실제로 결과의 변화를 예측하는가?'에 대한 질문에 답을 줄 수 있다. 최근에 이루어진 관련 연구들에 대한 개관연구(Longmore & Worrell, 2007)는 "인지행동치료에서 나타난 증상의 개선들에 대한 원인으로서 인지적 변화의 역할에 대한 경험적 증거는 거의 없다"고 보고하였다(p. 173). 이러한 결과들은 인지행동치료 전통에서 변화를 위한 단계를 시작하게 하였다.

이 장의 맥락에서 볼 때, 인지에 중점을 두려는 시도는 이 분야에서 한 단계의 진전이었으나 그 초점의 특성이 무언가를 부정하기 쉽다는 점에 주목하는 것이 필요하다. 그 핵심 의제는 흔히 외현적으로 무언가를 제거하려는 특성을 가지는 것이었다(즉, 문제가 되는 사고를 탐지하고, 도전하고, 논박하고, 변화시키는 것). 매개연구에서 나타났듯이 문제가 되는 사고 패턴을 감소시키는 것이 긍정적인 결과를 가져 오기 위해 필수적이지 않기 때문에, 이러한 사고 패턴을 수정하거나 감소시키는 데에 초점을 맞추는 것이 오히려 성장을 위한 기회들을 차단할 수 있다.

세 번째 흐름

행동치료의 세 번째 흐름(Hayes, 2004)은 경험의 형태[즉, 사고나 느낌의 지형학적인 (topographical) 특징들]에 중점을 두기보다 개인이 자신의 경험과 맺는 관계에 중점을 두는 것으로 그 초점을 이동하게 되었다. 사고의 진실성이나 느낌의 표면적인 부정성이 강조되기보다, 생각이나 느낌에 대한 개방성, 수용, 또는 알아차림이 더 강조되기 시작했다. 임상적인 접근들은 제거의 중요성에 초점을 두기보다, 사고와 느낌이 발생하는 맥락과 그 맥락 속에서 사고와 느낌의 기능에 초점을 맞추는 방향으로 발전하기 시작하였다.

세 번째 흐름은 광범위하고 다양한 치료 양식들로 구성되어 있는데, 이에는 마음챙김에 기반한 스트레스 완화(Kabat-Zinn, 1990), 마음챙김에 기반한 인지치료(Segal, Williams, & Teasdale, 2002), 마음챙김에 기반한 재발 방지(Witkiewitz, Marlatt, & Walker, 2005), 메타인지치료(Wells, 2000), 통합적 행동 부부치료(Jacobson & Christensen, 1998), 기능분석치료(Kohlenberg & Tsai, 1991), 변증법적 행동치료(Linehan, 1993) 등이 있다. 이 접근들은 모두 개방성, 알아차림, 가치에 기반한 행동의 중요성을 강조하며(Hayes, Villatte, Levin, & Hildebrandt, 2011), 이 과정들은 긍정 임상심리학의 입장과 보다 일치하며 이 장에서 초점을 두고 있는 세 번째 흐름 중 하나인 수용전념치료(Hayes, 2012)의 핵심이기도 하다.

수용전념치료

수용전념치료는 1970년대 후반과 1980년대 초반에 Beck의 치료에 대한 초기 치료적 요소의 분석을 포함하는 인지적 방법들에 대한 일련의 연구들을 실시한 후에, 이 결과들이 한결같이 인지 모형을 지지하지 못함을 발견하면서 시작되었다(요약을 위해 Hayes, 2008 참고). 그 대안으로 우리는 1980년대 초에 행동분석에서 도출된 흥미로운 발견들에 초점을 맞추기로 결정하였다. 이는 인간이 언어적 규칙에 이끌리게 되면 행동과 그 결과 간의 실제적인 관련성에 둔감해지기 쉽다는 것이었다(Hayes, 1989의 이에 대한 책 한 권 분량의 개관 연구 참고). 우리는 과도한 규칙과 통제를 약화시키고 사람들이 보다 수용적이고 얽매이지 않는 방식으로 자신의 사적인 경험과 관계를 맺을 수 있도록 가르치기 위해, 언어가 작동하는 방식을 변화시킬 수 있는 일련의 방법들을 개발하였다. 우리는 새로운 접근법에 대해 먼저 오픈 테스트를 진행하고(Hayes, 1987), 다음으로 우울, 통증, 체중 조절에 있어 당시의 주된 인지행동치료 프로토콜과 비교하는 세 번의 소규모 연구들을 실시하였다. 세 번의 연구들 모두 인지행동치료와는 다른 변화의 과정을 보여 주었으며, 두 번의 연구들은 보다 나은 결과를 나타내었다. 우울 관련 연구는 바로 출간되었으며(Zettle & Hayes, 1986), 통증 관련 연구는 수용전념치료에 대한 개발작업이 완료된 후인 16년 뒤에 출간되었고 (Hayes et al., 1999), 체중 관련 연구는 프로토콜이 개정되고 최근에 와서야 출간되었다 (Lillis, Hayes, Bunting, & Masuda, 2009). 우리 자신들이 이 대안적 모형이 성공할 수 있을 것이라는 확신을 가지고 이를 설명하였고(Hayes, 1984, 1987), 이러한 급진적인 출발이 이해되기 위해 필요하다고 생각되는 기반을 마련하기까지 거의 15년을 사용하였다. 이러한 기본적인 작업들은 관계구성틀 이론(Relational Frame Theory; Hayes, Barnes-Holmes, & Roche, 2001)이라고 하는 인지에 대한 기초 이론의 개발, 과학에 대한 지침이 되는 철학적 설명인 기능적 맥락주의(functional contextualism; Hayes, 1993), 심리적 유연성에 대한 측정도구의 개발(예: Hayes et al., 2004), 치료적 요소의 개발 등을 포함하였다. 마침내 우리는 그 결과를 책으로 출간하였고(Hayes, Strosahl, & Wilson, 1999) 다시 결과 연구로 돌아오게 되었다. 책의 초판이 나왔을 때는 단지 2개의 소규모 무선화된 연구가 있었다. 하지만 14년이 지난 지금은 수천 명의 환자들을 대상으로 하는 105개의 무선화된 연구들, 치료적 요소에 대한 수십 개의 연구들(Levin, Hildebrandt, Lillis, & Hayes, 2012의 최신 메타분석 연구 참고), 그리고 수백 개의 평가 연구, 오픈 테스트, 사례연구, 수용전념치료의 근간이 되는 인지에 대한 기초 이론 관련 연구들이 존재한다.

심리적 유연성 모델

언어적 연관성은 기저의 관계적 과정 자체에 대한 알아차림 없이 행동에 대한 언어적 통제의 지배를 받기 쉽게 하며, 이를 '인지적 융합(cognitive fusion)'이라고 부른다. 만약 지시어의 기능이 지배적이라면 단지 한 단어로도 융합을 일으킬 수 있지만, 네트워크를 형성하는 언어적 연관성의 힘이 이러한 문제를 기하급수적으로 배가시킨다. 인간의 마음은 주의를 기울이지 않는 사람들을 금방 덫에 걸려들게 하는 이야기, 신념, 가정의 거미줄과 같다. 사람들은 자주 현재 환경과 상관없이 이러한 언어적 네트워크에 일치되게 행동한다.

우리는 현재에 머무르거나 타인의 관점을 취하지 못하고, 주로 언어를 통해 문제해결을 시도한다. 마음이 문제해결 양식일 때에는 과거와 미래를 조합하여 이야기를 만드는 것이 강화되는데, 이는 부분적으로 이러한 방식이 문제들이 언어적으로 해결되는 방법이기 때문이다.

사람들은 자신이 누구이며 삶이 어떻게 이루어지는지에 대한 이야기들을 말한다. 이때에 우리는 '개념화된 자기(conceptualized self)'를 형성하게 된다. 사람들이 자신들을 이러한 이야기들에 **맞추려고** 하는 것과 개념화된 자기에 어긋나는 것이 감정적으로 꺼려지는 것은 흔하게 일어나는 일이다. 자신에 대한 언어적 관점(예: 희생자로 남는 것, 절대 화내지 않는 것, 상처받은 존재인 것, 훌륭해지는 것 등)을 지키는 것이 세상에서 더 효과적인 방법을 배우는 것보다 더 중요해지게 된다.

인간 언어 안에 존재하는 시간적·비교적 연관성으로 인해 소위 '부정적인' 감정들을 포함한 사적인 반응들이 언어적으로 예측되고 평가된다(예: "나는 불안해"는 암묵적으로 "그리고 이건 나쁜 거야"를 내포한다.). 이러한 예측들과 평가들은 마음 내에서 적용되는 일반적인 문제해결 양식을 이끌어 내게 된다. 결국 사람들은 성공적인 삶을 위한 주된 목표와 기준으로서 정서적·인지적 사건들을 통제하는 방법에 초점을 맞추게 된다. 경험회피(Experiential avoidance)는 사적인 사건들의 형태, 빈도, 상황적 민감성을 변화시키려는 시도를 말한다(Hayes, Wilson, Gifford, Follette, & Strosahl, 1996). 경험회피는 단언컨대 인간 심리에 있어 가장 파괴적인 단일 특성이라고 할 수 있다(이 점에 있어 요약을 위해 Hayes, Luoma, Bond, Masuda, & Lillis, 2006 참고). 불편한 사적 사건들을 피하려는 시도는 행동의 레퍼토리를 협소하게 하며, 이러한 부정적인 표적들의 기능적 중요성을 증가시키게 된다. 또한 역설적이게도 그 정도와 빈도를 높일 수 있다. 예를 들어, 불안이 통제의 대상이 될 때, 오히려 불안을 일으키기 쉬운 개념화된 부정적 결과와 종종 언어적으로 연결된다.

이러한 과정의 결과로 심리적 경직성이 나타나고, 장기적으로 바라는 삶의 질(즉, 가치)과 그 방향을 따르는 전념행동은 뒤로 밀려나고 심리적 고통의 회피, 옳기, 개념화된 자기의 방어와 같은 즉각적인 목표가 더 우선시된다. 인간 언어의 중요한 긍정적 측면들—보다 깊은 수준의 자기감에 접촉하기, 선택에 기초한 가치 설정하기, 행동을 가치에 유연하게 연결하기—은 이러한 부정적 측면들에 의해 압도되어 버린다.

이러한 과정들—인지적 융합, 현재를 잃어버림, 개념화된 자기, 경험회피, 가치접촉의 결여, 유연한 행동의 결여, 심리적 경직성—이 수용전념치료의 관점에서 인간고통의 핵심에 대한 분석을 구성한다. [그림 29-1]은 이러한 과정들에 대해 긍정적인 방향으로 대칭되는 개념들을 보여 준다. 이들은 중간 수준의 기능적 용어들이며, 서로 연결되어 임상가들에게 쉽게 이해될 수 있는 일종의 '작동체계'가 된다. 이 용어들은 일반적이거나 단지 임상

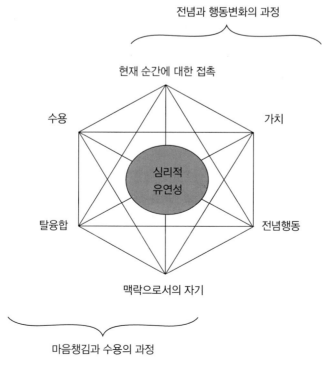

[그림 29-1] 심리적 유연성에 대한 수용전념치료 모델

적인 용어도 아니며 또 완전히 기술적(technical) 용어도 아니라는 점에서 '중간 수준'이라고 볼 수 있다. 이 용어들은 행동적 원리들의 복잡성을 토대로 한다. 각각에 대한 설명이 다음에 제시된다.

수용

수용은 개인의 역사와 현재 환경에서 일어나는 사적 사건들의 빈도와 형태를 바꾸려는 불필요한 시도 없이 적극적으로 알아차리면서 있는 그대로 받아들이는 것을 포함한다. 특히 변화시키려는 시도가 심리적인 해를 끼칠 때 필요하다. 예를 들어 불안한 환자들에게 불필요한 방어를 내려놓고 개방성과 호기심을 가지고 불안을 하나의 느낌으로 느낄 수 있도록 가르칠 수 있다. 또한 통증 환자들에게는 통증과의 투쟁을 내려놓도록 격려하는 방법들을 제공할 수 있다. 수용전념치료에서 수용은 그 자체가 목적이라기보다, 가치에 기반한 행동을 증가시키기 위한 수단으로써 촉진된다.

인지적 탈융합

인지적 탈융합과 마음챙김 기법들은 생각과 다른 사적 사건들의 형태, 빈도, 상황적 민감성을 변화시키려고 하기보다, 그것들의 원치 않는 기능들을 변화시키려고 시도한다. 다시 말하자면 수용전념치료는 생각들이 가진 도움이 되지 않는 기능들을 감소시키는 맥락을 만들어 냄으로써, 개인이 생각들과 **상호작용하거나 관계를 맺는** 방식을 변화시키려고 한다. 수용전념치료에는 임상적으로 매우 다양한 방식으로 제공될 수 있는 수십 개의 인지적 탈융합 기법들이 개발되어 있다(Hayes & Strosahl, 2005). 예를 들어, 부정적인 생각이 차갑게 관찰될 수도 있고, 의미는 사라지고 그 소리만 남을 때까지 크게 반복해서 말할 수도 있으며, 모양, 크기, 색깔, 속도 또는 형태 등을 부여함으로써 외현적으로 관찰될 수 있는 사건으로 대할 수도 있다. 또한 그러한 흥미로운 생각을 말해 준 마음에게 고마워할 수 있으며, 생각의 과정에 이름을 붙일 수도 있고("내가 쓸모없다는 **생각**을 하고 있구나"), 그 생각을 경험할 때 일어나는 역사적인 생각들, 느낌들, 기억들을 면밀히 살펴볼 수도 있다. 이러한 절차들은 생각을 대할 때 일어나는 직접적인 경험(예: "나는 쓸모없다"라는 생각)이 아닌 그 의미("나는 쓸모없다")에 집중하게 되는 경향을 약화시킴으로써, 결국 생각이 가지는 문자적인 특성을 감소시키려는 시도다. 탈융합의 결과는 보통 사적 사건들의 빈도가 즉각적으로 변하는 것이 아니라, 그에 대한 믿는 정도나 고착이 감소하는 것이다.

현재에 머무르기

수용전념치료는 상황에 맞게 주의를 집중하거나 변환시키는 능력을 증진시킴으로써 심리적·환경적 사건들에 대한 지속적이고 비판단적인 접촉을 촉진한다. 목표는 내담자들의 행동이 보다 유연하고 기저의 가치에 일치할 수 있도록 하기 위해서, 내부 세계와 외부 세계 모두를 보다 직접적이고 자발적으로 경험할 수 있게 하는 것이다.

맥락으로서의 자기(자기감 알아차리기)

'나 대 너', '지금 대 그때', '여기 대 저기'와 같은 관계구성틀(relational frames) 때문에 인간 언어는 경험의 장소 혹은 관점으로서의 자기감으로 이어지며, 보통의 언어적 인간에게 초월적이고 영적인 측면을 제공한다. 이 개념은 수용전념치료와 관계구성틀 이론이 발달하게 된 기초들 중 하나이기도 하며(Hayes, 1984), 현재 공감, 마음 이론(theory of mind), 자기감과 같은 언어적 기능들에 대한 이 개념의 중요성을 입증하는 증거들이 점차 많아지고 있다(예: McHugh, Barnes-Holmes, 2004). 요컨대, '나'는 조망수용적 관계들[관계구성틀 이론에서는 이를 '지시적 관계들(deictic relations)'이라고 함]의 다양한 예들의 조합들 위에서 생겨나지만, 이러한 자기감은 언어적 지식의 내용이 아닌 맥락이기 때문에 의식적으로는 그 한계를 알 수 없다는 것이다. 맥락으로서의 자기는 중요한데 왜냐하면 이러한 관점에서 개인은 집착하거나 특정 경험들이 일어나게 하려는 애씀 없이도 자신의 경험들의 흐름을 알아차릴 수 있기 때문이다. 따라서 탈융합과 수용은 이러한 자기감을 통해서 촉진될 수 있다. 수용전념치료에서 맥락으로서의 자기는 마음챙김훈련, 은유, 체험적 과정을 통해 증진될 수 있다.

수용전념치료에서는 이러한 네 가지 과정들(수용, 탈융합, 현재에 머무르기, 맥락으로서의 자기)이 조합되어 마음챙김에 대한 실용적인 정의를 제공한다. 수용전념치료 모델에서는 마음챙김 자체가 목표가 아니며, 마음챙김이 육각형에서 오른쪽에 있는 전념과 행동변화의 과정으로 주의를 이동할 수 있도록 한다.

가치

가치는 지속적인 행동패턴에서 나타나는 선택된 특성을 말한다. 그러한 점에서 가치 두기는 '끝낼 수' 없으며 하나의 대상으로 습득될 수도 없다. 가치는 매 순간 실현될 수 있으며 현재 순간에서 가치에 기반한 행동 패턴에 대한 실제적인 강화를 제공할 수 있다. 예를 들어, 애정 어린 사람이 되려는 가치는 완전히 끝낼 수는 없으며, 순간순간에 친절하고 사려 깊은 행동을 하는 것으로 이루어진다. 수용전념치료에서는 내담자들이 다양한 영역들(예: 가족, 직업, 영성 등)에서 삶의 방향을 선택할 수 있도록 돕는 여러 가지 훈련들을 활용하고, 회피, 사회적 응종, 융합에 기반한 선택들(예: "나는 ____에 가치를 두어야 해", "좋은 사람은 ____에 가치를 둘 거야", "우리 엄마는 내가 ____에 가치를 두기 원해")을 하기 쉽게 하는 언어적 과정들은 약화시킨다. 수용전념치료에서 수용, 탈융합, 현재에 머무르기 등은 그 자체가 목표가 아니며, 보다 활기 있고 가치와 일치된 삶을 위한 길을 열어 주는 역할을 한다.

전념행동

마지막으로 수용전념치료는 선택된 가치에 연결된 효과적이고 확장된 행동 패턴의 개발을 북돋아 준다. 이러한 점에서 수용전념치료는 전통적인 행동치료와 매우 유사하며 행동치료의 노출, 기술 습득, 조성, 목표 설정과 같은 대부분의 행동변화 방법들이 수용전념치료 프로토콜에 통합될 수 있다. 지속적으로 실현되지만 대상으로 성취될 수 없는 가치와 다르게, 가치와 일치하는 구체적인 목표는 성취될 수 있다. 그리고 수용전념치료 프로토콜은 거의 항상 치료 작업과 과제를 단기, 중기, 장기의 행동변화 목표와 연결시킨다. 결국 행동을 변화시키려는 노력들은 다른 수용전념치료 과정들(수용, 탈융합 등)에서 설명되었던 심리적인 장애물들과 접촉하게 만든다.

전체로서의 심리적 유연성

여섯 가지의 과정들 전체가 심리적 유연성을 정의한다. 즉, 의식적인 인간으로서 현재에 머무르는 능력, 생각과 느낌들을 그것들이 의미하는 바가 아닌 있는 그대로 경험하는 능력, 그리고 선택된 가치를 위해 행동을 지속하거나 변화시키는 능력을 말한다.

심리적 유연성과 긍정 임상심리학

역사적으로 긍정심리학은 임상심리학과 상충되어 왔다. 왜냐하면 임상심리학이 전반적으로 심리적 과정의 문제나 비정상에만 초점을 두어 왔고, 인간 기능의 건강한 측면을 향상시키는 데에는 적절한 관심과 마땅한 비중을 두지 못했기 때문이다. 그러나 이러한 주제들을 피상적이거나 형식적으로 접근하기보다 맥락 속에서 고려하는 것이 중요하다. 경험들은 고통스럽거나 기껍지 않을 수 있다는 점, 원치 않는 삶의 굴곡을 만들어 낼 수 있다는 점, 없애려고 할 때(즉, '부정하려고' 할 때) 힘이 든다는 점 등에서 부정적일 수 있다. 이러한 경험의 시나리오들 각각은 다르고, '부정적인' 사건들은 각각 다른 의미들과 그 조합들에 기반하여 다르게 기능한다.

　개인의 내적 경험의 '긍정적인' 측면들도 마찬가지다. 예를 들면, 높은 자존감은 실수를 통해 배우는 것을 방해할 수도 있다(Bond et al., 2011). 높은 수준의 기질적 긍정 정서가 때로는 과제 수행의 감소, 정보의 왜곡된 회상, 충동성 증가와 같은 해로운 결과와 관련되기도 한다(Baron, Hmieleski, & Henry, 2012). 어떤 가치나 덕목도 만약 무언가를 없애려는 방식이나 경직된 방식으로 추구하게 된다면 문제가 될 수 있다. 예를 들어, Wood, Perunovie, 그리고 Lee(2009)는 긍정적인 자기진술이 널리 사용되고 일반적으로 유용하다고 믿고 있으며, 자존감과 관련이 있다는 사실에도 불구하고, 자존감의 기저 수준이 낮은 참가자들의 경우에는 긍정적인 자기진술이 해로울 수 있다는 것을 발견했다. 그러한 도움이 가장 필요한 사람들에게 "나는 사랑스러운 사람이다"와 같은 긍정적인 자기진술을 반복하는 것이 실제적으로는 해로운 결과를 가져 왔다. 특히 이러한 긍정적 자기진술이 진심이라고 믿는 참자들에게 더욱 그러했다. 즉, 형식적으로는 '긍정적인' 개입이 긍정적으로 기능할 수도 있고 그렇지 않을 수도 있다는 것이다.

맥락의 역할

　여기서 문제는 맥락의 역할을 인식하지 못한 데에 있다. Kashdan(2010)은 행동과 정서 경험이 맥락에 따라 '긍정적' 혹은 '부정적'인 방식으로 나타나는 다양한 예를 제시하였다. 예를 들면, 집주인 혹은 세입자의 역할이 주어질 때, 개인이 '긍정적' 혹은 '부정적'으로 여겨지는 행동을 할지는 그 사람의 목표에 따라 달라진다. 한 사람이 세입자에게 빨리 밀린 세를 받아내는 것이 낫다고 생각하면 화가 난 행동을 하기가 더 쉬워진다. 하지만 목표가 세입자를 오랫동안 유지하는 것이라면 '긍정적' 감정을 가지고 행동할 가능성이 더 높아진다. 어떤 감정의 유용성은 역할과 목적에 따라 달라지는 것이다. 이는 심리적 유연성 모델에 스며 있는 일반적인 관점이기도 하다. 가치에 기반한 삶을 위해 투쟁하는 데에는 정서적·인지적·행동적 기민함이 필수적이다. 우리가 경험에 대해 형식적 또는 지형학적 방식으로 생각할 때, 행복이나 심리적 건강을 위한 보편적인 불변의 전략은 존재하지 않는다.

Bonanno, Papa, Lalande, Westphal, 그리고 Coifman(2004)은 심리적 유연성의 중요성을 강조하는 연구를 실시하였다. 이 연구에서 학생들은 감정을 유발할 것으로 보이는 사진들을 보도록 요청받았으며, 차후에 ① 자신들의 감정에 대해 터놓고 말하거나, ② 관찰자로서 자신들의 감정을 억제적인 방식으로 감추도록 요구되었다. 그 결과 ① 조건에서 자신의 감정을 표현하는 데에 어려움을 겪고, ② 조건에서 자신의 긍정적인 감정을 억제하는 것이 수월하였던 학생들이 9·11 테러 사건 후 1~3개월 동안 높은 수준의 고통을 경험하는 것으로 드러났다. 이 연구자들은 자신들의 연구에 기반하여 심리적 유연성에 대한 종합점수 체계를 만들었으며, 이 점수에서 보다 높은 심리적 유연성을 보인 사람들이 향후 2년 동안 삶에 더 수월하게 적응하는 것으로 나타났다. 심리적 유연성의 자기보고에 대한 메타분석에서 심리적 유연성은 향상된 직업 수행과 정신건강과 같은 긍정적인 삶의 결과와 .42의 전반적인 상관을 보였다(Hayes et al., 2006).

호기심

정서적·인지적 기민함에 대해 생각해 볼 수 있는 다른 방법은 사람들이 자신의 경험과 주변 세상에 대해 얼마나 호기심을 가지고 대하는지에 초점을 맞추는 것이다. Todd Kashdan은 호기심의 개념을 "새롭고 도전적인 기회들에 대한 인식, 추구, 자기조절과 연관된 긍정적인 정서-동기체계"로 정의했다(Kashdan, Rose, & Fincham, 2014). 호기심은 ① 새로운 정보와 경험을 탐색하려는 성향, ② 본질적으로 강화적인 활동들에 몰두하는 성향으로 구성된다. 이 정의에 따르면 호기심은 향상되고 변화될 수 있는 행동이다. 경험에 대한 호기심 어린 접근은 다양한 측면의 긍정적인 효과들과 관련이 있으며, 본질적으로 보다 유연하다. 부정적인 경험들을 무시하거나 부인하려고 애쓰면서 긍정적인 경험들에만 호기심을 가지는 것은 불가능하다. 이러한 시도는 호기심 어린 개방적인 태도를 방해하는 판단적인 과정일 수밖에 없다.

부정적인 것에서 긍정적인 것을 창조하기

수용전념치료에서 자주 나타나는 표현이 있다. '당신의 고통 속에서 당신의 가치가 드러나고, 당신의 가치 속에서 당신의 고통이 드러난다.' 다시 말해 심리적 고통은 우리가 돌보아야 할 부분의 이면이라는 것이다. 사랑은 상실을 품고 있으며, 우울은 무언가를 느끼려는 열망을 품고 있으며, 사회불안은 연결되고자 하는 갈망을 품고 있다.

바로 이러한 인식으로 인해 세 번째 흐름의 행동치료가 본질적으로 긍정심리학에 속할 수 있는 것이다. 고통스러운 경험은 평가적인 인식에서 볼 때 '부정적'이지만, 이러한 경험이 가치, 의미, 목적과 연결되고 불필요한 회피와 투쟁 없이 있는 그대로 느낄 수 있는 능력을 향상시키는 데에 사용될 수 있다면 긍정적인 삶의 여정에 기여할 수 있다. 적절하게 다루어진 고통은 어둠 속에서 빛을 끌어낼 수 있으며, 사람들이 진정으로 바라는 것을 이해하도록 도울 수 있다. 이를 위해서는 심리적 유연성을 위한 기술들이 요구된다. 즉, 비판단적이며, 자신의 삶의 역사에서 나타나는 반향들을 투쟁이나 불필요한 방어 없이 경험하며, 마음챙김하며 가치에 주의를 두고, 조직화된 방식으로 가치를 추구하는 능력들이 필요하다.

이러한 가능성은 경험적으로 탐색되었다. 예를 들어, 최근 한 연구에서는 직장암 환자들을 돕기 위해 수용전념치료가 사용되었다(Hawkes et al., 2013). 직장암 환자들의 장기적 건강 결과의 성공 가능성은 운동, 식습관, 체중관리, 금연, 알코올 소비의 절제와 같은 다양한 건강 관련 행동들에서의 긍정적인 변화에 의해 부분적으로 결정되었으며, 또한 외상 후 성장, 영성의 향상, 또는 심리적 고통의 감소와 같은 심리사회적 변화에 의해서도 결정되었다. 이 연구에서 410명의 직장암 환자들은 6개월간 전화를 통한 11회기의 수용전념치료 건강코칭 혹은 통상치료에 무선배정되었다. 1년의 추적조사에서 수용전념치료 조건은 신체활동, 체질량, 지방섭취 등에서 유의미한 차이를 보였을 뿐만 아니라, 보다 높은 수준의 삶의 질, 심리적 수용과 마음챙김을 나타내었다.

긍정 임상심리학과 가장 직접적인 관련이 있는 결과로는, 수용전념치료 참가자들이 6개월과 1년 시점에서 의미 있는 외상 후 성장을 나타냈다는 것이다. 외상 후 성장은 외상 후 성장 척도(Tedeschi & Calhoun, 1996)로 측정되었으며, 이 척도는 타인과의 연결성, 새로운

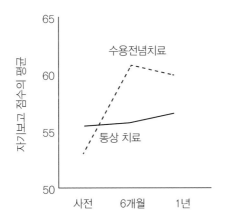

[그림 29-2] 사전에서 1년 추후까지 두 조건에서의 외상 후 성장 척도 점수(범위 0~105)의 평균

가능성의 탐색, 개인적 강점의 발견, 영성의 변화, 삶에 대한 감사에서의 성장을 측정한다. [그림 29-2]에는 총점의 차이가 제시되어 있다. 5개의 하위 점수 중 4개에서 유의미한 차이가 나타났다. 가장 큰 변화는 타인과의 연결성(예: '타인과의 친밀감' 관련 문항들)과 새로운 가능성(예: "나는 새로운 관심거리들을 찾았다.")에서 나타났다. 외상 후 성장에서의 전체 추후 변화는 수용과 마음챙김에서의 변화에 의해 유의미하게 매개되었다.

이 장의 맥락에서 볼 때, 이러한 결과는 고통스러운 감정과 생각을 보다 마음챙김하며 알아차리고 수용하도록 돕는 수용전념치료의 심리적 유연성 개입이 생명을 위협하는 질병의 충격과 도전을 긍정적인 심리적 성장으로 변화시켰음을 의미한다. 고통을 제거하고 부정하려고 애쓰기보다, 고통이 가치에 기반한 성장의 길에 통합된 것이다.

수용전념치료의 임상적 유용성

심리적 유연성에 대한 적용 가능성의 범위는 수용전념치료 적용 가능성의 범위로 나타난다. 첫 번째 책이 출간된 이후로 100개 이상의 무선통제된 연구들이 출간되었다. 다루어진 문제들의 범위는 놀랄 만하다. 현재 통제연구 기반으로 다루어진 문제들은 주요한 신체적 건강 문제들(예: 당뇨관리, 만성통증, 이명, 유방암, 간질, 뇌성마비), 건강/안녕의 문제들(예: 운동, 업무 스트레스, 체중관리, 금연, 종업원 소진), 사회적 문제들(예: 인종적 편견, 낙인찍힌 집단에서의 자기낙인, 심리장애를 가진 이들에 대한 낙인), 학습/놀이/기능(예: 새로운 치료법 학습, 경쟁적인 체스 게임, 직장에서의 기능), 실제적이고 주요한 유형의 정신건강 또는 물질 남용 문제들이 있다. 또한 얼마나 다양한 치료 양식들(면대면 개인치료, 집단, 책, 웹 사이트, 전화코칭, 스마트폰 앱; 단일 개입에서부터 종합적인 패키지 개입까지)이 활용될 수 있는지도 놀랄 만하다. 무선화된 연구에 대한 메타분석들(예: Hayes et al., 2006; Ost, 2008; Powers & Emmelkamp, 2009; A-Tjak, Davis, Morina, Powers, Smits, & Emmelkamp, 인쇄 중)은 문제와 비교조건에 따라 .5에서 1.0의 집단 간 효과크기를 보이고 있다.

수용전념치료를 통한 심리적 유연성 증진의 효과

수용전념치료는 원래 심리적 문제를 경험하고 있는 사람들을 위해 활용하고자 개발되었다. 하지만 그 기초 이론은 정상적인 심리적 과정에 기반을 두고 있다. 이러한 이유로 인해 수용전념치료의 초점을 예방적 개입이나 인간의 성장을 촉진하는 방법으로까지 확장시키는 것은 어려운 일이 아니다.

심리치료적 방법들을 예방을 위해 활용하는 것은 수용전념치료만의 독특한 특성은 아니다(예: 우울 방지 프로그램; Stice, Shaw, Bohon, & Marti, 2009). 하지만 수용전념치료에서 다룬 영역들의 범위는 주목할 만하다. 수용전념치료는 다양한 선택적 예방(즉, 몇몇 정신병리에 대한 위험 요소를 가지고 있는 집단들을 위한 예방) 연구들을 위해 활용되었다. 이에는 간호사들의 스트레스, 소진 예방과 심리적 유연성 증진(Djordjevic & Frögéli, 2012), 대학생들의 우울 예방(Levin, Pistorello, Seeley, & Hayes 2014), 초·중·고 교사들의 우울과 불안 예방(Jeffcoat & Hayes, 2012), 사회복지사들의 소진 예방과 전반적 정신건강 증진(Brinkborg, Michanek, Hesser, & Berglund, 2011), 언론단체 종사자 집단의 전반적 정신건강 증진(Bond & Bunce, 2000), 물질 남용 상담자들의 낙인과 소진 감소(Hayes et al., 2004), 일본 대학생들의 우울과 불안 예방(Muto, Hayes, & Jeffcoat, 2011), 비만 대사 수술을 받은 사람들의 신체 불만족, 병리적 섭식행동 예방(Weineland, Hayes, & Dahl, 2012), 치료자들과 다른 전문가들의 소진 예방(Bethay, Wilson, Schnetzer, & Nassar, 2013; Lloyd, Bond, & Flaxman, 2013) 등이 있다.

수용전념치료는 권고되는(indicated) 예방(즉, 위험 요소를 가지고 있고 사전 징후/증상을 나타내는 집단들을 위한 예방) 연구들을 위해서도 활용되었다. 이에는 공중보건 서비스 종사자들의 병가와 의학적 서비스 사용의 감소(Dahl, Wikon, & Nilsson, 2004), 정신증적 증상을 보이는 환자들의 재입원 방지(Bach & Hayes, 2002), 당뇨병 환자들의 당뇨조절 향상(Gregg, Callaghan, Hayes, & Glenn-Lawson, 2007), 심장질환 위험군들의 건강행동 증진(Goodwin, Forman, Herbert, Butryn, & Ledley, 2012), 우울과 불안 상승의 예방(Bohlmeijer, Fledderus, Rokx, & Pie terse, 2011), 여대생들의 체중 증가 예방(Katterman, Goldstein, Butryn, Forman, & Lowe, 2014), 만성적 두통환자들의 장애 예방(Mo'tamedi, Rezaiemaram, & Tavallaie, 2012), 체중감소를 시도하는 여성들의 신체활동 증진(Tapper, Shaw, Ilsley, Hill, Bond, & Moore, 2009) 등이 있다.

인간의 성장과 번영으로의 확장을 위한 개입은 상대적으로 드물다. 예를 들어, Chase, Houmanfar, Hayes, Ward, Vilardaga, 그리고 Follette(2013)는 심리학 전공 학부생들을 대상으로 온라인 수용전념치료 기반 가치 훈련을 실시하였다. 목표 설정과 15분의 수용전념치료 기반 가치 작업을 결합한 경우가 목표 설정 프로그램만 한 경우와 대기자 조건과 비교하여 다음 학기에서 학점을 유의미하게 향상시켰다. Butryn, Forman, Hoffinan, Shaw, 그리고 Juarascio(2011)는 수용전념치료를 활용하는 2시간의 집단 회기를 2주 간격으로

2회 실시하고 운동에 대한 집단 심리교육(예: 운동의 효과, 안전, 부상 방지)과 비교하였다. 그 결과 수용전념치료 집단이 학교 체육센터에 유의미하게 더 자주 방문하였음을 보여 주었다. Luoma와 Vilardaga(2013)는 치료자들을 위한 이틀간의 수용전념치료 워크숍을 실시하였고 그 결과 심리적 유연성과 개인적 성취감의 유의미한 증가와 치료자 소진의 감소를 나타내었으며, 6번의 30분짜리 수용전념치료 기반 전화자문을 추가하였을 때 추가적인 효과가 있었음을 보여 주었다. 또한 수용전념치료 개입은 경쟁을 벌이는 체스 선수의 게임을 향상시키고, 감정적이고 충동적인 수를 두는 것을 피하고, 국제 토너먼트 게임에서 객관적인 향상을 보일 수 있도록 돕는 데 활용되기도 하였다(Ruiz & Luciano, 2009, 2012).

맺음말

행동, 인지치료자들은 역사적으로 긍정심리학에서 중추적인 역할을 하지 못해 왔다. 그러나 이 접근들의 최신 흐름은 임상적 문제들을 인간의 번영과 연결할 수 있는 방식으로 다룰 수 있는 방법들을 발견하였다. 이 장에서 우리는 이러한 새로운 방법들 중 대표적인 예로 수용전념치료에 초점을 맞추었다. 회피하지 않고 마음챙김하는 태도로 부정적인 생각과 감정을 다룰 수 있으며, 이로 인해 의미와 목적에 행동의 초점을 두게 할 수 있음을 보여 주는 연구들이 점점 늘어나고 있다. 그 결과 임상 장면과 이를 넘어서는 영역에까지 활용될 수 있는 인간의 기능과 번영을 위한 일련의 방법들이 마련되었다. 인간 경험의 '긍정적', '부정적' 특성들은 기능과 맥락의 측면에서 정의될 필요가 있다. 수용전념치료는 인간의 번영이 정서적·인지적·행동적 기민함을 통해 이루어질 수 있다고 본다. 인간은 경험의 기복을 겪으며 걷는 법을 배우게 되고 삶의 성쇠 모두를 통해 얻게 되는 깊은 교훈들로 인해 성장할 수 있다.

📖 참고문헌

A-Tjak, J. G. L., Davis, M. L., Morina, N., Powers, M. B., Smits, J. A. J., & Emmelkamp, P. M. G. (in press). A meta-analysis of the efficacy of Acceptance and Commitment Therapy for clinically relevant mental and physical health problems. *Psychotherapy and Psychosomatics*. doi.10.1159/000365764.

American Psychiatric Association. (2013). *Diagnostic and statistical manual of mental disorders* (5th edn.). Arlington, VA: American Psychiatric Publishing.

Ayllon, T., Haughton, E., & Hughes, H. B. (1965). Interpretation of symptoms: Fact or fiction? *Behaviour Research and Therapy*, *3*, 1-7. doi.10.1016/0005-7967(65)90037-9.

Bach, P. & Hayes, S. C. (2002). The use of acceptance and commitment therapy to prevent the rehospitalization of psychotic patients: A randomized controlled trial. *Journal of Consulting and Clinical Psychology*, *70*(5), 1129. doi.10.1037/0022-006X.70.5.1129.

Baron, R. A., Hmieleski, K. M., & Henry, R. A. (2012). Entrepreneurs' dispositional positive affect: The potential benefits—and potential costs—of being "up". *Journal of Business Venturing*, *27*, 310-324. doi.10.1016/j.jbusvent.2011.04.002.

Beck, A. T. (1976). *Cognitive therapy and the emotional disorders*. New York: International Universities Press.

Bethay, S., Wilson, K. G., Schnetzer, L., & Nassar, S. (2013). A controlled pilot evaluation of Acceptance and Commitment Training for intellectual disability staff. *Mindfulness*, *4*, 113-121. doi.10.1007/ s12671-012-0103-8.

Bohlmeijer, E. T., Fledderus, M., Rokx, T. A. J. J., & Pieterse, M. E. (2011). Efficacy of an early intervention based on acceptance and commitment therapy for adults with depressive symptomatology: Evaluation in a randomized controlled trial. *Behaviour Research and Therapy*, *49*(1), 62-67. doi.10.1016/j. brat.2010.10.003.

Bonanno, G. A., Papa, A., Lalande, K., Westphal, M., & Coifman, K. (2004). The importance of being flexible: The ability to enhance and suppress emotional expression predicts long-term adjustment. *Psychological Science*, *157*, 482-487. doi.10.1111/j.0956-7976.2004.00705.x.

Bond, F. W. & Bunce, D. (2000). Mediators of change in emotion-focused and problem-focused work-site stress management interventions. *Journal of Occupational Health Psychology*, *5*(1), 156. doi.10.1037/1076-8998.5.1.156.

Bond, F. W., Hayes, S. C., Baer, R. A., Carpenter, K. M., Guenole, N., Orcutt, H. K., Zettle, R. D., et al. (2011). Preliminary psychometric properties of the Acceptance and Action Questionnaire-II: A revised measure of psychological inflexibility and experiential avoidance. *Behavior Therapy*, *42*(4), 676-688. doi.10.1016/j.beth.2011.03.007.

Brinkborg, H., Michanek, J., Hesser, H., & Berglund, G. (2011). Acceptance and commitment therapy for the treatment of stress among social workers: A randomized controlled trial. *Behaviour Research and Therapy*, *49*(6), 389-398. doi.10.1016/j.brat.2011.03.009.

Butryn, M. L., Forman, E., Hoffman, K., Shaw, J., & Juarascio, A. (2011). A pilot study of acceptance and commitment therapy for promotion of physical activity. *Journal of Physical Activity & Health*, *8*(4), 516-522.

Chase, J. A., Houmanfar, R., Hayes, S. C., Ward, T. A., Vilardaga, J. P., & Follette, V. (2013).

Values are not just goals: Online ACT-based values training adds to goal setting in improving undergraduate college student performance. *Journal of Contextual Behavioral Science, 2*(3), 79-84.

Clark, D. A. (1995). Perceived limitations of standard cognitive therapy: A reconsideration of efforts to revise Beck's theory and therapy. *Journal of Cognitive Psychotherapy, 9*, 153-172.

Dahl, J., Wilson, K. G., & Nilsson, A. (2004). Acceptance and Commitment Therapy and the treatment of persons at risk for long-term disability resulting from stress and pain symptoms: A preliminary randomized trial. *Behavior Therapy, 35*, 785-802. doi.10.1016/S0005-7894(04)80020-0.

Djordjevic, A. & Frögéli, E. (2012). *Mind the gap: Acceptance and Commitment Therapy (ACT) for pre-venting stress-related ill-health among future nurses. A randomized controlled trial.* Unpublished thesis. Karolinska Institute, Stockholm.

Dobson, K. S. & Khatri, N. (2000). Cognitive therapy: Looking backward, looking forward. *Journal of Clinical Psychology, 56*, 907-923. doi.10.1002/1097-4679(200007)56:7<907::AID-JCLP9>3.0.CO;2-I.

Franks, C. M. & Wilson, G. T. (1974). *Annual review of behavior therapy: Theory and practice.* New York: Brunner/Mazel.

Goldiamond, I. (1974). Toward a constructional approach to social problems. *Behaviorism, 2*, 1-79.

Goodwin, C. L., Forman, E. M., Herbert, J. D., Butryn, M. L., & Ledley, G. S. (2012). A pilot study exam-ining the initial effectiveness of a brief acceptance-based behavior therapy for modifying diet and physical activity among cardiac patients. *Behavior Modification, 36*(2), 199-217. doi. 10.1177/0145445511427770.

Gregg, J. A., Callaghan, G. M., Hayes, S. C., & Glenn-Lawson, J. L. (2007). Improving diabetes self- management through acceptance, mindfulness, and values: A randomized controlled trial. *Journal of Consulting and Clinical Psychology, 75*(2), 336. doi.10.1037/0022-006X.75.2.336.

Hawkes, A. L., Chambers, S. K., Pakenham, K. I., Patrao, T. A., Baade, P. D., Lynch, B. M., Aitken, J. F., Meng, X. Q., & Courneya, K. S. (2013). Effects of a telephone-delivered multiple health behavior change intervention (CanChange) on health and behavioral outcomes in survivors of colorectal cancer: A randomized controlled trial. *Journal of Clinical Oncology, 31*, 2313-2321. doi.10.1200/JCO.2012.45.5873.

Hayes, S. C. (1984). Making sense of spirituality. *Behaviorism, 12*, 99-110.

Hayes, S. C. (1987). A contextual approach to therapeutic change. In: Jacobson, N. (Ed.), *Psychotherapists in clinical practice: Cognitive and behavioral perspectives* (pp. 327-387).

New York: Guilford.

Hayes, S. C. (Ed.). (1989). *Rule-governed behavior: Cognition, contingencies, and instructional control.* New York: Plenum.

Hayes, S. C. (1993). Analytic goals and the varieties of scientific contextualism. In: S. C. Hayes, L. J. Hayes, H. W. Reese, & T. R. Sarbin (Eds.), *Varieties of scientific contextualism* (pp. 11-27). Reno, NV: Context Press.

Hayes, S. C. (2004). Acceptance and commitment therapy, relational frame theory, and the third wave of behavioral cognitive therapies. *Behavior Therapy, 35,* 639-665. doi.10.7202/1023989ar.

Hayes, S. C. (2008). Climbing our hills: A beginning conversation on the comparison of ACT and traditional CBT. *Clinical Psychology: Science and Practice, 15,* 286-295. doi.10.1111/j.1468-2850.2008.00139.x.

Hayes, S. C., Barnes-Holmes, D., & Roche, B. (2001). Relational Frame Theory: A précis. In: S. C. Hayes, D. Barnes-Holmes, & B. Roche (Eds.), *Relational Frame Theory: A post-Skinnerian account of human language and cognition* (pp. 141-154). New York: Plenum Press.

Hayes, S. C., Bissett, R. T., Korn, Z., Zettle, R. D., Rosenfarb, I. S., Cooper, L. D., et al. (1999). The impact of acceptance versus control rationales on pain tolerance. *The Psychological Record, 49*(1), 33-47.

Hayes, S. C., Bissett, R., Roget, N., Padilla, M., Kohlenberg, B. S., Fisher, G., & Niccolls, R., et al. (2004). The impact of acceptance and commitment training and multicultural training on the stigmatizing attitudes and professional burnout of substance abuse counselors. *Behavior Therapy, 35*(4), 821-835. doi.10.1016/S0005-7894(04)80022-4.

Hayes, S. C., Luoma, J., Bond, F., Masuda, A., & Lillis, J. (2006). Acceptance and Commitment Therapy: Model, processes, and outcomes. *Behaviour Research and Therapy, 44,* 1-25. doi.10.1016/j.brat.2005.06.006.

Hayes, S. C. & Strosahl, K. D. (Eds.). (2005). *A practical guide to acceptance and commitment therapy.* New York: Springer.

Hayes, S. C., Strosahl, K., & Wilson, K. G. (1999a). *Acceptance and commitment therapy: An experiential approach to behavior change.* New York: Guilford Press.

Hayes, S. C., Strosahl, K. D., Wilson, K. G., Bissett, R. T., Pistorello, J., Toarmino, D., Polusny, M., A., Dykstra, T. A., Batten, S. V., Bergan, J., Stewart, S. H., Zvolensky, M. J., Eifert, G. H., Bond, F. W., Forsyth J. P., Karekla, M., & McCurry, S. M. (2004). Measuring experiential avoidance: A preliminary test of a working model. *The Psychological Record, 54,* 553-578.

Hayes, S. C., Strosahl, K. D., & Wilson, K. G. (2012). *Acceptance and commitment therapy: The process and practice of mindful change* (2nd edn.). New York: Guilford Press.

Hayes, S. C., Villatte, M., Levin, M., & Hildebrandt, M. (2011). Open, aware, and active: Contextual approaches as an emerging trend in the behavioral and cognitive therapies. *Annual Review of Clinical Psychology*, 7,141-168. doi.10.1146/annurev-clinpsy-032210-104449.

Hayes, S. C., Wilson, K. G., Gifford, E. V., Follette, V. M., & Strosahl, K. (1996). Experiential avoidance and behavioral disorders: A functional dimensional approach to diagnosis and treatment. *Journal of Consulting and Clinical Psychology*, *64*(6), 1152-1168. doi.10.1037/0022-006X.64.6.1152.

Jacobson, N. S. & Christensen, A. (1998). *Acceptance and change in couple therapy: A therapist's guide to transforming relationships*. New York: W. W. Norton.

Jeffcoat, T. & Hayes, S. C. (2012). A randomized trial of ACT bibliotherapy on the mental health of K-12 teachers and staff. *Behaviour Research and Therapy*, *50*(9), 571-579. doi.10.1016/j.brat.2012.05.008.

Kabat-Zinn, J. (1990). *Full catastrophe living*. New York: Delacorte.

Kashdan, T. B. (2010). Psychological flexibility as a fundamental aspect of health. *Clinical Psychology Review*, *30*(7), 865-878. doi.10.1016/j.cpr.2010.03.001.

Kashdan, T. B., Rose, P., & Fincham, F. D. (2014). Curiosity and exploration: Facilitating positive subjective experiences and personal growth opportunities. *Journal of Personality Assessment*, *83*(3), 291-305. doi.10.1207/s15327752jpa8203_05.

Katterman, S. N., Goldstein, S. P., Butryn, M. L., Forman, E. M., & Lowe, M. R. (2014). Efficacy of an acceptance-based behavioral intervention for weight gain prevention in young adult women. *Journal of Contextual Behavioral Science*, *3*, 45-50.

Kohlenberg, R. J. & Tsai, M. (1991). *Functional analytic psychotherapy*. New York: Plenum Press. Leahy, R. L. (2003). *Cognitive therapy techniques: A practitioner's guide*. New York: Guilford Press.

Levin, M. E., Hildebrandt, M. J., Lillis, J., & Hayes, S. C. (2012). The impact of treatment components suggested by the psychological flexibility model: A meta-analysis of laboratory-based component studies. *Behavior Therapy*, *43*, 741-756. doi.10.1016/j.beth.2012.05.003.

Levin, M. E., Pistorello, J., Seeley, J., & Hayes, S. C. (2014). Feasibility of a prototype web-based Acceptance and Commitment Therapy prevention program for college students. *Journal of American College Health*, *62*(1), 20-30. doi.10.1080/07448481.2013.843533.

Lillis, J., Hayes, S. C., Bunting, K., & Masuda, A. (2009). Teaching acceptance and mindfulness to improve the lives of the obese: A preliminary test of a theoretical model. *Annals of Behavioral Medicine*, *37*, 58-69. doi.10.1007/s12160-009-9083-x.

Linehan, M. M. (1993). *Cognitive-behavioral treatment of borderline personality disorder*. New York: Guilford Press.

Lloyd, J., Bond, F. W., & Flaxman, P. E. (2013). Identifying psychological mechanisms underpinning a cognitive behavioural therapy intervention for emotional burnout. *Work & Stress: An International Journal of Work, Health & Organisations*, *27*, 181-199.

Longmore, R. J. & Worrell, M. (2007). Do we need to challenge thoughts in cognitive behavior therapy? *Clinical Psychology Review*, *27*, 173-187. doi.10.1016/j.cpr.2006.08.001.

Luoma, J. B. & Vilardaga, J. P. (2013). Improving therapist psychological flexibility while training Acceptance and Commitment Therapy: A pilot study. *Cognitive Behaviour Therapy*, *42*, 1-8. doi.10.1080/165060 73.2012.701662.

Maslow, A. H. (1971). *The farther reaches of human nature*. New York: Viking Press.

McHugh, L., Barnes-Holmes, Y., & Barnes-Holmes, D. (2004). Perspective-taking as relational respond- ing: A developmental profile. *The Psychological Record*, *54*, 115-144.

Mo'tamedi, H., Rezaiemaram, P., & Tavallaie, A. (2012). The effectiveness of a group-based acceptance and commitment additive therapy on rehabilitation of female outpatients with chronic headache: Preliminary findings reducing 3 dimensions of headache impact. *Headache: The Journal of Head and Face Pain*, *52*, 1106-1119. doi.10.1111/j.1526-4610.2012.02192.x.

Muto, T., Hayes, S. C., & Jeffcoat, T. (2011). The effectiveness of acceptance and commitment therapy bibliotherapy for enhancing the psychological health of Japanese college students living abroad. *Behavior Therapy*, *42*(2), 323-335. doi.10.1016/j.beth.2010.08.009.

Ost, L. G. (2008). Efficacy of the third wave of behavioral therapies: A systematic review and meta-analysis. *Behaviour Research and Therapy*, *46*, 296-321. doi.10.1016/j.brat.2007.12.005.

Powers, M. B. & Emmelkamp, P. M. G. (2009). Response to "Is acceptance and commitment therapy superior to established treatment comparisons?". *Psychotherapy and Psychosomatics*, *78*. 380-381. doi.10.1159/000235979.

Rogers, C. R. (1964). Toward a modern approach to values: The valuing process in the mature person. *Journal of Abnormal and Social Psychology*, *68*, 160-167. doi.10.1037/h0046419.

Ruiz, F. J. & Luciano, C. (2009). Eficacia de la terapia de aceptación y compromiso (ACT) en la mejora del rendimiento ajedrecístico de jóvenes promesas (Acceptance and commitment therapy (ACT) and improving performance in bright youth hope chess-players). *Psicothema*, *21*(3), 347-352.

Ruiz, F. J. & Luciano, C. (2012). Improving international-level chess players performance with an acceptance-based protocol: Preliminary findings. *The Psychological Record*, *62*, 447-462.

Segal, Z. V., Williams, J. M. G., & Teasdale, J. D. (2002). *Mindfulness-based cognitive therapy for depression: A new approach to preventing relapse*. New York: Guilford Press.

Stice, E., Shaw, H., Bohon, C., Marti, C. N., & Rohde, P. (2009). A meta-analytic review of depression prevention programs for children and adolescents: factors that predict magnitude of intervention effects. *Journal of Consulting and Clinical Psychology*, 77(3), 486-503. doi.10.1037/a0015168.

Tapper, K., Shaw, C., Ilsley, J., Hill, A. J., Bond, F. W., & Moore, L. (2009). Exploratory randomised con- trolled trial of a mindfulness-based weight loss intervention for women. *Appetite*, 52(2), 396-404. doi.10.1016/j.appet.2008.11.012.

Tedeschi, R. G. & Calhoun, L. G. (1996). The Posttraumatic Growth Inventory: Measuring the positive legacy of trauma. *Journal of Traumatic Stress*, 9, 455-471. doi.10.1002/jts.2490090305.

Wells, A. (2000). *Emotional disorders & metacognition: innovative cognitive therapy*. Chichester: Wiley-Blackwell.

Weineland, S., Hayes, S. C., & Dahl, J. (2012). Psychological flexibility and the gains of acceptance-based treatment for post-bariatric surgery: Six-month follow-up and a test of the underlying model. *Clinical Obesity*, 2(1/2), 15-24.

Witkiewitz, K., Marlatt, G. A., & Walker, D. D. (2005). Mindfulness-based relapse prevention for alcohol use disorders: The meditative tortoise wins the race. *Journal of Cognitive Psychotherapy*, 19, 211-228. Wolpe, J. & Rachman, S. (1960). Psychoanalytic "evidence": A critique based on Freud's case of little Hans. *Journal of Nervous and Mental Disease*, 131, 135-148.

Wood, J. V., Perunovie, E., & Lee, J. W. (2009). Positive self-statements: Power for some, peril for others. *Journal of Psychological Science*, 20, 860-866. doi.10.1111/j.1467-9280.2009.02370.x.

Zettle, R. D. & Hayes, S. C. (1986). Dysfunctional control by client verbal behavior: The context of reason giving. *Analysis of Verbal Behavior*, 4, 30-38.

제30장

심리도식치료

Christopher D. J. Taylor & Arnoud Arntz

서론

임상심리학과 긍정심리학을 통합하려는 시도는 역사적으로 범위가 제한적이었다 (Wood & Tarrier, 2010). 그러나 심리치료가 개발되고 세련되는 과정에서, 인간이 겪는 고통의 부정적 측면을 감소시키려고 부단하게 노력하는 접근법보다 인간의 긍정적 강점과 건강한 측면을 북돋아서 신장시키려는 접근법에 점점 더 많은 사람들이 주목하게 되었다. 심리도식치료는 본디 성격장애의 치료를 위해서 개발되었지만 다른 심리장애의 치료까지 범위를 확장하여 꾸준히 발전하고 있는 통합적인 심리치료다. 심리도식치료의 전제는 다음과 같다. 발달과정에서 기본적 욕구가 충족되지 않으면 부정적 신념, 부적응적 도식, 유해한 양식, 역기능적으로 과장된 반응이 형성되고, 긍정적 도식과 적응적 행동은 조성되기 어렵다. 심리도식치료를 부정적 신념과 초기 부적응 도식에 초점을 맞추는 작업으로 간주하는 사람이 가끔 있다. 하지만 심리도식치료는 내담자가 지니고 있는 부정적 양식과 긍정적 양식을 모두 확인하고, 부정적 양식을 약화시키는 작업과 긍정적 양식을 강화시키는 개입을 함께 수행한다. 심리도식치료는 개인치료, 커플치료, 집단치료의 형태로 진행할 수 있다. 여기서는 심리도식치료가 어떻게 부정적 도식과 양식을 약화시키는지 소개하고, 더 나아가서 긍정적 도식과 양식을 강화시키는 과정에서 심리도식치료가 어떤 중요한 역할을 하는지 설명한다. 심리도식치료가 긍정임상심리학의 발전에 어떻게 공헌할 수 있는지 논의하는 것이 이 장의 목적이다.

심리도식치료

심리도식치료(schema therapy)는 복합적인 심리장애를 효과적으로 치료하기 위해서 개발된 통합적인 심리치료다(Young, 1990). 심리도식치료의 이론과 기법은 인지행동치료, 애착이론, 대인관계이론, 대상관계이론을 비롯한 여러 치료 모형을 통섭한다. 심리도식치료에서는 인지적 기법과 행동적 기법을 사용할 뿐만 아니라 체험적 기법(예: 심상 재구성, 의자 기법)을 중시한다.

아동기 및 청소년기에 기본적 욕구가 충족되지 못하면 부적응적 도식과 역기능적 양식이 형성될 수 있다. '초기 부적응 도식(early maladaptive schema)'이라고 명명한 부적응적 도식은 개인의 삶에 광범하게 만연되어 있는 주제 혹은 패턴이며, 기억과 정서와 인지와 신체감각으로 구성된다(Young, Klosko, & Weishaar, 2003; Rafaeli, Bernstein, & Young, 2011). 초기 부적응 도식은 자기와의 관계 및 타인과의 관계를 관장하고, 일생 동안 꾸준하게 유지되고, 심각한 수준의 역기능을 초래하며, 인지적 처리 과정에서 긍정적 도식이 작용할 수 있는 기회를 제한한다. '심리도식 양식(schema mode)'은 특정한 순간에 우세하게 드러나는 정서상태로, 심리도식과 대처 반응이 활성화된 상태를 의미한다(Rafaeli et al., 2011). 부적응적 도식, 역기능적 대처, 그리고 역기능적 양식은 다양한 형태의 정신병리와 심리장애를 유발한다. 심리도식치료에서는 부적응적 도식과 대처와 양식을 약화시키는 작업 및 적응적 도식과 긍정적 양식(예: 건강한 성인 양식, 행복한 아동 양식)을 강화시키는 작업을 함께 진행하는데, 바로 이것이 긍정임상심리학이 지향하는 목표와 부합한다. 현재까지 심리도식치료의 치료효과는 성격장애 치료 분야에서 가장 확실하게 검증되었다. 그러나 그 밖의 임상 조건에 심리도식치료를 적용하여 치료효과를 검토하는 연구는 아직 초기 단계에 머물러 있다.

초기 부적응 도식이라는 인지적 구성개념과 몇몇 정신분석적 구성개념 사이에는 공통점이 있다. 정신분석적 관점을 개관한 Horney(1950)에 따르면, 생애 초기에 개인의 기본적 욕구가 충족되지 못하면 부정적 사고방식이 출현하고, 견고하게 조성된 부정적 사고방식은 생애 후기에 심리적 문제를 유발한다. 치료자가 기존의 사고방식에 도전해야 내담자가 치료적으로 변화하고 성장한다. 이러한 견해는 초기 부적응 도식이라는 인지적 구성개념을 더 강조하는 심리도식치료의 관점과 상당히 유사하다.

심리도식치료자는 내담자의 도식과 대처와 양식을 확인하고 이해하기 위해서 내담자와 긴밀하게 협력한다. 심리도식치료자는 인지적 기법, 행동적 기법, 체험적 기법을 다양하게 구사하며, 특히 치료관계에 각별히 주목하면서 '제한적 재양육(limited reparenting)'과 '공감적 직면(empathic confrontation)'을 실시한다. 심리도식치료자는 평가 및 사례개념화 단계에서 발견된 내담자의 아동 양식을 제한적으로 재양육한다. 예컨대, 어린 시절에 심각한 외상을 경험한 내담자에게서는 흔히 취약한 아동 양식, 유기당한 아동 양식, 학대당한 아동 양식이 발견된다. 심리도식치료자는 과거의 외상 경험과 연합된 기억, 감정, 생각을 충분히 처리할 수 있도록 안정적인 관계와 보살피는 맥락을 제공하면서 내담자를 이해하고 수용한다. 이처럼 치료관계를 통해서 내담자를 타당화하는 것이 제한적 재양육의 목적이다. 또한 심리도식치료자는 건강한 방식으로 욕구를 충족할 수 있는 인간관계를 현명하고 책임감 있게 선택하라고 내담자를 공감적으로 직면한다. 내담자가 자신의 욕구를 건강한 방식으로 충족하려고 노력하는 과정에서 치료적 변화가 일어난다. 예컨대, 거리두기, 굴복하기, 비방하기와 같은 역기능적 대처 반응이 감소하기 시작한다.

심리도식치료의 진화

Edwards와 Arntz(2012)에 따르면, Jeffrey Young이 창안한 심리도식치료의 발전과정은 세 단계로 요약된다. 1단계에서는 치료하기 어려운 내담자의 치료효과를 높이기 위해서 심리도식치료를 개발했다. 2단계에서는 네덜란드에서 무선통제실험을 실시했다. 3단계에서는 집단치료 형태의 심리도식치료를 제안했다. 순서대로 간략하게 소개한다.

1단계: 심리도식치료의 개발

심리도식치료는 치료하기 어려운 성격장애 내담자를 효과적으로 치료하기 위해서 인지치료를 개정하고 확장시킨 치료 모형이다(Young, 1990). 첫째, 심리도식치료는 자신 및 타인에 대한 신념을 더 광범하게 포괄하기 위해서 심리도식(초기 부적응 도식)이라는 특질 개념을 상정했다. 둘째, 심리도식치료는 성격장애 내담자에게서 흔히 관찰되는 정서적 변동을 설명하기 위해서 심리도식 양식이라는 상태 개념을 도입했다. 예컨대, 실패 도식을 가지고 있는 내담자는 사소한 실수에도 절망감과 불행감을 경험한다. 그러다가 내담자는 마치 실패 도식의 정반대가 진실인 것처럼 자신의 성취를 부풀리는 과잉보상 양식으로 전환하여 성공을 과장하고 실수를 부정하는 모습을 드러낸다. 또한 내담자는 실패 도식이 활성화될 가능성을 미연에 방지하기 위해서 성취와 관련된 상황을 철저하게 외면하는 회피적 대처 방식인 분리된 보호자 양식으로 전환하는 모습도 드러낸다.

초기 부적응 도식

Young(1990)은 초기 부적응 도식 개념을 자세하게 설명했다. 정보처리이론에서 유래한 개념인 도식은 정보의 주제별 저장을 강조하는 용어다(Williams, Watts, MacLeod, & Mathews, 1997). 인지심리학과 인지치료에서도 도식을 다양하게 정의한다. 도식은 이론적으로 가정된 지식구조이고, 언어적 지식뿐만 아니라 비언어적 지식까지 포괄한다. 도식은 정보처리 과정을 관장하여 선택적 주의, 해석, 인출을 유도한다. 애착이론(Bowlby, 1969)과 대상관계이론에서 상정하는 표상도 도식과 관련이 있다.

도식은 개인이 생애 초기에 경험한 감각, 정서, 그리고 그것과 연합된 의미를 기반으로 형성되고 저장된다(Young et al., 2003; van Genderen, Rijkeboer, & Arntz, 2012). 도식은 개인이 세상을 이해하는 일종의 여과장치이며, 부정적 여과와 긍정적 여과가 모두 진행된다. 부정적 경험이 반복되면 기존의 도식이 강화된다.

Young이 제안한 초기 부적응 도식은 기억, 정서, 인지, 신체감각을 포괄하기 때문에 전통적인 인지치료의 핵심 믿음보다 더 광범하게 내담자를 이해하고 설명하는 장점이 있다. 하지만 이 장의 맥락을 감안하면, 그가 제안한 도식 개념 역시 본질적으로 부정적 측면을 강조했다는 단점을 지적하지 않을 수 없다. '초기 부적응 도식'이라는 명칭에서 그것이 잘 드러난다. 당시에는 긍정적 도식 혹은 긍정적 믿음을 평가하고 이해하는 작업에 거의 관심을 기울이지 않았는데, 그것은 1990년대 초반의 만연된 풍조였다.

Lockwood와 Perris(2012)는 도식의 긍정적 측면에 주목하면서 '초기 적응 도식'을 제안했다(〈표 30-1〉 참고). 핵심적 정서 욕구가 충족되지 않으면 초기 부적응 도식이 형성되지만, 개인의 핵심적 정서 욕구를 적절하게 충족시켜 주는 환경에서 성장하면 초기 적응 도식이 형성된다.

여러 심리치료 모형과 유사하게, 지금까지 소개한 도식 개념은 임상적으로 짐작된 것이다. Young 등(2003)은 임상적 경험과 관찰을 통해서 18가지의 초기 부적응 도식을 발견하고 묘사했다. 그러나 경험적으로 수행된 연구에서는 도식의 존재가 인정되기도 하고 부정되기도 해서 논란이 있다. 예컨대, Oei와 Baranoff(2007)는 Young의 심리도식 질문지의 심리측정적 속성과 심리평가적 쟁점을 조사했는데, 일관된 요인구조가 발견되지 않았다.

최근에도 'Young 심리도식 질문지(Young Schema Questionnaire: YSQ)'와 '심리도식 양식 질문지(Schema Mode Inventory: SMI)'에 관한 상세한 연구가 진행되었다. 지난 20년 동안

〈표 30-1〉 초기 부적응 도식 및 초기 적응 도식

핵심적 정서 욕구	초기 부적응 도식	초기 적응 도식
안정적이고 예측 가능한 정서적 애착 대상	유기/불안정	안정적 애착
정직성, 신뢰성, 충실성, 학대(−)	불신/학대	기본적 신뢰
따뜻함, 보살핌, 공감, 보호, 안내, 개인 경험 공유	정서적 결핍	정서적 만족
자발적/유쾌한 중요한 타인, 자발성/유쾌함/감정표현 격려	정서적 억제	정서적 개방/자발
무조건 수용(사적/공적 자기), 칭찬, 자기의심 공개, 비밀(−)	결함/수치심	자기수용/호감
흥미/가치 공유하는 공동체에 소속/포함	사회적 고립/소외	사회적 소속
성취 영역의 숙달감/유능감 획득 지원/지도	실패	성공
위험/질병에 합리적 태도/적절한 대처로 안심시키는 중요한 타인, 불필요한 걱정/과잉보호(−)	위험에 대한 취약성	기본적 건강/안전
도전 격려, 일상적/자율적 의사결정 지도, 과도한 도움(−)	의존/무능감	건강한 자기신뢰/유능감
개별적 정체성/방향성/경계를 수용/촉진/존중하는 중요한 타인	융합	건강한 경계/개별적 자기
욕구/감정/의견 표현 자유, 처벌/거부 공포(−)	복종	자기주장/자기표현
개인적 욕구 중요성 존중, 감정/욕구/의견 통제하려는 죄책감 유발(−)	자기희생	건강한 자기관심/자기돌봄
적절한 기준/이상 수립 지도, 목표−욕구 균형, 실수/불완전함 용서	엄격한 기준	현실적 기준/기대
공감적 한계설정 지도(행동결과 책임, 타인 권리/욕구 공감), 우월감(−)	특권의식/과대성	공감적 배려/타인 존중
공감적 엄격성 지도(단기쾌락 포기, 일상과제 완수, 장기목표 추구), 감정표현 한계, 부적절한/충동적 표출(−)	부족한 자기통제/자기훈련	건강한 자기통제/자기훈련

Lockwood & Perris (2012). Wiley의 허락하에 재인용.

여러 버전의 YSQ가 개발되었는데, 200개 이상의 문항으로 구성된 완성형 버전들도 있고 75~90개의 문항으로 구성된 단축형 버전들도 있다. Rijkeboer(2012)와 동료들이 지금까지 가장 정밀하게 YSQ를 연구하고 그 결과를 요약했다. 아동을 평가하는 심리도식 질문지도 개발되었다(Stallard & Rayner, 2005; Rijkeboer & de Boo, 2010). 연구 목적으로 가장 많이 사용되는 것은 단축형 YSQ의 두 번째 버전이며, 심리측정적 속성이 양호한 것으로 확인되었다(Stopa, Thorne, Waters, & Preston, 2001).

　심리도식 양식을 측정하는 SMI도 많이 사용된다(Young et al., 2007). SMI를 실시하면 특정한 장애와 연결되어 있는 특정한 양식을 자세하게 파악할 수 있다. Lobbestal(2012)과 동료들이 SMI의 심리측정적 속성을 조사하고 개관했다. SMI는 118개의 문항으로 구성되며, 14가지의 심리도식 양식을 6점 척도상에서 측정한다. SMI를 실시하지 않더라도, 내담자의 불편한 경험을 세밀하게 탐색하면 현저한 심리도식 양식을 파악할 수 있다. 또한 심리도식 양식의 아동기 기원을 확인하기 위해서 체험적 기법(예: 안내를 통한 심상평가)을 사용할 수 있다.

심리도식 대처 방식

대처 방식은 심리도식 굴복(schema surrender), 심리도식 회피(schema avoidance), 심리도식 과잉보상(schema overcompensation)의 세 가지로 구분한다. 예컨대, 생애 초기에 정서적 욕구를 충족하지 못한 사람이 정서적 결핍 도식을 형성했다고 가정하자. 그는 정서적 결핍 도식에 과잉보상으로 대처해서 친밀한 인간관계에 탐닉한다. 하지만 호혜적으로 상호작용하지 못하고 자신의 감정만 일방적으로 표현하기 때문에 인간관계를 스스로 훼손한다. 심리도식 과잉보상이 파트너의 대처를 어렵게 만들어서 연인관계의 청산이라는 역기능적 결과를 유발하는 것이다. 그러면 실제로 정서적 지지를 받을 수 없게 되고, 결국 자신의 정서적 욕구가 충족되지 않을 것이라는 기존의 도식(정서적 결핍)을 다시 확증하게 된다.

핵심적 욕구가 충족되지 못하면 정신병리가 발생할 수 있다는 부정적 관점을 뒤집으면, 핵심적 욕구가 적절하게 충족되면 건강하게 살아갈 수 있다는 긍정적 관점이 도출된다. 내담자는 기능적으로 그리고 긍정적으로 문제에 대처하고 역경에 반응하는 방법을 배워야 한다. Arntz와 Jacob(2012)에 따르면, 심리도식치료를 선호하는 치료자는 긍정적 도식 혹은 긍정적 양식을 지니고 있는 사람일 가능성이 높다. 그래서 내담자의 긍정적 도식을 고양하고 건강한 성인 양식과 행복한 아동 양식을 강화하는 긍정적 개입을 시도하는 것 같다.

심리도식 양식

초창기의 심리도식치료 모형은 ① 초기 부적응 도식, ② 역기능적 대처 방식, ③ 발달적 기원, ④ 심리도식 양식, ⑤ 심리도식이 생활과 기능에 미치는 영향(직업, 가족, 인간관계), ⑥ 내담자-치료자 상호작용에 대한 이해를 제시했다. 이 중에서 심리도식 양식 모형이 긍정심리학의 접근법과 특히 부합한다. 심리도식치료자는 내담자의 건강한 성인 양식을 강화하고, 취약한 아동 양식을 치유하고, 비판적 부모 양식을 극복하고, 분리된 보호자 양식의 역효과를 경감하는 작업을 진행한다(〈표 30-2〉 참고). 지금은 심리도식치료의 이론과 실제가 더 발전되고 세련되어 다양한 심리장애에 적용되고 있다. 이제는 심리도식에 초점을 맞추는 인지치료가 아니라 '심리도식치료'로 자리매김했고, 10여 년 전에 첫 번째 매뉴얼이 출간되었다(Young et al., 2003). 이어서 임상 경험을 바탕으로 경계선 성격장애에 특화시킨 매뉴얼이 출판되었고(Arntz & van Genderen, 2009), 그 밖의 심리장애에 적용할 수 있는 매뉴얼도 발간되었다(Arntz & Jacob, 2012).

〈표 30-2〉 심리도식 양식

양식 범주	세부 양식	특징
건강한/기능적 양식	건강한 성인	건강한 성인으로 생활할 수 있음(직업, 양육, 책임). 자신이 즐기는 성인의 활동(섹스, 문화, 예술, 지식)을 추구함. 건강관리/신체활동에 능동적으로 참여함.
	행복한 아동	핵심적 정서 욕구가 충족되어 편안함. 사랑받는/자족하는/만족하는/충만한/보호받는/칭찬받는/가치 있는/돌봄 받는/지도받는/이해받는/수용되는/자신 있는/유능한/자율적인/안전한/회복하는/강한/적응하는/낙관적인/자발적인 느낌을 경험함.
아동 양식	취약한 아동	자신의 욕구를 충족시켜 줄 사람이 아무도 없고, 모두 자신을 떠나버릴 것이라고 믿음. 가장 중요한 아동기 욕구가 좌절됨. 공허감/외로움/사회적으로 수용되지 못함/사랑받을 자격 없음/사랑받지 못함/사랑받을 수 없음을 경험함.
	분노한 아동	기본적 욕구가 충족되지 않아서 강렬한 분노/격노를 경험함, 평온하지 않음. 혼자 남겨진/당황한/실망한 느낌을 경험함. 육체적·비육체적 방식으로 분노를 표출함. 마치 아동이 분노를 분출하는 상태와 유사함.
	분개한 아동	분노한 아동 양식과 비슷한 이유로 촉발됨. 그러나 스스로 조절할 수 없는 상태임. 타인을 해치는, 가구/물건을 부수는 행동을 함.
	충동적 아동	자기 위주로 욕구/소망의 만족을 추구함. 만족을 지연/조절하지 못함. 욕구가 좌절되면 감정/격노를 통제하지 못하고 표출함.
	버릇없는 아동	역경/도전에 대처하는 역량이 부족함. 일상 과제를 완수하지 못함. 불행감/불편함을 감내하지 못함. 미성숙하게 반응함.
대처 양식	순응적 굴복자	부정적 사건의 발생을 방지하려고 타인의 욕구에 너무 주목함. 감정을 건강한 방식으로 표현하지 못함. 타인의 부당한 대접을 감내함.
	분리된 보호자	강렬한 감정을 격리함. 감정이 휘발성/통제불능이라고 생각하기 때문임. 여가활동을 회피함. 충만하지 못한 느낌/진정한 자기감이 없다는 느낌을 경험함.

	분리된 자기위로자	부정적 감정을 회피하려고 자기에 몰두함. 부정적 감정을 관리하려고 행동함(과다수면, 약물사용), 과도하게 활동함(업무몰두, 위험한 친밀성).
과잉보상 양식	자기과장자	자신의 중요성/특권의식을 과시함. 자신의 소망을 우선함. 우월감을 느끼려고 타인을 묵살함.
	공격자/가해자	부정적 사건의 발생을 회피하려고 타인에게 영향력을 행사함. 위험한/폭력적 행동/태도를 드러냄. 우월감을 느끼려고 타인을 모욕함.
부모 양식	처벌적 부모	불친절한/비방하는 모습을 드러냄. 자신의 실수를 용납하지 못함. 자신을 부정적으로 평가/비난함. 자기를 용서 못함/처벌함. 자신에게 불친절/유해했던 중요한 타인을 내면화한 목소리임.
	요구적 부모	반드시 특정한 방식으로 행동하도록 압박함. 융통성 없음. 이분법 사고. 자신을 엄격한 기준에 미달하는 부적절한/불충분한 존재로 인식함. 일상에서 완벽을 추구함. 휴식/사교/관계가 곤란함. 중요한 타인의 엄격한 기준을 내면화함.
	분노한 보호자	위협적인 타인을 피하려고 빈번하게 분노를 표출함. 분노폭발 때문에 타인이 멀어짐. 분노는 다른 양식과도 연관됨. 분노한/분개한 아동 양식보다 잘 조절할 수 있음.
	강박적 통제자	현재/미래의 위협을 회피하여 자기를 보호하려 노력함. 과도하게 통제함. 기준이 충족될 때까지 반복행동함.
	편집적 의심자	과도하게 통제하여 현재/미래의 위협에서 자기를 보호하려 노력함. 타인을 관찰하여 숨겨진 동기를 찾아냄.
	사기적 조종자	정직하지 않음. 자기 위주로 상황을 통제함. 직접적 행동으로 혹은 자신의 책임을 부인하여 타인에게 상처입힘.
	포식자	위험/도전/장애에 대한 두려움을 못 느낌. 냉혈함. 조종함.
	관심추구자	특이한 행동/과도한 친밀감/과장된 표현으로 타인의 긍정적 관심을 유도함.

van Genderen, Rijkeboer, & Arntz (2012) 및 Arntz & Jabo (2012). Wiley의 허락하에 재인용.

　도식과 양식은 공통점과 차이점이 있다. 초기 부적응 도식은 특질에 더 가까운 개념이고, 심리도식 양식은 상태에 더 주목한 개념이다. (일종의 자아 상태와 비슷한) 심리도식 양식은 특정한 심리도식과 연합된 강렬한 정서가 표출되고 있는 상태이고, 특정한 심리도식에 나름대로 대처하고 있는 상태다. 간단하게 정서 양식과 대처 양식이라고 부른다면, 대처 양식에서는 정서적 요소가 상대적으로 덜 두드러지고 행동적 혹은 관계적 요소가 상대적으로 더 두드러진다(Arntz & Jacob, 2012).

　심리도식치료자가 여러 가지 방법으로 초기 부적응 도식의 의미와 영향을 설명하면, 내

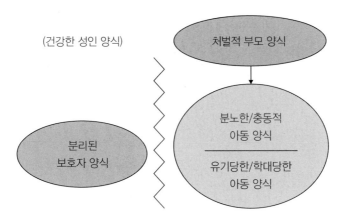

[그림 30-1] 심리도식 양식 모형: 경계선 성격장애의 다섯 가지 양식

Arntz & van Genderen (2009). Wiley의 허락하에 재인용.

담자는 초기 부적응 도식을 통해서 자신의 과거 경험을 납득하게 된다. 또한 내담자는 자신이 초기 부적응 도식을 형성하게 된 원인, 자신이 역기능적 대처 방식을 구사하게 된 까닭, 그리고 그것이 현재의 문제와 인간관계에 미치는 영향을 인식하게 된다.

[그림 30-1]에 경계선 성격장애를 지니고 있는 내담자의 심리도식 양식 모형을 예시하였다. 이 사례에서 처벌적 부모 양식, 분노한/충동적 아동 양식, 유기당한/학대당한 아동 양식의 상호작용을 파악할 수 있다. 또한 분리된 보호자 양식, 미개발된 건강한 성인 양식의 역할도 함께 파악할 수 있다. 부모 양식과 아동 양식은 고통스러운 경험과 직접적으로 관련된 일차적 양식이고, 대처 양식은 고통스러운 경험에 나름대로 대처하는 이차적 양식이다(Jacob & Arntz, 2013). 심리도식치료의 과정은 심리도식의 평가, 심리도식의 확인, 처벌적 및 요구적 부모 양식의 감소 순서로 진행된다. 그러나 심리도식치료에서는 건강한 성인 양식과 행복한 아동 양식을 강화하는 작업, 내담자의 욕구와 감정을 수용하고 인정하는 작업, 그리고 치료관계에서 긍정적 및 교정적 체험을 제공하는 작업도 병행된다.

긍정적 도식 및 긍정적 양식

심리도식치료는 부정적 도식과 양식에만 주목하지 않고 건강한 성인 양식과 행복한 아동 양식에도 상당한 주의를 기울인다. 양식 개념은 다른 치료 기법과 순조롭게 조화될 수 있다. 또한 치료자는 긍정적 도식과 긍정적 양식을 부각할 수 있다. 비록 〈표 30-2〉에서 수많은 부정적 양식을 소개했지만, 심리도식치료에서 궁극적으로 강화시키고 고양하려는 양식은 바로 긍정적 양식이다. 심리도식치료는 긍정적 양식과 부정적 양식이 서로 격리되어 있는 것으로 간주하지 않고, 오히려 긍정적 양식과 부정적 양식이 서로 상호작용하는 것으로 가정한다. 이러한 견해는 Wood와 Tarrier(2010)가 주창한 긍정 임상심리학의 관점과 일치한다. 1단계 진화 과정의 막바지에 도달했을 때, 심리도식치료는 임상가들의 각별한 관심을 받았고 몇 편의 사례연구도 출판되었다. 하지만 엄격한 경험적 연구를 통해서 심리도식치료의 치료효과를 검증할 필요가 있었다.

2단계: 무선통제실험 및 양식 모형의 발전

심리도식치료가 상당한 임상적 관심을 받은 것은 사실이지만, 2000년대 초반까지 심리도식치료의 치료효과를 경험적으로 지지하는 연구 결과는 제한적이었다. 이 문제를 해소하기 위해서 네덜란드의 Arntz와 동료들이 경계선 성격장애에 특화된 심리도식치료를 개발하고 치료효과를 검증하기 시작했다. 먼저 Young의 성격장애 인지치료를 검토했고, 이어서 Young과 Arntz의 성격장애 치료 모형을 통합하여 체험적 기법을 추가했다(Arntz & Weertman, 1999). 그리고 3년에 걸쳐서 심리도식치료와 전이초점치료의 치료효과를 비교하는 무선통제실험(N=86)을 실시했다. 연구 결과, 심리도식치료가 전이초점치료보다 우수한 치료효과를 보였다. 또한 종결 시점에서, 심리도식치료를 받은 경계선 성격장애 내담자가 전이초점치료를 받은 경계선 성격장애 내담자보다 더 많이 회복되었다(Giesen-Bloo et al., 2006).

추수연구에서, 통상적 치료를 진행한 집단과 (선행연구에는 포함됐던) 전화 지원을 생략한 집단의 효과크기가 비슷했다(Nadort et al., 2009). 또한 법적 문제를 일으킨 정신병질 내담자에 특화된 심리도식치료를 개발했고, 집단의 특수성을 감안하여 양식 작업을 추가했다(Bernstein, Arntz, & Vos, 2007). 이렇게 개정된 심리도식치료와 통상적 심리도식치료의 치료효과를 비교하는 무선통제실험(N=102)은 현재까지 두 곳에서 진행되고 있다(Bernstein et al., 2012). 최근에 Chakhssi, Kernsten, de Ruiter, 그리고 Bernstein(2014)은 법적 문제를 일으킨 성격장애 내담자를 4년 이상 치료하고 상세한 사례연구를 발표했다. 변화분석 결과, 인지적 도식이 개선되었고, 정신병질 요인 및 위험 수준이 감소되었다. 3년의 추수연구 결과, 내담자의 독립성이 향상되었고 재범은 발생하지 않았다.

최근에는 여섯 가지의 서로 다른 성격장애에 특화된 심리도식치료를 성공적으로 개발하고(Arntz, 2012), 3곳으로 분산한 무선통제실험을 통해서 치료효과를 검증했다(Bamelis, Evers, Spinhoven, & Arntz, 2014). 강박성, 의존성, 회피성, 편집성, 연극성, 자기애성 성격장애 내담자($N = 320$)에게 심리도식치료, 설명지향치료, 통상심리치료를 실시하고 치료효과를 비교한 결과, 심리도식치료의 회복률이 가장 높았다(심리도식치료 81%, 설명지향치료 61%, 통상심리치료 51%; Bamelis et al., 2014). 더 나아가서, 심리도식치료가 전반적·사교적·사회적 기능 수준, 직장복귀 속도, 직장복귀 비율에서 가장 우수한 치료효과를 보였다(Bamelis et al., 2014; Bamelis, Arntz, Wetzelaer, Verdoorn, & Evers, 인쇄 중). 이것은 심리도식치료가 치료에 참여한 성격장애 내담자의 긍정적 변화를 촉진하는 효과적인 개인치료임을 시사하는 결과였다.

3단계: 집단심리도식치료

심리도식치료 진화 과정의 3단계는 Joan Farrell과 Ida Shaw가 주도했다. 그들은 경계선 성격장애 내담자를 대상으로 집단심리도식치료를 개발했다. 집단심리도식치료는 매주 1회씩 총 30회기(회기당 90분)를 8개월 이상 진행하는 프로그램이다(Farrell, Shaw, & Webber, 2009; Farrell & Shaw, 2012). 경계선 성격장애에 특화된 심리교육, 정서자각 훈련, 고통관리훈련, 심리도식 변화작업을 실시한다.

긍정적 접근과 기존의 방법을 통합한 집단심리도식치료의 목표는 ① 집단치료에 참여해서 얻을 수 있는 이득을 교육하면서 내담자를 타당화하여 긍정적 치료동맹을 형성하고, ② 고통이 시작되는 순간을 스스로 관찰하여 정서 경험을 자각할 수 있도록 정서자각 훈련을 실시하는 것이다. 이것은 1990년대 초반에 개발된 체험적 초점화(experiential focusing; Farrell & Shaw, 1994)를 발전시킨 모형이다. 집단심리도식치료 프로그램은 제한적 재양육과 상당히 비슷하다. 제한적 재양육은 Young이 창안한 심리도식치료의 핵심적 치료 요소다.

Farrell과 Shaw가 경계선 성격장애를 대상으로 개발한 집단심리도식치료는 Young의 개인심리도식치료와 상통하며, 심리도식 양식 작업도 함께 진행된다. 집단심리도식치료에는 긍정심리학적 접근, 인간중심적 접근, 상호협력적 접근, 심리교육적 접근, 그리고 긍정적 양육자 역할을 담당하는 치료자가 포함된다(Farrell & Shaw, 2012).

긍정 임상심리학의 관점에서 집단심리도식치료의 특징을 논평하면, 집단치료의 긍정적 강점(치료작업, 치료요인)을 차용해서 부정적 도식의 변화에만 주목하던 기존의 치료 방식을 개선한 것 같다. 서로 역할이 다른 2명의 치료자가 집단심리도식치료를 담당한다. 한 치료자가 프로그램을 진행하는 동안, 다른 치료자는 내담자들과 정서적으로 교감한다. 치료자는 내담자가 자신의 미개발된 '건강한 성인 양식'과 연결하려고 애쓰는지 확인하면서 연결능력을 강화시키고 향상시킨다. 또한 치료자는 내담자가 취약한 아동 양식 혹은 분노한 아동 양식 상태에 머무르는 시간을 줄이고 건강한 성인 양식 상태로 빠르게 전환할 수 있도록 지원한다. 더 나아가서, 치료자는 성격장애 내담자의 낙인효과를 감소시키려고 노력하며, 심상 재구성 연습을 통해서 자신의 경험을 타인과 공유할 때 체험하는 긍정적 이득을 증가시키려고 노력한다. 마지막으로, 집단심리도식치료에 참여하는 내담자들은 서로 지지하고, 타인의 경험을 수용하고 인정하며, 여러 사람 앞에서 감정을 표현하는 연습을 수행하고, 집단구성원과 긍정적인 애착관계를 형성하기 때문에 긍정 임상심리학의 몇몇 지향점을 구현하는 측면이 있다.

집단심리도식치료의 효과는 무선통제실험($N = 30$)을 통해서 검증되었다(Farrell, Webber, & Shaw, 2009). 또한 다수의 내담자($N = 448$)를 대상으로 복수의 장소에서 집단심리도식치료의 효과를 체계적으로 검증하는 연구가 진행되고 있다(Wetzelaer et al., 2014). 요컨대, 심리도식치료는 초기 부적응 도식에 대한 관심에서 비롯되었고, 심리도식 양식과 같은 새로운 개념이 추가되면서 세련되었고, 여러 경험적 연구를 통해서 치료효과가 검증되었다.

치료 및 기법

앞서 개관했듯이, 심리도식치료는 치료적 변화를 촉진하기 위해서 다양한 기법과 접근을 통섭한 통합적인 심리치료다. Arntz와 van Genderen(2009)은 긍정적 변화를 촉구할 때 세 가지 영역에 주목하라고 조언했다. 인지(명시적 지식), 정서(암묵적 지식), 행동(작동적 표상). 심리도식 양식 모형에 따르면, 사례개념화를 실시하는 치료자가 반드시 고려해야 하는 핵심 영역이 있다. 첫째, 부정적 양식을 이해하고 완화하는 차원에서, 치료자는 내담자의 아동 양식 및 부모 양식을 확인해야 한다. 둘째, 역기능적 대처 양식을 구체적으로 파악해야 한다(굴복, 회피, 과잉보상). 셋째, 내담자와 치료자는 부정적 도식과 양식의 영향력을 감소시키기 위해서 협력적으로 동맹해야 한다. 넷째, 긍정적 관점으로 건강한 성인 양식과 행복한 아동 양식을 발달시키고 강화시키기 위해서 노력해야 한다.

부정적 양식의 영향력을 약화시키고 긍정적 양식의 치유력을 강화시키기 위해서 다음과 같은 치료 기법을 활용한다. 심상 재구성(과거 사건, 미래 사건), 제한적 재양육(욕구와 감정을 보살피고 타당화함, 치료시간에 경험하는 감정), 두 의자 기법, 역할 연기(관점 전환, 기억 재구성), 역할 시범(건강하게 반응하는 치료자), 심리교육, 인지적 및 행동적 기법. 심리도식치료는 치료관계의 중요성을 매우 강조한다. 심리도식치료자는 정서적으로 지지하는 사람, 적절한 경계를 설정하는 사람, 서로 보살피는 사람의 모범을 제시하고, 제한된 범위에서 '안전기지(secure base)'로 기능한다. 심리도식치료의 진행 과정에서 부정적 도식과 양식의 영향력은 점점 감소되고, 치료자와 내담자가 건강한 선택(학업, 직업, 취미, 친구관계, 연인관계)에 대해서 대화하는 시간은 점점 증가된다. 내담자는 자신의 욕구와 감정을 더 건강한 관점으로 조망하고, 충만한 삶을 살아갈 방법을 강구하기 시작한다. 모든 치료 작업은 궁극적으로 내담자의 건강한 성인 양식을 강화하는 방향으로 진행되는데, 이것이 바로 긍정심리학이 추구하는 목표와 정확하게 일치한다. 심리도식의 평가, 심리도식적 사례 개념화, 심리도식치료의 치료 과정과 치료 기법에 관한 자세한 내용은 심리도식치료 매뉴얼(Young et al., 2003)을 참고하기 바란다. 첫 번째 무선통제실험에 사용했던 경계선 성격장애에 특화된 매뉴얼(Arntz & van Genderen, 2009)과 다양한 심리장애에 관심이 있는 임상가를 위해서 집필한 심리도식 양식 작업 매뉴얼(Arntz & Jacob, 2012)도 참고하기 바란다.

효율과 효과

심리도식치료의 효율과 효과를 검증한 연구 결과가 지금까지 여러 편 발표되었는데, 그중에는 심리도식치료의 효율과 효과를 경험적으로 지지하는 연구 결과도 있다. 여기서는 체계적 개관연구와 구체적 효과연구를 몇 가지 소개하면서 간략한 이정표를 제시한다. 2편의 체계적 개관연구가 출판되었다. Masley, Gillanders, Simpson, 그리고 Taylor(2012)는 12편의 연구를 종합하여 중간 수준 이상의 효과크기를 확인했다. Bamelis, Bloo, Bernstein, 그리고 Arntz(2012)는 역시 이정표가 되는 서술적 개관연구를 출판했는데 어떤 방법으로 조사했는지는 보고하지 않았다.

최근에 동료 심사를 마치고 발표된 체계적 개관연구에 경계선 성격장애에 특화된 심리도식치료의 경험적 기반, 효과, 방법이 소개되어 있다(Sempértegui, Karreman, Arntz, & Bekker, 2013). 이들은 35편의 논문을 조사했는데, 2편의 논문이 심리도식치료의 효율을 보고했고(Giesen-Bloo et al., 2006; Farrell et al., 2009), 1편의 논문은 전화 지원이 있는 경우와 없는 경우의 효과를 비교했다(Nadort et al., 2009). 가장 최근에는 Bamelis 등(2014)이 여섯 가지의 성격장애(강박성, 의존성, 회피성, 편집성, 연극성, 자기애성)에 특화된 심리도식치료(Arntz, 2012)의 효과를 검증했다. 그들은 세 곳으로 분산한 무선통제실험($N=323$)에서 심리도식치료, 설명지향치료, 통상심리치료를 실시하고 치료효과를 비교했다. 경계선 성격장애를 대상으로 진행한 메타분석 결과(Jacob & Arntz, 2013), 심리도식치료의 효과크기는 2.38로 추정되었다(95% 신뢰구간 1.70, 3.07; 이형분산 모형).

심리도식치료는 생애 초기에 기본적 욕구가 충족되지 않으면 심리장애가 발생한다고 전제한다. 또한 심리도식치료는 치료 과정에서 내담자가 그것을 이해하고 처리하는 것이 가능하며, 자신의 기본적 욕구를 충족시킬 수 있는 건강한 방법을 찾아내어 결과적으로 충만한 삶을 살아가는 것도 가능하다고 전제한다. 그런데 최근에 심리도식치료의 효과로 긍정적 변화가 발생한다는 증거를 직접적으로 제시하는 연구 결과가 발표되었다. Dickhaut와 Arntz(2014)는 경계선 성격장애 내담자(N=18)를 2개의 동일 집단에 할당하고 각각 조합치료(개인치료+집단치료)와 개인치료를 실시했다. 연구 결과, 심리도식치료를 통해서 SMI 점수가 유의미하게 증가했다. 이것은 부정적 양식이 현저하게 감소했음을 시사하는 결과였다. 또한 그들은 30개 이상의 국가에서 타당화된 1개의 문항(Veenhoven, 2008)으로 행복 수준을 측정했다. 기저 시점에서, 두 집단에 할당된 경계선 성격장애 내담자의 행복 수준은 각각 '매우 불행한'을 뜻하는 2.75와 '상당히 불행한'을 뜻하는 3.50이었다. 종료 시점에서, 내담자의 행복 수준은 모든 집단에서 '상당히 행복한'을 뜻하는 5.23으로 증가했다([그림 30-2] 참고). 이 수치는 일반적인 네덜란드 사람의 평균 행복 수준(5.28)과 동등했다(Veenhoven, 2008). 긍정적 정서와 부정적 정서가 동일한 연속선상에 존재할 수 있다는 Wood와 Tarrier(2010)의 주장을 감안할 때, 이 연구의 결과는 상당히 흥미롭다. 부정적 양

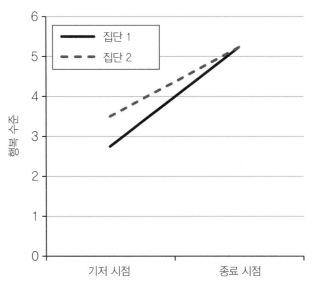

[그림 30-2] 집단심리도식치료를 실시한 두 동일 집단의 행복 수준 평균(범위 0~7, 기간 2년)
Dickhaut & Arntz (2014). Elsevier의 허락하에 재인용.

식과 긍정적 양식에 모두 주목하는 심리도식치료는 부정적 정서를 감소시키는 효과와 긍정적 정서를 증가시키는 효과를 동시에 나타내는 것으로 해석할 수 있다.

신생 분야

전통적으로 심리도식치료는 경계선 성격장애 내담자를 치료하는 모형으로 알려져 있다. 하지만 최근에는 여러 다른 임상 조건에 심리도식치료를 적용하려는 시도가 이어지고 있다. 예컨대, 신경성 거식증(George, Thorton, Touyz, Waller, & Beumont, 2004), 일반적 섭식장애(Simpson, Morrow, Vreeswijk, & Reid, 2010), 성격장애를 동반한 공황장애 혹은 광장공포증(Hoffart, Versland, & Sexton, 2002), 재향군인의 외상후 스트레스장애(Cockram, Drummond, & Lee, 2010), 만성 우울증(Malogiannis et al., 2014)을 심리도식치료를 통해서 효과적으로 치료할 수 있는지 탐색하고 있다. 해리성 정체감장애를 대상으로 진행된 연구도 있다(Huntjens, 2014).

심리도식치료에 기쁨과 놀이를 접목하는 작업도 시작되고 있는데, 이것은 긍정 임상심리학의 접근과 일치한다. 심리도식치료의 제한적 재양육에는 세 가지의 핵심 요소가 있다. 첫째, 부정적 정서를 감소시킨다(예: 위로하기, 진정하기). 둘째, 긍정적 정서를 증가시킨다(예: 기쁨, 재미). 셋째, 치료구조와 치료관계를 통해서 명확한 한계를 설정하고 관리한다. Lockwood와 Shaw(2012)는 많은 치료자가 내담자에게 긍정적 경험을 제공할 수 있는 기회를 활용하지 않기 때문에 심리치료의 초점이 오직 고통과 괴로움을 감소시키는 방향으로 고정되는 경향이 있다고 지적했다(Grawe, 2007). 그들은 유아와 상호작용하는 부모의 역할이 중요하다고 강조하면서, 생애 초기에 부모와의 관계에서 기쁨을 경험하는 능력은 생애 후기에 인간관계를 형성하는 능력과 관련이 있다고 주장했다. 또한 그들은 현재의 긍정심리학적 접근이 인지적 및 행동적 기법을 사용하는 내담자의 '성인 측면'을 지원하는 작업만 강조하고 '아동 측면'에는 거의 주목하지 않는다고 비판했다. 그들에 따르면, 심각한 심리장애를 겪고 있는 아동은 발달과정에서 치명적 공백을 경험했다. 예컨대, '긍정성의 초기 기반(early roots of positivity)'을 형성하지 못한 것이다. 공감을 발휘하는 능력과 마찬가지로 기쁨을 경험하는 능력도 학습된 것이다. 부모가 자신의 능력을 유아와 충분하게 공유해야 유아가 그것을 내재화할 수 있다(Schore, 2003). 또한 Lockwood와 Shaw(2012)는 모든 포유류에게서 공통으로 발견되는 일곱 가지 '정서적 구성 요소(emotional building block)' 가운데 하나로 놀이의 중요성을 강조한 Panksepp(1998)의 견해를 인용했다. 심리도식치료의 초기 평가 과정에서 혹은 '어린 자기'와 연결하는 심상 작업 과정에서, 내담자의 어린 시절에 놀이가 부재했다는 사실이 분명하게 드러나는 순간이 있다. 치료자가 과거에 즐거웠던 장면을 심상으로 그려보도록 요청해도, 부모/어른과 그렇게 놀아 본 기억이 없는 내담자는 심상을 떠올리지 못한다. 오히려 치료자의 요청을 기이하고 부적절한 행위로 치부할지 모른다.

심리도식치료의 평가 단계가 종료되어 사례개념화를 완성했는데 내담자의 정서적 결핍 도식을 확인했다고 가정해 보자. 더 구체적으로, 기쁨을 경험하고 놀이를 수행하는 능력이 결핍된 내담자를 상상해 보자. 만약 그렇다면, 심리도식치료자는 여러 가지 긍정적 개입을 시도해서 내담자를 북돋을 수 있을 것이다. Lockwood와 Shaw(2012)는 '격려전화'를 제안했다. 치료관계의 전문적 경계를 해치지 않는 합의된 범위에서, 치료자가 내담자에게 전화를 걸어서 심리치료의 긍정적 진전을 직접적으로 언급할 수도 있고 행복감을 공유할 수도 있다. 이것이 긍정적으로 강화하는 것이다. 더 나아가서, 치료자와 내담자는 정기적으로 각자의 어린 시절 이야기를 나눌 수 있다. 즉, 치료관계의 맥락에서 즐겁게 연결할 수 있는 기회를 발굴하고, 따뜻하고 안정적인 애착 경험을 제공하는 것이다. 그렇게 함으로써 치료자는 내담자와 작업하는 것이 즐겁다는 메시지를 전달할 수 있고, 모든 심리치료의 공통 요인인 보살피고 존중하는 치료관계를 공고하게 형성할 수 있다. 놀이라는 구성 요소를 추가하면 긍정적 정서가 더 고양될 것이다. 상상을 포함하는 심상 작업 자체가 일종의 놀이라고 주장하는 사람이 있을지 모르겠다. 그렇다면 심상 작업에 체험적 기법(예: 의자 기법, 드라마치료)을 추가하는 방식으로 응용할 수 있을 것이다.

집단심리도식치료에서도 놀이를 성공적으로 활용할 수 있다. 하지만 많은 성인 내담자의 경우, 놀이가 의도하지 않은 믿음, 도식, 대처, 양식을 촉발시킬 수도 있다는 사실을 유념해야 한다. 예컨대, 처벌적 부모 양식을 지니고 있는 경계선 성격장애 내담자는 치료자의 놀이 제안을 '유치한' 것 혹은 '시간낭비'라고 묵살할 수도 있다. 결함 도식을 지니고 있는 내담자는 어떻게 놀아야 하는지 몰라서 당황하는 자신의 결함을 재확인할 수도 있다. Lockwood와 Shaw(2012)는 집단심리도식치료에 놀이를 접목하는 몇 가지 방법을 제안했다. 예컨대, 얼굴 게임(풍선에 매직펜으로 얼굴 표정을 그리게 하고, 관련된 감정을 표현하도록 격려하기), 올림픽 게임(텔레비전에서 매일 올림픽 경기만 보여 준다는 입원 환자의 불평을 능동적으로 접수해서 올림픽 경기를 진행하기, 현수막/깃발/의상을 제작하기, 내담자를 개막식 사회자로 위촉하기, 각종 게임을 실시하기) 등을 참고하기 바란다.

놀이 요소가 접목된 치료 개입을 시도할 때는 반드시 내담자의 사례개념화 및 현재의 호소 문제를 고려해야 한다. 예컨대, 내담자가 분노 혹은 우울과 씨름하고 있는 상황이라면 놀이는 별로 유익하지 않을 것이다. 심리도식 양식 작업의 맥락에서, 놀이에 참여하려면 내담자의 아동 양식이 충분히 안정되어야 한다. 또한 놀이가 고통스러운 감정 혹은 불편한 주제로부터 주의를 분산시키는 일종의 회피적 기능을 하는 상황도 바람직하지 않다. 이에 반해, 행복한 아동 양식의 힘이 미약한 내담자의 경우에는 모든 치료시간에 잠깐이라도 놀이와 기쁨의 요소를 포함시키는 것이 유익할 수 있다. 놀이를 통해서 억압된 양식 혹은 미개발된 양식을 발달시키는 효과를 기대할 수 있기 때문이다. 이러한 접근의 이면에는 심리치료자는 스스로 자기를 보살필 수 있는 사람이라는 전제가 암묵적으로 내재되어 있다. 그렇기 때문에 내담자와 작업하는 과정을 때때로 적극적으로 즐길 수 있다. 위에서 언급한 놀이 요소와 기쁨 요소를 접목한 치료 개입의 예시들을 살펴보면서 심리도식치료가 얼마나 유연한 치료 모형인지 짐작했을 것이다. 그래서 심리도식치료는 긍정 임상심리학의 지향점과 잘 부합한다.

결론

과거의 심리치료는 긍정심리학과 거리가 한참 멀었다. 심리치료는 주로 인간의 부정적 경험, 자기의 부정적 측면, 그리고 심리적 고통을 감소시키는 치료 개입에 주력했다. 긍정 임상심리학을 주창한 Wood와 Tarrier(2010)는 더 통합적인 심리치료가 필요하다면서 인간의 부정적 경험과 긍정적 경험에 모두 주목하는 연구 작업과 임상 활동을 하자고 제안했다. 심리도식치료가 보유하고 있는 세 가지 강점 중의 하나가 바로 통합이다. 심리도식치료는 부정적 양식을 약화하는 개입뿐만 아니라 긍정적 양식을 강화하는 개입까지 통합하는 치료 모형이고, 긍정적 기능과 부정적 기능의 균형을 포함하여 두 가지 측면이 서로 상호작용한다고 제안하는 치료 모형이다. 앞으로 더 탐색해야 하겠지만, 지금까지 밝혀진 초기 연구 결과에 따르면 심리도식치료는 내담자의 행복감과 안녕감을 증진하는 직접적 치료효과를 발휘한다. 지금까지 심리도식치료가 긍정 임상심리학의 지향점과 부합하는 치료 모형이라는 사실과 심리도식치료가 긍정 임상심리학의 발전에 어떻게 공헌할 수 있는지를 논의했다.

📖 참고문헌

Arntz, A. (2012). Schema therapy for cluster C personality disorders. In: J. B. M. van Vreeswijk & M Nadort (Eds.), *The Wiley-Blackwell Handbook of schema therapy: Theory, research and practice* (pp. 397-425). Chichester: Wiley-Blackwell.

Arntz, A. & Jacob, G. (2012). *Schema therapy in practice: An introductory guide to the schema mode approach.* Chichester: Wiley-Blackwell.

Arntz, A. & van Genderen, H. (2009). *Schema therapy for borderline personality disorder.* Chichester: Wiley-Blackwell.

Arntz, A. & Weertman, A. (1999). Treatment of childhood memories: Theory and practice. *Behaviour Research and Therapy, 37*(8), 715-740.

Bamelis, L. L. M., Arntz, A., Wetzelaer, P., Verdoorn, R., & Evers, S. M. A. A. (in press). Economic evaluation of schema therapy and clarification-oriented psychotherapy for personality disorders: a multicenter randomized trial. *Journal of Clinical Psychiatry.*

Bamelis, L. L., Evers, S. M., Spinhoven, P., & Arntz, A. (2014). Results of a multicenter randomized controlled trial of the clinical effectiveness of schema therapy for personality disorders. *American Journal of Psychiatry, 171,* 305-322. doi.org/10.1176/appi.ajp.2013.12040518.

Bamelis, L., Giesen-Bloo, J., Bernstein, D., & Arntz, A. (2012). Effectiveness studies of schema therapy. In: M. van Vreeswijk, J. Broersen, & M. Nadort (Eds.), *Handbook of schema therapy: Theory, research and practice.* Chichester: Wiley-Blackwell.

Bernstein, D. P., Arntz, A., & Vos, M. D. (2007). Schema focused therapy in forensic settings: Theoretical model and recommendations for best clinical practice. *International Journal of Forensic Mental Health, 6*(2), 169-183.

Bernstein, D. P., Nijman, H. L. I., Karos, K., Keulen-de Vos, M., de Vogel, V., & Lucker, T. P. (2012). Schema therapy for forensic patients with personality disorders: Design and preliminary findings of a multicenter randomized clinical trial in the Netherlands. *International Journal of Forensic Mental Health, 11*(4), 312-324. doi.10.1080/14999013.2012. 746757.

Bowlby, J. (1969). *Attachment and loss: Attachment.* New York: Basic Books.

Chakhssi, F., Kersten, T., de Ruiter, C., & Bernstein, D. P. (2014). Treating the untreatable: A single case study of a psychopathic inpatient treated with Schema Therapy. *Psychotherapy, 51*(3), 447-461.

Cockram, D. M., Drummond, P. D., & Lee, C. W. (2010). Role and treatment of early maladaptive schemas in Vietnam veterans with PTSD. *Clinical Psychology & Psychotherapy, 17*(3), 165-182. doi.10.1002/cpp.690.

Dickhaut, V. & Arntz, A. (2014). Combined group and individual schema therapy for borderline personality disorder: A pilot study. *Journal of Behavior Therapy and Experimental Psychiatry*, 45(2), 242-251.

Edwards, D. & Arntz, A. (2012). Schema therapy in historical perspective. In: J. B. M. van Vreeswijk & M. Nadort (Eds.), *The Wiley-Blackwell handbook of schema therapy: Theory research and practice* (pp. 3-26). Chichester: Wiley-Blackwell.

Farrell, J. M. & Shaw, I. A. (1994). Emotional awareness training: A prerequisite to effective cognitivebehavioral treatment of borderline personality disorder. *Cognitive and Behavioral Practice*, 1(1), 71-91.

Farrell, J. M. & Shaw, I. A. (2012). *Group Schema Therapy for borderline personality disorder: A step-by-step treatment manual with patient workbook*. Chichester: Wiley-Blackwell.

Farrell, J. M., Shaw, I. A., & Webber, M. A. (2009). A schema-focused approach to group psychotherapy for outpatients with borderline personality disorder: A randomized controlled trial. *Journal of Behavior Therapy and Experimental Psychiatry*, 40(2), 317-328. doi.10.1016/j.jbtep.2009.01.002.

George, L., Thornton, C., Touyz, S. W., Waller, G., & Beumont, P. J. V. (2004). Motivational enhancement and schema-focused cognitive behaviour therapy in the treatment of chronic eating disorders. *Clinical Psychologist*, 8(2), 81-85. doi.10.1080/13284200412331304054.

Giesen-Bloo, J., van Dyck, R., Spinhoven, P., van Tilburg, W., Dirksen, C., van Asselt, T., Arntz, A., et al. (2006). Outpatient psychotherapy for borderline personality disorder: Randomized trial of schemafocused therapy vs transference-focused psychotherapy. *Archives of General Psychiatry*, 63(6), 649-658. doi.org/10.1001/archpsyc.63.6.649.

Grawe, K. (2007). *Neuropsychotherapy: How the neurosciences inform effective psychotherapy*. New York: Psychology Press.

Hoffart, A., Versland, S., & Sexton, H. (2002). Self-understanding, empathy, guided discovery, and schema belief in schema-focused cognitive therapy of personality problems: A process-outcome study. *Cognitive Therapy & Research*, 26(2), 199-219. doi.10.1023/a:1014521819858.

Horney, K. (1950). *Neurosis and human growth: The struggle towards self-realization*. New York: W. W. Norton.

Huntjens, R. J. C. (2014). Innovation in the treatment of dissociative identity disorder: The application of schema therapy. Available at: http://www.trialregister.nl/trialreg/admin/rctview.asp?TC=4496.

Jacob, G. A. & Arntz, A. (2013). Schema therapy for personality disorders: A review. *International Journal of Cognitive Therapy*, 6(2), 171-185. doi.org/10.1521/ijct.2013.6.2.171.

Lobbestael, J. (2012). Validation of the Schema Mode Inventory. In: J. B. M. van Vreeswijk & M. Nadort (Eds.), *The Wiley-Blackwell handbook of schema therapy: Theory research and practice* (pp. 541-553). Chichester: Wiley-Blackwell.

Lockwood, G. & Perris, P. (2012). A new look at core emotional needs. In: J. B. M. van Vreeswijk & M. Nadort (Eds.), *The Wiley-Blackwell handbook of schema therapy: Theory research and practice* (pp. 41-66). Chichester: Wiley-Blackwell.

Lockwood, G. & Shaw, I. (2012). Schema therapy and the role of joy and play. In: J. B. M. van Vreeswijk & M. Nadort (Eds.), *The Wiley-Blackwell handbook of schema therapy: Theory research and practice* (pp. 209-227). Chichester: Wiley-Blackwell.

Malogiannis, I. A., Arntz, A., Spyropoulou, A., Tsartsara, E., Aggeli, A., Karveli, S., Zervas, I., et al. (2014). Schema therapy for patients with chronic depression: A single case series study. *Journal of Behavior Therapy and Experimental Psychiatry*, 45(3), 319-329.

Masley, S. A., Gillanders, D. T., Simpson, S. G., & Taylor, M. A. (2012). A systematic review of the evidence base for schema therapy. *Cognitive Behaviour Therapy*, 41(3), 185-202. doi.10. 1080/16506073.2011.614274.

Nadort, M., Arntz, A., Smit, J. H., Giesen-Bloo, J., Eikelenboom, M., Spinhoven, P., van Dyck, R., et al. (2009). Implementation of outpatient schema therapy for borderline personality disorder with versus without crisis support by the therapist outside office hours: A randomized trial. *Behaviour Research and Therapy*, 47(11), 961-973. doi.org/10.1016/ j.brat.2009.07.013.

Oei, T. P. S. & Baranoff, J. (2007). Young Schema Questionnaire: Review of psychometric and measurement issues. *Australian Journal of Psychology*, 59(2), 78-86. doi.10.1080/ 00049530601148397.

Panksepp, J. (1998). *Affective neuroscience: The foundations of human and animal emotions*. Oxford: Oxford University Press.

Rafaeli, E., Bernstein, D. P., & Young, J. E. (2011). *Schema therapy: The CBT distinctive features series*. London: Routledge.

Rijkeboer, M. M. (2012). Validation of the Young Schema Questionnaire. In: J. B. M. van Vreeswijk & M. Nadort (Ed.), *The Wiley-Blackwell handbook of schema therapy: theory research and practice* (pp. 531-541). Chichester: Wiley-Blackwell.

Rijkeboer, M. M. & de Boo, G. M. (2010). Early maladaptive schemas in children: Development and validation of the schema inventory for children. *Journal of Behavior Therapy and Experimental Psychiatry*, 41(2), 102-109. doi.org/10.1016/j.jbtep.2009.11.001.

Schore, A. N. (2003). *Affect dysregulation and disorders of the self*. New York: W. W. Norton.

Sempertegui, G. A., Karreman, A., Arntz, A., & Bekker, M. H. J. (2013). Schema therapy for borderline personality disorder: A comprehensive review of its empirical foundations, effectiveness and implementation possibilities. *Clinical Psychology Review, 33*(3), 426–447. doi.org/10.1016/j.cpr.2012.11.006.

Simpson, S. G., Morrow, E., Vreeswijk, M. V., & Reid, C. (2010). Group schema therapy for eating disorders: A pilot study. *Frontiers in Psychology, 1.* doi.10.3389/fpsyg.2010.00182.

Stallard, P. & Rayner, H. (2005). The development and preliminary evaluation of a Schema Questionnaire for Children (SQC). *Behavioural and Cognitive Psychotherapy, 33*(2), 217–224.

Stopa, L., Thorne, P., Waters, A., & Preston, J. (2001). Are the short and long forms of the Young Schema Questionnaire comparable and how well does each version predict psychopathology scores? *Journal of Cognitive Psychotherapy, 15*(3), 253–272.

van Genderen, H., Rijkeboer, M., & Arntz, A. (2012). Theoretical model: Schemas, coping styles and modes. In: J. B. M. van Vreeswijk & M. Nadort (Eds.), *The Wiley-Blackwell handbook of schema therapy: Theory, research and practice* (pp. 27–40). Chichester: Wiley-Blackwell.

Veenhoven, R. (2008). One item Happiness Question: World Database of Happiness. Available at: http://worlddatabaseofhappiness.eur.nl/hap_quer/hqs_fp.htm, last accessed May 18, 2015.

Wetzelaer, P., Farrell, J., Evers, S. M., Jacob, G. A., Lee, C. W., Brand, O., Harper, R. P., et al. (2014). Design of an international multicentre RCT on group schema therapy for borderline personality disorder. *BMC Psychiatry, 14*(1), 319.

Williams, J., Watts, F., MacLeod, C., & Mathews, A. (1997). *Cognitive psychology and emotional disorders.* Chichester: Wiley-Blackwell.

Wood, A. M. & Tarrier, N. (2010). Positive clinical psychology: A new vision and strategy for integrated research and practice. *Clinical Psychology Review, 30*(7), 819–829. doi.10.1016/j.cpr.2010.06.00.

Young, J. E. (1990). *Schema-focused cognitive therapy for personality disorders: A schema focused approach.* Sarasota, FL: Professional Resource Exchange.

Young, J. E., Arntz, A., Atkinson, T., Lobbestael, J., Weishaar, M. E., & van Vreeswijk, M. F. (2007). *The Schema Mode Inventory (SMI).* New York: Schema Therapy Institute.

Young, J., Klosko, J., & Weishaar, M. (2003). *Schema therapy: A practitioner's guide.* New York: Guilford Press.

찾아보기

인명

A

Abedi, M. R. 630

Albee, G. W. 49

Allport, G. W. 242

Aristippus 240

Aristoteles 34, 225, 226, 229,
240, 242

Arntz, A. 699

B

Bandura, A. 143, 145, 153,
154, 157

Barlow, D. H. 318

Batson, C. D. 165, 166, 168,
169, 174, 177, 180, 181

Baz, M. A. 628, 629

Beck, A. T. 221, 638

Bird, G. 183, 185

Biswas-Diener, R. 475

Blair, R. J. P. 168, 182

Bodhi, B. 585

Borkovec, T. D. 328, 329

Bowlby, J. 462

Bronfenbrenner, U. 438

Brown, K .W. 595

Brunstein, J. C. 458

C

Calhoun, L. G. 347

Cheung, W. Y. 205

Cialdini, R. B. 175

Cicchetti, D. 433

Clark, D. A. 638

Clark, L. A. 101, 103, 106

Clarkin, J. F. 414

Conway, C. 459

Crocker, J. 333

Csikszentmihalyi, M. 48, 537

D

Danchin, C. L. 463

Davis, M. H. 200, 202, 565,
573

Decety, J. 166, 167, 169

Deikman, A. J. 594

DiBlasio, F. A. 568, 573

Diener, E. 500

E

Eaton, N. R. 415

Edwards, D. 699

Ehlers, S. L. 628

Elliot, A. J. 458

Elliott, R. 663

Emmons, R. A. 322, 539

Enright, R. D. 560, 566, 568, 572

Epicuris 240

F

Fava, G. A. 288, 329, 464, 603

Ferguson, E. 173, 175, 176, 186

Folkman, S. 548

Frankl, V. 242, 596

Fredrickson, B. L. 265, 320, 323, 332, 514, 543, 548

Frisch, M. B. 632

G

Gendlin, E. 658

Geraghty, A. W. A. 322, 329

Gibran, K. 586

Goldin, P. R. 153

Gore, W. L. 408

Greenberg, L. S. 568

Griffin, B. J. 573

Gross, J. J. 594

Gruber, J. 112, 113, 359, 367, 368

H

Hayes, S. 594, 675, 679, 686

Hepper, E. G. 201, 204, 205

Hill, A. 668

Hoyle, R. H. 148

Hutton, P. 384, 387, 388, 390, 391

J

Jackson, C. 166, 167, 169

Jahoda, M. 241, 242

Jobes, D. 464

Johnson, S. L. 112, 113, 359, 367

Joseph, S. 248

K

Kabat-Zinn, J. 543

Kashdan, T. 67, 70, 595, 685, 686

Kazdin, A. E. 631

Keyes, C. L. M. 30, 246

King, M. 540

Kirschenbaum, H. 665

Kobasa, S. C. 125

Kornfield, J. 583, 585

Krueger, R. F. 415

Kuhn, T. 39

L

Lamm, C. 168, 169, 171, 178

Lazarus, R. 25, 265

Little, B. R. 457

Luskin, F. 567

Luthar, S. S. 433

Lyubomirsky, S. 475, 515, 537, 540, 544, 545

M

MacLeod, A. K. 459, 460, 462

Maddux, J. E. 142, 152, 153

Mandelbrot, D. A. 629

Mansell, W. 360, 362, 363, 364, 365, 366, 367, 368, 370, 371

Marcus, S. C. 535, 536

Maslow, A. 21, 23, 242

May, C. 299

McCullough, M. E. 322, 539, 559, 564

Melges, F. T. 462

Mooney, K. A. 465

Mullins-Sweatt, S. M. 415

N

Naragon-Gainey, K. 103, 104, 105, 106, 107, 108, 112, 114

Nettle, D. 172

Nock, M. K. 453

Nolen-Hoeksema, S. 547

Norem, J. 71

O

O'Connor, R. C. 461

Oakley, B. 184

P

Padesky, C. A. 465

Parks, A. C. 475

Parrott, G. 77

Pavlakis, M. 629

Pennebaker, J. W. 321

Peterson, C. 28, 323, 383

R

Rodrigue, J. R. 627, 628, 629

Rogers, C. 92, 242, 651, 652, 653, 656, 658, 660, 661, 663, 665, 670

Rojas, S. L. 421

Rottenberg, J. 67, 70, 595

Routledge, C. 206, 208

Russell, D. 242

Ryan, R. M. 595

Rye, M. S. 567, 571

Ryff, C. D. 243, 247, 248, 249, 253, 458, 465, 604

S

Samuel, D. B. 407, 415

Sandage, S. J. 571

Sanderson, C. J. 414

Sedikides, C. 201, 208, 209

Seligman, M. E. P. 23, 48, 288, 323, 325, 383, 457, 465, 537, 538, 541, 542

Sen, A. 230

Sheldon, K. M. 458

Shlien, J. 651

Sin, N. L. 475

Singer, T. 167, 168, 169, 170, 171, 172, 178, 248

Skodol, A. E. 411

Slade, M. 383, 384, 385, 389

Smith, A. 182

Stalin, J. 228, 230

Stone, M. H. 414

T

Tarrier, N. 62, 64, 65, 66, 67, 76, 382, 387

Teasdale, J. D. 588

Tedeschi, R. G. 347

Toussaint, L. L. 569

V

Vaillant, G. E. 269

Viding, E. 183, 185

Vostanis, P. 630

W

Wade, N. G. 570, 571

Waldron, V. R. 565

Watkins, P. C. 317, 325

Watson, D. 101, 102, 103, 104, 105, 106, 107, 108, 110, 112

Westerhof, G. J. 30

Widiger, T. A. 415

Widows, M. R. 628, 629

Wildschut, T. 201, 202, 203, 204, 205, 208

Williams, S. L. 147, 154, 588

Wood, A. M. 62, 64, 65, 66, 67, 76, 248, 387

Worthington, E. L. 564, 566, 568, 573

내용

16개의 삶의 가치 영역 623

5요인 모형(FFM) 405

Batson의 개념 169, 170, 171

Best Possible Selves 288

COAL 586

MB-EAT 588

PT(o) 172, 183

PT(s) 172, 183

REACH 용서 모델 566

UCLA 외로움 척도 207

VIA 강점 검사(VIA-IS) 264

ㄱ

가능화 156

가라앉히기 295

가장 중요한 가치들을 확인

하기 537

가치 683

가치의 조건 653

간략한 역사 143

감사 219, 539

감사 개입 222

감사 성찰 322

감사 재평가 321

감사 재확인 329

감사편지 539

감사편지 쓰기 288, 537

감사피로 224

감사하기 478

감정 전이 169

감정적 용서 564

강박장애 180

강인성 124

강점 381, 382, 383, 387, 481

강점 및 덕목의 분류체계(CSV)
506

강점 활용하기 537

개념화된 자기 680

개방성 415, 419, 586

개인적 성장 242, 244, 245,
247, 251, 607

개인주의 문화 546

개인특유적 69

개인화 241, 243

개입 매핑 절차 299

거리두기 593

거울 뉴런체계 183, 185

건강 45

건강 신념 모형 152

결정적 용서 564

경계선 성격장애 589

경조증 359, 364, 368

경조증적 특질 360, 363, 365

경험적 증거 200

경험회피 594, 680

계획 능력 461

고문 184

고비용 도움 주기 176

고통스러운 관여 462

공감 165, 653, 656, 664

공감 관련 구성개념 165

공감 특질 172

공감의 경험을 통한 용서와
화해 568

공감의 자기에서 타인으로의
모델 183, 185

공감의 정확성 186

공감-이타주의 모델 174

공감자 167

공감자에 대한 비용 177

공감자에 대한 효과 173

공감적 고통 171, 172, 174,
176, 177, 178, 179, 180,
183

공감적 관심 171, 172, 174,
175, 176, 178, 179, 180,
183

공감적 이해 658, 661

공감하기 480

공익 게임 181

공익에 기여하기 180

공포 관리 205

공황장애 246

과도한 공감 178

관계구성틀 683

관계구성틀 이론 679

관대함 564

관련된 구성 요소 184

관찰하는 자기 594

구원 202

구원-지향적인 삶의 이야기 212

구조화 임상면담 도구 293, 522

권태 211

근거기반 개입 631

근거기반 치료 625

금연 589

긍정 소개 505

긍정 임상심리학 21, 62

긍정 정서 101, 113, 320, 382, 384, 385, 386, 388, 498, 502

긍정 정서 및 부정 정서 척도 (PANAS) 201, 293, 522

긍정 활동 개입 536, 537, 538, 550

긍정기분 101, 359, 362

긍정기분의 역기능 102

긍정심리 실천 질문지(P3Q) 636

긍정심리치료 385, 498, 542

긍정심리치료 척도(PPTI) 518

긍정심리학 23, 63

긍정심리학 운동 219, 382

긍정심리학 이데올로기 55

긍정심리학적 개입(PPIs) 475

긍정적 기능 655

긍정적 재평가 321

긍정적 정서의 확장 및 축적 이론 68

긍정적 존중 654

긍정적 추억치료 328

긍정적인 감정 명상하기 537

긍정평가 512

긍정평가 방식 295

기능적 맥락주의 679

기분 상승에 대한 부정적 사고 367

기분 좋아짐 538

기억 특정성 훈련 297

기억회상 훈련 297

ㄴ

낙관성 540

낙관성 훈련 537

낙관주의 205

낙관하기 481

낙인 435

내부 감각 296

내적 평가 소재 662

내집단 편애 182

내폭법 155

내현적 모델링 147

노예-감독자 232

노화 262

ㄷ

다중 기준 411

다중진단 412

단일 기준 411

단일 패러다임 186

달리 구분되지 않는 성격장애 (PDNOS) 416

달콤한 16 영역 624, 632

대리 경험 147, 154

대비 회피 모형 291

대상 167

대상에 대한 효과 174

대표 강점 506

대표 강점 인식하기 288, 292

대표 강점 활용하기 288

더 긍정적인 임상심리학 47

도식치료 32

도움 주기 174

독재자 게임 177

돕지 않기 174

동정심 167, 171

ㅁ

마음 이론 169, 183
마음 이론체계 183, 185
마음 확장 정서 대처(BMAC) 38
마음-신체 통합 499
마음유랑 295
마음챙김 324, 384, 387, 390, 392, 583, 678
마음챙김 명상훈련 543
마음챙김실습 587, 593
마음챙김에 기반한 스트레스 감소 프로그램(MBSR) 587, 588, 590
마음챙김에 기반한 인지치료 (MBCT) 588, 589
맥락으로서의 자기 683
맥락의 역할 685
메타 기제 594
메타분석 538, 568, 573, 663, 666
메타이론 86
모의실험 이론 166, 170
목표이론 457
몰입 502
무력감 143
무선통제실험(RCT) 90, 516, 589
무임승차 181

무조건적 긍정적 존중 657, 658, 661
무쾌감증 102, 109, 110, 111, 284, 285, 286, 287, 293, 294, 388
무효화 효과 591
미래 사고 과제(FTT) 459
미래의 방향 185
미래지향적 사고 454, 457

ㅂ

반사회성 성격장애 182
반추 367, 370, 372, 386, 547
발모광 589
방어적 비관주의 71, 72, 291
번영 246, 591, 651, 670
범불안장애 249
범주적 모델 53
범진단적 366, 367
법칙정립적 69
벡 우울 척도(BDI) 91, 293, 526
변증법적 행동치료(DBT) 414, 587, 589
병리적 이타심 184
병리화 52
보상 시스템 285
보호 동기 이론 152
보호요인 436

복을 헤아리는 것 539
부정 정서 101, 366
부정적 상태 위안 모델 175
부정적 정동 증후군(NAS) 318
부정적인 임상심리학 52
부정적인 효과 177
불교 231
불면증 588, 589
불안장애 318
비용과 효과 172
비용-효과 교환 모 172
비용-효과 모델 166
비자살적 자해 455
비정체성 231

ㅅ

사건 회상 과제(ERT) 202, 203, 204, 205, 206, 208, 209, 210
사고억제 330
사랑 384, 586
사례개념화 87
사우샘프턴 향수 척도 208
사회 구성주의 50
사회공포증 106
사회관계 측정 205
사회불안 106, 113, 588
사회에 대한 비용 180
사회에 대한 효과 177

사회인지 모델 229
사회인지이론 145, 149, 156
사회적 건강효과 204
사회적 공급 척도 206
사회적 구성개념 46
사회적 비교 과정 174
사회적 연결성 206
사회적 위협에 대항한 완충 207
사회적 전염 효과 631
사회적 지지 546
사회적 학습 143
사회적으로 구성된 이데올로기 50
삶의 만족도 89, 502
삶의 목적 242, 244, 245, 247, 251, 458, 608
삶의 의미 설문지 206
삶의 의미 있음 205
삶의 질 369, 379, 387
삶의 질 척도(QOLI) 625
삶의 질 치료(QOLT) 623
삶의 질 치료와 코칭 623
상대적 감사 모델 229
상상 경험 147, 154
상승된 기분에 대한 부정적 사고 368
상향적 간접 호혜주의 177
상호연결성 583

상황적 이해체계 183, 185
생리적/정서적 상태 147, 155
생물의학적 모델 87
생태체계 333
샤덴 프로이데 187
성격 강점 498
성격 프로파일 413
성격장애 405, 409, 417
성격적 강점 414
성공적 노화 263, 270
성숙 242, 267
성실성 407, 414, 420
성장 모델 658, 659, 662
성취 동기 143
세 가지 좋은 점들 541
세 가지 축복 325
세계정신건강조사 535
쇠약 246
수용 586, 682
수용전념치료 589, 675, 679
수치심 187
수학 불안 589
수행 경험 146, 153
스토아학파 231
스트레스 210
시기심 187
시스템 합리화 230
신경증 성향 102, 109, 407, 419

신성한 용서 565
신에 대한 분노 564
신체와의 분리 295
실용적 함의 187
실존적 건강효과 205
실존적 위협에 대항한 완충 209
실험적으로 유발된 향수와 평범한 자서전적 이야기의 비교 202
실현경향성 654, 655, 663
심리도식 양식 698, 702
심리도식치료 233, 697
심리적 건강효과 203, 211
심리적 고통 652, 655
심리적 기능 55
심리적 성숙 212
심리적 안녕 92
심리적 안녕 위협에 대항한 완충 210
심리적 안녕감 30, 241, 250
심리적 웰빙 458, 603
심리적 유연성 331, 594, 595, 684, 686
심리적 유연성 모델 680
심리적 질병 45
심리화 166

ㅇ

아동 · 청소년기 433

아편 의존 589

안녕감 538, 543

안녕감 척도(SWB) 522

애착 205

애착이론 664

애착체계 204

애호 285, 295, 297

양가감정 199, 211

양극성 장애 112, 359, 362, 369, 372

언어적 설득 147, 155

역기능적인 불안 151

역학연구센터 우울 척도 (CES-D) 31

연구자 충성도 효과 667

연민 훈련 187, 188

예상 454, 457

온정 173

완료된 자살 454

완전한 용서 567

완충 역할 206

외상 후 성장(PTG) 89, 346, 669, 670, 687

외상 후 스트레스 669

외상후 스트레스장애(PTSD) 345, 669

외집단 편파와 편견의 감소 177

외향성 106, 107, 109, 110, 419

욕구 285, 295, 297

용서 564

용서 못함 559, 560, 564, 574

용서에 대한 과정 모델 566

용서치료 560, 574

용서편지 쓰기 288

우울 179, 366, 456

우울장애 248

우울증 103, 113, 151, 283, 359, 370, 535

우울한 현실주의 291

우호성 408, 414, 420

운동성 모방 169

원격연상검사 208

원숭이 마음 585

원형 접근법 201

원형−기반 조작 204

웰빙 89, 103, 105, 382, 383, 385, 386, 387

웰빙 치료(WBT) 249, 250, 251, 253, 288, 329, 465, 542, 603

유기체 이론 659

유기체적 평가 과정 654

유대모니아 239, 240, 243, 244, 245, 246, 247, 248, 250, 251, 252

유도 숙달 154

응시자 사회 스트레스 검사 210

의도 584, 585, 593

의도적 반추 349

의도적 자해행동 455

의료화 52

의미 498

의미 없음 209

의미 있음 209

의학적 모델 86

이론적 고찰 200

이론적 그리고 방법론적 함의 186

이완된 각성 585

이중−과정 설명 171

이중−과정 이론 167

이차원 구조 127

이타주의 182

이탈−재관여 463

인간중심 및 체험적 치료 666

인간중심심리학 651

인본주의 심리치료 90

인지삼제 221

인지적 공감 169, 179, 182

인지적 융합 680

인지적 탈융합 682

인지적 편향수정 324

인지치료 155
인지행동치료(CBT) 155, 249, 250, 380, 588, 667, 677
일치성 658
임상심리학 21
임파워먼트 383, 384, 388, 389, 390

ㅈ

자각 595, 596
자기 위협에 대항한 완충 208
자기가치 수반성 205
자기개념 654, 656, 657, 669
자기결정이론 660, 669
자기관련적 건강효과 204
자기관리 594
자기관찰 145
자기구조 655, 656, 657, 670
자기반성 145
자기비난 360, 363, 370, 372, 384, 387
자기수용 241, 247, 250, 609
자기실현 241, 242, 243
자기실현적 안녕감 239
자기용서 559, 565
자기조절 145, 594
자기-타인 공감 격차 170
자기-타인 분화 167
자기효능감 143, 243

자기효능감과 신체적 안녕 151
자기효능감과 심리적 안녕 151
자기효능감과 심리치료 153
자기효능감과 자기조절 148
자기효능감의 정의 143
자동적·운동적 공감 169, 171
자비 382, 384, 387, 388, 390, 392
자비실습 592, 593
자살사고 454
자살시도 455
자살행동 454
자신의 축복을 헤아리기 537
자아 통합 241
자아체계 333
자아탄력성 332
자애명상(LKM) 323, 548, 591, 592, 593
자율성 243, 247, 369, 383, 388, 389, 390, 392, 608
자존감 144, 205
자존감 척도 205
자책 565
잔존 증상 542
잘못 560
잘못에 관해 소통하기 565
잠재력 이론 656

장수 174
장애로 인해 건강하게 살지 못한 기간의 연수 535
재발 369, 370, 371, 380, 388
재인식하기 584, 593, 594, 595
저비용의 도움 주기 175
저임승차 181
적대성 406
전념행동 684
전략적 낙관주의 72
전문적 동반자 347
절망감 460
접근 목표 298
접근-지향적 203
정규화 방식 299
정서적 공감 171, 179, 182
정서적 단서 분류체계 183, 185
정서적 자기조절 174
정서적 표현체계 183, 185
정서조절 175, 245, 594
정신병질 182
정신장애 50, 51
정신중 365, 379, 381, 382, 390, 391, 392, 663
정신질환 179
정의 167
정좌 명상 587
정체성 성숙 212

조망수용 169

조증 112, 359, 370

조현병 108, 113, 365, 366

조현형 성격 108, 113, 365

족벌주의 182

죄수의 딜레마 게임 177, 180

죄책감 187

주관적 안녕 92

주관적 안녕감(SWB) 30, 441, 537

주요우울장애 249, 588

주의 584, 585, 593

주의력결핍 과잉행동장애 (ADHD) 588

중독 588

중심 요소와 하위 요소 168

중용 225, 226, 228

지각된 조망수용 176

지각적 장 653

지식 169, 183

진단 모델 655

진정한 행복이론 502

질병 메타포 46

질병 이데올로기 45, 46

집단심리도식치료 707, 712

집단주의 문화 546

집합적 효능감 156

ㅊ

차원적 모델 53

차원적 특질 모형 416

착취 183

체계적 둔감화 147, 155

체화된 감정 151

초기 부적응 도식 698, 700

초기 인지적 과정 171

초현실주의 210

최고의 가능한 모습 540, 545

최적 기능 85, 241

최적화된 실시 544

축복 헤아리기 222, 288

축복으로 여기기 322

충분히 기능하는 인간 242, 243, 652, 656, 662

치료적 관계 653

친절 540

친절연습 292

친절하기 479

친절한 행동 323

친절한 행동하기 537

침투적 반추 349

ㅋ

쾌락 적응 방지 모형 477

쾌락적 안녕감 244

ㅌ

타락 202

타인과의 긍정적 관계 241, 245, 247, 609

탄력성 121, 250, 382, 384, 658

탈자동화 593

탈중심화 593

태도 584, 586, 593

통념−이론 166, 170

통념적 개념 201

통제감 243

통증 178

통증 매트릭스 178

통증감내력 590

트라우마 363, 366, 389

특질의 진화 172

티가 나는 반영 664

ㅍ

편협한 이타주의 182

평판 쌓기 173

폭식장애 588

폴리아나 문제 284, 290, 293

표현형 망명자 181

ㅎ

하버드 대학교 성인발달 연구 269

학대 관계 228

학습 285, 295, 297

합리적 행위/계획된 행동 이론
152

항정신증 약물 380, 381, 388,
390

해밀턴 우울평가 척도(HDRS)
293, 522

행동–결과 기대 144

행동억제체계 척도 203

행동치료 676

행동활성화체계 척도 203, 207

행동활성화체계 하위 척도
203

행복 384, 385, 386, 390, 392

행복(혹은 문제해결)에 이르는

다섯 경로(CASIO) 628, 633

행복기준점 476

행위주체성 146

향수 199

향수 질문지 207

향수와 관련된 이야기 속 긍정
적·부정적 사건의 병렬
배치 202

향수와 관련된 이야기의 내용
분석 201

향유 511

향유하기 477

현재에 머무르기 683

협력과 교섭 177

협력적 자살 위험 평가 및 관리
(CAMS) 464

호기심 586, 686

확장 및 축적 이론 265, 320,
511

확장–구축 이론 538

환경적 숙달 242, 247, 250

환경적 통제 607

회복 371, 379, 383, 384, 386,
387, 390

회복탄력성 29

회피 목표 298

효능 동기 143

훈련자와 활동의 조화 546

훈련자의 특성 545

희망 383, 384

희망 치료 543

Alex M. Wood

스코틀랜드 스털링 대학교(University of Stirling) 교수이자 행동과학 센터장이다. 그의 학제간 연구는 임상심리학과 행복을 포함한 안녕감의 모든 분야에 걸쳐 있다. 영국 사상 최연소 전임교수 중한 명인 Alex는 2008년 워릭 대학교(University of Warwick)에서 철학박사 학위를 마치고, 2012년 29세의 나이로 교수가 되었으며, 2013년 그에게 명예교수직을 수여한 맨체스터 대학교(University of Manchester)에서 일했다. 첫 10년 동안 Alex는 100편이 넘는 학술 논문을 발표했고, 학술지에서 5,000번 이상 인용되었으며, 150만 달러 이상의 연구 자금을 유치했고, 50편이 넘는 발표를 했으며, 70개 이상의 학술지에서 논문 심사를 맡았고, 『임상심리학 개관지(Clinical Psychology Review)』의 특별호를 편집했으며, 『타임 매거진(Time Magazine)』, 『파이낸셜 매거진(Financial Magazine)』, BBC 라디오를 비롯한 50개 이상의 뉴스에 특집으로 실렸다. 그는 일하는 시간과 노는 시간을 나누어, 노는 시간에는 글래스고의 음악 친구들과 어울리고, 여행과 하이킹, 야생 수영을 즐기며, 문학과 철학 서적을 읽는다.

Judith Johnson

리즈 대학교(University of Leeds)와 브래드퍼드 보건연구소(Bradford Institute of Health Research)의 임상심리학자이자 강사다. 2010년 맨체스터 대학교(University of Manchester)에서 임상심리학으로 철학박사 학위를, 2013년 버밍엄 대학교(University of Birmingham)에서 임상심리학 박사학위를 취득했다. 그녀의 연구는 안녕감 및 회복탄력성의 발달을 이해하고 지원하는 것과 치료와 서비스 제공을 개선하기 위해 이를 의료 환경에 적용할 수 있는 방법에 중점을 두고 있다.

기여자 소개

Elizabeth L. Addington

노스캐롤라이나 대학교(University of North Carolina) 샬럿 캠퍼스와 VA 코네티컷 건강관리 시스템에서 건강심리학 박사 수련 프로그램을 이수하였다. 그녀의 임상적·학문적 관심사는 심리종양학, 긍정심리학, 그리고 외상 후 성장을 비롯하여 외상 및 주요 스트레스에 대한 반응 등이다.

Sara B. Algoe

노스캐롤라이나 대학교(University of North Carolina) 채플힐 캠퍼스의 심리학 및 신경과학 학과의 조교수다. 그녀는 버지니아 대학교(University of Virginia)에서 심리학 박사학위를 취득하고 UCLA(University of California, Los Angeles)에서 건강심리학으로 박사후과정을 수료하고 노스캐롤라이나 대학교 채플힐 캠퍼스에서 정신생리학으로 박사후과정을 마쳤다. 그녀의 전문 분야는 정서, 대인관계, 건강심리학을 아우른다. 그녀의 연구는 사람들이 사회 환경에서 기회를 활용하는 기본적인 감정 및 대인관계 메커니즘을 이해하는 데 중점을 둔다.

Arnoud Arntz, Ph.D.

암스테르담 대학교(University of Amsterdam) 임상심리학 교수다. 주로 성격장애 내담자를 치료하는 임상가로도 활동하고 있다. 외상후 스트레스장애, 우울증, 성격장애의 심리적인 원인과 치료를 연구하고 있다. 다양한 성격장애와 만성적 우울증에 심리도식치료를 적용하는 방법을 개발하고 평가하는 연구를 수행하였고, 심리학적 치료가 행복감, 삶의 질, 사회적 기능에 미치는 영향도 연구하였다.

Lawrence G. Calhoun

공인심리사로서, 수년간 파트타임으로 임상 현장에서 활동했으며, Richard Tedeschi와 함께 외상 후 성장에 관한 연구와 이론을 소개한 개척자다. 『외상 후 성장: 상담 및 심리치료에의 적용(Posttraumatic Growth in Clinical Practice)』을 포함하여 무려 9권의 저서를 공동 집필하였다.

Adam Davidson

이스트 런던 대학교(University of East London)에서 긍정심리학 전공 석사학위를 취득하였다. 그는 브리스톨 대학교(University of Bristol)의 물리학 석사학위를 취득한 바 있고, Happiness Works의 연구원으로 활약하고 있다. Adam은 Sir Anthony Seldon 박사가 이끄는 Beyond Happiness의 수석 연구원으로 재직하였으며, 현재 올림픽 출전 선수들을 대상으로 열정(passion)이라는 주제로 연구를 수행하고 있다.

Barnaby D. Dunn

연구 및 임상심리학자이며 엑서터 대학교 기분장애센터(University of Exeter Mood Disorders Centre)의 부교수다. 그는 임상적 우울증에서 관찰되는 긍정기분 감소와 웰빙 저하를 치료할 수 있는 새로운 방법을 고안하는 연구를 주도하고 있다. 그는 기분장애센터(Mood Disorders Centre)의 AccEPT 클리닉의 공동 디렉터로서, 인지행동치료와 새로운 심리치료 기법을 사용하여 우울증 내담자를 치료하고 있다.

Robert A. Emmons, Ph.D.

감사 연구의 세계적인 권위자다. 그는 캘리포니아 대학교(University of California) 데이비스 캠퍼스의 심리학 교수이자 『Journal of Positive Psychology』의 설립 편집위원장이다. 또한 그는 『Gratitude Works!: A 21-Day Program for Creating Emotional Prosperity』와 『Thanks!: 마음을 여는 감사의 발견(Thanks! How the New Science of Gratitude Can Make You Happier)』의 저자다.

Giovanni A. Fava

현재 볼로냐 대학교(University of Bologna)의 임상심리학 교수이자 버펄로에 있는 뉴욕 주립대학교의 정신과 임상 교수다. 그는 1977년 파도바 대학교(University of Padova)에서 의학 학위를 받았으며, 맥매스터 대학교(McMaster University), 뉴욕 로체스터 대학교(Rochester University, Engel), 다트머스 대학교(Dartmouth University, Lipowski)에서 선택 과목을 이수했다. 또한 파도바에서 그는 1981년 정신과 레지던트 수련도 마쳤다.

Timothy K. Feeney

네바다 대학교(University of Nevada) 임상심리학 박사 프로그램의 4년 차 대학원생이다. 그는 산호세 주립대학교(San José State University)에서 심리학 학사학위를 취득했다. 그의 이전 연구는 신체 이미지 장애를 측정하기 위한 기능적 평가 장치의 개발에 중점을 두었다. 현재 그는 대인관계 기능에 대한 평가 절차와 수용전념치료 및 기능분석치료의 변화기제에 관한 연구를 하고 있다.

Eamonn Ferguson

노팅엄 대학교(Nottingham University)의 건강심리학 교수이자 공인된 건강 및 직업심리학자다. 그의 현재 이론적 작업들은 ① 성격과 친사회적인 선호도의 일치, ② 혈액과 장기 기증 행동의 이해, ③ 주관적인 안녕감과 정서 처리에 초점을 맞춘 질의들을 다루고자 한다. 이를 위해 심리학(특히, 성격이론)의 이론과 모델들을 행동 경제학과 함께 통합하는 데 초점을 맞추고 있다.

Michael B. Frisch, Ph.D.

베일러 대학교(Baylor University)의 심리학 및 신경과학과에서 심리학 정교수로 재직하고 있으며, 긍정심리학과 임상심리학을 연구하고 실천하고 있다. 그는 Pearson Assessments의 웰빙 검사인 『삶의 질 척도(Quality of Life Inventory: QOLI)』의 저자이며, 『삶의 질 치료(Quality of Life Therapy)』와 『최고의 삶 만들기(Creating Your Best Life)』(Carolin Adams Miller과 공저)의 저자다.

Jeffrey J. Froh, Psy.D.

호프스트라 대학교(Hofstra University)에서 부교수로 재직하고 있고 『Journal of Positive Psychology』의 부편집위원장이다. 그의 연구 주제는 청소년 감사의 평가·발달·증진과 긍정교육이다.

Chelsea L. Greer, Ph.D.

스프링힐 대학교(Spring Hill College)의 심리학과 조교수다. 그녀는 버지니아 코먼웰스 대학교(Virginia Commonwealth University)에서 박사학위를 취득하고, 버지니아 공과대학교(Virginia Tech University)의 Thomas E. Cook 상담센터에서 임상 인턴십을 마쳤다. 그녀는 종교 공동체 내에서 가해자에 대한 용서와 자기주도적 용서 개입을 연구하고 있다.

Brandon J. Griffin, M.S.
미국심리학회에서 인증한 버지니아 코먼웰스 대학교(Virginia Commonwealth University)의 상담심리학 프로그램 박사과정생이다. 그는 개인, 집단 및 커뮤니티를 대상으로 하는 긍정심리학 개입들을 개발하고 평가하는 방법을 연구하고 있다. 그의 현재 관심사는 대인관계에서 잘못을 저지른 후에 일어나는 자기용서의 경험에 대한 기초 및 응용 연구 수행을 포함한다.

Carley Hauck
Intuitive Wellness의 창시자로 통합적 인생 코치, 강사, 작가, 연구 컨설턴트로 일하며 LinkedIn이나 Pixar와 같은 직장 조직과 함께 일한다. 건강심리학 석사학위를 취득하였으며 가정, 직장 및 관계에서 명상과 안녕감의 교집합에 대한 커리큘럼, 훈련 프로그램, 강의를 창안하는 데 있어 전문가다.

Steven C. Hayes, Ph.D.
네바다 대학교(University of Nevada) 심리학과의 네바다 재단 교수다. 39권의 책과 550편 이상의 과학 논문을 저술한 그는 그의 연구에서 언어와 인지가 어떻게 인간의 고통을 초래하는지 보여 준다. 그는 인간의 인지에 대한 설명인 관계구성틀 이론(Relational Frame Theory)의 개발자이며, 이를 확장시켜 증거 기반 심리치료인 수용전념치료(ACT)를 창안하였다.

Barbara S. Held
메인주 보든 칼리지(Bowdoin College)의 심리학 및 사회과학 분야 Barry N. Wish 연구교수다. 심리학적 지식의 철학적 기반을 마련하는 데 학문적으로 공헌하여 2012년에 미국심리학 재단으로부터 Joseph B. Gittler 상을 수상하였다. 특히 포스트모더니즘, 해석학, 긍정심리학 운동에서 제기되는 심리학적 연구 주제의 존재론적 및 인식론적 기반을 연구하고 있다.

Ryan N. Howes
토론토 스카버러 대학교(University of Toronto Scarborough)의 졸업생이다. 주요 연구 관심사는 내러티브 처리 과정(narrative processing), 인공두뇌 시스템(cybernetic system), 정체성, 심리치료 변화의 공통 요인에 관한 것이다. 현재 토론토 스카버러 대학교에서 프로젝트 코디네이터, 연구실 관리자, 조교로 일하고 있으며, 중·고등학생을 대상으로 한 긍정 개입, 청년을 대상으로 한 자기 인식, 전기 내러티브에서의 통합 기능 및 내러티브 정체성을 연구하는 리서치 프로그램에 참여하고 있다.

Chelsea M. Hughes, M.S.
미국심리학회에서 인증한 버지니아 코먼웰스 대학교(Virginia Commonwealth University)의 상담심리학 프로그램 박사과정생이다. 그녀는 긍정심리학 연구 그룹의 일원이다. 그녀의 연구는 의사소통, 특히 온라인 게임에서의 사회적 상호작용 및 그 안에서의 친사회적 행동 촉진에 중점을 둔다.

Paul Hutton, Clin.Psy.D.

임상심리학자이자 에든버러 대학교(University of Edinburgh)의 Chancellor's Fellow다. 정신증의 심리치료 개발과 평가에 관심이 있으며, 이 영역에서 다수의 임상시험과 메타분석에 참여하였다. 그는 정신증에서 치료 의사결정 능력을 이해하고, 치료 의사결정 능력과 서비스 이용자 자율성을 증진시키는 효과적인 개입법을 개발하는 데 각별한 관심을 기울여 왔다.

Stephen Joseph

노팅엄 대학교(University of Nottingham) 교육학부 교수이며, 상담 및 심리치료 그룹의 의장이다. 긍정심리학에 관심을 가진 공인된 심리치료자이자 코칭 심리학자다. 『외상 후 성장의 과학(What Doesn't Kill Us: The New Psychology of Posttraumatic Growth)』(2011), 『Positive Psychology in Practice: Promoting Human Flourishing in Work』, 『Health, Education and Everyday Life』(Wiley-Blackwell, 2015)를 포함하여 긍정심리학, 심리치료, 심리적 외상에 대한 다수의 책과 논문을 저술하거나 공동 저술하고 편집하였다.

Evan M. Kleiman, Ph.D.

하버드 대학교(Harvard University) 심리학과의 연구원이다. 버지니아주 페어팩스의 조지 메이슨 대학교(George Mason University)에서 박사학위를 받았고, 펜실베이니아주 필라델피아의 템플 대학교(Temple University)에서 임상 인턴십을 완료하였다. 그는 긍정 임상심리학적 관점에서 자살의 인지적 그리고 대인관계적 위험 및 탄력성 요인을 연구하였다.

Nathanial M. Lambert, Ph.D.

심리학자, 교수, 작가 그리고 대중강연자다. 그는 삶에서의 번영과 관련된 학술논문과 북챕터를 70편 넘게 발표했으며 『Journal of Positive Psychology』의 편집위원이다. 그는 미국 이외에도 4개 대륙에서 자신의 연구를 발표했다.

Caroline R. Lavelock, M.S.

미국심리학회에서 인증한 버지니아 코먼웰스 대학교(Virginia Commonwealth University)의 상담심리학 프로그램 박사후보생이다. 그녀는 긍정심리학을 연구하고, 특히 어떻게 덕목(virtues)이 작용하고 함양될 수 있는지에 관심이 있다. 그녀의 현재 연구는 인내, 겸손, 용서를 포함한 덕목을 증진하기 위한 개입들의 개발 및 평가에 중점을 둔다.

Sonja Lyubomirsky, Ph.D.

캘리포니아 대학교(University of California), 리버사이드 캠퍼스의 심리학 교수이자, 『행복해지는 법(How of Happiness)』, 『행복의 신화(The Myths of Happiness)』의 저자다. 그녀는 하버드 대학교(Harvard University)에서 수석 졸업으로 학사학위를 받고, 스탠퍼드 대학교(Stanford University)에서 사회심리학 박사학위를 받았다.

Andrew K. MacLeod

로열 홀러웨이 런던 대학교(Royal Holloway University of London)의 임상심리학 교수이며, 같은 대학에서 임상심리학 수련 과정의 책임자로 활동하고 있다. 그는 애버딘 대학교(University of Aberdeen)에서 최우수 등급으로 심리학 학사학위를 받았으며, 이후 케임브리지 대학교(University of Cambridge)에서 박사학위를 받고 그곳에서 임상가 훈련 과정을 이수했다. 그는 심리장애(특히, 자살행동)에서 긍정적 경험의 결핍이 중요함을 지지한 초기 학자들 중 하나이며, 미래에 관한 생각이 웰빙과 정신건강에 어떤 영향을 미치는지에 대한 연구를 개척하였다.

James E. Maddux, Ph.D.

버지니아주 페어팩스의 조지 메이슨 대학교(George Mason University)의 웰빙발전센터의 심리학과 명예 교수이자 선임 학자다. 그는 『Journal of Social and Clinical Psychology』의 전 편집자이자 조지 메이슨 대학교의 임상심리학 박사과정의 전 책임자다.

Warren Mansell, D.Phil., D.Clin.Psy.

맨체스터 대학교(University of Manchester)의 임상심리학 교수(Reader in Clinical Psychology)다. 옥스퍼드 대학교(University of Oxford)에서 철학박사 학위를, 런던 킹스 칼리지(Kings College) Institute of Psychiatry에서 임상심리학으로 박사학위를 받았다. 그의 업적은 양극성 장애에서 심리적 접근, 정신건강 문제의 범진단적 개입법(예: 수준 치료 방법을 이용한 CBT의 범진단적 접근), 지각적 통제이론에 집중되어 있다.

Acacia Parks, Ph.D.

하이럼 칼리지(Hiram College) 심리학과 부교수이고, 행복의 과학을 대중에게 보급하는 스타트업 기업 Happify의 수석 과학자다. 도서, 스마트폰, 인터넷을 활용하여 개인의 행복을 증진하는 방법을 연구하며, 스스로 더 행복해지는 데 영향을 미치는 요인을 탐구한다.

Tom G. Patterson

코번트리 대학교(Coventry University)와 워릭 대학교(The University of Warwick)의 임상심리학 수련 프로그램의 학술 디렉터다. 그의 임상적 관심은 주로 노인과 치매환자를 위해 심리학적 지식을 적용하는 것이다. 치매환자의 체험, 치매간병의 긍정적인 면, 내담자 중심 이론, 긍정심리학, 마음챙김 등이 그의 주된 연구 관심사다.

Andrew Pereira

노스텍사스 대학교(University of North Texas)의 상담심리학 전공 박사과정 연구원이자 McNair 프로그램의 장학생이며, 소수자의 웰빙에 대한 연구를 진행하고 있다. 그는 현재 사회적으로 혜택을 받지 못하는 사람들의 감사와 웰빙에 대한 자료를 수집하고 있으며, 소수자 스트레스에 대한 탄력성과 관련된 보호요인에 관심을 두고 있다.

Tayyab Rashid, Ph.D.

캐나다 토론토 스카버러 대학교(University of Toronto Scarborough: UTSC)의 건강복지센터에서 일하는 임상 및 학교심리학자다. 낙관성 및 안녕감 분야의 최고 전문가 중 한 명인 Martin Seligman 박사에게서 훈련받은 Rashid 박사의 전문 분야는 임상 및 교육 장면에서의 강점기반 회복탄력성 개입, 개인적 및 직업적 성장, 의미 추구, 개인 및 집단 모두에서 올바른 일을 성공적으로 수행하는 방법에 관한 것이다.

Henrietta Roberts, Ph.D.

엑서터 대학교(University of Exeter)의 기분장애센터(Mood Disorders Centre)에서 박사과정을 수료하였다. 그녀의 연구 주제는 동기, 우울, 반복적 부정사고(반추와 걱정), 관리기능 등이다. 그녀는 보상체계 기능과 기분장애의 관계, 반추와 정서조절에서 목표불일치의 역할, 반복적 부정 사고 감소를 위한 작업기능 훈련 등의 연구 프로젝트에 참여하였다. 그녀는 현재 엑서터 대학교에서 임상심리학 전공 수련 중이다.

Chiara Ruini, Ph.D.

볼로냐 대학교(University of Bologna) 심리학과 임상심리학 부교수다. 2006년부터 임상심리학 석사과정 학생들에게 '긍정심리학의 임상적 적용'이라는 과목을 가르치고 있다. 그는 긍정심리학, 임상심리학, 청소년 긍정 발달, 심리치료에 대해 연구 관심이 많다.

Mark S. Rye, Ph.D.

뉴욕주 새러토가스프링스에 있는 스키드모어 대학교(Skidmore College)의 심리학과 교수다. 그는 오하이오주 볼링그린에 있는 볼링그린 주립대학교(Bowling Green State University)에서 임상심리학 박사학위를 취득했고, 임상심리 전문가다.

Carol D. Ryff

위스콘신 대학교(University of Wisconsin) 매디슨 캠퍼스의 노화연구소 소장이자 심리학과 교수다. 안녕감이 신체적 건강의 보호요인인지가 주된 관심사이며, 생물학적이며 뇌에 기반한 경로를 알아내기 위한 연구를 지속하고 있다. 주된 주제는 탄력성−역경 앞에서 어떤 사람들은 어떻게 안녕감을 유지하거나 습득할 수 있는지다.

Steven J. Sandage, Ph.D., LP

보스턴 대학교(Boston University) 종교심리학 및 신학과의 Albert & Jessie Danielsen 교수이자, Danielsen 연구소의 연구소장 및 선임 심리학자다. 그의 임상 전문 분야는 커플 및 가족치료, 다문화 치료, 영적 통합치료다.

Pete Sanders

상담자, 교육자, 임상 지도감독자로 30년 이상 일했다. 상담, 심리치료, 정신건강에 대한 다수의 책과 논문을 저술하거나 공동 저술하고 편집하였다. 인간중심이론, 상담과 심리치료의 정치, 고통의 정상화를 발전시키는 데 적극적인 관심을 가져 왔다.

Constantine Sedikides

Constantine Sedikides의 연구는 자기와 정체성, 그리고 이들이 정서(특히 향수) 및 동기(특히 자기−평가 동기)와 상호작용하는 것에 초점을 맞춘다. 그는 미국의 위스콘신 대학교(University of Wisconsin) 매디슨 캠퍼스와 노스캐롤라이나 대학교(University of North Carolina) 채플힐 캠퍼스에서 가르치다가, 현재는 사우샘프턴 대학교(University of Southampton)에 와서 가르치고 있다. 그는 그리스 테살로니키의 아리스토텔레스 대학교(Aristotle University)에서 석사학위를 받았고, 미국 오하이오 주립대학교(Ohio State University)에서 박사학위를 받았다.

Shauna L. Shapiro, Ph.D.

샌타클래라 대학교(Santa Clara University) 교수이자 임상심리학자이며, 국제 공인 마음챙김 전문가다. 마음챙김 분야의 교육에 현저한 기여를 한 데 대해 American Council of Learned Societies 교육상을 수상하였다. 달라이 라마가 공동 설립한 Mind and Life Institute에서 Contemplative Pracitce 펠로우십을 받았다.

Lilian J. Shin

캘리포니아 대학교(University of California), 리버사이드 캠퍼스의 사회/성격심리학 프로그램 박사과정생이다. 그녀는 노스웨스턴 대학교(Northwestern University)에서 심리학 학사학위를 받고, 조지아 주립대학교(Georgia State University)에서 사회교육학 석사학위를 받았다. 그녀의 연구 관심 분야에는 정신건강 질환으로부터의 보호요인과 안녕감의 촉진요인 모두가 포함되는데, 특히 소수 집단에 대해서 관심이 있다.

Sarah de Sousa

스탠퍼드 대학교(Stanford University)에서 현대 사상과 문학으로 학사학위를 받았으며, 샌타클래라 대학교(Santa Clara University)에서 상담심리학 석사학위 취득 예정이다. 마음챙김 및 긍정심리학과 관련된 주제에 대해 몇몇 학술적 출판물을 공동 저술하였다. 명상 실제에 전념하는 학생이자 출판한 시인, 경쟁력 있는 댄서, 교육 컨설턴트다.

Christopher D. J. Taylor, Clin.Psy.D.

임상심리학이자 국가건강연구소(NIHR)의 임상연구자다. Lancashire Care NHS Foundation Trust의 정신증 환자 조기 개입 서비스에 관여하고 있다. 맨체스터 대학교(University of Manchester) 심리과학부에서 임상심리학을 강의하고, 영국심리학협회의 Associate Fellow이다. 신념, 도식, 심상을 중심으로 중증 정신장애를 치료하는 심리학적 치료모형을 개발하는 연구를 수행하였다.

Peter J. Taylor, Ph.D., Clin.Psy.D.

철학박사이자 의사다. 리버풀 대학교(University of Liverpool)에서 임상심리학자이나 교수로서, 임상심리학 프로그램의 연구 튜터로 활동하고 있다. 그의 연구 관심사는 다양하지만, 자해 관련 심리학적 프로세스를 이해하고, 정신증적 경험을 하는 사람들의 고통과 자살충동을 이해하는 데 초점을 두고 있다.

Richard Tedeschi, Ph.D.

공인심리사로서, 노스캐롤라이나 대학교(University of North Carolina) 샬럿 캠퍼스에서 심리학 교수로 재직 중이다. 건강심리학 박사 프로그램의 주임교수다. 그는 전문가 윤리와 문제, 심리학적 개입 등을 가르치고, 박사과정 학생의 수련감독을 맡고 있다.

Liudmila Titova

오하이오주 하이럼의 하이럼 칼리지(Hiram College)에서 심리학 학사학위를 받았고, 현재 컬럼비아주 미주리 대학교(University of Missouri) 박사과정에 재학 중이다. 비교문화심리학 및 긍정심리학에 각별한 관심이 있다. 웰빙, 행복에 대한 태도, 긍정심리학적 개입의 비교문화적 차이를 연구하였다.

George E. Vaillant, MD

하버드 의대 교수와 매사추세츠 종합병원 정신과 교수를 겸하고 있다. 1970년부터 2005년까지 하버드 대학교 건강 서비스 센터에서 성인발달 연구의 책임 연구자를 맡았다. 2000년에는 긍정심리학 학회의 설립 멤버였고, 최근에는 긍정심리학 안에서 긍정 정서들 간의 관련성에 관심을 가져 왔다.

Philip Watkins

이스턴 워싱턴 대학교(Eastern Washington University)의 심리학 교수이며, 1990년부터 지금까지 그곳에서 교편을 잡고 있다. 그는 우울증에서의 암묵적 기억편향에 대한 연구를 중점적으로 진행하여 루이지애나 주립대학교(Louisiana State University)에서 박사학위를 받았다. 1996년 즈음부터는 감사(gratitude)에 대한 연구를 시작하였으며, 2000년부터 감사와 주관적 웰빙에 대한 연구를 집중적으로 진행하였다.

David Watson

노트르담 대학교(University of Notre Dame)에 있으며, 성격평가에 특별히 전문성을 지닌 성격심리학자다. 성격, 정서, 정신병리의 구조와 측정 및 성격 특질, 정서적 특징이 어떻게 임상적 장애와 연관되는지를 연구해 왔다. 정신병리 내에서 그의 연구는 정서장애(예: 주요 우울증, 사회불안장애, 양극성 장애, 외상후 스트레스장애, 강박장애), 성격장애, 조현형 성격특질, 수면 및 해리장애를 포함한 다양한 영역에 걸쳐 있다.

Thomas A. Widiger, Ph.D.

켄터키 주립대학교(University of Kentucky) 심리학과의 T. Marshal Hahn 석좌교수이며, 성격장애의 진단과 분류, 차원적 특질 모델에 대한 광범위한 저술들을 출간하였다. 그는 다양한 저작들의 편집자나 공동 편집자로 활동하고 있고, 미국정신의학회에서 출간한 『정신질환의 진단 및 통계 편람(Diagnostic and Statistical Manual of Mental Disorders)』 4판의 연구 조정자(research coordinator)로 활동하였다.

Tim Wildschut

사우샘프턴 대학교(University of Southampton)의 심리학과 조교수다. 그는 노스캐롤라이나 대학교(University of North Carolina) 채플힐 캠퍼스에서 박사학위를 받았다. 그의 주요 연구 관심사는 자의식적인 정서, 특히 향수이며, 이 영역에서 광범위한 출판을 하였다.

Everett L. Worthington, Jr., Ph.D.

버지니아 코먼웰스 대학교(Virginia Commonwealth University) 심리학과의 Commonwealth 교수다. 그는 버지니아에서 면허를 소지한 임상심리 전문가이기도 하다. 그는 주로 용서, 결혼 및 가족에 관한 35권의 책과 약 400개의 논문 및 학술 챕터를 출판했다. 지난 30년 동안 그는 용서, 이타주의, 사랑, 겸손, 자비, 풍요로운 결혼생활, 종교와 영성을 포함하는 긍정심리학과 관련된 다양한 주제들을 연구했다.

역자 소개

김기환(Kim Kiwhan)
서울대학교 대학원 심리학 박사(임상 및 상담심리 전공)
현 서울디지털대학교 상담심리학과 교수
　　심리상담연구소 사람과 사람 소장

김빛나(Kim Bin-Na)
서울대학교 대학원 심리학 박사(임상 및 상담심리 전공)
현 가천대학교 심리학과 교수
　　가천대학교 학생상담센터 센터장

김지영(Kim Jiyoung)
서울대학교 대학원 심리학 박사(임상 및 상담심리 전공)
현 차 의과학대학교 상담심리학과 교수

박선영(Park Sunyoung)
서울대학교 대학원 심리학 박사(임상 및 상담심리 전공)
현 차 의과학대학교 상담심리학과 교수

서장원(Seo Jang-Won)
서울대학교 대학원 심리학 박사(임상 및 상담심리 전공)
현 전북대학교 심리학과 교수

설순호(Seol Soon-Ho)
서울대학교 대학원 의학 박사(정신과학 전공)
현 서울주니어상담센터 소장

유성진(Yoo Seongjin)
서울대학교 대학원 심리학 박사(임상 및 상담심리 전공)
현 한양사이버대학교 상담심리학과 교수

임선영(Im Sun-Young)

서울대학교 대학원 심리학 박사(임상 및 상담심리 전공)

현 한림대학교 심리학과 교수

임영진(Lim Young-Jin)

서울대학교 대학원 심리학 박사(임상 및 상담심리 전공)

현 대구대학교 심리학과 교수

정지현(Jung Ji-hyun)

서울대학교 대학원 심리학 박사(임상 및 상담심리 전공)

현 서울불교대학원대학교 상담심리학과 교수

긍정 임상심리학 핸드북

The Wiley Handbook of Positive Clinical Psychology

2022년 1월 5일 1판 1쇄 인쇄
2022년 1월 10일 1판 1쇄 발행

편저자 • Alex M. Wood · Judith Johnson
옮긴이 • 김기환 · 김빛나 · 김지영 · 박선영 · 서장원
　　　　설순호 · 유성진 · 임선영 · 임영진 · 정지현
펴낸이 • 김진환
펴낸곳 • ㈜ 학지사
　　　　04031 서울특별시 마포구 양화로 15길 20 마인드월드빌딩
대표전화 • 02-330-5114　　팩스 • 02-324-2345
등록번호 • 제313-2006-000265호

홈페이지 • http://www.hakjisa.co.kr
페이스북 • https://www.facebook.com/hakjisabook

ISBN 978-89-997-2539-5 93180

정가 29,000원

출판 · 교육 · 미디어기업 **학지사**

간호보건의학출판 **학지사메디컬** www.hakjisamd.co.kr
심리검사연구소 **인싸이트** www.inpsyt.co.kr
학술논문서비스 **뉴논문** www.newnonmun.com
교육연수원 **카운피아** www.counpia.com